# 创造学生喜爱的课堂

主　　编：李永根　王丽燕
副主编：戴益祥　肖常胜　刘硕鹏
编写人员：谢加文　周艳芳　肖卫红　梁艳红
　　　　　杨　磊　华铝丽　梁　薇　袁　静
　　　　　傅颜宁　王　鸿　谢炤阳　陈善桂
　　　　　周执政　肖薛斌

新华出版社

**图书在版编目（CIP）数据**

创造学生喜爱的课堂／李永根，王丽燕主编；
戴益祥，肖常胜，刘硕鹏副主编.
-- 北京：新华出版社，2024.12.
（创造学生喜爱的课堂）
ISBN 978-7-5166-7687-5

Ⅰ. G632.421

中国国家版本馆 CIP 数据核字第 2024 8VL205 号

**创造学生喜爱的课堂**

主　　编：李永根　　王丽燕

责任编辑：蒋小云　丁　勇　　　　装帧设计：郝亚娟

出版发行：新华出版社
地　　址：北京石景山区京原路 8 号　　邮　　编：100040
网　　址：http://www.xinhuapub.com
经　　销：新华书店
　　　　　新华出版社天猫旗舰店、京东旗舰店及各大网店
购书热线：010-63077122　　　　中国新闻书店购书热线：010-63072012

照　　排：桃李书系
印　　刷：三河市人民印务有限公司

成品尺寸：170mm×230mm
印　　张：13　　　　　　　　　字　　数：255 千字
版　　次：2025 年 2 月第一版　　印　　次：2025 年 2 月第一次印刷
书　　号：ISBN 978-7-5166-7687-5
定　　价：49.00 元

# 前　言

## 创造学生喜爱的课堂应该成为教师的自觉追求

我是一名即将退休的小学数学教师，回顾自己近四十年的教学历程，受到的最引以为豪的褒奖就是来自学生的声音："王老师，我最喜欢您的数学课啦！"这比我获得特级教师的荣誉称号还要光荣！因为创造学生喜爱的课堂是我毕业的追求。一位教师如果能用心地创造学生喜爱的课堂，学生会因为喜欢这样的课堂而喜欢这位教师，也会因为喜欢这位教师而喜欢这个学科。因此，创造学生喜爱的课堂应该成为每一位教师的自觉追求。

那么学生到底喜欢怎样的课堂呢？或者说好的课堂具有什么样的特质呢？

华东师范大学叶澜教授认为，一堂好课没有绝对的标准，但有一些基本的要求。她用"五实"进行了概括：有意义，即扎实；有效率，即充实；有生成性，即丰实；常态性，即平实；有待改善，即真实。"扎实、充实、丰实、平实、真实"这"五实"从教学内容、教学目标、教学过程等多个方面对好课标准做出了比较全面的概括。我想，一位追求"五实"的教师，他的专业水平一定会得到提高，心胸也会变得博大起来，并真正享受到教学作为一个创造过程的全部欢乐和智慧的体验。

在核心素养时代，学生喜欢的课堂当然也会打下时代的烙印。根据访谈、问卷，也根据一线教师的实践经验，我们用"十有"概括了"学生喜爱的课堂"具有的一些特质——"有趣、有序、有情、有料、有疑、有动、有静、有导、有评、有效"。

**有趣**。兴趣是一切活动的源泉与原动力。所谓"知之者不如好之者，好之者不如乐之者"，"人若志趣不远，心不在焉，虽学无成"，"教育事业，从积极方面说，全在唤起趣味，从消极方面说，要十分注意，不可摧残趣味"。因此，我们要特别重视学生的学习方式，机械的注入式会抹杀青少年学习的积极性和主动性。因此，我们应该将趣味教学渗透到教育实践中，运用妙趣横生的课堂语言，引发意趣盎然的思想碰撞，引导志趣不常的自主学习，触发情趣相得的师生互动，引导学生发现趣味、追求趣味，才能回归教育的本质。

**有序**。序，即秩序。"秩序"就是有条理地、有组织地安排事物的各构成部分，以求达到正常的运转或良好的外观、状态。秩序对于课堂教学意义重大，如果我们的课堂，在形式和内容上缺少完整的规划，就会导致课堂呈现出混乱的景象。这种无序的课堂，会严重影响教学行为的有效性，妨碍教学目标的达成。核心素养时代，我们提倡独立思考、自主探索、动手实践、合作交流等学习方式，这意味着我们的课堂将越来越开放。因此，我们要加强对开放式教学课堂的研究，优化教学管理和行为方式，构建有序课堂，提升课堂教学效率。同时，"有序"不只是外观上体现出的一种状态，还指教学的组织、语言、内容和设计等遵循客观的教育教学规律，我们的"教"和学生的"学"，始终围绕着知识传授、问题解决、方法总结和能力提升等稳定推进，呈现出有条理、有组织的状态。因此，我们要用言之有序的教学语言，遵循循序渐进的教学原则，进行井然有序的课堂组织，呈现雁行有序的逻辑结构。

**有情**。情，即情感。课堂不仅是传授知识的主阵地，更是师生情感交流的情境场。良好课堂氛围的营造既依赖于教师的智慧，更依赖于教师对教育、教学、学生的情感体验。教师要用"情"——有情怀、有热情、有激情地对待课堂、对待学生、关注学生、感染学生。教师要通过语言、动作等细节，与学生建立默契的沟通，营造良好的课堂氛围，这既可以使师生心情舒畅、思维活跃、积极互动，也能使教学充满创造力和生成力，让整个课堂焕发出勃勃生机。当学生精神状态不佳时，教师要使他们兴奋起来；当学生过度兴奋时，教师要使他们平静下来；当学生毫无办法、一筹莫展时，教师要耐心启发学生；当学生失去信心欲放弃时，教师要给予学生鼓励，激发他们克服困难的意志力。这样的课堂有动之以情的引导方式、声情并茂的朗读指导、情真意切的作品赏析、合情合理的思考逻辑。既有知识的传授，又有教师的情感投入，更能体现教师对学生的人文关怀。这种情感化的课堂氛围会使课堂焕发出巨大的生命活力，不仅能高质量地完成教学目标，而且会激发学生对学习的热情。

**有料**。"料"，指的是教学内容、教学思想方法以及教学资源非常丰实，学生一节课下来，总能有所收获，要么学到了知识与技能，要么学到了思考问题的方法，要么收获了失败的教训。当然，最好的课堂是既学到知识与技能，又学到思想与方法，能为后继学习积累经验。所以好的课堂一定要有实实在在让学生感兴趣的东西，如果课堂浮于表面，甚至是以表面的繁华取悦学生，一段时间之后，学生一定不会从内心深处去喜欢这样的课堂，学生真正喜欢的课堂是要"有料"的，所以教师要充分利用一切优质资源扎实施教，努力做到情境导入有料、问题设计有料、活动开展有料、练习设计有料，让学生在课堂上学有所得。

**有疑**。疑，就是疑问。"读书无疑者须教有疑，有疑者却要无疑，这里方是长进。""学贵有疑，小疑小进，大疑大进。""学起于思，思源于疑。"质疑，最能调动学生读书、思索、答问的积极性，发展学生的创新思维能力，真正使学生成为学习的主人；质疑，也能发现学生不懂或不太懂的问题，以便教师给予有的放矢的辅导，从而收到举一反三的效果，可谓"学贵知疑，教贵设疑，练贵生疑，导贵释疑"。

**有动**。动，即行动，包括口动、手动、耳动、眼动、脑动、心动。这里所说的"动"，不仅仅是物理空间上的移动，更是学生思维的活跃、情感的投入以及行动的实践。它旨在唤醒学生的求知欲望，使学生充分地张扬个性，积极参与、主动探究、发展思维，使教师有机会真正改变学生被动的学习方式，深度挖掘和激发学生的内在潜能。创造有动的课堂，需要教师转变角色，从单纯的知识传授者转变为学生学习过程的引导者和促进者。这要求教师不仅要精心设计教学活动，更要懂得如何激发学生的内在动力，让他们在动的过程中全面发展。通过创设交流平台，促进学生之间的思想碰撞；通过设计实践性任务，让学生在操作中深化理解；通过创设表达情境，引导学生将思考转化为文字；通过预设问题挑战，培养学生的逻辑思维和问题解决能力。

**有静**。静，即宁静。"以静制动，时机未到静若处子；沉心定气，时机成熟动若脱兔。"这是用兵之道。作为科学与艺术相结合的课堂教学，理应静与动相辅相成、相得益彰，可以说课堂之道便是"动静结合"。因此，课堂上的互动不仅包括外显的行为，更是一个看似外静实则内动的思维过程，课堂教学的有效是"互动中的生成"。因此，我们的教师可以营造动静结合的课堂、培养静心倾听的学习习惯、追求安静思考的教学境界、达成宁静致远的培养目标，使学生在"静"的环境中长出"静"的生命气象，促进其智慧的生成，可谓"静能生慧"。

**有导**。导，即引导。"君子之教喻也，道而弗牵，强而弗抑，开而弗达，道而弗牵则和，强而弗抑则易，开而弗达则思，和易以思，可谓善喻也。"意思是说要引导学生而不要牵着学生走，要鼓励学生而不要压抑他们，要指导学生学习门径，而不是代替学生做出结论。道而弗牵，师生关系才能融洽、亲切；强而弗抑，学生学习才会感到容易；开而弗达，学生才会真正开动脑筋思考，做到这些就可以称得上善于诱导了。启发教学思想的精髓就是发挥教师的主导作用、诱导作用，教师向来被看作"传道、授业、解惑"的"师者"，处于主导地位。这种教学思想注定了教学中教师要于迷蒙处导向、于障碍处导读、于疑问处导思、于浑沌处导航。

**有评**。评，即评价。在核心素养时代，我们提倡教学评一体化，即将教学过程和教学评价结合起来，将评价融入教学中，使评价与教学环节相互交织、相互促进。教学评一体化的重点是将评价作为一个连续、动态的过程，与教学相互渗透。它不仅关注学生在最终评估中的表现，也注重评价教师的教学能力和课堂实施。教学评一体化特别强调持续的教学改进。通过定期的评估和反馈，教师可以及时了解自己的教学效果，识别问题并进行调整和改进。这有助于提高教学质量和学生学习成效。因此，教师需要遵循正面激励的评价原则、重视过程的评价导向、运用科学客观的评价工具，形成相对完整的评价体系。

**有效**。效，即效率。这里所说的"有效"，主要是指通过教师在一段时间的教学后，学生所获得的具体进步或发展。教学有没有效益，并不是指教师有没有教完内容或教得认不认真，而是指学生有没有学到什么或学生学得好不好。如果学生不想学或者学了没有收获，即使教师教得再辛苦也是无效教学。同样，如果学生学得很辛苦，在技能与品行上没有得到应有的发展，也是无效或低效教学。因此，学生有进步或发展是衡量有效教学的唯一指标。要创造有效的课堂，首先要从教师的改变开始，只有教师有了正确的教学观，学生才可能有正确的学习观。我们认为，正确的教学观要求教师深度解读教材、学生、课堂，做到"目标定位精准，内容选择精要，方法灵活精当，课堂生成精彩"。

总之，课堂教学是一条永无止境的探索之路，需要教师用心创造学生喜爱的课堂，用心关注和教育好每一位学生。这样才能使常态化的课堂显得更为有趣、高效，也能让学生切实地享受到幸福的学习生活，让我们教师自己也享受到幸福的教育人生。

# 目  录

## 专题一  如何创造 "有趣" 的课堂

学生只有在学习中感受到探究学问带来的乐趣，并且主动追求这种乐趣，才能形成长期而持久的动力。教师应该将趣味教学渗透到教育实践中，运用妙趣横生的课堂语言，引发意趣盎然的思想碰撞，引导志趣不常的自主学习，触发情趣相得的师生互动，引导学生发现趣味、追求趣味，才能回归教育的本质。

## 专题二  如何创造 "有序" 的课堂

秩序对课堂教学意义重大。新课程提倡独立思考、自主探索、动手实践、合作交流等重要教学方式，课堂将越来越开放。无序的课堂，会严重影响教学行为的有效性，妨碍教学目标的达成。因此，加强对开放式教学课堂的研究，优化教学管理和行为方式，构建有序课堂，可以有效提升课堂教学效率。

# 专题三  如何创造 "有情" 的课堂

课堂不仅是传授知识的主阵地，更是师生情感交流的情境场。在不同的环境、不同的情境下，学生会有不同的情绪表达，教师必须适时予以情感应答。因此，良好课堂氛围的营造既依赖于教师的智慧，更依赖于教师用"情"——有情怀、有热情、有激情地对待课堂、对待学生、关注学生、感染学生。

# 专题四　如何创造 "有料" 的课堂

　　有料的课堂是生动有趣、内容丰富、互动性强，引起学生兴趣和思考的课堂。一节课要有一节课的"料"，即教学内容、教学思想方法以及教学资源非常丰实，能让学生学有所获。教师要研究如何设计问题、设计活动、设计练习，关注学生，如何把课上"实"。

# 专题五　如何创造 "有疑" 的课堂

"学贵有疑，小疑小进，大疑大进。"学生学会质疑，才能调动读书、思索、答问的积极性，发展创新思维能力，让他们真正成为学习的主人；学生及时质疑，教师便能及时收集到学习效果的信息，及时调整上课的内容及方法，真正做到有的放矢。

## 专题六　如何创造 "有动" 的课堂

在新课程理念的指引下，教育的重心正逐渐向学生的主体性培养倾斜。我们致力于构建一个充满活力、鼓励学生积极参与和主动探究的学习环境。在这样的背景下，"有动课堂"应运而生。它不仅仅是对传统被动学习方式的颠覆，更是对学生内在潜能的深度挖掘和激发。

## 专题七　如何创造 "有静" 的课堂

课堂互动是一个较为复杂的教学过程。课堂上的互动不仅仅是外显的行为，更是一个看似外静实则内动的思维过程，课堂教学的有效是"互动中的生成"。因此，教师可以营造动静结合的课堂，使学生在"静"的环境中长出"静"的生命气象，促进其智慧的生成，可谓"静能生慧"。

# 专题八　如何创造 "有导" 的课堂

《学记》有言："道而弗牵，强而弗抑，开而弗达。"道而弗牵，师生关系才能融洽、亲切；强而弗抑，学生学习才会感到容易；开而弗达，学生才会真正开动脑筋思考，做到这些就可以称得上善于诱导了。启发式教学思想的精髓就是充分发挥教师的主导作用，把学生引导到正确的学习之路上来。

# 专题九　如何创造 "有评" 的课堂

新课程提倡"教学评一体化"，即将教学过程和教学评价结合起来，将评价融入教学中，使评价与教学环节相互交织、相互促进。其旨在通过评价，诊断学生学习过程中的优势与不足，进而改进学生的学习行为，同时相应地改进教师的教学行为，以促进学生核心素养的达成。

# 专题十 如何创造 "有效" 的课堂

"有效"是课堂教学的终极目标。教学有没有效益,并不是指教师有没有教完规定内容或教得认不认真,而是指学生有没有学到什么或学生学得好不好。学生进步或发展才是衡量有效教学的唯一指标。要创造有效的课堂,只有教师具备了正确的教学观,学生才可能有正确的学习观。

# 专题一

## 如何创造『有趣』的课堂

学生只有在学习中感受到探究学问带来的乐趣，并且主动追求这种乐趣，才能形成长期而持久的动力。教师应该将趣味教学渗透到教育实践中，运用妙趣横生的课堂语言，引发意趣盎然的思想碰撞，引导志趣不常的自主学习，触发情趣相得的师生互动，引导学生发现趣味、追求趣味，才能回归教育的本质。

**趣**，即兴趣。兴趣的培养和保持在一个人的成长过程中具有的重要作用是毋庸置疑的。"兴趣是创造一个欢乐和光明的教育环境的必要途径之一。""所有智力方面的活动都依赖于兴趣。""知之者不如好之者，好之者不如乐之者。"所有这些教育家的经典言论都阐述了兴趣对于学习的重要性。是的，知学不一定爱学，好学也只是满足了求知的欲望，学生只有在学习中感受到探究学问带来的乐趣，并且主动追求这种乐趣，才能形成长期而持久的动力。因此，兴趣是一切活动的源泉与原动力。"人若志趣不远，心不在焉，虽学无成。"

青少年时期是人类好奇心和求知欲最强的时期，同时也是趣味最浓厚的时期。因此，教育工作者必须利用好这段时期，对青少年施以正确且适当的教育。梁启超曾经说："教育事业，从积极方面说，全在唤起趣味，从消极方面说，要十分注意，不可摧残趣味。"机械的注入式会抹杀青少年学习的积极性和主动性。因此，我们应该将趣味教学渗透到教育实践中，运用妙趣横生的课堂语言，引发意趣盎然的思想碰撞，引导志趣不常的自主学习，触发情趣相得的师生互动，引导学生发现趣味、追求趣味，才能回归教育的本质。

## 主题 1

# 妙趣横生的课堂语言

有声语言是我们教师最重要的交流工具，不同的教师在课堂教学中呈现出不同的教学风格，有的枯燥古板、不苟言笑、死气沉沉；有的轻松诙谐、幽默风趣、妙趣横生。教学实践中，无论是哪个学科、哪个学段，幽默风趣的语言更能激发学生的听课热情，使学生在轻松愉快的氛围中产生智慧的火花，提升教学效果，继而引发他们对学科学习的持久兴趣。学生常常因为热爱一位教师的语言艺术而热爱这位教师，进而热爱这门学科，甚至会影响到他在大学时选择专业和毕业后入职找工作，可见妙趣横生的语言艺术是非常重要的。

## 一、巧用教材中的幽默元素

妙趣横生的教学语言追求的绝不是低级庸俗、引人发笑的语言，这就要求我们的教师要有长时间的积累。其中，认真挖掘教材就是很好的手段。在教材中，有不少内容本身就具有幽默元素，我们要充分挖掘运用这些元素，为学生创设一个充满欢声笑语、轻松愉快的课堂环境。

在教学初中语文马克·吐温的《我的第一次文学尝试》这篇课文时，正安县第六中学郑榆臻老师先链接了马克·吐温的幽默小故事：

马克·吐温说："戒烟最容易，我一天可以戒几次。"这种滑稽、睿智、调侃的语言，就是幽默。

一次马克·吐温应邀赴宴，席间，他对一位贵妇人说："夫人，你太美丽了！"不料那妇人却有些鄙视他，说道："先生，很遗憾，我不能用同样语言赞美你。"头脑灵敏、言辞犀利的马克·吐温笑着回答："没关系，你也可以像我一样说假话。"这种妙趣横生的反击让对方灰头土脸、威风扫地。

郑老师的新课导入之所以能很快地吸引到他的学生，源于他在课前挖掘了马克·吐温的幽默小故事，让学生对马克·吐温这个人留下了深刻的印象。

语文教材中，这样的材料也是常见的：

课文《基因畅想》中，作者写道："医师们在病人换心脏后出院时，说不定会像极负盛誉的商家一样亲切地送'客'：'您走好，不必心有余悸，我们的产品保质四十年。'"作者风趣轻松愉快的语言表达，让患者觉得换的并不是心脏，而是身体的一个零件，消除了心里的沉重与忧虑。

课文《陌上桑》中对罗敷的描写："行者见罗敷，下担捋髭须。少年见罗敷，脱帽著帩头。耕者忘其犁，锄者忘其锄。来归相怨怒，但坐观罗敷。"这是一段侧面描写的典范，风趣调侃的语言把罗敷写得美如天仙，把观赏、偷窥她的人描绘得无地自容，因为观看罗敷耽误了正事，回家遭到老婆的埋怨，丑态毕露。

幽默艺术几乎无处不在，只要我们善于挖掘教材中的幽默元素，恰当运用，课堂教学定然生动有趣，生机勃勃。

## 二、巧用课堂中的生成资源

课堂上难免遭遇尴尬的场景，幽默风趣的语言可以化解尴尬紧张的气氛，创造舒畅愉悦的教学环境。

不少学生中午没有睡午觉，一到下午上课就哈欠连天昏昏欲睡，精神萎靡不振。于是，王老师说道："有些同学的上眼皮和下眼皮在打架，你还是负起责来劝解一下，让它们保持距离为好。"瞌睡在大家的笑声中被驱散了。

当然，这种即兴发挥依赖于教师强大的内心与扎实的基本功。遇到意外的情况发生，教师首先想到的是化解，而不是放大，每一次机智的化解，都值得我们去总结与反思，特别是语言的应急反应非常值得我们去研究。

## 三、巧用师生交流的机会

教师在与学生的交流中，如果常用学生听得懂的有趣的文学形象、典故进行引导与评价，效果往往比简单说教好很多。

为了激发学生的自豪感、荣誉感，语文教师郑老师把期末考试语文科的平均分、及格率、优秀率在全年级十个班中遥遥领先的事情告诉学生时，提醒他们不能骄傲自满，不能向他人炫耀，用了陶渊明《桃花源记》中的一句话："不足为外人道也！"学生心领神会。当郑老师遇到非常优秀的学生成绩突然下滑时，他就用《伤仲永》中的一句话警示说："长此以往，你将'泯然众人也'。"

一个叫余某的学生在规定的时间没有交作文，当郑老师问他时，他说搁在寝室忘了带到教室，郑老师说下课后你回寝室给我拿来吧，他低着头，脸红了。显然，他在说谎。郑老师随即说道："你看你看，'河曲智叟亡以应'了吧！"在一群因为打架被警告处分的学生中，新红村十多个学生除了郑老师班的李某外，其余个个榜上有名，于是，郑老师在班上表扬了他："我们班的李某同学就是'出淤泥而不染'的榜样。"又有一次，一位学生上课开小差，郑老师风趣地说："有同学一心以为'有鸿鹄之志'……"

课堂幽默是以育人为目的的，所以，它的语言、方式、内容要符合教育教学实际。把握好幽默的时机，做到适时、适地、适人、适度，让学生在不知不觉的愉悦中接受知识，启迪智慧，乐学、爱学，达到学有所成的目的。如果脱离具体教材内容和实际，堆积笑料，一堂课总是笑声不断，就会冲淡教学内容与目标，变成舍本逐末，喧宾夺主，浪费教学时间。所以，语文课堂教学幽默要把握分寸，不能堕入庸俗与荒诞，更不能伤害学生的自尊心。语文教师要不断地去积累、去创新幽默，并将这幽默不断地运用到教学中，让教学变得妙趣横生，才能吸引学生的注意力，让学生爱上学习。

# 主题 2

# 意趣盎然的思维碰撞

教师在实施课堂教学时，要想办法调动师生之间、生生之间的交流与合作，让学生大胆提出问题，使课堂"动"起来，让课堂"活"起来，积极触发师生之间的思维碰撞，让师生相互启发、诱导，达到融为一体、和谐共振的境界。

## 一、用有趣的情境引发思维碰撞

情境导入是指教师通过语言描述或演示创设问题情境，以诱导学生的探究心理，引发其解决问题的欲望和兴趣，促使其思维积极活动，或借此陶冶学生的性情的教学方法。

一位有经验的教师总会用有趣的谈话、实验、图片或问题导入，让学生很快进入学习情境，提高课堂效率。

教师："昨夜外星人访问我校，留下了一个巨大的手印（出示手印图），今晚如果他还来我校访问，我们准备给他定制桌椅、文具，请问小小设计师们给他坐的椅子应该有多高？他用的新铅笔应该要多长？"

这是一个富有儿童情趣的数学问题情境，要想解决这个问题，学生要调动信息库中"图形的扩大或缩小""比与比例""相似"等相关经验，因为"给外星人设计"这个有趣的任务，让学生在不经意中进入问题情境，开始有价值的思考。

教师在讲解那些名篇之前，可以从介绍作者入手导入本课，这样的导言，由作者到作品，顺理成章，既增加了课堂的趣味性，又为学生很好地理解课文做好了铺垫。如葛建花老师在教刘禹锡的《陋室铭》一课时，导语是这样设计的：

我国文坛上有这样一位非常了不起的人，他因参加过当时政治革新运动而得罪了当朝权贵，被贬至安徽省和州县当一名小小的通判。按规定，通判应在县衙里住三间三厢的房子，可和州县看人下菜碟，见他是从上面贬下来的软柿子，就故意刁难。先安排他在城南面江而居，他不但无怨言，反而很高兴，还随意写下两句话贴在门上："面对大江观白帆，身在和州思争辩。"和州知县知道后很生气，吩咐衙里差役把他的住处从县城南门迁到县城北门，面积由原来的三间减少到一间半。新居位于德胜河边，附近垂柳依依，环境也还可心，他仍不计较，并见景生情，又在门上写了两句话："垂柳青青江水边，人在历阳心在京。"那位知县见其仍然悠闲自乐，满不在乎，又再次派人把他调到县城中部，而且给一间只能容下一床、一桌、一椅的小屋。半年间，知县强迫他搬了三次家，居住面积一次比一次小，最后仅是斗室。想想这位势利眼的狗官，实在欺人太甚，他遂愤然提笔写下一篇超凡脱俗、情趣高雅的《陋室铭》，并请人刻上石碑，立在门前。他就是刘禹锡，今天我们就来学习他的《陋室铭》。

学生听完后，都很为刘禹锡打抱不平，并急于想知道课文到底是怎样抒发他的这种愤懑之情的。这样就使学生首先对作者产生了兴趣，其次对文本也有了浓厚的兴趣。

## 二、用有趣的问题撬动思维碰撞

一节好课，总离不开几个"好问题"。好问题的标准有很多，其中张奠宙先生对于好问题的阐述很精辟："一个好的问题，首先，要容易懂，不要说了一大篇，还没有把问题说清楚。有些题目离学生的实际太远，专业名词太多，也是不好的。其次，要引人入胜，激起学习者的思考欲望，很快能够入手，却又有向纵深发展的余地。再次，要体现数学本质，具有数学价值，能够启发学生进行深度的数学思考。最后，好的数学题，还要能够评价，分出数学思维的层次和水平。"其中，"引人入胜"是一个重要的标准，就是说一个好的问题是学生感兴趣的问题，愿意长时间持续思考的问题，这样的问题就会引发意趣盎然的思想碰撞。

教师：在 $310 \times 52$ 这道题里用到了 5 个数字，谁能用这 5 个数字编一道三位数乘两位数的题，每个数字不能重复，积要比 $310 \times 52$ 小呢？此题 4 颗星！

学生小组活动，说出积比 $310 \times 52$ 小的算式，相互判断后展示交流。

学生 1：$125 \times 30$。

学生 2：$230 \times 15$。

学生 3：$105 \times 23$。

学生 4：$203 \times 15$。

学生 5：$235 \times 10$。

教师：小组交流一下，在上面的算式中，哪个算式的得数最小？一眼就能看出来吗？

学生：最小数占最高位的积会比较小。

教师：这么说来，上面的哪个算式会被淘汰？

学生：$125 \times 30$ 更小一些，应该被淘汰。

教师：剩下的算式又怎么判断？

学生：我们认为 $235 \times 10$ 最小，这个算式的得数是 2350，而 $203 \times 15$ 这个算式中我们只要把 203 估成 200，乘积是 3000 多，比 2350 要大；$105 \times 23$ 也比 100 个 23 多 5 个 23，肯定比 2350 要大。

教师：大家笔算一下 $105 \times 23$，检验一下你们的判断是否正确。

教师：刚才我们玩了最小的，现在换个玩法——玩最大的。这可是 5 星级游戏噢！在所有三位数乘两位数的算式当中最大的一个是——

学生：$999 \times 99$。

教师：不计算，你知道它的答案是几位数吗？

学生：六位数！

教师：有不同意见吗？

学生：五位数！

教师：噢？为什么？

学生：因为 $1000 \times 100 = 100000$，这是一个最小的六位数，而 $999 \times 99$ 比它小，所以积应该是个五位数。

学生：我有不同的方法，我把 99 估成 100，因为 $999 \times 100 = 99900$，实际结果比这个数要小，肯定是个五位数。

教师：真是精益求精，好样的，掌声送给计算高手！

学生：下面是四（2）班三位同学的作业——

甲：$999 \times 99 = 98999$。

乙：$999 \times 99 = 99901$。

丙：$999 \times 99 = 98901$。

教师：他们算得对吗？说说理由。

学生观察、思考。

学生：第一个算式个位上是 9 乘 9，积的个位不可能是 9，所以甲的答案肯定是错的。

学生：99 估成 100 都只有 99900，得数不可能大于它，所以乙的答案也不对。

教师：那么丙的对吗？你能肯定吗？怎么办？

学生：笔算。

……

教师：孩子们，你们今天的表现让老师倍感欣喜，你们的创造力远远超出了我的想象！

在上面的片段中，教师设计问题"找最大""找最小"等教学活动，学生在灵活地选择算法中体验思考带来的乐趣。因为学生在参与思考的过程中，大脑皮层始终保持最活跃的状态，"联系""类比""假设"等思维活动贯穿课堂始终，学生的心智水平也因此得以提升。

## 三、用有趣的多媒体课件引发思维碰撞

随着信息技术的普及，很多抽象的知识与方法可以借助多媒体课件来帮助学生理解，很多没有直接经验的场景也可以运用多媒体技术帮助学生去感悟。没有见过大海的孩子借助技术可以近距离感受大海的辽阔，倾听浪花追逐的声音；没有见过下雪的孩子借助技术可以感受"千里黄云白日曛，北风吹雁雪纷纷"与"忽如一夜春风来，千树万树梨花开"的壮观景象……多媒体技术的合理运用，让很多不可能成为可能。

小学数学中的很多知识因为学生的生活经验与知识经验不足，加上学生的抽象化水平也不太高，理解起来就有难度了，但是有些知识与方法又必须理解。比如圆面积公式的推导，要求学生理解"化曲为直"，理解"极限"，把圆转化为长方形来推导面积公式，这显然很难但又很重要。这时候我们可以借助信息技术来完成这种高难度的"转化"。

教师：今天我们一起研究有关圆的周长的知识。关于圆的周长，古人对它做过很多的研究。在 2000 多年以前，有一本著名的数学著作叫《周髀算经》，书中有这样一句话，"周三径一"（课件演示）。如果用字母 C 表示圆的周长，d 表示圆的直径，能把"周三径一"这句话写成一个等式吗？

学生：C = 3d。（板书）

教师：数学就是这么神奇！简单的一个算式就把 2000 多年前的一个重要发现翻译出来了！问题是，无论圆的大小如何变化，它的周长都是直径的 3 倍，你们相信吗？

教师：大家有不同的看法，怎么办呢？

学生：我们试试！

教师：对，动手试试，这是一种了不起的研究问题的态度。问题是，怎么试？

学生：先测量出圆的周长和直径，再算一算它们的倍数关系。

教师：有想法！你们桌上有一些实验需要的工具，各小组根据需要进行选用，结果可以用计算器计算，有了结果，就派代表把结果输入电脑。

学生活动。

教师：看到这些我们动脑动手得来的数据，你们有什么想说的吗？

学生：周长不是直径的 3 倍？

学生：都是比 3 倍多一点。

教师：是呀，你们的发现和数学家的发现是一样的。"圆径一而周三有余。"（课件出示）直径是 1 的时候，周长是它的 3 倍多一些。看样子，我们得改改这个算式了，提提修改意见吧？

学生：把"="改成"≈"。

教师：有道理！但是，我们就满足于这个"≈"吗？

学生：不行！

教师：的确，如果满足于这个"≈"，像卫星上天这样的高精技术就难以实现了！为了改写这个"≈"，很多数学家付出了毕生的精力！魏晋时期，一位数学家发现"周三径一"指的是圆内接正六边形的周长与直径的比值。（课件演示）

随着这个正多边形的边数不断增多，大家可以大胆想象，多边形的周长会无限趋近圆的周长。数学家们用这样的方法寻找这个神秘的比值！其中最典型的是大约 1500 年以前，我国数学家祖冲之计算出圆的周长与直径的倍数在 3.1415926 至 3.1415927 之间，这在当时是一个非常了不起的成就！后来，数学家们逐渐发现，这个比值原来是一个无限不循环小数，叫作圆周率，用符号 π 表示。

教师：问题研究到这儿，同学们可以把这个"≈"改成"="了吗？

学生：$C = \pi d$！

在上面的片段中，老师通过设计问题，引发冲突。"'周三'一定'径一'吗？"这个问题引发了学生的认知冲突，让学生在了解数学史的同时，大胆挑战权威，学会科学地解决问题的态度与方法，让实验成为学生的自觉需要，并在"割圆术"的动画演示中，通过多媒体技术让学生感受极限思想的奇妙。

## 四、用有趣的辩论活动引爆思维碰撞

教师要经常组织辩论活动助力学生进行思维间的交锋，以碰撞出火花，实现学生在思维交织基础上的思维发散，让学生体会成功、体会学习的乐趣。

在口语交际课上，语文教师梁老师就当下网络极为发达的时代背景，让学生辩论，以探讨在电脑的时代，我们还需不需要练字。于是学生被分为两大组，正方的论点是需要练字，反方则持不需要练字的观点，于是大家展开辩论。

正方：字如其人，练字对于修身养性的作用不可替代；手写字在社会生活和工作中仍有很大用处，如签订各项合同和协议就少不了当事人手写；文化艺术的发展，尤其是书法绘画，更离不开练字这一基本功；汉字是传统文化艺术瑰宝，继承并发扬既是我们的责任，又对我们的文化素养的提升有潜移默化的积极影响。

反方：社会发展和进步的潮流不可逆转，信息技术的熟练掌握是当下我们要着重学习和掌握的；打字和语音识别技术提高了我们成文和构章的效率，我们不应拘泥于陈旧的低效方式；现今各行业分流普遍，分工也趋于精细化，文化艺术工作者固然可以打好这一方面基础，而从事科学研究的人员则从小不必将时间浪费在这样的事情上，而是在树立科研理想、做好学路规划的基础上，多培养科学技术兴趣和课外积累，不必做练字的活动。

在上面的教学片段中，学生各抒己见，在针锋相对的辩论中，不断发掘新的切入点以论证自己的观点，大家相互之间的思维交织也为某个学生冲破个人思维局限、实现思维放开提供了良好条件，从而帮助学生点燃智慧的火苗，燃起智慧的火焰，成为具有创新探索精神和能力的人。

# 主题 3

# 志趣不常的自主学习

自主学习是与传统的接受学习相对应的一种现代化学习方式。顾名思义，自主学习是以学生作为学习的主体，通过学生独立地分析、探索、实践、质疑、创造等方法来实现学习目标。《基础教育课程改革纲要（试行）》在论及基础教育课程改革的具体目标时指出："改变课程实施过于强调接受学习、死记硬背、机械的现状，倡导学生主动参与、乐于探究、勤于动手，培养学生搜集和处理信息的能力、获取新知识的能力、分析和解决问题的能力以及交流与合作的能力。"那么，学生的自主学习习惯如何培养呢？

## 一、鼓励学生解决自己提出的问题

学生对自己提出的问题最感兴趣，所以教师上课时要围绕教学内容给学生提问的机会，并舍得花时间给学生自主学习，教师负责引导、点拨。

有经验的教师常常在板书课题之后，就会发问：围绕这个课题，你觉得我们研究点什么好呢？或者说你对这个课题最感兴趣的问题有哪些？长此以往，学生对问题的研究就有了方法，教师不在身边的时候，学生也能有模有样地思考并研究问题。

教师：课前，王老师请同学们找一找生活当中的百分数，找到了吗？

学生拿出课前收集的百分数在实物展示台上一边展示，一边读百分数。

学生：我找到的是一张王老吉润喉糖的营养成分表，其中碳水化合物占33%，能量占20%，脂肪占0%。

教师：0%是什么意思呢？

学生1：就是说润喉糖里不含脂肪。

学生2：我从语文书上看到了百分数：由于不适当的开垦，西双版纳的森林覆盖率由1949年的69.4%下降到1980年的26%。

教师：读这两个百分数有什么感觉？

学生3：保护森林迫在眉睫。

学生4：我这有一张果汁的成分表，其中苹果汁是64%，橘子汁是百分之三十几看不清了。

教师：那你们猜猜可能是多少呢？

学生：如果这杯果汁里只有橘子汁和苹果汁的话，那应该是36%。（学生自觉鼓掌）

教师：（出示图片）老师也收集到一组百分数——啤酒的酒精度是5%，邵阳老酒的酒精度是32%，金六福酒的酒精度是52%。

生活处处皆学问！看样子，这个百分数真值得好好研究。前面，我们研究过很多数，整数、小数、分数，那么研究这个百分数，我们应该研究点什么呢？

学生：什么是百分数？

教师：好问题！也就是百分数的意义。还有吗？你觉得还可以研究什么？

学生：分数和百分数有什么不一样吗？

教师：有价值！是啊，有了分数，为什么还要研究百分数呢？

学生：百分数有什么好处啊？

教师：是啊，百分数有什么优越性呢？

学生：百分数怎么读，怎么写啊？

学生：百分数是怎么产生的？

学生：百分数怎么计算？

学生：怎么用百分数解决问题？

教师：嗯，好问题！这样吧，在接下来的时间里，我们先重点研究下面三个问题。

（课件出示知识树。）

教师：好，问题确定好了，这三个问题是老师一个一个讲给你们听呢，还是你们自己选择自己感兴趣的问题来研究？

学生：我们自己来吧。

上课前的问卷调查显示，对于百分数的认识，学生并非一张白纸，特别是学生已经知道分数表示的是一个数（量）占另一个数（量）的几分之几，这种认识对学生理解百分数的意义是极其有益的，但是学生已有的经验是粗糙的，是不完整、不系统的。如何将这种粗糙的不系统的知识点上升为系统的知识网络，运用学法迁移解决问题呢？本设计从提出问题开始，以学生自主探究、合作交流为主要学习方式，让学生在获取知识的同时，收获类比的思想与方法，实现知识的正迁移，由点及面形成知识网络，学生在这种自主学习氛围中感受通过自主学习带来的乐趣。

## 二、鼓励学生共享自主学习的成果

初中阶段学生有了一定的独立思考能力，但比较容易受到外界环境以及同学思维的影响，教师需合理利用初中阶段学生的特点组织小组教学活动，让每个学生的想法在同学之间得到充分的交流，同时保证学生都主动学习，相互补充，形成主动学习的良好氛围，培养学生的合作能力和集体荣誉感，从而实现学生综合素质的提高。

在进行"世界人种、语言和宗教"的教学时，教师先给学生提出问题："世界主要语言的分布情况、世界人种分布状况是怎样的呢？"学生带着问题在小组中讨论总结，学生之间互相补充，形成比较完整的知识体系，防止遗漏和细节上的出错，从而充分发挥学生主动学习的作用，加深对知识的掌握和理解；在小组合作总结完成后，教师可以组织提问—抢答的活动检验学生的学习成果，同时对获胜小组加分，对表现良好的小组给予奖励，通过这一环节可以吸引每一个学生的注意力，激发他们的竞争意识和团队合作意识，营造积极的课堂氛围，让学生感受到学习地理的快乐和小组合作的重要性，增强学生的地理学习兴趣，提高综合素质。

## 三、研制任务单驱动自主学习

教师研制学生感兴趣的自主学习任务单，学生可以根据这个任务单一个问题一个问题地去思考，一个步骤一个步骤地去操作，当他们在班上共享自主学习的成果时，那种喜悦无以言表。看一看图1-1展示的《骑鹅旅行记》学习任务单：

表达与交流

尼尔斯的真诚与勇敢，得到了大雁阿卡的认可，同意带尼尔斯一同去拉普兰。书中主要讲述了三件事，使得动物们改变了对尼尔斯的看法。请依据样例，简要总结一下，写在木牌上。

图 1－1 《骑鹅旅行记》学习任务单

# 主题 4

# 情趣相得的师生互动

教育是用激情点燃激情、用智慧传递智慧、用心灵净化心灵、用责任承担责任的事业。知识的传承、智慧的启迪，更是塑造未来的重要工具。而在这个知识与信息爆炸的时代，课堂教学成为知识与思想传递的主要场所，而师生互动则成为教育的精髓。师生互动并不仅仅是单向的知识传授，问题的提出与解答、观点的交流与碰撞、思想的启发与激发也都是课堂中不可或缺的元素，而情趣相得的师生互动是双向交流的最高境界。

## 一、设计容易触发师生互动的共同话题

在课堂教学中，教师应该成为积极的引导者，引领学生参与积极的师生互动，激发他们的学习兴趣，培养深层次思维，促进自主学习，建立积极的学习氛围，提高教学效果。那么，教师应该如何设计师生都感兴趣的话题引发互动呢？

### 1. 巧用绘本故事

绘本故事是学生（特别是小学生）喜闻乐见的学习载体。一个有趣的绘本故事，要么能在课前导入时吸引学生的注意力，要么能在课中帮助学生深化理解知识，要么能在课尾补充绘本，加深情感体验。

例如，在上小学一年级数学"分类与整理"一课时，教师带来绘本"淘淘与桃桃"故事，教师设计话题：淘淘与桃桃的房间你更喜欢谁的？为什么？教师让学生在师生互动中明白分类整理是非常好的生活习惯。

又如，在学习道德与法制"假期有收获"一课时，教材一开始就出现一个绘本小故事，教师可以从这个绘本小故事着手，带领学生观察绘本中主人公小强是如何过暑假的，再和大家分享自己是如何安排和度过假期的，进而引导学生合理地规划自己的暑期生活，制订一个适合自己的暑假计划，将假期的生活过得充实，有意义。

绘本《小真的长头发》课尾：日复一日，年复一年，小真的头发长啊长，真的变得老长老长老长老长了，甚至比兰妮公主的头发还要长，小真会用这头发干些什么呢？请你发挥想象，在作业纸上挥起你的"马良神笔"，大胆地去创作吧！

就这样，学生把自己的奇思妙想通过笔端传递给教师，文字成了师生互动的媒介。长此以往，学生创造的灵感会常常迸发。

### 2. 巧用游戏

喜欢游戏是儿童的天性，如果课堂中巧用游戏，学生在游戏中学习，在学习中游戏，这种课堂气氛是非常轻松愉悦的。

小学数学中有许多经典的数学游戏，比如"24点""数独""聪明格子""逻辑狗（LOGICO）"等等。教师在游戏中培养学生的逻辑推理能力，因为游戏门槛低，人人能玩，师生互动，生生互动，乐此不疲。除了这些经典游戏，各学科的教师还可以根据自己学段的教学内容开发出新的游戏。

### 3. 巧用简笔画

画简笔画可以说是老师应该具备的一项基本功。上课的时候，语文教师随手几笔，就能引发学生无限的想象，学生可以写出很漂亮的文章；数学教师随手一画，就能把复杂的数量关系简单明了地表达出来；生物教师随手一画，连细胞的结构也能清晰地展示在学生面前……

英语教学更是如此，用英语教英语，很多初学者觉得有难度，肢体语言、简笔画等就是重要的媒介了。

英语单词、短语的记忆可以借助简笔画，刺激学生的感官，在"画"与"词"之间建立"暂时神经联系"，通过反复操练，巩固这种"暂时神经联系"，形成"牢固联系"。

worker        teacher        doctor        taxi

(It's raining now)    (a knock on the door)    (stand up)

(planting trees)    (washing hands)    (having supper)

同样地，句型操练也可以借助简笔画。

school
go to school
Lucy is going to school
Lucy gets to school

例：①Li Lei washes his face every day.
②He is washing his face now.

教师如果能够娴熟地使用简笔画，学生就有可能放下手中的教材来参与教师组织的课堂活动，置身于教师创设的课堂氛围之中。因此，教师改造教材为简笔画就成为很重要的一项教学技能了。当然，这种改造工作需要遵循"保留特点，简化细节"的原则。

## 二、设计让学生充满期待的教学环节

当前课堂教学实施中，很多教师的教学环节长期保持一套模式，存在重形式轻内容、重教法轻学法、重进度轻效度等问题。首先在不同环节的实施和转换上，很多教师在长期的教学实践中，形成了相对固定的教学思路，导致同一课型变化寥寥，缺乏新意，学生对下一环节的进行缺乏期待感；其次在同一环节的实施上，一些教师采取的教学方法单一，久而久之学生缺乏新鲜感，对课堂参与不积极、不主动。特别在知识复习方面，许多教师为了省事，常常要求学生自行读背，而很少对学生进行指导和帮助学生对已学知识进行系统梳理和总结，这样的课堂教学，师生互动是低效的。有设计感的数学课就不一样了，学生在教师的引导下体验在数学思维的海洋里冲浪的快感。我们一起来看案例"头同尾合十"的教学片段：

教师：同学们，上课之前，老师和大家玩个两位数乘两位数的计算游戏，第一个因数你们派代表上来写，我写第二个因数，积嘛，你们可以用计算器，老师直接写得数，如何？

学生：这个可以，我们肯定赢！

教师：比赛现在开始！第一个因数——

学生：63。

教师：好，63 乘 67，积是 4221！

学生：这也太快了吧！

教师：再来，你说一个两位数——

学生：52。

教师：52 乘 58，积是 3016！

学生：我发现老师说的因数十位与我们的相同，个数与我们的个数凑成 10！

教师：厉害了！这么快就找到了因数的规律，我们把这类算式取个名字叫"头同尾合十"。那积有什么规律呢？不妨再算一个？

学生：91。

教师：按刚才的规律，你们猜老师会说哪个两位数？

学生：99。

教师：两数之积是 9009！现在我们用数学的眼光来观察这些算式，积有规律吗？

学生：头乘比它多 1 的数是积的前两位，尾乘尾就是积的后两位。

教师：这个同学说得对吗？我们每个同学自己出一个头同尾合十的算式试试看。

学生：真是这样的规律！

教师：真是有数学家的头脑啊！不过，数学家在研究数学问题的时候，不会满足于找到规律，他们还会追问这个规律背后的秘密，也就是学数学不仅要知道"是什么"，还要追问"为什么"。"头同尾合十"的乘法为什么存在这个规律呢？头为什么要乘比它多1的数呢？这个多的1是哪里来的？

教师：数学家华罗庚说"数形结合百般好"，如果我们用一个形来解释这个乘法的规律，你们会联想到哪个平面图形？

学生：长方形！长方形的面积就是两个数相乘来的。

教师：不错！一个乘法算式可以刻画一个长方形的大小。现在我们以 34×36 为例来研究这个规律。

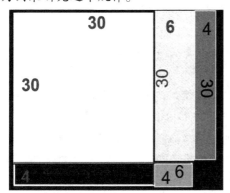
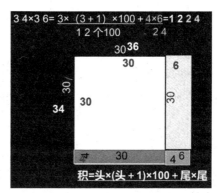

教师：从这个图形中你能找到"尾乘尾"（4×6）的长方形吗？

学生：如果我们把36分成30和6、把34分成30和4，那4×6的长方形就是右下角那一个了！

教师：非常精彩！现在我们把这个长方形分成了4个部分，30×30、6×30、4×30、4×6。6×30和4×30的长边相等，我们可以如右图那样把这两个长方形拼在一起，你们看！10个30和30个30拼成了一个30×40的大长方形，多的1找到了！正因为尾合十才能进1呀！

像这样，从一个小小的计算游戏开始，激发了孩子们对数学问题的探究兴趣。在学习中积累研究数学问题的经验，师生互动，生生互动，在交流中共进。

## 三、设计富有理趣的教学活动

波利亚在《怎样解题》一书中提出，教师要把解题作为一种手段，启迪学生的思维，培养学生分析问题与解决问题的能力。其实每个学科都肩负着"学科育人"的重任，培养学生思维能力是每个学科教学的共同目标。譬如历史学科的教学，"读史使人明智"，历史学习的乐趣正在于它的复杂性和启发性。历史是浩瀚而复杂的，许多人或事距离我们遥远，难以知晓全貌，但学习历史、研究历史的乐趣也正在于不断接近真相的过程。同时，人们了解历史在一定程度上也是对自身经历的一种补充，能够通过反思历史得到一些有益的启示，从而对自身的成长和发展做出更合理和有效的指导。学生在学习历史的过程中，不断提出问题、思考问题、解决问题，借助各种历史细节回顾复杂的历史事件，复原丰满而立体的历史人物，感受探究历史的乐趣，同时在探究思考历史问题的过程中，以批判和发展的眼光审视自我、观照当代，明晰历史学习的意义，增强师生互动的黏性。

在执教"明朝的统治"中"宰相制度的废除"这个知识点时，两位教师就采取了不同的问题呈现方式。

【教师甲】

问题1：同学们，朱元璋作为一个草根出身的皇帝，他建立明朝以后，采取了什么样的措施来维护统治呢？

问题2：是的，鉴于元朝地方权力过大的教训，朱元璋在地方废行省，设三司，三司互不统属，各司其职，由此达到了权力平衡。与此同时，洪武十三年，朱元璋以"谋反罪"诛杀丞相胡惟庸，那么朱元璋为什么要杀胡惟庸呢？

问题3：在杀掉胡惟庸之后，丞相制度也随之被废除，请同学们思考，为什么朱元璋要废除丞相？

【教师乙】

问题1：同学们，在大家的印象中，丞相是一个什么样的角色？

学生甲：地位很高，一人之下，万人之上。

学生乙：权力很大，能够管理、命令其他大臣。

学生丙：是皇帝的好帮手，经常帮助皇帝处理大小事务，比如说诸葛亮。

问题2：那么大家觉得丞相这个角色重要吗？

师：历史上胡惟庸就是这么一个角色，他在早年跟随朱元璋起兵，为朱元璋夺取天下立下汗马功劳，并在明朝建立后因才能出众受到朱元璋信任，逐渐坐上了丞相的位置。正如同学们所说，胡惟庸当上丞相后，地位很高，权力很大，甚至有了主宰百官的迹象。然而，志得意满的日子没持续几天，他就被朱元璋下令处死了。

学生：这是为什么吗？

教师：朱元璋给出的理由是"谋不轨"，也就是谋反罪。按理说，胡惟庸有罪，治他的罪就行了，但是朱元璋不这样，他直接把丞相制度废除了。

学生：这又是为什么？

……

在上述案例中，教师甲通过比较直白的方式提出问题，引起学生思考。这种方式也是大部分教师常用的方式，在这种方式中，学生只是在教师提出问题后才开始思考，缺乏自己发现问题的过程。而教师乙则是采用出示史实、步步引导的方式，从丞相制度导入，在讲述的过程中诱引学生自己发现问题，使学生有了充足的思考空间。因此，教师要善于通过不同的方式呈现问题，留给学生自己发现问题的空间，这样才利于培养学生的问题意识，促进其思维能力的提高。这样师生互动的价值就更大了。

总之，提高课堂教学的趣味性，其目的并不是单纯地让学生喜欢上某一学科，而是能够让学生养成追求新知的意识，孕育求是辩证的精神，从而树立高尚的品德，成为真正的人。作为新课程背景下的教师，有必要与学生一道，不断探索课堂的组织形式，优化教育方式方法，使我们的小课堂成为学生成长成才的人生大课堂。

# 专题二

## 如何创造『有序』的课堂

秩序对课堂教学意义重大。新课程提倡独立思考、自主探索、动手实践、合作交流等重要教学方式，课堂将越来越开放。无序的课堂，会严重影响教学行为的有效性，妨碍教学目标的达成。因此，加强对开放式教学课堂的研究，优化教学管理和行为方式，构建有序课堂，可以有效提升课堂教学效率。

**序**，即秩序。"秩序"就是有条理地、有组织地安排事物的各构成部分，以求达到正常的运转或良好的外观、状态。秩序对于课堂教学意义重大，如果我们的课堂，在形式和内容上缺少完整的规划，就会导致课堂呈现出混乱的景象。这种无序的课堂，会严重影响教学行为的有效性，妨碍教学目标的达成。

在新课程标准（2022年版）刚刚颁布的背景下，新的课程理念要求我们实施促进学生发展的教学活动，提倡独立思考、自主探索、动手实践、合作交流等重要教学方式，我们的课堂将越来越开放。因此，我们要加强对开放式教学课堂的研究，优化教学管理和行为方式，构建有序课堂，提升课堂教学效率。

课堂教学中的"有序"，不只是外观上体现出的一种状态，还指教学的组织、语言、内容和设计等遵循客观的教育教学规律，使我们的"教"和学生的"学"，始终围绕知识传授、问题解决和方法总结等稳定推进，呈现出有条理、有组织的状态。如何创建有序高效的课堂，我们可以从以下四个方面入手。

## 主题 1

# 井然有序的课堂组织

创建井然有序的课堂，能提高课堂教学效益，实现师生共同发展。有序的课堂是民主、和谐、愉悦的，能够有效地激发学生进行自主学习、主动探究、合作交流，从而促进专业发展和学生身心成长。如何创建有序的课堂呢？

## 一、操作性较强的组织形式

为什么满腹经纶的教师被学生气得愤然离场？为什么自己写得一手好文章的语文教师一上作文课教室就乱成一锅粥？可见，一位优秀的教师，不仅要有高尚的师德、扎实的学术功底，还要有较强管理课堂的能力。"三分教学，七分管理"，这句话印证了在一线教学活动中有效的课堂组织是实施有效教学的关键。那么，进行课堂组织应该注意哪些方面呢？

首先，有目的地选择课堂组织形式，细化操作流程。课堂组织形式多样，常见的有讲授式、问答式、讨论式、实验式、互动式、项目式等等。根据不同的学科领域和教学内容、目标，教师应该结合实际情况选择最为合适的教学组织形式，按照其特有的操作原则、方法和规律开展教学活动，课堂才会井然有序。反之，则会导致课堂一片混乱，严重影响教学活动的开展、信息的传递和教学效果的达成。比如"讨论式"，我们常常看到这样的场景，教师板书一个问题，就布置全班同学进行讨论。一阵七嘴八舌的交流之后，教师点名让学生回答。这种乱哄哄的讨论，效果是很差的。这样的讨论，是为了形式而讨论，这样的课堂组织是缺乏思维深度的。教学是一门安静的艺术，即便是讨论式教学，讨论之前，也需要学生独立思考、自主探究一番。在每个学生有了充分的时间进行审题和思考、对问题的解决有了一些认识之后，再进行讨论，这样能够更有效地找到问题解决的难点在哪里。

在初中数学七年级"三角形"一课中，有这样一个课堂讨论的例子：

教师：三角形的内角和等于多少度？

学生1：180°。

我们先请几位学生分别量一量黑板上的几个三角形的内角。（生测量，并在黑板上记录下数值）

教师：这几位同学量出了这几个三角形的内角，大家算一算，内角和都等于180°吗？所有的三角形都是这样吗？好好想想，为什么？

教师：（半分钟后）把你的观点和小组的同学交换一下，看谁的观点更有道理。

这里的"讨论"是有程序的：我们先让学生实际操作，然后让学生独立思考上面这几位同学的操作是否正确，最后才是小组讨论。第一步学生操作，为讨论提供了"内容"；第二步独立思考，能够提高讨论的质量，避免一人讲三人听的情况。

如果上课教师的课堂组织能力不够，将会拉低课堂教学效率。在一次青年教师比赛课上，小 Z 老师执教"分类"，他在让学生把纽扣分成哪两类这一个环节就花了一半的时间，课堂总共就 40 分钟，但时间都已经过了一半，这节课的最重要的知识点还没开始讲。同时，在这一环节中还存在一些课堂问题，比如一部分学生并没有认真地听从他的指令，在进行动手操作时只是在玩弄纽扣学具，同时还有的学生不仔细听规则不知如何操作，有的学生在完成了之后，着急地向周围的同学"炫耀"，导致课堂中嘈杂的声音比较多，课堂纪律不好；小 Z 老师为了检查学生的分类情况，就用点名的方式对 5 个学生进行抽查，但花费的时间比较多，并没有适当把控好时间。这样，小 Z 老师为了完成教学任务，在下课铃声响了之后，还在继续讲，占用了学生的休息时间。结课匆匆忙忙，甚至课堂练习也没有进行。与此同时，学生也出现了不耐烦的表情，迫切希望下课休息。

对于这节课而言，小 Z 老师忽视了学生的实际情况，没有深入分析学生的学情，只是简单地设计好了课堂的流程，缺乏深入的思考。这节课的教学对象是小学二年级的学生，这个阶段的学生自控力较弱，思维比较跳跃，在进行操作活动课时会比较容易混乱，容易被外在的事物所吸引。这时教师应该适时地给予引导，合理地组织和安排课堂操作活动，在学生遇到问题时及时地进行指导，同时在有学生开小差和犯错误时及时纠正和引导，让学生能够在课堂中规范地进行一系列的操作活动，学会学习，逐步养成良好的学习习惯。

## 二、有章可循的班纪班规

对学生在课堂上的行为立规矩，显然是课堂组织的重要方面。学生的学习行为有很多，有显性的，也有隐形的。课堂教学中，教师要对学生的学习行为加以规范。在小学的课堂上，经常能看到这样的场景：随着教师的一声指令，学生会条件反射似的作出回应。课堂之所以呈现出井然有序的景象，是教师对学生的学习行为有明确要求，并加以强化的结果。作为课堂教学的组织者，教师应该在以下几个方面加强对学生的训练，培养他们良好的课堂行为习惯。

首先，对听讲立规矩。当教师或学生发言的时候，应要求其他人要保持安静，心无旁骛地听，第一时间准确获取教师和学生所表达的信息。要对学生强调，在听讲的同时，还要根据自身已有的知识和经验，对所听到的信息加以梳理和辨别，不断深化理解，构建自己的思路。在别人表达观点时，不许随意插话，以免打断讲话人的思路，影响其他人的听讲，扰乱课堂秩序。

其次，对发言立规矩。课堂上，要对学生的发言加以规范。当自己想到什么要表达时，先要举手示意；在发言前，要充分酝酿自己要说的内容，不要在一知半解的情况迫不及待地表达自己的想法；发言要声音响亮，内容力求完整、准确。

最后，对动手操作立规矩。课堂上，学生呈现出来的最好状态是"静若处子，动如脱兔"。教师要让学生做到：听讲的时候全神贯注，凝神思考；当教师布置学习任务后，第一时间作出积极的响应；当一个教学环节完成，要学习新的内容时，能很快停止前一项活动，注意力立即转到新的学习任务上；特别是探究学习过程中，在教师叫"停"之后，能马上放下手中的操作材料，停止操作和讨论，不再去触摸操作材料。

总之，对学生严格要求，是对学生的最大尊重。课堂教学中只有对学生严格要求，才能保证良好的课堂纪律。如果没有良好的课堂纪律，就不可能有良好的课堂秩序。研究发现，一个学生的不良学习行为不只是影响他自己的学习，同时也会破坏课堂上其他学生的学习。在一般情况下，一个学生的问题行为可能诱发另一个学生不听课，也可能把问题蔓延开来，诱发许多学生产生类似的问题行为，从而破坏课堂秩序，影响教学活动的正常进行。俗话说得好："没有规矩，不成方圆。"因此，课堂教学的组织管理是十分重要的。

## 三、言出必行的执行力度

我们常说某某教师在学生面前有威信，这种威信是如何建立起来的呢？通过调研发现，首先，有威信的教师大致有这些方面的特质。一方面，由内而外的气质与涵养。教师作为知识的传播者，应具有丰富的学识、扎实的知识作为教学的基础，由内而外散发着文化的素养，在专业上让学生能够钦佩，能够仰望，这是树立起教师威信的根基。另一方面，与这位教师对班纪班规的执行力度息息相关。"言必行，行必果"，一位教师如果能够坚持说到做到，公平公正地处理班上的每一件事情，他的威信就会逐渐建立起来。相反，如果班规可以因人而异，学生是不会信服教师的，教师自然管理不好班级。此外，教师的精神面貌以及着装也会影响威信的建立。作为一名教师，由于职业的特殊性，需要一定的严肃性，但不是时时处处都如此。尤其是对于小学阶段的学生而言，教师需要从严肃与温和中把握好度，让学生感受到教师的神情变化，教师的着装应当得体大方，让学生觉得舒服，一个舒适的环境更利于教师威信的树立。

其次，课堂规则的制定是课堂组织的关键。大多数课堂制定了相应的课堂规则，但传统的课堂规则往往来自教师，体现教师的意识，这种课堂规则常常难以收到一个好的效果，那是因为忽略了学生的主体地位，学生并没有一起参与规则的制定。所以，什么样的课堂规则才是适合的？最好的方法应该就是师生共同参与，课堂规则需要教师和学生一起遵守、一起制定，教师在制定的过程中应该发挥组织协调的作用，全班学生共同参与，建言献策，一起讨论决定规则的落实，这样制定出来的规则其效果将是不言而喻的。

最后，如何督促课堂规则的实施，主要有三点内容：一是课堂规则的呈现，最好是纸质化，将制定好的课堂规则手写或者打印出来，并张贴于公告栏，让班上的所有学生都能够看得见；二是课堂规则并非不可改变或修正的，当课堂规则不适应当前的形势或者多数人都反对时，课堂规则可以适当调整；三是坚持规则的平等性，当规则制定并生效后，教师和学生应当共同遵守规则。同样地，教师也应该一视同仁，不能区别对待班级里的学生，规则对每个人的约束力都是平等的，这样规则才能够被遵守，才会产生相应的效力。

# 主题 2
# 言之有序的教学语言

教学语言是课堂教学传递信息的重要载体，好的语言组织，是教学效果的有力保证。好的语言组织，最重要的是言之有序。教学语言的"有序"，一是要表达到位，不要反复、补充；二是要有启发性；三是要有逻辑，能讲出情节。

## 一、教学语言要简洁明了

教学语言要力求精准，不能含糊其词。如组织学生进行小组讨论或者动手实验等，应该先想清楚操作的流程，然后逐字逐句交代清楚，不要想到什么说什么。有些在操作过程中需要予以明确指导的地方缺乏思考，等到学生发现问题的时候再加以补充；有些学生正在认真操作，没有注意到教师的提示，常常需要反复多次，这样会严重分散学生的注意力，影响整个课堂组织的秩序。如教学"等式的性质"一课，教师设置了用天平揭示性质的实验。在组织教学时，教师指导学生合理分工,一个挑选砝码,一个观察指针报读数,一个记录,一个发言。指令明确,活动秩序井然。

## 二、教学语言要启发有度

教学语言具有启发性,是要求教师在进行概念或者问题解决教学的过程中,既要给予学生适当的提示,又要留足空间给学生思考,讲究提问的技巧。教学过程中,教师提问的频率太快,许多问题甚至自问自答,不需要学生回答或只需回答"是"或"不是",这样的问题没有价值,更谈不上具有启发性。怎样提出问题才能具有启发性呢?提问题时,应该是所讲知识背后的思维层面的问题、知识本质的问题,要能够引起学生的共鸣;有提出问题的需要,不能为了提问而提出问题。提出问题之后,一定要留给学生思考的空间,留给学生回答问题的时间。但不要动不动就小组讨论,数学思维有的时候需要静静地思考,七嘴八舌不是数学的思维形式。

教学语言能够有好的启发性,一是教师在备课的时候要站在面对新问题的角度思考问题,站在学生的角度分析问题,找准"教之惑"和"学之困",进而围绕它设计好关键的问题。备课的过程就是模拟上课的过程,因为教学活动就是理解并解决数学问题的过程,所以,写教案的过程就当成在思考问题、解决问题。教师一定要搞清楚:当天为什么要讲这节课,它在整个教学过程中的逻辑地位是什么?这节课的逻辑主线是什么?备课要有上课时的真实感受。二是要重视学生在课堂中提出的问题,尽管教师在备课中没有预想到,但这样的问题要比他精心准备的问题更具有价值,更能反映学生的数学思维状态,发现学生有疑问的地方,也恰恰是"众里寻他千百度",要重点思考如何搭桥修路的地方。

通过精心的备课,教师把所要讲的内容融进自己的思维,上课的时候便能全身心地投入45分钟的教学中。在这个过程中,教师要和学生站在同一个起跑线上,要能从学生的角度理解问题,用学生的思维思考数学问题,用学生掌握的方法解决问题。只有以这种心态去上课,才能知道学生会在哪些地方产生疑问、需要思辨;哪些地方学生已经掌握,没有问题了。教师从高高的讲台上走下来,和学生真正地在一起学习,教学语言的启发性就会自然而然地出现,浑然天成。

## 三、教学语言要情节构建

教学语言的"有序",最重要的是表达要有逻辑,结构要清晰。就是要能讲出知识形成的过程,讲出知识之间的逻辑关系。通俗一点说,是能要把所要教授的知识讲出情节来。

要讲出事情的来龙去脉。数学课不要一上来就是教师写数学题目,学生埋头解答、计算……原本可以是生动的、有趣味的课堂，这样一来反而弄得索然无味了。课堂上，如果能把数学问题中最本质的东西从一般的数学题目中演绎出来，让学生从基本问题中体会到深刻的数学思维过程，这样就会让数学的教学过程生动起来，教师个人的学术观点也才有可能展现在学生的面前，学生才有可能从教师生动的、富有情节的教学语言中捕捉到思考问题、理解问题的脉络。学生在富有"故事"性的数学课堂中学到的是与课本知识不一样的东西。数学不是文学，这里所说的来龙去脉实际上是指知识之间的逻辑关系。

好的故事在于情节吸引人，同样，一节好的、精彩的数学课，思维活动不应该是平淡的，教学的过程要有悬念，有思维的冲突，能够让学生产生顿悟、惊喜。因此，教师就要像故事的作者那样，精心设计自己的教学，让课堂教学中的思维活动的逻辑主线清晰。

平面几何有关圆的综合性问题，对应的图形往往是圆与直线型图形复合而成。如何理解这个复合图形呢？首先，不要直接给学生看这个图，而是引导学生依据题意，一笔一笔把这个图画出来，在画图的过程中直观感受图形的几何特征；之后，教师要像讲故事一样，引导学生理解这个复合的图形，向学生提出有思维含量的问题，如：圆在整个图形中起到了什么作用？如何理解直线型图形？直线型图形与圆的位置关系是怎样的？

在教师所提出问题的引导下，学生能够感悟到：圆是整个问题的背景，是研究问题的平台、载体，几乎所有的条件都是由圆提供的或与圆有关系，它为解决有关直线型图形的问题提供了丰富的性质；直线型图形是依托圆生成的，是所要研究问题的主体，所有的问题都是针对直线型图形提出的；直线型图形与圆的位置关系是确定的。如此，就像读懂故事里主人公的性格、理解各色人物之间的关系一样，每个图形的几何特征、地位，图形之间的关系就都掌握了，从而为顺利解决问题铺平了道路。

在教师逻辑清晰、引人入胜的指导下，学生随着对所研究问题的理解不断深入，对问题本质的认识越来越清晰。在看似就要达到解决问题的彼岸却遇到百思不得其解的困难的时候，教师恰到好处地从思维方法的高度进行的点拨往往会让学生产生顿悟。这种顿悟会促使学生的思维水平达到提升的最高点，这种顿悟也使学生的思维活动停滞的阻力点得到了有效的突破，带给学生巨大的成就感，激发他们学习数学的兴趣。

好的数学课堂教学的标志之一就是学生喜欢数学、爱上数学。喜欢的理由会有很多，数学自身的魅力是最主要的，数学课堂的魅力同样也是非常重要的。把数学课上得更有"故事"性，让充满理性的数学教学也有感性的氛围，数学课堂自然就能吸引人。

# 主题 3

# 循序渐进的教学原则

学生对知识从认识到理解、掌握和运用，需要经历一个过程。教师的教学活动要遵循教育的普遍规律和循序渐进的基本原则。一堂课如果忽略了逻辑结构，缺少层层递进的引导，一心只想一口吃成个胖子，最终的结果只能是事倍功半，甚至徒劳无功。课堂教学要循序渐进，一是要尊重知识的生成逻辑，重视基础，不要去建空中楼阁；二是要在教学中把握好节奏，不能急于求成，囫囵吞枣。

## 一、知识传授要分层分段

在平时的教学教研中，教师关注比较多的是不同学段数学知识教学的侧重点的差异，而对不同学段数学知识内在一致性的思考还不够深入，有点"铁路警察各管一段"的意味。数学学科的系统性和严谨性决定了数学知识之间深刻的内在逻辑关系。这些逻辑关系包括每个学段知识之间的纵向联系，教师的教学要根据不同学段的学业要求，确定相应的教学目标，设计恰当的教学过程，采用合适的研究方法，帮助学生构建数学知识的逻辑框架结构，促进学生数学思维能力的提高。

"三角形内角和"的教学，在小学阶段，学生通过量角器测量三角形三个内角的大小或撕下三角形纸片的三个角拼出平角，感知三角形内角和是180°；到了初中，同样的知识对学生的学习要求就提高到"探索并证明三角形的内角和定理"。初中教材在这部分内容的开篇还为此写了这样的一段话：

"通过度量或剪拼的方法，可以验证三角形的内角和等于180°。但是，由于测量常常有误差，这种'验证'不是'数学证明'，不能完全让人信服；又由于形状不同的三角形有无数个，我们不可能用上述方法一一验证所有三角形的内角和等于180°。所以，需要通过推理的方法去证明：任意一个三角形的内角和一定等于180°。"

为了强调证明"三角形内角和是180°"的必要性，就"毫不客气"地指出在小学所学的用量角器去测量三角形三个内角大小的方法不够严谨，有忽视学生感受之嫌。实际上，不同学段对于学生数学思维培养的侧重点是不同的：小学阶段学生的思维以具象为主，思维能力的表现侧重于意识，即基于经验的感悟、直观的感受；初中阶段由于学生具备了一定的抽象能力，思维能力的表现侧重于观念，即基于概念的理解；而到了高中阶段，学生已经具备了较强的抽象能力，数学思维的表现则侧重于能力，即基于理解的掌握。我们不能忽视不同学段学生思维水平的差异，过于武断地对由此产生的学习方法的不同进行评判，而更应该思考不同学段学习相同或相近知识的共性。

如果看不到不同学段数学知识的一致性，就容易造成学生 12 年的数学学习是割裂的、数学思维的发展是间断的。就像小学的算术与中学的代数，如果看不到代数是以算术为基础，是算术的发展，就必然走向在中学所进行的数学教学中试图削弱、排斥算术的歧路。正如首都师范大学数学系教授方运加在《算术的数学教育地位不可削弱》一文中指出：

"中学阶段所学的代数运算本质上仍是算术运算。阿拉伯数字和英文字母、希腊字母都可作为数学符号，符号系统的选择或写法不是本质，反映本质的是关系，即无论是算术还是代数都需要根据已知量来获取未知量，这是二者的共性关系。"关于"三角形内角和为 180°"的研究，小学是借助量角器的测量完成的，而初中是过三角形的一个顶点做对边的平行线进行论证的。两个学段运用了完全不同的研究方法，其背后的一致性有没有呢？如果有，是什么呢？这就要从学科知识的特点来分析：平面几何这门学科是以几何图形为思维活动的载体，几何思维的特征是从直观感受到抽象演绎，三角形是图形，内角和是数值，这两个来自不同领域的条件是无法直接放到一起进行演绎的。因此，就需要将"内角和"这个具有代数特征的条件几何直观化。

小学阶段是借助量角器这个工具将"内角和"直观化的；而在初中，是通过直线或两平行直线被第三条直线所截得到的同旁内角这样的图形实现了 180°的几何直观化。这就是不同的研究方法背后的一致性。

"有理指数幂"是高一的教学内容，我们仅仅知道学生在初中学过正整数指数幂推广到整数指数幂的相关知识还不够，还应该在教学过程中，通过设计问题来唤醒学生曾经历过的从正整数指数幂到整数指数幂的推广过程的感受，引导学生感悟到其推广背后的依据，为从整数指数幂推广到分数指数幂打下思维的基础。那么，初中、高中这两个不同学段有关指数幂的推广具有一致性的依据是什么呢？

从学生在初中所经历过的整数指数幂到高中的有理指数幂，其数学思维活动是一致的，都是在不改变原来的运算法则的基础上，把原有的数推广到新的数、新产生的数之间、新产生的数与原有的旧数之间的运算，要采用原有的、扩充之前的运算法则。

但是，我们也要看到，不同学段数学知识内在一致性是具有隐蔽性的，它无时无刻不在，可是如果不去研究就看不到它。这种隐蔽性源于教学过程中，为了满足不同年龄学生的思维特点和课堂教学的需要，相互联系具有逻辑关系的数学知识被分解到不同学段或不同的章节中去，原有的逻辑关系被人为地割裂开了。

教师不可能跨越学段一下子让学生掌握相关知识的所有联系或它们的逻辑关系，但是不同学段的教师在教学的过程中，随着知识教学的逐步深入，必须有机会把这些知识之间的逻辑关系和学生一道通过课堂教学活动梳理出来。因此，教师的教学工作要达到上述要求，高中教师不仅要研究所要教授的知识，还要研究学生曾经学过的知识；初中教师在研究知识方面，不仅要研究自己所要教授的知识，也要研究学生在小学阶段所学过的知识和将要在高中阶段所要学习的知识。就像前面提到的"有理指数幂"，如果初中教师在教正整数指数幂推广到整数幂的时候，推广的依据没有揭示出来，学生在学习这部分知识的时候没有悟到最有价值的观念，等他们到了高中学习"有理指数幂"就会遇到理解上的障碍，"指数幂推广"这一部分知识思维层面的教学价值就要降低很多。

## 二、课堂节奏要有张有弛

大多数人对数学课的感觉是：平淡、枯燥甚至乏味。这是由数学知识本身的抽象造成的，还是其他的原因造成的呢？笔者认为，课堂的节奏把握不当是其中一个重要的原因。

课堂节奏，要张弛有度，既给学生一定的紧张感，又要能够让学生有足够的思考和动手时间。先说课堂的引入部分，我们说一节课的头 5 分钟非常重要，原因就在于这 5 分钟是学生精力最为集中的时候，如果在这宝贵的 5 分钟之内抓不住学生的注意力，没能带领学生进入数学思维的情境中，应该说，这节课的平坦乏味也就不足为奇了。而一上来就提问学生，检查学生上节课所讲内容的掌握情况是不利于数学思维的完整性和连续性的。复习引入是教师常常使用的并且行之有效的方法，但这里的复习不应以检查学生掌握知识的程度为目的，而是要营造氛围，让学生的思维能够从上一节课的思维中顺利过渡到当天的内容上来。因此，教师在这宝贵的 5 分钟里，或者提出与本节课的内容相关的启发性较强的问题并引导学生思考；或者教师自己讲知识的联系，讲知识的形成过程，讲知识的来龙去脉。目的就是让学生能够通过听讲、思考，明确当天这节课的任务，在不知不觉中进入本节课的数学思维情境中来。

在教学的过程中，教师的讲解与学生的练习要有机地结合起来，既不要长时间讲解，也不要长时间做练习。笔者不反对学生在课堂上做题，但如何做、怎样做，值得推敲。如果仅仅满足于学生能够在课堂上做了几道数学题或更多一点的题目就心安理得，是对数学课堂学习这种形式的作用的误解；如果仅仅满足于学生能够在考试中得到比较高的分数，不惜花大量的时间让学生进行重复性的练习，是对数学教师的专业性的漠视。

课堂上的大多数时间应该是数学思维的交流，这种交流是师生之间、生生之间的。而学生埋头做题基本上是一种个人的学习，虽然这种学习方式是非常重要的，但在课堂上所占用的时间比例不要过大。在课堂上，教师的职责是能够通过自己的教学行为，有效地组织学生一起来思考数学问题和解决数学问题，要能够把自己对知识的理解和感悟通过某种方式告诉学生，也要通过思维活动，了解学生的思维状态，评价学生的思维活动。

数学课堂的节奏是循序渐进的。因为数学的思维活动是需要持续深入地展开的。教师要设计好一节课的教学活动，不是简简单单地准备几道数学的题目，而是应该在明确这节课的教学目标、教学重点的前提下，由浅入深地精心设置数学问题。这些数学问题可以由教师所准备的数学的题目改造而成，尽量在课堂上削弱做题讲题的痕迹，把讲题换成以讨论问题、探究问题的方式呈现；如果是新授课，就要从知识的发生发展的过程进行思维活动，而不要匆匆忙忙地得出结论、得出公式，然后很快转入应用练习阶段了。

课堂教学的节奏从表面上看有快与慢、急与缓的区别，但本质上是对课堂教学理解的深与浅，对呈现数学思维活动设计的厚与薄。有人说教学是一门艺术，准确把握课堂教学的节奏，会不会也是一种艺术的境界呢？

# 主题 4

# 雁行有序的逻辑结构

教学的逻辑是课堂教学的灵魂。一个能让教师享受到工作乐趣的课堂、让听课的学生体会到学习快乐的课堂，一定是把握住了课堂教学规律的课堂，一定是认识到了教学的价值和意义，能够引导学生通过知识的学习，去感受、体验它所承载的本质的东西。也就是说，在这样的课堂中总是充满着教学的逻辑。

## 一、知识逻辑重在教材解读

对教学逻辑的理解与认识的程度决定教师的教学水平，教学研究的质量决定教师教学水平的高度。要上好一节课是需要下很大的功夫的。需要教师长期的教学实践和教学研究的积累，要对所教学科的每一门课程的思维特点、整体的知识逻辑结构有准确的把握。

教学的展开是以知识为载体的，而知识是有逻辑关系的。这种逻辑关系一方面体现在本节课的知识与本节课前所学知识的逻辑关系和本节课之后要学习的知识之间的关系，另一方面体现在本节课的知识与其所处的学科知识的逻辑关系。作为教师，在进行这节课的知识的教学前，要能够明确这些逻辑关系，并依据对知识的逻辑的理解和认识进行教学的设计。

为了上好一节课，教师要研究教材，通过对所教授知识的分析，找到知识发生、发展合理的逻辑线索，并能够通过教学活动让学生去感受其内在的逻辑关系。如果教师自己不深入解读教材，没有在知识逻辑关系上做深刻的思考，就很容易产生缺乏逻辑的教学，教学效果将会打折扣，和自己当初所设计的教学目标有出入。

课堂教学本身是很严谨的事，要敬畏；教学逻辑不能缺失，要研究。作为教师，对知识本质的揭示要有不懈追求的乐趣，对知识逻辑关系的呈现与否要保持高度的敏感。

## 二、思维逻辑重在过程体验

在教学的引入环节，教师常常喜欢用生产、生活中的实际问题与数学知识之间的联系作为教学内容来演绎，其作用在于激发学生的学习兴趣，让学生感受学习数学是有用的。但是要注意的是，生活中的实际例子与所要教授的数学知识之间常常是没有内在逻辑关系的。如果仅仅满足于激发学生学习数学兴趣，这样的兴趣是短暂的。

如果每节课的引入都讲一个实际例子，这些例子就有可能把每节课所讲授的知识之间的逻辑关系隔断，学生理解数学问题的思维就可能是不连续的，最终导致所学的知识是结论化的、碎片化的。

教学过程由于是人认识知识的过程，因此教学的逻辑不仅体现在知识本身的逻辑上，也反映在教师与学生的思维活动中。数学的教学价值在于学生的思维逻辑的确立，让学生的思维具有逻辑是数学教学最为重要的任务。

教师要站在知识逻辑的高度去认识所教授的内容，这种高度并没有多么神秘，实际上就是知识之间的联系及其所承载的数学思维和学科观点。课堂上教师提出的问题不是为了问而问，而是通过精心设计的问题，既让学生能够感受到教师是如何思考问题、理解问题、解决问题的，又要能站在思维逻辑的高度认识、理解教材，挖掘出教学内容具有思维活动价值的规律。思维逻辑源于教师和学生对基本概念的深刻理解；思维逻辑的建立依赖于学生在教师的指导下遵循基本概念所承载的思维特点所进行的思维活动。

所以，研究教学，不仅要研究知识之间的逻辑，还要把握学科教学的思维规律，找到教学活动所要遵循的逻辑主线，在此基础上设计有效的教学活动。只有如此，教师的课堂才能充满理性，充满智慧。

数学课的"味道"来自数学的知识所承载的知识逻辑和思维逻辑，如果教师的教学是遵循数学的思维去自然地、真实地沿着教学逻辑的主线展开，不仅仅重视结论的获得，更突出思维过程的呈现，数学课的"味道"就必然越来越浓！

# 专题三

# 如何创造『有情』的课堂

课堂不仅是传授知识的主阵地，更是师生情感交流的情境场。在不同的环境、不同的情境下，学生会有不同的情绪表达，教师必须适时予以情感应答。因此，良好课堂氛围的营造既依赖于教师的智慧，更依赖于教师用『情』

——有情怀、有热情、有激情地对待课堂、对待学生、关注学生、感染学生。

**情**，即情感。课堂不仅是传授知识的地方，更是情感交流的平台。课堂上，除了"以知教人""以理服人"，还应该"以情感人"。学生是有情感的个体，学生的情感投入会直接影响学习的效果。课堂教学，教师要尽量在民主、和谐、情感充沛的氛围中进行，既传授学生知识技能，也培养学生的高雅情趣，促进学生精神成长。那么，到底怎样才能创造出有情的课堂呢？

德国教育家第斯多惠说过："我以为教学的艺术，不在于传授的本领，而在于激励、唤醒，没有兴奋的情绪怎么激励人？没有主动性怎么能唤醒沉睡的人？"只有教师首先激情投入，在课堂上，用饱满的热情、磅礴的激情、率真的性情去打动学生，感染学生，以情传情，才能唤醒孩子心中的真、善、美。

课堂中，教师不仅要用自己的情感去唤醒学生的情感，还要引导学生丰富自己的情感。《义务教育语文课程标准（2022年版）》提出："感受语言文字的美，感悟作品的思想内涵和艺术价值，能结合自己的经验，理解、欣赏和初步评价语言文字作品，丰富自己的情感体验和精神世界。"

要创造有情的课堂，教师可以从"引导、朗读、赏析、思考"几个方面入手，全方位提升学生对文本的理解，让学生体验文本中的情感，从而丰富自己的情感体验。

# 主题 1
# 动之以情的引导方式

当前新教育理念强调建立一种民主、平等的新型师生关系，要促进学生自主、合作、探究学习，这就决定了教师要把课堂还给学生，要让学生成为课堂真正的主人。但是，把课堂还给学生，并不意味着教师就可以无所作为，教师是学习活动的组织者和引导者，这其实是对教师提出了更高的要求，要求教师要把控好课堂，要做好穿针引线的工作。

## 一、言语导情

统编教材中的课文绝大部分都是文质兼美的，但是学生并不一定能在短时间内领悟，尤其是内蕴较深的文章或者因时代久远与学生产生隔阂的文章。怎样才能让学生披文入情呢？教师要充分认识到，在课堂上，语言不仅仅是传授知识的工具，更是师生间情感传递的手段，教师要善于发挥自身的语言优势，用情绪高涨、感情饱满的语言去引导学生、感染学生。我们来看语文统编教材二年级上册第7课《妈妈睡了》的教学导入：

有一位小朋友，他拍下了自己妈妈睡觉的样子，还用文字记录下来了，我们一起来学习。学生齐读课题。声音要轻柔，不要吵醒睡梦中的妈妈哦。

导入环节，教师在指导朗读课题时，轻轻一句"声音要轻柔，不要吵醒睡梦中的妈妈哦"立刻唤起了孩子们心中的柔情，为赏析全文奠定了爱的基调。天底下的妈妈对孩子的爱都是无私的，天底下的孩子对妈妈的爱更是纯洁无瑕的，整个课堂，学生会在轻柔中，在对妈妈的呵护中，虔诚地学习本文。

导入时一句看似不经意的话语，却能起到事半功倍的效果，真正达到了"未成曲调先有情"的效果。比如语文统编教材五年级上册第七单元第21课《枫桥夜泊》的教学导入：

有一首诗，让一位诗人名垂千古；有一首诗，让一个城市名扬天下；有一首诗，让一座桥梁成为当地名桥之首；有一首诗，让一座寺庙成了中外游人向往的胜地。这首诗，就是唐代诗人张继写的《枫桥夜泊》。

诗意课堂的打造不仅在于古诗本身，还在于教师充满诗意的语言，本案例中教师开讲的几句话就牢牢抓住了学生的心，成功地吊起了学生的胃口，到底是什么样的诗，什么样的城，什么样的桥，什么样的庙呢？真想去读一读那首诗，游一游那座城，走一走那座桥，逛一逛那座庙。有了这个效果，课堂就成功了一半。

## 二、交流融情

课堂上，学生才是主体，学生自然就不能只是旁听者，必须参与到课堂中，只有在生生之间、师生之间不断地交流、探讨、沟通，进行思维的碰撞中，才能解决问题。其实两千多年前的孔子，在没有现代技术的情况下，经常使用的就是这一最朴实的教学方法——交流法，前人的智慧永远值得我们学习。来看语文统编版教材五年级下册第一单元习作教学《那一刻，我长大了》的教学片段：

板块一：领悟话题的意蕴

教师：同学们，这个单元的导语当中有这样一句话，一起读。

学生：（读）每一个人都有他自己的童年往事，快乐也好，心酸也好，对于他都是心动神怡的最深刻的记忆——冰心。

教师：这是冰心老人说的话。其实，在我们的童年往事中，关于长大的事情，一定是让我们最开心、最难忘的记忆。这节课，我们就来聊一聊有关于长大了的故事。聊的话题是——

学生：（读）那一刻，我长大了。

教师：这里的"那一刻"怎么理解？

学生：我认为，"那一刻"是一个动人的画面，需要细致刻画那个画面发生的事情。

教师：你的意思是说，"那一刻"是有画面感的。很好！

学生：我认为，"那一刻"是一个时间段，需要重点刻画的是人物内心的思想感情。

教师：是的，"那一刻"，一定是事情发展变化过程中的那一刻；"那一刻"，一定是触动你心灵的那一刻；"那一刻"，也是你获得成长力量的那一刻。再来读。（生齐读）

教师：只要用心体会，我们就会发现这是一个——

学生：这是一个充满着幸福感的话题。

教师：因为——

学生：那一刻，我长大了。

教师：长大了，难道我们不开心不幸福吗？只要用心揣摩，我们还会发现这是一个——

学生：这是一个发自内心的让人由衷感到自豪的话题。

教师：可不是吗？你长大了，难道不值得自豪吗？

学生：自豪！

教师：因为——

学生：那一刻，我长大了。

这一习作指导课导入环节，主要是解决审题问题。教师通过一步步引导，从单元导读页冰心老人的话入手，和孩子们交流，让孩子自己感悟。在整个交流过程中，教师没有对学生进行灌输，没有直接告诉他们，"那一刻"到底是什么，而是适时地引导和回应，把话语权交给了学生，让学生愿意和教师交流，并能说到点子上，教师起到了很好的"牵线搭桥"的作用，至此，本次习作"写什么"就得到了很好的解决。之所以有这么好的效果，就在于教师在和学生看似随意的交流中，引导学生去挖掘话题背后的情感，从而让学生准确地理解和把握了这次习作的目标。

## 三、技术烘情

现代多媒体技术飞速发展，我们要充分用好技术，让信息技术与学科教学深度融合，让信息技术服好务课堂教学。新课标也强调要"充分发挥现代信息技术的支持作用，拓展语文学习空间，提高语文学习能力"。文字和音乐、影视等媒体艺术都是相通的，在语文课堂上，用好多媒体技术，对情感教学有着重要的引导作用，能帮助学生情感升华，强化学生的情感体验。比如语文统编版教材三年级上册第七单元第21课《大自然的声音》的教学：

同学们，大自然包罗万象、生机勃勃，有壮观恢宏的山川湖海，有柔和秀美的花草树木，还有姿态万千的飞禽走兽……春天的一棵小草、夏天的一场大雨、秋天的一枚落叶、冬天的一片雪花，我们所见的每一种美景，都是自然的馈赠。但是，自然的馈赠远不止这些，还有一些我们看不见、摸不着的东西，却一样让人沉醉其中。是什么呢？请你们仔细地听一听！

播放记录大自然声音的音频，引导学生欣赏感受。

过渡：你们刚刚听到的是什么？你们都听到了哪些声音？这些声音好听吗？这是不是也是大自然带给我们的美好享受？今天，就让我们走进大自然，走进课文中，去感受这些来自大自然的美妙声音。

《大自然的声音》以独特的视角，把大自然中的风、水、动物比作音乐家，描绘了美妙的风声、有趣的水声、快乐的动物声音，写出了大自然的奇妙。教授本课时，应该引导学生与文本产生共鸣，激发学生对大自然的热爱之情，让学生走进大自然、体验大自然、发现大自然的美。这种情感的激发应该从上课之初就入手。教师在新课开始时，借助音频资料，让学生聆听大自然的特殊音乐会，使他们充分体会到大自然声音的美妙，与文本产生共鸣，激发起学习兴趣。

## 四、故事共情

统编版教材中，有很多意蕴丰厚、流传很广的经典篇章，但很多篇章，学生因为对作者生平背景不了解，很难能真正理解背后的思想以及作者真正想要抒发的情感。因此，教师要做好充分的前期准备，可以在充分搜集资料的基础上，以故事讲述的方式分享给学生，让学生产生共鸣，引导学生体会文章内在的意蕴和含义。来看看语文统编版教材五年级上册第七单元第 21 课《枫桥夜泊》教学片段：

二、赏析品味，读出情感

1. 抓重点词，体会感受

（1）因为愁眠，张继还感受到了什么？（霜满天）

（2）霜满天就是寒气满天。其实，身体的冷还在其次，更主要的是张继的心也冷。

2. 创设情境，讲述背景故事

在民间流传着这样一个故事：科举考试放榜，同窗好友一个个榜上有名，张继却名落孙山，他一个人来到苏州，想借苏州的美景，排解心中的烦闷，可眼前的美景，并没有驱散他心头的乌云。夜晚，张继翻来覆去，无法入睡，他悄无声息地站在船头赏月，月亮好像也瞧不起这个落第书生，渐渐西沉。这时，传来一声乌鸦啼叫，在静夜里显得格外凄凉。江上起风了，他正要回到船舱去添衣服，就听到一声钟声，仿佛从天外传来。钟声勾起张继的无限乡愁！张继望着夜色中的枫树古桥，脱口吟唱：月落乌啼霜满天，江枫渔火对愁眠。姑苏城外寒山寺，夜半钟声到客船。

鉴于单纯的生活经历，《枫桥夜泊》中孤寂忧愁的情感，学生理解起来有难度。此时，教师适时把张继落榜的故事引入课堂，让张继成了一个"真实的""丰富的""立体的"人物，引导学生设身处地感受张继内心的失落、迷茫，引导学生走进诗人的情感世界。

# 主题 2
# 声情并茂的朗读指导

朗读教学是我国语文教学最传统的教法之一，是提高学生思维能力和表达能力的一种重要途径。琅琅书声，是语文课堂上一道亮丽的风景线。新课标非常重视朗读教学，在各个学段对朗读都提出了具体要求，朗读已经成为阅读教学一个重要的手段及任务。如何才能让学生正确、流利、有感情地朗读课文？如何才能让朗读指导达到理想的效果？

## 一、示范朗读

正确、流利地朗读课文，对学生来说不是难事，但要达到有感情地朗读就不是一件轻松的事情了。模仿是儿童的天性，对于低年级的学生来说，教师范读是一种极其有效的方式，学生能模仿教师读准语音、节奏、语速和语调；而对于中高年级的学生，教师的深情范读更能引起学生的共鸣，让学生很快地入情入境，从而读出气势、读出情感，达到声情并茂的程度。这样，学生才能真正进入语境，体会文章的语言美和情感美。来看统编版教材五年级下册第八单元第 21 课《杨氏之子》的教学片段：

朗读课文，读出韵味

1. 自由练读

杨氏子到底是个怎样的孩子呢？让我们走进这个故事。首先，请大家自由朗读课文，注意读准字音、读通句子。

2. 指名朗读

学生读，师生正音。

教师：文言文和诗歌一样，有它特定的节奏和韵味，我们要读好停顿，读出节奏。老师给它加上节奏线，谁再来读一读？

指名读，老师点评。

3. 配乐范读

教师：同学们，读文言文的时候，要在停顿的地方，把尾音拖长一点，读得饱满一点，再配上动作和表情，就更加韵味十足了！

老师配乐范读。

4. 学生齐读

教师：怎么样？有点意思吧？你们也能像老师这样读一读吗？

学生齐读。

五年级学生有了一定的文言文学习基础，对于读好停顿、读出节奏已经没有大问题，但是读出韵味就不一定能做好了，这时教师的范读就能起到很好的示范引领作用，读出了文言文的味道，再配上舒缓的音乐，学生静神凝听，如同自己正在跟孔君平对话。随着音乐，随着教师的深情范读，学生也忍不住跃跃欲试了。

## 二、想象朗读

爱因斯坦说：想象力比知识更重要。想象朗读，对于学生深入理解文本有着极其重要的作用。新课标在不同的学段对想象朗读提出了具体的要求。统编版教材课后习题中，多次要求把朗读和想象结合在一起；古诗词课后习题，几乎每一篇都要求把朗读和想象结合在一起。教师在具体教学中，可以充分运用想象朗读，培养学生联系生活体验画面的能力、在脑海中再现文本的能力，从而落实课标精神，落实统编版教材编排理念。比如统编版教材六年级上册第六单元第18课《古诗三首》中《江南春》的教学：

江南之春是一番怎样的美景呢？我们一起看看诗人杜牧为我们描绘了一幅怎样的画卷。（板书课题）

1. 初读古诗，欣赏美

（1）自由朗读，读准字音。

（2）指导学生准确读出节奏，欣赏诗歌的声律美。

（3）指名读，学生齐读，男女生比赛读，多种形式读出诗的韵味。

2. 整体感知，体会美

诗是无形画，画是有形诗，听朗读，边听边想，你仿佛看到了什么？听到了什么？想象这是一幅什么样的江南春景图？大家用自己最喜欢或是最擅长的方式来展示这首诗所表达的意境。可以用自己的话描绘诗句景象，可以有感情地读一读。（教师配乐读）

《江南春》描写的是整个江南地区的迷人春景，如果由教师带着学生一个词一个词地理解、一句一句地赏析，就破坏了诗歌的整体美，让学生边听朗读边想象，学生能基于自己的生活体验以及之前的积累，在头脑中构建出自己想象的江南春景，再用自己的话描述出江南春景或有感情地朗诵出江南春景之美，比起被动地跟着教师赏析，这种个性化的阅读更能加深学生对诗歌的理解。

## 三、情境朗读

新课标极其重视情境教学，"情境"一词在新课标中出现的频率非常高，为了让学生真切地感悟文本，教师可以巧妙地创设各种富有感情色彩的具体情境，激发学生的朗读兴趣，把认知活动与情感活动结合起来，达到最佳的朗读效果。例如统编版教材五年级上册第六单元第17课《慈母情深》教学：

板块二：潜心读文 读懂母爱。

1. 铺垫：鼻子一酸是什么感觉？（伤心、想哭）

2. 质疑：不对呀，母亲给了我买书的钱，我应该是高兴的呀，为什么会鼻子一酸呢？

3. 默读课文，把课文中令我"鼻子一酸"的语句画下来，并在旁边写下批注。

4. 交流感悟："七八十台破缝纫机发出的噪声震耳欲聋"。

①指名读。

②震耳欲聋是什么意思？如果让你处在一个"震耳欲聋"的环境中，你会有什么感受？（难受、烦躁、一刻也不想待下去……）把这种感受送到字里行间去，读……

③你们一刻也不想待下去，而母亲停止过吗？

④教师引读：

教师：我进去了，噪声没有停止过，再次读：……

今天，母亲在七八十台破缝纫机发出的噪声震耳欲聋的环境中工作。

昨天母亲是在怎样的环境中工作的？读：……

明天母亲又将在怎样的环境中工作？读：……

去年母亲是在怎样的环境中工作的？读：……

设想：明年、后年、大后年，母亲又将在怎样的环境中工作呢？读：……

教师：孩子们，看到母亲日复一日、年复一年地在这样的环境中工作，你心里有什么滋味？

预设：难受、心酸、感动……

教师：这是一份酸楚的感动。这么多感受，我的鼻子怎么不会一酸？

首先，《慈母情深》写的是20世纪60年代初的事。当时正是国家经济困难时期，大多数老百姓温饱尚且不能满足，用"一元五角钱"去买一本书更是不可想象的事情。现在的学生不了解当时的时代背景，难以切身体会到作品中人物的情感。其次，五年级学生在日常生活中能感受亲情，但往往忽略了对生活细节的关注和感动，对父母的深情常感到"理所当然"，缺少"心存感激"，需教师创设一定的情境加以引导、点拨。为了挖掘语言背后蕴藏着的巨大精神力量，教师通过一次次地创设情境引读，有了情境，有了教师的引导，哪怕是今天衣食无忧的学生，也能读出难受、心酸、感动，也能感受到那份沉甸甸的母爱。

## 四、对比朗读

对比，是一种思维方式。把内容相近或者相对的几个文本或同一文本的几个部分放在一起进行对比朗读，进行对照、鉴别，细心捕捉文本中的情感信息，感受作者在文本中传递的情感，能使认识更加充分、深刻，能更有效地激发学生的情感，让学生在一定背景中，更深刻地体悟文本的意蕴和内涵，受到文本情感的熏陶。一起来看统编版教材五年级下册第四单元第9课《秋夜将晓出篱门迎凉有感》的教学：

对比阅读：《秋夜将晓出篱门迎凉有感》与《题临安邸》。

①小组讨论：这两首诗中的遗民与游人有什么不一样？（从身份、状态、生活、愿望等方面的对比感受游人的纸醉金迷和遗民的欲哭无泪）

②他们之间有联系吗？有什么样的联系？

③抓关键字"望、又"，感受诗人对遗民的同情。

在金兵战马的践踏下，移民们的眼泪早已流尽，但永远没有尽头的又是什么呢？你从哪儿感受到的？他们盼望的是什么？王师们到底在哪儿？

④引读："山外青山楼外楼，西湖歌舞几时休"。

"山外青山楼外楼，西湖歌舞几时休"是林升想问的，也是宋朝老百姓想问的。

问问无道的昏君，读：

问问奸臣小人，读：

问问无能王师，读：

替白发苍苍的老人问问，读：

替骨瘦如柴的孩子问问，读：

替陆游问问，读：

一个问字，问出的是忧愁，是无奈，是愤怒。

⑤引读"遗民泪尽胡尘里，南望王师又一年"：

一个"望"字，望出的是遗民们的度日如年，望出的是诗人的忧国忧民，这一望就是65年、780个月、23000多个日日夜夜，在这些日日夜夜里……读：

65 年，曾经的儿童熬成了白发苍苍的老人；65 年，仍不见王师的影子，只有……读：

65 年，一次又一次的希望换来的是一年又一年的失望，南宋的权贵们早已忘了这国恨家仇，只有……读：

为了帮助学生深入理解诗歌，教师适时地引入《题临安邸》和本诗对比阅读。沦陷区人民年年岁岁盼望着南宋出师北伐，可是岁岁年年愿望落空。这是为什么呢？因为南宋统治者此时正醉生梦死于西子湖畔，把大好河山、国恨家仇早就丢在了脑后。教师创设情境，让学生问问无道昏君，问问奸臣小人，问问无能王师："山外青山楼外楼，西湖歌舞几时休？"替白发苍苍的老人问问，替骨瘦如柴的孩子问问，替陆游问问："山外青山楼外楼，西湖歌舞几时休？"问出的只能是愤怒、是无奈、是忧愁，这时再来读"遗民泪尽胡尘里，南望王师又一年"，在对比朗读中，沦陷区人民的无奈、心酸、失望，对统治者的愤怒，溢于言表。

# 主题 3
# 情真意切的作品赏析

阅读是学生的个性化行为，不应以教师的分析来代替学生的阅读实践。阅读是语文学习过程中重要的一个环节，学生的个性阅读只有在主动积极的思维和情感活动中，才能有所感悟和思考，才能受到情感的熏陶、获得思想启迪、享受审美乐趣。在作品赏析过程中，教师要善于营造氛围，引导学生积极参与，运用多种方式自主探究，让学生在感悟、体验、揣摩、品味中深入体会作品情感，达到情感上的共鸣，从而使自己的精神世界得到成长。

## 一、以朗读悟情

在语文教学中，朗读是怎么强调都不为过的，一定要让学生反复吟咏文本，以读促悟，以读悟情，在琅琅读书声中细细品读，自主感悟字词的魅力，领会文本中语言之美、情感之美、意境之美。例如统编版教材四年级下册第一单元第 1 课《清平乐·村居》：

1. 初读诗词，读成一首歌

（1）自由读。

（2）教师范读：读好一首词，要注意停顿，读出节奏，读好韵脚字。（教师配乐范读）

（3）谁能像老师一样读一读课文？

2. 再读诗词，读出一幅画

一首好词就是一幅美丽的画。读着读着，你的眼前出现了哪些画面？

3. 品读赏析，读出一份情

（1）一首好的诗词里，往往寄托着作者独特的情感。"抓词眼，悟词情"，这首词中哪一个字最能体现词人的情感？（预设：喜）

（2）作者看到了什么，让他最喜欢？（课件出示：最喜小儿亡赖，溪头卧剥莲蓬）①作者为什么最喜小儿？②你从哪里看出小儿的活泼可爱？

（3）小儿卧剥莲蓬，大儿、中儿在干什么？

（4）词中还有哪些画面让词人心生欢喜？

（5）这里的村居生活让词人陶醉，这里的美景也让词人陶醉：①溪边长着什么样的小草？②词人为什么不用青草，而用青青草？从"青青草"中，你感受到了小草的什么特点？

4. 拓展延伸，读懂一片心

辛弃疾写这首词仅仅是为了表达乡村生活的幸福、和谐吗？

教师配乐讲述：辛弃疾文武双全，骁勇善战。他21岁便参加抗金义军，极力主张收复失地。然而遭到南宋朝廷主和派的排斥和打击，42岁时被发配到江西上饶的一个小山村，一住就是20年。他只能在梦境中重温昔日金戈铁马的壮志豪情。他曾经写过一首词《破阵子》。（播放词朗诵视频）

是啊，正如词中所写的那样，即使被贬山村，尽管白发丛生，但辛弃疾心心念念的还是抗敌救国。

孩子们，此时此刻，你们觉得《清平乐·村居》这首词还寄托着作者怎样的情感？

基于《清平乐·村居》这首词浅显易懂的内容和简单的结构特点以及四年级学生已有的阅读能力，在整个赏析中，教师以朗读贯穿始终，以读悟情，读成一首歌，读出一幅画、读出一片情，读懂一片心，步步深入，让学生在读中整体感知，在读中有所感悟，在读中培养语感，在读中受到情感的熏陶，层层深入，达成深度阅读。

## 二、引文献解情

学生查阅文献资料、借助文献资料理解课文是语文学科要培养的重要能力之一. 新课标在第二学段提出要"有目的地搜集资料",在第三学段提出要"初步了解查找资料、运用资料的基本方法。利用图书馆、网络等渠道获取资料"。统编版教材在编排上也非常重视这一能力的培养,多次在单元导读页中明确提出"借助资料"来理解课文。在教学中可以如何操作呢?来看语文统编版教材八年级上册第四单元第14课《背影》的教学:

【理解背影】

教师:车开了,人走了。"背影"作为最后的记忆留给了人们。也许这正是"背影"的隐喻,意味着别离。前文中说,我想起祖母簌簌地落泪,那是一种"死别",这里是一种"生离"。人生自古伤离别,我们大家再一起来读一读。

过渡:父亲"大去之期不远矣",对作者而言不是一种将要到来的诀别吗?文章开头作者淡淡地说"我与父亲不相见已二年余了","不相见"是不能见,还是不愿见?我们看一个资料。

PPT 显示:

1915 年,朱自清父亲包办朱自清婚姻,朱自清有怨言。父子生隙。

1916 年,朱自清上北大后自作主张改"朱自华"为"朱自清",父亲很生气。

1917 年,父亲失业,祖母去世,家庭经济陷入困顿。朱自清二弟几乎失学。《背影》的故事就发生在这一年。

1921 年,朱自清北大毕业参加工作,父亲为了缓解家庭经济紧张私自扣留了朱自清工资。父子发生剧烈矛盾。朱自清离家出走。

1922 年,朱自清带儿子回家,父亲不准他进门,朱自清只能怅然离开。

1923 年,朱自清再次回家,父亲不搭理他。父子开始长达多年的冷战。

1925 年,朱自清父亲写信给儿子:大约大去之期不远矣。朱自清在泪水中完成了《背影》。

—— 王君《生之苦痛与爱之艰难 ——〈背影〉再读》

教师:原来父亲来信的背后,遮遮掩掩之间,隐藏着父子之间的一场"情感战争"。大家想想,这封信,是父亲在干吗?是父亲在向儿子求和。这里是儿子胜利了吗?没有什么胜者和败者。作者读到信泪如泉涌,是一种什么情感?

(预设:①有了对父亲的理解。②有了一种愧疚。)

教师:8 年之后,作者也已为人父了。重新再看父亲的时候,作者就多了一份理解。齐读最后一句!

PPT 显示:唉!我不知何时再能与他相见!

提问:你读出了什么?

（预设：①"唉"里有对父亲身体的担忧。②"唉"里有说不尽的愧疚。③两个感叹号，饱含作者想见父亲的热望。）

教师：1928 年朱自清的父亲读到了这篇文章。据朱自清的弟弟朱国华回忆说，当父亲一字一句读完《背影》时，他的手不住地颤抖，昏黄的眼珠好像猛然放射出光彩。这一刻，父子和解了。

很多人在读《背影》时只是感动于父子之情，而忽略了朱自清在文章开头写的"我与父亲不相见已二年余了"和文章结尾的"但最近两年的不见，他终于忘却我的不好，只是惦记着我，惦记着我的儿子"两段文字。

朱自清是长子，一直以来中国传统家庭中长子的地位都是非常高的，他们是家中的"顶梁柱"，上要尽到赡养父母的义务，下要给兄弟姐妹做出表率和榜样。在日常教导中，父母对长子要求会比较严格，寄予厚望，希望有一天他能够承担起自己的责任。长期在此环境中长大的长子一般较老成、稳重，服从父母的权威，长子一般较少反叛和创新。巴金《家》中的高觉新就是一个典型的例子。

在这一特定文化背景下，朱自清的父亲做了很多他认为理所当然的事情，但他不能认识到，此时儿子已经长大，已经有了自己的思想，一个想要坚持伦理规范，另一个想要追求独立自主，所以他们多次发生争执，导致矛盾逐渐加深，其实这也是一种新旧思想碰撞的结果。

本文写的是特定背景特定情况下慈父孝子之间的相爱相怜，字里行间充满着淡淡的哀愁，教师给学生补充文本之外的这些文献资料，能更好地引导学生理解作者写作此文的深意，理解中国传统的父子之情。

## 三、用图表理情

在学习过程中，如果学生不是主动学习，没有积极参与，往往不会有较好的教学效果。课堂上教师可以合理使用图表支架，让学生通过小组合作共同完成学习任务，厘清文本脉络，梳理情感，这样能充分调动学生积极性，促进学生主动思考、主动交流，形成一种活泼的课堂教学氛围。比如语文统编版教材五年级下册第六单元第 15 课《自相矛盾》的教学：

借路人诘问，发现楚人的矛盾思维：

（1）路人曰："以子之矛陷子之盾，何如？"你们觉得"以子之矛陷子之盾"会出现几种可能呢？小组交流。

答案提示：

|  | 盾 | 矛 |
|---|---|---|
| 可能 1 | 盾完好 | 矛折 |
| 可能 2 | 盾陷 | 矛完好 |
| 可能 3 | 盾陷 | 矛折 |
| 可能 4 | 盾完好 | 矛完好 |

（2）这四种可能出现的现象可以分别得出什么结论？把序号填入括号中。

A. 吾盾之坚，物莫能陷也　　B. 吾矛之利，于物无不陷也

|  | 盾 | 矛 | 得出结论 |
|---|---|---|---|
| 可能 1 | 盾完好 | 矛折 | 矛质量不好，（　）不成立 |
| 可能 2 | 盾陷 | 矛完好 | 盾质量不好，（　）不成立 |
| 可能 3 | 盾陷 | 矛折 | 矛和盾质量都不好，（　）（　）都不成立 |
| 可能 4 | 盾完好 | 矛完好 | 矛没有刺破盾，（　）不成立 |

（3）楚人为何"弗能应也"？

在这一环节中，授课教师借助表格让学生小组合作探讨"以子之矛陷子之盾，何如"，借助图表分析四种可能性的结果，这一思维过程，也是楚人准备回答路人时的思维过程，无论出现哪种可能，都会暴露楚人话中的错误，无法自圆其说，因此楚人"弗能应也"，从而得出本文的寓意：说话做事要前后相应，不要互相抵触、自相矛盾。图表支架的设计，层层递进，让矛盾渐渐清晰，思维变得可视。

# 主题4
# 合情合理的思考逻辑

语文课堂应该是感性的，"感人心者莫先乎情"；但是，语文课堂又必须是理性的，只有发展理性思维的教学，才能帮助学生掌握认识世界、改造世界的能

力。新课标极其重视理性思维的培养，在课程性质中提出要"发展思维能力，提升思维品质"，核心素养内涵也是"文化自信、语言运用、思维能力、审美创造"四方面的综合体现，新课标在语文课程"内容组织与呈现方式"板块中，专门设置"思辨性阅读与表达"发展型学习任务群。由此可见，语文课堂也要为思维而教，要培养学生合情合理的思考逻辑。

## 一、以问导情，引领思辨

问题是科学研究的出发点，没有问题就不会有分析问题和解决问题，提出一个问题往往比解决一个问题更重要。在课堂上，如果教师能提出有价值的问题，引导学生合作、探究、思考，能很好地提升教学效果。来看语文统编版教材四年级上册第六单元第19课《一只窝囊的大老虎》的教学：

1. 引发阅读思辨

（1）引导：有学生在预习批注时提出"扮演老虎是不是一定要豁虎跳？'我'的演出是否窝囊"等问题。你觉得作者的演出真的像他自己感觉到的那样窝囊吗？请大家默读课文第17～20自然段"我"正式表演的那部分内容，找到1～2处最能证明你观点的语句，圈出关键词，把你的想法批注在旁边。

（2）引导：大家都已经有了自己的想法，并作了批注。现在，根据自己的观点调整座位。认为"我"的演出窝囊的同学请起立，拿好你的课本和笔坐到左边三组；认为"我"演出不窝囊的坐到右边三组。

（3）引导：到底哪边的观点更具说服力呢？咱们来一场辩论，看谁可以借助批注，有理有据地说清楚观点。

2. 开展辩论活动

……

这一课例中，教师先让学生运用批注方法进行预习，让学生自主提出问题，在问题的基础上，教师选取了最有价值的思辨性阅读问题："'我'的演出是否窝囊？"这个问题对学生来说是具有一定挑战性的。这是一个开放性、探究性的问题，所以课堂上，正反双方有时找到的是同一个证据，但理解不同，批注也不一样，教师引导学生深入文字背后思考辨析，很好地深化了学生的阅读理解。

阅读的意义在于读者主动地建构意义，而不是简单地接受文本的观点。课堂不只是学习知识的场所，还是师生之间、生生之间、生本之间展开对话、进行思想交流的地方，是学生思想和智慧生长的地方，一个好问题的提出，能极大限度地调动学生的思维，让学生真正成为课桌旁的思想劳动者。

## 二、比较阅读，辨别是非

比较阅读，是常用的一种阅读方式。比较是一种分析和推理的方法，通过比较不同事物之间的异同点，我们可以更加清晰地认识事物的特点和本质，可以帮助我们更深入地理解、评价所读的内容。

比较阅读，可以是篇与篇之间的比较，进行群文阅读教学；也可以是单篇之内的比较，因为同一篇文章的内部，往往也蕴含着某种对立统一的内在联系。教师要善于挖掘文本资源，引导学生加以比较，有时可以收到事半功倍的阅读效果。例如语文统编版教材三年级上册第八单元第26课《灰雀》的教学：

学习任务：寻找证据，发现案件真相

（1）课件出示：灰雀失踪，它去哪里了？

（2）大家都认为这起灰雀失踪案的嫌疑人是小男孩，可口说无凭，咱们得找出证据来。小组合作学习，搜集小男孩抓走灰雀的重要证据，完成记录单。

（3）请小组发言人发言。

（4）同学们，我们有理有据，小男孩就是我们要找的案件嫌疑人。小男孩为什么要抓走灰雀呢？

（预设：小男孩喜爱灰雀。）

（5）难道喜爱就可以把灰雀带回家吗？这种喜爱是真的喜爱吗？

（6）学生自由发言。

（7）教师总结：男孩对灰雀的爱，是占为己有的，自私的爱，是一种错误的爱。（板书：占有）

（8）教师追问：列宁喜爱灰雀吗？他是怎么做的？

（9）学生从文中找出证据回答。

（10）教师总结：列宁对灰雀的爱，是尊重灰雀，呵护灰雀，给灰雀自由，是一种真正的喜爱。（板书：尊重）

三年级的学生，还不太懂得到底应该怎么表达自己的爱，很多时候他们分不清爱和占有的区别，他们无法认识到，占有的爱是牢笼和枷锁，甚至可能给被爱者带来灾难性的伤害，真正的爱应该是尊重，是欣赏。爱花，就要让它自由绽放，而不是摘下来插在花瓶里让它枯萎；同样，爱鸟，就要让它自由飞翔，而不是抓起来关在鸟笼里，变成金丝雀。本课授课教师在小男孩和列宁两人对待灰雀不同态度的比较中，让学生逐渐学会正确分辨占有和爱的区别，明白了尊重才是爱的真谛，爱应该是一种基于关怀和关爱的情感，是欣赏，是呵护。

## 三、联结生活，悟透逻辑

在课堂教学中，我们要关注生活、密切联系生活。课文是社会生活的反映或总结，在教学中将课文与现实生活联系起来，能让学生对生活有更理性、更深刻的理解，能让学生进一步悟透逻辑，并能尝试着去解决生活中的现实问题。

在《曹冲称象》的教学中，教师给学生提出了一个问题：曹冲称象的办法就是最好的办法吗？如果你在现场，你有比曹冲更好的办法吗？这个问题一石激起千层浪。原本在学生的心目中，曹冲是最聪明的，几千年来，大家都在称赞曹冲，都已经是写进语文课本里的神童级别的人物了，我们怎么可能比他更聪明呢？但在教师的循循善诱下，学生终于不再盲从，经过思考后，有学生提出：可以用人代替石头称象，可以选一些体重差不多的人，让他们自己走上船，避免繁重的搬运工作，然后称出一个人的体重，就可以算出大象的重量了。学生能联系生活，设身处地去解决问题时，就是真正悟透了逻辑，理性思维也慢慢得到了培养。

《义务教育语文课程标准（2022年版）》下的课堂，应该是充满情感和人文气息的课堂，是充满活力和温暖的地方。教学艺术是影响人的艺术。在有情的课堂上，教师在传播知识的同时，也在传播情感信息，在进行心灵与心灵的交流，融入了师生共同分享的喜悦，充满了美丽的想象，还不时碰撞出人生智慧的火花。在有情的课堂上，学生也会更加积极地参与课堂活动，发挥自己的主观能动性，不断地探索、思考和创新。这样的课堂不仅能够提高学生的学习效果，还能够培养学生的人文精神，为学生的全面发展奠定基础。

# 专题四

## 如何创造『有料』的课堂

有料的课堂是生动有趣、内容丰富、互动性强，引起学生兴趣和思考的课堂。一节课要有一节课的『料』，即教学内容、教学思想方法以及教学资源非常丰实，能让学生学有所获。教师要研究如何设计问题、设计活动、设计练习，如何关注学生，把课上『实』。

**料**，材料。有料的课堂指的是生动有趣、内容丰富、互动性强、引起学生兴趣和思考的课堂。创造一个有料的课堂需要教师用心设计，关注学生的需求和反馈，提供丰富多样的学习资源，创设真实而有意义的学习情境，设计有价值的问题，组织有趣的课堂活动，分层设计生活化、个性化作业，培养学生的自主学习能力，让学生获得积极的情感体验，感受到学习的乐趣和成就，增强学习的动力和信心。

一节课要有一节课的"料"，即教学内容、教学方法以及教学资源非常丰实，能让学生学有所获。现在的课堂教学有的看上去表面繁华，场面热烈，但学生真正从中学到的知识、技能、方法是非常有限的。因此，我们的教师要做研究，研究如何设计问题、设计活动、设计练习，如何关注学生，如何把课上"实"。

## 主题 1
# 情境导入有料

在 2022 年版新课标中，情境创设成了高频词，它明确指出，"注重发挥情境设计与问题提出对学生主动参与教学活动的促进作用"，让学生在活动中逐步发展核心素养。苏霍姆林斯基说过："如果教师不想方设法使学生进入兴奋的内心状态，就急于传授知识，那么这种知识只能使人产生冷漠的态度，而这种态度就会带来疲倦。"那么，如何恰到好处、精准高效地实施多样化情境导入，"把上课的第一锤敲在学生心灵上，像磁石一样把学生牢牢地吸引住"？

### 一、创设游戏情境

在课堂教学中，教师根据学生的心理特点、教材内容，设计各种游戏活动，为学生营造学习氛围。这不仅能帮助学生增长知识，还能发展学生的语言表达能力，提高他们的观察、记忆、注意力和独立思考能力。我们来看在教学部编版三年级上册第二单元习作写日记时，湖南省涟源市双江小学语文作文教改项目组设计的"漫游日记王国"这一活动情境：

师：同学们，今天早晨老师收到了一份邀请函，你们猜是谁寄给我的？猜不到吧，我告诉你们，是日记王国的蚯蚓博士写来的，快看！

1. 出示邀请函，播放音频

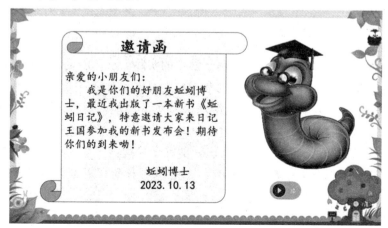

师：同学们，你们想去日记王国看看吗？

2. 出示行程图

师：瞧！这是蚯蚓博士为我们安排的行程图，看来今天一定会是一次奇妙的旅行，让我们赶快出发吧！

课堂上，学生通过自主观察日记范例，明确日记格式，成功打开魔法格式门；从绘本《蚯蚓的日记》中选取"蚯蚓吃功课""向蚂蚁问早安"这两则新奇、有意思的日记，以视频的方式向学生展示，引起学生极大的写作兴趣；通过"蚯蚓博士送妙招""联系生活找妙招"打开学生思路，让学生对日记的内容有初步的认识……环环相扣，层层递进，以学生喜闻乐见的形式，将日记教学巧妙地寓于有趣的活动情境之中，沉浸式的教学体验，点燃了学生表达的热情。这样的课堂富有形象性、情感性、极具挑战性和诱发性，孩子们个个兴致勃勃，学得认真，写得快乐。

## 二、创设探究情境

探究情境是指教师利用教材，基于学生的实际需求，创设出与教学内容有关的情境性问题，以此来引导学生主动参与到学习中。有价值的教学情境一定是内含问题的情境，激思、激疑是探究情境最基本的功能。通过创设情境引发学生"内心深处的认知冲突，激起学生学习的内部动机，在情境问题的解决中发展学生的核心素养"。比如《百分数的认识》的教学片段：

为了让学生体会百分数的优越性，王老师在教学"百分数的认识"时，设了这样的问题：

教师："学校下周要举行篮球比赛，我们正在选球员，A 同学投中 5 个，B

同学投中 2 个，如果让你来挑选，你会选谁呢？"

　　学生 1："当然选 A 啦，他投中的个数明显多啊！"

　　学生 2："我看不一定，你又没说 A、B 两同学一共投了几个，如果 A 同学是投了 10 个中 5 个，而 B 同学投 2 个中 2 个呢？"

　　……

　　通过巧设问题情境激发学生的探求欲望，激发他们的内驱力，引起认知冲突，教师在此基础上引入"百分数"的概念，让学生体会到大比较中"百分数"的优越性。

## 三、创设再现情境

　　有经验的教师常常借助多媒体，以图片或视频的形式将现实情境再现，让学生入情入境，在情境中学，在情境中感悟。"感人心者，莫过于情。"创设一定的情境，让学生身临其境、动之以情，在潜移默化引领他们"渐入佳境"。以《为中华之崛起而读书》一课为例：

　　以微课导入，再现周恩来修身课上的视频，感受少年周恩来"为中华之崛起而读书"这一铿锵有力的回答。与主人公产生共情，继而再读文本，品析"中华不振"的点点滴滴，少年立志读书救国的宏愿掷地有声。

　　本课的第二课时感受"中华不振之况"，搜集了过去百年中华民族发生的重要历史事件，以图片形式导入新课。学生的脸上渐渐写满了严肃，这种氛围很好地把学生内心情感带动起来，从朗读中感受到他们是用全身心的情感体验去重新诠释课文。

## 四、创设亲历情境

　　教育教学的最终目的是使学生在未来成功地解决真实情境中的复杂问题，既然目的指向"真实情境"，那么学习就应该"根植于真实情境"。真实，即贴近学生的生活，符合学生生活实际、让学生亲历事情发生的过程，获得最真实的情感体验。比如，统编教版材四年级下册《母鸡》语言风格朴实自然，文章结构清晰，先写老舍先生讨厌母鸡的原因，后写不敢讨厌的原因，中间用"改变心思"过渡。文章中母鸡形象前后形成鲜明的对比，老舍先生的情感态度也发生了强烈的对比。不仅赞美了母鸡伟大的母亲形象，更是对全天下英雄般的母亲的歌颂。武穴市梅川镇小学的丁娴老师创设了这样的任务情境：

　　鄂东动物王国最近开展了"最受欢迎的动物"网上投票活动，有三只动物以极高的票数赢得了此次评选活动，它们分别是"可爱猫咪""英雄母鸡""高傲白鹅",动物王国马上要为它们举行颁奖典礼啦！动物王国小张叔叔请求同学们帮忙结合老舍先生写的事迹材料为"英雄母鸡"写颁奖词。

这样的情境创设，旨在让学生在语言实践中实现语言运用，从而激发学生沉浸到文学阅读与创意表达活动之中的积极性。情境中具体包含了这样的功能和任务：

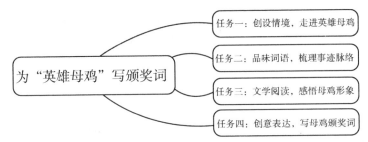

这样真实情境下的任务尊重学生的实践体验，与学生实际生活息息相关，可以使他们在短时间内与文本联结，从而产生高涨的学习情绪。更重要的是，还可以让他们拥有解决真实问题的语文素养。

# 主题 2
# 问题设计有料

提问是课堂中最常用的教学手段，教学内容的引入，教学过程中学生思维的启发，教学环节的过渡，都需要教师通过巧妙设计提问来达成。有料的问题设计以"问"求"质"，以"问"明"法"，以"问"勾连，以"问"生"问"，促进学生深度学习，思维进阶，并培养学生的创造力。

## 一、问题提出有设计

好奇之心人皆有之，同样一个问题，提出时平平淡淡，既不新颖又不奇特，而是"老调重弹"，那么学生学习的积极性和参与的主动性也就可想而知了。相反，如果变换一下提问的角度，提炼一下提问的方法，让学生有新奇之感，那么他们的学习积极性和参与的主动性又会如何呢？

在讲授"有理数的乘方"的时候，教师先让学生想象一张白纸的厚度，告诉他们只有0.083毫米，三次对折后的厚度是 $0.083 \times 2 \times 2 \times 2 = 0.664$ 毫米，还不到1毫米。

提问：假如对折 50 次，那么它的厚度是多少？会不会比桌子高？会不会比教学楼还高？学生则立刻活跃起来，争论激烈，当教师宣布结果："比穆朗玛峰还要高！"学生惊讶不已，迫不及待地想知道是如何列式计算的。

这种形式的提问，能把枯燥无味的数学内容变得趣味盎然，引起了学生学习兴趣，发动了学生思维之弦，激发了学生思考之情。

## 二、问题方式有设计

课堂问题若过于呆板、机械，"应声虫"异口同声"是"或"不是"，收不到好的效果。从研究学生的心理着眼，像包装精美的商品能激发顾客的购买欲一样，在维持提问原意的前提下，对习题的形式和内容应做适当的修正。创设一种触及学生情感和意志领域的情境，通过心理上的接受，达到提问情境与学生心理情境的共鸣和最佳融合。充分发挥非智力因素的作用，发挥学生在解题过程中的主观能动性，促进学生智力潜能的超常发挥，使智力能力发挥最大效度。

"求等比数列 3，6，12，……，192 的各项和"的问题提出后，学生可能不怎么感兴趣。这时换一种提法，用"远望巍巍塔七层，红灯闪闪倍加增。塔顶只有三盏灯，金塔共有多少灯？"这样一发问，学生有了解决此问题的兴趣和积极性，效果就大不一样了。

## 三、问题广度有设计

从问题广度来说，跨学科教学的问题设计因为要涉及多课题内容，涵盖的知识与方法的面是最广的。跨学科教学需要以跨学科领域的大问题为线索，细分出若干子问题，层层推进，从而演绎出深度学习的精彩的教学方式。

地图是地理知识的载体、地理教学的直接教具，也是地理思维能力尤其是形象思维能力培养的最好工具。地图是"用线条描绘的历史，用符号勾勒的现实"，如果不承载历史，它就是一张白纸，有了历史就有了灵魂。借助历史地图可激发学生的读图兴趣。地理教学中，选用历史地图，充分发挥其有血有肉、有情节有人物的特点，设计有情有味的读图活动。

如讲授"我国 34 个省级行政区"时，如果只是枯燥地讲述各行政区的位置和名称，学生会觉得索然无味。这时可以提问："同学们，你们知道红军长征所经过的省区吗？"然后通过展示"中国政区图"和"中国工农红军长征示意图"，与学生一起"重走长征路"，教师有重点地描述当时此地发生的历史事件，学生在想象和感动中学习了知识，大大活跃了课堂氛围，也激发了学生地理学习的兴趣。

## 四、问题深度有设计

心理学认为，人的认知水平可划分为三个层次："已知区""最近发展区""未知区"。人的认识水平就是在这三个层次循环往复，不断转化，螺旋式上升。课堂提问不宜停留在"已知区"与"未知区"，而应着眼于学生的"最近发展区"。若问题过易，则无法调动学生积极性，浪费有限的课堂时间；若问题太难，则不能使学生体会到智力角逐的乐趣，致使学生失去信心，提问失去价值。

学习了二次函数的单调性后，在复习时，就可以提这样的问题："（1）已知 $f(x) = x^2 - ax + 2$ 在 $(-\infty, 1)$ 上单调递减，那么 a 的取值范围是什么？"

这一设问是在已知区和最近发展区的结合点上，学生会主动地去探索问题。等问题解决了，再进一步问："（2）改函数为 $f(x) = \lg(x^2 - ax + 2)$ 又如何？"学生在新的已知区上又进行新的思考，最终（2）也解决了。

这样的提问深度恰到好处，学生跳一跳能够摘得着"果子"。这必将能激发学生积极主动地探求新知识，使新旧知识发生相互作用，产生有机联系的知识结构。

## 五、问题效度有设计

从问题的效度着眼，大单元教学中的驱动性问题是基于学习任务群教学而设计的，能够引起并维持学习者持久探究行为的问题。它相当于学习任务的动力装置，以"问题"去"驱动"学习任务，将学习置于具体问题之中，体现以"学"为中心。教师可以根据单元学习任务的目标和特点设计不同类型的驱动性问题。比如统编版语文教材五年级上册第三单元的人文主题是"民间故事"，语文要素是"了解课文内容，创造性地复述故事"和"提取主要信息，缩写故事"。教师组织了"讲不厌的民间故事"主题活动，设计了不同类型的驱动性问题：

有产品创制的驱动性问题："经典永流传，你读了哪些民间故事？哪些人物给你留下了深刻的印象？请你给他们制作合适的人物印象贴吧！"

有角色代入的驱动性问题："讲好民间故事，做好民间故事传承人！年级开展故事会，你会讲哪个故事？怎么讲好民间故事？"

还有问题导向的驱动性问题："借助目录读故事，你发现民间故事有哪些特点？请用表格梳理要点。""民间故事是穿越千年的精彩，以不同的形式走进了我们的生活，展现着文化的魅力，散发着智慧的光芒。哪些民间故事被改编成了其他形式的作品？请分类搜集资料。"

这些驱动性问题以产品创制、角色代入、问题导向为指引，密切联系知识和生活，加强学生完成单元任务的连贯性和一致性，帮助学生在保证学科核心内容掌握的基础上增加开放性的任务，提高了学生整合知识的能力，彰显了单元的育人价值。

# 主题 3

# 活动开展有料

新课程背景下，我们主张设计活动型学科课程。所谓活动型学科课程，就是课程内容采取活动设计的方式呈现，包括社会实践活动，即"课程内容活动化"；或者说学科内容的课程方式就是一系列活动及其结构化设计，即"活动设计内容化"。活动型学科课程的实施要求我们，一方面要对应结构化的学科内容，力求提供序列化的活动设计，并贯穿教学全过程；另一方面要针对相关活动，设计可操作的测评。

## 一、活动内容切合学生实际

设计活动时，教师要尽可能多地搜集学生身边的或者学生熟悉的资源。只有这样的活动，才能让学生感觉到自己所学的知识与自己的生活息息相关，对学习的价值有更深层次的认识。因此，教师要关注学生关心的热点、疑点、难点问题，让这些问题成为活动的资源。以第四届全国中青赛一等奖刘莹老师"中国特色社会主义进入新时代"高中思想政治教学设计思路为例（见图 4-1）：

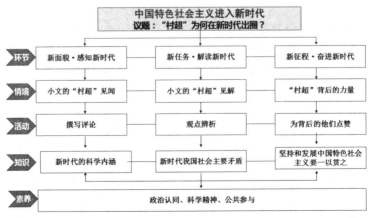

图 4-1　"中国特色社会主义进入新时代"高中思想政治设计思路

本课作为活动型新课,设计的亮点在于选择学生熟悉的新时代鲜活的故事"村超出圈"作为真实的教学情境,创设小文的"村超"之旅真实情境,通过旅行见闻、亲身感悟、体会和探究中国特色社会主义现代化建设的新时代实践,学生在真实情境中发现问题、分析问题和解决问题,通过真实情境培养学生必备知识、掌握关键能力、培育学科核心素养、树立正确价值观。

教学过程中创设小文的"村超"之旅真实情境,着眼于学生的生活体验,注重保护学生的好奇心和求知欲,引导学生去观察、反思和实践,将课堂教学延伸到社会实践大课堂,通过教与学促进学生知识、能力、价值和素养得到整体提升,是一堂成功的活动型课。

## 二、活动形式丰富多彩

在教学过程中可采用"动一动""看一看""问一问""想一想""议一议""说一说""辩一辩""理一理""试一试"等活动形式。一节课不可能,也没有必要进行上述全部活动,根据教学的实际需要选择其中的一种或几种即可。活动不一定很大,只要易于操作,利于教学。比如湖南省涟源市长郡蓝田中学肖卫红老师的部级优课"5.1.1 轴对称图形"教学设计采用如下 8 个活动环节:

1. 看一看

观看图片,欣赏中国 2010 年上海世博会部分场馆的图案。

问题:你发现它们有何共同的特征?

2. 说一说

动画演示蝴蝶、等腰三角形的折叠、重合的过程,让学生归纳得出轴对称图形的定义。

问题:你还能举出生活中轴对称图形的例子吗?

3. 做一做

每组 4~6 人,分组操作。

(1)折一折:矩形、正方形、菱形、任意平行四边形、等腰三角形、等边三角形、任意三角形、正六边形、圆等,看它们是否是轴对称图形,若是,判断其有几条对称轴?

(2)以组为单位,填写表格。

| 名称 | 矩形 | 正方形 | 菱形 | 任意平行四边形 | 等腰三角形 | 等边三角形 | 任意三角形 | 正六边形 | 圆 |
|---|---|---|---|---|---|---|---|---|---|
| 图形 | □ | □ | ◇ | ▱ | △ | △ | ◿ | ⬡ | ○ |
| 是否是轴对称图形 | | | | | | | | | |
| 对称轴的条数 | | | | | | | | | |

4．练一练（投影显示）

（1）如图，这几种车标中，是轴对称图形的有　　　　　　　　　　（　　）

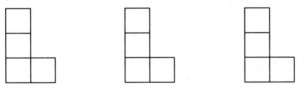

本田　　　　奥迪　　　欧宝　　　大众　　　现代　　　奔驰

A．2个　　　　　　B．3个　　　　　　C．4个　　　　　　D．5个

（2）轴对称图形的对称轴的条数为　　　　　　　　　　　　　　　（　　）

A．只有1条　　　B．2条　　　　　　C．3条　　　　　　D．至少1条

（3）下列图形中，对称轴最多的是　　　　　　　　　　　　　　　（　　）

A．圆　　　　　　B．等腰梯形　　　C．正方形　　　　　D．等边三角形

（4）11 November 2011 looks like this "Ⅱ：Ⅱ：Ⅱ". How many lines of symmetry does it have?　　　　　　　　　　　　　　　　　　　　　　　　（　　）

A．one　　　　　B．two　　　　　　C．three　　　　　　D．four

5．想一想

（1）猜字游戏（投影显示）。

（2）下面是由四个小正方形组成的图形，请你用三种方法分别在下图中添画一个小正方形，使它成为一个轴对称图形。

6．剪一剪

剪一个正五角星，看谁剪得最漂亮。（教师演示折、剪的过程）

7．议一议

通过本节课的学习，你有什么收获与启示？（学生讨论、交流，教师总结）

8．课外作业

试设计一个是轴对称图形的校徽、商标或刊头等。

本课以中国2010年上海世博会场馆的部分精美图片创设问题情境导入新课，在"看一看"中激发学生的兴趣，对学生进行爱国主义教育和美学教育。在"练一练""想一想""剪一剪"环节，把数学与英语、书法、美学等融为一体，妙趣横生。"做一做"环节有利于培养学生的发散思维能力，培养学生运用数学知识解决实际问题的能力，开辟创新教育的新天地。

## 三、活动空间可拓展到校外

学科内容的教学与社会实践活动相结合，是活动型学科课程的显著特点。校外社会实践活动为教学提供了更广阔的空间、更丰富的资源、更真实的情境，是实施活动型学科课程的社会大课堂。开展社会实践活动，要从学生的成长需要出发，注重通过乡土资源的开发与利用，丰富教学内容，加深学生对社会的认识与理解。

社会实践活动可以议题为纽带，以活动任务为依托，要对有关学科内容的学习效果，学生在社会实践活动中表现出来的情感、态度、能力，学科核心素养是否得到提升，学习目标是否明确，活动设计是否合理，活动组织是否恰当，活动资源是否充分利用，学生的主体性、创造性是否得到充分发挥，学生的交往能力是否得到增强，学生是否有获得感、成就感等方面进行过程性评价。

第四届全国中青赛一等奖获得者刘莹老师探索设计了基于社会实践活动的系列课程，一共10节优课，这10节课以"村BA""村超"为活动主题，以社会实践活动为基础，设置具有挑战性的活动任务，使思政小课堂和社会实践大课堂相结合。10节课涵盖了政治、经济、文化、哲学、法律、逻辑模块内容，使学生在同类型主题的真实情景中，综合运用不同模块的知识发现问题、分析问题和解决问题，通过结构化设计，使活动内容课程化，课程内容活动化。

### ● ⚽ "村BA" "村超"主题系列活动型课程

| 序号 | 教材 | 课题 | 议题 |
| --- | --- | --- | --- |
| 1 | 必修一《中国特色社会主义》 | 中国特色社会主义进入新时代 | "村超"为何在新时代出圈？ |
| 2 | 必修一《中国特色社会主义》 | 实现中华民族伟大复兴的中国梦 | "小足球"何以承载"大梦想"？ |
| 3 | 必修二《经济与社会》 | 坚持新发展理念 | "村超"出圈有何新密码？ |
| 4 | 必修三《政治与法治》 | 基层群众自治制度 | 人民是如何在"村BA"中当家作主的？ |
| 5 | 必修三《政治与法治》 | 严格执法 | 政府如何用严格执法为"村超"护航？ |
| 6 | 必修四《哲学与文化》 | 世界是普遍联系的 | "村BA"的火爆如何延续？ |
| 7 | 必修四《哲学与文化》 | 社会历史的主体 | 是谁让"村BA"火爆出圈？ |
| 8 | 必修四《哲学与文化》 | 文化的内涵与功能 | "村BA"出圈背后有何文化力量？ |
| 9 | 必修四《哲学与文化》 | 文化发展的基本路径 | "村BA"出圈有何文化密码？ |
| 10 | 选择性必修三《逻辑与思维》 | 创新思维的含义与特征 | 如何解读"村超"出圈的创新密码？ |

刘莹老师通过将思政"小课堂"联结社会实践"大课堂"，取得了可喜的效果。在学生的眼里，思政课不再是枯燥无味的代名词，它是那么的生动、鲜活且富有生命力，在学生探究与分享的过程中，他们是那么的自信、富有创造力且充

满家国情怀，这就是素养落地生根的模样。习近平总书记说过，上好思政课不容易。作为一名思政课教师，要通过活动型课堂教学去不断去探索和实践，用实际行动去践行光荣的责任与使命，引导学生将"立德树人"这颗扣子牢牢地扣好。

# 主题 4
# 练习设计有料

作业是"课堂教学的延伸与补充"。作业设计要根据学科关键能力、学科核心素养培养和实现德智体美劳全面发展目标的需要，从不同年级、不同学生的实际情况出发，类型多样、兼顾需求，灵活设计作业。

依据学生的认知层级和教学实际，将作业类型大致分为基础巩固类、拓展延伸类、综合实践类、反思创新类及其他五类。

## 一、分层练习设计

无论哪个班级，学生的学习能力与学业水平都会存在个体差异。因此，练习分层是对个体差异的关注与尊重。教师应该深入解读课标与教材和学情，深入研究习题的创编，精心设计分层练习，让不同层次的学生都获得发展。

在教学"商不变性质"时，引导学生通过观察除法算式，找到商不变性质以后，教师就要把练习的机会让给学生。教师在设计练习题时，要充分考虑各层次学生的实际情况，层层深入，各有所获。

1. 填一填

（1）$(100 \times 4) \div (20 \times \square) = 5$

（2）$(100 \bigcirc \square) \div (20 \div 4) = 5$

（3）$(100 \times \square) \div (20 \times \square) = 5$

（4）$(1000 \bigcirc \square) \div (20 \bigcirc \square) = 5$

这几个算式看似简单，仔细研究，还是很有层次感的。第一道运用商不变性质中的"被除数和除数同时扩大'相同倍数'"一个关键词，第二道需要运用"同时缩小""相同倍数"两个关键词，第三道需要运用"0 以外的相同倍数"，第四道则可"扩大或缩小零以外的相同倍数"。

2. 判断

(1)25 ÷ 5 = (25 ÷ 3) ÷ (5 ÷ 3)　　　　(　　)

(2)24 ÷ 8 = (24 + 24) ÷ (8 + 8)　　　　(　　)

(3)20 × 4 = (20 ÷ 2) × (4 ÷ 2)　　　　(　　)

这三道小题，要求学生在理解商不变性质的基础上进行判断，第一小题如果通过四则运算来判断，学生会遇到除不尽的情况，通过商不变性质，马上可以得出结果，学生由此体会商不变性质的价值；第二小题在形式上被除数和除数没有同乘（除）相同的数，出现了加法，但实质上相当于同乘2，学生进一步理解这条性质；第三小题是学生出现错误最多的一道题，两数同除以2，但这是一道乘法题，乘法有着自己的规律，与"商"不变性质是不同的。

3. 学校建造长 72 米、宽 36 米的综合楼，设计图纸时，要把长和宽缩小一定的倍数画在纸上（不能变形），请你先写缩小的过程，然后把图纸画出来。

这是一道拓展题，把图形的放大与缩小与商不变性质建立起联系，为初中学习相似三角形打下基础。

在上面的练习设计中，教师根据学生的分层情况，把练习题分成"基础层""综合层""拓展层"，保证学生"吃饱"又"吃好"。

## 二、结构化练习设计

数学是一门注重逻辑结构的科学，运用"结构"的力量可以促进学生牢固记忆、深刻理解和有效迁移。因此"结构化练习"是数学练习中追求轻负高质的一个重要"脚手架"。

数学"结构化练习"以模块题组为载体，以结构化超越碎片化，以"题组"取代"题海"，追求轻负高质的练习效果。具体来说，它是指数学教师把新知分解成一个个模块（以一节课或一个单元为界），弄清模块的结构组成，围绕模块结构中核心要素的生发过程，运用结构化的思想设计相配套的练习题组，通过结构化题组的训练，促进学生对新知模块结构化理解的形成、巩固、深化与拓展，从而以最优的题组结构练习实现"以少胜多"的目的。"结构化练习"以"题组"形式呈现，但不是一组题的简单拼凑，而是在某一知识模块共同数学本质或思想方法统领下设计出来的具有内在关联性和最优结构的好题组合。

学习"长方体和正方体的体积"一课，当学生已经比较熟练地掌握并应用了"长方体的体积长 × 宽 × 高"和"正方体的体积 = 棱长 × 棱长 × 棱长"后，可在拓展练习环节带领学生进行求联归总,探索出"长方体和正方体的体积 ＝ 底面积 × 高",并通过课件动态演示来体验"底面累加升高形成长方体或正方体"的过程。在此基础上进行同结构类推迁移,为学生设计以下"延伸性题组"进行结构化练习:已知各个立体图形的底面积(长方形、正方形、三角形、梯形、五边形、六边形的面积)和各自的高,计算它们的体积。通过练习,让学生发现所有的直柱体都有共同的本质,就是"底面累加升高形成直柱体",因此都可以用"底面积 × 高"来计算体积,最终建立起了直柱体体积计算的结构系统。

在上面的片段教学中,教师由浅入深,始终紧扣"直柱体的共同属性"这个本质,启发学生在"做中学"、在"学中思"。

## 三、跨学科设计练习

2022 年版课程标准提倡跨学科主题式教学,旨在通过综合与实践领域的教学活动,以解决实际问题为重点,以真实问题为载体,适当采用主题活动方式呈现,通过综合运用数学与其他学科的知识与方法解决真实问题,着力培养学生的创新意识、实践能力、社会担当等综合品质。因此,我们在练习设计上也要尝试创编项目式实践作业。娄底市教育科学研究所小学数学教研员曾黎老师就做过相关的有益的尝试(见图 4 - 2):

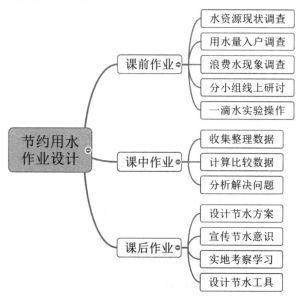

图 4 - 2　"节约用水"作业设计

设计思路：此实践性作业与道德与法治、科学、语文、美术、信息科技等学科知识相融合，培养用数学的眼光观察现实世界、用数学的思维思考现实世界、用数学的语言表达现实世界的核心素养。

2022 年版新课程标准强调改变单一讲授式的教学方式，注重"启发式、探究式、参与式、互动式"等，积极开展跨学科的主题式学习和项目式学习等综合性活动。这份"双减"视域下小学数学项目式实践作业优化设计就是一次有益的尝试。作业设计前，教师认真解读了课标、教材、学情、内容、目标与设计思路，突出了作业设计的"科学性与有效性"，凸显了项目式实践作业的"综合性与实践性"。我们来看一个案例：

一、课前实践性作业设计

活动1：世界水资源、我国及我市水资源现状调查。

调查方式：通过查阅网上信息或报刊书籍。

活动2：实地调查并记录在校师生及周边小区居民浪费水的现象。

活动3：调查并记录自己或邻居家庭每月用水量、水费及用水习惯等。

调查方法：小组合作并讨论，围绕要调查的问题，制作调查问卷，确定调查时间、地点和对象，调查人员的分工、数据的记录进行整体规划，了解目前本市用水的基本情况。

活动4：滴水实验。

实验内容：记录一个滴水的水龙头单位时间内的滴水量，并画成统计图。

实验要求：（1）用带有刻度的量杯测量1分钟漏水水龙头的水量。（2）按照不同水龙头的漏水速度进行三次实验，并制作条形统计图。

活动5：真实体验一天或半天缺水状态，写一篇数学日记。

从某种意义上说，一个项目就是解决一个问题，因此，作业设计要遵循"问题解决"的基本程序。这里的课前作业旨在通过数据的收集与统计、自身在缺水状态下的体验等活动，突出淡水资源缺乏与节水意识淡薄之间的矛盾，让学生经历从现实生活中发现问题、提出问题、分析问题的过程，力求培养学生的应用意识和创新意识。比如：

二、课中学习探究类作业设计

1. 填一填、画一画：将小组成员调查的数据填写到统计表中，并用条形统计图汇总呈现。

**一分钟滴水实验统计表**

| 组名 | 第一组 | | 第二组 | | 第三组 | | 平均数 |
|---|---|---|---|---|---|---|---|
| 漏水量（mL） | | | | | | | |

**不同水龙头漏水量统计图**

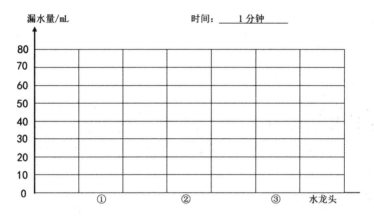

2. 算一算

（1）计算1分钟平均漏水量。（得数保留整数）

| 时间 | 1 小时 | 1 天 | 1 年（365 天） |
|---|---|---|---|
| 滴水量（mL） | | | |

（2）照这样计算，一个漏水水龙头一小时、一天、一年会浪费多少水呢？

（3）据了解每人每天喝1000 mL至2000 mL水，假设我们每天喝4瓶，那我们项目组30人每天要喝（　　）瓶，大约是（　　）箱。那这些水够我们项目组30人大约喝（　　）天。

（4）在常温常压条件下，1立方米水重1吨，这一年浪费的水重（　　）吨。

（5）如果一个学校按2个这样漏水的水龙头计算，一年大约浪费（　　）吨水。

（6）2023年全国大约有51.85万所各级各类学校使用自来水，如果按照这个比率计算，全国一年大约要浪费（　　　　　　）吨水。（列式计算）

（7）如果一个人一年用30吨水，娄底一小现有学生4994人，这些水可供所有学生大约用上（　　）年。（得数保留整数）

3. 估一估

你的周围还有哪些浪费水的现象？你能大致算出一年浪费多少吨水吗？

4. 说一说

根据收集到的资料，说一说怎样才能做到节约用水。

【作业时间】

| 题目 | 1. 填一填、画一画 | 2. 算一算 | 3. 估一估 | 4. 说一说 |
|---|---|---|---|---|
| 预计时间（分钟） | 15 | 15 | 5 | 5 |

在课中作业的设计中，教师用任务驱动学生利用已有的知识经验，通过对数据的收集、整理、推算、分析，学会用数学的眼光来观察、用数学的头脑来思考、用数学的语言来表达——节约用水迫在眉睫，学生在此活动中体会数学与生活的密切联系。例如：

三、课后实践性作业设计

活动1：家庭节约用水实践活动。

活动内容：在家做节约用水的宣传动员，集体制定一个家庭节约用水方案，实施后记录家庭每周的用水量、及时监督检查、持续改进。

**采用节水措施后用水量及水费统计表**

| | 第一周 | 第二周 | 第三周 | 第四周 | 第五周 |
|---|---|---|---|---|---|
| 用水量 | | | | | |
| 水费 | | | | | |

活动2：争当节水宣传员。

活动内容：宣传画一张节约用水的宣传海报或制作一个节水小妙招的视频，写一篇节约用水倡议书，并在学校和社区做实地宣传。

活动3：我是小小考察员。

活动内容：参观污水处理厂、自来水厂等，让学生了解污水处理流程、污水处理后的使用；了解自来水生产过程，一同见证"一滴水的净化之旅"。

活动4：我是小小设计师。

活动内容：设计节水标志、节水工具。

课后作业内容丰富，形式多样。在项目式作业中，教师通过设计让学生体会到数学知识之间、数学与其他学科之间、数学与生活之间的联系。活动中融合语文学科知识，比如"写节水倡议书""当好节水宣讲员"，融合美术学科"海报设计"技能，融合信息学科的"小视频制作"技能，等等。要完成好一个项目，需要融合多个学科的知识与方法，学生在做中学、在学中做，体会数学的价值，提高学习数学的兴趣，形成质疑问难、自我反思与勇于探索的科学精神。因此，我们要在教学实践中充分发挥学科教学的育人价值，促进学生核心素养的发展，项目式学习作业的设计就是这样一项有意义的教研活动。

# 专题五

## 如何创造『有疑』的课堂

『学贵有疑，小疑小进，大疑大进。』学生学会质疑，才能调动读书、思索、答问的积极性，发展创新思维能力，让他们真正成为学习的主人；学生及时质疑，教师便能及时收集到学习效果的信息，及时调整上课的内容及方法，真正做到有的放矢。

**疑** ，疑问。宋代大儒朱熹曾说："读书无疑须有疑，有疑定要求无疑，无疑本自有疑始，有疑方能达无疑。"著名学者陆九渊也曾说："为学患无疑，疑则有进，小疑则小进，大疑则大进。"

疑，应理解为认知的冲突、理智的挑战，是学习者原有的知识经验与新的信息、观念、新的刺激相矛盾、不一致，因而引发认知冲突的心智状态。有疑，而经过认知冲突的解决，使得认知结构更加高级和完善，世界随着扩大，内心更有包容性，这就是心智的开启、智慧能力的提升。

学之所以要有疑，是因为如果只是简单地接受现成结论，学习者头脑中可能充塞了许多"认知的堆积"，而没有获得思考策略与思考习惯的发展；如果长期以获得结论性的知识为目标，很容易养成惰性，不能主动把结论性知识转化为个体的智慧能力。爱因斯坦有一句反复被人引用的名言："我并没有什么特殊的才能，我只不过是喜欢寻根问底地追究问题罢了。"爱因斯坦强调："发现问题和系统阐述问题可能比得到解答更为重要。解答可能仅仅是数学或实验技能问题，而提出新问题，新的可能性，从新的角度去考虑问题，则要求创造性的想象，而且标志着科学的真正进步。"

## 主题1

# 学贵知疑

古人云："学起于思，思源于疑。"疑是点燃学生思维的火种。有了问题才会思考，有了思考才会有解决问题的方法，才有找到思路的可能。

## 一、营造质疑氛围让学生"敢疑"

学生在学习的过程中，常常会有在原有认知基础上发现新问题，或对某个问题有自己独特的见解，或者会在原有的认知基础上突然领悟到一个新道理产生一种新思维。这些都是学生思考过程中产生的"思维火花"，也是问题的源泉。无论学生提出的问题有无价值，教师都要肯定他们敢于质疑、勇于发问的勇气。对学生提问行为给予充分的肯定和赞赏，善于用真诚的微笑、信任的目光、肯定的手势、默许的眼神、鼓励的语言等。只有这样的环境，才能消除学生的畏惧心理，激发学生内在的探索需求，逐步形成敢于质疑的习惯。

## 二、呵护质疑成果让学生"敢疑"

在学习的过程中有些学生的思维活跃、天马行空，时常有"思维火花"迸发，这时候教师需要精心呵护并放大疑问，有时节外生枝也会有出人意料的收获。河北沧州杨磊老师在教学"圆环的面积猜想"中有过这种意外的收获：

六年级毕业复习阶段梳理平面图形的面积涉及圆环的面积问题（如右图），大部分学生解答这个题目时中规中矩：

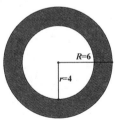

$3.14 \times (6^2 - 4^2)$

$= 3.14 \times (36 - 16)$

$= 3.14 \times 20$

$= 62.8$

在集体订正之后，学生P举手："老师，我还有不同的方法。"

教师：嗯，还有不同的方法，你来说说看。

学生P：$(2 \times 3.14 \times 6 + 2 \times 3.14 \times 4) \times (6 - 4) \div 2$

$= (37.68 + 25.12) \times 2 \div 2$

$= 62.8$

在学生P说算式后，杨老师一时没有搞清楚她是怎样想的，于是追问："能和大家分享一下你的想法吗？"

学生P：我想象把圆环剪开再拉直，变成了一个梯形，按照梯形的面积求法求圆环的面积。内圆周长相当于梯形的上底，外圆周长相当于梯形的下底，圆环的宽相当于梯形的高。

杨老师继续追问：能说说你是怎样想到这种方法的吗？

学生P：我们解决过刷房间的问题，需要粉刷前、后、左、右、上5个面的面积。可以想象把前、后、左、右4个面拉直成一个大长方形，原来长方体的底面周长相当于大长方形的长、原来长方体的高相当于大长方形的宽，即底面周长×高＝侧面积。我从那个问题想到将圆环也剪开再拉直变成一个梯形，再按照梯形的面积方法求面积。

教师：教学刷房间问题时的确讨论过这种方法，还请学生亲自动手折纸，想象拉直，并操作、观察。

显然学生P进行了类比推理，但对于这个想法的正误杨老师一时难以定夺：把圆环拉直？是否真的可以变成梯形？背后数学的原理又是什么？

出乎意料的想法让杨老师的大脑一片空白，把皮球踢给了学生："同学们，这个想法到底是一个偶然的巧合还是有必然的规律呢，你们能找到方法进行验证吗？"学生很快想到了举例验证的方法，同桌之间分别用圆环的面积公式和梯形的面积公式求面积进行比较：

① $R = 8$    $r = 5$

$3.14 \times (8^2 - 5^2)$        $(2 \times 3.14 \times 8 + 2 \times 3.14 \times 5) \times (8 - 5) \div 2$

$= 3.14 \times (64 - 25)$      $= (50.24 + 31.4) \times 3 \div 2$

$= 3.14 \times 39$           $= 81.64 \times 3 \div 2$

$= 122.46$              $= 244.92 \div 2$

                          $= 122.46$

② $R = 10$    $r = 6$

$3.14 \times (10^2 - 6^2)$      $(2 \times 3.14 \times 10 + 2 \times 3.14 \times 6) \times (10 - 6) \div 2$

$= 3.14 \times (100 - 36)$    $= (62.8 + 37.68) \times 4 \div 2$

$= 3.14 \times 64$           $= 100.48 \times 4 \div 2$

$= 200.96$              $= 100.48 \times 2$

                          $= 200.96$

③ $R = 20$　$r = 15$

$3.14 \times (20^2 - 15^2)$　　　$(2 \times 3.14 \times 20 + 2 \times 3.14 \times 15) \times (20 - 15) \div 2$

$= 3.14 \times (400 - 225)$　　$= (125.6 + 94.2) \times 5 \div 2$

$= 3.14 \times 175$　　　　　　$= 219.8 \times 5 \div 2$

$= 549.5$　　　　　　　　　　$= 1099 \div 2$

　　　　　　　　　　　　　　　$= 549.5$

......

　　举出了一些例子之后，学生大多认为这是一个规律。但是作为教师，心中知道举例子在数学上属于不完全归纳法，得出的结论是或然性的。

　　于是继续反问："同学们，我们举出了一些例子，但是即使举出 10000 个例子也难以保证第 10001 个例子是正确的。你们还有更好的方法能够说明这个猜想是正确的吗？"

　　经过冷静的思考和深入的讨论，学生想出了用字母推理的方法。用字母推理的得到的结论具有一般性。

　　圆环面积 $= \pi(R^2 - r^2)$

　　想象成梯形的面积 $= (2\pi R + 2\pi r) \times (R - r) \div 2$

　　　　　　　　　　　$= 2\pi(R + r) \times (R - r) \div 2$

　　　　　　　　　　　$= \pi(R + r) \times (R - r)$

　　　　　　　　　　　$= \pi(R^2 - r^2)$

　　通过用字母推理，学生终于可以踏实地认可这是一个规律了，感叹于这种"化曲为直、以直代曲"想法的神奇。

　　因为字母推理的方法比较抽象，班里的部分孩子理解起来还是有困难，是否有形象的方法帮助这些孩子理解呢？

　　某版本小学数学教材中的"数学万花筒"给了我们启发。

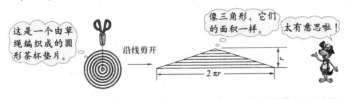

这时，三角形的面积相当于圆的面积。

观察这个三角形，底相当于圆的（　　），高相当于圆的（　　）。

三角形的面积 $= \dfrac{\text{底} \times \text{高}}{2}$，所以圆的面积：$S = \dfrac{(\quad) \times (\quad)}{2} = (\quad)$。

如果将圆环无限分割，那么每个部分相当于一个梯形，按照梯形面积计算公式"（上底＋下底）×高÷2"，如果我们将圆环分割为360份，那么每一份的圆心角度数是1度，所以1度圆心角所对应的圆环面积可以为"$(2\pi R/360 + 2\pi r/360) \times (R - r)/2 = \pi/360(R^2 - r^2)$"。

极限思想：从量变到质变

那么360°圆心角所对应的圆环面积就可以写成"$\pi/360(R^2 - r^2) \times 360 = \pi(R^2 - r^2)$"。

这是将圆环分割为360份，如果"无限"分割下去，直与曲之间就逐渐重合，每份的面积就"无限"接近梯形的面积。

上面所述的两个"无限"，是理解"形变"的核心。小学生不需要严格的数学推理证明，展开想象能够感悟其中从量变到质变、以直代曲等核心观点即可，这对感悟数学思想方法、积累数学活动经验具有重要的意义和价值。

# 主题 2

# 教贵设疑

## 一、创设问题情境让学生"生疑"

针对学生求知欲强、好奇心强等心理特点，在课堂教学中，教师应根据教学内容创设一些新颖别致、妙趣横生的问题情境，唤起学生的求知欲，把抽象的知识与生动的问题情境联系起来，激起学生心中的疑团，形成悬念，置其于积极探索的疑境之中。来看教学"小数除法"中的一个片段：

教师：某大学有四位大学生，他们毕业前一起聚餐花了97元，这顿饭结账时，他们四个人准备AA制。那请你告诉大家，每个人要摊多少钱？

学生：每个人要摊24元，还余了1元。

教师：好，现在我要收钱了，你应该给我多少钱？

学生：24元。

教师：我好像有点亏，就给我24元？你干脆给我多少钱？

学生：25 元。

教师：25 元你就亏了。看来这个钱数似乎是在……

学生：24 元到 25 元之间。

教师：这个感觉挺好，既不是 24 元，也不是 25 元，而是在它们之间。过去我们学习的是有余数的除法，到这里就够了，报告，每人交 24 元余 1 元，但是我们今天遇到了新问题，问题在哪里呢？

学生：余了一个1，除不尽了。

教师：就是说现在余了一个 1 元，那这一个 1 元，必须把它怎么样？

学生：分给四个人。

教师：过去余 1 元就结束了，那么今天就不行了，这个 1 元怎么办呢？能不能把这 1 元平均摊给四个人？我们过去的生活经验能不能解决这个问题？

在学生已有的学习经验中，用有余数的除法来解决 97÷4 是没有问题的，但是 97÷4 = 24……1 却不能解释每个人应该交多少钱。已有的知识经验遇到了新的问题，教师试图问学生如何根据有余数除法的结果确定每人应该交多少钱，但是无论是 24 元还是 25 元都不能满足 AA 制的前提，剩下的 1 元应该怎么分呢？这就引发了学生的认知冲突，也激发了学生极大的探究兴趣，因为这对学生来说并不是完全无法解决的问题，学生有能力并且乐于通过自己想到的方法"一探究竟"，因此也就在教师的引导下展开深入的探究与思考。

## 二、传授质疑方法让学生"善疑"

教会学生质疑的方法：一要在知识的"生长点"上找问题，即从旧知到新知的迁移过程发现和提出问题；二要在知识的"结合点"上找问题，也就是在新旧知识的内在联系上发现和提出问题；三要从自己不明白、不清楚的地方提出问题。比如教学"小数乘法"的教学片段：

教师：有些同学可能在课前通过预习或自学就已经知道了"4.1×3.1"可以用这样的方法运算。你们知道这种运算方法前人是怎样想到，如何发现的吗？（学生面露难色）我们回过头来看一看来时的路，"41×31""410×310""4.1×31"是怎么想的，对你有没有启发？

$$41 \times 31$$
$$= (41 \times 1) \times (31 \times 1)$$
$$= (41 \times 31) \times (1 \times 1) \rightarrow 确定了的计数单位"个"$$
$$= 1271 \times 1$$
$$= 1271$$

$$
\begin{array}{r}
4\ 1\ 0 \\
\times\quad 3\ 1\ 0 \\
\hline
4\ 1 \\
1\ 2\ 3 \\
\hline
1\ 2\ 7\ 1\ 0\ 0
\end{array}
$$

$410 \times 310$
$=(41 \times 10) \times (31 \times 10)$
$=(41 \times 31) \times (10 \times 10)$  →产生了新的计数单位"百"
$=1271 \times 100$
$=127100$

$$
\begin{array}{r}
4.\ 1 \\
\times\quad 3\ 1 \\
\hline
4\ 1 \\
1\ 2\ 3 \\
\hline
1\ 2\ 7.\ 1
\end{array}
$$

$4.1 \times 31$
$=(41 \times 0.1) \times (31 \times 1)$
$=(41 \times 31) \times (0.1 \times 1)$  →产生了新的计数单位"0.1"
$=1271 \times 0.1$
$=127.1$

教师：根据前面三种乘法，你能说一说4.1×3.1的运算方法是怎样想到的吗？（师生共同完善横式）

$$
\begin{array}{r}
4.\ 1 \\
\times\quad 3.\ 1 \\
\hline
4\ 1 \\
1\ 2\ 3 \\
\hline
1\ 2.\ 7\ 1
\end{array}
$$

$4.1 \times 3.1$
$=(41 \times 0.1) \times (31 \times 0.1)$
$=(41 \times 31) \times (0.1 \times 0.1)$  →产生了新的计数单位"0.01"
$=1271 \times 0.01$
$=12.71$

教师：同学们通过类比想通了"4.1×3.1"运算原理。先来观察这几个乘法算式的横式，从运算原理的角度思考：什么变了？什么没变？

学生：计数单位变了，计数单位的个数没变，运算方法没变。

教师：大家再看竖式，"4.1×3.1"先看作41乘31，再把乘积的小数点向左移动2位。"0.1×0.1"得到了新的计数单位0.01，实际上就是在算"41×31＝1271"个0.01。用横式记录这个想法人们觉得书写过程有些麻烦，后来逐步把横式简化写成现在竖式的样子。

学生：现在我们明白了"4.1×3.1"怎样算，为什么这样算，还知道这种运算方法是怎样想到，如何发现的！

教师引导学生利用已有的整数乘整数、末尾有0的整数乘法、小数乘整数的算理类比探究小数乘小数的算理，在新旧知识的"结合点"上找问题、启发思考，教师有结构地教，学生有关联地学，较为深刻地感悟数学运算的一致性。

## 主题 3

# 练贵生疑

练习是学习者对学习任务的重复接触或重复反应。对某一学习任务进行不断的接触和反应，是形成某种熟练技能所必须经历的过程。要使学生将理解了的概念和规则转化为一种解决问题的能力，需要的是变式练习。

### 一、在学生练习过程中设计新疑问

疑与难是一脉相承的两个词，若问题没有任何难度，就不会有疑问了。在学生练习过程中，需要设置有一定难度的问题，这样学生在解决过程中才会有疑问，当通过一定的努力，把疑问破解了，实现了从有疑到无疑的飞跃，学生才会体验到努力的价值、成功的喜悦。来看"分数乘整数"教学片段：

出示：$3 \times 7 = 21$　　$0.3 \times 7 = 2.1$　　$\frac{3}{10} \times 7 = \frac{21}{10}$

教师：同学们观察、比较这几个算式，发现问题了吗？

学生：这几个算式好像有相似之处。

教师：想一想：整数乘法、小数乘法、分数乘法计算道理一样吗？

学生：$3 \times 7 = 21$，是在算 21 个 1；$0.3 \times 7 = 2.1$，是在算 21 个 0.1；$\frac{3}{10} \times 7 = \frac{21}{10}$，是在算 21 个 $\frac{1}{10}$。

教师：是的，它们都是在用乘法运算有多少个计数单位，同学们发现了整数乘法、小数乘法、分数乘法运算的一致性。

在练习的过程中不是数学运算规则的简单应用，而是通过疑问引发思考，理解整数乘法、小数乘法、分数乘法在数学意义和运算意义层面的一致性。

### 二、帮助学生在练习过程中产生新疑问

一个好的问题就像一只会下蛋的母鸡，会生出新的问题。一个好的习题也是如此，学生在完成练习题的时候会不断产生新的疑问，促进学生不断地进行深度思考。例如"用字母表示数练习"教学片段：

教师：同学们，学到了这里大家对用字母表示数有了更深的理解，下面咱们一起玩个小游戏轻松一下好吗？表演神奇的读心术魔术，我需要一个小助手。（现场招募一位小助手）

教师：神秘的读心术，你觉得我可能读懂你的内心吗？

学生：不能吧。

教师：好吧，就让我们试一试！

说明游戏规则：

①首先，你需要在你的心里任意想一个两位数，比如23，再如56……

②然后，用这个两位数减去它十位上的数字，再减去它个位上的数字，比如：23就要减去2，再减去3，会得到一个结果18。

③最后，要把结果右侧对应的图案，牢牢记在心中。

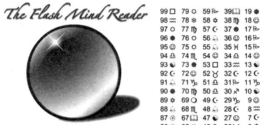

教师：那好，××同学，现在就要在你心里任意想一个两位数，但是为了让在场的同学知道，请你把它大大地写在黑板上，然后减去十位数字，再减去个位数字，写出结果。最后呢，把它擦掉，擦得干干净净。这样，你们就都知道了，我背对黑板不知道，好吗？

教师：好，下面就是见证奇迹的时刻！让我看着你的眼睛，你要用心想着那个图案啊，一直想着它，我才能读出来。

教师：哦，我知道了，你心里想的图形是这样的，我把它画在黑板上。

教师：哪里有掌声？谢谢大家！现在，你们想说点什么？

学生：太神奇了！

教师：哇，神奇吧！还想再玩一次吗？

学生异口同声：想！

教师：那好，再玩一次。我不仅能读懂××同学，而且能读懂你们所有的人，相信吗？

学生：不相信！

（师生重新玩一次游戏，教师猜出了所有学生心中想的数所对应的图案。）

教师：想知道其中的奥秘吗？刚才同学们在心里任意想一个两位数，最小的两位数是 10，最大的两位数是 99，10 到 99 之间一共有 90 个不同的两位数。在座的这么多同学想法也各不相同，老师是如何猜透任意一个同学的心思的呢？你觉得老师可能像这样一个数、一个数地想下去吗？

学生：这么短的时间，不可能一个数一个数地想下去。

教师：我们先来看几个具体的两位数（例如：47、23、38、72……），按照规则计算可以得到相应的结果。猜想这些结果有什么共同的特征？（可能是 9 的倍数）

| 两位数 | 计 算 | 结 果 |
|---|---|---|
| 47 | 47-4-7 | 36 |
| 23 | 23-2-3 | 18 |
| 38 | 38-3-8 | 27 |
| 72 | 72-7-2 | 63 |
| …… | …… | …… |
| 10a+b | 10a+b-a-b | 9a |

猜想：
这些结果有什么共同的特点？

教师：是不是真的都是 9 的倍数呢？首先，我们思考怎样表示任意一个两位数？

学生：$10a + b$。

教师：然后，按照游戏中的规则进行推理计算。

学生：$10a + b - a - b = 9a$。

教师：推理出来的结果是 $9a$，说明什么？

学生：得数全都是 9 的倍数，是十位数字的 9 倍。

教师：你发现这些 9 的倍数，对应的图案有什么共同的特点了吗？

学生：除了 90 和 99 之外，图中 9 的倍数对应的图案都一样。

教师：特殊的90和99对应的图案不同，如果有人的计算结果是90，或者是99，那我的预测可就错误了，表演也就失败了？

学生：一个两位数十位上的数字只能是1~9，9a只能在9~81的范围内，所以不可能得到90或者99。

教师：想想看，老师开始给大家变魔术的时候，你们看到它的时候是什么感觉？那现在再看它，是什么感觉呢？

学生：刚开始感觉好神奇，后来有些恍然大悟的感觉。

教师：说明你拥有了一双学数学的眼光，只有学过数学的人才能看透这里的规律！我们要感谢谁在这里帮的忙呢？（用字母表示数推理也是挺好玩的）

练习课也可以上得兴趣盎然、精彩非凡，主要是在练习过程中巧妙设计的数学游戏吊足了学生的胃口。"为什么老师能够读懂同学的内心呢"这个大大的疑问促进了学生的深度思考，既巩固深化理解了知识又感悟到用字母表示数的作用和价值。

# 主题 4

# 导贵释疑

问题是思维的开始，释疑是思维提升、创新的过程。提出的问题如果没有得到及时解决，就等于只开花不结果，问题的提出没有实现能力的提高，也谈不上创新。因此有了疑问应引导学生去思考解决，这样才能提高学生思维能力，提高创新意识。质疑是手段，释疑是目的，课堂教学中教师应把释疑作为教学过程的重要组成部分。

## 一、找准释疑学习切入点

在学生学习某一新内容时需要教师提前梳理本节课的主要问题、核心问题，这些问题往往也是本节课的重点和难点，是学生独立思考难以解决的问题，这时可以采用独立思考、小组合作、师生交流的方式展开学习。比如"神奇的图形密铺"教学片段：

教师：同学们有没有想过，为什么有的图形铺起来既不重叠，又没有空隙，而有的图形铺起来却有空隙呢？你觉得密铺到底和什么有关系呢？

学生1：图形的边，边的数量。

学生2：角的角度。

教师：其他同学感觉这个问题好像有点难。别着急！我国古代著名的哲学家思想家老子曾说过："天下难事，必作于易。"我国现代著名的数学家华罗庚曾说过："复杂的问题要善于'退'，足够的'退'，退到最简单而不失去重要性的地方，是学好数学的一个诀窍。"

教师：看来古往今来英雄所见略同，往往遇到复杂的、困难的问题先退到最容易、最简单的地方开始研究。

（课件演示，正方形、三角形绕一个拼接点铺的过程。）

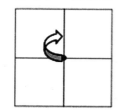

教师：观察过之后我们进一步思考一下，为什么正方形只需要4个就可以密铺了，而正三角形却需要6个？

学生1：正方形有4条边，正三角形有3条边。

教师：正方形有4条边，需要4个，正三角形有3条边，那应该需要3个呀。（微笑着）再想想看。

学生2：正方形的每个角都是90°，正三角形的每个角都是60°。

教师：这位同学关注到了角度。正方形每个角都是90°，在这个拼接点处有4个直角就是$4 \times 90° = 360°$。正好拼成了一个什么角？

学生：周角。

教师：正三角形每个角是60°，在拼接点处有6个角就是$6 \times 60° = 360°$。为什么非要拼成一个360°的周角呢？差一点不到360°行不行？

学生：不行，那样就会有空隙。

教师：如果大于360°行不行？

学生：不行，那就会重叠了。

教师：同学们这个发现非常重要，下面我们看一看这个发现是否经得起考验。

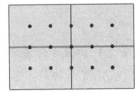 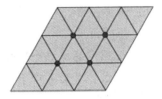

（出示正方形、正三角形密铺图案，检验拼接点处的几个角加起来的和是360°。）

教师：下面我们一起看看正六边形和正五边形的情况。

（课件演示，正六边形、正五边形绕一个拼接点铺的过程。）

 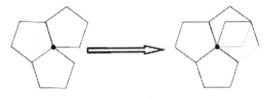

教师：正六边形最少只需要3个就可以密铺了。

教师：正五边形用3个能够密铺吗？

学生：不行，有空隙。

教师：咱们再添一个试试。

学生：不行，重叠了。

（出示正六边形、正五边形铺成的图案，检验拼接点处的几个角加起来的和是否是360°。）

教师：看来一种图形能不能密铺关键要看什么？

学生：要看几个角加起来是不是360°。

## 二、集体交流释疑解惑

学生疑惑的问题往往是学习过程中的难点、关键点或易错点、易混的地方。教师可以把握关键契机，引导学生集体交流思考，释疑解惑加深对知识的理解和认识，从而解决学生心中的困惑，使学生的核心素养得到切实的培养。来看"植树问题"教学片段：

出示原例题：在全长1000米的小路一边种树，每隔5米种一棵（两端都要种）。一共要准备多少棵树苗？

教师：如果把"树"和"间隔"都画出来，还方便吗？

学生：太多了，不方便。

教师：怎样才能说明你的想法是合理的，为什么要+1？

（生面露难色。）

教师：给大家些启发吧（电脑课件演示"树"和"段"逐一出现）。

1000米

学生：哦！我知道了！前面的树和段一一对应，最后多出来1棵树，所以棵数比段数多1。

教师：这里有省略号，还省略了很多呢。

学生：虽然省略了很多，树和段也是按照前面的规律排列的。

教师：一共需要准备多少棵树苗？

学生：1000 ÷ 5 = 200（段）　200 + 1 = 201（棵）

总之，在教学活动中从知疑、设疑、生疑到释疑，促使学生主动地开动脑筋，培养发现和提出问题、分析和解决问题的能力，能让学生获得更多的成功体验，培养学习的信心，有利于核心素养的培养。

# 专题六

## 如何创造『有动』的课堂

在新课程理念的指引下，教育的重心正逐渐向学生的主体性培养倾斜。

我们致力于构建一个充满活力、鼓励学生积极参与和主动探究的学习环境。

在这样的背景下，『有动课堂』应运而生。它不仅仅是对传统被动学习方式的

颠覆，更是对学生内在潜能的深度挖掘和激发。

**动**，不仅仅是物理空间上的移动，而是更深层次的学生思维的活跃、情感的投入以及行动的实践。它旨在打破传统课堂的沉闷，唤醒学生的求知欲望，让他们在主动参与中体验学习的乐趣，从而培养其创新精神和实践能力。

创造有动的课堂，需要教师转变角色，从单纯的知识传授者转变为学生学习过程的引导者和促进者。这要求教师不仅要精心设计教学活动，更要懂得如何激发学生的内在动力，让他们在动口、动手、动笔、动脑的过程中全面发展。通过创设交流平台，促进学生之间的思想碰撞；通过设计实践性任务，启发学生在操作中深化理解；通过创设表达情境，引导学生将思考转化为文字；通过预设问题挑战，培养学生的逻辑思维和问题解决能力。

在这样的课堂中，学生不再是知识的被动接受者，而是成为知识的主动建构者、问题的积极解决者。这样的转变不仅有助于提升学生的学习效果，更能够为他们的未来发展奠定坚实的基础。在接下来的章节中，我们将深入探讨如何具体实施这些策略，共同致力于创造真正属于学生的"有动课堂"。

## 主题 1

# 创设平台促进动口交流

动口交流是提升学生理解能力和语言表达能力的重要途径，对于所有学科的学习至关重要。通过动口交流，学生可以更好地理解和应用所学知识，同时也能培养逻辑思维、团队协作和批判性思考能力。

## 一、营造愉悦的交流氛围

为了让学生敢于并愿意开口交流，教师应致力于营造一个愉悦、积极的课堂氛围。在传统教学中，教师往往占据主导地位，导致课堂氛围严肃、沉闷，学生不敢轻易表达自己的观点。因此，教师应该鼓励学生提出疑问、发表见解，让课堂成为学生自由表达的舞台。

为了营造愉悦的交流氛围，教师可以采用多种方法。例如，运用幽默风趣的教学语言，让学生在轻松愉快的氛围中学习知识；设计富有趣味性的教学活动，如角色扮演、小组讨论等，让学生在参与中感受到交流的乐趣；利用现代化的教学手段，如多媒体教学、网络教学等，为学生创造更加广阔的交流空间。

此外，教师还可以通过建立良好的师生关系来营造愉悦的氛围。教师应该尊重学生、关心学生、理解学生，成为学生的良师益友。这样，学生才会更加信任教师，愿意与教师进行深入的交流和探讨。在"角的度量"一课中，数学特级教师华应龙老师通过生动有趣的导入方式，成功营造了愉悦的交流氛围：

课堂开始时，华老师展示了一个倾斜度比较小的滑梯图片，并问学生玩过没有。当得到肯定的回答后，华老师又出示了倾斜度稍大、更大的两张滑梯图片，并询问学生想玩哪个。随着滑梯倾斜度的增加，学生的选择发生了变化，同时也引发了他们的笑声和讨论。

华老师抓住这一时机，笑着问学生："有人笑了，笑什么？"学生纷纷表达自己的看法，有的说"第三个太斜了"，有的说"第三个太陡了"。华老师对学生的回答给予了积极的反馈，并用"斜"和"陡"这两个词引导学生进一步思考滑梯的不同之处。

在学生的讨论中，华老师逐渐引导学生发现滑梯的重要不同之处在于角度的不同。当有学生说出"角度"时，老师给予了高度的赞扬和肯定。

通过这一生动有趣的导入方式，华老师不仅吸引了学生的注意力，激发了他们的学习兴趣，还为学生创造了一个轻松愉悦的交流氛围。学生在这个氛围中积极参与讨论，表达自己的看法和想法，从而锻炼了口语表达能力和思维能力。

福建南安中学的陈春红老师擅长组织学生积累运用，她组织全班学生坚持收集"每日一词""每日一句""每日一成语"等，过了半个学期，陈老师决定给学生的交流搭台子：

一次在阅览室上公开课，陈老师要求学生展示自己档案袋里的成果，学生们非常踊跃。在小组推荐个别学生上台交流阅读感受时，一个学生动情地说："同学们，今天我想介绍的是大家手头都有的百篇作文及点评——《采撷希望》，这是我们学校自己编著的，有正式的刊号。这本集子凝聚着我们学校全体语文老师的心血，我读完特别感动，比起读其他书收获更大，因为这是我们身边的人做的。听说，接下去还要编辑第二本，我目前正在收集材料，希望到时有我的作品在里面。"这位同学还特别举出其中一首诗歌进行点评，使在座的老师同学情不自禁地为她鼓起掌来。

被学生称为"赛诸葛"的家灿走上讲台，在黑板上写下了"读者"二字，大家正摸不着北时，他已开始说了："你们都是大本大本地读小说，我却小本小本地看杂志，特别是它——"他举起手中拿的《读者》杂志。他继续说："科技、网络迅猛发展，知识更新不断加快，我越来越感到自己知识的贫乏，渐渐地我有些浮躁、茫然，不知用什么来弥补知识宝库的严重'缺氧'。后来，我偶然读了同学的《读者》，真有一见钟情、相见恨晚之感。于是，课外时间我常常静静地品味它，不知不觉中，我发觉自己的知识面扩大了。因此，我借用一副对联表达我的心情：和着秋月阴晴圆缺你翩翩走来，伴随春雨润物无声我孜孜不倦。横批：相伴终生。"经久不绝的掌声在阅览室里回荡。

在这里，陈老师善于利用多方面的资源，把学生手中的文本、学生的现实生活和他们的课外世界紧密地联系起来，让他们在交流中进行超文本的学习。

## 二、提供多元的交流机会

为了真正激活课堂，使之充满活力与互动性，教师需要从多个层面入手，积极为学生创造多元化的交流机会。这样的机会不应仅仅局限于传统的课堂提问或讨论，而是要涵盖更为广泛和多样的口头表达形式。更为重要的是，这些交流机会需要能够适应不同学生的个性化需求和兴趣点，从而确保每个学生都能在其中找到自己的位置，积极参与到课堂交流中来。

在众多的交流形式中，小组讨论、角色扮演和主题演讲等活动都是极具价值的选项。小组讨论的开放性和包容性能够鼓励学生大胆发表自己的观点，同时倾听他人的不同意见，这种思维的碰撞和交融对于深化学生对问题的理解具有显著效果。角色扮演为学生提供了一个跨学科、全方位的沉浸式学习体验，通过扮演不同领域、不同背景的角色，学生能够身临其境地融入情境，更深刻地理解知识的应用与实践。而主题演讲则为学生搭建了一个展示自我、锻炼口才的平台，让他们在围绕感兴趣的主题进行深入研究并分享独特见解的过程中，不断提升自己的语言表达能力和自信心。

当然，除了这些活动之外，教师还应紧密结合学科的教学内容，为学生创造更加贴近实际、更具针对性的交流机会。例如，在语文学习过程中，教师可以引导学生模仿教材中的优美句式进行表达练习，让他们在感受语言之美的同时提升说话的兴趣和技巧；通过朗读课文帮助学生纠正口语中的不良习惯、规范语言表达；鼓励学生复述课文内容或根据课文内容续编故事，以此锻炼他们的记忆能力、逻辑思维能力和创造力；表演故事则让学生在生动的角色对话和动作表演中提升交际能力和口语表达能力。

在四年级上册第八单元的语文园地中，有一个"日积月累"板块，它聚焦于与人物相关的成语。

为了让学生能更直观地理解这些成语，并在此过程中强化他们的合作与交流技能，教师可以设计一个别出心裁的"合作猜成语"游戏。在这个游戏中，学生被分成四人一组。每个小组中，由一对同桌负责猜成语，而另一对同桌则担任裁判。游戏的规则简单却富有挑战：负责猜成语的学生中，一个学生看到成语后，需要用语言和动作来提示自己的同桌，而另一个学生则根据这些提示来猜测成语。游戏进行一段时间后，统计每对同桌成功猜出的成语数量，数量最多的同桌组合即为比赛的获胜者。这个游戏不仅能够帮助学生挖掘成语的深层含义，还能展示学生出色的创意和表达能力。例如，为了描述"画蛇添足"，一个学生可能会模仿画画的动作，然后做出添加多余东西的手势，而他的同桌则需要迅速捕捉这些信号并猜出成语。裁判的角色也同样重要，他们需要密切关注游戏的进展，确保一切都公平公正。这不仅锻炼了他们的观察力和判断力，还让他们学会了如何在团队中承担责任。

通过这种游戏化的教学方式，教师为学生提供了一个充满趣味性和挑战性的交流平台。在这个平台上，学生可以自由地表达自己的观点和想法，与同学进行深入的交流和讨论。

## 三、给予及时的反馈评价

为了创造有动的课堂，教师不仅要设计吸引学生的交流活动，还需要在学生完成这些活动后给予及时的反馈评价。教师的评价用语对课堂教学的组织起着操控调节作用。因此，在给予学生及时的反馈评价时，教师要注意评价用语的针对性和艺术性。一方面，评价用语要具体明确，让学生能够清楚地了解自己的表现如何；另一方面，评价用语要富有激励性和启发性，能够激发学生的内在动力和创造潜能。当学生意识到自己的努力和进步得到教师的认可和鼓励时，他们不仅会更加自信地面对学习中的挑战，还能更加积极地参与到动口交流中。

为了进一步增强学生参与动口交流的积极性，教师还可以建立一套奖励机制。对在交流中表现突出的学生给予适当的奖励和表彰，以此激励更多的学生积极参与动口交流。这样的奖励不仅能够让学生感受到自己的努力得到了认可，还能够激发其他学生的竞争意识和参与热情。同时，教师也要根据学生的个体差异和需求，灵活调整反馈策略和奖励方式，以便更好地满足学生的发展需要。

在特级教师华应龙的数学课堂上，他的评价总能如春风般温暖孩子们的心灵，为学生注入无尽的力量。这种力量，不仅仅是对知识的渴望，更是对自我价值的肯定和对未来的憧憬。

有一次，当华老师讲授"角的度量"时，他提出了一个问题。一个学生虽有些犹豫，但最终还是鼓起勇气举手回答，只是答案并不正确。这时，课堂上有几个学生忍不住小声冷笑。华老师立刻察觉到了这种不和谐的氛围，他并没有忽视或简单地批评那些冷笑的学生，而是用自己的方式巧妙地化解了尴尬。他走到那个答错问题的学生身边，轻轻地摸了摸他的头，温和地说："还没学，做错了很正常，但他是勇敢的，我们应该向他学习。我提议大家为这样勇于尝试的精神而鼓掌！"他的这一举动不仅给答错题的孩子增强了信心，也用自己的行动告诉学生要懂得尊重别人，同时也要勇于尝试、大胆创新。

在另一次"规律的规律"课堂上，当一个学生的答案偏离了正确答案时，华老师并没有直接否定他，而是惊讶又佩服地对他说："哦，是这样的，真了不起！他发现有规律了，那这个猜测怎么样呢？"学生说："猜错了。"但华老师却给予了他更高的评价："虽然错了，但是错得很可爱！学习就是这样，研究也是这样，需要我们去猜测，会有一个猜想，然后再验证一下，是吧？"学生若有所思地点了点头。这些简单而真挚的话语中蕴含着华老师对学生的深深关爱和尊重。他没有因为学生的错误而责怪或放弃他们，相反地，他用自己丰富的教育经验和智慧引导他们走向正确的方向。

总之，在创设平台促进学生动口交流的过程中，每个教师都扮演着至关重要的角色。作为教师，不仅需要倾力营造愉悦、包容的交流氛围，让学生敢于发声、勇于表达，还要精心设计多元、富有吸引力的交流机会，让学生在互动中提升沟通技巧、拓展思维视野。同时，及时且富有针对性的反馈评价也是教师努力的关键一环，它既是学生进步的催化剂，也是他们不断前行的动力源泉。因此，每个教师的每一次努力都是不可或缺的，正是这些努力的汇聚与融合，才能构建起一个真正意义上的动口交流平台，让学生在其中畅所欲言、共同成长。

# 主题 2

# 设计任务启发动手操作

《义务教育数学课程标准（2022 年版）》指出："动手实践、自主探索与合作交流是学习数学的重要方式。"《义务教育信息科技课程标准（2022 年版）》指出："具备信息意识的学生，具有自主动手解决问题、掌握核心技术的意识。"无论是数学、信息、艺术还是其他学科，动手操作都是将理论知识与实际操作紧密结合的关键环节，它不仅能够加深学生对知识点的理解，更能有效激发他们的学习兴趣。正因如此，精心设计能够启发学生动手操作的任务显得尤为重要。

## 一、激趣引导，激发学生兴趣与创意

学生因其年龄特点，通常对新事物充满好奇，动手能力强，他们喜欢通过亲身实践来探索世界。然而，也正因为这样的年龄特性，他们往往也容易分散注意力。因此，在教育过程中，如何持续吸引他们的注意力并引导他们深入学习，成为每个教师需要面对的挑战。

设计符合学生兴趣、启发他们动手操作的教学任务，便是应对这一挑战的有效策略。这样的教学任务不仅能激发学生的学习兴趣和创意，还能使他们在动手操作的过程中深化对知识的理解。通过亲身实践，学生可以将抽象的知识具体化，从而更加牢固地掌握所学内容。

为了有效激发学生的兴趣和创意，教师在设计教学任务时应充分考虑学生的年龄特点和认知水平。这意味着任务应具有足够的吸引力和挑战性，以激发学生的探究欲望；同时，任务难度应适中，以确保学生能够在探究过程中获得成功体验。此外，教师还应关注任务的趣味性和实用性，使学生在完成任务的过程中既能感受到学习的乐趣，又能认识到知识的实用价值。

师生围绕印象深刻的城市进行简单交流，请同学说出城市的名称和特征。

教师展示谜题，让学生猜猜是哪个城市：银河渡口（　　），久雨初晴（　　），两个胖子（　　），双喜临门（　　）。

有的学生说不知道。

教师提问：对于未知的问题，大家通常会怎样解决？

有的学生说问老师和父母，有的说可以在线搜索。

鼓励学生在小组内讨论、交流，借助线索进行网络查询，找出答案，思考谜面与谜底的关联。

请成功找到答案的学生演示搜索、查找的过程，教师适时强调搜索引擎网站和关键词的使用。

请学生从上述四个城市中任选一个感兴趣的城市作为家庭出游目的地，制作出行方案。

教师巧妙地利用谜题引导学生认识到在线搜索的实用性，并在小组讨论和实践中培养了学生的动手操作能力和问题解决能力。整个案例充分体现了设计符合学生兴趣、启发动手操作的教学任务的重要性，有效地吸引了学生的注意力并引导他们深入学习。例如，设计"寻宝游戏"：

教师先给学生简单介绍 Scratch 软件的界面和按钮，然后让学生尝试打开 Scratch，并找到"角色""背景"等基本元素。

1. 教师设计简单的"寻宝游戏"作为编程游戏的任务，规则为玩家需要控制角色找到宝藏，玩家可以通过拖拽"块语句"来控制角色行走、跳跃等，保证在不同的背景中寻找隐藏的宝藏。

2. 教师引导学生依次学习相关内容。

（1）如何创建、删除角色。

（2）如何添加、修改背景。

（3）如何使用控制块、感知块、运算块等基本命令。

（4）如何使用声音、图像等素材丰富游戏。

3. 教师将学生分成若干小组，让学生在组内合作制作寻宝游戏，并在其间引导鼓励学生在团队合作中发扬创新精神，实现游戏独特性的创造。

4. 在学生设计结束后，教师可以根据一定的评选标准评选出优秀的游戏设计，进行表彰和鼓励。

通过这样的教学方式，学生能够在不知不觉中学到计算机编程的基础知识与操作技能，同时又能体验到游戏的快乐和成就感。这种教学模式能够激发学生的学习兴趣，提高学生的参与度和学习效果，从而将信息科技课程打造成寓教于乐并充满挑战性的学科。

## 二、目的明了，明确任务目标与要求

在设计这些富有趣味性和启发性的教学任务时，明确任务目标与要求是至关重要的。这不仅能够为学生提供清晰的操作方向，还能帮助他们在操作过程中进行自我监控和调整，从而确保学习效果。

明确的任务目标能够让学生知道通过操作活动预期达到什么样的学习结果。一个具体、明确且可操作的目标能够为学生提供明确的学习方向，使他们在操作过程中更加有的放矢。同时，任务目标也是评价学生学习成果的重要依据之一。

阐明任务要求则是为了实现任务目标而设定的具体操作规范。通过向学生说明为什么要进行这样的操作以及如何进行操作，可以帮助学生更好地理解任务的目的和意义。同时，任务要求也是对学生操作过程的一种约束和引导，能够确保他们在操作过程中不偏离目标。

细化任务步骤与提供材料指导则是为了确保学生能够顺利完成操作任务而采取的具体措施。通过向学生介绍操作步骤、提供操作示范以及说明所需材料和工具的使用方法等，可以帮助学生更好地理解和掌握操作方法。这不仅能够减少学生在操作过程中遇到的困难和挫败感，还能够提高他们的操作效率和成果质量。来看"在线搜索排行程"的教学片段：

师生讨论，共同分析。安排好每日行程，如以某日旅游安排为例，可以搜集当地的景点、美食、特产等信息，合理规划当日具体的旅游路线。

教师出示活动的具体要求：规划好旅游的多个景点；确定多景点旅游的路线，注意尽量不走或少走重复的路线；将旅游路线用文字、表格或图画（可以手绘）等形式表示出来。

学生四人一组，根据具体行程协商方案，进行任务分工。

请学生演示获取文字或图片的方法，教师对关键操作和方法予以补充和强调。

教师出示评价标准，小组依据标准进行任务完善。

| 任务完成情况 | 评价结果 |
|---|---|
| 规划出具体路线、内容完整，景点吸引人 | ☆ ☆ ☆ ☆ ☆ |
| 行程方案可行，具有一定的优化想法 | ☆ ☆ ☆ ☆ ☆ |
| 路线表达清晰，设计美观，便于浏览 | ☆ ☆ ☆ ☆ ☆ |

小组展示成果，全班评价交流。

教师在任务开始前明确了目标与要求，包括旅游景点的规划、路线的确定以及表达方式的选择等，这为学生提供了清晰的操作指南。通过小组讨论、分工合作以及教师适时的指导与补充，学生不仅锻炼了在线搜索和信息整合的能力，还培养了合作意识和问题解决能力。

## 三、有效指导，提供精细指导与支持

在设计启发学生动手操作的教学任务时，教师的指导显得尤为关键。这不仅是对操作步骤的简单讲解，更是对学生思考方式和问题解决能力的深度培养。有效的指导应该像一盏明灯，照亮学生探索的道路，让他们在操作过程中既不会迷失方向，也不会陷入困境。

教师要通过清晰的演示和细致的讲解，帮助学生建立起正确的操作概念。这包括对每个步骤的详细说明、对可能遇到的问题的预先提醒，以及对有效方法的亲自示范。这样，学生在实践时就能更加游刃有余，因为他们已经有了明确的方向和充足的准备。

在学生的操作过程中，教师的角色不仅是观察者和评价者，更是引导者和支持者。教师需要时刻关注学生的操作情况，及时发现并纠正错误。但这种纠正并不是简单地指出错误并给出正确答案，而是要引导学生自己去发现问题、分析问题并寻找解决问题的方法。这样，学生不仅能够掌握正确的操作方法，还能培养独立解决问题的能力。

此外，教师还应鼓励学生进行自我评价和反思。在学生完成任务后，教师可以引导他们回顾操作过程，分析成功的原因和失败的教训。通过这种方式，学生能够更加深入地了解自己的学习情况，明确自己的优点和不足，从而为今后的学习制定更加明确的目标和计划。比如"绘制流程"的教学设计：

编程是一种构造性的技术。因为小学生的计算思维和逻辑思维能力有限，在Scratch教学时，小学生在编写程序时经常会出现思维混乱、缺乏逻辑的情况，导致程序运行不灵或根本无法运行。因此，教师必须寻找一条适合学生年龄特点和认知规律的教学方式。流程图的运用有效解决了这一问题，它可以将复杂的问题和过程直观化，契合了小学生的形象思维，加深了小学生对程序设计的理解。

对于Scratch，算法是其灵魂。教师要指导学生学会用流程图的方式展示算法，表现思维过程。比如，在设计"猫捉老鼠"小程序时，教师可指导学生为小猫角色设计代码流程图，引导学生在流程图的指引下，将各个指令模块按顺序进行装配，引导学生在做中学、做中悟，同时借助流程图中的关键节点向学生渗透判断分支、循环、事件等计算思维概念，让流程图发挥更大的作用，锻炼学生的计算思维，提升学生的实践能力，最终完成编程的整个设计。

教师采用流程图的方式绘制教学过程，将知识点和各环节之间的逻辑关系用图文结合的方式分层次、有条理地呈现出来，使知识体系和程序结构变得更加清晰、直观，易于理解和记忆。

作为教师，在设计启发学生动手操作的教学任务时，我们应充分激发学生的兴趣和创意，使他们积极投入探究活动中。同时，明确的任务目标与要求是成功操作的关键，我们要确保学生清晰地了解预期的学习结果和具体的操作规范。在操作过程中，提供精细化的指导与支持至关重要。我们要通过清晰的演示、细致的讲解以及及时的纠正，帮助学生掌握正确的操作方法并培养问题解决能力。此外，鼓励学生进行自我评价和反思，有助于他们更深入地了解自己的学习情况并明确未来的学习方向。通过这样的教学设计与实践，我们旨在为学生创造动手实践的机会，使他们在快乐的教学活动中加深对知识的感悟，培养分析问题、解决问题的能力，发展创新思维和合作精神，为他们的全面发展奠定坚实基础。

# 主题 3
# 设置情境激励动笔表达

随着教育理念的不断更新和 2022 年版义务教育各科课程标准的推广，"情境"在教学中的地位越发凸显。特别是"真实情境"的创设，已成为培养学生深度学习、高阶思维和核心素养的重要途径。在这一背景下，通过情境的创设激励学生动笔表达，不仅有助于将抽象思维具体化、条理化，更能促进学生在与情境的互动中主动建构知识、拓展思维。

## 一、创设冲突情境以引导，激励表达欲望

当新知识如涓涓细流般涌入学生的视野时，它们并不总是顺畅地与学生已有的知识或日常经验相融合。相反，时常会有冲突与矛盾产生，使学生在理解上感到迷茫与困惑。这种认知上的失衡，如同一个未解之谜，不断地激发着学生的好奇心与探究欲望，促使他们积极主动地寻求解开谜团的钥匙。

创设冲突情境，便是教师巧妙地将这些矛盾与冲突呈现在学生面前，引导他们深入探究、勇敢质疑、自由表达。这样的情境不仅能够帮助学生更加深刻地理解新知识，更能培养他们的自主学习能力、批判性思维和问题解决能力。

## 创造学生喜爱的课堂

在课程中，尤其是那些涉及抽象概念或难以理解的知识点时，教师可以精心设计一系列情境，让学生在熟悉的日常生活中找到与之相关的实例。通过辨析这些实例中的概念差异，逐步引发学生的认知冲突，进而激发他们的探究兴趣和表达欲望。来看一个案例：

圈出来谁是数据：

请学生观察手里的票据（教师事先准备好的各种购物小票、快递单、食物包装袋等），圈出认为是数据的部分。

学生大部分会圈出数量、单价、金额等数字类的数据。

教师提示：其实除了数字，我们看到的物品名称、条形码等也是数据。

继续启发学生举例说出生活其他地方用到的多样的数据（如火车票、电脑中存储的各类数据等）。

教师强调数据不仅指狭义上的数字，不同的数据承载的信息不同。

在这个案例中，教师巧妙地利用了学生日常生活中常见的票据来创设冲突情境。首先，教师让学生圈出票据中被认为是数据的部分，大多数学生基于已有的认知，会圈出数量、单价、金额等数字类的数据。然而，教师随后提示学生，除了数字之外，物品名称、条形码等也是数据。这一提示立即引发了学生的认知冲突，他们开始意识到自己对"数据"的理解过于狭隘。

为了进一步深化学生对"数据"概念的理解，教师继续启发学生举例说出生活中其他地方用到的多样的数据。这一环节不仅让学生有机会表达自己的观点和见解，还让他们在实践中感受到了数据的多样性和广泛性。

最后，教师强调数据不仅指狭义上的数字，不同的数据承载的信息不同。这一总结性的陈述帮助学生梳理了思路，明确了"数据"的真正内涵。

## 二、利用可视工具以启迪，助力思维外化

在学习的过程中，可视工具如同一位富有魔力的引导者，它们擅长将学生心中那些飘忽不定、难以捉摸的思维灵感，巧妙地转化为纸上清晰可见的图形、图像或文字。这种转化过程不仅赋予了思维以实体形态，更使其得以在纸面上自由流动和拓展，从而助力学生将内在的思维外化为可分享、可交流的知识表达。

以信息科技课程中的算法学习为例，对于初学者而言，算法的逻辑往往如同隐藏在浓雾中的神秘迷宫，令人难以窥见其全貌。然而，当我们引导学生拿起笔，尝试绘制算法的流程图时，他们便能够逐渐揭开这层面纱，将算法中那些复杂的逻辑和步骤一一拆解，并以直观、有序的方式呈现在纸上。这时，原本抽象难懂的算法逻辑，便如同被点亮的明灯，其路径清晰可见，引导学生一步步走出迷宫，抵达知识的彼岸。

当然，这种利用可视工具进行思维外化的方法并不局限于信息科技课程。在数学课上，当学生面对复杂的几何问题时，教师可以鼓励他们绘制几何图形，通过图形的直观性来辅助理解；在物理课上，学生可以通过绘制物理过程图来加深对物理现象的理解；在文学课上，学生甚至可以通过绘制人物关系图或情节发展图来更好地把握小说的结构和情节。

更为重要的是，这种利用可视工具进行思维外化的过程，实际上是一种深度学习和思考的过程。当学生用笔在纸上绘制流程图、几何图形或思维导图时，他们不仅是在表达自己的思维，更是在对自己的思维进行梳理、整合和提炼。这个过程不仅能够加深他们对知识的理解，更能够锻炼他们的逻辑思维能力和表达能力，使他们的思维更加清晰、有条理。比如"深藏不露的音乐家"教学设计：

1. 创设情境抽象问题

（1）课前准备 7 个杯子，装满不同高度的水，用笔敲击杯子演奏一曲《小星星》，引发学生兴趣。

（2）引导学生思考如何利用 Scratch 来弹奏一种乐器并让学生描述弹奏乐器的场景。例如，今天是学校的校园艺术节，学生小明有一个演奏电子琴的节目，小明站在聚光灯下演奏着电子琴。

2. 绘制思维导图分解问题

（1）提问学生描述的场景中的关键要素是什么？例如，聚光灯背景、人物小明、电子琴。

（2）引导学生从提取出来的关键要素中分析哪些要素属于背景，哪些要素属于角色。例如，背景是聚光灯舞台；角色是小明和电子琴。

（3）引导学生对背景和角色的效果进行进一步的分析。例如，从键盘上按数字可以使电子琴发出不同的音调。

（4）根据前期的分析，组织学生绘制思维导图。

3. 绘制流程图、设计算法

（1）从电子琴入手，讲解事件，再过渡到生活中，引导学生思考生活中的事件，示意关于事件的流程图画法。

（2）引导学生分析如何添加一个可以弹奏的乐器。并绘制流程图。

①请学生找到角色列表中的"电子琴"；②引导学生回忆造型切换的实现方法，使电子琴显示弹奏的动画效果；③演示如何添加扩展模块中的"音乐"，使角色"电子琴"发出电子琴的声音；④演示如何实现按不同按键发出不同的音调的效果。

4. 优化编程方案与调试

（1）组织小组讨论并分享思维导图和流程图，在巡视的过程中挑选优秀的作品进行广播展示。

（2）组织学生根据自己的编程方案进行作品的制作并不断地调试。在巡视的过程中给予困难学生必要帮助。

本案例以实际的音乐演奏场景为切入点，教师巧施妙计，运用思维导图和流程图等可视工具，引导学生将错综复杂的编程问题逐步拆解、化繁为简，直至形成直观易懂、便于操作的编程步骤。在"绘制思维导图分解问题"的环节中，教师借助提问与引导的方式，协助学生从场景中精准提取核心要素，并明确区分背景与角色，从而有效锻炼了学生的抽象思维与问题拆解能力。而思维导图的绘制则进一步将学生的思考过程可视化，使他们能更直观地理解问题架构与解决方案。在"绘制流程图、设计算法"的环节中，教师以电子琴为起点，逐步扩展至更广泛的生活事件，指导学生思考并绘制流程图，进而使学生对作品实现的每个步骤都获得更为清晰的认识。

## 三、设计任务活动以实践，鼓励应用表达

为了深化学生的学习理解和实践应用能力，我们应当精心设计任务活动，并鼓励学生以书面的方式进行表达。这种结合实践与书面表达的教学方法，能够有效地促进学生将知识内化并转化为自己的能力。

在设计任务活动时，我们要聚焦课程的核心目标和重难点，确保每项任务都能有针对性地引导学生探索和应用所学知识。同时，任务应当具有足够的实践性，让学生在完成任务的过程中能够亲身体验知识的运用，从而加深对知识的理解。

为了强化学生的书面表达能力，我们可以将填写学习任务单作为任务活动的重要组成部分。学习任务单可以包含任务描述、操作步骤、关键知识点、问题反思等内容。学生在完成任务的过程中，需要一边实践一边记录，将自己的思考、发现、解决方案等用笔记录下来。这样的要求不仅能够培养学生的观察力和分析问题的能力，还能锻炼他们的逻辑思维和文字表达能力。以下是"让机器人巡线"教学案例：

出示任务：以小组为单位观察机器人巡线的运动，填写探究记录单。

任务一：以小组为单位，观察实物机器人巡线过程，填写下表。

## 专题六 如何创造"有动"的课堂

探究记录单

5 年级_____班_____组

| 机器人主要组成部分，分别能实现哪些功能？ | 传感器 | |
| --- | --- | --- |
| | 主机 | |
| | 马达、车轮、乐高积木、导线 | |

（1）实物机器人的传感器 1 检测到_____时，通过_____进行判断，让其他组成部分执行_____的命令。

（2）实物机器人的传感器 2 检测到_____时，通过_____进行判断，让其他组成部分执行_____的命令。

组织分享。

引导描述：用"检测、判断、执行"等自然语言描述机器人的运动。

出示任务：以小组为单位，使用角色机器人纸模型模拟巡线过程，填写探究记录单。

任务二：以小组为单位，使用学具模拟巡线过程，用"如果……那么……"描述角色机器人的巡线过程。

（1）如果角色的黄色部分碰到_____时，那么执行_____的命令。

（2）如果角色的绿色部分碰到_____时，那么执行_____的命令。

组织分享。

问题支架：你能用"如果……那么……"等自然语言描述机器人角色的巡线过程吗？

引导抽象：实物机器人的巡线过程在程序中是判断颜色的过程。

在上面的案例中设计任务活动，旨在让学生在观察机器人巡线过程、模拟巡线操作的同时，用笔记录关键信息、思考过程和解决方案。通过这种方式，学生不仅能亲身实践机器人的工作原理，还能锻炼自己的观察、分析和表达能力，从而深化对知识的理解和应用。

总之，作为教师，我们在设置情境激励学生动笔表达时，要精心创设冲突情境，引导学生在思考中发现问题、在问题中寻找答案；同时，我们要灵活运用可视工具，帮助学生将抽象思维具象化，使他们的思考过程更加清晰、有条理；此外，我们还要设计具有实践性和应用性的任务活动，让学生在亲身体验中加深对知识的理解，并鼓励他们用笔记录自己的思考和发现。为了培养出一批批具有独立思考能力、善于表达自我、勇于探索未知的学生，我们应该给予他们足够的引导和支持，引导学生用自己的笔描绘出更加美好的未来。

# 主题 4

# 预设问题引发动脑思考

在小学教育中，培养学生的思维能力至关重要。通过预设问题，教师可以有效地引导学生动脑思考，激发他们的求知欲和探索精神。这种教学方法不仅能够提高学生的课堂参与度，还能够培养他们的逻辑思维、创造性思维和批判性思维，为其未来的学习和生活奠定坚实的基础。

## 一、预设趣味引入性问题

预设趣味引入性问题在创造生动有趣的课堂中扮演着关键角色。这类问题不仅可以激发学生的兴趣，使他们更加积极地参与到课堂中来，还能够激发学生的思维，引导学生进行更深层次的思考。

为了设计出真正能够吸引学生的趣味引入性问题，教师首先需要深入了解学生的兴趣爱好。除了传统的调查方法外，教师还可以借助现代科技手段，如使用在线调查表格、社交媒体分析等，收集学生更为直观、真实的兴趣信息。这些数据为教师提供了宝贵的参考，有助于教师更精准地定制问题，使其更符合学生的兴趣点，进而提高学生的投入度和参与度。

同时，问题的设计也应注重融入社会热点、文化元素等，使其更加贴近学生的日常生活。教师可以结合与学科相关的新闻事件、流行文化、历史背景等，创设富有情境感的问题，引导学生在解答问题的过程中，不仅能够巩固学科知识，还能够拓展视野，增强对社会的认知和理解。

在问题的开放性设计上，教师可以考虑在课程中引入一定的竞赛机制。通过设定不同层次、不同难度的问题，教师可以鼓励学生在解答中寻找更创新的答案，培养他们更积极的学习态度和探索精神。这种竞赛性的元素可以以团队合作、个人表现等多种方式展开，既增加问题解决过程的趣味性，也有助于培养学生的团队协作精神和竞争意识。

视频案例导入：家长在朋友圈的隐私泄露，孩子险被拐走。教师提问：为什么犯罪分子如此了解"你"的个人和家庭信息？我们的朋友圈安全吗？朋友圈的安全隐患还有什么？

学生思考并回答。教师顺势引出本节课的学习内容：风险"在"数字身份。

教师展示课前搜集的朋友圈截图，请学生根据朋友圈内容，分析并获取信息，完成学习任务单。

学生依照学习任务单，逐一查看、分析朋友圈，梳理出朋友圈"泄露"的信息内容，探究隐藏的安全隐患或危害。

师生根据朋友圈个人信息表，勾画出人物"画像"（外貌、职业、年龄、爱好、住址、工作单位、家庭成员、人际关系等）。

师生分析朋友圈中直接或间接泄露的很多重要信息，这些信息涉及个人隐私安全，会危及我们的人身或财产安全等。

在这个案例中，教师通过预设与日常生活紧密相关的趣味引入性问题，成功激发了学生对"数字身份"安全风险的探究兴趣，不仅提高了他们的课堂参与度和思考深度，同时也拓展了学生的视野，使他们更加认识到信息安全的重要性。

## 二、预设启发式递进问题

预设启发式递进问题的设计旨在引导学生在学习中逐步深入思考，建立更为复杂的认知结构，培养逻辑思维和解决问题的能力。

设计问题时，渐进引导思考是关键的核心原则。通过逐步深化问题，从简单到复杂，引导学生在思考问题时逐层递进，形成有层次的思考路径。问题链的设计是实现这一目标的有效途径，确保每个问题环节都在前一环的基础上建立，形成连贯的思考链条。

在问题设计中融入课程主题是至关重要的一环。问题必须与学科知识有机衔接，确保问题成为学科学习的延伸，帮助学生更好地理解和应用所学的内容。设计问题时，要能够挑战学生的思维，引发他们的好奇心，激发主动思考的欲望。通过涉及学生尚未完全掌握的概念，引导他们主动探索，问题设计应该在启发性和引导性上取得平衡。

预设启发式递进问题的教育意义在于全面培养学生的逻辑思维、分析解决问题的能力以及系统性思维。问题链的设计不仅锻炼学生逐步解决问题的能力，同时也促进系统性思维。这使得学生在解决问题的过程中能够将各个环节有机连接，形成完整的解决方案。这种设计有助于培养学生全面思考问题的习惯，提高其综合应用知识的能力。通过递进的问题设计，学生在解答每个环节时需要运用已有知识，逐步构建解决问题的整体思路。

杭州市翠苑第一小学在数学贸易节跨学科主题学习活动中，教师以"购物"这一学生平时在日常生活中时常接触的情境为主题，引导学生认识不同面值的货币，并在交易的过程中理解不同面值货币之间的单位换算。

"在购物时怎样付钱？怎样找零？怎样换钱？"这些问题如果出现在数学课

堂上，往往只能构建虚拟的问题解决情境，但在贸易节中学生对问题有所感，在解决问题的过程中既有收获也有挫折，激发了他们内在的学习热情，也深化了他们对相关知识的理解。

| 主题任务 | 情境线 | 任务线 |
|---|---|---|
| 筹备购物街 | ①商品的价格如何确定？怎样标注价格？<br>②生活中有哪些钱币？它们的面值是多少？它们之间有什么关系？<br>③中国的钱币叫什么？其他国家的钱币又叫什么？ | ①课前阅读财商启蒙教育绘本《经济好好玩套装》，了解货币与商品的关系，初步知晓钱、消费和理财等概念；<br>②在分类、整理中认识不同面值的人民币，理解它们之间的关系；<br>③给商品定价、标价格牌，体会有序摆放便于付钱购买。 |
| 欢乐购物活动 | ①在购物时怎样付钱？怎样找零？怎样换钱？<br>②你能解决哪些实际购物问题？<br>③在购物过程中，你遇到了什么困难？是怎么解决的？ | ①在教师指导下开展模拟购物活动，知道元、角、分之间的换算，体验等值交换原则；<br>②课堂上学生自主开展商品买卖活动，体会买者与卖者的操作过程和不同思考方式。 |
| 货币大讲堂 | ①古代的钱币是什么样的？有纸币和硬币吗？<br>②现代生活中人们购物时付款方式有哪些？未来可能会有哪些支付方式？<br>③你在购物过程中有什么体会，有什么收获？ | ①课下提前查阅资料，课上交流货币发展演变史，了解货币的发展过程，感受社会的发展历程；<br>②通过资料介绍，感受未来货币及支付方式的多样化；<br>③了解现代国家的货币和货币单位，感悟货币价值以及货币与商品的关系，了解简单的金融知识。 |

在这个案例中，教师通过预设启发式递进问题，引导学生从认识货币、理解货币单位换算，到模拟购物活动中的实际操作，再到对货币发展历史的探究，逐步深入思考并解决问题。这种递进式的问题设计不仅帮助学生建立了复杂的认知结构，还培养了他们的逻辑思维和解决问题的能力。同时，通过融入课程主题的跨学科学习，学生更全面地理解了货币与商品、消费与理财等概念，提高了综合应用知识的能力，激发了内在的学习热情。

## 三、预设实践探究式问题

预设实践探究式问题是教学中一种有效的教学策略，它旨在引导学生通过实际操作和探究来解决问题，进而促进对知识的深度理解和应用。在设计这类问题时，教师需要关注问题的真实性、学生的参与性以及问题的拓展性。

首先，问题设计应紧密结合真实情境，将学科知识与实际问题相联系。这样，学生在解决问题的过程中就能感受到知识的实际应用价值，从而增强学习的动力。例如，教师可以提出一个与学生日常生活相关的问题，让学生运用所学知识去分析和解决。

其次，问题设计要确保学生能够主动参与，并具有实际操作性。这意味着问题需要具有一定的挑战性和开放性，能够激发学生的好奇心和求知欲。同时，问题的解决方案应该是多样化的，要鼓励学生从不同的角度去思考和尝试。例如，教师可以设计一些需要学生动手实验或实地调查的问题，让学生在实践中探究答案。

最后，实践探究式问题的设计还应注重问题的拓展性。这要求问题不仅要能够涵盖所学知识点，还要能够引导学生进行更深层次的思考和探究。通过设计一些综合性、开放性的问题，教师可以促使学生将不同的知识和技能进行整合应用，从而培养他们的创新思维和解决问题的能力。例如，教师可以提出一些需要学生进行跨学科思考和解决的问题，让学生在整合多学科知识的过程中提升综合素养。

教师：最近有同学跟老师说去班级图书角找一本书时，却发现书架上乱七八糟，找起书来非常麻烦。你们有没有遇到过这样的情况？

学生自由回答。

教师：这确实是个常见的问题。那有什么方法可以让图书摆放得井井有条，让大家都能轻松找到自己想要的书呢？

教师：有一个非常实用的方法，就是给图书进行编码。今天，我们就来争当班级图书管理员，一同探究编码的奥秘。

教师：在我们的日常生活中都有哪些编码？这些编码代表了什么信息？

学生分别谈论自己了解的车牌号、身份证号、快递取件码等编码，以及它们分别代表了什么信息。教师鼓励学生积极交流，分享他们的观点。

教师：编码就是将信息转换成特定的标记或符号，以便更容易理解和管理。

教师：同一类编码的长度一样吗？编码有什么特点？接下来，请同学们仔细观察这些编码，分组讨论编码的特点。

小组讨论：学生分小组讨论任务单上的问题，分析编码的特点，可借助互联网进行搜索，结束后分小组进行汇报。

# 创造学生喜爱的课堂

一、车牌相关问题

1. 为什么每一辆车都要安装车牌？

2. 为什么每辆车都有不同的车牌号？

二、身份证相关问题

1. 为什么每个人的身份证号码都不一样？

2. 身份证号码中都包含哪些信息？

三、图书编码相关问题

1. 为什么图书馆为每本书都编了独特的编码？

2. 假如图书馆中的书没有编码会怎么样？

学生汇报交流。

师生共同总结编码的特点。

在这个案例中，教师通过预设实践探究式问题，引导学生探究编码的奥秘，解决了班级图书角图书摆放混乱的实际问题。通过启发学生观察和分析日常生活中的编码，激发了学生的好奇心和求知欲，促使学生主动参与到问题的探究中。这种教学策略不仅让学生深刻理解了编码知识，还让他们体验到了知识的实际应用价值，增强了学习的动力。

总之，作为教师，在预设问题引发动脑思考的过程中，我们应当注重学生的个体差异，了解他们的兴趣，使问题设计更具吸引力。在引导学生逐步深入思考时，问题的渐进引导和融入课程主题是关键。同时，通过实践探究式问题，引领学生置身于实际情境中，培养他们的实际动手能力和独立解决问题的能力。总体而言，预设问题的设计要紧密结合学科知识，引发学生兴趣，激发思考欲望，使学习成为一个有趣、富有启发性的过程。

# 专题七

# 如何创造『有静』的课堂

课堂互动是一个较为复杂的教学过程。课堂上的互动不仅包括外显的行为，更是一个看似外静实则内动的思维过程，课堂教学的有效是『互动中的生成』。因此，教师可以营造动静结合的课堂，使学生在『静』的环境中长出『静』的生命气象，促进其智慧的生成，可谓『静能生慧』。

# 静

，即安静。前面我们讲了"有动的课堂"，核心是关注学生思维的活跃、情感的投入以及积极的行动，聚焦于创新精神与实践能力的培养。这里，我们还要讲"有静的课堂"，仍然聚焦于"深度思考"，这与前面的"有动的课堂"一点都不矛盾，因为我们的课堂需要动静结合，特别是深度学习需要学生静下来思考。如果我们只一味地追求表面的热闹与灵动，不引发深层次的思考，教师的"教"与学生的"学"都不可能落到实处。

尤其是在核心素养导向下，我们的教师可以营造"静"的课堂，使学生在"静"的环境中长出"静"的生命气象，促进其智慧的生成。所谓"静能生慧"。因为"静"能促进学生做到专心致志地参与课堂学习，全神贯注地聆听教师的讲解，聚精会神地忘我思考，从而加快课程学习内容的消化、吸收和转化，进而发挥以静净心、以静促思、以静启慧等育人功效，让学生找到解决问题的最优方案和行动策略。因此，我们的教师要有足够的教学勇气和专业自觉让课堂"安静"下来。

## 主题 1

# 动静结合的课堂教学

"以静制动，时机未到静若处子；沉心定气，时机成熟动若脱兔"，这是用兵之道。作为科学与艺术相结合的课堂教学，理应静与动相辅相成、相得益彰，可以说课堂之道便是"动静结合"。课堂互动是一个较为复杂的教学过程，"是师生、生生、生本之间通过心灵的对接、意见的交换、思维的碰撞、合作的交流后，实现知识共同拥有与个性全面发展的过程"。因此，课堂上的互动不仅仅是外显的行为，更是一个看似外静实则内动的思维过程，课堂教学的有效是"互动中的生成"。在教学过程中，师生之间不仅仅是知识的传递，同时也是心灵的接触、情感的交流。用形象的话来说就是苏霍姆林斯基所说，"在知识的身体里，要有鲜活的血液在畅流"。

## 一、动静结合，张弛有度

动静比例应逐级跃迁。根据儿童的心理特征，低龄儿童以无意注意为主。因此，学前阶段以养成良好习惯为主，应该以动为主，以静为辅；小学阶段是打好基础知识的重要阶段，应该逐渐引导学生适应静的教学，但是动仍然占有较大的比重——特别是中低年级教学；中学开始，要学的知识越来越庞杂，学生的身心也日趋成熟，应该逐渐以静为主，以动为辅。

动静转换要水乳交融。由生机勃勃切换到宁静致远，最考验教师的节奏控制水平。一个画龙点睛的提示，一个游刃有余的眼神，一个默默无闻的停顿，都可以成为动静转换的分水岭，而这种四两拨千斤的转换功力，需要教师不断在教学中学习、反思、提炼。

动静划分不应完全割裂。动之前，我们要引导学生静听活动要求，不能盲动；动起来时，要静观活动方向，不能乱动；动之后，要静心总结活动收获，不能躁动。反之，学生静时，也要适时流动教师的关切，不能让课堂静得失去活力，死水一潭是课堂的大忌。

教师：同学们好，今天第一次和孩子们见面，给大家送什么礼物呢？数学老师送的是数学礼物，我们一起来看看：

出示：数青蛙。（全体唱儿歌）

1 只青蛙 1 张嘴，2 只眼睛 4 条腿；

2 只青蛙 2 张嘴，4 只眼睛 8 条腿。

教师：刚才是老师给台词，小朋友会唱，那么如果老师不给台词，你还会唱吗？

学生自由接着唱儿歌。

教师：刚刚老师没给你们台词，为什么还唱这么好？这其中有什么奥秘？

学生：嘴的张数和青蛙的只数是一样的，眼睛的数量是只数的 2 倍，腿是只数的 4 倍。

教师：100 只青蛙能唱吧？

学生：100 只青蛙 100 张嘴，200 只眼睛 400 条腿。

教师：10000 只呢？

学生：10000 只青蛙 10000 张嘴，20000 只眼睛 40000 条腿。

教师：无论给多少只你们都会唱吗？来吧！（出示图片，图片中密密麻麻都是青蛙）

学生：啊？这也太多了吧？怎么唱？

教师：谁有好点子？

学生：唱无数只青蛙可以吗？

教师：真的无数吗？给我足够多的时间，一只一只数，还是有数的呀！

学生：……

教师：思考的姿势是世界上最美的姿势！大家用数学的头脑想一想，问题总有办法解决的。

学生：我想用□代替只数，等您数清楚了只数，再往□里填数就行了。

教师：试试看？

学生：□只青蛙□张嘴，□只眼睛□条腿。

教师：有点意思，不过，你们发现他的这种唱法有什么缺点没？

学生：之前我们发现在倍数关系没唱出来。

学生：□只青蛙□张嘴，□×2 只眼睛□×4 条腿。

教师：很会思考啊！在数学上，我们还可以用一个字母来代替这个□，比如 a，我们一起唱唱——a 只青蛙 a 张嘴，2a 只眼睛 4a 条腿。

在上面的教学片段中，学生饶有兴趣地唱儿歌学数学，这是"动"；当出现满屏的青蛙时，学生唱不出"台词"时，全班都非常安静地在思考，这是"静"。动静结合，张弛有度，让学生体会到"用字母表示数的优越性"，体会到字母不仅可以表示数，还可以表示数量关系。

## 二、动静结合，相得益彰

数学是思维的体操，促进学生的思维发展是我们数学课堂教学的灵魂。缜密的思维是需要以"静"为前提的，思维训练又能促进"静"魔力的释放。

在"9加几"一课中，学生根据主题图提出数学问题并列式后，让学生借助身边的学具自主探索"9＋4"的计算方法。经过自主操作、小组交流，学生得出了如下几种方法。

学生1：借助小棒，从右边4根小棒中拿1根给左边的9根，使9变成10，再和剩下的3根合起来。

学生2：借助计数器，先在个位拨9颗珠，然后将4颗珠中的1颗拨到9颗珠上，变成10颗珠，10个一是1个十，所以个位归零，十位拨一颗珠，再将剩下的3颗珠子拨到个位上。

学生3：因为"10＋4＝14"，9比10少1，所以"9＋4"的得数比14少1，是13。

学生4：9加4就是9往后数4个数，10、11、12、13，所以"9＋4＝13"。

教师问：4分成1和3，为什么是1？2行吗？为什么？

学生：9和1是凑十的好朋友。

教师：1从哪儿来？

学生：从4中分出来的。

这样的教学设计，学生有动有静，拨一拨、数一数、算一算这些都离不开动，但想一想凑十的道理，这就需要静心思考了。这种设计，既促进学生对新知的深刻理解，又能帮助学生体悟数学的关联性和科学性，知道数学方法是灵活多样的，不是一成不变的，是可以相互迁移的，一通百通，这样的过程更让学生深刻感受到只有剔除浮躁心理，认真聆听，积极动脑，才能接近并获得数学的本质认识。

## 三、定能生静，静能生慧

课堂教学不能缺少"安静"的元素，因为静静的课堂中也有活跃的思维，表面的安静也可能孕育着激烈的思维碰撞。

培根说："数学是思维的体操。"可见，数学思考才是数学学习的"根"，数学对训练思维、提高思维水平、发展思维能力有着突出的作用。如何还原数学本质，让数学成为思维的体操？心理学研究表明，人在安静的学习环境中，容易出现思维的有序性，所以，为思考创设一个安静的氛围，是不可或缺的。一起来看看"用计算器探索规律"的教学：

【片段一】

1. 导语：老师今天碰到一个难题，谁能帮忙解决呢？

$$\underbrace{99\cdots99}_{9个9} \times \underbrace{99\cdots99}_{9个9}$$

2. 交流：孩子们刚才尝试用计算器解决，但遇到了新问题——计算器显示不了这么多数位。怎么办呢？

3. 启发：老师给大家提供华罗庚先生的一个秘籍——善于"退"，足够地"退"，退到最原始而不失去重要性的地方，是学好数学的一个诀窍。

4. 思考：要解决这个难题，我们可以退到哪个简单问题呢？

在这个片段中，学生遇到了一个计算器都算不出来的难题，课堂顿时安静下来，但每个孩子都在思考：计算器不显示结果怎么办？这种思考显然是火热的。

【片段二】

1. 学生交流并尝试解决问题的方法。

（1）口算：$9 \times 9 = 81$。

（2）巧算：$99 \times 99 = 9801$。

（3）用计算器计算：$999 \times 999 = 998001$。

2. 启发：我们边研究边回头看，有新的发现了吗？

预设1：发现了结果的规律，引导猜想下一个算式的得数并用计算器验证。

预设2：如果没有发现规律，再用计算器算一个 $9999 \times 9999$，继续探索规律。

3. 交流：学生充分表达自己发现的规律。

4. 验证：用计算器验证自己找到的规律。

5. 引导：现在，你能直接说出9个9乘9个9的得数了吗？

6. 小结：这就是规律的魅力！在寻找规律的过程中，我们借用了计算器这个工具。今天，我们就一起来学习用计算器探索规律。

在这个片段中，学生经历规律探寻的全过程，学生体悟到"以静制动，以退为进"是解决数学问题的重要方法，同时，感受到"规律"在解决问题中的作用。

总之，在教学中，教师要注重"动""静"结合，在"动"中反衬"静"，在"动"中追求"静"，逐步趋向"静"，"静"素养便会在学生中生根发芽。

# 主题 2

# 静心倾听的学习习惯

随着课程改革走向深入，课堂中"满堂问""满堂灌"的现象越来越少了，常见的是"交流""讨论""展示"，真可谓"我的课堂我做主"。但当镜头聚焦到学生的"交流""讨论""展示"的每个具体环节时，我们还是会发现一些新的值得改进的问题。

范老师在教学品德课"生活中的烦恼"一课时，他设计了这样的问题：请同学们快速浏览课本上的短文《暑假真长》，然后结合课前搜集的资料，交流书上的表格——农药、汽车、建筑材料等的危害。学生在学习时，用了不到一分钟就浏览完了短文，然后迅速进行小组交流，教室里立刻传来他们"唧唧呱呱"的讨论声，其间有学生照着课前搜集到的资料，将答案写到了展示板上。在进行班内交流时，各小组非常踊跃，争先恐后地对照展示板上的内容介绍了一遍。

范老师通过观察发现，在小组合作学习时，学生七嘴八舌，你说你的，我说我的，有的学生要么人云亦云，盲目随从；要么坐享其成，一言不发。可见，这一环节，表面上课堂热热闹闹，实际上的学习效果却收效甚微。

我们不难发现，交流是集思广益的一个有效途径。然而，在很多"热闹"的课堂，经常会看到发言学生的声音被淹没于七嘴八舌之中，结果大家各说各的，一无所获。这样的交流其实是没有效果的。当一个学生发言时，别的学生一定要保持安静，倾听发言学生的见解，并结合自己的想法进行一些必要的补充。有经验的教师在布置交流任务的时候，一定会伴随倾听习惯的培养，比如："请大家倾听这位发言的同学在说什么？你同意她的观点吗？有什么需要补充的吗？"当学生惯性地回答老师询问"听懂没"为"听懂了"时，教师一定会追问"听懂什么了"。长此以往，学生会慢慢养成静心倾听的好习惯。

## 一、营造静心倾听的课堂氛围

观察我们的课堂教学，我们常常发现，当一组学生在班级内汇报学习收获时，其他同学没有养成认真倾听别人发言的习惯，导致一些明显的错误没能纠正。可见，在我们的课堂上让学生学会静心地倾听是多么重要。"倾听"能博采众长，弥补自身不足；也能萌发灵感，触类旁通；还能养成尊重他人的良好品质。因此，我们在进行互动交流时，要引导学生学会静心倾听，全神贯注，不急不躁，要有耐心，要虚心，只有这样，我们才能将互动交流得更深入，更有成效。

教师：(教具展示)孩子们，它是什么？

学生：平行四边形。

教师：你知道它的哪些信息呢？

学生：有底和高，我会求它的周长，能变形……

教师：(拉动平行四边形)没错，平行四边形容易变形，你们看，它变成长方形了，现在又变成平行四边形了……猜猜看，今天我们学什么呢？

学生：平行四边形的面积。(师板书)

教师：你们猜对啦！那继续猜猜看，平行四边形的面积该怎么求呢？

学生：平行四边形能变形，我们就把它变成长方形，长方形是长乘宽，那平行四边形的面积就是相邻的这两条边相乘。

教师：谁听懂他的意思了？你觉得他讲得有道理吗？

学生1：他的意思是要把平行四边形拉成一个长方形，面积计算就用相邻的两条边相乘。我觉得有道理。

学生2：我感觉不对啊！老师后来拉动这个平行四边形的时候，拉得很扁，感觉那个时候面积明显小了很多啊！

教师：老师要表扬你们！学习就是要这样，静心倾听，积极思考。你们已经对平行四边形变形前后的面积大小产生了疑问，我们不如把它变形前后的图形画下来研究研究。

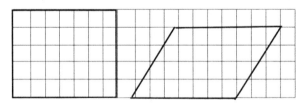

提问：这两个图形面积一样大吗？你有什么办法得到结论呢？

学生：不一样，数格子发现面积不一样。

教师：怎么数的呢？

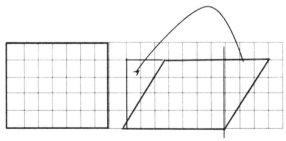

学生：我发现有的格子不完整不好数，后来想了个办法，一割一补，发现平行四边形对应的是底为 7，高为 4 的小长方形。

教师：谁又听懂他的意思了？

……

在上面这个片段中，老师多次提问："你听懂什么了？"并不断鼓励学生"静心倾听，专心思考才能有所收获"等等。静心倾听的课堂氛围就是这样营造起来的。

## 二、培养静心倾听的良好习惯

学生的良好习惯是在长期的训练中养成的，如果教师长期不关注学生倾听后的反馈交流时间，学生就会变得浮躁，课堂就会被少数几个学生的优秀所淹没，其他学生得不到更大的发展。

以音乐课为例。被誉为美国 20 世纪最杰出音乐家的艾伦·科普兰说："如果你要更好地理解音乐，再也没有比倾听音乐更重要的了，什么也代替不了倾听音乐。"可见培养良好的"倾听"习惯在音乐教学中的重要性。在音乐课堂中就有这样的现象，不管是谁在讲述，总有些学生喜欢插嘴，导致全班学生都无法听清音乐、欣赏音乐。还有的教师在演唱时，学生却丝毫没有"听"的意识，自顾自玩，或者两眼发呆……没有良好的聆听习惯，就没有好的课堂氛围，就无法聆听记忆美妙的音乐。因此，在音乐教学中不容忽视对学生倾听习惯的培养，学生养成良好倾听习惯，对丰富情感、提高文化素养具有重要意义，同样，对音乐课堂的教学有效性也起到很大的辅助作用。

那么，培养学生倾听音乐习惯有哪些途径呢？浙江省永嘉县岩坦镇中心小学李丽芳老师谈到以下途径与策略。

### 1. 创设音乐环境，培养倾听兴趣，使学生乐于倾听

其一，营造倾听环境，提高倾听质量。教师可以创造良好的音乐环境，给学生创设一种愉悦的"倾听"心情；教室中音乐知识挂图能引发学生"倾听"的兴趣；高质量的音响设备，可以提高学生"倾听"质量，学生会更真实主动投入和参与，置身于音乐世界，与音乐融为一体，在不知不觉中锻炼学生聆听习惯。

其二，用音乐代替语言，培养倾听习惯。在欣赏课教学中，往往都会把欣赏课上成语文式的说教课，更多的是教师的讲授，离开了音乐本质，没有让学生在充分的聆听中去体验音乐。音乐的情感是由音乐的不同要素所体现。因此在教学

课堂中，应该让学生多些时间聆听，听中学，学中听，在音乐中感受、体验；通过演唱、律动等方式体验、理解音乐。

其三，适时静心倾听，养成用心感悟音乐的习惯。静心聆听能唤起学生的情感。应让学生知道自己是一个欣赏者，作为"音乐的欣赏者"就要知道怎样做个文明的欣赏者，最重要的就是静下心来倾听音乐。

### 2. 关注音乐基本要素，使学生学会倾听

首先，抓住音乐要素的基本点倾听音乐。在音乐欣赏教学中不可忽视的一点：无论何种类型的倾听音乐方式，都要以音乐要素的感知为基础。音乐审美能力的形成分三个阶段，即感知音乐、理解音乐、鉴赏音乐。教师可以根据不同的阶段，设计不同目标指向的问题，引导学生每次聆听都有清晰的关注点，这样学生就能层层深入、真正地进入音乐之中。参与聆听的形式，可以是闭目倾听，也可以是行为反应，比如：听到某个音乐主题时举手示意；用不同色块表现你所感受到的音乐情绪；随音乐唱主旋律等。

其次，抓住音乐要素的侧重点倾听音乐。学生在养成关注音乐要素的倾听习惯后，会发现关注的音乐要素太多，难道每首作品都要去关注所有的音乐要素吗？当然不是。例如，欣赏《梦幻曲》时，可引导学生关注歌曲每乐句的旋律走向有什么相似与不同之处，其表达了怎样的情绪，让学生抓住音乐要素侧重点去反复聆听。

### 3. 多种教学方式表现音乐，使学生投入倾听

要使聆听变得生动、有趣，必须改变传统的教学模式，把图画、欣赏、语言、形体、创造与表现融为一体，才能激发学生的想象与创造，加深学生对作品的理解。

第一，采用"自主、合作、创造"的教学模式。小学生以形象思维为主，具有好动、好奇、爱玩、模仿力强的心理特征，因而在上这一阶段的欣赏课时，要充分利用他们的形体和嗓音，通过视听、律动、游戏、节奏敲击等系列的音乐实践活动，进行多元化的教学，学生才会真正理解音乐，全身心地投入音乐中。

第二，采用多样的教学模式。其一，运用课件、实物展示和乐器演奏调动学生的学习兴趣和积极性。其二，采用游戏形式，音乐游戏具有愉悦性和互动性，是学生最喜欢的教学模式。其三，采用故事、表演形式，每个学生都喜欢听故事，利用这一特点，结合音乐编故事能迅速抓住学生的注意力，加深对作品的理解，从而通过表演来记忆音乐。

总之，良好倾听习惯的养成，除了教师有意识地去培养外，还要坚持到每一

堂课中，坚持到每一个活动中。教师要及时更新教育观念，加快教改步伐，选择最能激发学习兴趣的教学模式，教会他们正确的学习思考方法，培养学生良好的倾听习惯。

# 主题 3
# 安静思考的教学境界

在课堂教学中，我们常常会发现在教师的积极引导下，学生往往耐不住"寂寞"，发言固然踊跃，但在很多时候未免有些"有口无心"。更何况，人的智力有高有低，思维的速度有快有慢，在教学中不顾大部分学生的思维进程，而只同少数反应快的学生进行交流，那么，我们的课堂岂不成了部分学生的"跑马场"？作为教育者，我们应该耐得住"寂寞"，舍得"退位"，给学生营造一个静静的"场"，引导学生多一些静读，多一些倾听，多一些沉思，让学生在静静的阅读中品味，在静静的倾听中成长，在静静的思考中升华。

## 一、给予足够安静思考的时间

教师要善于创设"愤"与"悱"的教学情境，造成学生欲知未知、欲言不能的"愤""悱"状态，并在此状态中加以引领，促使问题得到解决。然而，在学生处于当"悱"未悱、当"愤"未愤的时候，要给学生留下足够的时间，让他静静地思考。因为这个时候学生的思维正处于激烈撞击的阶段，原有的学科经验、新的学科问题、问题的解决策略等正处在杂乱无序中，唯有经过静静地思索才会豁然开朗，享受到柳暗花明的成功感，心智随之得到提升。过早地启发和引领，只会适得其反。因此，舍得花时间给学生安静思考的确算得上低调的奢华。

教师：（出示一个足球图片）如果要给这个足球设计一个包装盒，方便运输，顶天立地，四处碰壁，充分发挥你的想象，这个包装盒可能是什么形状的？

学生1：可能是正方体的。

教师：棱长是多少呢？

学生2：就和球一样宽、一样高。

学生3：那是球的直径。

（出示课件）

教师：不错，这个球的直径是 24 cm。

学生：也可以做成圆柱形的。

教师：那么这个圆柱的尺寸又是怎样的呢？

学生：圆柱的高就是球的高（直径），圆柱的底面直径就是球的直径。

教师：这是一个很奇妙的图形，数学上叫作"圆柱容球"。

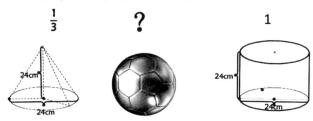

教师：如果我们把这个圆柱的体积看作"1"，与它等底等高的圆锥的体积是 $\frac{1}{3}$，而球的体积显然大于圆锥的体积，小于圆柱的体积，大家猜想一下，这个球的体积可能是多少呢？

课堂顿时安静下来，学生陷入思考，教师静等花开。

学生：这个球经圆锥大，比圆柱小，我猜可能是 $\frac{2}{3}$ 吧？

教师在此基础上介绍阿基米德与"圆柱容球"的故事……

在这个环节中，教师引导学生想象"给足球设计包装盒"的过程，进一步引入"圆柱容球"，让学生在学习过程中静静地思考，并学会合理猜想，数学学习在此过程中真实发生。

## 二、教会学生学会深度思考

课堂是学生学习科学文化知识和人文精神的圣殿，倘若没有思考，就不会有真正的学习。不论是人之为学、为事，还是人之成长、成才，通常都离不开静心思考。在以核心素养为导向的课堂教学中，教师要培养学生的思维，教会学生如何思考，因为思考是学生思维发生和发展的基础。大量的实践和案例表明，"静"下来的课堂，更有利于学生真思考。所谓真思考，主要是指基于真实问题的深层次思考。有了真思考，学生就能收获真学习和真成长。也就是说，教师要在课堂教学中促进学生真思考的发生。除了学科知识与技能外，教师还要教会学生如何思考，特别是如何深度思考。

教师：（出示一个圆锥）今天这节课，我们将研究圆锥的体积（板书课题）。关于几何图形，我们研究过平面图形的面积以及立体图形如长方体、正方体和圆柱体的体积，回顾一下我们的研究方法，你觉得我们可以怎样研究圆锥的体积呢？

学生1：一般会转化成我们熟悉的图形。

教师：有道理！之前我们学习的图形大多是转化成熟悉的图形进行推导的，那你们大胆地猜想一下，研究圆锥的体积，可以转化成哪个立体图形呢？

学生2：应该是圆柱体。

教师：为什么不转化成长方体或正方体呢？

学生2：圆锥和圆柱长得更像，底面都是圆形。

教师：（出示图片）这是我们要研究的圆锥，这是一些圆柱，如果要你来挑，你会挑哪一个圆柱来研究呢？先独立思考，然后在小组内交流你的看法。

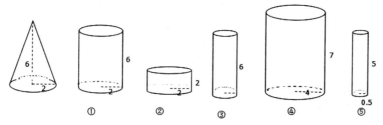

学生思考后交流，然后汇报。

学生3：我觉得选①号圆柱比较靠谱，这两个图形的底面一样大。

学生4：我觉得选②号圆柱也有道理，底面一样大，高不同，说不定也有关系呢。

学生5：我觉得选③号圆柱也不错，圆柱的体积是底面积乘高，要么底相同，看看高的变化与体积有没有关系；要么高相同，看底面的变化与体积有没有关系。

学生6：可是③号圆柱的底面积大小没有数据，没办法研究啊。

教师：真好！还知道用控制一个量不变的方法来研究。可惜，③号圆柱的底面半径没有提供。那为什么大家不选④号圆柱和⑤号圆柱呢？

学生7：底不一样，高也不一样，不太方便研究。

教师：你们思考问题越来越有数学家的范儿了，了不起啊！那么，你们选择的圆柱与圆锥的体积可能存在怎样的关系呢？凭直觉猜猜看。

……

圆锥与哪个立体图形关系最紧密？教学中教师充分尊重学生已有的知识经验，放手让学生于联系中寻找问题的入口。这个过程中，学生安静地思考，探寻解决问题的方法，并在这个过程中研究出圆锥的体积计算公式，深度学习真实发生。

# 主题 4
## 宁静致远的培养目标

"宁静致远"语出诸葛亮的《诫子书》——"非淡泊无以明志，非宁静无以致远"。意思是人要有平稳静谧心态，不为杂念所左右，静思反省，才能实现远大的目标。教育是一个"润"的过程、"慢"的艺术、"静"的事业，只有"宁静"的教育，才能有"致远"的目标。这里的"宁静"，指的是自信的宁静、优雅的宁静和幸福的宁静；这里的"致远"，指的是目标的致远、理想的致远和发展的致远。

### 一、非宁静无以致远

无论是哪个学科，学生接触的文本语言是静止的，学生也需要以静默的方式与文本对话，如此才能真正深入地理解文本的内容、感知人物的内心、体验作者意欲表达的情感。因此，我们教师要有长远的眼光，不要追求课堂眼前的热闹与繁华，而要带领学生静心阅读、静心思考、静心表达，给予学生长足的后劲，只有厚积才能薄发。

江苏如皋经济技术开发区袁桥初级中学的谢建芳老师就以《我的叔叔于勒》一文的教学阐述了她的教育主张——"宁静致远：探寻语文课堂的'静'界"。

《我的叔叔于勒》是苏教版语文教材九年级上册的一篇课文，是法国作家莫泊桑写的一篇小说。教学时，谢老师抓住菲利普夫妇对于勒的称呼变化这一切入点，重点让学生了解菲利普夫妇对于勒态度骤变的原因，从而达到把握主旨的目的。

本着以学生为课堂主体的原则，在教学过程中，谢老师注重为学生"搭台"，让学生"唱主角"。虽说时间紧，但一节课结束，谢老师开始还有几分自得，觉得课堂上学生争先恐后，活跃度高，加上多媒体的运用，整个课堂精彩纷呈；但是，在课外与学生交流时，谢老师却发现他们对于本课的印象除了热闹非凡之外，便所剩无几了。这个现象让谢老师陷入沉思，语文的课堂到底要达到怎样的境界才算是成功呢？

深刻反思后，谢老师发现本节课学生虽然看起来是参与到课堂中了，但其实并没有真正"浸入"文本、"浸入"课堂，没有真正静下来。教师如何在一堂课中有意识地让学生自主建构，使他们在进行头脑头暴的时候，处于的安静状态？谢老师开始了她的思考与实践。

一、静读，让学生静心入文

在教学《我的叔叔于勒》时，谢老师考虑到时间紧，便在学生朗读文本后，匆忙从旁提点重要词语，没有留给学生静心读文的时间，这便导致学生没有能真正静下心来"浸入"文本，不少学生自我分析的广度和深度都不够，甚至有些学生还没有反应过来，就要跟着大家一起进入课文学习的"高潮"。

初学长篇课文时选择朗读这一形式显然是不明智的。叶圣陶认为，出声念诵固然是读，不出声静读也是读；而静读作为一种内部精神活动，特别适用于初学课文时。开课伊始，静读更有利于学生收心，让他们更快地进入课堂。初中语文部编版教材否定了传统教法中"脱离文本、单拎字词"的做法，明确提出字词必须放到文本去学习。初学的课文中肯定会有学生无法朗读或理解的字词，而学生如果在朗读时遇到这些字词，他们便会停下来，这样他们的思路就会被打断，很难再静心入文。因此，初学课文时最适宜采用静读的方式，这样学生就能静下心来尽快进入文本的情境中去。

又如，在教学《台阶》这一课文时，教师在学生初次接触课文时，给出问题："父亲为什么觉得自家的台阶低？""为造新台阶，父亲做了哪些事？""新台阶建好了，父亲又为什么感到处处不对劲儿？"然后让学生带着问题去静读课文。在这个过程中，学生可以带着自己的经验和情感，用自己的思维方式去进行个性化的阅读，而不会受到个别字词句的影响和旁人的影响。作为阅读的个体，他们可以读出自己心中的"父亲"，读出自己的见解，读出自己的疑问，真正沉浸到文本中去。苏霍姆林斯基说过，教室里一片安静，学生都在聚精会神地读书，这是课堂最真最美的时刻。因此，教师要引导学生静读，从而让学生"入文入境"。

二、静听，让学生入思

李政涛先生说："教育的过程是教育者与受教育者相互倾听与应答的过程。"倾听是思维的第一道门槛。因此课堂上要给学生倾听的时间，让学生在听的过程中静心思考。于漪老师在《往事依依》中回忆了自己初中时静听教师教学田汉《南归》中的诗的情形：老师入情的朗诵传染了整个教室，大家都被深深地感动了，以至几十年过去，至今还能随口背出。这就是静听的力量。教师在教学的过程中，可以选取恰当的时机让学生静心倾听，以自身的情感体会来调动学生的情思。

在教学《我的叔叔于勒》时，谢老师虽然给学生搭建了一个可以充分展示的平台，突出了学生的主体性，却忽略了教学的根本；而学生只顾忙着展示自己，不去倾听别人的回答，没有能静下心来比较、思考、沉淀，以至对文本的理解仍停留在个人肤浅的解读上。"学而不思则罔"，静听可悟得。由于学生各自的生活环境、文化底蕴、审美情趣等不同，所以他们在学习过程中的体验和感受也不尽相同。因此，静心倾听就显得尤为重要。在这一过程中，他们会听到不同人对同一问题的不同见解，进而引发他们的认知冲突和自我反思。学生不拘泥于自己的观点使得他们能够认真听取、思考别人的看法，然后再平等地参与交流和探究，进行深层思考，博采众长，弥补自己的不足，逐步养成自主思考的习惯。

又如，在教学《威尼斯商人》时，部分学生抓住文本中夏洛克的部分言辞，认为夏洛克是值得同情的，而那些法律的制定者是披着仁慈的外衣的小人，他们的本性中也有着贪婪的一面，因而无法理解"文章的主题是歌颂仁爱"这一说法。针对这一情况，教师给学生提供相关的背景，让学生在聆听中再思、再悟，最终学生领会了夏洛克鲜明而复杂的个性，认识到这个戏剧对仁慈、友谊与智慧的歌颂，进而真正深入文本。

三、静写，让学生入境

帕尔默在《教学勇气》中说："真正好的教学不能降低到技术层面。"干国祥老师认为，教学的最高境界应该是知识、社会生活与师生生命的深刻共鸣。理想的语文课堂教学自然应该引领学生进入这种境界。

学生在分角色朗读《我的叔叔于勒》这篇课文时兴致高昂，谢老师不忍心打断，以致最后未能留足时间让学生静下心来梳理自己的所得，难怪这堂课留给学生的印象只有热闹。学生缺少一个静下心来动笔思考的过程，没有能够及时写下自己的独特感受，因而无法产生情感共鸣。

把"写"融入课堂，有利于让学生"入境"。在读与听的基础上，教师要尽可能地将"写"融入课堂，为学生的"写"创设空间，提供安静的环境。或让学生发散思维，抓住文本留白部分写一写；或在学生若有所思时，让他们抓住心中瞬间的灵感写一写；或让学生联系生活，针对灵魂深处的共鸣写一写。教师只有给学生一定的时间，才能让他们得以进入理解的更高境界。

又如，在《背影》一文当中，朱自清精心描写了父亲爬月台为自己买橘子时的背影。课堂后期，教师引导学生将这一经典描写与他们自己的生活相联系，并进行写作训练。学生通过练习可以"入境"，让经典与生活相互印证，而在互证的过程中，他们与朱自清之间不再有隔膜，文中的父亲形象与真实生活中的父亲形象融为一体。这样，当学生再读这篇文章时，自然就会进入一个新的境界。

"非宁静无以致远"，教师应努力探寻课堂的"静"界，让学生真正走进文本。"此时无声胜有声",学生只有在"静"中咀嚼,才能更好地理解、吸收所学的内容,真正有所收获。

## 二、非厚积无以薄发

"厚积薄发"语出苏轼的"博观而约取,厚积而薄发",这里的"约取"不是取得少,而是取得精。在"厚积"的过程中,教师要引导学生既要仰望星空,更要脚踏实地,静心"博观约取",才能"厚积薄发"。

以结构化教学为例,教师要有长远眼光,把一个阶段某一模块的知识看作一个整体,长期坚持用结构化的思想引导学生学习。这里的"长期"有时候是一个学期,有时候是整个小学阶段,这就需要教师"胸中有书""心中有人",只有长期坚持用结构化思想去影响学生,学生的学习能力才可能得以提升,越往后,学生的能力越强,"薄发"指日可待。

事实上,任何一个知识点都不是孤立存在的,属于整个知识系统中的一个"点",这个点与它的母体以及其他"点"之间存在某种逻辑关联,各个点在这一逻辑的组织下形成一个网状结构。因此,教学中,不能以"散状点"的方式来组织学生学习,而要将各个"点"置于整个结构体系中展开认知,以母体核心思想为统领,与其他关联内容、结构相近的"点"同步进行沟通、联系、对比、辨析,以获得深度的整体认知,从而实现结构化的建构学习。

教师:(出示"量"字)认识这个字吗?它还可以读什么音?

教师:有这么一句话:"量起源于量。"你,量过吗?

学生:量过。

教师:量过(线段)?

教师:这条线段有多长?

教师:量出来是2厘米。厘米是一个什么单位?(长度单位)

教师:比画一下,1厘米大概多长?

教师:也就是说,人们把这么长的一条线段规定为1厘米,然后拿它做标准,比一比,这里有2个这样的标准,就说它是2厘米,这样就量出了这条线段的长度(量长度)。看来,这个长度的单位,也就是量长度的标准,很重要。(长度单位)

教师出示长方形。

教师:它有多大?能量吗?

学生:6平方厘米。

教师:平方厘米是一个?(面积单位)

教师：哦！1平方厘米大概是多大？咱们是怎么规定它的大小的？

学生：边长为1厘米的正方形的面积。

出示。

教师：也就是说，长方形里包含了6个这样的1平方厘米的小方块（动画演示）。这个小方块就是面积的一个标准，也叫单位。看来，这个面积的标准，也很重要！（面积单位）

教师：有了它，我们就能用一个数来表示面积的大小了。这样，就"量"出了这个长方形的面积。（量面积）

（小结）这样一看，量长度和量面积，思路是差不多的呀！都是先确定一个标准，再数出有多少个这样的标准，难怪数学家说"量起源于量"，量的结果就是量。

师出示长方体。

教师：这个家伙呢？还能量吗？

……

在这种教学氛围下，学生的思维状态由散点分布转变为整体结构，学习方式由碎片化学习转变为结构化理解。结构化理解追求知识学习的主动关联、对比思辨、系统入构、迁移生长等，从而通过整体把握实现对数学知识的系统性的认识。但是，这是一个相当长的教学积累，需要教师能静心坚持"结构化教学"，对于教师和学生来说，这都是一个"厚积薄发"的过程。

总而言之，课堂教学是一个"慢"工程，教学切不可被所谓热闹和浮躁所占领，而要将学生的意识浸润在"静"的氛围中，铸造宁静致远的学习品质，更好地为学生核心素养的发展奠基。

# 专题八

## 如何创造『有导』的课堂

《学记》有言：『道而弗牵，强而弗抑，开而弗达。』道而弗牵，师生关系才能融洽、亲切；强而弗抑，学生学习才会感到容易；开而弗达，学生才会真正开动脑筋思考，做到这些就可以称得上善于诱导了。启发式教学思想的精髓就是充分发挥教师的主导作用，把学生引导到正确的学习之路上来。

**导**，即引导。《礼记·学记》一文中说："君子之教喻也，道而弗牵，强而弗抑，开而弗达，道而弗牵则和，强而弗抑则易，开而弗达则思，和易以思，可谓善喻也。"意思是说要引导学生而不要牵着学生走，要鼓励学生而不要压抑他们，要指导学生学习路径，而不是代替学生作出结论。

道而弗牵，师生关系才能融洽、亲切；强而弗抑，学生学习才会感到容易；开而弗达，学生才会真正开动脑筋思考，做到这些就可以称得上善于诱导了。启发教学思想的精髓就是发挥教师的主导作用、诱导作用，教师向来被看作"传道、授业、解惑"的"师者"，处于主导地位。这种教学思想注定了教学中教师要于迷蒙处导向、于障碍处导读、于疑问处导思、于混沌处导航。

## 主题 1

# 于迷茫处导向

学生在学习的过程中，经常会遇到"没有经验、没有思路"的问题，思维状态一片迷蒙。事实上，问题一旦有了方向，新的问题与旧的知识建立有效连接，学习就会真实发生。那么，当学生处于迷蒙状态时，我们的教师就要充分发挥"引领者"的角色，就像为一般迷失了方向的航船点亮一盏灯，这盏灯就在不远处却要自己寻找到达的路。

### 一、找准时机，点亮明灯

有经验的教师一定会发现，给学生提出有挑战性的问题时，基于经验我们能判断学生会遇到哪些问题。如果教师在学生遇到困难之前，过早介入，给学生铺路、架梯，课堂肯定顺畅多了，看上去丝丝入扣；但如果学生刚一遇到问题，老师就紧急出手相助，学生少走了弯路，却丢失了宝贵的经验。

有一排蜂房，形状如图，在左下角一只受伤的蜜蜂只能爬行不能飞，而且始终向右（包括右上、右下）爬行，从一间蜂房爬行到右边相邻的蜂房中，例如蜜蜂爬到 1 号蜂房的爬法有：蜜蜂—1 号；蜜蜂—0—1 号，共有 2 种不同的爬法。则蜜蜂从最初位置爬到 4 号蜂房的爬法共有多少种？

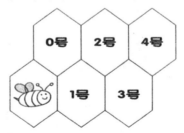

当学生遇到这个问题的时候，常常会按规则列举自己认为的各种可能的爬法。当然，这种列举也是有层次的，有无序列举的、有序列举的，有列着列着诉苦的："这么多方法，我都不知道有没有找全……"这些其实都是很重要的经历，学生从中体会到"不重不漏"是需要方法的。

教师此时亮起了一盏灯："在列举的过程中你们遇到了什么困难？"

学生："感觉有点儿乱，我写了好多种，不知道找全了没有？"

教师："别忘了我们的目标是去4号蜂房的路线，你有没有发现来4号蜂房的路有几条？"

学生："只能从2号和3号来！"

教师："那到2号和3号来的路又有几种走法？"

学生此时领悟到了"递推"的方法，并发现"后一个蜂房的走法就是前两个蜂房走法之和"的规律。教师顺势介绍"斐波那契数列"……

课堂提问是教师与学生学习交流的平台，通过课堂提问，教师可以为学生指明正确的思维方向，使学生的思维更加活跃，更加乐于参与到日常的教学中去。如果教师的课堂提问导向性不明确，就会导致学生思维混乱，这样不仅浪费时间，而且达不到预期的效果。所以，教师在课堂提问中导向性必须十分明确，为学生的指明正确的思维方向。

## 二、目标引领，自主前行

教师的"导"旨在于学生迷蒙处点明方向，并不是代替学生"走路"。因此，老师要善于设计问题与活动，让学生处在"最近发展区"，愿意"跳起来去摘桃子并力求摘到桃子"以获得新的学习动力。比如"用数对确定位置"的教学片段：

教师：在刚才的学习活动中，我们自己创造了这么一个漂亮的工具，有了这个工具，找点就方便多了。A点对应着哪两个数呢？

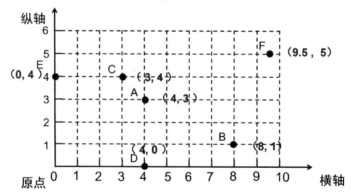

学生：4和3。

学生：3和4。

教师：那C点呢？

学生：也是4和3！

教师：此时你有什么疑问吗？

学生：A点和C点都是3和4，那怎么才能分清楚啊？

教师：好问题！如果老师用4，3来表示A点的话，你觉得C点可以怎么表示？

学生：A点用4和3来表示，说明要先说第几列再说第几行，那么C点就应该用3和4来表示了。

教师：真是会观察、会思考、会表达的孩子！因为这两个数合起来表示一个点的位置，我们给这两个数加上一个小括号，如A（4，3），读作"数对4、3"，那么B点和C点的位置又应该怎么表示呢？会读会写吗？试试看吧！

指名上台板演。

教师：请观察闪烁的D点，它在数轴上，可以用一个数4来表示吗？

学生：不可以！如果说4的话，另一根数轴上也有一个4呀，别人会分不清是哪个4了。

教师：对啊，这就叫不确定。确定的意思是只能是这个点，不可能是别的点，在数学上，把数对与点的这种关系叫作一一对应。D点在横轴上，我们可以称为4列0行，用数对（4，0）表示，那E点呢？

学生：0列4行，表示为E（0，4）。

演示点F：你还能说出用数对确定它的位置吗？

学生：感觉是10列，又好像9列。

学生：我拿尺子比比看……

教师：尺子老师有准备好的（出示网格），现在能判断准确了吗？

学生：F点（9.5，5）

教师：在刚才的活动中，老师出示一个点，你们总能找到一个数对来描述它的位置。现在，如果老师给你一个数对，你能找到与之相对应的点吗？试试看。

演示课件。每出示一个数对，学生先在操作纸上描点，然后指名用激光笔在课件上确定点的位置。

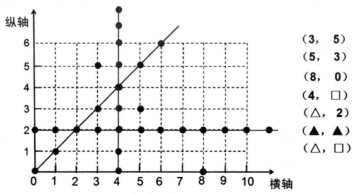

（3，5）
（5，3）
（8，0）
（4，□）
（△，2）
（▲，▲）
（△，□）

在上面的教学设计中，教师总是在积极引导——"此时你有什么疑问吗？""这两个点都用4表示可以吗？"等等，这些问题总是在恰当的时候指引学生的思考逐渐逼近最本质的认识——有序数对与点在平面内的一一对应关系。

"教师是学习的引导者、合作者""是平等中的首席""教师是主导、学生是主体"，这些理念都在告诉我们，教师的"导"的质量直接影响学生的"学"的质量。因此，我们要立足于学生未来的发展，精心设计问题与活动，触发学生的学习真实发生。

# 主题 2
# 于障碍处导读

阅读的未来影响社会的未来，阅读的重要性不言而喻。但是，一方面，数字技术改变了我们生活、交流、工作、学习和阅读的方式，我们的社会正面临着根本性变革；另一方面，数字化进程对阅读的影响进而引发的对社会和文化的影响仍未得到充分研究。虽然数字技术为新的阅读形式带来了无限可能，但近年来的实证研究表明，数字环境给阅读带来的负面影响也是客观存在的，特别是长篇阅读和对书面语言的理解，这些问题都是不可忽视的。尤其是批判性和有意识的阅读、慢速阅读、非策略性阅读和长篇阅读。因此，作为教育工作者，我们有责任更多地在阅读教育、评估、研究和决策等方面关注学生的阅读行为以及阅读习惯的养成、阅读方法的指导。

在学生阅读习惯养成的初级阶段，教师更是要花心思引导学生走近阅读，体会阅读带来的乐趣。其实，学生阅读不能坚持，大多数情况是阅读初期没有读懂文本，觉得阅读是一种负担。因此，于阅读障碍处导读成为我们教师的基本功。首先，我们要能判断哪些点可能成为阅读的障碍；其次，要想方设法扫除障碍；最后，就是要让学生获取不断阅读的动力。

## 一、任务驱动，让阅读走向生动和深刻

在部编版语文教材体系中，"整本书阅读"已经被纳入教学内容中，这既是对学生阅读篇目和阅读数量的规定，又是对他们阅读习惯、阅读能力的挑战。尤其是小学高年段的中外名著阅读，书中人物繁多，情节复杂，篇幅较长，学生很难沉下心来阅读。因此在指导学生阅读此类书籍时，尤其需要精准定位阅读目标，合理设计学习任务，以此激发学生的阅读兴趣，提升他们的阅读体验。比如导读六年级下册整本书《骑鹅旅行记》：

古今中外，优秀的童话故事不胜枚举，但凭借一部童话获得"诺贝尔文学奖"的，迄今却只有一人，那就是瑞典女作家塞尔玛·拉格洛芙，这部童话叫作《骑鹅旅行记》。自1907年这部书正式出版以来，先后被译成50多种文字在全世界广为传播，受到无数读者的追捧和喜爱。全书共55个章节，分为上下两部分。作者以时空的变换为序，以尼尔斯的经历为线，将生动的故事情节、浪漫的民间故事、美丽的瑞典风貌、温和的心灵启迪巧妙地编织在一起，构成了一幅引人入胜、气象万千的鸿篇画卷。

这样一本好书，教师如何为孩子们导读呢？

**1．扫清阅读动力障碍**

为了让孩子们获得阅读动力，语文教师通常会为这本书的阅读开启上一节课，这节课的第一个环节是教师的推荐词。下面是江苏的赵海霞老师为这本书写的推荐词——"数说《骑鹅旅行记》"：

"1"——这是世界上唯一一部获得诺贝尔文学奖的儿童文学作品，也是作者唯一的一部长篇童话。瑞典有一项重要的儿童文学奖，就是用书中主人公的名字"尼尔斯"命名的。

"2"——这本书在瑞典乃至全世界家喻户晓，书名和作者名同时被印在了纸币上。

"50"——《骑鹅旅行记》现在已被译成50多种文字，意味着有50多个国家的孩子和大人看过这本书，认识了骑着鹅去旅行的尼尔斯。

这些数据的出示，告诉学生《骑鹅旅行记》这本书的国际影响力，世界上有很多人在看这本书，并且对自己的人生产生了一定的影响。虽然数字不多，但赋予这本书的意义却很丰富，学生了解了数字的含义，也就初步懂得了《骑鹅旅行记》在人们心中的地位，产生自己也想阅读这本书的冲动。

巧设悬念是提供阅读动力的另一策略：

教师：（出示尼尔斯骑在大白鹅莫顿的背上的插图）尼尔斯是个不爱学习、爱搞恶作剧的孩子。他因为捉弄小精灵，被小精灵用魔法变成了一个拇指大的小人儿。变成了小人儿的尼尔斯，骑在大白鹅莫顿的背上，和一群大雁一起展开了一次冒险之旅。他们都去过哪些地方？又遭遇了哪些危险？后来有没有化险为夷呢？请孩子们带着这些问题，走进《骑鹅旅行记》吧！

**2．扫清阅读深度障碍**

有的孩子读书，只知道浅层次地浏览故事情节，不能深度思考文本，更不能赏析作者的写作技巧，学到写作方法。教师就要通过任务驱动，设计导读单，帮助学生逐渐学会深度阅读。

（1）梳理旅行路线，感受尼尔斯的神奇历险

尼尔斯的旅行路线自南向北，又自北向南游历了整个瑞典。因此，教师可以引导学生了解并梳理尼尔斯的旅行路线，对其中特别感兴趣的地方"逗留"，将有助于学生厘清整本书的叙事脉络，并进行有重点的阅读。具体可设计如下学习任务：

1. 尼尔斯在游历途中先后经过或抵达了哪些地方？画出尼尔斯的旅行路线图，并简单标注地貌特征或风土人情。

2. 你最喜欢其中的哪一处景观或哪一段经历？制作风物名片或故事情节图，用简洁的语言分享自己的阅读感受。

3. 在尼尔斯的归途中，作者为什么特意用一个章节来写一个小庄园呢？结合作者的成长经历说说她的写作用意。

（2）聚焦主要人物，感受尼尔斯的蜕变

尼尔斯的成长蜕变是整本书的叙事脉络，因此紧扣这一主要人物形象，通过比较阅读和前后联结等策略，有助于学生深入感受人物形象，并从故事中读到成长的自己。因此可以设计如下学习任务：

1. 历险前后的尼尔斯分别是怎样的？通过人物图表，用"观点 + 例子"的方式梳理人物形象和相关情节。

2. 通过旅行，尼尔斯最重要的变化是什么？通过具体情节加以分析、阐述。

3. 联系尼尔斯和自己的生活实际谈谈你对成长的理解。

（3）品评其他人物，感悟成长中的重要他人

尼尔斯在旅途中邂逅了很多人，有志同道合的朋友家鹅茅帧、大雁阿卡、放鹅女孩奥萨；有千里追踪的敌人狐狸斯密尔、凶狠贪婪的乌鸦黑旋风，还有偶然遇见的"路人"、孤苦伶仃死去的老农妇、一时心灰意冷的大学生。正是因为与他们的遇见，使尼尔斯在不知不觉间成长、蜕变，最终成为一个勇敢坚定、值得信赖的男孩。因此可设计如下学习任务：

1. 尼尔斯在成长的过程中遇到了哪些人？试着用思维导图的方式给这些人物分类。

2. 推动尼尔斯成长的最重要的人是谁？用"观点 + 例子"的方法阐述自己的想法，并开展辩论赛。

3. 关注尼尔斯在三次变成人的机会时的选择，讨论：尼尔斯的成长仅仅是依靠他人的力量吗？

（4）关注地域文化，探寻名著中的经典魅力

作为瑞典的一部专为孩子创作的教科书，书中还蕴含着丰富有趣的百科知识和神奇悠久的历史文化。在阅读中，教师可以引导学生展开探究之旅。可设计如

下学习任务：

1. 从动物、植物、地理风貌、民间传说等不同角度开展研究，并以小组为单位选择其中最感兴趣的一个类别进行深入研究，撰写简单的研究报告。

2. 开展瑞典民间故事会，能绘声绘色地讲述其中印象最深刻的一个故事，并结合内容推测这个故事的由来。

3. 与以往读过的童话故事书相比较，《骑鹅旅行记》有何独特魅力？至少列举三点，小组交流并汇报。

总之，在整本书阅读中以多层次、多角度的任务驱动，有助于学生保持深入、持久的阅读兴趣，并由此促进他们阅读习惯的形成、阅读素养的提升，使阅读走向生动和深刻。

## 二、学科育人，设计学科特色阅读任务

阅读是思考的开关、是学习体验、是知识收获，任何学科的学习材料都需要通过阅读获得。因此，培养学生的阅读能力不仅仅是语文教师的工作，各学科教师也要根据自己的学科特色设计阅读任务。

以小学数学学科为例。数学教育不仅仅是教授学生基础知识，让学生掌握简单的解决数学问题的方法，更重要的是让数学成为学生终身学习和自主学习的基础，即在没有教师的引导下，学生也能运用所学知识解决实际问题，这才是教育的意义。因此，数学教师一样需要采用趣味设计、情境创设和树立核心素养目标导向等方式，让阅读充分融入数学教学中，以帮助学生提高能力，提升数学核心素养。

### 1. 扫清阅读材料选择障碍

小学数学阅读究竟读什么？当前，不少教师未能正确认知数学材料的价值，将数学教材作为唯一的阅读材料，而数学教材中的文字内容大多是数学知识点、数学练习题，相对抽象、枯燥，很难引发学生的阅读兴趣。因此，小学数学教师应当在数学阅读材料上下功夫，使数学阅读材料变得丰富、有趣。

阅读教材插图。教材插图是数学教材中不可或缺的一部分，是文字信息的辅助和补充。小学生的形象思维较发达，往往可以从直观场景中获取有价值的信息。教材插图恰好为学生提供了直观的场景。所以，教师可以将数学教材中的插图作为阅读材料提供给学生，并适当指导他们如何阅读插图："请注意有顺序地观察图片，你能从中获得哪些数学信息呢？"

阅读课外读物。数学的课外读物有很多，数学绘本、数学故事、数学游戏、数学历史等等，都适合推荐给学生阅读，如《数学帮帮忙》《马小跳玩数学》

《奇妙的数王国》《数学花园漫游记》《数字的秘密生活：最有趣的 50 个数学故事》等等。

阅读教师自制的读物。教师可以根据自己的特长爱好收集整理一些读物推荐给学生。比如王丽燕小学数学工作室就组织教师针对人教版小学数学教材的内容编写了一套小学数学故事书，既关注了故事性，又关注了需要教学的知识点，学生非常喜欢。

### 2. 扫除阅读方法选择障碍

数学老师应该和语文教师一样，教给学生阅读的方法。对于数学学科而言，最重要的目标是培养学生的思维能力，因此，在阅读方法的指导上，当然也是要教会学生边读边思考，养成读思结合的良好习惯。

提问法。教师要求学生边阅读边思考，把不懂的问题及时记录下来，独立思考不能解决的问题可以同伴互助，师生共同交流解答。比如，学生在学完 2、5、3 的倍数的特征时，就提出了这样的问题："2、5 的倍数特征只要看个位数字，而 3 的倍数特征却要看各个数位上数字之和。这是为什么？"

这无疑是个好问题，教师组织学生围绕这个问题展开讨论，找到基于数论理解的一致性原理，学生的问题得以圆满解决，并由此拓展开去，找到 4 和 25、8 和 125、9 等自然数的倍数的特征。

批注法。不动笔墨不读书，数学教师常常要求学生边读题，边圈出关键信息，甚至辅之以线段图等。比如，教"植树问题"时，教师常常要求学生边阅读边圈了"两边都种、两端都种"等关键信息，认真思考数量关系，找出正确的思路。

导图法。数学知识是系统性、条理性、逻辑性非常强的。数学教师要求学生阅读数学书以后，画出一节、一章或一本书的思维导图，找出知识与知识之间的内在逻辑关系，帮助学生对所学内容及时系统人构，帮助学生迁移生长，举一反三、触类旁通。

## 主题 3

# 于疑问处导思

"读书无疑须有疑，有疑定要求无疑。无疑本自有疑始，有疑方能达无疑。""为学患无疑，疑则有进，小疑则小进，大疑则大进。"教师需教学生有疑，学生有了疑问便有了思考的动力，"穷究问题的答案"是理性思考的开始。那么，在这个过程中，教师的功能又是什么呢？当然是为学生的疑问指引思考的方法与方向！

## 一、指导学生为自己设计问题链引发深度思考

需要解决的问题就摆在那里，教师可以指导学生根据要解决的问题逆向思考："如果要解决这个问题，可能需要哪些条件？如果找到了需要的条件，问题自然迎刃而解；如果没找到，我们重新出发，寻找需要的条件……"这样一层一层，抽丝剥茧，直到问题被解决。因此，教师需要教学生自己为自己设计问题链。

通过问题链的设计与展开，学生被引导在解决问题的过程中运用逻辑推理、推断和演绎等思维方式进行深入探究，这种连贯性的问题设计需要学生在每一环节中考虑前因后果、逐步推进，有助于培养学生的逻辑思维能力。从分析问题到提出解决方案的过程中，学生需要清晰的逻辑思维来构建问题解决的框架，逐步推理并得出正确结论。

问题链的连贯性设计也有助于培养学生的推理能力。学生在跟随问题链的步骤逐渐解决问题时，需要从已知条件出发进行推理，并将各环节的推理相互连接起来，形成完整的推理链条。这种推理过程锻炼了学生在推断和逻辑推理方面的能力，使学生能够更加灵活、准确地运用推理方法解决数学问题。

此外，问题链的搭建还鼓励学生运用多种推理方法。在解决连贯问题的过程中，学生需要灵活运用归纳、演绎、假设推理等多种思维方式，培养了学生在不同情境下思维的多样性和灵活性，有助于学生形成更全面、更深入的思维模式，提升解决问题时的全局思维能力。

如图所示，把正方体用两个与它的底面平行的平面切开，分成三个长方体，这三个长方体的表面积比是3：4：5时，用最简整数比表示这三个长方体的体积比。

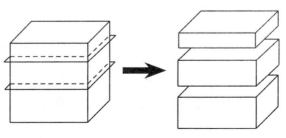

教师引导学生设计问题链：

1. 这个问题是问三个长方体的体积之比。长方体的体积是怎么计算的？

2. 长方体的体积是底面积乘高，这三个长方体的底面积是一样的，体积之比是不是就是它们的高之比？

3. 要求高之比，题里只提供了三个长方体的表面积之比，那么，表面积之比与高之比又有什么联系呢？

4. 长方体的表面积是上下两个正方形和4个侧面积组成，因为是正方体，上面两个正方形一样大，侧面积与高有什么联系吗？

5. 如果把正方体的棱长高设为1，三个长方体的高分别设为 $h_1$、$h_2$、$h_3$，第一个长方体的表面积记为"$2+4h_1$"，同样，第二个长方体的表面积记为"$2+4h_2$"，第三个长方体的表面积记为"$2+4h_3$"，这样，是不是就可以找到3个长方体的表面积与高的关系了呢？

……

就这样，学生在教师的不断追问中深度思考，逐渐找到了问题的答案。

## 二、教师设计"核心问题"引导学生深度思考

核心问题体现了教师对教材的处理能力和处理艺术。核心问题是课堂教学内在的灵魂，其中蕴含着对经验的反思、对教材的解读、对知识的挖掘、对价值的追求。如何将教师对知识的内在体验渗透到教学中，逐步树立学生的科学态度和理性精神？一线教师在提炼核心问题时要认清课堂教学的两条"线"：一条是以知识发展呈现出的明线；另一条是隐含在知识背后的暗线（思想方法）。明线的学习在于理解和掌握，暗线的学习在于反思和感悟。只有两条"线"的运用和讲解达到和谐与统一，才有利于突出核心问题，培养学生的联想思维和发散思维，达到举一反三、触类旁通的目的。

在进行有关"三角形内角和"教学时，教师可以设计这样一个核心问题："如果不允许把三角形撕开或翻折，你有什么办法能发现三角和等于180°？"

学生："度量三个内角的度数，再算一算它们的和。"

教师："是可行的办法，但每一次度量都难免有误差，度量的次数越多误差的积累一般也越大。怎么办？"

学生："利用尺规作图，作一个角，使它等于三角形三个内角的和。再度量它或者观察它的两边是否在一条直线上。"

教师："好办法。现在就请每个同学在本子上画一个任意三角形，并尽可能利用这个三角形的边，用尺规作一个角使它等于这三角形三个内角的和，再观察新作的角的边是否在一条直线上。"

学生普遍存在好奇、尝试和竞争的心理，教师掌握这种心理并适时进行启发，有利于学生萌发探索兴趣，从而在学生跃跃欲试的氛围中引入新课。教师的启发也能使学生更好地进行归纳总结，从而达到掌握的目的。引导学生发现一个"好问题"，有助于学生在迷茫中抽丝剥茧，给学生以信心和希望。

# 主题 4
# 于混沌处导航

学生的学习过程就是从混沌到清晰，再到混沌，再到清晰的循环往复的过程。因此，在过程中，与其强行纠正学生的答案，不如让这种错误的，或者模糊的答案暴露出来，让这种混沌成为我们教学所要真正直面的真实学情。通过对这种混沌的洞悉，我们的教学才可能真正捕捉到真实的学习反馈，再就这种混沌进行有效地提问，才能让真实的学习在课堂上发生。"好的教师，是在学生尚在混沌之际，不断地提问，通过提问，引发学生自己不断地对混沌进行清晰化——但由混沌到清晰，再到混沌，再到清晰，学习才可能真实发生。"

## 一、教师追问，为学生释问导航

在小学数学课堂教学中，面对学生提出的问题，教师如何予以引导，让学生能够抓住主要问题展开思考，寻找到解决问题的正确方向呢？学生的学力基础不同，思维呈现差异性，对不同的问题有不同的思考。因此，数学课堂中，教师需要有整合与梳理的意识，通过追问充分发挥自身帮助、导航的作用，引导学生对问题从思考走向体悟，使学生真正理解与掌握所学知识。

教师：生活中有哪些地方用到分数？如果让你来设计一些分数问题，你会如何设计呢？

学生1：这里有4个苹果，将其分成2份，每份有几个？如何用分数表示？

学生2：这里有一张白纸，将其$\frac{1}{2}$涂上颜色，应该如何操作？

学生3：我们班有40人，$\frac{1}{2}$是女生，男生有多少人？

学生4：我每天要读10页书，现在读了4页，占总数的几分之几？

教师：我们刚刚认识分数，对分数还不是很了解，大家设计了这么多的分数问题，即使能够给出正确答案，也不能对分数有系统的了解。现在我们是不是先弄清楚分数的基本概念、各部分的名称？是不是要掌握分数大小比较的方法？这样有利于解决生活中的实际问题。下面，大家思考一下，看看谁能够设计出更有针对性的分数问题。

学生5：分数由分子、分数线、分母组成，它们分别表示什么意思？

学生6：如果要比较 $\frac{1}{2}$ 和 $\frac{1}{3}$ 的大小，可以用实物进行分析吗？

学生7：唐僧拿出一块饼，准备分成4份，每人1份；猪八戒说肚子饿，要多吃1份。唐僧该如何操作，既可以让猪八戒多得1份饼，又能让大家平均分到饼呢？

教师：同学们设计的问题越来越有趣了。如果每个学习小组选择三个问题来讨论研究，你们小组会选择哪些问题呢？请同时说明原因（学生进入小组合作学习环节）。

上述教学，教师鼓励学生列举生活中的分数并以问题的形式呈现，由于学生的思维没有深入，所以只要有分数的内容都会列举，导致问题多而杂。如何展开下一步的教学呢？教师没有直接讲解问题，而是通过追问，引导学生针对分数的大小比较展开问题设计，将课堂教学引向预设轨道。

## 二、于联结处设问，为学生结构化学习导航

教师的头脑中装着的不是学生目前要学习的一个课时的内容，而是带着一个完整的知识系统来展开教学的。因此，高明的教师往往在知识的联结处设计问题，为学生的有效学习导航。

课件出示游戏规则：上面的4张纸牌和下面的3张纸牌分别代表两个数。每张纸牌后面都有一个数字，在不翻牌的情况下，你能猜出上下两个数，哪个数大、哪个数小吗？

学生1：能！上面的数大。

教师：为什么？

学生2：上面的数是四位数，下面的数是三位数。四位数大于三位数。

教师：（课件再加一张牌）现在呢？你还能比较出它们的大小吗？

学生3：无法比较。

教师：老师请出我们的好朋友——小数点，现在你能比较出它们的大小了吗？

□□．□□
□．□□□

学生4：上面的数大！

学生5：上面的整数部分是两位数，而下面的整数部分只有一位数，所以……

教师：我们在比较小数大小或进行小数加减法计算的时候，最好先将小数点的位置对齐，这样能使我们的计算更简单。

□□．□□
□．□□□

教师：从刚才的游戏环节我们得知：比较小数大小的第一个方法，是先比整数部分，再比小数部分。

教师：游戏继续，现在你觉得哪个小数会比较大？先来猜猜，哪个小数大呢？

□．□□□
□．□□

学生6：上面的数大！因为上面的小数部分有三位，下面的小数部分只有两位。

学生7：我以为下面的小数大……

学生8：还可能是一样的！如果个位、十分位、百分位上的数字都一样，千分位上的数字是零，两个小数就一样大了。

教师：翻翻看，好吧！点击个位上的数，相同。现在能比较它们的大小吗？

学生：不能。继续往下比。

教师：课件显示再次相同，谁大？

学生：不能确定，继续。

教师：好！此时，百分位的数不同了，现在能比较出大小了吗？

学生：下面的数大！

教师：还有一张牌还没翻呢？你们怎么知道哪一个数大了呢？

学生：在百分位已经比出来了，不用再比了，是9也不行了。

教师：说得好！（课件闪动）上面的小数部分是三位，下面的小数部分是两位，结果却是两位小数比三位小数大，这说明了什么呢？

学生：下面的小数百分位上的数大于上面百分位上的数。

教师：太好了！同学们，你们发现了比较小数的大小不能只看小数部分位数的多少，应从小数部分的高位开始，逐位比较。

小数大小比较与整数大小比较有什么异同？通过此游戏，学生不仅轻松学会小数大小的比较方法，还学会灵活选择方法进行大小比较。

# 专题九

## 如何创造「有评」的课堂

新课程提倡「教学评一体化」，即将教学过程和教学评价结合起来，将评价融入教学中，使评价与教学环节相互交织、相互促进。其旨在通过评价，诊断学生学习过程中的优势与不足，进而改进学生的学习行为，同时相应地改进教师的教学行为，以促进学生核心素养的达成。

评，即评价。说到评价，我们可能最想先到的就是"考试"，在教学一个知识点之后再来评价学生是否掌握了该教学内容，以此判断教学的有效性。新课标中，关于评价提出了具体的要求和建议，提倡评价方式要丰富、评价维度要多元、评价主体要多样、评价结果要定性与定量相结合。旨在通过评价，诊断学生学习过程中的优势与不足，进而改进学生的学习行为，同时相应地改进教师的教学行为，以促进学生核心素养的达成，实现"教—学—评"一体化。

在核心素养时代，我们提倡"教学评一体化"，即将教学过程和教学评价结合起来，将评价融入教学中，使评价与教学环节相互交织、相互促进。教学评一体化的重点是将评价作为一个连续、动态的过程，与教学相互渗透。它不仅关注学生在最终评估中的表现，也注重评价教师的教学能力和课堂实施。教学评一体化特别强调持续的教学改进。通过定期的评估和反馈，教师可以及时了解自己的教学效果，识别问题并进行调整和改进。这有助于提高教学质量和学生学习成效。

# 主题 1

# 构建促进"学习"的评价体系

新课程提倡"倡导评价促进学习的理念，注重提高学生自我评价、自我反思的能力，引导学生合理运用评价结果改进学习"。

## 一、评价与学习的关系

评价能否促进学习？需要厘清评价和学习的关系，区分评价作为学习过程、学习活动本身还是学习结果才能促进学习。对于这一问题，有学者提出了"对学习的评价，作为学习的评价和为了学习的评价"的观点。

"对学习的评价"指向的是终结性评价，是对学习结果的检验。在学生的某一个学习阶段结束后，教育部门或者教师对学生进行的标准化测试，考查学生的学业成果。它强调使用教师判断，学生是评价主体，阶段性成果是学生学习结果的表征。

"作为学习的评价"指的是评价的本身就是学习，主要来自学习者在学习过程中的同伴评价和自我评价，学生在此基础上对自己的学习进行反思与调整，培养自主学习的能力。它突出学生的主体地位，通过学生的深度参与，构建学生对学习的深层理解，生成学习的意义，发展学生自主性。

"为了学习的评价"指向过程性评价和表现性评价，教师、学习者或者同伴通过观察、对话、演示等方法对学习者在学习过程中的表现进行评价，教师或学习者根据结果对下一步的学习进行调整。

三种学习评价都具有一定的片面性，如果仅将评价作为检验学习的工具，则无法发挥评价促进学习的功能；如果仅将评价作为调整学习过程的依据，则使学习缺乏目标指引。三种评价方式实施与使用不同，为评价促进学习构建了多样化的实现路径。因此，我们应综合运用三种评价方式，发现学生"在哪里"，告诉学生"去哪里""如何去""为什么要去"，三者协同配合，形成完整的学习评价体系，以促进学生学习。

## 二、评价如何促进学习

### 1．改进"对学习的评价"

"对学习的评价"指向终结性评价，通过评价结果判断学生核心素养的达成情况，一般采用的方式是测评，包括书面测评、口头测评等。除小学一、二年级外，一般采用纸笔测试，主要考查学生对知识技能的掌握情况，了解学生思维的发展情况，以及核心素养相应表现的培养情况。因此，纸笔测试的命题要指向核心素养，关注学生的关键能力、思维品质以及情感、态度和价值观的发展。

### 2．关注学习能力，重视发展关键能力

评价不仅要关注学生学习结果，还要关注学生学习过程，激励学生学习，改进教师教学。因此，命题时要关注解决问题的过程，让学生在解决问题的过程中进行再学习、再反思，从而发展关键能力。

【题目】观察图形解决问题。

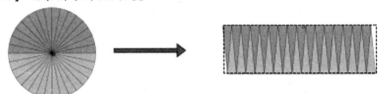

（1）把一个圆分成若干等份，剪拼成一个近似的长方形后，周长比原来圆的周长多 8 cm，增加的 8 cm 实际上是（　　）的长度。

（2）长方形的长是（　　）厘米，相当于圆的（　　），长方形的宽相当于圆的（　　）。

（3）长方形的面积（　　）（填 ＞、＜ 或 ＝）圆形的面积，像这样的方法在数学上称为"转化思想方法"，在我们以往的学习中也运用过这种思想方法，请你举例说明。

考查的能力点：分析能力、推理能力。

本题通过图形展示，再现了计算圆的面积的推导过程，注重探究过程的检测。围绕前后图形之间的转化与联系，推导圆的面积计算公式，并要求学生举例说明"转化思想方法"的运用，促使学生进一步感悟数学思想方法，积累数学活动经验，学生的分析、推理、探究等关键能力的发展。

【题目】面条是我们常吃的美食，好吃的面条是如何做出来的呢？它的配比就藏在下面的图示中：仔细观察面条中水和面粉的关系，你能分别用除法、比、分数表示出来吗？（请参考举例再分别写出三组）

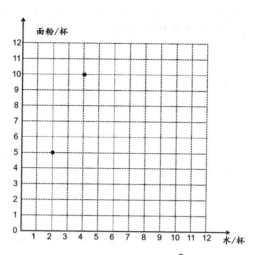

例如：除法（2÷5）、比（2：5）、分数（$\frac{5}{2}$）。

第一组（　　）（　　）（　　）；第二组（　　）（　　）（　　）；第三组（　　）（　　）（　　）。

仔细观察上面的几组数据，结合除法的商不变的规律、比的基本性质、分数的基本性质，你有什么发现？

考查的能力点：综合能力。

这道题引导学生通过读图可以得出面条中水和面粉的比是1：3，然后根据范例写出多个不同的除法、比、分数，进一步观察发现除法的商不变的规律、比的基本性质、分数的基本性质的相通之处。学生通过知识的对比沟通，综合利用所学知识发现知识之间的联系，找到了知识之间的共性，培养了结构化思维，发展了综合能力。

【题目】抽奖问题：商场为了答谢新老客户，在年底挑选了近1万元礼品作为抽奖的礼品，在5种商品中选出3种作为奖品，设一等奖1名、二等奖5名，三等奖10名，每个等级的奖品相同。5种商品分别是：平板电脑4999元/台、健身卡3998元/年、电影卡2680元/年、手机998元/台、餐券198元/张。明明抽到一个二等奖，他的礼品可能是什么？一等奖和三等奖各是什么礼品？

考查的知识点：解决问题的能力。

这道题在真实的抽奖情境中提出数学问题，围绕礼品是什么展开。学生需要寻找相关联的有用信息进行计算分析，从而得出结论。这样将真实的生活问题转化成数学问题，实现生活问题和数学问题的关联，可以让学生在真实的情境中引发思考，发展学生的应用能力，增强学生认识现实世界、解决真实问题的能力。

**3. 关注思维能力，重视培养思维品质**

【题目】晓晓家离学校有 528 米，晓晓每分钟走 66 米，东东每分钟走 63 米。从家到学校，晓晓比东东多走了 2 分钟，东东的家离学校多少米？

（1）想一想，先求出什么，用什么数量关系；再求出什么，用什么数量关系？

（2）请用树状图画出你的解题思路。

考查的能力点：逻辑性。

这道题先引导学生寻找题目中有价值的信息，捕捉信息之间的联系，厘清解决问题的思路，通过画树形图将解题思路进行逻辑化表达，促使学生明晰分析问题、解决问题的方法，学会思考，提升思维的逻辑性。

【题目】下图是从前面看和上面看长方体模型情况，那么，这个长方体模型的表面积是（　　　）cm$^2$，体积是（　　　）cm$^3$。

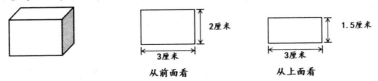

从前面看　　　　　　　从上面看

考查的知识点：灵活性。

本题没有让学生直接套用公式进行计算，也没有直接给出长方体的长、宽、高的数据，而是改变了条件的呈现方式。这要求学生根据两个被描述的长方形的相关数据，首先在头脑里勾勒出对应长方体的模型，再根据公式计算出表面积和体积。这道题巧妙地融合了学生的直观想象、空间观念，加深了学生对长方体表面积和体积的理解与应用。此题改变对已学知识的呈现，促使学生不断变化思考问题的角度，尝试灵活应用不同的方法解决问题，训练思维的灵活性。

【题目】如果 A（3，1）、B（8，1）、C（x，5），你能在右图上找到它们的位置吗？

（1）连接 AB，再连接 AC，当 x 表示多少的时候，∠BAC 会是直角呢？

（2）当 x 表示多少的时候，∠BAC 会是钝角，锐角呢？

考查的能力点：深刻性。

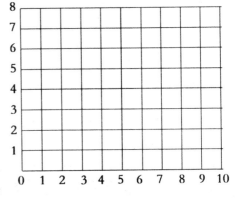

这道题将用数对表示位置与几何图形"角的大小"紧密结合起来，通过分析，x 可能为任意数，C 点在第 5 行的直线上。C 点的位置决定角的大小，C 点在何处

时∠BAC 成直角是判断的关键,当 $x = 3$ 时,∠BAC 是直角;当 $x < 3$ 时,∠BAC 是钝角;当 $x > 3$ 时,∠BAC 是锐角。学生只有看到解决问题的关键,才能准确解决问题,提升思维的深刻性。

【题目】请你想办法测出 1 粒黄豆的质量和《辞海》中 1 页纸的厚度,你需要详细地写出测量步骤。请注意,你的测量工具不能直接精准地测量出 1 粒黄豆的质量和 1 页纸的厚度。

考查的能力点:创新性。

这道题以无法直接测量的特殊物体作为研究的对象,促使学生寻找和创新解决问题的策略,将 1 粒黄豆和 1 页纸转化为 100 粒黄豆和 100 张纸,通过测量 100 粒黄豆的质量、100 张纸的厚度进而转化成 1 粒黄豆的质量和 1 页纸的厚度,充分体现学生思维的创新性。

**4. 关注育人价值,重视树立科学态度**

关注社会,了解社会发展,增强公民意识,发展正确的价值观。设计真实的问题情境,在解决问题的过程中培养学生的道德修养,创新精神,科学态度。

【题目】阅读下面的材料:近 50 年来,我国航天事业不断加速发展。1970 年 4 月 24 日,中国发射了独立自主研制的第一颗航天器东方红一号卫星,迈出了走向太空的第一步。2020 年 11 月 24 日至 12 月 17 日,嫦娥五号完成了 23 天的月球采样返回之旅,创造了中国航天史上又一个里程碑式的成就。从东方红一号到嫦娥五号,中国空间技术研究院研制并成功发射了 300 个航天器,俗称为"三百星",包括第一颗人造卫星、第一艘飞船、第一颗导航卫星、第一颗月球探测器、第一个空间实验室、第一艘货运飞船……其中,发射第一个"百星"用了 41 年时间,完成第二个"百星"用了 6 年,而达成第三个"百星"只用了 3 年。

你能提出哪些数学问题并解答?

考查的能力点:发现问题、提出问题、应用意识、创新意识。

这道题将我国发射航天器作为背景,考查学生发现问题、提出问题的能力,考查学生应用意识和创新意识,在考查学生利用知识解决问题的同时关心国家大事,促使学生增长知识,培养爱国情怀,增强民族自豪感。

## 三、开展"作为学习的评价"

布鲁姆的教育目标分类学区分了认知目标、情感目标和动作技能目标,认知目标包括识记、领会、运用、分析、综合、评价等六个方面,可见,评价是学习活动的一部分,不能等同于学习。

"作为学习的评价"突出学生的评价主体和价值主体地位,强调评价的是学习性，评价方法是自我评价和同伴评价。开展"作为学习的评价"，一方面，在教学中要积极开展自我评价和同伴评价活动，使学生充分参与评价过程；另一方面，教给学生自我评价、学习反思的知识与技能，使学生学会评价、学会学习。

自我评价的过程是一个自我修正和调整的过程，通过自我评价，学生可以了解、检验、评估和调整自己的学习活动，从而更有效地学习和思考。为了加强学生参与自评的主动性，一个重要的方法是让学生形成良好的自评习惯和自评期望，当学生意识到评价活动是课堂教学的常规活动时，他们就会对自己的判断进行更深入地思考。另外，在学习的过程同伴评价尤显重要，同伴的评价能使学生产生共鸣，通过同伴评价也发展了学生自评的技能（见表9-1）。

表9-1　学生学习情况的评价量表

| 项目 | A级 | B级 | C级 | 个人评价 | 同学评价 | 教师评价 |
|---|---|---|---|---|---|---|
| 上课 | 上课认真听讲，精神状态好，不走神儿。 | 上课较能认真听讲，精神状态较好，有时会走神儿。 | 上课无心听讲，精神将状态很多时候不好或走神儿。 | | | |
| 作业 | 作业认真，独立完成，有错即改。 | 作业比较能依时完成，有抄作业现象。有时错误没有及时改正。 | 经常欠交作业，经常抄袭别人作业或答案。没有改正错误的习惯。 | | | |
| 解决学习问题 | 了解自己学习情况，会定期反省自己。及时向教师、同学请教或自己解决不懂的问题。 | 大概了解自己的学习情况，考完试时才反省自己，有时会去请教别人。 | 不理解也不在乎自己的学习情况，几乎不去反省自己。基本不会去请教教师、同学问题。 | | | |
| 积极性 | 积极发言，自觉根据自己学习情况做题巩固知识。 | 能发言，有时有根据自己学习情况，查漏补缺。 | 很少发言，极少有根据自己学习情况，查漏补缺。 | | | |
| 善于与人合作 | 善于与人合作，虚心听取别人的意见。 | 能与人合作，能接受别人的意见。 | 缺乏与人合作的精神，难以听进别人的意见。 | | | |

| 项目 | A级 | B级 | C级 | 个人评价 | 同学评价 | 教师评价 |
|---|---|---|---|---|---|---|
| 思维的条理性 | 能有条理地表达自己的意见，解决问题的过程清楚，做事有计划。 | 能表达自己的意见，有解决问题的能力，但条理性较弱。 | 准确表达自己的意思有困难，做事缺乏计划性、条理性，不能独立解决问题。 | | | |
| 思维的创造性 | 具有创造性思维，能用不同的方法解决问题，独立思考。 | 能用老师提供的方法解决问题，有一定的思考能力和创造性。 | 很少能通过思考解决问题，较缺乏创造性，通常不能独立解决问题。 | | | |
| 你这样评价自己： | | | | | | |
| 同伴眼里的你： | | | | | | |
| 教师的话： | | | | | | |

## 四、重视"为了学习的评价"

在20世纪90年代的英国，一些教育研究者成立了评价改革小组，提出"为了学习的评价"的评价理念，并下了明确的定义："为了学习的评价"是学习者和他们的教师为了确定学生现在在哪里（where），应该到哪里（where），以及如何（how）更好地到达那里而收集和解释证据的过程。根据它的定义，"为了学习的评价"需要回答三个关键问题：学生需要到哪里（教学目标）？学生现在在哪里（学生学情）？学生如何才能到那里（教学策略）？由此可见，"为了学习的评价"关注的是学生的学习过程和发展。2009年，评价改革小组提出了保证以上三个问题得到回答的五个策略（见表9-2）。把五个策略整合起来，就是为了给学生和教师提供更好地满足学生学习需求而调整教学和学习活动的信息，评价是用来"追踪学生学习的"，是服务于学习的。

表9-2 "为了学习的评价"的五个策略

| 角色 | 学生应该到哪里 | 学生现在在哪里 | 学生如何到那里 |
|---|---|---|---|
| 教师 | 澄清学习的期望和成功的标准 | 组织有效的课堂讨论和其他的学习任务,用来引发学生理解的证据 | 提供促进学习深入的反馈 |
| 同伴 | 理解和分享学习的期望和成功的标准 | 激发学生成为其他人的教学资源 | |
| 学习者 | 理解和分享学习的期望和成功的标准 | 激发学生成为自己学习的主人 | |

"为了学习的评价"主要围绕课堂教学活动进行,发生在课堂之中,基于学习目标的评价。它强调教师、学习者和学习同伴参与评价的全过程,而这些评价实践需要教师的设计、组织和引导。以下结合案例"圆的认识"阐述开展"为了学习的评价"的策略。

**1. 确定学习的目标**

根据《义务教育数学课程标准(2022年版)》中的学业质量标准及评价建议,基于"教—学—评"将"圆的认识"确定如下学习(评价)目标:

(1)理解圆的本质属性。根据生活中的圆形物体或圆形现象抽象出圆,在画圆的过程中,通过观察、操作、想象、对比、归纳等活动理解圆是平面内的曲线图形,圆上任何一点到定点的距离都相等。

(2)掌握圆各部分的名称、作用及它们之间的关系。在用圆规画圆中掌握圆心、半径、直径的概念,知道圆心决定位置、半径决定大小。

(3)利用圆的特征和性质解决问题。能利用圆的概念、圆的对称性、圆内有无数条半(直)径,以及半径、直径和圆的关系等解决问题。

## 2. 设计有效的学习任务（表9-3）

表9-3 "圆的认识"学习任务设计及实施与评价

| 目标 | 学习任务 | 任务实施 | 评价 |
|---|---|---|---|
| 理解圆的本质属性，发展空间观念。 | 任务一：画圆<br>（1）用下面五组材料（圆形物体、半圆形物体、带孔木条、钉子和绳子、橡皮筋，图略）是不是都能画出圆？<br>（2）用这些材料画圆。如果有困难，可与同桌合作完成。<br>（3）将画出的圆分类。 | 引导学生通过动手操作、自主探究的方式充分经历圆的动态形成过程，初步感受圆的本质属性，再在独立操作的基础上，进行小组交流，对画圆方法进行描述，接着采用全班交流的形式，整理不同的方法，在不同方法的对比和交流中，对方法进行分类，达成对圆的本质的理解。 | 水平0：只能选择圆形实物画圆。<br>水平1：能选择圆形实物画圆，能利用其中某一组材料画圆。<br>水平2：既能选择实物进行画圆，也能对其他材料进行分组画圆，对画圆的方法进行简单描述。<br>水平3：能选择不同的工具画圆，并能对不同的方法进行对比。<br>水平4：能选择不同的工具画圆，并能通过分析理解圆的本质。 |
| | 任务二：讨论<br>带孔木条、钉子和绳子上都看不到圆，为什么能画出圆？圆到底是怎么形成的。 | 引导学生通过讨论概括归纳圆的定义。 | |
| 掌握圆各部分的名称、作用及它们之间的关系。 | 任务三：用圆规画一个圆<br>（1）自主用圆规画一个圆，思考：用圆规画圆和刚才哪种方法一样？为什么？<br>（2）阅读文字（了解圆心、半径、直径），标出你画的圆各部分的名称。 | 通过关键问题"用圆规画圆和刚才哪种方法一样？为什么"，让学生将用圆规画圆和圆的本质属性进行关联，再通过自主阅读掌握圆的各部分名称。 | 水平0：不能操作圆规画圆。<br>水平1：能用圆规画圆，不能理解圆规画圆和任务一的画圆方法之间的联系。<br>水平2：能用圆规画圆并能找到与任务一画圆的方法的相同点，标出圆的各部分名称。<br>水平3：能用圆规画圆并能找到与任务一画圆的方法的相同点，能说明理由，并标出圆的各部分名称。 |

| 目标 | 学习任务 | 任务实施 | 评价 |
|---|---|---|---|
| 知道圆心决定位置，半径决定大小。 | 任务四：用圆规画一个和圆A（图略）一样大的圆<br>（1）如何使用圆规说明你画的圆和圆A一样大？<br>（2）对比你画的圆和圆A，它们有什么相同点和不同点。 | 在让学生在说理中发现圆心、半径、直径的作用和它们之间的关系。 | 水平0：不能画出与圆A一样大的圆。<br>水平1：能找到圆A的半径，根据半径的长度画圆。<br>水平2：能画出与圆A一样大的圆，找出异同点。<br>水平3：能根据画圆的过程理解圆心、半径、直径的作用和它们之间的关系。 |
| 利用圆的特征和性质解决问题 | 任务五：画一个和圆形纸片一样大的圆<br>（1）小组讨论：用哪种方法能确认画出来的是大小相同的圆？<br>（2）你的画法为什么可行？运用了圆的哪些特征。 | 引导学生操作和说理，让学生在活动中理解、发现和应用圆的特征、性质，实现在解决复杂的实际问题中形成空间观念。 | 水平1：从整体上认识圆的层次，学生用印和描的方法画圆。<br>水平2：通过对折一次，量出直径并求出半径画圆，利用了圆是轴对称图形、直径所在的直线是圆的对称轴、直径是圆内最长的线段等特征。<br>水平3：通过连续两次对折找圆心，利用直径是经过圆心且两端都在圆上的线段画圆。<br>水平4：任意对折多次找圆心，利用圆有无数条直径且都经过圆心的特征画圆。 |

**3. 让学生作品成为教学资源**

　　"为了学习的评价"重点在于收集学生学习信息并运用信息促进学习。学生学习信息所呈现的对错其实并没有那么重要，当学生的非标准答案出现时，教师要将其视为很好的学习资源。因此，在学生完成学习任务时，教师要读懂学生的思维过程，分析学生的思维水平，有意识地收集不同水平学生的作品，按照水平高低逐层反馈。通过叠加反馈，联系对比，及时捕捉学生新生成的资源，从而判断学生的问题，做出决策，再通过实时追问，精准把握学生的思维动态，改善学生的学习，落实素养目标。

任务五：学生的作品呈现出四个不同水平。

水平1　　　　水平2　　　　水平3　　　　水平4

在与学生交流互动时，教师利用"折"这个动作，通过几个关键问题进行有效衔接。哪些同学不用折就能画出圆？哪些同学只对折一次？谁连续对折了两次？谁对折了多次但折痕不是互相垂直的？这四个问题分别对应四种不同思维水平，很自然地实现按学生思维水平从低到高的顺序展开教学。呈现每一种方法时，都让学生先说明自己的方法，同时解释为什么这样做就能画出一样大的圆，利用圆的什么特征；再通过"有没有谁的方法一样但解释理由不一样的"等问题，让学生充分展示自己的想法，同时读懂别人的方法。

### 4. 根据反馈调整学习任务

在教学实施的过程中，有时会出现学生在完成学习（评价）任务时，不能很好地达成测评目标的现象。这时，教师需要准确分析原因，根据目标及学生的现实情况对学习任务和教学实施进行调整。

"任务一"的评价反馈分析：

1. 画图工具方面，将工具直接分组搭配好，代替了学生对工具选择的思考，不利于学生自主探究。

2. 问题聚焦方面，先讨论再操作，学生的关注点在于能不能画出圆，导致学生认为能画出圆即算完成任务，限制了学生的思考空间。

3. 教学反馈方面，在讨论和反馈时，先从反例开始，即使用哪一组材料不能画出圆，学生虽然能说出是橡皮筋，但是因为此时还没有正例描述做支撑，学生还没有认识圆的本质属性，所以很难表达出用橡皮筋为什么不可以。

"任务一"的调整：

1. 用这些材料（圆形物体、半圆形物体、带孔木条、钉子、绳子），你有几种方法？

2. 完成后在小组内交流你们的画图方法，以及为什么这样能画出圆。

3. 用这些材料画出的圆有什么相同点和不同点？

"为了学习的评价"是贯穿在学习过程中的连续性活动，教学、学习和评价需要成为互相促进的整体活动。

# 主题 2

# 基于"教—学—评"一致性的评价目标

"教—学—评"一致性强调教学、学习、评价是目标统领下的一个整体，评价与教学、学习紧密联系在一起，相互影响，相互制约，相互促进。

## 一、清晰的评价目标

泰勒在《课程与教学的基本原理》一书中提出了课程的四个经典问题：学校应该达到哪些教育目标？学校应该提供哪些教育经验才能达到这些目标？这些经验如何才能有效地加以组织？如何确定这些目标正在得到实现？分析这四个问题，我们可以感知到，目标是课程逻辑的起点，也是课程逻辑的终点。华东师范大学崔允漷教授认为，清晰的目标是"教—学—评"一致性前提和灵魂，没有清晰的目标，就没有处理教材和选择方法的依据，也就没有标准来评价学生的学习，教学、学习与评价应是围绕共同的目标进行。

基于以上分析，学习目标的确定是关键，每个学习内容都具有培养相关核心素养的作用，教师要找准教学内容与核心素养主要表现的联系，根据核心素养的具体表现制定评价目标，引领教学实施和教学评价，培养和发展学生的核心素养。

根据具体化的评价目标进行学习任务的设计，保证学和教与评价目标对应，做到所学即所教，所评即所学。

## 二、基于评价目标的学和教

教师在开展教学活动之前，需要先确定学生的学习起点并设计相应的学习任务，学习任务与评价目标紧密相应。以小学数学三年级下册"认识面积"为例：

通过前测发现，学生易将面积和周长混淆，缺乏对"面"的本质意义的理解，不能正确描述面积的大小，很难想到用较小的面去度量面积。

根据评价目标设计以下四个教学活动：

实现目标一：初步感知"面"在哪里和"面"是有大小的。

任务1：观察两本书（大小不同）的封面，哪一本书的面比较大，并说说，是指哪里比较大？

任务2：下面这些图形有面或面积吗？如果有，请用彩笔画出来。

实现目标二：学生充分经历直接比较图形大小的方法：观察、重叠、剪拼后重叠再比。

任务3：你能给这些图形的大小排序吗？

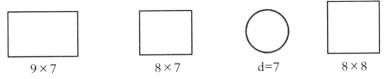

9×7　　　　　　8×7　　　　　　d=7　　　　　　8×8

在这个任务中，图形大小的数据不能呈现给学生，只是根据相关数据准备纸板供学生操作。

实现目标三：在不能直接比较的情形下，能运用间接比较，选择一个合适的工具来度量，用度量单位的个数。

任务4（小组交流）：下面两个图形（见右）哪个大？你准备怎么比？（图形不能剪切）

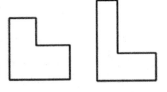

"图形不能剪切"，教师引导学生从"直接比较"过渡到"间接比较"，"生发"出用小正方形密铺图形，尝试用小正方形的个数来描述图形面积的大小。

设置好学习任务之后，还需要充分考虑教学的实施，根据不同的学习任务选择不同的教学方式组织教学，并要根据学生的学习行为和反馈，调整教学活动。

## 三、基于目标的评价框架

《义务教育课程标准（2022 年版）》将学业质量标准作为课程标准的有机组成部分，与课程内容密切配合，为确定教学目标、开展过程性评价提供了专业指导。

学业质量标准描述的是指向核心素养的学生学业成就表现，刻画了学生在完成阶段性的学习任务之后，核心素养方面应当达到的水平及表现，是核心素养的评价标准，是各阶段学习的目标，包含了各阶段的学习内容，并对学习过程进行可操作的刻画。

基于此，教师应依据学业质量标准来制定评价框架，设计作业评价。只有这样，教师才能通过作业反馈得到学生学习情况的准确信息，以此来调整教学活动。

又因学生的个体之间存在差异，对所学习的内容掌握程度不同，理解能力也不同，需要设计不同层次的作业进行评价。不应以作业分数的高低来判断，而应采用等级评价的方式，以了解学生达到哪个水平层次。以小学数学三年级下册"面积"为例：

关于"面积"，《义务教育课程标准（2022年版）》在学业质量标准中描述如下："能认识常见的四边形，会测量、计算长方形与正方形的周长和面积，形成空间观念、量感和初步的几何直观。"量感的培养是本教学内容的侧重点，以下三个作业评价设计均指向"量感"。

知识点一：面积大小比较。

作业1：下面两个图形（呈现长和宽各不相同的两个长方形）哪个面积大？把比较的方法写下来，说说你是怎么想的。

水平一：根据观察直接判断；

水平二：能采用重叠的方法进行比较；

水平三：能用小正方形进行密铺或根据两处边的长度计算出面积再比较。

知识点二：面积公式的理解。

作业2：长方形的面积要怎么计算？为什么这样计算？请结合图形，说说你的想法。

水平一：不能正确计算；

水平二：能正确计算，不能说出理由。

水平三：能正确计算，能说出乘法算式表示的是长方形所包含的面积单位的个数。

知识点三：度量相关问题解决。

作业3：小明家装修房间，客厅长8米、宽4米。如果要铺上边长为8分米的地砖，一共需要多少块地砖？请用你自己喜欢的方式说明理由（可以用算式、画图或者文字说明）。

水平一：对题目意思不理解，无解题思路；

水平二：知道这个问题跟面积有关，也知道平方米与平方分米之间的关系，但不能用算式准确表达想法；

水平三：学生能从面积度量的意义出发，其中一条边长80分米，可以摆10块，另一条边长40分米，可以摆5块，用 $10 \times 5 = 50$ 得出地砖块数。

## 主题 3

# 科学客观的评价工具

　　学习评价不是主观臆断,而是依据一定的标准对学生学习证据进行科学、客观、公正的判断。需要开发收集证据资料的评价工具,辅助科学评价。评价工具大致可以分为两类。一类是载体工具,即将评价工具作为记录学生学习表现的载体,如作业、档案袋都是如此。这类工具更多是记录学生完成任务状况的事实性证据,作为主体进行评价判断的对象。另一类是判断工具,即将评价工具作为评价判断的参照,如量表、核查表等。两种工具各有优势,相辅相成,缺一不可。本主题主要对评价量表进行论述。

## 一、基于 SOLO 理论的评价量表

　　SOLO 分类评价理论是香港大学教育心理学教授比格斯(J. B. Biggs)首创的一种学生学业评价方法,是一种以等级描述为特征的质性评价方法。根据 SOLO 分类评价法,比格斯把学生对某个问题的学习结果由低到高划分为五个层次:前结构、单点结构、多点结构、关联结构和抽象拓展结构,具体含义如下。

　　前结构层次:学生基本上无法理解问题和解决问题,只提供了一些逻辑混乱、没有论据支撑的答案。

　　单点结构层次:学生找到了一个解决问题的思路,但却就此收敛,单凭一点论据就跳到答案上去。

　　多点结构层次:学生找到了多个解决问题的思路,但却未能把这些思路有机地整合起来。

　　关联结构层次:学生找到了多个解决问题的思路,并且能够把这些思路结合起来思考。

　　抽象拓展层次:学生能够对问题进行抽象的概括,从理论的高度来分析问题,而且能够深化问题,使问题本身的意义得到拓展。

　　SOLO 理论对学生的理解水平进行了精准的划分,可将评价目标分解成不同水平层次,形成评价框架。以"认识毫米"为例,基于 SOLO 理论的表现性评价量表,见表 9-4。

表9-4　基于SOLO理论的表现性评价量表

| 水平层次 | SOLO理论的思维层级 | 表现依据 |
|---|---|---|
| 水平0 | 前结构层次 | 不会进行简单的单位换算，不会以毫米为单位进行测量 |
| 水平1 | 单点结构层次 | 会进行简单的单位换算，或会以毫米为单位进行测量 |
| 水平2 | 多点结构层次 | 能够进行简单的单位换算，会以毫米为单位进行测量，已建立毫米的表象 |
| 水平3 | 关联结构层次 | 能够进行简单的单位换算，会以毫米为单位进行测量，建立毫米的表象，并形成一定的长度量感 |
| 水平4 | 抽象拓展层次 | 运用学习"认识毫米"的方法，迁移到认识其他类似内容学习中，如认识千米、认识吨 |

## 二、多维度的过程性评价量表

　　过程性评价的评价标准可以分成四个评价维度、学习态度、思考与表达、知识与技能、解决问题。学习态度评价内容主要是探究兴趣，思考与表达评价内容围绕交流习惯，知识与技能评价内容关注概念理解，解决问题评价内容主要指向方法的灵活运用。学生的表现水平参照可以分为A、B、C、D四个等级，A等级是掌握所学知识并能灵活运用；B等级是理解相关知识并能解决基本问题；C等级是指大概了解相关知识，但理解并不透彻，运用并不熟练；D等级是对相关知识的理解存在困难，无法正确运用（见表9-5）。

表9-5　过程性评价标准（以"认识射线、直线和角"为例）

| 评价维度 | 评价内容 | 表现水平参照 |
|---|---|---|
| 学习态度 | 探究兴趣 | A. 解决问题有自信能积极思考、认真作答；<br>B. 面对问题、挑战不失信心，能努力思考，尝试作答；<br>C. 对问题的探究缺乏信心，审题马虎，草草做题；<br>D. 放弃思考，不作答。 |
| 思考与表达 | 交流习惯 | A. 能有针对性地、清晰有效地运用相关数学语言进行表达；<br>B. 可以有针对性地做出适当解释，但数学语言不够规范；<br>C. 试图做出解释，但表述是不连贯的、混乱的、不完整的；<br>D. 没有表达的意图或者答非所问。 |

续表

| 评价维度 | 评价内容 | 表现水平参照 |
|---|---|---|
| 知识与技能 | 概念理解 | A. 认识线段、射线和直线，知道它们的联系和区别，认识角并知道角的大小与边的长短无关；<br>B. 能识别线段、射线和直线，认识角及角的组成与标注方法；<br>C. 识别线段、射线、直线时存在困难，无法准确快速判断；<br>D. 完全不能识别线段、射线、直线，对角的认识模糊不清。 |
| 解决问题 | 方法应用 | A. 能举例说明生活中的线段、射线和直线，能用"两点之间线段最短"解决实际问题；<br>B. 对生活中线段、射线和直线的例子了解较少，知道"两点之间线段最短"；<br>C. 不了解生活中有关线段、射线和直线的例子，对"两点之间线段最短"不能理解；<br>D. 无法准确找到生活中线段、射线和直线的相关例子。 |

参照过程性评价表评价标准，可以制定过程性评价量表，最后形成对学生的综合评价。

## 三、多种评价方式融合的主题活动评价量表

主题活动和项目学习的评价都要以教学目标为依据，关注学生核心素养的形成和发展。主题活动的评价包括：学生对相关知识内容的理解，对现实情境与学科表达之间关系的把握；主题活动中，学生操作、思考、交流等方面的表现；学生在主题活动中的作品、报告等成果。主题式学习具有周期长、自主空间大的特点，教师要善于运用具有指导性的方式对学生进行评价，注重过程性评价、终结性评价、表现性评价相结合。可围绕"知识与技能""合作与交流""反思与调整""展示与汇报"四个维度，分"优秀""合格""加油"三个等级设计表现评价表指导学生学习的过程（见表9－6）。活动前，学生根据自身情况自主选择各维度的目标，规范自己的行为，活动后对自己的表现进行反思，发现问题，继续调整。评价的过程也是学习的过程。

表9－6　学生表现及评价量表

| 分类 | 优秀 | 合格 | 加油 |
|---|---|---|---|
| 知识与技能 | （1）能全面提取信息。<br>（2）调查有目的，计划合理，能准确分析数据。<br>（3）能够主动运用学习的知识与技能解决问题。 | （1）能提取部分有用的信息。<br>（2）调查目的明确，计划比较完善，数据分析欠准确。<br>（3）能够运用学习的知识与技能解决问题。 | （1）无法提取有用的信息。<br>（2）调查目的性不强，缺少计划。<br>（3）无法运用学习的知识与技能解决问题。 |

| 分类 | 优秀 | 合格 | 加油 |
|---|---|---|---|
| 合作与交流 | （1）积极主动参与组内活动，主动承担任活动任务。<br>（2）能自主思考，为小组出谋划策，遇到问题愿意主动与同伴交流，相互补充。<br>（3）能够主动、有效地与同伴进行交流。面对不同的意见，能够理性、坦然地做出判断，最终接受交流的结果。<br>（4）高效完成个人任务，帮助同伴解决问题。 | （1）能参加活动，但是不能积极主动来承担任务，有畏难情绪。<br>（2）自己对任务没有独立的想法，只愿意听别人的意见。<br>（3）在交流过程中，刚开始有些胆怯，但能调适心情，鼓起勇气，大胆地与同伴进行交流。<br>（4）能完成个人承担的任务，但是任务效果不理想。 | （1）不愿意参加活动，把任务当成一种麻烦，抱怨比较多。<br>（2）讨论时只倾听，不主动和伙伴交流。<br>（3）在交流讨论的过程中，有些胆怯，不能主动表达自己的想法和见解。<br>（4）没有完成个人承担的任务，对小组活动没有贡献，甚至影响小组活动进程。 |
| 反思与调整 | （1）能主动总结活动中成功与失败的经验。<br>（2）面对探究过程中出现的问题，能够找到比较好的解决办法，积累探究经验。<br>（3）本次积累的经验有助于解决今后遇到的新问题。 | （1）能在同伴的提示下反思成功与失败的经验。<br>（2）能够反思活动出现的问题，能够找到比较好的解决办法。<br>（3）反思中积累的经验，对今后的探究活动没有太大帮助。 | （1）不想反思完成任务的过程，觉得浪费时间。<br>（2）不能反思活动中出现的问题。<br>（3）活动中，重复出现同样的错误。 |
| 展示与汇报 | （1）能清晰、有条理地表达研究成果和本组想法。<br>（2）有研究成果，能够形成自己的观点和主张，能够为别人带来积极的影响。 | （1）能比较清晰地表达研究成果和本组想法。<br>（2）有研究成果，能够形成自己的观点和主张。 | （1）不能清晰地表达本组想法和研究成果。<br>（2）没有形成研究成果。 |

## 四、跨学科项目式学习评价量表（见表 9-7）

表 9-7　跨学科项目式学习评价量表

| 一级指标 | 二级指标 | 评价细则 |
|---|---|---|
| 学习动机 | 预学情况 | 在学习开始之前主动阅读相关资料，思考并提出问题 |
| | 探究过程面临困难时坚持学习的行为情况 | 在学习过程中遇到困难时，能积极思考，努力寻求解决方法 |
| | 制订学习计划 | 自主或合作制订合理可行的学习计划 |
| | 自我管理意识 | 能根据学习计划审视自身学习行为，有调整学习状态和策略的意识 |
| 学习参与 | 提出问题 | 在学习过程中敢于表达质疑与疑惑 |
| | 分析问题 | 能根据提出的问题提出可行性探究方案，找到解决问题的路径 |
| | 解决问题 | 在新情境问题中，试着将其转化为熟悉的问题，用已有的知识解决，或尝试用不同的思路分析问题、解决问题 |
| | 评价反省 | 能理性地、深刻地对知识的本质作出有说服力的判断、预测、辨明；对解决问题策略作比较，思索在处理某些问题时哪种方法更优化 |
| 学习成果 | 对知识的理解 | 能理解和掌握学习所习得的知识技能，积累活动经验 |
| | 对知识的应用 | 能将所学的知识应用于项目情境 |
| | 知识与技能的生成情况 | 形成关键能力，核心知识实现再生长 |
| | 成果公开 | 能够创造性地完成学习任务，有作品、产品、报告等物化成果，并能分享探究历程和思路 |
| 学习情感 | 学习态度 | 乐于学习、主动学习、坚持学习 |
| | 学习能效感体验 | 在学习中体验到成功感、愉悦感 |
| | 交流意识的形成情况 | 尊重他人学习成果，关注他人感受，学会接纳、辨析他人的观点 |
| | 价值观念 | 在学习中逐步建立数学文化观、审美观、应用观 |

# 主题 4

# 丰富多元的评价方式

《义务教育课程标准（2022 年版）》强调，"评价方式应包括书面测试、口头测验、活动报告、课堂观察、课后访谈、课内外作业、成长记录等，可以采用线上线下相结合的方式"。不同的评价方式具有不同的特点，教师需要结合教学内容和学生学习情况采用不同的评价方式。

## 一、书面测试

书面测试是最常采用的评价方式。主要考查学生的基本知识和基本技能以及核心素养的主要表现。书面测试的命题是关键，应坚持核心素养导向，以课程标准为依据，把握课程教学内容要求，根据不同的程序设计不同的试卷。

命题应根据实际情况整体设计题型，减少客观题，提高主观题的比例，以便根据学生的作答过程，关注思维过程。需设计一定数量的开放性和半开放性问题，使学生的核心素养有所体现。一套好的试题需要包括四个维度。一是内容维度，把握知识主题的重点和难点，考虑考查的宽度与广度。二是核心素养维度，设计体现学生核心素养的试题。三是问题情境维度。合适的问题是测评核心素养的重要载体，问题情境包括生活情境、社会情境和科学情境等。四是难度水平维度。

## 二、口头测验

口头测验就是通过师生面对面问答，检查学生对知识的掌握情况、思维过程及表达能力的评价方式。常用于课堂教学中，它能对学生的思维情况进行实时反馈。在一、二年级的非纸质考试中也常采用口头测验的方式。

## 三、活动报告

活动报告一般在主题活动和项目式学习中使用。培养学生运用学科知识解决问题的能力，以及应用意识和创新意识。对于相关活动的学习成果可以让学生提交活动报告，教师通过活动报告评价教学效果，了解学生掌握知识的以及核心素养发展的情况。以下是内蒙古鄂托克前旗第四小学孟子翔老师指导学生撰写的活动报告：

我心中的 1 平方千米

小组名称：智慧创新小组

小组成员：张×× 黄× 官×× 贺×× 王×× 李××

一、实践要求

感受 1 平方千米有多大，合理使用不同面积单位规划绘制属于自己的"宜居"的 15 分钟便民生活圈。那什么是 1 平方千米内的 15 分钟便民生活圈呢？1 平方千米的面积，就是边长为 1000 米的一个正方形。这样的话，就是以我们的实际居住地为中心点，向四周不同方向外延 500 米的半径距离，规划设置我们的日常生活所需的一些基础设施。

二、实践活动步骤

1. 通过实践步行感受时间距离，应用我们的步长估测 5 分钟的行走长度是 300 米左右，出发地为悦民雅筑小区正门口，结束地为职业中学，每步长约 50 厘米，行走约为 600 步，那么 1000 米的距离我们需要行走 15 分钟左右。

2. 用手机软件测亩仪，得知我们身边的圣火公园是 57 公顷左右，1 平方千米 = 100 公顷，那么 1 平方千米就差不多是两个圣火文化公园那么大。这么大的面积靠步行有点累呀！所以我们在家长的辅助下乘坐汽车感受真实的 1 平方千米到底有多大。我们知道 1 平方千米的面积是一个边长为 1000 米的正方形，我们都经过了一些什么地方呢，为了让你们都更直观地感受这么大的土地面积，我们做了一个简图（见下图）。

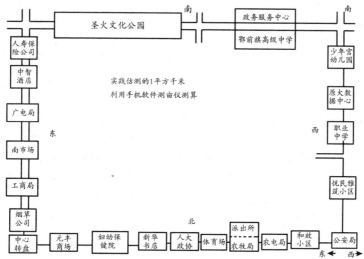

3. 通过实践行动感受了真实的 1 平方千米，接下来就让我们以小主人的身份来规划我们的 1 平方千米吧。我们认为首先要结合自己的实际生活圈，再把我们需要的现有的建筑设施整合一下，最后再加上实际生活圈里没有的设施，这样就完成了我们的心愿，请看我们的规划图（见下图）。

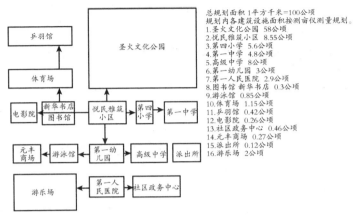

总规划面积1平方千米=100公顷
规划内各建筑设施面积按测面仪测量规划。
1.圣火文化公园 58公顷
2.悦民雅筑小区 8.55公顷
3.第四小学 5.6公顷
4.第一中学 4.8公顷
5.高级中学 8公顷
6.第一幼儿园 3公顷
7.第一人民医院 2.9公顷
8.图书馆 新华书店 0.3公顷
9.游泳馆 0.85公顷
10.体育场 1.15公顷
11.乒羽馆 0.42公顷
12.电影院 0.26公顷
13.社区政务中心 0.46公顷
14.元丰商场 0.27公顷
15.派出所 0.12公顷
16.游乐场 2公顷

### 三、实践感悟

通过这个实践作业，让我们亲身体验到了1平方千米的真实大小。课堂所学与实践的结合，还让我们从规划中体验到了学习与实践的意义，并从中获得成就感与快乐。

## 四、课堂观察

这里的课堂观察指的是教师对学生在课堂上的表现的观察，观察学生的交流与表达，观察学生与同伴的合作交流，观察学生的学习习惯和解决问题的能力，观察学生的情感态度与价值观，它侧重的是过程性评价，是对书面测试的重要补充。

就课堂观察而言，应关注课堂教学中的"真实问题"，可以就学生学习的参与程度、课堂交往行为、课堂思维状态、课堂情绪状态等方面展开观察与研究。比如，观察学生的学习态度，可以通过观察学生在课堂中举手发言的次数、学习的速度、作业完成情况以及听课的专注程度等来判断学生的学习态度是否积极，注意力是否集中。再如，在开展合作问题解决活动时，观察学生的表现使用的学科知识是否恰当、正确，选取的策略是否合理，参与是否积极主动，能否认真倾听他人的观点，能否有条理地表达自己的观点。当然，学生单次的行为表现并不足以使教师做出正确的判断，而是需要教师对其进行连续性的观察，通过多次观察积累才能给予学生较为恰当的评价，再根据评价进一步引导学生形成良好的学习行为。

## 五、课后访谈

课后访谈更多是对学生进行课堂观察后进行，根据学生课堂上的表现，进一步了解学生对问题的看法，了解学生学习中的问题与障碍，进一步挖掘学生的思维过程，了解学生对学科学习的态度等，有助于教师及时地、全面地、真实地了解学生的学习状态。

## 六、课内外作业

课内外作业是督促学生复习和巩固知识的重要手段，也是教师了解学生对知识点掌握情况的一种重要方式。它能对教师的教学情况进行及时的反馈，当在学生的作业中出现相对较多的同类错误时，教师需对自己的教学进行反思。在教学中采用的教学方式是否得当，是否符合学生的学情，后续的教学需要根据情况进行调整，对个别学生出现的错误需要单独辅导，了解学生的学习障碍，及时进行引导，促进学生的进步。

## 七、成长记录

成长记录是一种过程性评价，通过收集学生的日常学习作品，了解学生全面发展的情况。可以采用"档案袋"的形式进行，内容包括：作品（学具、实验工具、小报）展示、活动（调查）报告、学习日记、学习小结、作业、试卷、教师评价或同伴评价表等。

成长记录是一个长期的过程，可以设计"学分银行"的活动激发学生记录的积极性。在记录的过程中教师一是要根据教学内容制订学期"成长记录"计划安排表；二是要加强指导，"学习日记""活动报告""学习作品"等内容的记录，通常会将课堂内的学习活动延伸到课外，教师需在课内指导学生记录的步骤与方式；三是要定期展示，定期举办展示交流会，学生之间分享心得，请家长参与展示活动，定期对学生的发展情况进行反思总结。

## 八、线上评价

随着信息技术的发展，越来越多的教学软件运用于学习评价中，教学软件能帮助教师及时地进行评价，可进行生生评价、自我评价，还能根据各类评价形成评价报告，推送至家长端实时反馈。学期末教师也可以根据后台数据形成学生的综合评价。

# 专题十

# 如何创造『有效』的课堂

『有效』是课堂教学的终极目标。教学有没有效益，并不是指教师有没有教完内容或教得认不认真，而是指学生有没有学到什么或学生学得好不好。学生有进步或发展才是衡量有效教学的唯一指标。要创造有效的课堂，只有教师具备了正确的教学观，学生才可能有正确的学习观。

有效教学（effective teaching）的理念源于 20 世纪上半叶西方的教学科学化运动，但有效教学的概念界定在当前学术界并未得到统一。随着有效教学理念的发展，世界各国的学者不断丰富和发展有效教学的理论内容，从而促进有效教学理念得到长足发展。

尽管如此，人们对于有效教学最朴素的也是最本质的认识是一致的——所谓"有效"，主要是指通过教师在一段时间的教学后，学生所获得的具体进步或发展。教学有没有效益，并不是指教师有没有教完规定内容或教得认不认真，而是指学生有没有学到什么或学生学得好不好。如果学生不想学或者学了没有收获，即使教师教得再辛苦也是无效教学。同样，如果学生学得很辛苦，在技能与品行上没有得到应有的发展，也是无效或低效教学。因此，学生有进步或发展才是衡量有效教学的唯一指标。

要创造有效的课堂，首先要从教师的改变开始，只有教师有了正确的教学观，学生才可能有正确的学习观。我们认为，正确的教学观要求教师要深度解读教材、学生、课堂，做到"目标定位精准，内容选择精要，方法灵活精当，课堂生成精彩"。

## 主题 1

# 目标定位精准

教学目标指教学活动实施的方向和预期达成的效果，是一切教学活动的出发点和最终归宿。它关系着整个教学过程的成败，也决定着教师教学流程的设计、教学方法的选择、教学资源的利用。

### 一、准确定位教学目标

我们常说："教什么比怎么教更重要。"这好比吃饭，吃什么永远比怎么吃更重要。"果腹""营养""味道"一直是饮食的核心，至于是用筷子吃的还是用刀叉吃的，显然就没那么重要了。教学也是如此，如果我们没有弄清教学目标就开始设计教学活动，这样的活动无论形式多么新颖、场面多么热闹，教学效果都不会太好。因为教学目标是一节课的灵魂。课堂教学要紧紧地围绕"教给学生哪些知识点，发展什么技能，渗透哪些数学思想方法"进行。每一个教学环节的设计，每个例题和练习的设置要完成什么目标、达到什么要求，教师都要心中有数，不能随心所欲地降低教学要求，也不能想当然地提升教学难度。这些都需要教师深入研读课标，深度解读教材，准确定位教学目标，并围绕目标采取适当的教学方法，才有可能构建有效甚至高效的课堂。

2022年版课程标准以"三会"为统领构建了义务教育阶段的核心素养体系，明确规定了学生完成相应学段学习任务后应该达到的核心素养水平及表现。因此，教师在教学实施时要坚持核心素养目标导向，充分关注核心素养在数学教学中的达成情况。这就意味着我们在实施教学时，要以"三会"为顶层目标，以"四基""四能"为支撑目标，以"发现问题、提出问题、分析问题、解决问题"为基本路径实施教学。

比如，我们经常发现在小学数学教学实施中，课堂里热闹非凡，有在课堂上现场拍球、跳绳记次数引入"平均数"，有通过"摸球游戏"引入"可能性大小"，等等，更有热闹的小组交流学习，但仔细去推敲这些活动，真正有价值的、有实效的活动并不多，因为在这样的活动中往往只注意了学生的"动手""动口"，却忽视了如何能够促进学生积极地去"动脑"，也就是说教学实施的目标定位没有关注"促进学生思维的发展"这个重要目标。

## 二、准确解读教学目标

每个学科教材都配备了教师教学用书，这些都是帮助教师准确解读教学目标的工具书。怎么解读才能把握住教学目标呢？下面以统编版语文教材四年级上册第五单元为例，来说说如何"分层解读教学目标"。

单元导读要求"了解作者怎样把事情写清楚的"，针对这个教学目标，教师可以从以下三个层面进行解读。

第一层，目标中呈现的语言结构是怎样的？了解的对象是什么？目标的语言结构很清晰，即"了解某某"，对象是作者把事情写清楚的方法、策略、诀窍等。"清楚"就是清晰、明白、有条理；"不清楚"就是糊涂、零散、次序混乱。读懂了目标，则需知道到底该教些什么、学生该学些什么，这就是统编版教科书的规定动作。

第二层，目标中发出的"指令词"是什么？教师需特别关注统编版教科书中的"目标指令词"。"目标指令词"可理解为目标所提示的"要怎么学"，即学习行为的具体指挥动令。目标理解中的指令是指挥学生到底该怎么学、以何种方式参与学习、开展哪些学习行为等。教师需有明确的教学目标，确保每次的课堂教学该做什么是相对清晰的。五年级是让学生"了解"作者如何把事情写清楚。在解读目标时，学生首先需知道什么是"了解"，关于"了解"可以怎么操作，因此，在教学中如何引导学生"了解"至关重要。对于学生而言，可以通过对词语的品析、句子的分解多方求证了解，也可以通过同伴合作辩论的方式了解目标，还可以通过描述评论、总结或反驳的方式了解。

第三层，目标中携带的实践期待有哪些？教师需明确这个目标对教学实践的期待和教学效果。一是"写清楚"的内涵认定，二是"写清楚"的方法获取，三是"写清楚"的效果鉴别，这就是"教—学—评"三位一体。教学目标并非学生只学习本节课的"干货知识"，而是要充分地获取方法，方法要可运用，能够举一反三。而评价的内容和维度应该同教师的教学目标和学生的学习内容相一致。

## 三、准确呈现教学目标

随着教师的职业成长历程，我们会发现对于教学目标的呈现大致可以分为三个阶段。第一阶段，不重视"教学目标"，认为教学目标仅仅是教案中的"装饰品"，直接从教学用书上"抄"，备课时几乎不考虑目标，往往首先设计"活动"；第二阶段，重视"教学目标"但表述"空泛"，操作性不强；第三阶段，重视"教学目标"，并使教学目标具有较强的可操作性。

下面的这个案例就呈现了从"可操作性不够强"到"可操作性较强"的修改过程：

"数字编码"教学目标（第一稿）：

1. 使学生了解数字编码中所蕴含的简单信息和编码的含义；通过观察、比较、猜测来探索数字编码的简单方法，学会运用数来进行编码，初步培养学生的抽象概括能力。

2. 使学生初步体会数字编码在解决实际问题中的应用，进一步体会数学与现实生活的密切联系。

3. 感受学习数学的乐趣，使学生在数学活动中养成与人合作的良好习惯，初步学会表达和交流解决问题的过程和结果。

教师根据第一稿的教学目标实施教学后，组织观课议课，进行了教后反思：教学结束后，总体上感觉就是告知学生一些关于各种编码的事实，例如身份证、邮政编码等各个数码的含义，但当要求学生自己进行简单的"编码"时，学生仍"无从下手"，学生对"编码"的用处也感受不深。为什么会出现这样的教学效果？新课程标准下的教材为什么要把"编码"作为教学内容？问题的根源在于教师并没有深刻理解下面的内容——什么是"编码的含义"或者"编码思想"？经历什么样的"过程"才能让学生深刻"体验"？因此，教师重新拟定"数字编码"的教学目标。

"数字编码"教学目标（第二稿）：

1. 通过对不同身份证号的观察、比较、猜测、讲解、举反例等，初步体会数字编码的基本编排原则：有序性、结构性、对应性、简洁性、有效性，初步体验到数字编码中所蕴含的丰富而有效的信息。

2. 通过呈现生活中大量的"编码"事例，学生初步体验到在信息化、数字化时代中"编码"的广泛存在性，通过"无码"时的"人工分信"到有邮政编码后的"机器分信"的对比，进一步感受"编码"的简洁、高效、便利等作用。

3. 在自主研讨和探索如何编码"借书证"的过程中，初步体会数字编码的简单方法，初步培养学生思维的有序性和全面性。

4. 通过分析编码的特点以及学生亲自进行编码等数学活动，使学生再一次感受10个阿拉伯数字的神奇魅力，进而体验到数学的奥妙以及数学求真、求简、求美的魅力。

从对同一内容的教学目标的两次描述中，我们可以清晰地看到准确呈现教学目标是一个技术活，也是教师的专业基本功。可以说，撰写教学目标的过程就是一位教师由青涩走向成熟的成长过程。

总之，教学目标的准确定位，直接关系到课堂活动的组织，直接关系到教学效果的优劣。每个教师都要深入研究课程标准，深度解读教材，把教学目标的准确定位作为教学环节的重中之重。这里，我们想要特别强调的是，教学目标的准确定位要面向全体学生，使绝大多数学生实现教学目标。"绝大多数学生"是一个"量"的问题，而实现教学目标是一个"质"的问题，量与质的统一就是我们所追求的教学质量。这就要求我们实施教学时，要特别关注绝大多数学生是否实现教学目标，在实施教学的过程中，教师要有意识地寻找一切机会获取学生的反馈信息并及时矫正。

# 主题 2
# 内容选择精要

我们常说的"教学内容"是教与学相互作用过程中有意传递的主要信息，一般包括课程标准、教材和课程等等。在"核心素养"时代，人们更重视基于生成性教学的思维理念。因此，人们对于"教学内容"又有了新的认识。"教学内容"是指"教学过程中同师生发生交互作用、服务于教学目的达成的动态生成的素材及信息"。广义上说，学校给学生传授的知识和技能、思想和方法，培养的习惯和行为等的总和都可纳入"教学内容"的范畴。因此，教学内容的选择与组织不是简单地照本宣科，而是需要科学地选择、设计甚至需要利用生成的课程资源。

## 一、教学内容要突出学科本质

语文课得有"语文味"，数学课得有"数学味"，科学课得有"科学味"……这本是学科教学与生俱来的特点。但是近年来，随着项目式学习、跨学科学习等学习方式的推广，有些课堂只追求表面的繁华，场面热闹非凡，但学科本质的教学往往被忽视。特别是进行课堂观察与评价时，我们经常会听到这样的语言："以其深厚的教学功底、灵活精湛的教学方法、较强的教学组织能力，创设了充满情趣的课堂氛围，使学生在愉快中得到发展，在发展中获得愉快，显示出他的教学风格。"从这些评价的语言中，我们根本没法判断这是哪个学科的课，也就是没有关注学科本质。这些现象都值得我们警觉。

华东师范大学张奠宙先生就教学中"去数学化"现象进行了精辟的论述：

"我们应当切实纠正'去数学化'这样一个倾向。'数学教育'，自然是以数学内容为核心。……可惜的是，这样的常识，近来似乎不再正确了。君不见，评论一堂课的优劣，只问教师是否创设了现实情境？学生是否自主探究？气氛是否活跃？是否分小组活动？用了多媒体没有？至于数学内容，反倒可有可无起来。

"听课时发下来某些'评课表'，居然只有'情境过程''认知过程''因材施教''教学基本功'四个指标。至于数学概念是否清楚，数学论证是否合理，数学思想是否阐明，则处于次要地位，可有可无。如此釜底抽薪，数学课堂危险。

"于是乎，教师进修，不再学习数学，更不研究数学，只在多媒体运用、师生对话、学生活动、合作讨论等方面下功夫。这是把马车放在马的前面，弄颠倒了。

"仅靠教学理念和课堂模式的变更就能成为名师，就能培养出高水平的学生，乃是神话。"

……

张奠宙先生的这些话如一记警钟，在提醒我们时刻不能忘了学科"本"色。我们不妨拿语文教学与数学教学做一个对照比较。

这是由著名语文教师窦桂梅老师演示的一堂课："珍珠鸟"。教师在教学中突出强调了课文中的这样一些关键词：小脑袋、小红嘴、小红爪子……并要求学生在朗读时努力体现"娇小玲珑、十分怕人"这样一种意境（读出味道来），从而成功地创设了这样一个氛围：对于珍珠鸟的关切、爱怜……孩子们甚至不知不觉地放低了声音，整个教室静悄悄的……

由此可见，语文教学的一个重要特征在于"情知教学"，即以情感带动具体知识的学习。"让学生对文本生'情'，用'情'来理解文本……用'情'来感染学生。"（朱小亮语）

那么，数学教学是否也可采取"以情感带动知识"的教学方法？或者说，数学教学是否也可被看成一种"情知教学"？

南京大学哲学系郑毓信先生对此有这样的看法：尽管数学教学并非完全不带情感，数学教学也应十分重视课堂氛围的创设，但其所体现的是一种完全不同的情感，更是一种不同的学习方式。数学教学并非以情带知，而是以知贻情！

语文教学中所涉及的应当说是人类最基本的一些感情：爱、善、美。"人世间的爱恨和冷暖，领悟到的是自然万物的生命短暂和崇高，欣赏到的是社会历史进程中的神奇和悲欢……也就是说，首先吸引你的是文字中的精神滋养，而不是那些语言表达形式。对大自然的关爱，对弱小的同情，对未来的希冀，对黑暗的恐惧，等等。"更一般地说，这显然也是诸多文学名著的共同主题。

但是，数学教学中所涉及的则是一种不同的情感。因为我们在数学课上所希望学生养成的是一种新的精神，它并非与生俱来，而是一种后天养成的理性精神，一种超越现象以认识隐藏于背后的本质的追求，一种不同的数学美感（罗素形容为"冷而严肃的美"），一种深层次的快乐，那是由智力满足带来的、成功以后的快乐，一种超越世俗的平和的情感，一种善于独立思考、不怕失败、勇于求真的性格……

## 二、教学内容要突出教学重点

所谓重点内容，是就某一教学内容相对于实现教学目标的重要程度而言的。

比如小学数学，《义务教育数学课程标准（2022 年版）》强调课程目标要在"以学生发展为本，以核心素养为导向"的同时，继续保留"四基"（数学基础知识、基本技能、基本思想、基本活动经验）、"四能"（发现、提出、分析、解决问题）和"情感、态度和价值观"等核心要素。强调学生获得数学基础知识、基本技能、基本思想和基本活动经验（"四基"），发展运用数学知识与方法发现、提出、分析和解决问题的能力（"四能"），形成正确的情感、态度和价值观。在核心素养导向的课程目标统领下，继续保持"四基""四能"和"情感、态度和价值观"的核心要素。简言之，《义务教育数学课程标准（2022 年版）》构建了一个以"三会"为核心，层层递进的三层课程目标结构体系，如图 10 - 1 所示。

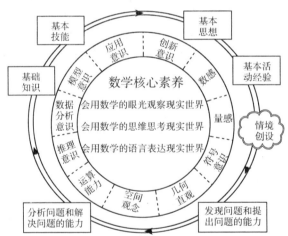

图 10 - 1  基于核心素养的小学数学课程目标体系

其中，位于中心的"三会"是这一目标体系的顶层目标或终极目标；位于第二层的是为"三会"提供支撑的中间目标或过渡目标，也即核心素养在小学阶段的 11 个主要表现；位于第三层的是"四基""四能"目标，也是达成核心素养在小学阶段主要表现的过渡性目标或支撑目标。

某一内容是否为重点内容，就看相对于上述课程目标的达成而言，其重要程度如何。因此，"四基"的内容肯定是重点内容。例如，小学数学一年级教学内容中"20 以内的加减法和表内乘除法"是所有计算的基础（事实上，对所有复杂的计算的处理方法，都是通过一定的计算法则，将其转化为 20 以内加减法和表内乘除法），因而是重点内容。而"左右"与"人民币"的认识尽管生活中常用，但是人们可以通过社会实践获取这些知识，同时这些内容对后继学习的影响也比 20 以内的加减法和表内乘除法要少很多，因此，这些内容不是数学教学的重点内容。

每个教师对教学内容的解读不同，体现出来的教学重点也是不同的，我们常常会在"同课异构"活动中看到这样的现象。

## 三、教学内容要富有挑战性

培养学生的核心素养，显然靠浅层次的课堂教学是无法顺利完成的，只有教师设计富有挑战性的教学内容，实施深度地教，学生才能深度地学，不断提升课堂教学的品质，丰富课堂教学的思想内涵，真正形成有效的教学活动，才有可能在提升学生的核心素养方面获得进展。

所以，有经验的教师在设计教学内容的时候不会贪多。因为如果一节课的内容太多，承载的任务太重，学生上课时很忙碌，思考力很难得到提升，学习力会越来越弱。相反，如果教师设计几个有挑战性的问题，学生深入地进行思考，看上去学得少、学得慢，但思考的方式、方法丰富了，思考力、学习力就会越来越强。

### 1. 创设问题情境，引发探究学习的兴趣

教师要巧设问题，让学生常常感觉"问题就摆在那里，它无时无刻不吸引着我们去穷究其结果"。比如中学教师教"勾股定理"，常常会提出这样的问题：有人说世界上的所有直角三角形无一例外地满足一个规律——两条直角边的平方和等于斜边的平方，这是谁最先发现的呢？为什么存在这样奇妙的规律呢？这个规律又能帮助我们解决什么问题呢？这样的问题一提出，学生对"勾股定理"充满了好奇，学习的兴趣自然就上来了。

### 2. 制造问题冲突，促进知识或观念重构

要引发探究性学习，就不能只依靠正面示范或"指点方向式"的启发。如果学习进程"太顺"，学生就无须探究。课堂上我们常见教师设计好每一步操作流程，学生只要动手操作就能顺利地得到结论，至于为什么实验要设置成这样的步骤，学生是不明白的，而这恰好是问题最核心的部分。因此，教师要善于举反例或者设置问题引发学生的认知冲突，从而使学生清楚地认识到实现"知识或观念的重构"的必要性。

教师：今天的数学课从游戏开始，先请同学们看这两个圆圈（板书：圆

177

圈）。出示实物绿圈圈、红圈圈（绿圈圈里有 4 颗棋子，红圈圈里有 3 颗棋子）。

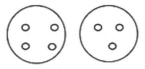

教师：现在两个圈圈里一共是几颗棋子？

学生：4 + 3 = 7，7 颗。（板书 4 + 3 = 7）

教师：对，这游戏对于你们来说可能有点小儿科了，现在游戏马上升级，听好了，还是这两个圈，还是这 7 颗棋子，变一变，让绿圈圈里有 5 颗棋子，红圈圈还是 3 颗棋子。（板书 5、3），你会吗？

学生 1 上台从红圈圈里拿 1 颗棋子放入绿圈圈。

学生 2：红圈圈只有 2 颗了。

教师：老师采访一下你，为什么要从红圈圈里拿 1 颗棋子到绿圈圈里？

学生 1：因为绿圈圈里要有 5 颗棋子。

教师：哦？

学生 3：不可以！这样子红圆圈里就不符合要求了！

学生 4：放中间。（师把棋子放在两个圈的中间）

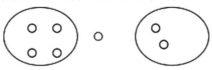

学生 5：不对不对。

教师：哪里不对了？

学生 5：这样放的话，红圈圈里只有 4 颗，绿圈圈里只有 2 颗，它们都少了 1 颗棋子。

教师：那这颗棋到底何去何从，不要着急，有时静下心来想一想，你就会有两全其美的好办法。

（热闹的课堂很快安静下来，同学们陷入了沉思。）

一学生上台移动红圈圈，两个圈圈交叉在一起，然后从红圈圈里拿出一颗棋子摆在中间交叉的部分。学生欢呼起来：这样可以了！

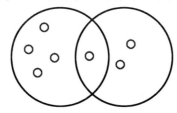

教师：什么叫可以了？

学生：你看！绿圆圈里5颗棋子，红圆圈里3颗棋子！

教师：噢，今天老师长见识了，原来5加3还可以等于7。（板书：5 + 3 = 7）

学生交流讨论，发现中间的"1"重复计算了一遍。

教师：你说的重复是什么意思？

学生：中间的棋子，我们数"5"时它数了，数"3"时它也数了，多数了一次就是重复了1次，所以要减"1"。（板书：5 + 3 - 1 = 7）

教师：那这个减"1"是不是把中间的棋子减掉？

学生：不是，减去的是重复计算的那个1。

教师：看来，这游戏一升级就有点意思了。

"集合"这个内容对于小学生来说是比较难以理解的，为了突破这个难点，教师从数学游戏导入，提出了一个富有挑战性的问题：7颗棋子，怎样摆就能摆成红圆圈内3颗、绿圆圈内5颗？旨在引发学生的认知冲突，在思考中感悟"交集"的神奇。

### 3. 设计"再创造"学习，引导学生"做"数学

荷兰著名数学家、数学教育家弗赖登特尔曾提出过"再创造原则"，其核心思想在于：数学应当被看成一种活动，而不是现成的科学。进而，从这一立场出发，又进一步提出："学一个活动的最好方法是做。""对学生和数学家应该同样看待，让他们拥有同样的权利，那就是通过再创造来学习数学，而且我们希望这是真正的再创造，而不是因袭和仿效。"这里的再创造，不能理解为历史的简单重现，而应该是历史的重建或重构。因此，教师要设计"再创造"学习，学生通过探究之后，学到"可以理解的""可以学到手的""能够推广运用的"数学。

教师出示下面的图形并提出问题：这些都是立体图形，有我们熟悉的，也有我们不熟悉的图形。大家认真思考，你认为上面的这些图形哪些可以和圆柱分成一类呢？为什么？

学生独立思考如何分类，并在小组内充分讨论，然后在全班交流。

预设：

（1）①号、④号、⑥号图形可以分为一类，因为它们的底面都是圆形。

（2）②号、③号和⑤号可以分为一类，因为它们的侧面都是一个长方形。①号、④号、⑥号图形它们的侧面是曲面。

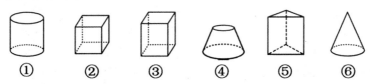

①　　　②　　　③　　　④　　　⑤　　　⑥

（3）我认为，①号、②号、③号和⑤号可以分为一类，它们上下两个面相

等，④号、⑥号图形上下两个面不相等。

（4）①号、②号、③号和⑤号可以分为一类，它们都有无数条高。

（5）①号圆柱和⑥号圆锥可以分为一类。圆锥的体积等于与它等底等高的圆柱体积的 $\frac{1}{3}$。①号、②号、③号图形求体积都可以用 $V = S_{底}h$。

教师小结：同学们的分法都有道理，分类的标准不一样分法也就不一样。

在这个片段中，通过"物以类聚"的任务驱动，学生从不同的角度阐述分类的理由，唤醒学生已有的知识经验，梳理图形之间的联系和区别，初步完成对本单元知识的整理，为接下来的"再创造"活动建立基础。

在这个片段中，教师引导学生发现，通过图形的"旋转"得到圆柱、圆锥以及圆台，再次引导学生思考面与体之间的联系，不同的面采用不同的运动方式形成了不同的体。接下来对这三个图形之间的内在联系进行了进一步的研究，将多个立体图形联结成一个整体，学生体验到"创造"的快乐，感受到数学的奇妙。

# 主题 3
# 方法灵活精当

教学方法是教师和学生在教学活动中，为达到一定的教学目标所采用的手段和方式。所谓教学，一方面是教，另一方面是学。

教师的教：教师要借助教材、多媒体课件、实验器材、直观教具等多种手段，或讲解或操作或板演，用任务驱动学生参与思考，理解、掌握或运用所学的知识。学生的学：学生在教师的引导下或观察或操作或听讲或演算，独立思考、主动探究、交流互动，以达成学习目标。这些内容，从教的角度来看，包含很多因素，有传授知识的因素，也有培养学生能力发展智力的因素和向学生进行思想品德教育的因素；从学的角度来看，包含很多的因素，有模仿式学习的因素，也有创新性学习的因素；等等。

教师的教与学生的学都是一个复杂的系统工程，这就决定了在教学中，要根据不同的教学内容和要求，根据学生的心理特征和认知水平，采用不同的教学方法。长期以来，广大的教育工作者在教学实践中，总结了许许多多行之有效的教学方法。当一个教师能根据教学目标、教学内容灵活选择合适的教学方法时，教学效益才可能提高。那么哪些教学方法是学生最喜欢的呢？虽然教无定法，但好的教学方法也是有章可循的。

## 一、讲授法教学

### 1．讲授法的内涵

无论教学方法如何变革，讲授法都是最基本、最常用的教学方法之一。讲授法是教师通过语言，系统地、有重点地传授知识、传递方法的一种教学方法，是一种通过描述事实、说明问题、解析概念和规律、论证原理的教学方法。这种方法最明显的特点就是"老师讲学生听"，偏重于接受性学习。

奥苏贝尔的"有意义的学习"理论对讲授法持支持态度。在奥苏贝尔的理论中，学习者已有经验与新内容直接建立实质性关联被看作有意义学习真正发生的标志。有意义的学习正是要在学习者认知结构中产生新的意义。运用讲授法进行新内容的教学，重点在于帮助学生高效率地在原有认知结构中建立新的意义，并且这个新的意义不是孤立存在的，而是与原有经验密切关联。而这种关联性的学习在现在提倡的单元整体教学中也有积极的意义。

在心理学上，有意义的学习的心理机制是同化，通过同化，新知识被纳入学习者的认知结构中，丰富原有认知结构，而原有的认知结构经过吸收新知识，自身也得到了改造和重新组织。在这种意义上，讲授法就是教师通过讲授，帮助学生实现同化，构建新的知识体系，让学习发生。

### 2．讲授法的作用

第一，讲授法能够帮助学生理解抽象的数学。抽象是数学学科的特点，为了帮助学生理解较抽象的知识，教师有必要通过讲授指导学生从特殊到一般、从具体到抽象的学习方法，在此过程中不断积累学习经验，最终学会独立研究抽象的数学问题。

第二，讲授法能帮助学生扩大学术视野。教科书篇幅有限，数学知识应用很广，但在教材中不可能一一列举，教师可根据自己的学识经验，通过讲解向学生提供一些有实际意义的材料，提供一些科学的数学解题方法等等，有利于扩大学生的学术视野，促进学生的智力发展。

讲授法因为以教师的讲为主，很容易被人与"填鸭式教学"等同起来，因此，教师在实施"讲授法"时要讲究策略。

### 3．实施"讲授法"的若干策略

第一，讲前准备要充分。抓住教材内容的重点、抓住学生认识上的难点讲解。

第二，讲授时要精准表达。教师语言要准确、简练、生动，前后连贯，要有启发性，激发学生的学习兴趣和引起积极的智力活动。

第三，讲授内容要准确清晰，层次鲜明。既要注意科学性和思想性结合，又要注意抽象性与形象性结合，理论性与实践性结合。

讲授法不仅对教师有一定的要求，对学生也有一定的要求，比如听讲注意力要持续集中、理解水平相对较高等等，而这些要求对于小学生而言，是具有一定困难的，他们的无意注意占优势，有意注意的时间相对较短。因此，我们在前面提到的"精讲多练"中就提倡教师的讲一定要"精"，故对小学生来说，讲授法在一节课中所占时间不宜过长。

## 二、启发式教学

### 1. 启发式教学的内涵

"启发"一词源于古代教育家孔丘的"不愤不启，不悱不发"。朱熹解释说："愤者，心求通而未得之意；悱者，口欲言而未能之貌。启，谓开其意；发，谓达其辞。"愤与悱是内在心理状态在外部容色言辞上的表现。就是说在教学前务必先让学生认真思考，已经思考相当长时间但还想不通，然后可以去启发他；虽经思考并已有所领会，但未能以适当的言辞表达出来，此时可以去引导他表达出来——所谓"道而弗牵，强而弗抑，开而弗达"。

启发式教学是指教师在教学过程中根据教学任务和学习的客观规律，从学生的实际出发，采用多种方式，以启发学生的思维为核心，调动学生学习的主动性和积极性，促使他们生动活泼地学习的一种教学指导方式。而启发式教学的关键在于设置问题情境。学生在具体的问题情境的驱动下，从头至尾地思考问题，教师就能很好地实现启发式教学。

在培育学生关键能力与必备品格的当今时代，师生在课堂教学中所承担的角色悄然发生改变。我们主张教师由知识的传输者变为思维的引导者，学生由知识的接受者变为思维的主导者。而师生关系也由单向指导变为互动合作，着力于学生独立思考及解决问题能力的培养。在此背景下，启发式教学理应受到推崇。

### 2. 启发式教学的作用

其一，满足好奇。好奇是孩子的天性，启发式教学恰好迎合了学生的好奇心，问题就摆在那里，不是显而易见，也不是高不可攀，跳一跳摘到的桃子自然是最可口的。因此启发式教学可以使学习的过程变成愉快的类似游戏的过程。

其二，开发智力。启发式教学通过情境创设揭示问题的矛盾或设置疑问来诱导学生进行深度思考，整个过程尤为注重学习动机的激发，思考问题的路径与方法的习得，解决问题的经验的总结与反思，长此以往，便能达到举一反三、触类旁通的效果。

其三，协调行为。启发式教学的整个过程将学生的主观能动性摆在首要位置，教师运用启发式教学，就是给予学生刺激，学生受到刺激后通过他内在的因素产生积极的行为反应。

### 3. 启发式教学的常用策略

第一，以问题为媒介，推动学生进行思考。无论哪个学科、哪个学段，设计好的问题一定是教师的最重要的基本功之一。什么是好问题呢？一个好的问题，首先，要容易懂，不要说了一大篇，还没有把问题说清楚。有些题目离学生的实际太远，专业名词太多，也是不好的。其次，要引人入胜，激起学习者的思考欲望，很快能够入手，却又有向纵深发展的余地。再次，要体现学科本质，具有学科价值，能够启发学生进行深度的学科思考。最后，好的学科练习题，还要能够评价，分出学科思维的层次和水平——好的问题直指学科知识的本质，通过这些好的问题，学生能获得思考的动力，主动思考所学知识的要点，并不断提出新的问题，逐渐实现知识的整体构建。

在教"百分数"一课时，教师鼓励学生就这个内容提出自己的问题，在此基础上通过对学生提出的问题进行梳理归纳出这样几个问题："百分数有什么好处？""有了分数为什么还要研究百分数？""什么情况下需要用到百分数？"……

这就是在教师的启发下产生的问题，这些问题直抵百分数概念的本质。

第二，设计探究活动，预留思考空间。"探究是一个知道什么、为什么知道以及怎样达到知道的问题。"教师应该向学生提供充分开展探究活动的机会，帮助他们在自主探索和合作交流的过程中经历知识的形成过程，真正理解和掌握基本的学科知识与技能、思想与方法。

湖北省教育科学研究院的刘莉老师在"平面图形的面积"单元起始课中，设计了下面这样的探究活动：

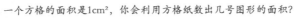

一个方格的面积是1cm²，你会利用方格纸数出几号图形的面积？

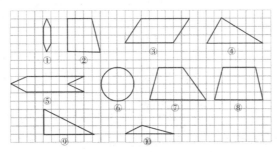

在教学中，学生用"割补法"或"倍拼法""数面积"，这为整个单元运用"转化"方法推导面积计算公式做了很好的铺垫。

第三，掌握"启"的时机，讲究启的实效。"启"的时机要把握得好、点拨得好，启发到位，就会有"柳暗花明""醍醐灌顶"的感觉，否则就会启而不发，适得其反。因此，我们要抓住时机，比如，在学生思维受阻无法突围时、在山重水复疑无路时、在心不在焉时、在跃跃欲试时教师适度地启发，就如给学生的思维搭建了一个脚手架。

第四，把握"启"的度，达到"发"的目标。教师应注意把握启发的火候，做到"不愤不启，不悱不发"，抓住时机启发，把握启发的度，防止未启已发和启而不发的现象。无论是"启"还是"发"，教师要力求通过自己的指导点拨去推进学生自己的思考，而不是直接告诉学生问题的解决方案。

教师提问：（动画出示太极图），这是一个充满玄机的图案，左边这个是"标准太极"图，右边这个有点不一样，姑且叫"谢老师太极"吧。请同学们用数学的眼光观察这两个太极图，你能提出怎样的数学问题呢？

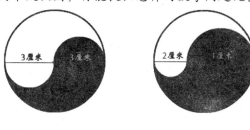

标准太极　　　　　谢老师太极

师生交流。

学生：这两个太极图的涂色部分周长一样吗？

教师：好问题！大家认真思考，研究研究这个问题。

学生通过计算，发现涂色部分周长一样。教师在此基础上，动画演示"谢老师太极"图中间的动点，引导学生观察思考，无论怎样移动中间的点，涂色部分周长都一样。

学生：那这两个太极图的涂色部分面积一样吗？

教师：是啊，有了刚才的经验，你们自己能解决这个问题吗？

学生独立思考后进行交流，教师引导学生用割补和旋转的方法比较两个涂色部分的面积。

教师：通过刚才的研究，同学们发现"谢老师太极"和"标准太极"周长一样，谢老师太极面积要大一些。如果现在老师给你一个机会，你能创造一个和

标准太极周长一样、面积更大的新太极吗？描述一下有多大？（课件展示太极的极限图——圆）

这个片段设计了一个大问题："观察这两个太极图，你能提出怎样的数学问题？"学生在老师的启发下提出关于涂色部分的周长与面积的比较问题，教师引导学生观察、思考、计算，在"变"与"不变"的思辨中，拓展了学生对圆的认识——这两个半圆的周长之和是相等的。在此基础上，教师进一步启发学生提出了这样的猜想：是不是只要这样的两个半圆直径的和一定，不管这个点如何移动，半圆的周长和是相等的？在"提出猜想—验证猜想—证明结论"的问题探索过程中，学生能亲身经历用合情推理发现结论、用演绎推理证明结论的完整推理过程，在过程中感悟数学基本思想，积累数学活动经验，这对于学生数学素养的提升极为有利。

总之，与传统的讲授法不同，启发式教学强调的是教与学的双向沟通，"教"的功能是"启"，即"开其意"；学的功能是"发"，即"达其辞"。"启"是"发"的手段，"发"是"启"的目标。

## 三、结构化教学

### 1. 结构化教学的内涵

2022年版课程标准要求，改变过于注重以课时为单位的教学设计，推进单元整体教学设计，体现知识之间的内在逻辑关系，以及学习内容与核心素养表现的关联。单元整体教学设计要整体分析内容本质与学生认知规律，合理整合教学内容，分析"主题—单元—课时"的知识和核心素养主要表现，确定单元教学目标，并落实到教学活动的各个环节，整体设计，分步实施，促进学生对教学内容的整体理解与把握，逐步培养学生的核心素养。

新版课程标准把单元整体教学、结构化教学提到了比较重要的地位。"所谓结构化教学，是指将某一模块的数学知识看成一个整体，弄清该整体的内在结构（整体与部分之间的关系，以及部分与部分之间的关系），寻找出统领这个结构的核心思想方法，然后在这一核心思想方法统领下，进行有结构地教、有关联地学的整体任务规划，使前后一脉相承，形成合力，并在分阶段实施中运用结构化的内容和手段逐一落实，进而培养学生的结构化思维和迁移性学习能力。"

### 2. 结构化教学的作用

结构化教学可以帮助学生构建知识网络体系。长期以来，学科教学都是以课时为单位进行设计的，而教材也是围绕一个主题内容把若干知识点分布在各个课时中。这样很容易形成散状点的知识，忽视知识之间的内在联系。所谓"只见树木不见森林"。

事实上，任何一个知识点都不是孤立存在的，属于整个知识系统中的一个"点"，这个点与它的母体以及其他"点"之间存在某种逻辑关联，各个点在这一逻辑的组织下形成一个网状结构。因此，教学中，不能以"散状点"的方式来组织学生学习，而要将各个"点"置于整个结构体系中展开认知，以母体核心思想为统领，与其他关联内容、结构相近的"点"同步沟通、联系、对比、辨析，以获得深度的整体认知，从而实现结构化的建构学习，帮助学生顺利实现正迁移。

结构化教学强调知识结构或学习方法的"一致性"。这种一致性能够帮助学生顺利实现正迁移。比如整数加减法中的"相同数位要对齐"与小数加减法中的"小数点要对齐"的一致性在于"相同计数单位的累加"，由此正迁移到分数加减法中的要统一分数单位以后，分数才能累加。

### 3. 结构化教学常用的策略

第一，以核心思想为统领，整体规划结构化。结构化教学首先从系统化的规划开始，着眼大板块和大概念，先对某一领域的内容进行整体规划，然后对大任务进行分解落实。整体规划能否实现结构化，其关键是能否抓准统领整个板块知识的核心思想方法，因为思想方法能超越具体知识而具有结构迁移性。要将这些思想方法贯穿整个板块的教学，做到提早孕伏、一脉相承。因此，教师在教学一个新的板块知识前，要先通读该领域的所有教材，将它梳理出一个知识结构网，并从中提炼出起统领作用的核心思想方法，在这些思想方法的统领下规划出分阶段的教学目标，确定各阶段的教学任务。

第二，以本质沟通为纽带，课时教学结构化。结构化的规划最终会落实到课堂教学中，而每一节课就是一个相对完整的结构。教师执行教学计划时，一方面要比较完整地呈现一节课的结构；另一方面，又要把这一节课放到一个更大的单元结构中去，以这个大单元中"一致性"的知识或方法作为沟通的纽带实现结构化教学。

教师：三位数乘两位数的笔算乘法，老师没教，你们怎么都会呀？

学生：我们学过两位数乘两位数的笔算乘法，道理是一样的。

教师：你们真会学习！三年级我们学习两位数乘两位数，四年级我们学习三位数乘两位数，你们猜，到了五、六年级，我们会学几位数乘几位数呢？

学生：三位数乘三位数。

学生：四位数乘三位数。

教师：恭喜你们答错了！学完三位数乘两位数，整数乘法我们就全部学完啦！你们知道为什么我们不学了吗？

学生：道理应该是一样的，所以不用学了。

教师：（在三位数前加一位数）你们猜，这个算式怎么算？

学生：继续刚才的计算，往前面多算一位就可以了。

教师：（在两位数前加一位数）你们猜，这个算式怎么算？

学生：那要多加一层了……

在上面的教学片段中，教师反复用"不教也会"强化了结构的一致性。

第三，以模块题组为载体，练习设计结构化。通常情况下，根据学生的分层情况，练习也要分成"基础层""综合层""拓展层"。我们来看"归一问题中的变与不变"的练习设计：

作业 1："找"归一。

小刚买 4 本书用了 20 元，_____？请尝试提出问题并解答。

作业 2："画"归一。

小刚买 4 本书用了 20 元，买 5 本同样的书用了多少元？要求学生尝试用画图的方式来表达题意。

作业 3："明"归一。

根据作业 1 的信息，如果买更多的书你还会计算吗？思考：这几道题的解决方法有什么共同之处？书的数量在变化，书的什么没变？

作业 4："用"归一。

想一想：4 个杯子 12 元，120 元可以买几个同样的杯子？还有其他的方法解决这个问题吗？比一比这些方法之间都有什么相同之处？

第四，以反思内联为重心，整理复习结构化。一节好的整理与复习课，往往能把具有相同结构的知识内联起来，通过与其他关联内容、结构相近的"点"同步进行沟通、联系、对比、辨析，以获得深度的整体认知，从而实现结构化的建构学习。

## 四、跨学科主题式教学

### 1. 跨学科主题式教学的意义

2022 年版课程标准的一个突出亮点是将跨学科主题学习作为"综合与实践"领域的主要教学活动形式，提出"综合与实践"领域要重视跨学科主题学习活动的开展，在小学阶段主要采用主题活动的方式呈现，初中阶段主要采用项目学习的方式呈现，体现了跨学科主题学习不可或缺的重要意义。

**2. 跨学科主题式教学的作用**

新版课程标准提倡跨学科主题式教学，旨在通过综合与实践领域的教学活动，以解决实际问题为重点，以真实问题为载体，适当采用主题活动方式呈现，通过综合运用数学与其他学科的知识与方法解决真实问题，着力培养学生的创新意识、实践能力、社会担当等综合品质。

**3. 跨学科主题式教学中常用的策略**

第一，突出联系。跨学科主题式教学的教学目标聚焦于核心知识与关键能力的运用，有较强的"综合性"与"实践性"特点。一是力求用横跨领域或学科的整合方式，实现学科之间或与社会生活的融合，突出"联系"，体现学科价值；二是力求学生在教师引导下，真实地用"问题解决"的流程解决问题。以此发展学生的创新能力、实践能力、社会担当。

第二，突出与生活的联系。教师要精心设计活动，把现实生活中的真实问题转化为学科问题，利用信息技术或制作教具等手段，展示跨学科主题的背景，从提取问题、解决问题的角度出发，让学生经历解决问题的过程。在此过程中，教师要加强对活动的指导，对活动中学生遇到的困难及时加以鼓励、点拨，帮助学生主动探寻解决问题的方案。

第三，突出主题化教学的评价。跨学科主题式教学的评价围绕教学目标，从学生核心素养发展的各个维度展开。特别关注学生对相关知识的理解与运用，对现实问题情境与数学表达之间的关联。跨学科主题式教学的评价方式多元，既注重结果的评价，也注重过程及表现性评价。一方面，教师需要对具体的学习成果进行评价，比如研究报告、活动图表等等；另一方面，教师需要对学生的学习态度与方法做出评价，关注学生在活动中的操作、思考、交流、创新精神等方面的表现。

# 主题 4

# 课堂生成精彩

实施新课程以来，人们对学科教育有了很多新的认识，不仅关注教育的结果，而且关注教育的过程。要使这个过程充满生机与活力，教师必须关注预设与生成的关系。

预设指的是教师对于教学行为发生之前的设想，比如对教材的解读、对学情的分析、对教学目标的确定、教学结构的设计，还包括对课堂上可能产生的各种问题、各层次学生在交流中可能出现的状况、课堂上可能出现的影响教学进度与目标达成的其他变数等，预先做好应变方案。生成是指在实施预设方案的过程中，师生、生生之间互相合作、交流、碰撞的过程中，即时生成的超出教师预设方案的新问题、新情况或新资源，在教师没有准备的前提下，源于学生突如其来的新情况，这便需要教师及时进行分析与研究，根据课堂实际情况采取具体的应对措施。

## 一、教学中预设与生成的意义

教学从来都是静态预设与动态生成的矛盾统一体，高质量的预设是教师发挥组织作用的重要保证，创造性的生成是以学生为主体的教育理念的具体体现。

当预设与生成一致时，我们认为教师对教育规律的掌握与教学内容的逻辑、学生的学习认知有比较丰富的经验；当预设与生成不一致时，我们也会觉得是正常的，因为教学过程的复杂性与教学对象的差异性挑战现有的预设，让教师面临学生"跳脱"的情境，如果教师强行把学生拉入预设的轨道，学生会感觉压抑，没有创造的欲望。其实，这也是课堂教学迷人的地方，一位教师如果能轻松利用课堂各种生成资源，让课堂呈现"化险为夷""柳暗花明"的景象，说明这位老师已经成长为一名成熟的教师了。因此，研究预设与生成是教师专业成长道路上的必修功课。

## 二、教学中预设与生成的关系

### 1. 成功预设是有效教学的基础

课堂教学是有规律的。"每一位教师都是带着自己的哲学思想走向课堂的。"有经验的教师在解读学生学情、解读课标、解读教材的基础上，设计出教学方案，并能顺利地实施方案，以达成教育目标。这样的预设不仅体现了教师的教学经验、教学智慧，也为学生的有效学习提供了可行的路径。

### 2. 动态生成是课堂有效学习的发展

教师在执行预设的方案时，常常面临学生有价值、有创造的问题与想法，经验丰富的教师会及时调整、改变预设的计划，不露痕迹，巧妙地利用生成的资源，更好地实现教学目标，使课堂焕发出生命与活力。这样的经历常常能帮助教师丰富自己的教育学与心理学理论，积累更为丰富的教学经验，促进有效教学的发展。

### 3. 预设成功与动态生成是相互联系的

预设与生成是对立统一的两个方面。预设更重视教学的共性、显性、可预知性，而生成更重视教学的个性、隐性、不可预知性。预设过度可能导致对生成的忽视，表现出"教师的强势"主导；过度关注生成也可能导致影响预设目标的实现，出现只关注"少数学生"的现象。因此，无论是预设还是生成，都要以课堂教学目标为基本遵循，不浮躁、不夸张，在预设中精彩生成，在生成中丰富预设。

## 三、正确处理预设与生成的策略

### 1. 精心预设，预约生成

教学预设是在充分研究教材内容、学生学情、学生学习心理等基础上完成的。预设越精细越全面，设计的方案越多，教师在课堂中面对生成越从容，利用生成资源越自然，成功率越高。因此，一位有经验的教师总是在问题容易产生分歧的地方做出多种预设。

教学"平行四边形面积"的面积推导时，有的学生会因为提前预习过这个内容直接说出面积公式，也有的学生会根据平行四边形容易变形的特点，把平行四边形拉成长方形，根据长方形的面积公式长乘宽推导出平行四边形的面积公式是邻边相乘。

面对这些可能出现的不同情况，教师做出多种应对的方案，并思考如何利用错误资源帮助学生形成正确的认识。只有这样，教师才能得心应手，挥洒自如，课堂才能精彩纷呈，收到良好的教学效果。

### 2. 不拘预设，直面生成

预设很重要，但课堂是灵动的，总会有意想不到的生成。所以教师要灵活处理生成资源，更好地为预设目标服务，否则会出现尴尬的场面。

一位教师在教"用 2~6 的乘法口诀求商"这个内容时，因为教材上呈现的是"在多种算法的基础上优化出用乘法口诀求商"，而学生一开始就知道用乘法口诀求商，教师花了大量的时间把各种方法从学生嘴巴里硬"掏"出来。之后，就有了下面这段师生对话：

教师：请小朋友看黑黑板，现在有这么多种方法来算"12 ÷ 3"，你最喜欢哪种方法？

学生：我喜欢减法，因为它最特殊。

教师：不觉得它很麻烦吗？

学生：不麻烦！

教师：谁再来说说，你最喜欢哪种方法？

学生：我最喜欢加法。

教师：为什么？

学生：因为我喜欢做加法，不喜欢做乘法。

教师:(无奈地指着用乘法口诀求商的方法)有没有喜欢用这种方法的?
(有少部分学生响应。)

教师:其实,用乘法口诀求商是最简便的方法。以后我们做除法时,就用这种方法来做。

这是过度预设的教法,教师一定要拽着学生走完预设的每一步,如果全然不顾学生的学情,学生也始终猜不到教师的心思。

### 3. 活用预设,精彩生成

教师在教学过程中需要具有足够的教学智慧,理智地对待突发的课堂生成。灵活地调整教学预设、用活预设。教师作为课堂信息资源的重组者,引导并推动教学的动态展开。教师在动态生成中的作用是不容忽视的,教师要敏锐地捕捉那些不期而至的生成点,变静态的、固定的教学预设为动态的、富有灵性的生成方案,为动态生成导航护航,演绎出精彩纷呈的成功课堂。

在教学"数与形"时,教师教了"正方形数"与"三角形数"之后,预设了这样一个问题:"这节课我们研究了'正方形数'与'三角形数',知道了数形结合的妙处。现在屏幕上出现了 10 层的三角形数、10 行 10 列的正方形数,请同学们观察并思考,你有什么发现吗?"学生立即回答:"这个三角形数是正方形数的一半!"这是教师意料之中的答案,教师笑着说:"今天老师长见识了,100 的一半就是 55。"学生一愣,立刻意识到问题出在哪里。让教师意外的是,学生竟然说出"一个正方形数是两个相邻的三角形数的和"这样"伟大的发现"!老师趁机表扬这个学生,并顺势凸显"数形结合"的优越性。

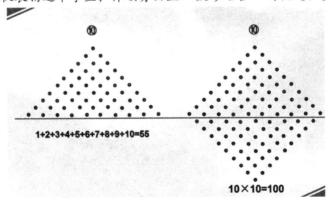

总之,教师在教学过程中需要具有足够的教学智慧,理智地对待突发的课堂生成,灵活地调整教学预设。我们只有追寻精心的预设,才能预约有效的生成;教师只有进行恰到好处的预设,才能恰当地应对教学的动态生成。这一切都要求教师具备高尚的职业道德、先进的教育观念、强烈的事业心和开拓精神、广博的专业知识和教育教学科研能力以及良好的心理素质。教师只有具备了新课程要求的专业知识、综合素养,才能科学而艺术地把握和处理预设与生成的关系。

# 参考文献

［1］（荷兰）弗赖登特尔. 作为教育任务的数学［M］. 上海：上海教育出版社，1995.

［2］陈力，朱华锋. 数学结构化教学深度发生的策略探究［J］. 小学数学教育，2021（13）.

［3］张廷凯，牛瑞雪. 从要素到标准——有效教学研究百年概览［J］. 教育史研究，2021（3）.

［4］史宁中，曹一鸣. 义务教育数学课程标准解（2022年版）解读［M］. 北京：北京师范大学出版社，2022.

［5］李杨武. 精准定位教学目标 提升教学课堂效率［J］. 家长，2023（20）.

［6］孙晓天，邢佳立. 中国义务教育：基于核心素养的数学课程目标体系——孙晓天教授访谈录（三）［J］. 教学月刊·小学版，2022（3）.

［7］夏海莲，吴登文. 在深度教学中培养学生数学核心素养［J］. 小学教学，2017（1）.

［8］杨华山. 让"阅读"成为小学数学教与学的新方式［J］. 数学学习与研究，2023（29）.

［9］于滢. 教师追问，为学生释问导航［J］. 小学教学参考，2021（27）.

［10］陈力. 以模块题组为载体的"结构化练习"的设计与应用［J］. 小学教学设计，2022（29）.

［11］王永春. 小数学核心素养测评指南［M］. 北京：首都师范大学出版社，2023.

［12］白常平. 评价目标统领下学习任务的设计、实施与调整［J］. 小学教学·数学，2023（1）.

［13］仲旭红. 小学数学项目式学习过程性评价的研究［J］. 小学数学教育，2023（3）.

# 后 记

在春暖花开的季节，我们合作完成的《创造学生喜爱的课堂》一书终于定稿了。现在的感觉就像刚打完一场胜仗的战士，只想与战友们拥抱、庆祝、狂欢……

这本书是我们湖南省社科基金课题"小学数学特级教师农村工作站区域推进研究"（课题编号为 JJ210701）的研究成果，本书的课例很多来源于课题研究实例，所以特别感谢课题基地校的教师提供的大力支持与帮助。

这本书围绕"创造学生喜爱的课堂"这根主线，分 10 个主题来编写，分别是："有趣"（李永根）、"有序"（谢加文）、"有情"（周艳芳）、"有料"（肖卫红、肖常胜）、"有疑"（杨磊）、"有动"（华铝丽）、"有静"（戴益祥）、"有导"（梁艳红）、"有评"（刘硕鹏）、"有效"（王丽燕）。我要特别感谢这 10 位教师的辛苦付出，感谢你们为一线教师提供了大量的可借鉴的教学经验。

此外，这本书的案例涉及各学科各学段，我们请到相关的教师审稿并修改课例，他们分别是梁薇、袁静、傅颜宁、王鸿、谢炤阳、陈善桂等老师，对他们的辛勤付出我们表示衷心的感谢。

最后，我要特别感谢王丽燕老师，感谢她在退休前组织教研员和一线教师认真完成了这本书的编写工作，给自己的教育生涯交上了一份满意的答卷。

涟源市教师进修学校　李永根

2024 年 3 月

# 打造高质量课堂的 30 个策略

杨少武 著

新 华 出 版 社

**图书在版编目（CIP）数据**

打造高质量课堂的 30 个策略 / 杨少武著.
-- 北京：新华出版社，2024.12.
（创造学生喜爱的课堂）
ISBN 978 - 7 - 5166 - 7687 - 5

Ⅰ. G632.421

中国国家版本馆 CIP 数据核字第 2024 65 VU03 号


**打造高质量课堂的 30 个策略**

著　　者：杨少武

责任编辑：蒋小云　丁　勇　　　　装帧设计：郝亚娟

出版发行：新华出版社
地　　址：北京石景山区京原路 8 号　邮　　编：100040
网　　址：http://www.xinhuapub.com
经　　销：新华书店
　　　　　新华出版社天猫旗舰店、京东旗舰店及各大网店
购书热线：010 - 63077122　　　中国新闻书店购书热线：010 - 63072012

照　　排：桃李书系
印　　刷：三河市人民印务有限公司

成品尺寸：170mm×230mm
印　　张：13　　　　　　　　　字　　数：202 千字
版　　次：2025 年 2 月第一版　　印　　次：2025 年 2 月第一次印刷
书　　号：ISBN 978 - 7 - 5166 - 7687 - 5
定　　价：49.00 元

# 前　言

中国发展核心素养明确提出"培养德智体美劳全面发展的社会主义建设者和接班人"的教育目标，这是党的教育方针的具体化、细化。要实现这一培养目标就离不开课程标准的具体要求。课堂教学是落实课程标准，实现人才培养的教育目标最基础，也是最根本的层面，决定了其教学品质必然要表现为学生素养的达成程度——高质量课堂。

所谓高质量课堂，至少包含预期目标达成、教学过程有效和测评结果良好三个基本含义。这三个基本要求的达成，需要教师对学生多一份了解，对教学多一份研究。基于打造高质量课堂这一目标，相当多的教育工作者进行了持续的研究和探索，并有了一定的收获。

究竟如何打造高质量课堂呢？本书在对核心素养的培养、课程标准的落地，以及课堂教学的品质与学科教学的质量之间的关系进行深入研究的基础上，用理论与案例相结合的方式，介绍了打造高质量课堂的相关策略。

专题一：实施高质量备课。要打造高质量课堂，就必须进行高质量备课。本专题从备课入手，介绍了5个打造高质量课堂的备课策略，即对教学内容进行深度加工拓展，借助单元整体设计、情景编码加工对教学内容进行重构，精心设计学历案，巧妙设计问题链，引导学生进入高质量学习状态。

专题二：抓好预习和预热。高质量的课堂必定是高效率教学，要在短短的课堂教学实践中提升教学和学习的效率，抓好预习和预热相当重要。本专题从课前预习和新课预热入手，介绍了如何借助学历案引导学生进行前置学习，如何借助思维导图梳理知识脉络，如何借助于趣味活动、巧妙铺垫、多样性激励触发学生的学习兴趣，唤起学生学习的主动性，以提升课堂教学效率，打造高质量课堂。

专题三：合理营造学习情境。学习不是发生在真空中，而是发生在具体的情境中，因此情境影响着人及学习效果。本专题从学习情境的营造入手，介绍了打造高质量课堂的 4 个策略：创设问题情境、创设操作情境、创设生活情境和创设多媒体情境，让学生在与情境的交互中展开学习，让学习在情境中发生。

专题四：科学选择实施高效教学。高质量课堂离不开高效教学。本专题从教学方法的选择入手，介绍了打造高质量教学可以采用的教学策略，即采用行动导向式教学，创设了动态开放式课堂，调动了学生学习的积极性，激发了学生学习的热情；借助任务驱动式教学，改变学生的学习状态，使学生主动建构探究、实践、思考、运用、解决高智慧的学习体系；组织小组合作式教学，提供更加积极和有效的学习环境，激发学生的学习动力；开展创客式教学，让学生的学习从单纯掌握学科知识转变为发展综合能力；实施分层式教学，更好地满足学生的学习需求，提高教学效果。

专题五：组织有效沟通与协作。沟通与协作是当今世界首选的最佳学习形式，本专题从沟通与协作入手，介绍了要打造高质量课堂，不妨在课堂教学中借助小组合作、目标驱动和矛盾冲突，通过巧妙地提出问题，指导学生学会科学地倾听，使师生、生生在教学中进行有效沟通与协作，提升教学质量和学习效果。

专题六：科学检测促进精练。高质量的课堂离不开高效反馈，本专题从学习效果的反馈入手，介绍了实施科学检测，让学生在精练中提高的 3 个策略，即借助预习性检测，促进新旧知识之间的衔接，提升学习效果；借助提问式检测，启发学生的思维，活跃课堂气氛；用反馈式检测，引导学生主动发现学习中存在的问题并努力解决问题，修正学习态度，调整学习方法，进而提升学习效果。

专题七：有效评价促进成长。课堂教学离不开评价，有效评价为高质量的教学提供了保证，为学生打下了基石。本专题从评价入手，介绍了打造高质量课堂，教师就要在课堂教学中抓住机会实施即时评价，依据教学实际恰当地开展多元化评价，关注教学和学习结果实施生成性评价，借此全面发挥评价的决策和鉴定功能，使学生能主动参与教学，体验成功，建立自信，获得主动、全面的成长和发展。

好课堂的核心意义是高质量课堂。高质量教学将学生核心素养的培养落实在课堂上，促进核心素养的培养目标落地。

在编写本书的过程中，笔者邀请了多位教育专家和经验丰富的教师进行深入讨论与交流，他们的经验和洞察力为本书增添了更深厚的内涵，使得这30个策略更加贴合教学实际，易于一线教师理解和应用。希望本书能为一线教师打造高质量课堂助力，让经过教师深入研究、精心设计和实施的高效教学，为学生的学习"减负增效"。

# 目　录

## 专题一　实施高质量备课

凡事预则立，不预则废。要打造高质量课堂，就必须进行高质量备课。因此，教师要在高质量备课的基础上，对教学内容进行深度加工拓展，借助单元整体设计、情景编码加工对教学内容进行重构，精心设计学历案，巧妙设计问题链，引导学生进入高质量学习状态，从而打造高质量课堂。

# 专题二　抓好预习和预热

要在短短的课堂教学实践中提升教学和学习的效率，抓好预习和预热相当重要：借助学历案引导学生进行前置学习，让学生走在教学的前面；借助思维导图，引导学生梳理知识脉络；借助趣味活动和巧妙铺垫，触发学生的学习兴趣；借助多样性激励，唤起学生学习的主动性。

# 专题三　合理营造学习情境

学习不是发生在真空中，而是发生在具体的情境中，因此情境影响着人及学习效果。情境中所蕴含的一切实践性、认知性和价值性因素，都在一定程度上规制了学习者的学习需求和话语倾向。教师要打造高质量课堂教学，就应学会合理营造学习情境，让学生在与情境的交互中展开学习，让学习在情境中流淌。

# 专题四　科学选择实施高效教学

高质量课堂离不开高效教学。教学方法正确与否，直接影响着教学效果和教学质量。因此，教师要打造高质量的课堂，就应依据学情、教学内容，在充分备课的基础上，选择科学的教学方法，从而提升学生的学习效果，提高课堂教学质量。

# 专题五 组织有效沟通与协作

借助师生、生生之间的沟通与协作,不同的知识结构、思维方式和性格特征等达到优势互补,极大地提高了学习效率和学习质量。因此,要打造高质量课堂,教师就应注意在课堂教学中借助小组合作、目标驱动和矛盾冲突,通过巧妙地提出问题,指导学生学会科学地倾听,使师生、生生在教学中进行有效沟通与协作,提升教学质量和学习效果。

# 专题六　科学检测促进精练

在高质量备课、高质量教学的基础上打造高质量课堂，还要求教师借助高质量的练习，即在分析学生"最近发展区"的基础上，在深入研究学科专业知识的前提下，精心设计练习，借助少而精的练习，促使学生主动发现学习中存在的问题并努力解决问题，修正学习态度，调整学习方法，进而提升学习效果。

# 专题七  有效评价促进成长

课堂教学离不开评价，有效评价为高质量的教学提供了保证。要打造高质量课堂，教师就应在课堂教学中抓住机会实施即时评价，依据教学实际恰当开展多元化评价，关注教学和学习结果实施生成性评价，借此全面发挥评价的决策和鉴定功能，使学生能主动参与教学，体验成功，建立自信，获得主动、全面的成长和发展。

# 专题一

## 实施高质量备课

凡事预则立，不预则废。要打造高质量课堂，就必须进行高质量备课。因此，教师要在高质量备课的基础上，对教学内容进行深度加工拓展，借助单元整体设计、情景编码加工对教学内容进行重构，精心设计学历案，巧妙设计问题链，引导学生进入高质量学习状态，从而打造高质量课堂。

# 策略 01

# 深度加工拓展

高质量的课堂是学生高度参与的课堂。这就决定了教学内容不能只浮于表面，要从学生的角度出发，基于培养学生的核心素养，在备课中对教材进行结构化处理，对教学内容进行深入加工、科学拓展，这样才能让教材真正达到提升学生的学科素养，培养学生的思维和能力的目的。具体怎么做呢？

## 一、寻找纵横关联点

要让教材成为知识落地的支架，教师首先就应分析研究教材的系统性。教师要通览学科教材，确定教材在内容上是采用螺旋上升式编排的，还是按主题的形式编排的，寻找其中的关联点，找到其中严密的知识体系和前后承接关系，然后利用关联点进行教材结构化。

### 1. 从横向关联入手

所谓横向关联，就是利用不同知识之间的内在联系，将新知识置于更宽广的背景中，用联系的眼光多维度地审视、建构，从而形成网状的知识结构。

某数学教师在教学苏教版五年级上册"平行四边形的高"时，先引导学生回顾"三角形的高"，将三角形和平行四边形进行对比，从中找出关联点。比如，三角形的高的定义是"从三角形的一个顶点到它对边垂直线段的长度"，而平行四边形的高是指"从平行四边形一条边上的一点向对边引一条垂线"。学生通过比较发现三角形和平行四边形的高的内在联系，也就是"线段外面的一点到这条线段的垂直线段"。"垂直"就是不同图形的高的横向关联。找到了关联点，学生就可以形成对"高"这一知识的本质认识，进而自主建构梯形的"高"的概念，从而不仅形成对平面图形的高的本质认知，也利于对后续要学的立体图形的高的认知。

从案例中可以看出，教师在教学中抓住了知识之间的关联点，将所学知识进行横向关联，引导学生回顾旧知识，将新旧知识进行对比，建构知识的联系，形成网状的知识结构，从而使学生进入深度学习，并将自己所学的知识串联起来。

**2. 从纵向关联入手**

所谓纵向关联，就是同一个知识点的内容在不同的学段内的学习。让我们来看看下面这个案例。

小学语文统编教材是按由易到难的螺旋式上升的发展序列编排的。某教师在教学统编教材二年级下册语文第六单元时，分析教材中确定了一年级上册第七单元要求"找出课文中明显的信息"，一年级下册第七单元要求"根据课文的明显信息做简单判断"，二年级上册第三单元要求"整合信息，做出推断"，二年级下册第六单元则要求"提取主要信息，了解课文内容"，于是这位教师以发现的眼光从教材中找寻语文要素，发现本单元的语文要素是"提取主要信息，了解课文内容"。考虑到前面几个单元已有铺垫，第六单元就着力重点教学，教出层次，学到方法；第七单元又进一步延伸与运用，通过反复操练和巩固，让这一要素自然落地。这位教师从课后题入手，进行巧妙的教学整合，使教学做到前有铺垫，中有教学，后有延展，真正让学生在教师教的过程中做到"用中学""习中练"，达到了语言文字运用的目的，掌握了语言运用的方法与技巧 。

从上述案例可以看出，这位教师在备课时不是基于一个单元的内容，而是将不同年段相关联的内容进行分析，发现知识之间的相关性，依据学生的年龄特点和认知条件对知识进行纵向整合。

这就提示我们，一般来说，当教材内容是遵循学生的年龄特征及认知规律呈螺旋式上升式编排时，就要注意寻找教材的整体脉络及内在逻辑，不但要把握不同学段教学内容的不同要求，更要捕捉不同学段教学内容的关联点，再进行结构化。如此一来，知识之间就形成了纵向关联，就可以达到引导学生在整体把握中建构知识的联系，形成结构化的知识网络的教学目的。

总之，经过这样处理的教材，既可以促进学生自主发展，培育学生的核心素养，又可以促进知识的迁移，便于学生理解教材，掌握学科知识。

## 二、促进知识迁移

要将教材结构化，促进知识落地，还要注意在深入研究教材厘清教学思路的前提下，确定教材知识编排的逻辑关系，从知识的迁移入手，让学生将学习到的知识举一反三地运用，熟悉其中的规则、方法，积累经验，自觉地将其迁移到新的情境中，实现知识的自主建构，为知识落地提供支撑。

### 1. 从方法迁移入手

无论是螺旋式的教材编排，还是主题式的教材编排，知识内容之间都有着众多的相似性。在结构化教材时，教师要找到这些知识内容之间的相似处，借助创设的相应的情境，引导学生将自己熟悉的学习方法或知识结构迁移到相似的学习任务中，从而使之在自主探究、自主建构的过程中学习，促进知识落地。

某语文教师在教学三年级的写作时，根据三年级的写作是由一、二年级的写话练习延伸成的写段、篇的训练这一内容，为了提升学生的写作水平，开始采用方法迁移，促进知识落地。

在作文教学中，这位教师有意识地将此前进行的"小练笔"练习迁移到不同的单元写作中。比如，在学习第四单元阅读策略单元时，针对这一单元的重点是猜测与推想，于是引导学生边读边预测，顺着故事情节去猜想并尝试续编故事。在学习完《总也倒不了的老屋》这篇课文时安排学生续编故事：假如有一天小蜘蛛的故事讲完了，又找到了新的地方，与老屋告别。老屋会倒下吗？猜猜还会发生什么故事？在学完《胡萝卜先生的长胡子》后，让学生猜测续编故事：胡萝卜先生的长胡子还可以做什么？胡萝卜先生继续往前走，会遇到谁？他需要什么帮助？

同样，在第五单元的习作练习课中，在学习完《搭船的鸟》之后让学生完成片段练习：观察一种熟悉的小动物，用一段话描写它的外形特点。就这样，借助方法迁移，促进了教材结构化，让写作的相关知识落地。

在上述案例中，教师在写作教学进行的过程中注意运用方法迁移，促进知识落地。其策略就是将"小练笔"练习迁移到不同的单元写作中，使学生在运用方法迁移的过程中熟悉和掌握相关的写作知识。可以看到，这样的迁移离不开相应的情境创设，否则就无法激起学生的好奇心和探究欲望，无法使他们在具有挑战性的学习任务中焕发出学习的积极性，进入自主探究中。

**2. 从结构迁移入手**

所谓结构迁移，就是在研究教材时找出具有相似的学习结构的同类知识，捕捉其相同的学习结构，并引导学生将其迁移到新的学习任务中，让学生在独立自主的探究过程中学习，让知识落地。

某教师在教学人教版小学数学四年级下册第三单元时，针对乘法交换律与加法交换律的学习结构极其相似的特征，进行教材结构化，从加法交换律的教学过程中提炼出“猜想—验证—概括—拓展”的学习结构，引导学生将该学习结构迁移到乘法交换律的学习中，让学生获得了自主探究的支架，得到了自主探索的空间，从而促进知识的落地。

在上述案例中，教师抓住了乘法交换律和加法交换律在学习结构方面的相似性，对教材内容进行结构化。这样一来，学生就可将加法交换律的学习结构移用到乘法交换律中，实现了知识迁移。

## 三、进行内容重组

在找到知识之间的关联点的基础上，要深度加工拓展教材，还需要对教学内容进行重组。这当然也是教材结构化的一部分，就是在全面把握教材的整体结构及逻辑脉络的基础上对教材内容进行的调整及组合，以便让教学更符合学生的认知规律，让学生深度学习。教师可以在明确纵横关联点、找到知识迁移点后，按如下方法进行内容重组。

### 1. 调整次序

教师不妨在对教材进行深入了解的前提下，将教材的编排顺序加以厘清，明确教材的编排顺序是按从易到难呈螺旋式上升，还是按主题的形式并列式编排。在此过程中，如果发现一些教学内容所包含的知识点受到负迁移的影响，无法进行知识的同化，就要打乱教材原有的次序，重新安排次序，让学生产生认知冲突，实现知识的顺应，达成对知识的深度建构。

某历史教师在教学人教版义务教科书《中国历史》第一册第16课“两汉经

济和社会生活"时，针对其中"豪强地主的田庄"这一内容在本课中存在"逻辑"问题：一是前面讲经济，从经济到豪强地主不好过渡；二是豪强地主的问题史学界有所争论，一般认为从东汉才出现；三是豪强地主田庄不能完全代表两汉的社会生活。因此，这位教师在讲授这一课时就对教材进行了调整：将豪强地主的问题调整到前一课"东汉统治"中去讲，将本课改为"两汉的经济"。

从案例中这位教师的做法可以看到，调整顺序的前提是对教材进行深入细致的研读，如此才能对文本内容做出合理的整合；通过整合把历史知识巧妙、有效地贯穿于教学活动中，这样的做法既避免了教材编写的"逻辑尴尬"，也符合历史唯物主义观点。

### 2. 整合课时

从本质上来看，教材内容结构化的目的就在于让学生在宽广的知识背景中自主探究、主动建构，使之形成网状知识结构。因此，教师在进行教学内容整合时，还可以将相似度高、容易混淆的教学内容整合在一个课时，在丰富的学习素材的支持下促进学生的深度思考，再运用恰当的教学方式，比如小组合作式教学，让学生在激烈的思维碰撞中实现知识的自我建构。

某数学教师在教学人教版六年级下册时发现，"教师用书"中将"正比例的意义"和"反比例的意义"教材安排在两个课时完成，且两个例题为学生提供的素材都比较单一，思维指向性强，学生可以进行探究的空间有限，不利于学生进行深度学习。于是这位教师将它们整合为一个课时，为学生提供丰富的学习素材，并且为学生创设了自主探究的时间和空间，使得学生进入深度学习状态。

具体在教学中，这位教师同时为学生呈现了李阿姨的年龄与体重关系表、一本故事书已看和未看页数关系表、一种彩带销售的数量与总价关系表、一批货每天运的吨数与运货的天数关系表，并留足时间让学生探究每组素材中两个量的变化关系。当学生建立正比例、反比例的概念后，再提供题组进行辨析、说理。

在这里，教师将正比例、反比例两个容易混淆的概念整合在同一课时，让学生拥有丰富的学习素材，经历充分的思考、辨析，深刻体验两种相关联的量的不同变化规律，并在对比中建构出正比例与反比例的清晰概念，利于学生真正理解正比例、反比例的概念，并能进行综合辨析、说理，有利于深度学习。

# 策略 02
# 单元整体设计

核心素养下的高质量课堂教学要求教师在备课的过程中，除了深度加工拓展教学内容外，还要对教学内容进行整体设计。通常情况下，这种整体设计是以单元为基础，教师和备课组在系统论的指导下，对学科教学从整体上进行梳理，包括对学科课程标准的分析、对教材内容的分析、对学情的分析，以为后面的课时备课打下基础。以有效提高课时备课的针对性和课堂教学的有效性为目的的备课，我们称之为整合式备课。

通常遵循以下三个主要步骤。

## 一、裸备：自主研读教材

所谓裸备，就是在研读课标、领会课标精神的基础上，不借助教参、不查阅资料，根据自身的知识水平和教学经验进行的自主备课，旨在更好地了解学情，获得真实的备课初体验。要将这一环节备好，教师就要在日常教学中多多进行反思和总结，积累教学经验和采用不同的教学模式，熟悉不同的教学模式的教学设计和教学流程。裸备过程中要注意做好以下三点。

### 1. 整体梳理教材

这样做就是为了在整体梳理教材的过程中，明确教材的整体编排体系，了解知识的来龙去脉与纵横联系，从整体上把握各类知识在教材中的分布，以及它们在整个学科教材中的地位和作用。在这一过程中，要不断探寻不同的知识会被放在不同的地方的原因，新知识的呈现的依据，练习采用不同的设计方式的动机。具体的实施方法既可以参照本专题的策略进行。

### 2. 弄清内在逻辑

唯有弄清单元之间的内在逻辑，才能进行单元整体设计。教师可以在阅读全套学科教材的基础上，弄清楚知识的内在逻辑体系，读透教材中知识点的内在逻辑关系，让教学在学生的新知生长点和"最近发展区"上发生；要基于学生的认知创设适当的认知冲突，为学生提供促进新旧知识联系的学习材料和必要的思维空间、实践体验，使学生在学习过程中获得顿悟的机会。

### 3. 归类知识点

在了解教材的知识内容和编排体系的基础上，教师将教材所涉及的知识点依据内容特点进行归类，掌握各知识点在教材中的结构，掌握不同年级教材的相关内容的联系，弄清楚不同层次的教学要求，让不同阶段的教学统一起来，形成连续性。

（1）树状结构图

树状结构图体现为顺序上从上到下、范围上从大到小、内容上从略到详，每个分支都是前一个知识点的一个子集，层层深入，构成知识结构。这种梳理知识结构的方式一般用于目录梳理，即先获取目录，继而依此查找相应的下线知识，将其按照从上到下的顺序排列。

（2）网络结构图

网络结构图又称概念关系图或认知地图，即利用知识系统中点与面之间的关系梳理知识结构。方法是先确定中心概念，再利用节点和连接组成知识之间的横向关系，一步一步梳理出知识之间的关系。

（3）知识表格图

知识表格图是根据知识的类别进行分类，确定知识点之间的"亲属关系"。运用这种形式梳理知识结构时，首先要有一个清晰明确的主题；其次从横向、平行的角度列出其他知识，从而使知识变得直观和形象（见表1-1）。

表1-1　知识表格图梳理知识结构

| 单元 | 主题 | 单元知识点 | 单元习作 |
|------|------|-----------|---------|
| 一 | 祖国山水 | 2. 桂林的山——奇、秀、险，桂林的水——静、清、绿；<br>3.《记金华双龙洞》是按照游览的顺序写的，作者叶圣陶 | 写景 |
| 二 | 以诚待人 | 5.《中彩那天》告诉我们：人生最重要的是诚实、讲信用，这是比物质财富更加珍贵的财富；<br>7.《尊严》告诉我们：做人要像哈默——自尊、自爱、自强；要像杰克逊——尊重他人，看重人品 | 写心里话 |
| 三 | 大自然的启示 | 9.《自然之道》让我们懂得：如果不按照自然规律办事，往往会产生与我们的愿望相反的结果；<br>11.《"打扫"森林》让我们明白了要保护大自然的生态平衡，提高环保意识，爱护环境 | 大自然的启示（观察与发现） |

表1-1 知识表格图梳理知识结构　　　　　　　　　　　　　　续表

| 单元 | 主题 | 单元知识点 | 单元习作 |
|------|------|------------|----------|
| 四 | 战争与和平 | 13.《夜莺的歌声》中的小夜莺是个机智、勇敢、爱国的孩子；<br>15.《一个中国孩子的呼声》表达了雷利对父亲的深切怀念和对和平的无比渴望 | 看图写想象 |
| 五 | 热爱生命 | 17.《触摸春天》让我们懂得：要热爱生活，热爱生命；<br>19.《生命，生命》教育我们：要珍爱生命，让有限的生命创造出无限的价值 | 热爱生命的人和事 |
| 六 | 乡村生活 | 21.《乡下人家》表达了作者对乡村生活的向往（时间顺序、空间顺序）；<br>23.《乡村四月》表达了诗人对乡村风光的热爱，对劳动生活和劳动人民的赞美；<br>24.《四时田园杂兴》表达了诗人对爱劳动的儿童和劳动人民的赞美 | 乡村风景：乡村生活 |
| 七 | 执着追求 | 25.《两个铁球同时着地》赞扬了伽利略不迷信权威的独立人格和执着追求真理的精神；<br>27.《鱼游到了纸上》赞扬了青年人的勤奋专注、画技高超（事情发展的顺序） | 我敬佩的一个人 |

　　除此之外，教师还要在梳理教材的过程中，了解不同分册教材中基础知识与基本技能的具体要求，确保知识点的准确性；找到知识点之间的前后关联，明确不同的知识点的基础是什么，其后续知识点是什么，让知识点之间形成学习铺垫。

## 二、辅备：借助资料设计思路

所谓辅备，就是辅助备课，是在相关资料的支持下进行的备课。这些相关资料包括教师的教学用书以及一些相关的报纸杂志、质量好的教学资料。关于这一点，我们不展开加以说明，只强调一下教师教学用书在辅备过程中的重要作用。其中，教师教学用书作为教材的"使用说明书"，其对每一课的解析，目标和教学的建议，可以帮助教师准确地理解教材的编排与设计，参考设计出自己的教学思路，从而更好地进行教学。

## 三、精研：精细研究，明确"三点"

所谓精细研究就是要细细地研究教材的每一部分，其目的是确定"三点"。所谓"三点"就是教材的重点、难点和关键点，就是教师基于对课标和教材的研究，确定教材的重点、难点和关键点，然后围绕此"三点"对教材内容进行精细研究。

### 1. 确定重点

通常情况下，重点就是教材的重点，就是在教材中处于核心地位的基础知识，其在整个学科知识的学习过程中起到促进学生发展的作用。教师要确定教学重点，一定要基于新课标的要求对教材进行研读，一定要以课标为导向，这样重点的确定才能精准，才能在教学过程中突出。

### 2. 确定难点

难点是指教材内容中最基本、最重要的知识技能。通常来说，难点会从以下两个方面体现出来：一是知识上的难点，也就是教材中相对较复杂的内容；二是认识上的难点，也就是学生不好理解的内容。教师在系统分析教材时，要从这两个角度出发，确定教学的难点。

### 3. 确定关键点

关键点是教材中起决定作用的内容，是解决教材的重点，突破教材的难点的突破口，更是促进高质量教学、深度学习的重要支架。什么样的内容是关键点呢？在某些时候，教材中有些内容对掌握某一部分知识或解决某一类问题起着决定性的作用，这些内容既是教材的关键，也是教学活动中解决主要问题的着力点。

# 策略 03

# 情景编码精加工

所谓情景编码，就是将一个刺激或事件与生活场景绑定，以期不断刺激学生的视觉和听觉，使之由此联想到一定的时空背景信息，形成完整的记忆表征，对知识形成难以磨灭的印象。这一知识加工方式旨在促使学生对知识的主动生成，激活学生原有的认知图式，使之将知识进行组合、加工、创造，生成新的学习结果。

## 一、先行组织

所谓先行组织，包括两个步骤：一是了解学生的实际情况；二是明确学习内容，呈现学习引导材料的方式方法，目的在于把新学的知识纳入已有的知识结构中，这是一种"精加工"学习策略。

### 1. 了解学生

情景颠倒加工是为了让学生更好地理解新知识，使新旧知识在特定的情景下构成知识网络。这就需要教师了解学生的实际情况与需求，明确学生的"最近发展区"。因此，教师要采取多种方式，包括测试法、调研法，甚至作业观察和谈话法，了解学生的实际情况与需求，清楚学生的年龄、学习目标、学习背景、学习特点等，做到真正了解学生的情况，更好地进行情景编码。

### 2. 组织材料

研究表明，由于学习材料、学生的知识基础、教学目标不同，先行组织的效用也会有所不同。先行组织特别适合于学习材料缺乏良好组织、学习者缺乏足够的知识准备的情况，特别适合于理解和解决问题方面的目标。具体形象化的先行组织材料比抽象的先行组织材料效果更佳。

材料1：1778年5月30日，"教导人们走向自由"的"法兰西思想之王"伏尔泰与世长辞。一百年后，1878年5月30日，为了纪念人民的领袖和导师、法兰西思想之王伏尔泰逝世一百周年，法国浪漫主义文学运动的领袖、伟大的人道主义斗士——维克多·雨果发表了一篇激情澎湃的演讲，对先贤的思想与人格力量进行了热情的颂扬，并向全人类发出了对正义和良知的大声呼唤……

材料2：启蒙运动是18世纪西方资产阶级继文艺复兴之后进行的第二次反对教会神权和封建专制的文化运动，旨在追求政治和学术思想自由，提倡科技，把理性推崇为思想和行为的基础……

材料3：伏尔泰哲理名言积累，如："书读得多而不思考，你就会觉得自己知道的很多；书读得多而思考，你就会觉得自己不懂的越多。"……

这是某教师在教学部编语文九年级上册维克多·雨果的《纪念伏尔泰逝世一百周年的演说》一课时，为学生提供的阅读材料，以引导学生了解写作背景，了解主人公伏尔泰。当学生了解了这些先行组织的材料，对演说的背景、演说者、演说内容也就会有更深层次的理解，这实际上就是为创设情境提供组织材料。

## 二、构建情境

情景编码自然离不开情境的创设，教师要选择与学生生活情境相符合的教学材料。这些材料可以来自真实的生活、来自搜索的新闻等，旨在提供真实的情境以促进学生的学习。教师可以通过搜索相关案例、采集真实材料等方式获取合适的情境构建材料。

### 1. 拓展和开发教材情境

由教育专家编写、国家审定的教材是高水平的课程资源，倘若能依据学生的实际情况和学校地区的实际情况加以合理拓展和开发，就可以成为构建情境的优良资源。

某教师在教学小学数学一年级上册有关被减数为7的减法内容时，把教材提供的一幅"小老鼠在土豆地里捡了7个土豆，回家的路上口袋破了个口子，从口子里掉出来4个土豆"的卡通画，依据学生的实际情况进行了开发和拓展。

教师把小老鼠捡土豆的卡通画做成了动画，在计算机上播放。在动画中，不管是小老鼠捡土豆的过程还是掉土豆的过程都变得形象生动起来，尤其是土豆一个一个向外掉的情景让学生产生身临其境的感觉。接下来教师提问学生，让学生思考针对这个画面可以提出哪些数学问题，并以小组为单位展开讨论交流。

在这里，重新开发和拓展的教学情境更贴近学生的生活，引发了学生的积极思考，于是大多数学生提出了关于土豆还剩几个的问题，并在教师的适时引导下，更深入地理解教学内容。在这里，教师就是根据学生的实际情况和本校的设备条件，对教学提供的情境进行了拓展改进，让情境更符合教学需要。这就是情境编码的一个重要的方式。

**2. 挖掘生活情境**

学生的生活是学生学习情境的丰富源泉，教师可以结合学生熟悉的现实生活，创设相关的情境，以激发学生的学习兴趣，触发学习动机。

某物理教师在组织教学"物体的沉浮条件"这一内容的时候，直接借助生活内容创设情境：借助多媒体展示了生活中的一些现象，比如铁块、砖头放进一桶水里时沉到了底部；羽毛、纸张等放进一桶水里时漂浮在水面上，由此向学生提出问题。于是，学生在已有的物理知识和生活经验的引导下，很容易联想到物体的重力、质量、密度以及水的密度等内容，从而为物体的沉浮条件探究打下坚实的基础。

这里的情境构建就是从学生生活中随处可见的现象入手的。所以挖掘生活情境，可以从学生的家庭扩展到生活的社区，甚至可以扩展到学生的足迹所到之地。可谓随处都可以发现可利用的情境资源和素材。

**3. 利用网络资源**

随着信息技术的提升，尤其是 AI 技术的发展，网络成为一个巨大的信息库。教师在构建情境时可以依据网络开发相关的资源。

某历史教师在教学"九一八"事变时，从网络上搜索到关于"九一八"事变的相关图片和歌曲。他在教学时先播放《松花江上》这首歌曲，让学生体会这首歌曲所表达的感情。通过听歌，学生深深地感受到了当时东北人民对故乡的眷恋和被迫背井离乡的悲痛之情，完全陷入所创设的情境之中。然后教师又播放了"九一八"事变中相关的图片，于是学生便很快进入学习状态，并在内容的学习过程中更深刻地认识到东北三省的沦亡与国民党的不抵抗政策的关系，培养了学生的历史唯物主义观点和爱国情感。

在这个案例里，教师的情境构建就是基于网络资源展开的。当然在搜索网络资源的时候，面对浩瀚的网络，教师还要培养自己的课程意识，有意识地选择对教学有利、对触发学生学习积极性有利的资源。

### 4. 社会资源

社会资源的范围相对来说更广阔，既可以是周围的社区资源，也可以是自然环境中的。就社区资源而言，包括社区生活中的人与事、社区生活中的科技新现象；自然环境资源也可以包括动植物的变化，人类对环境的破坏、保护和治理等。再结合学科特点和教学内容以及学生的实际情况进行科学构建。

某生物教师在讲解艾滋病的传播途径时，通过相关的影片增加课堂教学的生动性。针对电视剧《失乐园》主要讲述的是男主角权正阳，意外得知自己患上艾滋病之后发生的一系列事情。这位教师用相关软件将其中的有关片段进行剪辑，运用多媒体形式进行展示，借故事情节和主人公的亲身经历让学生明白艾滋病的传播方式、危害，以及社会影响，呼吁社会对艾滋病患者多加关心，触发学生的学习兴趣，达到教学效果。

需要注意的是，教师用教材中的情境时，应根据所在地区的政治经济发展状况、学校的设备条件、学生的实际情况进行适度的加工和拓展。

## 三、合理串联

情景编码精加工的过程中，无论选用怎样的材料进行科学组织、展开情境构建，都要注意控制教学速度，把新旧知识联系起来，用问题或方法使情境贯穿教学始终。

### 1. 控制教学速度

情景编码是为了达到精加工，因此教学过程中不能忽视质量而一味地要求速度。一方面教学速度过快，学生还来不及在情境中对前面的知识进行"精加工"；另一方面无法让后续知识进入工作记忆，导致"精加工"无从进行。所以教师在课堂教学中，要借助语速控制教学速度，把握教学节奏和环节，让学生在情境中充分地感受和体验，给他们留下足够的思考时间和余地。

### 2. 关注新旧知识联系

认知心理学认为，情景创设可以为学生提供一个焦点，以协助学生形成正确和完整的信息。在课堂教学中，进行新旧知识之间的联系，既可以在教学新内容前进行，即复习与新知识紧密联系的旧知识，使学生顺利地将新旧知识联系在一起，将新知识纳入该类知识的网络中；也可以在教学新知识的过程中进行，即在提出新知识时，附带提醒学生注意新旧知识之间的联系；甚至可以在新知识的教学结束后，在一堂课结束之前，讲解新旧知识的关联。因此，教师要充分发挥情景创设的作用，使之成为新旧知识联系的纽带，让学生在情景中回忆、情景中学习、情景中构建。

### 3. 注意方法贯穿

当然，无论是怎样的情景创设，都要借助科学的教学方法将情景与问题串联起来。教师在教学中可以结合教学内容向学生介绍情景的运用方法，运用恰当的范例为学生展示如何运用，以丰富学生的感性认识，让学生在学习中自觉模仿运用，变被动学习为主动学习。

# 策略 04

# 精心设计学历案

学历案是一种学习经历的过程，是将学生学习的全过程呈现出来。它是教师收集学习信息的依据，也是教师把握学生经验、有效实施教学的手段。要达到高质量的课堂教学，教师就应在备课的过程中精心学设计学历案，为学生自主学习提供支架。

## 一、确定目标和主题

学历案的目标是教师执教和学生学习要达到的预期的结果。学历案的主题是指教学和学习中的活动及知识，也就是教学内容。目标带到哪里，学习主题就确定到哪里。因此，要设计好学历案，首先就应明确目标和主题。

### 1. 确定目标

学历案的目标既是一节课的灵魂，也是一节课的归宿，包括三维目标、学情分析和具体目标。目标设计合理、明确和可行，既是建设高质量课堂的第一要务和先决条件，也是设计好学历案的第一步。

一方面目标定位要合理，应确立学生的主体地位，学习目标在表述中运用的行为动词应该是学生所发出的动作；要为学生进行自主、合作、探究、拓展学习整合出更多时空，激发他们的学习兴趣，使之更接近学习"最近发展区"，构建学习共同体，提升学习力，有效培育学科核心素养。比如：

1.通过观察圆锥侧面展开图，找到侧面展开图的半径及弧长与圆锥的底面周长及母线长的关系；

2.通过观察圆锥侧面展开图，结合扇形面积计算公式探索出圆锥的侧面积计算公式；

3.通过自学例题，利用圆锥的侧面积公式进行计算，会应用公式解决问题。

这是初中数学"圆锥的表面积计算公式"的学历案的学习目标。在这一目标中，设计者将每一条目标表述为以下三个维度，即"学会什么""怎样习得的""在这样的过程习得特定的知识与技能对学生有何意义"（素养的提高）。三个维度相当清晰，各自有所侧重，体现了一定的逻辑进阶，指向学生学科核心素养的培养。

另一方面，目标的确立必须以课程标准作为政策依据，要紧紧围绕课程目标特别是学科课程目标进行深入的文本分析；要把握课程标准的政策精神实质，创造性地转化为更丰富、更具体、更符合学校教学实际的学习目标。

### 2. 安排主题

学历案的主题是基于目标选择与组织材料的基础上形成的，是在对教学内容的经济分析的基础上做出的相应安排。教师首先要直面教材，在裸读的基础上看哪些教学知识、教学内容是有价值的，是有学科知识含量的，捕捉第一感觉，发现教材中有学科知识含量的、有学科味道的、富含学科元素的东西；其次，参照所有的教学参考、教学资料甚至网上的二手资料，尤其是一些名师对本节知识解读的相关资料，进行甄选，确立教学内容。

## 二、设计环节

要打造高质量的课堂教学，就必须在备课的过程中精心设计课堂教学的每个环节，熟练掌握和应用教学技能和方法。在学历案的设计过程中，教学环节除了目标和主题之外的第三个核心要素，体现的是教师如何引导学生、领导学生，围绕主题达成学习目标。要引导学生学会学习，提升学习力。具体来说，精心设计的学历案包括以下三个环节。

## 1. 资源与建议

所谓资源与建议，是指学生在学习过程中达成目标的资源、路径、前备知识的提示语，是学历案的核心要素，也是学习过程中的第一个学习环节，更是引领学生学习的导学图。它可以让学生在学习一节课之前清楚自己要学什么、为什么要学，以及如何学，为学生提供了一个整体而有序的学习思路，让学生在学习过程中清楚地思考，掌握学习的主动权，进而达到真学习，实现学习方式的变革。

就资料而言，学历案给学生提供的资料要尽可能丰富而全面。一些不方便全面展示的资料，教师可以提供相应的资料来源或者进行资料的概括，引导学生自主去扩散。就资料的运用方式而言，教师应以练习或建议的方式引导学生合理利用资料。

本节课让学生学会利用正弦定理理解三角形，并能准确判断解的个数；让学生学会利用正、余弦定理判断三角形的形状，并能解决三角形中的几何计算问题。在学习过程中应首先把正、余弦定理的内容和变形变式熟练掌握；其次在审题时看清条件选择合适的定理，比如边化角和角化边的常见方法。

这是某教师设计的"正弦定理和余弦定理"学历案的"资源与建议"环节。从内容可以看出，这里不但向学生交代了具体的学习内容，而且提供了具体的学习方法，甚至给出解题的方法建议。

一般来说，在新课开始前，教师最好用 2 分钟指导学生阅读学历案中的这一环节，让学生对将要学习的内容有一个整体而清晰的认识；随后引导他们依据这一导学图，沿着学历案提供的路径去学习。这样一来，学生就明确了学习的方向，认清了学习的路径，了解了学习的重点和难点，以及突破重难点的方法。

**2. 课前预习**

学历案的课前预习，就是学生在上课前自学有关新知识的学习过程，是学习成功的关键一步。这一环节的设计能给新课的教学打好基础，有助于提高学生的听课效率，开拓学生的听课思路；有助于学生养成良好的学习习惯，发展自学能力；使其做到对学习的内容心中有数，容易跟上教师上课的思路，甚至跑到教师思路的前面，从而提高学习效率。这一环节应该怎样设计呢？

一、学法指导

组内合作交流，组间交流展示。

二、预习自测

1. 我们把函数_____的图像称为正态分布密度曲线，称_____随机变量 $X$ 落在区间 $(a, b]$ 的概率为 $P(a<X\leq b) \approx$ _____，即由正态曲线，过点 $(a, 0)$ 和点 $(b, 0)$ 的两条 $x$ 轴的垂线，及 $x$ 轴所围成的平面图形的面积，就是 $X$ 落在区间 $(a, b]$ 的概率的近似值。

2. 一般地，如果对于任何实数 $a<b$，随机变量 $X$ 满足_____，则称随机变量 $X$ 的分布为正态分布，正态分布完全由参数_____和_____确定，因此正态分布记作_____，如果随机变量 $X$ 服从正态分布，则记为_____。

3. 在实际应用中，通常认为服从正态分布 $N(\mu, \sigma2)$ 的随机变量 $X$ 只取_____之间的值，简称之为_____。

上述案例是某教师在教学"正态分布"这一教学内容时设计的学历案中的"课前预习"环节。我们可以看到课前预习环节要符合以下两个要求。

首先，学历案中的课前预习环节要具有针对性，要给出明确的知识点，要让学生有的放矢，做到已学知识与新知识有更好的衔接。

其次，这一环节要设计相关的问题，让学生依据提出的问题，有针对性地对相关的概念和知识进行复习。例如理科课程，不但要复习概念，还要进行由概念涉及的练习，进而尝试自己总结规律。这种自我思考、提炼规律的方法，对学生的自学能力和思考能力是一种极大的锻炼。

**3. 课中学习**

课中学习就是在预习的基础上，在教师的引导下进行的新课学习，包括课中探究和课中检测两部分。

就课中探究而言，这一部分要用问问题的方式，引导学生一步一步地学习、思考新知识，从而使知识信息完成第一个转换，在头脑中形成一个知识网络，进而明确知识的地位和作用。

1. 听朗读录音，体味流畅朗读中的语气、语调传达出的文章内容与风采，然后思考，小组讨论。

（1）济南冬天的独具一格的风貌（特点）是什么？

（2）课文是从什么角度、用什么手法来表现这一特点的？

（3）文中老舍先生采用中国山水画"以大观小"的构图取景的方法，分析作者顺着主线抓住了哪些富有特征的景物来展示济南的冬天的，使用淡雅的山水图定格。仿照《春》中画图的形式进行概括。

（4）请选择自己喜欢的段落，自由朗读，比一比谁读得好。

2. 齐声诵读第三自然段，鉴赏景物描述方法，思考下列问题。

（1）本节中的哪些词用得好，请找出来两三个，赏析表达效果。

（2）请从空间顺序、色彩、修辞，任选一个角度，赏析本段写景之妙。

（3）选择你认为最生动的一个句子，努力读出情感。（同学互评）

3.找出全文采用拟人、比喻等手法的句子，并加以比较理解。

（1）朗读这组语句，读出语气与节奏。（师生共评）

……

上述案例是《济南的冬天》一课的学历案的课中探究环节。从案例中可以看出，这一过程并非教师的简单讲授，而是学生在问题引导下的自动探索，是一种主动学习的状态，其不同于传统教案中的课前预习。这正是学历案的预习的独特之处。

就课中检测而言，这一部分相当于当堂练习和一课一练。下面这个案例就是某教师在教学"从'师夷长技'到维新变法"这一内容时的课中检测环节。

说明：不带＊的题是基础题，带＊的题是中等题，带＊＊的题是难度较大的题。

一、基础训练题

1.英国首先开始工业革命的主要原因是（　　　）

A. 政府支持圈地运动　　　　　　B. 资本主义发展水平高

C. 不断挑起争霸战争　　　　　　D. 自然科学理论成就大

2.19世纪上半期，在欧洲流行着这样的说法："史蒂姆是英国人。"这句话的准确理解是：①当时使用蒸汽机的都是英国人；②以蒸汽为动力的机器都是英国发明的；③当时的英国已广泛使用蒸汽机；④蒸汽机的出现是英国工业革命的象征。

A. ①②　　　　B. ①③　　　　C. ②④　　　　D. ③④

*3.“当革命的风暴横扫整个法国的时候，英国正进行一场比较平静的但是威力并不因此减弱的变革。”恩格斯的这段话是（　　　）

A. 肯定了英国资产阶级革命的地位

B. 赞扬了法国大革命的作用

C. 谴责组织“反法同盟”

D. 肯定了英国工业革命的历史地位

**4.瓦特制成改良蒸汽机对工业革命的最大影响是（　　　）

A. 用自然力代替人力作动力

B. 是工业革命开始的标志

C. 促进了英国重工业部门的大发展

D. 使机械化生产突破了自然条件的限制

二、拓展题

谈一谈近代西方与近代中国工业化的差异？

从检测的内容可以看到，虽然这些内容是练习题，但它更具有针对性，少而精，是对具体的探究内容的进一步巩固，是为了实现知识信息的第二步转换而存在的。所以，它的意义远非简单的练习。

## 三、布置评价

学历案中评价任务的设计是重要环节，是以任务的形式把知识、技能、知识获取的过程中涉及的思想方法、知识间的联系、整合及应用等元素融合于具体情境之中，通过任务的实施来检测学习目标的达成情况，是为检测学生的学习目标达成情况而设计的检测项目。

# 打造高质量课堂的30个策略

**1. 设计形式**

学历案中的评价任务一般有以下两种主要的形式，一是传统的纸笔试题，如选择题、填空题、解答题、判断题、匹配题；二是表现性评价任务，如课堂真实情境中的师生问答，学生的表演、实验、展示、调查、复杂的纸笔任务等。

**2. 设计策略**

教师设计评价任务时，可以依据学习目标从情境、知识点、任务三个要素出发，从核心要素入手，借助问题情境呈现的方式，将需要检测的知识点隐藏于具体的任务之中。

策略1："一对一"设计。

这种方法是一个评价任务只检测一个学习目标，是专门针对知识点本身的内容及其简单应用，包括在知识获取过程中涉及的一些重要的学科思想方法在新的问题情境中的简单应用，可以对学生是否达成目标的情况进行检测，其针对性极强，检测效度高。

学习目标：

会画弹力示意图，领悟假设法、移除法、平衡法等科学方法在判断弹力有无问题中的思维程序，提高解决实际物理问题的能力。

评价任务：

1. 如图所示，一根质量均质的钢管，一端支在水平地面上，另一端被竖直绳悬吊着，试画出钢管所受弹力的示意图。

2. 请简述判断弹力有无的依据。

上述案例是某教师在教学人教版高中必修1"弹力"主题的教学中设计的学习目标和评价任务。这里的评价任务就是基于学习目标，依据"一对一"形式

设计的。需要注意的是，运用这样的方式设计评价任务，要把学习目标细化，

策略2："多对一"设计。

这种策略就是一个评价任务同时检测两个或两个以上学习目标所包含的知识点和能力点，旨在引导学生将新学到的知识与之前学过的知识整合，解决实际问题，用于检测学生综合运用知识的能力。

学习目标：

1.厘清电磁感应的基本知识，形成知识概念图。

2.掌握解决电磁感应类实际问题的基本思路、方法与步骤，提高综合运用知识解决实际问题的能力。

3.通过生活实例的探讨，增强知识的应用意识，体会物理学习的意义和价值。

评价任务：

如图所示，虚线框内为某种电磁缓冲车的结构示意图，其主要部件为缓冲滑块 $K$ 和质量为 $m$ 的缓冲车厢。在缓冲车的底板上，沿车的轴线固定着两个光滑水平绝缘导轨 $PQ$、$MN$，缓冲车的底部，安装电磁铁（图中未画出），能产生垂直于导轨平面的匀强磁场，磁场的磁感应强度为 $B$。导轨内的缓冲滑块 $K$ 由高强度绝缘材料制成，滑块 $K$ 上绕有闭合矩形线圈 $abcd$，线圈的总电阻为 $R$，匝数为 $n$，$ab$ 边长为 $L$。假设缓冲车以速度 $v$ 与障碍物 $C$ 碰撞后，滑块 $K$ 立即停下，而缓冲厢继续向前移动距离 $L$ 后速度为零。已知，缓冲车厢与障碍物和线圈 $ab$ 边均无接触，不计一切摩擦阻力。在这个缓冲过程中，下列说法正确的是（    ）

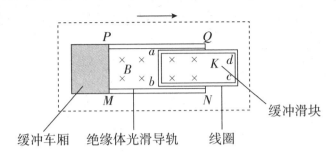

A. 线圈中的感应电流沿逆时针方向（俯视）

B. 线圈对电磁铁的作用力使缓冲车厢减速运动，从而实现缓冲

C. 此过程中，线圈 abcd 产生的焦耳热为 $Q = \dfrac{1}{2}mv^2$

D. 此过程中，通过线圈 abcd 的电荷量为 $q = \dfrac{BL^2}{R}$

上述案例就是采用"多对一"设计的评价任务。从案例的内容可以看到，教师为了评价学生能否运用所学的知识解决实际问题，首先以真实情境为背景设计了集知识的综合应用和解题程序于一体的评价任务，而且这里的情境是从生活角度出发选择的。虽然仅仅是一道题，却考查了多个知识点：一是对电磁感应的基本知识的掌握情况，二是学生解题的思维程序。当学生完成这道题的时候，教师就可以获知学生的综合知识能力，解决问题的思维能力。

**3. 注意事项**

除了运用科学的形式、恰当的策略设计评价任务，还要注意在设计的过程中考虑以下问题。

一是要注意设计的顺序，一定要在学习活动设计之前进行，即采用"学习目标—评价任务—学习过程"这样的路径，如此才能使学生的学习活动更有针对性，更好地落实"学—教—评"一致性的原则。

二是要基于教学过程设计，就是要在设计评价任务时，考虑到课堂教学时间的有限性，不但要注意课内评价的方式，还要注意兼顾课外评价，如作业、社会实践、研究性学习等方式，以促使学生对学习的知识进行深层次的思考。

三是要注意任务的呈现方式，也就是要采用多元化的方法，既要考虑从学生实际出发，注意情境的合理性和题型的合理性；还要考虑到学生之间的差异，运用针对同一学习目标设计多角度评价任务的方式。

# 策略 05

# 巧妙设计问题链

提问是教学的生命，贯穿教学的始终，是打造高质量课堂必不可少的重要手段。作为课堂提问的基础环节，问题设计得是否巧妙是确保教学能否高效进行、学生能否主动积极思考的重要部分。

## 一、体现问题特点

问题就是彼此关联的问题串，要让其贯穿整个教学过程，在设计问题时就要注意体现问题链的以下特点。

### 1. 针对性和挑战性

所谓针对性，是指问题链中的每个问题都是围绕教学目标，针对教学内容的重难点、关键点、中心点设计的；所谓挑战性，是指问题要有一定的难度，不能让学生一直对答如流，但也不能超越学生的"最近发展区"而让学生始终处于困惑的状态，应是学生在认知结构中"跳一跳摘到桃子"的问题。

## 2.逻辑性和递进性

所谓逻辑性，是指问题链中的问题之间是环环相扣的，前面的问题为后面问题的解决搭设支架；所谓递进性，是指问题链中的问题是按由易到难、由简单到复杂的顺序编排的，即要求学生运用学过的旧知识，并在运用旧知识的过程中引出新知识，借助问题的解决在二者之间建立联系，促进认知结构的逐渐完善。

## 3.应用性和实践性

这是指这些书本上的问题要求学生运用所学的知识解决实际问题，且在解决实际问题的过程中引导学生进行拓展迁移，能够举一反三，将所学知识应用到其他领域、其他学科当中，并在此过程中实现认知结构的重构，形成一种新的图式，将知识组块化。

# 二、遵循设计原则

备课过程中要设计出精妙的问题链，以达到培养学生的思维、促进知识迁移和知识重构的目的，教师在设计时就要遵循以下原则。

## 1.创设问题情境

所谓创设情境，是指问题链中问题的设计和提出要基于相应的情境，以训练学生的思维能力。这些在特定情境下彼此关联的问题可以激发学生积极主动思维，鼓励学生解决问题时寻求多种解法，再在多种方法内进行分析鉴别，选出最优解法。于是学生在解决问题的过程中，在一环一环层层递进的思考中，其思维经历了螺旋、递进的过程，并在问题解决的过程中提升了能力与素养。

某历史教师在教学"太平天国运动"一节内容时，先为学生播放了电视连续剧《太平天国》的主题曲，继而展示了一组太平天国运动的图片，最后让电脑屏幕定格在图片"太平天国钱币"上。学生在被带入太平天国运动的情境中解决如下问题。

问题1：观察"太平天国钱币"，找出其独特之处并谈谈你的看法。

问题2：作为与清朝相对立的农民政权，太平天国是如何建立和发展起来的？

问题3：阅读材料，并结合教材，归纳19世纪中期中国农民为何幻想着构建太平盛世、人间天国？（太平天国运动爆发的原因）

问题4：小组合作，分析比较《天朝田亩制度》和《资政新篇》的相关内容，如果你是当时的农民，你更青睐于哪一个方案？如果你是民族资本家，你更青睐于哪一个方案？

问题5：阅读图文资料，结合教材及所学知识，分析太平天国运动失败的原因。

问题6：根据材料归纳太平天国运动的历史影响。

从案例中可以看到，教师用6个相互联系的问题组成了问题链，引导学生在太平天国这一特定的情境中解决相应的问题，厘清了太平天国"梦兴—梦起—梦筑—梦毁—梦思"这一兴衰历史，提升了问题分析能力，培养了历史学科核心素养。

## 2. 重视知识迁移

所谓重视知识迁移，是指在设计问题链的过程中，要通过问题引发认知冲突，激发学生的积极思维，使其进行自主建构，并在生生、师生之间的互动中进行反思和应用迁移。

导入问题：人是导体吗？你能现场设计实验，证明人是导体吗？

核心问题1：如何增加电路中的电流？

子问题1：如何能够进一步测出人体电阻？

......

核心问题2：如何测出电阻？

子问题1：假设在新情境中出现了一个光敏电阻，这个光敏电阻的阻值随着光强的变化而改变，这时让你去判断电路当中的电阻是如何改变的。这类问题在欧姆定律中是属于一类问题？

......

上述案例是华中科技大学附属中学唐毅灵老师在教学"探秘人体'欧姆定律'"案例时应用的问题链。唐老师在教学过程中首先围绕总教学目标来创造情境，设计实验，在此提出、导入问题，接着围绕提出的问题组织学生进行自主实验设计，合作探究如何验证人是导体。在这个基础上，学生展开实验探究，观察思考电路故障分析；合作交流，相互探讨，得出结论。最后，教师延伸拓展出两个核心的关键问题，引导学生思考拓展。于是整个教学就在问题情境下展开，引发学生的认知冲突，激发学生的积极思维，让知识实现了迁移。

需要注意的是，在知识迁移这一过程中，学生不是机械地应用知识，而是要将知识在解决实际问题中转化为能力，达到知识和能力的迁移。

### 3. 体现思维培养

问题链要设计得巧妙，还要体现在注重对学生思维能力的培养上。

一方面，教师要让学生在问题的解决过程中学会透过现象看本质，能够排除干扰，挖掘问题中隐藏的条件，以训练学生思维的深刻性；要围绕事物的本质展开变式提问，从而培养学生的发散思维，使学生形成一题多变、一题多解、一题多问、多题归一的能力。

另一方面，教师要借助于问题链，教给学生一定的提高速度的方法和技巧，使学生在掌握概念、规律之间的关系、学科基本结构的基础上，在问题解决的过程中在大脑中形成合理的"知识组块"；要让学生在分析讨论的过程中突破思维定式，能在评价他人或自己的观点看法的同时提出质疑，进而借助分析、比较、综合更为准确和全面认识事物的本质。

总之，教师应该从这两个方面入手，在培养学生的思维品质的同时，促进学生进入深度学习状态，提升其学科核心素养。

### 4. 促进知识重构

所谓知识重构，就是让学生借助解决问题，将新旧知识联结起来。其中，学生要发现新旧知识之间的关联，找到解决不同问题的方法的关联，发现不同学科思维方法间的关联，进而在解决环环相扣、层层递进、逐步深入的问题过程中形成对知识整体框架的思考，在由点到面、由面到体的过程中发现知识之间的相互连接，找到知识之间的逻辑联系，形成新的知识架构。

# 专题二

## 抓好预习和预热

要在短短的课堂教学实践中提升教学和学习的效率，抓好预习和预热相当重要：借助学历案引导学生进行前置学习，让学生走在教学的前面；借助思维导图，引导学生梳理知识脉络；借助趣味活动和巧妙铺垫，触发学生的学习兴趣；借助多样性激励，唤起学生学习的主动性。

# 策略 06

# 用好学历案促进前置学习

高质量课堂是每一位教师永恒的追求，而"良好的开端是成功的一半"。要打造高质量课堂，就应做好前置性学习。

## 一、认识前置学习

前置性学习又称前置性作业，就是教师在讲授新课之前，根据学生的知识水平和生活经验提前布置给学生的尝试性学习。这种教学方式对于高效开展课堂教学有着极其重要的意义。

### 1. 体现学生的主体地位

前置性学习是生本教育理念的体现。它把学习的权利还给学生，为学生提供了思考学习的空间，为学生的自主学习搭建了一个良好的平台。借助相关的练习和问题，学生需要在没有教师指导的情况下，自己探索、实践，学习新知识，以激发其求知欲，加强其主体意识，同时锻炼其学习的独立性、自主性。

### 2. 精确找准教学基点

高质量课堂的一个突出特点就是教师能精准找到教学的基点。对学情的了解是找准教学基点的关键一步。前置性学习是在新课教学之前的一个环节，其性质等同于课前预习。学生在完成强制性学习任务的过程中，需要运用其已经掌握的知识去解决与新知识相关的问题，并在此过程中对新知识有初步感受和浅层理解，为新知识的学习打下基础。新课开始前，教师借助学生前置学习的效果，可以明确学生对知识的掌握程度，有效设置教学内容，精准找到教学重点、难点，从而提高课堂教学效率。

## 二、借助学历案促进前置学习

前置性学习的作用是如此重要，如何将其贯彻到教学中，使之成为打造高质量课堂的重要手段呢？学历案就是一个良好的工具。

### 1. 回顾知识，确定联系

要促进前置学习，第一步就是引导学生回顾旧知识，发现新旧知识的联系。教师可以通过带领学生复习旧知识，引导学生自学。一方面充分挖掘学生学科学习的主体能动性，另一方面让学生在课前预习时根据已有的知识经验有针对性地思考问题，在问题解决过程中促进学生的认知发展。如此一来，学生便可在自主学习中找到新旧知识之间的联系。

1. 写出下列物质的化学式

氢气、氧气、红磷、铁、水、过氧化氢、四氧化三铁、二氧化硫、五氧化二磷、二氧化碳、氯酸钾、氯化钾、高锰酸钾、锰酸钾。

2. 写出下列化学反应的文字表达式

①木炭在氧气中燃烧；②硫磺在空气中燃烧；③在氧气中燃烧；④红磷在空气中燃烧；⑤氢气在氧气中燃烧生成水；⑥加热氯酸钾制氧气；⑦加热氯酸钾制氧气；⑧分解过氧化氢制氧气；⑨电解水。

3. 质量守恒定律的内容是＿＿＿＿＿＿＿＿＿＿＿＿＿。

4. 在化学反应中＿＿＿＿＿＿＿＿＿＿＿＿五个方面不变。

这是某化学教师设计教学"如何正确书写化学方程式"一课的学历案的课

前预习部分。从案例中可以看到，其中加入的"知识回顾"将与本节课相关知识产生联系，这是对已有知识的梳理，目的是使新旧知识之间建立联系，使学生渐进性地完成新知识的学习，构成学习内容的内在逻辑，利于学生养成良好的预习习惯。

**2. 解决问题，明确目标**

在学历案中，教师可以在课前预习部分借助一些简单的学习任务，让学生在体验到学习的乐趣的同时，帮助学生掌握正确的学习方法，促进学生提升学习效率，同时使其明确学习目标。为了达到这一目的，在前置性学习过程中，教师可以将学生独立思考和合作学习两种方式结合起来。

同学们，孙中山先生是伟大的民主革命先驱，他曾带领国人推翻了清朝的腐朽统治，建立了中国历史上第一个共和国——中华民国。他的丰功佳绩值得每一个中国人深情缅怀。后人为了纪念他，就为他建造了中国近代史上规模最大的陵墓——中山陵。下面请同学们自学《巍巍中山陵》并完成相应的活动。

活动一：扫除"拦路虎"。读课文，将你认为容易读错、写错的词写在表格中，小组内互相默写并订正。

活动二：我当"小导游"。再读课文，当回小导游。（圈画相关句子，列出介绍提纲，小组内互相演练）

1. 导游一：用几句话介绍南京。（不得读课文，要有个性，有开场白、结束语，吸引人）

2. 导游二：用个性化的语言介绍钟山。

3. 导游三：中山陵示意图讲解。（阅读第6~11节，完成课本98页图，用简洁的语言讲解这幅图。各位游客，下面我用……顺序来向大家介绍……请看……）

活动三：我当"评论家"。就中山陵的设计、本文的写作等方面谈谈你个人的观点。

这是一位教师设计的一份前置学习单。从内容可以看到，学习单引导学生自主阅读、自主学习，也引导学生互助交流、合作学习，注重给学生提供探究情境和学法指导，激发了学生的兴趣，体现出个性张扬的学习方式和学生在学习上的民主与自由。此举不但为课堂学习作了良好的铺垫，而且可以使说明顺序这个重点顺势突破。

### 3. 讲究成效，注重形式

前置性学习不同于一般的预习，是学生学习新内容、突破障碍的关键。因此，在这些问题的设计上要讲究成效，注重形式。教师可以从学习内容和学习方法两个方面入手，借助设计的问题，给予学生科学的引导。

活动一：学习基因重组的概念、类型和意义（学习目标1）

自学教材P76，完成以下内容。

1 概念：是指在生物体进行_____的过程中，控制不同性状的____组合。

2 类型：

①自由组合：在减数第_____次分裂_____期，非同源染色体上的_____基因自由组合。

某生物体基因型为 AaBb，分别位于两对同源染色体上，请在相应的染色体上标出基因。

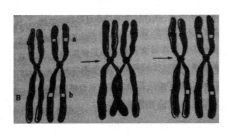

在 AB 两图中等位基因_____随_____染色体分离而分开，同时_____染色体上的非等位基因随_____自由组合。

②交叉互换：在减数第一次分裂的_____期，位于_____染色体上的_____基因有时会随着非姐妹染色单体片段的交换而发生交换，导致_____染色体上的非等位基因重组。

某生物体细胞的一对同源染色体上有 A、a 和 B、b 两对基因，基因的位置如下图所示，请标出图中剩下的基因。

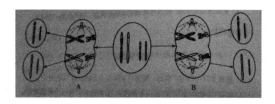

该生物能产生几种类型的配子，基因型分别是什么？若不发生交叉互换，该生物（仅考虑一对同源染色体）能产生几种配子？

【小组讨论】（学习目标1）

1.基因重组发生的时机？能否产生新的基因和新的性状？

2.除了同卵双胞胎，没有两个同胞兄弟姊妹在遗传上完全相同，为什么有这种差异？

3.意义：基因重组是_____的来源之一，对_____也具有重要的意义。

【正误判断】（检测目标1）

1.受精过程中雌、雄配子的随机结合属于基因重组。（　　　）

2.亲子代之间的差异主要是由基因重组造成的。（　　　）

3.减数分裂四分体时期，姐妹染色单体的局部交换可导致基因重组。（　　　）

4.Aa 自交，因基因更组导致子代发生性状分离。（　　　）

上述案例是浙科版高中生物"生物变异的来源"一课的学历案中课前预习

部分。这部分内容就属于前置性学习。从内容可以看到，教师紧扣学习内容，让学生在完成练习的过程中明确要"学什么"，并引导学生在完成练习的过程中知道"怎样学"。如此一来，学生就做到了方法和内容的联系。同时还可以看到，前置性学习的形式是灵活多样的，其中包括学生的自主阅读学习、小组合作讨论学习。在练习的设计类型上既包括填空，也包括图片的观察和问题的判断。多样的形式可以避免学习的枯燥，激发了学生的学习兴趣，提升了学习的效果。将这样的前置性学习用于课堂教学新内容之前，自然也可以达到提升课堂效率、打造高质量课堂的效果。

# 策略 07

# 思维导图梳理知识脉络

预习需要全面和直观，要凸显所预习内容的要点和自己在学习时的困惑点。思维导图用图形图像的方式表征事物，体现事物之间的联系，对于提高学习效率、提升学生的记忆水平、增强学生的思考能力、调动学生强烈的求知欲望，使之形成主动学习的意识，最终成为课堂的主人，都是有极其重要的作用的。

## 一、思维导图在预习中的作用

课前预习是培养学生自学能力的一个较好的环节，也是提升学生学习力的重要的方法，更是打造学习力课堂的重要举措。思维导图英语课前预习，可以起到如下作用。

### 1. 提升教学的起点

新课预习就是提前学习，提前对文本内容进行自主探究性学习，这是一个感知文本、理解知识、自我建构的过程。作为教学过程中一个不可忽视的重要环节，它可以提升学生的能力和教师的教学效果。将思维导图用于这一环节，可以提升学生预习的质量，促进学生对基本知识和技能的理解，让课堂学习极具针对性；于教师而言，借助思维导图，让学生进行针对性的预习，减轻了教师在课堂教学中对教学基础知识的讲解，利于教师将更多的时间和精力放在重点、难点的点讲解和指导上，提升了教学的起点。

**2. 有助于减少学生之间的差异**

学生个体之间的差异是影响课堂教学整体质量的关键因素。考虑到这种差异，教师在教学中若本着照顾大多数的原则，结果可能出现优等生"吃不饱"、学困生"吃不了"的现象。运用思维导图，引导学生进行针对性的预习，可以让优等生学会提取重点，让学困生在主动性学习中扫清基本障碍、找到方法，使每一个学生都能做到充分预习。于是在新课教学的过程中，学困生因为进行了充分的新课预习，其自学能力在提升的同时，也获得了教师和同学的认可，学习热情得到提升，自尊心和自信心得以增强；学优生因为把握了重点和难点，学习效率得到了提升。如此一来，学生之间的差异就得以缩小，课堂教学的质量就得以提升。

**3. 有助于培养良好的思维习惯和终身学习的能力**

利用思维导图引导学生进行新课预习，会让学生主动学习，养成凡事提前做好准备的好习惯，进而养成结构化思维习惯。这种主动思维习惯会为他们带来更多成功的机会，从而提升学习效率和生活质量。同时，在运用思维导图进行预习的过程中，学生在学会自主学习的同时，还掌握了预习的方法。久而久之，他们不但可以养成预习的良好习惯，而且可以培养终身学习的能力。

## 二、思维导图在预习中的运用

思维导图让知识形象化、条理化，将其运用到课前预习中，可以采用多种形式，但均可达到提升预习效果、提高课堂学习效果和教学质量的目的。在实际的预习过程中，运用频率较高的就是手绘思维导图和填充式思维导图。

### 1.手绘思维导图，形成知识结构

思维导图不仅反映一个人的知识结构，对一件事物综合的思考、分析和判断，同时还反映了一个人的思维模式和思考方式，也一个人内心的真实写照。尤其是手绘思维导图，更可以体现一个人的感知力。因此，借助思维导图的绘制，学生可以在预习中发展学习力。

（1）回忆预习内容，厘清知识脉络

结合学案，完成预习任务后，将预习任务进行梳理，形成自己的认知体系，这是绘制思维导图的前提。这是建立在对预习内容的整体感知基础上的。

（2）绘制导图，展示内容

在以上内容感知的前提下，按照教材的思路，提取纲要，画出思维导图；并且分出哪些内容是自己已经懂得的，哪些内容是自己还不懂的，找出学习的重点和难点，在课堂上有针对地听讲和提问。比如：

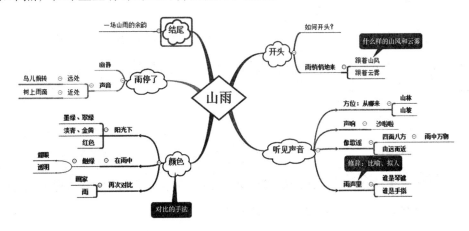

这是某学生预习《山雨》一课后画出的思维导图，从导图中可以看到，学生从整体上把握了教材的内容，感知到了作者要表达的情感。针对这幅导图，学生就可以在教师教学的过程中进行对比分析，以进一步提升自己的能力。具体来说，手绘思维导图梳理知识内容可以采用以下步骤。

第一步：确定主题。

在一张白纸的中心写上预习主题，最好用图表示。

第二步：画分支。

第一个分支写上自己没有看书时对预习问题的想法，旨在调查自己的前概念，唤起自己对学习主题的知识储备。第二个分支写上通过从头到尾阅读教材，在对学习内容进行全面系统的了解后，明确教材的目的、任务、要求、重点和难点，以及中心，同时用关键词画出整体框架，注意要用容易辨识的符号。第三个分支要找出新教材中自己不理解的问题，通过自学把尚未解决的疑难问题找出来，再提出问题；不懂的问题需要上课时重点解决。第四个分支要自觉完成部分自选练习题，通过练习标出自己的思路还有哪些没有疏通之处，还应掌握哪些解题方法等。第五个分支要在想一想之后，加上必要的补充、说明、注意事项，比如上课要准备什么资料等。

**2. 填充式思维导图，引导学习方法**

如果说手绘式思维导图更需要发挥学生的主观能动性，那么填充式思维导图则有利于引导学生在边读、边思、边填的过程中，发现知识之间的联系，找到学习的方法。

（1）预习概念和字词

像语文学科的字词、英语学科的单词和短语，以及数学、物理、化学等学科的概念，可以采用填充式思维导图的形式，引导学生在预习过程中强化对概念或字语、句子的理解，延伸相关的外延，拓展学生对相关内容的理解，训练发散思维。比如：

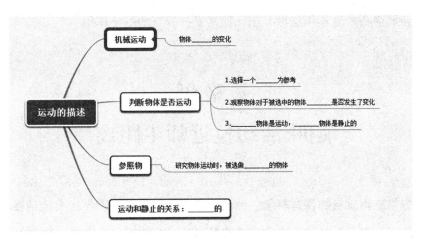

上图是八年级物理"运动的描述"一课在预习中，学生借助于填充思维导图，理解概念，从而加深对概念的理解，也扫除了学生理解知识点的障碍，提升了课堂教学的效率。

（2）厘清内容层次

运用思维导图，让学生在阅读文本后填充，可以引导学生很好地厘清教学内容，为课堂教学的顺利展开扫清障碍，提升课堂教学的效率。如下图，学生完成了导图就理解了课文内容，就厘清了故事的梗概，当然也为后续的内容分析打下了基础。

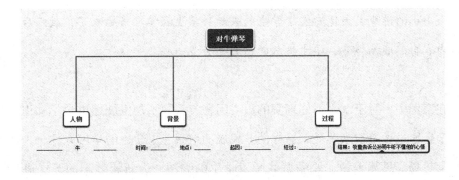

当然，将思维导图用于学生预习需要教师提前在教学过程中向学生传授这种

预习方法，在平时的练习中学会运用这种方法。这样一来，学生在自主预习的过程中就会灵活巧妙地运用这种方法，使之发挥应有的助学作用。

# 策略 08

# 趣味活动拉近师生距离

要想打造高质量的课堂教学，课前的预习和预热相当重要。无论是在预习还是预热的过程中，教师倘若能借助趣味性的活动，拉近师生距离，则有利于点燃预习之火，提升课堂教学的质量。

## 一、游戏激发兴趣

学生最喜欢玩游戏，特别是低年级学生。游戏不仅可以激发学生的学习兴趣，提高学习效果，还可以增强课堂的互动性，提升学生的学习兴趣和教学效率。

某教师在讲解"重力"一节时，为使学生理解重心，让学生做了这样一个游戏：把小腿竖直垂下，身体坐在凳子上，上身不能向前倾，你能站起来吗？这样一个小小的游戏大大地激发了学生的兴趣。学生的学习兴趣浓了，教师后续的授课内容自然顺畅得多，学生投入的精力也会多一些。

在案例中，对于学生不好理解的重力问题，教师不是生硬地讲科学知识，而是让学生通过做游戏来感受。这样的方式成功地激起了学生的学习兴趣，为新课的教学热场。具体来说，要用游戏激发学生的兴趣，为新课教学的开展进行预热，可以采用以下三种方式。

**1. 竞赛**

所谓竞赛，就是指运用竞技的方式，让学生以比赛的形式发现问题，从而激发学生兴趣，导入新课。好动爱玩是青少年的天性，运用此种方法可以极好地调动学生的学习兴趣，为新课展开预热。

某小学英语教师在讲授一节新课前，让学生分成小组进行单词的拼写比赛。在比赛结束后，对胜利的小组和个人奖励——贴小红花。这样一来，自然激发了学生学习英语单词的兴趣和信心，从而在进入新课的讲授时，学生乐学。

在这个案例中，这位英语教师的做法，一方面让学生预习了新知识，另一方面还激发了学生的学习信心和学习劲头，可谓一举两得。

**2. 表演**

肢体语言是表达感情的主要方式，也是最佳方式。表演这种活动方式可以调动学生学习的积极性，引发学生的注意，成为导入新课极好的手段。

某教师在开始讲授《草船借箭》一课时，提前让学生组织编排了一出课本剧《诸葛亮吊孝》，由五个学生表演了在周瑜的灵堂上，诸葛亮痛哭流涕，鲁肃黯然神伤地在一旁垂泪。周瑜的夫人小乔开始怒目相向，后来经诸葛亮反复解说，加之一旁扮演谋士的两名学生的友情表演，开始表情松动。然后由这一课本剧的表演，教师引出："为什么小乔如此恨诸葛亮？就从今天这节课的内容说起吧。"就这样，学生带着浓浓的兴趣开始了内容的学习。

在上述案例中，教师巧用故事中的相关情节，让学生以表演的形式展示出来，借助台词和学生的动作、表情，使学生在心里产生了疑问：为什么会有这样的刻骨仇恨？于是顺利引入本节内容的学习。

**3.猜谜**

"猜谜语"是学生十分喜欢参与的活动方式，借助猜谜语的语言表达方式，可以很容易地形成轻松的课堂氛围，并能很快地将学生的注意力集中到课堂上，使学生一开始就处于积极的状态中。

师：（把一个纸盒放在讲桌上，指着纸盒）前几天，老师到农民伯伯的菜园去参观，看见了一些蔬菜。我还采了一些带回来，你们想看吗？

生：想。

师：看之前，你们得猜猜我会从盒子里拿出什么蔬菜。我来出谜语，你们猜。（出示课文中的插图，再逐个出示根据课文儿歌内容改编的谜语。）什么青青细又长？（什么身穿绿衣裳？什么高高打灯笼？什么地下捉迷藏？什么长个尖尖嘴？什么越老皮越黄？）

生（抢答）：豆角。（黄瓜、茄子、萝卜、辣椒、南瓜）

（学生说出答案，教师就拿出相应的实物给学生观察）

师：菜园里，多有趣！下面，我们就来学习这首儿歌，好吗？

（朗读儿歌，进入课文的学习）

这是一位教师在教学《菜园里》一课，针对小学生的好奇心强，采用实物和谜语相结合的方式，让孩子们积极思考，调动了他们的学习积极性。

## 二、情境渲染唤起热情

在课堂教学中，良好的认知情境可以让学生对学习产生兴趣和疑问，进而通过思考获取信息提炼问题，自主进行感悟体验和思维加工，使其在内驱力的作用下进行自主学习，成为学习的主角，焕发学习热情。

### 1. 音乐渲染

音乐是人类心灵的诗章，真正的音乐能打动所有真诚而丰富的心灵。以音乐作为素材，让学生在倾听音乐的过程中对音乐产生兴趣，或在音乐的烘托下对内容激起兴趣，从而进入新课，这种情境渲染方式就是音乐渲染。

某教师在教授《音乐巨人贝多芬》一课时，先播放了贝多芬的名曲——《命运交响曲》，然后说道："一曲激情澎湃的交响乐，让我们感受到贝多芬那颗要扼住命运咽喉、不甘沉沦的心，让我们的灵魂受到一次洗礼。面对突如其来的厄运，有很多人选择了坚强面对，贝多芬就是其中的一个。今天，我们就来学习《音乐巨人贝多芬》，看看他是怎样面对生活的。"

在这个案例中，教师通过播放与该课内容相关的乐曲来导入，能让学生在轻松的教学氛围下对新课产生吸引力。这样利用歌曲导入的方式很受学生欢迎，往往能够一下子抓住学生的心，使其很快进入情境。需要注意的是运用音乐进行情境渲染时，一要注意音乐的选择要与教学内容相关；二要注意音乐的播放时间不宜过长，不能喧宾夺主。

### 2. 故事渲染

古希腊伟大教育哲学家苏格拉底曾说："教育不是灌输，而是点燃火焰。"因此，巧用故事渲染情境，同样可以达到导入新课、驾驭课堂、点燃学生学习热情的目的。教师可以借助和教材内容相关的故事，激起学生的学习欲望，从而达到激趣学习的效果。

在教学"认识容量与升"一课时，某小学数学教师利用小学生爱听故事的心理设计了这样一个故事：

在一个寺庙里住着一对师徒，每天徒弟都得挑满一缸的水。后来又来了一个和尚，师兄弟两人每天就抬满一缸水就可以了。最后又来了一个小和尚，结果人多了，个个都懒了，反而没有水喝。

为了公平起见，老师父又买了两个水缸，规定每个人每天要挑满一缸的水。结果，大师兄就挑了三号水缸，二师兄就挑了二号水缸，结果小和尚却哭了（三个水缸大小的顺序为 1>2>3。上课的时候，教师提前把三个水缸的挂图挂到黑板上）。

教师问学生：同学们知道小和尚为什么哭了吗？他们的师父真的公平吗？

在案例中，教师遇到小学生不容易理解的数学内容时，可以用故事的形式激起他们的学习兴趣，促使他们思考。教师充分地利用了小学生的心理，激发了学生的学习情绪，从而知道容器是有大小之分的，大的容器装的东西多容量就大，小的容器装的东西少容量就小。这样的导入能够引起学生浓厚的学习兴趣，激发学生强烈的探究欲望，使学生思维处于活跃状态，促使学生由"要我学"转变为"我要学"，从而激发学生学习的内动力，为新课学习预热。

# 策略 09

# 无痕铺垫唤醒学生的内驱力

苏霍姆林斯基说："把教育意图隐蔽起来，是教育艺术十分重要的因素之一。"无痕铺垫就是借助课前与学生随意的交谈、游戏等互动形式，与学生达成心灵上的沟通，有效消除学生的抵触情绪，在无形中唤醒学生的内驱力。

## 一、自我介绍拉近距离

要让学习成为学生的自主性活动，首先就要让学生乐于接受授课教师。学生对授课教师的情感好坏，在某种程度上影响着他们对学习的兴趣，因此才有"亲其师重其教"的说法。因此，在授课前或者在一个新的班级群授课前，教师可以巧妙地利用自我介绍，拉近师生的距离，唤醒学生学习的内驱力。

师：你们认识我吗？

生：不认识！

师：我姓潘，名字呢，就是我们数学书上频繁出现的那个名字，猜一猜，叫什么？（学生开始猜，并猜到叫小明）所以你们叫我——潘小明（学生不经意的回答引发了在座听课教师的大笑）

师：我不仅教数学，还教什么，猜一猜？（语文、数学、音乐，学生并没有猜到；然而教师的谜底却出乎大家的意料：我不仅教数学，还教你们怎样做人，做一个怎样的人！）

师：你们觉得我这个教师的形象如何？（"大方""教学方法先进""幽默"等，分别有学生回答道）

师：好，我上课尽可能用幽默的方式进行教学，不过我上课有一个特点，我是不教的！（啊！又是一句意外……）

在上面的案例中，这位教师面对一群新学生，给学生留下怎样的第一印象，直接影响着教学。因此，这位教师在课前用了两个"猜一猜"和一句"我是不教的"，激发了学生对教师进一步了解的兴趣，巧妙地将自己介绍给学生。实际上学生在猜的过程中就消除了对新教师的紧张感，拉近了与教师沟通的距离。接着这位教师幽默的语言和丰富的表情，又使学生感到给自己上课的这位教师并不是陌生人，而是多年的"老朋友"，因此被其深深地吸引住，达到了先声夺人，唤起学习的积极性和主动性的效果。

所以要借助自我介绍，让其发挥无痕铺垫的作用，教师就应注意，如何成功地将自己介绍给学生，让学生接纳自己。教师要认识到，好奇心是兴趣的先导，是人们积极探求新奇事物的倾向，也是人类认识世界的动力之一，对于形成动机有着重要的作用。教师要采用合乎自己身份和语言的方式，将自己的相关信息介绍给学生，在满足其好奇心的同时为教学铺垫。

## 二、互相介绍引入教学

当师生双方第一次见面时，除了教师单方面的自我介绍，师生之间的互相介绍也可以发挥无痕铺垫的作用。这就需要教师在引导学生进行介绍时，能提前研究教学内容，让教学内容与自我介绍巧妙地联系起来。下面案例中的教师就能够将自我介绍与教学内容巧妙地连接起来。

师：你们认识我吗？

生：不认识。

师：我姓陈，你们叫我 ——

生（齐）：陈老师。

师：现在我把自己介绍给你们，你们呢，也介绍介绍自己吧！

（学生开始介绍……）

师（趁机打断）：这样介绍是不是太慢了？那么怎样介绍更快呢？

生：可以在介绍自己的同时，也把前后左右同学介绍给大家。

教师指名介绍……

在上述案例可以看到，这位教师从自我介绍入手，与学生进行沟通交流。教师先进行了自我介绍，然后引导学生互相介绍。在学生逐一介绍自己的时候，教师指出问题："这样介绍是不是太慢了"？于是学生就会自觉地动脑筋思考能省时间的介绍方法，进而提出"在把自己介绍的同时，也把前后左右的同学介绍给大家"这样的方法。这就使学生明白了由于不同的学生介绍，一个人的位置就会发生变化。教师趁机将介绍方式和教学内容联系起来，学生的学习内驱力就在无痕的铺垫中被唤醒。

需要注意的是，利用这种互相介绍的方式导入教学，进行无痕铺垫，教师就要注意将课本内容渗透到学生的介绍过程中，要通过提出既符合学生认知水平又是常理性的问题，巧妙地将学生引入情境中，如此才能有效地激发学生的学习动机，调动学生的积极思维，使其主动求知。

## 三、温和提醒进入状态

在课堂教学过程中，良好的课堂纪律可以保证课堂教学的顺利进行，提升课堂教学的质量。那么如何在新课开始前就让学生进入学习状态呢？唤醒学习的内驱力就需要发挥无声铺垫的作用。名师吴正宪老师在下面这节课中的温和提醒，就发挥了无声突变的作用。

师：往下看，发现什么？（人可真多啊!）这么多的老师来听课，我们该怎么办？

生：回答时声音要响亮。

师：对，声音响亮。但现在只有两个话筒，怎么办呢？

生：谁说话时，就把话筒传过去。

师（接着交代）：①上课要小组合作的时候，4人为一小组，并征求大家这样是否可行。

生：是。

师：②小组要有组长、记录员等，你们有吗？

生：有。

师：③还要每小组有两块橡皮、一把直尺、两支笔，大家都有吗？

生：有。

师：④还要让学生用半分钟商量每个人在小组里该做什么。

（学生商量）……

从案例可以看到，吴老师在课前用温和的话语不厌其烦地交代了上课时每人该做些什么以及注意点，特别是要学生"用半分钟商量每个人在小组里该做什么"让学生感受到了教师的尊重和温情。这样温和的提醒和交代，一方面保证课堂教学顺利、流畅地进行下去；另一方面也使得学生对上课时自己该做什么有了一个明确的方向，从而增强了课堂教学效果，真正地起到了无痕铺垫的作用。

# 策略 10

# 多样激励让教室充满温情

语言不仅是简单的沟通工具，同时也是一门艺术。教师的语言具有神奇的作用。尤其是教师富有激励性的语言，不仅在课堂教学过程中可以激发学生的学习动力，在课堂导入环节也可以起到唤起学生的学习兴趣，为新课教学预热的作用。

## 一、激励性语言的作用

激励性语言是指能够对人的情绪、行为产生正面影响的言语。在课堂教学中，教师的激励性语言可以发挥神奇的作用。

### 1. 提高积极性，唤起自信心

学习是需要用心去做的事情。学生只有在学习过程中能够自觉克服自身的惰性，战胜因为挫折或困难而产生的消极情绪，才能更好地进行学习，完成相应的学习目标。教师的激励性语言可以在学生产生惰性的时候，提醒他们自觉克服惰性，唤起学习热情；当学生在学习过程中遭遇到挫折和困难的时候，比如解题过程中遇到"拦路虎"，又如回答问题不利，此时教师的激励性语言可以让学生调动学习的积极性和主动性，激发学习热情，使其更好地投入学习之中。

### 2. 增进师生感情，创设良好的学习氛围

所谓"良言一句三冬暖"，教师激励性的语言，可以让处于低谷中的学生感受到教师的关注和关怀，感受到教师对自己的重视，从而自觉尊重教师，更加热爱教师，增进师生之间的情感，拉近师生之间的距离。这种师生之间互敬互爱的关系可以使课堂氛围更融洽，进而无声地改善教学环境，增强学生的自主性和责任感，提升学生的学习效率和学习质量，激发教师的教学潜能，提升教学质量，促进教学目标的顺畅达成。

## 二、用语言激励对教学预热

正是由于教师的激励性语言具有积极的引导作用，可以提高学生学习的积极性和主动性，帮助学生克服消极情绪，重新建立对自身能力的信心，增强教师和

学生之间的情感纽带，改善学习氛围，促进良好的教学效果。因此教师在教学开始的时候，巧妙地运用激励性语言就可以收到为新课讲授预热的效果。

### 1. 抒情激趣

语言激励的形式是多种多样的。善于运用语言激励的教师，不仅仅是将激励直接用语言表达出来，而且还能借助巧妙的文字，在抒发个人情感的同时间接激励学生，唤起其学习兴趣。

"火之光、电之光，能照亮世间的道路；思想之光，能照亮人的精神世界。谁是世界上最伟大的思想家呢？联合国教科文组织确定了全世界最伟大的十位思想家，例如牛顿、哥白尼……谁知道这十位思想家谁排在第一位？他就是我们中国的孔夫子。"这么一说，学生学《论语六则》的兴趣便浓了一些。

上面这段文字是魏书生老师在讲授《论语六则》一课时导入新课的一段文字。从这段文字可以看到字里行间强调不曾对学生表达任何"你可以怎么样""你能怎么样"的直接激励，而是连用两个比喻句说明思想之光的重要作用，并在此基础上连续提问，让学生对孔子产生极大的兴趣，对教学展开预热。

### 2. 反问激将

激将法在教学中也可以激励学生。这种方法就是抓住学生好胜心强的特点，采用欲扬先抑的方法，让学生主动出击，主动学习。

师：我听说三（3）班的同学是非常勇敢的，那你们真的勇敢吗？

（学生迟疑了一下，只有少数的学生说：勇敢。）

师（见状）：怎么这样没信心，这样胆小，你们勇敢吗？

全班学生：勇敢！

师：好！那你们说说，在这堂课上，怎样表现才算勇敢？（接着就让学生说说怎样表现才算勇敢。）

上述案例中，教师巧妙地抓住了学生的心理特点——每个人都需要得到别人的表扬与赞赏，创造了一个每个人都希望自己勇敢的教学情境。借助一句表扬、一句激励，寥寥数语就调动起学生的情绪，激发了学生的自豪感和上进心，由此形成了一个平等、和谐、轻松、积极向上的学习氛围，也为后续教学的开展奠定了基调。

马克·吐温曾说过："只凭一句表扬，可以让我快乐两个月。"成长中的学生更是如此。教师在导入新课时，倘若能抓住学生好胜心强的特点，给予其激励，他们就会在教师的肯定中产生一种自我实现的幸福感，自尊心和自信心由此大大增强，为了争取更大的成功，他们学习的积极性、主动性也自然得到提高。

**3. 兴趣激励**

下面这个案例中的教师，清楚地知道兴趣是最好的教师，于是巧妙地从学生喜欢的电视节目中的时间谈起，达到了激励预热的效果。

某小学数学教师在讲授计时法的内容时，采用了下面的语言激励方式。

师：刚才我们了解到同学们喜欢看电视。看一下片头，猜一猜，这是什么节目？（听声音猜）

生：幼幼乐园。

师：我也喜欢看的。你知道每天什么时候播出吗？

生1：6点半。

生2：下午6点半。

生3：18点30分。

生4：晚上6点半。

师：我们还可以说晚上6时30分。那么到底是不是晚上6时30分播出的呢？

播放

生1：上面的18点就代表晚上6点。

生2：18点就是代表晚上6点。

师：也就是说，18时30分就是晚上6时30分。我们发现18时30分是另一个计时方法。今天我们就来研究计时法。

从案例可以看到，教师从学生喜欢的电视节目入手，调动了学生的兴趣，继而让学生根据自己已有的知识经验来初步认识另一种新的计时法。这样的做法让学生对时间的体验比较深刻，既符合学生的认知基础，又能激发起学生求知的欲望，从而起到为新课预热的作用。

# 专题三

## 合理营造学习情境

学习不是发生在真空中，而是发生在具体的情境中，因此情境影响着人及学习效果。情境中所蕴含的一切实践性、认知性和价值性因素，都在一定程度上规制了学习者的学习需求和话语倾向。教师要打造高质量课堂教学，就应学会合理营造学习情境，让学生在与情境的交互中展开学习，让学习在情境中流淌。

# 策略 11

# 创设问题情境

问题是智慧的窗口，是开启革新之门的钥匙。学生只有具备了问题意识，认识到问题的存在时，其思维才能起航。因此，没有问题的思维是肤浅的思维、被动的思维。创设一定的问题情境，就可以激发学生的学习兴趣，引发学生独立思索，使其对所学的知识产生兴趣，从而提升课堂教学质量。

## 一、问题在情境中的作用

程颐曾说"学者须疑"，这表明学习是提出疑问、解决问题的。因此，营造学习情境离不开巧妙的问题设计。在情境中，问题发挥着以下作用。

### 1. 促进认知冲突

在情境中，问题可以促进认知冲突，激发学生的积极思维，提升学习效果。在特定的情境下，如果教师不提出相关的问题，那么于学生而言，情境只是为学习创设了相应的气氛，不能达到促进学生思考的目的。一旦结合情境提出相应的问题，那么学生就会将问题与情境相结合，展开积极的思考，形成认知冲突，获得思维成长。

### 2. 明确重点，检测效果

在特定的教学情境下，教师依据情境提出相应的问题，就可以使学生明确情境与学习内容之间的关系，清楚学习目标，明确学习重点。避免了情境只是发挥让教学过程变得热闹、激发学生兴趣的单一作用。同时，针对情境提出的问题，可以帮助教师判断学生对所学内容是否理解，能否运用所学的知识，解决特定情境下的问题，达到检测学生学习效果的目的。

### 3. 引导重构，促进互动

教师结合特定的情境设计并提出相应的问题，可以由浅入深地引导学生理解所学的知识，使学生找到旧知识与新知识之间的联系，从而完成知识的建构。而在由浅入深地解决问题的过程中，有些问题是学生个人单独思考很难解决的，需要借助生生、师生之间的互动，于是问题又成为激发学生的学习动机，促进学生积极思考和课堂互动的便利工具。

## 二、依据目的，设计问题

问题在情境创设的过程中作用如此巨大，那么该如何结合情境提出相应的问题呢？下面我们从问题在情境中的作用入手，谈一谈情境中问题的设计方法。

### 1. 导入问题：兼具"趣""思"

苏霍姆林斯基说："如果老师不想办法使学生产生情绪高昂的智力振奋的内心状态，就急于传授知识，那么这种知识只能使人产生冷漠的态度，而给不动感情的脑力劳动带来疲劳。"实践证明，积极的思维活动是课堂教学的关键，而富有启发性的导入性问题则可以激发学生的思维兴趣，利于教学活动的展开。

师（播放阿凡提的故事）：小明最喜欢听故事了，他今天想知道故事中的人物形象是怎样描写的。哪位同学能结合刚才的故事，分享一下故事中的人物形象是怎样的呢？

……

师：听了大家的分享，那么究竟该怎样讲述故事中的人物形象呢？今天我们就结合故事一起来分析和学习一下。

上面的案例中，教师在导入中提出的问题，就体现了"趣"——用一个假想的人物小明，提出愿望，请学生帮忙；体现了"思"——"究竟怎样讲述故事中的人物形象"，问题就起到了导入新课的作用。

需要注意的是，这里的"趣"和"思"要结合采用的具体教学方法的路径确定，问题要依据具体的教学内容、学生的年龄特点、学生解决问题的熟练程度而定。

### 2. 重点问题：从"简"到"繁"

对于教学的重点，在教学情境中以问题的形式提出，要注意由简到繁，就是开始提出的问题要简单，慢慢复杂，使问题如同抽丝剥茧一样在学生回答的过程中一点一点得到解决，难点也在一个一个问题的解决中得到突破。

问题1：（播放电影《蜘蛛侠》的片段）电影中的主人公是谁？它最有力的武器是什么？（展示黑寡妇蜘蛛的图片，黑寡妇蜘蛛蛛丝中的"蛛丝蛋白"，使得其蛛丝的强度异常高。）

问题2：（展示荧光水母的图片）这是什么生物？为什么它们能发出美丽的荧光？

问题3：从这些画面中，我们发现这些神奇的生命现象是由谁来承担的吗？

问题4：（展示肉、蛋、乳等食物）为什么我们经常说这些食物的营养价值很高？

问题5：蛋白质对人体很重要，那么人体中的蛋白质又能承担怎样的生命活动呢？大家想不想和我一起到人体中进行一次旅行？

问题6：（三维透明人体场景，观看人体骨骼肌的三维动画）构建肌肉的主要结构物质是什么？这又说明蛋白质具有怎样的功能？

问题7：（接着让学生观察在人体中可以发生的4个生命活动的场景）在这样的4个场景中分别涉及哪些蛋白质？这些蛋白质又各自具有怎样的功能呢？

总结：蛋白质在生物体中承担的功能多不多？概括出蛋白质的功能：一切生命活动都离不开蛋白质，蛋白质是生命活动的主要承担者。

从案例可以看出，教师在创设情境的过程中，一边创设一边提问，7个问题由浅入深地体现出教学的重点问题：什么是蛋白质以及蛋白质的功能。7个问题从简单到复杂，一步一步引导学生思考，让学生在自主思考的过程中顺理成章地理解重点。

### 3. 难点问题："散""活"

课堂教学中的难点，要借助于问题，让学生在情境中解决，就要注意问题要提得"散"而"活"。所谓"散"，是指问题要穿插在情境中；所谓"活"，是问题的形式要灵活。唯有如此，学生才能借助问题，在任务完成的过程中将知识点串联起来，在问题链中解决难点。

师：同学们，外边有没有风？

生（急切地向外看，齐声）：有。

师（追问）：你们看到的是风吗？

（学生开始思考这个问题，很快回答）：不是，是树叶在摆动。

师：你能从中得到怎样的启发？

生：树梢是用来检验有无风及风向的物体。风的大小与有无树叶及树叶的大小无关。

......

在上面这个案例中，教师为了研究电场引入了试探电荷（也称检验电荷），但电场中某一点电场的强弱和方向，即电场强度，与放入的试探电荷无关这一点很难理解，于是这位教师就创设了上述情境，用风中树叶的摆动类比，让学生在分散的问题中，在灵活的问题解答中攻克难点，理解知识。

# 策略 12
# 创设操作情境

教育家苏霍姆林斯基说："手是意识的伟大培养者，又是智慧的创建者。手和脑之间有着联系，这些联系起着两个方面的作用。手使脑获得发展，使之更为理智；脑使手获得发展，使之变为创建的聪慧工具，变为思想的工具和镜子。"由此可知，操作与思想之间存在辩证发展的关系。操作起动思想，思想服务于操作。借助创设让学生动手操作的情境，学生在手脑配合、并用的过程中可以获得思想发展，使其思维由形象思想向抽象思想过渡，从而提升思维能力。

## 一、动手操作的意义

动手操作可以提高学生的理解能力，开拓学生的思维，激发学生的学习兴趣，培养学生的创新精神和创新能力。

### 1. 巩固理论知识

动手操作的基础是学生要掌握一定的理论知识，并在此基础上手脑并用。在操作过程中，学生就进一步理解了知识的来龙去脉。此时，学生的学习不再是单纯地背诵知识，而是将知识放在实际情境中去发现或验证。这样不但满足了青少年学生好奇心比较强的心理特点，而且在操作过程中，他们学会并掌握了更加灵活的思考问题的方式。因此，教师在教学中让学生自己动手操作可以有效激发学生的学习兴趣，调动学生的积极性，使他们在实践中获得理论、验证理论，加深对理论知识的印象和理解，使理论知识的记忆更加牢固。

**2. 带来成功体验**

无论是文科教学还是理科教学，让学生亲自动手参与到知识的学习过程中，会让学习内容更加丰富多彩，也让学习对学生更具吸引力。这是因为在操作的过程中，学生的学习一改此前枯燥的学习方式，获得了更多丰富的体验。尤其是理科的实验或解题，学生在操作中可能会就一个问题用到多个知识点，于是知识得到融会贯通，解决问题得以从不同角度出发，获得不同的办法。同时，学生在操作过程中经历了亲眼所见、亲身经历，在丰富个人感觉的同时，获得一种成就感，这种成就感又在很大程度上会加深学生对知识的理解，提升学生对学习的好感度，使其更加乐学、好学。

**3. 培养举一反三的能力**

学生在操作的过程中，其动手操作能力得到培养，从知识的学习到知识的应用、从理论过渡到实践，因此得以让浅表知识进入深层知识，得以从各个角度体会知识的魅力。在这样的学习过程中，他们对知识的理解从简单逐渐向复杂过渡，从浅表层逐渐向深层过渡，由此促进深度学习，得以形成举一反三的能力，扩大知识面，有效提高教学质量。

## 二、恰当的操作情境，提升素养

操作行为的发生离不开恰当的操作情境，教师可以依据学科教学的特点，为学生的学习创设不同的操作情境，让学生在操作中提高素养与能力。

### 1. 模拟实验

所谓模拟实验法，就是在教师的指导下，学生运用教学仪器、设备（包括学生自制的）进行独立操作，或用矿物、动物、植物等进行实验。这种操作情境的创设，要依据学科教学和学科内容来确定。

某教师在教学《乌鸦喝水》一课时，让每个学生准备一个高口瓶子，盛上浅蓝色的水，用红线标记水位。然后让学生把事先准备好的小石子一个一个地放到瓶里，观察随着石子的增加水会出现什么现象，为什么会出现这种现象。学生对这个实验很感兴趣，都高高兴兴地动手做起来。通过实验，学生懂得了一个简单的科学道理，即小石子沉到瓶底，占了水的地方，所以水面升高了，乌鸦才喝到了水。

一般来说，语文学科进行模拟实验是极少见的。案例中的教师能从教学内容出发设计模拟实验，让学生通过实验感受到乌鸦的聪明，也让学生在动手操作的过程中体会到科学实验的奥秘所在，促进跨学科素养的形成。这正是创设操作情境的妙处。

### 2. 演示操作

所谓演示操作，就是在教学过程中结合教学内容，让学生亲自动手，通过摆放学具来说明或印证所传授的知识的方法。

某小学数学教师为了让学生理解"乘法交换律"，在教学过程中用多媒体创设了学生植树的场景，接着为学生提供了图片，让学生边摆图片边思考：要算出一共有多少人种树？有几种算法？再引导学生思考横着可以怎样摆，竖着又可以怎样摆。学生边想边操作，再借着摆出的图写出两道乘法算式。接着，教师又让学生比较两个算式的相同点与不同点。很快，学生借助图形与算式得出规律：交换因数的位置，它们的积不变。

在上述案例中，教师巧妙地借助创设植树的情景，再利用图片让学生动手操作，于是这样的操作将形、数、式融为一体，便于学生的理解，为后续知识的学习做了铺垫迁移。

### 3. 角色表演

表演也是操作的一种，包括以下两种类型：一种是学生进入角色，另一种是学生扮演角色。其中，进入角色是指学生将自己假想为情境中的人物，扮演角色则是学生充当情境中某一个人的角色。无论是怎样的表演，都可以增加学生的体验感，提升学生对学习内容的理解。

教学七年级地理"多变的天气"一节时，教师用多媒体创设了参加上海世博会的情境，让学生假设自己是其中的旅游者，然后问学生："为了使参观顺利，在出发前应该做哪些方面的准备？"当学生回答要预先了解上海的天气后，教师接着问学生："如何知道上海的天气呢？"学生回答可以通过收听（看碟）当地天气预报或上网查询当地气象资料等。于是教师由此顺势引出本节课的学习内容。

在上述案例中，教师创设参观情境，让学生假想自己是其中的角色，进而一步一步导入学习内容，让学生感受到地理就在身边，地理是鲜活的，从而激发学生的学习兴趣，为其饶有兴趣地听完一节课奠定基础。

某语文教师在教授多幅图的童话体裁的看图学文"小山羊"时，课前在图画课上指导学生自己动手绘制一套小图片，有小山羊、小鸡、小狗、小猫、小牛等，作为表演用的小道具。教师则制作一套大的，并把这些小动物分别贴在黑板上。教学时，教师把逐段讲读变为逐段表演。表演前，先让学生反复读课文，熟悉课文内容，体会怎样把作者叙述的话通过语言和动作让观看的人理解。表演时，扮什么动物就在胸前挂什么动物的剪贴画。学生兴奋极了，都争着要扮演角色。教师让大家拿出小道具，以座位相邻的五个学生为一组，在教室门前的院子里表演。

上述案例中，教师就是让学生通过看图片中小山羊和小鸡、小猫、小狗、小牛交朋友，了解了它们爱吃什么食物，继而进行戏剧表演，让学生在角色扮演中理解知识、熟悉内容，较好地训练和培养了他们的思维和语言表达能力。

# 策略 13

# 创设生活情境

生活情境，就是教师在教学时，将相关的学科知识借助于实际生活情境中组织的活动，以此拉近学生与学科知识之间的距离，令学生对所学的知识产生熟悉感和亲切感，进而激发学生的主动学习意识，使之乐于参与教学活动。

## 一、生活化情境的意义

生活情境让学生走进生活、感悟生活、回归生活、点亮生活，在情境中理解知识，提升能力，激发其学习的主动性和积极性。

**1. 激发学习兴趣**

传统的教学注重知识的完整性和系统性，忽视了学生的认知水平和生活经验，教学为了传授知识而传授知识，导致知识与生活脱节，学生的学习处于被动接受的状态，整个学习于他们是极其乏味、枯燥的，学生因此失去了学习的兴趣。借助生活情境的创设，枯燥的知识变得鲜活，可以激发学生的学习兴趣，使之在学习中发挥主动性，让他们感受到学习的乐趣和学习的意义，找回学习的自信和快乐。

**2. 提高对知识的理解**

生活化情境的本质是教学生活化，可以让学生在生活中检验一些概念或理论。在运用知识的过程中，他们进一步理解了知识的来源，在学习上不但知其然，也做到了知其所以然，使之对知识的理解更深刻。

**3. 提高综合素质与能力**

学生对于知识的学习，不仅要从生活中学，更重要的是要在生活中运用。创设生活情境使学生获得了运用知识的平台，使其将所学的知识与现实生活联系起来。在运用知识解决生活化问题的过程中，学生加深了对相关概念、方法的理解与巩固，同时扩大了知识面，实现了理论与实践的结合，提升了学生在生活中解决实际问题的能力，促进了学生综合素质的提升。

总之，教学生活化不但符合学科发展的需要，也利于学生的个人发展；在提升学生社会生活能力的同时，也利于其改善生活质量，真正满足了未来社会发展和进步的需要，符合社会进步的要求。

## 二、让生活元素进入教学

生活情境的本质是将教学情境生活化，即构建生活化的课堂，将生活融入课堂的每一个环节之中。因此，教师可以在教学中，在深入研究教材文本的同时，挖掘教材中的生活元素，并将其融入课堂教学的各环节，构建生活情境，营造生活化课堂。

### 1. 导入生活化

在课堂导入环节，教师可以创设生活情境，以引发学生的学习兴趣。由于学生自身已经具有较为丰富的生活阅历，且积累了相应的生活经验，因此如果能将情境生活化，就算是基础较差的学生也会对学习内容产生亲近感、熟悉感，从而激发学习兴趣，进而乐于且主动参与到学习中。

某小学数学教师在教学"认识人民币"这一节的内容时，在导入环节将生活中人们使用人民币的场景制作成视频，展示给学生。结果学生看到视频中熟悉的场景，学习兴趣被激发出来。教师又引导学生思考"人民币可以用来做什么？""人民币有几种面值？""如果生活中没有人民币会怎样？""人民币是如何得来的？"等等，使学生产生了浓厚的学习兴趣，学习的主动性大大增强。

这个案例中，教师在教学时，注意选取身边常见的生活情境导入新课，引导学生学习、发现和探讨，加深学生对知识的理解和掌握，在一定程度上达到了激发学生学习兴趣的目的。

需要注意的是，在将生活现象引入教学中，用其创设情境时，要考虑到教学内容与生活情境的相符，不能生搬硬套，以激发学生的探究兴趣与热情，激发其强烈的学习欲望并有效指向学习主题。

### 2. 内容生活化

在知识学习的过程中，如果所学的内容与学生相距较远，学生极易产生陌生感、困倦感，进而对学习失去兴趣。此时，教师如果能将学习内容放在学生熟悉的生活情境中，那么学生就会基于生活化的学习而沉浸其中，不知不觉地学习知识，主动投身到问题的发现和解决中。

某语文教师在执教《少年王勃》一课时，设计了生活化的情境，以帮助学生理解内容。

情境1：出示落霞、孤鹜、秋水，同时教师为画面配音，用语言描绘，创设教师在滕王阁观看美景的情境；

情境2：随着课文内容的学习，画面中的教师专注地看着美景，想象自己置身其中，其眼前展现出落霞、孤鹜、秋水的想象情境；

情境3：出示教师登上滕王阁的多媒体课件，再通过音乐的强化，进入教师放眼望去的情境，感受着"落霞与孤鹜齐飞，秋水共长天一色"的醉人与诗意。

这样的情境，让生活与教学内容相联系，使学生仿佛置身其中，而画面中的教师又让学生产生亲近感，于是在画面的观看中，在教师的带领下，文本不再遥远。学生走进文本、走进生活，在感受生活的基础上解决教师提出的问题，学习变得顺畅而主动。

### 3. 活动生活化

生活情境还可以运用于课堂组织活动中。须知，任何语言的讲述都比不上实际操作的领悟，失去了活动，学生再深的认识也是浮于表面；反之，让学生在生活情境下操作则可以拉近其与知识的距离，促使其对知识的学习能够融会贯通，深入思考，能解决问题，也能发现问题，真正实现深度学习。

某高中历史教师在教学"抗日战争"一课时，为了让教学活动和学生的学习活动生活化，这位教师用与生活更加密切的电视节目作为辅助，参考央视《百家讲坛》中的一些讲座，选取其中的相关内容，剪辑成视频，使学生在生活化、大众化的语言讲述中真切地感受历史、走进历史。在视频中，教师还选取了电影《南京大屠杀》的部分片段，学生由此理解了相关历史事件和概念，对历史产生强烈的带入感，真切地感受到抗日战争的意义。最后，教师还引导学生根据这一历史事件，结合相关的历史发展背景，写一段简单的历史述评。这一活动给了学生表达自我的空间，让学生完成知识的输出，同时还培养了学生的历史价值观。

在这个案例中，对于久远的历史，学生可能无法理解，但对影视创作中的内容，学生则会多渠道获知。因此，教师就从生活入手，从学生熟悉的电视节目入手，唤起学生的亲近感，再从活动回到历史，知识的学习就变得真实生动得多。

# 策略 14

# 创设多媒体情境

随着人类进入信息时代，以计算机和网络为核心的现代科学技术不断发展，多媒体技术逐步进入教育领域，成为教师教学的助手。多媒体技术逐渐改变了过去"一支粉笔、一块黑板、一本书"的枯燥无味的课堂教学局面，使教学走向生动活泼的同时，也成为教师创设教学情境的重要辅助手段。

## 一、多媒体情境的意义

多媒体情境的创设，运用了现代技术手段演示或制作情境，因此相对于传统教学情境而言，其更加直观新颖，可以有效地激发学生的潜能，使有意识的学习活动和无意识的学习活动相结合，在丰富教学内容的同时，又可以活跃课堂气氛，调动学生求知的自觉性和主动性。

### 1. 激发学习兴趣

兴趣可以推动学生学习的内在动力，相比于教师干巴巴的讲解，运用多媒体课件创设情境更可以激发学生的学习兴趣，使学生积极参与教学活动，吸引其较快进入学习状态。尤其是对于低年级学生来说，效果更好。因为这一阶段的学生注意力集中时间较短，多媒体情境以鲜艳的色彩、优美的图案、动听的音乐和喜闻乐见的动画形象直观形象地再现了客观事物，可以充分刺激学生的感官，调动其好奇心，激发其学习的积极性，使其能保持较长的注意力，同时以轻松愉快的心情参与到课堂教学中来。

某教师在教学"找规律"一课时，设计了"蓝猫超市"开业的情景。超市门口挂满了灯笼、彩旗，还摆放着很多漂亮的鲜花，屋里放着动听的音乐，而且来了许多顾客。教师让学生自己去发现规律，学生很快就发现灯笼是按一盏红色一盏黄色，这样一组一组重复排列的；彩旗是按一面红色一面绿色一面蓝色，一组一组重复排列的，然后引出事物按照一定的顺序排列，它就有了规律。再组织学生找出鲜花、音乐以及顾客的衣服颜色的规律。

在这样丰富多彩的情境中，学生会不知不觉地被吸引进去，进而主动获取知识，完成学习任务，达成学习目标。

### 2. 帮助课堂生活化

多媒体功能的强大，可以使其在情境生活化方面起到重要的作用。在教学中运用多媒体教学手段，将学生不容易理解的一些内容用生活中的情境展示出来，可以拉近学习内容与学生的距离，使学生在形象生动的展示中明确客观事物形成和发展的过程及其规律，再现生活情景，为学生思维活动的展开提供了可靠的感性依托，有利于各种能力的培养。

**3. 帮助学生理解内容**

利用多媒体创设教学情境可以打破时间和空间的制约，延伸和拓宽教学时空；通过图像、声音、色彩和动画，可以传递教学信息，解决时间和空间的限制造成的教学难点，使学习内容变得容易被理解和掌握，培养并发展了学生获取信息、分析信息和处理信息的能力。

某语文教师在教学一年级上册《江南》一课时，考虑到学生处于北方，便制作了多媒体课件，创设教学情境，让学生在多媒体的演示中欣赏江南水乡的美景和儿童们乘船采莲的情景；接着引导学生读诗句，体会"莲叶何田田"的荷塘美景以及鱼儿在莲叶下面游水嬉戏的情景。这样一来，学生更深地领略到江南的情景，这首描写江南水乡的小诗也深深地印记在学生的心里。

在这里，借助多媒体创设的情境使课文具体化、形象化，让学生看得清楚、感受真切，迅速感知课文内容，从而接受和理解课文中的语言文字，获得美感，使学生在欣赏图画之美的同时，还能欣赏到语言文字所蕴含的无穷魅力。

## 二、巧用多媒体情境提升教学质量

多媒体情境是利用计算机把文字、图形、图像、动画、视频影像等众多媒体综合起来，创设相应的情境，以辅助教学。多媒体情境可以运用于教学的不同环节，以提升教学质量。

**1.控制教学氛围，激发学生学习兴趣**

借助多媒体将教学内容图像化或动态化，可以迅速集中学生的注意力，将其思绪带入特定的学习情境，激发起学生浓厚的学习兴趣和强烈的求知欲，对一堂课的成功起着至关重要的作用。尤其是理科教学，多媒体的声光、色形、图像的翻滚、闪烁、定格及色彩变化、声响效果更能营造生动的学习氛围，有效地开启学生的思维闸门，使学生由被动到主动，轻松愉快地进入新知识的学习。

某教师在教学"四种命题"这一内容时，通过 Flash 演示了故事情节：

有一个主人很热情地约了四个朋友一起过生日，结果只有三个朋友赴约，主人见人没来齐，便说："该来的没来。"过一会儿，有一个朋友走了。主人又说："不该走的走了。"这时另一位朋友也走了。主人见情形不对，对剩下的一位说："我又没说他。"结果这位朋友也走了。

提问：主人的朋友为什么会走？

在这个案例中，Flash 演示让故事变得形象直观，不但使学生在观看故事的过程中激起强烈的学习兴趣和探索欲，而且化抽象为形象，使学生轻松进入学习状态。

**2. 突出重点、突破难点、呈现过程**

爱因斯坦曾说过："教育应该使提供的东西，让学生直接轻松地作为一种宝贵的礼物来享受，留下深刻印象，而不是作为一种艰苦的任务要他负担。"教学中的重点和难点，借助多媒体中的计算机技术加以处理，以演示的方式展示一些连续变化的教学过程或教学内容，可以形成鲜明逼真的动态效果，使抽象的知识按其本来面目完整地表露在学生面前，帮助学生理解内容，形成抽象概念或直观地理解内容。

关于摩擦力概念中的静摩擦概念这一内容，相对运动和相对运动趋势的理解非常重要但又不好用语言表达。某教师借助多媒体在课件中创设几种情景，结合具体实例及动画演示，效果十分明显。在讲授法拉第电磁感应定律时，其中实验演示导体切割磁感线对于学生来说难以理解，利用多媒体课件展示磁感线的分布及怎样运动才切割磁感线，可以让学生更加形象地感受抽象的情景。

在这里，教师对于教学中的难点，借助多媒体的动态画面展示，利用多媒体的图画特性将抽象的、理论的东西形象化，将空间的、难以想象的内容化，帮助学生很好地理解了知识。

### 3. 巩固知识、提升能力

多媒体强大的交互性，使得在课堂教学中学生与教师能自由调整和控制学习进程。尤其是对于重点和难点的巩固练习上的效果非常好，能化抽象为具体，使学生通过娱乐性的分层测验，轻松巩固已学知识，切实激发学生发自内心的学习兴趣，达到"减负提素"的目的。

# 专题四

# 科学选择实施高效教学

高质量课堂离不开高效教学。教学方法正确与否，直接影响着教学效果和教学质量。因此，教师要打造高质量的课堂，就应依据学情、教学内容，在充分备课的基础上，选择科学的教学方法，从而提升学生的学习效果，提高课堂教学质量。

# 策略 15

# 行动导向式教学

行动导向教学法是在教学过程中以学生为主体、教师为向导，以行动导向为驱动方式的教学方法，其目的是培养学生分析问题、解决问题的能力。这种教学方法可以让学生的思考与行动结合起来，让学生在行动过程中理解知识、实践知识，促使学生核心素养的提升。

## 一、教学特点

行动导向教学法创设了动态开放式课堂，符合学生好动的心理特征，调动了学生学习的积极性，激发了学生学习的热情。这一教学方法具有如下特点。

### 1. 突出学生主体

行动导向式教学采用边用边学的方式，借助学生感兴趣的事情激发学生的学习兴趣，变枯燥为乐趣，化抽象为具体，强调发挥学生的主体作用，重视学生的自主学习。

（1）学生参与教学过程的始终

这种教学方式要求学生参与教学过程的始终，主动地设计教学过程、实施教学计划和评价教学行动结果，使学习成为学生有目标、有意识的行为，促进知识、技能的意义构建。同时在这样的学习过程中，学生与教师、同伴合作交流，进行深层次对话，不仅成为信息输入者，更成为信息输出者，主动实现认知、技能与情感的均衡发展；学生成为探究者，自觉、积极地衔接、碰撞、同化、加工各类"信息"，主动建构知识，获得成就感，产生喜悦和冲击力，进而增强学习信心，提高学习知识和技能的兴趣。

（2）学生是行为的主体

在这样的教学过程中，学生是学习行为的主体，处于教学的中心；是教学的行动主体，参与活动中的既有动作行动也有心智行动。因此在整个教学过程中，学生在学习的每一个阶段都可以自我决定，全程参与学习活动过程的设计、实施和评价，既动手又动脑，执行每一步学习行动。

（3）学生进行有意识、有目标、有反思的活动

在这一教学过程中，学生进行的是有意识、有目标、有反思的活动，以培养知识和获得能力作为学习目标，因此在学习过程的每一个环节都处于反思中，行动的状态都能进行自我控制，从而有意识地在此过程中训练自己、提升自己，获得思维和行动的提升。

**2. 重视任务导向**

行动导向式教学法以任务为核心，并使任务贯穿教学活动始终。学生在讨论任务、分析任务、操作完成任务的过程中顺利建构起知识结构，突出培养学生的实践能力和思考能力。

（1）任务是具有教学意义的学习性任务

这种学习任务必须与学生的日常生活有关，是综合性的问题，可促进跨学科学习。换言之，这样的教学中的任务一定要起到引领行动的作用，是典型任务，可以是基于真实情境的任务或模拟情境的任务，如此才能发挥学习的导向性。

（2）任务是引领教学的主线

在这一教学过程中，围绕着任务可以采用多种教学方法，比如引导课文教学法、项目教学法等。任务只是引领的最基本的形式，学生要围绕真实或模拟的任务独立计划、独立实施、独立评估，从而在完成任务的过程中达到获取知识、提

升能力的目的。

（3）任务促使学生主动学习

任务是这一教学方式的载体，教学的核心就是学生在任务的引领下开展的主动学习。学生在任务展开过程中不断进行分析、推敲和创新，发挥学习的主观能动性，处于自我反思的状态中，因此在学习过程中培养了创新思维和知识应用能力。

## 二、教学实施

任务导向式教学法不但有利于学生获得知识与技能，而且有利于培养学生的情感、动手能力、创新思维及团队协作意识等关键能力。教师在实施的过程中要遵循相应的教学步骤，采用多种教学方法。

### 1. 教学步骤

行动导向式教学一般可以分为四步：一是课前准备，即教师要在课前做好充分的准备，包括教学设备、多媒体课件、教学任务，要对学生进行合理的分工，并针对教学任务准备所必需的材料等；二是下达任务，即教师将任务用简洁的语言进行陈述，并下发到学生手中；三是完成任务，即学生的任务在合理分组的情况下，以组内分工协作的方式共同完成工作，这是这一教学法的主体部分；四是展示学生的作品，即将学生完成任务的相关成果进行讨论、归纳、总结，找出规律特点。

### 2. 教学方法

行为导向式教学法就本质而言是一种培养学生将来具备自我判断能力和责任行为的教学思想，是各种以能力为本位的教学方法，最根本的核心是以学生为中心，通过学生的主动参与，获得直接的经验，提高观察事物、分析与解决问题的能力。在教学过程中可以综合运用多种方法。

（1）小组讨论

这种方法是这一教学过程中被用得最多的一种方法。具体实施过程包括此前的小组划分和小组活动。其中，小组划分时，要注意成员之间的强弱搭配；在小组任务分配时要注意成员之间的水平差异、性格特征，力争小组的每一个成员都能"跳一跳摘到桃子"。小组讨论时，要注意采用演讲和论述的方式。演讲时教师进行记录，演讲完毕后，教师鼓励小组成员进行补充说明，然后让其他小组提问本小组成员进行解答，最后教师提问并总结点评，表扬任务完成较好的小组。总之，小组讨论法可以培养学生的语言表达能力、辩论能力和总结能力。

（2）引导文教学

所谓引导文教学，就是用预先准备的引导性文字，引领学生解决实际问题。这种方法包括信息收集、计划、决策、实施、检验、评估等教学流程，旨在让学生独立完成围绕任务提出的相关问题。在教学过程中，要注意引导学生找出独立应对任务的知识和方法，使之在解决复杂问题时根据引导问题的指示完成任务，从而使学生既能获取知识，又能在有计划地完成任务的过程中培养独立自主的学习能力。

（3）项目教学

这一教学法用于行动导向式教学中，可以为学生提供更多的独立组织教学活动的机会。一般包括五个步骤：一是发现问题并使其与参与学生有关；二是定位问题，指出问题的引导性目标，再提供问题的引导性介绍；三是确定解决方案的大致轮廓，根据目标制定方案；四是模拟测试解决方案，检测解决方案的可行性；五是用实际结果的验证完成工作。

（4）角色扮演

这一方法运用于任务的完成过程中，旨在活跃课堂气氛，调动学生参与课堂教学的积极性。主要是教师围绕任务，为学生分配一些实际角色进行表演；学生自行进行角色分配、设计对白、研究出场顺序等，最后在规定的时间内完成表演，从而轻松地学习并享受这种教学方法带来的乐趣。在这一方法的实施过程中，学生首先要把握自己的行为能力，同时要注意到对方角色的反应。

（5）案例教学

这种方法旨在培养学生的决策能力，因此学生首先要学习解决问题的途径和手段。在教学过程中，教师可以采用以下步骤：一是要让学生在已知条件下自己发现问题；二是为学生提供与问题有一定联系的背景信息和一些相关案例，为本次任务的完成做准备；三是要引导学生分组分析和解决问题，使学生在分组学习或独立思考过程中自主学习；四是要安排学生介绍结果、讨论和评价案例结果；五是要考虑和讨论案例结果在类似问题上应用的可能。

# 策略 16

# 任务驱动式教学

任务驱动式教学是为学生提供体验实践的情境和感悟问题的情境，使学生围绕任务展开学习，以任务的完成结果检验和总结学习过程等，目的是改变学生的学习状态，使学生主动建构探究、实践、思考、运用、解决高智慧的学习体系。

## 一、教学原理

任务驱动式教学是建立在建构主义学习理论基础上的一种教学方法，是以解决问题、完成任务为主的多维互动式的教学方式，旨在引导学生在完成任务的过程中展开探究式学习，使之在学习过程中始终保持积极的学习状态，能根据自身对当前问题的理解运用共有的知识和自己特有的经验提出方案、解决问题。这一教学方式有利于知识的建构和学生能力的提升，是基于建构主义学习理论创设的。

### 1. 理论起源

建构主义的最早提出者是认知发展领域最具影响的心理学家皮亚杰，他在其所创立的关于儿童认知发展的学说中提出同化、顺应和图式这三个概念。此三者是建构的基础。其中，同化是指把外部环境中的有关信息吸收进来并结合到儿童已有的认知结构（也称图式）中，即个体把外界刺激所提供的信息整合到自己原有认知结构内的过程；顺应是指外部环境发生变化，而原有认知结构无法同化新环境提供的信息时所引起的儿童认知结构发生重组与改造的过程，即个体的认知结构因外部刺激的影响而发生改变的过程。据此可知，同化是认知结构数量的扩充（图式扩充），而顺应则是认知结构性质的改变（图式改变）。

### 2. 理论内容

正是在同化、顺应和图式的基础上，皮亚杰指出，儿童的认知结构就是通过同化与顺应过程逐步建构起来的，并在"平衡—不平衡—新的平衡"的循环中得到不断的丰富、提高和发展。这就是皮亚杰关于建构主义的基本观点。后来经过不断发展，建构主义学习理论得以完善，并明确提出，知识不是通过教师传授获得的，而是学习者在一定情境及社会文化背景下，在已有的知识基础上，借助于他人（教师或同学）的帮助，利用必要的学习资源，通过意义建构的方式获得，即学习是一种积极主动的探索过程。

### 3. 理论要素

建构主义学习理论认为，情境、协作、会话和意义建构是学习环境中的四大要素或四大属性。其中，学习环境中的情境必须有利于学生对所学内容的意义建构,即在建构主义学习环境下,教学设计不仅要考虑教学目标分析,还要考虑有利于学生建构意义的情境的创设问题,并把情境创设看作教学设计最重要的内容之一;协作发生在学习过程的始终,对学习资料的收集与分析、假设的提出与验证、学习成果的评价直至意义的最终建构发挥着重要作用;会话是协作过程中的必备环节,借助这一方式,学习小组成员就完成规定的学习任务的计划进行商讨。此外,协作也是学习过程中的会话,每个学习者的思维成果(智慧)借助于它成为整个学习群体的共享资源,因此对意义建构发挥着重要作用。

## 二、教学实施

基于建构主义理论的任务驱动式教学模式,是一种以学定教、学生主动参与、自主协作、探索创新的新型学习模式。它以任务为主线、教师为主导、学生为主体,通过创设情境、确定任务、自主与协作学习、效果评价四个基本环节构成整个教学,让学生在任务的完成中提高学习兴趣,培养分析问题、解决问题的能力,提高自主学习及与他人协作的能力。

### 1.创设情境,提出任务

既然是任务驱动型教学,那么任务就是一系列教学(学习)活动的中心,是实现教学目的的载体,是联结知识与能力的桥梁。所以,任务的提出非常重要,一方面要创设恰当的任务情境,另一方面要明确任务的特点。就情境创设而言,要基于任务的特点和任务的内容。因此提出好的任务,明确任务的特点极为重要。具体来说,好的任务要具有以下四个特点。

(1)目标性

所谓目标性是指任务旨在培养学生的能力,因此在设计任务时要紧扣教学目标,使教学目标清晰明确,要让设计的每一个任务都与相应的教学目标对应,大任务对应大的教学目标,小任务对应小的教学目标。当然小任务就是大任务的拆解，小目标就是大目标的细化。可以说，若干个训练主题互不重复的小任务包含在统一的大任务中。

（2）情境性

即任务是在事先创设的具有现实意义的生活化的情境中呈现出来的，让学生在将所学知识用于生活的过程中体验到成功的快乐，并在完成任务的过程中获得新的技能。更重要的是，当任务置于生活化的情境中，学生就会产生完成任务的自觉性和主体需要，就会乐于参与教学活动。这也是要创设恰当的情境的原因之一。

（3）探究性

即设计的任务要让学生产生探索的欲望。因此，在任务设计的过程中可以让一系列难度递进的小任务构成大任务。如此一来，学生便会在解决一个又一个小任务的过程中带着成功的喜悦和兴奋，获得无穷的趣味。需要注意的是，这些探究性任务要体现具有操作性的特点，要临近学生的"最近发展区"，是学生通过自主或合作学习可以获得新的发展任务。

（4）综合性

即任务要与学生的生活实际或学科学习内容相联系，要成为吸引学生参与学习的一个有效手段。比如，解决生活中的实际问题。


环节一：导入新课，设置情境。

师：多媒体展示"华为"发展历年表，介绍"华为"的发展历程，从而引出本课课题"积极参与国际经济竞争与合作"。

生：结合自身生活体验，根据教师的介绍，对"华为"的对外开放历程产生好奇和兴趣。

环节二：自主学习，习题自测。

师：多媒体展示新闻《华为不满欧盟反倾销》，提出相应问题引出世贸组织，引导学生回答判断题，整理世贸组织的相关知识点，厘清易错易混点。

生：完成任务一，自主学习教材后完成相应的判断题。

环节三：材料探究 辩证思考。

师：多媒体展示"华为"总裁任正非的文章以及"华为"海外销售走势图，提出相应问题。引导学生辩证看待中国入世的影响。

生：完成任务二，阅读、分析材料和图表，思考、回答相关问题，明确中国入世的影响，提升辩证思考的能力。

……

这是某高中政治教师在教学高中思想政治必修1"经济生活"第四单元"发展社会主义市场经济"的最后一课时采用的任务驱动式教学的环节节选。从内容可以看到，在整个学习过程中，教师借助层层递进的学习任务驱动，将抽象的问题具体化，使学生在自主学习、合作探究中完成教学目标。

**2.分析任务，逐层分解**

在任务提出后，为了能让学生找到任务中的知识点，找到完成任务的突破口，教师就要帮助学生分析任务中的问题。在教学过程中，教师是整个教学过程的组织者、指导者，必须对在信息加工及意义建构的过程中的学生给予适当的指导与帮助，不要妨碍学生的独立思考，要引导学生主动探究，启发学生对自己的学习情况进行评价。

子任务1：共读《神龙寻宝队》。

任务说明：自主阅读《神龙寻宝队》，针对1~3部梳理故事情节，从人物、场景、装备、险情、应对等角度分析这个探险故事。运用故事山、思维导图或表格分析一个探险故事，进而产生构思和创作一个惊险刺激探险故事的兴趣。

子任务2：探秘——他们是怎样思考的。

任务说明：通过表格梳理本单元三篇课文《自相矛盾》《田忌赛马》《跳水》和补充文本《郑人买履》中人物的思维过程，对人物的思维进行评价并思考从中获得的启示。交流讨论自己构思的探险故事中，人物遇到困难和挑战时，其行动背后有怎样不同的思维过程，结果有什么不同。

子任务3：创作一个探险故事，举行探险故事分享会。

任务说明：用1~2周进行自主构思和撰写，创作出一个字数不限的探险故事；运用从语文园地"词句段运用"中学到的修改思路和符号修改故事；"出版"自己的探险故事（包括推荐语、封面设计、插画设计等），在班内分享。

上述三个子任务，是五年级语文下册第六单元以"思辨性阅读与表达"为核心任务的子任务分解，教师围绕"思维指导行动，理解故事中人物的思维过程，能够加深对故事的理解"这一教学目标，由浅入深、极富逻辑性地引导学生由浅入深地理解内容。

需要注意的是，在运用分解后的任务驱动教学的过程中，教师要在教学开始时明确任务的内容及其要求，使学生了解学习的目标，引导学生分析任务，使他们尽快明确自己的入手点，并逐步提出新问题，探究问题的解决办法。

任务1：了解中国古代诗词的发展历程。

要求：（1）学生分组进行调研，了解中国古代诗词的起源和发展历程；（2）每个小组制作一份调研报告，并用PPT进行展示；（3）学生通过报告和展示，了解中国古代诗词在不同时期的特点和影响。

任务2：分析古代诗词的艺术特色。

要求：（1）学生阅读指定的古代诗词作品，分析其中的意境、修辞手法等艺术特色；（2）学生以小组为单位，进行讨论，整理出每个小组所分析的诗词作品的特色；（3）学生用文字和图片制作一份诗词特色展示册。

这是某语文任务驱动式教学对相关任务的要求。这些要求为学生完成任务明确了方向，为后续环节中的活动开展指明方向，从而让学生能尽快入手，展开学习。在这一环节中，就算是需要讲解演示，教师也一定要让学生了解操作过程背后的分析、思考及方法策略等，引导学生积极主动地开展思维活动，同时还要注意自己的操作规范。

### 3. 分组实践、讨论，完成任务

学生在明确了任务要求后，会分析问题，继而找到解决问题的突破口。此时，他们会对学习产生浓厚的兴趣。这时学生就会在小组内分工合作，共同解决问题，并在解决问题时充分发挥其主观能动性。在这一过程中，由于任务驱动，学生会获得更多的时间和机会进行讨论沟通，其思维过程得以展现。学生在彼此交流观点、方法的同时，还可以对照别人的观点检查审视自己的观点，以促进智力思维的发展。特别是对有争议问题的讨论，可以让学生开阔眼界，激发其深入思考问题。

当然，在这一过程中，教师要根据学生的实际情况，将学生分成小组，使之能够相互帮助、取长补短、互为老师，充分利用彼此之间的资源差异，使他们人人有收获、个个有成就。

### 4. 总结评价

任务驱动式教学中的评价环节，就是对学生完成任务的效果进行评价。评价应注意时效性，要及时就学生完成任务的过程和完成任务的质与量做出适当的评判。评价准则要依据教学目标的要求，充分体现对学生的激励和促进；要关注学生的个性与水平差异，鼓励学生积极参与，允许学生用不同的方式展示自己的能力和水平，激励学生勇于创造实践，在实践中鼓励拔尖、鼓励专长、鼓励创见。

# 策略 17

# 小组合作式教学

小组合作式教学是教师将学生合理分成小组，学生在小组内进行交流与合作，共同完成学习目标。这种教学方法可以提供更加积极和有效的学习环境，培养学生的合作意识和团队精神，并激发他们的学习动力。

## 一、教学原理

小组合作教学法相对于传统教学模式而言是一种新的教学方式，可以激发学生的学习兴趣，使之更加积极主动地参与学习，提高学习内驱力；在相互讨论和借鉴的过程中加深对学习内容的理解和记忆，提高学习效果；在相互协作，共同完成任务的过程中培养合作意识和团队精神。这一教学方法是基于以下原理开展的。

### 1. 学生中心

小组合作教学法鼓励学生参与和主动学习，将学生的学习活动放在教学的核心位置。学生通过交流、合作和讨论构建自己的知识体系，从而更好地理解和掌握学习内容。

### 2. 合作与交流

小组合作教学法强调学生之间的合作与交流。小组内的学生可以共同探讨问题，相互帮助和借鉴。在合作中，学生可以互相促进，共同进步。

### 3.知识建构

小组合作教学法认为，知识是学生通过参与实践和合作学习来建构的。在小组内，学生可以通过相互讨论和分享，逐渐建立起对知识的理解和认识。

## 二、教学实施

小组合作式教学中，小组的每个成员都可以参与到学习讨论和分享环节中，表达和分享自己独有的情感、思想和认知技巧，这样可以提高学生的自主思考能力和学习新事物的能力，有效地提高课堂教学效果和教学质量。在实施过程中，教师可以依据教学内容、教学条件和学生特点采用不同的类型。

### 1.小组讨论

这种方式就是将学生分成小组后，让他们就某个问题展开讨论。在小组讨论中，学生可以充分发表自己的观点，同时也可以从其他组员中学习新的知识和见解。

第一步，确定讨论主题。

这是小组讨论的首要步骤，只有明确了讨论主题，才能为后续的讨论奠定基础。因此在开展小组讨论前，首先确定讨论主题，继而围绕主题拟定讨论提纲。讨论提纲包括讨论的目的、问题、内容及预期达到的目标。

第二步，组成小组。

在讨论提纲确定之后，接下来就要根据讨论主题选定相关的人员组成讨论小组。一般来说，讨论小组的人数以6~10人为宜，过多则讨论无法集中，过少则讨论无法深入。

第三步，排列座位。

讨论小组确定后，最好将小组成员集中起来，这就涉及座位的安排。这是保证小组讨论成功的重要因素。原则上，讨论小组成员之间最好采用圆圈式或马蹄形座位，以利于参与者面对面地交谈。

某物理教师在上课前，依据学生的个体特点、彼此喜欢程度等，将学生分成10个讨论小组，教室黑板前设一演示台，每2人配有上述实验器材一套，教室的布置尽量营造一种随意宽松的氛围。教师在演示台上通过演示实验，说明浮力的存在。并结合手托木块演示，进一步说明浮力大小的变化，随后呈现出"讨论主题"：物体所受的浮力与哪些因素有关？

提出该问题后，教师把发言权交给各讨论小组，并提醒各小组成员在讨论中提出自己的观点，并用生活实例、经验或可利用分配给小组的器材和其他器材通过实验来证明自己的观点，如果不同意其他成员观点的，可以反驳。随后，教师离开演示台，站到教室的一角，静观学生的讨论行为。学生讨论期间，不管其结果是否正确，教师都不能直接加以评判。大约25分钟后，教师要求各小组汇报讨论结果：可能出现的情况……

"因为木块在水中会上浮，铁块在水中会下沉，所以浮力大小跟物体的密度有关。"

"要把木板按入水中要比把木块按入水中更难一些，所以浮力大小跟物体与水的接触面相关。"

"人在河水中会下沉，但在死海中却会上浮，所以我认为浮力大小与地理位置是有关的。"

"熟鸡蛋在水中会下沉，但在盐水中会上浮，所以浮力大小还跟液体的种类有关。"

教师把各个小组的讨论结果全部写在黑板上，然后说："既然浮力是液体施加给物体的，那么其大小极有可能与液体有关。2000多年前的希腊学者阿基米德早已找到一种方法，这就是著名的阿基米德原理。前人经历了许多失败，替我们找到了一条成功的路。现在我们就沿着这条路走一遍，通过实验得到结论，体验一下成功的喜悦。"接着，教师展示出溢水杯实验的装置，对照实物向学生介绍实验原理，特别是溢水杯的作用。

在做完溢水杯实验，并得出阿基米德原理后，组织学生反思并讨论各小组汇报的并已写在黑板上的讨论结果，课堂在学生热烈的活动气氛中结束。

上述案例就是小组合作讨论教学方法。在讨论中，学生开拓了思维，主动学习，积极讨论，探究问题，找到了问题的答案。

**2. 项目合作**

由于小组合作式教学是和众人共同完成一个或几个任务，强调合作性，因此这一教学方法可以用于项目合作中。具体来说，这一小组合作式教学可以采用以下步骤实施。

第一步，确定项目主题。

这是教学的第一步。教师可以根据学生的兴趣爱好、课程内容等因素确定一个具有挑战性和实践性的项目主题，且主题要与学生的实际生活和学习紧密相关，以便引发学生的学习兴趣和探究欲望。下述案例就是某小学科学教师基于对学生的兴趣爱好和课程内容，确定的项目合作学习的主题。

小学生对植物有天然的好奇心，种植是他们乐于从事的实践性活动。《义务教育科学课程标准》中"生物体的稳态与调节"这一部分的课程内容建议教师鼓励学生开展基于实验的探究活动，探索植物生存、生长的规律；引导学生围绕植物生长所需的条件开展系列探究。因此基于大单元设计，教师设计了"探秘植物的生长"这一主题的项目，其内容涵盖二年级上册第三单元《植物与环境》，三年级上册第一单元《植物的"身体"》和三年级下册第四单元《植物的生长》等相关内容。

第二步，制订项目计划。

这是教学的第二步。在确定项目主题后，教师就要围绕主题制订一个详细的项目计划，包括项目的目标、实施时间、学习内容、学习方法和评价标准。计划要具体、可行，能够引导学生按照计划有序地开展项目学习活动。下图就是上述主题项目学习的计划，详细地列出了不同阶段的任务和内容。

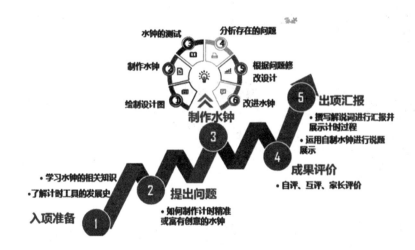

第三步，组织学生团队。

这是教学的第三步。教师可以将学生分成小组，并给每个小组分配一个项目任务，并要求小组成员在小组内合作完成。当然，学生团队要由教师指导，学生自主组成，旨在完成项目学习任务，且团队要以合作学习为核心。总之，通过团队合作、项目合作，学生可以提高解决问题的能力、团队合作精神和创新能力。

第四步，开展项目学习。

这是教学的核心步骤。在项目学习过程中，学生通过实践活动掌握知识和技能，以提高实际应用能力。教师要给予学生充分的支持和指导，鼓励学生自主探究，发挥学生的积极性和主动性。

第五步，评价项目成果。

这是教学的重要环节。教师要制订评价标准，对学生的项目成果进行评价，既要关注项目完成度，也要关注学生的学习过程和学习效果。评价结果应该及时反馈给学生，并指导学生进行改进。

第六步，总结项目经验。

这是教学的最后一步。教师要与学生一起总结项目学习的经验和教训，探讨项目学习的优缺点，为以后的项目学习积累经验和提供借鉴。总结项目经验有助于提高教师的教学水平和学生的学习效果。

# 策略 18

# 创客式教学

创客式教学是基于创意教育的一种教学方式，是以创造、创新为理念，动手实践为方法，旨在培养学生创造力的教学方式。这种教学方式的实施利于教师的教和学生的学，使学生从单纯地掌握学科知识转变为发展综合能力。

## 一、教学起源

创客式教学是在互联网的普及和信息技术的迅速发展的前提下发展起来的。它的出现，让教学发生了翻天覆地的变化，使得教学方式和学生的学习方式发生了改变。

**1. 方法内涵**

所谓创客，即制造者（Maker），最初起源于源于美国麻省理工学院微观装配实验室的实验课题。其提出者克里斯·安德森指出，创客就是依据利用网络、3D 打印以及开源硬件等技术手段进行创新，努力把创意转变为现实的一群人。随着开源硬件平台、数字制造、信息通信等技术的日益成熟，创客群体日益壮大，创客运动逐渐开展起来。这种活动形式迁延到课堂教学中，是以为教育教学提供新方法、新思路，学生可以通过相关课程的学习，动手制作和设计作品的方式开展教学活动。创客式教学成为"互联网＋"时代培养创新型人才的重要方式。

2016 年，中国创客教育专委会对创客式教学给出的定义是：基于学生兴趣，以项目学习的方式，使用数字化工具，倡导造物，鼓励分享，培养跨学科解决问题能力、团队协作能力和创新能力的教学方式。

**2. 方法特点**

创客式教学，旨在通过创新活动培养学生提出问题、分析问题、解决问题的综合能力。这是一种融合科学研究、技术制作、艺术创作的全过程的学习，因此可以培养学生的主动探索精神和自主创新能力、合作研究能力和艺术创作能力。这一教学方式具有如下特点。

（1）整合性

这一教学方式打破了学科界限，不再局限于传统的语文、数学、物理、化学、生物等单一的课程模式，而是整合了艺术、电子、控制、网络等不同学科知识。因此，学习内容具有较强的包容性、综合性和交叉性，学习的出发点也具有更强的生活性，是主要基于现实生活问题，统整各相关学科知识的一种教学方式。除此之外，创客式教学的实施还需要整合多学科教师力量，需要各学科教师协同开展教学设计与学习指导。教师需要根据具体问题的类型、创意作品的实现方式等灵活设计、有机整合多种学习活动。

（2）研创性

这一教学方式彻底改变了传统教学的过分传授、形式固化、单调无趣的现状，给学生更多自由探索的空间，激发学生内在的创造潜能。在教学活动中，学生从知识的消费者转化为知识的创造者。作为主动学习者，学生可以像科学家一样以研究的方式认知外部世界，体验探究过程，解决现实问题，创造出新的知识，进地研究性学习，进而通过知识发现、经验发明、集体学习、自我激励和社会认知等机制，逐步优化知识结构、提升创新能力，培育创造性品格。

（3）协同性

学习内容和学习活动更多围绕复杂的现实问题展开，学生结合兴趣组成项目小组，在教师的指导下开展集体协作探究。在这一过程中，教师尽可能为学生创造各种条件、提供社会资源，包括家长、学科专家、科研机构等，以帮助学生破解项目过程中所遇到的一系列难题，在动手设计、制作、修改与完善等过程中将创意变成现实的产品、方案与服务。

## 二、教学实施

创客式教学在本质上强调"做中学""创中学"，就是让学生边做边学。学生在"做"中消化吸收并掌握了课堂传授的知识技能，培养了创新应用的意识、探究创造的精神。

锡东高中在"创客空间"课程基地的基础上，于2019年3月在无锡中小学率先提出并实践"创中学"研究项目，这是深入研究聚焦课堂、追求变革的一种尝试。

学校以项目化方式推动"创中学"，构建了公共课程、学科微专题和校本课程三大类，其中有思维可视化、设计思维等公共课程，有创意学习、建模教学等学科微专题课程，有光影锡东、立体纸雕等活动类校本课程。据校长蒋洪兴说，学校的"创中学"课程体系，是以真实问题为情境的任务式、项目化学习，学生通过创意构想、方案设计、创造实践等方式进行学习。这种学习方式更强调发展学生高阶思维能力和解决实际问题的能力，有助于学生冲破思维定式，寻找多样化的问题解决途径和方法，更有助于学生成长。

2017届毕业生周祎在升入高校后，招募了10名学生成立科技公司，半个月获利万元，而他就是受益于母校"创中学"教育方式的证明。

上述案例中锡东高中的"创中学"项目式学习，就本质而言就是为培养学生的创新品质，并借助分享交流创新成果激发学生的创新热情和创新智慧，让学生以创意设计、合作探究、动手实践、分享交流等方式进行创造性活动。

在实际操作中，项目式学习作为创客式教学的输出方式，还可以培养学生的团体协作能力及与他人合作与分享的能力，使之在独立思考、资助探究、合作交流的过程中共同进步。具体来说，这一教学方式在实施中要注意以下两点。

**1. 实施步骤**

成功的创客式教学，其项目式学习必须遵循一定的步骤，如此才能让教学忙而不乱，让学科知识在活动中得以融合，让学生的能力得到提升。

（1）确定项目主题及目标

开展项目式学习，首先要明确项目主题和学习目标。一般来说，项目的主题要和学生的兴趣和学习需求相结合，同时还要与学科知识相关。具有挑战性和可衡量性，以此激发学生的学习兴趣和积极性。

主题：革命题材课本剧表演

目标：（1）整体感知课文内容，厘清文章的脉络；（2）查找并了解人物的革命事迹以及相关的背景资料；（3）关注对人物外貌、神态、言行的描写。

上述主题和目标是某教师在教学六年级语文《十六年前的回忆》一课时组织学生进行了项目化学习。从内容可以看到，借助项目化学习，学生要厘清文章的内容和线索，拓展资料，借助于表演理解人物的思想情感，从而激发学习的兴趣，提升综合素养。

（2）制订项目计划

项目计划是项目制学习的核心步骤之一。教师要围绕主题和目标，设计一个详细的项目计划，其中主要包括项目的时间安排、任务分解和评估方法，以帮助学生了解项目的整体框架，并明确每个阶段的学习目标和任务。

（3）引导进行调研和问题解决

项目式学习强调培养学生的主动学习和问题解决的能力，因此教师要通过提供资源、引导讨论和组织实践活动等方式帮助学生进行调研和问题解决。同时还要及时提供反馈和指导，鼓励学生思考和探索。

（4）组织合作学习，进行成果评价

项目式学习的重要环节就是合作学习，教师要将学生分成小组，让他们在项目中合作完成任务。这可以培养学生的合作意识、团队合作能力和沟通技巧，同时还可以设立小组角色，并定期组织小组讨论和汇报，以促进学生之间的交流和学习。在学生完成合作学习后，项目进入收尾阶段，此时教师就要组织学生进行成果评价。由于项目式学习是跨学科学习，因此评估也是综合性的，要注重学生在项目过程中的实际表现和能力发展，因此采用的评估方法除了传统的考试和作业评估，还要借助项目展示、口头报告和学生自评等方式，以帮助学生发现自身的优势和不足，引导学生进行反思，获得进一步提升。

**2. 实施关键点**

基于创客式教学的项目式学习，要获得成功，达到相应的教学目标，还要注意把握以下实施的关键点。

（1）设计好驱动性问题

项目式学习的开展并非受任务驱动，而是受问题驱动。这种学习方式首先需要学生解决一个由诸多子问题构成的核心问题。正是在问题解决的过程中，学生完成项目，获得学习成果。因此设计科学的问题，是促进项目实施的重要方法。因此，教师要注意把握关键点设计核心问题，在重点、难点处设计问题，厘清知识之间的关系设计驱动性问题。

核心驱动问题：如何设计既适合小学生又受学生欢迎的营养午餐？

分解驱动性问题：（1）小组成员过去七天都吃了什么？（2）小组成员过去七天的食物搭配营养是否达标？（3）如何设计既有营养，大家又喜欢吃的营养午餐食谱？

在这里，围绕着核心问题分解的三个子问题，学生在问题的驱动下会展开调查研究，从而解决问题。于是学习就贯穿于解决问题的过程中，整个项目就在问题中得以推进。

（2）推动持续探究

项目式学习是问题驱动的，要让项目和学习得以顺利进行，还需要教师在整个学习过程中，能推动学生持续探究。因此，教师就要设计一些探究性问题，即不是通过查阅资料就可以获得答案的问题，而是需要学生开动脑筋、动手实践获得答案的问题。比如，"在表演时，为丰富人物形象，你会设计怎样的动作、神态和语言？"这一问题是某教师在教学《十六年前的回忆》一课时开展项目式学习设计的探究性问题。这一问题因其问题的开放性，学生会依据自己对课文内容的理解和人物的理解，研究和设计出相应的手势、神态和语言，这样一来远胜于教师直接告诉学生怎样表演更有效。

（3）学生积极参与

项目式学习应该以学生为中心，整个项目设计的过程应该从学生视角出发，以学生探究为主，因此要促进项目学习的成功完成，就需要学生积极参与。因此，教师在项目设计时要注意设计相应的活动，激起学生的活动兴趣，使其乐于参与其中；要让每个学生都能在活动中看到自己的价值，从而主动参与。

（4）体现学科融合

基于创客式教学的项目式学习，要得以顺利完成，仅限于学科知识是不够的，还需要学生调动掌握的不同学科的知识。因此，这一学习方式在实施过程中，还要注意体现学科融合的特点。

某教师在设计并开展以"故宫十二时辰"为主题的项目式学习过程中，通过"乾隆皇帝的一天"将故宫的各个要素贯穿起来：乾隆皇帝从早上起床到晚上睡觉，都有哪些活动，吃的东西、穿的服饰有什么不一样，有什么样的习俗等。

学生要解决这些问题，就需要展示故宫的建筑、美食、模型等内容，比如学生要将故宫的建筑等比例复原在缩略图上，于是他们就需要了解数学关于比例尺的换算等相关知识。可以说，这个项目需要调动众多的学科知识，如语文、数学、历史、美术、科学、生物等，这就将这些不同学科的知识自然地融入了项目学习过程中。

# 策略 19

# 分层式教学

分层式教学就是教师根据学生现有的知识、能力水平和潜力倾向把学生科学地分成水平相近的几组群体并区别对待，这些群体在教师恰当的分层策略和相互作用中能够得到最好的发展和提高。这种教学方式可以使不同基础的学生的学习都能得到提高，从而达到教学要求，提高课堂教学的质量和效率，也是打造高质量课堂的重要教学方法。

## 一、教学特点

分层教学的教学方法灵活多样，具有个性化学习、因材施教、互动合作、差异性指导、评价反馈、自主学习等特征，可以更好地满足学生的学习需求，提高教学效果，培养学生的综合素质。

### 1. 针对性和个性化

传统教学"一刀切"的方式，往往无法满足所有学生的需求，分层教学考虑到每个学生的学习能力和学习进度的不同，根据学生的学习情况，将他们分成不同的层次，针对不同的学生开展教学。比如，对于学习能力较强的学生，给予更深入的知识讲解和扩展学习任务；对于学习能力较弱的学生，进行针对性的辅导和巩固学习。这种极具针对性的教学方式能够更好地满足学生的学习需求，让不同层次的学生在学习过程中都会获得相应的学习满足，进而提高其学习成效。

同时，在分层教学过程中，由于要根据学习能力和兴趣进行分组，再针对每个小组的学生制订个性化学习计划，从而让每个学生都可以找到适合自己的教学内容和学习方式。这种个性化的教学方式可以照顾到每个学生的学习需求。

### 2. 互动性和差异性

在分层教学中，学生之间有更多的机会进行互动和合作。不同层次的学生可以相互交流和学习，共同解决问题。这种互动合作不仅可以提高学生的学习兴趣，增强他们的学习动力，还可以培养他们的合作精神和团队意识。同时，分层教学考虑到学生之间的差异性，为每个学生提供个性化的指导和辅导。比如对于学习进度较快的学生，提供更深入的学习内容和拓展任务；对于学习进度较慢的学生，提供更多的复习和巩固练习。这种差异性指导可以使学生充分发挥其潜力，提高其学业水平。

### 3. 自主性和反馈性

传统教学过程中，学生处于被动接受知识的状态，对知识的学习缺乏主动性和创造性。分层教学因其个性化学习和针对性教学的特点，可以极大地激发学生的学习兴趣和动力，培养其主动探索和独立思考的能力。同时，学生借助小组合作，可以互相交流和学习，进而在自主学习过程中提高综合素质。此外，分层教学中，教师可以更全面地了解每个学生的学习进度和问题，及时进行评价和反馈。通过对学生的评价和反馈，可以不断调整教学策略，帮助学生更好地提高。

## 二、教学实施

分层教学体现了因材施教这一教学理念，注重提升学生学习的自主性，全面考虑了学生的差异并且尊重学生的个性，满足学生学习的个性化要求，因此对学生的学习会有较大的帮助。在具体实施过程中，要注意以下四点。

### 1. 学生分层

分层教学是针对同一班内学生的学习情况、不同的学习接受能力，划分出不同的层次。因此，要实施这一教学方法，教师就要充分了解学生的实际情况，有针对性地对学生进行分层。

如何对学生进行分层呢？一般来说，教师可以根据班上学生的学习成绩将学生分为 A、B、C、D 四个层次。A 层次的学生接受能力强、有潜力，各方面都很好，属于优等生；B 层次的学生在某方面表现突出，属于中等生；C 层、D 层次的学生基础较差，对学习缺乏兴趣，属于学困生、落后生。

在把学生划分好层次后，教师再根据学生的具体情况给予不同层次的教学，最后通过教学促使 A 层学生的潜能得到发挥；B 层学生能够熟练地掌握基础知识，喜欢上学习；C 层、D 层学生基本掌握基础知识，能够对学习产生兴趣。

## 2. 目标分层

所谓目标分层，就是教师依据学生现实的认识水平，为不同层次的学生分别设计、制订与其相适应的能够完成的教学目标，并采取有针对性的具体步骤，促进不同层次的学生达到教学目标的教学。做到下要保底，上不封顶，使全体学生都能各尽所能，在各自发展特点的基础上，全方面得到提高。

C 组（层）：掌握地球公转的方向、周期，知道南北回归线的概念及度数，会利用工具演示地球的公转运动；

B 组（层）：除达到 C 组（层）学生目标外，还要求能正确描述地球自转和公转的区别和联系；

A 组（层）：除要求掌握地球公转的基本知识和基本技能外，还要能正确理解和演示地球公转时太阳直射光线在地球表面的移动。

上述案例是某教师在执教六年级地理新教材教学实践课"地球的公转"时设计的分层教学的知识与技能上的分层教学目标。从目标可以看到，教师对不同层次的学生提出了不同的目标。

一般来说，教师要在确定哪些教学目标是共同目标、哪些是层次目标后，对不同层次的学生提出具体的要求。比如，让 C 层的学生对基础知识进行预习并完成课后的习题；让 B 层的学生在基础生所学的基础上再前进一节，完成课后习题的前提下审视自己学习中存在的问题，适当拔高；对 A 层的学生广泛调动其积极性，使其能钻、能拼，布置作业和练习要拔高标准。当然，目标要注重行之有效，因材施教。

### 3. 过程分层

分层教学过程中，对教学过程同样要进行分层。这种分层，就是对教学内容进行分层，如此才能让学生这一学习主体和知识这一学习内容有效适配，能够让分层教学科学地开展。在实际教学过程中，教师要注意依据不同知识点、不同学科学习内容的难度差异，做好教学活动的分层设计。

某语文教师在教学"精卫填海"一课时，考虑到古文对于学生学习存在一定难度，于是本着从锻炼学生的学习能力出发，选择用分层教学进行授课，并对教学环节进行分层设计，以促进科学的课堂互动。

首先，这位教师与 C 层学生进行互动，让他们尝试对课文进行朗读，找出课文当中的生字，并让他们对生字予以学习，尝试说一说生字的字音、字义等。之后，与 B 层学生进行课堂交流，让他们尝试根据注释对课文进行翻译，并将课文内容以讲故事的方式表达出来，由此起来考查他们对课文内容的理解情况，锻炼他们的学习水平。最后，要求 A 层学生去思考课文究竟想要表达什么，意欲何为。由此实现对该层次学生思维水平和认知能力的进一步锻炼，让他们逐步掌握透过现象看本质，根据内容来概括段落大意和中心思想的能力。

在这种学习模式下，每一个层次的学生都能够在其能力范围内与教师进行课堂互动，教学效果因此获得提升。

## 4. 评价分层

课堂教学中的评价多以练习的形式呈现。因此，分层教学中对评价分层就实际而言就是对课堂练习、作业等进行分层设计。

（1）课堂练习分层

课堂练习是教学过程中的评价，对其进行分层是分层教学的核心环节，可以及时有效地强化各层次学生的学习成果，及时给予反馈，矫正、检测学生学习目标的达成情况，使之将知识转化为技能。在这一部分进行分层设计，需要教师在备课时针对学生的实际情况和教学内容，精心设计编排练习，或者重组教材中的练习，或者重新选择不同层次的练习。无论采用何种方式对课堂练习进行分层必须遵守基本要求，一致鼓励个体发展的原则，即要在保证基本要求一致的前提下，将知识与技巧分三个层次体现出来。

某化学教师在讲授氯气与水的反应时，设计了如下练习。

C 组：氯气是什么颜色？观察新制氯水是什么颜色？久置氯水的主要成分是什么？

B 组：向新制氯水中滴入紫色石蕊试液，会发生什么现象？为什么？氯水为什么不宜久置？次氯酸的酸性、稳定性、氧化性如何？

A 组：$SO_2$ 也有漂白性，向氯水中加入 $SO_2$ 气体后，氯水的漂白能力如何变化？为什么？写出相应的化学方程式。

这样的分层练习给学生提供了选择的空间，让学生基于自身的"最近发展区"选择适合自己的练习。其中，C 层学生通过练习，做到知其然；B 层学生通过练习不但知其然，还可知其所以然；A层学生则获得了思考、探索的余地，在多想、多思、多问、多解的学习过程中，多问几个"为什么"，进而举一反三，培养学习能力，提高创造性思维能力。

针对课堂练习展开的分层评价，既可以得到学生学习情况的及时反馈，还可以调动学生的学习积极性，让不同层次的学生都能获得相应的指导。一般来说，这种分层评价可以采用教师评、学生自评或互评的方式展开。

教师评，就是教师直接评价学生的学习效果。这种评价对学生的情绪有着非常重要的影响，因此教师在评价时要对学生在课堂作业中表现出的积极、独特之处，多用鼓励性的评价，运用诸如"你的方法太妙了"等给予肯定；对于学生的不足之处，要用发展性的语言来评价，用诸如"我相信你再想一会儿，一定能想出正确答案"等予以激励。

学生自评，包括学生对自己的课堂学习情况进行评价。这种评价是针对课堂上一些比较基础的课堂练习展开的。此时教师要学会放手，给学生充分的自主权，让学生在进行自我评价的过程中自我肯定、自我发现，以此帮助学生养成练习之后自我反思的习惯的同时，还能让学生在自评中获得成就感。

学生互评，包括同桌互评和小组互评两种形式，前者可以针对基础练习展开，后者则要针对拓展性的练习展开。在组织评价前，教师可以为学生提供独立思考的时间，即可以在自评之后再组织互评，尤其是小组互评要在小组讨论、互相评价后，由教师做进一步总结评价，如此就可以给学生创造一个和谐团结的学习氛围，在评价的过程中达到学生互相促进、互相激励的目的。

（2）课后作业分层

所谓课后作业分层就是依据学生的能力、接受程度的不同，设计与安排不同层次的作业，让不同层次的学生都能巩固所学知识，相应提升能力。这种分层表现在题量的不同、难易程度的不同。题型由易到难成阶梯状，让不同层次的学生均可选择自己能完成的作业。

原则上 C 组学生做基础性作业；B 组学生以基础性为主，同时配有少量略有提高的题目；A 组学生做基础作业和有一定灵活性综合性的题目，提升作业的数量和难度。这样一来，不同层次的学生都能"跳一跳摘到桃子"，其学习的积极性得以提升的同时又能发挥作业巩固知识、提升能力的作用。

1.基础性作业

A. 画一幅造型夸张的面具作品。

B. 选择刮画纸或其他绘画方法，运用变形夸张的手法，画一幅面具作品。结合课前收集不同国家和地区的面具文化与艺术的资料，运用变形和夸张的手法，创作一幅特点突出的面具。选择不同的绘画形式，表现两个面具形象，注意夸张变形、装饰丰富、色彩艳丽，做到线条流畅灵活、形式多样、大小变化、突出夸张变形的艺术特点，创作表情丰富、新颖独特的多个面具形象。

C. 用卡纸制作一个造型夸张的面具，色彩鲜艳、注重夸张变形的特点，作品完整运用夸张变形的艺术手法表现面具的五官、表情。

2.课后拓展作业（自选）

（1）面具的表现形式与用途随着时代而变化，在当前疫情的大环境下，让我们设计一款新型防护面具。

（2）根据面具的学习方法可自学《一张奇特的脸》《威武的盾牌》等课程。

（3）用彩泥及多种材料制作一个造型夸张、色彩鲜艳、注重夸张变形的特点的面具，作品完整运用夸张变形的艺术手法表现面具的五官、表情。

上述美术作业在设计上就体现了分层性。其中，基础性作业三个层次的学生都可以完成，拓展作业则给三个层次的学生选择的空间，既保护了学生的自尊心，又为提升学生的能力提供了平台。

针对分层的课后作业，教师要巧用评语评价课后作业，让不同层次的学生均能获得激励，而不是只简单地判"√""×"给作业打一个等级分。只有二者相结合方能对学生的解题思路、方法能力、学习习惯、思维品质等主观素质予以关注，方能有利于师生之间进行思想交流，利于持续改进，提高作业质量。

如何做呢？教师需要在作业评价中加入适当的人文性评语，以反映学生答案正确与否的同时，对学生进行恰当的学法指导，对学生的闪光点进行表扬，拓展学生的思维等。

当学生在作业中出现审题、计算、分析、判断等方面错误时，我会在错误的地方做个记号，写上"运算顺序对吗？""想清计算公式"或"请仔细再算一次结果"等评语，让学生自己去思考改正。

对学生作业中的巧解、灵活解答、一题多解，我会在下面写上"这种解法真妙""你的方法真多"等评语，鼓励他们敢于标新立异，大胆探索。

对于智力因素相对较弱的学生，我会写一些鼓励性的话语，消除其自卑感，激发其斗志，树立其信心。这样即保护了学生的自尊心，又激发了学生学习的热情。让他们进入一种良好的学习状态。

上述内容是一位数学教师总结的自己评价学生作业的方法。从内容可以看到，该教师针对不同的问题给予了不同的评价，可以诱导学生思考，自我改错；可以肯定学生的独特见解，激活创新意识；可以关注非智力因素，培养良好的学习习惯，都收到了相应的效果。

需要提醒的是，对不同层次的学生的作业还要注意不同的评价要求，即对于C层和B层学生的作业评价，要适当宽松些；对于A层学生的作业，要适当严格些。在完成作业的时间上，对 C 层和 B 层学生更要宽松些，而 A 层学生则要紧张些。通过这样不同标准的评价，让不同层次的学生都得到得当的评价，以增强学习的自信心。

例如，对 C 层学生，做对基本作业，就可以给满分；做对选择作业，半倍加分；做对超额作业，一倍加分。对 B 层学生，做对超额作业，半倍加分。再如，对 C 层和 B 层学生，作业做错，可暂不打分，等他们真正搞懂订正后，再给他们判分。有时，C 层学生订正后还不能全懂，我就针对他们作业中出现的问题，再设计些题目让他们补做，练一次，进一步，就给他们加分。这样，学生通过反复作业，从日益增多的分数上切身体会经过自己的努力，学习成绩在提高。

对 A 层学生的作业也采取分类评价。课堂作业，我让 A 层学生之间比速度、比准确性、比思维质量，这样一来就改变了以往书写认真、答案正确就判满分的做法。通过分类评价 A 层学生的作业，在他们之间形成了竞争的氛围，使他们永不满足。

上面是这位教师总结的分层评价要求的具体做法，可以给我们很好的启发。

# 专题五

# 组织有效沟通与协作

借助师生、生生之间的沟通与协作，不同的知识结构、思维方式和性格特征等达到优势互补，极大地提高了学习效率和学习质量。因此，要打造高质量课堂，教师就应注意在课堂教学中借助小组合作、目标驱动和矛盾冲突，通过巧妙地提出问题，指导学生学会科学地倾听，使师生、生生在教学中进行有效沟通与协作，提升教学质量和学习效果。

# 策略 20

# 促进小组合作

　　小组合作是课堂上师生、生生，尤其是生生有效沟通与协作的重要形式。这种学习方式以合作性学习小组为基本形式，系统利用教学中动态因素之间的学生互动，促进学生的学习。这种形式不但可以调动学生学习的积极性和自主性，还能促进学生沟通与协作，让他们在互相学习、互相借鉴中提升。

## 一、小组合作的特点

　　小组合作学习过程中发生了多维互动，具体来说包括生生互动和师生互动。前者发生在学生之间，后者发生在师生之间，从而使得教学成为双边活动，使师生、生生之间在合作学习过程中，建立积极的相互依存关系，促进高质量教学的展开。这一学习方式具有如下特点。

### 1. 学习互助

　　就本质而言，小组合作这一学习方式是一种功能联合体，它从性别、成绩、个性特点、家庭社会经济背景、守纪状况等方面，将2~6名学生组织起来，形成稳定的学习体。这样的学习体具有组内异质、组间同质的特点。换言之就是学生之间在组内互助合作，不同小组间又程度均衡，因此可以保证开展合作学习的公平性。

### 2. 利益共享

　　小组合作的目标就是要让每一个成员都获得发展，因此不同成员之间需要形成利益共同体，即成员间有共同的期望和目标定向。借助于共同的期望和目标，小组内个人目标与小组目标彼此依赖，小组目标又与全班目标紧扣在一起。这样一来，学习的成功既依赖于组员个人的努力，也依赖小组所有成员的努力。每个人在获得成功的同时，也为别人创造了获得成功的条件；组内成员之间的学习关系不是输赢关系，没有利害冲突，而是互相协作、互相支持的共生关系，整个小组是一个利益共同体。

### 3. 责任分担

小组合作这种学习方式不同于传统学习方式，它让责任更清，避免了"搭便车"（学生浑水摸鱼，不认真学习）的弊病。在合作学习的过程中，每一个成员都要明确自身的责任：一是为自己的学习负责，学习成效与是否尽责相关；二是小组任务分解到个人，每个人都承担了小组特定任务，一个人完不成任务，对他本人、对小组都将产生影响；三是每个人都依靠自己的力量独立完成任务（包括测验独立作业）。除此之外，小组的每个人都有义务互相帮助，这也是不可推卸的责任，即做到"一人为大家，大家为一人"，以体现学习活动的公益性。

## 二、基于共同目的促进沟通与协作

小组合作学习是以小组活动为主体而进行的一种教学活动。在这样的学习过程中，小组成员共同合作、交流、讨论、实践，共同完成学习任务。这一学习形式可以有效地提高学生的学习效果，培养学生解决问题的能力和团队协作能力。而学习任务的完成和学习效果的达成，必须建立在良好的沟通与协作上。因此，教师要基于共同的学习目标，从以下四个方面入手，推动小组合作学习中的有效沟通与合作。

### 1. 营造良好的沟通氛围

小组合作学习中，成员之间的沟通是非常重要的。为了促进合作学习的开展，保证合作学习的效果，教师要注意营造良好的合作学习的氛围，促进沟通和协作的开展。

（1）交代目标，以身示范

教师在开展合作学习前，首先要让学生明确学习目标，并以身作则。所谓明确学习目标，就是要让学生明白小组合作学习的目的是什么，如此学生才有共同的方向和想法，才能为了共同的目标相互交流。教师的示范作用，则是教师要基于学生的实际情况，用自身的实际行动让学生明确合作学习中沟通与协作的重要性。

某数学教师教学乘法口诀对口令时，在组织学生进行合作学习前，先和全班学生对口令。先请一名学生和自己对口令，然后再请两名学生自由对口令。这样一来，学生就会在头脑中形成合作学习的模式，受到教师的引领。最后，这位教师才放手让学生进行合作学习——同桌互对、小组自由对。

在这个案例中，这位教师在学生开展小组合作学习之前，先示范合作交流。如此一来，学生就明白了合作交流的方向性，进而在合作学习时得法，交流得当和有效。

（2）建立良好的合作学习的规则

教师一方面要制订合作学习的规则，让学生明确在合作学习过程中要相互尊重、相互支持、积极合作等；另一方面要运用"羊群效应"，确定合适的小组长。

合作交流学习过程中，如果没有组长的组织和指挥，合作学习就只是徒有其名，学生的合作学习就只是浮于表面，看似热闹，实则无效，甚至一些自制力差的学生，会在合作学习中发散不良影响，致使课堂组织纪律散乱，导致教学事倍功半。因此，一个合适的小组长对于促进良好的合作学习的展开可谓至关重要。

因此，教师要选择智力水平良好，发言积极，操作能力较强，表现欲强的学生做学习小组的组长。同时，教师还要对组长进行有效的指导和培养。一是督促组长积极主动地组织小组成员合作交流，让组员养成合作学习的良好习惯，培养合作意识。二是指导组长组织合作交流时，要先进行有序的安排，诸如鼓励组员大胆发言，让会说的先说，不会说的先听后说，进而让不同的成员获得不同程度的发展。三要指导组长在交流过程中如何灵活协调，比如对回答正确的组员给予掌声鼓励，组员出现意见或观点分歧时，要问为什么，请组员说出理由；在出现冷场时要带头先发言，起表率作用；要指导组长收集组员在交流中对同一个问题的不同观点或解答方法，及时准确地向教师汇报。如此一来，组长在教师的指导下提升了组织、安排、协调、归纳能力，让合作学习中的沟通与协作有了保证，让合作学习得以顺利而有效地展开。

需要提醒的是，小组长在小组合作学习中不能只由一个人担当，可以采用轮流制，让每个学生都得到锻炼和成长的机会。

（3）增进成员之间的了解和信任

信任是沟通的基础。唯有小组成员之间能相互信任，才能坦诚自己的观点和看法，才能促进良好的合作学习的展开。因此，教师要在合作学习前，借助多种形式，促进小组成员建立信任感。比如，活动开始前进行热身小游戏，让成员之间互相拥抱、握手，自我介绍，等等。通过诚实、透明和可靠的行为，让成员之间建立信任关系，使得彼此之间更愿意分享信息和观点。

**2.给予沟通技巧的指导**

合作学习中要想让沟通与协作顺利进行，还需要提高学生的沟通技巧。合作学习的小组成员只有积极学习和提高沟通技巧，才能让沟通和协作更加顺畅，才能提升合作学习的效果。这些沟通技巧包括倾听能力、表达能力、谈判能力等。因此，教师要基于这些技巧给予学生相应的指导。

（1）积极倾听的技巧

教师要让学生明确，积极倾听是表达对对方的关注和尊重的一种方式。因此在合作学习过程中，除了要在组员发言时给予充分的关注，比如目视对方眼睛以上的区域，不要打断他们，还要用点头、微笑等非语言信号表示自己在倾听，并在倾听中随时提出问题，确保对方明白自己理解了对方的观点。

（2）表达的技巧

教师要让学生明确，合作学习中要尊重他人的观点、感受和需求，在交流过程中要避免批评、指责或贬低他人，要注意使用尊重的语言和态度，表达自己对对方的观点的看法；要与对方开展开放和建设性的对话。比如在表达自己的观点前先肯定对方的观点，继而提出自己的观点，并在提出观点时强调是自己的个人看法，希望大家一起来讨论；在表达过程中要多用征求的语气和语句，给他人留下表达的空间，让自己获得与他人讨论的机会，等等。

### 3. 保证任务分配的公平

小组合作学习中，要确保沟通与协作的开展，还要注意确保任务分配的公平，让每一个成员依其能力同样付出。因此，在分配任务前，可以组织小组成员通过讨论、协商，确保任务分配的公平，以及每个成员都承担适合其能力的任务。当然，任务分配后，在执行过程中，还要注意发挥组员之间相互监督和督促的作用，确保每个成员都按时完成自己的任务。

需要提醒的是，在任务分配过程中，教师要注意给予任务分配相应的指导，帮助小组成员合理分配任务，确保每个成员都能够有所贡献。

### 4. 巧用激励和表扬

要让沟通和协作得以顺畅进行，激励和表扬是必不可少的。因为激励和表扬可以调动起学生合作学习的积极性，使他们感受到被尊重和被认可。尤其是来自教师和同学的激励和表扬，更能让学生获得较高的成就感和自信心，使之更加积极主动地参与合作学习。

首先，在组织合作学习活动时，教师要对学生在合作交流中的表现给予适时的激励和表扬。比如，学生在合作学习过程中，教师及时予以关注："第一组的成员在讨论问题时都在积极地发言，认真地倾听，他们的合作一定会很成功！""老师发现，某个同学在回答问题时遇到了困难，小组的其他同学都来帮她，使他们小组的同学都顺利地完成了任务，让我们为他们喝彩！"此类的激励和表扬，会使学生深受鼓舞。

其次，在小组合作学习的汇报交流阶段要让学生汇报结果，这代表一个群体的意见。教师要用征询的语句，如"你们小组的成效如何能否向大家汇报一下？""谁愿意代表自己的小组来演示演示这个过程？"教师要引导小组成员注意，使之产生共同体的感觉并引以为荣，进而认真聆听，做好补充的准备。在学生汇报结束时，要给予热烈的掌声，使之受到鼓励。

在这样的激励和表扬中，学生的团队精神和合作意识得以在不断的引导中逐步形成，并在小组的成长中逐步感受到在集体中生活和学习的快乐，而且学会客观地看待个体与集体的关系，从而更好地激发集体的荣誉感，更加主动地参与到合作学习中，积极进行沟通与协作。

# 策略 21

# 利用目标驱动

目标是行动的指南，高质量的课堂教学中，师生是一个学习共同体，会基于共同的学习目标，在目标的驱动下开展积极有效的学习。因此，教师要利用目标驱动，借助学习目标分层，促使学生积极进行沟通与协作，共同完成高质量的学习。

## 一、目标分层的意义

所谓分层次目标，是指教师针对学生的个性差异，因人而异地分层制订的不同的教与学目标。针对这些不同的目标，提出不同的教学要求，运用不同的辅导手段，采取不同的训练内容，帮助学生实现各自发展，达到既定目标。这一举措对于教师的教和学生的学均具有重要的意义。

### 1. 提升学习效果

可以兼顾不同层次的学生，提升学生的学习效果。维果茨基的"最近发展区"理论指出，教师科学的引导可以拉近学生已具备的基础和水平与学生尚未达到的能力，前提就是教师充分了解学生的"最近发展区"后，利用学生已有的发展水平和"最近发展区"的水平之间的矛盾来组织教学，从而高速、可持续地促进学生的发展，加快学生发展的速度。目标分层正是考虑到不同层次学生的知识水平和能力水平，可以让每一个学生在教学活动中获得发展，满足其成长的需求，让每一个学生都能在学习中充分发展自己的个性，最大限度地挖掘自身的潜能，提高学习的热情、兴趣。

### 2. 提高课堂教学效率

目标分层，可以让学力不同层次的学生一起学习。虽然他们在知识结构、学习能力等方面存在差异，但由于教师已经提前对学生的学习水平有了了解，于是其分层的目标设计适合不同层次的学生，让教学活动兼顾不同的学生，不但无须将知识点重复讲授，而且可以促使学生在互相交流学习中自主解决问题，取长补短。可谓各得其所，有利于提高课堂效率。

### 3. 调动学生的学习热情

目标分层根据班级学生的实际学习情况进行，可以极好地保护学生学习的积极性，让其获得成就感。比如让学优生获得助人的快乐，让学困生获得成长的快乐。于是学生在共同探究解决问题的同时均会获得不同的成长，从而极大地调动学生的学习积极性。结果就是在参与学习活动的过程中，学得快者早升学，或更深层次地进行学习；学得慢者也能在前者的帮助下，获得缓缓的前进，从而更有信心投入学习中。

### 4.挖掘潜能，搭建阶梯

目标分层立足于学生的个体差异，关注每一个学生的健康发展，帮助他们扬长补短，挖掘内在潜能，实现不断进步。同时，目标分层让同一层次和不同层次的学生均找到通向目标的途径。学优生由于在助人过程中获得激励，其自尊心、获胜心更强，更具有竞争意识，更具主动提升的成长意识；学困生在与同学的交流中，取人之长，补自己之短，看到了成长的希望和空间，更容易意识到自己的差距，从而奋起直追，努力赶上前面成绩较好的同学。于是课堂就形成了浓烈的你追我赶的氛围，形成良好的学习风气，为学生提供进步、奋斗的阶梯。

## 二、目标分层的前提

目标分层是基于学生开展的合作学习进行的。合作学习的独特性要求教师要借助于目标分层，引导学生一步一步实现深度学习。要做好目标的分层，就要做好以下工作。

### 1.充分了解学生

布鲁姆的"掌握学习理论"指出："只要提供恰当的材料和进行教学的同时，给每个学生提供适度的帮助和充分的时间，几乎所有的学生都能完成学习任务或达到规定的学习目标。"因而，要做好目标分层，就要对学生进行充分的了解。教师在备课时，要根据学生认知能力的不同、学生的个性及能力的差异，确定好教学目标，选择教学资源，设计各类教学活动，选择各种教学方法，做好规划，才能在后续的教学活动中，大致按照教案的设计来推进教学，从而完成教学任务。

### 2. 深入钻研教材

教材是教师进行教学活动的媒介和载体。教师在备课过程中培养自己有效使用教材的智慧，要在深入钻研教材，精通教材的基础上，根据自己的体会和教学风格，结合学生的知识水平、年龄特征、实际学习需要，对教材内容精心处理，合理分配课时，妥善安排教学顺序和每一课时的教学内容，达到良好的教学效果。在深入研究教材后，教师要根据学生的不同层次，设计不同的层次目标。比如基础性目标，要以教材中的知识和案例等为主；发展性目标，要侧重于在挖掘教材深度的同时确定。当然，深度挖掘要具体考虑学生接受知识的能力。除此之外，教师在钻研教材时，还要认真思考，根据学生的差异，把教材内容分成若干层面，把教材难度划分为几个区分度，以此确定不同的层次目标，从而让不同层次的学生都对接收到的教材信息感到适宜。

### 3. 科学安排教学活动

教学目标是课堂教学的主方向、"指南针"，是课堂教学的起始和归宿，它的制订和落实至关重要。而它的落实是要在具体的教学活动中的。因此，在目标分层时还要考虑相应的教学活动，注意让教学活动体现目标的不同层次，让学生在学习共同体的组织形式下，借助讨论和交流，借助同伴互助，在活动中实现各层次目标。同时，在具体的教学活动中，教师也能将每一个学生的培养和发展都置于自己的视线中，从而确定目标的达成。

## 三、目标分层的方法

教学目标的层次结构一般包括知识、技能和情感三个层次，不同层次相互关联、相互作用。其中，知识层次是技能层次和情感层次的基础，同时技能层次和情感层次的发展也可以促进知识层次的深化和拓展。因此，在目标分层时要充分考虑三个层次之间的关系。

**1. 知识层次目标**

知识层次通常指学生必须掌握的事实、理论、规律、概念等。在划分知识层次目标时，需要明确教学内容和教学要求，从基础和深入两个层次划分。前者指向学生对基本知识点的了解；后者指向学生对更高层次的知识的掌握，更具挑战性。

（1）基础层次目标

这一层次的目标要侧重于让学生了解重要的事实、基本概念和知识结构。在设计时要考虑知识点本身的重要性和掌握难度，确定学习难度适中的目标。比如，在英语学科教学中，设计基础层次的目标就可以从词汇量的掌握、基本语法知识和基本听说读写能力的提升入手，设计相应的练习和测验，以便与学生当下的语言水平和教材内容相符。

（2）深入层次的目标

这一层次的目标着重于让学生掌握更高层次的知识和思维技能，意在增强学生的学科素养。在设计时要考虑学科课程和学生的实际需求，还要综合考虑学生未来的职业或学习方向。比如，在信息技术学科中，这一层次的目标就指向特定软件或编程语言的使用能力，设计和开发特定类型的应用程序或系统的能力。

**2. 技能层次目标**

技能层次指的是学生通过学习和实践掌握可以应用于特定领域的技能，如解决问题的能力、分析能力、创新能力等，针对的是特定领域或实践活动。在对这一层次的目标分层时，一方面要明确这一目标的实际运用范围，另一方面要与具体教材和学科课程要求相符，有针对性地提出相应的技能目标，进而借助大量的实践和练习来促进目标的达成。

本课的核心目标有两个，一是理解意蕴深刻的句子，理解"尊严"的内涵；二是学会并灵活运用人物描写方法，学会读书。本课时的核心问题是：为什么说"别看他现在什么都没有，可他百分之百是个富翁，因为他有尊严"？

上述案例中，教师就确定了极具针对性的两个技能目标：一是理解意蕴深刻的句子，理解"尊严"的内涵；二是掌握并灵活运用人物描写方法，学会读书。这两个技能性目标是围绕着文本《尊严》一课展开的，极具针对性地体现了这节语文课的技能目标：从艺术性和思想性上提升学生对文学作品的鉴赏。

### 3. 情感层次目标

情感层次指的是学生需要具备的价值观、态度、行为习惯等。这一层次的目标一般和社会道德、学习习惯、人际交往、身心健康等生活经验和社会需要紧密相关。在对这一层次的目标分层时，一方面要关注学生的现实需求和心理状态，考虑学生的文化背景和价值观，确定目标内容和难度；另一方面要将分层后的目标借助于观察和体验来达成。比如，就历史学科而言，情感目标分层就可以从历史事件和历史人物真实面貌的掌握、人类文化多样性和历史发展的复杂性的理解入手。

总之，对同层次的目标进行分层时，必须考虑学科特点和不同层次学生的实际情况，以及三个层次的目标之间的相互作用和关系，让分层后的目标尽可能涵盖各个领域的知识和技能，指向学生未来的发展方向，以此帮助学生有效地学习和发展，提升课堂教学的效果和价值，打造高质量课堂。

# 策略 22

# 制造矛盾冲突

新课程提倡把课堂还给学生，就是希望学生能在课堂中活动起来，在活动中学到知识，提高能力。因此，打造高质量的课堂，促进课堂教学中师生、生生之间有效的沟通与协作，还需要教师在教学中抓住学生的认知冲突，巧妙地制造矛盾冲突，使学生积极参与到教学活动中，深化对知识的理解，提升发现问题、分析问题和解决问题，以及知识迁移的能力。

## 一、认知冲突及作用

所谓认知冲突，指的是当学生原有的认知结构与周围环境进行交互作用时，无法纳入或解释新的学习内容，进而产生各种各样的问题、困惑以及相互之间的认识差异，此时学生就在心理上产生一种强烈的矛盾冲突。借助学生的认知冲突，教师可以激发学生的探究兴趣，提升教学有效性，打造高质量课堂。

### 1. 唤起内驱力，激发求知欲

从心理学角度来看，认知冲突是一个人已建立的认知结构与当前面临的情境之间暂时的矛盾与冲突，是已有的知识和经验与新知识之间存在某种差距而导致的心理失衡。现代心理学研究表明，在课堂中设置认知冲突，为学生提供真实的学习背景，模拟解决实际问题的过程，从而借助真实的背景或解决实际问题的过程中必定存在的矛盾与冲突中，唤起学生的学习内驱力，激发其求知欲。

某生物教师在讲解"组成细胞的分子——糖类"时，先对学生说："大家在生活中都吃过糖类物质，像红糖、白糖、方糖、葡萄糖、蔗糖等，大家知道，这些糖都是什么味的?"学生纷纷回答是甜的。教师接着问："那么糖类一定是甜的吗?"由此学生产生了认知冲突，有的学生虽然会说"不都是甜的"，但又举不出例子。于是在学生积极讨论的过程中，教师给了学生一个实例："做成我们课桌的木材，我们课本中的纸，它们的主要成分也是糖类物质。"于是有学生摸摸课桌，翻翻课本，说课桌和纸不甜啊，怎么会含有糖类物质呢?

在这个案例中，学生的认知冲突是教师基于生活常识制造的，这种认知冲突迅速吸引了学生的注意力，激发了他们进一步了解糖类的求知欲。具体来说，认知冲突的作用集中体现在如下两个方面。

首先，认知冲突的产生是基于认知失衡，导致个体产生紧张感，于是个体为了消除这种紧张和不适，自觉努力保持内在的认知平衡，对问题产生企盼、渴知、欲答不能、欲罢不忍的心理状态，从而努力求知，积极探索未知的领域，进而唤起内驱力，激发求知欲，引发的积极思维。

其次，个体在为了保持认知平衡而努力提升认知的过程中，其主观能力性就会得到极大的提升，思维得到了发展，解决问题的能力得到了提高，对所学知识就会产生深刻的体验，就容易产生成就感，会将所学知识从短时记忆转化为长时记忆，最终形成能力。

### 2. 拓宽视野，形成多元视角

学生在学科学习的过程中，不仅会获得相应的学科知识，还会就所学的知识进行拓展，使知识转化为能力，比如思维能力，在这一过程中学生学会了用多元视角来观察和思考身边的问题。这是因为教师有意地基于认知冲突制造矛盾，借助认知冲突，一方面，教师有意地设置认知冲突时，所选材料本身就是从不同的视角对同一问题做出的不同的解释或评价；另一方面，学生在解决认知不平衡问题时，会逐渐形成自己看问题的视角。

首先，一旦学生出现认知冲突，他们就会听到反对的声音，由此进入积极反思质疑中，小心求证，逐渐习惯以批判的态度辨别是非，学会思性思考，做到不唯书、不唯上，养成独立思考的学习习惯，进而主动拓宽视野，从多角度获得信息、看待问题。

其次，认知冲突会提升学生的注意力，凝聚其思维，发展其思维。认知心理学研究发现：一旦形成认知冲突，学生就会自觉强化注意，主动使头脑保持警觉和知觉集中，由此就会明确其学习任务，确定自身的发展方向，凝聚思维焦点，主动激活大脑中已有的知识经验，迅速地选择和接受相关信息，并进行有目的的加工，进而拓宽了视野，学会从多元视角看待问题。

## 二、制造认知冲突的方式

营造认知冲突的课堂就如同涟漪的水面不时荡起的波澜，使学生的认知兴趣得以维持，课堂的气氛保持活跃，使得学生的思维在出现的高潮中处于积极的活动状态，从情感上能主动参与课堂，让课堂能保持张弛有度，最终提升教学和学习效果。不论什么学科，不论何种课型，只要学生在学习过程中存在认知冲突，他们就会产生学习的直接动机，于是知识点的理解、思维的产生、情感态度价值观的形成就会获得依附，课堂教学才能更丰富、更深刻，具备更高的质量。具体来说，要制造认知冲突，促进师生、生生进行有效沟通与协作，不妨从以下三个方面入手。

### 1.巧用素材

合作学习中的讨论自古以来就是学习与成长的一种重要的途径。当认知冲突引发生生、师生之间的讨论，师生、生生之间的互相切磋就成为知识传递的重要形式。于是，讨论式学习也就成为核心素养下一种重要的课堂教学方式。教学实践证明，对学生有意义、让学生感兴趣的生活素材会获得学生的高度关注，会激起学生的兴趣，从而使之愿意投入其中进行讨论和分析，进而在此过程中获得认知提升。

某教师在授课开始时，先给学生讲了一个理发师给客人理发的故事：

随着一声门响，一个声音说："叔叔，给我和我父亲剃一个头。"接着又一声门响，一个声音说："师傅，给我和我父亲剃一个头。"理发师抬起头一看，纳闷了。

接着教师问学生从刚才的故事里能知道来了几位客人吗？学生先是肯定地说是4个，教师表示赞同，继而提出疑问："理发师纳闷什么呢？"师生讨论起来：

生1：理发师没有看到人。估计是他们感觉等的时间太长了，就走了。（老师点头"有这个可能"）

生2：就两个人。（教师追问"刚才不是说来了四个人吗？"）第二次门响，是那个小孩顽皮，故意开门弄出来的响声！

……

最后教师出示课件，画面上是三个人，然后问学生：为什么只有三个人？

教室里安静下来，学生开始思考。片刻后，一个女生说来的是祖孙三人，第一个声音是孙子的，第二个声音是儿子的。学生恍然大悟，课堂再次热闹起来。

在这里，教师从平常的生活现象中提炼出一个极不寻常的、出乎学生意料的问题，引发学生强烈的认知冲突，进而使学生展开讨论，自觉思考、讨论，进而对问题和新知识产生浓厚的兴趣，为新课的讲授作了很好的情感和心理铺垫，大大地提高了课堂的教学效果。

教师在教学过程中，可以根据特定的知识内容和教学目标，创设生活化的情境，借助问题让学生将其已有知识经验与新知识联系起来，激发学生的认知冲突，造成学生心理的悬念，唤起学生的求知欲，把学生带入一种与问题有关的情境中去，从而开展有效学习。

## 2.借助知识衔接

教学实践表明，在"新、旧知识结合点"上产生的问题，最能激发学生的认知冲突。因此，教师可以通过分析学生已有的知识结构、经验和教材内容，发掘"结合点"，有针对性地组织活动，让学生处于心欲求而不得、口欲言而不能开的"愤""悱"状态，从而激起学生的认识冲突，使其自觉进入讨论和学习状态。

某高中生物教师在进行"模块 2 遗传与进化"中有关"生物的多样性和适应性是进化的结果"的新课教学时，发现学生对生物多样性的认识仅局限于物种多样性，对生物进化的认识局限于达尔文的自然选择学说，于是为了引导学生突破这一"知识瓶颈"，首先提出质疑："达尔文自然选择学说被人们普遍接受，原因是什么呢？"于是学生凭借已有知识和阅读教材给出答案："能够科学地解释生物进化的原因以及生物多样性和适应性。"这位教师又问："这一理论是不是完美无缺呢？不足之处是什么？"学生就此展开分析、讨论，随后回答："不能科学解释遗传变异的本质；进化的研究局限于个体水平。"教师再问："随着人们进一步的研究，形成了以自然选择学说为基础的进化理论是什么？该理论是如何克服达尔文自然选择学说的不足之处的？该理论认为进化的三个基本环节和进化的实质是什么？"

……

就这样，借助步步引入和层层激发认知冲突，学生的求知欲大增，同时教师及时出示现代生物进化理论解释新物种形成示意图，学生原有的认知结构逐步将新知识同化，从而形成了对生物进化理论发展的清晰的脉络，更加全面而深刻地理解了知识。

### 3. 用活动为桥

心理学研究表明，引发个体情绪发生的是客观事实与个体预期之间的关系。当客观事实超出个体预期，即具有新异性、变化性时，个体就会因为这种差异受到刺激，进而产生惊奇情绪，尤其是当这一刺激与个体认知需要相联系时就会令个体将惊奇的情绪转化成情绪性兴趣。在教学中，教师可以借助设计一些活动，让学生始终处于不断发生的认知冲突中，进而在发现问题和解决问题的过程中激发求知欲和参与欲，从而培养其分析问题和解决问题的能力。

某物理教师在教学"自由落体运动"这一概念时，先和学生一起猜想不同物体下落的快慢。大部分学生认为，同时释放轻、重两个物体，重的物体一定先落地。

于是这位教师抓住学生的这一前概念，为学生做了一个演示实验：如果一个人左右两只手同时释放一个重物和一张纸片，先落地的是什么？学生都认为重物一定先落地，而教师的演示实验也证实了学生的"预言"。

接着，教师将纸片捡起，当场揉成一个纸团，让学生预测纸团和原来的重物同时释放，哪一个先落地？学生说法不一，但绝大部分人仍认为先落地的是重物。于是教师再进行演示实验，学生看到重物和原本是纸片的纸团同时落地，由此对于物体下落产生了强烈的认知冲突。教师就此引导学生思考为什么纸片和重物不能同时落地，而揉成的纸团就能与重物几乎同时落地。学生围绕这一问题以小组的形式进行交流、讨论，最后得出结论：空气阻力是导致物体下落快慢不同的原因，一旦没有空气阻力不同物体下落的快慢是一样的。教师接下来用牛顿管实验加以演示，肯定了学生的设想。

在这个案例中，教师关注学生探求知识的过程，注重从直观感知到实验演示，让学生形成认知冲突，促进讨论和协作，从而使原来的认知冲突变成了美好的知识获得过程，使物理思维的抽象美、物理方法的简约美展现得淋漓尽致，为后续学生主动建立自由落体运动的概念埋下了深深的伏笔。

# 策略 23

# 提出巧妙的问题

课堂教学中，不同类型的问题构成的问题场域，可以促使学生在小组合作的过程中讨论和交流，不但可以激发其学习热情，促进其思考，而且可以加深其参与学习的深度，提升课堂教学效率，打造高质量课堂。

## 一、提问及其作用

在实际的教学过程中，教师借助提问设置问题情境，引发学生的认知冲突，给学生造成一种心理上的困境，诱发其进行信息的收集活动和探索行为，引导其形成自己的看法，并且通过交流与合作增进对问题的全面理解，进而使之发展较高水平的思维。有效的课堂提问具有如下作用。

### 1. 促进交流

建构主义认为，知识的获得是学生在特定的情境和背景下借助他人的帮助和与他人的协作完成的意义建构过程。因此，课堂教学必须具备充分的互动与交流。课堂提问就是促进课堂交流与互动的重要途径。借助于它，每个学生基于自身的知识积累和思维习惯，对同一问题表达不同的看法，在阐述自己观点的过程中互相启发，取长补短，使教师了解学生，使学生互助提升，从而密切人际情感，架起沟通的桥梁，提升学习的效果。

**2. 激发兴趣**

学生爱学、乐学是教学的最大成功。而提问符合学生力图认知、探究新事物的心理倾向，能更好地激发学生的求知欲、学习兴趣，使之产生学习动机。兴趣、动机等非智力因素一旦被激发，就可以对认知活动产生指导、调节和强化作用，进而成为保证学习过程顺利且有效进行的条件，促使在其教学中起着决定性作用的兴趣产生，推动课堂教学的高质量进行。

**3. 促进思维发展**

课堂上教师针对一些重要概念的提问，可以诱发学生思考，帮助学生克服学习和情绪的盲目性，进而有利于学生提高学习效率，有利于教学突破难点。尤其是在学生认为"理当如此"的地方，适时提出和常规看法相悖的问题，促进学生深入讨论，可以培养其思维的灵活性、独特性和创新意识，引导其对已解决的问题进行深入的探索，可以拓宽视野，诱发发散思维，增强应变能力，达到培养思维的广阔性和深刻性的作用。

## 二、巧借问题促进合作交流

有效的提问是基于教学的目标和内容，为了在教学中创设良好的教育环境和氛围而有计划地、针对性地、创造性地提出的问题，可以激发学生主动参与探究，互相交流与讨论。一般来说，可以从以下四个方面入手，借问题促使学生的合作交流。

**1. 提出相连性问题**

所为相连性问题，就是围绕某个主要知识点提出的两个以上相关的问题，使学生在这些具有相关性的问题的解决过程中，厘清思路，明确主题，获得更多的启发，进而理解知识点。一般来说，这样的问题会成为学习的目标，可以使学生在解决问题的过程中丰富认知思维。

某数学教师在教学"组合图形的面积"一课时，在将教材中的例题以 PPT 的形式呈现给学生的同时，提出如下问题。

（1）这个图形是以前学过的基本图形吗？

（2）这个图形能否转化为从前学过的基本图形？

（3）转化之后应该如何计算这个图形的面积？

结果，原本枯燥的问题变得富有层次性，成功地激发了学生参与教学活动的兴趣，使之进入主动思考的过程，主动交流讨论，在完成上述三个问题的同时，借助从前学过的计算图形面积的方法得到答案，顺利地学会了分割法或添补法。

在这个案例中，三个问题具有相连性，形成了层层递进的特点，引导学生将当下的问题与原有的知识相连，进而在讨论与交流中找到问题的答案，顺利学会新知识与新方法。

需要注意的是，相连性问题可以引导学生在解决问题的过程中主动发现线索，发现相关线索中的问题切入点，让学生在问题解决的过程中开阔视野，获得丰富的感知和真切的体验，形成多元化认知，因此特别有利于在小组合作中开展讨论和交流。

### 2. 设计辐合式问题

所谓辐合式问题，就是围绕核心目标设计两个以上并列、平行但相对独立且内容明确的问题，使学生有的放矢地进行思考，形成多元化认知。

某英语教师在教学六年级下册"A healthy diet"的"Story time"时，结合"The importance of healthy diet"这一表达主题，设计了如下问题。

（1）Do you know about healthy diet?

（2）What are characters about healthy diet?

（3）What else do you know about healthy diet?

（4）How do you think healthy diet is good for our US?

学生围绕"How to have healthy diet?"这一问题进行讨论，在回答上述问题的过程中形成多元理解，在深入研究与讨论中形成整体意识。

上述问题均以健康饮食的价值为中心，依次从健康饮食的特征、类型、评价等方面就健康饮食进行深入讨论，学生在主动提出自己的观点的过程中，在彼此深入交流的过程中，理解了课文的主题。

### 3. 串珠式问题

所谓串珠式问题，就是围绕核心知识与问题，设计由浅入深、层层递进的问题，且问题之间环环相扣，使学生围绕逐步强化、步步提高、层层推进的问题开展合作讨论，激活其发散性思维和探究性思维，唤醒其自我探究意识，使学生获得更多的启发。

某语文教师在教学散曲《天净沙·秋思》时，讲到这首小令中所描绘的景色这一知识点，由于有学生认为"小桥流水人家"所绘之景为想象之景，于是提出了如下问题。

（1）"小桥流水人家"是何地之景，有何特点？

（2）"枯藤老树昏鸦"又是何地之景，有何特点？

（3）这两类景物中作者更为喜爱的是哪一类景物？

（4）为何产生这种偏好？

借助以上问题，学生产生了好奇心和探究欲，由此开展了讨论和交流，进而明确了作品所绘之景和所抒之情。

上述案例中的四个问题体现了由浅入深的特点，让学生在合作讨论中获得更多的启发，唤醒其自我探究意识，使之在循序渐进的学习过程中发现问题的奥秘。这正是问题串促进合作交流的作用的体现。

### 4. 借助回环往复式问题

所谓回环往复式问题，就是指同一个问题在教学中采用不同的方式反复出现，进而引导学生开展小组讨论交流，用心思考、多角度思考问题，获得更多的思维灵感，从问题的探知中获得有效的感知信息。

某语文教师在教学《中国人失掉自信力了吗》一课时，先是留出一部分时间让学生完成自主学习任务，结合文章结构让学生学会准确划分段落，提高学生归纳总结的能力。接着，这位教师基于教学的重点和难点，向学生提出如下问题。

（1）中国人真的失掉自信力了吗？

（2）为什么说中国人失掉自信力了？

（3）自信力的丧失表现在哪些方面？

学生围绕关于自信力这三个问题展开讨论，加深对知识点的理解和记忆，感受内容的趣味性，理解内容，最终透过问题的表象找到其本质，从问题的杂乱中找准解决的线头。

上述案例中的这三个问题均围绕"自信力"展开，且贯穿于教学的始终，属于回环往复式问题，确保了问题的目的和指向，让学生的思维在问题的讨论和解决中得到锻炼，进而培养了学生发现问题、分析问题、解决问题的正确思路，保证了教学活动获得实质性的进展。

# 策略 24

# 科学地倾听

高质量课堂教学要求师生、生生之间能够有效沟通与协作，而要达到这样的目标，教师就要指导学生学会在合作学习的过程中科学地倾听，以保证信息的准确传递和理解，保证沟通的顺畅。

## 一、倾听的重要性

要促进良好的沟通与协作，倾听相当重要，因为认真倾听是互动的前提。尤其是对于天真烂漫、活泼可爱但偶尔"调皮"的学生，倾听格外重要。

### 1. 促进有效互动

系统论研究表明，系统内的各成分既独立又相互影响，唯有其相互协调、相互影响，才能使系统呈现良性的运动状态。

高质量的课堂要求处于这一系统内的各成分——教师、学生能相互协作。然而，系统中的每个成员都有着独立的思维活动，要使之相互协调、相互影响，进而呈现有规律的良性互动，需要每个成员不但自己要运作起来，还要积极关注其他成员，而倾听就是关注的重要表现，即倾听他人的意见，听出他人的主要观点，听出他人观点中的有道理之处、与自己所思所想的相异之处，且能在他人发言时不插嘴，和别人意见不同时能听完他人的完整意见后再发言，能边思考边吸纳，化他人的财富为自己的本领，从而保证沟通与协作的有效性。

**2. 确保应对及时**

心理学研究表明，学生的倾听效果是由其对学科的兴趣和其倾听目的来决定的。在课堂教学过程中，学生往往以其自身具备的倾听能力和养成的倾听习惯来决定听到什么、何时听。换言之，学生的倾听能力与倾听状态的不同，决定着其参与教学的深度不同，决定着其与他人互动的效果的不同，当然也决定着其课堂学习效果的不同。

有效的倾听可以帮助学生博采众长，弥补自身考虑问题的不足，使之面对问题能触类旁通，萌发灵感；能在与他人的互动交流中科学地评价听到的内容，能肯定他人的看法并及时加以储存，能针对他人发言及时调整自身要补充的内容，能在将自己的看法与他人的见解进行比较、分析的过程中及时判别此看法的对错；能将听到的内容进行思维整理和变换，进而及时提出相应的问题进行质疑和反问，让自己和合作学习的对象获得正确的认识。

这说明，唯有认真倾听，才能促进信息的回流交错，达到相互交流、相互思考、相互启迪的目的，才能将自己的、他人的见解，经吸收、比较、分析、存储、转换成更高的认识，并及时给予回应，激起众人的思维反应，让每个人的思维都灵动起来，达到对课堂内容理解上质的飞跃，进而重新构建新知识点。

**3. 促进各抒己见**

要使学生在课堂学习中有效沟通与协作，还需要学生在合作学习的过程中借助发表个人的观点和看法，能将内在的表现——倾听和应对转变成外在的行为——发表见解，从而完成学习的转化过程。这种发表个人的观点和看法的行为需要学生做到各抒己见，而这是合作学习中有效沟通与协作的直接体现。

学生之间虽然存在个体差异，但如果他们能善于倾听，就会使得他们从不同的角度、不同的侧面、不同的高度分析和认识问题，由此彼此之间能互通有无、互补长短，资源共享、共同提高，最终落实小组学习的共同目标。因此，倾听又是促使学生各抒己见、良好互动的关键。

## 二、学会倾听，以提升沟通与协作的效果

学生在课堂合作学习中如果具备倾听意识，培养了倾听能力，对于学习成效的提升至关重要。因此，教师要从以下两个方面给予学生科学倾听的指导。

### 1.端正倾听态度

（1）倾听要专心

教师要让学生明确，只有听清楚别人的观点，才能正确评价他人的观点和表达自己的见解，才能有效参与协作交流，因此倾听要做到以下四点。

一是要在教师讲课或同学发言时保持安静且专注，不能三心二意、东张西望，更不能一边说话一边倾听；二是要将倾听和思考结合起来，不但要听清楚发言人所讲的内容，而且要边听边思考，对方的发言内容和自己所思所想的不同之处，对方的发言重点是什么，对方关于问题的答案是不是完整，可以给出怎样的评价；三是要在倾听时给予相应的呼应，即双眼要注视着对方，同时用微笑、点头等方式给予相应的呼应，让对方获得积极的暗示，更愿意表达自己的主张和看法；四是要关注发言人的声调、动作、神态、体态和手势等言语和非言语表情的内容，以获取重要的信息。

（2）倾听要耐心

教师要让学生明确，唯有耐心地倾听才能保证合作学习与交流的有效，才能掌握他人发言的要点，才能正确地评价他人的发言，因此要在与他人协作与交流时，养成耐心倾听的习惯。

一是不随便打断他人的发言，他人发言时不随便插嘴，要在耐心听完他人的发言后，再发表自己的见解，表达自己的观点和看法；二要注意在倾听时边听边

想，遇到听不懂的内容要有礼貌地请求对方进一步加以解释；三是在协作与交流过程中，要耐心倾听他人的发言，如此才能明确对方的观点并根据其观点进行总结性发言；四是如果自己也想发言，一定要耐心等待对方的发言完成，然后站起来举手提出发言要求。

除此之外，要想让学生养成耐心倾听的习惯，教师还可以在平时的教学过程中，借助一些活动，引导学生学会换位思考，比如让学生处于被打断发言的位置，由此感受发言被别人打断时的心理感受，进而学会耐心倾听。

（3）倾听要细心

教师要让学生明白，唯有细心耐听，才能在协作和交流中减轻学习的压力，避免过度焦虑，提高协作和交流的品质。

一是要引导学生细心捕捉他人发言中的关键词，进而明确其观点，概括其表达的知识要点；二是要让学生注意细心倾听他人的发言，发现其发言的优点和不足，找出与自己观点的异同；三是要让学生细心倾听他人的发言，发现其中的不足，并在对他人的发言进行评价时，在不重复其他人意见的同时提出自己不同或新颖的想法。这就使学生产生了必须做到细心倾听的压力和紧迫感。

此外，教师还要让学生认识到，有效的协作与交流可以弥补个人学习的缺陷。因此，每个人除了要尽可能发表自己的观点和看法，还要乐于倾听他人的观点和看法，并使之成为自己的学习习惯和品德。因此，要摆脱自我中心的思维倾向，注意倾听他人对问题的不同理解，虚心接受他人的不同观点和看法，并在倾听他人较为新颖的观点和看法的同时修正自己的观点，由此提升学习效率，促进良好的合作学习的人际关系，为自己的成长营造一个健康的环境。

**2. 给予倾听的强化训练**

教师除了在思想上帮助学生调整认知，明确倾听时的态度，还要有针对性地对学生进行倾听方法的强化训练，以促进良好的协作与交流的展开。

方法1："双人+多人"讨论。

教师可以在课堂上在组织学生以小组的形式进行讨论时，先让学生在组内二人配对展开讨论，互相阐述自己的观点，继而将二人形成的共同观点提交到组内，大家共同讨论交流，最后由组长将本组成员的意见在班内综合展示。这样一来，学生天然的集体荣誉感会使他们认真对待每一次讨论交流，并自觉带着困惑去倾听组内其他成员的意见，从而将众人的观点内化为自己的知识的同时，将自己的所学、所得又分享给同伴。如此一来，学生在这种协作交流的过程中不但丰富了知识，而且提高和发展了倾听能力。

方法2：组织辩论。

教师还可以在学生进行合作学习时，利用组间辩论的形式提高学生的倾听能力。当然，这就要求教师要研究并挖掘教材，从中找到可供争辩的内容，加以巧妙设计，组织并引导学生在开展辩论中提高和发展倾听能力。这是因为要想辩论成功，首先就要认真地倾听他人的发言，并在倾听中认真思考，分析和判断他人观点的优点和不足，进而为反驳对方提供依据和靶子。

方法3：听后复述。

顾名思义，听后复述就是学生在认真倾听他人的观点和看法后，将其重新复述出来。这是一种极好的训练倾听能力的方法。教师可以在教学中，在平时的活动和交流中，有意识地让学生听后复述，以此训练学生的倾听能力。比如，在课堂教学中可以就某一内容要求学生："你能将刚才这位同学所说的内容再说一遍吗？"或者："你能将刚才老师讲的那些知识再说给其他同学听听吗？"这样一来，学生为了回答问题，完成任务，就必须认真倾听，由此强化了他们接受信息、暂时神经联系的能力，提高了短时记忆能力，提高了注意力，调动了倾听的积极性，提高了倾听能力。

方法4：课堂提问。

课堂提问不仅是最常见的课堂教学行为，同时也是培养学生倾听注意力的最常用方式之一。教师一般并不把这一司空见惯的教学行为与倾听能力的培养联系起来。实际上，当我们在课堂教学过程中发现学生做小动作、注意力不集中、开小差、打瞌睡等现象时，不妨借助提问刚刚讲过的内容的形式，使之养成专注倾听的习惯。

方法5：听写活动。

教师还可以结合本学科的特点，对学生进行有针对性地倾听能力的培养。其中，文科的听写活动就是一种极好的训练倾听能力的方法。由于口语表达具有转瞬即逝的特点，因此倾听时就要求听者快速思维，集中注意力，并带着问题有目的地认真倾听。教师可以采用在每节课时讲述知识要点让学生记笔记的方式，不但可以让学生听记重点内容，而且有利于学生巩固知识；可以采用口头布置课后作业的方式，让学生记作业。在这样的过程中，学生的倾听能力也得到提升。

# 专题六

# 科学检测促进精练

在高质量备课、高质量教学的基础上打造高质量课堂，还要求教师借助高质量的练习，即在分析学生「最近发展区」的基础上，在深入研究学科专业知识的前提下，精心设计练习，借助少而精的练习，促使学生主动发现学习中存在的问题并努力解决问题，修正学习态度，调整学习方法，进而提升学习效果。

# 策略 25

# 预习性检测

课堂检测是教师对知识的提炼、拓展和升华，也是检验一堂课是否高效、是否成功的关键一环。作为课堂教学环节的一环，其方式和内容直接决定着信息的反馈，促进学生学习的反思和教师教学的反思，影响着教学和学习的效果。预习性检测就是新课开始这一环节的重要手段。

## 一、原理及作用

所谓预习性检测，就是为明确课堂教学或学习目标达成的情况所进行的指向学习目标的练习，一般侧重于对此前所学内容的复习，以期为新内容的学习预热，促进新旧知识之间的衔接。这一检测的运用有着相应的原理和作用。

### 1. 检测原理

首先，美国心理学家布鲁姆从教学目标的三个领域，将学生学习的关注划分为认知、情感和动作技能三个方面，每一方面的目标由低到高划分成若干层次。其中，认知领域的教学目标指向知识与能力的获得过程及方法，情感领域的教学目标指向情感态度与价值观的培养，动作技能目标指向多层次能力的发展。这种划分符合教育两个最重要的目的——促进学习的保持和学习的迁移。学习的保持指学生在学习后的某一时间内对所学内容的记忆的保持，学习的迁移则指学生运用所学知识解决新问题、回答新提问或者学习新内容的能力。此二者的实现为回归性检测的实施提供了理论依据。正是借助预习性检测，学生得以复习所学，巩固所学，在新旧知识之间找到联系，进而理解新知识，促进知识结构的形成。

其次，建构主义学习理论强调以学生为中心，认为学生是认知的主体，是知识意义的主动建构者，因此强调教学要以学生为中心，充分发挥学生在学习中的主动性，使之获得多种在不同的情境下应用其所学知识的机会，促进知识的"外化"，进而根据在行动中获得的反馈信息形成对客观事物的认识和解决实际问题的方案，即自我反馈。预习性检测引导学生将所学的知识进行"外化"，在问题的解决过程中反思，实现自我反馈，进而获得更重要的途径和方法，正体现了建构主义的这一主张。

**2. 检测作用**

预习性检测是提高课堂紧张度的方法中最为常用的一种方法。它出现在新课讲授环节，是实施课堂优化教学的重要手段，也是提高课堂质量行之有效的方法。

（1）利于教师了解学生对知识的掌握情况，灵活调整教学措施

在课堂教学的过程中，教师是无法全面了解学生的学习情况的。借助于预习性检测，教师可以了解学生对旧知识的掌握情况和能力的提高程度，清楚学生的"最近发展区"，以及已达成学习目标和有待于进一步提高的人数，进而灵活调整教学策略，制订相应的措施，以帮助学生较好地完成新知识的学习。

（2）利于促进学生的高效学习

一方面，一节课的教学过程中，如果学生的注意力比较集中，则听课效率就比较高，学习效果就会比较好。但人的注意力集中的时间是有限的，随着教学时间的推进，学生中会有人出现"走神儿"的现象，这样一来其学习效果自然大打折扣。预习性检测的出现，会让学生在教学开始时就紧张起来，让其注意力集中到课堂学习中，达到高效学习，提升其学习效果。

另一方面，借助于预习性检测，学生对于新知识的学习有了一定的心理和知识的准备，对于新知识的学习与接受就会顺畅得多，由此获得的学习体验则会愉

快得多，学习的积极性自然高，进而会提升学习的效果。

1. 判定两个三角形全等的方法有_____。

2. 如图1，在△PAB中，PA = PB，C、D是直线AB上两点，连接PC、PD. 请添加一个条件：_____，使图中存在两个三角形全等。

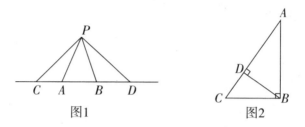

图1                              图2

3. 如图2，能表示点到直线的距离的线段共有（        ）。

A. 2 条            B. 3 条            C. 4 条              D. 5 条

上述内容就是中学数学"平行四边形的性质"第一课时的预习性检测。从内容可以看到，借助这份检测内容，学生复习和回顾了关于三角形全等的判定方法、点到直线的距离，这些知识都是学习平行四边形性质的基础，能够为后续新知识的学习搭建桥梁。

## 二、设计与实施

要做好预习性检测，了解学生对与新课相关知识的掌握情况，科学开展新课教学，需要把握检测内容设计的原则和具体的检测实施。

### 1. 设计原则

预习性检测要体现上述作用，就要遵循"培养学生的自主学习能力、培养学生的健全人格、充分体现学生的主体地位与教师的主导地位"的教育和教学原则，因此在设计上要遵循以下原则。

（1）目的性

这种目的性，一方面体现在预习性检测在设计过程中要体现出教师的"教学目的性"与学生的"学习目的性"两个方面。前者要体现教师在教学设计过程中对知识与技能、过程与方法、情感态度与价值观等方面的综合考虑；后者则体现为学生在学习过程中应主要掌握的基本知识要点以及应形成的基本能力的目的，让学生通过预习性检测体会到本节课所要学习的主要内容。

（2）指导性

这种指导性，一方面体现在使学生在完成相应测试内容的同时，明确在学习过程中如何发现知识之间的相关性，从什么角度理解知识；另一方面体现在使学生在完成相应测试的同时，学会如何利用旧知识理解新知识，如何使二者联系起来，形成知识结构，提升学习效果。

（3）层次性

这种层次性主要体现在预习性检测的内容在整体上要考虑到基础知识与能力发展两个方面，即要符合学科课程标准的要求，要兼顾学生整体与个体之间的差异，要尊重学生认知和教学的基本规律，让不同层次的学生借助检测都能获得成就感，找到提升的方向。

（4）启发性

这种启发性，一方面体现在预习性检测中的问题要环环相扣，让学生在解决问题的过程中发现知识之间的联系，获得启发；另一方面要让学生在完成相应的检测的过程中获得学习方法和思维方法的启发。

1.根据拼音写出汉字。

门 méi（　　） xiàn（　　）菜 jí（　　）贯 náng（　　）萤映雪

2.解释下列词语。

①曾经沧海难为水：　　　　　　　②与有荣焉：

③囊萤映雪：　　　　　　　　　　④肃然起敬：

3.找出下列句子中的错别字并加以改正。

①一尺来长的黄色、蓝色的纸条，上面用朱笔画些莫明其妙的道道儿。

②每逢有人问起我的籍贯，回答之后，对方就会肃然起敬。

③用酒或雄黄在孩子的额头上画一个王字。

④城隍庙的老道士还是我的寄名干爹。

4.思考题。

①文章可以分为几个部分，请你给每个部分添上一个小标题。

②作者家乡的端午节有哪些风俗？我们本地的端午节有哪些风俗？

③作者为什么对家乡的咸鸭蛋久久不能忘怀？表达了作者怎样的情感？

④你觉得课文结尾有必要写"囊萤映雪"的故事吗？为什么？

上述内容是某教师在教学《端午的鸭蛋》一课时，对学生进行预习性检测的内容。从内容可以看到，第1、第2、第3题是基础较薄弱学生需完成的题目，重在字词落实，大多数学生都能完成。第4题的①②③小题题目涉及内容、情感方面，需要对文章有自己的理解后才能回答，属于较难的题，中等生通过努力可以完成。第4题的第④小题是对文章结构、写作手法的理解，通过通读全文，优等生经过思考，能够提出自己的见解和看法。由此可见，这些内容旨在让学生更好地学习和理解教学内容，帮助学生学会如何学习，比如怎样扫清字词障碍，从什么角度思考能够更深地理解文章的结构和内容，以期让不同层次的学生都能在完成相应的检测的同时，更好地学习新课。

**2.实施策略**

预习性检测是教师在上课前的一段时间内对学生进行相关知识预备和相关方

法的测试，旨在为后续的针对性的教学活动开展铺垫，因此在检测实施上，可以从以下两个方面入手。

（1）导入环节实施

瑞士著名教育家皮亚杰曾经说："所有智力方面的工作都要依赖于兴趣。"兴趣会让学生主动产生探索的情绪和意识，激发学生学习的动机，使之能全身心地投入新课的学习中。基于此，预习性检测可以用于新课导入环节。教师不妨在导入新课后，依据学科特点，在有限的时间内对学生进行预习性检测，使之对学生产生巨大的拉动和推动作用。

时间管理课上，教授在桌子上放了一个装水的罐子。然后拿出一些正好可以从罐口放进罐子里的鹅卵石，问："罐子满了吗？"所有的学生都回答："是！"教授笑着再把碎石子从罐口倒下去，再问学生："现在满了吗？"这回只有一位学生回答："也许没满。"教授拿出一袋沙子，倒进罐子里，再问学生："现在满了吗？"学生不敢再回答。教授又拿出一大瓶水，把水倒在看起来已经被鹅卵石、小碎石、沙子填满了的罐子。

思考题：

1.看了上面这个故事，你有什么启发？

2.你觉得这个故事和《藤野先生》这篇课文有何联系？

这是一位教师教学《藤野先生》一课时在导入环节插入的预习性检测。虽然只是两个问题，但在成功地吸引学生的兴趣的同时，深入课文内核。看似离题的第 1 个问题，让学生自由思考，发表自己的看法；但第 2 个问题又将学生的关注点吸引到即将学习的课文，不但可以了解学生对新课的预习，而且可以让学生带着浓厚的兴趣去搜寻相关信息，进而精神饱满，兴趣盎然地进入新内容的学习。

（2）教学过程实施

预习性检测倘若集中于新课导入环节，由于时间的关系，会导致"头重脚轻"，影响具体教学内容的讲授。因此，教师还可以将其插入教学过程中，在学习新内容之前，以问题的形式让学生来完成，进而针对学生在解决问题时的表现，调整教学方法，提升学生的学习效果。

1. How often are the Olympic Games held?

2. What's the Olympic Games motto?

3. What does it mean?

上述内容是某英语教师在教学"The Olympic Game"一课时新课讲授过程中向学生抛出的三个问题。这三个问题并不难，只要学生进行了相应的预习，就可以完成，不但可以让教师获知学生对内容的了解情况，还为教师接下来的教学指明方法和方向。

# 策略 26

# 提问式检测

提问式检测，也称提问，是一种启发学生思维的方式，更是一种教学方法。作为组织课堂教学的重要环节，它不仅可以启发学生思维，活跃课堂气氛，而且有利于激发学生的学习兴趣，培养学生的语言表达能力。科学而巧妙地运作提问式检测，对于打造高质量课堂有着重要的作用。

## 一、运用前提

提问式检测的效果常常是决定一堂课成败的关键，因此要运作好提问式检测就要注意以下前提。

### 1.明确提问目标

要发挥提问式检测的作用，首先就应明确提问的目的。教师要在实施提问式检测前清楚其目的，才能保证提问的优质，确保其发挥对学生的学习进行引导，达成教学目的的作用。

（1）音乐天使给你们带来一段好听的音乐，请大家带上这两个问题，闭上眼睛去听。一听：音乐带给我的感觉是……；二想：听着音乐，我的脑海中出现了这样一幅画面……

（2）看，这是谁？（天鹅画面）法国作曲家圣-桑把这段音乐取名为《天鹅》。现在，你们再来听听，能不能在音乐中找到天鹅？它又给你留下了怎样的印象？

（3）这里有三个乐器娃娃，听一听，比一比，《天鹅》是由哪个乐器娃娃演奏的？

（4）现在让我们的钢琴大哥来表演一下。仔细听，每句最后一个音的走向是怎样的？随音乐画画图形谱。

（5）音乐这种往上扬的感觉，让你想到了什么？

（6）请这些美丽、优雅的天鹅跳个舞吧！你们会为它们设计怎样的动作呢？

（7）如果让你们来哼唱这段主旋律，用怎样的声音来唱比较合适？

这是某音乐教师在教学音乐欣赏课《天鹅》一课时设计的提问性检测。这7

个问题围绕"联系自己的生活经验和已有的音乐知识来感受乐曲，提升音乐审美情趣"，用逻辑精密的提问式检测，引导学生大胆想象，借助于听、唱、议、演，感受音乐安闲、幽静而略带忧伤的情绪特点，感受天鹅纯真的情感和优雅、高昂的姿态，于是教学目标就在一组层层递进的问题中巧妙地达成了。

**2. 考虑难易程度**

课堂教学中的提问式检测是针对全体学生的，而不同的学生对问题的解答和认识是不同的，因此检测的设计和运用要考虑不同学生的特质，既不能为了拔高尖子生而提出特别难的问题，由此打消大多数学生的学习积极性；也不能为了照顾学困生而提出过于简单的问题，导致其他学生滋长懒惰和傲慢的心态，而是要基于大多数学生设计，注意循序渐进，达到水到渠成的效果。

某语文教师在教学《祝福》一课时，设计了如下提问性检测。

（1）根据文章对祥林嫂的语言表现、动作描写以及心理描写进行分析，说说祥林嫂是一个什么样的人？

（2）祥林嫂处于一个什么样的社会环境？

在这里，这两个问题由浅入深，层层深入，将学生的思想一步一步地深化。第1个问题相对比较简单，但需要学生在全面阅读和了解课文后回答，检测了学生对课文内容的理解，侧重于中等偏下的学生；第2个问题相对难度较大，需要学生对文章中的环境进行分析归纳，侧重于优秀的学生回答。这两个提问式检测兼顾不同层次的学生，考虑到学生的差异性，可以让不同层次的学生都能获得成就感，清楚自己的学习效果，即激发学生的思维，让优秀的学生更进一步，让学困生产生获得感，对课堂学习产生兴趣。

**3. 注意有趣严谨**

所谓有趣，就是提问性检测中的问题要能够活跃课堂气氛，调动学生的积极性，让学生在愉悦的环境中更好地学习知识；所谓严谨，就是设计的提问式检测要具有针对性、启发性、诱导性，要能引导学生逐步地深入学习，使知识之间形成一环扣一环的层次性，而非随意提问。这种逻辑严密的问题方能成功地激发学生的学习积极性，促进学生自主思考，主动解决问题。

（1）请同学们复习圆的画法并回忆如何根据其画法来写出圆的方程。

（2）根据教材给的椭圆画法，思考要画出一个椭圆需要确定几个量，能否根据椭圆的画法求出椭圆的轨迹方程。

（3）思考在什么情况下椭圆会变成圆。

这是某教师在教学"万有引力"一课时，考虑到学生尚未接触椭圆，而教材上仅仅给出了椭圆的画法，对其几何性质未做讨论，于是巧妙运用提问式检测，引导学生深入认识椭圆的性质，认识把行星轨道近似看作圆轨道的合理性，从而在新旧知识之间搭建桥梁，获得深入思考的机会。

## 二、设计与实施

决定提问性检测效果的根本因素就在于教师如何设计问题和运用问题。因此，教师要促进高质量课堂教学，不但要设计好提问式检测的问题，还要把握好提问式检测的时机。

### 1. 问题的设计

精心设计的问题，因其背后有着清晰的目的，将其有层次、有步骤地向学生提出，可以使课堂教学获得最大的效益，从而提升课堂教学的质量，助力教学和学习的效果。因此在问题设计上，要注意以下四点。

（1）问题要以"生"为本

即在围绕教学目标设计问题的同时，教师还要注意问题要贴近学生的生活实际。因此，教师除了要本着激发学习爱好、调动乐观思维、唤起学生最高的探究热情的态度来设计问题，同时还要满足不同学生的需要，注意问题的层次性，兼顾不同层次的学生，让每一个学生都能充分发挥自己的主观能动性，以全面提高全体学生的学习热情和学习效果。

小明在家里不小心把一块三角形的玻璃打碎成两块（如图）。他想到玻璃店再割一块大小、形状都一样的玻璃，他需要把两块玻璃都带去吗？为什么？从这个生活经验你可以得到什么结论？

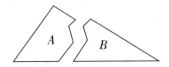

这是某教师讲授三角形全等的判定条件：角边角（ASA）时，在新课导入环节提出的一个问题。这个问题与学生的生活相关，因此学生很感兴趣，都积极地参与讨论。且经过讨论，最终一致认为只需带 A 块，继而在回答第二个问题时，自然地引入新课的学习，给学生留下了思考的空间。

（2）问题要以"本"为本

教师要依据学科课程标准的要求，在对教材进行相应的挖掘和探究的基础上设计问题。换言之，就是问题的设计要植根教材，发挥教材的基本作用，要在把握教材特点的同时，充分挖掘教材内容所隐含的思维品质和文化底蕴，使教材内容能够以恰当的方式创造性地出现在课堂上。

（1）课文中哪一段写出了老人与海鸥的关系？你能找到吗？

（2）有一句话将课文分成前后两部分，你能找出来吗？前一部分讲了什么？后一部分呢？

（3）请你认真默读课文的前一部分，你能从哪些场面中看出老人对海鸥就像亲人一样？

这是某位教师在教学《老人与海鸥》一课时提出的三个问题。这三个问题是紧扣文本内容、体裁特点，从聚焦场面描写、体会情感入手，体现了教师在问题设计上以"本"为本的特点。在这样的问题引导下，学生会顺着作者的思路，一步步走进人鸥和谐相处的美好画面，感受到人鸥之间那份真挚美好的情感，理解文章的内容。

（3）问题要有梯度

问题要从学生发展的角度入手，要接近学生已有的学问、阅历、智能水平，但又必须使之"跳一跳"才可能解决。如此一来，学生就会在问题的激励下，展现自身的力量，发掘自身的潜力。当然，这并非要求问题都要偏难，而是要考虑到不同层次的学生，从不同层次学生的能力入手，不能把问题设计得太难，避免打击学生的积极性。当然，这就需要教师充分地了解学生原有的学问基础，因材施教，找到学生的"最近发展区"。

（1）已经有了两次失败的献璧经历，为什么还要第三次献璧？

（2）不去不行吗？这样做究竟是出于什么目的？

这是某教师在教学《和氏献璧》一课时采用小组合作学习的方式教学。在教学过程中，他针对"卞和把宝玉捧在手里，哭了三天三夜，哭得血都流出来"提出以上问题。这一系列问题极具梯度，特别适合学生通过小组合作的方式进行探究，可以极好地激发学生对于卞和献璧原因的思考，让学生更加深刻地体会卞和忠心耿耿却不被君王认可的锥心之痛，理解人物形象和主题。

（4）问题要具有开放性

要让学生面对问题时可以发挥创新思维，不受已有的知识和阅历的局限、不受现有答案的局限，从不同的角度、不受时间和空间的局限去思索问题，以此训练学生的发散思维和创新思维，培养学生勇于创新精神，激励其发挥自己的新见解。

某教师在教学小学道德与法治"中国担当"这一部分内容时，围绕教材的图例当中关于对"中国担当"的理解，提出这样一个问题：同学们认为什么才是"中国担当"呢？

在这里，这是一个开放性问题，学生可以结合自己的生活体会、学问习得等，从各种不同的角度来阐述自己对"中国担当"的理解，不但可以培养学生的思维，而且有利于学生形成正确的世界观。

**2. 提问的时机**

提问式检测要发挥其作用，提问时机的把握相当重要。好的问题如果不能在恰当的时机提出，就不能发挥其应有的作用。因此，教师在设计科学的问题后，可以在以下四个时机适时提出问题。

（1）在新课伊始时

成功的课堂教学离不开明确的教学目标，良好的开端是成功的一半。教师在新课开始时，可以用精妙的提问激发学生的学习兴趣，唤起学生的学习动机，检测学生的预习效果。

某教师在教学道德与法治关于代沟这一问题时，在上课开始后就提出了下面的问题:"同学们,相信你在平常的日记中会经常吐槽你和父母之间相处的烦恼。请用3分钟,描述你和父母之间相处的小事。"这个问题,需要学生去回忆、去思考,由此不但可以使其重视本节课的内容,而且使其能用严肃认真的态度来对待课堂,使教学有了好的开端。

（2）在知识的关键点处

一个章节、一个课时都有关键点,即重点、难点所在之处。在这样的地方提问,就容易突破重点、攻克难点,帮助学生理解知识的内容,更对相应知识加深印象,对新知的理解就会轻松很多,从而极大地提高学习质量,扫除学习障碍。

在学生猜想,动手验证后,汇报。

生:老师你看,因为平行四边形很容易变成一个长方形。长方形的面积是长乘宽,这样就能用相邻的两条边相乘得到平行四边形的面积。

师:赞成用相邻两条边的长度相乘的,请举手（大部分同学举起了手）。那你们再看（教师顺着学生拉动的方向,继续慢慢拉动平行四边形的框架,直到几乎重合）,通过刚才的操作,你有什么想法?

生:我发现问题了,两条边的长度没变,乘积也没变,可是框架里面的面积变了。

生:平行四边形的面积不是长方形的面积。

……

上述案例是华应龙老师教学"平行四边形面积的计算"的一个片段。在这里,针对学生在探究平行四边形面积的方法时产生的真实而错误的想法——用相邻两条边的长度相乘,华老师抓住这一关键点,并适时提问,让学生产生认知冲突,有效地帮助学生纠正了错误的认识。

（3）在知识的生长点处

所谓知识的生长点，就是学生的"已知区"与"最近发展区"的结合点。在知识的生长点适时提问，不但可以检测学生的思维，还可以使学生开放思路，丰富想象力，从一个知识点延伸出更多的知识，在对比中不断地完善知识结构。

Read the passage again and think about the following questions.

Q1：Why have all the changes taken place?

Q2：Why is the big tree still there?

Q3：Why will something never change?

上述案例是某教师在教学人教版八年级下册 Unit 10 Section B 2b "Hometown Feelings" 时的提问。在这里，教师就是抓住了知识的生长点，采用了思维进阶式的问题，引领学生深度思考，使其在逐渐提高难度的问题中，抓住新知的本质，提高思维的密度和效度，促进认知结构的形成，提升认知能力，使其"最近发展区"化为"已知区"，构建高质量课堂。

（4）在疑、难点处

高质量课堂教学中的提问式检测，必须促进学生分析综合能力的发展，激起学生强烈的求知欲，达到发展智力、培养能力的目的。因此，教师在进行提问式检测时，可以针对教学中的疑、难点提问。这些疑、难点是学生最难以消化之处，也是教学的重中之重。基于这样的地方提问，可以极好地检测学生的学习状况，促进学生的思维，帮助学生更好地理解知识，使其思维发展到更广、更深处。

师：（出示等底不等高的圆锥）这两个圆锥哪一个体积大？那另外两个呢？（不等底但等高的圆锥）你觉得圆锥的体积跟什么条件有关？

生：底面积和高。

师：（顺势就把 V＝sh 写在黑板上）那么这样得到的是不是圆锥的体积呢？

生：不是，是圆柱的体积。

（师出示四组材料：等底等高的圆柱圆锥、不等底但等高的圆柱圆锥、等底但不等高的圆柱圆锥、不等底不等高的圆柱圆锥，但每组的圆锥都是同样大小的。）

生：老师，我明白了，是与这个圆锥等底等高的圆柱的体积有关。

师：那么请你猜猜看这个圆锥的体积和这个等底等高的圆柱的体积之间存在怎样的关系呢？

（学生大胆猜测，然后动手操作验证自己的想法。）

上述案例中，教师的提问性检测是在学生的疑点、难点——"圆锥的体积跟什么条件有关？"于是这个富有挑战性又有探索价值的疑惑，促使学生展开讨论。巧妙的提问能给予学生足够的思维空间，使学生利用已有的知识寻求多种答案，能够有效促进学生的思维，促使学生积极地自主学习。

# 策略 27

# 反馈式检测

反馈式检测，顾名思义，就是为了获得学生知识的掌握情况的信息反馈而实施的小测试，通常在每一节课的最后几分钟进行。它是教师根据每一节课的重难点，结合学生实际编选的一组测试题。

## 一、设计原则

下面是六年级"圆柱的表面积"一课的反馈性检测题。

1. 计算圆柱体的表面积。

（单位：cm）

2. 圆柱的侧面展开图如下。（单位：m）

（1）在（　　）里填上数字。

（2）原来圆柱体的侧面积是多少？

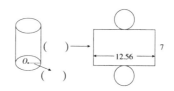

从案例可知，这一检测题是基于教学目标：一是认识圆柱的基本特征，探索并掌握圆柱的侧面积、表面积的计算方法；二是为了解平面图形与立体图形之间的联系、发展学生的空间观念而设计，旨在了解教学目标的达成情况，了解学生对知识掌握的真实水平，充分发挥诊断、巩固、学情分析等功能。

由此可知，一般来说，反馈性检测的内容是在教学完成后集中进行的；内容少而精，兼顾基础知识、教学重难点，极具针对性；题型兼具主客观特征，且主观题的数量少而精。因此，在设计反馈性检测题时，要遵循以下原则。

### 1. 及时性

一方面是指检测时间的及时性，即在课堂教学中，教师完成重点、难点之后进行，或在课后小结后集中进行，旨在帮助教师清楚自己前一阶段的教学情况，发现学生学习上的不足，帮助学生了解自己的听课效率、学习成果，以及教师授课的状态，以此改进教学，提高学生上课时的紧张度，激发学生的学习潜能。另一方面是指检测后的反馈及时，即当堂进行的检测当堂给予反馈，及时发现问题，及时解决问题，以便给学生留出补错、整理错误的时间和机会，从而有助于巩固知识，使学生做到心中有数。

## 2. 精练性

指检测的内容要注意以下三个方面：一是指数量少而精，根据教学内容的需要、教学环节和教学节奏的情况，尽可能在新课上完后限时进行；二是内容兼顾基础知识、重点适度的过关和巩固，关注难点知识的突破，考虑到易错点和学生易遗漏的知识盲点，既巩固知识、训练双基，又适当延伸、拓展课外，提升能力；三是指题型包括客观题和主观题，且考虑到课堂的时间有限，主观题少而精。

## 3. 灵活性

这是指实施方法灵活，只要能抓住学生的兴奋点，及时巩固课堂知识即可。比如，可以采用小组间合作或小组合作的方式进行检测，可以采用全班"一张纸"的形式检测。总之，依据学科和教学内容灵活确定方式。

## 4. 针对性

这是指检测的目的是了解教学目标的达成情况，学生对本节课知识点的掌握情况，指向诊断、巩固、学情分析等功能。

1. 下列关于杠杆的说法中正确的是（　　　）。

　　A. 杠杆必须是一根直棒

　　B. 杠杆一定要有支点

　　C. 力臂必须在杠杆上

　　D. 力臂就是力的作用点到支点的距离

2. 如图所示，这款图钉来自一个初中生的创意，翘起部分为我们预留下施力空间。图钉作为杠杆，按如图所示施力时，

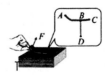

其支点为（　　）。

　　A.A 点　　　　B.B 点　　　　C.C 点　　　　D.D 点

　　3.在探究杠杆平衡条件时，使轻质弯曲杠杆在如图所示的位置平衡，请画出阻力 $F2$ 和阻力臂 $l2$。

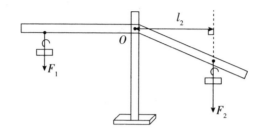

　　从上述案例可以看到，这里的检测虽然仅仅三道题，但是在教学最后进行，体现了及时性；虽然只有三道题，但涵盖了杠杆的相关知识，体现了精练性；题型既有主观又有客观，体现了灵活性；三道题可以让教师了解学生的知识掌握情况，引导学生用所学解决问题，极具针对性。

## 二、实施方法

　　预习性检测要发挥辅助教师的教、引导学生的学的重要意义，关键在于科学的实施。因此，在设计出相应的检测内容后，教师可以基于教学内容，灵活采取相应的形式。下面介绍五种反馈式检测。

### 1.自测法

　　这种检测就是让学生在有效时间内，就当堂的学习效果进行自我检测。这一检测是就"定向"内容在一节课中进行的检验，其目的旨在让学生能明确得失，及时查漏补缺，巩固和完善已学知识。这种方式为学生再学习创造了动力。

　　语文教师在教学完《我只看见你的眼睛》一文后，考虑到全班四五十个学生，于是要求全班学生起立，背诵相应的段落，背过的坐下，没背过的站着。

上述案例中的反馈性检测就属于自测法，学生不但在有限的时间内对当节所学知识进行了回顾，而且由于都怕自己最后坐下，注意力高度集中，取得了较好的效果，省时省力。

### 2. 小组检测法

小组检测法是一种取长补短的方法。这一方法在实施时，要科学划分小组，采用异质分组法，即每一组既要有学习成绩好的，也要有学习成绩差的，组员要合理搭配，优化组合。在检测的过程中，要充分发挥小组长的检查作用，最后由小组长把信息反馈到一张表上。这一方法可以有效地调动学生的积极性，培养学生的自学能力，而且学生在小组中进行检测，互帮互查，更能发现问题，从而激发学生学习的主动性。

### 3. 同桌互测法

这种反馈检测方法就是同桌之间互相检测，互相帮助，共同提高。此法可以用在新课起始时对基本概念或知识的学习的检测，比如英语单词、语文字词等。这样的内容用于同桌之间互相检测，可谓方便灵活，且随时可用。

### 4. 竞答式

这种方法就是将精选的题目按试题的难易程度分别设定一定的分值，再鼓励学生以小组的形式竞争答题，继而根据小组成员的答题情况为其所在小组增加或扣掉相应的分值，最后综合小组得分情况，评出优秀小组和进步小组，同时设置相应的奖励机制。如此一来，不仅活跃了课堂气氛，增加了小组之间的竞争，而且团结了小组成员，增进了彼此间团结合作的感情。

### 5. 比赛式

这种方法是针对某一节或几节的教学内容，组织学生围绕既定的教学目标竞赛，以此检测学生的学习效果和教师的教学效果。这样的反馈时检测，多针对知识的记忆，如语文、英语学科的背诵。

某小学语文教师在教学完《花》这一个单元后，针对课文中的优美句段比较多，基于学生都有争强好胜的心理，让学生比赛限时背诵，结果学生积极主动地背诵，不仅调动了学习积极生，而且有利于集中精力完成读写教学目标，提升教学效果和学习效果。

在这一案例中，教师就针对教学内容中的优美句段，让学生以竞赛的方式背诵，从而达到了解学生识记和理解情况的目的。

# 专题七

# 有效评价促进成长

课堂教学离不开评价，有效评价为高质量的教学提供了保证。要打造高质量课堂，教师就应在课堂教学中抓住机会实施即时评价，依据教学实际恰当开展多元化评价，关注教学和学习结果实施生成性评价，借此全面发挥评价的决策和鉴定功能，使学生能主动参与教学，体验成功，建立自信，获得主动、全面的成长和发展。

# 策略 28

## 抓住机会实施即时评价

教师应抓住机会实施即时评价。即时评价是教学活动中不要或缺的一个重要环节，是教师运用语言对学生在课堂上的学习态度、学习方法和学习效果等方面进行即兴点评的过程，对于提高教学效果的教学质量有着重要的意义。

### 一、理解即时评价

即时评价，因其由"即时"和"评价"构成，可以知其发生要及时，是针对学生学习过程中的某种行为或态度给予的评价。对这一评价方式的理解要注意以下两个方面。

#### 1. 即时评价的特点

作为教学过程中不可或缺的一部分，即时评价直接影响着学生的发展，这一评价方式不同于其他评价，具有如下特点。

（1）及时性

从时间意义上讲，即时性评语贯穿于课堂教学的全过程。一旦教师发现学生在课堂学习过程中出现优点或偏差，就会立即给予评价，以发挥评价的激励和引导作用。

一位教师在讲授有理数时，由于七年级的新生对代数名词充满了好奇，于是一个学生问："老师，既然有有理数，是不是就有无理数呢？"老师当即高兴地说："对呀，你真聪明，能够举一反三！确实有无理数。"学生叽叽喳喳地要求教师解释什么是无理数，教师却卖了个关子："哎呀，老师一时也不记得了。这样吧，同学们课后到图书馆里查一查，比一比看谁最先知道什么样的数是无理数，好不好？"

在上述案例中，这位教师的评价就体现了及时性，在学生提出问题时给予评价，保护和激励了学生的学习积极性，促使其更加主动地参与到接下来的学习过程中。

（2）随机性

这是指评价发生的不确定性。课堂教学是一个动态的过程，在这一过程中会发生突发现象，此时教师就需要对学生的言行予以评价。随机性评价体现了教师的教育机智和教育艺术，保护了学生的自尊心和自信心，能够打造高质量的课堂。

某教师正在上课，一个迟到的学生旁若无人地推门而入，自顾自地坐在自己的座位上，此时这位教师正讲到古诗《游园不值》中的"小扣柴门久不开"这句，于是他马上提问：作者为什么"小扣"而不是"猛扣"呢？当学生答到这表现了作者懂礼仪、有礼貌后，这位教师就走到迟到的学生面前，拍着他的肩头轻轻地问："你同意大家的看法吗？"这个迟到的学生脸色通红，不好意思地低下了头。

在这个案例中，教师对于学生破门而入的行为进行了隐晦的即时评价，即巧妙地提问，继而拍肩膀，于是言语和非言语均表达了对学生的期待，让学生顿感惭愧，深刻反省，接下来的学习自然就会全力以赴。

## 2. 即时评价的作用

研究表明，课堂教学是师生双方在认知、情感、个性等方面相互交流与作用的过程，如果学生在课堂学习过程中获得愉悦的情感体验，课堂学习在他们看来就是一种享受，而这将直接影响其参与课堂学习的程度，影响课堂学习效果和教学效果。

某数学教师在教学七年级数学（上）第二章整式第一节的内容后，为了检测学生对整式概念的理解认识及整式在实际中的应用，对学生进行巩固提高，向学生出示了下面这道题。

甲、乙两车同时、同地、同向出发，行驶的速度分别是 $x$ 千米/时和 $y$ 千米/时，3 小时后两车相距多少千米？（列式表示）

学生在思考后，教师请 A、B 两位学生到黑板上板演。结果两个学生的解答都是：

解：3 小时后两车相距为：

$$\begin{cases} 3(x-y) \text{ 千米，当 } x > y \text{ 时；} \\ 3(y-x) \text{ 千米，当 } x < y \text{ 时。} \end{cases}$$

师：两位同学都对了吗？认为做对的请举手。

（大部分同学举了手，只有小部分没举，其中包括学生 C）

师：C 同学，你有疑问吗？请你上来写出你的解答。（学生 C 板演后的解答如下）

解：3 小时后两车相距 $3|x-y|$ 千米。

师：我们一起来看黑板上面的解答。第一种解法，首先我们看到他们的板书很工整，值得我们大部分同学学习。除此之外，第一种解法的同学能够将甲、乙两车之间的情况进行分类讨论，这种分类的思想方法在数学上有着举足轻重的地

位，持这种解法的同学思路相当清晰明确，逻辑思维能力强。我们用掌声鼓励一下他们。（掌声热烈）

师：我们接着看第二种解法。它利用的是我们前面第一章学习的绝对值的相关知识，两种解法相比较，哪种更为简洁呢？

生：第二种解法。

师：大家回答的声音很响亮啊！表明同学们上课的情绪还是很高昂的，精神状态佳。运用解法二的同学能很好地应用新学的知识解决实际问题，并能从中选择最佳的解题方式，表明 C 同学的思维活跃，积极开动脑筋，表现很棒。

其他学生都不约而同地为他鼓掌。


在这个案例中，教师对于学生不同的解题方法分别给予了即时评价，不但评价了学生个体，而且评价了学生群体。尤其是对于学生 C 这一不同于他人的、意外的解题方式，更是给予充分肯定。在评价过程中，教师评价和学生评价巧妙结合，从而让学生在这种随机发生的评价中获得激励，感受到教师和同学的赞赏，从而提高学习的热情和自信心，使之更加积极主动地投入学习过程中。由此可见，即时评价具有如下作用。

（1）适时、适度的即时评价可以促使学生主动参与课堂学习

教师对学生给予的即时评价，能够创设一个令学生全身心参与的环境，激发学生的学习兴趣，使之感受到肯定和赞许，从而调动其良性学习情感，使之愿意参与课堂学习，于是课堂学习成为学生的一种积极主动的"参与"而非被动的"卷入"的过程。

（2）适时、适度的即时评价可以让学生产生积极的学习体验

教师对学生课堂参与情况给予积极的评价，会使学生受到鼓励，使之产生自我实现的满足感，令其对所在的课堂学习产生归属感，进而真正投身到课堂学习

过程中，并将其视为一种享受。

（3）适时、适度的即时评价可以加快课堂学习目标的达成

要想完成教学目标，教师不仅需要精心设计其过程，还需要及时把握学生在课堂学习过程中生成的问题，使之发挥学习的主动性。教师在教学过程中，倘若能对学生的课堂参与状况进行细致的观察和分析，然后给予即时性评价，就可以对学生的学习行为给予暗示和指导，从而提高学生参与课堂学习的能力，促进课堂教学目标的达成。

（4）适度、科学的及时性评价可以提升学习和教学效果

在课堂教学过程中，教师针对学生在学习过程中的表现，及时给予相应的反馈，会使学生明确学习的要求，知晓学习的方法，进而提高其参与能力和学习能力，提升其学习效果，进而促进教学效果的提升。

## 二、即时评价的实施

合理的、符合学生实际的即时评价可以充分调动学生学习的积极性和主动性；盲目过激的即时评价则会使学生产生错觉，怀疑评价的真实性，进而逐步丧失学习的兴趣。课堂教学中，教师要即时掌握学生获取知识的情况，遵循相应的原则，采用灵活的方式给予学生及时性评价，以发挥评价对学生的学习和教师教学的调控作用。

### 1. 评价原则

著名心理学家威廉·詹姆斯说："人性中最深切的禀质是被人赏识的渴望。"评价的全部意义在于鼓励学生自身发展，促进学生素质的全面提升，即时评价亦如此。要让即时评价发挥其应有的作用，就应遵循以下原则。

（1）发展性

这是指在实施课堂即时评价时，要用发展的观点，以发展的眼光去评价学

生，对学生学习的任何一个方面的进步都应该通过评价加以肯定，鼓励学生不断进步、不断发展。

（2）民主性

这是指即时评价始终在友爱、信任、尊重的气氛中进行，要以鼓励为主，要充分肯定学生的优点和进步，同时要用辩证的观点、发展性的视角审视、对待学生的错误和缺点，要多一点赏识，少一点苛求；多一点表扬，少一点批评；多一点肯定，少一点否定；多一点信任，少一点怀疑。

（3）主体性

这是从评价主体与客体的多向互动性来看的。即时评价要体现学生的主体性，即要尽量给学生评价的权利和机会，让学生在评价中反思和发展。尤其要强调自评，强调提升学生的自我意识，使其自我完善和自我发展，使之在评价中不断积淀，优化其自我素质结构，不断完善自我、发展自我。

某教师在指导学生读《她是我的朋友》一课时，当一个男生读得不好、没读出感情来时，这位教师鼓励他："不着急，你完全可以读得跟她一样好！"当这位男生再读后，读得比第一次稍有进步时，这位教师趁机表扬道："你很了不起，读了两遍就读到了你心里去了！"男生美滋滋的。

而在另一个教学环节中，针对"读了这一故事后想对阮恒说些什么呢"这一问题，一个女生说："阮恒，你的无私像星星永放光芒，你的心像大海一样广阔！"这位教师先请全班同学来评价，大家你一言我一语，纷纷夸她回答得棒。轮到教师时，这位教师停了停说："像诗一样美，老师要奖励你，（顿一顿）奖励你什么呢？（又顿一顿）奖励你再说一遍！"于是这个女学生自豪而饱含情感地重复地说着那句话，师生均开怀大笑。

在上述案例中，我们可以看到，这位教师对那位男同学的即时评价不是僵化的，而是发展的，因此才有了那个男生二次朗读的成功；对这位女生的即时评价是民主的，先是全班学生评价，继而教师评价，这样民主性的即时评价提升了学生的自我意识和自信心。

**2.评价方法**

含有肯定性、激励性的即时评价可以让学生从中获得学习的力量，唤起学生的自尊和自信。如何让即时评价拨动学生的心弦，对学生深入思维、增强自信心、勇于进取产生积极作用，就需要教师能够科学运用。

即时评价的前提是营造宽松、民主的课堂氛围。教学是一门沟通的艺术，需要在特定的环境中进行。要实施激励性的即时评价就必须营造宽松、民主的课堂氛围。真正的教学过程应该是学生是学习主体，教师是指导者和辅助者，二者交互作用，促进高质量课堂教学的发生。唯有在这样的条件下，学生才能发自内心地感受到教师即时评价的真诚，才能主动参与评价，并从中获得愉悦的体验、高涨的情绪。

即时评价的方法包括因时、因地、因人而异。即时评价要发挥作用，不能一成不变，要依据特定的教学内容、教学对象和教学环境灵活调整。具体来说，可以依据特定的教学情境、学生的人性品质和恰当的教学时机，采取科学而适度的即时评价。

（1）即时自我评价

即时评价中的自我评价是指把学生作为学习的主体，教师通过创设相应的情境，给学生自我评价的机会，以此提升学生的学习自信心，唤起学习的积极性。

在学习了三角形三边关系的定理后，教师出示了如下一道练习题：

下列长度的三条线段能组成三角形吗？请快速抢答，并简单说明判断过程。

（1）2cm，4cm，5cm；（2）2cm，2cm，4cm；（3）1cm，5cm，3cm

生1：（1）（3）可以组成一个三角形，（2）不能组成三角形。

师：为什么呢？

生1：根据两条边之和大于第三条边。2+4>5，2+2不大于4，1+5>3。

师：大家同意吗？

生2：我认为（3）不能组成三角形，因为1+3不大于5。

师：很好！大家对（1）（2）没问题吧。对于（3），大家同意吗？你认为应该验证三个不等式，如果我们只验证一个不等式，大家看看行吗？

生3：应该是每两条边之和都大于第三条边。

师：是吗？可是该怎样验证才最快呢？

生1：定理说三角形两边之和大于第三边，应该任意两条边才对，我看只需验证1+3不大于5，是最小两边之和不大于最大一边。

师：非常好！大家看看，是吗？

生：是的。

师：好！我们考虑问题就是要这样，全面、快速、抓住关键的东西。


上述案例是在特定的教学情境中实施的即时评价。在这里，教师借助于与学生的交流，为其创造自我评价的机会，学生通过自我评价，体验到成功的喜悦，彰显学习的主体地位，明确了学习的过程是自己体验、领悟、积累的过程，从而对其学习的积极性产生良性影响。

（2）即时教师评价

这种类型的即时评价是指评价的发出者是教师，是教师针对学生在课堂学习中的表现给出的及时肯定和激励，以此发挥对学生学习的指导作用。

某英语教师在教学"Hello!"一课，当教学进行到 Part C 学生互动练习时，教师几番激励学生都不敢举手参与。终于，一个学生小心翼翼地举起手，教师立刻向他投去一个信任的眼神，之后用手势给了学生一个可以站起来回答问题的信息。当这个学生用极小的声音说出"Hello"，接着用很紧张、很小心的眼神看着教师时，教师用热情的口吻说："Hello! Good! You are so clever!"听到这句话，学生自豪地坐到了座位上。

在这个案例中，由于三年级学生对于生活实际还没有太多的认识，因此对于这种互动练习心存畏惧。当学生勇敢地参与进来时，教师及时给出的简短的评价，让学生因为教师的肯定而获得信心和力量，也创设了融洽、民主的师生交流氛围，活跃了课堂，使得教学任务得以热烈而有序地完成。

（3）即时同伴评价

这种即时评价是指教学过程中，在教师的组织引导下，学生开展合作学习，对同伴在合作学习过程中的表现给予即时评价。

展示的时间到了，小组成员纷纷上台展示，为本组的慈善演出拉票。有的海报设计新颖，颜色亮丽；有的同学英文歌曲十分动听；有的组甚至让组员装扮成受到希望工程捐助的孩子，上台表示对希望工程的感谢。

这时小杨上台了，他拿出了写着一百万元支票的纸说："I am a businessman. When I was young, my family was very poor. Project Hope helped me. Now I am rich, I want to donate 100 million yuan to Project Hope."（我是一名商人，我小时家很穷，是希望工程帮助了我，现在我有钱了，我要捐 100 万元给希望工程）台下响起雷鸣般的掌声，活动达到了高潮。

上述案例中，在小组合作学习过程中，小组成员之间进行了互评，尤其是学生小杨这个从来不张口的孩子，在同伴的即时评价中受到激励，学习积极性高涨，获得了极大的信心和力量。

**3. 评价禁忌**

适度、科学的即时性评价是在尊重学生主体人格的前提下，发挥了正强化激励作用，即通过表扬鼓励调动学生的积极性，促进其良性发展。因此，在运用这一评价方式时，要注意以下禁忌。

（1）禁模糊

禁模糊是指用语上，即时评价要翔实、具体，要清楚地表明对被评价学生的了解，让学生清楚教师对其长处和优点的肯定，让学生相信教师的评价，进而充分感觉到教师的真挚、亲切与可信。如果教师的即时评价过于含糊，用一些泛泛用语，如"你真棒"，学生就会质疑教师的评价。虽然这种评价会暂时性地提升学生的信心，但由于不够具体，学生无法知道自己"棒"在何处，会令其盲目自信，甚至养成听不得批评的坏习惯。

（2）禁单调

单调是指形式上，即时评价的形式可以丰富多样，可以将教师评价、学生评价相结合，可以将同伴评价和学生自评相结合，甚至可以将言语评价和非言语评价相结合。须知，有些评价由学生做出远比教师做出更容易使被评价学生感到真实，更具促进作用；有些学生自评远比小组互评更能唤起学生的自省。

（3）禁虚伪

禁虚伪是指评价不能缺乏诚意，一味表扬，或过度含糊简单。比如把小有成绩的学生称为"天才""神童"，把有一定成绩说成无与伦比，让人产生不真诚感；而是要说得满怀激情，让人感受到是发自内心的赞赏，比如"相比上一个问题，你这个问题的解决让老师看到了你的用心和尽心，老师很高兴"。这种满怀激情的评价能让学生感受到被人尊重，感受到对学习期待。如此一来，评价就不会让学生产生勉强之感，不会让学生感到态度的随意，也就不会使之对课堂学习过于随意，导致最后无法完成教学任务。

（4）禁讽刺

禁讽刺是指评价不能对学生讽刺、挖苦，而要努力保护学生的自尊心，激发其上进心，使学生因为这些评价而树立战胜困难的信心，确保学生认真投入学习中，使得教学可以保质保量地完成。

# 策略 29

# 恰当开展多元评价

利用有效评价打造高质量课堂，还可以恰当开展多元评价。所谓多元评价，即评价主体多元，评价内容多维，评价手段多样。恰当而科学地运用这种综合式评价方式，在课堂教学中可以发挥逐步引导学生成长，使之发现和认识自己的进步和不足，帮助教师提升课堂教学质量的作用。

## 一、理解多元评价

多元评价是指在教学过程中使用多种不同的评价方式和工具了解学生的学习情况、能力发展和态度的评价方法。这种评价方法指向学生的能力、兴趣、创造力和情感发展的培养，是核心素养下课堂教学的重要手段，也是打造高质量课堂的重要策略。

### 1. 评价特点

（1）评价主体多元

指课堂教学中的多元评价，包括教师评价、学生自评和互评、学生与教师互动评价等评价方式，使得教学评价不再是教师对学生或学生对学生的单向刺激反应，而是教师与学生、学生与学生之间互动的过程。

（2）评价内容多维

指教师在教学中以多维视角评价学生的表现，全面衡量和关注学生在课堂学习过程中的表现。不但关注学生的学业成绩，而且关注其责任感、自信心、进取心、意志等方面的表现，力求评价准确全面，以期促进学生的个性发展。

某数学教师在教学"有趣的七巧板"实践活动这一内容时，注意放手让学生参与利用七巧板拼图的活动。在学生展示自己所拼的图形时，这位教师既注意让其他学生说说他是用几块板拼成的，拼成了什么图形；也注意让学生介绍自己是怎样想的、怎样拼的，并对学生拼图的方法进行评价。

在这个案例中，教师随时关注学生的学习过程，同时关注学习结果，这样一来就获得了对学生学习结果和学习过程的了解，并对其分别予以评价，进而借助评价加深学生对于拼图方法体会的同时，使其获得成功的体验，从而提升其自尊心和自信心。

（3）评价手段多样

这是指教师对学生进行评价时手段丰富多样，以期发挥评价促进学生自我教育和自我发展的作用。其中包括鼓励语言、礼貌动作、亲切微笑等最基本的评价手段，也包括学生自评、同伴互评和教师综合评价等多种形式，以及书面评价、口头评价方式和作品展览等多种方式。

**2. 评价意义**

（1）从学生的角度来看，多元评价可以培养和发掘学生多方面的能力，促进学生多向发展一是这种评价不同于传统的纸笔评价，可以通过平时表现、项目作业、小组合作等多种方式了解学生的学习情况，重视学生在学业成绩之外其他方面的能力和潜力，利于教师全面了解学生的实际表现，利于培养和发掘学生的多方面能力。

二是这种评价将学生看作实实在在的人，重视学生的多样性，通过多种方式对学生的能力和潜力进行评价，让不同学生的才能和兴趣得以展示出来，可以鼓励学生向多样化发展，培养其个性和创造力。

三是这种评价可以为学生提供个性化的反馈和指导，帮助他们更好地认识自己、发展自己，并且针对学生的不同需求提供个性化教学。

（2）从教师的角度看，多元评价有利于教师调整教学策略，提升教学效果

多元评价除了可以为学生提供更全面的评价方式，使之认识和了解自己，获得更为全面的发展，同时也为教师教学提供了相应的反馈信息，使教师更加深入地了解学生，灵活调整教学方法，拓宽教学思路，调整和改进教学方法，提升教学效果和教学质量。

## 二、多元评价的应用

教学中的多元评价是一种全面了解学生学习情况、促进学生发展、提高教学质量的重要方式。它不仅仅关注学生的学习成绩，更注重学生的能力、兴趣和情感发展。通过多元评价，教师可以更好地了解学生的实际表现，提供个性化的反馈和指导，并不断改进教学方法。因此，在教学中应该广泛应用多元评价方法，实现教育教学的全面发展。

### 1.学生评价

这种评价方式包括学生自评、学生互评，以及学生对教师的评价。

（1）学生自评

学生自评指学生在完成相应的练习或项目后进行的自我评价。这其实就是学生的反思过程，也是自我认识的过程。自评和互评可以促进学习的深化，培养学生自我评价的能力，分析问题的能力，使之在发现问题的过程中自我发展、自我成长。

某教师在教学《匆匆》一课时，在指导学生朗读阶段，一个学生自告奋勇朗读课文后，这位教师让他说一说自己读得怎么样。他说："我读得很流利，很响亮，但是开头两个自然段还读不出感情。"班里有几位学生在发言中也表示赞同，于是，教师肯定他总体上读得不错，而且能对自己的朗读做出如实的评价，让全班学生鼓掌表扬了他。他很高兴，在此后的学习中更加积极地举手发言了。

在这个案例中，学生对自己朗读的评价就属于自我评价，这种自评让学生对自己的朗读能力有了清醒的认知，知道自己的优点和不足，从而及时调整自己的行为，促进学生的自我成长。当然，在教学中引导学生运用这种方法时，尤其要注意对学困生予以特别关注，要让他们能独立做出反应，并在自我评价中有所触动，唤起学习的自主性。

（2）学生互评

学生互评多发生在小组合作学习或集体讨论中。这样的评价一方面可以借助学生之间的互相评价，培养学生的分析问题的能力和批判思维；另一方面可以培养学生的合作意识和团队精神，且让学生在互相评价的过程中提高学习的效果。

（3）学生评价教师

学生评价教师是指学生对教师的教进行的评价。这种评价方式一方面有利于培养学生善于发现、敢于质疑的精神；另一方面可以创设平等的师生关系，有利于和谐教学环境的创设。

师：我们已经会认读10，知道了10的组成。那么怎样写10呢？

生：左边写个1，右边写个0。（师在黑板上板书了一个"10"）

师：你们看，老师写得怎么样？（许多学生说好看）

生：老师写得不够漂亮。

师：那你能告诉老师，怎样写能更漂亮吗？

生：左边的"1"要斜一点，右边的"0"要写成椭圆。

在这个案例中，教师创造性地采取了让学生对自己的教学进行评价的形式，学生借助对教师教学的评价，认识到了自己在学习写数字时容易出现的问题，如数字要写得标准等。这种平等、民主、宽容的评价氛围让学生在问题面前更容易接受批评和自觉改正。

## 2. 教师评价

教师评价是教学的重要评价手段，是建立在对学生的观察的基础上的。这种对学生在课堂上的表现的观察，包括参与度、合作能力、思维方式等，以此综合评价学生的学习情况，对学生的学习予以指导和引导，进而提升教学和学习效果。

师：谁来读一读？

（一生读）

师：我觉得他还没把那种浓浓的爱国之情读出来。谁能再读？

（又一生读，前半句读得语速稍快，有力）

师：哎呀，不错！前面的"我是中国人"读得很坚定。谁再来读？

（第三个学生读，比第二个稍有进步）

师：真好！（不住地含笑点头）

（第四个学生读，强调"一笔一画"）

师：越读越好了！我听出来了，这么简单的字却要一笔一画写得很艰难，可见他怀着一颗爱国之心。一个年轻教师，他从没学过汉语，现在却教汉语，所以写得很艰难。从艰难看出认真，从认真看出爱国。第二次，他和孩子们一起，一遍又一遍地读着："我是中国人，我爱中国！"

（指名一生读，"大声地"读得较重，后面的话却比较轻）

师：老师注意到她强调了三个字"大声地"，但可惜的是后面大声说的内容她却读得反而轻了。这样是"大声地读"吗？你再来一遍好吗？

（该生再读时就把握得比较好）

师：进步得真快！相信你再多读读，一定还会读得更好。

（再请一生读，突出"又"）

师：真好！"一遍又一遍"，从"又"字我听出你很有感触。那爱国之情就在大家心中一次又一次地涌动着呀！

上述案例中，教师的评价贯穿于学生的朗读中，发挥着激励、指导和引导的作用。这其中有对学生的直接肯定，如"前面的'我是中国人'读得很坚定"；有对学生的指导，如"老师注意到她强调了三个字'大声地'，但可惜的是后面大声说的内容她却读得反而轻了"；有对学生的激励，如"进步真快！相信你再多读读，一定还会读得更好"，评价对学生学习积极性的唤起，对学生自尊和自信的提升，由此可见一斑。

### 3. 交互评价

交互评价，即师评与生评交叉在整个教学过程中，教师要对学生在教学过程中对相应问题的回答做出相应的评价，学生也要对教师给出的评价再做出新的评价。于是在这样循环往复、交错提升的动态评价中，教与学充分融合，实现了师生双方的提高。

　　师：今天，我们学习了条形统计图，你能把我们班上同学喜欢课程的情况做成一张条形统计图吗？

　　生：能，不过要先统计喜欢各门功课的人数。

　　师：是的。我们先来统计喜欢体育的有多少人？

　　（学生纷纷站起来，只有少数几个没有起身）

　　师：有这么多人都站起来了，看来大家很喜欢体育。这么多人，怎么统计好呢？

　　生：一个一个地数。

　　师：这样太费时了，而且容易数错。

　　生：那就一组一组地数，数好一组就坐下去，接着数下一组。

　　生：让同学们按顺序报数。

　　生：还可以分男女生来数。

　　师：大家想的方法都不错，但老师还是觉得有些麻烦，不够省时省事。

　　生：那我们可以数不喜欢体育的人，这样就不用数那么多了。

　　师：是呀！从反面去思考，有时也能解决问题。

　　生：老师，你说的也不全对。如果人数少的话，直接数更简单。因此，要根据具体情况具体分析。

　　……

　　上面的案例是某教师在教学条形统计图时的片段，从案例可以看到，基于这一教学内容让学生很难深入和全面的理解，教师便采用了教师评学生、学生评教师，师生互动评价的方式。于是，智慧的火花在这样的交互评价中产生，学生在这样的有效课堂中深入理解教学内容，充分地享受自我需要的实现；教师则在学生的评价中获知学生的所思所想，促进教学方法的调整，让教学更具针对性。

### 4. 作品展示

作品展示是一种间接评价方式，用于教学中，体现了评价的多元。具体来说，这种评价就是将学生学习的成果通过制作展板、演讲、写作等方式展示出来，一方面可以让教师直观地了解学生的能力和表现，利于教学的调整；另一方面可以促进学生的自我成长，学生看着自己和他人的作品，就会思考和前进，获得自我成长。

# 策略 30

# 关注结果实施生成性评价

生成性评价是基于生成性教学的评价方式。生成性评价的核心内涵是促进学生的生长。这种评价方式依据文本特点、学生实际、教学目标和课堂发展适时发生，更能促进学生的主动生长。

## 一、生成性评价理论

生成性评价源于西方，其背后有着深厚的理论基础。要运用好这一评价手段打造高质量课堂，就要清楚其背后的理论支撑。

### 1. 建构主义学习观

建构主义学习观指出，学习是与环境进行相互作用的过程，其间会经历同化和顺应两个过程。前者是指知识的吸收，后者指知识的内化。而在这样的学习过程中，学习者需要主动进行知识建构，也就是将所学的知识与其原有的知识进行重组，促进新的知识结构的形成。这是一个动态的反复循环过程，因学习者的个人经历和发展程度不同，在对同一个问题的理解上存在差异，而这种差异恰好是一种极具价值的教育资源，使得不同的学习个体在交流、讨论与合作中提升其意义建构能力。

其中，学习者需要发挥主观能动性，而这种主观能动性是在学习者之间、学习者与教育者之间的相互激励中产生的，更是在教育者在学习者建构知识的过程中采取的相应的激励措施和方法中形成的，而这种在激励中获得的自信心和成就感，就成为继续进步的动力。这也是生成性评价在学生的学习过程中发挥作用的体现，是促使学生在学习过程中学会对自己的学习进行监控和反思，并随时调整并找到适合自己的学习策略，发展出自我评价能力，最终提升自主学习能力的重要依据。

### 2. 多元智能理论

美国心理学家加德纳提出的多元智能理论认为，每个个体都具备多种智能，且在不同的个体身上以不同的形式和程度存在，这就导致每个个体具备不同形式的认知方式和不同程度的认知能力。

教学就是能基于不同个体的认知方式和认知能力，"对症下药"开展教学。在这一过程中，教师要根据不同教育内容和不同教育对象创设多种多样的教学方法和手段，建立灵活多样的评价观，即在尊重学生的个体差异的前提下，通过多种渠道、采取多种形式观察、评价和分析学生，并基于学生的特点和教学内容，对学生在学习过程中表现出来的情感、学习策略、合作精神给予相应的综合性评价，以起到评价激励学生潜能、智能强项发挥的作用。

## 二、生成性评价的前提

生成性评价是基于课堂教学动态生成的特点实施的，它是一种动态评价，是在课堂平等的沟通与交流中教师充分尊重人的主体性、观照个体成长与生命价值的体现，针对学生的学习情况及时实施的价值判断和"顺学而导"的评价，旨在使学生在评价中重新认识、发现问题，完善自我，获得核心素养的提升与发展。这一评价方式的实施对于教师是一种极大的挑战，需要教师做好以下准备。

### 1. 平等对话

这是生成性评价实施的基石。核心素养下的高质量课堂教学，强调学生的自主性，突出师生之间的交流与合作。这样的课堂不是灌输式的教学，教学的发生是双向传递的，教师不是课堂的控制者，而是学生学习的辅助者和助推者；课堂不是教师独角戏的舞台，而是以学生为主的、师生共同构筑的成长空间。基于教学的生成性评价发生在这样的课堂上，就需要教师具备生成性教学思维，并以互动为基础开展师生之间的平等对话。

首先，师生之间要建立相互信任、彼此平等的对话世界，教师要将对话理念贯穿于教学始终，要让教学不仅是简单的师讲生听、师问生答的单向传递的语言交流，还能在知识的传递中进行精神的会通、人格的交流。

其次，师生之间要平等交流，这就要求教师在教学过程中要以平等、开放、民主的心态、谦虚的态度、宽广的胸怀及多元的价值观与学生的思维碰撞，要弃除师道尊严或"生道尊严"的思想；要重视学生的看法，并在双方发生分歧时能以"理解—对话"的方式进行沟通，进而实现双方精神相遇。

最后，师生之间要建立足够的信任关系，如此一来，学生才会相信教师的评价是符合自身实际情况的，因此易于接受。新的教学资源才得以不断喷涌生成，师生之间才能在教学中相互交融，进而进入"你我共生"的成长状态。

**2.多维预设**

核心素养下的课堂教学必须确立学生的主体地位，因此在实施生成性评价、打造高质量的动态课堂过程中，就要做好多维预设，如此才能把握相应的"点"，让评价的生成有"根"、有"源"。

（1）充分了解学生

生成性评价是基于学生，真正为了学生实施的评价，是为了促进学生发展开展的评价。因此，教师在实施评价时，必须充分了解学生。

一是要清楚学生的"已知"和"未知"，即要从知识、能力、思维、态度、价值观等多方面了解学生。这就要求教师心中有学生，在课前预设时要立足于学生，清楚学生的"已知"和"未知"，及时发现其生长点，进而借助于生成性评价对学生进行有效引导。

二是要认识到学生之间的差异，明确学生之间的共性和个性。一个班级的学生虽然年龄相仿，但其成长经历、学习经历，甚至教养背景和方式都不同，因此在知识的接受、理解，以及对事物、现象的爱憎喜怒等方面也会存在相同点和不同点。教师在了解这些相同点的同时，还要发现其中的不同点，进而基于这种共性和个性，充分揣摩教材，对可能出现的生长点做到从容面对，实施生成性评价。

（2）深入揣摩文本

文本是教学的载体，也是师生对话的载体，要实施生成性评价，就应研究文本，发现其承载的知识、能力、情感态度和价值观等关乎学生全面发展的生长点。

一是要研究文本的重、难点。文本是重要的教学内容，其重点与难点对于学生理解文本内容、掌握相应的知识、培养相应的情感起着关键作用。教师要深入研究，用心锤炼，在课前准确把握并充分预设，如此方能借助于生成性评价有针对性地促进学生深入思考、加深理解、拓展思维、获得发展。

二是要理解文本包含的情感。尤其是语文、历史、政治、英语等学科，文本中蕴含着作者的情感，深入研究其中的情感，方能与作者产生共鸣，进而引导学生关注、揣摩、咀嚼、发现，并在此基础上借助于生成性评价促进学生的情感体验，使之获得心灵的成长，形成正确的情感态度和价值观。

### 3.改变思维

生成性评价主要基于生成性课堂，而生成性课堂的动态性，使之充满了不可预见性。因此要做好生成性评价，教师就要调整思维，确定针对性和指导性的思维，方能发挥生成性评价"顺学而导"的作用。

（1）确立针对性思维

就针对性而言，要实施生成性评价，教师就要确立针对性思维，这是由于生成性评价指向的是生成，其根本目的在于促进学生的自我发展。而学生要自我发展首先就要正确地认识自我。这就要求实施生成性评价一定要具有针对性思维，要从学生的认知需要和成长需要出发，明确地肯定学生在课堂学习过程中的独到之处、精彩之处，尊重学生在学习过程中的新发现和新见解，肯定学生在学习过程中发现的问题，接纳学生在学习中出现的问题，并能给予科学引导，使之明确症结所在。

生：我知道了中国上海第一轮得票最多。

生：我看出了波兰弗罗茨瓦夫得票最少。

生：我还知道了墨西哥克雷塔罗的得票倒数第二少。

师：你们说得都不错，从图上我们一眼就能看出这些信息。那89个成员国代表在投票时都是怎么想的呢？

（教室里寂静了片刻，然后学生陆续举手发言）

生：我想中国的代表一定支持上海。

师：每个参选国家都希望申办成功，但要有实力才行呀！

生：波兰弗罗茨瓦夫得票最少，估计是他们国家实力不够，没有得到其他代表的认可，而且我预测第二轮墨西哥克雷塔罗会被淘汰。

师：你已具备一定的分析能力，能利用这张图上的信息进行预测，不错。

生：我把几个城市的得票加了一下，发现只有84票，说明有5个成员国代表没有投票……

这是某数学教师在教学"统计图的分析"这一内容时，以针对性思维实施生成性评价的片段。从片段中可以看到，由于统计图的分析是学生觉得困难的地方，教师从对学生回答的角度切入，及时给予评价，顺势启发引导，启发他们自我发现、自主研究，从而为有效教学实施过程中生成性资源的产生创造了条件。

当然，在这一过程中，教师要及时针对学生在学习中的表现及时给予科学且具有针对性的引导。比如当学生体会不够深入时可以明确告之其问题所在，当学生朗读流利却无感情时可以及时指出，当学生思维产生定势时及时予以指出……这样一来，这些针对性的评价就能够让学生清楚个人的得与失，促进进一步思考的发生。

（2）认识到学习的本质

就指引性而言，要实施生成性评价，教师必须认识到学习就本质而言，是学生主动建构和生成知识的过程，因此生成性评价就要发挥引导学生主动建构的作用，以促使学生的全面发展。而指引是灵活的，虽然无定法，但侧重艺术化的点拨、追问、示弱、赞扬等方式，旨在使学生打开思维、获得启示、获得生成。

师：我们走路，是稳稳当当地走，而父亲是——

生：蹒跚地走。

师：我们是一脚踏上月台，可父亲是——

生：爬。

师：不仅仅是"爬"啊，他是怎么爬的，还有哪些动作？他用双手——

生：攀。

师：如果是身手矫健的你，你不用攀，只需要拉。他的双脚——

生：向上缩。

师：做过引体向上的人就知道，脚向上缩，说明——

生：特别特别费力。

师：父亲的身体——

生：向左微倾。

师：孩子，感受到了吗？因为太用力，父亲的身体已经就要失去平衡了。而且父亲的身材——

生：很肥胖。

师：他还穿着——

生：黑布大马褂、深青布棉袍。

师：他的穿着轻便吗？

生：不，很臃肿。

师：这样的身材，这样的穿着，这样的动作，父亲是怎样去爱自己的小孩啊？是无微不至地去爱吗？

生：是努力地去爱。

生：竭尽全力。

师：对啊，孩子，这是竭尽全力地去爱啊！竭尽的不仅是金钱，还有体能啊！买橘子，本来是一件平常事，但是因为各种客观的原因，对于父亲，爱成为一件需要竭尽全力才能完成的事，所以它就感人了。孩子，你自己来总结一下。当朱自清看到这个背影时，他看到的是父亲穿着的——

生：陈旧臃肿。

师：也就看到了父亲生活的——

生：困窘艰难。

师：也看到了父亲行动如此吃力的背后是身体的——

生：衰老和疲惫。

师：他看到的不再是一个年轻的英气勃勃的父亲，而是一个——

生：老年的父亲。

师：老年的暮气沉沉的父亲，而这位父亲，竭尽全力地去爱儿子啊！所以作者——

生：感动得流下来泪了。

师：回答得太好了。


这是名师王君的《背影》一课的教学片段。从片段可以看到，王君老师巧设追问，让学生明确该段展现的是一种怎样的父爱。于是在教师的追问中，学生从"伟大的爱，无私的爱，无微不至的爱"这种笼统和肤浅的理解上，一步一步细细品味父爱的具体和深刻，使得学生体味到作者在描写中表达的情感，理解了作品在情感上的深层境界，最终促进了"回答得太好了"这一生成性评价的发生。

一方面，在指引过程中，教师要抓住教学中出现的"错误"资源，给予学生针对性的指导，使之在明确问题所在的同时，加以因势利导，促进生成。比如，在学生体会得不够深入时可以引导其联系某些具体内容去思考，在朗读流利却无感情时提醒其揣摩人物内心的情感……于是在由浅入深、从简单到复杂、从单一到多向的引导过程中，学生就能向纵深处思考，进而有精彩的收获。

另一方面，教师要基于教学中出现的"正确"资源，巧妙捕捉到其中的"亮点"，给予学生正向"指引"，使思维引领巧妙地融于评价中，使学生由此得到暗示，获得发展的方向。比如，当学生能抓住关键词体会情感时，可以说"抓住关键词语体会是一个很好的学习方法"；当学生能依据图片中的细节发现问题时，可以说"你能细心观察图片，进而发现问题，的确是一种很好的方法……"这样一来，这些正向肯定的评价就会激发学生的思维活力，进而使其获得学习的动力，主动拓宽思维空间，愿意去发现、尝试和探究。

## 三、生成性评价的类型与实施

生成性评价发生于生成性教学过程中，除了教师要以生成性思维为主导，以学生生长为目标，在评价的"点"与"法"上下足功夫，还需要教师掌握评价的方式，方能让生成性评价有效发挥促进学生自我生长的作用。

### 1. 赞美式评价

获得肯定和赞赏是个体内心最根深蒂固的本性，因此赞赏是评价学生最常见，也是最能调动学生积极性的方式。因此，教师在实施生成性评价时，就要在敏锐地捕捉到学生发言中的"生成点"时，用赞赏给予学生思维引领，使学生在评价中获得"生成"的暗示，获得思维的空间与方向，最终有所生成。

师：每个小朋友都可以把自己当作一个你喜欢的动物，想一想：当小青蛙问你"做什么事最快乐"的时候，你该怎样回答呢？

（学生窃窃私语，开始讨论）

师：你是谁？

生1：我是大花猫，捉老鼠最快乐。

生2：我是蜻蜓，捉蚊子最快乐。

生3：我是乌龟，游泳最快乐。

师：自由自在的生活也是快乐的。

生4：我是太阳。

师（惊奇地）：哦？最能让太阳感到快乐的是什么？

生5：我是太阳，照亮人们最快乐。

（掌声）

师：你有一颗伟大的心！

生6：我是花，我们用自己打扮美好的世界最快乐。

（热烈的掌声）

师：是啊！太阳、花草……它们都有生命，它们都在尽自己的努力为别人做事，做有用的、有意义的事。

生7：我是一棵树，我吸进二氧化碳、呼出新鲜空气最快乐。

（掌声）

师：呼出新鲜的氧气，空气就清新了！

生8：我是风，我让人们在热的时候凉爽最快乐。

师：带给人们凉爽，多么善良啊！

生9：我是萤火虫，我在黑夜里为人们照明最快乐。

（热烈的掌声）

……

师：小朋友们说得真好，像诗一样美！

这是名师薛法根在执教《做什么事情最快乐》一课的片段。从节选的内容可以看到，薛老师抓住学生在回答中的正向之处，给予赞赏式评价："你有一颗伟大的心！"于是学生的思维得以扩展，生成出"我是花，我们用自己打扮美好的世界最快乐""我是一棵树，我吸进二氧化碳、呼出新鲜空气最快乐""我是风，我让人们在热的时候凉爽最快乐""我是萤火虫，我在黑夜里为人们照明最快乐"……在这里，生成性评价不但对学生进行了情感熏陶，还实现了情感价值观的教学目标，促进高质量教学的发生。

**2. 跟进式评价**

这种评价方式就是教师就教学过程中的某一内容或某一问题，从学生理解的实际状况出发，运用相应的评价，一步一步地推动学生的思维往前发展，最终使学生进入更深、更广的空间主动探究，获得收获和发展。

师：在一个盒子里，装着一个红球和一个黄球，摸到红球的可能性是多少？（师有意让学困生回答）

生1：一半，也可以说二分之一。

师：非常准确，了不起。假如我在一个盒子里放5个红球、3个黄球，摸到红球的机会大，还是摸到黄球的机会大？请说说理由。（让中等生回答）

生2：摸到红球的机会大，因为红球多。

师：你能够从数量方面考虑得出可能性的大小，同样了不起！小明向上抛8次硬币，一定是4个正面朝上、4个正面朝下吗？说说你的理由。（有意选择优等生）

生3：不一定，这个可能性很多，有可能正面朝上多，有可能正面朝下多，也有可能朝上朝下一样多。

师：太了不起了，你把所有的可能性都表达出来了，老师佩服你！那么怎样才能知道做一件事可能性的大小呢？我们继续学习……

在上述案例中，教师依据学生的回答，分别给予学生不同的个性评价："非常准确，了不起。""你能够从数量方面考虑得出可能性的大小，同样了不起！""太了不起了，你把所有的可能性都表达出来了，老师佩服你！"评价及时跟进，既由表及里，充分调动了不同层次学生学习的积极性，真正面向全体学生，提高课堂教学效果，也成为学生思考的催化剂，使学生的思维一步步走向了"开阔地带"。

需要提醒的，跟进式评价需要教师依据教学内容，凭借对教学内容的深度解读，在教学的关键之处、疑难之处、深奥之处评价"跟进"。如此一来，学生的理解就会由表层走向深入、由肤浅走向深刻。

### 3. 延伸式评价

延伸式评价，即教师的评价发生在某一个教学环节结束时，就学生的课堂表现进行小结时，旨在将学生的表现进行恰到好处的延长、伸展，从而将问题引向深入，使学生原本无意识或模糊的认识清晰化，理解力有所提升。

师：春秋五霸分别是齐桓公、晋文公、秦穆公、楚庄王和宋襄公，也有另一种说法说是齐桓公、晋文公、楚庄王、吴王阖闾和越王勾践。那么大家看看书，齐国齐桓公为什么会成为春秋第一霸主？

生：以管仲为相，重用人才。

师：那么管仲采取了什么措施？

生：改革内政，发展生产，重视经济，政治上推崇"尊天子，攘四夷""挟天子以令诸侯"。

师：说得很好。我们教材上有幅图，值得玩味。就是山东淄博出土的殉马坑，是马死后埋葬的地方。从中我们可以看出哪些细节？

上述案例是某历史教师在教"春秋五霸"这一内容的片段。从片段可以看出，教师基于学生对内容的理解，在引导学生明确齐国齐桓公成为春秋第一霸主的原因，对学生的理解予以肯定"说得很好"；接下来在总结内容的同时，予以延伸式评价，引导学生思考教材图片的细节，进一步加深理解的同时，让学生学会从细枝末节中发现问题的历史学习方法。

总之，延伸式评价不但可以促使学生自悟自省，引发其进一步的思考，而且可以成为"点灯"之举，照亮学生进一步学习和自我生长的方向。

### 4. 交互式评价

生成性评价不限于师评生，还包括师生之间的互评。这就是交互式评价。关于这一评价方式，前文已经介绍过，在此我们再次回顾这一评价方式的生成性作用。请看《林冲棒打洪教头》教学片段。

出示PPT：林冲看他虽然气势汹汹，但脚步已乱，便抢起棒一扫，那棒直扫到他的小腿骨上。洪教头措手不及，"扑"的一声倒在地上，棒也甩出老远。

师：让我们自由地读一读，看从中读出一个什么样的林冲？

生1：林冲只一扫，洪教头就摔倒在地，我看出林冲武艺高强。

师：说得对，从"'洪教头措手不及'，'扑'的一声倒在地上，棒也甩出老远"也能看出林冲武艺高强。

生2：我赞成你们的说法。另外，我觉得林冲很镇定，洪教头气势汹汹，林冲却很镇定地看出了他的脚步已乱。

师：你的补充有道理！我觉得还不止这些，林冲可以用"打"或"劈"打败洪教头，他只轻轻"一扫"，而不用"劈"或者"打"，我看出林冲并不想让洪教头受重伤。

生3：对啊，我也想到了，我觉得林冲是善良的。

生4：林冲心地仁慈，没有给气焰嚣张的洪教头重重地一击，我真佩服林冲的大度。

在师生交互式评价中，学生不再是被动的接受，教师不再是简单的说教。教师评学生，学生评教师，来自他人的信息为自己吸收，而自己的感悟、思考又会被别人的评价唤起，迸发出智慧的火花。实践交互式评价，教师的角色定位是学生，也要注意给学生更多的表达机会。

即教师对学生的回答做出评价，学生对教师的评价再做出新的评价，在这种循环往复、交错提升的动态评价中，教与学充分融合，实现师生的共同生长。

# 后　记

　　在编写本书的过程中，编者借鉴和参考了国内外知名专家的著作和研究成果，引用了一些教师的案例和文章，在此向所有专家、教师致以衷心的感谢！受沟通渠道所限，我们未能与所有作者都取得联系。敬请相关作者与我们联系，电子邮箱：taolishuxi@126com。

编　者

# 大单元教学
# 备课 30 问

主　　编：郭湘辉　郑建周
副 主 编：邓双丽　陈玲婕
编写人员：刘春江　姜　山　邵一棘　毛雨鑫
　　　　　曹　佩　王丹奇　高佳诚　郑爱荣
　　　　　朱　倩

新 华 出 版 社

**图书在版编目（CIP）数据**

大单元教学备课 30 问／郭湘辉，郑建周主编；
邓双丽，陈玲婕副主编.
-- 北京：新华出版社，2024.12.
（创造学生喜爱的课堂）
ISBN 978-7-5166-7687-5

Ⅰ. G632.421

中国国家版本馆 CIP 数据核字第 2024 S7K516 号

**大单元教学备课 30 问**

主　　编：郭湘辉　郑建周

责任编辑：蒋小云　丁　勇　　　　装帧设计：郝亚娟

出版发行：新华出版社
地　　址：北京石景山区京原路 8 号　　邮　　编：100040
网　　址：http://www.xinhuapub.com
经　　销：新华书店
　　　　　新华出版社天猫旗舰店、京东旗舰店及各大网店
购书热线：010-63077122　　　中国新闻书店购书热线：010-63072012

照　　排：桃李书系
印　　刷：三河市人民印务有限公司

成品尺寸：170mm×230mm
印　　张：13　　　　　　　　　字　　数：239 千字
版　　次：2025 年 2 月第一版　　印　　次：2025 年 2 月第一次印刷
书　　号：ISBN 978-7-5166-7687-5
定　　价：49.00 元

# 前　言

《义务教育课程方案（2022年版）》主要有五大变化，即：强化了课程育人导向，优化了课程内容结构，研制了学业质量标准，增强了指导性，加强了学段衔接。特别是课程内容的结构化，要以习近平新时代中国特色社会主义思想为统领，基于核心素养发展要求，遴选重要观念、主题内容和基础知识，不断优化内容组织形式，以此来增强内容与育人目标的联系，引起广大教师的高度关注。

一线教师的两大专业行为就是备课和上课，其中备课又是上课的前提，更能够体现出教师的专业度与责任心。新课标的落地与实施，倒逼着教师对教学系统进行升级迭代，如果还是完全沿用传统的备课模式，则无法满足当下的育人需求，难以实现课程的综合化。"工欲善其事，必先利其器。"课堂改革要从改变"备课"方式开始勇敢地走出第一步，目前盛行的大单元整体教学成为首选。但大单元教学备课活动的优劣，直接决定了大单元学习活动的成败。因此，教师要重视并修炼备课这一教学基本功，努力提升大单元教学备课的价值和意义。

从当前一线教师备课与教学情况来看，大单元教学还存在有其"名"而无其"实"、有方向而难实施、有形式而无灵魂等实际问题，课堂实施现状也不容乐观，主要问题有学科概念与教学目标提取不当，教学活动设计操作性不强，教学评一致性难以跟进到位，作业设计缺乏思维系统性与进阶性，等等。诸多问题致使单元整体教学效果大打折扣，也让广大一线教师对备课充满了困惑。

鉴于以上问题，本书围绕大单元教学备课的六个方面，选择30个具有普遍性、代表性的问题，逐一进行解答，既科学阐述了相关理念，厘清了相关专业概念，又融入了大量成熟的优秀实践案例，旨在能够给予读者一些回应与思考。

大单元教学备课之前，教师首先需要知道"何为大单元"。崔允漷教授认为：大单元是一种学习单位，一个单元就是一个学习事件、一个完整的学习故事，因此，一个单元就是一个微课程。或者说，一个单元就是一个指向素养的、相对独立的、体现完整教学过程的课程细胞。在新课标理念下，大单元可以是教材中呈现的单元，也可以是依据课程标准对教材重组形成的新的单元。它是落实学科核心素养、实现学科育人目的的基本单位和重要路径。

本书专题一通过"走进大单元教学"，帮助读者完成这一认知，奠定基本理念基础，为科学备课做好前期准备。并对如何提取大概念、表征大概念、转化大概念做了具体介绍，意图通过创设真实的学习情境（任务），引领学生在解决复杂的情境中，形成结构性知识，培养高阶思维，转化为可普遍迁移的正确价值观、必备品格和关键能力。

大单元教学以"大"格局建构整体学习，一个完整的"大单元"备课设计需要解决以下问题：确定学习内容与目标，即解决学什么；选择学习方式，即怎么学；学得怎么样，即如何评价。这样的教学设计，问题由学生解决，任务由学生完成，学生成为学习活动的主角。而教师则需要转换角色，在备课活动中做好"学习教练"，成为学习资源的提供者、学习任务的设计者、学习活动的推进者。

本书的专题二至专题五，按照大单元教学备课的基本流程和路径，分别从目标确定、活动设计、评价设计、作业设计四个方面做了全面介绍，既注重前后关联，又各有侧重，抓住一个主题，针对问题具体分析，在专题六中提出切实可行的策略与历经实践的方法；注重操作性、示范性，深入浅出，旨在帮助一线教师科学备课，有效备课。

总之，本书在介绍如何进行大单元备课时，强调"总—分—总"的备课路径和基本范式。前一个"总"即要立足于单元视角来备课，具有整体思维和规划准备；而"分"则是指在已有思路和框架的基础上进行任务分配与活动设计，并形成链式结构，前后关联，最终指向核心素养；最后的"总"则是指重新审视学习评价方式的科学性，并对备课进行有价值的反思与提升。当然，由于各种原因，书中难免存在考虑不周的地方，还请广大读者提出宝贵意见和建议。

# 目　录

## 专题一　走进大单元教学

指向课程核心素养的大单元教学设计是践行立德树人、落实双减政策、深化课程改革的必然要求，也是课程核心素养落地的关键路径。大单元教学是一种先进的教育理念，教师应该积极设计和实施大单元教学，加强知识间的内在关联，促进思维结构化，培养全球视野，达成发展学生核心素养的目标。

# 专题二  大单元教学目标确定

目标既是预设的方向，也是学习实践的指挥棒，在教学中具有重要作用。大单元教学目标，就是明确大单元教学要使学生取得怎样的学习结果、达到怎样的发展水平，对教师的教与学生的学发挥着重要的引导作用。相较于零散的课时目标，大单元教学目标具有系统性、精准性、表现性等特征，也更关注学科本质和学科逻辑。

# 专题三　大单元教学活动设计

　　大单元教学是基于大概念、大任务、大情境开展的相关学习活动。大单元教学的过程是以单元整体目标为驱动，依据课程标准，围绕大单元主题，将一个或多个教材单元转化为大单元，提炼核心概念，设置大任务，创设大情境，开展大活动。因此，基于核心素养，把握课标，整合教材，立足于课程整体理念和思维，设计适切的大单元教学活动，定会助力实现培育学生核心素养目标。

# 专题四　大单元教学评价设计

大单元教学评价是在大单元学习过程中进行的评价，是学习的重要环节，能激励学生提高学习兴趣，指导学生自我监控和深度学习。为了更好地服务于学生的学，教师要注重丰富评价的功能和类型，加强评价的设计、运用、反馈，明确评价目标，运用多样化的评价方式，将评价融入学前、学中、学后，以有效提高大单元教学评价的效果。

# 专题五  大单元教学作业设计

大单元教学作业是以单元为基本单位进行整体规划、设计、执行和评价的所有作业的集合。大单元教学作业设计遵循整体性、一致性、多样性、阶段性和层次性等原则，具有"高结构""强关联""共成长"的特质。因此，大单元教学作业设计突破了传统作业固化的框架体系和碎片化的学习限制，以统整而非叠加的系统学习方式拓展原有知识框架，发展思维品质，完善情感价值，形成正确的价值观、必备的品格和关键能力。

# 专题六 大单元教学备课实践

大单元教学基于核心素养的课程与教学系统，既是当前知识与信息时代对人才培养的紧迫需求，也是突破以往"以知识为中心"的教育困境的一种必然选择。因此，开展大单元教学时首先只有高度重视备课实践，注重知识的整合与迁移，才能实现大单元教学在课堂的软着陆。

# 专题一

# 走进大单元教学

指向课程核心素养的大单元教学设计是践行立德树人、落实双减政策、深化课程改革的必然要求，也是课程核心素养落地的关键路径。大单元教学是一种先进的教育理念，教师应该积极设计和实施大单元教学，加强知识间的内在关联，促进思维结构化，培养全球视野，达成发展学生核心素养的目标。

## 问题 01

# 什么是大单元教学

在教学中，教师对单元教学并不陌生，因为教材一般都有单元，所以教师一直在按单元进行教学。教材的单元关注的是内容上的关联性，比如，教科版小学科学六年级上册第一单元围绕"微小世界"展开学习，而第二单元的学习内容是关于"地球的运动"。再如，统编版小学语文四年级上册第五单元"把一件事情写清楚"是个习作单元，是围绕习作能力的培养编排的。然而学习了这些内容，学生究竟增长了什么素养，不同内容主题的单元之间有什么联系，我们并没有进行深入研究，原因在于我们是将单元的学习目标定位为学习内容，而不是立足于发展学生的核心素养。

## 一、大单元教学的内涵

随着教育的不断改革和推进，核心素养成为新课程标准的"基因"，发展学生核心素养成为育人目标，大单元教学等综合性教学逐渐成为教育研究的焦点。那么，什么是大单元呢？崔允漷教授认为：大单元是一种学习单位，一个单元就是一个学习事件、一个完整的学习故事，因此，一个单元就是一个微课程。或者说，一个单元就是一个指向素养的、相对独立的、体现完整教学过程的课程细胞。在新课标理念下，大单元可以是单元教材中呈现的单元，也可以是依据课程标准对教材重组形成的新的单元。

当前，课堂教学最大的问题是缺乏与学生真实发生有关、有趣、有用的衔接，而大单元不再是原有知识点的简单相加，现在所说的大单元是指素养目标达成的单位，是围绕大概念组织的学习内容、学习材料和学习资源的整合，它能够满足不同学生核心素养发展的要求，是落实学科核心素养、实现学科育人的基本单位和重要路径。

我们可以把"大单元教学"定义为：一种以发展学生学科核心素养为目标的课程组织形式和教学方式。它依据学科课程标准，聚焦学科核心素养，以教材为背景，在自然单元的基础上，提炼学生学科核心素养关键要素，运用系统性和整体性思维，对学习内容、资源和方法等进行分析、整合、重组和开发，形成明确的大概念、大主题或大观念；并以大情境、大问题、大任务为引导，体现目标、情境、任务、活动、评价等要素的一个结构化的教学过程。

## 二、大单元教学的特征

我们知道，学生核心素养的形成和发展，是需要提供给学生一段时间去探究并经历完整的学习过程的。而完整的学习过程，需要依托一组性质相同、互相关联，体现学科重要概念、原理或思维方法的内容。一个大单元教学活动好比一个完整的学习过程，也可以说成一个学习事件。大单元教学则是一种实现培育学生核心素养目标的微型课程，它具有以下几个典型特征。

### 1. 系统性

大单元教学注重知识的系统性和连贯性，将相关知识点进行梳理和整合，形成具有逻辑关系的知识体系。系统性是指整个单元规划和课时设计，必须是在对课程标准、核心内容、基本学情的深度分析基础上进行"再建构"。这有助于学生形成完整的知识框架，提高学生思维能力和解决问题的能力。

浙教版科学八年级下册第三单元《空气与生命》有8节内容，不同课题知识的联系和重点指向的核心概念是有所差异的，第5~7节主要指向的是"生命活动的构成层次、生物体的稳态与调节"。第5节的主要内容是呼吸和呼吸作用，动物（包括人）、植物等有一定的结构能进行呼吸作用。第6节的主要内容是光合作用，植物有一定的结构能进行光合作用，这都体现了生物学的结构和功能观。呼吸作用把有机物和氧气转化为二氧化碳和水，并释放能量。光合作用把二氧化碳、水转化为有机物和氧气，并储存能量。两大生理作用对碳、氧循环起到了主导作用，并体现了能量守恒与利用，这也是第7节的主要内容。所以我们对第5~7节进行了单元架构，取名为"生物与环境中的物质与能量"单元，单元内容架构如图1-1所示。

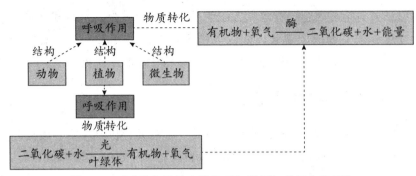

图1-1 "生物与环境中的物质与能量"单元内容架构

大单元教学提供了更为系统和完整的学习体验，通过有机地组织和衔接不同的知识点和技能，帮助学生建立起更为深入的知识结构和思维模式。

### 2. 整体性

大单元教学立足于课程整体理念和思维，强调整体设计、整体实施和整体评价。它从整体上把握学科知识体系，按照一定的组织结构和教学设计思路将课程内容划分为较大的单元，以大单元为单位进行教学。在大单元教学之前，需要系统分析基础单元，进行单元整体规划以及课时设计规划。整体设计如下：确定主题（基于大概念或大观念）—明确单元目标— 逆向设计（评价早于活动设计）—结构化任务、递进性活动— 课型、课时、作业、测试统筹安排与科学设计。

在进行人美版美术一年级下册的"我和昆虫""奇妙的爬行""可爱的动物""狮子大王"这些内容教学时，可以设计"动物朋友"这一主题进行大单元教学，先制定单元目标，然后通过每个课时的教学达成课时目标，从而落实单元目标。在第一课时中，教师可以带领学生参与"动物王国"探索之旅，以培养学生的观察、欣赏和表达能力。在第二课时中，在学生基本具备上述能力的基础上，教师便可带领学生试着有针对性地、深入地观察某一个动物的一些细节，再用艺术手段表现动物的特征，进行初步的美术创作。在第三课时中，教师可引导学生发挥想象能力与联想能力，通过设计"叠一叠""剪一剪""画一画""涂一涂"的动手操作活动，激发学生的想象和动手意识，以培养学生的创作能力，发展学生的美术核心素养。

大单元教学立足于大主题、大概念或大观念，将相关的知识点和技能目标进行归类和组织，进行整体设计与教学，有助于学生从整体上理解和掌握学科核心概念，发展学科核心素养。

### 3. 情境性

如何更有效地发展学生的核心素养，促使学生在未来生活中面对各种复杂问题时，能运用所学的知识和技能有效解决？这需要我们在教学中创设真实的情境，激发学生的学习兴趣和动力，培养其实际操作能力和解决问题的能力。

大单元教学注重大情境。大情境是指整个单元的教学情境，即整个单元的教学都发生在同一个真实的生活大情境中，并将学生暴露于自然的问题情境中，完全区别于用来导入新课的碎片化情境。通过创设真实的生活情境，将知识点融入具体的情境任务中，让学生感受到学习的实际意义，从而提升学习的动机和乐趣。大情境不仅仅关注学科知识，帮助学生将不同的知识点和技能联系起来，形成更为完整、综合的认知结构，提高学生对知识的灵活运用和迁移能力；还注重培养学生的核心素养，如批判性思维、合作能力、创新能力等，促进学生解决问题等综合能力的发展。例如，浙教版科学九年级上册第四单元以"代谢与平衡"为主题编排教学内容，主要包含食物的营养、消化与吸收、体内物质的运输及动态平衡、生物体的能量获得等内容。在教学本单元时，可以创设以下大情境。

大数据调查显示，在繁重的学业压力下，现阶段的青少年普遍存在两大健康问题——近视和肥胖，这与习总书记提出的"要树立健康第一的教育理念"背道而驰，也与区"美好教育、健康第一"的理念相悖，因此，区教育局要求各校开展"亮眼控肥"行动。数据调查显示，我校学生的肥胖超重率达30%。肥胖是如何造成的？如何制定科学合理的营养食谱来帮助肥胖青少年回归健康体重呢？

以上情境化的问题创设，提升了学生的学习兴趣，让学生感悟到了学习的价值和意义。用大情境贯穿整个单元的学习，实现了知识的结构化教学，更好地培养了学生的解决问题等综合能力，发展了学生的学科核心素养。

### 4. 发展性

在大单元教学中，教师逐步引导学生掌握基础知识，然后引入复杂的概念和技能。这样可以帮助学生逐步建立知识体系，提高学习的连贯性，促进深度学习。此外，大单元教学注重培养学生的自主学习能力，有效激发学生的学习动力和创造力，培养他们的学习策略和问题解决能力。通过解决实际问题和开展综合性学习，学生可将已学知识与实际应用相结合，提高学习的实用性和可持续性。

总之，大单元教学注重发展学生的学科核心素养，不仅关注知识的传授，还关注学生的思维能力、情感态度等方面的发展。这种教学方式有助于培养学生的综合素质，为学生未来的学习和工作打下坚实的基础。

## 三、大单元教学的价值

"为什么我们的学校总是培养不出杰出的科技创新人才？"这就是著名的"钱学森之问"。钱学森用系统工程的理论，提出中国教育的问题。他认为，系统工程分为部分、局部和整体，科学研究是部分和局部，社会发展是整体，是系统工程中最为复杂的部分，而人才培养的问题是社会整体系统中重要的一环。那么为什么要实施大单元教学设计？从整体与部分的关系来看，必定要整体教学，因为整体优于部分，整体决定部分，整体认识部分，整体大于部分之和。对于学习的主体——学生而言，大单元教学的价值主要包括以下几点。

### 1. 有助于学生建构整体意识

以前，我们更注重研究课时教学，课时设计是相对微观的，课时教学目标关注知识片段、孤立的技能训练，学生难以建立知识之间的关联，难以经历完整的学习过程，难以迁移应用形成学科核心素养。大单元教学旨在促进教学内容的结构化，构建教学的整体意识，以实现"整体大于部分之和"。通过大单元的学习，学生能够注重知识间的联系，形成整体学习的观念，促进对大概念或大观念的理解。

### 2. 有助于学生形成"专家思维"

什么是学习？学习就是唤醒每一个孩子的"旧知"，并同他看到的"新知"进行衔接，从而产生新的、学生自行诞生的成果。学生通过大单元教学下的大概念、大情境、大任务的驱动学习，不仅能把离散的事实和技能聚合起来，形成意义，而且掌握了实际运用的知识和技能。换句话说，通过大单元学习，学生形成了"专家思维"，在新情境中能够顺畅提取并创造性地解决实际问题。

### 3.有助于学生发展核心素养

大单元教学是为了实现高质量育人，是一种基于核心素养，把握课标，驾驭教材，整合教材，确定大主题、大概念或大观念，在研读学情的基础上，叙写大单元目标及学习评价，创设大情境、大任务，开展大活动的，结构化的，具有多种课型的统筹规划和科学设计的教学。

大单元教学以"学"为主，它的出发点是整体性的"学"、动态的"学"、发展性的"学"，侧重学习过程的展开、沉淀和学生能力、素养的发展。大单元教学背景下，学生形成整体观念、学科思维，培养创新、合作能力，最终发展了学科核心素养。

# 问题 02

# 大单元教学有哪些形式

指向学科核心素养的大单元教学既是践行立德树人、落实双减政策、深化课程改革的必然要求，也是学科核心素养落地的关键路径。近几年来，大单元教学成为一线教师较为推崇并积极实践的新型教学方式。对于教育工作者来说，要想实施大单元教学，不仅要了解大单元教学的内涵、特征和价值，也要明晰大单元教学有哪些形式。只有厘清大单元教学形式，才能更好地设计和实施大单元教学。

## 一、大单元教学内容的统整形式

核心素养导向下的大单元教学要求教师建立好学科核心素养与学科核心内容之间的关系。教师应该依据课程标准和教材，根据学生的认知发展水平，立足于学段学生的学情，制定科学的单元学习目标，对教材内容进行统整，并设计有效的学习活动及评价，从而保证大单元教学有质量地实施。如何对教学内容进行有维度、有体系的统整，更好地发展学生学科核心素养呢？我们可以基于学科核心素养、学生认知规律和学科知识逻辑体系的架构进行大单元教学。从大单元教学内容的统整形式来看，大单元教学可以分为指向学科内的大单元教学和指向跨学科的大单元教学。

### 1. 指向学科内的大单元教学

指向学科内的大单元教学是指在某一学科内建立概念上的深度理解和学习。从目前一些学校和教师的大单元教学实施情况来看，主要是指向学科内的大单元教学。学科大单元教学分为两种形式：现有单元内容重新组织和不同单元内容重新建构。

形式一，现有单元内容重新组织。基于教材编排角度的考虑，不同学科的教材都有现成的章节。但教师由于缺乏大单元教学的整体意识，往往采取"课时"教学方式，没有较好地对教学资源进行整合和加工，构建的概念联系不够紧密，不能帮助学生进行整合性的深度学习。我们需要对现有单元内容重新进行组织和架构，用统整的理念将分散、零碎的知识加以归纳与整理，以核心素养为根本，以学习任务群为单元内容组织方式，整体设计单元学习活动。

在进行人教版《中国历史》八年级上册第六单元"中华民族的抗日战争"教学时，可以利用大概念学科知识框架图进行设计，梳理知识并确定大概念。从事实性知识到大概念的进阶如图1-2所示。需要熟悉的知识有知晓九·一八事变等，需要掌握的重要内容有为什么说中国共产党是全民族抗战的中流砥柱等；明确本单元的大概念是人民群众是历史的创造者，是社会历史的主体；单元核心概念是抗日民族统一战线。在设计大单元教学下的小单元主题时，需要体现系统性和结构性。本单元可以建立"抗日民族统一战线背景篇""抗日民族统一战线表现篇""抗日民族统一战线影响篇""抗日战争胜利启示篇"四大主题，四大主题也体现了学习的进阶性。单元教学内容组织方式采用学习任务群，每个任务匹配相应的学习问题链，如图1-3所示，从而体现大单元整体设计。

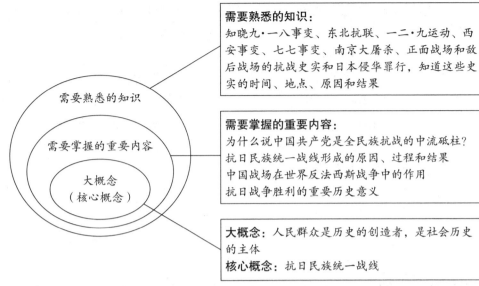

需要熟悉的知识：
知晓九·一八事变、东北抗联、一二·九运动、西安事变、七七事变、南京大屠杀、正面战场和敌后战场的抗战史实和日本侵华罪行，知道这些史实的时间、地点、原因和结果

需要掌握的重要内容：
为什么说中国共产党是全民族抗战的中流砥柱？
抗日民族统一战线形成的原因、过程和结果
中国战场在世界反法西斯战争中的作用
抗日战争胜利的重要历史意义

大概念：人民群众是历史的创造者，是社会历史的主体
核心概念：抗日民族统一战线

图1-2 "中华民族的抗日战争"单元从事实性知识到大概念的进阶

| 核心概念 | 学习主题 | 学习阶段 | 学习问题链 |
| --- | --- | --- | --- |
| 抗日民族统一战线 | 民族危急 万众一心——抗日民族统一战线背景篇 | 识记领会 | 1.为什么要建立抗日民族统一战线？2.抗日民族统一战线是怎样形成的 |
| | 忠勇铸魂 血铸中华——抗日民族统一战线表现篇 | 分析综合 | 3.在抗日民族统一战线的引领下，中华民族是如何进行全民族抗战的 |
| | 团结一致 走向胜利——抗日民族统一战线影响篇 | 分析综合 | 4.探究中华民族抗日战争胜利的原因、意义 |
| | 以史为鉴 伟大复兴——抗日战争胜利启示篇 | 运用评价 | 5.面对当下日本政府对待历史的态度和配合美国遏制中国复兴的种种表现，我们该怎么做 |

图1-3 "中华民族的抗日战争"大单元教学学习主题、进阶和问题链设计

　　对单元知识进行系统分析及归纳，统整单元学习内容，建构单元大概念，并以单元大概念为统整载体，实现对单元教学内容、主题、任务、问题等的结构化

教学，促使学生从大概念的视角学习单元知识，助力学生形成完整的知识体系，提升学生分析问题和解决问题的能力，在立体交叉、互相渗透中螺旋上升，最终达成培养学生核心素养的目标。

形式二，不同单元内容重新建构。大单元教学可以根据教学内容在结构上的联系等重新组合"大单元"，促进学生建立知识之间的关联，经历完整的学习过程。在这样的大单元教学中，学生通过学习能够将离散或琐碎的不同主题和知识实现"有意义"的"粘连"，从而帮助学生形成"专家思维"，进而阐释和预测较大范围的物体、事件或现象。

浙教版科学七年级上册的第一单元和第四单元分别涉及了体积测量、质量测量和密度测量。但传统教学中，存在以下两个问题：①为了测量而测量，不能促进有意义的学习；②没有真实情境下整合性任务，难以提升科学素养的四个维度，特别是科学思维。科学教师可以对相关的测量内容重新进行整合和建构，开展以测量为大主题的大单元教学，建构如图1-4所示的单元概念。大主题下设计五个小主题，并创设真实的情境（见表1-1），促进学生的整体性且有意义的学习。

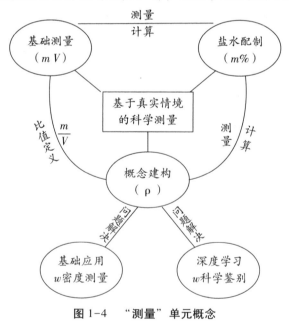

图1-4 "测量"单元概念

表1-1 "测量"单元的子主题与对应的情境

| 单元子主题 | 情境 |
|---|---|
| 主题一：基础测量（$mV$） | **情境**：家里做面包时需要称量 300g 面粉、3g 酵母粉、15g 糖、一个鸡蛋，量取 150mL 的水。你会帮忙吗 |
| 主题二：概念建构（$\rho$） | **情境**：真假杠铃，如何科学辨别 |
| 主题三：问题解决——配制生理盐水 | **情境**：近年来，很多人受鼻炎的困扰，缓解鼻炎症状的有效方法是盐水洗鼻。请配制一瓶 500mL 质量分数为 0.9% 的生理盐水 |
| 主题四：基础应用——密度测量 | **情境**：生活中我们常常会见到石头沉在水底，而塑料漂浮在水面上，它们的密度与水相比，有什么样的规律 |
| 主题五：深度学习——科学鉴别（硬币） | **情境**：5 角硬币（荷花图案）表面金光闪闪，看起来像铜制作的，真的是铜做的吗 |

通过建构以大主题统整的大单元教学，有利于学生认知的优化，促使学生建立从整体到局部、从策略到方法、从上位到下位的思维习惯，对学生来说十分重要且终身受用。通过创设真实情境，激发学生用所学的知识、思维方法去解决问题，能有效地促进学生的有意义学习。通过有意义学习，学生能积极主动地在新知识与已有知识之间建立联系。这样的大单元教学有利于培养学生系统思维，使他们在将来面对复杂的问题时，能用整体性思维进行研究，使我们的教学目标"让学生学会思考，并成为善于分析和解决问题的人"能落在实处，使学生明道、优术，然后提升核心素养。

**2. 指向跨学科的大单元教学**

2022 年版课程标准提出实施跨学科学习，要求充分利用不同学科之间的相似共通之处，为学生开展跨学科学习提供必要的支持。指向跨学科的大单元教学是通过不同学科领域的观点，来学习同一个主题或审视同一个问题或议题。只要两个或两个以上学科之间有同一个概念性层面的内容，就可以开展跨学科的大单元教学。

一位体育教师在三年级"障碍跑"大单元教学时，融入了语文、数学、科学学科。他以语文学科造句、仿句、扩句，数学学科丈量与估算，科学学科实验分析等进行其他学科知识的综合运用，如表 1-2 所示。通过 4~5 课时的大单元教学，解决了障碍跑中关于用不同方式过不同障碍等若干问题。

表1-2 "障碍跑"大单元的跨学科分析

| 课时 | 学习目标 | 涉及学科 | | 跨学科的目的 |
| --- | --- | --- | --- | --- |
| | | 学科 | 学科知识 | |
| 1 | 体验障碍跑，能用不同的姿势过不同的障碍 | 语文 | 造句、仿句 | 利用造句和仿句等语文知识，帮助学生创设不同过障碍方法的想象情景，引导学生创新思维，解决创设不同的过障碍方法的教学重难点 |
| 2 | 熟练掌握过障碍的技巧，能快速安全地过障碍 | 语文 | 扩句 | 利用扩句的联想与创设，帮助学生进一步尝试与体验更加熟练的过障碍技巧，巧妙地解决课堂教学重点，提升教学效率 |
| 3 | 小组合作，设计障碍及路线 | 数学 | 举例丈量、估算 | 运用数学知识与生活常识、经验，更好地帮助学生进行小组合作，完成探究性实践任务，让学生通过自身知识的关联运用解决实际问题，构筑深度学习课堂基础 |
| 4~5 | 更快速、更轻松、更科学地过障碍 | 科学 | 实验（数据收集与分析） | 运用科学实验的方式，引导学生利用数据记录与分析，探寻体育中的科学，通过反复对比实践，找到最好的过障碍方式 |

跨学科融合下的大单元教学，是多个学科知识共同运用发展的过程，体现了不同学科知识在学习任务中相互作用、巩固提升。通过跨学科的大单元教学，可以帮助学生看到知识和理解之间的相互联系，提供了学生学习跨学科概念的机会，并扩展了他们的理解宽度，提升了学生运用不同学科知识分析问题、解决问题的能力。

## 二、大单元教学的实施形式

《义务教育课程方案（2022年版）》强调要深化教学改革，推进综合学习。需要探索大单元教学，积极开展主题化、项目式学习等综合性教学活动，引导学生举一反三、融会贯通，促使学生掌握知识间的内在关联，形成知识结构化。由此可见，核心素养教育强调统整课程内容、注重学科实践和真实情境任务驱动等课程理念，而"大单元""大主题""大情境""大任务"正是上述教育理念的体现，是落实核心素养教育的产物。如何更有效地开展大单元教学？一线教师可以以"主题式"和"项目式"为主要教学实施形式，促进大单元教学目标的落地。

**1. 主题式教学**

"大主题"是大单元教学的重要特征，大单元教学本身就是一种主题式教学活动。主题式学习是学生围绕主题进行学习的一种综合性的学习方式。在新课程标准背景上，教师对学科知识进行分析与整合，设定教学主题，设计学生活动，以学生为中心开展系列主题活动，促使学生积极体验，掌握学科内容与技能，解决真实问题并以此发展学生的核心素养。

例如，人教版数学二年级下册"图形的运动（一）"和四年级下册"图形的运动（二）"的内容，可以开展以"平移、旋转和轴对称"为主题的大单元教学。再如，浙教版八年级上册第三单元的第2~5节内容，可以建构以"人体生命活动的调节"为主题的大单元教学，并提出大问题——人体是如何调节生命活动的？根据大问题逐级拆解问题并设计任务（见图1-5），通过完成任务来解决大问题。

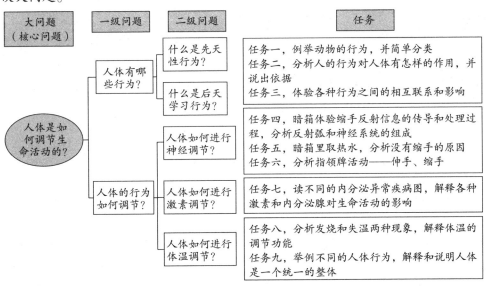

图1-5　"人体生命活动的调节"大单元教学问题拆解和任务设计

在开展主题式大单元教学的过程中，教师立足于主题内容，多角度对学生进行教育引导，将传统的课程教学过程以单元为单位进行内容和资源的整合，树立一个明确的主题，并围绕主题创新教学方法，为取得大单元教学效果奠定基础。

**2. 项目式教学**

项目式教学是指学生在一段时间内对与学科或跨学科有关的驱动性问题进行深入持续的探索，学生在依靠自身知识、能力、品质等创造性地解决新问题、形成公开成果的过程中，形成对核心知识和学习历程的深刻理解，并能够在新情境中进行迁移，从而培养学生的综合能力和核心素养。在大单元教学过程中采用项目式教学，以项目为核心，以大问题为驱动，将相关知识和技能要求整合到一个完整的项目中，有助于学生从整体上理解知识并综合应用知识，促进学生对知识的整合和迁移。

人教版英语八年级下册第六单元是一个故事单元，内容涉及中外著名的神话传说、童话戏剧等，形式多样，有故事讲述、故事介绍以及戏剧。教师可以开展大单元教学，具体的单元内容框架如图1-6所示，用大观念引领，进行结构化教学。以《威尼斯商人》英语戏剧项目为核心，设计驱动性问题："我校国际文化节闭幕式需要一台英语戏剧。莎士比亚在戏剧界具有举足轻重的影响。借此机会，教师精心选取莎翁的四大喜剧之一《威尼斯商人》，大家将走进莎翁，探索该作品，体悟莎翁戏剧蕴含的思想价值、社会价值和艺术价值。你将在舞台上呈现怎样的一出戏剧？"从而进行大单元教学。

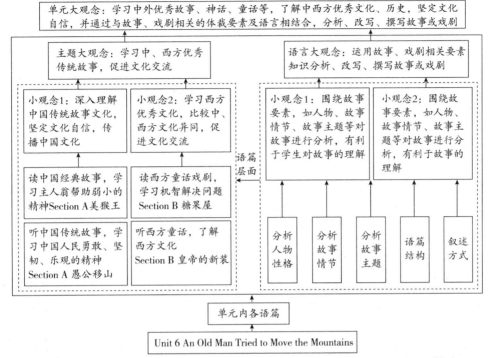

图 1-6 "An Old Man Tried to Move the Mountains" 单元内容框架

采用项目式进行大单元教学，不仅有助于学生形成完整的知识框架，促进学生进行整体性学习，使学生知识结构更加完善。而且项目式教学注重学生的实践操作和问题解决能力，通过项目实施过程中的探究、实验、调查等环节，培养学生的动手能力和创新思维。项目式教学还鼓励学生自主学习、自主探究，通过完成项目，培养学生的自主学习意识和能力。此外，项目式教学通常采用小组合作的方式进行，学生在小组中共同讨论、分工合作，有助于培养团队的协作精神和沟通表达能力。综上所述，项目式教学能在大单元教学中发挥重要作用，有助于提升学生的学习效果和核心素养。

# 问题 03

# 如何提取大单元的大概念

自 2022 年版新课程标准颁布以来，各地课标培训、教研活动持续进行。一线教师正围绕大概念、大单元教学、核心素养不断地打磨教学。那么，大概念到底是什么？如何在教学中提取并把握大概念开启大单元教学？这些问题都会困扰一线教师。

如何理解大概念？格兰特·威金斯和杰伊·麦克泰格在《追求理解的教学设计》中认为：大概念就是一个概念、主题或问题，它能够使离散的事实和技能相互联系并有一定意义。可以说，大概念是一种高阶思维的样态呈现，其折射的是一种整体层面的、系统科学的认知方式。刘徽教授在《大概念教学》中把大概念界定为反映专家思维方式的概念、观念或论题，它具有生活价值。其实，大概念归根结底就是"上位知识"，是一种"高度形式化、具备认识论与方法论层次意义、普适性极强的概念"。

从学科知识关系的角度来看，大概念位于学科知识金字塔的顶端，极具抽象性、概括性和包容性。大概念有不同的知识层级结构（见图 1-7），学科大概念是指能反映学科的特质，居于学科的中心地位，具有较为广泛的适用性和解释力，且有超越课堂的持久价值和迁移价值的原理、思想和方法。

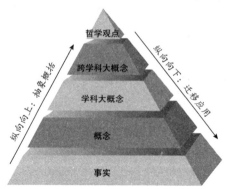

图 1-7　聚焦大概念的知识层级结构

大单元教学中，没有大概念的统领，一篇篇文本、一个个知识或概念可能只是浅显地关联，不能被深度组织起来，教师教的只是碎片化知识，学生不能深度迁移和运用。由于大概念是一种抽象概括，是在事实基础上产生的深层次、可迁移的观念，这就造成了在提取大概念的过程中仍有一些难点的现状。结合我国教育的实际情况，并综合不同学者的观点，大概念可以按以下途径提取。

## 一、自上而下，提取大概念

以下三种途径是自上而下提取大概念，这些途径提取的大概念在很大程度上是"现成"的，难点在于教师能否准确理解大概念，并根据教学的实际情况进行细化，包括梳理下位的小概念等。

### 1.基于课程标准，探寻大概念

课程标准是国家课程的基本纲领性文件，它对学科教学的目标、内容、评价等方面都做出了明确的规定和要求。这些规定和要求反映了学科的本质和核心，是教师建构课程、组织教学、落实学科育人的行动指南。课程标准中课程目标、课程内容等都反映了大概念的要求和内涵。

"课程目标"板块标明了学科核心素养内涵以及相应的素养目标。我们可以通过学科核心素养探寻出比较高位的学科大概念。比如，深度研读《义务教育历史课程标准（2022 年版）》中的"课程目标"发现，核心素养中包含"时空观念"，时空观念是特定的时间联系和空间联系中对事物进行观察、分析的意识和思维方式。因此，我们可以提炼出"特定的史事是与特定的时间和空间相联系的"这一大概念。

"课程内容"包含了学科不同领域的学习内容，提出了不同学段的内容要求、学业要求、教学策略建议等，具体给出的学习内容有助于我们提取大概念。比如，《义务教育科学课程标准（2022 年版）》设置了 13 个核心概念，根据核心概念的本质特征，提出了内容要求，如"生命系统的构成层次"这个核心概念及其内容，可以寻找出"细胞是生物体结构与生命活动的基本单元""人体由多个系统组成"等大概念。

从课程标准中提取大概念的过程，也是一个对学科知识进行深入分析和整理的过程。教师需要对学科知识进行深入的解读和分析，找出其中的核心和本质，然后进行归纳和总结，形成大概念。这个过程有助于教师加深自身对学科知识的理解，提高自身的教学水平和专业素养。

### 2. 挖掘教材内容，提炼大概念

教材是知识的载体，大概念教学主张不要教教材，而要用教材教，即使用教材教，这也说明教材是最为重要的教学资源，需要我们重点加以分析。教材内容涵盖了课程标准要求的知识体系。在大单元教学视域下，需要系统性、结构化地对教材内容进行分类、整合，并提炼大概念。我们可以根据图1-8的所示步骤，从教材内容中提炼大概念。

研读教材 ▶ 确定主题 ▶ 梳理知识点 ▶ 提炼大概念

**图1-8 从教材内容中提炼大概念的步骤**

第一步，研读教材：需要对教材进行深入的研读，了解教材的整体结构和内容，熟悉每个章节的重点和难点，以及各个知识点之间的联系。

第二步，确定主题：在研读教材的基础上，确定一个主题作为一个大单元教学中大概念的载体，这个主题应该是单元中的核心内容，能够贯穿整个单元的知识点。

第三步，梳理知识点：根据主题梳理教材中的相关知识点，明确每个知识点的含义和作用，理解它们之间的关系和逻辑。

第四步，提炼大概念：通过对知识点的深入分析，提炼出它们共同的本质特征或核心思想，将这些特征或思想进行整合和概括，形成具有统领性、抽象性和概括性的大概念。

浙教版科学八年级上册第一章的第4节"物质在水中的分散状况"、第5节"物质的溶解"和第6节"物质的分离"进行大单元教学。把"物质的溶解与分离"内容学习建构于"海水提盐"这一主题内。

分析其主题下的内容，包含了溶液和浊液、溶解性和溶解度、饱和溶液和不饱和溶液、溶液质量分数和配制、混合物和纯净物、混合物的分离（过滤、蒸发、结晶）等众多概念和操作技能。单元内容依据分类思想、从定性到定量、因果关系等视角建立知识间的联系形成知识结构，如图1-9所示。

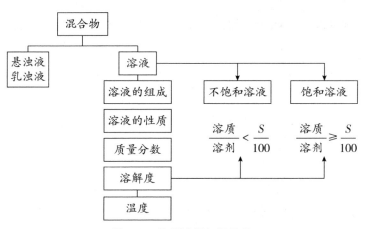

**图 1-9　物质溶解知识结构**

然后对知识点进行深入分析：物质可分为混合物和纯净物，混合物根据物质的分散情况可以分为浊液和溶液，体现了研究物质的常用方法即分类。从研究溶液的性质到研究溶解度体现了从定性到定量的思路，温度会影响物质的溶解度，寻找到了性质变化与外界条件之间的因果关系。根据物质的溶解度进行分离物质，常用的方法有过滤、蒸发、结晶等，而溶解度随温度的变化规律决定了结晶方式的选择，综合以上可建构物质分离路径，如图 1-10 所示。

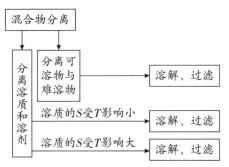

**图 1-10　物质分离路径**

在此基础上，提炼出"混合物的分离取决于物质的性质差异""利用溶质溶剂的定量关系可以实现物质结晶的调控"两个大概念。

需要注意的是，从教材内容中提炼大概念需要教师具备一定的学科素养和教学经验，能够深入理解教材内容，并从中提炼出具有代表性的大概念。同时，大概念的提炼也需要考虑学生的认知特点和实际需求，以确保大概念教学能够有效地促进学生的学习和发展。

### 3. 追溯专家思维，厘清大概念

大概念能反映专家思维方式，是专家思维的具体表现。因此，专家思维也是大概念的直接来源。任何一个学科知识的产生、内涵的发展都有一定的时代背景或历史根源，大多与人们的生产实践与认知需要密切相关，其间也包含了专家思维。因此，教师通过阅读专家的相关学术著作、讲座、科普类读物以及相关网络信息等资源去追索学科知识的本源，同样可以从中厘清单元大概念。

浙教版七年级上册第二单元"观察生物"中需要对常见的动物和植物进行简单的二歧分类，并练习编制简单的检索表，本单元也提供了阅读资料——林奈与生物分类。植物学家林奈是建立第一个近代分类系统的人，科普读物《科学的历程》中讲到，他是在约翰·雷去世的第二年建立的分类系统，而约翰·雷是第一个对物种进行生物学定义的人，也是系统动物学的奠基人。他根据解剖学的相似性为动植物建立某种新的分类方法，如根据有无脊椎分为脊椎动物和非脊椎动物，以二腔心脏和四腔心脏区分动物，并且把"披毛的四足动物"分为"有蹄的"与"有爪的"两类。我们可以从文中厘清出"生物分类是一种把形态结构和生理功能等特征相似的生物归类到一起的科学方法"这一大概念。

从专家思维中提取大概念需要深入理解专家的思维方式，识别和归纳核心概念，分析概念间的关系，总结和抽象出大概念，并经过验证与完善。这一过程有助于教师和学生更好地理解学科领域的本质和规律，为进一步学习和研究奠定基础。

## 二、自下而上，提取大概念

自下而上提取大概念的难点在于能否沿正确方向上升到大概念的层面。需要教师具备深入的学科理解力和丰富的教学经验。深入思考知识的内在联系和核心思想，并综合更多的具体案例和小概念，最终提取到更加上位、能反映专家思维方式的大概念。以下三种途径是自下而上提取大概念的。

### 1. 指向生活价值，提取大概念

大概念具有生活价值，是学校教育与现实世界的连结点。今天的教育要关注学生未来所要面对的现实世界，大概念的生活价值更体现在走出学校后。因此，我们可以根据生活价值来提取和校准大概念。

比如，人教版数学五年级上册第六单元"多边形的面积"包含了平行四边形、三角形、梯形等规则图形以及不规则图形的面积计算，五年级下册第三单元"长方体和正方体"的体积计算。发现日常生活中人们很少计算面积和体积，从学生的学校生活视角看，可能会在布置班级黑板报或公告栏时用到。以布置公告栏为例，要张贴在公告栏的一般是课程表、时间作息表、值日表、参加的社团去向表等，需要考虑这些表的尺寸、排列方式和方向来设计公告栏。因此，这里可以提取的大概念是"根据具体的问题，抽取关键数学特征进行建模"。

通过上述分析，可以看出通过指向生活价值提炼大概念可以促进学生理解学习的价值和意义，培养学生积极的生活价值观，帮助学生在实际生活中应用所学知识，提高其综合素质和解决问题的能力。

**2. 基于知能目标，概括大概念**

以往所说的"知能目标"实际上就是我们讲的专家结论。专家结论与专家思维是有关联的，我们可以通过"专家结论"建立学生的"专家思维"（大概念）。

例如，对浙教版数学七年级上册第六章"相交线"和七年级下册第一单元"平行线"进行整合，建构"平面内两直线的位置关系"大概念，需要掌握的知能目标之一是"能根据角的性质和关系等判定平面内两直线的位置关系"，基于概念、性质、判定及其相互关系的认识思路能够统摄"平面内两直线的位置关系"单元的学习，该知能目标可以上升为"几何元素之间确定的位置关系、大小关系为其性质和判定依据"大概念。

基于知能目标概括大概念需要教师深入理解教材内容和学生能力要求，提炼出具有生活价值和学科价值的大概念，并设计相应的教学活动和评价方式。同时，教师还需要不断反思和调整概括的知能目标和教学活动，以适应学生需求和学科发展的需要。

**3. 分析学习难点，凝练大概念**

学习难点往往是学生最难以理解的，也正因此，剖析学习难点往往就能凝练大概念。比如，在英语学习中，学生的学习难点在于以汉语的习惯来理解英语。学生很难理解英语的时态、从句和语序，他们会习惯于讲"I very much like it"（我很喜欢它）。但在英语中，常将修饰语放在宾语后面。对此，要让学生理解大概念"语言是一定区域的人们在漫长的交往历史中形成的沟通媒介，它是约定俗成的，因此，语言既有相对固定的用法，也会随着时代的发展不断出现新的变化"。又如，在"实用文的创作"中，在真实生活中确实经常需要写实用文，但最大的难点不在于记住各种格式，而在于站在对方的角度进行思考。因此，我们可以凝练"实用文需要服务特定的对象，要考虑内容和情感的合理表述"的大概念。

从学习难点中提炼大概念需要教师深入了解学生的学习情况，准确把握学科核心素养和课程目标，注重学生的参与和体验，设计出科学合理的教学方案，帮助学生解决学习中遇到的困难和问题，提高学习效果。

以上揭示了大概念提取的六条路径，当然还有别的提取方式，我们也要知道，在很多情况下，大概念的提取是几条路径共同作用和验证的结果。一线教师可以根据教学实际，充分考虑学生的学情，提取学科大概念，从而进行大单元教学。

## 问题 04

# 如何设计大单元核心问题

教师进行大单元教学设计时，最主要的设计内容就是围绕"大概念"进行核心问题设计。大单元教学的核心问题应该是由零散走向关联，由浅入深，由脱离生活走向解决实际问题。但是在大单元教学中，存在如核心问题与大概念之间关联度不大；没有从课标、教材维度提出核心问题；核心问题过大、过难；核心问题分解维度、层次不精准，解决问题程序、策略缺少逻辑，即没有构成问题化系统等疑难现状。

在大单元学习中，教师应在真实的学习情境中，设计一个贯穿学习始终的核心问题来统领、驱动教学，组织成一个围绕目标、内容、实施与评价的"完整"的学习事件。这个核心问题作为串联各个教学活动的"牵引线"，能有序推进课堂教学过程。核心问题以问题为导向，将知识体系和生活价值进行勾连，体现大单元学习的连贯性和一致性，可以帮助学生在核心内容学习的基础上进行自主学习、拓展，提高学生自主学习的能力，彰显育人价值。那什么样的问题可以称为核心问题呢？看下面的例子：

在设计《钢铁是怎样炼成的》整书阅读计划时，以下哪个是核心问题？

（1）《钢铁是怎样炼成的》中，是谁影响保尔最终走向革命道路呢？

（2）不少文学作品写到了伟大人物的弱点，以《钢铁是怎样炼成的》为例，谈谈此种写作手法对塑造人物形象有什么作用？

问题（1）是一个厘清文本、归纳概括的问题，但不是一个可以引发学生深入思考的问题。问题（2）不仅能使学生更全面地理解人物形象，思考《钢铁是怎样炼成的》一书的内涵，同时理解写作中塑造人物的方法，同时促使学生和现实人物联系起来。核心问题应能让学生通过阅读走得更远，比如与当前现实的关联、与新的情境的关联、与未来人生的关联等，而不单单了解一本书讲了什么。因此，问题（2）就是核心问题。

大单元教学中设计的核心问题是学习任务的动力装置，是进入讨论、探索的一扇门。基于对核心问题的理解，有三种设计核心问题路径，以提炼大单元核心问题。

# 一、核心问题设计指向大概念

大概念是课程知识向核心素养转化的中间环节，对学生的学习与发展具有整合作用。核心问题是让大概念在学生层面达成共识、引起共鸣，教师需要把大概念转化成学生可以理解和回答的问题，即核心问题。如"散文"单元的大概念是：状物抒情类散文中的客观事物是作家寄托自身情感和态度的载体。对应的核心问题就是：状物抒情类散文中的事物，为什么不像科普类文章那么科学客观？大概念与核心问题就像一枚硬币的两面，大概念这一面指向教师，而核心问题这一面指向学生。只有围绕大概念提炼核心问题，并且引领学生持续思考，努力回答这些核心问题，才能让学生聚焦知识本质。

在实践操作中，可以依据"大概念"设计核心问题及其子问题群，并依据逆向设计的思路优化教学设计，以终为始，通过解决核心问题，建构大概念，建构学生深刻的知识结构体系。

## 1. 依据价值立意整合

教师按照"价值立意"的意图，对符合和充分体现"价值立意"的内容进行选择和整合。当提炼出了"价值立意"后，就可以按照这一"核心"进行问题设计。

例如，《中外历史纲要（上）》第四单元"明清中国版图的奠定与面临的挑战"、第五单元"晚清时期的内忧外患与救亡图存"，要通过对这两个单元的学习，让学生明白"当时西方资本主义制度的兴起已成世界大势，封建制度已逐渐成为阻碍中国历史发展"的背景，明白当时处于"两种制度""两种文明"的激烈碰撞阶段，通过分析和挖掘，确立"学会历史、辩证地看待和理解历史发展趋势，懂得如何化危为机"的核心价值理念。

按照这样的"价值立意"，大单元主题式学习将两个单元的相关内容进行取舍和整合，设计"中国是如何化危为机"的核心问题，以及"清朝前中期走向鼎盛""盛世中潜藏危机""晚清时期的内忧外患"三个子问题，从而形成一个新的知识体系。

**2. 依据学习主题整合**

教师依据相同的"学习主题"对学习内容进行取舍、制定学习任务、选择学习方法，并确定核心问题。

例如，以高中语文教材必修下册第八单元为例。第八单元包含两组共四篇古代作品：第一组围绕"国家治理"，选取了魏徵的《谏太宗十思疏》和王安石的《答司马谏议书》，均为借古鉴今、针砭时弊的名篇。这些文章从不同角度展现了古代优秀士人面对国家社会的重大问题时的责任感、使命感和思想精华，同时，这四篇文章体现出不同的说理角度和论证方式。单元设计以"何为理性的声音？"为单元核心概念的问题，并将此拆解为四个子问题，每个子问题下，分别设计了三个环节，层层递进，从而进阶提升学生的批判性思维。

## 二、核心问题设计立足学情

核心问题应该立足学情、顺应学生的认知规律、落在学生思维"最近发展区"内，能给学生独立思考与主动探究留下充分的空间。以教材的问题为根本点，以学生的问题为切入点，整合二者，提炼核心问题。关键是要找到触发学生思考的真问题，在学生产生的问题与学科的基本问题之间作衔接、融合与转化，引向学习的核心问题。

以教材的问题为根本点，需要教师在通读教材内容之后，分析知识的本质和内在联系，从单元总体入手，整体分析单元内容和目标，再细化到每个课时，确定课时的学习目标，这样才能确保每节课都是为完成单元目标而设计的。对本单元知识进行分析，研究本单元的知识在小学阶段的完整知识体系中处于什么位置，知晓课程标准的要求；以学生的问题为切入则是分析学生的已知。学习新知时，学生必然会产生疑惑和思考：为什么要学习这些知识？怎样学习？新知与旧知有什么联系和区别？等等。这些疑惑和问题是学生自身的知识基础、能力水平、认知心理、学习经验等决定的本原性问题。

以人教版五年级上第六单元"多边形的面积"的教学为例。首先要唤醒学生已有的知识，还要了解学生学习可能存在的障碍点，进而引领学生开展对新知的学习，确定学习重点，基于不同学生的难点，设计学习支架，确定核心问题（见表1-3）。基于分析，将核心问题确定为："观察、分析，归纳出多边形面积计算的本质规律是什么？"

表1-3 "多边形的面积"核心问题分析

| 已有的知识（前备或过程中） | 存在的障碍点 | 新知 | 重点 |
|---|---|---|---|
| 已有知识一：三年级下册掌握长方形、正方形面积的计算公式，曾经在推导公式的时候，认识到了数方格 | 混淆长方形的面积和周长公式 | 三角形、梯形面积的推导过程，面积计算公式 | 探索并掌握面积公式，能正确计算面积，并能用公式解决简单的实际问题 |
| 已有知识二：四年级下册学习了平行四边形和梯形的概念和特征 | 不能准确找到平行四边形相应的底和高，不会作高。公式的推导只会采用转化成平行四边形，再推导得出面积公式，方法单一 | | |
| 已有知识三：通过前面平行四边形面积的推导过程，学生应该体会到图形转化的思想 | 不会表达面积计算公式的推导过程。公式死记硬背 | | 借助方格图，想到把不规则图形转化成规则图形，感悟"转化"的思想，体会解决问题策略的多样性 |
| 已有知识四：通过前面平行四边形、三角形、梯形面积的推导过程，学生在估算不规则图形面积时，会用"数格子"来计算面积 | 不能理解把不规则图形看出相似的规则图形，以此求得面积的方法 | 估算不规则图形的面积 | |

这张图表十分清晰地说明了设计贴近学生最近发展区的核心问题，需要思考、分析学生已有知识、学习中存在的障碍，同时对照大单元教学中的重点和难点加以分析，提出核心问题。问题接近学生的"最近发展区"，才会激发学生的兴趣。

## 三、核心问题设计契合生活经验

以项目式的问题来落实核心知识、核心内容，在进行项目式核心问题设计时，可基于学生生活经验，引出新的问题和探究，适当的挑战具有足够的内驱力，能实现真正有效果、可持续的学习。设计开放、综合的项目式核心问题，让学生在实践中形成高阶思维，达到知识建构与能力提升的目的。

项目导向式问题可以由单一转向多元探究，使其具有开放性与创新性。例如组织"文化遗产耀中华"活动，"推荐文化遗产打卡地，朋友圈晒花样文案，你会怎样设计"，"班级开展最美文创分享会，游览地图、景点模型、文化书签……你喜欢哪种方式？看看最美文创花落谁家"，学生可以制作丰富多样的作品在班级展示。这些问题"入手容易、完成不易"，学生可借此突破自身局限，充分借助资料，选择独具特色的内容进行创作。

以登临诗《登幽州台歌》《望岳》《登飞来峰》群文教学为例，通过项目式的问题提升学生的诗歌鉴赏能力与审美情趣。问题的解决过程不仅能推动学生对所学知识进行综合运用，而且能充分调动学生的想象力、创造力，促使学生心中的学科领域与真实生活建立关联，能提高学生解决复杂问题的能力（见表1-4）。

表1-4　群文教学项目式问题

| 核心问题：诗人朋友圈如何展开互动？ | |
|---|---|
| 任务一：选图配诗 | 如果古人也有微信朋友圈，登高抒怀后，准备将所作诗歌发成一条新动态。请你从下面这个相册中选择出与这三首诗描绘之景相匹配的图片 |
| 任务二：好友评论 | 如果可以穿越到不同时空，请你作为微信好友在发布的诗歌下面进行简要评论 |
| 任务三：转发集赞 | 三位诗人一发圈，便引来好友们的纷纷转发，有人认为三首登临诗都很精彩，想把它们放在一起转发，但不知如何编写转发文案，你能帮帮他吗 |
| 课后任务：拉群扩圈 | 为了扩大登临诗人的朋友圈，你准备拉哪些诗人进入这个圈子呢？请阐明理由 |

核心问题是指向学科本质的问题。教师在教学过程中需要设计帮助学生理解的辅助问题，使核心问题能够转化为课堂提问，用课堂提问来驱动学生思考。单元核心问题模式下每课时的教学都更聚焦于单元目标，而把孤立的教学活动联结成系统组织的课程单元，体现了单元"结构"的力量。在这种模式下的教学，可以让学生在理解相关知识的同时对知识的本质不断进行反思，并尝试迁移，从而促进学生深度学习，进一步发展学生核心素养。

## 问题 05

# 如何创设大单元教学情境

真实且富有意义的学习情境是学生学科核心素养形成、发展和表现的重要载体。"情境"一词在《课程方案》的"课程实施"部分被明确提出，强调在深化教学改革时要"加强知识学习与学生经验、现实生活、社会实践之间的联系，注重真实情境的创设，增强学生认识真实世界、解决真实问题的能力"，其中提及的"真实情境"引发众多学者的探讨。然而，"教学情境"概念的盛行导致一些教师在教学设计中盲目加入情境，却在实际课堂教学中因未充分考虑学生具体情况，致使情境设定与实际生活脱节，无法搭建课堂学习与日常生活的纽带；或情境设计仅追求眼球效应，课堂展示后便无后文，致使学生对情境产生"免疫"；抑或情境与教学目标并无实质关联，无法贯穿课堂始终，从而导致"两张皮"的现象。这些现象均凸显出合理的、真实的、生活化的情境设计的重要性。

在设置大单元教学情境时，首先需从单元整体角度出发，确保情境与单元主题紧密相关，否则可能导致情境与单元主题相互割裂。因此，教师需立足于单元整体，激发学生对单元主题学习的积极性。在明确主题方向后，后续具体教学任务也应在情境中得以体现，并以情境为线索，贯穿单元教学全程。

此外，教师还需充分考虑学生的具体学习水平、所在地域的学习环境以及生活经验等因素，以优化情境设置。

综上所述，大单元教学情境应立足单元整体，兼顾学生学情，蕴含学习任务，并贯穿教学活动始终（见图 1-11）。

立足单元整体，实现驱动性

隐含学习任务，具有挑战性

大单元教学情境

遵照具体学情，表现真实性

贯穿活动始终，注重连续性

图 1-11　创设大单元教学情境

## 一、立足单元整体，实现驱动性

单元学习目标是课堂学习的核心，具有统摄全局的作用。而大单元教学情境的创设，就是为达成"单元学习目标"服务，因此情境创设应立足于单元整体，以目标为导向。单元情境的成果通常是以表现性任务的形式呈现的，那么如何从表现性任务逆推出情境创设的要求呢？早在 2005 年出版的《通过设计去理解》这本书中，教育学者格兰特·威金斯和杰伊·麦克泰格就将"表现性评估"和"学术提示"这种更传统的评价形式区分开。而后，两位学者设计出了 GRASPS 模型，即目标（Goal）、角色（Role）、观众（Audience）、情境（Situation）、产品（Product）、标准（Standard），用以解决表现性任务的评价。

所谓目标，就是确立要解决的挑战或问题；角色，是提供给学生的现实生活中熟悉且能扮演的角色；观众，即学生解决问题或创造作品的目标受众；情境，是涉及真实生活的应用背景；产品，是学生生成的最终成果或表现；标准，是判断成功的评价规范。借助 GRASPS 模型，学生可以模拟现实世界可能遇到的挑战，培养其好奇心和求知欲，激发学生参与到情境化的学习中来。在设计时，具体要求可参照图 1-12。

**目标**

● 你的任务是_____。

● 目标是_____。

● 困难和挑战是_____。

● 需要克服的障碍是_____。

**角色**

● 你是_____。

● 你被要求去_____。

● 你的工作是_____。

**对象**

● 你的客户是_____。

● 要服务的对象是_____。

● 你需要说服_____。

**情境**

● 你发现你所处的情境是_____。

● 挑战包括_____。

**产品、表现和目的**

● 你将创建一个_____。

　为了_____。

● 你需要开发_____。

　以使_____。

**成功标准与指标**

● 你的表现需要_____。

● 你的工作通过_____来评判。

● 你的产品必须符合以下要求。

**图 1-12　GRASPS 任务设计提示**

　　例如，小学语文二年级上册第四单元阅读部分都是具有地域特色的文章：古诗有《登鹳雀楼》《望庐山瀑布》，现代文有《黄山奇石》《日月潭》《葡萄沟》；同时，语文园地的"我爱阅读"部分也展示了一篇《画家乡》的作品。所以这个单元旨在启发学生通过相关作品的学习后尝试思考自己家乡的特点。由此，在引导学生欣赏完其他作者是如何描写当地特点的作品后，可以启发学生为自己生活的地域做介绍。这时就可以赋予学生"导游"的角色，让他们为游客介绍当地景色，最后以课堂展示的形式与"游客"对话，演示成果。基于以上对该单元文章的分析，就可以创设这样的情境：

> 为迎接你所在家乡×周年的生日，家乡决定举办周年生日特色旅游活动，届时会有许多外地游客来游玩（A）。为保证旅客良好的出行体验，当地决定吸纳小导游为外来游客介绍家乡著名景点（G、S）。你非常想参加这个活动，为通过小导游的面试环节，你将如何做好充足的准备，宣传你的家乡呢（R、P、S）？

这样的学习情境，融合了识字与写字、朗读与背诵、字词句运用等方面的内容，旨在让学生深入了解家乡的风景名胜，加强对自己生活地域的了解。同时，通过模拟导游身份完成任务，促使学生明白导游在介绍地点时需关注的方面。在完成情境任务的过程中，能有效落实单元知识要点，并提升学生的语文核心素养。

## 二、遵照具体学情，表现真实性

情境设计应充分考虑学生的实际情况，避免超出其认知范围。学情分析，亦称"教学对象分析"或"学生分析"，旨在更有效地达到教学目标，提高教学效果，是对学习者实际需要、能力和认知水平的深入分析。各个班级的学生在认知能力、既有知识经验，以及所处地域、文化背景等方面均存在差异。因此，情境设计并不具备通用性。有鉴于此，根据学生的具体学情来创设情境，以确保情境的真实性就显得尤为重要。

以人教版数学五年级下册"长方体和正方体"单元整体教学为例。这一单元包括"长方体和正方体的认识""长方体和正方体的表面积""长方体和正方体的体积"。本单元要求学生认识长方体和正方体，了解这些立方体的展开图，探索并掌握长方体和正方体表面积和体积的概念及计算公式，并能用这些公式解决实际问题。在进行该单元教学时，可以尝试与当地发生的一些重大的社会事件结合起来，让学生在认识到数学源于生活的同时，也能获得社会事件的参与感，以及完成情境任务后的成就感。比如在2023年及以前，杭州的学校在本课教学时就可以设置这样的情境：

2023 年 9 月 23 日，亚运会将在杭州举办，届时会有来自世界各地的人来杭州参加这场盛会。为保证观众能有高水平的审美体验，亚运会的某一节目需要用到 1 个长 $x$ 米、宽 $x$ 米、高 $x$ 米的正方体，和 1 个长 $x$ 米、宽 $y$ 米、高 $z$ 米的长方体。你是该节目对接的器材制作员，你的器材平面设计图纸是怎样的？你至少需要多少面积的材料才能满足节目要求？最终制作出来的器材占多少空间呢？

外在环境的变化会对学生的内在认知起点产生影响。近年来，生活在杭州的学生在日常生活中不断接触到关于亚运会的宣传，因此他们对亚运会具有一定的认知基础。基于这样的认知起点，杭州的学校可以设定上述的学习情境。然而，不同地区的学生，其生活中所经历的重大社会事件各异，其认知范围也有所不同。处于四川成都的学校就可以依照当地的情况适当修改情境：

2023 年 7 月 28 日，世界大学生夏季运动会将在成都举办，届时会有来自世界各地的人来成都参加这场盛会。为保证观众能有高水平的审美体验，大运会的某一节目需要用到 1 个长 $x$ 米、宽 $x$ 米、高 $x$ 米的正方体，和 1 个长 $x$ 米、宽 $y$ 米、高 $z$ 米的长方体。你是该节目对接的器材制作员，你的器材平面设计图纸是怎样的？你至少需要多少面积的材料才能满足节目要求？最终制作出来的器材占多少空间呢？

随着时间推移，情境设置需适应学生生活地域及理解水平的变化。通过以上情境设计，学生得以"走出校园"，融入社会，在了解社会分工情况的同时，提升几何直观、空间观念、应用意识等核心素养。

## 三、隐含学习任务，具有挑战性

由于情境的最终指向是单元学习目标，因此，情境的构建实则巧妙地融入了学习任务。通过创设真实的生活场景，强化学生的参与感，激发他们的探索精神和挑战精神，使他们在设定情境中沉浸式学习，从而保持持久的专注力和积极性，最终培育学生全面而综合的能力。

值得关注的是，学习任务与学习活动、学习目标并非等同概念。新课标在"教学建议"中关于学习任务的设计有如下阐述："教师要明确学习任务群的定位和功能，准确理解每个学习任务群的学习内容和教学提示。在此基础上，综合考虑教材内容和学生情况，设计不同类型的学习任务，依托学习任务整合学习情境、学习内容、学习方法和学习资源，安排连贯的语文实践活动。"由此可知，学习任务是将零散的知识、技能、活动有逻辑地整合在一起的任务实施步骤，其核心在于指导操作，做成什么效果；学习活动是完成学习任务的具体实施过程；而学习目标则是对最终学习成果的预测，重点在于明确发展方向。

七年级上册道德与法治第三单元主题是"师长情谊"，在进行该单元教学时，要达成"体验师长情谊，建立亲密关系"的目标，教导孩子如何解决亲密关系中出现的问题，长久地维系亲密关系，实现心灵的成长。由于该单元涉及师生之间、家人之间的关系，因此可以通过"写感谢信"的方式将学生、教师、家长勾连，最后设置一个存在矛盾的环境，以构成情境：

你原本是家里最受宠爱的人，但是生了妹妹后，父母的注意力都聚焦到妹妹身上，这使你心里很不是滋味。后来这种情绪蔓延到学习中，你的学习成绩出现了大幅下滑，家庭氛围也是剑拔弩张。周老师非常担心，在一番教育与引导后，你终于摆正心态，成绩慢慢回升，和家人的关系得到缓和。经此事后，家人都非常感谢周老师，想为她写一封感谢信，不过他们希望由你执笔。你会怎样构思这封感谢信呢？

为完成"写感谢信"的生活情境任务，学生需要完成"理解教师职业""把握师生关系""体悟家的意义""感受亲人之爱""维护家庭关系"等五个学习任务，任务由大情景统摄，同时围绕情境展开，可充分激发学生面对问题、挑战问题的意识。体验了这样的生活场景后，学生就能意识到维持良性亲密关系的重要性，明白下次出现类似情况时要以沟通的形式解决问题。

## 四、贯穿活动始终，注重连续性

作为学习任务的具体实施过程，学习活动应始终紧扣情境展开。有一个统摄全部活动的大情境，就可以将碎片化的知识点、分项的训练进行整合，由此培养学生建构知识的能力。同时，各活动之间呈螺旋式上升的关系，逐层递进的活动可以引领学生由表及里，走向深度学习，实现思维的进阶。

　　以语文统编教材三年级上册第三单元童话教学为例。本单元的主题是"奇妙的童话王国"，语文要素是"感受童话丰富的想象""试着自己编童话，写童话"，这个阶段的学生有一定的童话阅读经验，处于习作的起步阶段。基于以上分析，可以设置图 1-13 中的情境：

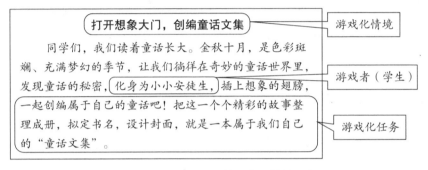

图 1-13　三年级上册第三单元情境设置

　　想要成功设计出一本童话文集，学生需要承担"童话编辑部""封面设计部""文字校稿员""插图师""新书推荐员"等工作。根据不同部门分工要求，可以将情境下的学习活动划分为"读""画""拓""编"四个部分，每一项任务均以"打开想象大门，创编童话文集"这一大情境来展开学习（见图 1-14）。前一项任务是后一项任务的基础，后一项任务又是前一项任务的延展，所有子任务均指向最终目标。

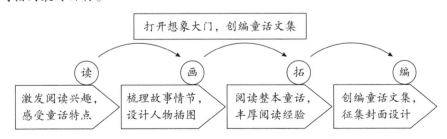

图 1-14　三年级上册第三单元情境实施过程

　　学生在《卖火柴的小女孩》五次点燃火柴的故事里，可以感受到童话"不可思议"的特点；在《那一定会很好》中借助情节图发现"反复叙述"的秘密；为《在牛肚子里旅行》和《一块奶酪》中设计角色插图，感受真善美……课内阅读经验又在整本书阅读中反复印证，编写童话的方法不断内化迁移，最终合作形成"童话文集"这一学习成果。

由此可知，情境创设既是大单元教学的起始环节，同时又贯穿整个学习任务。想要创设出恰切的大单元教学情境，需要立足单元整体，遵照具体学情，隐含学习任务，贯穿活动始终。在日常教学中，教师应保持理性的思考，认识到不存在普遍适用的情境，避免陷入"为了情境而情境"的误区。保持旺盛的学习力和创造力，始终是教师设计出优秀教学情境的重要基石。

# 专题二

# 大单元教学目标确定

目标既是预设的方向，也是学习实践的指挥棒，在教学中具有重要作用。大单元教学目标，就是明确大单元教学要使学生取得怎样的学习结果、达到怎样的发展水平，对教师的教与学生的学发挥着重要的引导作用。相较于零散的课时目标，大单元教学目标具有系统性、精准性、表现性等特征，也更关注学科本质和学科逻辑。

# 问题 06

# 如何基于课程标准确定教学目标

教学目标是教学过程中师生预期达到的学习结果和标准，是预期产生的知识、能力、思想、情感和行为的变化。作为中学教师，如何设置合理的教学目标是进行教学设计的首要问题。课程标准是国家教育意志在课程层面的体现，是所有课程的规划性、指导性文件。基于课程标准备课是备课的基本环节，然而部分教师在备课时却存在诸多问题，如只凭借孤立的文本备课，单借助教参备课，不自觉中仍沿用知识与技能、过程与方法、情感态度与价值观三个维度的传统思路构建教学目标，难以把握课程标准与课本知识的衔接。总结来说，主要问题可以归纳为两个方面：一是忽视课程标准，单纯凭借教学经验备课；二是没有合适的框架指导如何借助课程标准撰写教学目标。因此，本问题就如何基于课程标准确定合理的教学目标展开说明及案例展示。

教学目标是课程目标的进一步分化，课程目标需要通过一个个单元、一个个课时的教学目标来落实，同样，教学目标的制定要以课程目标为依据。基于课程标准备课，教师在设计教学目标时要以课程标准中"教学目标"主条目下的学科核心素养、总目标、学段要求等子条目为指引。

除此之外，教学目标的确立也应以期望学生最终达到的水平为参照标准，由此以核心素养为主要维度设置的各科课程学业质量标准也是教学目标的参考依据（见图 2-1）。

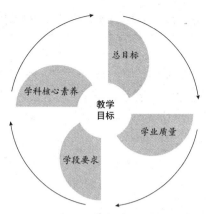

**图 2-1　基于课程标准确定教学目标**

总之，合理构建教学目标，应以学科核心素养为基石，以总目标为指引，以学段要求为准绳，最终导向学业质量。现就教学目标的设计展开论述。

## 一、以学科核心素养为基石

单元教学目标应立足于各学科核心素养，成为单元整体教学的逻辑起点与实践根基。而学科核心素养作为贯穿教学始终的关键成分，处于教学目标设定的基础地位。

以统编版初中语文七年级上册第二单元为例，教学目标的设计应关注亲人间的真挚情感和朗读技巧。单元内的两篇散文——史铁生的《秋天的怀念》和莫怀戚的《散步》，分别表达了对母亲的爱和对生命、责任的歌颂；另外两首散文诗——泰戈尔的《金色花》和冰心的《荷叶·母亲》，均赞美了母爱；选自《世说新语》的两篇文言文——《咏雪》和《陈太丘与友期行》，展示了家庭教育和家庭氛围的重要性。

《义务教育语文课程标准（2022 年版）》在"课程目标"中将学科核心素养置于首要位置，明确指出义务教育语文课程培养的核心素养是文化自信、语言运用、思维能力、审美创造。该单元的教学目标如表 2-1 所示。

表2-1 统编版初中语文七年级上册第二单元教学目标

| 单元教学目标 | 具体内容 |
| --- | --- |
| 目标1 | 积累"寒雪日、内集、儿女、文义、俄而、骤、何所似、差可拟"等古今词语51个。了解古代常见的敬辞与谦辞，并能在句中运用常见敬谦辞 |
| 目标2 | 掌握文言文翻译的基本规则，能逐字逐句地翻译两则文言文，初步体会文言文之美 |
| 目标3 | 继续学习朗读，注意重音和停连，能够把握文章的情感基调，关注语气与节奏的调整。在充分理解文章主旨的基础上，深入体会作者的心境与情感 |
| 目标4 | 品味文章语言，在细微处体会亲人间真挚动人的感情，加深对亲情的感受和理解，丰富自己的情感体验，领悟中华传统文化的魅力 |

可以看出，以上教学目标都是立足于核心素养设置的。首先，通过现代文《秋天的怀念》和文言文《陈太丘与友期行》中的细节描写和人物对话、动作分析，培养学生的语言运用能力和思维能力。其次，通过对比两首散文诗的写作视角，理解物象中寄寓的情感，以对话形式展现人物特质并展开辩证分析，提升学生的审美创造。再次，通过品析《秋天的怀念》《散步》《荷叶·母亲》等文章的语言之美，启发学生仿写经典美段，增强文化自信。最后，结合文本中的具体描写，引导学生习得孝道等品行，培养学生的核心素养。

## 二、以总目标为指引

总目标是教学目标确立的准绳，其要求在于学生通过一个阶段的学科学习后，能用该学科的视角看待世界、解决现实问题。

以浙教版初中数学八年级上册第四单元"图形与坐标"为例，该单元内容由三小节组成，包括探索确定位置的方法，平面直角坐标系，坐标平面内图形的轴对称和平移。第一节探讨位置主要通过行、列的组合，方向、距离的组合来确定，由此引出本单元学习重点；第二节为平面直角坐标系的各要素下定义，由此学生学会用坐标来表示点的位置；第三节先指明点关于 $x$、$y$ 轴的对称点的坐标情况，再推出图形上点关于各轴的对称点，最后得出图形关于不同轴线的对称图形的规律。

　　《义务教育数学课程标准（2022 年版）》中指明，通过义务教育阶段的数学学习，学生要达到"三会"，即逐步学会用数学的眼光观察现实世界，学会用数学的思维思考现实世界，学会用数学的语言表达现实世界。对学生能做到的三条内容也做出了如图 2-2 中的阐释。

| |
|---|
| 获得适应未来生活和进一步发展所必需的数学基础知识、基本技能、基本思想、基本活动经验 |
| 体会数学知识之间、数学与其他学科之间、数学与生活之间的联系，在探索真实情境所蕴含的关系中，发现问题和提出问题，运用数学和其他学科的知识与方法分析问题和解决问题 |
| 对数学具有好奇心和求知欲，了解数学的价值，欣赏数学美，提高学习数学的兴趣，建立学好数学的信心，养成良好的学习习惯，形成质疑问难、自我反思和勇于探索的科学精神 |

图 2-2　《义务教育数学课程标准（2022 年版）》总目标（部分）

　　根据总目标提出的要求，可设置该单元的教学目标如表 2-2 所示。

表 2-2　浙教版初中数学八年级上册第四单元教学目标

| 单元教学目标 | 具体内容 |
|---|---|
| 目标 1 | 理解并能建立适当的直角坐标系，根据坐标描述点的位置 |
| 目标 2 | 能借助直角坐标系表示图形的位置，用图形的坐标变化描述图形沿坐标轴方向平移、以坐标轴为对称轴对称、有一个顶点为原点时位置的运动，发展想象思维，并能将图形上点的坐标的变化引起的图形变化应用于实际问题中 |
| 目标 3 | 通过借助平面直角坐标系解决生活问题，发展推理能力和运算能力，增强应用和创新意识，让学生感受到数学来源于生活，也将运用于生活 |

　　课程标准总目标中对学生"获得适应生活所需的数学基础知识、基本技能"的要求贯穿三个目标，"描述点的位置"与学生前往剧场、电影院等场所寻找座位有关，"图形变化"在绘画时会加以运用；"借助坐标系解决问题"可以助益方位描述。从点到线再到面的数学知识之间是螺旋式上升的关系，在小学阶段，学生已经掌握运用"上、下、左、右"来描述物体方位及利用"东、西、南、北"和简单数对表示物体具体位置的方法，由此设置目标 1，先让学生知晓平面直角坐标系的新概念，学会用新概念表述点的位置；在此基础上确立目标 2，用坐标系表示图形的位置，由一维转向二维，发展几何直观；能熟练运用平面直角坐标系描述点的

位置后，再引导学生借助平面直角坐标系发现并尝试解决生活问题，培养学生积极求索的科学精神。由此，总目标对学生的要求都贯彻在教学目标中。

## 三、以学段目标为准绳

学段目标是总目标在各学段的具体化，可以为教学目标提供方向。

以人教版英语四年级上册第一单元"My classroom"为例。本单元属于"人与自我"和"人与社会"主题范畴下的"生活与学习""社会服务与人际沟通"主题群，围绕"My classroom"这一主题展开。该单元包含三则语篇，第一则是小学生日常生活对话，通过 Sarah 和 Zhang Peng 看新教室的情境展开关于教室内物品位置的讨论。第二则通过学生打扫新教室的活动呈现情景对话与练习。第三则从 Zoom 和 Zip 的视角看教室里的小蜜蜂，并以蜜蜂位置的变化强化如何询问和表达物品的位置。

《义务教育英语课程标准（2022年版）》将英语课程分为三个学段，每学段都设置了相应的级别。学段目标主要在语言能力、文化意识、思维品质、学习能力方面设置了系列的学生学业成就表现。根据学段目标，可确定人教版英语四年级上册第一单元教学目标如表2-3所示。

表2-3　人教版英语四年级上册第一单元教学目标

| 单元教学目标 | 具体内容 |
| --- | --- |
| 目标1 | 能听、说、读、写文中出现的单词，如 teacher's desk、clean、help 等 |
| 目标2 | 能在情境中运用所学英文句式（如 Where is…？ It's in/on /under/near…）向同伴询问或回答物品的位置，做到发音准确、语调有起伏变化，培养语感，发展热爱班集体的意识 |
| 目标3 | 培养用英文交流的习惯，能听懂并在实际情景中运用 Let's/Let me+verb 的句式提建议或请求，培养朋友之间互助合作的意识 |

四年级的学生处于义务教育英语课程的一级水平，该阶段的教学目标需要学生达到语言能力、文化意识、思维品质、学习能力四大核心素养指导下的具体学段要求。在语言能力层面上，学生应达到"能感知语言信息，积累表达个人基本信息的简单句式""听懂日常指令""借助图片读懂语言简单的小故事，理解基本信息""围绕相关主题，运用所学语言进行简单交流"的水平，表2-3中的三

大教学目标都是围绕听、说、读、写这四大提升语言水平的方面设立的，有效契合了语言能力素养的标准。在文化意识层面上，落实了"调适与沟通"方面与人沟通的要求以及"感悟与内化"中感知真善美的愿望。由于单元的学习需要通过观察物品的方位来描述其所在位置，所以也达成思维品质素养对学生"观察与辨析"的要求。在学习能力层面上，通过促进学生之间多沟通，可以培养学生乐学善学、合作探究的品质。

## 四、以学业质量为导向

学业质量标准是课程内容与核心素养的有机结合，对比以往的课程标准，此项内容的增加可有效实现教、学、评的有机统一，因此对教学目标起到导向作用。

以部编版小学语文六年级下册"鲁迅"单元为例。赵晓鹏老师选编《好的故事》《我的伯父鲁迅先生》《有的人——纪念鲁迅有感》三篇文本，以"亲近鲁迅，对话经典"为专题编排教学内容，旨在引导学生感受鲁迅先生的崇高精神和品质。三篇文章中，第一篇《好的故事》是鲁迅先生的散文作品，后两篇则是他人为纪念鲁迅先生而作的文章。综合三篇作品，可以提炼得出本单元的人文主题——通过阅读文学作品，走近名人鲁迅，近距离感受其形象气质，理解他的精神世界。语文要素是通过反复朗读和默读，品味精彩文字的表达效果，揣摩语句的深刻意蕴。

《义务教育语文课程标准（2022 年版）》描述了"六三"学制的学业质量标准，它将义务教育阶段划分为四个学段，每个学段都出示了相应的学业质量要求。参考第三学段的学业质量要求，可归纳"鲁迅"单元的教学目标如表 2-4 所示。

表 2-4　部编版小学语文六年级下册"鲁迅"单元教学目标

| 单元教学目标 | 具体内容 |
| --- | --- |
| 目标 1 | 借助网络、图书馆等渠道查阅鲁迅相关资料、逸闻趣事，三言两语来浅谈印象中的鲁迅 |
| 目标 2 | 通过阅读文本，提取关键词，参考群文阅读资料，品析、理解精彩语句的意味，体会寻常语句的深刻内涵，能初识鲁迅形象 |
| 目标 3 | 通过学习鲁迅的文章，积累丰富的资料，用恰当流畅的语言表达自己对鲁迅这一人物形象的深刻认识，能实现有效交流沟通 |
| 目标 4 | 通过参阅资料、书写"我眼中的鲁迅"、绘制鲁迅小报等活动，体会鲁迅忧国忧民的爱国情怀，感受鲁迅先生的崇高精神 |

六年级学生处于第三学段，课程标准要求该阶段学生能"独立阅读散文、小说，在阅读过程中能获取主要内容，用朗读、复述等自己擅长的方式呈现对作品内容的理解"，这个要求指向语言运用，在四个目标中都有体现。"能品味作品中重要的语句和富有表现力的语言，注意词语的感情色彩"与"能通过诵读、改写、表演等方式，表达自己对感人情境和形象的理解和审美体验"指向审美创造，主要在目标2中体现。"能借助与文本相关的材料，结合作品关键语句评价文本中的主要事件和人物，提出自己的观点或看法"涉及思维能力，在目标1、目标3中都有渗透。"主动阅读体现社会主义先进文化、革命文化、中华优秀传统文化的作品……结合具体内容或时代背景丰富对作品内涵的理解"指向文化自信，在目标4中体现。

总而言之，教学目标需要以本课时或本单元所要达成的最终结果为参考，依据各科课程标准的核心素养、总目标、学段要求来确定，避免陷入以往"双基""三维目标"的固定思维中，而要以学习者为中心，融合知识、能力、素养等方面进行阐述。

# 问题 07

# 如何基于学习起点确定教学目标

课程标准作为教学目标确立的纲领性文件，是科学设定教学目标的基础。然而，仅仅依据课程标准确定教学目标，并不能完全满足不同学生的发展需求，还需要基于学生学情来合理调整，以适应不同地区、不同学习情况的学生。课堂教学是教师和学生双边参与的动态过程，教师作为课堂活动的设计者、参与者、引导者，其核心任务是为学生提供适宜的学习环境，帮助学生实现知识领域的拓展。由此，教学目标应适应学生身心发展的需求，以确保学生在不同学科领域、不同实践活动中能达到其"最近发展区"。

在日常教学过程中，一些教师在设计教学目标时过分依赖教学经验，或者仅仅以课程标准为依据，或者过高估计学生的学习水平，这些做法都可能导致教学目标与学生的实际需求不符。为了更好地满足学生的学习需求，教师在确定教学目标时应全面了解学生的学习起点，包括学生的学业水平、生活经验、认知发展水平、学习方式及习惯、学习动机、学习态度等。

综合历年来学者对学生学习起点的研究成果，我们可以将学生学习起点的确定标准划分为学习能力、思维水平、学习经验三类（见图2-3）。学习能力主要包括学生的认知能力、技能水平和情感调节能力等，思维水平反映学生在分析问题、解决问题等方面的能力，学习经验则涉及学生在学习过程中的积累、反思与总结。

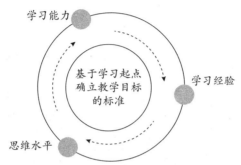

**图2-3　基于学习起点确定教学目标**

## 一、参考学生学习能力

我们必须审视学生的学习能力，这涵盖了专业能力、方法能力、社会能力、自我能力四个方面。无论哪一领域的杰出人才，皆将学习能力视为关键能力。学习能力即独立获得事实知识和专业知识，选择合适的方法以及组织合作的能力。因而，学生学习能力的强弱决定了课堂教学的最终成效。教师需通过了解学生现有水平及差异，设定适宜的教学目标。例如，针对认知能力较低的学生，可重视基础知识的传授与掌握；而对于认知能力较强的学生，则可设定具有挑战性和创新性的教学目标，以激发其学习潜力。

以浙教版八年级上册科学教材第一单元"水和水的溶液"中第4~6节为例，这三小节分别涉及溶液和浊液、溶解性和溶解度、饱和溶液和不饱和溶液、溶液的质量分数和配置以及混合物和纯净物、混合物分离（过滤、蒸发、结晶、蒸馏）三方面的知识，由此可以将三小节内容合并，设定大单元主题为"海水提盐"。依据学生的学习能力，案例设计者张晓艳和邓双丽老师制定的教学目标如表2-5所示。

表2-5 "海水提盐"大单元主题教学的素养目标

| 素养目标 | |
|---|---|
| 科学观念 | 1. 能区别纯净物和混合物，知道溶液是混合物；区别饱和溶液和不饱和溶液<br>2. 能理解溶解度、溶质质量分数、结晶的含义<br>3. 知道外界条件能影响物质的性状，如温度能影响物质的溶解度和浓度（溶解度随温度变化不大的物质采用蒸发结晶的方法；溶解度随温度变化大的物质采用降温结晶的方法）<br>4. 能运用科学知识解释冬天捞碱、夏天晒盐的现象，能解决混合物分离的相关问题<br>5. 认识到（理解）混合物的分离与提纯取决于物质的性质<br>6. 认识到（理解）利用溶质、溶剂的定量关系可以对溶液结晶进行调控 |
| 科学思维 | 1. 能运用观察、比较、分析不同物质，知道溶液、饱和溶液、不饱和溶液的特征，并根据物质性质对物质进行分类<br>2. 能运用定量比较、分析溶液特征，抽象概括得到溶解度、结晶等的概念<br>3. 能运用观察、比较、推理判断外界条件（如温度）能影响物质的性状<br>4. 能利用混合物分离的"问题解决认知模型"迁移运用解释现象与解决问题 |
| 探究实践 | 1. 学会配制一定溶质质量分数的溶液<br>2. 能对混合物进行分离（如过滤、蒸发、结晶等），知道物质分离的一般过程和方法，理解混合物的分离与提纯取决于物质的性质；理解利用溶质、溶剂的定量关系可以实现溶液结晶调控<br>3. 能针对实际问题提出有创意的方案，并根据科学原理或限制条件进行筛选；实施计划，利用实验室器材进行加工制作 |
| 态度责任 | 1. 保持好奇心和探究热情，乐于探究和实践，能基于证据和逻辑发表自己的见解，敢于大胆质疑、追求方法和装置的创新<br>2. 尊重他人，善于合作，乐于分享<br>3. 具有节约资源、保护环境、推动生态文明建设和可持续性发展的责任感。能够对与科学技术相关的社会热点问题做出正确的价值判断 |

　　实际上，由于长三角地区学生的学习资源丰富、实验设备完善，学生的实验机会更多，操作水平和能力也能达到较高的水平。倘若在中西部部分地区开展同

一课程，教学目标则需依据当地学生实验能力稍做调整。由此，可参照凌宗伟老师的评价标准，由课堂结束后学生的最终达成程度倒推至教学目标，现就"探究实践"部分将教学目标做出如表2-6中的改进。

表2-6　浙教版八年级上册科学"海水提盐"大单元"探究实践"分层次教学目标

| 探究实践目标 | | 得分 |
|---|---|---|
| 学会配置一定溶质质量分数的溶液 | 1. 对如何配置一定溶质质量分数的溶液有一定理解，但不会操作 | |
| | 2. 对如何配置一定溶质质量分数的溶液有一定理解，但操作中会存在失误 | |
| | 3. 能理解配置一定溶质质量分数的溶液的方法，且能准确应用到操作过程中 | |
| 能对混合物进行分离（如过滤、蒸发、结晶等），知道物质分离的一般过程和方法，理解混合物的分离与提取取决于物质的性质；理解利用溶质溶剂的定量关系可以实现溶液结晶的调控 | 1. 不能分离混合物（如过滤、蒸发、结晶等），能在一定程度上理解物质分离的一般过程和方法，基本理解混合物的分离与提取取决于物质的性质；不理解如何利用溶质与溶剂的定量关系实现溶液结晶的调控 | |
| | 2. 能对混合物进行基本的分离（如过滤、蒸发、结晶等），知道物质分离的一般过程和方法，基本理解混合物的分离与提取取决于物质的性质；理解利用溶质与溶剂的定量关系可以实现溶液结晶的调控，但可能存在一些偏差 | |
| | 3. 能在实验中运用所学知识对混合物进行分离（如过滤、蒸发、结晶等），能总结出物质分离的一般过程和方法，理解混合物的分离与提取取决于物质的性质；理解利用溶质与溶剂的定量关系可以实现溶液结晶的调控，并能运用到实验操作中 | |

| 探究实践目标 | | 得分 |
|---|---|---|
| 能针对实际问题提出有创意的方案，并根据科学原理或限制条件进行筛选；实施计划，利用实验器材进行加工制作 | 1. 在方案提出方面储备不够充足，无法积极调用所学科学原理或限制条件筛选方案；实施计划上存在困难，不能准确利用实验器材进行加工制作 | |
| | 2. 能针对实际问题设计出有创意的方案，并根据科学原理或限制条件进行筛选；能实施计划，利用实验器材进行加工制作时操作基本准确 | |
| | 3. 能针对实际问题建构有创意的方案，并使用科学原理或限制条件筛选合适的方案；能准确实施计划，熟练运用实验器材进行加工制作 | |

基本达标的学生处于阶段一，他们可以在教师明确指示后做出相应行动，但其理解和操作可能存在偏差；达标的学生处于阶段二，他们可以理解实验的原理并做出基本准确的操作；超出预期的学生处于阶段三，这些学生能在根据原理完成实验操作的基础上做到守正创新，提出并优化实验方案。因此，面对中西部部分地区动手能力强的学生可以设置阶段三的目标，对动手能力一般的学生可设置阶段二的目标，较薄弱的学生再次之。如此，在参考学生学习能力的基础上提出的教学目标就更契合学生水平，能在其原有水平基础上实现拔节生长。

## 二、凭据学生思维水平

对学生的思维水平进行评价是至关重要的。思维水平，即学生构建知识体系的能力。若仅停留在零散知识的获取阶段，学生将难以达到预期标准。在这一水平层次上，学生无法将学科内各知识点及不同学科间的知识之间建立联系，从而无法全面理解事物。因此，在制定教学目标之前，有必要了解学生的思维模式，判断其是偏向于点性思维还是系统思维，是满足于零碎知识的积累还是达到知识间关联的程度。根据学生的思维水平，我们可以设定有助于提升其思维能力的教学目标。思维涵盖逻辑思维、创新思维和批判性思维等多个维度。对于逻辑思维能力较弱的学生，我们可以设计更多具有逻辑性的教学活动；而对于创新思维和批判性思维较强的学生，我们应鼓励他们进行探究式学习和独立思考。

以苏教版数学五年级上册"多边形的面积"单元整体教学设计为例，由于学生在五年级以前已经学习过长方形、平行四边形、梯形、三角形等图形的相关性质，所以"多边形的面积"是在已有学习经验的基础上综合过往所学再深化的内容。由于不同地区小学数学教材尚未统一，将小学数学苏教版、人教版、北师大版三版教材对比后可以发现各版本的学习序列并不一致（见图2-4）。

| | 苏教版 | 人教版 | 北师大版 |
|---|---|---|---|
| 学习序列 | 平行四边形的面积 ↓ 三角形的面积 ↓ 练习课 ↓ 梯形的面积 ↓ 练习课 ↓ 组合图形的面积 ↓ 不规则图形的面积 ↓ 练习课 ↓ 单元复习课 | 平行四边形的面积 ↓ 练习课 ↓ 三角形的面积 ↓ 练习课 ↓ 梯形的面积 ↓ 练习课 ↓ 组合图形的面积 ↓ 不规则图形的面积 ↓ 练习课 ↓ 单元复习课 | 比较图形的面积 ↓ 认识底和高 ↓ 平行四边形的面积 ↓ 练习课 ↓ 三角形的面积 ↓ 练习课 ↓ 梯形的面积 ↓ 练习课 ↓ 单元复习课 |

图2-4 不同版本教材"多边形的面积"学习序列

苏教版和人教版教材在引导学生思考平行四边形和梯形、三角形面积时会以"剪贴"的方式进行图形的转化，然而"复制"的方法只能由教师提示。而北师大版先教学"比较图形的面积"一课，让学生习得"复制""拼贴"两种学习方法，有利于后续引出图形面积的转化。因此在不同教材使用地区学生的教学目标会有所不同。为了解班级学生学情，设计者进行了前测，发现44名学生中有24名学生认为平行四边形的面积为邻边相乘；有6名学生受到周长的负迁移；有4名学生未作答；真正答对的学生只有10名。对这10名学生再次进行前测，只有4名学生理解平行四边形的面积计算原理，其余学生虽有提前学习，但只记得

"平行四边形的面积=底×高"这一公式。基于苏州该校班级学生的学习情况，设计者将本单元整体教学目标设计如下。

1. 初步学会运用转化的思想分析几何问题，能够根据问题的特点用不同的方法将未知图形转化成已知图形。

2. 理解测量图形面积的本质是测量图形内面积单位的个数。

3. 能够用自己的话推导并归纳平行四边形、三角形和梯形的面积计算方法。

4. 在探索平行四边形、三角形和梯形的面积时体会平面图形及其面积计算方法间的内在联系。

## 三、依循学生学习经验

除却学习能力和思维水平，我们还需要充分考虑学生的学习经验和兴趣。学生的学习经验包括知识体系、技能水平和兴趣爱好等，这些都是他们在学习过程中所积累的宝贵财富。了解这些信息，有助于我们设定出更具针对性和吸引力的教学目标，从而激发学生的学习热情。针对学生的兴趣，我们可以将其融入教学目标中。例如，对于对某一学科有浓厚兴趣的学生，我们可以设定与其兴趣相关的教学目标，促使他们在学习过程中始终保持热情。这样一来，学生在追求知识的同时也能满足自己的兴趣爱好，从而提高学习效果。

以统编版九年级上册语文"诗歌创作"单元为例，该单元是"活动·探究"单元，选取《沁园春·雪》《我爱这土地》《乡愁》《你是人间的四月天》《我看》五篇诗作，围绕"自主鉴赏""诗歌朗诵""尝试创作"三大学习任务展开教学。实际上在七年级上册第五单元《天上的街市》一课的练习中就有这样一个活动，引导学生思考"仰望星空，你会有什么新奇的联想和想象？选择一个天体（如星星、月亮），发挥联想和想象，写一首小诗"。同时在《语文作业本》这一课后专设了"联想与想象"专题，通过展示范例，教会学生如何运用联想与想象的手法来尝试诗歌创作。倘若教师在教学这一课时有效利用了课内教学资源，学生会因此有一定诗歌创作的基础，在九年级"诗歌创作"单元学习时也会拥有一定的学习经验。表2-7中，针对七年级有学习联想、想象手法创作诗歌的学生和没有相关经验的学生，教学目标的设置也会有所区别。

表2-7　统编版九年级上册语文诗歌创作单元教学目标

| | 已有诗歌创作学习经验的学生 | 没有诗歌创作经验的学生 |
| --- | --- | --- |
| 单元教学目标 | 1. 运用注释、旁批及其他助学材料，以赏析文字的形式鉴赏诗歌作品；理解诗歌意象并能分析诗歌营造的意境 | |
| | 2. 能描述诗人的情感，并通过朗诵时增加重音、停连、节奏等方式传达诗人的思想感情，感受诗歌的艺术魅力 | |
| | 3. 运用联想、想象以及陌生化手法，模仿单元诗歌，尝试诗歌创作 | 3. 学习联想、想象以及陌生化手法在诗歌中的运用，仿照单元诗歌，尝试诗歌创作 |

综上所述，基于学习起点确定教学目标是一个综合性的过程。我们需要综合考虑学生的学习能力、思维水平和学习经验等因素，以确定符合学生实际需求的教学目标。只有这样，我们才能更好地发挥教师在教学过程中的引导作用，促进学生的全面发展。

# 问题08

# 如何基于学习载体确定教学目标

影响教学目标确定的因素有很多，其中一个非常重要的因素就是学习载体。学习载体根据不同的分类标准有不同的分类方式，如按涉及范围分，有广义学习载体和狭义学习载体；按知识层次分，有初级、中级、高级等。其中，广义的学习载体是指学生在学习过程中所使用的各种工具、资源和环境等。而本问题谈论的是狭义的学习载体，其主要指各门课的教材、学习单等相对基础且常用的一些学习内容。尤其是各科教材，它们是非常重要的学习载体，这些学习载体是依据国家课程标准编写的，承载国家课改理念，是课程标准的具体化，既符合国家的育人目标，又考虑不同阶段学生的认知特点和水平，是可以帮助学生获取、理解和应用知识的重要载体，能够促进学生的学习效果，帮助学生获得学习体验。

狭义的学习载体，可根据不同维度进一步分类，如根据载体的学科分类，根据载体的适用对象分类，根据载体的学习方式等分类。《义务教育课程方案

（2022版）》提出义务教育课程应遵循五大基本原则，其中两条就是"加强课程中综合，注重关联""变革育人方式，突出实践"。基于课程提倡的统整性和实践性，笔者将学习载体进行整合，根据学习方式和主要学习成果的不同，分为感受理解类学习载体、活动探究类学习载体、艺术创造类学习载体（见图2-5）。其实每个学科里均有这三种学习载体，如科学课程中根据学习内容的不同，确定的目标就不同，课型也不同，于是就有"概念建构、规律探究、原理论证"等课型。

**图2-5 学习载体的分类**

作为学科知识的重要载体，狭义学习载体对目标确定的重要作用和基础地位不容置疑。但遗憾的是，很多教师在预设教学目标时忽略学习载体本身的作用，过多地考虑课标要求，一味大量补充课外学习资源，或囿于"教教材"僵化思维，或仅参考个人经验等，拟制出的教学目标脱离学习载体的媒介和支撑，导致学生的学习只能是隔靴搔痒。其实，学习载体不同，学习目标的确定自然也不同。如科学课程中"概念建构"类的学习内容属于感受理解类学习载体，"原理论证"类学习内容属于活动探究类学习载体。

《义务教育语文课程标准（2022年版）》的"学业质量"板块有这样的表述："阅读新闻报道、说明性文字以及非连续性文本，能区分事实与观点；阅读简单议论性文章，能区分观点与材料，并能解释观点与材料之间的联系；能运用实证材料对他人的观点做出价值判断；广泛阅读古今中外的诗歌、小说、散文、戏剧等文学作品，在阅读过程中能把握主要内容，并通过朗读、概括、讲述等方式，表达对作品的理解。"从以上文字可知，阅读新闻报道、说明性文字或议论性文章和阅读小说等文学作品时，课标要求学生习得的核心知识是不一样的。换言之，不同的文体，课标对学生阅读水平和阅读能力的要求是不一样的，因而教学目标的设计也应有所不同。

因此，根据学习载体确定教学目标是有理论依据的，也是十分必要的。以下将结合案例对三类学习载体展开阐述。

## 一、感受理解类学习载体的目标确定

感受理解类学习载体通过感受、体验等方式促进学习者参与和共情。这种学习载体注重学习者的情感体验和参与，旨在激发学习者的兴趣、情感和创造力，提高学习的效果和乐趣。例如语文中的经典文本阅读、古诗词鉴赏，音乐中的名曲欣赏，科学、数学中的概念理解和建构等，均注重学生的感受理解，因此教师在拟制目标时用到的行为动词往往是理解、借鉴等。

大单元"校园IP投影灯"，基于浙教版初中科学七年级上册第二章第4~6节的内容开发而来，属于"物质的运动和相互作用"这一核心概念下的"声音与光的传播"主题内容。该主题里的部分内容涉及感受理解，因此相应确定了如下所述的目标。

1. 能理解透明物体的颜色是由它透过的色光决定的，不透明物体的颜色是由它反射的色光决定的。

2. 知道光的反射定律、折射定律。

3. 理解凸透镜成像规律。知道凸透镜成像与焦距存在一定的关系。

又如，沪教版高中语文第五册"'家园亲情'单元古诗词教学"，由《国殇》《采薇》《诗词三首》三篇课文构成。

《国殇》是战国时期楚国诗人屈原创作的一首诗，为《九歌》中的一篇，是一首追悼楚国阵亡士卒的挽诗。全诗共有两节，诗中既生动描写了战况的激烈和将士们奋勇争先的英雄气概，也表达出作者对雪洗国耻寄予的热望，同时抒发了作者热爱祖国的高尚感情。《采薇》是中国古代第一部诗歌总集《诗经》中的一首。此诗主要以一个返乡戍卒的口吻，唱出从军将士艰辛的生活和思归的情怀，诗中还透露出士兵御敌胜利的喜悦，也深感征战之苦，流露出期望和平的心绪。《诗词三首》包括《月夜》《夜雨寄北》《水调歌头》三首，表面上都指向"家"，抒发诗人对亲人的思念和牵挂，以及对团圆和相聚的渴望。细看三首诗词，"家"后都有"国"，三首诗词的创作都有其时代原因——《月夜》有安史之乱之痛，《夜雨寄北》有人生坎坷之愁闷，《水调歌头》有苏轼和王安石因政见不合自求外放之无奈。

正是基于对这一组"家园亲情"文章内容的具体分析，提炼共性，确定了目标：理解三篇课文的内容，能分析作品中蕴含的人物形象和多重情感（见图2-6）。

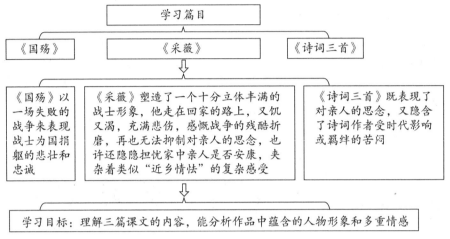

图2-6　基于学习内容特征的目标确定流程

诗人创作作品，一般是为了表达自己的思想或情感，除了直接表白外，通常还会借助作品中的人物、事件、景物等来表现。因此，学习一组"家园亲情"主题的诗词，不仅需要学生感受"韵外之味"，体会"思念亲人"这一共同主题；更应该借助作品中的隐含信息，关注主题背后一个人与自己所处的时代、命运、国家的不同关系。图2-6是"基于学习载体确定目标"的范例，也是基于学习载体确定目标的基本思路。

## 二、活动探究类学习载体的目标确定

活动探究类学习载体通过实践和探究活动来促进学习者主动参与和深入理解知识。这种学习载体注重学习者的实践经验和问题解决能力，旨在培养学习者的探究精神和批判思维，提升学生的设计研究能力、信息处理能力、探索创新能力、问题解决能力等。常见的活动探究类学习载体有实验和观察、项目和调研、探索和发现、社区服务和实践、模拟和角色扮演等。

以杭州的宋老师开发的大单元学习"我是新闻大主编"为例，该案例的学习内容主要是统编版语文教材八年级上册的一个"活动·探究"单元，由"新闻阅读""新闻采访""新闻写作"三个学习活动构成，学习的内容有消息、通讯、特写、评论等一些常见新闻体裁的特点，以及采访要素和新闻专刊的标准。基于核心素养，根据本单元的学习内容，宋老师确定了如下的单元学习目标。

1.通过大量阅读新闻，了解作者对人生和世界的看法，引发关注社会生活和新闻本身的发展，培养勇于奋斗、拼搏向上的精神，具备事事关心的情怀、世事洞明的智慧和实事求是的态度。

2.学习新闻知识和新闻阅读方法，能按采访的常规流程进行策划收集材料，拟写提纲开展沟通合作，确定具有新闻价值的题材，规范地写作新闻和制作专刊。

3.通过一系列新闻活动与探究提升阅读品位、分析比较、合作交流、采访实践、专刊编辑等能力。

以上三点目标的确定均关注到学习载体的特征，围绕学习载体的特征确定与之匹配的学习目标。为达成以上目标，学生必须清楚新闻专刊有何标准，常见的新闻体裁各有什么特点，新闻素材如何采编，怎样规范写作新闻与制作专刊等问题；而要解决这些问题，学生需要从学习载体中去分析、总结、提炼，这也是依据学习载体确定学习目标的原理所在。

## 三、艺术创造类学习载体的目标确定

艺术创造类学习载体通过艺术表达和创造来促进学习者的创造力、审美能力和表达能力。这种学习载体注重学习者的艺术体验和创作实践，旨在培养学习者的艺术素养和创造性思维，加强学习者的舞蹈技巧、表演能力和创造力，提高学习者对艺术的理解和欣赏，帮助学习者发展自己的艺术才能和个性。常见的艺术创造类学习载体有绘画和素描、音乐和声音创作、戏剧和表演、文学创作和写作、舞蹈和舞台艺术等。

其实，每个学科都有艺术创造类的学习载体。不用说音乐等艺术类学科中较多的艺术创造类学习载体，就是理性如科学学科，科学教师也可以依据"声的传播"等学习载体，指导学生制作乐器、弹奏简单的曲子。

接下来以"我要飞得更高"这一大单元为例阐述如何依据学习载体确定目标。风筝是一种我国传统的趣味性极强的民间玩具，同时被编排在七年级美术和英语学科中。上海的常老师借助这一巧合，研发了一个跨学科主题单元"我要飞得更高"，共计七个课时，主要涉及美术和英语学科。

在"美术"教材中，风筝被编排在第五单元"质朴的民间工艺"这一主题中，该主题共有三大板块：第一板块"赏析"，主要简述中国民间玩具的悠久历史和源头等，系统梳理了我国民间玩具发展的历程；第二板块"表现"，具体生动地介绍了中国不同地区、不同时代具有典范性的玩具，同时详细介绍了民间玩具与儿童生活的具体关系，这些解释了民间玩具的制作工艺、造型特点等；第三板块"拓展"，要求能融合使用传统、现代的材料、工具，设置民间玩具制作的具体学习任务，真正领会"守正创新"的深刻内涵和时代意义。本单元的学习内容既是中国灿烂民族文化的反映，也是民间艺人精湛技艺记录与传承的优秀载体，更是培养学生对祖国民俗文化艺术自豪感的绝佳材料。在"英语"学科中，"风筝"被编写在第九单元"当风起时"（Unit9 The wind is blowing），也分为三个部分：第一部分"Reading：Mr Wind and Mr Sun"，生动形象地展现了太阳先生和风先生的故事；第二部分"Listening and Speaking：Our kites"，详细罗列了制作风筝要用到的材料，以及制作的具体过程，设置制作风筝、美化风筝的进阶任务；第三部分"Writing：When the wind blows"，能运用一定的朗读技巧朗读诗歌《当风起时》，并根据图片做到用诗歌这一文体传达对大自然美景的赞美之情。这一单元旨在通过听说读写等语言活动，让学生既能感受大自然的神奇与魅力，又能提升自己的审美情操。基于对学习内容的分析，确定了本单元学习的其中两个目标。

1. 借助任务单，小组合作探究我国风筝的造型特点、制作工艺及历史渊源。

2. 能主动提取英语、美术两门学科的相关知识及相应的学科思维，认知并探究传统民间玩具风筝的艺术效果。

以上两个目标，是基于对美术教材和英语教材关于"风筝"共通知识以及教材中的链接知识而确定的。根据学习载体确定学习目标，保证学生所掌握的风筝知识具有逻辑性、一致性、完整性，方便学生将风筝制作步骤进行有效迁移和灵活运用。例如在英语课上绘制风筝制作的简要流程图，然后在美术课上具体比较步骤上的差别，并进行整合优化，最后动手制作风筝。这样一来，在英语课上梳理的制作风筝的基本步骤，就成为美术课分析对比、深入探究的前提。之所以能顺利做到将两门学科的关于风筝的核心知识、学习方式进行融通，是因为得益于单元目标的导向作用。

总之，学习载体是教学目标确定的重要维度，是学生学习核心知识、达成核心素养的重要载体。依据学习载体确定的目标，是课程目标的具体化，是教学的出发点，也是教学的归宿，支配着教学的全过程，并决定了教与学的根本方向。因此，教师在确定教学目标时，一定不能忽略学习载体的基本特征。

# 问题 09

# 如何规范撰写大单元教学目标

在大单元教学中，确定学习内容后，大单元教学目标的撰写至关重要，但在备课检查中发现存在诸多问题：单元目标设计或照抄教参，或行为主体缺失，或表述不明，或语焉不详，或过于简略，或重心偏移，或与单元教学内容是"两张皮"。总结起来，大单元教学目标的问题主要是表层问题和深层问题。面于篇幅，本问题暂且讨论表层问题的解决。表层问题主要是不清楚目标的基本概念、目标陈述的基本要素等原因引起的，只要明确什么是目标，掌握撰写目标的基本因素，这类问题就可以迎刃而解。

目标，是预期学生将要达到的学习结果，是行为和内容的结合。因此，撰写目标时需要涉及学生的行为和内容。如"给句子加上正确的标点符号"一句中，"加上"是行为，"正确的标点符号"是内容。《布鲁姆教育目标分类学》（修订版）中提到，克拉思沃尔和佩恩（Krathwohl and Payne，1971）两位学者根据目标连续体确定了目标的三个具体性层次，即总体目标、教育目标和教学指导目标，其中教学指导目标现普遍称为教学目标。这三个目标层次代表了目标连续体上具体程度不同的三个位置，它们之间的关系见表 2-8。

表 2-8　总体目标、教育目标和教学目标之间的关系

| 项目 | 目标层次 | | |
| --- | --- | --- | --- |
| | 总体目标 | 教育目标 | 教学目标 |
| 范围 | 广泛 | 中等 | 狭窄 |
| 学习所需时间 | 一年或多年（通常多年） | 几周或几个月 | 几小时或几天 |
| 目的或功能 | 提供愿景 | 设计课程 | 准备教学计划 |

| 项目 | 目标层次 | | |
|---|---|---|---|
| | 总体目标 | 教育目标 | 教学目标 |
| 用途实例 | 计划一个年度的课程（如初级阅读） | 计划教学单元 | 计划每天的教学活动、经历和练习 |

对照表 2-8 可知，教育目标位于目标连续体的中间部位，它所涉及的范围为"中等"，用于计划要求几个星期或几个月的时间学习的单元。它比总体目标，如各学科课标要求的总目标和学段目标要求更为具体，但与教师用于指导日常课堂教学所需要的目标相比又相对概括一些。所以，大单元教学目标应属于教育目标，它的撰写原则同样可以用泰勒关于教育目标的描述：学生行为+行为所针对的某一内容主题。再结合美国学者马杰在《准备教学目标》一书中提出的目标陈述的 ABCD 法［Audience（行为对象）+Behavior（行为动词）+Condition（行为条件）+Degree（表现程度）］，笔者确定了大单元教学目标撰写的四要素（见图 2-7），力求帮助教师更加明确自己的教育行为，更好地帮助学生达成学习目标。

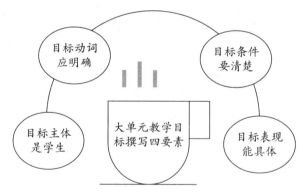

图 2-7　大单元教学目标撰写四要素

## 一、目标主体是学生

在教育中，目标指向预期的学生学习结果，所论行为主体必须是学生，而不是教师。此外，学生的学习是目标的核心，教育是为了学生的学习和未来的发展。因此，将学生作为目标的主体，能够确保目标的设计、制定与学生的学习需求、能力水平、未来发展相匹配，同时也能激发学生参与学习的主动性，真正实现以学生为中心。一线教师最容易犯的错误就是撰写目标时说的常常是自己在课堂上要做什么，而非学生具体要做什么、学业表现如何。例如"增强学生的阅读表达能力""提高学生对科学概念的理解能力"等，类似的目标表述，其主体都是教师，而不是学生，这显然不妥。

那么以学生为主体的大单元教学目标表述应该是怎样的呢？这里以统编版语文教材二年级上册的第二单元（识字单元）的目标撰写为例。该单元没有单元导语，但整个单元的内容均指向识字与写字，结合课标要求，本单元应在使学生理解字义与具体语境运用的基础上进行识字教学，因此，单元目标可以具体描述为以下内容。

1. 在识字的基础上发现汉字的规律，把握同音字、形近字等的读写，尝试对本单元所学生字进行分类。
2. 规范运用语言文字、硬笔书写本单元生字，感受语言文字的丰富内涵。
3. 掌握比喻、拟人的修辞手法。
4. 通过教读课文、自读课文感受大自然的美好，喜爱大自然，树立保护大自然的意识。

在这个案例中，每一条目标的主体均指向学生，是学生在识字，是学生运用语言文字，掌握比喻、拟人等修辞手法，行为主体均是学生，这能够更好地凸显学生在识字与写字中的主动性和参与度。

可见，将学生作为目标的主体，能够更好地满足学生的学习需求和个性化学习的需要，激发学生学习的热情，最终帮助学生发展其核心素养。

## 二、目标动词应明确

《布鲁姆教育目标分类学》（修订版）一书中将目标进行分类，并明确一个目标的陈述中包含一个动词和一个名词，其陈述的具体句式为"学生将能够或学会 + 动词 + 名词"，动词通常描述预期的认知过程，名词通常描述我们期望学生将要习得或建构的知识。在大单元教学目标的撰写中，一定要有精准使用动词的意识。

参考布鲁姆关于对"认知过程维度"的梳理，笔者整理了一些在撰写目标时可以参考的常用动词及其运用场景（见表2-9），以期更好地帮助教育工作者表述涉及范围更广、可能产生保持和迁移两种学习结果的单元目标。

表2-9　目标撰写动词

| 类别 | 动词（认知过程） | 同义词 | 例子 |
|---|---|---|---|
| 记忆/回忆 | 识别 | 辨认 | 识别中国近代史重要事件的日期 |
| | 回忆 | 提取 | 回忆中国近代史重要事件的日期 |
| 理解 | 解释 | 澄清　释义　描述　转化 | 解释即兴演讲对中学生的意义 |
| | 举例 | 示例　实例化 | 举例中国画和西洋画的主要区别 |
| | 分类 | 归类　归入 | 将你看到的中国石拱桥进行分类 |
| | 总结 | 概括　归纳 | 概括鲁迅一共回忆了藤野先生几件事 |
| | 推断 | 断定　外推　内推　预测 | 请根据戏剧前几幕戏推断主人公的结局 |
| | 比较 | 对比　对应　配对 | 将历史事件与当代的情形进行比较 |
| | 说明 | 建模 | 说明鸦片战争爆发的主要原因 |
| 应用 | 执行 | 实行 | 两个多位数的整数相除 |
| | 实施 | 使用　运用 | 在牛顿第二定律适用的问题情境中运用该定律 |
| 分析 | 区别 | 辨别　区分　聚焦　选择 | 区分一道数学问题解决中的相关数字与无关数字 |
| | 组织 | 发现连贯性　整合　概述　分解　构成 | 将历史描述整合起来，形成赞同或反对某一历史解释的证据 |
| | 归因 | 解构 | 依据其经历确定诗人在诗中表达的主题 |
| 评价 | 检查 | 协调　查明　监控　检验 | 确定科学家的结论是否与观察数据匹配 |
| | 评论 | 判断 | 判断哪一种说法更符合西施的结局 |
| 创造 | 产生 | 假设 | 提出解释观察的现象的假设 |
| | 计划 | 设计 | 计划关于"我为钱塘代言"的成果汇报 |
| | 生成 | 建构 | 有目的地建立某些物种的栖息地 |

表2-9一共提出19个主要动词（19种具体的认知过程），其中两种与回忆相关，另有17种与回忆以外的其他过程类别相关联，这些过程类别分别是理解、应用、分析、评价和创造。这些动词只是一些常见的例子，具体选择哪些动词则要根据具体的学科、主题和学习目标来确定。在选择动词时，要确保其与目标的

要求相匹配，能够准确地描述所期望的学习结果。

## 三、目标条件要清楚

学生完成认知过程的条件是什么，有什么规则和限制，有时单靠行为动词（认知过程）无法将目标清晰地表达出来，因此需要附加一些限制条件，如对学习情境、工具、方法、时间、空间等的提示或规定。比如"通过索引、目录、参考书等的指导找出相关信息"一句中，"找出"是行为动词，"相关信息"是内容，而"索引""目录""参考书"就是提供的工具，这十分必要。相当于为学生达成目标提供了支架，不会让学生陷入解决问题的孤军奋战之中，从而打击学生学习的积极性。

如高中物理的"浮力"单元，河南靳玉宝老师共制定了四个目标。

1. 通过实验认识浮力，知道浮力的方向是竖直向上的。

2. 分析浮力产生的原因，会用弹簧测力计测量物体在液体中所受浮力的大小。

3. 经历实验探究的过程，体验用控制变量法探究浮力大小跟哪些因素有关。了解物体所受浮力的大小跟浸在液体中的体积有关、跟液体的密度有关。

4. 了解猜想在科学探究中的意义，体会剔除错误猜想、合并有效猜想的研究方法，通过观察、实验探究等学习活动培养学生严谨认真、实事求是的科学态度。

观察以上四个目标，其均清楚地描述了目标达成的条件，即行为动词的条件。例如第一个目标，行为动词"知道"的条件便是"通过实验"；第二个目标中，行为动词"测量"的条件是"用弹簧测力计"。像这样的目标条件，都被表述得较为清楚，明确告诉学生可用的方法、可借助的工具，这就是以学生学习为中心的目标表述，很值得我们学习并迁移运用。

总之，阐明目标条件对于指导教学、评价进展、提高效率、激发学习动力等都具有重要的作用，它可以帮助我们更加明确地、有针对性地组织学生学习，提高他们的学习效果和效率，也能清楚地告诉学生完成目标时可借助的工具或方法，以促进自身的学习。因此，在确定目标时，我们应该尽量明确目标条件，以帮助学生学习，最终让学生取得更好的学习结果。

## 四、目标表现能具体

目标越具体，与之对应的教学、评价就越容易进行。具体的目标可以为学生的学习和教师的指导提供明确的方向，学生能知道应朝着何种具体的学习结果而努力，教师知道应采取哪些具体的教学策略和方法来帮助学生实现目标，从而提高学习的效率。

那么，目标表现该如何具体化呢？基于单元大概念或单元主题的目标拟写，更容易描述具体。这里以统编教材高中语文必修上册中"思辨性阅读与表达"《劝学》《师说》大单元教学为例，阐述目标表现具体的一种策略。笔者首先依据语文核心素养，确定素养目标；其次结合单元内容提取单元大概念，依据大概念拟制具体的单元目标，其中一个目标是"把握说理的逻辑思路，理解比喻、对比等论证方法和多角度阐释、正反对举、先破后立等论证结构"。该目标非常具体地指出学生需要掌握的核心知识，如"把握说理的逻辑思路""理解比喻、对比等论证方法""多角度阐释、正反对举"，等等，针对不同的学生，表现程度肯定会有所不同。有的学生可能只能掌握"理解比喻、对比等论证方法"这一核心知识，而有些学生或许可以全部掌握。因此，目标表现越具体，目标表现程度的差异就越明显。如果写成"领会劳动之美，感悟劳动价值，弘扬劳动精神"这类大而空的目标表述，通常无法评判出学生表现的差异程度。

当然，对于不同学科，陈述具体目标的难易程度有很大的差别，但这并不妨碍我们为具体目标表述所做的努力。总之，具体的目标描述对于学习和教学都具有重要的作用。它能够指导学习和教学的方向，提高学习效果，同时促进评价和反馈，增强学习动力，促进学生自主学习。因此，在制定学习目标时，应尽量使目标描述具体明确，以实现更好的学习效果和学习体验。

归纳以上要素，提示我们在大单元教学目标撰写时可以参考以下框架（见表2-10）。

表2-10 大单元教学目标撰写参考框架

| 行为主体 | 行为动词 | 行为条件 | 表现程度 |
|---|---|---|---|
| 学生 | 经历　感悟<br>探索　理解<br>…… | 任务驱动<br>题组比较<br>说理解释<br>…… | 能正确说出加、减法的互逆关系<br>会用估算对计算结果进行初步验算，通过验算确保计算的正确率达到百分之百 |

当然，这并不代表所有大单元教学目标撰写只有四要素可以参考，还应考虑目标的个数确定要适宜、目标的呈现要多维等因素。另外，并不是所有大单元教学目标撰写一定要满足这四要素，其实，目标规范撰写只是涉及目标确定的表层问题，一般而言，只要能说清学习内容和期待学生产生的行为即可。

总之，我们重在探索陈述以学生为本的、基于学习的、外显的以及方便评价的预期认知学习结果。其实，我们探索的规范撰写大单元教学目标的四大要素，不仅可以用在大单元教学目标的撰写上，同样可以迁移运用到课时目标的撰写中。

# 问题 10

# 如何将单元目标分解为课时目标

有些一线教师无法明确单元目标与课时目标的具体关系，有些一线教师在确定大单元目标后不知道该如何确定课时目标。其实，单元目标与课时目标是共同构成单元整体教学实践的前提和基础。单元目标是学生通过单元学习后要获得的预期结果，范围中等，属教育目标，是落实课程目标的基本单位，相对于课时目标会更为概括些。而课时目标范围相对狭窄，是落实课程目标的最小单位。如果单元目标是总，那课时目标便是分，二者是整体与部分的关系，整体优于部分，整体决定部分，整体大于部分之和。

换言之，在单元教学中，课时目标服从单元整体目标，课时内容与单元整体内容总分结合，形成整体—部分—整体的知识组织形式。课时目标是从单元目标分解而来的，分解时，在关注课时学习内容和学情等因素的基础上，还应遵循以下三大原则（见图2-8）。

图 2-8　单元目标分解为课时目标的三大原则

## 一、模式应相似，内容要呼应

模式，即作为标准的结构或样式。课时目标的撰写应该在模式上与单元目标保持一致。目标撰写的模式，即包含目标撰写的表层问题和深层问题。表层问题主要指目标撰写的要素，有了四大要素能确保将目标写清楚；深层问题涉及目标撰写的渐进逻辑：由事实性层面的"知道"，在概念层面的"理解"，在技能和过程层面上能"做"，这让目标的合理性、可行性、准确性得到了保障。

### 1. 目标撰写的要素应相似

与单元目标一致，分解出的课时目标在撰写时也要遵循四要素：目标主体是学生、目标动词要明确、目标条件要清楚、目标表现能具体。只是课时目标在表述时重难点应该更清晰，更聚焦，更明显。一般情况下，含有四大要素的目标撰写的句式可以梳理成：学生+通过+动词+行为条件+表现程度，行为主体是学生，表述时一般会省略。例如苏教版小学数学四年级上册的"三位数除两位数"单元，其中一个单元目标是"通过任务驱动，探索并掌握多位数除法，感悟从未知到已知的转化"。其单元视域下的"四舍五入试商"这一课时目标中，就有一个目标是"通过任务驱动、题组比较、说理解释，理解除数是两位数除法的基本算理，在尝试中感悟用'四舍五入'法试商的便捷，掌握三位数除以两位数除法的计算方法，能进行正确计算"。为方便观察，现将单元目标和课时目标用表格进行比照整理，见表2-11。

表2-11　单元目标与课时目标要素比照

| 目标撰写 | 行为主体 | 行为动词 | 行为条件 | 表现程度 |
|---|---|---|---|---|
| 单元目标 | 学生 | 探索<br>掌握 | 通过<br>任务驱动 | 能掌握多位数除法，感悟从未知到已知的转化 |
| 课时目标 | 学生 | 理解<br>掌握 | 任务驱动<br>题组比较<br>说理解释<br>…… | 理解除数是两位数除法的基本算理，在尝试中感悟用"四舍五入"法试商的便捷，掌握三位数除以两位数除法的计算方法，能进行正确计算 |

观察表2-11可知，单元目标撰写遵循四大要素，课时目标撰写也是如此，同时在内容上呼应，且突出课时重点。

### 2. 目标撰写的逻辑要一致

"模式应相似"原则指导下的课时目标撰写，另一个重点便是关注深层问题，即目标撰写的逻辑。目前来看，KUD［Know（知道）、Understand（理解）、Do（做）］理论指导下的目标表述，是最讲究渐进逻辑的。这里以高中生物

"细胞的结构"大单元目标分解为例，杭州的余老师以大概念（细胞是生物体结构与生命活动的基本单位）为出发点，基于对课程标准、单元内容及学情的充分分析，制定了以下三个单元目标。

1.通过学习细胞学说、细胞膜的科学史（K），加深对科学研究过程和本质的理解（U），给尿毒症患者提供饮食建议（D）。

2.通过辨析各种细胞器的结构与功能（K），理解细胞各结构的分工与合作，形成结构与功能观，提升生命观念（U）。

3.学生通过辨析真核细胞与原核细胞结构的异同（K），尝试构建真核细胞模型（D），提升模型与建模的科学思维（U）。

观察可知，这三个目标基于 KUD 理论，紧紧围绕目标撰写的四大要素。这里遵循"模式应相似，内容要呼应"的分解原则，尝试将单元目标 3 分解为两个课时目标，如图 2-9 所示。

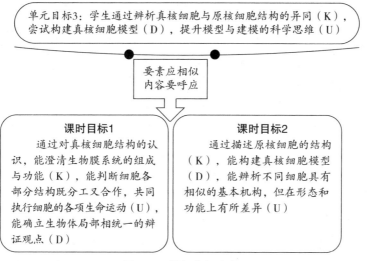

图 2-9　目标分解示意

由单元目标 3 分解而来的两个课时目标，不仅保持着目标撰写要素的相似性和逻辑的一致性，在内容上也有紧密的相关性。例如，单元目标 3 要求学生"尝试构建真核细胞模型"，在分解时就要结合学习内容，设定与之呼应的课时目标。课时目标 1 中的 K 和 U 部分，课时目标 2 中的 K 和 D 部分就分别与"尝试构建真核细胞模型"的单元目标相呼应。

总之，单元目标被分解为课时目标后，单元目标与课时目标是母与子的关系，课时目标间接服务学科大概念，并将核心素养落实到位。

## 二、指向更精准，表达更具体

课时目标是单元目标对学生学习行为的具体表现，依据单元主题、语篇内容、板块功能定位等分析，将单元目标细致分解出指向越发精准、表达更加具体的课时目标。同时，在课时目标中渐次体现单元目标的育人理念，体现学生能力的提升和素养的形成。

江苏张老师为译林版英语三年级下册"Unit2 In the library"设计单元目标后，将单元目标细致拆解为课时目标，精准而具体，见表2-12。

表2-12 Unit2 In the library **部分单元目标及分解后的课时目标**

| 单元目标 | 更为精准和具体的课时目标 |
|---|---|
| 知道在不同的场合，如学校、班级、家庭等场合，能做到行为举止规范，对别人的不文明行为或举止能运用语言合理制止 | 1. 获取 Liu Tao 在图书馆里不适当的行为以及 Yang Ling 制止 Liu Tao 行为的具体信息，梳理"Don't…"句型在情境中的用法（学习理解） |
| | 2. 关注、提取、归纳在图书馆的情境中"制止或劝阻不适当行为"的词汇和句型表达（应用实线） |
| | 3. 运用相关的语言表达方式，与同伴有感情地表演故事，并联系个人实际，树立公共场合的文明礼仪观念，解决现实生活中的问题，制作"Public Rules"（公共场所公约）（迁移创新） |

观察表2-12可知，根据单元目标中提到的"不同的场合"，在分解为课时目标时，场合具体确定为"图书馆"；"能运用语言合理制止"这一目标，具体表述为"Don't…"句型在情境中的用法；"关注、提取、归纳在图书馆的情境中'制止或劝阻不适当行为'的词汇和句型表达"，指向非常精准，表达也更为具体。

又如，统编版语文九年级上册的议论文单元，其中的一个目标是"能养成信息搜集能力"，这个目标对于课时而言稍大，可以将其分解为三个课时目标，如"能养成发现文本哪里需要信息支持的能力""能培育选择信息，合理优化信息的能力""能养成与他人分享信息的能力",这样的课时目标相较于单元目标更加具体、明确,也更易于测评。

总之,课时目标由单元目标分解而来,但在表述上更加清晰、精准,以期能够指导具体的教学活动和评价方式。

## 三、逻辑显进阶,评价易操作

课时目标集中体现一节课的重点部分,是大单元目标的分解化、条理化、具体化。确定课时目标一定要根据学情做出适当的调整,不要把大单元目标机械地拆开、肢解,而是要保证学生在单元学习的整个过程中,聚焦的主题是前后一致的,需要掌握的核心知识在逻辑上是连贯的,而且学生能清楚自己处于怎样的水平。因此,分解的课时目标要有进阶性和易评价性。

比如,部编版语文九年级上册第二单元是议论文单元,笔者在新课标的引领下,基于教材和学情,设计了"细致入微找论点,条分缕析寻论据"的大单元学习活动,单元目标设计如下。

1. 通过阅读理解四篇课文中作者对人生和世界的看法,引发自己对未来职业方向和为人处世的正确思考,形成积极、乐观、向上的人生观和世界观。

2. 通过阅读议论性文章,运用阅读理解、分析比较、归纳判断、思考推理等方法,把握作者的观点,区分观点和材料,以论证思路凸显观点的鲜明。

3. 通过感受、理解、欣赏、评价语言文字及作品,能理解议论文的理性美,感受议论文的力量美;能自信、得体、大方地表达正确、鲜明、独到、深刻的观点,展现自我的风采美。

4. 通过撰写发表"二舅"现象的微观点报告,能做到观点鲜明,证据充分。

观察单元目标可知,单元目标在学习内容上做了整体规划,学习条件多样,有写作情境和观点发表展示等,提炼学生的学习行为及需要习得的核心知识,会发现显示出明显的进阶关系,如图2-10所示。

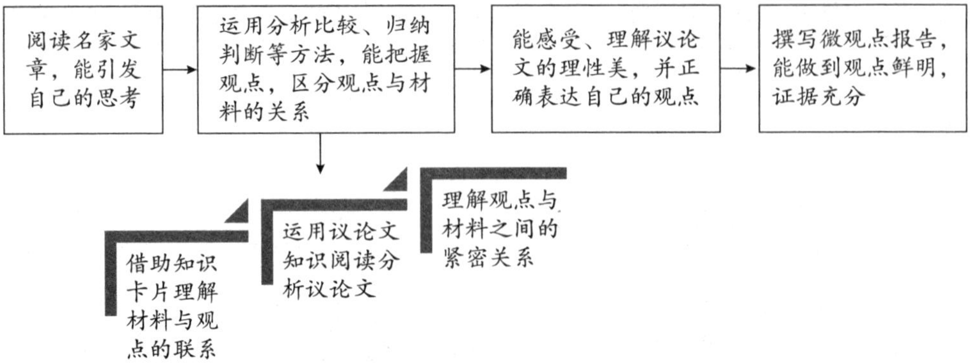
阅读名家文章，能引发自己的思考
运用分析比较、归纳判断等方法，能把握观点，区分观点与材料的关系
能感受、理解议论文的理性美，并正确表达自己的观点
撰写微观点报告，能做到观点鲜明，证据充分
借助知识卡片理解材料与观点的联系
运用议论文知识阅读分析议论文
理解观点与材料之间的紧密关系

图 2-10　具有进阶关系的单元目标和其中一个拆解后的课时目标

观察图 2-10 可知，该单元目标既有进阶，也非常重视学生学习过程的体现，学习表现程度表述较为明确，易于测评。因此，结合学习内容及学情拆解后的课时目标也要有逻辑，也是呈进阶关系，同时，学生的学习表现程度描述要更为明确，易于测评反馈。

历经八个课时的议论文单元整体学习，在单元大概念“如何阅读与写作议论文”的引领下，在进阶课时目标的导引下，教师设计了相应的学习任务及学习支架，指导学生学习，帮助学生经历认知、理解、分析、运用、评价、创造，思维由低阶向高阶发展、延伸，最终有效落实单元目标，提升学生素养。同时，在其他课时目标中也涉及“议论文结构框架图”“知识卡片”“论证方法及其作用表格”“思维导图”“议论文三要素的评价量表”“优秀议论文评价量表”等学习支架，都能相对准确地评价学生在每一节课中的学习表现，使学生的学习可视化、可评价、可操作。

总之，大单元目标是“纲”，课时目标是“目”，课时目标是为单元目标服务的。大单元目标是条例的、系统的，课时目标是具体的、精准的，切忌泛泛而谈。如果说大单元目标是教师在学生现有水平的基础上为学生设置的“最近发展区”，那么课时目标便是在该区域内搭建的“脚手架”，课与课之间相互衔接、互为支撑，为学生逐步认识、掌握学科内容架起逐级上升的“阶梯”。当然，无论是单元整体目标，还是具体化的课时教学目标，都需要在设计和实施过程中表现出关联性、层次性、易评价性。

# 专题三

# 大单元教学活动设计

大单元教学是基于大概念、大任务、大情境开展的相关学习活动。

大单元教学的过程是以单元整体目标为驱动，依据课程标准，围绕大单元主题，将一个或多个教材单元转化为大单元，提炼核心概念，设置大任务，创设大情境，开展大活动。因此，基于核心素养，把握课标，整合教材，立足于课程整体理念和思维，设计适切的大单元教学活动，定会助力实现培育学生核心素养的目标。

## 问题 11

# 大单元学习活动有哪些形式

在大单元教学中,一个大单元学习活动就是一个学习事件,要基于课程核心素养的目标,用大概念去统筹单元学习内容,用大任务、大情境去启动单元学习活动,为学生提供充分的探究体验过程,培养必备品格、关键能力和正确价值观,形成良好的核心素养。

大单元学习活动是落实教学目标的重要抓手,而真正有效的学习活动指向动作和认知两个层面,因此对于教师来说,组织学生进行学习活动的关键便是学生的动作与认知的结合与发展。也就是说,与相对孤立、抽象的学习内容相比,基于大单元主题,具有现实环境或情境和特定问题的学习活动更能激发和锻炼学生的思维,帮助学生学习理解,引导学生应用实践,促进学生迁移创新,发展学生的学科核心素养。

## 一、驱动式学习活动

设计一系列与大单元主题相关的、具有挑战性的现实性问题或任务,让学生通过调查、分析和解决问题的方式学习知识,引导学生运用所学知识和技能解决问题、完成任务,培养学生的批判性思维和创造性思维能力。大单元教学中常可设计问题驱动式学习或任务驱动式学习活动。

### 1. 问题驱动式学习

在大单元教学中,教师可以根据学科核心素养发展的需要,融入真实的情境,设计多样化的、真实的、具有挑战性的问题,让学生学会用学科视角和思路进行分析、解决实际问题,让关键能力得到进阶。例如,某教师基于生活中的电磁现象的大单元主题,设计了如下电磁现象的复习课。

**大任务:探秘扬声器中的电磁现象**

驱动问题一:你能确定扬声器的磁性吗?

问题 1:什么样的物体具有磁性?问题 2:我们如何确定物体的磁性?问题 3:

我们能够同时检验磁性和磁极吗？问题4：你能形象地描述和展示磁体的磁性吗？

驱动问题二：我们的生活中需要扬声器吗？

问题1：你了解磁铁起重机的优势和劣势吗？问题2：如何改变一个物体的磁性？问题3：还有什么地方需要改变物体的磁性？问题4：在未来，我们还可能在哪些地方用到物体的磁性？

驱动问题三：扬声器是如何发声的？

问题1：扬声器为什么会发声？问题2：改变声音的方法有哪些？问题3：磁场对通电导线的作用力能用在生活中的哪些场景？问题4：（拓展）如何制作一个扬声器？

驱动问题四：扬声器能利用声音发电吗？

问题1：发电的基本条件是什么？问题2：利用声音发电，你觉得有哪些困难？问题3：你最想用声音发电来做什么？

以扬声器为学习主线，该教师设计了四个大的驱动问题和一系列具有思维进阶性的小问题。教师带领学生在问题的驱动下，利用所学过的知识，从理解到实践再到创新，逐步解决各个小问题，高效率地完成了磁现象知识的复习。

## 2. 任务驱动式学习

基于大单元教学的落实，教师可以根据学情灵活设计形式多样的任务，促进学生的思考和学习。学生在教师的指导下，以小组合作的形式，通过一系列活动，完成任务，提高自身对课程、学习活动、学习环境等的体验感，增强学习的积极性。学习任务设计需要以大单元主题为抓手，最后需要展示任务成果。在单元主题的选择上要更接近学生的真实生活，让学生走进真实任务，从团队成员的组成、分工开始，激发所有学生的学习动力。以"At The Century Park"单元主题为例，某英语教师设计了一系列任务驱动的学习活动。

任务情境：世纪公园在招募英语小导游，你会如何为朋友们规划世纪公园的游览路线呢？

大任务：搜集整理世纪公园的信息，并合理规划一日游路线

成果展示：完成游览海报或手册绘本；拍摄制作一段Vlog。

任务一：我们去世纪公园——规划路线。

活动1：查找世纪公园基本信息，如地理位置、开放时间等；查找路线和交通方式，设计路线图，并用英语说一说。

任务二：我们爱世纪公园——最受欢迎的三个景点。

活动2：①上网查找资料；②访谈世纪公园工作人员；③访谈公园的游客。

任务三：我们看世纪公园——不同季节的世纪公园。

活动3：①上网查找资料；②访谈世纪公园工作人员；③访谈去过世纪公园的同学或者朋友。

任务四：我们秀世纪公园——制作宣传材料。

活动4：整合世纪公园相关资料，制作宣传海报、视频或宣传册。

教师在单元大任务"合理规划一日游"的引领下，设计了与之适配的"去、爱、看、秀"世纪公园四个小任务。学生在任务的驱动下开展学习理解、应用实践和迁移创新等一系列学习活动，最终完成任务，展示小组任务成果，有助于学生学习语言、获取新知、探究意义，发展学科核心素养。

## 二、辩论式学习活动

辩论式学习活动旨在通过讨论、争辩和交流，让学生学会倾听、理解不同观点、客观看待问题，并提高学生的批判性思维和独立思考能力。辩论式学习活动能够促进学生间的交流，帮助学生发展良好的沟通技巧和团队合作精神。它强调知识的理解性学习与迁移应用，在大单元教学中扮演着重要角色，在落实核心素养方面有明显的优势。

当然，与传统意义的辩论比赛不同，课堂辩论式学习活动不一定非得包括一辩、二辩、三辩，也不需要限定时间，不必将学生对等地分为正反两方，其形式可以不拘泥于正规的辩论活动，完全可以是以少对多，甚至一人对多人，比如可以是一个学生或教师面对全班学生。

### 1. 引导式辩论

在大单元主题的情境下，教师应尽量引导学生使用已学的知识内容作为双方的立论点，并在此基础上结合相关的论据和数据。这样既能聚焦教材知识内容，又能拓宽学生的知识面，体现新课标要求。例如，在"地球上的水资源与人类活动的关系"这一核心概念的统领下，某教师设计了引导式辩论活动，正方观点涉及的知识与反方观点涉及的知识构成支撑，为辩论提供立论知识点。

**辩题：地球上的水资源是有限的还是无限的**

【正方观点】地球上的水资源是有限的。

立论知识点：水圈的组成；人口的增加，人均水资源占有量较少；国内外水资源污染的严峻性；水资源分布不均，区域性缺水严重；全球气候变暖，区域性干旱天气增加。

【反方观点】地球上的水资源是无限的。

立论知识点：水循环原理；相互联系的陆地水体；海水淡化技术的发展；水污染处理技术的发展；南水北调等水利工程的建设对区域发展的影响。

教师适时引导学生利用支撑知识点展开辩论，学生根据辩论要求分成两组，进行辩论，展示立论知识。学生与教师的课前交流确保辩论内容涉及已学知识内容。在辩论的过程中，教师根据双方的发言进行引导式点评，把握辩论方向，并对下一次发言提出期待。

**2. 议题式辩论**

议题式教学以真实的问题情境为基础，以议题为引领，以系统化的学科知识为依托，以活动为载体，以学科任务为指向，落实学科核心素养，旨在培养学生的高阶思维。将学科大概念与议题式教学融合应用，通过开放思辨的议题、真实复杂的情境、丰富多样的活动，培养学生核心素养。表3-1是某教师以"新能源汽车 or 燃油汽车"议题为例，设计了基于大单元主题的议题式辩论学习活动。

表3-1　基于大单元主题的议题式辩论学习活动

| 议题名称：新能源汽车 or 燃油汽车？ | | 设计意图 |
|---|---|---|
| 中心问题（看新闻，导出议题） | 我们现在应该选择新能源汽车还是燃油汽车 | 通过观看新闻，使学生在该议题的学习中有较强的参与感与体验感 |
| 学习支架（补充相关知识） | 问题1：评价汽车性能的角度主要有哪些<br>问题2：在各个评价的角度中，有哪些知识是我们需要掌握的 | 提供各个方面的基本概念和核心知识，如能源种类、电池类型、简单的元素介绍、污染物化学性质、空气质量指数等内容 |
| 议题辨析（小组辩论） | 问题1：新能源汽车发展历程和燃油车发展现状是怎样的<br>问题2：新能源汽车和燃油汽车各自的优缺点是什么 | 了解新能源车的发展历程和燃油车的现状，总结分析两种汽车各自的优缺点，各小组之间进行辩论，为后期的深度学习做铺垫 |

续表

| 议题名称：新能源汽车 or 燃油汽车？ | | 设计意图 |
|---|---|---|
| 议题发展（小组辩论） | 问题1：新能源汽车和燃油车发展的难点各是什么<br>问题2：各个小组能否总结出汽车发展的核心要素 | 引导学生总结汽车的发展趋势，捕捉到议题发展的关键点 |
| 实践运用（小组总结） | 问题1：各小组能对各类汽车广告进行合理解读判断吗<br>问题2：各小组能否总结出选择新能源汽车或燃油汽车的理由 | 媒体上关于汽车的广告良莠不齐，教师要引导他们对各类信息进行有效甄别。另外，针对最为核心的问题，各小组要给出解决方案 |

学生以小组合作的形式总结新能源车和燃油车的优缺点，并通过组间辩论，以更为理性和科学的方式对两种汽车进行深入了解。再通过小组辩论，展望未来汽车发展趋势。最后，各小组针对媒体中各色各样的广告进行有效科学判断并陈述选择依据。

## 三、角色扮演活动

角色扮演活动是指学生在模拟真实生活的情境中，扮演特定角色，以促进学生理解、掌握知识和技能，提高学生的学习效果和综合素质。在大单元教学中，教师可以设计合适的角色扮演活动，同时提供必要的道具和场景，指导学生进行角色扮演，并在活动结束后进行总结和反思，以帮助学生更好地掌握知识和技能，同时培养其情感、态度和社会意识。其中，以个人自主表演为主的故事述说活动和以小组合作出演的剧本表演活动能够较好地突出大单元教学的特点，提升学生的素养。

### 1.故事述说活动

教师首先要通过深入了解某个主题，模拟某个情境，确定故事的主题和情境。这可能是一个历史事件、一个虚构的场景、一个自然现象，或者是一个日常生活中的情境，确保要讲述的故事与主题情境相匹配；之后再为故事添加人物角色，角色可以是虚构的，也可以基于现实生活中的角色，确保每个人都有各自的特点和作用，能够推动故事的发展。

比如，在地理教学中聚焦某一大概念，为故事添加生动的描绘或渲染，借用学生饶有兴趣的形式设置活动，使其更具有吸引力。学完七年级下册"降水的变化与分布"的内容后，有教师设置了图 3-1 这样的故事述说活动来帮助学生学习理解教材内容。

主题情境：我的前世今生——小雨点的故事。
故事述说活动思维导图（见图 3-1）。

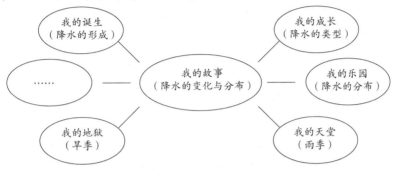

**图 3-1　小雨点的故事述说活动思维导图**

基于大单元主题"降水的变化与分布"，学生以小雨点的口吻、以故事述说的形式向同学介绍了自己的前世与今生——降水的形成、变化与分布，巧妙地理解和运用相关地理概念，将大气降水的知识内容以生动有趣的形式加以落实，轻松完成教学目标。

### 2. 剧本表演活动

在大单元主题的引领下，以戏剧的形式开展学习、交流和表演等展示活动。师生根据所学内容编写剧本、设计剧情、进行角色扮演，进一步巩固所学知识，将其内化为核心素养，融知识性、趣味性和科学性于一体。教师既可以利用课堂时间组织学生进行简单的表演，也可以通过课外学生社团组织开展戏剧表演活动。例如在科学学科的大单元教学中，我们可以设计情节，通过简图、照片和其他道具，辅之以适当的文学和表演等多种形式，介绍一项技术、一个发明创意或一个科学概念。下面就是近年来比较流行的科普剧片段。

**墨子向学生展示小孔成像现象（片段）**

墨子：老夫近来对光和影的研究颇有心得，今天天气晴朗，阳光不错，禽滑厘你过来，站在谷仓墙边。

禽滑厘：是，老师。

墨子：高石子，你进到谷仓里，把门关严实，看看对面的墙上有什么。

高石子：老师，谷仓里黑乎乎的，除了粟米还能有什么呀？

墨子：进去就知道了。

高石子：是，老师。

（高石子进入后台，此时大屏上出现如右图所示图像）

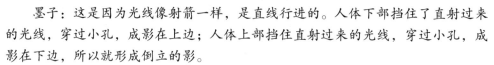

高石子：哎呀，老师，我看到一个人影。不对，这个人怎么是倒立的，真奇怪！（墨子起立，手指大屏）

墨子：这是因为光线像射箭一样，是直线行进的。人体下部挡住了直射过来的光线，穿过小孔，成影在上边；人体上部挡住直射过来的光线，穿过小孔，成影在下边，所以就形成倒立的影。

（音乐响起）旁白：这是人类历史上第一次对光的直线传播的科学解释。他的小孔成像理论既是世界上最早的对光的直线传播的科学描述，也是世界上最早的小孔成像的正确阐释，为照相机、录像机、放映机等现代高科技仪器的发明创造奠定了理论基础。后来，墨子把这些理论详细地写进了《墨经》，使这部巨著成为当时世界上最高水平的自然科学论著。

该片段选择的实验是光学中常见的小孔成像问题，涉及光的直线传播、影的形成，现象明显，适合表演。在活动中，学生通过扮演角色，综合运用多种艺术手段演绎剧情，揭示生活中的科学现象，传播科学知识，激发观众对科学的兴趣与探究热情。

## 四、主题式综合实践活动

新课程标准强调突出实践，倡导做中学、用中学、创中学，加强知识与学生经验、现实生活、社会实践，促进学生学科核心素养的综合发展。

### 1. 学科主题活动

综合实践活动不仅是课堂的有效补充和延伸，也是激发学生学习兴趣、培养科学探究能力、提高学生素养的重要途径。某教师围绕"环境污染"这一主题设计综合实践活动，引导学生以小组的形式在假期对当地夜市的环境污染情况进行调查研究，并形成一份调查报告。

1. 活动背景

"烟火气"重新回到我们的生活中，街边夜市又成了人们夜生活的不可缺少的部分，但同时也是环境污染的"重灾区"。

2. 主题活动

（1）说一说——主要的污染源。

（2）讲一讲——环境污染的原因。

（3）提一提——可行的改进建议。

3. 活动过程

（1）确定主题，开展调查，收集数据和信息（问卷、实地考察、采访等）。

（2）汇总、归类、整理、分析数据，用化学知识解释存在的环境问题。

（3）提出相应的改进建议，并且给出解决问题的方法和具体步骤。

（4）结合环境问题及其成因、建议，合作撰写一份调查报告。

此次综合实践活动，以与生活密切相关的问题为驱动，极大地调动了学生的积极性，促使他们将化学知识融于现实、融于生活，在现实环境中运用科学知识，体会学以致用的乐趣。

**2. 跨学科主题活动**

《义务教育课程方案（2022 版）》强调加强课程内容与学生经验、社会生活的联系，强化学科知识整合，统筹设计综合课程和跨学科主题学习。加强综合课程建设，完善综合课程科目设置，注重培养学生在真实情境中综合运用知识解决问题的能力。倡导开展跨学科主题教学，强化课程协同育人功能。

比如，在数学学科实践活动中，强调运用数学知识和其他学科知识的主题活动。在这类活动中，学生综合运用数学知识解决问题，体会数学知识的实用价值，以及数学与其他学科的关联。下面以"生活中人们的用水习惯及用水量调查"为主题，展示数学跨学科主题实践活动。

1. 问题驱动

在我们日常生活中，浪费水的现象时有发生，我们该怎样去节水呢？

2. 实践研究

（1）资料查找，了解水资源现状、用水习惯、节水技术等方面的信息，为后续的实地调查和方案设计提供理论支持。

（2）实地调查，走进社区，了解人们生活中的用水习惯，观察并记录各种场所的节水设施及使用情况。

（3）基于所获得的信息，设计相应的实验：比如一定时间内水龙头全开或者半开的出水量，一个滴水的水龙头一天浪费的水量等。

（4）综合调查和实验结果，得出不同用水习惯的人或者家庭一段时间内的用水量，提出比较有针对性的节水建议。

3. 制定方案

（1）安装节水设施：可记录、调控水流量的水龙头，节水型洗手盆、马桶等，能有效降低用水量。

（2）节水宣传教育：通过宣传海报、讲座等增强人们的节水意识，让大家认识到水资源的重要性。

（3）制定用水规范：例如，规定洗澡时间、限制洗衣用水量等。

（4）引入科技手段：如智能家居系统，通过技术手段实现用水的智能化管理，减少浪费。

4. 总结交流

一段时间后总结交流节水成效，改进节水工具或设施，进一步调整和优化节水方案。

基于"生活中人们的用水习惯及用水量调查"，制定合理的节水方案，引导学生从数学的角度研究社会问题，培养对数学的应用实践意识。实践活动涉及地理、物理、美术等不同学科的知识，学生通过资料查找、实地调查、方案设计等实践活动，加强对水资源使用和保护等问题的关注，提高处理信息、发现并提出问题、设计方案解决问题的能力。

大单元教学着眼于"大"字，从"大处"着眼，从"大处"着手。大单元的学习过程，不仅是知识、技能的结构化，更是学习活动结构化的过程，是基于深度学习的理念，在大概念（主题）、大任务、大情境的统领下，整个大单元的学习活动条理化、纲领化，纲举目张。这种形式的学习活动更有助于深入学习，整合知识，提高学生的学习兴趣和能力，提升学生的核心素养。在学习活动中，我们不再是只盯着知识点、考点，而是"左顾右盼、上挂下连"，课上课下、校内校外相结合；我们的视野不再仅仅限定在知识学习上，而是走向真实生活，为了有生活价值而学，真正践行"学习即生活"的教育观。

# 问题 12

# 学习活动之间应如何平衡关联性

　　大单元学习活动是一种针对特定学科或主题的一系列互相关联的学习活动，旨在帮助学生深入理解并掌握学科的核心概念与技能。这些活动通常涵盖探究、讨论、实验和项目等多种形式，以激发学生的学习兴趣，提高学生的探究能力、批判性思维能力，培养学生的团队协作能力。大单元学习活动之间的平衡与连贯至关重要，是确保学生能够获得系统而全面的学习体验的重要因素。为了实现这一目标，教师需要充分考虑各种活动的顺序和关系，确保学生在学习过程中不会因为某些活动的缺失或重复而受到影响。同时，教师还需要关注学生的个体差异，以便更好地满足学生的学习需求。

## 一、明确主题目标，建立概念关联

　　在设计大单元学习活动之前，首先应该明确整个学习单元的目标和核心概念，这是设计大单元学习活动的关键所在。学习单元的目标是整个单元学习的核心，它应该是明确、具体、可衡量的。这可以帮助教师更好地把握学生的学习进度，更好地调整自己的教学策略。同时，核心概念也是学习活动的基石，应与学习单元的目标紧密相关。通过确保每个学习活动都与核心概念直接关联，我们可以更好地帮助学生建立知识体系，更好地帮助他们掌握学习内容。此外，基于核心概念，我们还需要平衡学习活动之间的彼此关联，帮助学生在学习过程中更好地理解和掌握知识，同时提高他们的学习兴趣和积极性。教师在整个学习单元中设立一些关键性的子任务，确保每个子任务都与学习目标直接相关，并且每一个活动都指向相应的子任务。例如，某教师在"寻找生物进化的证据"的大单元教学中，设计了如下学习活动。

主题：寻找生物进化的证据。

核心概念：生命的延续与进化。

本质问题：现在地球上那么多的生物都是进化来的吗？

驱动性问题：有哪些证据可以证明生物在进化？

任务一：寻找生物进化的直接证据。

活动1：读图（马的化石）活动及相关材料，寻找记录古代生物形态结构信息的证据。

活动2：探究比较化石生物与现在生物的形态结构。

活动3：观看视频《化石的发现与研究》，概括科学家研究化石的方法。

活动4：尝试建构"现代马"进化的化石证据链。

任务二：探究生物进化的间接证据。

活动5：寻找胚胎学证据——比较和分析蝾螈、鸡、黑猩猩、人的胚胎发育早期的形态结构。

活动6：探寻解剖学证据——比较和分析鸟的翼、鲸的鳍、马的前肢、人的上肢等同源器官胚胎发育早期的形态结构。

活动7：研究分子生物学证据——比较和分析人与黑猩猩、鲨鱼、小麦、酵母菌等不同生物体内细胞色素C的氨基酸系列差异。

活动8：尝试绘制"进化树"。

在大单元教学主题"寻找生物进化的证据"的引领下，学习活动的目标指向明确，学生学习的深度得到了保证。学习活动指向化石、进化、适应、物种可变等零散知识，在"生命的延续与进化"这个核心概念的统领下，实现了从分散性到整合性的转变。基于核心概念，学习活动之间的关联性得以平衡。

## 二、设计连续活动，建立逻辑关联

赫斯特认为，"最有价值的知识的形式，即逻辑形式"。逻辑是正确而有条理地解决问题的思维过程和思维方式。序列化活动旨在通过环环相扣的活动设计，引导学生循序渐进地探究问题、启迪思维、升华情感，从而探寻学科价值和本质。

为了让学习活动之间产生逻辑关联，教师可以设计一系列连续的活动，按照一种有序的结构进行安排。这个结构可以是一个按照知识逻辑顺序或问题解决流程组织的学习活动。教师可以根据实际情况选择合适的方法。无论是按照知识的逻辑顺序，还是按照问题的解决流程，都需要从一个简单的导入活动开始，逐渐引入更复杂的概念和技能。这个过程可以让学习活动之间的逻辑关系更加清晰，也可以让学习者的学习更加系统化和高效率。最终，教师可以以一个综合性、总结性的活动结束学习过程，这个活动可以是对整个学习内容的总结和回顾，也可以是针对学习者的学习情况进行的评价和反馈。下面以三年级上册第五习作单元为例进行具体说明。

> 单元情境：描写我们眼中的缤纷世界，分享到朋友圈或视频号。
> 单元任务：谈谈我们身边的动植物。
> 子任务一：亲近身边可爱的动植物。
> 活动1：走进大自然，发现我们身边的动植物。
> 子任务二：研读名人笔下的动植物。
> 活动2：走入书本中，欣赏名人眼中的动植物。
> 子任务三：介绍我的动物朋友和植物朋友。
> 活动3：走上讲台，向同学们介绍自己的动、植物朋友。
> 综合性任务：趣谈身边特色的动植物。
> 活动：晒晒朋友圈，写一写，画一画，或者拍一拍我们特别的动、植物朋友，上传作品。

此任务群的学习活动逐步推进，单元学习任务的情境源于生活，引发学生调动已有的经验思考，激发学习动机，切实让学生体会学习的趣味，在整个单元的学习中都能保持持续而积极的状态。递进式单元学习活动，适合在学习内容呈递进结构的单元展开，围绕单元核心目标，随着学习进程的发展，有逻辑关联的学习活动难度逐渐提高，思维也向深处迈进。

## 三、整合不同活动，实现交叉引用

为了确保学生能够有效地完成学习任务，教师可以将大单元学习活动和嵌入评价整合到一个整体的学习过程中。整合后的学习过程应具有清晰的目标、明确的步骤和必要的信息和资源，并且应该包含一些指导性的语言，以帮助学生更好地理解和完成学习活动。比如，可以将探究活动和讨论活动结合，或者将实验活动和项目活动结合，让学生在不同活动中都能获得丰富的学习体验，同时增强不同活动之间的关联性。大单元学习活动通常涉及跨学科主题学习，因此可以设计一些整合不同学科知识的活动，促使学生在不同学科之间建立活动关联。此外，教师还可以在学习活动中引入交叉引用的元素，让学生能够在不同的学习活动中看到相互关联的信息。这有助于加深学生对知识的理解。

比如，在数学课程中倡导跨学科主题学习，就是强调综合与实践领域的教学活动，以解决实际问题为重点，以跨学科主题学习为主，通过综合运用数学知识和其他学科的知识及方法解决真实问题。下面以绘制公园平面地图的案例为例，展示活动的过程与方法。

1. 问题驱动

为了满足游客的个性化需求，公园需要提供不同主题的地图。如何提炼相应主题，绘制一张公园平面地图？

2. 合作探究（在公园中选择某一场景特色主题，绘制公园平面地图）

（1）在公园中，每个小组提炼出场景特色主题。

（2）通过小组合作探究，运用数学、地理和美术等知识绘制平面地图。

3. 展示交流（分享小组作品、展示交流与总结反思）

（1）小组分享自己的作品，介绍作品设计的想法和收获。

（2）从数学的角度反思活动过程中运用的知识与方法。

4. 活动评价

小组根据评价标准对自己的作品和他组的作品进行评价，最后教师进行综合评价。

5. 作品的修正与调整（根据评价标准改进自己的作品）

（1）修正完善自己的地图。

（2）课后撰写综合与实践活动感悟。

"绘制公园平面地图"是以平面直角坐标系相关知识应用为核心的跨学科主题学习活动。活动涉及不同的学科，不同的活动互相交叉引用。例如，古树和植物主题会用到生物学的知识；文化古迹主题会涉及历史学科的知识；在绘制地图时，需要综合运用数学、地理、美术等知识。学生在这样一个涉及多学科内容的复杂问题情境中聚焦主题，自主选择研究任务，提出并探索研究问题。

## 四、利用技术工具，建立结构关联

美国教育家布鲁纳强调："不论我们选教什么学科，务必使学生理解各门学科的基本结构。这是运用知识方面的最低要求，它有助于学生解决在课堂外所遇到的问题和事件，或者在日后训练中解决课堂上所遇到的问题。"教师在进行大单元教学活动设计时，可以利用一些技术工具（如内容框架图、思维导图、概念地图等），展示教学内容的组织结构，帮助学生更好地理解活动的结构和关联，同时帮助他们组织和表达自己的想法。

下面以 PEP 人教版英语教材（三年级起点）四年级下册"Unit 5 My clothes"为例进行分析。本单元主题为"My clothes"，该主题属于"人与自我"范畴，涉及"家庭与家庭生活"。图 3-2 是本单元教学结构，用于展示教学内容之间的关系。

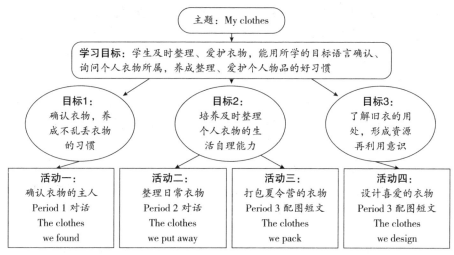

图 3-2 主题为"My clothes"的单元教学结构

各课时围绕单元主题和子主题展开，课时之间既相对独立又紧密关联。每个课时的学习活动指向相关教学内容，由浅入深，理解性技能与表达性技能同步发展，学生在对语篇主题意义的探究中学习语言，有效形成基于主题的结构化知识。在内容框架图的帮助下，学生可以更好地理解和记忆四个课时所呈现的知识内容，提高学习效果。此外，学生还可以利用这个内容框架图来更好地组织活动，表达自己的想法，从而提高思维能力和表达能力。

## 五、适时评价反馈，及时调整关联

在大单元教学过程中，教师还需要密切关注学生的反馈和表现，及时收集和整理学生的反馈和意见。学生的反馈是教师了解学生是否掌握知识的关键。当学生在活动中遇到困难或疑惑时，教师要及时给予反馈和指导。同时，教师还需要根据评价结果和反馈信息，调整优化学习活动。另外，教师还需要关注学生的表现，了解学生在活动中的参与程度和投入程度，以便更好地了解学生的学习情况。一旦发现活动间的关联性不足或主题、目标模糊，教师需要及时进行调整，可以尝试重新调整活动，使其更具有关联性和针对性。

　　某教师在学生学习了杠杆平衡条件后，以"自制简易杆秤"为主题开展了一次跨学科实践活动。教师给学生呈现了杆秤的制作步骤，学生利用教师提供的材料制作完成后展示作品，称量物品的质量，并按照评价量表开展评价。然而，部分学生作品的杆秤的定星点与秤盘在提纽的同侧，有的杆秤的精确度很低。在交流评价环节，该教师让学生思考"如何改进来实现定星点与秤盘分居提纽的两侧""如何制作精确度更高的杆秤"。学生重新交流讨论，分析原因，迁移运用杠杆平衡原理，寻找新颖的解决问题方法。

　　该教师注重发挥学生作为评价主体的作用，组织学生进行自我评价与监控，使得活动的过程性评价外显化，引导学生总结和反思自己的学习成果，以动态反馈促进学生改进制作方法，进而制作出符合要求的作品。这种反思性学习帮助学生将先前的知识与后续活动有机衔接，帮助学生将所学的知识、技能内化成为关键能力、必备品格与价值观念。

　　总之，平衡大单元学习活动之间的关联性，需要教师在设计活动时具有整体观念，能够将之整合为一系列有序、连贯的学习活动；需要教师认真进行分课时实施和调整，以确保教学的连贯性和有效性，并注重活动的逻辑性和结构性。同时，教师还需要根据学生的反馈和表现，及时进行调整和优化，在学习过程中密切关注学生的学习体验和理解情况，灵活调整教学方法，以确保学生能够在不同学习活动之间建立起有机的关联，逐步走向深度学习。

# 问题 13

# 活动设计如何达成教学目标

　　大单元学习活动设计，是在明确的单元教学目标引领下，以学生的兴趣为起点，激发学生的主体意识，推动他们亲身参与，体现生活价值。活动设计以学生的习得结果为载体，通过一系列逻辑紧密的学习活动，逐步推进教学进程。单元教学目标作为大单元教学的起点和方向，体现了师生即将共同完成的教学任务。这个目标对教学内容的选择、教学过程的组织、教学方法的设定以及教学结果的评价等方面起着指导和统率的作用。因此，确保达成教学目标，是设计大单元学习活动的关键。

## 一、依据教学目标，确定活动目标

学习活动的推进正是教学目标达成的途径，学习活动需要活动目标的指引。因此，无论是单元教学目标还是课时教学目标，对于单元学习活动目标或课时学习活动目标都起到引领作用。教学目标是所有活动目标的方向标，明确、合理且符合教材和学情的活动目标是学习活动设计的首要条件。

在设计学习活动前，通过构建学生已有经验和需要学习的能力之间的联系，合理、科学地确定每个活动目标，并搭建适当的平台，将教学目标具体落实到教学活动中，就需要制定活动目标，使每一个活动都有针对性，并始终服务于教学目标，从而提高课堂效率。所以，不管是在单元还是在课时中，学习活动目标设定都需依据教学目标。

以七年级"互联网基本原理"大单元教学设计为例，依据教学目标，确定活动目标（见表3-2）。

表3-2 "互联网基本原理"大单元教学目标

| 目标类型 | 教学目标 | 活动目标 |
|---|---|---|
| 大单元目标 | 以高效、可靠的数据传输为目的，设计互联网各层数据传输控制算法，初步内化分治、封装、统筹等学科"大方法"以及效率、可靠等目标意识 | 设计网页访问过程中客户端与服务器端数据传输控制算法，高效、可靠地传输数据 |
| 课时目标一 | 了解电路交换、报文交换、分组交换及其适用情境，初步内化效率意识；初步了解网络数据传输中的编码和解码过程 | 初步设计网页访问过程中客户端与服务器端的数据传输算法，有效利用信道，整体提高数据传输效率 |
| 课时目标二 | 通过对复杂的数据传输控制问题进行合理分解，内化分治思想及效率、可靠意识 | 进一步设计网页访问过程中客户端与服务器端的数据传输控制算法，以实现高效、可靠的分组交换 |
| 课时目标三 | 通过设计互联网各层接口，内化封装、统筹思想 | 再次设计网页访问过程中客户端与服务器端的数据传输控制算法，以实现互联网各层的有效联动。 |

在大单元教学目标的统领下，设置相应的大单元活动目标。大单元目标通过三个课时目标来达成，针对每个课时目标又设置三个对应的活动目标，为接下来有的放矢的学习活动设计奠定基础。

## 二、围绕活动目标，设计学习活动

学习活动是培育学生核心素养的内容载体，由此可见，活动的设计要着眼于学生的素养发展，依据活动目标，服务于教学目标的实现，不能游离于课堂之外，否则活动只会沦为形同虚设的花架子。但在日常教学中，我们往往看到课堂似乎很热闹，包括各种各样的学习活动，很多活动缺乏对活动目标的思考。如果没有目标意识，只是为了活动而活动，那将难以取得理想的教学效果。

教学目标对活动目标有引领作用，而学习活动目标服务于教学目标。为了有效达成教学目标，我们应该思考这些问题：本单元或本课时的教学目标需要通过几个学习活动帮助达成？这些活动的目标分别是什么？每一个活动的目标是为达成哪一条教学目标服务的？下面是人教版初中数学八年级上册"13.3 等腰三角形"第一课时的学习活动设计。

一、课时教学目标

1. 明确几何图形研究的基本方法，引导学生提出等腰三角形的研究问题；

2. 利用归纳或类比推理，帮助学生发现问题、提出问题，经历探索等腰三角形性质的过程；

3. 利用演绎推理，让学生经历推理证明的过程。

二、活动目标

1. 学生通过对全等三角形、轴对称内容的回顾，类比前面的研究方法，提出等腰三角形的研究思路。（对应教学目标1）

2. 学生通过观察、操作、猜想等活动，提出对于等腰三角形性质的猜想。（对应教学目标2）

3. 学生借助三角形、轴对称图形等知识，合理作出辅助线，写出对于性质1和性质2规范的证明过程。（对应教学目标3）

三、学习活动

1. 观察图片——感知等腰三角形。（对应活动目标1）

回忆平行线、三角形、全等三角形的研究过程，总结几何图形研究的一般内容：定义、性质和判定。

2. 剪纸活动——剪出等腰三角形。（对应活动目标2）

折叠长方形纸片，剪出等腰三角形，提出对于等腰三角形性质的猜想。

3. 探究活动——研究等腰三角形。（对应活动目标3）

小组合作，验证猜想，证明性质1和性质2。

教师依据本课时的三个教学目标，设置了与之对应的三个活动目标，紧紧围绕每一个活动目标，设计与之对应的学习活动。学生在逐步进阶的活动目标的引领下完成层层递进的学习任务，促进学生对等腰三角形的整体理解和把握，达成本课时的教学目标。

## 三、细化整体目标，设置相应活动

教师根据课标的要求、教材内容和学生的特点，设定明确、具体而又具有可操作性的大单元目标，它是整个单元学习活动的起点和归宿，在大单元教学流程中理应得到持续的关注和更新。为了更好地达成目标，教师需要把教学目标具体化，将大单元整体目标细化分解为更小的、操作性更强的子目标。同时对每个子目标进行具体的描述，明确更具体的要求，包括目标的具体内容、达到的要求和标准等，以便更好地指导教学和评价学习效果。师生都要明确每个大单元学习活动应该对应一个或多个小目标，确保学生通过完成一个又一个的活动，逐步完成一个个小目标，最终达成单元整体目标。下面以五年级下册第五单元习作单元为例来具体说明。

单元目标：在具体情境中运用多种方法进行人物描写。
活动情境：班级"风云人物"征集活动，写写让你印象深刻的一个人物。
大任务：综合运用"三招"完成班级"风云人物"介绍。
活动1：尝试运用多样化细节描写"风云人物"。
活动2：罗列人物事件，选取典型事例，描写"风云人物"。
活动3：侧面描写衬托"风云人物"。

在上述案例中，学生在单元整体目标的引领下，于不同学习时段中分别完成一项或几项活动。学生通过完成每项子活动，掌握一种人物描写方法，达成一个围绕单元目标的小目标。在完成整个大单元的三个活动的过程中，学生学会围绕单元目标的三种描写人物的方法，最后将所学知识有机组合在一起，形成方法组合，综合运用在具体的情境中，完成班级"风云人物"的介绍，达成教学目标。

## 四、结合多样活动，关注个体差异

在设计大单元学习活动时，要以核心素养为导向，趋向多样化。教师应充分考虑学生的个体差异，识别学生的不同需求和能力水平，如学习能力、兴趣爱好等。通过设计不同层次的学习活动、提供个性化学习资源等方式来适应不同学生的需求和发展水平，满足学生的个性化需求。

在设计大单元多样化学习活动时，还应设计不同难度级别的活动，以适应不同能力水平的学生。教师也可以设计不同形式的活动，如小组讨论、个人活动、实地考察、实验报告等。这样可以让学生有机会选择适合自己的活动形式，接触不同的主题，选择适合自己的方式来完成活动，激发他们的学习兴趣和积极性，有助于提高学生的学习效果和质量，并且更易于达成教学目标。例如，在小学语文二年级下册第一单元教学中，有教师设定大单元教学的驱动任务为"春天里的发现"，开启小学低年级段"文学阅读与创意表达"任务群学习。

任务一：书里书外寻找春天。

活动1：走出教室，捕捉大自然中的春天。

活动2：走进教材，探寻诗人笔下的春天。

任务二：课内课外朗诵春天。

活动1：朗诵课内诗文，体会春天之美好。

活动2：衔接课外诗文，促进积累与迁移。

活动3：举行朗诵比赛，感受诗文之意蕴。

任务三：个性化方式展示春天。

活动1：唱响春天，用歌声展示春天的鸟语花香。

活动2：勾勒春天，用画笔描绘春天的五彩缤纷。

活动3：呈现春天，用文字描写春天的多姿多彩。

教师围绕学习主题设计了一系列丰富的语文实践活动，契合小学低年级阶段学生的认知规律，让学生的学习贴合学生的生活。上述任务在不同形式的实践活动中渗透了语文学习内容，以形式各异的活动作为学习载体，增强不同学生的学习兴趣，调动他们的参与积极性，比如，善于唱歌的孩子可以展示他们的歌喉，喜欢画画的孩子则拿起他们的画笔，爱写作的孩子当然让春天泻于笔端，让个性化学习成为可能，从而有效地达成目标。

为了更好地达成目标，还可以设计同一学习活动的不同完成水平，以满足不同学生的需求和发展水平，激发他们的学习兴趣和积极性，同时提高学生的学习效果和质量。

在学习九年级物理第十四章"了解电路"第3节"连接串联电路和并联电路"这一知识的过程中，某教师的设计如下。

学习活动：观察手电筒的结构图，画出手电筒的相应电路图。

活动水平一：能够分析出组成模型的部分要素。

活动水平二：能够分析出组成模型的全部要素，各要素关系部分正确。

活动水平三：能够完整分析出组成模型的全部要素，各要素关系全部正确。

新课标在教学建议里明确提出：教师要坚持面向全体学生，充分尊重每一个学生。如果学习活动不分层，对学生来说要么偏高要么偏低，其实都是不公平的。尊重每一个学生，就必须关注不同发展水平的学生，设计适切的学习活动。上述案例为不同水平的学生提供了相应的活动，对每个学生都有合理期待，让每个学生都能获得积极的学习体验。

## 五、设计反馈机制，教学评一体化

在设计学习活动时，教师要注重对各教学要素之间的相互关系的分析，设计并实施目标、活动、评价相统一的教学。明确教什么、为什么教、怎么教、怎么评等方面的内涵和要求，建立相互间的关联，使评价镶嵌于教学之中，成为教学的有机组成部分。

在实施教学和评价的过程中，教师要通过观察、提问、理答、追问，以及合理、科学的测试等方式，收集学生学习是否真正发生的证据，包括理解了什么、能表达什么、会做什么，以及是否形成了正确的价值观等。及时诊断学生在学习过程中暴露的问题，根据需要提供必要支架和及时反馈，帮助学生通过学习活动达成预设的教学目标，以评促学，以评促教。表3-3以英语综合实践活动"元宵节灯谜会"为例，通过"教—学—评"一体化设计达成教学目标。

表3-3 "元宵节灯谜会"教学评一体化设计

| 教学目标 | 学习活动 | 效果评价 |
|---|---|---|
| 1.阅读介绍元宵节的语篇，理解大意，提取有关元宵节的信息，与同伴合作，尝试介绍元宵节 | 1.玩猜谜游戏，引入花灯。学习主题"元宵节灯谜会"。<br>2.激活已有经验，进一步了解元宵节的文化寓意、庆祝活动等。<br>3.借助信息图表，提取、梳理核心信息 | 教师评价：<br>观察学生介绍元宵节的情况。<br><br>学生自评：<br>我能读懂关于元宵节的语篇。<br>（　　）<br>我能与同伴合作简单介绍元宵节。（　　） |

续表

| 教学目标 | 学习活动 | 效果评价 |
|---|---|---|
| 2. 根据花灯制作步骤的说明性指示语，独立或与同伴合作制作花灯，体验制作过程 | 1. 师生交流，讨论前期准备。<br>2. 借助示意图，学习制作花灯 | 教师评价：<br>观察学生制作花灯的过程。<br><br>学生自评：<br>我能制作花灯。（　　） |
| 3. 独立或与同伴合作设计、编写灯谜，参与猜灯谜活动，体验元宵节的文化意涵 | 1. 布置猜灯谜活动场景，设计、编写灯谜，开展猜灯谜活动。<br>2. 发送奖品，鼓励学生设计、编写灯谜，积极参与，感受乐趣 | 教师评价：<br>观察学生参与设计、编写灯谜和猜灯谜的情况。<br><br>学生自评：<br>我能用英语编写并竞猜灯谜。<br>（　　）<br>在活动中，我能主动为同伴提供帮助。（　　） |

　　表3-3中的案例以"元宵节灯谜会"为主题，学习效果评价设计紧紧围绕教学目标展开，伴随学习活动而评，贯穿课堂教学的始终，凸显"教—学—评"一体化实施的理念，确保学习真正发生并取得成效。学习活动设计与教学目标紧密对接，关注结构化知识的梳理和内化，使学生的思维品质得到循序渐进式的发展，体现了教师对学生语言、文化和思维协同发展的关注，确保教学目标在课堂教学中有效落实。

　　依据教学目标，围绕活动目标，设计师生、生生互动的学习活动，有效落实教学目标的达成，并配以可行的效果评测手段，引导学生经历知识的发现、证明、应用和验证的过程，重视原理、方法、态度的迁移，抓住了这些课堂教学的核心要素，也就提高了课堂教学的效率，找到了推进课堂教学改革的有效方法。

## 问题 14

# 学习资源如何支撑活动开展

　　在大单元教学活动中，根据学生的学习需求提供适宜的学习资源，是大单元教学能够顺利实施的重要前提和保障。学习资源，通俗地说就是帮助学生更好地达成目标、辅助学习活动的资源。可以说，学习资源是学习、教学、评价三者资源的总和。

在教学实施中，常常会出现学习资源与学习活动相悖的现象。例如，学习资源流于形式，置于教学设计稿或者课后作业布置，未有作为，脱离"学—教—评"，学习资源与内容不匹配，甚至出现错误，南辕北辙，效果不佳；学习资源整合性不强，盲目堆砌，导致核心任务模糊，学习任务完成低效。

基于此，我们试着从价值、适配和转换三个方面探讨学习资源支撑活动开展的路径，供读者参考。

## 一、厘清学习资源价值

《义务教育课程标准（2022年版）》提出要调动多元主体，丰富学习资源的类型。通过梳理，学习资源的类型可以分为以下几类：纸质资源、数字资源、物质类资源、社会资源和生成性资源。

纸质资源即图书资源，除了教科书，还需选择正确价值导向下，紧扣教材内容、立足学生实际的书籍资料。比如，语文学科可以选择文质兼美的白话文和经典的古代文言文作品，英语学科可以选择绘本、时文等资料。数字资源包括图片、视频、音频等，随着科学技术的发展，更先进的 AI 技术也可以应用在课堂中。物质类资源指的是日常学习生活中的资源，如实验室、学具、器材室以及专用教室等。社会资源包括图书馆、植物园、博物馆、科技馆等地方资源，也包括"作家面对面""专家进校"等活动资源，还可以是社会舆论的热点话题生产的信息资源。生成性资源是指教学过程中生成的问题、方法、情境、思路等。

有趣且相关的学习资源能够激发学生的学习兴趣和动机，提高学生的参与度和自主性，从而增强学习效果。班级学情不同，学生的个性、学习能力也有差异。合理利用学习资源能够满足不同学生的学习需求，教师可以根据学生的兴趣、能力和学习风格选择不同的资源，实现个性化的教学。学习资源的使用，还能在学习活动中关注动态的生成，规范学生的学习成果展示，引导学生更有效地达成学习目标。

明确学习资源的价值，能让资源发挥其应有作用，避免流于形式，成为一纸空文。在此基础上对资源进行筛选、组合，优化教与学的情境，才能提高教学效益，促进学生核心素养的形成和发展。

## 二、适配，为学习活动开展提供支撑

新课标指出，资源要贴合教与学的实际，不同的学习资源在学习活动中的使用时机不同，相同的资源在不同的活动中呈现的形式也会发生变化。

### 1. 匹配，内容贴合教学实际

学习资源类型丰富，只有选择内容相符合的资源才能有效助力活动的开展。

学习资源能够为学生创设真实的学习情境，激发学习兴趣，使学生更好地开展学习活动。何捷老师执教的小学语文二年级《狐假虎威》一课，在导入环节，就为学生提供了阅读纸质资源：背景故事《战国策·楚策一》。这个背景故事的选择紧扣教材中课题的脚注，进行了适当的补充和拓展，完全贴合教学实际需求。

生活中的看似普通的资源，经过选择和巧妙地利用也能够成为优质的学习资源。吴正宪老师在执教"面与周长"这一课时，将最常见的三张纸片，即正方形、长方形、三角形贴在黑板上，请学生去观察、表达；"摸一摸"，感受"周"与"面"；剥掉正方形的"一周"，量一量，从而认识到"周长等于四条边的总和"。学生在实践活动中推导出了周长的公式，成为一名探究者，思维得到发展。

受时间、空间限制，无法在课堂上呈现的资源可以数字资源的形式呈现。科学是一门实践性很强的课程，李志鹏老师在执教"蚕变了样"一课时，提供了蚕茧、手电筒、水、吸管等工具类资源帮助学生在课堂上通过学习活动探究蚕茧的防水、防风功能。如何引发学生的思考呢？李老师在导入环节播放蚕结茧的微视频后，提问：如何在不伤害蚕蛹的前提下观察到蚕蛹的位置？从而得出蚕茧是保护蚕蛹的这一结论，继而逐步展开实验探究。在验证环节，李老师又现场打开百度搜索"东京蚕茧大厦"，运用数字资源，进一步验证了蚕茧的防风功能。学生在观察自然现象、解决实际问题中形成了科学核心素养。

### 2. 适时，恰当的时机凸显学习活动效果

新课标指出，"要关注学习过程中生成性资源的整理和加工，运用课程资源促进学习方式的转变"。学生有效参与的课堂里，必然有生成性资源，善于对其进行整理和加工，可以帮助学生在开放、互动的活动中，获得对真实问题的感悟，形成独立思考的能力。

仍以李老师"蚕变了样"一课为例，课堂上的生成性资源不断产生，学生在猜想、探究、验证的探究性学习中得到学习能力、创新精神和实践能力的提升。"蚕茧能剪开吗？"这一问题反复出现，每一次出现都促进学生去思考如何既能保护蚕蛹又能验证猜想。针对课堂生成的"剪开蚕茧如何羽化"这一问题，李老师引入湖南蚕桑科技文化中心这一社会资源，鼓励学生带着任务去拓展学

习。开展"蚕的智能羽化"项目化学习，让学习活动更丰富。

### 3. 点睛，提升学习活动质量

学习任务在推进时，学习资源的介入通常能起到点睛的作用。

仍以何老师执教《狐假虎威》一课为例。本文是一个中国古代寓言故事，感悟寓言蕴含的道理是难点。资源的使用并不是点到为止，而要为学生创设一个问题情境。先激趣：江乙给大王讲了个什么故事呢？以此引出新课教学。在研读了狐狸与老虎的第二段对话后，请学生自由表达：楚王听到这里，心里会想什么？将这一学习资源再次切入学习活动中，意在引导学生思考狐狸此番话中的"老天爷"的意指：吃了我，就是违抗了老天爷的命令。在研读"结果"部分之后，何老师又再次将孩子带回故事，引出故事的结尾：其实大家怕的是大王您！巧妙地让学生体会到狐假虎威的寓意。

## 三、转换，优化教与学活动

在大单元教学中，我们需要将多元的学习资源统整到一堂课中，优化教与学的活动。

### 1. 直观示范

围绕核心任务，教师将纸质资源、数字资源等展示、呈现、提供给学生，让学生在层层推进的学习活动中自然习得。

李竹平老师设计了统编小学语文四年级上册第三单元学习活动。其主题是"留心观察"，大概念是能够通过连续、细致观察，记录一种动物或者植物，将单元核心任务设计为：制作一本班级大自然笔记。那么，学生首先要了解什么是大自然笔记。借助书本类资源——任众的《大自然笔记》，进行阅读拓展，让学生清楚大自然笔记以怎样的形式呈现。怎样才能像作家一样完成一本优秀的大自然笔记呢？自然要学会观察和表达。此时，教师再引入学习资源：学习档案袋——三年级已学过的观察内容和方法，激活已有学习经验；观察记录单——学生记录评价量表，引导学生记录观察所得。最后环节是完成一本班级大自然手册，每个人都要观察、写作，合力制作成一本手册。这时，补充数字资源：大自然的纪录片，弥补学生观察的不足，并联结科学课程，形成跨学科实践，丰富观察的形式。

多样的学习资源紧紧围绕"大自然笔记"这一核心任务进行了有机整合，从知道、理解再到实践，真实的体验，让每一个学生都参与其中，有效推动了学习活动的开展，促进学生核心素养的形成。

**2. 提炼拓展**

学习资源的多元、丰富，在学习活动中，将学习资源进行提炼、补充、拓展，能更好地支撑学习活动的开展。

程欢老师执教人教版八年级上册"Unit 4 SectionA What's the best movie theater?"听说整合课。程老师将三个听力语篇围绕"How can we make a fair comparsion?"调整顺序整合起来，并将脱离学生实际生活的广播台语篇进行了删减。学生在这一学习活动中得到了思维的提升，从而能够从"what/why/how to compare"三个方面去分析驱动问题"On behalf of the school, Ava do a survey of the canteens. Which is the best one?"，实现了由听到说的迁移拓展。最后联系生活，创设新任务：向外校教师推荐食堂。程老师将课内资源进行了提炼，以听促说，实现了趣味、高效的听说整合教学。

**3. 优化整合**

在学习活动中，可以探索跨学科的资源整合的学习方式，立足本学科进行补充、拓展，帮助学生在学习活动中获得更多知识。

比如，将小学数学和科学整合教学，提升学习的思维性。六年级上册科学第二单元"做框架"与小学四年级数学"三角形具有稳定性，四边形易变形"的概念相同。学生无须花时间动手去做框架，列出已知概念，而是观看建筑物的图片，回忆旧知，表达出：三角形是稳定的而四边形易变形这个已知概念。学生再进行实验探究以证明这一结论。

将学科与社会资源融合，能很好地联结生活，助力学习活动开展。例如，第三批全国中小学中华优秀传统文化传承学校杭州市求知小学融合了地方特色资源片，将金石传拓这一传统文化进行"学科+"实践。该校教师对语文、美术课程内容进行优化整合，以语文学科为主体，形成了跨学科实践活动"制作汉字拓片书签"。片庐收藏了四千余片古陶瓷残片，从原始社会晚期到现代陶瓷、瓦当、古砖，其上的文字、花纹历史价值极高。学生在片庐中寻找最喜欢的残片，进行鉴赏并说明原因，支架设计就是围绕"字体"去阐述，最后将一片瓦片进行传拓，制作成书签。这样的资源整合发挥了资源在文化传承中的作用，丰富了资源主体，有很强的实践性，实现了思维的建构，凸显了学习资源的价值，不仅支撑了学习活动的开展，更充分发挥出资源的育人功能。

总之，大单元教学活动设计中，学习资源是支撑活动开展的关键要素。确定可靠的学习资源来源，以及良好组织材料的方式，对提高大单元教学的质量和效果至关重要。教师应致力于寻找过程性、整合性强的学习资源，并灵活运用于大单元教学中。根据主题的特点和学生的需求，综合运用各种资源，提供具有挑战性、启发性和激励性的学习材料和活动，以激发学生的主动性和创造力，促进他们全面发展。同时，教师也需要持续更新自身的教学理念和方法，不断探索和应用新的学习资源，以提高教学质量和学生的学习体验。

# 问题 15

# 如何组织学生全身心参与教学活动

大单元学习要开展素养导向下的自主、合作、探究的学科实践活动，引导学生在实践中理解、运用知识。参与是学习的核心特征，是学习发生的条件。华东师范大学孔企平教授认为，学生参与是课堂教学活动中的一种主动的课程经验，一种以行为参与为载体的心理活动，表现为行为、认知和情感三方面的参与。行为参与表现为学生的听课注意力、提问、回答问题、小组活动等外显行为。认知参与表现为学生在学习活动中对知识内容的探究、理解。情感参与表现为学生对学习活动的兴趣、对学科内容传递的价值认同。学生的全身心参与就是要探索大单元下，学生通过自主、合作、探究的学科实践方式，获得知识、情感态度与价值观。

课程改革二十多年来，课堂有了大变化，"一言堂""一讲到底"的课堂已然转型。教师积极立足学生，组织学生参与、探究，但存在虚假参与的现象。

华东师范大学课程与教学研究所所长崔允漷教授提出，当前课堂的突出问题是探究缺乏严谨性与学科典型性。在课堂中，学生的参与思维不强，学习方式不够丰富，采用学科无关的探究方式，用"不言语"的方式学习语言，用"不科学（实验）"的方式学科学，用"不艺术"的方式学艺术，用"不道德"的方式学品德……其中的影响因素有三：师生关系、学生、教师。良好的师生关系有助于学生积极参与；学生的个性、兴趣取向会影响学生的参与程度；教师的知识观、学生观、教学观对学生参与的影响也很大。笔者主要从教师的角度探讨如何组织学生全身心参与教学活动。

## 一、创设单元情境

新课标倡导学习活动的活动化、游戏化、生活化，倡导在真实情境中运用所学知识解决真实问题。从"问题"出发，刘徽将单元情境类型划分为设计类、探究类、决策类等。教师要以"问题"为导向，以"学科"为基石，联结知识，创设单元学习情境，设计富有挑战性的学习任务，促进学生全身心地参与教学活动。

### 1. 设计类

这一类情境中，学生要依据学科知识，有目标、有计划地进行创作。这类情境适用于多种学科，是比较常用的单元情境。

王崧舟老师在执教六年级"致敬鲁迅"这个单元的整合课时，请学生聆听专题讲座、阅读鲁迅作品以及他人纪念鲁迅先生的作品后，在教室创建了一个微型鲁迅纪念馆。学生通过收集、阅读鉴赏文学作品、展示和表达感受，向鲁迅先生致敬。学生全程参与并有作品的呈现，真正做到了全身心参与。

### 2. 探究类

这一类情境是提出一个假设，引导学生在学习过程中收集资料，检验假设，最后得出结论。学生以"问题"为核心，围绕解决问题，全身心参与。例如，教学小学科学"计量时间"一课时，教师创设了一个真实的情境：帮助小科解决钟摆走得慢这个问题。学生通过观察—假设—实验—论证这一系列过程，解决真实问题，实现思维深度发展，做到全身心参与。

### 3. 决策类

这类情境是对影响目标实现的诸多因素进行综合比较和分析，在对方案进行判断选优的基础上对未来行动作出决定。例如在"数据的分段与整理"这一课的教学中，教师创设"近期需要参加校运会，怎样订购运动会表演服装？"的情境，引导学生统计数据、分段整理，在不断解决问题中深化对分段整理数据这一统计方法的认识，提高数据意识。这个情境来源于真实生活，并且能真正影响到班级决策，自然能够使学生全身心参与到学习活动中。

## 二、变革学习方式

学习方式是学生在完成学习任务时基本的行为和认知取向。新课标提出，要让学生在自主、合作、探究中学习。要想让学生全身心参与到学习活动中，就必须变革学习方式。

### 1. 自主学习助力学生个体参与

教师营造民主、和谐、宽松的教学氛围，让学生自主学习，主动发展，引导学生从已有的学习点出发，主动投入学习过程中。例如在小学语文四年级《跨越海峡的生命桥》一课的教学中，教师引导学生说说见过什么样的桥，进而讨论"生命桥"。学生带着问题学习，充分发挥主动性，全身心参与教学活动。

### 2. 合作学习助力学生整体参与

一堂课，仅仅自主学习是不够的。合作学习，能够使学生整体参与到活动中。课堂中，通过分组讨论、团队项目等学习活动形式，促进学生在互相协作中共同成长。这种合作学习有助于培养学生的沟通与协作能力，同时也能促进知识的交流与共享，有效组织学生全身心参与到学习活动中。

例如，张齐华老师在教学"认识平均分"一课时，先让学生独立思考，提出问题并梳理提炼出四个集中出现的问题。张老师从学生提出的真实问题出发，请学生合作学习：组内答疑，产生共性问题，推荐最有价值的问题提交到全班展开新的研究。学生在小组合作学习之后，推选出若干问题，张老师精选三个问题进行全班的探究答疑。在教学过程中，张老师引导学生通过小组合作学习，从学生的学情出发，解决了相对简单的问题，而组内讨论无法解决的问题就是课堂生成的重点和难点。这种学习活动是非预设的，需要教师有高度的把控能力。学生在面对自己真正困惑的问题时，是全身心参与的，实现了学习方式的变革，让学习真正发生。

### 3. 探究学习助力学生深度参与

探究学习是师生在课堂中一种积极实践的学习方式。在探究中，学生能够像专家一样去实践，变被动学习为主动学习，在过程中，体验科学探究的乐趣，学习探究方法。如初中物理"水的张力"这一课中，学生观看硬币浮在水面上的视频，提出问题：为什么硬币可以浮在水面上？是什么原理？请你试着让硬币浮在水面上。学生带着思考和问题，进行实验验证，逐步得出结论。在探究学习活动中，学生的参与度得到极大的提升。

## 三、提升学习品质

学习活动的目标绝不可能仅仅是知识、技能的习得。枯燥的知识、技能灌输，是无法吸引学生全身心参与的，甚至会引发学生的反感、抗拒。学习品质是学生在学习过程中表现出的积极态度和良好行为倾向。在学习活动中，教师应充分关注学习品质的形成，促进学生全身心参与。我们从关注学科素养、学生差异和科技运用三个方面谈谈学习品质的提升如何促进学生全身心参与。

**1. 学习习惯与学科素养齐头并进，促进学生可持续参与**

注重积累、勤于思考、乐于实践、勇于探索等良好的学习习惯，在学习活动中是非常必要的。例如在小学低段的语文书法课堂上，学生会熟读：头正、肩平、两足安。在英语课堂上，教师会用 chant 的形式，渗透听说要求"eyes on me –eyes on you，ears on me –ears on you"。这些好习惯可以让学生迅速参与到学习活动中。

学生的参与不应是一过性的，而要有持续性。这意味着学生在参与中受益并能持续投入之后的学习活动中。这需要关注学习活动中的学科素养品质，进行有针对性的学习活动实践，促进学生的有效参与。例如王耀村、沈伟云开展浙教版初中科学"思考与讨论"这一栏目的教学，关注到了归纳与概括，模型与建模，演绎与推理，批判性、创造性思维培养这几类科学思维品质，让学生的参与有了学科特质。在学习"遗传与进化"时，就"是否赞成转基因工程在农业和食品生产中广泛运用"开展了一次辩论会，培养了学生分析论证的能力，促进了学生批判性思维的发展。学生在这样的全身心参与中，有效提升了学习品质。

**2. 关注差异，促进学生多层面参与**

世界上没有两片完全相同的叶子，当然，也没有完全一样的学生。即使学生全身心参与，教师也要关注学生个体的差异和不同的学习需求。有的学生属于视觉类，喜好观察、记录；有的属于听觉类，喜好聆听、表达；有的属于动觉类，喜好律动、展示……教师可以提供个性化的学习资源和学习路径，激发不同学生的学习积极性，促使学生多层面参与。

例如，《安徒生童话》整本书阅读教学分享课，学生可以依据自己擅长的，自由选择分享成果的方式：制作人物卡片、精彩片段配音、写一篇读后感、短剧表演、制作思维导图等形式分享，这样的分享既充分关注了每一位学生，让学生全身心参与其中，也对这本书进行了多角度的阅读交流。

### 3. 科技支持，实现学生跨界参与

学习活动通常局限于一个物理空间内，可以利用在线平台、虚拟现实或增强现实等技术，让学生通过互动和探索来加深对知识的理解，更积极地参与到学习活动中，提升学习品质，实现跨界参与。例如阎冰老师执教的"Journey to the Three Gorges"这一课上，师生配乐共同朗诵"What a wonderful journey"中，沙画徐徐展开，每一个学生都沉浸在三峡的"beatiful interesting and great"意境里，有效拓展了学生的学习空间，使学生充分参与学习活动。

## 四、评价导向

在学习活动过程中，持续性的评价和及时的反馈，能够促使学生全身心参与。这种评价方式指向过程性评价，而课堂教学评价是过程性评价的主渠道。我们从评价内容、评价主体、评价语言三个方面简述课堂教学评价如何促进学生全身心参与。

### 1. 评价内容全面，帮助学生全身心参与

学生全身心参与学习活动，是行为、认知和情感的全面参与。学习活动中，评价内容只有全面，才能帮助学生全身心参与。

教师经常会用"你真棒""你真会思考"这类指向学习习惯的评价语，促进学生上课养成认真倾听、积极发言的好习惯。在合作学习过程中，教师要关注学生发言和倾听时的交际修养，帮助学生全程参与学习活动。

除了良好习惯的养成，教师还应该关注学生的学习兴趣、学业成果。正如新课标所指出的，教师要关注学生的知识基础、认知过程、思维方式和情感态度等方面的表现，给予针对性的指导。例如王崧舟老师执教《乡下人家》时，关注学生学习习惯的养成，点评学生朗读，如"你读得很流利，不但通顺连贯，而且自然"；也会关注学习兴趣的形成，在学生读得好时，"掌声送给他，一个笋字，读出了乡下人家的动物都很精神"；巡视时评价道："有的同学圈画重点，有的学生写上一两个词表达感受，同学们特别会学习。"王老师在关注学生学习习惯的同时，也点出了他们的学业成果。

### 2. 多元评价，让学生更有目的地参与

评价主体不仅可以是教师，也可以是自己、同学甚至家长。评价主体的多元化，不但能够充分发挥评价效能，也让学生更加关注评价，内化评价标准。学生可以调整自己的学习策略，更有目标地参与活动。

一位教师在教授小学语文习作课"这样想象真有趣"时，这样设计评价量规（见表3-4）。

表3-4 "这样想象真有趣"评价量规

| 评价标准 | | 自评 | 互评 |
|---|---|---|---|
| 题目引人入胜 | 凸显主角 | ★ | ★ |
| 凸显主角的"非同寻常" | ★ | | ★ |
| 角色能说会道 | 故事中的动、植物会说话 | ★ | ★ |
| 角色对话推动情节发展 | ★ | | ★ |
| 情节循环往复 | 三个或三个以上相似情节 | | ★ |
| 以空间或时间为线索发展 | ★ | | ★ |
| 自评 | ★★★★★★ | | |
| 互评 | ★★★★★★ | | |
| | 修改建议： | | |

从评价量规中可以看到，评价的主体既有学生自己也有同学。教师也可以根据这个评价量规进行再评价，引导学生内化评价、把握评价尺度。学生能够在自评中反思自己的学习，也能在互评中学会评价。同时，评价根据课堂学习活动进行推进，贯穿学习活动的全程：从学会拟定标题、设计角色对话，再到设计情节，有效促进了学生的全身心参与。

### 3. 鼓励性的评价语言，激发学生参与热情

鼓励性的评价语言，能够促进学生全身心参与。教师可以结合班级、学校奖励制度调动学生的积极性，使他们更有动力参与活动；给予学生正面的鼓励和肯定，使他们感受到自己的努力得到了认可，能够更积极地参与学习活动。

总之，通过以上策略的运用，大单元学习活动将更具吸引力，更能激发学生的学习热情和参与度。教师灵活运用这些策略，能为学生创造一个充满探索和发现的学习环境，帮助他们在大单元学习活动中收获成长与乐趣。

# 专题四
# 大单元教学评价设计

大单元教学评价是在大单元学习过程中进行的评价，是学习的重要环节，能激励学生提高学习兴趣，指导学生自我监控和深度学习。为了更好地服务于学生的学，教师要注重丰富评价的功能和类型，加强评价的设计、运用、反馈，明确评价目标，运用多样化的评价方式，将评价融入学前、学中、学后，以有效提高大单元教学评价的效果。

# 问题 16

# 单元评价有哪些功能

《义务教育课程方案和课程标准（2022年版）》在课程实施方面特别强调要"改进教育评价"，"全面落实新时代教育评价改革要求，改进结果评价，强化过程评价，探索增值评价，健全综合评价，着力推进评价观念、方式方法改革，提升考试评价质量"。教学、学习、评价是一个整体，评价与课程共生，评价设计是教学设计不可缺少的一部分。教师应时刻关注结果反馈、过程评价。在实际教学中，评价常出现"不清晰""不聚焦""不灵活"的问题——评价标准不清晰，随意主观；评价语言不聚焦，过于宽泛；评价方式不灵活，单一呆板。

评价是学习过程中的重要环节，单元评价随着大单元学习的应用而出现。单元评价即在大单元教学中的评价，旨在通过对学生的单元学习进行资料收集、分析、整理、解释，为教师更精准的教学找到起点和指明方向，为学生更主动、更深度地学习提供动力。具体来说，单元评价有三个方面的功能：在反馈中激励学生，培养成长型思维，营造积极轻松的学习氛围；在诊断中审视，指导学生学会自我监测，知道自己"现在在哪里""应该去哪里""如何去那里"；在评价中提升，让学生在评价的引导下走向思维深处，在知晓评价标准、建构评价标准的过程中进行深度学习。

## 一、在反馈中激励，培养成长型思维

激励是评价的重要作用，及时有效的反馈有助于增加学生学习的原动力，即"成长型思维模式"。《终身成长》中介绍了两种思维模式："成长型思维"和"固定型思维"。简单地说，"成长型思维"相信"只要想变，就能改变"，而"固定型思维"则没有这种信念感。

积极有效的反馈和评价有助于培养学生的成长型思维。大单元学习相对于单篇学习，时间长，任务复杂，更重视学习过程的记录和评价。教师有意识地指导学生进行学习记录，通过学习前后对比单、档案袋、表格统计等方式发现自己的进步，进行自我评价。当学生亲身体验通过努力取得进步的过程，其学习内驱力会极大增强，并不断强化这样一个信念——努力的过程有助于他们学到知识。就像巴甫洛夫的狗，摇铃铛、送食物、流口水，这是通过不断刺激形成的条件反射。如果教师在学生陷入困境时，引导学生尝试改变、努力改变，并及时给予正向反馈。经过长时间、持续的刺激，学生再次遭遇困难时，就会条件反射地想办法解决问题，把失败当成学习的机会，而不是逃避和抱怨，这就是"成长型思维"。

在苏教版科学小学四年级上册"简单电路"的教学中，教师运用档案袋评价法，要求学生整理本单元学习的成果：各课时学习单、"导体和绝缘体"知识思维导图、果蔬电池实验照片、发光贺卡电路设计及实物……在单元总结课上展示成果，学生从中分析学习现状，借助反思卡自评，如"在这个单元，我学到了……""这个单元的学习中，我最喜欢这个部分……""课外，我还想了解……"。通过反思，学生能更直观、更清晰地分析自己的学习过程，在自评、互评的过程中强化对知识的认知和理解，明白自己什么方面得到了改善，进而确定进步的轨迹。经历了这个过程，学生会将能力视为可增长的而非一成不变的，激发学习内驱力。

给予掌声本身就表明了教师的态度。日常教学中，每一个肯定的眼神，每一个亲切的动作，每一次具体而有力的称赞，都有助于营造有温度的学习氛围。例如，在大单元学习中，教师借助"团队赞美卡片"（见图4-1），营造了一种积极的班级文化氛围。

---

我们要赞美的人：

b（▽）d 我们要赞美 TA，TA 在这方面做得特别棒：＿＿＿＿＿＿＿

＿＿＿＿＿＿＿＿＿＿＿＿＿＿＿＿＿＿＿＿＿＿＿＿＿＿＿＿＿

有一次，＿＿＿＿＿＿＿＿＿＿＿＿＿＿＿＿＿＿＿＿＿＿＿＿

＿＿＿＿＿＿＿＿＿＿＿＿＿＿＿＿＿＿＿＿＿＿＿＿＿＿＿＿＿

除此以外，＿＿＿＿＿＿＿＿＿＿＿＿＿＿＿＿＿＿＿＿＿＿＿

＿＿＿＿＿＿＿＿＿＿＿＿＿＿＿＿＿＿＿＿＿＿＿＿＿＿＿＿＿

---

图4-1 团队赞美卡片

在单元任务产出初步成果时，"团队赞美卡片"引导大家互相肯定，在学习结束后，"团队赞美卡片"帮助学生回顾整个单元学习中每个人承担的责任。随着大家对这种赞美方式的认可和熟悉，互赞信任的氛围逐渐融入日常话语之中。在这样的环境下，学生能更放松、更积极地参与学习活动。

这就是评价的反馈激励作用，正如《促进学习的课堂评价》中所言："拥有评价能力可以激发学生的学习动机，让失去信心的学生重燃热情，从而提高而不仅仅是测量学生的学业成就。"内驱力是学习的原动力，评价是提高学生学习内驱力的重要手段。

## 二、在诊断中审视，学会自我监测

学生是学习的主体，评价的过程就是学生自我反思的过程，在日常教学中，教师评价、学生自评、生生互评最终都指向学生的自我反思。若仅仅是教师对学生学习的结果做出价值判断，学生未参与其中，这就是单向输出，会致使许多信息被隐藏、被误读。所以，学生作为主体，在评价中发挥着重要作用。单元评价促进学生审视自我，学会自我监测，知道自己"现在在哪里""应该去哪里""如何去那里"。

### 1. 明确"现在在哪里"

评价不是学习的终点，而是学习的起点。评价的目的是更好地指导教学，提升学生的学习效果。在单元学习中，教师要借助单元前测判断学生所处的位置。在单元学习之前，教师给学生提供本单元知识清单，通过师生谈话、问卷调查等形式，了解学生的学习情况，知晓学生的"误区"和"最近发展区"所在，确定学习内容。

比如，学习语文八年级上册"事理说明文"单元时，关于说明方法这一知识点，借助前测了解到学生在小学阶段已经能判断举例子、列数字、打比方、作比较等说明方法，并能结合例子阐述其作用，这是学生的学习起点。以此可确定学习内容：能判断并结合例子阐述摹状貌、下定义、分类别等说明方法。教师在前置评价中了解学情，并提供新课学习知识清单，让学生在自我审视中明确学习的方向。

### 2. 明确"应该去哪里"

明确的学习目标可以调动学生学习的积极性，提供具体的学习方向。教师在教学中，制定并告知学生课时目标和单元目标，并将目标转化为评价量表，学生借此能够监测自己与目标的距离。

在语文八年级下册"活动·探究"单元的教学中,教师提供"演讲稿撰写"的评价量表(见表4-1),辅助学生监测自己的表现,评判审视自己的达成情况以及和目标之间的差距,提出修改建议,明确接下来要提升的方向……学生在反思的过程中将评价标准、学习目标内化,运用知识改善自己的学习表现,为最终达成单元目标打好基础。

表4-1 语文八年级下册"活动·探究"单元之"演讲稿撰写"评价量表

| 维度 | 关键词 | 评价标准 | 达成情况 | 修改建议 |
|------|--------|---------|---------|---------|
| 中心 | 演讲目的 | 所讲内容紧紧围绕演讲中心,演讲目的明确 | | |
| 内容 | 开头、结尾 | 开头吸引人,结尾让人印象深刻,开头和结尾所占比例合理 | | |
| | 论证材料 | 论证材料鲜明,清晰准确,且类型丰富 | | |
| | 文字 | 语句通顺,句式变化丰富且有助于表达 | | |
| 结构 | 层次 过渡 条理 | 层次清晰,过渡语运用巧妙自然,听众听完对其内容十分明了 | | |

在单元学习中,学生需要将琐碎的知识点整合、重构,形成结构化的知识体系。及时的评价能够帮助学生明确学习目标,从而制定更有针对性的学习方案,最大限度地发挥潜力,提高学习效率。

### 3.明确"如何去那里"

评价本身就是分析总结、自我学习的过程,学生在评价中了解学习进程,找到自己和目标的差距及原因,寻求调整和改进的方法,规划和管理自己的行为。正如上述"演讲稿撰写"的评价量表中,"修改建议"这一栏就告诉了学生"如何去那里",提供了达成目标的方法。

例如,英语教师在批改单元作文时,用一些特殊的标记表示错误类型,g表示语法错误,p表示标点符号错误,s表示拼写错误等,以此区分反馈。又如,数学教师在批改作业时写下"其中有3道题错了,请找出并修改"这样有焦点的评价、个性化的反馈,以指导学生下一步的学习行为,帮助学生了解自己的优势和不足，提供改进方向，引发学生深度思考，有效提高学生对自己学习的掌控程度。

## 三、在评价中提升，促进深度学习

评价不仅仅是为了测评、定位，更是一种重要的学习手段。单元评价是一种有目标、有计划的诊断评价活动，它能有效指导教与学的活动，落实核心素养的培养，促进学生的深度学习。

### 1. 评价作为引导用语

在课堂教学中，教师使用引导语，或指导学生展开互评、自评，或评价学生的课堂表现，目的都是帮助学生走向思维深处。比如，在数学"用列举的策略解决问题"这一课中，课上讨论如下问题：王大叔打算用 24 根 1 米长的木条围成一个长方形花圃。怎样围面积最大？教师在呈现三位学生列举的内容后，与学生展开以下对话：

教师：你会如何评价他列举的方式？

学生：他的列举很有次序。

教师：你的评价一语中的，不过可以再具体一些。他是用怎样的顺序列举的？

学生：从长是最大的 11 想起。（能够是 12 吗？不能）

教师：不错，想想除此以外还能从哪里开始列举？

学生：从宽最小想起。（宽最小是多少？学生回答 1）

教师：比较三种方法，他们相同的地方是……（学生答：都是六种）那么你觉得哪种方法最好？（学生答：第三种）为什么？（学生答：没有重复，也没有遗漏）

教师：真棒，那么怎样才能做到不重复、不遗漏？

学生：有序地排列。

在上述对话中，融入教学过程的教学评价语可以及时启发学生，将学生列举的不同结果进行比较，拓展学生的思维，使其深入理解列举的方法。同时，课堂评价语作为引导语，能更灵活、个性化地进行反馈，破除固定的预设，实现课堂动态的生成，激发无穷潜力与活力。

**2. 评价作为学习支架**

评价在学习过程中，常作为学习支架的身份出现。比如，教师整理、呈现不同质量的学习成果，请学生评价样本、分享理由，学生在评价作业质量的过程中习得了知识。作为学习支架的评价能够让学生把关注点从死记硬背转向思考与理解，促进深度学习。

以《骆驼祥子》《创业史》整本书阅读为例，教师布置阅读任务：阅读《骆驼祥子》《创业史》，对比分析祥子和梁生宝创业的异同，撰写一篇分析报告。七年级的学生对"对比阅读"的方法还不熟悉，该任务的评价量表给学生的学习提供了支架（见表4-2），指导他们从时代背景、社会关系等多角度进行对比，有理有据、思路清晰地表达，有效促进学生认识理解并运用"对比阅读"这一阅读方法。

表4-2　祥子、梁生宝创业之异同分析报告评价标准

| 维度 | 评价标准 |
| --- | --- |
| 思考角度 | 至少从时代背景、社会关系、人物形象三个维度思考 |
| 结构思路 | 用上总分总、分总等行文结构，内容完整；用上"首先、其次、最后""第一、第二、第三"等提示词，使报告思路清晰明了 |
| 语言表达 | 语言表达自然流畅，能结合小说情节、细节进行分析，有理有据 |

评价作为一种学习支架，将知识结构化，能帮助学生从"学内容"变为"学方法"，便于深度理解、迁移运用，在学习过程中发挥着重要作用。

**3. 评价作为学习任务**

评价标准可以是教师提前设计好的，也可以是课上建构的。引导学生参与评价标准的制定，不仅调动他们的学习积极性，让他们明晰评价标准，更是帮助他们在梳理、整合已学内容的过程中建构结构化的知识，促进深度理解。

比如，在"研究电流和电阻的关系"实验操作过程中，为了让学生能够理解并实践，教师可以组织学生交流，完善实验操作评价量表。学生会根据已有的学习经验，从提问猜想、电路图设计、电路连接、无关变量控制、数据分析记录等多个角度来进行评价规则的制定，并提出要区分实验中的误差和错误，明确错

误应避免，发生错误需要重做实验，误差要尽可能减小。

正如斯蒂金斯所说，让学生参与评分规则的制定，在上课前，就可以使学生拥有获得成功的信心。这份共同建构的评价标准，不只是评定的手段，更是促进学习思考的工具。让学生参与其中，"成功标准"掌握在学生手里，可以帮助其获得学习的主动权，有效促进深度学习。

# 问题 17

# 教学评价有哪些类型

评价是教学过程中的重要环节，其类型也多种多样。比如，按目的分，评价可分为促进学习的形成性评价和检验学习成果的终结性评价；按学习流程分，可以分为前测评价、课中评价和课后评价；按评价的主体分，可以分为教师评价、自我评价和生生互评……评价的分类方法繁多，不一一展开。我们将从评价本身入手，按照其呈现的不同形式，向大家介绍教学评价的类型。

《促进学习的课堂评价》一书将评价的方法归纳为以下四种类型：选择反应评价、书面论述式评价、表现性评价、个别交流式评价。这是一种能最大限度地囊括所有评价类型的分类方法。

## 一、选择反应评价

选择反应评价是指让学生从所提供的选项或自己的知识储备中，选择或填写最佳答案，其答案是明确的，通常用具体的分数来反馈。具体形式包括：选择题、判断题、匹配题、填空题等。选择题要求选出正确的选项，判断题要求判断正误，匹配题要求匹配正确的选项，填空题要求填写正确的答案。

在学习七年级上册科学第三单元"人类的家园——地球"时，学生需要学习地球的形状、大小、内部结构、经纬网、板块等相关知识。为考查"地球内部的结构：地球由外向内可分为地壳、地幔、地核三层"这一知识点，教师可设计如下选择反应评价。

1. 选择题

科学家认为地球内部有不同的圈层，从外往里分别为（　　　　）。

A. 地核、地壳、地幔　　　　　　B. 地壳、地幔、地核

C. 地壳、地核、地幔　　　　　　D. 地幔、地壳、地核

2. 判断题

地球由外向内可分为地幔、地壳、地核三层。（　　　　）

3. 匹配题

如图所示是地球的内部构造示意，请匹配正确的圈层名称。

A. 地壳　　　　　　　B. 地核　　　　　　　C. 地幔

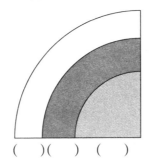

（　　）（　　）（　　）

4. 填空题

地球内部的结构：地球由外向内可分为三层，分别是_____、_____、

_____。

针对一个知识点，不同类型的选择反应题有其独有的优势和劣势，如表4-3所示。教师可以根据需要做出合理选择。

表4-3　不同选择反应题的比较

| 类型 | 优势 | 劣势 | 编写建议 |
|---|---|---|---|
| 选择题 | 精心设计的干扰项能提供诊断性信息，帮助教师了解学生的知识误区 | 干扰项的设计有一定难度，学生容易猜到答案 | 设计不出足够多的干扰项时，可以将题目设计成填空题，搜集学生的常见错误，供未来编题使用 |
| 判断题 | 短时间内能提大量问题 | 猜到正确答案的机会是50% | 半句真半句假的表述会模糊考查的目标知识点，降低诊断效率，故要将题干设计成正确或完全错误的陈述 |

续表

| 类型 | 优势 | 劣势 | 编写建议 |
|------|------|------|----------|
| 匹配题 | 一次性考查多个命题，每个选项都是其他问题的干扰项 | 未精心设计题目的话容易借助排除猜到答案 | 选项列表要简洁、清晰，选项内容性质相同，可以设计比题干更多的选项，避免学生使用排除法答题 |
| 填空题 | 减少通过猜测获得正确答案的可能 | 得分所需时间较长 | 避免横线的长度成为答案的线索 |

"选择反应评价比较适合评价知识水平的学习目标、某种推理形式，以及少数的技能目标。"（《促进学习的课堂评价》，第101页）选择反应评价的内容非常广泛，每题所需时间较短，能够有效覆盖大量材料，评价标准明确。使用这种形式能在较短时间内了解学生的全面情况，是日常教学中一种常见的、被频繁使用的评价方式。

## 二、书面论述式评价

如果说选择反应评价常用于考查某单一知识点，那么书面论述式评价经常考查几个相互关联的知识、技能。书面论述式评价要求学生写出一个问题、一项任务的书面答案，学生通过书面论述展现他们的推理、比较、分析、评价等能力，教师根据评分标准分层、分点赋分。主要形式有简答题、论述题。

语文九年级上册第四单元是"小说单元"，教材内编排了三篇作品：《故乡》《我的叔叔于勒》《孤独之旅》。单元目标要求学生学会梳理小说情节，试着从不同角度分析人物形象，并结合自己的生活体验，理解小说的主题。为了评价学生对"分析小说中的人物形象"这一学习目标的完成情况，可以在单元学习之后，设计一个综合性问题，以书面论述式评价学习效果。

简答题：阅读契诃夫的小说《假面》，请分别概括《假面》这篇小说中皮亚季戈罗夫、知识分子和警察的人物形象。

论述题：阅读契诃夫的小说《假面》，思考小说中的人物是否都有假面？请联系小说主题，根据你对"假面"的理解说明理由。

上述简答题考查"对人物形象的理解",学生能够理解、概括即可,答案简单直接。而上述论述题较为复杂,考查"在分析人物形象的基础上,对作品主题有自己的看法"。学生需要调动理解、分析、思辨等技巧,全面分析小说中人物"假面"的具体表现,并综合人物、主题、社会意义等多角度深度阐述小说主题,条理清晰地组织答案。

有效使用书面论述式评价,不仅要设计合理的问题,而且要有明确、恰当的评分标准。具体来说,一份好的评分标准至少要符合以下三个要求:第一,避免使用"浮动性标准",即让评价者视情况评分,这样会破坏评价的可靠性、准确性、有效性;第二,评分标准应包含正确答案或答案所需的内容,每个指定答案所对应的分值,以及具体评分的要求;第三,答案的特征可以按不同层级来呈现,表现出由"弱"到"强"的变化,不同的层级对应不同的分数。

依据以上要求,我们可以给上文的论述题设计如下评分标准(见图4-2)。

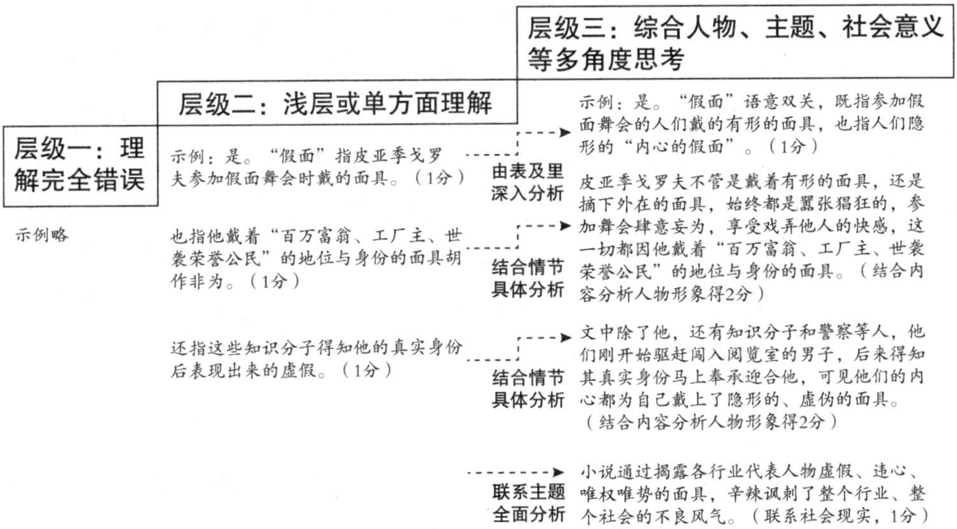

图 4-2　论述题的评分标准

这份评分标准中有答案的层级划分,有具体答案的呈现,有评分的指南,能够让评价者快速了解优秀答案的特征,以便公正、高效地开展评价。

总的来说,书面论述式评价是一种常见的、普遍的评价方式,其优势是评价用时较短、适用范围广;其劣势是主观因素可能影响评分的公正性,需要精心设计清晰完整的评分标准。

## 三、表现性评价

表现性评价是一种基于观察、比较主观的评价方式，适用于评价表现技能、学习成果等。比如，评价演讲能力、科学实验操作能力，评价一本英文诗歌作品集，或评价还不具备书面表达能力的低学段学生，这些情况都适用表现性评价。

表现性评价包含表现性任务和表现性标准，其实施和评分所需时间较长，评价结果也比较主观，所以我们要尽可能排除偏差，保证评价的相对客观。

那么，一个好的表现性任务和表现性标准应该具有怎样的特征？

一个高质量的表现性任务，其目标和标准要一致，并且有明确的评价目标和表达清晰、情境真实的任务要求，明确所需时间，提示能使用的材料，尽可能为学生提供任务支架。另外，要避免其他无关因素影响评价结果。如学生应当能够获得成功完成任务的所有学习资源，避免因为资源不足而影响评价结果。

同样地，一个高质量的表现性标准，应注意目标和标准、标准和任务的一致性，避免出现彼此割裂的情况。除此以外，评价标准的具体指标应清晰、可操作，聚焦关键要素、完整全面地反映学习目标的要求，并且彼此独立，做到"不重不漏"。当然，如果评价标准较多，应有逻辑地将它们进行分类，以便高效准确地做出诊断。

以人教版三年级上册英语第六单元"Birthday"的教学为例，设计如下表现性任务和评价标准。（案例改编自《中小学英语教学与研究》2023年第3期）

【表现性任务】

亲爱的同学们，生日是特别有意义的日子，请大家以"Plan a birthday party for_____"为主题，运用本单元所学词汇和句型，从时间、地点、邀请人员和活动安排等方面，为家人策划一次生日聚会，并用思维导图的形式呈现你的策划方案。下次英语课，请你口头介绍自己的策划方案，与同学交流分享。期待你们的精彩表现！

【任务提示】

允许的帮助：你可以向家人询问与生日相关的信息；书面方案（思维导图）和口头介绍参照评价标准准备；不会用英语表达的内容可以用图画表示，也可以查字典或求助教师、家长。

要使用的材料：你需要一张 A4 纸、彩笔和铅笔来制作思维导图。

任务完成时间：两天。

【评价标准】（表4-4、表4-5）

表4-4 生日聚会策划方案评价标准

| 评价维度 | 评价指标 | 自评 | 互评 | 师评 |
|---|---|---|---|---|
| 内容 | 主题：以 "Plan a birthday party for_____" 为主题<br>板块设计：统筹考虑生日的时间（date/season），地点（place）、邀请人员（friends）和活动安排（activities） | ☆ ☆ ☆ | ☆ ☆ ☆ | ☆ ☆ ☆ |
| 意义 | 关爱家人，按其喜好安排活动，温馨有爱<br>健康生活，合理选择活动项目，健康有益 | ☆ ☆ ☆ | ☆ ☆ ☆ | ☆ ☆ ☆ |
| 形式 | 版面：图文清晰，具体详细，清楚明了，设计美观<br>书写：手写体书写，准确、规范、美观 | ☆ ☆ ☆ | ☆ ☆ ☆ | ☆ ☆ ☆ |

表4-5 生日聚会策划口头介绍评价标准

| 评价维度 | 评价指标 | 评价记录 |
|---|---|---|
| 内容 | 全面具体地介绍生日的时间、地点、邀请人员和活动安排，说清聚会的目的和意义 | |
| 组织 | 思路清晰明了，先总说，再分别说明，使听众能快速提取到关键信息 | |
| 语言表达 | 声音响亮，语气、语调符合需要。眼神、手势、表情自然 | |

表现性评价发生在师生的深度交互中。在表现性评价表中，教师和学生在"评价记录"栏记录相关评价证据，据此展开相对客观的评价，检验学习成果，并将评价结果及时地运用到发现不足、寻求改进办法的过程中。教师给予学生重点明确的反馈，进行差异化教学，促进学生自我评价，进一步提升学习效果。所以，表现性评价既是总结性的又是形成性的，是促进目标达成的重要抓手，也是促进深度学习的钥匙。

## 四、个别交流式评价

个别交流式评价，顾名思义，是一种通过与学生或书面或口头的个别交流，进行评价的评价方式。主要形式有：课堂问答、个别谈话、口试、学习日志。在大单元教学中，这种交流方式可以有效帮助教师把握不同阶段的学情，因材施教，改善师生关系。

课堂问答是一种常用的交流方式，可以是教师提问，学生回答；也可以是学生提问，一同探讨、回答。有效的课堂问答能将教学引向深处：第一，教师提出问题，根据学生的回答找到学习"痛点"，调整教学计划；第二，不断地进行引导、提问能鼓励学生思考，促进深度学习；第三，营造安全的交流环境，学生能正确看待错误，并将其作为加深理解的途径。

约翰斯顿曾搜集的题干，都能作为促进学习的评价对话。

| | |
|---|---|
| 帮助学生注意和学习：<br>是否有人注意……<br>记得你曾经常做……现在你……发现其中的差异了吗？<br>什么样的……是这个类型？<br>你对……感到吃惊？ | 建立对学生的控制：<br>你是怎么想出来的？<br>今天你遇到了什么问题？<br>你打算怎么做？<br>你确定（不确定）什么？ |
| 帮助学生过渡：<br>其他……怎么样？<br>那是什么样的？<br>我们需要建立这样……<br>如果事情发生了变化…… | 帮助确认知道：<br>你怎么知道我们得到了这个权利？<br>我没有那样想，你怎么知道的？<br>我们如何检查？<br>你同意吗？ |

在课堂之外，个别谈话、口试、学习日志也是一种普适性强的个别交流式评价。个别谈话是一种能够促进师生关系和谐发展的评价方式，其形式多种多样，可以是正式的会议室交流，也可以是自在的操场漫步，谈话前可以让学生准备好汇报材料，也可以是教师展示学生的学习证据。虽然个别谈话没有统一的标准，但是也要让学生明确谈话的目的，并且充分倾听他们的回答，以免学生进入焦虑紧张的状态。

口试即教师向学生提问，学生思考后口头回答，这种形式多用于类似歌曲演唱、英语口语、汉语普通话的口头测试中。由于耗时较长，在日常教学中，教师常将其应用于针对性较强的过关检测，即针对学生书面练习中存在的问题，对学生进行一对一口试，检测其改进情况。

学习日志是一种书面的、个别交流的评价形式。学生在学习日志中可以写一写自己对当天学习内容的理解、困惑、总结，也可以设计未来的学习规划……具体内容可以是教师规定的，也可以是学生自由发挥的。教师阅读后回复，或回应问题、发表看法，或提出问题、探讨新的话题……总之，这种书面交流的方式能让教师了解每个学生最新的学习动向，加强师生沟通，改善师生关系。

教育不仅要有严谨准确的集体评价，也要有因材施教的个别交流，个别交流式评价不可或缺。虽然个别交流式评价容易出现样本不充足、评价不客观的问题，但是它作为一种深深嵌入日常生活语境的评价形式，依然熠熠生辉。

# 问题 18

# 如何设计有效的评价

大单元教学是当前一种重要的教学模式，它以主题为核心，将相关的知识和技能整合在一起，强调的是整体性和连贯性，使学生能够在实际应用中学习和掌握知识。而大单元评价则是大单元教学的重要组成部分，不仅可以检验学生的学习成果，还可以帮助学生发现问题、解决问题，提高学习效果。目前，大单元教学更关注整合的内容和方式、实施的路径和策略等，而对评价的关注较少。如何设计有效的大单元教学评价，是教师面临的一个重要问题。

大单元评价是针对大单元教学目标、学习内容以及学生学习情况等进行综合评价，以促进学生的发展和改进教师的教学。那么，如何设计有效的评价？在进行大单元评价设计时，首先需要制定清晰的评价目标，其次要设计有效的评价标准，选择匹配的评价方式，将过程性评价与综合性评价相结合。

## 一、制定清晰的评价目标

在大单元评价设计中，首先要明确评价的目标。评价目标应该与大单元的教学目标相一致，旨在了解学生在大单元学习过程中对知识和技能的理解、掌握情况，同时还要关注学生的思维能力、问题解决能力、合作探究能力等方面的发展情况。这些目标应该是具体的、清晰的、可衡量的，以便准确地评价学生的学科核心素养。只有明确了评价目标，才能够有针对性地设计评价任务和评价方式。大单元的整体评价目标需根据单元学习内容和学生的学习情况制定。

二年级上册"长度单位"这一单元是在"比长短、比高矮"的基础上进行教学的，为后续的认识分米、毫米与千米，认识周长，计算长方形和正方形的周长、平面图形的面积、立体图形的体积做铺垫，度量单位是一致的。单元教学内容有四个层次：认识统一长度单位的必要性、认识长度单位并建立表象、认识线段并会画线段、会选择合适的长度单位来解决问题。另外，测量长度所构建的模型也为后续学习计算时间的经过、角的度量积累了数学活动经验和数学思想，测量的模型本质都是一致的，都是用终点减起点的方式解决问题，因此，可以根据教学内容进行拓展教学，增加拓展课"有趣的尺子"（缺刻度的尺子）。

在"长度单位"大单元学习前，学生对长度有了初步的感知，对物体长、短的概念有了初步的认识，掌握了"比长短"的基本方法。通过访谈、前测了解到，学生的困难在于针对真实情境选择合适的度量单位进行度量，对厘米和米的表象没有清晰的认识，以及用缺刻度的尺子如何进行测量。

基于学习内容分析和学习情况分析而制定的素养导向的大单元评价目标，有助于单元教学的整体性，实现"教学评"的一致性，助力学生对单元内容进一步形成结构化的认识。教师要分析认知类型，依据单元涉及的数学核心素养、学习水平，制定单元学习目标，依据学习目标指导单元评价目标。表4-6中的"长度单位"单元评价目标，是基于学情分析和学习内容分析，制定指向核心素养发展的单元评价目标，重点评价学生统一长度单位的必要性和建立长度单位的表象。

表4-6　二年级上册"长度单位"单元评价目标

| 序号 | 单元学习目标 | 单元评价目标 | 核心素养 | 认知类型 |
|---|---|---|---|---|
| 1 | 通过实际测量活动，初步建立1厘米、1米的长度概念，感知统一长度的必要性，知道长度单位的作用 | 目标1：体会统一长度单位的必要性，知道长度单位的作用 | 量感 | 体验感悟 |
| 2 | 知道1米=100厘米，在多种活动中建立厘米和米的长度表象，积累活动经验，积累量感，发展应用意识 | 目标2：感受1米与1厘米的关系，知道1米=100厘米，并能运用知识解决实际问题 | 量感应用意识 | 掌握经历 |

| 序号 | 单元学习目标 | 单元评价目标 | 核心素养 | 认知类型 |
|---|---|---|---|---|
| 3 | 初步学会用尺子量物体的长度（限整厘米和整米） | 目标3：会看尺子读数和测量物体的长度 | 量感 | 掌握体验 |
| 4 | 初步认识线段，学会用尺子量线段的长度，会按给定长度画线段（限整厘米） | 目标4：认识线段，会看线段的长度，会用尺子量线段的长度，会按给定的长度画线段 | 量感几何直观 | 掌握体验 |
| 5 | 在建立长度观念的基础上，尝试估测物体的长度，提高估量物体长度的意识和能力 | 目标5：建立1厘米、1米的长度观念，会进行合理的判断与使用。培养学生估量物体长度的意识和能力 | 量感 | 运用探索 |
| 6 | 感知缺少刻度尺子的特殊性，在经历探究不同的测量方法的过程中发展模型意识、数感、量感，再对刻度的探究中发展推理意识，提升逆向思维、有序思维和求异思维 | 目标6：会用残缺刻度的尺子进行测量，探究不同的测量方法 | 量感数感模型意识推理意识 | 运用探索 |

## 二、设计有效的评价标准

为确保大单元教学的有效实施，设计有效的评价标准成为关键，它是大单元评价的核心环节。评价标准的制定要基于目标导向原则、全面性原则、可操作性原则和发展性原则。评价标准的制定要基于大单元的评价目标，根据评价目标设计具有针对性和可操作性的评价任务，确保评价任务能真实反映学生的学习情况。依据评价任务，制定具体的评价标准，包括评价指标、评价等级和评价要求等。在教学实践中，根据学生的学习情况和反馈意见，不断完善和修订评价标准，以提高评价的准确性和有效性。

以统编版道德与法治教材三年级下册"我们的公共生活"大单元备课为例，福建省福清市滨江小学的李斌老师根据大单元主题设计了指向核心素养发展的大单元评价目标，然后基于评价目标设计了具体的评价任务和评价标准。表4-7所示就是"我们的公共生活"单元整体评价量表。

如根据这一单元评价目标1：了解公共设施、规则的内涵及其重要性。评价目标涉及的陈述性知识，是事实性要求，可以通过设计调查任务，通过问题进行评价，分三个不同的水平层次设计评价量表，有效评价学生的道德与法治核心素养、道德修养和责任意识。

表4-7 "我们的公共生活"单元整体评价量表

| 单元主题 | 评价目标 | 评价任务 | 等级水平 | | | 核心素养 |
|---|---|---|---|---|---|---|
| | | | 水平一 | 水平二 | 水平三 | |
| 我们的公共生活 | 目标1：了解公共设施、规则的内涵及其重要性 | 调查任务：生活中有哪些规则？这些规则有什么用？ | 能说出一些生活中的规则，知道规则的重要性 | 知道不同场合的有不同的规则，能结合生活事例说出规则的作用 | 通过各种方式了解公共生活规则的种类和作用，并能够结合实际生活实例说明规则的具体作用 | 道德修养 责任意识 |
| | 目标2：能够以积极的态度关注生活中的规则，自觉爱护公共生活中的人和物 | 情境任务：面对他人不遵守交通规则的行为，你会怎样做？ | 能判断生活中不遵守规则的行为的对错 | 结合具体案例分析不遵守规则的行为动机，表明自己的观点 | 能够清晰地表达自己对不遵守规则行为的看法，并提出自己的解决办法 | 道德修养 责任意识 法治观念 |
| | 目标3：能够积极主动地参与公共生活，学会正确地融入公共生活，以及学会正确与人相处、关心他人的本领 | 小组实践任务：制定爱惜公物的"金点子"方案，自主设计行为评价内容 | 能参与制定爱惜公物的"金点子"方案，讨论行为评价内容 | 能主动参与制定爱惜公物的"金点子"方案，提出1~2个金点子，并积极讨论行为评价内容 | 能积极主动参与制定爱惜公物的"金点子"方案，提出3~5个金点子，能完成行为评价的内容设计 | 道德修养 责任意识 法治观念 健全人格 |

## 三、选择匹配的评价方式

为了全面、准确地评价学生的学习成果，教师需要根据具体的评价目标选择匹配的评价方式，也可以选择多种评价方式进行组合评价。大单元的评价方式既包括传统的测试、口试、作业、实验，也包括作品评价、过程性评价、表现性评价、增值性评价、档案袋评价等。评价时可以选用合宜的评价方式：非正式检查，如口头提问、观察、对话等。同时，评价的主体可以多元化，运用自我评价、同伴互评和教师评价等多元化的评价方式有助于减少评价的偏见，提高评价的有效性。

每种评价方式都有其优点和局限性，可以根据大单元评价具体评价目标的类型，选择匹配的评价方式。如表 4-8 所示，针对知识类评价目标可以选择测试、作业、口试，针对技能类评价目标可以选择表现性评价，针对成果类评价目标可以选择作品评价。

表 4-8　语文评价目标——评价方法匹配案例

| 评价目标 | 目标类型 | 评价方式 |
|---|---|---|
| 能认识"汛、挽"等6个生字，读准多音字，会写"汛、访"等11个字，会写"汛期、山洪"等16个词语。（部编版语文五年级上册第二单元第5课《搭石》） | 知识 | 测试<br>作业<br>口试 |
| 能联系上下文或借助生活实际试着理解新词。（部编版语文二年级上册第9课《黄山奇石》） | 推理 | 口头提问<br>作业 |
| 能借助图画展开丰富的想象讲故事，内容清楚完整，表情丰富。（部编版语文二年级上册第六单元"口语交际：看图讲故事"） | 技能 | 表现性评价 |
| 选择一件自己印象深刻的事进行习作，能按一定的顺序把事情发展过程的重要内容写清楚。（部编版语文四年级上册第五单元"习作：生活万花筒"） | 成果 | 作品评价 |

如表 4-9 所示，部编版语文二年级上册"口语交际：看图讲故事"属于技能目标类型，选取评价方法是表现性评价，设计的评价量表内容涵盖了"故事内容""语言表现""台风表现"三个方面，并设置了相应的评价星级和综合评价

等级，设置星级评价易于低年级学生操作，设计"讲故事小能手""讲故事达人""讲故事大王"综合等级评价可增强评价的趣味性和激励性，让学生参与到评价中，在多元评价中激发学生的学习兴趣，促进语文核心素养的发展。

表4-9　部编版语文二年级下册"口语交际：看图讲故事"表现性评价量表

| 评价内容 | ☆ | ☆☆ | ☆☆☆ | 自我评价 | 同伴互评 | 教师评价 |
|---|---|---|---|---|---|---|
| 故事内容 | 故事与图画无关，情节不完整 | 能借助图画展开想象讲故事，内容比较完整 | 能借助图画展开丰富的想象讲故事，内容清楚完整 | ☆☆☆ | ☆☆☆ | ☆☆☆ |
| 语言表现 | 讲述结巴，发音不标准 | 声音较清晰，讲述较流畅，发音较标准 | 声音清晰，讲述流畅，发音正确 | ☆☆☆ | ☆☆☆ | ☆☆☆ |
| 台风表现 | 音量小，不自信 | 音量适中，抬头自信 | 音量适中，面带微笑，有得体的肢体语言 | ☆☆☆ | ☆☆☆ | ☆☆☆ |
| 综合评价 | 讲故事小能手（　　　） | | 讲故事达人（　　　） | | 讲故事大王（　　　） | |

评价的目的不仅仅是给学生评分，更重要的是提供反馈，帮助学生了解自己的优点和不足，指导他们改进学习方法。因此，评价方式的选择要匹配评价的目标，同时要易于收集反馈，确保能够及时、准确地收到反馈。

## 四、过程性评价与综合性评价相结合

大单元教学评价可以通过定期的小测验、课堂讨论、作业反馈等方式进行过程性评价，及时了解学生的学习情况，调整教学策略。可以通过设计综合性的项目或任务，让学生在完成任务的过程中展示他们的知识和技能，对学生的知识、技能、态度等多方面进行评价，也可以观察他们的态度和合作能力。同时，教师还需要考虑如何将过程性评价和综合性评价相结合，全面了解学生的学习和进步情况。

大单元评价除了单元结束后的终结性评价外，伴随每个课时或每个学科实践活动，也应设计相应的评价。以数学六年级下册"圆柱和圆锥"大单元备课为例，如表4-10所示的"设计一个最大的圆柱储物罐"实践活动分项等级评价量表，依据数学学科素养目标，进行分项等级评价，将过程性评价与综合性评价相结合，关注过程评价、作品评价和交流评价；从6个二级维度分项评价，让学生参与到评价过程中，提高他们的自主学习能力和批判性思维能力；通过设计自我评价和组内评价的方式，让学生互相学习和互相评价；聚焦真实问题解决的过程，进行学科实践活动的过程性评价。

表4-10　"设计一个最大的圆柱储物罐"实践活动分项等级评价量表

| 一级维度 | 二级维度 | 评价指标 | 个人自评 | 组内评价 |
|---|---|---|---|---|
| 过程评价 | 积极参与 | ★★★积极参与，能独立思考，主动与他人合作交流；能认真倾听别人的发言，并提出自己的疑问或建议 | | |
| | | ★★能参与活动，遇到困难会主动向同伴、教师、家长等请教；认真倾听别人的发言，能参与评价 | | |
| | | ★能在教师或同伴的帮助下参与活动，会倾听别人的发言 | | |
| 作品评价 | 知识水平 | ★★★知道底面圆和侧面的关系，掌握计算圆柱表面积和体积的计算方法 | | |
| | | ★★掌握计算圆柱的表面积和体积的计算方法 | | |
| | | ★认识圆柱，理解圆柱的侧面积、表面积、体积 | | |
| | 思维水平 | ★★★能把在实践中的困难或心得在小组内交流讨论，然后再进行实践。能用两种思路解决问题 | | |
| | | ★★能在实践中，体会底面圆和侧面的关系。能用一种思路解决问题 | | |
| | | ★能在设计中，把自己学过的知识用于实践。能尝试思考，但不能解决问题 | | |
| | 创新表现 | ★★★能运用合适的材料制作储物罐，作品美观有创意 | | |
| | | ★★能运用身边的材料制作储物罐，作品较美观 | | |
| | | ★能运用身边的材料制作储物罐，符合要求 | | |

续表

| 一级维度 | 二级维度 | 评价指标 | 个人自评 | 组内评价 |
|---|---|---|---|---|
| 交流评价 | 交流表达 | ★★★能清楚地介绍自己设计的储物罐，能评价他人的作品 | | |
| | | ★★能介绍自己的作品，能参与他人作品的评价 | | |
| | | ★能在教师和同伴的帮助下介绍自己的作品 | | |
| | 评价建议 | ★★★能够欣赏他人设计的作品，有理有据地做出评价，并提出合理建议，帮助他人完善作品 | | |
| | | ★★能欣赏他人的作品，有依据地做出评价 | | |
| | | ★能参与对他人作品的评价 | | |

总之，在大单元教学中，教师要根据大单元教学的特点和目标，制定清晰的评价目标，设计有效的评价标准，选择匹配的评价方式，将过程性评价与综合性评价相结合，以确保评价的准确性和有效性。通过大单元评价全面了解学生的学习情况和综合素质，及时调整教学策略，以便更好地指导学生的学习，提高教学质量和学生的学习效果。

# 问题 19

# 如何将评价嵌入课堂

在大单元教学中，评价不再是学习的终结，而是改进学习方法、提高学习能力的载体。大单元教学实施的效果如何，最终要靠教学评价来测评。因此，大单元教学中将评价融入教学的整个过程之中，既能体现学习结果与教学目标的黏合度，又能让学生在开展学习活动之前知道自己的学习目标，从而提高教学效率。

但是，教师在大单元教学中嵌入评价时，存在很多问题。例如，在嵌入评价时，简单地将单元目标作为评价，没有具体的评价指标，导致评价只有两个标准，即要么成功要么失败，缺少一定的方法。再如，嵌入评价过多，在每个教学环节都设置评价，形式单一，导致评价失去检测和反馈的作用。因此，教师在思考如何嵌入评价时，需要把握嵌入评价的方式，思考嵌入评价的时机，课堂上充分发挥评价的作用。

## 一、把握嵌入评价的方式

### 1. 评价工具多样

评价工具是学生进行评价的手段，是促进学生评价并诊断学习效果的有效途径，方便师生及时了解单元学习中的具体表现。

因单元主题与单元内容、学生学情等不同，评价工具形态也各不相同。有时是一张量表；有时呈现为指向核心素养的评价工具，如绘本、演讲、思维导图等。不同的工具解决不同的学习任务。大单元的学习中，可能仅使用一种评价工具，也可能使用一组不同的评价工具。

以初中语文阅读大单元教学为例。《西游记》教学可以进行情景剧实践，那么教师对学生的表现评价可以是评出"最佳演员奖""最佳道具奖""最佳导演奖""最佳编剧奖"等。学习《朝花夕拾》时，学生通过阅读对文本进行梳理分类为"温情与批判"，并且分组制作手抄报。那么教师的评价可以按照手抄报的要求来制定标准，完成教学评价。

教学英语三年级语文下册《昆虫备忘录》一课时，教师以"瓢虫名片"为示范，要求学生为其他昆虫也制作一张名片，明确制作名片的四个标准，交流制作名片的心得，总结制作名片的收获，从而有效发展学生评价的能力。制作名片就是一种评价工具。

再如，译林版英语五年级下册"Unit 4 Seeing the doctor"这一单元，可根据学习目标确定学习大任务：学生学做小医生，给病人诊断病情并开出处方单（见表4-11）。三个子任务：（1）能用三种不同的方式描述病情；（2）能向病人提出正确的建议；（3）写处方单。其中写处方单的学习任务就变成了评价工具，从三个维度对学生的学习进行评价。

表4-11 Seeing the doctor 单元评价

| 评价维度 | 评价细则 | 评价 |
|---|---|---|
| Describe the illnesses 描述病人的病情 | 能准确描述病人的病情与病因 | ☆ ☆ ☆ |
| | 能基本描述病人的病情与病因 | ☆ ☆ |
| | 能描述病人的病情，但存在语法错误 | ☆ |

续表

| 评价维度 | 评价细则 | 评价 |
|---|---|---|
| Give your advice<br>给出你的建议 | 能正确给出肯定与否定各2条建议 | ☆☆☆ |
| | 能正确给出肯定与否定各1条建议 | ☆☆ |
| | 能给出肯定与否定各1条建议，但有语法错误 | ☆ |
| Report your case<br>汇报你的病历 | 汇报病例时，表达正确，声音响亮，语音优美 | ☆☆☆ |
| | 汇报病例时，表达基本正确，语音适中 | ☆☆ |
| | 汇报病例时，需要同伴的帮助 | ☆ |

学习如果只有任务而没有相应的评分规则，就只是一个任务，若有了评价依据，学习任务就转变成评价工具。多样的评价工具在一定程度上解决了以往思维无法测评的难题，让学习变得可视化，富有激励性。

**2. 评价形式丰富**

（1）教师评价，促进学习

在学习过程中，教师要了解学生的学情，帮助学生寻找策略及方法，以缩小学习现状与学习目标之间的差距，支持、指导和推进学生的学习。

在初中道德与法治"爱在家人间"这一大单元的教学中，学生在了解和学习"有效化解与父母的冲突"的方法后，教师提出问题："在进入青春期后，同学们与父母的冲突往往是由于父母对大家的高期待和严要求，我们首先要理解家长对我们的关爱，但也要寻找策略来化解这种'爱的冲突'，有什么好方法呢？"一个学生回答："我们要换位思考，体谅父母的良苦用心。"另一个学生回答："我们要认真倾听父母的话，父母是为我们好，所以我们要服从父母的安排。"教师采用"突出优点＋改进建议"的方式，对不同学生进行不同的评价，可予以肯定："从这位同学的回答可以看出，你已经深刻理解亲情之爱，并懂得站在父母的角度考虑问题。"可提出改进建议："这位同学的回答体现出你是一个懂事的孩子，能理解父母。但有时父母的要求和期待过高，是难以达成的，所以大家在倾听的同时，还应适当表达自己的需求和意见，以此增进亲子关系。"

教师评价时，通过对不同学生的观察、比较、分析，准确把握学情，了解不同个体对教师指导的需求，根据学习进程及时调节教学的节奏、梯度和难度，使教学更好地契合、匹配学生的学习。

（2）学生评价，促进发展

评价中，教师要充分尊重学生在学习过程中的主体地位，注重评价过程中的自评和同伴互评，让学生从评价的接受者转变为评价活动的主体，在自主评价中习得知识，审视自己的学习行为。

五年级上册道德与法治"古代科技　耀我中华"单元教学中，学生对优秀传统文化的认识和理解，文化自信等的形成与发展，隐含在其具体的学习行为表现之中。教师设计评价单（见表4-12），对学生参与主题探究活动的表现进行评价，注重学生在课堂上回答、展示的表现，综合考查他们的学习态度、对学习方法的运用，关注学生取得的进步，不断深化学习体验，发挥以评促学作用。

表4-12　小组合作学习评价单

| "古代科技　耀我中华"小组合作学习评价单 | |
|---|---|
| 姓名：_____　　班级：_____ | |
| 学习任务 | 分享和探寻其他领域的突出成就并思考它的影响 |
| 学习态度 | 同伴评价：<br>非常认真（　　）比较认真（　　）还不够认真（　　　） |
| 价值观念 | 同伴评价：<br>水平1：知道了中国古代科学有着辉煌的成就（　　　）<br>水平2：知道了中国古代科学有着辉煌的成就，会为古代科学感到自豪（　　　） |
| 认知水平 | 同伴评价：<br>水平1：通过小组分享，了解了自己感兴趣领域的成就（　　　）<br>水平2：了解了自己感兴趣领域的成就，并知道了它的影响（　　　） |
| 思维发展 | 自我评价：<br>水平1：初步感受到古代科学的辉煌成就及深远影响（　　　）<br>水平2：通过小组分享，知道了更多的古代科学突出成就及其影响（　　　） |
| 实践能力 | 同伴评价：<br>水平1：愿意去分享自己搜集的突出成就（　　　）<br>水平2：愿意去分享自己搜集的突出成就，并用小报、PPT等方式汇报自己的发现（　　　） |

课上学习的课程内容、学习活动，也是一种评价。嵌入评价的目的是让学生在学习活动中明白自己要达到的标准，按照标准做事。他们将对学习充满信心，减少"我还要做什么、怎么做"的困惑。

### 3. 评价内容多元

（1）对学习参与进行基于表现的评价

学生的学习参与情况决定了学习的深度。学习过程中的表现和参与也是评价的重点。通过对学习参与的评价，促进学生保持良好的学习状态。

关注学生在学习活动中的参与度、专注度、积极性，从学生的参与状态、思维状态、交流状态等维度进行评价。例如，学生是否积极主动地投入思考或踊跃发言；是否围绕学习的重点积极思考，敢于质疑，敢于提出具有挑战性和独创性的问题；是否在合作学习中相互理解、相互尊重、大胆表达等。

在数学学习中，学生动手操作，进行剪一剪、拼一拼、画一画，通过自主探究，组内交流，推导出平行四边形的面积计算公式，归纳总结并分享。在学习活动中嵌入评价量规：①能独立或与同桌合作拼剪成长方形，+1分；②能发现底和高与长和宽的对应关系，+1分；③能推导出平行四边形的面积计算公式，+1分。这一评价量规就是对学生在学习活动中积极参与、合作探究等方面进行综合评价。

（2）对认知过程进行基于素养的评价

教师要关注学生迁移运用所学知识探究和解决核心问题时所呈现出的综合能力，检验学生发现问题、分析问题、解决问题的能力及学科素养发展的水平。一年级学生学习了"元角分"之后，开展"巧花一元钱"的学习活动，商品的定价为5角、1角、4角、1元、8角、6角、2角，要求正好花完一元钱。确定的活动评价为：找出一种方案得1星，找出两种方案得2星，找出三种以上方案得3星。根据评价标准，学生积极开展学习活动，运用所学方法探究、思考。学生想出的方案越多，获得的评价越高。教师借助评价来判断学生在学习活动中是否积极思考，能否运用所学知识解决问题。

（3）对学习输出进行基于效能的评价

关注学生将已有知识体系进行衔接、缝合、延展的程度。学生将吸收的学习内容，通过主动学习，加深理解，对知识建立联系，对外输出，将短期记忆转化为长期记忆，才算得上高质量的学习。在学习中，对学习输出内容进行评价，以帮助学生在输出过程中整理归纳，建立知识框架。

小学语文三年级上册第一单元教学中一个学习任务为"分享暑假里的新鲜事"。学生要担任播报员进行"新鲜事"播报。学生在学习后将知识点内化并进行输出分享。

评价标准为如下。

1.播报一件有关校园生活的新鲜事，或者播报有"新鲜感"词句的原创片段。

2.播报时要声音洪亮，吐字清晰，注意说话的语气和语调，必要时配以合适的动作或表演，以吸引听众。

3.播报过程中，要介绍清楚自己的内容"新鲜"在哪里，让听众有所收获。评价侧重考查学生能否通过新闻播报的形式将所学知识内化后再输出。

学习的本质是输出，学习的目的也是输出。对学习输出进行基于效能的评价，可以掌握学生的学习情况。

## 二、找准嵌入评价的时机

嵌入评价可以保证评价与教学相匹配，让教与学的过程成为评价的过程。在设计教学活动之前，要先设计评价任务，既然评价是教学环节的一部分，何时嵌入评价就成为教师在进行大单元教学设计中需要思考的问题。

### 1.学习中嵌入评价

将评价与课程教学融合为有机的一个整体，在学习中嵌入评价，一是形式即评价目标或日教学目标；二是评价过程即教学过程，教学活动就是评价，在评价中学习；三是评价结果即教学效果，学生是否进行有效学习是根据评价结果来评价的。评价围绕着学生的学习过程展开，直接反映了课堂学习效果。简言之，评价本身就是教学。

在部编版语文五年级上册《我的"长生果"》的教学中，针对"用较快的速度默读课文，梳理作者的读书经历以及从阅读、作文中悟出的道理"这一高认知维度的目标，教师设计了真实开放的评价任务：①用较快的速度默读课文，能用图表等方式梳理作者的读书经历；②用较快的速度默读课文，通过圈画关键句、提取关键词的方式梳理作者从阅读、作文中悟出的道理；③和同伴分享自己的阅读经历或阅读感受。这三个评价任务，正是本课的学习任务。

将评价嵌入学习过程中，让学生带着评价标准积极地投入学习活动中。在这里，评价是学习过程，而学习过程因为相伴的评价量规成为评价。

**2. 学习后嵌入评价**

将整个学习活动的目标与学生应达到的标准（评价目标）制作成表格，所有学习活动结束后再实施评价任务，这时的评价任务单独作为一个教学板块。前面的学习活动是基础，后面的评价任务能够评价前面的所有学习活动。

历史课上，学生的学习过程包含下列行为：读书、做学案（习题）、合作交流、展示、听别人讲（教师讲和学生讲）、质疑、背诵、改正习题等。这些行为可以按以下四个角度进行分类。

（1）从课堂环节的角度，分为自主学习、合作探究、展示质疑、反思总结四个过程（见表4-13）。

（2）从课堂动作的角度，分为读、写、思、听、说五种动作。

（3）从思维发展的角度，分为认识、理解、应用、反思四个过程。

（4）从基本能力的角度，分为阅读能力与观察能力、收集与处理信息的能力、分析和解决问题的能力、表达与交流的能力等。

根据以上分类，以课堂环节为主要评价维度，每个维度按课堂动作、思维发展、基本能力三个角度设计评价标准，并用简洁的语言进行大致的描述。

表4-13 课堂自我评价

| 课堂过程 | 评价标准 | 是（3分） | 一般（1分或2分） | 否（0分） |
|---|---|---|---|---|
| 自主学习 | 通过自主学习，初步认识南昌起义、秋收起义、井冈山革命根据地的建立、井冈山会师的基本概况 | | | |
| | 独立认真读教材，完成导学案 | | | |
| | 在阅读材料（含教材）的过程中能根据问题有针对性地找到有效信息 | | | |

| 课堂过程 | 评价标准 | 是<br>(3分) | 一般<br>(1分或2分) | 否<br>(0分) |
|---|---|---|---|---|
| 合作探究 | 通过交流，说明上述四个历史事件的前后联系，并理解井冈山革命根据地的创建及发展对中国革命的意义 | | | |
| | 合作交流，思考，倾听，说出来 | | | |
| | 把自己引用材料、解决问题的方法讲给同伴听 | | | |
| 展示质疑 | 基于成熟的认识，把知识清晰地讲给大家听，并说明自己的独到见解 | | | |
| | 做好展示与点评的准备，并积极展示、点评、质疑 | | | |
| | 言而有据，推论得当，思想正确 | | | |
| 反思总结 | 形成依据历史背景的合理想象 | | | |
| | 认真修改导学案 | | | |

评价表在课前出现，使学生清晰地了解整节课的学习目标。学习活动完成后，学生按这个标准进行自我评价，对自己的课堂学习过程进行反思。

**3. 评价时进行评价**

课堂中，学生在进行评价活动时，依据一定的标准，运用科学可行的方法，对评价本身进行分析和判断，并提供改进的反馈信息，使评价发挥积极的功能，让学生学会评价。

在制作一分钟计时器时，科学教师提供了四种材料让每组学生选择。学生根据所选材料，制作不同材质的计时工具：火钟、水钟、沙钟、机械钟。同时，教师告知学生制作完成后要对成果进行检验，制作出最准确的计时工具的小组将被评选为最优小组。在制作过程中，学生通过教师点评和同伴点评收集反馈，促进反思。

各组讨论设计计时器，并形成相应的文字报告，互相合作对自己小组制作的计时器进行介绍；每个同学作为评委为其他组和自己组的设计进行评价，并结合意见完善自己的成果。

学生在作为评委进行评价时，评价指向自省。这一评价重点关注学生评价能力的培养。在教师的示范及指导下，学生学会收集相应的证据，不仅为教师和同伴提供评价的信息，更重要的是在这个过程中进行自我评价。

# 问题 20

# 如何对评价进行反馈

新课标倡导"教—学—评"一致性。评价是教学过程中不可或缺的一部分，不仅可以帮助教师了解学生的学习情况，还可以为学生提供反馈，帮助他们了解自己的学习进度和需要改进的地方。大单元教学是一种以主题或问题为中心的教学模式，强调跨学科的知识整合和学生的主动学习。在这种教学模式下，评价反馈的重要性不言而喻。评价反馈不仅是对学生学习成果的评价，更是对教学过程的反思和调整。如何有效地对评价进行反馈，促进学生的学习和改进教师的教学，是一个值得探讨的问题。

按反馈主体分，大单元教学评价反馈主要分为教师的反馈、学生的自我反馈、同伴的反馈，不同类型的反馈在大单元教学中有各自独特的作用，但各有优劣，在实际教学中应该根据具体情况选择合适的反馈方式，以便多元、全面、客观地反映学生的学习情况，提供有针对性的反馈和建议，促进学生的学习进步和个人发展。下面结合教师的反馈谈谈反馈的策略。

威金斯在论及评价反馈时，曾指出有效反馈的四个标准：及时、具体、可理解和可操作。评价反馈要基于学习目标和评价目标，在具体的评价任务中根据评价标准进行有效反馈。如果说学习目标和评价目标是回答"去哪里"的问题，那么评价任务就是回答"怎么去那里"的问题，评价标准是回答"怎么证明是否到达那里"的问题，评价反馈是回答"是否已到达，下一步要去哪里"的问题。因此，教师在反馈时要把握最佳时机、针对具体内容、选择合适的方法进行反馈。

## 一、把握最佳时机反馈

### 1. 及时反馈——提升学习效率

在课堂教学过程中，教师可以根据学生的学习表现，通过口头、书面或肢体语言等方式及时给予评价反馈，以便学生能及时调整学习策略。有研究表明，对学生的错误信息如果反馈过迟，学生对错误信息留下较为深刻的"错误"痕迹，不容易纠正。及时的反馈能让学生更快地发现问题，提高学习效率。

例如，在数学课上，教师采用小组合作学习的模式，让学生在探究过程中相互交流、共同解决问题。教师在每个小组讨论过程中积极参与，对学生的思路和解决问题的方法给予及时反馈，引导学生深入思考，找到最优解决方案。通过及时反馈，学生能够及时纠正错误、调整思路，提高学习效果。

### 2. 延时反馈——给予反思时间

延时反馈是指评价者在一段时间后向学生提供反馈信息。比如，当学生还没有经过充分的思考、讨论，尚未形成对问题的看法时，如果教师这时给予评价，非但不能促进学生成长，反而会限制学生思维。这种反馈方式可以让学生有足够的时间进行自我反思和调整学习策略，同时评价者也可以对学生的学习情况进行更全面的评价，提供更有针对性的反馈。

例如，在英语写作教学中，教师采用了延时反馈的方式。在学生完成作文后，教师将作文收齐，经过一段时间的批改和整理，再将作文返还给学生。在这个过程中，教师为学生提供的具体的写作技巧和改进建议，同时引导学生反思自己的作文存在的问题，为他们指明改进的方向。通过延时反馈，学生能够全面了解自己的写作水平，并制订后续的学习计划。

## 二、针对具体内容反馈

### 1. 针对重点难点反馈——认知性反馈

针对重难点进行反馈是评价反馈的重要内容之一。对于大单元教学而言，重点和难点通常是一系列具有内在逻辑关联的知识点。认知性反馈聚焦于学生对知识内容的理解和掌握程度。教师在评价反馈时，应着重对重难点进行讲解和指导，帮助学生建立知识框架，理解知识之间的联系。具体来说，教师可以采用强调重点和难点、举例说明、组织讨论等方式进行反馈。

例如，在物理课上，教师针对学生在力学部分遇到的难点进行深入讲解和示范，通过具体的实例和生动的解释，帮助学生理解力学的基本概念和原理。同时，教师还为学生提供相关的练习题和解题思路，让学生通过实践掌握这些知识点。通过针对重难点的反馈，学生能够更好地掌握物理知识，提高学习效果。

**2. 针对疑错点反馈——指导性反馈**

疑错点是指学生在学习过程中容易理解错误的知识点。教师在评价反馈时，应关注学生的疑错点，及时进行指导和纠正。具体来说，教师可以通过观察学生的表现、作业和测验等途径，发现学生的疑错点，找到疑错点产生的原因，帮助学生理解错误的本质，并提供正确的例子来帮助学生纠正错误的理解。

例如，在小学语文教学中，学生在作文中经常出现错别字和语法错误。教师针对这一问题，采用了指导性反馈。首先，教师将学生的作文中出现的问题进行归类整理；其次，针对每个问题，教师提供具体的指导和建议；最后，教师引导学生反思自己的错误原因，以明确改进方向。通过指导性反馈，学生逐渐纠正了作文中的错误，提高了写作水平。

**3. 针对亮点反馈——激励性反馈**

亮点是指学生在学习过程中产生的独特见解或创新思维。教师在评价反馈时，应关注学生的亮点，进行积极的肯定和引导。教师需要通过观察及时发现学生的亮点，通过引导学生对亮点进行深入思考和探讨，培养学生的创新思维能力，激发学生的学习兴趣，增强他们的自信心。

例如，在初中历史课程教学中，教师在教授中国古代历史时，向学生介绍了古代中国的农业、手工业和商业发展。在课堂讨论中，一名学生提出了一个独特的观点，他认为古代中国的商品经济在某种程度上受到了地理环境的影响，如靠近河流的地方有利于水上交通和商品流通，从而促进了商业的发展。这个观点引起了教师的关注，因为这并不是课本提到的内容，而是学生自己思考得出的结论。教师及时肯定了学生的亮点，并引导学生进一步探讨地理环境对古代经济发展的影响。教师让学生思考不同地区的地理环境如何影响当地的经济活动和社会发展，以及这种影响在今天是否仍然存在。

在大单元教学中，针对重点难点、疑错点、亮点进行有针对性的评价反馈是提高教学质量的重要手段。通过强调重点难点、解释疑错点、肯定亮点，教师可以帮助学生更好地理解和掌握知识，提高学生的学习效果和思维能力。在实际教学中，教师需要根据具体情况灵活运用各种策略，以达到最佳的教学效果。

## 三、选择合适的方法进行反馈

### 1. 多样化反馈——综合反馈

多样化反馈是指采用多种形式、多种手段进行反馈。在大单元教学中，教师需要采用多种手段和方法对学生的表现进行评价和反馈，以便更全面地反映学生的学习情况。具体来说，教师可以针对评价目标选用多样化反馈，如即时反馈与延时反馈相结合、定性反馈与定量反馈相结合、个性化反馈与共性反馈相结合、互动式反馈与观察式反馈相结合等，以满足不同学生的学习需求和特点。教师也可以让学生从多个角度了解自己的学习状况，以便更全面地认识自己。

例如，初中数学教学中，教师采用了多种评价反馈策略。首先，教师通过课堂测验和作业评价学生对数学知识的掌握程度，这是定量反馈的一种形式。其次，教师通过观察学生的课堂表现和小组讨论了解学生的学习态度和合作精神等定性方面的信息。再次，教师还根据学生的个性特点和需求，为他们提供个性化的学习计划和指导。最后，教师鼓励学生进行自我评价和同伴互评，以促进他们的自我反思和相互学习。

### 2. 持续性反馈——增值反馈

持续性反馈是指教师在教学过程中持续不断地对学生进行反馈。在大单元教学中，教师需要在教学过程中持续关注学生的学习状况，及时发现问题并给予指导和帮助。这有助于及时发现问题，调整教学策略，提高教学质量。具体来说，可以采用课堂观察法、作业批改法、阶段测试法、定期交流法等形式，持续反馈学生的学习情况，并进行增值反馈。

在语文大单元教学中，教师采用持续性反馈策略，通过阅读、写作和口语交际等多种方式，引导学生深入理解文本内容，提高他们的语言运用能力。教师定期组织阅读分享会和写作指导课，鼓励学生积极参与，相互评价和反馈。如表4-14所示的"××学生写作持续性评价"，从立意、内容、语言、结构、创意5

个维度评价反馈了两次写作情况，并进行增值反馈。通过这种方式，学生不仅能及时了解自己的学习状况和不足之处，还能更好地发掘自己的潜力和提高学习效果。

表4-14　××学生写作持续性评价

| 评价内容 | 立意 | 内容 | 语言 | 结构 | 创意 |
|---|---|---|---|---|---|
| 第一次写作 | ★★★☆☆ | ★★★☆☆ | ★★★☆☆ | ★★☆☆☆ | ★★☆☆☆ |
| 第二次写作 | ★★★★☆ | ★★★★☆ | ★★★★★ | ★★★☆☆ | ★★★★☆ |
| 增值星数 | 1★ | 1★ | 2★ | 1★ | 2★ |

持续性反馈强调对学生的学习进行持续性量化评价，然后进行增值反馈，使他们更直观地了解自己的成长和进步。这种反馈方式可以增强学生的学习动力，培养他们的自信心，提高他们的学习积极性。

### 3. 利用技术手段反馈——精准反馈

随着信息技术的发展，利用技术手段进行反馈已经成为一种趋势。在大单元教学中，教师可以利用各种技术手段进行反馈，以提高反馈的效率和效果，如利用在线学习平台或教育应用软件进行在线测试、作业提交和即时反馈。学生可以通过平台查看自己的成绩和教师的评语，以便及时了解自己的学习状况。这种技术手段可以节省时间成本，提高反馈的效率。这些软件通常具有智能化分析功能，能够根据学生的表现给出相应的建议和指导，提供更为个性化、有针对性和更精准的反馈。

在人教版数学四年级下册"平均数与条形统计图"大单元教学中，教师增设了"平均数的再认识"这节拓展课，设计了任务一（见图4-3）。

1. 练一练：在平板上答题，4分钟内完成并提交。

2. 想一想：在选择时用到了哪些平均数的知识。

任务一

1. 练一练：在平板上答题，4分钟内完成并提交

2. 想一想：在选择时用到了哪些平均数的知识

1. 在"我为亚运添新绿"植树活动中，阳光精灵小队植树的情况如下表。

|  | 小文 | 小海 | 小清 | 小源 | 小瀚 | 平均棵数 |
|---|---|---|---|---|---|---|
| 棵数 | 7 | 5 | 4 | 9 | 5 | 6 |

表中的平均棵数6代表的是（　）的植树情况。

A. 小海个人　　B. 小组整体　　C. 都不是

2. 在"亚运知识我知晓"答题活动中，阳光精灵小队和未来之星小队答对题数情况如下表，怎样比较这两个小队的答题水平？（　）

| 小队成员 | 1号 | 2号 | 3号 | 4号 | 5号 |
|---|---|---|---|---|---|
| 阳光精灵小队 | 10 | 8 | 9 | 9 |  |
| 未来之星小队 | 3 | 10 | 9 | 9 | 9 |

A. 比总数　　B. 比平均数　　C. 比最高数

3. 小文在"健康运动迎亚运"体育锻炼中，连续3天1分钟仰卧起坐的个数分别是48、49、53，他的平均个数是（　）个。

A. 53　　　　B. 51　　　　C. 50

4. 有6个人在篮球场上打球，他们的平均年龄是12岁，下列哪一组不可能是他们的年龄？（　）

A. 12、12、12、12、11、13

B. 7、7、7、7、7、37

C. 13、14、13、13、13、13

5. 小明班里同学的平均身高是1.4米，小强班里同学的平均身高是1.5米，小明和小强比（　）。

A. 小明高　　B. 小强高　　C. 无法确定

图4-3 "平均数的再认识"学习任务一

任务一中设计了5道基础选择题，旨在加深学生对平均数的认知，进一步理解平均数的意义、必要性和相关特性，以及求平均数的方法。教师让学生利用优学派智慧课堂软件和平板答题，可评价学生对平均数的理解和掌握情况。学生答题结束后，软件自动反馈5道题的正确率，生成正确率条形统计图，从而形成新练习，结合题目正确率条形统计图感受平均数的范围特性和敏感性（见图4-4）。

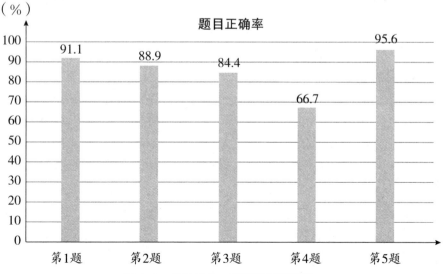

图4-4 学习任务一题目正确率反馈

答题结束，教师这样反馈："4分钟时间到，停止答题。我们先来看看大家每道题的正确率，同学们，你们太棒了，正确率非常高！正确率最高的是第几题？正确率最低的是第几题？那么大家答题正确率的平均数线可能在哪里？是在这里吗？（最低位置）那是在这里吗？（最高位置）大概在什么位置？请用手画一画。如果正确率最低的那题答题的正确率提高了一点点，平均数线会有什么变化？如果提高很多呢？"这样，学生感受到平均数非常敏感，即一个数据变化，总数就会变化，平均数也随之变化。然后结合反馈的正确率情况着重对正确率低的第4题和第3题展开讨论交流，发现平均数容易受极端数据的影响，可以根据数据的特点灵活选择统计的方法。

借助信息技术手段，让大单元教学评价反馈更为精准、有效，同时可以借助反馈的情况开展新的教学。通过合理地应用技术手段，教师可以更好地满足学生的学习需求，提高教学质量和学生的学习效果。在未来的教学中，我们应该更加注重信息技术与教学的深度融合，探索更多的反馈方式和技术手段，以便更好地服务于学生的学习和发展。

反馈是促进大单元学习中深度学习的重要手段。教师在教学过程中应充分认识到反馈的作用，运用有效的策略来提高反馈的质量。教师要把握最佳时机反馈、针对具体内容反馈和选择合适的方法进行反馈，帮助学生更好地掌握知识，培养其核心素养和深度学习能力。

# 专题五

# 大单元教学作业设计

大单元教学作业是以单元为基本单位进行整体规划、设计、执行和评价的所有作业的集合。大单元教学设计遵循整体性、一致性、多样性、阶段性和层次性等原则，具有「高结构」「强关联」「共成长」的特质。因此，大单元教学作业设计突破了传统作业固化的框架体系和碎片化的学习限制，以统整而非叠加的系统学习方式拓展原有知识框架，发展思维品质，完善情感价值，形成正确的价值观、必备的品格和关键能力。

# 问题 21

# 作业有哪些功能

单元整体视角下的新作业观认为，作业不是学习的附属品，作业既要关注课堂教学无法达成的需要，又要倡导素养立意，关注问题解决与应用、思维迁移与创造。大单元整体设计理念下的单元作业群设计，不仅可以从中观角度降低教师宏观把握学科课程整体要求的难度，还可以避免从微观角度仅仅把握某个课时的割裂问题。作业不仅具备巩固和复习知识、查漏补缺、培优补差、赢得考试、取得高分等功能，更为学生提供了自主学习、自主探究、自主管理的机会。根据作业育人理念赋予的任务，可以挖掘出作业的巩固强化功能、诊断评价功能、沟通媒介功能与拓展提升功能四个主要功能，这些功能体现了作业实施系统是相互连结、相互影响、不可分割的，但我们可以从不同视角分别审视这些功能。

## 一、单元作业必有巩固强化功能

《论语》中的"学而时习之"和《学记》中的"退息必有居学"，都指向作业的巩固强化功能。这也是作业的初始功能，表现为通过再现知识巩固对知识的掌握与理解，是最常见的作业功能。学科知识为学科基本技能的习得提供了前提基础，而学科基本技能的学习也进一步加深了学生对学科知识的理解与掌握。由于技能的获得需要后天的不断练习与完善，所以作业就具备了帮助学生训练基本技能的功能。再深入一层挖掘，作业可以实现教学时间与空间的延伸，为学生体悟隐藏于学科知识背后的学科思想方法提供了环境基础，因此作业就具备了学科思想方法载体的功能。作业帮助学生获得的知识技能、思想方法等是思维结构中不可缺少的部分。学生完成作业的过程一定伴随着思维的发展，因此，作业具备发展思维品质的功能。

单元作业巩固强化功能一般体现在以下几个方面。提供练习题和习题集——作业通常会提供一系列练习题，帮助学生巩固所学的基础知识。这些练习题可以覆盖不同难度和类型，以确保学生能够全面理解和掌握知识。自动批改和反馈——现代教育技术通常会提供自动批改功能，使学生能够即时了解他们在作业中的得分和表现。知识点回顾和总结——作业可能包含知识点的回顾和总结部分，帮助学生温习和巩固所学的内容。这些部分可以提供关键概念、定义、公式或规则的简明概述，以及相关示例和练习。多样化的题型和活动——为了让学生更好地理解和应用基础知识，作业可能包含多种题型和活动，如选择题、填空题、计算题、解答题、实验等。通过这些多样化的任务，学生可以通过不同角度和方式来巩固和应用所学的知识。引导学习和探究——有些作业可能设计成引导学生独立学习和探究的形式。这种作业通常提供一些问题或情境，要求学生运用所学的基础知识解决问题，从而培养他们的自主学习能力和问题解决能力。表5-1所示的单元作业设计充分体现了巩固强化功能。

表5-1　语文巩固强化单元作业

| 姓名： | | 预习·学习任务评价表 | | | |
|---|---|---|---|---|---|
| 任务： | | 知识清单 | 自我评价 | 小组评价 | 教师评价 |
| 基础 | 1. 积累生字（通过查字典等途径） | | | | |
| 积累 | 2. 积累字音（大声朗读） | | | | |
| 模块 | 3. 积累字义（学会运用、交流） | | | | |
| 阅读 | 【说疑惑】通读文章，熟悉内容 | | | | |
| 提升 | 【说想法】回答语文书思考探究和预习板块 | | | | |
| 模块 | 的问题 | | | | |
| 小结 | 用时： | 总分 | | | |

作业功能：巩固强化。

设计意图：变简单抄写的预习作业为方向明确、内容丰富的作业清单，让学生在自主梳理基础知识的过程中学会运用知识。在阅读板块可以有针对性地进行预学的思考和探究，充分利用语文教材资源。

## 二、单元作业需有诊断评价功能

单元作业的诊断评价功能可以体现在学生、家长、教师等维度，从时间角度可以为单元前的预习作业和单元后的评价作业等。学生在完成作业的过程中可以发现自身存在的不足，实现对自身知识与技能的初步诊断；教师及家长在作业评价环节对作业完成情况进行细致批改与综合评定之后，能够通过评价内容明晰学生具体的知识薄弱点以及能力水平；教师可以根据学生的知识掌握程度、完成作业时的认真程度以及教学目标的达成度等内容，进行学情分析；家长则可以借助作业评价结果了解学生前一阶段的学习效果、态度以及习惯等。当然，诊断评价不是目的，而是手段。教师可以通过作业的反馈与调整，及时激发学生的学习兴趣，挑起学生的学习欲望，提高学生学习的积极性，从而提高学生的主动学习意识，发展学生自主学习能力，为后续学习做好定向功能。从作业的这个功能看，把阶段性测试看成作业的一种也未尝不可。

比如，英语六年级下册"Unit 2　Good Health to You"的单元诊断作业要求学生在单元学习开始前，围绕"健康"这一主题，独立绘制思维导图，呈现对健康这一话题的了解情况。教师通过作业完成情况可以诊断学生的掌握情况，以此决定后续教学内容。比如，教师根据完成情况挑选英语学习能力从高到低依次为 A、B、C 等级的几个学生从思维的发散性、深刻性，特定概念范畴内语言的复杂性与丰富性维度进行反馈与评价，以此达到课堂上分层教学的实际效果。

## 三、单元作业还有沟通媒介功能

单元作业对教师教学、学生学习、家校社会等方面具有联系贯通的媒介功能。首先，单元作业可以将学生的课堂练习与课后作业联系起来，提高课堂教学的效果，能提高学生学习的长效性；其次，家庭作业将校内学习与校外学习联系起来，特别是学生通过实践类家庭作业可以通过查阅网上相关资料、走访调查等学习探究形式使知识延伸到社会；再次，学生之间也可以利用作业进行探讨交流或探究合作，从而加强彼此的沟通；最后，作业还充当了学生、教师、家长三者之间的联系中介，给学生布置恰当的家庭实践作业可以加强亲子沟通，增强家校联系意识，实现家校合作。

目前比较典型的有沟通媒介功能的单元作业莫过于单元项目化学习作业，如"家门口趣自然"项目化学习作业就融合了多维度的沟通功能，最终以演讲的形式展示学习成果，是基于语文学科核心素养的综合表达。在项目化作业设计过程中，教师需要结合生物学科观察实验任务表，融合语文学科观察笔记任务表，设计出观察表格，为学生提供作业完成支架，帮助学生做好观察记录，最终用科学的方法进行分析，得出结论，并用文学的形式讲述整个研究过程，以演讲稿的形式输出成果。

七年级科学"单细胞生物"教学可布置前置实践作业，请学生利用"十一"假期，在家长的带领下到有机质丰富的水塘、稻田、湖泊边，用事先扎好小孔以便透气的矿泉水瓶采集水样，获得用于课堂观察的草履虫生物体。九年级科学"能量的转化与守恒"教学则可布置实验作业，让学生利用所学知识和身边可利用的物品，自制一把可称量的杆秤（基本结构：带线秤盘、带简单刻度的杆子、秤砣），带到学校。根据教师要求，并结合自己的能力选择作业层次。

## 四、单元作业具有拓展提升功能

单元作业的拓展提升功能主要通过开放性作业和自主作业等形式得以发挥。优质高效的单元作业群，除了纸笔作业，还有实践作业；除了有确定答案的作业，还有开放型作业；除了教师布置的作业，学生还可以自主设计作业。这些作业的协同作用推动学生的综合性发展，促进学生核心素养的发展。开放性作业促进学生综合运用所学知识，在运用中感受知识的魅力。学生在应用知识解答没有标准答案的问题中拓展知识，提高能力，学生在丰富多彩的作业中达到深入探究知识本质属性、拓宽知识视野、拓广综合能力的目的。

有研究表明，学生完成自主作业对其学业成绩的提升要比完成学校作业产生的效果更为明显。因此，在完成教师布置的作业后，学生可以根据学情选择规划自己的作业安排，以此满足对作业差异性与选择性的需求，在增强学习动机的同时学会合理利用资源等。自主作业不仅是调动学生主观能动性、独立性以及自律性等自主特性的重要途径，而且涉及学习目标、学习动机、时间管理、自我监控、环境组织、寻求帮助等诸多学习因素，是自主学习能力形成的重要因素。

例如，八年级数学"特殊三角形"单元可以将"轴对称"课时作业设定为必做作业和自主作业，并将自主作业分解为五个环节，首先利用几何画板设计数学中的轴对称图形，然后对图形进行多样化处理；其次用生活中的素材设计轴对称图形；再次跨学科地运用数学对称知识完成剪纸等手工制品；最后根据自己对几何画板的认识和使用，对软件提出改进性建议。

综上所述，单元作业的巩固强化功能主要体现在学生完成作业与作业反思阶段。学生在完成作业时也会诊断反馈出部分信息，因此巩固强化功能会间接发挥部分诊断评价功能，而诊断评价功能的发挥也会在后续的实施过程中提升巩固强化功能。沟通媒介功能存于整个作业群之中，具有贯穿联结其余功能属性的作用。拓展提升功能体现为在作业群中被各功能长期带动而提高影响。

为充分发挥单元作业的功能，教师应该努力做到丰富作业类型、完善知识建构。多样化的作业类型，可以从不同维度促进学生的知识体系构建，比如基础性作业对应基本知识体系构建、实践性作业对应思维拓展体系构建、弹性作业对应不同层级学生的思维深度构建、跨学科作业对应学生的学科知识综合体系构建。

可见，整合作业内容，有助于构建思维体系。整合单元教学内容设计单元作业，从不同维度进行了学生的语文关键能力的培养，以"1+X"阅读、名著整本书联读促进学生的阅读生成，以思维导图"理"读促进学生的思维建构，以表演生成促进学生的深化理解。可见，打造作业梯度有助于学生成长。多样化梯度的弹性作业布置，能够真正做到因材施教，让不同层级的学生都能从中获益，真正做到"以生为本"。

# 问题 22

# 作业有哪些类型

关于作业的类型可谓众说纷纭、莫衷一是。王月芬在她的《重构作业——课程视域下的单元作业》一书中讲到作业分类并不是一件简单的事情，划分的依据比较多，假如按照逻辑体系，可以分为书面作业和非书面作业、合作类作业和独立作业、开放性作业和聚敛性作业、短周期作业和长周期作业。但如果这样分，则内涵相对抽象，无法体现出很多作业的实质。因此，王月芬建议采用多维界定的方式，从是否为书面作业、操作方式两个维度进行综合分类。从是否为书面作业的角度，可将作业分为选择题、填空题、简答题、应用题、证明题、完形填空、判断题、书面开放题、跨学科类、整理类、书面其他类和非书面类等。从作业操作方式的角度可将作业分为听说类、动手操作类、社会实践类、合作类、综合应用类、非书面其他类、书面类等。

喻平认为，可以把作业分成三种形式四种类型：三种形式分别是指阅读、习题、写作；四种类型包括基础类、综合类、探究类、实践类。表5-2中，基础类作业是指促进学生对知识理解、知识巩固、知识应用的作业类型；综合类作业主要是指训练学生知识迁移，以及以解决综合性问题为目标的作业类型；探究类作业是指训练学生解决"结构不良问题"的作业类型；实践类作业是指以训练学生综合实践能力为目标的作业类型。实践类作业又分为小课题、小调查、小设计、小操作、小游戏等类型。

表 5-2 数学作业类型与形式结构

| 数学作业类型与形式的二维结构 | | | | |
|---|---|---|---|---|
| 作业形式 | 作业类型 | | | |
| | 基础类 | 综合类 | 探究类 | 实践类 |
| 阅读作业 | 阅读数学教材 | 阅读课外读物 | — | — |
| 习题作业 | 1. 概念内涵、外延理解，命题理解，单一规则的运用题型<br>2. 多个知识点或多种规则的综合运用题型 | 1. 数学知识在其他学科或现实生活中的应用题型<br>2. 数学知识综合运用题型<br>3. 数学建模题型 | 1. 探究解题方法的多样性<br>2. 探究问题的通性通法<br>3. 开放性问题<br>4. 知识的变式，推广<br>5. 猜想、证伪、证实产生新知识 | 1. 数学实验（包括实地测量）<br>2. 社会实践调查 |
| 写作作业 | 数学日记 | 读书报告 | 数学小论文 | 研究报告 |

刘善娜在《这样的数学作业有意思》中写道：探究性作业是指学生在具有一定探究性的问题引领下，基于自身知识经验、思维方式展开探索，从而培养数学探究能力的一种数学作业。其主要有三个特征，即过程性、差异性、选择性；五大类型，即生活描述型、概念表征型、问题分析型、反思评价型、单元综合型。

由此可见，作业以及单元作业的分类标准不一而足，所以分类结果不尽相同。我们综合考虑以上观点，结合大单元教学的特点及可行性，在进行大单元视角下的作业设计时，可以将单元视角下的作业按照单元推进的逻辑分为常规作业和实践作业，其中常规作业又包含前置性作业、当堂检测性作业、课后分层作业，实践作业主要以项目化长作业等类型呈现，如图 5-1 所示。

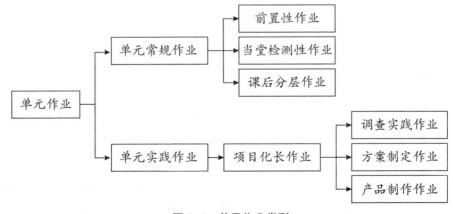

图 5-1 单元作业类型

## 大单元教学备课30问

### 一、单元常规作业

#### 1. 前置性作业

为了了解学情和初步感知新知，可设计前置性作业。这类作业要与第二天的课堂教学紧密联系，在反馈作业完成情况的基础上引入新知教学。

布置前置性作业时，要用好合作学习。因为前置性作业需要很快完成批改，以服务第二天的教学。

前置性作业是需要设计的，特别是语文和英语学科一定要有前置性作业。如果前置性作业做得比较到位，就不用在课堂上浪费大量时间讲低阶思维的内容，高年级的学生完全可以通过自主预习掌握这些内容。比如，当学生预习一篇课文时，可以这样布置前置性作业：

（1）通读课文1~2遍，在生字、生词下面标上记号，标出课文的小节序号。

（2）再读课文，画出新词，查字典，并联系上下文想一想，把新词的意思写下来。哪些词你以前就会？请写出它们的近义词或反义词，选几个新词造句。

（3）课文主要写了什么？是按什么顺序写的？可以分几段？试着写出段意。看一看课后的练习题，认真读课文，从文中找出有关的答案。

这样的前置性作业，不仅仅是为上课做铺垫，它更是在"立德树人"，以人为中心，锻炼学生的自主能力。对于前置性作业，需要检测完成情况。独学要充分，学科不同，独学方式也不同。

#### 2. 当堂检测性作业

为了巩固知识和技能、检测学习目标达成情况，可布置当堂检测性作业。这类作业是对学习目标的检测，设计时要思考作业与目标匹配的问题。有检测结果性的目标，也有检测过程性的目标，还有两者兼有的目标。依据单元学习目标和学时目标，设计学时活动任务及更具体的评价任务和检测任务（当堂训练）。例如，八年级历史大单元专题复习"中国近代化的起步"课堂学习中，可以通过设计以下当堂检测性作业，对本课时学习内容做一个全面的梳理：中国近代化探索经历了哪几个阶段？概括出每个阶段的时代特征。当堂检测性作业可以采取分层分类，潜能生可以不做拓展题，优等生可以不做基础题，所有学生都要做标准题。

### 3.课后分层作业

首先，课后分层作业有助于提高学生的学习效率。根据学生的现状，设计不同层次的课后作业，能帮助不同层次的学生巩固课堂所学知识。其次，课后分层作业有利于促使教师完成"减负增效"的教学目标，学生在完成作业的过程中会收获许多的成就感，同时，教师也能够真正实现"减负增效"。课后分层作业主要是根据趣味性和层次性来设计的，应具备合理的梯度，能尽可能做到由易到难，确保学生在掌握知识技能的同时还能获得相应的拓展，为其学好学科知识提供必要的助力。在厘清课程标准要求的基础上，根据大单元知识结构和逻辑，设计作业内容，借助情境设计有梯度的问题，形成问题链，令不同水平层次的学生都能巩固知识、促进思维发展、培养解决问题的能力和创新意识，指向深度学习，提升核心素养。

## 二、单元实践作业

随着探究性学习的兴起，强调"跨学科学习""实践性探究"的项目式作业进入了教学改革的视野。精心设计结构清晰的项目式作业，能够促使学生在亲身体验过程中形成对概念的深度认识；相反，若只是简单设计一个活动，缺乏整体结构化设计的项目式作业，则可能造成学生仅仅感觉"这次作业不一样""很好玩"而已，难以引发真实的学习。新课程理念指导下的单元实践作业常以项目化长作业的形式出现，使单元作业贴近学生生活，注重设计具有实践性或调查类的项目化作业。项目化作业具体可以分为调查实践作业和方案制定作业。

### 1.调查实践作业

调查实践作业是紧密联系学生的日常生活实践，针对一些涉及学科知识的实际问题而设置的作业。学生通过观察、收集资料、调查、访问了解现状，对不合理的问题提出建议，加强社会参与意识，关心社会、服务社会。比如，在设计道德与法治学科单元作业时，力求形式多样化，设计如情境分析题、辩论赛、社会调查、表演情景剧等有利于发展学生高阶思维的作业类型。教师在布置调查实践作业时，可以通过创设实践情境，围绕单元主题，结合学生的生活经验，创设实践性的作业情境，最大限度地提高学生的参与度。这种学以致用的调查实践作业可能更有意义。

三年级数学根据新课标要求，遵循学生身心发展特点开展可得项目化长作业课——"小土豆，大世界"，让学生仔细观察土豆生长过程，图文并茂地呈现发现成果。此项目化长作业的完成过程让学生从做中学、学中思、思中成长，该实践活动旨在充分地融合语文、科学、劳动、艺术等学科，以小见大，让学生在开心愉悦的氛围中体验数学、体验生活，激发学生的学习兴趣……

**2. 方案制定作业**

调查类作业是指让学生对生活、社会中的科学现象进行调查，收集相关数据，完成简易调查报告的一种作业形式，它可以培养学生收集信息、整理信息和分析信息的能力。跨学科项目式作业的综合性、多维性要求教师在引导学生完成跨学科项目作业时综合利用多方资源，通过对多方资源的整合运用，有效解决问题。多方资源包括学科学习资源、社会教育资源、传统文化资源、人力资源、网络数字资源等，并通过对多维学习资源的整合运用，使其流动起来、聚合起来、鲜活起来，作为问题解决的素材，帮助学生完成作业。

初中英语八年级上册教材中"Unit 2　Section B 2a-2b Reading"的阅读教学，组织以"我是市场调查员"为主题的项目化调查类作业。促使学生组建兴趣小组，走出校园，从自己感兴趣的食物和旅游景点开展市场调查，分工合作，选出自己心目中家乡最值得推荐的店，生成形式多样、内容丰富、图文并茂的手抄报。学生积极准备，将课堂所学知识运用到实际的生活中，形成自己的学习成果，同时也增强了学生对家乡、对国家的自豪感！

**3. 产品制作作业**

成果导向教育（Outcomes-Based Education，OBE）的核心概念在于"明晰地聚焦于组织教育体系，以确保学生在未来生活中获得实质性成功所需的经验"。OBE 的理念在工程教育专业认证中是三大基本理念之一，美国工程与技术教育认证协会（ABET）也全面接纳了 OBE 的思想，并在其工程教育认证标准中贯穿始终，如图 5-2 所示。

图 5-2　OBE 的理念

例如，依据 OBE 理念制定项目化作业"制作班级公众号"。这份作业要求学生以组为单位为自己班级的公众号进行设计头像、二维码、名称、微信号、功能介绍和各种回复等内容和项目。提醒学生设计装修时要考虑到定位，主要面对本班学生及家长群体。师生共同根据 OBE 理念把预期学习成果分成三个层次，第一层是具体的知识和技能；第二层是高级通用能力，也就是非专业能力；第三层是履行角色能力，也就是职业综合能力。

从作业类型的不同划分维度上看，作业改革永远在路上，选定方向后正确做法是"磨"，也就是好的作业是磨出来的，好的教师也是磨出来的，要有一个过程。值得注意的是，从时间和流程维度来看，"全程评价"是项目化长作业的重要内容，直接参与项目式作业的各个流程，以评价引领学生的探究。评价的制定围绕评价轴线上的"学习内容"与"学习方式"设计学习任务评价（见表 5-3）。

表 5-3　作业任务评价（达成度越高，★越多，最多 4 星）

| 评价对象 | 学习轴线 | | 学生自评 | 师生互评 |
|---|---|---|---|---|
| 作业内容评价 | 子任务 1 | 提出猜想：合情合理 | | |
| | 子任务 2 | 主题确定：对接单元内容 | | |
| | 子任务 3 | 方案设计：探究方案过程清晰 | | |
| | 子任务 4 | 汇报展示：呈现的数据准确可靠 | | |
| 作业方式评价 | 子任务 1 | 善于独立思考 | | |
| | 子任务 2 | 学会倾听，积极参与讨论 | | |
| | 子任务 3 | 提出合理化建议，共同解决问题 | | |

学生依据作业任务评价表在完成作业的过程中或完成作业后，对自己完成作业的过程进行反思与纠正，确保学习过程的精准。实际上，"全程评价"并不只是对学习对象的一种评价与监控，更应是学习者对自身学习过程的一种反思与监控；项目式作业的学习成效还体现在最终的成果展示上，主要包括研究报告、研究思维导图、研究小视频等形式。

总之，作业形式要趋于多样化，符合学生的心理特征，满足学生的精神需求，切实让每个学生从作业展示中获得自信。

# 问题 23

# 如何设计作业群

随着各学科义务教育课程标准（2022年版）的颁布与实施，单元整体教学成为课堂教学的发展方向，单元作业群设计作为单元整体教学中的关键一环，显得尤为重要。新课标背景下的单元作业群，以教材中的单元为学习单位，在单元整体任务的引导下，通过整合及重组，统筹考虑，尽可能设计类型丰富、功能全面的单元作业群。设计单元作业群时需要综合考虑学情、单元作业群目标（含双向细目表）、作业的类型及功能、参考答案等众多因素。单元作业群的设计与单元学习任务群的教学相呼应，助力实施大单元教学评一体化及提升学生的核心素养。

素养立意下单元作业设计基本流程如图5-3所示，具体实践中要做到统筹兼顾、制定适切的单元作业群目标；精心设计，体现单元作业群内容的系统性；联系实际，突出单元作业实践的情境性；策略工具，设计单元作业群的有效保障。

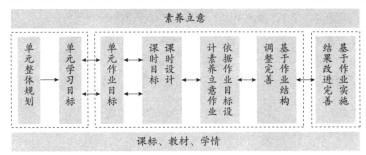

图 5-3　素养立意下单元作业设计流程

## 一、统筹兼顾，制定适切的单元作业群目标

制定适切的单元作业群目标是单元作业群设计的关键所在。只有作业群目标适切，才能确保作业内容准确地体现课程标准、教学目标与教材内容的要求；才能使作业难易程度切合学情，促使学生实现"跳一跳，摘桃子"；才能便于后续选择恰当的作业形式发挥作业的功能。突出单元作业群目标的适切性需要做到准确解读课标，细致分析教材，精准把握学情。这是准确制定单元教学目标、确保

单元作业群目标适切的基础。在解读教材时，特别要注意单元所处的位置、重难点知识的纵向与横向的关系，要对课程标准中的内容要求、学业要求、教学建议做到了然于胸，再通过分析教材对教材结构有整体的把握，明确教材的编排意图。当然，在这样解读文本的基础上，还要对本班或本年段学生在完成本单元学习时已有的基础与困难进行准确分析。

在进行小学语文六年级（上册）第一单元作业群设计时，教师应先统筹兼顾，了解单元概况，本单元对应统编版语文教材六年级上册第一单元；其人文主题为触摸自然；单元涉及的语文要素为从阅读的内容想开去；进一步要绘制单元目录，再根据目录内容确定单元作业完成时间，如六年级语文每周6课时，完成第一单元教学任务需要12课时（其中，10课时用于教学，2课时用于完成单元作业），在此基础上分课时制定作业目标（见表5-4）。

表5-4 小学语文六年级（上册）第一单元作业群目标设计

| 序号 | 单元目标描述 | 单课对应目标 | | | | | 认知水平 |
| --- | --- | --- | --- | --- | --- | --- | --- |
| | | 1 | 2 | 3 | 4 | ◎ | |
| 1 | 会写22个字，会写37个词语 | √ | √ | √ | | | 识记 |
| 2 | 背诵课文《草原》第一自然段和古诗《过故人庄》《宿建德江》《六月二十七日望湖楼醉书》；背诵并默写《西江月·夜行黄沙道中》 | √ | | √ | | √ | 识记 |
| 3 | 想象课文所描述的景色，体会课文表达的情感 | √ | √ | √ | √ | | 理解 |
| 4 | 联系生活经验理解课文中含义深刻的句子，并说出自己由此想到的人、事或人生思考等 | | √ | | | | 应用 |
| 5 | 感受文中丰富的想象，领悟作者表达上的特点 | √ | √ | √ | | | 理解 |
| 6 | 能结合具体语境，了解对比手法在描写事物中的作用 | √ | √ | √ | | √ | 理解 |
| 7 | 根据习作要求和提示，联系生活经验，展开丰富的想象，记叙变形后的经历、生活，把重点部分写详细 | | | | | √ | 应用 |
| 8 | 运用修改符号修改病句 | | | | | √ | 综合 |
| 9 | 以《草原》和《丁香结》为例，交流由文章内容想开去的方法 | √ | √ | | | | 理解 |
| 10 | 体会排比句的表达效果；体会分号的用法；初步了解地名和人名拼音的拼写规则 | | | | | | 应用 |

## 二、精心设计，体现单元作业群内容的系统性

在"双减"背景下，落实新课标精神设计单元作业群，要施行"两增一减"。所谓"两增"，是指课前预学作业要适当增强——扩大预习的范围，增强预学的功能；学科实践作业要增加——尽量做到基于表现性评价的学科实践。"一减"指的是减少课外纸笔作业量，达到少而精、多样化。只有这样才有助于实现"减负提质"。因此，需要设计包括"课前预学作业""课中共学作业""课后巩固作业""课后实践作业"等内容的单元作业群体系实现单元教学目标。

课前预习作业尤为重要。俗话说："凡事预则立，不预则废。"学习中的预就是"预习"。课前预习作业的完成步骤可以设置为阅读理解主要知识—动手圈画知识要点—思考并标注疑点—尝试练习检验预习效果等。课前预习作业为课上学习做好了充分的铺垫，并且达到了先学后教的目的，符合新课标的教学理念，既提高了学生动手实践、独立思考、自主探索的能力，也调动了学生课堂学习的积极性。

美国教育家古德·布罗菲在《透视课堂》一书中对课中共学作业的描述为"课堂作业是学生自主学习的重要载体，应该给学生提供自由活动和实践其所学知识的时间和机会"。由此可知，课堂上安排适量的练习可以增强学生的当堂实践，减少教师不必要的讲解，以提高课堂教学实效，同时可以减轻学生的课后作业负担。设计课堂共学作业时，要注意其重点内容应包括安排对需要掌握的基础性知识、重点知识的现场检测与训练；结合学科要素，针对关键性问题设置思考练习题，为学生的自学、互学提供思考支架，使学生的学习方向准确、学习方法正确。课后巩固作业的设计要突出对重点知识、内容以及学科核心要素的巩固练习，重点问题的实践运用、延伸拓展以及转化为关键能力的练习。课后巩固作业要注意分层布置，有的放矢。新课标明确规定设计作业要做到合理安排不同类型作业的比例，增强作业的可选择性。教师在设计课后巩固作业群时，要综合考虑不同学生的认知水平和学习方式的差异，采用分层作业、作业超市、作业套餐、多元作业等各种形式，将作业分层、分类，以满足不同能力基础的学生的需求。

需要注意的是，教师在设计分层作业时不应对学生进行显性、硬性的分层，要把分层的选择权交给学生，鼓励学生根据自身情况选择最适合自己的作业。鼓励学生在完成适合自己水平的作业的同时积极地试着完成高一层次的作业。分层设计时也可以设置引导学生合作的习题，让学生相互合作，发挥各自的优势，以这种形式来克服分层设计可能导致学生进一步分化的缺陷。

## 三、联系实际，突出单元作业实践的情境性

新课标要求"教师要以促进学生核心素养发展为出发点和落脚点，精心设计作业"，指出学习任务群具有"情境性、实践性、综合性"的特点，因此单元作业群设计要突出情境性。探索课后实践作业更能激活学生的创新思维。新课标指出教师要把凡是学生能够自己独立做的事情都留给学生，让学生有时间和机会去选择，去思考、体验与感悟，去创造、实践和应用。形式多样的课后实践作业，为学生提供了自由发展的空间，每个学生都可以根据自身的知识经验与生活经验，结合自己的喜好选择作业。实践性作业的设计思路可以参考图 5-4。

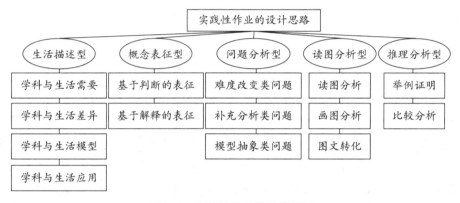

图 5-4　实践性作业的设计思路

课后实践性作业，可以提高学生的学习兴趣和应用能力，激发学生的创新意识，激活学生的创新思维。设置课后实践作业时应基于课程标准与教学目标，尊重学生的认知发展规律，体现单元整体意识，创新作业实践，注重学生对学科知识的实际应用和体验。

比如，在学完小学英语"Job"这一单元后，可以设计下列作业：了解一下班级同学的未来职业理想，制成一份采访记录表，要求学生用英语记录被采访对象的姓名及所喜爱的职业并问清原因，至少采访五个同学，并在小组内进行交流。这些"采访"作业贴近生活，学生能够运用所学的语言进行真实的交际，极大地调动了学生的学习兴趣和积极性，联络了学生之间的感情，提高了学生的人际交往能力。又如，在学习小学数学"生活中的负数"这一教学内容后，可以布置这样的课后实践性作业：请你寻找生活中的负数。此作业意在让学生通过寻找生活中有关负数的实践活动过程加深对负数的理解，进而体会负数的意义。

总之，有意义的教学情境带给学生的学习兴趣和欲望不会囿于课堂，而会延伸到生活、实践中，这是单元作业群设计的灵魂与必备因素。真实的学习生活能够唤起学生最直接、最真实、最强烈的感受与体验，激发学生的好奇心与学习兴趣，增强学生在各种场合、领域学知识、用知识的意识，给学生提供学习与应用的机会。单元实践作业要在聚焦学科核心概念的前提下以大单元的组织形式，呈现学科概念的连贯性和综合性，使得学科探究实践更具整体性、过程性。作业设计遵循系统性、层次性原则，强化整体设计，同时应该贴近生活，强调综合性和实践性。

## 四、策略工具，设计单元作业群的有效保障

值得注意的是，善用策略工具进行单元作业群的设计是保障单元作业群生态健康发展的有效保障。

### 1. 题目设计要有层次性

不能所有课型都直接复制使用教材中的例题，可以适当调整、改编、组合，以适应全体学生的需求，从简单到复杂，从基本到全面，在常规性单元作业中可以设计基础题要求全班学生必做，便于了解班级整体学习情况，再通过提升拓展题目或开放题等呈现几个等级题目，让学生自由选择，以多层次的方式展现多种情况，让不同能力水平的学生在处理解决问题的过程中逐步实现自我完善。

### 2. 题目设计尽量在情境中

实践性作业尤其需要通过真实生活情境进行设计，以此调动学生的生活经验和探索解决的兴趣。生活情景的应用，联系学科知识与生活常识，架起抽象的学科知识与学生具体想象之间的桥梁，符合学生的认知规律。

### 3. 评价反思要具有多元性

作业题目的设计多层次，对应的评价也不能单一。多元的评价能够对不同学生的学习起到引导作用，让学生明确学习的方向，学会自我反思，促进发展；能够对学生的学习起到很好的激励作用，激发学生的学习兴趣，使学生体会成功的喜悦。同时，利用评价让学生学会评价他人和自我，调动学生的内驱力，激发学生的学习热情。

总之，基于单元整体视角进行单元作业群设计是实现作业高质量的重要途径，只有站在单元视角上，教师才能看清全局，依据课程标准，摸清教材的脉

络，发挥作业的积极作用。

# 问题 24

# 如何有效使用作业

"双减"政策的颁布，进一步推动了我国教育改革的深化。作业作为课堂教学的延伸，本质上也是一种学习活动，是落实"双减"政策的关键载体和具体路径。以作业为切入口的"双减"落实，是基础教育改革创新的重要环节，学校、教师、学生、家长等多主体需共同参与，达成互动共生，实现从价值观念到行为规范的多层面的联动，从而达成学生"减负提质"的目标。但笔者通过调研发现，部分教师对高质量作业的理解还停留在浅层，在作业安排和使用等方面陷入了"忙、盲、茫"的窘境。

面对这些问题，如何合理安排作业，有效使用作业，成为广大一线教师和教研人员亟待研究探索的重大课题。

## 一、紧扣教材，基础性作业当堂化

基础性作业侧重于对学生课堂所学基础知识和基础技能进行强化，这类作业通常以训练为主，教师在使用时必须精准把控，做到减量提质，增强实效。

### 1. 以课后习题为抓手，落实学科要素

课后习题是安排在单元课文学习后用于巩固知识、检测能力的一组练习题，是教材助学系统的重要组成部分，承担着落实学科要素的重要任务，是重要的教学资源。

课后习题不单是一个个问题，作为教材的助学系统，需要教师以专业的视角，科学设计为完成学习任务所需要的相应的学习方法、路径或策略，就是对学习任务进行步骤分解和学习具体化。这些练习，要切实融入教学中，而不是学完知识后再来答题。用好课后习题，教师能够准确理解教科书编写意图，实现教学提质增效。

**2. 以课堂作业本为支架，检测学习效果**

随着统编版教材的全面使用，新编的作业本成了一线教师设计作业的重要资源。学情视角下，《作业本》的使用可以融入课前、课中、课后三个阶段，呈现阶梯内容分类，以分步、合并、调配三式融合，打造多元使用方法，学习、练习、评价三位融通，构建一体目标系统，以《作业本》的课堂优化使用与重构，实现学生学习的减负提效。

（1）蓄待：课前预学，诊断学习起点

预习是学生学习中不可或缺的前置环节。而作业本中的一些习题，学生可以在课前完成的过程中，预学知识的必要背景，掌握必备的知识；同时，了解自己需要达到的学习程度及存在的问题，以改进自己的学习。

（2）生长：课中练习，促进目标达成

新版《作业本》站在学生学习的角度编写题目，因此，练习的过程也是导学与推进学习的过程。作业本中的导图支架、"泡泡语"等形式为学生提供了思考的角度、路径和方法。用好这些助学资源，能助力课堂教学目标达成。

在具体实践中，要发挥好作业本作为"助学系统"的重要功能，努力打通"学"与"做"之间的界限，将作业本习题融合在具体的课堂环节中，使之成为助学"支架"。

三年级下册语文教材中《陶罐和铁罐》课后习题第4题就是借助思维导图（见图5-5）为学生梳理文本内容，教师在教学时可以将课堂作业本融入其中。

4.根据课文内容，完成练习。

（1）根据课文内容填空。

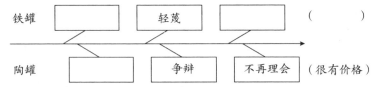

（2）根据陶罐、铁罐态度的变化，感受它们不同的性格，分角色朗读课文。

图 5-5　《陶罐与铁罐》课堂作业

（3）延展：课后拓展，实现知能转化

《作业本》中往往会安排一些拓展性练习，它们是学生丰富认识、发展思维、提升能力的上佳途径。如带"＊"的拓展题，这一类题目对学科知识进行了拓展，可以满足学生的个性化发展需求。

＊6. 按要求把1、3、4、5、7这五个数字分别填入下面的算式中。

(1) 乘积最大：□□□×□□

(2) 乘积最小：□□□×□□

这是四年级上册数学教材中"整理与复习"中的一道带"＊"拓展题，要求学生课后解决是基于两方面考虑：一是拓展题有一定难度，学生很难迅速找到准确答案，而课堂上时间有限；二是拓展题给学生提供了自主探究的平台，学生需要更多地尝试体验的时空，思考也会更加深入、全面。

## 二、思维领路，重点性作业趣味化

苏霍姆林斯基认为：学习知识不能成为儿童精神世界的全部。如果要求儿童每天心无旁骛地学习，并且只做学习这一件事，那么他们的求知兴趣将会逐渐消失殆尽。因此，在使用作业时，教师应充分考虑学生的性格、年龄以及心理特点，结合教学需要，从实践体验型、创意制作型、任务驱动型等不同类型的作业内容入手，让巩固基础知识、技能训练等不再局限于抄抄写写，而是以"趣"为重点，变得更加好玩、有趣，令人向往。

### 1. 融游戏，激发学生作业兴趣

游戏对于学生来说有种天生的魔力，教师可将所教学的知识融入游戏中，让学生通过玩游戏轻松愉快地完成对知识的巩固。学习充满趣味和活力，学生就有积极的学习动力，就更容易到达"最近发展区"。

例如，在选择英语作业时，可以是：Enjoy an English program, Sing an English song, Watch an English cartoon, Listen to an English story, Collect an English trademark, Make an English short play…形式各异、新颖活泼的英语作业，赋予学习更多的趣味性，引导学生主动地探索、搜集资料，激发学生的想象力、综合思维及解决问题的能力，让学生在充满"趣"与"乐"的氛围中，不知不觉爱上学习。

### 2. 重探索，展开学生思维探索

苏霍姆林斯基曾说过："在人的心灵深处，都有一种根深蒂固的需要，那就是希望自己是一个发现者、研究者、探索者，而在儿童的精神世界里，这种需要特别强烈。"教师可以将探索元素融入作业中,如思维导图、小调查、观察规律、搭配、分类、对称等。这些手脑结合的活动可以加深学生对知识的理解,让学生成为知识的探索者。这样的作业,不仅可以调动学生的学习兴趣,还可以锻炼学生的思维能力和计算能力,寓教于乐。

## 三、整合创新,实践性作业生活化

《义务教育课程方案(2022年版)》在第五部分"课程实施"的"深化教学改革"中明确提出,"加强知识学习与学生经验、现实生活、社会实践之间的联系","积极开展主题化、项目式学习等综合性教学活动,促进学生举一反三、融会贯通,加强知识间的内在关联,促进知识结构化"。

### 1. 强化实践性作业

强化学科实践,用实践性作业代替机械重复的作业,就是让学生在完成作业的过程中加深理解、提高技能,引领学生从理解、运用、分析、评价的角度实现深度学习,为"双减"政策下的中小学作业改革提供新思路。

实践性作业多以项目或任务的形式呈现。教师将学习任务和具体的情境、真实生活问题联系起来设计一个综合性的项目,能够让学生综合、灵活地运用所学知识和技能解决问题,在探究实践过程中实现学以致用与知识再构。

例如,一年级数学"认识图形"实践性作业,要求学生"回家寻找长方体、正方体、球和圆柱物品,把它们搭起来,比一比谁在家里找得全、搭得高,并以照片的形式呈现"。事实上,学生找到不同形状的物品并把它们搭起来的过程,就是学生理解并应用图形知识的过程。从掌握知识的角度来看,一方面学生可以通过解题数量的增加来完成知识巩固;另一方面学生还可以通过改变情境来扩大知识运用范围,如在教室、学校等地寻找。操作实践情境下的作业强调动手做,鼓励学生手脑并用,在做中学。

### 2. 注重跨学科作业

新课标明确指出要设立跨学科主题学习活动,跨学科交流意味着学生能够将各学科知识灵活地进行横向联系,在学科交叉与融合中寻求共同点,并尝试运用综合的知识经验在现实生活中解决实际问题。因此,教师要基于学科融合的视域,让学生在跨学科的实践性作业中巩固所学知识,以避免作业使用的片面化与单调化。

教师要统筹好不同学科作业的平衡、差异和整合,提高作业的质量,优化作业的结构，合理安排作业的使用，这就需要鼓励广大一线教师布置学科整合类作业，并结合项目式作业、探究式作业，形成长线的、合作性、实践的、活动的作业，在语文、数学和英语的学科整合基础上，进一步融入音乐、美术、体育及科学等学科布置适量的实践性作业，有效落实"五育并举"。加强作业形式的灵活性和生动性，调动学生的学习积极性和创造力。

比如，小学语文六年级上册教材第一单元综合实践作业"触摸自然"中，教师将课堂搬到了校外，学生通过与自然亲密接触感受到了大自然的秀美，同时通过资料搜集等方式了解了祖国的秀美山川。学生在校外将自己融入自然后，根据自己的所思、所感，以手抄报、版画等形式展示自己的项目学习成果。该作业设计融合了美术学科、地理学科知识，通过手抄报（语文视角）、版画（美术视角）以及搜集汇编祖国秀丽山川资料（地理视角）等方式实现了多学科的交叉融合，帮助学生建立了多学科知识之间的联结。

## 四、立足学情，分层式作业弹性化

分层作业是因材施教原则在作业布置领域的体现。教师要根据学生在个性、学习能力等方面的差异进行分类，从而形成有针对性的作业结构。分层作业不能仅仅以学生的成绩和作业量为分层的标准，还应考虑学生个体的智能倾向、已有学习经验、兴趣和个性。同时，要看到学生的动机差异，在学生已有学习经验的基础上布置不同能力水准的作业，提供必做、鼓励做和挑战做的作业选项，让学生根据自己的能力、偏好选择相应的作业并完成，促使每个层次的学生都能取得最佳的学习效果。

### 1. 对作业难易程度分层

教师在设计分层作业时，要客观准确地分析班级学生的层次性；要科学、合理地设置与教学目标相对应的层次性的作业，使得班级中的每个学生都能够选择到适合自己能力的分层作业，都能够从分层作业中获得提高学习能力和开发潜力的机会。

在对作业难易程度进行划分的过程中，教师不仅要考虑作业所涉及的知识难度，还要充分考虑作业的完成难度。部分作业虽然涉及的知识并不复杂，但是在完成过程中存在一定的难度，需要花费较多的时间。针对这一类作业，教师要充分考虑学生完成作业需要花费的时间，才能够实现对作业难易程度的有效划分。除此之外，教师还要充分考虑作业的可行性。部分实践类作业对学生而言是很难独立完成的，且家长也没有时间与精力陪伴学生完成这部分作业。因此，教师在进行作业难易程度划分时，要综合考量学生的能力，对作业进行合理分层。

**2. 对作业量进行分层**

由于学生之间存在一定的个体差异性，所以其完成作业的速度也不同。教师通过对作业量进行分层，既能够提升学生完成作业的效率，又能够保证作业量满足不同层次的学生的学习需求。

首先，在对作业量进行分层前，教师应明确每一个学生完成作业的速度。在对作业量进行分层的过程中，教师要明确作业"宜精不宜多"，无论对哪一层级的学生，教师都不要为其布置过多的作业。

其次，要根据学生作业完成能力的变化，及时调整学生的作业量。随着学生的知识结构的完善，其完成作业的能力也在不断地提升。在这个过程中，教师要根据学生完成作业的能力，对其作业量进行调整，在减轻学生压力的同时，保证学生能够根据自身能力的变化进行知识的学习，提升其综合素养。

# 问题 25

# 如何科学评价作业

中共中央办公厅、国务院办公厅印发的《关于进一步减轻义务教育阶段学生作业负担和校外培训负担的意见》提出，要"提高作业设计质量"，"发挥作业诊断、巩固、学情分析等功能，将作业设计纳入教研体系"。作业评价是过程性评价的重要组成部分，如果说作业是对学生学习成果的评价，那么作业评价就是对评价的评价。

作业评价并非考试，也并非单纯描述学习事实，其是在根本任务的统领下，参照一定标准，通过有效、适切的评价方法，对学生的作业进行价值判断，以服务于实现教育目标的一项基础性工作。作业评价虽是教育的一个环节，但其根植于广阔的教学实践中，作业评价的质量对学生具有重大意义，这也是赋能"双减"整体增效的首要前提。这就要求教师要打破传统的作业观，重构新时代新教育的"大作业"观念，从"以学定教、以教思考、以考促评、以评论教、以教导学"的大智慧课堂文化生态的高度来定位作业评价，从而实现"学评同步、教学合一"的目标；从协调"结果评价与过程价值评价、横向评价与纵向增值评价、综合评价与多元特色评价、线下评价与线上大数据评价、自我评价与外部互动评价"的创新角度来灵活进行作业评价。

当前，作业设计受到广泛关注，作业评价设计的有效性却鲜少被人关注。因此，笔者将结合教育实践，从更新作业评价观念、充分发挥评价功能等方面对科学评价作业提出切实可行的策略，以有效发挥评价对学生学习的引导、诊断、改进、激励作用。

## 一、更新评价观念，明确评价目标

传统的作业评价，往往专注于对学生的作业结果的终结性评价，"一考定终身"，如书写质量、答案正误、考试成绩（分数）等，往往忽视了学生完成作业过程中的学习习惯、情感态度、思维过程等。全面育人观下的作业评价，需要改进终结性评价，强化形成性评价，探索增值性评价，健全综合性评价。通过对学生作业的综合评价，关注学生学习的结果，重视学生学习的过程，综合考量学生在完成作业过程中正确的价值观、必备知识和关键能力等核心素养的形成过程和达成情况。

### 1. 以"达标"为评价的基点

达标，就是所有学生都要完成规定的学习任务，达到规定的知识掌握水平和能力要求。无论作业的评价方式如何变化，都应围绕教学目标和认知目标的达成展开，参考课程标准、认知维度，与所在的课程单元目标形成一个有机的整体，降低标准不能促进学生学业水平的提升，因此"达标"是评价的基点。教师应该认真对待学生呈现出的作业结果，从中分析每个学生的学习现状，既要针对共性进行分析，将此作为接下来课堂教学的起点；又要针对学生表现出的个性为每位学生提供支持与帮助，尽力促使学生"达标"。

### 2. 以"成长"为评价的目标

由于个体差异的存在，总有学生无论如何都不能"达标"，甚至与标准要求差距很大。而仅仅要求学生"达标"或提高标准，却不告诉学生如何达到这个标准，评价也是"此路不通"。评价更重要的是追求"成长"，每个学生身上都具有成长和改变的各种可能。对于一些基础好的学生而言，实现"达标"不一定能够实现

"成长"；而对于一些基础薄弱的学生而言，即使暂时"达标"有困难，仍然可以通过学习获得"成长"。这就要求教师的评价以"达标"为基点的同时，更关注评价的目标——成长。即不仅要评价掌握的程度，更要关注作业表现的改善和学生所取得的进步，激发学生学习的欲望，鼓励学生迎接挑战，面对挫折坚持不懈，从批评和失败中体会再学习，促进自我"成长"，实现作业的最终目标——育人。

## 二、发挥评价功能，精准解读作业

作业评价是"教—学—评一致性"理念下教学的关键环节。崔允漷教授在《教师，请你先学会评价再来学上课》一文中明确指出："评价是教学信息流的GPS。教是为了学，学是为了学会。证明学生'是否学会''学会了多少'，需要评价作为GPS不断地获取目标达成信息的证据，以免教学信息流会停止，会迷路，会迷失方向，从而走向无效或低效。"

### 1. 多维分析，以"评"助学

有效的作业评价是能够促进学生学习的评价，而不只是为了达到筛选和证明等目的开展的对学习的评价。"教—学—评一致性"的作业评价需要做好诊断数据的统计，教师要通过作业来诊断学生所获得的知识表征质量问题，特别要诊断学生的知识储备量、知识储备类型等。因此，教师要以问题解决思维模型的正向推导为主，思维过程要可视化、出声化；要帮助学生还原真实的解题场景，精准判断学生的解题起点缺陷和试误顿悟路径缺陷；要将学生存在的问题进行分类，确定不同水平的学生的知识掌握程度和能力层级，识别优势与不足，为不同起点的学生设计适合他们的学习导航路线，及时进行教学干预和学习辅导，帮助学生建构起自己的高质量的认知结构，让作业评价的过程真正成为学生重组知识、建构知识体系的过程，以更好地实现作业评价的价值意义。

### 2. 基于诊断，以"评"促学

问题诊断是作业评价反馈的关键。其中，认知诊断是关键中的关键，学生的知识表征不同，其认知结构就不同，学生就会有不一样的思维品质和问题解决思维模型，因此，认知结构既是一种知识结构，也是一种心理结构。

基于单元整体教学，聚焦于"评"，素养导向的教学评价要超越原来对一个个孤立的知识点的评价，科学设计系统性评价目标和任务。课堂评价活动应贯穿教学的全过程，为检测是否达成教学目标服务，以发现学生学习中存在的问题，并提供及时帮助和反馈，促进学生更有效地开展学习。

评价设计要先于教学设计，教学评一体化使评价不再凌驾于教学之上或游离于教学之外，而是镶嵌于教学之中，成为教学的有机组成部分。教师在确定单元学习目标的同时，要为自身或学生决定什么学习成果能作为表明单元学习目标达成的证据，即根据既定目标确定最终的任务、具体的评分规则。接着，安排各种教学活动。这就是我们平常说的逆向设计——在设计具体的教学过程之前，先设计目标与评价，把学生达成素养目标需要"输出"的证据想明白（见图5-6）。

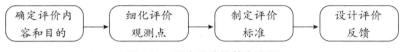

图5-6　评价设计的基本流程

以"脸谱设计"单元评价（见表5-5）为例，根据学习类型和内容，本单元将评价内容分解到不同的学习环节中，通过观察、分析等，采用多种评价方式，对学生的学习进行反馈。

表5-5　《脸谱设计》单元评价

| 活动内容 | 评价观测点 | 评价标准 | 评价反馈 |
|---|---|---|---|
| "感受京剧脸谱"，对京剧脸谱艺术的关注情况 | 1. 搜集资料的途径<br>2. 正确反馈脸谱知识的情况<br>3. 主动参与的情况 | 善于利用多种学习资源，准确查找相关知识，能够主动表达观察后的感受 | ★★★ |
| | | 利用学习资源，准确查找相关知识，能在教师的引导下进行观察，表达感受 | ★★ |
| | | 无法自主查找相关知识，不愿进行观察并表达感受 | ★ |

### 3. 及时反思，以"评"定教

武尊民教授指出，诊断测评反馈信息是立即的、实时的，目的是为教学决策提供依据。诊断测评的结果有助于教师思考教学计划，调整教学进度，改进学生的学习活动，调整教学方法和措施等。

发挥作业在错误诊断、支架设计、教学干预等方面的作用，赋能教师的因材施教和学生的成长发展。学生的作业作答中蕴含其知识结构、认知过程、能力优势、学习障碍等丰富的信息，是指导教学设计、提升教学干预的针对性的重要信息来源。一方面，教师须基于形成性评价的理念反思自己的教育教学。例如，教师在鼓励多元主体评价的同时，反思课堂上单向的权力关系，给予学生更多的自主空间和参与空间。另一方面，教师须基于评价结果推动循证教学。循证教学的核心是基于实证研究的结论开展教学，即在教学中不仅要重视宝贵的工作经验，还要重视通过实验、调查等规范的方法得到的数据和分析结论。评价实践有助于生成更为丰富的数据和分析，教师需要结合评价结果，分析自己教学的优势和薄弱环节并及时改进。

为了实现评价与教学的结合，发挥评价对教与学的促进作用，教师要先基于诊断性评价进行教学设计，然后进行教学；在教学过程中进行各种形成性评价；之后，进行作业评价，检查学生的学习进展，为下一步的教学改进提供依据。可见，诊断性评价是开展一系列教学和评价活动的重要起点，应该在教学实践中得到充分重视和利用。因此，教师要认识到作业评价诊断对优化教学决策和提升教学效果的现实意义，并要用好这一评价工具。

北大附中西三旗学校朱文娟老师所教的九年级学生在语言知识运用作业中的表现，反映出他们在语法知识运用方面存在如下问题：不能在熟悉话题的语篇中理解和运用常见时态、语态、非谓语动词以及常用复合句，特别是近三分之二的学生未掌握对常用时态和语态的使用。经过反思和分析，朱老师将学生的问题归纳为以下三种具体表现：关注语言形式多于语言运用，关注语言形式传达的意义多于语言实际使用，语言使用中的修正意识不足。

针对这些弱项，朱老师开展了诊断测评视角下以学生为主体的英语语言知识运用学习活动设计实践研究。该研究立足学情，依托经典语言学习理论，结合语篇内容，创造性地建构了以语言运用为导向的三维动态语法教学模型，引导学生先理解语篇的内容；之后在语境中识别被动语态的相关表达，归纳其语言表现形式；再基于主题情境并依托语篇内容进行句型转换以体会不同语态在使用上的表意差别；并进一步通过书面表达、同伴互评和全班例评等学习和评价活动，尝试在写作中运用并修订被动语态的相关表达。

### 4. 调整突破，按需选择

为了更好地发挥作业的诊断功能，教师在作业设计伊始就要对学生认真完成作业后应有的学习成果有大致清晰的认识，对学生所要达到的素养水平有较明确的界定，做到"心中有数"。

教师用评价量表从专业的视角在作业批改过程中寻找证据，通过证据评价学生的知识掌握程度、学业发展、关键能力发展以及素养发展水平，指导学生进一步优化学习策略、调整学习重点，进而提升学习效果。学生通过作业评价量表从用户视角对作业进行反馈评价，一方面通过作业完成体验将对作业的评价反馈给教师，以利于教师对作业进行进一步优化完善；另一方面通过作业对自己的学习进行评价，寻找学习的盲点和薄弱点，以便进一步调整学习策略。

六年级语文上册第四单元"穷人"，根据单元作业目标，可对本课作业进行如下设计（见表5-6）。

表5-6　"穷人"作业设计

| 序号 | 作业目标 | 作业内容 | 水平层级 |
|---|---|---|---|
| 1 | 能识写"抱怨、心惊肉跳、汹涌澎湃"等描写人物、环境的词语 | 读读下面的词语，试着给词语分类，再从中选择几个词语造句。<br>抱怨 沉思 风暴 糟糕 忧虑 自作自受 心惊肉跳 汹涌澎湃 | 理解、应用 |
| 2 | 能利用心情曲线图梳理人物心理活动变化 | 读课文，照样子，完成桑娜的心情曲线图 | 分析 |
| 3 | 能补白桑娜心理活动描写，分析人物形象 | "'是啊，是啊，'丈夫喃喃地说，'这天气真是活见鬼！可是有什么办法呢！'两个人沉默了一阵。"沉默中，桑娜会想什么呢？联系课文内容，写一写桑娜的心理活动，说说为什么这样写 | 创造、分析 |

如上表中的作业3，教师可以对学生的作业完成情况进行分析，针对学生不同的能力水平，设计不同层级的学习提示（见表5-7）。对于学习能力较好的同学，教师只需要出示"一级提示"；对于阅读理解能力和信息提取能力欠缺的学生，教师可以根据实际情况出示二、三级提示，以达到相近的学习结果。

表5-7　题目3学习提示

| 学习提示 |
|---|
| 一级提示　联系前后文，关注桑娜对待家庭、丈夫和邻居西蒙时复杂矛盾的心情 |
| 二级提示　1.联系前后文，关注桑娜对待家庭、丈夫和邻居西蒙时复杂矛盾的心情<br>2.特别注意桑娜抱回孩子后忐忑不安的心情以及丈夫回来后两人的对话 |

| | 学习提示 |
|---|---|
| 三级提示 | 1. 联系前后文，关注桑娜对待家庭、丈夫和邻居西蒙时复杂矛盾的心情<br>2. 特别注意桑娜抱回孩子后忐忑不安的心情以及丈夫回来后两人的对话<br>3. 再读读桑娜和丈夫的对话，想想为什么对话的后半部分才提到孩子，桑娜为什么不直接说西蒙的事 |

基于作业结果的教学调整与突破，可以"因材施教"，尝试个性化的教育。这样既体现了教学设计、教学实施、教学评价之间密不可分的关系，强调了作业结果对学生学习情况、教师教学情况的诊断改进功能，也有促进教师和学生基于证据的主动反思改进的功能。

作业评价本质上就是关于学习、为了学习、作为学习的学本评价，也是关于学生发展、为了学生发展、作为学生发展的生本评价，一册看似简单的作业本、一件看似粗糙的作品、一份看似幼稚的报告……其实都展示着一个学生的知识能力特征，蕴含着一个学生的核心素养品质。每个学生的生理、心理、智力、禀赋等都不相同，学业发展的速度、轨迹也不相同。作为教育者，作为人类文明的传承者和人类灵魂的工程师，教师要始终坚持对学生发展的全方位、全过程的关注，多从学生的认知成长规律出发，多从学生的终身发展理念出发，淡化作业评价的选拔和甄别功能，突出、强化作业评价的育人功能，尊重学生个体差异和创造性，制定有利于学生全面且个性化地发展的评价标准，因材施教，因人施评，实施渗透人文关怀的发展性评价，从细节入手，让学生通过作业评价的实践真正学会学习、学会评价，让学生感受到获得成功的喜悦和成长的快乐。

# 专题六

# 大单元教学备课实践

大单元教学基于核心素养的课程与教学系统，既是当前知识与信息时代对人才培养的紧迫需求，也是突破以往「以知识为中心」的教育困境的一种必然选择。因此，开展大单元教学时首先只有高度重视备课实践，注重知识的整合与迁移，才能实现大单元教学在课堂的软着陆。

## 问题 26

# 常用备课形式

在大单元教学中，确定好教学内容后，备课就是重中之重。备课是教师上课的起始环节，也是保证教师上课质量的关键，不只是教材分析、补充资料和设计教案，更是对课程与教学的"深度开发"。备课形式，是指教师在进行课堂教学前，根据课程标准的要求和本门课程的特点，结合学生的具体情况，对教材内容做教学法上的加工和处理，选择合适的教学方式方法，规划教学活动的过程时所采用的形式。

在传统的备课形式中，常常会有以下现象：集体备课以讨论交流、观课议课等形式解决教师个体在备课中的疑惑，不够注重教材和教学的思维逻辑，对大单元的教学备课效率不高；个人备课形式中，教师教育教学理念参差不齐，很难对一个单元的内容进行筛选、整合、提炼，开发新的课程资源。关注大单元教学中教师的备课形式，加强个人备课，落实集体备课，将集体备课和个人备课进行有效融合等，既是新课程目标、新教材实施后对教学的要求，也是育人方式改革后，有效落实学生核心素养的要求。

## 一、去芜存菁，创新个人备课样式

个人备课样式是指教师个人独立深入地研读教材，分析学情，搜集有关资料，确定教学方案的活动。教师个人进行大单元备课时，备课的核心流程之间逻辑关系不清、备课的核心要素不齐全、没有系统化的思考等是常见的弊端。

教师在进行个人备课时，可以根据专业教学设计模型，进行全流程教学设计，创新个人备课样式。首先，借助课标。课标是教学的导向。大单元教学引导教师在个人备课时注意整体感知的相关要求，并且关注多次出现的高频率词句，进行大单元教学的依据确立。其次，深挖教材。教材是教与学的"本"所在。大单元教学背景下，教师在个人备课时既需要对教材进行纵向分析，又需要对教材进行横向比对。纵向分析是指教师需确认学生在之前的学习中学会了什么旧知，旧知能为之后要学的新知做哪些铺垫，从而为学生学习成果的量化与积累打好基础。横向分析是指对教材单元的人文主题和语文要素的分析，明晰单元大概念和学习探究的核心问题。最后，依托学情。教师不再依据课时教案按部就班地教学，而是根据学生学情，重新构建符合教学实际和学生身心发展规律的新知识系统。

统编版语文教材一年级上册第六单元围绕"想象"的主题编排了《影子》《比尾巴》《青蛙写诗》《雨点儿》四篇课文。这些课文从儿童的视角出发，用儿童语言对自然界和生活中的一些现象进行了生动的描摹，充满儿童情趣，激发了学生对自然和生活的热爱。单篇教学只能让学生对童趣浅尝辄止，但如果从大单元去整体教学，可以让学生对动物相关知识进行整体感知，撰写动物笔记，收获较为系统的学习成果。

教师按照这样全流程式的备课步骤确定教学学案，可以极大地提升个人的备课能力。当然，这样的备课不是一次成形的，要想把每一个环节都做好，需要在具体的教学实践过程中反复迭代，是一个长周期的过程。

## 二、"线上+线下"，丰富集体备课方式

集体备课作为一种合作备课形式，由同一年级和学科的教师共同研究教材，解决教学重点、难点及方法问题。集体备课能够有效地解决教师独立备课时难以应对的问题，进而提升教学质量和教师的教学水平。在集体备课过程中，教师们可以相互交流、互相学习，共同探讨教材的重点、难点及教学方法，共同研究教学策略和课堂设计。这种备课方式不仅有助于教师更深入地理解教材，提高教学质量，同时也能促进教师间的合作与共同成长。

在新课改背景下，"线上+线下"的集体备课形式逐渐成为教研活动研讨的主流形式。这种方式可以有效避免集体备课流于形式，做到真实有效，还有充足的时间用于探讨与修改，提高备课的实效性。

线下备课是利用学校统一规定的时间，有针对性地、有准备地、系统性地集体备课。采取的主要方式是确定主题，由专人主讲，全组讨论，集体商定。大单元教学背景下，语文学科常见的备课方式可以大致分为以下几种。

### 1. 要素统领式

要素统领式，旨在聚焦单元重点语文训练要素，对单元教学进行整体规划与

组织设计，确保教学活动的有序进行和训练要素的有效落实。

五年级上册第四单元以"爱国情怀"为主题，编排了《古诗三首》《少年中国说》《圆明园的毁灭》《小岛》四篇课文。该单元的习作话题为"二十年后的家乡"，阅读训练要素是"结合资料，体会文章表达的思想感情"，表达训练要素是"学习列提纲，分段叙述"。

虽然从表面上看，整个单元的教学规划似乎难以通过单一要素进行全面统领，但通过深入解读单元内容和教学目标后，我们可以发现，"二十年后的家乡"这个话题是基于对家乡的热爱、对家乡美好未来的展望的基础上让学生进行想象。这样的情感基础，与单元主题"爱国情怀"息息相关，不可分割。这说明，阅读训练要素和表达训练要素相辅相成、相互呼应，在人文主题的引领下实现紧密结合。

### 2. 任务驱动式

在面对学习目标和内容时，采取将之精简为一项学科学习任务或生活情境任务的方式，并以完成任务为目标，能够有效地激发学生探究学习的积极性，从而激发其内在学习动力。通过这种方式，学生可以更加明确学习目标，更加深入地理解和掌握学习内容，从而提高学习效果。

四年级语文上册第三单元的阅读训练要素是"体会文章准确生动的表达，感受作者连续细致的观察"，表达训练要素是"进行连续观察，学写观察日记"。"观察"是一种重要的方法、技能和习惯，它不仅是学术研究的基本要求，也是生活中不可或缺的一部分。因此，为了提高学生的观察能力，我们需要明确地将"观察"设定为一个核心学习目标。在此基础上，引导学生深入探索动植物的生长变化和习性特征，并通过布置具体的观察记录任务，提前进行表达训练。这样的任务驱动式教学策略将观察活动与实际生活情境、学科学习任务有机结合起来，旨在全面提高学生的观察能力和综合素质，从而更好地迎接未来的挑战和机遇。

### 3. 主题探究式

从统编语文版教材中，我们可以发现某些单元的主题具有深入探究的价值。为了更好地培养学生的阅读能力和探究精神，建议运用阅读探究的策略进行单元整体教学的创意规划和设计。通过这种方式，学生不仅能够深入理解单元主题，还能培养自主学习和探究能力，从而为未来的学习和成长打下坚实的基础。

以四年级语文上册第四单元为例，这个单元是围绕"神话"主题进行组织编排的，读写训练要素也有赖于"神话"主题的文本阅读和想象性写作落实。在文本阅读学习的基础上，结合"快乐读书吧"的内容，设计一项中国神话与希腊神话的对比阅读课程活动。此外，我们还将分别开展以"创世神话"和"英雄神话"为主题的多文本比较阅读活动，旨在提高学生的阅读能力和文化素养。最后，我们将引导学生深入探讨神话的起源、价值和在特定时代背景下阅读神话的意义。通过这些教学活动，学生能够更全面地了解和欣赏中国和希腊的神话故事，以帮助他们更全面地理解神话这一文学体裁。

除了传统的线下集体备课方式，线上集体备课平台提供网络硬盘、教案积累、教案评选、检查、推荐等教案管理功能。此外，还提供教学案例、备课模板、教学素材等辅助功能，极大地便利了集体备课的过程。例如，在"希沃白板"上，教师可以进行在线备课，且教案默认为共享状态，从而可以轻松构建学校的特色教案库。每个教师都可以对教案库中的教案进行推荐、收藏和评论，进一步促进了教师间的资源共享与交流。同时，该平台会保留备课过程中的修改痕迹，能够明确每位教师在集体备课中的参与状态，从而可以避免集体备课流于形式。此外，该平台还能记录教师的备课思维过程以及集体备课的参与情况，可以有效避免电脑备课过程中的抄袭和应付现象。

网络环境下的集体备课，旨在丰富备课形式，创新传统模式。它突破了时空限制，实现了跨区域的同伴互助，是对传统集体备课的整合与补充。

值得注意的是，集体备课的方式丰富，但大单元教学背景下备课的核心仍是以骨干教师、中心发言人为主，其他教师为辅。这样的形式对于大单元教学内容的解读、大单元教学目标以及单元主题的确定等起到方向性的指导作用，可以确保备课的质量，也可以充分发挥骨干教师的辐射作用。

## 三、互相结合，提升备课有效范式

备课的过程是教师对教学目标、教学内容和教学流程熟悉、吸收和消化的过程。个人备课与集体备课相结合的备课范式，能够充分发挥教师的个人优势和集体智慧，使备课过程更加科学、合理、有效。尤其在赛课、公开课展示等情境下，这种备课范式更能快速提升教师的教学水平和课堂表现，提高教学质量和效果。个人备课和集体备课相结合的流程如下。

第一步，组织年级组的教师站在大单元的宏观角度，对教材进行整理、规划、重构，构建教师的知识框架，明确单元课标、学情、教材编排、重点难点等，做好单元学习目标定位，做好每个单元的教学设计。

第二步，给每个教师分配相应的课时任务，个人钻研备课。

第三步，课前，教师进行负责课时的说课汇报，集体查找设计中的问题，修改完善，打通课与课之间的联系，使单元间的知识更成体系。

第四步，集体过一遍课，在课堂教学中实践教学规划。

第五步，根据课堂实践情况，进行评课反思，修改、提升教学设计，完成对每个单元课型的开发。通过集体备课，实现资源的共享，激发教师的思维，集各方的智慧，开发出优质的大单元教学课程。

以四年级数学"角的度量"为例，教师首先进行集体备课讨论，对整个大单元的教材、学情、教学目标进行分析，并联系度量体系进行纵向分析，横向比较各版教材"角的度量"的内容并罗列优缺点，接着由教师分别进行备课授课"线段、射线、直线和角"，并设计基础性、实践探究性、生活情境性等分层作业，最终在教学实践后由听课教师评课提建议，反思课堂不足，共同优化改进教学设计。

在备课的过程中，通过集体备课与个体备课有机结合的方式，教师可以根据自己的教情、学情，批判地吸纳集体生成的智慧，修正原先的教学思路，解决制约教学的诸多问题，设计并撰写自己的教学方案，高效提升教学效果。

综上，我们可以看到，大单元教学的备课形式需要注重个人备课的深入研究和理解，同时也需要注重集体备课的交流和合作，使备课过程更加科学、合理、有效。教师除了要提高自身的实力，还要加强团队之间的合作，经过多方反复探讨和改进，备出一节符合学情、符合时代发展的大单元教学课程。

# 问题 27

## 如何撰写教学设计

新时代教学变革中很重要的一点就是素养本位的大单元教学。以核心素养为导向的大单元教学设计，是实现立德树人、落实素质教育、深化课程改革的现实诉求，更是落实学科核心素养的重要路径。大单元教学设计注重知识的整合与迁移，既有利于培养学生的核心素养，又能有效地弥补传统教学方法的弊端。教学设计可按照素材积累、搭建框架、充实细节三个步骤来进行。

### 一、抓住"三要点"解读：教材要义、课程旨归、学生困惑

**1. 教材要义：研读梳理课本，凸显"大"的特点**

首先，教师要对这一学期有关教科书的逻辑和内容结构进行梳理，明确课程标准要求，对学生的认识和心理准备进行分析，充分利用现有的课程资源等，在一定的时间内，根据一定的课时，确定本学期该科目的单元数量。其次，在此基础上，依据学习逻辑，建立一个相对独立、完备的学习事件，在知识总量、时间长度和活动结构等方面凸显"大"的特点。

**2. 课程旨归：落实核心素养，注重理解运用**

学科核心素养是学科教学的"家"，它是学生在学习该学科课程后逐渐形成的关键能力、必备品格和价值观。新的教学目标着重于让学生运用知识解决问题，进阶地、持续性地完成阶段性任务，注重对知识点的理解和运用。从这一点上看，课程核心素养的颁布推动了教学设计的改革，这促使教学设计从设计一个知识点或课时转变为设计一个大单元。

**3. 学生困惑：撰写生本教案，创设独立活动**

教师需要注意，大单元教学的出发点、核心过程和最终归宿都是学生，要营造以学生为中心的教学场域。因此，在备课过程中，教学目标应立足于学生主体，让学生能在真实情境下运用知识解决问题。教学内容则要从学生能"学会什

么"这个起点出发，按照学习逻辑对学生的学习目标、学习任务、主题情境、学习活动、个性评价等要素进行系统性的整合与设计。

## 二、落实"三步骤"设计：备素材、搭框架、补细节

### 1. 素材准备，孵化教学设计

素材准备是指教师在确定教学内容之后，从书籍、生活、学生等各方面收集资料，从而获得足够的素材的过程。

其一，丰富素材搜集途径。要想撰写出高质量的教学设计，必须有丰富的素材，教师可以通过下列方式获取素材：一是要认真研读教材，研读相关的教案，观看名师课例，这样才能更好地了解和掌握教科书的用意；二是抓住与教学主题有关的内容，贯彻落实语文要素的理念；三是参考与本学科有关的最新研究成果，这是使大单元课堂具有理论性和实践性的重要手段。

其二，研究学情调查维度。目前，在教学设计中，许多教师缺乏对学情的分析与把握，这就造成了教学设计无法与学生的困惑紧密联系，教学的针对性和实效性都受到了很大的影响。分析学情，教师可以这样做：一是采用网上问卷调查的方式，详细了解学生对本课程的了解程度；二是对班上学生进行面对面的调查，了解他们的心理问题；三是对网上或现实生活中对这一话题存在的某些理解上的误区进行分析。

### 2. 搭建框架，固化教学设计

厘清"三要点"之后，要搭建框架，也就是教师要捋清自己的逻辑，建立一个覆盖教学目标、教学内容、教学流程、评价标准等各个层次以及课前、中、课后各个环节的整体架构。

其一，从平面到立体，转变目标叙写方式。我们所熟知的传统的教学目标通常为"三维目标"，即知识与技能、过程与方法、情感态度和价值观，这样的模式往往只针对单篇文章，我们不妨从学科思维、探究实践等维度进行阐述来完成单元目标设计。其基本表达方式体现为"通过……培养……"，或"在……活动中，提高……"。另外，还可以采用"ABCD"模式来撰写，A 是指行为主体（谁学），B 是指行为表现（学什么），C 是指行为条件（怎么学），D 是指行为程度（学到什么程度）。需要注意的是，不论是哪种表达范式，其都应明确写明实施路径以及预定目标，体现出目标主体的主体学习行为。

统编版小学语文教材六年级上册第六单元围绕"保护环境"的主题，设置了两个语文要素，其中之一是"抓住关键句，把握文章的主要观点"，这是语文要素中第一次提到"观点"。而"观点"与"内容"不同，"观点"具有主观性，所以"把握文章的主要观点"是基于理解文章内容后的对作者主观思维的解读。在把握课文和学情的基础上，我们可以形成以下大单元目标设计（见表6-1）。

表6-1　大单元目标设计

| 理解大概念：<br>利用关键句，可以更准确地表达观点 | 基本问题：<br>课文表达了什么观点？是如何表达的 |
| --- | --- |
| 单元目标：<br>1. 能够正确读写本单元写字表中的14个生字，会写本单元词语表中的20个词语<br>2. 通过抓关键句的方法，提炼整合信息，把握课文的主要观点，发展思维及逻辑能力<br>3. 通过古今环境对比，感悟珍惜资源、保护环境的重要意义，获得情感的审美体验<br>4. 针对具体环境问题，写出表述清晰且言辞恰当的倡议书，发展语言建构与运用能力 | |
| 评价设计 | |
| 表现性任务：<br>1. 能够把握诗歌中诗人表达的观点，积累诗句<br>2. 能厘清作者提出观点的逻辑，利用思维导图呈现<br>3. 能在阅读中或生活中理解并尊重别人的观点，形成自己的观点<br>4. 能将自己的观点用凝练的语言有序表达，撰写一份倡议书 | |

具体来说，大单元教学目标的制定应该"整合学科知识、基本能力和核心能力，并将学生的生活体验作为课程统整的依据"，并能体现学生课堂学习的增量以及达成目标的方法或者支架。

其二，从知识到素养，转变内容教学方法。大单元教学时，教师选择的教学方法尤为重要，可以是以语言传递信息为主的方法、以直接感知为主的方法、以象征符号认知为主的方法，还可以是以自学探究为主的方法。那这么多的教学方法如何选择？首先，根据对教学目标的整体把控，选择合适的教学方法，由于多面向中小学生，可以选择图示语言等直观的教学方法。其次，教学方法需要根据教材的内容特点进行设计，同时也需要考虑教师自身的教学风格与特点，不能因追求新颖而舍本逐末。

其三，从单一到多元，转变教学评价方式。教学评价是教学过程中的重要环节，它是对教学效果进行综合评价的过程。在撰写教学设计时，智慧的教师善于用工具撬动课堂，建立评价量规。评价量规既是评价，也是学习。评价量规不是在课后才建立的，而是类似于"学习单""任务单"。将评价量规前置到课堂，教师就可以做到"教—学—评"一体化。教学评价应该是多元的，最常用的是"过程性评价+总结性评价"的组合方式。教学评价的角度建议是多样的，从多角度设计评价体系会让评价结果更具客观性和说服力。常见的教学评价有教师评价、学生互评、师生互评。

### 3. 充实细节，优化教学设计

充实细节是指教师在搭建了框架之后，再对某些特殊的重点加以增补，为"骨骼"填充"血肉"。其核心内容包括以下三点。

其一，撰写情境导语。"情境"可以理解为在学科学习中，建立一个让学生运用学科素养能力解决问题、完成学习任务的场域。在课堂教学中，教师要精心设计开场白，把情景导入写进课堂教学中。而情景导入的写作，要依据所选择的内容，并要与课程内容紧密联系。在教学过程中，教师要根据学生的实际情况和具体的教学内容设计合适的情境导语。

其二，撰写课堂小结。课堂小结是对一节课的总结和升华，也是教师实现本课教学目的的落脚点。好的结论应该呼应开头，回顾重点，指出学生应该得到什么，应该怎么做。此外，在进行大单元备课时，可以把每一节课上的各种教学内容之间的过渡语也写进教案里。

其三，充实教学资源。一节好的课堂，一定要有丰富资源来支撑，在传统的黑板板书和纸质作业的基础上，数字教学方式也是不可或缺的，教师可以在上课前就做好线上教学资源的准备工作。

## 三、参考"三模板"撰写：学历案设计、项目化设计、跨学科设计

教师在着手大单元备课设计时，要做好在课程标准、核心内容、基本学情的深度分析基础上的"再建构"，在进行课时教学以前，要在系统分析基础上组建单元，进行单元整体规划以及单元整体规划下的课时设计，确定主题、明确目标、逆向设计、结构化任务、递进性活动，包括课型、课时、作业、测试统筹安排与科学设计等。图6-1可作为大单元备课及学习任务单的一般设计流程参考。

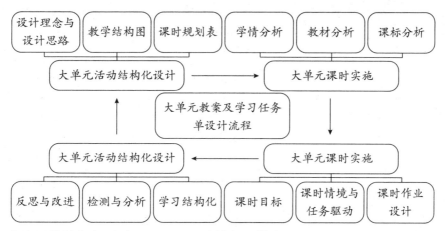

图6-1　大单元教案及学习任务单设计流程模板

## 1. 模板一："大单元学历案"设计

"大单元学历案"是以"学会什么"为中心，以某个学习单位为中心，进行设计和展示说明"学生如何学习"的历程，使学生能自行建构或建构自己的经验或知识。它是对"课时教学案例"六个元素（单元主题和课时、单元目标、单元评价任务、学习过程、作业和检查、学后反思）的传承和发展。

所以，"大单元学历案"是师生、生生互动的媒介，它是一种对学生的学习进行规范或指导的文本，是一种可以反复利用的课程资源，是一份记录学习过程的学习文件（见表6-2）。总之，"大单元学历案"以体验为导向，着重于"学会"，也就是学什么、怎么学、学到什么程度以及学不学，都由学生来决定。

表6-2　大单元备课学历案模板

| 授课学科 | | 学习年级 | | 学期 | |
|---|---|---|---|---|---|
| 授课课型 | | 单元课时 | | 授课教师 | |
| 单元主题 | | | | | |
| 教材内容 | | | | | |
| 学科知识 | | | | | |
| 核心大概念 | | | | | |
| 单元大任务 | | | | | |
| 子任务 | | | | | |
| 目标 | | | | | |

续表

| 探究活动 | 探究学习 | 学生活动 | 教师活动 | 学习资源 |
|---|---|---|---|---|
| | | | | |
| | 探究发现 | 学生活动 | 教师活动 | 学习资源 |
| | | | | |
| | 探究结论 | 学生活动 | 教师活动 | 学习资源 |
| | | | | |
| | 探究反思 | 作业设计 | 板书设计 | 反思与改进 |

"大单元学历案"设计有助于教师明确大概念大单元备课的切入点与开展逻辑，据此进行结构化备课，把学科知识结构转化为学生头脑中的认知结构，使学生深入理解大概念并进行迁移应用，从而提升学生的核心素养。当然，这种备课方法目前仍有待完善之处，还需要在进一步的教学实践与研究中发展提升。

**2. 模板二：项目化学习设计表**

项目化学习作为培育核心素养的方式之一，已成为当下学校教育教学变革的一种重要力量。项目化学习可以反哺学科课程高质量、创造性实施，是未来课堂教学改革的另一种突破途径。这必然关系到课堂教学行为的改进和备课新范式的形成。课堂教学行为的改进，如何基于课程标准，依托教材，根据学习内容的性质，以项目化学习设计更为深度的课堂学习活动，是摆在教师面前的挑战。教师可以通过项目化学习的基本模式框架（见表6-3）架构大单元教学，其与单元备课的核心理念不谋而合。

表6-3　项目化学习设计表模板

| 项目名称 | | | | | |
|---|---|---|---|---|---|
| 学科 | | 学段 | | 年级 | |
| 主要教材 | | 项目时间 | | | |
| 所需资源 | | | | | |
| 作品类型 | | | | | |
| 学习目标分析 | | | | | |
| 学习目标 | | | | | |
| 驱动问题 | | | | | |
| 问题分解 | | | | | |
| 成果与评价 | | | | | |
| 实践与评价 | | | | | |

### 3. 模板三：跨学科主题学习设计表

大单元教学，既可以是单学科的单元内容统整教学，也可以是跨学段的多个单元知识的融合教学，是对学科教学单元内容进行的二度开发和整体设计。

华东师范大学吴刚平教授对跨学科主题学习的定义是：跨学科主题学习不能脱离学科而单独存在，应以学科内容，尤其是学科核心知识和思想方法为主干，应用和整合其他学科的相关知识和方法，围绕一个中心主题、任务、项目和问题开展综合性学习活动，发展学生的跨学科核心素养（见图6-2）。

**图6-2 跨学科主题学习设计流程**

教师可以根据学科特性和教材内容进行整合，将跨学科主题学习作为大单元学习的方式之一。同样地，跨学科主题学习也离不开目标、情境、任务、活动、评价这些基本要素。跨学科主题学习设计表模板见表6-4。

**表6-4 跨学科主题学习设计表模板**

| 跨学科主题 | | | | |
|---|---|---|---|---|
| 主要学科 | | | 年级 | |
| 主要教材 | | 学习时间 | | |
| 所跨学科 | | | | |
| 所需课时 | | | | |
| 学习目标分析 | | | | |
| 学习目标 | | | | |
| 大情境描述 | | | | |
| 核心任务 | | | | |
| 大任务 | 子任务 | 学习活动 | 学习评价 | |
| | | | | |
| | 子任务 | 学习活动 | 学习评价 | |
| | | | | |
| | 子任务 | 学习活动 | 学习评价 | |
| 成果展示 | | | | |
| 探究反思 | | | | |

在这里，教师要注意跨学科主题学习的如下设计原则：一是内容可跨。跨学

科主题学习是基于学科跨学科，所以学科内容要可以跨到其他学科中，这是基础。二是学生乐于跨。跨学科主题学习是让学生来实施的，因此学生要特别乐于"跨"。学习要有意义，更要有意思。三是因需而跨。跨学科不是为"跨"而"跨"，而是有了需求，自然而然就"跨"了。

无论是大单元教学，还是跨学科主题学习，都是试图通过教师对教学活动的重新设计和创造性，提升教学的品质和促进学生的创造力发展。

综上所述，基于理解的大单元教学设计在中小学教育实践中具有重要的意义和显著的成果。它能够整合碎片化的知识、激发学生的学习兴趣和主动性、提供多元化的评价方式，进而提高学生的素养能力、培养其创新思维和问题解决能力。展望未来，随着教育理念的不断更新和教学技术的不断发展，大单元教学设计有望在个性化教育、在线教育等领域发挥更大的作用。

不同的大单元教学设计则需要根据不同的学科内容以及学习背景进行具体的细化以及变革，以上模板仅供参考。如何平衡知识的广度和深度、如何适应不同学生的需求等，仍需教师在课堂教学实践中不断探索和创新。

# 问题 28

# 如何进行备课反思

教学反思是指教师用批判的眼光审视自己的教学行为，思考行为背后隐含的教学目的、课程原理和观念，针对教学中出现的问题进行多角度的清晰透彻的分析，并提出独创且恰当的解决方案。在此基础上，提出了一种新的教育理念，即在课堂上进行一系列的反思。同时，也有利于提高教育实践的科学性，检查课程的设计是否与学生的实际需求相一致。大单元教学反思就是在实际基础上，判断教学目标与教学实际情况是否相一致，教学过程中有没有达到教学目的，重点是对单元教学的观念进行阐释。

## 一、思目标进阶化：素养立意，学有所成

### 1. 依据课标，重审目标定位

首先，教师需要思考本单元的学习活动是不是以单元为中心进行的，并考察

课程目标设定的梯度与维度。主要内容有：基本知识目标、能力提高目标、核心素养在课程目标中的具体体现及设置是否合理。

其次，教师需要反思学生在课堂教学活动中取得的成绩；自己对课堂上的行为与学习行为是否进行了合理的设计；教学流程的改进能否逐步推进；课程中核心素养体现的视角、基点是否合适等问题。在执行教学目标时，不同水平的学生是否能够根据其自身水平设定不同的目标；基础、延伸、变形、应用四个环节的教学策略能否有效地实施；在执行过程中出现了什么问题，又该如何改进。

最后，教学目标实现与否是教师课堂教学是否有效的具体体现，一切教学策略的实施都是为了教学目标的实现。

### 2. 依据实践，明确落实效率

在教学过程中，教师要以实现教学目标为中心。要清楚一堂课下来，学生达到目标的效率有多高；那些没有达到的目标，原因是什么，如何提升。通过对"学什么，如何学，学到什么程度"进行分析，建立一个大环境下的单元教学模型，把课时的任务、问题需求和现实的情景结合起来，实现问题的解决，从而使学生的核心素养得到提高。

例如，要在真实情境中提出能引发学生思考的数学问题，让学生画圆，从圆中找点、线段和角。出于对平面图形认识体系的思考，探究半径直径的特征。给学生布置任务，要求学生自主探究、动手操作。学生只要沿着这样的思路走就不会出错，学生学习得比较被动，因此，学生没有机会去发现和提出数学问题，更谈不上创新意识的培养。如果让学生在正三角形、正方形、正五边形、正六边形、正十边形及圆中选车轮的形状，探究车轮装在什么位置，这样一来，圆心、直径、半径有产生的必要性，能引发学生产生认知冲突，激发学生的学习动机，促进学生积极探究，从而使学生认识真实的世界，培养学生解决实际问题的能力。指向核心素养的数学教学应该在真情境、真思维中培养学生的关键能力。

### 3. 依据实情，提出指导价值

首先，"反思性教学目标"是对"课程实施过程"的重新认识；其次，通过对"大单元"教学过程中所产生的"难点"进行研究，推动"大单元"教学实践向纵深发展；再次，依据教学目标的实现，引导更加贴近学生实际的课程资源进行再整合；最后，重点讨论大单元的情景与任务驱动达到教学目的的有效性。

## 二、查活动结构化：教学有法，教无定法

### 1.彰显"以生为本"，反思过程的个性差异

大单元教学的目的是促进学生个体获得发展，而不同的学习个体对课程的期望与教学的要求是不同的。通过教师的教学活动在教学过程中强调彰显学生个性化的表现，也让所有的学生都有不同程度的学习成果。例如，统编版语文二年级下册《在文字里旅行》——游山玩水，在教学方式上的反思：第一，从课堂形式上，衔接知识和学生的生活；第二，从学生的学习兴趣上，突破了单篇精讲细析的固定模式，在任务驱动下，学生从兴趣出发，成为课堂的主人，在语文实践中学会学习，落实语文学科核心素养；第三，教师的角色也发生了变化，由原来的知识的传播者，转变为学生在语文实践活动中自主、合作、探究性学习的引导者，教师把安排好学生的自主学习作为教学的落脚点。

从学生的预期和实际的结果来看，教师经常会思考以下几个问题：我是否足够重视学生的个性？学生是否认同我所教授的教学内容、教学方法及教学策略？我给了学生最好的学习环境吗？我对学生的学习状况是否满意？在我的指导下，学生会得到什么样的发展？

### 2.规整情境创设，反思任务驱动的实效性

大单元提倡创设真实的教学情境，促进学生进行有效的学习。为此，教师在进行课堂教学时，一要考虑到教学情境与学生的现实生活是否相契合，是否能够有效地解决现实问题；二要考虑在教学情境中能否有效地完成大任务，能否达到所学课程的教学目的；三要考虑各子任务是否能逐步达到教学目的。

例如，人教版小学英语"To Be a Better Me"单元整体教学反思。运用倒推的设计方法，先确定第五课时的最终目标，提取大观念。然后倒推回去，确定每一个课时的小观念，让学生学会建立友谊。使学生意识到在人际交往中，我们要悦纳他人、欣赏他人，同时还要认识自我、了解自我，并进行进一步改进。首先，单元整合要始终围绕单元话题开展系列教学活动，不同单元整合，需要找到话题的共通性或衔接性；其次，教学目标定位尽量体现在能力发展方面，真正做到用语言做事情；最后，任务设置前，要有合理的原因，也就是情境的设定，从学生的生活中来，再回到学生的生活中去。

教学情境的创新体现在教师吃透教材后联系生活，创设符合授课班级学情的

情境。

**3.精简教学总结，反思各要素的达成情况**

每一节课都以知识运用为重点，以提高学生的学习能力为目标。学生要在大环境下亲身体验这一全过程，然后与同学共享，从中获取一种学习的成就感，并激励其内在的学习动力。

反思板书传授知识与示范指导，必须突出重点、难点。在《神州谣》一课中，教师设计了一系列学习任务，让学生积极地去探究和发掘汉字，激发他们对汉字的浓厚兴趣。

综上，大单元备课反思源于教师对大单元教学的认识和思考，它要求教师把平时自发产生的对教学的思考变成一种自觉的行为习惯，反思教学有助于教师深入地熟悉教材、熟悉学生，改变教学观念，改进教学方法；同时，也有助于教师本身的能力的提升。对教学的每一个环节进行反思，都能让教师对课标以及教材的整体性与结构有更深刻的了解，从而更加深入地了解教学方法与教学目标，达到有效教学的效果。

## 三、提反思建议点：提高效率，追求高效

### 1.大单元备课反思的关键点

关键点一，具有评价诊断功能。通过反思，评价诊断教师备课的质量，师生不仅可以了解自己的教学或学习的变化与进展，而且能够发现其中事实上存在或可能存在的问题。而这些现实的和潜在的问题就是教师思考和促进教学和学习的出发点与依据，可以更好地指导教师开展教学活动。

关键点二，具有即时性。下课后快速进行反思，对自己课堂教学的过程进行反思，对即时捕捉的教学反思点进行精细性复述和精细化加工。

关键点三，具有持续性。大单元教学反思，可持续性发展之路要随着大单元的备课持续跟进。第一次反思大单元教学情境的期望性反思以及对课时计划方面的反思；第二次反思主要针对在课堂教学过程中出现的问题，教师对自己在活动中的表现、想法、采取的措施进行的反思；第三次反思是课后教师对整个课堂教学过程的回顾、总结和评价。

三年级上册第一单元的语文要素是"阅读时，关注有新鲜感的词语和句子"

"体会习作的乐趣"，第一单元教材单元有三篇课文《大青树下的小学》《花的学校》《不懂就要问》（其中《不懂就要问》是略读课文），口语交际《我的暑假生活》，习作《猜猜他是谁》，语文园地。

在教学时，将口语交际导入单元学习中，交流暑期里发生的新鲜事。学生们交流了暑期里游览祖国各地时的新鲜见闻或感受，回到新学期的课堂学习中，我们从文字、阅读中也可以不断有新鲜的感受。"有新鲜感的词语和句子"，每一个学生都有自己的独特感受。在前两篇课文中，选择一篇作为定篇来学习和渗透单元大概念，另一篇作为用篇来运用有过纠结和矛盾。在学习前两课的课堂上，愿意交流和表达自己感受的学生并不是太多，既往学习过于碎片化，学生习惯于被动学习的模式。单元整体任务驱动的教学模式不适合学生。在学习第三课时，调整教学环节，关于这篇课文中觉得新鲜的词句的交流，举手发言的学生越来越多，甚至他们都可以说出自己觉得新鲜的观点。私塾、戒尺、上课咿咿呀呀摇头晃脑地背诵……不理解的学习方式，都让他们觉得惊讶和新奇。

上述案例通过即时持续的反思评价，教师能更充分地挖掘出隐藏在表象后面的深层次问题，有利于教师掌握学情，更有利于解决实际问题。

### 2. 大单元备课反思的注意点

注意点一，在大单元备课反思过程中，教师应捕捉教学的闪光点。大单元每课时记录教学环节中教学情境的真实性、任务驱动的高效处、学生生成的通透点，是师生互动的突破点，将其总结为大单元教学的教学经验，最终成为教师的教学智慧。

注意点二，凸显教学的发展点。教师运用发展的观点来审视自己的教学和自己的学生，注重在教学过程中改进教学方法和学生的绩优性评价，使各个子任务都能准确、有效地达到教学目的，列举出教学和学习两个层面的发展空间。

注意点三，记载教学的疑惑点。教师在大单元教学过程中，产生教学内容和任务驱动的问题却不能得到及时解决，课后教师应及时查阅资料，消除学生知识上的盲区，将问题转化为智慧。

注意点四，对学生的创新之处进行记录。课堂活动本身变化多端，精彩之处可以预先设定，而最妙之处却在于设计之后的随意发挥。同样的问题，因为学生的思维方法和视角都不一样，所以他们经常会有自己的看法，而对不同的学生的看法，也是一种艺术。教师要进行恰当的指导，让他们从多个方面进行分析，找出最好的解决方法，再在对比不同的意见的时候，去芜存菁，让学生自由地发表自己的看法。

**3. 大单元备课反思中教学评的一致性**

其一，教学评一致性的重要性。这就需要教师进行教学改革，不仅要想着教师教得怎么样，还要想着学生学了些什么，更要想着用评价反馈来促进学生的学习，以此来督促和检查教师的教学。因此，在是否能够形成"所教即所评，所学即所教，所学即所评"的一致性循环中，教师的评价素质就成为这一循环的中心。在实施过程中，学生可以根据自己对所学内容的掌握程度进行自我评价，并对其进行相应的调整。达成目的者，会有成就感，能更主动地投入下一单元的学习；不合格的学生能够对自己的基本知识和能力有清晰的认识，清楚自己的努力方向，并加以纠正。

其二，教学评一致性引领备课过程。教学评一致性是与课程标准共生的，而实施绩效评价与以课程标准为基础的教学与评价之间存在很多重合的地方。例如，以素养为指导的教育目的，以共同的学习追求为目标，以过程为导向，以过程为导向，以评价为导向，以过程为导向，二者相辅相成、互相影响。注重评价学生行为表现的过程和结果，在课堂教学中嵌入表现性评价更能促进和引领学生的学习，更能促进新课程标准的有效落地。在设计大任务和子任务时，先转换目标为评价，以评价为先引领教师的教学和学习活动，并通过搭建情境性支架，充分调动学生深入学习的积极性和创造性。逆向评价思维，突破了传统教学设计中教学和评价二者相互独立以及先教学后评价的固化思维习惯，为真实、全面开展针对核心素养的评价设计提供了可能。

其三，教学评价对学习效果的意义。使教学目标规划清晰可测评、形成教学过程中的表现性评价，指向学习目标的教、学生的学、达成目标的学、课堂的评、对学习目标实现的评。反思教学评价加快了大单元备课教学深层改革的步伐，体现在从清晰可测评的教学目标出发、思考真实情境和任务驱动的学习活动、嵌入式的教学评价三个方面。用真实任务驱动学生的学习活动，实现学习目标与教学目标相统一、学习策略和教学策略相统一、学习内容与教学内容相统一。这三个统一能够提升语文课堂内在的"同构性"。

教学评一致性指的是在课程标准的指导下，具有共同的教学追求，具有共同的过程评价取向，二者互为依存、互相影响。表现性评价是对传统的纸笔测试的一种积极的探索，它更多地关注对学生行为表现的过程与成果的评价，指导学生由被动向主动转变，直到职业能力得到提高。将绩效评价融入课堂教学中，可以更好地引导学生，有效地实现教育目的，推动新课标的落实。促进学习的评价强调对学生的学习策略进行反馈，以达到规范、教学和评价一体化的目的。学生完成评价任务的过程也是一种学习过程，教师在这个过程中设计的教学活动紧紧围绕学生的核心素养的发展。可以说，这样的体现教学评一体化的教学活动与实施过程，达到了以评促教、以评促学的目的。

# 问题 29

# 如何将备课落实到课堂

大单元教学能使学生对所学内容有系统的、整体性的理解，教师有结构地教，学生有联系地学。大单元教学的核心价值就是把"以教为中心、以知识为中心"的课堂变为"以学为中心、以培育人的核心素养为中心"的课堂。它把学生的学习看作一个整体，按照学习规律和学科知识体系，设计一系列的单元或学习任务。大单元教学强调学生的自主学习和合作学习，以探究、实践、展示等方式为主，旨在培养学生的创新精神和实践能力，提高学生的综合素质。大单元教学的基本单元是学习任务或学习项目，这些学习任务或学习项目需要学生运用多个学科知识或技能来完成。大单元教学强调学习与实践的联系，学习内容和学习方式更加贴近实际，让学生能够更好地理解和应用所学知识。

那么，大单元教学备课如何更好地落实到课堂内呢？这就需要为大单元课堂构建课堂模型。只有在体现大单元教学的核心价值和基本特征的前提下，开发出大单元教学的多种课型，才能让大单元教学走进更多教师的课堂，为促进课堂教学改革更充分地发挥作用。

## 一、单元导学课，让学习动力可催化

"单元导学课"，是基于单元整体教学产生的一种课型。它居于大单元整体教学的首位，是单元教学的前奏，对整个单元的教学起导航、定向的作用。开启单元教学之前，专门腾出一节课，带领学生到"本单元"里走一趟，浏览所有内容，明确其单元的学习内容，对培养学生建立单元整组的学习意识、更好地把握本单元大有裨益，为整个单元的学习做好铺垫。在单元导学课上可以学习什么呢？

其一，明确单元主题和核心任务。课堂上，教师通过导语、图片、视频等，向学生介绍大单元的学习主题和核心任务，让学生了解单元的学习内容和目标。

其二，组织预习活动和反馈预习。教师可以在课堂上布置预习任务，如阅读单元导读、浏览单元目录，同时可以对一些基础性知识开展预习的反馈并学习，让学生对单元内容有一定的了解。

其三，引导学生思考和设疑激趣。课堂上，教师根据单元学习内容提出问题，引导学生思考和讨论单元内容，激发学生的学习兴趣和动机，为后续的学习做好准备。

统编版语文教材五年级上册第四单元的主题是"爱国情怀"。在这个单元中，需要通过学习古诗、散文、事理说明文、记叙文等体裁，了解作品"分段叙述"的特点，并能借助资料与作者产生情感共鸣，形成真善美的价值取向，表达自己的见解，发挥想象力创作文学作品。通过创设开启一场"爱国逐梦"之旅的任务驱动课堂，走进单元学习（见图6-3）。

图6-3 "爱国逐梦"之旅

上述案例中，通过课堂梳理，利用单元作业设计中的"预习导航"，包括对字词、内容及学生学情进行反馈，以此明确任务，借助支架梳理明确不同的题材、不同的任务、不同的事件指向同一种爱国情感。通过导读课学习，明晰了本单元的学习基调。

## 二、主题探究课，让思维过程可视化

主题探究课是一种深入探究某一主题或问题的课程设计，这是大单元主题式学习的关键课型。它通过一系列探究性的活动和问题，引导学生主动思考、发现并解决问题，培养他们的思维能力和探究精神。在单元学习中，主题探究课可以作为整个单元的学习的高潮和总结，也可以作为单元的一部分进行学习。需要注意的是，具有以下主题探究课基础要素。

要素一，创设情境，明晰挑战性主题。教师在开展课堂教学前，要选择一个具有探究价值的主题或问题，创设情境，围绕主题激发学生的兴趣和好奇心，并且具有一定的挑战性，让学生带着好奇心进入课堂学习。

要素二，设计活动，以学习支架支撑。根据主题或问题，设计一系列具有探究性的活动，活动可以是实验、调查、文献研究、讨论等。活动应该能够引导学生深入思考和探究主题或问题。

统编版语文教材五年级上册第四单元的主题是"爱国情怀"。本单元的主题探究课采用了"资料身份证"这一学习支架，帮助学生搭建课文学习的思维路径，由扶到放，促进学生更高效地学习。不同资料身份证对应不同的类别：古诗、《少年中国说》可以借助这一支架搜集释义性资料、背景性资料、历史脉络性资料；《圆明园的毁灭》课前搜集的建筑、文物的补充性资料和历史脉络性资料，学生在学习课文时可以结合文中的关键信息谈谈感受；《小岛》则可以填写将军和战士们的身份证（见图6-4）。

图6-4　资料身份证及人物身份证

要素三，适时指路，以学为中心。在探究活动中，教师应该引导学生主动思考、发现和解决问题，鼓励他们在个人学习和小组学习中发表自己的想法和假设；同时，教师要有针对性地进行引导、纠偏，使学生的思维不断实现进阶。在不断的探究中，不断地修正知识，完成素养能力的质变。

要素四，总结反思，注重过程性评价。在学生探究，特别是探究后的展示环节，也是教师观察、诊断、发现问题的过程，综合各种信息，从中发现学习者的闪光点、思维误区、思维障碍点等，及时做出信息反馈，让学生通过信息反馈和生生间、小组内、小组间、师生间的评价，及时判断自己的思考的对与错，同时也要对学生的大单元学习成果给予肯定和鼓励。

比如，北师大版数学教材三年级上册第五单元"周长"的主题为"周长与周长计算——平面图形周长的测量"。课堂上可以以问题导入：有一个长方形公园，需要测量它的周长，应该怎么测量呢？再让学生通过"描一描""说一说""认一认"等各种丰富的实验探究，用直尺测量不同形状的卡片的周长，并记录下来。接着让学生用绳子绕圆形卡片一周，并测量绳子的长度，记录下来。最后，教师适时总结归纳。让学生总结周长的概念和测量方法，并分享自己的探究成果。

在主题探究课中，教师应该注重培养学生的思维能力和探究精神，鼓励他们主动参与、动手实践、合作交流，从而促进他们全面发展。同时，教师也应该根据学生的实际情况和需要进行课程设计和调整，确保探究活动的有效性和针对性。

## 三、知识建构课，让学科知识结构化

知识建构课是一种以学生为中心的教学方式，旨在帮助学生通过主动参与和探索，构建自己的知识体系，加深对知识的理解和应用。在单元学习过程中，可以通过以下几种活动来设计知识建构课。

活动一，案例分析。提供真实的案例或情境，引导学生进行分析和思考，通过讨论和交流，帮助学生理解知识点在现实生活中的应用。

活动二，情境模拟。创设模拟的现实情境，让学生在模拟的情境中扮演不同的角色完成任务，通过实践操作和问题解决，加深对知识点的理解和应用。

活动三，小组讨论。将学生分成多个小组，给定一些开放性的问题或主题，让学生在小组内进行讨论和交流，分享彼此的观点和经验，促进知识的共享和整合。

活动四，项目式学习。结合单元主题，设计一个具有实际意义和挑战性的项目，引导学生以小组的形式进行研究和探索，通过完成项目来整合和应用单元知识点和技能。

人教版数学教材四年级上册的"角的度量"相关的学习中，开展项目化学习能帮助学生更好地理解角度。我们设计的驱动性问题是："解锁更多角度，用眼更加舒适。"这是一款桌面可倾斜学习桌的广告词。是否要购买这样的学习桌？它是否可以起到护眼的作用呢？家人之间有很多的争议。作为一名测绘工程师，你会如何判断学习桌护眼的科学性？

学生通过头脑风暴讨论出学习桌护眼的科学性的简易判断标准：看得清楚和看得舒服，进而对驱动性问题的解决方案达成了基本共识。接下来探索三个子问题：学习桌及其使用中的角有哪些？如何测量和计算合理的书桌桌面角度？可倾斜学习桌科学吗？在这些问题的探索中，学生在初步理解角的概念的基础上，测绘平面桌和桌面可倾斜学习桌使用过程中的最佳视野俯角和最佳舒适俯角。通过角的大小比较和角的计算，他们判断出平面桌无法实现最佳视野俯角和最佳舒适俯角的一致，不能做到既看得清楚又看得舒服；桌面可倾斜学习桌可以利用桌面的倾斜角度达到"既看得清楚又看得舒服"的理想状态。最后，学生完成学习桌测绘报告，并在书桌购买决议会上阐释自己的探究过程及结论。

在知识建构课中，教师的作用是引导和启发学生，为学生提供必要的支持和反馈，鼓励学生进行自主探索和运用创造性思维，促进知识的生成和应用的实践。同时，教师要注重学生的个体差异和能力水平，为学生提供具有针对性和挑战性的学习任务和活动，激发他们的学习兴趣和创新精神。

## 四、实践创新课，让学习能力渐进化

在大单元学习结束后，通过一些具有实践性和创新性的活动，如项目制作、研究报告等，培养学生的实践能力和创新精神。以下是一些实践创新课的活动建议。

建议一，项目制作。学生可以与他人合作，或者独立进行一个小型项目。项目的主题应与学生的学习内容相关。例如，如果学习的是历史，他们可以制作一个关于某一历史时期的互动展示，包括历史事件、人物和时代特征等；如果学习的是科学，他们可以开展一个实验，自主设计实验步骤，收集和分析数据，得出结论。

建议二，研究报告。学生可以选择一个他们感兴趣的主题，进行深入的研究，并撰写一篇研究报告。教师可以提供一些指导，比如如何确定研究方法、如何收集和整理数据、如何写好引言和结论等。

建议三，角色扮演。学生可以扮演不同的角色，模拟某一场景，这可以帮助他们更好地理解复杂的社会现象。例如，如果学习的是经济学，他们可以模拟一个商业交易，包括不同的角色，如供应商、购买者、银行家等。

以上这些活动都可以帮助学生将他们在课堂上学到的知识应用到实际的情境中，同时也能够激发他们的创新精神，提高他们的实践能力。

综上所述，核心素养导向下大单元教学要依据课标，把握教材，读懂学情，提炼大主题或大概念，叙写大单元目标和学业评价。依据相关设计理念，进行教学结构化活动设计和分课时规划表及分课时实施与反思改进的结构化过程，理解并践行"精而深"及"少即多"的课程理念，聚焦核心、以点带面、举一反三，这是大单元教学的基本要求。在大单元教学的课型中，教师需要打破传统的知识点限制，从整体上把握单元教学内容，设计出符合学生的认知特点的教学策略和活动，引导学生进行系统性的学习和探究。

# 问题 30

# 如何评价备课质量

大单元教学旨在引导教师在备课时从单元整体着眼，用心研读课标、教材、单元内容等，在课堂教学中实现"一课一小得，一单元一大得"，重点关注起统领作用的"大"的观念、项目、任务和问题。备课是教师创造精彩的课堂的起点和基础。备课的效果直接影响大单元教学的效果，备好课应该是每一个教师的首要目标。备课时，教师应吃透教材，在用心钻研教材的基础上，渗透大单元思想，设计大单元目标框架下的课时目标。同时，分析学情，做到绞尽脑汁，让学生参与到课堂学习中，牵引学生主动、深入地投入阶段性学习。

需要注意的是，大单元教学的出发点、核心过程和最终归宿都是学生，教师要做的是，关注学生的自主学习，营造以学生为中心的教学场域。大单元教学指向核心素养，它是一个彰显课程逻辑和学习立场的学习事件。因此，备课过程中，教学目标应立足学生主体，使学生在完成学习任务过程中做到积极主动地求学，并能在真实情境下用知识解决问题。基于此，教师可以从以下几个维度关注大单元备课质量。

## 一、深入单元中心，能精准击中目标

《义务教育语文课程标准（2022年版）》明确了核心素养的目标追求和导向作用，指出"核心素养是学生通过课程学习逐步形成的正确价值观、必备品格和关键能力"，要通过学科学习培养学生的学科核心素养。由此，核心素养成为课程与教学的起点和终点，明确了学生在学习过程中需要形成的关键能力、必备品质和正确价值观。这启示我们，教学的知识体系应实现从实体知识到建构知识的转变，并能反映出学习形态从浅层向深层的转变。

目前，在制定大单元教学目标时，许多教师都不知道该怎样进行教学内容的整合，这体现了个别教师对大单元概念的浅尝辄止、缺乏单元目标意识、对文本关注不足等问题，这是造成大单元教学效率低下乃至无效的原因。要制定科学合理的大单元教学目标，必然要体现出整合教材的思维，并在明确大单元概念的前提下，立足于文本关怀，提炼单元教学主题，渗透个性化的内容，融合教学策略。具体来说，大单元教学目标的制定应该"整合学科知识、基本能力和核心能力，并将学生的生活体验作为课程统整的依据"。

合格的大单元教学目标的表达要做到符合逻辑、准确、清楚、具体四个要求。"效果"的表述对内容的整合起着指导性的作用，模糊、笼统的目标表述不能成为整合内容的筛选依据。

以人民美术出版社版美术教材一年级下册"我和昆虫"这一单元为例，确定"动物朋友"主题，创设"动物王国"探险情境，设置三个阶段性学习目标：第一课时，学生通过仔细观察，使用简单的线条勾勒各种动物的外形，培养观察和表达能力；第二课时，对某个动物的某些细节进行有针对性的、深入的观察，通过艺术的方式来展现动物的特点；第三课时，通过"叠一叠""剪一剪""涂一涂"等多种艺术形式，让学生在"玩中学"，调动学生的想象力和创造力，提高学生的艺术创造能力和综合素质。

需要注意的是，大单元教学目标不能与学生目前的学习状况和基本能力相分离，要一直与学生的认知相吻合，从而使学生能够在大单元学习过程中，顺利地实现每个课时的学习目标。另外，对高年级的学生来说，教师可以主动地让他们参与到大单元教学目标的制定中，从而推动师生之间的互动，让他们感受到大单元学习的快乐。

## 二、聚焦教材内容，能创设真实场域

情境任务设计是大单元教学不可或缺的要素。设计教学活动时需要明晰三点要求：第一，要突出学科的工具性、实践性、综合性的课程本质；第二，确保活动之间具有逻辑性和连贯性；第三，要有针对性，要把大问题放在大情境下去解决。教师要充分利用社会文化资源与自然资源，全方位为课程服务。为激发学生的课程参与热情，情境主题应具有真实性、生活化、趣味性等特征，最好把贴近学生的生活和游戏作为目标。在创设情境时，教师要根据所教内容，围绕大概念，设计一些有趣的大问题，引导学生主动探究，达到一边解决问题、一边运用相关知识和技巧的效果，最终把这些知识和技能转化成他们的素养和能力。

如何创设情境？研读教材是第一步。以统编版语文教材五年级上册第四单元为例，该单元的主题是"爱国情怀"。将单元语文要素与新课标进行对照，可以发现此单元属于"文学阅读与创意表达"学习任务群。那么在这个学习任务群驱动下，该如何进行单元解读、单元学习架构以及实施教学呢？可开展"爱国逐梦"主题展活动，对整个单元进行统整和架构，使学生在任务实施过程中，感受文学语言的特点，体会单元思想，表达真情实感。结合单元内容，将"爱国逐梦"主题展活动划分为三大任务：任务一，执笔书画赞山河；任务二，博古通今诉情怀；任务三，畅想未来摹蓝图。在三个任务下，设置了五个板块："唤"山河梦；"颂"人才梦；"诉"富强梦；"讲"强军梦；"绘"我的梦。每个板块对应的内容也进行划分。板块一，安排了前两首古诗和语文园地中的书写提示；"人才梦"涉及《己亥杂诗》《少年中国说》和"阅读链接""词句段运用"；第三板块中有《圆明园的毁灭》和"日积月累"；"强军梦"关联了《小岛》；"我的梦"放入了"交流平台"和习作，写"我心中对家乡未来的畅想"。整个单元最终以多种形式呈现：书法作品、手抄报、情感朗诵、说故事、习作。

评价情境设计是否合理的一个标准是：学习过程的构建是否重在说明学生如何学会，是否重视学习活动的组织和学习任务的嵌入。在大任务、大问题、大项目、大概念等的推动下，实现系统性知识的逐渐积累，臻于完美。高质量的大单元备课，为了让知识由记忆理解到构建，再到迁移应用，往往运用高阶思维对学习活动进行设计。具体而言，就是备课时，教师是否设计出层层递进的活动板块，让学生的知识能力的发展有一个由低到高的逐步螺旋上升的过程，通过一个个学习支架来建构学习过程，与素质发展的内在机理相吻合。

## 三、点燃作业薪火，能挑战改革创新

目前，不少教师在布置课堂作业的时候，缺少对单元整体的思考，并且常常墨守成规，缺少创造性。作为单元作业设计的起点和归宿，在设计和检查单元作业的有效性方面起着举足轻重的作用。在课程设置上，要以单元的整体性作为导向，并重点关注学生的主体素养的培养。在制定单元作业目标的时候，教师应当以课程标准为基础，对学科核心素养进行系统化、精准化分析，将其与单元大概念相嵌合，初步制定以关键能力为基础的单元作业目标。单元作业是为学生的学习而设计的，所以，教师在制定作业目标时，要结合学情，弥补课堂上出现的薄弱环节，扩展课堂上很难达到的重要能力，最后将单元作业的目标定下来。但是，作业目标并不是一成不变的。教师在设置了具体的作业任务之后，会对目标有更明确的认识。同时，在这个过程中，学生还会有新的成长点，教师要及时地把握和调整作业目标。

统编版语文教材四年级下册第三单元，既是"现代诗"单元，也是"综合性学习"单元。本单元的语文要素是：（1）初步了解现代诗的一些特点，体悟诗歌的情感。（2）根据所需，自主收集资料，学习整理资料的方法。（3）小组合作编写小诗集，举办班级诗歌朗诵会。在进行大单元教学设计时，单元作业设计可以作为单元教学推进的重要支架，依据单元要素，根据单元大主题"我和诗歌有个约会"，开办"诗社"，根据诗社团队来完成一系列的作业（见图6-5）。

图 6-5　"我和诗歌有个约会"作业设计

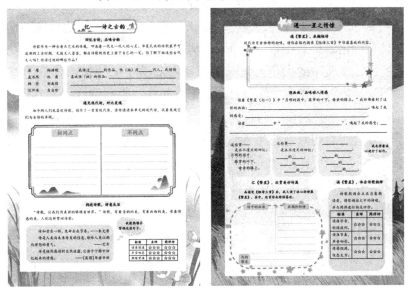

图 6-5　"我和诗歌有个约会"作业设计（续）

　　基于核心素养的单元作业设计应具有以下三个方面的特点：第一，作业贯穿学习始终；第二，作业可引导、促进学生进行深度学习；第三，作业注重持续性的评价。以小学科学"能干的厨师长助理"单元作业为例，可先布置预习作业，例如联系生活、统计一天的食物；布置课堂作业，例如给食物分类、填写食物营养表等等；布置情境作业，计算午餐膳食宝塔、评价午饭、设计营养餐等作业可以帮助学生抓住"营养要均衡"的要点。通过多元化、层层深入的作业，推动大单元教学实践落到实处。

## 四、着眼整体布局，能环环紧扣凸核心

目前，小学大单元教学易产生缺乏人文性教学理念、难以实现教学目标、忽视学生的需求、配套的评价方式单一等问题。究其原因，都是前期备课不扎实、不完整。完整的大单元备课，应包含对学习内容的组织与实现途径的明确，备课时解决以下五个核心问题。

第一，要让学生获得什么样的知识（事实、概念、原则）与技能（过程、程序、策略），才能使单元教学取得理想的教学效果？第二，为培养学生所需要的能力，应布置什么样的学习任务？第三，基于既定的目标，学生需要什么样的引导？第四，教师应该怎样做才能做得更好？第五，为达成上述目标，应提供何种学习材料及资源？基于这些，教师要做到完善学情分析、制定合理科学的教学目标，设计个性化的教学任务，让教学情境贯穿整个教学过程。

综上所述，高质量的大单元教学备课，要从学生能"学会什么"这个起点出发，按照学习逻辑对学生的学习目标、学习任务、主题情境、学习活动、个性评价等要素进行系统性的整合与设计，帮助学生体验学习进阶过程。在备课过程中，教学与评价应互相融合并共通教学目标。课程结束后，教师不仅能明确学生能"学会什么"，点拨学生"怎样学"，还能从评价反馈中获取"学到何种程度"的精确信息。在这种以学生为中心的教学机制下，备课思维不再桎梏于简单的知识传递，而存在于学生能动地参与学习活动、独立完成学习任务、亲身体验学习经历的全过程中。

# 参考文献

【1】刘徽. 大概念教学［M］. 北京：教育科学出版社，2022.

【2】秦世军. 大单元教学的理念与操作［M］. 北京：新华出版社，2023.

【3】［美］林恩·埃里克森，洛伊斯·兰宁. 以概念为本的课程与教学：培养核心素养的绝佳实践［M］. 上海：华东师范大学出版社，2018.

【4】［德］希尔伯特·迈尔. 备课指南［M］. 夏利群，译. 上海：华东师范大学出版社，2011.

【5】斯苗儿. 小学数学综合评价指南［M］. 杭州：浙江教育出版社，2023.

【6】［美］简·查普伊斯，等. 促进学习的课堂评价：做得对用得好（第二版）［M］. 赵士果，译. 上海：华东师范大学出版社，2020.

【7】夏雪梅. 项目化学习设计：学习素养视角下的国际与本土实践［M］. 北京：教育科学出版社，2019.

【8】吴明. 小学体育跨学科单元教学的实践与策略——以三年级《障碍跑》为例［J］. 体育教学，2023（8）.

【9】朱华. 聚焦目标，用核心问题串联单元教学——以北师大版教材六年级下册"比例"单元为例［J］. 教学月刊. 小学版（数学），2022（12）.

【10】闫存林. 语文学习任务设计：原理、方法和案例［M］. 中国人民大学出版社出版，2022.

【11】赵晓鹏. 小学语文大单元教学设计与实施研究——以部编版六年级下册"鲁迅"单元为例［J］. 试题与研究，2023（36）.

【12】王逸骏，陈晓超. "微项目"视域下的单元整体教学——以《多边形的面积》单元教学为例［J］. 基础教育课程，2023（12）.

【13】付宜红. 小学语文教师专业能力必修［M］. 重庆：西南师范大学出版社，2018.

【14】李竹平. 小学语文大单元教学八讲［M］. 上海：华东师范大学出版社，2023.

【15】李斌. 核心素养导向下的大单元教学思考［J］. 小学教学参考，2023（4）.

【16】李斌. 指向核心素养的大单元教学评价——以统编版道德与法治教材三年级下册《我们的公共生活》的教学为例 [J]. 小学教学参考，2023（12）.

【17】徐玲玲，刘徽，曹琦. 评价连续体：大概念教学的评价设计 [J]. 上海教育科研，2022（1）.

【18】吴立宝，孔颖，代俊华. "双减"背景下我国中小学作业研究的热点、演进与展望 [J]. 天津师范大学学报（社会科学版），2022（1）.

【19】余琴. 小学语文作业的设计原则与使用建议 [J]. 语文建设，2021（22）.

【20】章静. 探究如何在数学文化统领下开展小学数学大单元教学——以六年级下册比例的教学为例 [J]. 数学学习与研究，2023（3）.

【21】李松林. 以大概念为核心的整合性教学 [J]. 课程·教材·教法，2020，40（10）.

【22】程凤. "双新"实施下的STPR大单元集体备课模式研究 [J]. 教育文汇，2023（8）.

【23】黄厚江，孙国萍. 基于核心价值开发大单元教学的多种课型——大单元教学操作要领之一 [J]. 语文建设，2022（19）.

# 后　记

　　在编写本书的过程中，编者借鉴和参考了国内外一些知名专家的著作和研究成果，引用了一些教师的案例和文章，在此向所有专家、教师致以衷心的感谢！受沟通渠道所限，我们未能与所有作者都取得联系。敬请相关作者与我们联系，电子邮箱：taolishuxi@126com。

编　者

# 重温经典：
## 学用陶行知教育艺术

主　　编：郭湘辉
副主编：邓　华　吴志平　谭斯月
编　　委：房文龙　谢　俏　曹海鹰　傅　玉
　　　　　易丽霞　陈　靓　苏　璞　谢　艳
　　　　　吕惠娟　李　红　蒋　琼　彭英奇
　　　　　陈灵芝　邓羽思　廖　斌　项凯星
　　　　　郭武松　韩　丽　李双双　张亚烨

新 华 出 版 社

**图书在版编目（CIP）数据**

重温经典：学用陶行知教育艺术／郭湘辉主编；
邓华，吴志平，谭斯月副主编.
-- 北京：新华出版社，2024.12.
（创造学生喜爱的课堂）
ISBN 978-7-5166-7687-5

Ⅰ. G40-09

中国国家版本馆 CIP 数据核字第 2024 PS8414 号

---

**重温经典：学用陶行知教育艺术**

主　　编：郭湘辉

责任编辑：蒋小云　丁　勇　　　　　装帧设计：郝亚娟

出版发行：新华出版社
地　　址：北京石景山区京原路 8 号　　邮　　编：100040
网　　址：http://www.xinhuapub.com
经　　销：新华书店
　　　　　新华出版社天猫旗舰店、京东旗舰店及各大网店
购书热线：010-63077122　　　　中国新闻书店购书热线：010-63072012

照　　排：桃李书系
印　　刷：三河市人民印务有限公司

成品尺寸：170mm×230mm
印　　张：13　　　　　　　　　　字　　数：218 千字
版　　次：2025 年 2 月第一版　　　印　　次：2025 年 2 月第一次印刷
书　　号：ISBN 978-7-5166-7687-5
定　　价：49.00 元

版权所有，侵权必究。如有质量问题，请联系调换：010-60252288

# 前　言

时光流转，万物皆变，在时代的洪流中，教育在不断变革，以此适应人类的需求，留下了许多宝贵的经验和具有前瞻性的理念，足以让后人学习、发展和创新。

在探索中国现代教育的征途上，陶行知先生的教育理念和实践起到了积极的推动和示范作用。他的一生是一部"赤子之心、爱满天下"的教育史诗，他始终秉持"教人求真、走进儿童、知行合一"的教育理念，积极倡导"创新教育、改造学校"的教育革新，与国家新课程改革方向高度吻合，对我国的教育起着重要的作用，再读之依然如此亲切，与广大教师隔空产生共鸣。

本书便是基于陶行知先生的教育理念编写的，旨在帮助当代教育工作者深入理解和运用陶行知教育思想，在实践中创造出更符合儿童身心发展规律、更有生命力的教育环境和教育方法，同时也展现目前教育所取得的一些成果。整本书在风格上力求通俗化、大众化，在内容上则突出实践性、可操作性，做到理论与实践的有机统一；同时，强调创新性、典型性，在遴选案例的时候，均选择当代教育实践中具有一定影响力的人或事来写，富有时代新、可读性。

本书结构严谨，共分为七个篇章，每个篇章都从不同的角度和维度阐述了陶行知的教育思想和实践，可以给教育工作者带来新的思考和成长的机会。陶行知先生以一颗"赤子之心"献身于教育事业；这种对教育的深沉热爱和对儿童的深切关怀，凝聚在他的教育理念"爱满天下"之中；"教人求真"是陶行知教育思想的核心，教师不仅要注重学生的知识积累，更要关注他们的品德修养；坚持"走进儿童"，以儿童的视角理解世界，尊重他们的个性和差异，找到最契合他们的教育方式；坚持"知行合一"，学生在实践中学习，在学习中实践，让教育充满生命力。陶行知先生积极倡导"创新教育"，提倡对学生进行深刻的"改造"。他认为教育的目标除了传承知识外，更重要的是培养具有创新精神和实践能力的新时代人才。为了实现这些教育目标，陶行知先生提出了一系列具有前瞻性的教育改革方案，包括改革课程内容、更新教学方法、重塑师生关系等。他认为学校应是学生自由探索的乐园而非束缚学生思想的牢笼。在这样的学校里，学生不仅能学到知识，更能学会如何做人、如何生活。

因此，这是一本非常有价值的教育经典，对于更新教师和学校的教育理念、提升教师的专业能力具有重要意义。作为教师，应该如何学习并运用陶行知教育思想呢？

首先，需要借鉴其教育理念，坚持"以人为本"，不断与时俱进，在传授知识的同时，培养学生的创新能力、批判思维和适应未来社会的能力；其次，加强教育实践，采用科学灵活的办法，让学生能饶有兴趣地积极主动地参与学习，并最终实现学以致用；再次，重视学生的全面发展，教师要怀有仁爱之心，关注学生的心理健康和个性发展，为他们创造良好的学习环境和发展平台；最后，培养学生的社会责任感，面对当下各种社会问题和挑战，教师要善于引导学生正确认识社会现实，培养他们的社会责任感和公民意识，让他们积极参与社会实践，为社会发展做出贡献。

总的来说，本书可以帮助广大教师深入了解陶行知先生的教育理念和教育思想，并将其应用于自己的教育实践中，以此来培养更多具有自主性、创新性、实践性、思想性和时代性的人才，为社会的进步和发展做出更大的贡献。

借此机会，笔者要衷心感谢中国陶行知研究会副会长、浙江省教育学会副会长童富勇教授，中国教育学会副会长、南京市行知教育集团原总校长杨瑞清老师给予的思想引领和无私帮助，也要感谢整个编写团队近半年来的用心撰写和精心打磨。

在此，笔者希望每一位读者都能从中获得启发和灵感，在自己的教育实践中创造出更多的"陶行知式"奇迹！当然，笔者的编写初衷未必完全实现，也因时间紧张未能联系书中采纳的名校名师事迹的相关当事人，还请大家见谅。希望今后能有机会修订本书，使之日臻成熟。

# 目　录

## 专题一　赤子之心

"捧着一颗心来，不带半根草去。"陶行知的赤子之心，犹如一道璀璨的光芒，照亮了中国现代教育的发展道路。

# 专题二　爱满天下

爱是触及灵魂、动人心魄的教育，教育是心心相印、甘于奉献的爱。唯有从心底发出来的爱，才能达到心灵深处。

# 专题三　教人求真

教育自诞生之初，便承载着求真的基因，它不仅是知识的传承，更是精神的远航、品德的磨砺，是一种探寻真理的使命。

# 专题四　走近儿童

假如你曾用心去触及童心，就能知道那是一片让人神往的净土；假如你曾用爱去聆听童言，你才会想起当年自己纯白如纸的模样。

## 专题五　知行合一

知是行的出发点，行是知的落脚点。知可以让行更远，行可以让知更深。当我们以知促行，行才得以生新知。

# 专题六　创新教育

创新教育是培育孩子个性成长的沃土，教育中唯一不变的，应是我们那颗永远不甘平庸而寻求突破的心。

# 专题七 改造学校

学校是学生成长的乐园，是学生发展的摇篮。我们要让学校在四通八达的道路上前进，用"四通八达"的教育让学生在摇篮中茁壮成长。

# 专题一

## 赤子之心

『捧着一颗心来，不带半根草去』。陶行知的赤子之心，犹如一道璀璨的光芒，照亮了中国现代教育的发展道路。

# 主题 1

# 第一流的教育家

今日的教育家，应该具备怎样的要素呢？1919 年，陶行知在《时报·教育周刊·世界教育新潮》第 9 号发表的文章里提出："敢探未发明的新理，即是创造精神；敢入未开化的边疆，即是开辟精神。创造时，目光要深；开辟时，目光要远。总体来说，创造、开辟都要有胆量。在教育界，有胆量创造的人，即是创造的教育家；有胆量开辟的人，都是开辟的教育家，都是第一流的人物。"陶行知先生认为，具备以上两种要素中的一种，方可算第一流的人物。

教师是教育的第一资源，是建设高质量教育体系、实施高质量教育的根本力量。习近平总书记致信全国优秀教师代表，深刻阐释中国特有的教育家精神，与陶行知先生的"第一流的教育家"要素是如此的契合。

新时代，新征程，第一流的教育家应该具有"心有大我""至诚报国"的理想信念，"言为士则""行为世范"的道德情操，"启智润心""因材施教"的育人智慧，"勤学笃行""求是创新"的躬耕态度，"乐教爱生""甘于奉献"的仁爱之心，"胸怀天下""以文化人"的弘道追求，展现出中国特有的教育家精神。

## 一、勤学笃行，求是创新

"教育是为未来培养人才，要跟着时代前进，怎么会够呢？我鼓足生命的风帆，孜孜不倦地追求，顺境不自傲，受挫更刚强，有使不完的劲。"从教 70 余年、为推动我国基础教育改革发展做出突出贡献的"人民教育家"国家荣誉称号获得者于漪，痴迷语文教学，耄耋之年仍坚持站在讲台上。她躬耕教坛、与时俱进，用行动践行"做了一辈子教师，但一辈子还在学做教师"，彰显了"师者为师亦为范"的境界。

学不可以已，教师应当成为勤于治学、不懈求索的表率。"为学当如金字塔，要能博大要能高"，卫兴华是这样说的，也是这样做的。多年来，这位"人民教育家"国家荣誉称号与"最美奋斗者"称号获得者，始终奋斗在勤学求真的道路上。90岁之后，虽然病痛缠身，仍每天学习工作至少8小时，经常参加学术活动；即使卧病在床，也坚持与学生探讨学术问题。数十年如一日辛勤耕耘，卫兴华将知识精华传授给学生，也让马克思主义信仰在他们心中生根发芽、成长壮大。榜样是看得见的哲理，教师以身作则，既传授知识，也传递信仰，就能给学生以无穷力量。

为学之实，固在践履。无数优秀教师秉持躬耕态度，激扬奋进的精气神，以勤学笃行、求是创新为"强国有我"写下生动的注脚。长期在野外进行科学观测与试验研究的重庆大学教授蒋兴良用持之以恒的科学实践精神，大胆创造，攻克能源电力装备安全多项重大科学与技术难题，为我国电网安全做出突出贡献。既"树木"又"树人"的贵州大学教授丁贵杰，带领团队创建马尾松杂交育种技术体系和种质基因库，敢探新理，在多目标培育技术体系和优化栽培模式等方面取得重要突破，在教学和科研中培育创新人才。

"问渠那得清如许？为有源头活水来。"时代越是发展，越需要教师勤学笃行，求是创新。今天，教学工具不单是粉笔、黑板，还有翻转课堂、智慧教室；教学场所不止于三尺讲台，而向社会大课堂延伸；授课内容不局限于书本、教材等学科类知识，更注重学生德智体美劳全面发展……知识更新周期越来越短，学习需求越来越多样，对教师的能力素质提出了更高要求。葆有创新意识，持续加强知识储备，优化教育教学方法，提升教学质量，才能更好地适应时代变革，实现教育发展、科技创新、人才培养一体推进。

教师是人类灵魂的工程师。教师只有秉持勤学笃行、求是创新的躬耕态度，以精湛的学识、深厚的素养、创新的理念，做学生前行的引路人，才能在教书育人岗位上做出新的更大贡献。

## 二、乐教爱生，甘于奉献

没有爱就没有教育。不同学生的性格爱好、脾气秉性、兴趣特长、家庭情况、学习状况等不尽相同。教师只有具备仁爱之心，才能尊重、理解、包容每一名学生，才会注重学生的全面发展，进而通过精心培育、耐心引导，呵护学生健康成长。从教育的本质来看，教育不仅是知识的传递、智慧的启迪，还是品德的涵养、心灵的塑造。教师付出纯粹无私的爱，就能用爱培育爱、激发爱、传播爱，润泽学生的心田。

2001 年，20 岁出头的张玉滚放弃在城市工作的机会，来到河南伏牛山深处的一所小学，成为一名乡村教师。为了学生实现"走出大山"的梦想，他扎根深山、坚守讲台，把自己磨炼成能教书、能做饭、能裁缝、能治病的"全能型"教师，用关爱陪伴乡村学生成长。2006 年前，学校到山外不通车，他靠一根扁担，把学习用品和生活用品挑进大山。

有无数像张玉滚一样的人民教师，他们爱教育、爱学生，一辈子在三尺讲台上默默奉献，有的在学生遇到危难时挺身而出，有的坚持用自己有限的收入捐资助学，有的拖着残疾之躯坚守岗位……如春蚕，如蜡炬，他们诠释着人间大爱，共同构建了教师这一职业群体的精神底色。

爱是教育的灵魂，有爱才有责任，有责任才有奉献。正是因为饱含对三尺讲台的热爱、对莘莘学子的关爱，很多教师有了"择一事终一生"的执着坚守，有了"只为桃李竞相开"的无私追求。这样的爱与责任，让乡村教师石兰松在深不见底的大龙湖上摆渡 30 多年，为学生撑起求学之路；让退休教师陈立群谢绝其他学校的高薪邀请，主动到贵州大山深处扶贫支教；让特级教师张俐既当教师又当妈妈，用爱的教育为"折翼天使"插上逐梦的翅膀……仁爱之心，孕育了为人师者诲人不倦的敬业精神、淡泊名利的高洁品质，也成就了他们更有价值的事业与人生。

如今，教学条件不断改善，教学手段更加丰富，教学风格更加多元。时代在变迁，但爱是教育的永恒主题。无论在偏远山乡躬耕，还是在繁华都市执教，教师都应勤修乐教爱生、甘于奉献的仁爱之心，把自己的情感倾注到每一个学生身上，以真心呵护学生成长，用大爱书写教育人生。

教育是一门"仁而爱人"的事业。只有厚植教育情怀、涵育仁爱之心，才能以大爱点亮学生的梦想，托举民族的未来。

## 三、启智润心，因材施教

教育，蕴含着无穷力量。习近平总书记同北京师范大学师生代表座谈时深情地说："教过我的老师很多，至今我都能记得他们的样子，他们教给我知识、教给我做人的道理，让我受益无穷。"做一名好教师，不仅要教书，更要育人；不仅要启智，更要润心。让学生在学习知识、启迪智慧的同时，也塑造高尚的灵魂和健全的人格，培养适应终身发展和社会发展需要的正确价值观、必备品格和关键能力，这样的教育，才能更好地促进学生的全面发展。

适合的教育才是最好的教育。每个学生的禀赋、潜质、特长不同。教师要用心发现学生的长处，探索多样化教学，注重因材施教，帮助学生拓宽成长成才的道路。乡村教师支月英几十年如一日，用"一棵树摇动另一棵树，一朵云推动另一朵云"，不仅让学生学习知识，更让他们树立起走出大山、脱离贫困的信念。清华大学附属小学党总支书记、校长窦桂梅不仅多年保持"一日蹲班"的教学习惯，还带动年轻教师一起参与，俯身面对学生的个体差异。

从教30年，浙江省杭州第二中学校长蔡小雄始终笃信"比成绩更重要的是成长，比上课更重要的是育人"，和同事一起帮助学生寻找人生方向。人们看到了教师在推动学生多元发展方面发挥的作用。

面向学生，因材施教，注重学用相长、知行合一，就能以充满智慧的育人实践落实素质教育。

## 四、言为士则，行为世范

学高为师，德高为范。教师的职业特性决定了教师必须是道德高尚的人群。合格的教师首先应该是道德上的合格者，好教师首先应该是以德施教、以德立身的楷模。用科技为荒山带来苍翠的李保国，扎根贫困地区、献身教育和扶贫的张桂梅，到祖国最需要的地方建功立业的西安交通大学西迁老教授，全国各地发挥余热的"银龄教师"……他们用行动诠释了什么是"学为人师、行为世范"。

中国人民大学的不少学生听过关于高铭暄教授的一则小故事。一次，这位90多岁高龄的老先生要为青年教师做一场讲座。有人注意到，他16页的手稿上，满是修改痕迹。原来，他为了这次活动，前一夜改稿到凌晨2点。虽然讲座主题与以往大致相同，但他备课仍一丝不苟："每次听的人都不同，当然要重新整理。"这位获得"人民教育家"国家荣誉称号的名师，不仅用学识培养了一批英才，也用言行、品格影响了众多青年学子。

榜样的力量是无穷的。教师的人格力量和人格魅力是成功教育的重要条件。中国传统文化倡导教师既要"言传"，也要"身教"，努力做"经师"和"人师"相结合的"大先生"。好教师，不仅是学生学业上的领路人，更是学生人生道路上的好榜样。

## 五、心有大我，至诚报国

"含德之厚，比于赤子。"爱国是一种朴素的情感，也是立德之源。"振兴中华，乃我辈之责"，黄大年毅然放弃国外的优越条件回到祖国，以拼命三郎的精神叩开"地球之门"，抢占国际前沿科技制高点；"一个基因可以拯救一个国家，一粒种子可以造福万千苍生"，钟扬援藏16年，跋涉50多万公里，收集了上千种植物的4000多万颗种子；"国家落后于人的地方，就是我们努力的方向"，万步炎常年坚持在大洋上、研究室里，带领学生数十年如一日致力海洋资源勘探技术研究……新时代的神州大地上，一批批优秀教师孜孜以求，以身许国、心系人民。他们激扬爱国情、报国志，书写了感动心灵的奋斗故事，给予无数人以信心和力量。

教育兴则国家兴，教育强则国家强。教育新征程是充满光荣和梦想的远征。前进道路上，必然遇到大量从未出现过的全新课题、遭遇各种艰难险阻、经受许多风高浪急甚至惊涛骇浪的重大考验。面对综合国力的比拼，更有精神和意志的较量。1880多万各级各类专任教师心怀"国之大者"，树立"躬耕教坛、强国有我"的志向和抱负，激扬奋发有为的精气神，将"小我"融入"大我"，就能用肩膀挑起学生的未来、民族的未来。大力弘扬教育家精神，牢记为党育人、为国育才的初心使命，树立"躬耕教坛、强国有我"的志向和抱负，自信自强、踔厉奋发，为强国建设、民族复兴伟业做出新的更大贡献。

## 六、胸怀天下，以文化人

中华优秀传统文化具有尚和合、求大同的精神特质与价值追求。从"大道之行也，天下为公"到"为天地立心，为生民立命，为往圣继绝学，为万世开太平"，再到"天下兴亡，匹夫有责"，无不折射出胸怀天下的高尚追求。人民教育家陶行知主张"教育为公"。作为人类灵魂的工程师、人类文明的传承者，教师应当涵养家国天下的深厚情怀，传承胸怀天下的责任担当，教育、引导青少年把爱国情、强国志、报国行融入坚持和发展中国特色社会主义事业的奋斗之中，立大志、明大德、成大才、担大任。

习近平总书记在会见第一届全国文明家庭代表时回忆："我从小就看我妈妈给我买的小人书《岳飞传》，有十几本，其中一本就是讲'岳母刺字'，精忠报国在我脑海中留下的印象很深。"中华优秀传统文化是中华民族的突出优势，将其融入教学育人全过程，能够更好地培根铸魂、启智润心。教书育人40余载的吉林大学教授孙正聿把"哲学的目光"聚焦于对"真善美"的求索，以哲启思、以文化人，培养了一大批哲学教育和科研人才。

大道如砥，行者无疆。教师要做新时代的"大先生"，必须有大的视野、大的胸怀、大的格局、大的担当、大的气象。在强国建设、民族复兴的新征程上，有胆量开辟，心怀"国之大者"，争做"大国良师"，大力弘扬教育家精神，坚持以文化人、以德育人，必能为全面建设社会主义现代化国家、推动构建人类命运共同体做出更大贡献。

由此，就是第一流的教育家。

# 主题 2

# 要有信仰

教育是一份需要信仰的事业，教师应成为有教育信仰的人。德国思想家雅斯贝尔斯曾说："教育需要信仰，没有信仰就不成其教育，而只是一种教学技术。"

教育信仰是一种精神动力。教育信仰具有动力性，主要反映在由需要、理想、信念、情感、态度、价值观等因素引起的活动和行为动因方面，即人们常说的内在精神动力。这种动力具有明显的方向性、目的性和指导性，可以弥补物质动力的不足。

习近平总书记指出："精神是一个民族赖以长久生存的灵魂，唯有精神上达到一定的高度，这个民族才能在历史的洪流中屹立不倒、奋勇向前。"教师职业，最独特之处是拥有宝贵的精神财富；教师发展，最关键是要靠精神引领。

1919 年 7 月 22 日，陶行知在浙江省立第一师范毕业生讲习会上发表演讲，谈到"新教育"。新教员不重在教，重在引导学生怎么样去学。对于教育，第一，要有信仰心。陶行知认定教育是一件大有可为的事，而且不是一时的，是永久有益于世的。

"这里头还有一种快乐——照我们自己想想，小学校里学生小，房子小，薪水少，功课多，辛苦得很，哪有快乐？其实，看小学生天天生长大来，从没有知识，变为有知识，如同一颗种子由萌芽而生枝叶，而看他开花，看他成熟，这里有极大的快乐。……那不信仰这事的，可以不必在这儿做小学教员。一国之中，并非个个人要做这事的，有的做兵，有的做工，有的做官……各人依了他的信仰，去做他的事。一定要看教育是大事业，有大快乐，那无论做小学教员，做中学教员，或做大学教员，都是一样的。"

教育信仰是一种崇高的理想追求，教育信仰亦是对"四有"的践行。

## 一、有理想信念让信仰之光闪耀

教育家精神就是坚定理想信念，胸怀"国之大者"。我国优秀知识分子从来都是把自我价值的实现与"家国天下"联系在一起，我们一贯主张"修身、齐家、治国、平天下""天下兴亡，匹夫有责"。教师职业虽然平凡，肩负的国家使命和社会责任却非常神圣；三尺讲台虽然小，承载的家庭期待和学生成长责任却很巨大。

> 烂漫的山花中，我们发现你；
>
> 自然击你以风雪，你报之以歌唱；
>
> 命运置你于危崖，你馈人间以芬芳；
>
> 不惧碾作尘，无意苦争春；
>
> 以怒放的生命向世界表达倔强；
>
> 你是崖畔的桂，雪中的梅。
>
> ——《感动中国》2020 年度人物张桂梅颁奖词

读张桂梅的颁奖词，我们会泪目，这是对她的教育理想信念的诠释。

自从 2008 年担任全国第一所公办免费女子高中——丽江华坪女子高中校长

以来，张桂梅几十年如一日，把精力都投入在学生身上。

"只要还有一口气，我就要站在讲台上，倾尽全力、奉献所有，九死亦无悔！"这是怒放的生命，这是无言的奉献。扎根贫困山区40多年，张桂梅以弱小的身躯，托起了大山女孩们的希望和梦想。为筹款办学，她曾连续几个假期去云南昆明的街头募捐；她每天5点多第一个来到教学楼，直到深夜学生都已入睡才回到宿舍；长年累月的过度操劳，使她患上了骨瘤、血管瘤、肺气肿等20多种疾病，但她并没有退却……日复一日，她用平凡的坚守书写不凡。她是崖畔的桂，雪中的梅。

教书育人的朴素心愿，正是支撑她坚持到底的不竭动力，她豁出命来也要改变贫困山区女孩的命运。"捧着一颗心来，不带半根草去。"张桂梅的感人故事，宛如一座灯塔，指引着孩子们前行的方向，激励着更多教育工作者在前行的路上坚守初心、照亮他人。

"我生来就是高山而非溪流，我欲于群峰之巅俯视平庸的沟壑。我生来就是人杰而非草芥，我站在伟人之肩藐视卑微的懦夫！"在誓言的感召下，越来越多的孩子不认命、不服输，走出山区，回报社会，把张桂梅身上的精神之光传递下去。

这是一名教育工作者的理想信念，这是闪耀的信仰之光。

## 二、有道德情操让信仰之火燃烧

中国古代教育家孔子明确提出"仁者爱人""克己复礼为仁"，告诫弟子"其身正，不令而行；其身不正，虽令不从"，为今天的教师做出了榜样。

黄大年，国际知名战略科学家、中国著名的地球物理学家，曾任吉林大学新兴交叉学科学部学首任部长，地球探测科学与技术学院教授、博士生导师。黄大年先后毕业于吉林大学和英国利兹大学；1975年10月参加工作；1988年加入中国共产党；2009年底，黄大年回到中国，出任吉林大学地球探测科学与技术学院教授、博士生导师；2018年3月1日，当选"感动中国"2017年度人物。

2009 年，享誉世界的地球物理学家黄大年，告别 18 年英伦生活，"挥一挥衣袖，不带走一片云彩"，回到祖国。在此之前，黄大年是国际著名航空地球物理探测技术专家。有人问他为何回国、为何选择吉林大学，黄大年说："康河留下了我的眷恋，而地质宫刻有我的梦想。"那时，国内顶尖科研单位都向黄大年抛来许多橄榄枝，但他毫不犹豫地选择了母校吉林大学。

回国 7 年，黄大年常常忘了睡觉、忘了吃饭。吉林大学地质宫 507 室，是黄大年的办公室，只要不出差，屋内的灯光每天都要亮到凌晨。回国 7 年，他超过三分之一的时间在出差；他不肯浪费宝贵的白天，总是订夜航；回到办公室，他把会议吊牌随手挂在衣柜的横杆上，7 年下来，竟攒了满满一杆大小各异、五颜六色的会议吊牌。黄大年的秘书说，这只是其中一部分。

在黄大年的推动下，中国的深探事业用 5 年走完了发达国家 20 年的道路。他带领 400 多名科学家创造了多项"中国第一"，使中国正式进入"深地时代"。在黄大年的倡议下，2016 年 9 月，吉林大学新兴交叉学科学部筹备初期工作宣告完成，一个辐射地学部、医学部、物理学院、汽车学院、机械学院、计算机学院、国际政治系等专业的非行政化"科研特区"初步形成。

"人的生命相对历史的长河不过是短暂的一现，随波逐流只能是枉自一生，若能做一朵小小的浪花奔腾，呼啸加入献身者的滚滚洪流中推动历史向前发展，我觉得这才是一生中最值得骄傲和自豪的事情。"这是黄大年在入党志愿书中对党的深情告白，他也用自己的无悔选择和毕生实践兑现了自己最初的誓言，践行自己高尚的道德情操，让信仰之火熊熊不息。

## 三、有扎实学识让信仰之花绽放

窦桂梅，现任清华大学附属小学党总支书记、校长、清华大学附小一体化集团总校校长。全国著名特级教师，教授，博士生导师。

2020 年 9 月 4 日，窦桂梅被教育部评为 2020 年度"全国教书育人楷模"。她立足讲台 30 余年，把儿童成长当作最高荣誉，从"基于教材，超越教材；立足课堂，超越课堂；尊重教师，超越教师"三个超越的探索，到"语文立人"的主题教学的提出，"1+X课程"的整体建构，再到"成志教育"立德树人育人模式的构建与实践，在培养担当民族复兴大任的时代新人的道路上留下坚实的脚印。

窦桂梅认为，只有勤学笃行，提高文学素养，才能筑牢成长进步的基石；只有站稳三尺讲台，练就扎实学识，才会有精彩的课堂，才能收获学生的喜爱和同事的敬重。而文学素养的提高、精彩课堂的生成没有他途，唯有广泛阅读。教师只有练就扎实的学识，才能更好地因材施教，学生才能各展其才。

她把书籍作为自己成长的土壤，因此教育名著、文学经典等各类书籍占据了她家里四面的墙壁。无论工作怎么忙，她都要挤出时间学习。除了自我提升，她还复习成人高考的内容，参加了中文函授本科的学习，系统学习相关的文学知识。

窦桂梅积累的深厚的文学功底，让她的语文课不但拥有文学的味道，而且课堂成为令学生期待又充满惊喜的课堂。她的专业化教学，获得了学生的喜爱、同行的好评。

窦桂梅老师就是这样在教育教学中不懈追求，练就扎实的学识，让教育的信仰之花绽放。

## 四、有仁爱之心让信仰之基牢筑

仁爱是中华民族的传统美德，也是自古以来师道传承的重要精神内核。投身教育需要情怀，需要担当，需要一颗仁爱之心。

2019年中央宣传部在北京向全社会宣传发布陈立群的先进事迹，授予他"时代楷模"称号。

陈立群从教38年，担任校长30多年，有着丰富的教学经验和高效的管理理念。2016年退休后，他婉拒多家民办中学的高薪聘请，毅然来到贵州省黔东南苗族侗族自治州台江县民族中学担任校长，开出的唯一"条件"是分文不取。

上任后,他整顿校风教风,创新教学方法,短短两个月内学校面貌就焕然一新。2018 年,全校 901 名学生参加高考,450 人考取本科,高考增量从全州垫底冲到全州第一。

陈立群用心哺育祖国未来,用一片丹心走出教育扶贫路,用爱与责任呵护了贫困学子的求学梦。"人类道德的基点是爱与责任。"这是陈立群经常说的一句话。正是基于这份朴实而高尚的理念,他义无反顾地放弃了优越的生活,选择了无偿支教,用他的实际行动践行"爱与责任"。北京理工大学马克思主义学院副院长郭丽萍说:"陈立群校长忠于党的教育事业,不惧艰苦、婉拒高薪,不忘初心、至诚为民。从陈校长的事迹中,我看到了理想的意义与信仰的力量。"

教育信仰具有理想性,这是对教育面向未来的展望,也是教师精神修养要达到的一种境界。教师只有把教育信仰融入教育的日常行为,上升为一种自然情感,才称得上具有教育信仰的教师。

拥有仁爱之心,让信仰之基牢筑;心中有信仰,脚下有力量。

陶行知曾说:"人生为一大事来,做一大事去。"为人师者,唯有信仰支撑,才有大爱,才能成为"大先生"。

# 主题 3

# 天下为公

从"大道之行也,天下为公"到"为天地立心,为生民立命,为往圣继绝学,为万世开太平",再到"天下兴亡,匹夫有责",无不折射出胸怀天下的高尚追求。中国人所说的天下从来都不是单纯的空间概念,而是价值所系。

自古至今,从"其自任以天下之重"而决心"使先觉觉后觉"的伊尹、

"天将以夫子为木铎"的孔子，到"捧着一颗心来，不带半根草去"的陶行知，提倡"没有爱就没有教育，没有兴趣就没有学习，教书育人在细微处，学生成长在活动中"的顾明远，都是在"天下为公""教育为公"价值指引下，进行着教育的探讨，他们以服务中华民族伟大复兴为重要使命。教育为公，以达天下为公。

## 一、为求教育为公，壮大乡村教师队伍

她是特岗教师华晓娟。2009 年春天，本科在读的她来到一所乡村中学实习。一堂英语课下来，她发现 40 人的班级里只有十几个学生能听懂课，部分学生连英文字母都认不全。学生基础薄弱、专业英语教师缺乏，当地农村学校英语教学的问题，华晓娟看在眼里、记在心上，进一步坚定了成为一名英语特岗教师的决心。

爱是教育的灵魂，心中有爱，方懂得坚守和付出。为了激发学生学习英语的兴趣，她在所有的课间都和学生在一起，给英文基础弱的学生打基础，陪有一定基础的学生练习口语。功夫不负有心人，2017 年，她开设的初中英语写作公开课获得沈阳市课堂教学评优特等奖；2018 年，她代表沈阳市参加辽宁省教师素养大赛获得一等奖；2019 年，她参加沈阳市教师基本功大赛获得"技术标兵"荣誉称号。用爱浇灌、用情育人，让华晓娟有了不断成长进步的动力，也为学生们照亮了前行的路。

教育是陪伴、是呵护、是引领，更是彼此启发、共赴美好的过程。2021 年教师节前夕，两名毕业生回校看望华晓娟。他们告诉华老师，高考填报志愿时坚定地选择了跟华晓娟一样的英语师范专业，希望"长大后我就成了你"。

将更多优质教育资源向乡村倾斜，吸引更多有志于教育事业的优秀人才到乡村任教，培养一支热爱乡村、数量充足、素质优良、充满活力的乡村教师队伍，就能为乡村教育振兴提供更有力的支撑，为学生的未来创造更多可能。

## 二、为求教育为公，挑起文化传承大梁

她是诗歌的传灯人。20 世纪 70 年代，已是多所名牌大学教授的叶嘉莹，愿不要任何报酬回国教书。当年，90 多岁高龄的她仍坚持讲学，还将 3500 多万元捐赠给南开大学教育基金会，用于设立"迦陵"基金，支持中华优秀传统文化研究。

她用一生培养了大批中国传统文化和古典文学人才。叶嘉莹说："人的精神品格能够提升，提升以后，他就有他自己内心的一份快乐。他不会每天总是为追求现实的那一点金钱之类的东西而丢掉生命最宝贵的价值。"

她是中国古典文化的传承者，裁一段忧愁和困苦，织就一杼鲛绡。诗人垂垂老矣，诗心长盛不衰。在她看来，诗词是世间最珍贵的财富，她尽力留得一片佳色以待后来之人。让我们乘时代之风云，汲取千年底蕴，唱响文化繁荣"新曲"。

## 三、为求教育为公，"摒弃舒适自升华"

她是师者的楷模。在生活困难的年代，于漪一家节衣缩食，经常资助家境贫寒的学生，自己的儿子却因营养不良而体弱多病。退休后，她继续坚持帮困助学，通过慈善基金会先后资助了十几名家庭困难的大学生完成学业。

初入行时，她努力摸索教学的门道，品尝庖丁解牛的滋味；成长过程中，她勇于反思突破，践行"摒弃舒适自升华"的信条；成名时，她甘愿做一块铺路石，诠释了"生命与使命同行"的箴言。从教 68 年，于漪从未离开讲台。她臂膀单薄而一身正气，始终挺着中国教师的脊梁。她是生命的歌者，是真正的"大先生"。

"我甘愿做一块铺路石，让中青年老师'踏'过去。""教师一个肩膀挑着学生的现在，一个肩膀挑着国家的未来。"如今她已是 90 多岁的耄耋老人，有着 60 年的教学经历。她依然活跃在语文教学改革的一线，坚持"在讲台上用生命唱歌"。

"教育为公，以达天下为公。""云山苍苍，江水泱泱；先生之风，山高水长。"作为人类灵魂的工程师、人类文明的传承者，教师应当涵养家国天下的深厚情怀，传承胸怀天下的责任担当。延续先贤们的光，让它变成隽永的亮。

# 主题 4
# 每天四问

"我的身体有没有进步？我的学问有没有进步？我的工作有没有进步？我的道德有没有进步？"

1942 年 7 月 20 日，陶行知先生在纪念重庆合川育才学校三周年纪念晚会上，发表了演讲，向师生们发出了以上四问。君子常自省，陶行知先生的"每天四问"历久弥新，在今天依然有着强烈的指导价值和实践意义。

"每天四问"在从身体、学问、工作和道德四个层面指出了教育工作者日常生活的应然构成、实践方向、方式方法。看似独立的四问，实为一个深度融合、相互促进的指导系统。正如文末，他指出："我今天所讲的'每天四问'，供大家作为进德修业的参考。"每一天的生活都应是把健康作第一，道德为根本，用学习促工作，在工作中进行学习的实践。对进步的叩问，说到底是对生命价值观的叩问，对教学做合一践行的叩问，对学问精进求索的叩问。

教育，好一场把热爱与道德、进步与求索写在日常里的生命修行！

## 一、每一天都是生命的热爱

"健康第一"，"为国家民族而珍重着每一个人的身体的健康"。陶行知先生叮嘱教师要特别注意身体健康。习近平总书记也曾指出："教师是教育工作的中坚力量。有高质量的教师，才会有高质量的教育。"高质量的教师，除有理想信念、有道德情操、有扎实学识、有仁爱之心外，首先应有健康的生活，拥有健康的身体。保持身体健康既是对个体生命价值的珍视，也是对他人生命的热爱。

特级教师俞正强曾说："好老师的标准：好好工作、按时回家、准时吃饭。"《古兰经》说"山不过来，我就过去"，工作重压之下，在适当的时候照顾一下自己，调节出积极乐观的情绪，也不乏转弯的智慧。

教育界中，"童心母爱"的斯霞老师、"人民教育家"于漪老师，都是积极乐观、心态良好的人，一直都是正直、健康的榜样，都得益于有规律的运动锻炼和适当的自我心理调节。

注意营养、定期体检、日常锻炼，是保持身体健康的必修课。当你累了，压力大了，不妨尝试以下缓解压力的方式：适度的体育锻炼，如跑步、瑜伽、阅读、听音乐、绘画等。成都的王伦老师每天都会与校园的一棵树拍照，浙江特级教师林甲针每晚散步去看望一条河流……

向家人、朋友倾诉工作中的困惑和压力，听听他们的安慰和意见；把同事视为亲人，分享经验，彼此关怀，争取同事的支持和合作会产生愉快的情绪反应，处于恬静舒畅的心境。

智能时代的到来，教育面临的比较突出的问题和挑战是如何指导学生健康成长，拥有幸福人生，越来越需要每一个教师掌握有关健康的知识，指导和陪同学生坚持日常锻炼。

温州市龙湾区永兴第一小学（以下简称"永兴一小"）全体教师把日常锻炼和指导陪同学生锻炼做成了典范。南拳是温州地区的一项非物质文化遗产项目，其历史悠久，民间习武风俗兴盛。该校利用地域文化优势，以南拳为特色号召全体师生参与南拳大课间和南拳精英擂台赛，形成了师生学习传统文化、日常健身和竞技武术比赛为途径的"三位一体"校园体育文化。该校还以课堂教学和评段晋级相结合为主要内容，开发南拳和非遗传承特色评价为激励形式，激励全校师生人人练南拳，个个传南拳。在教师的带领下，经过几年的熏陶，南拳已成为永兴一小人人参与的健身运动项目。几年坚持，成绩显著，永兴一小荣获

"温州南拳全国传承学校""温州市南拳工作先进集体"等殊荣。

此举不仅传承了祖国优秀文化，促进了全体师生的身心健康，还保持和激发了每一个学生的运动热情，为他们终生运动的生活习惯打下了基础，也为学生的幸福未来奠定了基础。

## 二、每一天都是生活的实践

学问，来源于书本，也来源于生活。"实践出真知"，教师既需要有精深的专业知识，还需要回应时代的召唤、生活的需求。2022年版新课标明确指出，要深化教学改革，强化学科实践，基于真实情境，培养学生综合运用知识解决问题的能力。

爱因斯坦和怀特海都曾说，"忘记了课堂上的一切，剩下的才是教育"。德国教育家博尔诺夫认为，"最有价值的教育与师生的日常生活水乳交融"。明清教育家颜元在《弃学编》中说："心中醒，口中说，纸上作，不从身上过，皆无用也。"这一切都在提醒教师，教学要与生活接轨，工作要与学习同行。

山东省肥城市白云山学校科学组的教师深耕项目式学习，以科学为核心学科，开展跨学科教学。他们发现学生对课本里蒲公英种子的传播方式有浓厚的兴趣，以此确定研究主题，采用"科学+"的课程模式，提升学生的核心素养。

"如何制作一个降落伞"项目呈现了师生在实践中不断获取知识的全过程。他们学习的主要过程和知识清单如下。

1. 核心问题：制作降落伞需要什么材料？如何增强降落伞的稳定性？如何增加降落伞滞留空中的时间？（科学知识）

2. 体验带伞奔跑，了解阻力。（科学知识、体育知识）

3. 辩论赛：降落伞是伞吗？（辩论知识、语文）

4. 制作降落伞。（小组合作、美术画图、劳技）

5. 测量降落伞滞空时间。（科学、数学、音乐）

6. 产品推广。(语文、美术、劳技)

在上述案例项目实施过程中，热爱学生的教师把学生的兴趣转化为教学契机。他们围绕帮助学生实践"制作降落伞"这一中心事件，指导学生综合运用科学、数学、语文、体育、美术、劳动、音乐等学科的知识解决问题。教师自身也为了满足指导的需要，使用陶行知先生"一、集、钻、剖、韧"的做学问方法，收获了除科学之外的跨学科知识，拓展了知识版图，解锁了未知领域，深化了学科认知。教学相长是也。

## 三、每一天都是生长的执着

教育者能胜任艰巨的任务，除了需要有赤诚奉献的品德，还需要有胜任的能力。这种能力来自长期的学习积累和实践反思。长期坚持的结果是什么？陶行知给出了明确答案——"显出'水到渠成'的进步，有着大大的进步"。每一天的积累，就是点滴进步，就是跨越突破。

陶行知对短时间内筹备三周年庆祝晚会"费钱挺多，费力太多，精疲力尽搞纪念活动"有担忧，他建议："我们的成绩，要从明天起，即开始筹备，日积月累，水到渠成的成绩。"学问能力的提升非一朝一夕之功，需有坚韧的毅力和持久的恒心。积累是进步的方法，"韧"性是进步的精神支持。"韧"是坚韧，是"韧性战斗"的"韧"。

"要根据自己的情况设定自己的人生目标，不断地尝试，在尝试中坚持，在坚持中找到方向。"搜狐创始人、物理学博士张朝阳如是说。近年来，他致力于研究和探索直播物理教学。成功的企业家重回课堂讲物理，成为中国互联网难得一见的一景，他的直播课火了。

每周周五、周日中午12时，网友们守着"张朝阳"这个搜狐视频账号，听他激情洋溢地讲着精心准备的物理题。他通过设置一个个话题，以深入浅出的讲解方式，利用物理学解释生活现象，达到专业人士认可、普通人能听懂的效果，借此激发科学学习的热潮。比如：油泼辣子淋上滚烫的热油更好吃，是因为高温使辣味分子活性增大；手掰的羊肉泡馍更香，是因为接触面大于机切更便于吸收味道；文物禁止闪光灯拍照，是为了防止较高频率的光对古董造成伤害……他的目标是把物理课复杂的推导过程变成大众关心的事。他探索和研究已持续近两年，《张朝阳的物理课》从 2021 年 11 月 5 日起开播，迄今已直播近 180 期。如今，这位物理学博士正在带领更多人向着物理学的王国前行。

长期主义，韧性战斗孕育着卓越的生命之花！

世道纷纭，熙熙攘攘。今天，工作压力陡增，"摸鱼"论、"躺平"论趋甚嚣尘上之势。曾子曰："吾日三省吾身。"为人师者，每天都要进行心灵叩问。让我们在叩问中热爱生命，不忘初心，坚韧进步！

# 主题 5

# 以教人者教己

社会飞速发展，时代日新月异，"匆忙"的脚步里，"躁动"的人心中，教师如何取一方净土，把自己引渡呢？

陶行知先生强调，"'以教人者教己'是本校根本方法之一"。在他的文章里，并未在理论层面深入剖析"以教人者教己"的思想，而是通过具体事例来进行诠释，他引用邵德馨先生研究纳税计算法、韩凌森先生钻研武术、潘一尘先生研究园艺、孙从贞先生钻研招待和他自己教锄头舞的歌词等诸多实际例子来说明，在向他人传授知识的过程中，教授者无论是主动还是被动，都会更深层次地领悟和学习到自身教授的专业知识，从而提升自己的专业能力，达到"教己"的意外效果。

## 一、身先示范，正人者先正己

陶行知先生曾明确表示："要学生做的事，教职员躬亲共做；要学生学的知识，教职员要躬亲共学；要学生守的规则，教职员躬亲共守。"北师大博士生导师周流溪教授63岁时毅然投身于四川大学音韵、训诂大师赵振铎先生门下攻读博士，也是被周流溪老先生的学术水平所深深折服；在曾经的中国西南联大，教授们的住所距离学校有十多公里远，他们为了一门只有3学分的课程，坚持每周亲自去学校授课，一周三次，为了保证教学质量，教授们从不采取连续几小时集中讲授的方式。他们不辞辛劳往返数小时，从不迟到一分钟，严格要求自己。西南联大的这些教授们通过自身的率先垂范对学生起到了春风化雨的作用，不仅得到了学生发自内心的敬重，而且培养出了一大批同样德才兼备，具有强烈的责任感以及高尚道德品质的优秀人才。

教育工作就如同播种的农民，在用心地耕耘着人类精神的土地，同时也在守护着人类的文明。他们的教诲和榜样、举动和行为都成为学生的效仿目标，潜移默化地塑造了学生的行为模式。

## 二、活到老，学到老，教人者教己

《大学》里说："如切如磋者，道学也。如琢如磨者，自修也。"教师求学求知要像切磋牛骨象牙、雕琢美玉宝石一样，向善向美，这就涉及教师专业成长的自度。

陶行知先生的观点是："'为学而学'不如'为教而学'之亲切。'为教而学'必须设身处地努力使人明白；既要努力使人明白，自己便自然而然的格外明白了。"在这里，陶行知先生强调教师学习的驱动力是"为教而学"，即为了更好地教授学生而激发了教师去学习，或者解释为为了更好地教育学生而激发教师去学习。"先学后教"，这是教师应有的教育责任和使命，以学生的需求推动教师学习。

其实每个教师在刚登上讲台之初，很多知识都是在教授给学生之后，才十分明白的，很多教师当时也仅仅停留在会做题的水平。把自己学会的知识传授给学生的最好的办法就是设身处地理解学生，用最浅显易懂的方式传授给学生，让学生听起课来没有障碍和困难。因此，教师要熟读教材、精细备课、广泛查阅资料、向老教师请教，学习课程标准，知道教材整体编写的框架结构，努力站在更高的角度去看待知识，才会越来越清楚明白，同时也才能提升教师各方面的能力。例如最近的热门词"双减""大单元""大概念""新课标"，如果教师不去学习，其内心总会有种莫名的恐慌，只有通过读书学习才能渐渐地明白。想要教得好，就要学得精、吃得透。教师只有不断地提升自己，跟上社会发展、时代的脚步，与时俱进，与教育的理念、方法、重难点契合，在教和学的过程中更新自己，学得精准，才能教得清楚。否则，就会成为时代落伍者。由此可见，做一个进步的教师，必须一边教，一边学，这就是"教人者教己"。

在 2014 年教师节到来之前，北京师范大学的师生有幸与习近平总书记进行了座谈。在座谈会上，习近平总书记对广大教师提出了他对"四有"好教师的期待，其中第三点便是指出教师要"有扎实学识"。他特别强调："过去讲，要给学生一碗水，教师要有一桶水，现在看，这个要求已经不够了，应该是要有一潭水。"在这个知识更新周期缩短、信息负载量大，学生获取信息途径多元化的时代，教师向学生传递知识的方式面临着空前的挑战。因此，习近平总书记呼吁教师要严谨笃学，及时跟紧时代步伐，保持终身学习的心态，活到老学到老，这才具备教师应该有的学习观念。

## 三、教学相长，度人者自度

陶行知先生倡导"教要按照学的法子，学要按照做的法子"的思想主张，通过实践的方式驱动学生学习。从心理学的逻辑视角来观察，真实的语言运用背景应考虑学生的年龄特性和认知能力。应该以学生的视角来构建场景，以激起他们学习的兴趣和热情，反之，它有可能演变为一个令人厌烦的学习氛围，致使学生感受到无聊与乏味。课例《走向文体认知的散文阅读——散文的"基因"教学设计》，在导入环节，教师在记叙文、小说的文体特征交流的基础上这样设置导入语：

那么散文的"基因"密码究竟是什么呢？老师也在困惑。总说"师者，所以传道授业解惑也"，今天我却想让同学们做帮老师解惑的人。我们今天就从第四单元的学习开始，帮助老师一起找到散文的"基因"。

在这个情境中，教师反转了师生的身份，让学生做教师，帮助自己答疑解惑，破译散文的"基因密码"这样的情境设计，非常符合初中生好奇心强的心理特点，很容易激发学生的探究积极性。把课堂的主动权还给学生，达到了"教人者教己"的目的。

"教学相长"和"以教人者教己"告诉我们教和学是相辅相成的：部编版语文七年级下册《木兰诗》一课，针对"花木兰从军十二年，女儿身为何没被识破"这个问题，教师的回答为："木兰从军是因为'可汗大点兵'，从军十二年后'归来见天子'，历史上首个既称'可汗'又称'天子'的皇帝，是北魏的第三位皇帝。北魏是鲜卑人建立的王朝，他们盛行闲时耕牧、战时从军，木兰作为在这种特殊兵制下成长的北方姑娘，平时亦牧亦织，体格要比南方姑娘健壮很多。并且根据其他细节……可以得出木兰极有可能是一个侦察兵，长期独来独往执行任务，很少与其他士卒接触……"如果教师不曾博览群书，是很难回答这个问题的。

现在很多学校推行"小组合作学习"，其目的就是在小组中找出"小老师"来带动组内其他学生的学习。仔细品味，这与陶行知先生所讲的"以教人者教己"的观点是一致的。当同学在讲题的时候，其他学生就会听得格外认真，总想挑出一些"毛病"，以显示自己的"能耐"。所以教师更要研究教学方法，方法对，效果才明显。这好比做饭，有了好的食材还要有适当的烹饪方法，否则做不出营养丰富又美味可口的佳肴。

陶行知先生用"以教人者教己"的方法抒写了教育的永恒旗帜，它将激励广大教育工作者继续向教育理想境界前进。王阳明说："人人自有定盘针，万化根源总在心。"做教师，"教人者教己"是最好的修行。塑心塑身，外求不如内求，度人先求自度！

## 主题 6

# 教育与科学方法

《教育与科学方法》系陶行知先生在北京大学教育研究会上的演讲，最早发表在《民国日报·觉悟》里，后收录在《中国教育改造》一书中。

陶行知先生在这篇文章里将教育研究方法的概念界定为"科学方法在教育上的应用"，而非教育研究方法。因为"人生到处都遇见困难，到处都充满了问题"，教育领域也一样，因时、因地、因人、因事等客观因素，需要具体问题具体分析，绝对不能采用"拿来主义""闭门造车"或"不了了之"的态度，要在实践中用科学的方法解决。

什么是科学的方法呢？共有五个步骤：第一步是觉得有困难，第二步是晓得困难所在，第三步是想出种种方法来解决，第四步是需要实验一番，第五步经试验能证实方法的科学性。经过以上五步，解决一个问题，即证明这个方法是科学的方法。科学方法是客观的，是可用具体数目衡量的，而不是浮泛的"差不多"。有了科学方法，依托合理的组织、教材和恰当的工具，不难解决困难。

教育无止境，探索无穷期。陶行知先生关于教育的科学方法在今天得到了新的理解和运用，开出了灼灼的时代之花。

## 一、科学方法撬动课堂变革

信息时代，以知识与信息的主动且高效地获取、整合、转化，创新能力为主要特征的学习力，被正式列为核心素养框架的主要内容。

浙江省嘉兴市元济高中的卢明校长，长期观察高中课堂，总会发现学生经常"集体无语"，教师"言不由衷"的说教，"先生只管教，学生只管受教"这种陶行知先生在 20 世纪初就批评过的现象，居然还是今日高中生学习的常态。

这种沉默的课堂严重制约了学生的学习力。提升学生的学习力的重点在于课堂。课堂变革要做些什么呢？实现课堂变革的路径又是什么呢？卢明校长在困境中反复叩问，多次向专家求助，最终决定用学历案撬动课堂，促进课堂变革。

该校学历案前后经历了理论学习、尝试编写、课堂实践、实证检验和修改完善五个阶段，每个阶段都承载相应的难题和任务。

五个阶段，历时近十年，几百节公开课，无数次学历案修改，多轮数据比对、问卷调查、课堂实践和专家论证。实践证明，使用学历案后，学生变得更想学了，更会学了，学习效率更高了。

元济高中的学历案在课堂上成为现实，课堂教学品质发生了巨大的变化，引起了社会的广泛关注，经验在全国范围传播。

元济高中学历案的开发及实践过程，与陶行知先生科学方法的五个步骤完全吻合，发现课堂问题、找到困难、寻求破局、开发学历案、反复改进，在不断地实践和验证中完善。

陶行知先生强调的科学方法需具备客观性，数据准确性这一要素在这里也体现得非常充分。在学历案的开发及使用阶段，该校多次借助于测试工具、调查问卷等监测出准确数据对学历案进行验证分析。在数据的诠释下，学历案的优势与有待完善的地方清晰可见，指引开发者一直在正确的轨道上前行。

由此，问题来临，若严格按照陶行知先生的科学方法，迎难而上，反复实践，逐步调整，辅以可视化工具监测，问题就会变得明确可控，探索者可借力以突围。

## 二、科学方法创新学习形式

陶行知先生鼓励教育工作者顺应时代发展，满足学生的需求，探索对学生最有益的课堂组织形式。2022年版新课标也要求，要以有利于学生学会学习为宗旨，要围绕学生的学习来组织教学。在教学组织形式变革过程中，人们探索出一些科学性与人文性兼顾的教学路径与方法，帮助学生学习。

"角色扮演圆桌会议"就是这样一种组织工具。它让学生以全员平等的圆桌会议形式，表达不同角色的需求与意见。教师在课堂上起引导和立场融合的帮助作用。

"生态小水池"中的角色扮演圆桌会议是浙江省杭州市学军小学"小河长"系列的项目课程。在"小河长"系列活动的影响下，细心的学生发现校园水池存在许多问题，建议学校进行改造。学校将问题还给学生，请学生一起筹划改造方案。

学生首先通过小组讨论、交流确定水池的利益相关方，接着进一步思考这些相关方与水池之间的关系。于是学生在采访利益相关方后，组织并召开角色扮演圆桌会议。

圆桌组织讨论，这是该学习支架运用过程中的重点环节。学生根据调查采访所收集到的信息及相关角色所表达的诉求，在圆桌会议中，扮演不同角色阐述观点，就存在争议的问题展开讨论。教师通过下列问题，帮助学生加深对人物和事件的分析理解。

· 这个角色能观察或注意到什么？

· 这个角色能理解或相信什么？

· 这个角色真正关心的是什么？

· 这个角色好奇或顾虑的是什么？

在这个圆桌会议项目中，学生围绕自己的角色迫切又兴奋地表达诉求，做出真实而中肯的评价，表达着他们对"圆桌会议"模式的喜爱。"圆桌会议"的课堂模式，正是学生尽情绽放的舞台！这种科学的课堂组织形式，调动了学生的能动性，集思广益提升了项目工作效率，也体现了"以人为本"的互敬修养，营造出良好的会议氛围，可谓一举多得。

## 三、科学方法助力学校腾飞

"让每一所学校主动生长。""人是核心，一切以人的发展为基准因需而行、因校制宜，适合的才是最好的。""中小学校要基于自身发展特点和实际需求，找准定位，科学制定符合自身需求、凸显自身个性、彰显自身特色的办学理念。"今天，陶行知先生的科学教育方法在学校建设中也得到了创新和应用。

民乐小学是广东省佛山市南海区西樵山下，一所曾经"待撤并"的乡村薄弱校。面对师生士气低迷、家长放养、校园破败、生源流失的困境，它却走出了一条从"待撤并"到"特等奖"的逆袭之路。这得益于以校长周少伟为代表的民乐教育人，立足校情、执着探索、创新发展的科学建校思路。

关注学情，与学生平等对话。他们针对本校 70% 的学生来自外来务工人员家庭，基础薄弱，常年随迁就读，对学校缺少归属感的学情，采取了一系列亲切温暖的互动，增强学生对学校的归属感，激发学生对学习的信心和热爱。针对本校学生基础薄弱、对课程的专业术语难以理解的困境，号召各学科组基于新课标不断优化备课和教学实施环节，整合那些支离破碎的分解动作，让学生学得更流畅，尤其在音体美的课程上，力求让学生有更完整的理解。以体育课为例，练习运球的标准动作叫"掌心镂空"，但教师讲的是"五指张开不包球"，运球的节奏要"像机关枪一样"，于是学生就懂了。

依托本土特色文化助力学生腾飞。他们对岭南特色"醒狮文化"进行了创造性重塑，利用各种机会锻炼、展示学生的风采。还从校史中提炼出校本课程——"狮艺武术"特色路线；提炼出本校民工子女的办学理念——"飞鸿教育"。

2018 年，学校"小飞鸿国术团"受邀参加央视春晚珠海分会场的演出。

2020年，学校荣获佛山市中小学教学改革成果奖一等奖；2021年，荣获广东省教育教学（基础教育）成果奖特等奖，完成了佛山市在省级成果奖特等奖上的零突破。

站在命运的转折点上，民乐小学自觉运用陶行知先生的科学方法来解决问题：迎难而上，立足民工子弟校情，关注本校学情。利用当地特色文化助力学生腾飞，求实创新，走出了一条属于自己的特色发展之路。民乐小学的腾飞得益于创造性地运用陶行知先生的科学教育方法在实践中的态度、思维方式、具体方法。

民乐小学的科学发展之路启示教育工作者：当每一所学校、每一间教室、每一个教育场景遇到教育问题时，只要直面困难，从实际出发，具体分析问题定能找到最适合的科学教育方法！

20世纪初，陶行知先生热切希望每个人都能存有用科学方法去办教育的决心，每人都去研究或解决一个小问题，不出三十年，中国教育准有好的成效。今天，让我们在实践中继续丰富和更新科学的教育方法吧！

# 专题二

## 爱满天下

爱是触及灵魂、动人心魄的教育，教育是心心相印、甘于奉献的爱。唯有从心底发出来的爱，才能达到心灵深处。

# 主题 1

# 没有爱就没有教育

陶行知先生说："爱是一种伟大的力量，没有爱便没有教育。"作为一名伟大的人民教育家、思想家，陶行知以睿智的目光、博大的胸怀，倡导并实践了爱的教育。陶行知的"爱的教育"理论一直是激励教育者前行的旗帜，践行陶行知"爱的教育"是一代又一代教育工作者一生的追求。

## 一、理解是教育之爱的源泉

陶行知先生说："我们必得会变小孩子，才配做小孩子的先生。"变成小孩子需要教师拥有一颗爱心，融入孩子的世界，站在孩子的角度看问题，才能理解孩子的感受，懂得孩子的需求。新课改强调，教师是学生学习的合作者、引导者和参与者，是学生亲密的学习伙伴。教学过程是师生交往、共同发展的过程，这个过程不只是教师忠实地执行课程计划的过程，而且是师生共同开发课程、丰富课程的过程。理解是师生交往中的一种重要方式。教师只有理解学生，才能平等对待学生，才能建立融洽的师生关系，才能有效地开展教育教学工作。

她是一名高中数学教师，她的课堂生动有趣，让学生远离"死记硬背"，在枯燥烦琐的知识中感受到学习的乐趣；她也是成都七中网校的一名远程直播教师，通过远程教学，辐射省内外 4 万多名学子，让优质教育资源普惠更多学生；她还是学生口中的"雪姐""知心姐姐"，与学生的关系是亦师亦友。她就是成都七中数学教师夏雪，也是全国 2023 年"最美教师"称号获得者。

在夏雪执教的十几年里，她注意到每一届高一学生都会被"对数"难倒。夏雪针对学生的这一问题设计了一堂"奇妙的对数"课程。她首先讲解了产生对数的历史原因，将苏格兰贵族"纳皮尔"潜心研究大数运算，终于写成《奇妙的对数运算律》的故事讲给学生听，把数学家坚持不懈、坚韧不拔的精神传递给学生，消除学生内心对数学学习的恐惧感，一步步激发学生对数学的兴趣。

为了让学生更好地理解数学知识，她还会将课程和生活相关联，讲"圆锥曲线"相关知识时，她会从天体运行轨迹讲起，结合生活中常见的拱桥、建筑等，让学生真正学会知识。"学数学不是死记硬背，我更乐意告诉学生数学的推导过程，而不是一个结论。"这样的教学设计也得到了学生的肯定，她执教的"圆锥曲线章引言"课程也登上了"学习强国"学习平台。目前，播放量已经超过 133 万次。

## 二、尊重是教育之爱的根本

陶行知作为中国现代杰出的教育家，他的教育思想是建立在其亲身体验和现实的教育实践上的。他对儿童教育也有许多精辟的论述，综观他的所有儿童教育思想，均体现了他尊重儿童、赏识儿童的现代科学眼光，只有尊重儿童、赏识儿童，儿童的个性才不致被抹杀，儿童的创造性才能得以发挥。他认为：培养教育人和种花木一样，首先要认识花木的特点，区别不同情况给以施肥、浇水和培养教育，这叫"因材施教"。"启智润心、因材施教的育人智慧"不仅让陶行知赢得学生的尊重与爱戴，也成为后世教育的宝贵财富，绵延至今，影响了一代又一代教育工作者。

爱玩是孩子的天性，会玩的孩子才会学。武汉市育才第二小学校长李文华认为：教育，就是要尊重成长规律，引导儿童将天性和潜能发展为适应未来社会发展的能力。他一直在探索和构建——让学生"玩出名堂"的课程和学习空间。在现代化的"创意坊"，学生在人工智能、机器人魔盒、微电影制作等有趣的课程中感受创造未来的愉悦；互动式"非遗公园""楚剧舞台"，以及版画、剪纸、舞狮舞龙让学生感受传统文化的熏陶；"HAPPY 吧，酷乐堡"是健身训练活动区域，成为学生最喜欢去的场所之一，名字也是学生取的！

此外，结合语文拓展性阅读研究，学校开设了"悦读天地""电子悦读空间"。结合数学的思维创想课程，改建了"数学广场"，这里有学生喜欢的书籍，还有"数字沙发""数学邮票"等有趣的数学元素。这些空间，拓展培养学生的语文素养，注重对学生数学思维能力的训练，让课间变得更好玩、更有趣。

现在，他最大限度地让每一个物理空间释放教育能量，共开设了 70 多类校本课程。在这里，学生玩机器人、玩艺术、玩发明……让教育回归孩童天性，拓展多元通道，学生在探索中选择最适合自己的成长路径，"玩"出了花样，"玩"出了名堂。

"大音希声，大象无形。"回归孩童天性，回归成长本真，回归教育初心，才能做实基础教育。道法自然，尊重规律，才能让每个学生汲取受益一生的力量。

## 三、鼓励是教育之爱的绽放

"你的教鞭下有瓦特，你的冷眼里有牛顿，你的讥笑中有爱迪生。你别忙着把他们赶跑。你可不要等到坐火轮、点电灯、学微积分，才认识他们是你当年的小学生。"陶行知先生的"爱的教育"，是唤醒，是激励，更是成长。教师适时收起狂风暴雨般的训斥，就会唤醒学生沉睡的心灵，让学生细嗅灵魂之花绽放的馨香。

吉林省吉林市永吉县实验小学一位教师在新学期开学为学生颁发奖状时，为一个在上学期表现并不是很突出的学生颁发了"最具期待小明星奖"，并鼓励他："老师坚信你会变得更好!"听到教师饱含期待的颁奖词，这位学生流下了激动的泪水。领奖时，他哽咽着坚定地表示："我能变得更好!"大家纷纷鼓掌为他加油。不少网友为这位教师点赞，"这样的鼓励会影响孩子一生!""这样的老师好暖!"

杭州市育才京杭小学里开了一间"小店"，科学教师王巧艳是"老板"，学生一放学，就冲过来排队。放学后，王老师准备营业了，她掏出消过毒的竹签、从超市新买的白砂糖等材料，开始制作第一根棉花糖。第一个小男孩拿到了棉花糖，在别人羡慕的眼光中，得意地尝了一口，"好甜"！接着豪气地掏出 10 个"棒棒章"（学校的奖励币）。王老师说棒棒章是表扬学生的奖励币，校园内通用。一般来说，上课优秀发言一次可以获得一枚章，三次作业优秀可以得到一枚棒棒章。王老师还有很多新想法："下次可以做爆米花，夏天还可以做冰激凌、冰沙……每一道美食里，都有很多科学知识可以讲。比如棉花糖，就让孩子们了解了离心力。"

对学生的一次喝彩，胜过百次训斥。喝彩和鼓励，可以让自卑的学生走出泥沼。一个懂得奖励艺术的好教师，对学生的未来其实都有着深远的影响，可能"胜过万卷书"！

## 四、信任是教育之爱的动力

陶行知先生说："真的教育是心心相印的活动，唯独从心里发出来的，才能达到心的深处。"教师设身处地为学生着想，真心诚意地为学生付出，乐于做示范的榜样，才能真正走进学生心里，引导学生找到正确的前进方向和道路。正所谓，"亲其师，才能信师之道；尊其师，才能奉师之教；敬其师，才能效师之行"。

侯晓迪是一个从军队大院里走出的"数学顽童"。进入人大附中后，他痴迷于研究网络科技，当年曾破解过 100 多位教师的网络密码，多次影响学校的教学活动，成了有名的"校园黑客"。人大附中校长刘彭芝听说后，没有批评处罚他，而是把他和几个同学找来开了个会，对他们说："对网络感兴趣是好事，可你们的聪明才智应该用对地方，不能起破坏作用，干扰老师工作。"

刘校长认为，学生的好奇心需要保护，学生的兴趣爱好需要引导。就问他们有什么要求，几个学生提出，希望校长帮他们组织个"网络安全社"，让他们名正言顺地搞网络研究。刘彭芝一口答应，为了让他们有个固定的活动场所，学校还建起了专门的网络实验室。正是因为刘校长当年对侯晓迪的那份信任与支持，现在的侯晓迪已是北京图森互联科技有限责任公司联合创始人，曾任图森未来CTO，他的公司是国内第一个推出无人驾驶卡车解决方案的独角兽企业。

教育中最可怕的就是教师对学生缺乏信任，导致学生失去成长的机会。教师应该相信每一个学生都是可塑之才，同时要相信每个学生都有解决自己问题的能力。即使在学生犯错误的时候，也不要急于对学生惩罚，而应认真地思考，是什么因素致使学生犯错，应相信学生能改正错误，并给学生提供改正错误的机会，创设改正错误的条件，引导学生找到正确的前进方向和道路。

没有真挚的爱，就没有成功的教育。对学生的爱是教师高尚职业道德的体现。教师热爱学生，以和蔼可亲的态度、温暖如春的语言对待他们，使他们与自己越来越贴近。在两颗心逐渐合二为一的过程中，教师导之以行，或示范，或帮助，或促进。"教育能走多远，关键看你有多爱。"心中有爱的教师，就是教育的燃灯者、执火者，这群教师提供的光亮，足以照耀学生的前程，足以照亮我们民族的未来。

# 主题 2

## 捧着一颗心来

习近平总书记曾在看望参加政协会议的教育界委员时，强调要把师德师风建设摆在首要位置，引导广大教师继承发扬老一辈教育工作者"捧着一颗心来，不带半根草去"的精神投身于教育事业。"捧着一颗心来，不带半根草去"出自著名人民教育家、思想家陶行知，他把毕生献给了教育事业和教育改革的实践，为了中国人民的教育事业，他真正做到了"捧着一颗心来，不带半根草去"，不愧为"万世师表"。

## 一、捧着一颗忠诚之心，是教育者的理想信念

"人生天地间，各自有禀赋，为一大事来，做一大事去。"陶行知从决意投身于教育事业的那一天起，就没有把教育当作纯粹的谋生手段，而是始终抱着一颗忠诚之心，把教育当作一项可以为之奋斗一生的事业。这不仅是对教育事业的热爱和执着，更是对每一个学生的关心和关注。在陶行知的教育理念中，教育者应该以身作则，用实际行动向学生传递知识、品德和情感。只有教育者全身心投入，才能感染和引领学生走向成长。

在安徽省六安市霍邱县的一所普通乡村小学里，有一群爱写诗的学生，他们每天诵诗、写诗，在广袤的乡土大地上"诗意地栖居"。而带领他们走上"诗歌之路"的，正是他们的"80后"老师——董艳。她以"一辈子学做乡村教师，一辈子甘做乡村教师"的理想信念，扎根农村教育18年，提出"田园诗意教育观"，师生累计创作3000余首儿童诗，写下1000余篇文章。董艳还开创了"品味乡土生活"课程，带领学生走向晒谷场、走进田间地头，用手中的笔描摹农村生活。她还以留守儿童群体为突破口，研发读写课程"远方的诗"，鼓励他们给父母每周书写一封信，让留守儿童和父母的心距离更近了。

陶行知曾说，学校是乡村的中心，教师是学校和乡村的灵魂。习近平总书记强调，扶贫先扶志。教育是脱贫致富的重要途径，振兴乡村教育在乡村振兴中具有基础性和先导性作用。推动乡村振兴，离不开一批又一批像董艳一样愿做春泥的乡村教师，她们怀揣一颗对教育事业的忠诚之心，点亮乡村的文明之光，滋润乡村教育的沃土。

## 二、捧着一颗奉献之心，是教育者的无私付出

陶行知对教育事业，总是竭尽全力、献其所有。他舍弃名利，全身心投入在教育事业上。他常常倾囊办学，甚至卖字、卖文、卖讲……在生活窘迫时，如果口袋里有一分钱，他也会将其投入教育事业中。明明是名扬天下的大教育

家，却要用"卖艺"来赚得一份教育经费，面对国外各类大学的高薪聘请，他有中国人的骨气；但面对教育事业，他可以舍弃尊严。他为教育"卖艺"，正是因为他有一颗为教育、为中华之学生奉献一切的心。新时代的教育工作者不用为教育事业而"卖艺"，他们用自己的思想、言行，诠释了新时代里教育工作者的奉献。

2016年，顾亚自告奋勇来到"贵州屋脊"海嘎小学任教。当他第一次踏入这所学校时，狭小的教室、14名眼神躲闪的学生让他深受震撼。在大学时曾作为摇滚乐队吉他手的顾亚，萌生了"让音乐打开学生心扉"的念头。从动员身边的亲朋好友募捐乐器，到教学生反复练习每一个音符、每一个和弦；从学生对音乐一无所知，到海嘎小学有了音乐课、有了乐队、有了自己的歌曲，顾亚奉献出了自己的无数个日日夜夜。

2020年，顾亚通过短视频平台，将学生排练的故事传向大江南北。随着知名度越来越高，他带学生走出了海嘎小学、走出了海嘎村、走出了贵州大山，走向了全国。从大城市走向山里，顾亚奉献了自己的青春与热血。顾亚用音乐，用自己的青春，让海嘎小学的学生走出了自己的世界，用他们的自信，看到了大世界的美好。

## 三、捧着一颗使命之心，是教育者的责任担当

陶行知要求广大教育工作者要立志"为国家教育事业而活"。作为教育者，不仅要有专业的知识和技能，更要有对教育的责任和担当精神。在陶行知的教育理念中，教育者应该以高度的责任感和使命感，为学生的成长和发展负责。只有教育者敢于担当，才能推动教育的进步和创新。新时代，广大教育工作者都怀揣着一颗实现教育强国理想的使命之心。

在2020年教师节，作为"全国教书育人楷模"，清华附小第16任校长窦桂梅做了这样的发言："清华附小是与新中国同呼吸共命运的学校，我是共和

国培养的特级教师。面对压力与挑战，'苟利国家生死以'的誓言让个人甚至一所学校的毁誉都不重要。国家需要，就是我们的使命。奋进担当，我们义不容辞。"

2019年除夕夜，窦桂梅接到教育部通知，希望清华附小为全国小学生停课不停学准备线上直播课，时间预计为3周。为了保障每一节直播课的质量，窦桂梅建立多方协同备课机制，特级教师带队、资深教师中坚、年轻教师殿后，组织海淀区、北京市乃至全国的有关专家对直播课程进行点评改善。新冠疫情不断蔓延，直播课的时间从预期的3周，最终延长到一个学期，而窦桂梅也整整忙了一学期，一直到9月新学期开学，她在这期间从未休息过。支撑窦桂梅的，正是教育工作者肩头的责任与担当。

鲁佳俊、冯梦琦、高颜琦这三名"90后"湖北省幼师，不约而同地做出了同样的选择——志愿报名参加教育部"组团式"援疆计划。她们怀揣为祖国教育事业奉献的坚定信念和热忱之心，远离家人，奔赴边疆。无数不顾山高路远的援疆教师，用他们的责任与担当，将辛劳与汗水挥洒在边疆的土地上，一批又一批援疆教师压茬接力、薪火相传，如盏盏烛光，点亮了边疆各族学子的人生梦想。

## 四、捧着一颗真诚之心，是教育者的全心投入

"爱满天下"是陶行知毕生追求的教育真谛。"热爱每一个学生"是陶行知的人生格言。他强调："教师只有一个'心'，那就是爱心；教师只有一个'心'，那就是责任心。"他认为好教师应该具有"爱心""耐心""诚心""恒心"，才能真正做到"教学相长"。

湖南省湘潭市韶西逸夫学校教师石灵芝立志做"触动心灵"的教育者。为了有更多时间和学生待在一起，身为韶西逸夫学校副校长的石灵芝决定辞去副校长的职位，再一次成为一名班主任，回到教学岗位上。当时的她已经41岁了，这样的勇气十分难得。担任班主任的日子里，她给班上55个学生每周写一封信，

一写便是6年，总计140多万字。石灵芝家里有两个大柜子，里面装满了和学生、家长的书信。

她对待学生十分细致，在她办公室的柜子里永远放着十多把给学生备着的雨伞；班级出游时她会背着行动不便的学生；学生打雪仗袜子湿了，她便到商店买新袜子让他们换上……她潜心钻研心理学，为学生心灵成长护航，对留守儿童进行心理援助，为贫困学生提供经济支持。支撑她一路走来的，是对学生的爱，更是她秉持不仅要做传授书本知识的"小教师"，还要做有情怀的"大先生"的真诚之心。

陶行知和石灵芝的"爱的教育"理念，在当今时代依然是教育工作者解决德育问题的"良方"，是加强师德师风建设、提高教师自身素质、强化职业情感、提高教育效果的有效方式。

## 五、捧着一颗憧憬之心，是教育者的探索创新

陶行知认为旧教育在教学方法上存在着种种弊端，其主要表现是教学领域中存在"重教太过""教学分离"等主观主义问题。在那个社会动荡的年代，陶行知先生力图通过教育实践探索教育新路、培养人才、改造祖国的赤诚之心终生未变。他提出了"生活教育"和"创造教育"等理论。他认为，"好的先生不是教书，不是教学生，乃是教学生学。"

新时代，要推进素质教育、使我国成为教育强国，同样需要进行教育探索与创新。当今教育者要探索的是改革创新教学的内容、方法和手段，完善人才培养模式。

苏州市吴江区盛泽实验小学总校长薛法根，为寻求学生更乐于接受的教育方法，带领教师深入教学第一线，探索出了"组块教学"模式，通过课程内容的优化与重组，提高教学效率，破解"高耗低效"顽症，将便教利学的教学范式延伸到各个学科，推广到了全国各地。他对组块教学充满了美好遐想：未来，将在课堂教学实践的基础上，积极建构"组块教学论""联结学习论"

"统整实践论"。

薛法根还带领自己的团队以"培养秀外慧中的阳光儿童"为目标，探索出了一系列校本课程。

第一大类课程叫生活与健康。把国家的体育课程、活动课程、健康教育课程、心理课程、劳动教育整合在一起。比如从一年级开始学习骑小自行车、滑小轮滑、滑小滑板。

第二大类课程叫伙伴与交往。要求每个学生一个学期至少认识 10 个陌生人，要跟他们打交道，每个陌生人都要做记录，一年画一个成长人脉图、交往圈。

第三大类课程叫发现与探索。比如"开甲之旅"，学生沿着程开甲（著名校友，物理学家、中国科学院院士、"两弹一星"功勋奖章获得者）的成长足迹走 10 天，真正走出校门。

为办好老百姓家门口的学校，让农村孩子享有公平而高质量的教育，薛法根还提出了"一带一路"的办学"新思路"：老带新、强带弱、公带民、城带乡，从优先发展到共同发展、特色发展。

三尺讲台，一方天地，教师的绵薄之力可以汇成江河，传播知识与思想，塑造灵魂与生命。一代又一代教育者以"捧着一颗心来，不带半根草去"的精神，在教书育人的岗位上尽心尽责，为党育人，为国育才，以赤诚之心、奉献之心、仁爱之心献身于教育事业，为实现中华民族的伟大复兴与发展贡献力量。

# 主题 3

# 心心相印

陶行知先生曾说过："真教育是心心相印的活动，唯独从心里发出来的，才能达到人的心灵深处。"在教育教学活动中，教师应与学生建立良好的师生关系，与学生进行心灵的对话，使学生产生情感上的满足和向上的动力。这种教师与学生之间的双向交流和互动，是彼此心灵的契合和互相理解，是在爱与被爱中相互成长，是真教育。

真教育的内涵还表现在"师爱"上，这是陶行知师德思想的核心，也是教育学生的基础和前提。爱是一门艺术，教师不仅要能爱，更要善于爱。陶先生强调：爱学生要用真心真情；要懂得尊重信任学生；用心工作，用爱育人，为学生的成长和未来负责。

## 一、用尊重信任洞悉每个成长的讯息

陶行知先生在《糊涂先生》一诗中写道："你的教鞭下有瓦特，你的冷眼里有牛顿，你的讥笑中有爱迪生。"教育教学活动，是一种双向的人与人相互尊重、平等相待的交流活动。人皆有自尊心，处在成长期的学生的自尊心更敏感与脆弱，更需要教师的悉心呵护。在此前提下，学生才会在一种健康、自由、愉快的环境中接受教育、自觉学习。陶行知先生的"师爱"，表现为他对教育对象的尊重、信任，并竭力保护他们，给予他们最好的教育。

尊重与信任，也是一种教育态度。罗学平老师作为一个杰出的教育工作者，在教学生涯中秉持尊重和信任学生的教育理念，不断关怀、引导和激励学生，为学生的成长与进步贡献了自己的力量。在课堂上，他会鼓励学生提出问题并表达自己的观点。即使学生提出的问题可能存在错误，他也会耐心解释，并鼓励他们勇敢思考和表达。这种教育态度让学生敢于发声，不怕犯错，提高了学生的参与度和自信心。由于学生的认知存在个体差异，罗学平老师便采取多元化的教学方法。他致力于发掘每个学生的优点和潜能，并鼓励他们发挥所长，给予个性化的指导和支持。他对学生充满信心，相信他们具备解决问题和克服困难的能力。学生在罗学平老师的引导下主动参与学习，也点燃了内在火焰的力量。

罗学平老师展现的对学生的尊重与信任，在千千万万的教师中得以延续。教师的鼓励和付出不仅在点滴间感动了学生的心，更在广阔的教育领域中播撒着爱与希望的种子。也正如学生感受到了教师的情感，他们通过努力学习，用心回报教师的爱和关怀。这种相互作用形成了教育的良性循环，促进了更多人积极向上的发展，让每个生命都能收获新的力量。

## 二、用真诚热爱呵护每份成长的力量

热爱学生是教师生活中最主要的内容。重庆"最美教师"任晓霞在采访时曾说："教师和学生之间需要真诚平等的交流和心灵上的碰撞，和孩子们相伴相行，在双方的人生中留下的不仅是那几年的师生回忆，更是让彼此因相遇带来的改变，让双方都变得更好了一点。""可以说，我是老师，也是学生，我喜欢和学生一起成长！"教师热爱学生的一切，学生才能打开心扉，才会愿意向教师倾吐心里话，教育才会走向成功。

南海最美教师吴玉梅与学生"双向奔赴"的故事让人动容。她是与学生朝夕相处的"知心姐姐"，不仅关心每个学生的学习，更把学生当成自己的孩子，让他们感到温暖。在她担任班主任的17年里，对学生的爱只增不减。无论她的工作有多忙碌，她都能及时发现学生的不良情绪，找学生谈心，帮助他们打开心结。如果学生不肯倾诉，她就会找同学或者家长旁敲侧击地了解情况，必须把问题解决。"玉梅姐姐牌鸡汤，喝了都说好。"这句口头禅流传在学生口中，更温暖着每一个学生内心。在吴玉梅老师的这种真诚热爱的力量下，学生逐渐打开心扉，看见她便心生依赖，学习习惯也越来越好。

热爱，可抵岁月漫长，教师更是如此。好教师在看似琐碎而又平凡的日子里，提升自我幸福感，用真诚和爱去呵护每一位学生的成长，用心浇灌，静待花开。

## 三、用责任奉献培育每次成长的渴望

2014年9月9日，北京师范大学的师生有幸与习近平总书记进行了座谈。

习近平总书记提醒："好老师要有'捧着一颗心来，不带半根草去'的奉献精神。"在这个物质文明高速发展的时代，教师的职业精神也面临着一些挑战。因此，习近平总书记希望教师忠于职守，不计名利，将自己的全部知识、才华和爱心奉献给学生。

"时代楷模"陈立群校长的事迹深深感动着全国人民，也深深地激励着所有教师。陈立群是贵州省黔东南苗族侗族自治州台江县民族中学校长，他信仰坚定、潜心育人，从教近40年，担任校长34年，始终全面贯彻党的教育方针，他不忘初心，至诚为民。退休后婉拒民办学校高薪聘请，远赴黔东南贫困地区义务支教，3年多来培养出一支优秀的骨干队伍，学校办学质量大幅提升。他心有大爱，无私奉献，始终把帮助贫困家庭孩子求学成长作为己任，支教期间翻山越岭、走寨访户，家访并资助100多户苗族贫困家庭，足迹遍布台江县所有乡镇，用义举带动更多人开展支教助学。

正是有无数像陈立群一样的教师，他们像一团火、一盏灯、一颗星，在深山里燃烧着、散发着、闪烁着光芒，引领一批又一批学生走出大山，奔赴梦想。正因为有了"光"的指引，学生开始寻找"光"，成为"光"，获得了不一样的人生。

网络上每隔一段时间就有人问："那些走出大山的孩子如今怎么样了？"党的二十大代表刘秀祥在接受采访时表示："走出大山，不应该是逃离大山！"刘秀祥大学毕业后又选择回到大山，成为深山学子的"引路人"。十多年前，他还是一位睡猪圈、背母上学的贵州山里娃。而现在已成为一名副校长，并成为全国"最美教师"，但是他内心始终记得自己是靠学习改变命运的，而在家乡仍有许多需要帮助的孩子，所以奋不顾身地回到了原点，用自己的行动诠释着他的感恩。淋过雨的人，更懂得为别人打伞。这种爱的传承，将激励更多的教师和学生，引领他们走向更美好的未来。

"心心相印"教育理念，充满了智慧和诗意，富有深邃的思考和实践的力量。在素质教育发展的今天，我们更需要关注教师与学生的交流和互动，努力体现师生关系平等与师生互相尊重、双向奔赴。教师应怀尊重信任之心、真诚热爱之心、责任奉献之心，才能永远童心不泯，才能真正达到"心心相印"的教育至高境界。

# 主题 4

# 甘为骆驼

陶行知先生曾说过："甘为骆驼者，才能成就伟业。"在辽阔的教育沙漠中，我们不禁思考，何为"甘为骆驼"？这不是一句简单的话语，是陶行知思想的精髓，是一种超越自我的奉献精神，如同骆驼不惧沙漠艰险，默默背负他人前行，不屈不挠。正如教育者在广袤的沙漠中行走，面对的是知识的沙尘暴、困苦的家庭背景、学生的不同需求。只有拥有骆驼一般的坚忍，才能顶住风沙，让学生找到前行的道路。

这位伟大的教育家，用他的一生诠释了教育的真谛。他以骆驼般的坚韧不拔承载着教育的使命，以无私的奉献滋养着学生的心田，以创新的精神探索着教育的未来。他倡导"生活即教育"，强调教育与生活的紧密结合，让学生在生活中学习，在学习中生活。这种理念，不仅赋予了教育更为丰富的内涵，也让教师重新审视教育的价值和意义。

## 一、以坚韧不拔承载教育的使命

"教育是人类生活的根本，是国家社会的基石。"陶行知先生坚信教育能够改变人的命运，推动社会进步，认为教育不仅仅是传授知识，更是培养学生的品质和能力，帮助他们成为有用之人。在广袤的教育沙漠中，教育者如同骆驼一般，肩负坚韧不拔的使命。教育的征途充满风险与挑战，正如沙漠中的骆驼需要坚韧的品质才能穿越座座沙丘。

"村小摇滚"造梦人顾亚，凭着一股坚韧与执着，用音乐点亮了山区学生的未来。2016年8月，正在镇上教书的顾亚听闻边远的海嘎小学没有教师上课，很多学生读完小学或初中就被迫辍学，从小在外漂泊读书的顾亚深知其中的艰辛，便毅然决定到海嘎小学任教。

一到村里，顾亚马上和校长挨家挨户上门动员，希望家长让孩子返校上课，家长们仍顾虑重重地问道："海嘎条件这么差，老师们都待不长；如果把孩子转回来，老师待不住又走了，那我们该怎么办？"面对村民半信半疑的眼神，顾亚向村民们承诺："我绝不会离开海嘎，我一定在这里给孩子们上好课，我们一定坚持下去。"顾亚在践行着用自己的承诺，扎根大山，坚守至今。在平时的教学中，无论是缺乏教学资源还是学生家庭的贫困，顾亚总是不屈不挠地寻找解决之道。教育者如同骆驼，需要顽强毅力的品质，去承载教育的沉重使命。顾亚用他的实际行动诠释了这一理念，为学生带去希望，为教育事业增添光彩。

教育者如同骆驼，需要坚韧不拔的品质，去承载教育的沉重使命。顾亚用他的实际行动诠释了这一理念，为学生带去希望，为教育事业增添光彩。在茫茫教育沙漠中，教师需要学会坚韧，用爱心驱散困境，让每个学生都能在灿烂的阳光下茁壮成长。

## 二、以无私奉献滋养学生的心田

骆驼以其无私奉献的精神，以血肉之躯为人类提供了宝贵资源。教师也应具备这种无私奉献的精神，用自己的知识和爱心滋养学生的心田，助力他们茁壮成长。陶行知先生倡导"爱的教育"，以爱为基础，尊重每一个学生，关心每一个学生的成长。甘为骆驼，是陶行知教育思想中的一种精神象征，代表着教师无私奉献、默默耕耘的精神。教育之路的坚守者与探索者夏雪，如同骆驼一般，将自己的一切奉献给学生，用爱心灌溉他们幼小的心田。

自 2008 年以来，夏雪以她的教育理念和执着精神，逐渐成为教育领域中的佼佼者。针对不同学生的思维特点，她实行鼓励性、赏识性教学，让每一个学生都能在课堂中找到自己的价值。不仅在传统教育中取得了优异成绩，还积极探索教育的新模式。她主动申请加入成都七中网校，成为一名远程直播教师。她的网班成绩斐然，多名网校远端学子考入北京大学、清华大学等一流名校。新冠疫情期间，她主动申请为全市高三学生上直播课。仅仅 9 天，她的直播课点播观看量达 14 万余人次。她用自己的行动诠释了"人民教师"的崇高使命和责任。她的教育理念、教学方法和人格魅力都为教育事业注入了新的活力和动力。她是学生成长路上的"知心姐姐"，是知识的传播者，是学生未来的引领者。她的故事激励着每一个教师关注教育、关爱每一个学生，为他们的未来努力奋斗。

在教育者的行列中，千千万万个教师正用无私奉献滋养学生的心田。正如陶行知所言："甘为骆驼者，愿意将自己融入学生成长的过程，成为他们的精神支柱。"教师要以爱为基础，关注学生的个性化需求，培养他们的创新思维和实践能力，用自己的知识和爱心滋养学生的心田，助力他们茁壮成长。

## 三、以创新精神探索教育的未来

陶行知先生认为教育需要不断创新，才能适应时代的发展和社会的需求，如"教学做合一""社会即学校"等。骆驼在沙漠中能够凭借敏锐的嗅觉找到水源和方向，教师也应具备创新探索的精神，在教育的道路上不断寻找新的方法和途径，引领学生走向更美好的未来。

教师王若聪，如同骆驼带领探险队，以创新的思维引领着教育的前进方向。作为一名"90 后"教师，面对激烈的教育竞争，王若聪并没有因此而止步不前。相反，她将陶行知"甘为骆驼"的思想注入教育创新中。通过引入先进的科技手段，让教学更富有趣味性，激发学生对知识的兴趣。她不断创新教育方法，采用多种形式的教学方式，激发学生的学习兴趣和创造力。在王若聪的课堂上，学生不仅可以学到知识，还可以培养创新思维和实践能力。她注重实践操作，引导学生通过实际操作来理解和掌握知识，同时也鼓励学生自主探索和发现新的问题和解决方案，培养学生的团队合作精神和沟通能力。在教育沙漠中，王若聪的创新如同一泓清泉，润泽着干涸的土地。她不满足于传统的教学方式，而是勇于尝试新的教学方法，让学生在探索中体验学习知识的乐趣。她引入线上教学平台、虚拟实境技术，使学生在互动中感受到教育的前沿。王若聪的创新让教育的蓝图更加宏伟，为学生打开了通往未来的大门。

在教育的漫漫征途中，骆驼的创新探索成为引领教育未来的力量。在教育者的队伍中，王若聪是那位以创新思维引领教育未来的领路人。教育者要勇于突破传统，用创新的眼光审视教育，才能引领学生走向未来。正如陶行知所言："甘为骆驼者，勇于探索未知的领域，引领教育的发展方向。"王若聪用她的创新探索精神，为教育事业增添了新的动力。在茫茫教育沙漠中，教师需要用创新思维开启教育的新篇章，让每一个学生都能在未来的征途中找到自己的前进方向。

回首陶行知先生的教育之路，他的教育思想和实践，为我们揭示了教育的真谛，也为我们指明了教育的发展方向。在"甘为骆驼"的理念中，我们找到了前行的方向。每一位教育者都是沙漠中的一匹骆驼，肩负着培育未来人才的使命。教师要汲取陶行知思想的精髓，铭记陶行知先生的教诲，以更加开放、包容的心态面对教育，关注每一个学生的成长。教师要一起努力，以坚韧、奉献和创新为驱动，共同开创出一片属于学生的绿洲。愿教育的旅途中，教师始终怀揣"甘为骆驼"的信念，让每一个学生都能在教师的引领下茁壮成长，成为自己未来的航标。

# 主题 5

# 变个孙悟空

陶行知先生有两篇写给师范生的文章，刊载于当时的《师范生》杂志上，两篇文章分别是教师范生要变成孙悟空和小孩子。其中，陶行知先生认为师范生首先要变作孙悟空，他讲述了这样的观点：师范生一要学孙悟空"有目的、有远虑、有理想"，他存心要学长生之术，躲过阎君之难；二要学他"抱着目的去访师"，孙悟空所求的是猴类大家的幸福；三要学他"抱着目的求学"，必定要得到一个长生不老的道理才去；四要学他认真的态度和执着的精神，必定要追问到底才肯罢休；五要学他向小孩子学习，拜本领不如自己的唐僧为师。

品鉴陶行知先生的话语，我们大致可以将"变个孙悟空"理解为对于师范生的两个身份层面而言的劝谏。一为师范生之"生"，作为教师并不仅仅为师，同时不能忘记自己学生的身份，时刻保持学习的热情和决心。二为师范生之"师"，作为教师，应该具备专业的素养和崇高的道德，敢于挑战权威，革新教育理念，为每一个学生提供优质的教育服务。

## 一、教师应具备求学创新的精神

中国近代教育家程今吾先生曾说："一名合格教师要保持学习，不断进修。"被誉为"中国现代数学之父""人民数学家"的华罗庚说："在寻求真理的长河中，唯有学习，不断地学习，勤奋地学习，有创造性地学习，才能越重山跨峻岭。"

孙悟空在花果山已然称王，无忧无虑，却不甘于现状，一心外出求学，寻找长生不老的办法。最终学成归来，成为拥有一身本领的美猴王，也让花果山的猴子猴孙们过上了幸福的生活。作为教师也应如此，不能只满足于现状，需要不断学习和实践，不断挑战自己，不断超越自己，时刻关注学科前沿动态，掌握最新的教育理念和教学方法。对于新教师而言，欠缺经验，更需要努力学习、转变角色、站稳讲台。对于有经验的老教师而言，也需要学习，不断打磨教学、研究学生，以新时代的教学技术满足学生的学习需求。

北京市特级教师李作林将"工作就是学习，学习就是生活"作为自己的座右铭，一个学生的灵感闪现，一次精彩教学瞬间，一段触动心灵的讲话，一节得意的课堂教学……每有感悟，他便记录下来。闲暇时刻，他常常翻阅曾经记录的点点滴滴，内心偶有共鸣，就会内化成习惯，也就有了实实在在的收获。最初在指导学生制作平衡担架时，他直接告诉学生，你们的同学做了一个这样的担架，你们也试一试吧！但他发现这样的教学方式无论如何都调动不了学生参与科技实验的积极性，于是他决心创新，将真实情境教学引入课堂。在后来的教学中，他把汶川地震的影像资料给学生观看，让学生先"亲历"那样的场景，再反复观看救援队抬担架时的视频，让学生发现现有担架在实际场景中存在的问题，再集思广益给现有担架改良升级。学生的思维被完全调动起来，学生对科学实验充满兴趣。后来，李作林老师在一套虚拟现实设备中又获得灵感，创新地将 VR 技术应用于课堂中，当学生提出可以如何改良担架时，李老师便可以借用虚拟现实技术在投屏中立即演示，大大提升了学生的课堂参与度。

因而教师须得知，学生是发展中的人，每个学生在不同阶段是不一样的，不同时代的学生也是不一样的，因此要紧跟时代步伐，只有了解学生，才能做好教育。教师不断学习，是对教师自我发展的要求，更是对学生负责的体现。

## 二、教师应培养坚持较真的品格

孙悟空在求学之时，除了"长生之术"外，他都不愿意学，而且不学到誓不罢休，坚持留在山中。最后菩提师祖被打动，教会了他长生之术，还赠送了七十二变之术和筋斗云。从中不难看出，孙悟空十分较真，他是抱着明确的目的来求学的，凡是偏离目的的都不学，正是因为他的坚持和较真，他最终如愿以偿学得真本领。

著名数学特级教师贲友林在河南教师成长学院上观摩课时，一个学生在贲老师的几次提醒下，仍没有认真听讲，贲老师没有忽略他，而是幽默地说："不把4道题做会，不准回家的哦。"谁料学生表情非常尴尬。下课后，贲老师居然把这个不认真听讲的学生留下来，亲自进行辅导，直到学生真正弄懂为止，持续20多分钟，让全场的教师大为惊讶。公开课上，贲老师这样做风险很大，但他却说，这是在培养学生对待学习认真的意识，不能草率，不得不较真。

特级教师于永正对于"写字"十分较真，不仅对自己，更对徒弟严格要求。他必须琢磨透每个字的间架结构，看准每笔的起笔、落笔，不把每个字练好，他是不会善罢甘休的。每课要求学生写的字，他必先照着字帖练；要板书的词语，他也要练，力求让板书的字成为学生的"字帖"。于先生有位徒弟要执教《掌声》一课，发生了这样一幕：

于先生：这节课要求写的几个字练了吗？

徒弟：练了。

于先生：请把"班"字写给我看。

待徒弟写完。

于先生：不规范，你看当中的竖撇，书法家是怎么写的。"班"中间的竖撇，起笔高，收笔低。也就是说，这个竖撇要写长。写楷书和做教师一样，来不得半点马虎和随意，字帖上怎么写，就怎么写，一切都在细节里。

从坚持教会每一个学生的贲友林到坚持给学生树立正确书写观的于永正，再到为一本好教材不惜多次和出版社对簿公堂的普通教师彭邦怀，无不体现着较真的可贵品格。作为教师，有时，我们需要坚持较真，因为这样的较真能使学生懂得学习的意义，更能从中提升自己、有所收获，真正在课堂中关注学生的学，使课堂走向深入，让师生关系在不断的较量中走向和谐。

## 三、教师应学会适时示弱的教育

陶行知先生说，师范生变成孙悟空，那学生就是唐三藏，不但要为他保驾护航，还要拜他为师。学生在成长路上需要教师保护和指点，但同时一个好的教师要以学生为指挥棒，从学生实际出发去制定自己的教学内容和策略。

林格先生在《放下自我，敢于"装傻"》中谈道："教育的目的是让孩子成长，而不是显示自己的聪明和才华。教师放下自我，有时甚至在学生面前装傻，也是保护孩子主动性的一种体现。"

特级教师薛法根在执教《王戎不取道旁李》一课时，在与孩子们一起抄写完这篇小文言文后，让学生替自己检查，表示自己也有犯错的时候。学生立刻来了兴致，俨然变成"小老师"，他们不仅发现了薛老师把"竟走取之"的"竟"写成了"竞"，把"曰"写成了"日"，而且还发现了薛老师少写了一个"之"，甚至还检查出标点符号的错误。薛老师大大方方地"承认"了错误，并且自然而然地区别了"竞""竟"，以及"曰"和"日"，并且解释了文言文中几个"之"的意思，还"强调"了标点符号的用法。薛老师的"示弱"不仅激起学生的学习热情，还与学生形成了平等的关系。

所以，当师范生成为教师后，首先要意识到自己是学生成长道路上的守护者和引路人，让弱小的学生免受险恶的客观世界的伤害，这是教师的根本责任；其次要虚心接受学生的指导，如果不接受学生的指导，他们就会念起"紧箍咒"，让教师好不头痛，这是成为教师的基本方法。

# 主题6

# 变个小孩子

"你这糊涂的先生！你的教鞭下有瓦特，你的冷眼里有牛顿，你的讥笑中有爱迪生……"再读陶行知先生的《师范生第二变——变个小孩子》中的这首小诗，微笑着的陶行知先生仿佛就站在眼前，目光柔和，带着期许，等待着我们交上满意的答卷。

"你若想在笨伯中体会出真牛顿，在凡庸中体会出真瓦特，在坏蛋中体会出真的爱迪生，你得把自己变成一个小孩子。"其实，陶行知先生已经给出了响亮的回答，给我们指明了正确的方向。那就是把自己变成一个小孩。变个小孩子，我们当然不可能发生生理或物质意义上变化，而是应该忘记成年人的身份，重温我们的童年，再做一回儿童，重拾童心，用孩子的眼光去观察世界，走进孩子们的心里，用孩子的心态去感受、理解孩子。

## 一、变个小孩子，童心不泯

童心就是尊重儿童之心，爱护孩子们的积极性，鼓励孩子们提出问题，勇于实践，乐于创新。"长大的儿童"李吉林老师说："只要像孩子那样，憧憬着未来，敞开自己的心怀，便能不断地呼吸到新的空气，吮吸新的营养。"变个小孩子，我们就会百般呵护孩子们那一双双探索这个充满奇妙与梦幻的世界的眼睛，保护孩子那份对生活的好奇与热爱，激发孩子那份无尽的想象力和创造力。

全国五一劳动奖章获得者、广东省特级教师彭娅校长常说："要读懂孩子，尊重孩子，培养'有灵气'的孩子，让每个孩子都能生活在童话搭建的、充满阳光的房子里。"在育人的道路上，彭老师始终坚持"灵动教育"的理念，用心保护孩子的想象力、创造力和好奇心，让教育如阳光般洒满孩子成长的道路。的教学中，她提倡创造灵动平实的课堂。灵动就是呵护孩子的想象力，重视培养孩子的思维，让孩子能够解放天性，开心学习。平实就是变成一个孩子，与孩子平等交流，打成一片，跟孩子共同学习，让每一个孩子焕发灵动的生命力和智慧的创造力，成为充满灵气的时代新人。

童心是静待花开的耐心，可能性是人的最伟大之处，更是儿童的最伟大之处。可爱的"大儿童"于永正老师说："谁也说不准天上哪块云彩会下雨。"当然，变个小孩子，就会坚信每块云都有自己的精彩，孩子们的未来充满着无限可能性。我们要从只看重儿童的现实表现，转向注重儿童的未来发展，关注儿童的可能性。发展孩子的核心素养不是虚空，我们理当立足于现实，着眼于未来，引领孩子们从现在走向未来。

网友口中"别人家的老师"、时代先锋兰会云老师接手了全校最差班级，成为该班班主任，但他坚信学生的未来并不是一次成绩所能评定的。他走入学生中，用爱心感染学生，用真心引领学生成长。他变成小孩子，和孩子们到户外去看雨，看小草怎样冒出鹅黄，看花蕾怎样静谧萌芽，欣赏夏日的茂盛、秋日的丰硕、冬日的皎洁。他化身大孩子，带领学生骑行1800公里，涂鸦校园井盖，静观夜空烟火。他始终不放下每一个学生，相信他们未来有无限可能，帮助他们树立自信心，耐心等待着他们的精彩。三年后，连家长都只希望自己的孩子能读完高中的班级里有47人考上本科。

## 二、变个小孩子，共情同感

苏霍姆林斯基说："童年时代，一天犹如一年，要进入童年这个神秘之宫的门，就必须在某种程度上变成一个孩子，只有在这种情况下，孩子们才不会把您当成一个偶然闯进他们那个童话世界大门的人。"

变个小孩子，站在小孩子的立场去思考，就是要把我们自己降到孩子的高度，不只是身体的下蹲，更多是一种姿态的下蹲，一种心态的融合。唯有生活在儿童的世界里，才能走进他们的心灵世界。做一个小孩子，拥有孩子般的精神世界，凝心静听，我们就会捕捉到孩子们内心的声音，洞悉到孩子们内心的渴求，才能真正读懂孩子。"我们必得会变小孩子，才配做小孩子的先生。"陶先生的话语重心长。

山东省优秀教师、齐鲁名师孙颖老师说："爱孩子就要钻到孩子的心里去！"孩子们喜欢做游戏，站队出操时，孙老师变身小孩子，与学生做起"谁能听懂小哨子在说什么"的游戏，她用哨音模仿"稍息""立正""齐步走"，孩子们很快就听懂哨音，跟上哨音，完成站队出操训练，俨然成了校园的一道亮丽风景线。孩子们喜欢唱歌，孙老师巧妙地借用音乐课上合唱训练的"卡农式轮唱方法"，和孩子一起一组一组轮唱式地读词语，孩子们在巧妙的艺术形式中感受着祖国语言文字的魅力。孩子们急于得到评价，孙老师就细心观察，及时表扬。她发放"小蜜蜂粘贴"，激励孩子不断进步。

变个小孩子，蹲下来，走到孩子中去，才能从我们从来都不以为意的小孩子的表情动作中读出他们不输于任何人的努力、兴奋或失望，才能拨动他们的心弦。这当然不是要我们降低自己的认知水平而迁就孩子，而是要进入孩子的心里去体验，感同身受。"他给您一块糖吃，是有汽车大王捐助一万万元的慷慨……"陶先生是在提醒我们千万别轻视小孩子的情感。

德育特级教师郑英就有过这样一段甜美的回忆。一个男孩，因父母长期在外工作，身上总是脏兮兮的，常常和其他孩子产生争执，很不受欢迎，调皮而又孤独。一天，郑老师和这个男孩在走廊上来回相遇了三次。看着孩子有些担忧又很热切的眼神，郑老师叫住了他。他右手一会儿放进口袋，一会儿又拿出来，最后吸了一口气，掏出一个苹果塞给了郑老师。郑老师接过苹果，放在嘴里轻轻地咬了一口，说："我今天吃到了世界上最甜的苹果。""我就知道很甜。爸爸特地从外地寄过来的，很好吃，所以给您带了一个。"郑老师的眼睛湿润了。善于观察的郑老师，有一颗孩子般善于接纳的心，她更在乎的是苹果蕴含的孩子的情感，拨动的是孩子的心弦。自那以后，这个男孩经常和郑老师偶遇，很自然地和郑老师并肩而行，慢慢地融入了班集体。

## 三、变个小孩子，真诚悦纳

"你说瓦特庸，你说牛顿笨，你说像个鸡蛋坏了的爱迪生……"陶行知先生在提醒我们要善待眼前的孩子，他的未来不可限量，千万不可埋没了未来的瓦特、牛顿和爱迪生。然而，也许在终其一生的教育过程中，我们可能压根就不会遇见未来的天才。教师面对的更多是普通孩子，难道教师就可以给他们冷眼和讥笑、挥舞着教鞭吗？答案当然是否定的，这肯定不是陶先生的原意。教师所要做是爱现在的孩子、眼前的孩子。

变个小孩子，拥有一颗海纳百川的接纳之心、真诚之心，我们就会放下教鞭，和所有孩子成为朋友，和孩子们一起生活，在生活中成长。管他将来是瓦特、牛顿或爱迪生还是普通人，无论他将来是总统还是平民。我们所要做的只有抛弃冷眼，告别嘲讽，爱当下所有的孩子。

安徽省特级教师束小娟经常会接任"潜能生"较多班级的班主任。其实这些"潜能生"在很多人眼里都是无药可救的"学困生"。束老师总是绞尽脑汁，想方设法，用尽全部招数去转化他们。虽然他们成绩很差，表现不好，但束老师一直对他们很好，时刻保护他们尊严，鼓励他们向前，潜移默化地让他们明白"天生我才必有用"。束老师变身孩子，无条件地接纳这些"潜能生"，和他们一起下棋，一起打乒乓球，一起打扫卫生。即便有的孩子每天都会惹事，每天都会犯错误，束老师依然没有冷眼相待。多年过去了，大多数孩子成了普普通通、默默无闻的劳动者。当初被许多人视为将来"垃圾"的他们，能够成为自食其力的劳动者，这不也是一种成功吗？他们现在不是瓦特、牛顿或爱迪生，束老师引以为豪的是没有给当初的他们"教鞭""冷眼""讥笑"。束老师爱的是现在的孩子，而且是孩子本身，而不是他的表现和成绩，更不是未来的天才。

　　小王子说："使沙漠显得美丽的，是它在什么地方藏着一口井。"童年就是这样的一口井。变个小孩子走人生之路的人是幸福的，因为如果心中有永不枯竭的爱的源泉，沙漠也会变成美丽的风景。

　　变个小孩子吧，融入孩子们的队伍中，精彩的故事便纷至沓来。保持一颗永远年轻之心，和孩子们一起快乐地成长，第56号教室就会一个接一个地出现，学校也就会慢慢地变成巴学园①，成为孩子们生活学习的天堂。

--------

　　①　在黑柳彻子的《窗边的小豆豆》中，巴学园是一个深受孩子们喜欢的学校。

# 专题三

## 教人求真

教育自诞生之初，便承载着求真的基因，它不仅是知识的传承，更是精神的远航、品德的磨砺，是一种探寻真理的使命。

# 主题 1

# 实事求是

1924 年，时任校长的陶行知，把南京安徽公学的校训定为"实"。倡导教育从生活实际出发，做实事求是的教育。"实事求是"一词最早出自《汉书·河间献王刘德传》："修学好古，实事求是。"后来即把它引申为一种值得提倡的务实求真的学风。1941 年，毛泽东对实事求是做了新的解释："实事"就是客观存在着的一切事物，"是"就是客观事物的内部联系，即规律性，"求"就是我们去研究。习近平总书记也强调，实事求是作为党的思想路线，始终是中国共产党人认识世界和改造世界的根本要求，是我们党的基本思想方法、工作方法和领导方法，是党带领人民推动中国革命、建设、改革事业不断取得胜利的重要法宝。

作为新时代教师，要以"实事求是"为思想方法，把"实事求是"作为人生追求，行"实事求是"之工作作风，创"实事求是"的拼搏精神。实事求是关键在于"求"，"求"是学习探索、创新突破，是从实际出发，向着求真创新和进步。陶行知于 1946 年在《小学教师与民主运动》一文中发表了"千教万教，教人求真；千学万学，学做真人"的教育理念，由此可知，教师要把"求真"作为培养学生的重要目标。

## 一、为师者，呵护求真之心

"学贵有疑，小疑则小进，大疑则大进，不疑则不进。"质疑是求真的重要精神之一。为师者，要能培养学生的质疑之心，不仅质疑自己，也质疑教师，质疑前人，在质疑声中进行思想碰撞，从而不断提高质疑能力。中科院院士袁亚湘说："学生要敢比老师更厉害。"为师者，更要呵护学生质疑一切被视为理所当然的知识的心，保卫他们大胆地提出自己的想法、勇敢地与他人辩论的权利，培育他们能坦然接受他人辩驳的胸襟。

北京四中的石国鹏老师遇到过这么一件事。2003 年，石老师带着开阔的眼界、丰富的知识及教学经验学成归来，自信地站上了北京四中的讲台。课堂上，他正用英语给学生分享伏尔泰的一句家喻户晓的名言："我不同意你说的每一个字，但我誓死捍卫你说话的权利。"当他正要往下讲时，一个学生举手发言道："老师，伏尔泰是哪国人？""法国人。""他为什么不说法语，而说英语？"这个问题把石老师问住了。石老师并没有寻找各种理由来维护"师道尊严"，而是非常诚恳地说："我不懂法语，所以我只能从英语网站上找到这个资料。"此时，学生说："我读过伏尔泰所有原著，没有这句话，这不是伏尔泰的原话。伏尔泰晚年有一个女性朋友，她在接受传记作家采访时说，伏尔泰表达过这个意思。传记作家把它写成了一句话，并错误地打上了双引号。这句话讲得太漂亮了，所以后世以讹传讹，把它当作了伏尔泰的原话。老师您至少应该告诉我们，这句有争议的伏尔泰的名言不是一手史料，而是二手史料。"石老师被讲得心悦诚服，由此，石老师形成了一个做法——"奖励那些敢于把教师'挂'在黑板上的人"，也就是能指出教师错误和不足的人。石老师并不认为把教师"挂"在黑板上是一个尴尬的时刻，而是把它当成一个对教育教学有重大意义的时刻。在这一时刻，教学相长，不怕批评，勇敢质疑，追求真理的种子就在教师和学生的心中萌芽，这是一件多么好的事情。

迷信权威、盲从是科学最大的敌人，也是求真路上最大的障碍。当学生敢于向教师发起挑战，将教师"挂"在黑板上时，他们获得的不仅有真知，还有更大的对渴求真知的勇气与热情。全国十杰教师李镇西老师提出 16 个字："坦然面对，勇敢认错，善于反思，尽量改正。"从教者不能粉饰自己的错误，当以"知之为知之，不知为不知，是知也"为原则，本着"言者无罪，闻者足戒"的精神，营造一个充满爱与尊重的环境，让学生能安心并敢于勇敢地追求真理。

## 二、从教者，鼓励做真学问

陶行知要求学生"知识应当富实"，但反对学生迷信书本，不去联系实际，不能灵活应用；主张以书本为工具，独立思考，灵活应用。浙派学者阮元也认为"圣贤之道，无非实践"。他指出，"文字训诂"仅仅是"门径"而已，领悟并实践"圣人之道"才是目的，因此，真学问应从实践中来，到实践中去。

北京琉璃渠小学借助于暴雪天气开展了"暴雪变'抱雪'，探学世界高峰——琉璃渠小学'雪后'实践性探究型学习活动"，引领学生"迈进生活找原型，迈进文献学思维"。将校园内铲冰除雪过程中形成的"大雪堆"作为教学资源，由四年级全体学生组成研究小组，将地球上海拔超过8000米的14座高峰罗列出来，在班主任的组织下，每名学生认领一座，搜集这些终年积雪的世界高峰的图片和文字资料，详细了解它们的坐标、位置、海拔、气候、攀登难度等知识。学校还借此机会开展"雪的形成过程""常用的除雪方法有哪些？有哪些利与弊""雪水干净吗"等小课题研究活动，让学生在生活中切实学习科学知识。这些知识也将被学生再次应用于生活。山东省烟台市第八中学的学生在一场强降雪天气中用物理学科知识进行分析论证，借助于学习到的杠杆、压强、惯性等知识，就"如何高效进行除雪劳动"展开了激烈的探讨，学生各抒己见，分析物态变化、摩擦力，提出了一个个锦囊妙计，制定最佳的除雪方案，一鼓作气，将校园里的积雪清扫干净。

陶行知先生指出："研究学问要以事为中心；改造环境要以事为中心；处事应变也要以事为中心。"新课标强调"要加强课程内容与学生经验、社会生活的联系，注重培养学生在真实情境中综合运用知识解决问题的能力"，也就是要从学生的生活经验和已有知识出发，创设良好的生活情境，引导学生开展观察、操作、交流、反思等活动，把所学知识应用到实际生活中去。哲学家培根认为："知识不是力量，运用知识才是力量。"从教者应该努力使成学生从实际生活中，学习并运用知识，学真知识，解决真问题。

### 三、立德者，引立求实品格

"才者，德之资也；德者，才之帅也。"教师是学生锤炼品德的领路人，要让学生铸就"求真""求实"的品格，首先教师自身要锤炼这种品格，并在教育教学中，发挥引领和感召作用，化德行为一种无言的人格力量，折射进学生们心灵。

被誉为"中国的苏霍姆林斯基""教育界的梅兰芳"的斯霞记录了她在教学中的一则趣事：在教学语文第四册的《野兔》一课时，她对一只野兔与老鹰搏斗，"野兔用巧妙的办法踢死了老鹰"的结果产生了怀疑。野兔竟然能踢死老鹰？为了弄清这个问题，斯霞专门到南京师范学院生物系请教，并亲眼看到了野兔踢老鹰的标本，这才相信课文讲的确是事实，进一步体会到课文写得灵动。在后来的课堂中，斯霞也将这个过程生动地展示给了学生，学生先是觉得有趣，渐渐又觉得不太可能，待斯霞老师讲了自己从怀疑到信服的过程后，他们对课文内容有了更加深刻的理解。教师对真理、事实、学术的严谨和执着追求的品质，就是给学生的最好的榜样。

"人民教育家"于漪曾经说："教育是真善美的事业。离开了真，善就是伪善，美就是假美。一个社会的文明程度跟它的诚信程度、真实程度成正比。"除了求知时的务实品格，立德者更要将这种务实求真的品格内化到学生生活的方方面面，使学生在日常学习中逐步成为一个有真性情、真情怀的"真人"。

广东省中山市开发区第四小学的吴珏婷老师在教学中发现，本班学生由于距离教科书所描绘的年代较远，缺乏对相应历史背景的了解，无法产生情感共鸣，而无法触及爱国主义题材的内容情感与价值观。针对学生的这种情况，吴老师结合本土特色德育资源，在家长和各学科教师的帮助下，设计和实施了"忆苦思甜，爱国常在'红心班'"爱国班本德育课程。通过"每日吟诵爱国警句""实地探究红色基因资源""装点班容""重走行军路""游览岐江"等具体活动，学生用心感受到古人"先天下之忧而忧，后天下之乐而乐"的居安思危的民族精神，在了解国家历史的同时，以身践行爱国信念。在课程中，学生还收集、整理了两年以来个人参与爱国实践活动的记录材料，形成"家国在我心"的成长档案，进一步记录学生在学习和生活中的爱国表现，唤醒了学生热爱家乡、热爱祖国的情感。这些活动，充分结合了学生的实际生活，发挥了课堂教学的主阵地作用，同时将德育内容有机融合到各门课程教学中，切实解决了学生无法理解人物的情绪和感受的问题，引导学生勿忘革命先辈，继承并弘扬革命传统和革命精神。

教育是韩愈笔下的"传道、授业、解惑"，是许慎所讲的"教者，上所施，下所效也。育者，教子使作善也"，是梁启超眼中的"教人不惑、不忧、不惧，顶天立地的做一个人"，是蔡元培所说的"养成人格之事业也"。教育工作者要坚持实事求是，依据学生的实际情况调整教学工作，不为难任何一个学生，不放纵任何一个学生。从点滴入手、从具体事做起，不断追求真实，用真实的自我去影响学生，用真实的学问去启迪学生，时时处处都坚持，实实在在去行动。

# 主题 2

# 学做一个人

1925 年底，陶行知先生在南开学校的演讲中这样说："我希望诸君至少要做一个人；至多也只做一个人，一个整个的人。"何为"整个的人"？陶行知先生认为，有五种人不是完整的人。其一，残废的人；其二，依靠他人的人；其三，为他人当作工具用的人；其四，被他人买卖的人；其五，一身兼管数事的人。由此可见，一个整个的人应当具备三种要素，即"健康的身体""独立的思想""独立的职业"。

教育的根本任务是立德树人。新时代，我们要培养什么样的人呢？党的十八大以来，习近平总书记围绕"培养社会主义建设者和接班人"做出一系列重要论述，深刻回答了"培养什么人、怎样培养人、为谁培养人"一系列根本性问题。我们要培养有理想、有本领、有担当的德智体美劳全面发展的社会主义建设者和接班人；要摒弃过去"重知识教育、轻道德引导""重书本教育、轻教学实践"的观念；要培养学生的健康体魄、健全人格、奋斗精神和责任担当。这与陶行知先生的一直以来进行的教育实践是如此相符。先生先进而卓越的育人观——"做整个的人"，在倡导"五育融合""素质教育"的当下，对教师如何进行"全人"的教育，仍有着深刻的启示和重要的指导意义。

## 一、做整个的人，强健体魄是基础

陶行知先生提倡："要做八十岁的青年，可以负担很重的责任，别做一个十八岁的老翁。"一个健康的体魄是美好人生的基础和前提条件。新课标中，"体育与健康"课占总课时比例的 10%~11%，已经一跃超越外语，成为小学、初中阶段第三大主科。没有扎实的根基，万丈高楼无从崛起；没有强健的体魄，平生之志只能成为海市蜃楼，"野蛮其体魄"是为了学生能够在不同阶段的生活中调节情绪、锤炼心性、激发潜力。

江西省铜鼓县第二中学周苹老师带领的班级，在周末或假期都有一个特殊的任务：晨跑。起初，提出这个想法是由于周苹老师在教学中遇到了很多因为身体而影响学习，甚至在中考和高考中失利的学生。她不希望再看到这样的情况发生，因此，她经常提醒学生："身体是成功的基石，无论何时，健康都应该放在第一位。"

周苹老师本身也非常热爱运动，每天都有晨跑的习惯。她和学生约定，周末和假期，离学校近的在学校晨跑，离大操场近的就在大操场跑，实在不方便的就在家附近跑，然后通过视频进行打卡。即使在暑假，周苹老师也会一大早到大操场或者学校，陪着学生跑步。对于那些懒惰起不来床的学生，周苹老师要么是"晓之以理，动之以情"，要么直接上门把学生从床上叫起来跑步。这些学生自己都觉得不好意思，只得每天乖乖起床锻炼身体。在周苹老师的言传身教下，班里学生精气神十足。

蔡元培先生曾指出："完全人格，首在体育。"教师应该以身作则，积极参与体育锻炼，展示出对健康生活的重视和热爱。通过自己的行动，向学生传递出锻炼身体的重要性，激发他们对运动的兴趣和热情，从而使学生拥有健康的体魄，让他们能在物质的环境里站得稳固。

## 二、做整个的人，明辨是非不盲从

陶行知先生提出"做整个的人"的第二大要素是，"要能虚心，要思想透彻，有判断是非的能力"。孟子曾说："是非之心，智之端也。"朱熹也曾说过："人之进学在于思，思则能知是与非。"由此可见，要启发学生的智慧，教师首先要培养学生的"是非之心"，也就是独立思考、明辨是非的品格。

四川师范大学附属绵竹小学校（以下简称"绵竹附小"）将"品格"的培养落到了教学的实处。绵竹附小开展二十四品格教育活动，每学期对学生进行一项品格的培养，从"品格小精灵"到"品格五要"，多形式加强品格教育管理。在绵竹附小举行的"明辨品格教育"启动仪式中，将"老鹰"作为"明辨小精灵"，寓意希望学生能拥有一双老鹰般锐利的眼睛，去判断生活中的是非善恶，做一个明辨是非的人，习得明辨品格，成为"明辨小精灵"。同时明确了明辨"五要"，即"避开诱因、学会拒绝、联想后果、专时专用、请人监督"。在一学期的教学中，学校组织学生通过阅读《品格周刊报》进行品格学习，通过阅读明辨小故事、制作活动简报等记录了学生的学习过程，并举行"明辨"品格主题教育演讲比赛。学生或搜集古今中外明辨是非、笃行致远的名言警句、名人事例；或进行反思自我，观察生活中有哪些以丑为美、以恶为善、以莠为良的不辨是非的现象；或结合社会主义核心价值观、八礼四仪、《小学生守则》、文明学校创建，谈如何纠正不良行为；或就如何明辨良莠网站、文明上网、文明转发微信展开讨论，成果颇丰，引人深思。

《中庸》有云："博学之，审问之，慎思之，明辨之，笃行之。""明辨"指的就是要明晰分辨、明确判别，这是选择的过程；而"笃行"则是在选择之后坚定地履行、执行，是实践的过程。这两个阶段实际上是从思考到行动的过程。为人师者，当使学习者了解法律，立德修身，以他人为镜，树立正确的是非善恶观，形成明辨是非的能力，并将这种能力铸造成为衡量内心的良知的标尺。

## 三、做整个的人，由"生利"到"利群"

中国人自古以来便奉行"君子喻于义，小人喻于利"，因而极少有读书人言"利"。陶行知先生却提出，"要有独立的职业，为的是要生利，生利的人，自然可以得到社会的报酬"，将教育与"生利"紧密联系在一起，这里的"生利"并不是说为了生计，而是说教育要生有利之人、有利之事、有利之物，其核心精神是利群。于教育，让学生拥有独立的职业，不仅是要教学生一技之长以促进他们就业，更重要的是培养他们的责任与担当，以及他们对工作的热爱。

上海市奉贤区教育学院附属实验小学（以下简称"奉教院附小"）就让学生成为学校的主人。每学期开始，学校都会制定校园劳动"岗位清单"，设置了八大领域近300个岗位，如小小邮递员、动物饲养员、农庄果蔬维护员、失物招领员等，遍布校园各个角落，学生竞争上岗，组成"绿马甲志愿服务队"，乐此不疲地在自己的服务岗位上服务着，不仅激发了学生的工作热情，更让学生以责任践行担当。

"霍兰德职业兴趣理论"认为凡是具有职业兴趣的职业，都可以提高人们的积极性，促使人们积极地、愉快地从事该职业，而培养一个人对工作的热爱，首先需要让他了解所从事的工作，在不断尝试和比较中，发现兴趣所在。奉教院附小在每年元旦、六一儿童节的下午都会组织学生体验各行各业，学生变身为消防员、银行家、税务员、飞行员、医生等，沉浸式体验不同职业的工作内容，了解工作现状。同时，奉教院附小还充分借助于社区、家长的力量，开展了"跟着爸爸妈妈去上班"的职业体验活动。校内每月一次"爸妈职业课堂"微课和职业岗位模拟，校外每双周一期"跟着爸爸妈妈去上班"，每学期有一天基地实践任务，让学生在"360行"不同家长岗位中学习与实践，逐步从课堂走向社会，"预"见未来的自己。

如今，越来越多的学校和教师将职业启蒙纳入教学中，挖掘多种教育资源，如杭州卖鱼桥小学开展"一日跟岗乐实践"活动，学生跟着校长、教师、后勤职工一起管理、建设学校；北京电子科技职业学院航空工程学院和北京市房山区窦店第二小学联手开设"走进无人机的世界"的职业启蒙教育课程，积极探索职业教育和基础教育学校在职业启蒙教育方面的协作育人功效。"对于一切来说，只有热爱才是最好的老师。"只有真正了解了不同职业的工作内容和价值，学生才能找到终身热爱的事业，并加之以自身的责任感和担当，才能把服务社会、奉献精神、追求卓越等精神落到实处，使学习者拥有"利群"的职业情感和"乐业敬业"的职业精神，在社会的建设中实现价值。

在当前"双减"和"五育融合"的大背景下，教育者应当摒弃急功近利的心态，超越学科的狭隘界限，把"让学生成为整个的人"作为信条。教师要将健康和独立思想归还给学生，为他们未来的独立职业做好充分准备。让学生走上成为"整个的人"的康庄大道，真正实现减负增效的目标。

# 主题 3

# 教学生学

现代社会信息日新月异，教学内容也越来越多，教师永远教不完，学生也永远学不完。那么，教师教学到底要教会学生什么呢？

陶行知先生说："好的先生，不是教书，不是教学生，乃是教学生学。"陶行知先生说"教是为了不教"，其中，"教"不是教师的主要责任，教学生"学"才是根本。学生不可能一辈子跟着教师学，他总要走出校门，学校教给他的知识是有限的，无限的知识要靠学生自己去获取。"教学生学"才是根本，才是学生通往世界的钥匙，这个观点也是新课标所提倡的。

但有些教师习惯于满堂灌，误认为上课讲得越多越细越好，误认为教师多讲，学生就能多得；教师少讲，学生就少得；教师不讲，学生就不得。陶行知先生反对这种满堂灌、填鸭式的教学方法，反对只教知识而不教方法。他说："与其把学生当天津鸭儿填入一些零碎的知识，不如给他们几把钥匙，使他们可以自动地去开启文化的宝库和宇宙之宝藏。"他特别强调要因材施教，反对抹杀学生的个性。他曾生动比喻："松树和牡丹所需要的肥料不同，你用松树的肥料培养牡丹，牡丹会瘦死；反之，你用牡丹的肥料培养松树，松树受不了，会被烧死。"那教师到底应该怎样教学生学呢？

## 一、以学定教，重在以"学生"为中心

陶行知先生强调：教学生学，必须树立"以学生为中心"的观念。"双减"背景之下，教育回归学校，课堂是教育的主阵地，学生是学习主体。教师如何在课堂上充分调动学生的学习积极性？首先，教师必须了解学情、关注学情。语文教育专家王荣生教授说，了解学情是教学的出发点，制定学习目标是教学的落脚点。余映潮老师的"板块式"教学就是很好的证明，他要求教师要依据学情深入研读教材，精心筛选整合教学资源，根据学生学习的具体情况"分块深化"逐步进行。"板块式"教学既关注了学情，又关注学生的学习，教师可以清楚地知道在每个模块中，学生应该"学习什么，如何学习"，这样才能更好地提高教学质量。

其次，在教学中，应以学生为主体，教师为主导，发挥学生的主体作用，强调学生对知识的主动探索、主动发现和对所学知识意义的主动建构。比如在初二教学平行四边形时，让学生以小组为单位展示探究平行四边形的性质的成果。学生首先通过动手画一画、剪一剪、量一量、折一折等多种探究方式，大胆猜测平行四边形在边、角、对角线、对称性等方面的性质，最后利用已学知识对其猜测

进行证明得出结论。学生在小组学习合作探究中是活动的主体，教师只是"引导者"。当学生遇到不会的问题时，教师适当启发，使学生开窍，而不是以教师的认知代替学生的思考。又如英语七下教材"Let's celebrate！"的教学中，教师通过介绍中秋节和传统食物月饼引发学生的兴趣，为学生提供相关学习资源，如文本、图片、视频等，让学生在小组内自主学习，探索月饼的历史、文化背景和制作方法。学生可以通过互相交流与合作，共同完成小组展示。这样的做法既可以激发学生的求知欲，又可以促使他们主动探索和主动构建，远远比传统的教授知识要有趣得多、生动得多，收益也更多。

## 二、教无定法，贵在以"得法"为最佳

教师除了要心中有本、目中有人，还得手中有法。"手中有法"是指教师在教学过程中能灵活运用各种教学方法和教学机智，高效运用各种教学手段，调动学生学习的积极性和主动性。对于任何一门学科，没有"最好"，只有"最合适"的教学方法。例如，在《水浒传》名著导读课上，为了充分激发学生阅读《水浒传》的兴趣，并真正从经典中获得最丰厚的精神营养，使学生形成正确的人生观和价值观，教师可以从学生最喜欢的一个好汉——武松入手，设置如下阅读探究。

对于武松这位好汉，有人从《水浒传》中读到的是刻画得最成功的真英雄，也有人读到的是粗暴与凶狠、嗜杀成性的恶人，对于这两种观点，你如何看？并说一说理由。

围绕上述问题，课堂上，学生立即展开了激烈的讨论。有人赞扬武松是英勇无畏、疾恶如仇、行侠仗义的英雄；也有学生坚决反对，说在"醉打蒋门神""血溅鸳鸯楼"等事件中，武松的行为根本就不是行侠仗义，纯粹就是出于江湖义气和为满足一己私利，武松就是一个市井之徒，一点小恩小惠就可将他收买。

　　课堂上学生通过合作探究、观点碰撞，对名著《水浒传》有了更深的个性化的认知。因此，教师要求学生在课后继续阅读《水浒传》，查找与《水浒传》相关的研究资料，完成一篇关于《水浒传》人物形象的小作文，并借机向学生推荐《金圣叹点评〈水浒传〉》和刘再复先生的《人文十三步》等著作。这样，一堂名著导读课借助于对一个问题的探究，把学生的阅读引向了文本的深处，引向了对名著真正价值的思考和追问。这样的一堂名著导读课，教师不仅教给了学生阅读的方法，把课堂延伸到了课外的阅读生活，而且启发了学生对正确的人生观和价值观的思考。这样的教学方法真正提高了学生的语文核心素养，落实了立德树人根本任务。

　　可见，教无定法，但贵在"得法"。任何教学方法都应以课程为纲，以学生的发展需要为本。教师为了上好一堂课，有时并不单独采用某一教学方法，而是根据知识的特点和学生的心理特点，采用多种教学方法，但是不管采用哪种教学方法，"适宜"才是最重要的。

## 三、联系实际，赢在以"授渔"为精髓

　　著名语言学家吕叔湘先生说过："教学，就是教学生学，主要不是把现成的知识教给学生，而是把学习方法交给学生。"授人以鱼不如授人以渔，方法和思维才是最重要的。

　　福州金山小学林碧珍老师在"凑10法"的教学中，一步步引导学生在合作交流、动手操作的过程中，逐步形成自己解决问题的方法，在方法多样化的前提下，体会"凑10法"的妙处，探索并优化出"9加几"的算法。这种设计已经达到授人以渔的境界。在"9加几"的教学中，教师可以在课前引导学生复习"10加几"的口算方法，然后问学生："为什么'10加几'你们能算得又快又对？"教师给予学生充分的时间讨论并感悟，为之后的"转化"做好铺垫。当学生探索出用"凑10"的方法计算"9加几"后，教师引导学生观察，给予学生第二次感悟的时间，然后引导学生思考："今天学习的这几种计算有什么相同的

地方?"同时抛出一个问题："为什么计算'9加几'时，你们要将它变成'10加几'来计算呢?"通过讨论交流，学生悟出，"9加几"是新问题，"10加几"是已经解决而且很容易解决的旧问题，遇到新问题较难解决时，可以想办法将其转化为容易解决的旧问题。在此基础上，学生还会深刻地感悟：把"9加几"转化为"10加几"的目的就是化新知识为旧知识，从而获得新问题的解决方法。这样，转化这一重要的数学思想就会逐步地渗透到一年级学生的心中，成为日后解决数学问题的"敲门砖"。因为有了这种教学设计做铺垫，在后续进行"8加几"的教学时，学生就能循着这种"化新为旧"的经验，创造性地提出，把"8加几"转化成"10加几"或"9加几"等旧问题，从而解决新问题的策略。苏霍姆林斯基说："只有能激发学生去进行自我教育的教育，才是真正的教育。"

总之，教是为了不教，"不教"是目标，"教"是手段，是达到目标的途径和方法。在整个教学过程中，教师应当以学生为中心，寻求最恰当的教学方法，让学生在教的启迪下领悟"授渔"的精髓，让学生握着一把金钥匙去开启知识和智慧宝库的大门。

# 主题4

# 学生自治

1919年10月，陶行知在《学生自治问题之研究》中提出："学生自治是学生结成团体，大家学习自己管理自己的手续。"换言之，就是将自治的权利交给学生，通过学生在班级中的躬身实践与协调，在学生自我经历和积累的同时，培养并发展他们的主观能动性，在自我管理中获得发展与成长。

新课程改革背景下，主体性教育改革日益深入人心。我们倡导学生自主学习、自主探究、主动发展，注重培养学生学习的独立性和自主性，让学生成为学习真正的主人。时至今日，陶行知的自治理论对当代的教育仍有十分深远的指导意义。那么，教师应该探索一种怎样的学生自治模式呢？

## 一、融入团体，共同自治

陶行知学生自治，需要借助团体的力量，共同立规守法，使学生在生活、学习等不同领域主动参与集体建设，积极参加集体活动，增强班级凝聚力，在团队鞭策个人成长的同时，个人也在促进班级更好的发展。

广东省中山市华侨中学的张岩老师，借助学生"自治"团队，将班级转变为一个以学生成长为核心的"体验场"，从而引导学生从自主管理向自主发展过渡。他和学生在班级成立了"学代会"，"学代会"可以行使班级最高权力，负责班级各项权力的赋予、评价和监督。他将班级分为 6 个小组，在经过各个小组的民主投票后，选出 6 名小组代表。各小组可向"学代会"提出实施各项班级制度的申请，"学代会"在接到请求之后，将每项申请贴上数字标签，经过集体商议后，进行意见汇总。最后，通过各小组组长在"学代会"会议上进行投票表决，以此来锻炼学生的团队合作能力，让学生感受并融入班级的民主氛围中，并行使自己作为"班级公民"的权利。同时，"学代会"还会对各个"自治"小组进行监督，所有小组都需要定期接受"学代会"的问询，并汇报各小组工作的进展情况，对于较为落后的小组，"学代会"可以面向全班向他们提出批评和改进意见。由此，各个小组也会不断反思并实践，让自己的团队有更强的执行力，让团队运转更加灵活、透明。

团队自治能引导班级成员主动参与班级管理，并在心理上对班集体产生认同感，在民主的班级氛围中进行自我管理，使班级运转获得良性发展。

## 二、民主立规，科学自治

陶行知先生提出："学生自己共同所立的法，比学校所立的更加近情，更加易行，而这种法律的力量，也更加深入人心。"一个班级即一个"小社会"，也必定有它的"班级法律"，这就需要引导学生进行民主协商，确立规范化的班规，形成一个"法治小社会"，让学生在参与班规建设时，切实感受到班级是自己的班级，班级的各项事务可以由自己决策和管理，培养他们的"主人翁意识。"

著名教育改革实践家魏书生曾说："我们班的规矩之一就是学生是班级的主人，遇事要由大家共同做出决定。"在他的班级中，人人都是管理者与被管理者。魏书生引导学生自主参与班规班法的制定，先让学生各抒己见，再进行民主表决通过，制定出一套行之有效的"班级法律"，涉及思想教育、学习检查、纪律监督、体育锻炼、卫生保健等方面。一开始，魏书生会直接对班级进行管理，但学生仍是班级管理的主体。他设立了值周班长和值日班长，他们与班委会一起分工合作，共同参与班级事务的管理，并在班级实行承包制，引导每个学生参与管理，同时便于人人接受管理，形成了由班主任、班级干部、学生组成的三级管理网络，人人参与管理，人人接受管理。

在了解学生、尊重学生、相信学生的基础之上，民主立规最大限度地调动了学生参与自主管理的积极性，以法治使班级管理制度化，使学生自治日趋成熟。

## 三、创造机会，练习自治

陶行知先生曾说："从学校这方面说，自治就是为学生预备种种机会，使学生能够将大家组织起来，养成他们自己管理自己的能力。""授人以鱼，不如授人以渔。"班级的"自治"，追求的是班级的自主管理；班主任"放手"让学生自我管理，这需要不断提高学生自主管理的水平。体验的过程和犯错都是锻炼的机会，为了保证一个好结果而减少了学生自身的尝试，其实是剥夺了学生成长的机会。所以，教师需要给学生创造更多自主管理的机会，让他们在到困难的时候，有自己解决的机会，促进其经验的发展，从而更有效地练习自治。

广东省行知学校的谢易展老师为学生提供了很多自治的机会。平时，他会对学生的自主能力进行训练和培养，并适当放手让学生自己参与并组织班级活动，获得了较好的成效。他会定期在班级开展"自主周活动"，时长为三天。在此期间，教师不会干涉学生的一切班级事务，全程由班级管理层带动，其他学生自觉配合。

在"自主周"开始之前，谢老师会和学生共同确认一份具体的日程安排，并设置每一项内容的负责人，设想各种突发情况的处理方法，并在每天晚上进行自我反思和总结。在"自主周"，学生安排了一个英文表演活动，学生以梯队为单位，分组排练节目，自己准备道具，制定表演规则并安排上场顺序，最终再邀请教师来观看。在"自主周"结束之后，谢老师和学生共同反思、总结，表3-1是他们班级的反馈单。

表 3-1  "自主周"反馈

| | |
|---|---|
| 1. 自主周，你最大的感受和收获是什么？ | |
| 2. 你更愿意做辛苦一些的管理层，还是做不用承担太多责任的被管理的人？为什么？ | |
| 3. 为什么学习质量和状态不如教师在的时候高？ | |
| 4. 为什么教师不在时，即使同学提出了相同的建议，却不接受？同学说的话没有分量吗？面对教师，你会钻空子吗？ | |
| 5. 检查过关的纪律应该如何优化？ | |
| 6. 你认为最快速的成长方式是什么？ | |
| 7. 这次自主周活动，你有没有什么遗憾？如果再给你一次机会，你会如何度过自主周？ | |
| 8. 你喜欢自主周吗？希望以后经常开展吗？为什么？以后你在哪些方面可以做得更好？ | |

无论是谢老师的"自主周"还是日常自主管理，都是一种探索与实践。通过这样的方式，学生会对自己和其他同学有正确的认知，在日后的学习与生活中形成自我反省、自律的优良品质，提升自治力。

陶行知说："今日的学生，就是将来的公民，将来所需要的公民，即今日所应当养成的学生。"这是陶行知先生对于教育的美好愿景，也是我们今日教育的共同目标。学生是未来社会的主人，现在就应有共同自治的能力，学做集体和生活的主人，成为一个自律、自主、自强的中华人民共和国公民，这样，才算是高尚的人生，才算是真正的学生自治。

# 主题 5

# 学做小先生

"人人都说小孩小，谁知人小心不小。你若小看小孩子，便比小孩还要小。"简单的四句话，充分体现了陶行知先生的"小先生制"教育理念。"小先生制"是陶行知先生在普及教育实践过程中依据"即知即传人"的原则，倡导并推广实施的一种教育组织形式。由此可见，陶行知先生所说的"小先生"，并非传统意义上的"长者为师"，而是知者为师、能者为师，以知识和能力掌握的先后为标准，与年龄的大小没有必然联系。

党的十八大以来，习近平总书记提出："要重视和加强第二课堂建设，重视实践育人。"为贯彻这一指示精神，教师应根据新时代社会发展的客观需要，积极落实立德树人根本目标，"小先生制"是践行解放儿童的重要方式，其中蕴含相信儿童、尊重儿童、理解儿童，以儿童为主体的教育思想，教师要将其与当代社会生活和教育有机结合，进行创造性转化、创新性发展，并探索发展出更为丰富的"新时代小先生制"。

## 一、以生教生，改变学习方式

陶行知先生提出的"即知即传"的教学模式，也被称为"连环教学法"。

"要求学生充分掌握教学知识之后能够自己当老师，将知识传授给别人，从而提升学生的学习效率"。在传统的教学模式中，一些教师倾向采用灌输式的教学方法，课堂上都是教师在讲台上讲，而学生则被动听讲、学习知识，导致学生的学习主体性难以发挥出来，与教育改革中的"以学生为中心"的教育理念相悖。而"小先生制"让学生成为先生，和新课程标准提倡的自主、合作、探究的学习方式相吻合，让学生成为课堂的主人，在教师的引导下自主学习，互相学习和指导，有效促进学生的学习能力提升。

当前，中小学校的教学组织形式大多采用班级授课制，每个班的学生数量将近五十人，大部分教师教多个班级，教学任务繁重，没有足够的时间和精力进行个性化教学和辅导。而在课堂上运用"小先生制"教学模式，能在一定程度上增强师资力量，弥补教师精力不足的问题，帮助教师快速达成教学目标。

成都市某小学的曾靖老师是这样做的：在课堂40分钟内，如果有部分学生无法理解新知识，就以组为单位，请"小先生""一对一"讲解；如果需要核实是否每位学生都完成了课堂练习，也可以请"小先生"帮忙检查，并进行反馈，进而节省时间。另外，在课后运用"小先生制"，让"小先生"提醒、帮扶、督促其他学生按时完成课后作业，可以间接提高课堂教学效率，增强学生的课堂参与能力。同时，她充分利用课堂时间，设置"课前三分钟"环节，结合课本内容，讲授相关基础知识，以此挖掘学生的潜力；并利用好课余时间，在班上开展"一对一"帮扶活动，即安排多名学优生当"小先生"，一对一帮助学困生，并在列出"一对一"帮扶名单后开展结对竞赛，看哪一对学生进步快，以此达到全体学生互教互学、共同进步的目的。此外，她还利用信息技术平台，鼓励学生录制自己当"小先生"的视频上传至班级群。当教学内容相对简单，教学环节进行流畅时，她运用个体形式，只需请一个或几个学生单独当"小先生"轮流上台讲解内容。当教学内容较多，且有一定难度时，则可以采用小组形式，发挥集体的智慧，先组内讨论，合理分工，再以小组的形式集体上台当"小先生"；也可以小组为单位担任"小先生"，其中的3位学生进行讲解，最后由 1 位学生进行总结。

正如陶行知先生所言："小孩子最好的先生，不是我，也不是你，是小孩子队伍里最进步的小孩子。""小先生"作为学生的同辈群体，在讲解、分享知识的过程中会增强其他学生倾听、模仿和讨论的愿望，在很大程度上增强学生的参与意识，并给学生提供足够的思维空间和展示舞台，让学生把自己习得的内容通过语言、文字等方式传递给他人，最终达成"人人都做小先生"的目的，这样可以极大地调动学生学习的积极性和主动性。

## 二、以生管生，加强班级管理

以生管生，需秉承"事事有人做，人人有事做"的原则，实施班级管理"小先生制"，提升学生自我管理的意识和能力，全面调动学生的主动性、积极性和创造性，培养和提升学生自主学习、自我发展的能力，使学生从被动管理者转变为主动参与者，积极推进学生自主管理模式。

四川某农村中学的刘彩凤老师，将学生分成 11 个小组，每组 4 人。首先根据学生的学习成绩将学生进行分类，成绩最好的一类学生就标记为 1 号学生，成绩较好就标记为 2 号学生，成绩中等或偏差点的学生就标记为 3 号学生，成绩最困难的学生就标记为 4 号学生。分组的时候，每个组搭配 1、2、3、4 号四类，均匀分组，尽量做到男女比例适中，1 号学生是组长，2 号学生是副组长。小组成员互相帮助、互相监督、合作学习，1 号学生帮助 2 号学生，2 号学生帮助 3 号学生，3 号学生帮助 4 号学生，4 号学生接受师生的考评。在纪律、卫生、两操等方面，班级每日都有"小先生"记录情况，并在小组间开展评比，民主评选出表现特别优秀的"小先生"包括"学习小先生""纪律小先生""安全小先生""艺体小先生""环保小先生"。每周班会课，她都会留出时间让每组学生进行自我总结，小组内学生表扬同组学生本周优点，并且对他们进行加分奖励，计入该学生所属的小组，将学生的积极表现发送到家长微信群中，请家长和其他教师一起奖励孩子，不断增强学生的自主管理能力。同时，她在班级设立值周班干部制度，每个小组除了进行自我管理外，还要参与班级的管理，即"小组轮流治班"。以小组的自然编号为序，每组轮流管理班级，轮到管理班级的小组，组长就是班级本周值周班长，由他带领本组成员分别对班级本周学习、纪律、卫生、两操、安全等方面进行管理。

通过实施班级管理"小先生制"，学生在自我管理、共同管理的过程中互教互学、互帮互助，达到互相影响、共同提高、共同成长的目的。

## 三、以生评生，优化学习反馈

新课标提倡教学评一体化，鼓励教师及时向学生提供反馈，帮助他们了解自己的学习进展和需要改进的方面。同时，教师也可以鼓励学生主动参与评价，通过自我评估、同学评价等方式，促进他们对自己学习的反思和发展。这种参与可以提高学生的自主学习能力和批判性思维，教师根据学生的反馈和表现调整教学方案，以提高教学效果和满足学生的学习需求。

浙江省舟山市的邱昊宇老师采用"标签互评"的形式，在班级的展板上开辟了"大家眼中的我"专栏，他为每个学生设计了独特鲜明的卡通形象，张贴在专栏中，同时将"正面评价"和"问题支招"两个标签分别贴在卡通形象的左右两旁，并设计了"可视化互评"操作模式，在他的班级中，人人都可以互相评价，只要有发现，就可以随时记录。他还为每位学生都准备了一个透明的"闪光罐"，当学生发现同学身上的闪光点时，可以及时将这些时刻、品质记录到纸条上，并投放进同学专属的"闪光罐"中。渐渐地，学生学会了发现、捕捉他人身上的优点。同伴评价的价值不只在于引导与激励，还在于诊断与改进。于是，"问题本"应运而生，每位学生在"问题本"里都有专属页面，学生在发现同学的问题后，及时将现象和建议记录在其专属页面上，可以是语言表达，也可以采用绘画形式。学生在记录同学的不足的同时，也在梳理问题、观照他人、审视自我，重塑自身行为，提升自我管理能力。"闪光罐"与"问题本"让正面评价与问题支招并存，遵循激励为主、建议为辅的评价准则，让正向评价更加突出，成为学生的行为导向；让负面评价隐形却精准发力，促使学生积极改进。最后，教师通过讨论、整合每位学生的同学评价，用个性化的语言分类概括这些优点，将概括性评价标签贴到展板专栏里。

他设计了标签互评表，如表3-2所示。

表3-2　标签互评

| 评价维度 | 评价内容 | 评价细化 |
|---|---|---|
| 学业发展需求 | 课堂 | 坚持坐端正；不说话，不做小动作；眼睛看教师或课本，积极发言；同学发言时能够认真听 |
| | 作业 | 作业不拖拉，积极完成；订正讲效率，不跑很多趟；书写很认真，做题很仔细 |
| | 阅读 | 每天坚持阅读30分钟，能够和同学分享自己看到的故事，能专注阅读 |
| | 成绩 | 成绩优秀/成绩有进步 |
| 班级和校园活动要求 | 课间 | 及时为下节课做好准备；喝水，去厕所；不追逐，不玩危险的游戏；去专用教室排队安静又快速；能够认真望远 |
| | 值日 | 记住自己的岗位和分工；认真完成值日 |
| | 吃饭 | 及时做好餐前准备，盛饭时饭菜不掉落，能够坚持光盘，吃饭时不说话 |
| | 参加活动 | 积极报名参加活动；认真练习和准备；不忘记活动时间和要带的东西；活动取得成绩或进步 |
| 个体成长需求 | 品质 | 爱学习，能坚持；很细心，会负责；愿助人，会感恩；懂礼貌，讲文明 |
| | 习惯与能力 | 坚持跳绳和跑步；每天进步一点点；讲卫生，负责好脚下1平方米区域；发生矛盾时，会思考如何解决问题；会安慰、鼓励自己和别人 |

"以生评生"遵循着观察、评价、激励、改进的路径，引导学生既看到他人的变化，也看到自己的变化，让原本简单抽象的互评可视化、多元化、持续化，让每个学生在评价中保持成长动力，突破自我，发展自我。

让学生真正成为教育主体，才能助推学生主动成长、协同成长，打造师生创造性成长的新样态。让我们相信"小先生"，让学习真实发生；让我们相信"小先生"，让成长一直在路上！

# 主题 6

# 每事问，问到底

古人云："疑是思之始，学之端。""问"是探究学习的一种好方式，鼓励学生质疑问难是培养和发展学生创造性思维的重要方法之一，也是伟大的人民教育家陶行知先生一贯的治学思想。陶行知先生非常强调和赞赏"问"，曾在教育诗《每事问》中写道："发明千千万，起点是一问。禽兽不如人，过在不会问。智者问的巧，愚者问的笨。人力胜天工，只在每事问。"另在《问到底》一诗中，陶行知先生强调"问"的态度是追根求源，"一问直须问到底"，以此启示广大教育者重视"问"的价值和意义，倡导学生多发问。

## 一、"发明千千万，起点是一问"

"问"是指人的质疑批判、好奇求知、探究深研、求新求异等，是高阶思维的外在表现。培养学生的问题意识，就是培养学生的创新精神和创新能力。"发明千千万，起点是一问。"学校开展创造教育，首先就要培养学生发现和提出问题的意识和能力，让学生拥有问的自由和勇气。

### 1. 创设"敢问""乐问"的情境

教师要善于营造宽松和谐的课堂教学氛围，鼓励学生大胆质疑，允许和倡导学生随时发问。即使学生的提问不着边际，甚至毫无价值，也要给予关注和赞赏，保护他们的自尊心和求知欲，让他们在提问的过程中享受到充分的"尊重感"和"获得感"。兴趣是开展深度学习的前提，教师可以通过精心创设情境激发学生提问的兴趣，让情境成为学生提问的土壤。

**2. 肯定"想问""勤问"的价值**

在教育改革的大背景之下，教师需要更多地尊重学生个体，肯定学生的提问的价值。教师可以在安排课代表课后定期收集学生提出的问题，集中答疑；安排小组内互相提问、互相答疑；鼓励跨组答疑；等等。教师对学生提出的问题及时做出回应、讲解并适时总结评价，有助于唤醒学生的主体意识，调动学生学习探究的积极性。

以某校教师教学部编版语文九年级下册《变色龙》一文为例。教师安排全班学生分成四组自导自演课本剧《变色龙》，"演员"精心设计，表演生动有趣，"观众"兴致盎然。哈哈大笑之余，一学生朝主演之一发问："奥楚蔑洛夫，你穿军大衣巡视的样子可太酷了！你是怎么想出来的啊？"奥楚蔑洛夫的扮演者站起来说："在谷粒成熟的夏季，奥楚蔑洛夫却穿着新的军大衣在大街上大摇大摆地走着，他在百姓面前装腔作势，想让自己显得威风一些。后来几次穿脱军大衣，就是用以掩盖他内心的惴惴不安和出尔反尔的狼狈相……"他的问答像打开了学生思维的闸门，学生一个接一个开始了对"演员"的采访提问："我想请问奥楚蔑洛夫，你作为一个警官，在你心里，到底是查明事情的真相重要还是调查狗是谁家的重要？""我想请问群演，你们没有一个人在意事情能否公正处理，能不能描述一下自己在狗咬人事件中的看客心理？""如果那条狗不是将军哥哥家的，奥楚蔑洛夫又会怎么变？"……在学生的踊跃问答和教师的适时点拨中，在充满思辨和活力的课堂里，奥楚蔑洛夫专横粗暴、见风使舵、奴性十足的沙俄警官的形象深入人心，学生也深刻地感受到作者对沙皇黑暗统治的巧妙揭露与辛辣讽刺，本课的教学目标得以达成。

## 二、"禽兽不如人，过在不会问"

教育要发展人性，要从"会问"入手。陶行知先生的这句诗看似简单朴实，其实蕴含着深刻的关于人的本质的哲学思考。新课标强调以学生为中心，强调学生对知识的尝试发现和对所学知识的意义的主动建构。因此，教师应让学生改变学习方式，善于在探究尝试与合作交流中发现、提出并解决问题。

**1. 让学生在探究尝试中提出问题**

教师在精心设计教学环节时，要为学生提供充足的、典型的、完整的感性材料，引导学生在操作、实践和想象中去探索和发现，有针对性地提出问题，提升思维能力。

在教科版物理九年级上册"电与热"的实验操作中，学生的已有经验是电流有热效应，电能可转化为内能；导线与电阻丝是串联的，串联电路中各处电流是相同的，但是学生在实验探究的过程中看到事实却与期望不同，电阻丝热得发红，温度很高，而导线却不怎么发热，矛盾产生了，心里的困惑出现了，没有提问习惯的学生脑子里出现了一个模糊的问号："为什么会这样？""怎么回事？"这些问题就像重磅炸弹，使原本已经很热闹的课堂变得愈加火爆，学生在问题的引领下，积极思考，踊跃发言。因此，教师有意识有模式地训练学生的观察能力与思维能力，充分组织探究教学，学生提出一个有价值的问题就会很容易。

**2. 让学生在合作交流中提出问题**

在教学中，教师应注重加强学生的合作学习，尽量让学生讨论交流、思想碰撞、沟通互动，在学生合作交流中积极发现学生提出的有价值的问题，激发并保持学生提出问题、思考问题的热情。可以引导各小组学生在课中、课后及时整理已经解决或还没有解决的问题，可以开辟教室"问问墙"、设置"对话本"，并注明学生或小组的名字，鼓励全班学生积极探讨答案，设置专项的表彰奖励，从而让提出问题的学生有所收获，解答问题的学生有成就感。

## 三、"智者问的巧，愚者问的笨"

"智者"与"愚者"的区别，本质是学习能力和创造能力的差异，而陶行知先生将之转化为"问"的技巧问题，即"巧"与"笨"。如何问得"巧"？这就启示教师不但要激发学生"问"的欲望，还要教给学生"问"的方法，增强学生"问"的能力。

**1. 让学生掌握一些具体的提问技巧和策略**

学生提问可以从以下十个方面入手：一是因果思维，问"为什么如此"；二是求真思维，问"真的如此吗"；三是怀疑思维，问"是否有漏洞"；四是求异思维，问"还有没有其他方法"；五是迁移思维，问"用在其他领域会如何"；六是组合思维，问"和其他东西放在一起效果如何"；七是变化思维，问"改变条件会如何"；八是条件思维，问"在什么情况下才成立"；九是发散思维，问"这个道理还可以用在哪些地方"；十是聚合思维，问"还有哪些例子能说明这个道理"。

**2. 提高学生的想象能力、概括能力和语言表达能力**

联想和想象是思维的翅膀，充分联想和想象可以促使学生借助已有的知识经验发现问题的内在规律，有效地创造思维。另外，在提问过程中，教师要引导学生根据具体的情境或要求提出问题，确保提出的问题不偏离方向，同时还要注重表达方式的引导，进行"问"的话语培养。统编版教材很重视培养学生的提问能力，在四年级上册语文教材中专门编排了一个提问策略单元，归纳、整合提问方法，训练学生在阅读时尝试从不同角度去思考，提出自己的问题。提问能力的培养可以从小开始，教师可结合年段的特点，立足教材实际，有步骤、有层次、一以贯之地培养不同年段学生的提问能力，从而提升学生的思维能力及核心素养。

## 四、"人力胜天工，只在每事问"

陶行知先生认为，人的力量可以超越自然的造化，而关键在于能否提出并解答问题，人们应通过不断地提问来推动自己的学习和进步。引导学生提问是一个充满挑战和创新的行动，从当下课堂教学看，教师需要更新教学理念，强化"生问"意识，让课堂回归"学堂"本真。

### 1. 培养学生思考的习惯

学生提出的每一个问题是否都需要确定的答案？没有确定答案的问题是否就没有价值和意义？其实，"提问即道路"，真正的提问可以推动我们思考，是对"思"的"召唤"和"邀请"，而不仅仅是提供答案。教师可以把质疑问难作为预习的内容，要求学生每课必作。首先，提倡多提问题，不论难易、无论大小、不论是否重点等，提得越多越好，接着逐步要求学生把问题提到关键处，提到重点、难点上，质量越高越好。其次，每节课都可安排一定时间让学生质疑问难，然后针对问题引导学生学习、分析、讨论、争辩，释疑解难。最后，在讲完新课后让学生再提问，同时号召全班学生向经常提问、所提问题质量高的学生学习。通过这样有意识的培养，学生就会渐渐养成一种习惯，学生就会真正具备"敢问、乐问、善问"的好品质。

### 2. 拓展学生提问的时空

教学上如果总是以教师讲授为主，学生就没有时间和空间发现问题、提出问题，因此教师应从"问题提出者"转变为"问题激发者"，创设开放的教学情景，贯穿课前、课中和课后，让学生有足够的思考提问时间，有互相交流、互相切磋的机会，有"一问直须问到底"的平台。教师可在班级评选"最佳提问人""每周最佳问题""最佳答疑者"等，充分调动学生学习的积极性，培养学生多思好问的"问题意识"。对于学生提出的问题，教师有的可以及时解释，有的可以在以后的教学中逐渐渗透，不急于当下反馈。

以某中学七年级开展的"学生课外阅读问题发现与研讨"活动为例。活动要求学生在阅读之前和阅读过程中按照"发现的问题→解决的思路和方法→问题的答案→收获和体会"的步骤，及时做好记录，在阅读汇报课上集中展示。经过一段时间的实践，教师发现学生发生了可喜的变化，课上注意力集中了，课上课后敢问、乐问的学生增多了，他们开始关注自己提出的问题能否得到他人认可，学习新知识的兴趣也增强了，学习方式由过去的死记硬背、被动学习转变为主动发现、提出、解决问题，学习习惯得到有效改善，并辐射到各学科，学习效果有了明显提高。

陶行知先生的白话诗，体现了"以生为本，以问优学"的教育思想。在倡导培养创新型人才的今天，培养学生的"问"，体现了一线教师对"培养什么人""怎样培养人"的教学探索。让学生带着问题走进教室，再让学生在解决问题中带着新问题走出教室，这是教育的完美体现，也是打造创新型人才的必经之路。可以想象，这样内涵丰富的、充满活力的教学样态，值得每一位教师期待和探索。

# 专题四

## 走近儿童

假如你曾用心去触及童心，就能知道那是一片让人神往的净土；假如你曾用爱去聆听童言，你才会想起当年自己纯白如纸的模样。

# 主题 1

# 解放孩子

早在 1944 年，我国著名教育家陶行知先生就针对当时的儿童教育做出了深刻、朴素的思考，提出了"六大解放"的主张："解放小孩子的眼睛"，使之能看清事实；"解放小孩子的嘴"，使之能大胆表达；"解放小孩子的双手"，使之能动手实践；"解放小孩子的头脑"，使之能想通道理；"解放小孩子的空间"，使之能接触大自然和大社会；"解放小孩子的时间"，使之学习自己渴望学习的东西。不难发现，陶行知先生的主张在内涵要求和要素结构上，与新时代背景下培育全人的理念高度契合。由此可见，在"双减"政策落地的背景下，在倡导素质教育的今天，探讨陶行知先生的"六大解放"教育主张，既有深刻的历史意义，更有培育新时代开拓型储备人才的现实意义。

## 一、解放身体，激发探究潜能

陶行知先生认为："儿童的成长需要充分的营养。"大自然正是既能给予幼儿适宜的阳光、雨露，又适合幼儿学习、探究的最好课堂。江苏省无锡市新吴区吉祥幼儿园以陶行知"六大解放"思想为导向，引导幼儿运用各种感官感知大自然，在动手实践中探秘大自然，激发幼儿探究大自然的热情。

和大自然的一草一木互动时，幼儿难免会遇到各种问题，教师鼓励幼儿在探索大自然的过程中自由发表想法，通过观察和亲身实践去寻找答案。在饲养小动物仓鼠时，许多幼儿围绕着小仓鼠提出了"小仓鼠喜欢吃什么""小仓鼠会生宝宝吗""它晚上睡觉冷了怎么办"等问题。教师立刻抓住幼儿们的兴趣点，引导他们展开讨论。在讨论的过程中，筛选出幼儿最感兴趣的几个问题，并根据幼儿的兴趣进行了分组。顺势开展了有关仓鼠"观察—记录—形成作品"的一系列生成性活动。幼儿在家中一边饲养小仓鼠，一边在观察的过程中使用家长的手机拍下仓鼠相关的照片，家长从网上下载资料辅助幼儿记录。幼儿将观察、记录下来的内容带到园内，在教师的帮助下整理成册，再进行适当的美化，制作成一系列如"小仓鼠菜单""小仓鼠生娃记""小仓鼠画册"等妙趣横生的关于小仓鼠的作品。

陶行知先生说："发明千千万，起点是一问"。他认为应该让学生有言语自由，特别是问的自由。在吉祥幼儿园内，教师就是这样，抓住幼儿"问"的契机，利用幼儿"问"的资源，引导他们每天观察记录，查找资料，亲身体验仓鼠的成长，并动手将自己的发现记录下来，充分激发了幼儿的探究潜能。

## 二、解放思想，提升思维品质

2022 年版新课标指出，应该培养学生"有好奇心、求知欲，崇尚真知，勇于探索创新，积极思考的习惯"。如何提升学生的思维品质呢？全国著名特级教师薛法根老师的课例《灰雀》，给我们呈现了教科书级的思维培养范例。

首先，薛老师将《灰雀》中的对话提炼出来，让学生联系生活实际明白什么是"语气"，引导学生关注文本中的"提示语""语气词""标点符号"读出对话的语气，培养了学生的形象思维；再通过寻找表示时间顺序的词语厘清顺序，抓关键情节、串联关键情节来概括文章的主要内容，培养了学生的概括性思维。其次，薛老师借助于"灰雀昨天去哪儿了""请你像个侦探一样分析一下，如果他没抓这只灰雀，他应该怎么回答"等问题，渗透"有根据地回答"这一要求，引发了学生推理的兴趣，让学生在漫无边际的猜想中，实实在在地体验推理过程，培养推理思维；最妙的是薛老师以"生活中，两个人在对话时，有时嘴上这么说，心里却不这么想"的现象代入人物，引领学生走进列宁和小男孩复杂而多变的心理世界。学生在薛老师的引导下联系上下文，结合生活经验，准确而细腻地揣摩了两个人物的心理活动，不仅加深了学生对人物形象的体会，还有效提高了学生的想象思维能力。最后，薛法根老师再乘势追问"小男孩为什么不把心里话说出来""列宁为什么不实话实说"。追问于此，触发人物内心最真实的动机，从而触及文本灵魂和人性深处，培养学生的深度思维。

王崧舟教授所认为："语言是思维的外壳，思维是语言的内核。"薛法根老师的教学方法在语文要素的建构和运用中，注重对学生思维品质的提升，从形象思维到概括思维再到推理思维、想象思维、深度思维，以语言促思维，以思维重构语言，层层递进，环环相扣，水到渠成。

## 三、解放时空，延展成长场域

陶行知先生"解放儿童的空间和时间"的热情呼唤，在70多年后得到了铿锵有力的回响。学生的成长不只发生在课堂上，要解放时空，拓宽学生的成长路径，延展学生的成长场域，全方位培育，全过程落实。

浙江省海宁市桃园小学秉承"和·乐"文化之魂，坚持"和而不同，知之乐之"的办学理念，不仅开发了以促进学生全面发展为目标的拓展型课程，还充分挖掘家长资源和社区资源。

该校令人耳目一新的"隔代互学"项目，将终身学习的思想融入家庭教育，构建起独特的祖孙互学理念、途径和模式。祖辈从"生活技能""传统文化""礼仪修养""为人品质"等方面指导孙辈，而孙辈则从"信息技术""读书看报""健康生活""娱乐活动"等方面引导祖辈进行学习，并通过祖孙互评、小视频展评、社区展示等开展项目评价。此项目的实施，从学校指导到家庭活动，再到社区展示，学校、家庭、社会三方协同，发挥隔代教育的优势，增进亲情，互学互长，打造祖孙生活新样态。

家庭是学校开展协同教育的最前哨。桃园小学以学校为主阵地，融通家庭、社会，促进共育。通过颇具特色的项目，将教育场域延展到了家庭和社会这一更为"广阔"的天地，在家校社协同共育的大环境下，树立了典范。

多年以前，陶行知先生写下了《教师歌》。他热情邀请大家："来！来！来！来到小孩子的队伍里。"不是以"教导学生"的面目出现，而是设身处地、平等民主地去发现、了解、解放、相信学生。"来！来！来！"让我们怀揣着理想情怀和责任担当，为民族素质铸魂筑基解放学生。"来！来！来！"让学生在教师的引领下，自信从容地迎看朝阳，走向自由心灵的深处。"来！来！来！"让学生在家校社协同共育的大环境里，获得源源不断的成长潜能！

# 主题 2

# 活的教育

陶行知先生说："活的教育，就像鱼到水里、鸟到树林里一样，首先要承认孩子是活的，其次才能用活的教师教。"陶行知认为儿童是活的，教育学生的教师必须是活的，拿来教育学生的东西以及书籍也必须是活的。随时根据学生的心理需求和能力调整教学方案并因材施教，才算是活的教育，才能更好地教育学生，使之更好地生活。随着新课改理念在全国范围内如火如荼地实施，"活的教育"理念的呼声非但没有减弱，反而彰显出更强、更鲜活的生命力，对我们今天更明确地开展新课改具有重大的指导和启示意义。

## 一、"活"用教材

"教科书只可做参考，否则依了它是没有好处的。"陶行知认为，教师不能"教教材"，而要"用教材教"。华东师范大学教育科学学院研究生导师俞红珍等学者据此提出了教材"二次开发"的概念，即依据课程标准对既定的教材内容进行适度增删、调整和加工，合理选用和开发其他教学材料，从而使之更好地适应具体的教育教学情景和学生的学习需求。教师需要对凝练、抽象的教材进行加工处理，让抽象内容形象化、枯燥内容趣味化、烦琐内容简单化，让理论知识与学生的生活实践结合起来。

教师需要灵活地调整教材内容，比如调整内容的先后顺序、将相关内容加以整合、采用单元式教学等。教材中有很多开放性的问题、未提供结论的探究性问题，这时，教师需要根据教情、学情设计合理的教学内容，采取合适的教学手段、方法。教师处理教材的方法主要包括增加、删减、修改、替换、组合、拓展等。比如，针对学习能力较强的学生，教师可以在点上深化、在面上拓展、在训练上强化、强调迁移应用，等等；针对学习能力较弱的学生，教师则需要合理对知识容量和目标"做减法"，或增加举例、讲解示范，让其"细嚼慢咽"。

教师需要深刻理解教材设计的意图，充分运用好教材中的图文资源。将教材中静态的文本，精心转化为具有可行性、可操作性的"活动方案"，以实现"活"化和趣味化。比如，统编版道德与法治教材一年级下册"大家一起来合作"中，以图片的形式呈现4名学生表演课本剧《西游记》的情形，他们争抢孙悟空的角色，猪八戒的角色没人愿意演，表演出现问题后，4名学生互相指责。江苏省太仓市沙溪镇第三小学生张梦娇老师在课堂教学时，就基于教材内容邀请4名学生戴好头饰，一起演绎这个故事，用立体的表演代替教材中的图片故事。学生观看课本剧后，张老师引导学生分组讨论：他们为什么演不下去了呢？你有什么好办法帮帮他们？有趣的课本剧表演不仅让学生能够发现问题所在，而且激发了学生主动参与讨论。但张老师的教学并没有止步于此，而是对教材进行了深度挖掘——引导学生探索合作问题。她让学生分组演一演课本剧《西游记——三借芭蕉扇》，学生合作改编剧本，小组再次讨论角色分配，进行彩排。在此过程中，学生初步学会了协商，努力探索合作的方法和技巧，最终呈现出与教材中的课本剧不一样的精彩。

张老师巧用教材资源，通过两次创设具体情境的表演，引导学生用具体方法和技巧解决实际问题，使学生在表演活动中从了解合作到内化感悟，最后将合作行为落地。

## 二、"活"选教法

陶行知提出教学做合一的"教学法"，并明确指出教书先生的责任不在于教书，而在于教学，在于用"活"的教法教学生"活"学。新课标明确提出，教师要创造性地教学，转变学生的学习方式，由过去机械、被动、僵化的学习方式转变为主动、合作、探究式的学习方式。实践证明，陶行知所提倡的教学法是颇有远见卓识的，在当今仍然受用。

教师需要通过多样化的教学方法激发学生的学习兴趣。比如，在讲解新概念时，可以采用讲解、示范、演示等多种方式，使学生能够从不同的角度理解和掌握知识。此外，教师还可以引入一些趣味性的教学活动，如游戏、小组讨论等，使学生在轻松愉快的氛围中学习。

教师需要根据学生的不同特点和学习需求，灵活选择适合的教学方法。比如，对于喜欢听故事的学生，可以通过讲故事的方式来传授知识；对于喜欢动手实践的学生，可以通过实验、实践活动来培养他们的动手能力。

教师需要结合各个学科的不同特点，灵活地运用不同的教学方法。比如，由于语文学科的生成性特点，有些语言文字中存在着说不清道不明、只可意会不可言传的因素。如果这时教师不采取一种灵活的教学方法，势必导致一种僵化呆滞的局面。特级教师王崧舟在执教《荷花》一文时，对"冒"字的教学很好地把握住了这一点。

王老师首先让学生将"冒"字换成另一个字，学生说出了"长""钻""伸""露""探""冲"等字。接着，王老师让学生联系上下文，并用心体会。说说怎么长才可以叫冒出来，学生又说出了"使劲地""生机勃勃地""喜气洋洋地""争先恐后地"等词。在此基础上，王老师让学生仔细看课件，并引导学生想象："白荷花从这些大圆盘之间冒出来，仿佛_____"。待学生想象出种种情形后，王老师才小结：多么可爱的白荷花呀！多么美丽的白荷花呀！让我们一起像白荷花一样冒出来。于是学生便全体起立，摆出自己最喜欢的姿势，模仿出白荷花冒出水面的样子。至此，王老师才完成了他的"冒"字戏法。整个教学过程，王老师没有烦琐细致地介绍"冒"字如何精妙，而是从培养学生的语感出发，让学生通过换词、联想、模仿，从整体上提高学生的语文综合素养。

## 三、"活"创环境

"我们可以拿活的环境去教学生，比方沙漠是干的，我们可以设法使它出水，小孩对于这事会觉得很有趣。"陶行知的这句话，旨在教师要拿活的环境去作教学材料，要为学生创设现场能感触到的情境。现场直观的、鲜活的情景能触及并诱发学生的精神和情感需要，能唤起学生的学习激情与兴趣，能启迪学生的思维与智慧，能增强学生学习的积极性。

湖北省监利市黄歇口镇中心小学的邓从新老师，利用农村得天独厚的环境，提出"到大自然中学科学"。环绕在学校周围的农田、树林、小溪，都成了学生的课堂。邓老师经常和学生一道调查家乡的鸟类，观察农田中青蛙减少的原因，设计拿着更舒服的镰刀，记录月相的变化，测量太阳的高度，做种子发芽实验。他与学生一起观察星星，寻找蜗牛，研究蚂蚁怎样认路，探讨风是如何给玉米传播花粉的；他引导学生观察身边的人和事：沼气是怎么产生的？家乡的萤火虫为什么减少了？太阳一年四季东升西落的轨道一样吗？……这些司空见惯的素材，都成了科学教学活动不竭的源泉。学生不仅认识到了大千世界的神奇，也体验了科学探索带来的乐趣，还在科技活动中取得"15 年 16 个项目获得 17 个全国奖项"的成绩。

## 四、"活"设课程

"活的教育，就是要与时俱进，就要随时随地的拿些活的东西去教那些活的学生，养成活的人才。"陶行知认为，活的教育要有活的内容，即好的课程。他认为不了解社会需要的教育是盲目的教育，教育要与社会相联系，要与学生的生活实际相联系。陶行知的"活的教育"理论与新课程改革，尤其是校本课程的开发和利用有着内在的必然的联系。当今的学校要培养面向未来的人才，随着科技水准的不断发展，未来对于人才的评价标准也在不断变化。科技创新是社会发展的关键，也是赢得未来的关键，因此，将科技创新引入校本课程，正是为培养善思考、能探究的创新型人才打下坚实的基础。

河南省郑州市中原区桐淮小区小学将小车竞速项目与科学课深度融合，开设"速度与激情"校本课程。该课程不仅需要教师带领学生制作一辆小车，而且需要学生经历猜想、设计、验证、改进等探究过程，了解工程设计的基本流程，产生对工程设计及科学知识应用的探究兴趣。在动手制作小车的过程中，每个学生都有自己的任务：他们以小组为单位分工合作，设计队徽、口号，搜集汽车发展史、汽车构造等知识，然后进行草图绘制，根据设计草图制作自己的小车。在具体的制作环节，学生通过小组讨论、班级分享，明确抛光条、锉刀、直角尺、垫板等工具的使用方法，将工匠精神呈现得淋漓尽致。该课程将学生的梦想实体化，实现了学生的"造车梦"，也让学生在发现问题、解决问题、改进问题的团队合作中感受工程设计的魅力。

如何实现"活"的教育？"活"的人用"活"的教材，结合"活"的教法教"活"的学生，最终使得学生"活"、社会"活"、国家"活"，这是陶行知提倡的实现"活"的教育的价值和意义所在。陶行知的"活的教育"思想，与新课标所倡导的理念在很大程度上具有一致性。它所体现出来的具有前瞻性的教育教学思想，是课程改革道路上的一盏明灯，照耀着课改前行的道路，使课改前行的脚步走得更加勇敢、踏实与坚定。

# 主题 3

# 种花木

《管子·权修》曰："一年之计，莫如树谷。十年之计，莫如树木。终身之计，莫如树人。"对教师最形象贴切的比喻，莫过于"园丁"。童真的学生是幼苗、花朵、小树，而培育这些幼苗、花朵、小树的教师就像辛勤的园丁一样，用智慧和汗水浇灌、培育园子里的每一株幼苗，使他们枝繁叶茂、茁壮成长。陶行知先生曾说，培养教育人和种花木一样，首先要认识花木的特点，区别不同情况给予施肥、浇水和培养教育。时代在变，但作为"园丁"追求教书育人的理念永远不变。

## 一、知人识材，因材施教

养花首先要根据所养的花的特性选择土壤及花盆的大小。育人何尝不是如此？蔡元培先生曾说："教育者，与其守成法，毋宁尚自然；与其求划一，毋宁展个性。"尊重个性的教育，才是成功的教育。每一个生命都有其独特的个性，有其独特的生长需求。陶行知先生的话，也恰如其分地点明了因材施教就是要在教育过程中因人而异、各施所需。

北京市第二实验小学在知人识材的前提下实施促进学生终身发展的教育，通过科学多方位"识材"，为不同学生找到合适的教育路径。其横向"识材"是把学生的综合能力水平看成一条横轴，从左至右表示综合能力水平从低到高。同一年级学生的综合能力一般呈正态分布：头部是综合能力比较强的学生，称作"创新人才"；尾部是需要额外付出时间和精力培养的"特需生"；中间部分是能力水平为常态的普通学生。

针对创新人才的培养，学校设计了"免修+综合实践"的专门课程。建立资优生单科免修绿色通道：如果学生对某一单科知识的掌握程度远远超出该年级教材的要求，课堂学习已经不能满足其学习需求，该生可以申请单科免修。在其他学生上这门课时，免修学生可以在图书馆开展主题研究的项目式学习，得到进阶学习的机会。针对特需生，学校采取"一人一案"方式，根据学生个体水平进行个案帮扶。特需生包括学业特需"和行为特需"，行为特需生又分为社交特需"和情绪特需"。通过统筹多学科教师、家长和校外教育资源，在全面分析的基础上寻找学习优势和便于突破变化的成长点，制订长短期教育计划和相应的目标。对于大部分普通学生，发现并挖掘他们的优势能力。结合"三点半"课后服务，设置了文科、理科、工科、艺术、体育五大类别的课程，鼓励学生从中选择优势项目进行深入学习。还注重对综合能力的培养，强调以优促短，发挥优势，促进学生综合能力的提升。比如，在学有余力的情况下，对于数学成绩优秀的学生要求学习人文素养课，实施文理兼修的套餐类课程，努力培养更多既有广博知识又有认知深度的 T 型人才。

"识材"是"育材"的前提，新时代教师应对标新时代人才培养目标，知人识材，因材施教，为每个学生的成长搭建舞台。充分尊重学生的个性，启迪智慧，深入人心，努力让每个学生都有人生出彩的机会；为不同类型学生寻找到有效的教育路径，当好学生的引路人，帮助学生塑造健全的人格，努力培养出一批又一批堪当民族复兴大任的新时代接班人。

## 二、顺木之天，以致其性

要想花草生长茂盛，就必须注意花木的自然属性，根据其自身成长的规律，按照它自身的需要使其充分发展。柳宗元《种树郭橐驼传》中的郭橐驼种树可谓是一种智慧。他种树时极其认真，种完后就"袖手而观"，树也就在一种极其自由的环境下自由地生长，郭橐驼种树成功的关键在于"顺木之天，以致其性"，种树时如此，种树后也如此，从而"其天者全而其性得矣"。同理，学生的发展也需要顺其自然。

"一个民族的进步取决于旺盛的生命力，一个人的发展离不开生命的舒展和心灵的舒畅。"中国人民大学附属中学原校长翟小宁特别推崇"顺天致性"的人的发展理念，使学生成为最好的自己，就要顺应其天性、尊重其个性。他倡导"舒展生命的教育"，顺应人的天性，使人生命中内在的能量发展到极致。要让学生在校园中不仅收获知识，更要过得幸福愉快，有时间和空间做一些自己喜欢的事，研究一些自己喜欢的学问，让学生身心健康而美好。在人大附中，形体课是学生的必修课，初一、初二年级每个学生都要上课练习，集健身、健心、健美为一体，不仅塑造了学生优美的体形及姿态，而且培养了他们儒雅的气质。研究性学习是高中的必修课，学生可以根据兴趣和需要，在教师的指导下，自主研究一个课题并写成论文。人大附中每年都开设300多门选修课，有200多个活跃的学生社团，涵盖人文哲学、社会科学、自然科学、工程技术、体育健康、审美艺术等领域，在宽松的氛围中供学生自主选择参加。丰富多彩的课程和活动，使每一个生命得以舒展，每个人的天性得到充分发挥，激发了学生蓬勃向上的生命活力。

学生就像是树苗，都有内在的、天赋的、智慧的生命力。"顺木之天，以致其性。"教育应如种树，在教育的过程中，让学生自然生长，给予学生适当的引导，为其"松土""除草""施肥"，帮助他们成为自己，生根发芽，自然地舒展。凭借着适当的阳光和雨露，他们就能野蛮生长。而只有顺应学生的自然"天性"，尊重他们的成长规律，才能听到学生成长的"拔节声"，实现生命幸福而完整地生长。

## 三、浇花浇根，育人育心

花和人一样，都有生命。浇花要浇根，不能只浇在表面，否则会造成根部萎缩。同样地，育人也不能只停留在表面，教育真正的灵魂是关注生命，尊重生命，促进生命的成长。习近平总书记强调，智慧的教师不能满足于当好一个

"教书匠"，而要躬身践行教育家精神，学习优秀教育家的育人智慧，与日俱进增强自身的育人本领，学生才能开启智慧大门，使得精神丰富满足，个性才华充分彰显。

曾在浙江大学任职，后又担任贵州大学校长的郑强教授说："做大学的校长，真的要当教育家。"他愿终身做教育家，可以去任何需要他的地方，为教育事业奉献一生。2020 年，60 岁的郑强在即将退休的年纪，坚决前往山西太原理工大学担任党委书记。经调研，他决定让理工生多面发展，于是在到岗三个月内，就在学校里设立了音乐系和舞蹈系，还举办了一场相当有水准的音乐会。他说："我们太注重一个人的吃饭的本领，把大学的教育看成一个专业的掌握了。"但人的内心是需要滋润的，而把这些艺术氛围带到这个比较典型的理工院校的时候，给这个学校带来了闪亮、青春、活力和内心的滋润。他期待一名学生不仅是一个理工专业的学生，更重要的是他有文化的素养、艺术的修养和强健的体魄。学生不仅要成为人才，更应该成为快乐的人。健康的心灵、开朗的性格、对未来人生的态度，比读什么专业、读什么名校重要，关键就是要有正确的人生观。他坚持打造丰富的校园生活，倡导学术治校、科研强校的风尚理念，为的是有朝一日，当大家迈向世界，与其他优秀的学子并肩而行时，也能不失自信，正如他所说："跟北大清华站在一起，觉得自己的内心没有谁瞧不起谁。"

教育质量的体现，不仅仅是考卷分数的反馈，还有对学生心灵的生命灌溉。激发学生身上的潜能，让学生更加积极主动地认识自我，可以说，这些才是真正令学生终身受益的核心素养。

养花有技巧，教育有智慧。养花要长久，悉心和勤快，教育要长远，责任与仁爱。养花冶情趣，教育见修行。木长十年，要有耐性，人树百年，须经磨炼。做工有殊，匠心无异。

# 主题 4

# 春天不是读书天

《春天不是读书天》是陶行知先生写于1931年的一首充满童心、洋溢童趣的童谣歌词，经现代学者、语言学家、音乐家赵元任谱曲后曾传唱一时。初见标题，不禁生疑，古训有"一年之计在于春"，教育家陶行知先生为何不让学生在春天读书？原来陶行知先生当时从报纸上看到了一则由夏丐尊、叶圣陶等先生所创立的《中学生》杂志的要目预告，内有一个题目是《春天不是读书天》，新颖无比，与他的主张不谋而合。他认为"春天不是读书天"并不是要学生不在春天里读书，而是"读活书"。什么是活书？陶先生在《新旧时代之学生》中写道："活书是活的知识之宝库。花草是活书，树木是活书，飞禽、走兽、小虫、微生物是活书，山川湖海、风云雨雪、天体运行都是活书……"陶行知先生创作此篇童谣，借以打破"死"书本教育的迷执。

《春天不是读书天》童谣生动鲜活，朗朗上口。一连十个"春天不是读书天"，铿锵有力，荡气回肠。"掀开门帘，投奔自然"，陶行知呼吁儿童放下书本，投奔自然，大自然的春天是鸟语花香、蝴蝶翩翩的清新，是放飞纸鸢、赤脚插田的自在，还是工罢游园、苦中有甜的愉悦。"之乎者焉，讨人嫌！书里流连，非呆即癫。"这是"警告"小朋友，如果只往书堆里钻，就可就真成书呆子了。末句"春天！春天！春天！什么天？不是读书天！"直抒胸臆，是呐喊，是振聋发聩的宣告！《春天不是读书天》给小朋友带来的是酣畅的心灵体验，带给教育者的则是切实的教育契机。在实施新课改的如今，《春天不是读书天》有着深刻的指导意义和深远的影响。

## 一、走出书本，亲近自然

我国著名儿童教育家陈鹤琴说，大自然、大社会是一本无字的书，是"活教材"。这与陶行知先生的教育理念一脉相承。向自然学习，在探索自然中成长，无处不是学习的乐园。

中国传统二十四节气的流转就是一份自然之书。长沙市芙蓉区大同小学校长朱爱朝在校内开设二十四节气课程，让小学生扎下文化根基和自然根基。2016年，朱爱朝校长在不打破原有课时课表，不打乱教学秩序和教师安排的情况下，分节气进行课程教学。每个节气为15天左右，5天为一"候"，每个节气有三"候"。课程教学基本依循这个节奏，以5天为单位上课，用3次课完成一个节气课程的内容，从立春到大寒，用一年来完成。万物静观皆自得，处处留心皆学问。春天，学生走进大自然，进行观雨、观鸟、观树叶的自然观察，不但知道2月19日是雨水节气，还知道天气渐渐回暖，大雁从南方飞回北方，雨润万物，新绿点点。惊蛰，学生记录柳树的变化，从"小芽儿"到"小叶儿"到"柳絮"再到"柳叶"，用眼睛看，用耳朵听，用鼻子闻，用手触摸，不断打开自己的感官感受自然节气。清明前后，制作节气食品，开展节气作物种植，通过真实体验，知道清明前后"种瓜点豆"，它包含着人们和与土地紧密联系的祖先，对于土地、天地的敬畏。学生深入理解二十四节气是时间表，也是人与大自然结合的表现。此时的大自然就是一本最生动最鲜活的教科书，蕴含着无尽的教育资源，带给每一个学生最真实的生命体验。

## 二、走出书本，重在实践

"纸上得来终觉浅，绝知此事要躬行。"陶行知先生所提倡的读"活书"就是要让学生走出书本，亲身实践。苏霍姆林斯基也曾提出，让学生通过自己的观察或者亲自实践体验获得的认识，是在任何课堂和书本上都学不到的。

德智体美劳，五育并举，劳动是学生成长的基础。2020年以来，在华中师范大学劳动教育研究中心陈冬新主任指导下，武汉市汉阳区将劳动教育从综合实践活动课程独立出来，建构了独立的劳动课程体系，让劳动课程成为学生的必修课。各校各自设计劳动清单，形成丰富的劳动教育课程群。在上好国标课的同时，创新本土特色课"爱上劳动"。课程分设不同学段，每个学段有 12 个主题，突出劳动教育的体验性、实践性、探究性和创造性，提高学生对劳动教育的认识。全区建立起四大特色劳动场域，一校一特色，学生在劳动中成熟，在劳动体验中成长。

汉阳区的经验值得借鉴，学生身边的环境资源、文化风俗、地形气候，都可以成为得天独厚的人文资源，都值得去"亲历"，教师可以带领学生开展一番实践，开启学生对"世界"的探索与发现。师生走出校园，走进社区、红色革命文化基地、博物馆、航天科技馆……根植学生的家国情怀。师生参与绿化清扫，寻访身边的人和事，校园劳动教育延伸到社会，实现教育与社会自然融通。"读万卷书，行万里路"，书本的知识只有去实践，才更有意义。

## 三、走出书本，回归书本

陶行知认为，教育是从书本的到人生的，从狭隘的到广阔的，从字面的到手脑相长的，从耳目的到身心全顾的。要摆脱书本的束缚，与现实相联系。现实是立体的、全方位的，因此，要"跳出书本用书本"，始终以现实世界为背景，把对书本的理解变得充盈些、再丰厚些。

我国著名教育家李镇西认为在理性的程序性训练下，学生在阅读中没有了现实的联系、人格的感染、高尚情操的冲击以及思想的启迪，只有对字词的记忆、试题的判断，学生不会感受到文学的人文内涵。新课标中提出要尊重学生在阅读过程中的独特感受、体验和理解。李镇西在阅读教学中也紧紧抓住这一点。

讲《提醒幸福》的时候，他引导学生走出书本，从自己的现实感悟入手，品味文本，读出自己的感受。学生分别说出了自己的感触，能够读出自己印象深刻的片段，李镇西老师根据他们的发言，再结合自己的实际说出自己的感受。比如有一位学生在读到某个片段时，想起了自己的父母。如果李镇西老师仅仅是赞同他读出自己感受，那么这样的教学意义就不大。李镇西老师在赞同他的同时，用自己对女儿的关怀作为例子。加上幽默的语言，使学生在笑的同时，都能联想到这样的事情在自己和父母身上都发生过，能更好地理解文本所表达的内涵。"读出自己"是李镇西老师在阅读教学中所提倡的一个方法，目的就是让学生结合自己的现实经验进入文本，读出自己的感受。这样的阅读，就不再是面对一个陌生的、与己无关的文章，而是贴近学生心灵的，让学生在阅读的同时还能陶冶心灵、发展个性、促进自我成长的阅读。

走出书本是指学生挖掘自身现实与书本的联系，感悟现实，读出自己对书本的理解，而后回归书本，从书本中汲取力量，获得对世界的认知、对自我的认知。这才是读书的目的。

以人为本的教育，必然是关注学生，关注生命成长的教育。只有当学生认识了大自然，亲身实践之后回归书本，感受到大自然的瞬息万变、无穷无尽，获得对大自然、对生命、对自我的认识，才会正确地认知自己、理解自己、欣赏自己，从而挖掘并发挥自身的巨大潜力，影响或改造世界。

春天！春天！春天！什么天？不是读书天！


# 主题 5

# 小孩也能做大事

陶行知先生在20世纪早期为推广平民教育而奔走之时，为了解决普及教育中师资缺乏、经费匮乏、女子教育困难等问题，提出了"小先生制"，即人人都要将自己认识的字和学到的文化随时随地教给别人，儿童可以一边当学生，一边当先生，以教人者教己，即知即传，即学即教。陶行知先生把这种识字、有一定文化知识的儿童或小学生称为"小先生"。他奔走各地演讲推动"小先生制"，在他的努力下，"小先生"成为普及教育运动中最有活力的一支力量。据统计，当时在上海及近郊地区已有"小先生"万余人。1934年底，"小先生制"已经推行到全国19个省、4个特别市。"小先生制"在国外也迅速引起反响，影响遍及日本、加拿大、墨西哥、东南亚等国家和地区。陶行知认为小孩也能做先生，小孩也能做大事。

"小先生"曾是穷国普及教育最重要的钥匙，"小先生制"曾对普及大众教育起着不可磨灭的独特作用。如今，21世纪的中国教育早已发生了天翻地覆的变化，当年"小先生"的服务对象和当时的教育形态也已成为历史。但是"小先生"在新的历史背景下依然闪烁着熠熠的光芒，展现出全新的时代价值与现实意义。

## 一、小孩也能教小孩，人人小先生

陶行知先生说："我们必须使大家承认小孩能做教师，然后教育才能普及，小孩的本领无可怀疑。"在陶行知先生的眼里，小孩既是学习的主人，也是教育的主人，既然可做学生，便可做"即知即传人的小先生"。

浙江省温州市未来小学教育集团遵循"即知即传，相互成就"的理念，启动"人人小先生"变革项目，以"全景式"课程、"小先生"课堂、"小先生"治理、"壹+小先生"评价为四大抓手。"全景式"课程融基础课程、拓展课程和活动课程于一体，构建全素养核心课程群。

每个学期，学生还可以自主开发课程，最特别的是"小先生"特色课程。课前"小先生"课程："小先生"依据特长和兴趣选定主题，通过阅读、查资料、演练等，利用课前3分钟向大家精彩呈现。课后服务"小先生"课程："小先生"利用课后服务特色活动时间，开展教学互动。"小先生"课堂通过"独学""共学""领学"三方面来实施，"共学"有基于拼图合作的"专家领学"，有基于自主备课的"独立教学"，还有基于换位评价的"圆桌会议"。例如项目课《老街光影灯》最后成果评价环节，教师组织学生两两换位，借助评价表，对其他小组的作品做出评价，并至少提出一条改进建议。评价完成后，再由两组的大组长主持召开会议，畅谈评价和建议。整个过程中，每个学生都有评价"小先生"的权利。

"小先生"治理则是让人人成为校园的主人。选取学生自我管理的内容编写《小先生修炼手册》，让"小先生"进行自我管理。让"小先生"发挥自身的辐射作用，引导"小先生"参与班级、学校管理，实现服务他人的目标，学校的校园建设、校园文化都充分让学生参与，让他们时时刻刻感受"我是校园主人"。

"壹+小先生"综合评价体系，创建了"三力融合"评价模型。"三力"包括指向道德品质、行为习惯方面的"壹+品格力"，指向态度习惯、学习能力、学业水平方面的"壹+学习力"，指向学生人人有发展，人人有特长的"壹+个性力"。这三者不是简单叠加，而是融合放大，无限延展，选用加号符号，代表未来学子有着无穷无尽的发展空间。

温州市未来小学教育集团的"人人小先生"项目以学生持续发展为本，为学生未来发展奠基，成就了一批浸润"先生味"的学生。

小孩人小志不小，许多事他们不是不能做，而是没有让他们做。小孩教别人越多，他们自己学得也越多，而把知识"冷藏"在脑子里的人学得最少。从陶行知时代的"普及教育"到当下的"课堂教学"改革实践，"小先生"不断创造着新样态。小小先生，大大作用。正如陶先生所说："在小先生手里，知识变成空气，人人得而呼吸；知识变成甘泉，处处得其润泽。"

## 二、小孩也能教大人，向儿童学习

1923 年，陶行知发现 6 岁的儿子居然能教祖母识字，一个月就把《平民千字课》第一册读完。陶先生非常高兴，挥笔写下："小桃方六岁，略识'的'和'之'，不曾进师范，已会为人师。祖母做学生，孙儿做先生，天翻地覆了，不复辨师生。"教育家叶圣陶在文章《少年们的责任》里说："希望全国的少年们都来当'小先生'，把教育民众的责任担在自己的肩膀上。"当时，"小先生"的任务有两项，一是教大人识字，二是教大人常识。所谓常识，即道理、事理等。在教育中受教育的不只有学生，也应该包括教师、家长。

重庆市首批"未来教育家"培养对象秦波校长的教育主张是"向儿童学习"。1999年，一个被孩子们称为"大朋友"的美术教师被分配到偏远的乡村小学。在当时，乡村小学的教学条件十分简陋，几乎无先进的教学器具，秦波只能转变传统的教学方式，让学生从教室走到野外，将田野泥巴、长江石块和农家蔬菜当作美术材料。

他发现其貌不扬的泥巴在学生手中变得趣味十足，于是带着学生走出教室，走进大自然，玩泥巴！在玩泥巴的过程中，学生的快乐点燃了教师的智慧。"要当好儿童的教师，首先要向儿童学习，学习他们无拘无束的思维方式，学习他们未曾受到污染的美好心灵，摒弃长辈的优越，理解他们的顽皮，拥抱他们的稚嫩，保护他们的特质。"秦波说，玩泥巴是"向儿童学习"的开端。之后，被调入重庆主城区的他带着美术工作坊的教师玩泥巴，让教师走进学生的世界。他们主动放下成人的架子，怀着学习和欣赏的态度真正与学生在一起，视学生为老师，将传统教育观念转变为"向儿童学习"。

正是这种教育理念的转变，使学生的潜力得到更大的激发，学生天马行空的思维和丰富的想象得以发散。于是"向儿童学习"的美术课堂从乡村小学走向了重庆主城区，走向了全国一等奖；"向儿童学习"的泥巴新玩法走向了创新教育大赛现场，山里娃吸引了众多专家的目光；"向儿童学习"的玩泥巴玩出了特色，从特色转变为一所学校的教育底色。经历了近20年的长途跋涉，一个在乡村小学播种的主张实现了润泽一方儿童的教育思想。

孟子说："大人者，不失其赤子之心者也。"几乎所有伟人都用敬佩的眼光看孩子。在他们眼中，孩子的心智尚未被岁月扭曲，保存着最宝贵的品质，值得大人学习。儿童也可以成为大人的先生，向儿童学习——不只教育人需要，全社会都需要。

## 三、小孩有不可思议的力量，后生可畏又可敬

陶行知先生说："小孩身上蕴藏着无限的创造力和生命力。"南京市栖霞区燕子矶镇晓庄村的小朋友创造了一个"自动学校"①；江苏省淮安市的几个小光棍，居然在各大学大演其说②，几乎把一两位教授的饭碗所依赖的传统信仰打破；山海的张健不但能帮助他哥哥创造一个濮家宅工学团，而且与非战的马莱先生舌战一时，卒使马莱先生得一深刻的印象而去。以上事例都证明小孩子有不可思议的力量。

"大家好，我是浏阳文旅志愿者静好，来自浏阳河中学，我的大部分业余时间都在讲解中度过，我深爱着浏阳这片红色土地……"在湖南浏阳，不少人都听过小女孩耿静好的讲解，她拍摄的红色故事系列视频吸引了大家的关注。她制作献礼中国共产党成立 100 周年系列歌谣，动画视频《秋收起义打铁歌》《红军桥》，还推出了系列视频节目《静好说故事》。她以这样的形式来讲述党史故事、传承红色精神，并让更多人了解到浏阳这片红色热土。耿静好说，通过讲述浏阳故事，自己的求知欲得到满足，也更加自信、从容，结识了很多朋友，看到了更远的世界。

3 岁学习国学，6 岁参加《中国诗词大会》，多次获得省市诗词大会冠军，曾在央视节目上完成了史无前例的诗词地名"飞花令"，荣登年度少年英雄榜，迄今已掌握超过 3100 首古诗词……诸多成绩，或许人们很难想到，他只是一个 10 岁的孩子。他叫来丁丁，是杭州市南肖埠小学五年级的学生。他对诗词中的地名尤为感兴趣，只要在诗里看到古地名，就必须弄清楚具体位置。"每次出门，我都有一种强烈的民族自豪感，祖国的每一座山、每一条河都令我神往。"来丁

---

① 自动学校由晓庄小学的胡同炳等人创造，校址在晓庄附近的余儿岗。该校没有专任教师，教学方式为小孩子互教互学。

② 淮安新安小学所组成的新安儿童旅行团的 7 个团员，旅沪时曾到各大学讲演，获得成功，反响热烈。

丁不仅自己热爱古诗词，还致力于做一名优秀传统文化的传承者和传播者。在学校的大力支持下，来丁丁在班级成立了诗词社团，在学校红领巾广播中开设国学专栏，定期与全校同学分享诗词及背后的故事；连续6年在朋友圈打卡，带动了身边和千里之外的小伙伴一起感受诗词之美。"男儿当朝碧海而暮苍梧，睹青天而攀白日。"来丁丁的梦想是成为一名地图采集员，走遍祖国的大好河山。"我希望不仅仅是丈量它、了解它、保护它，在中国地图上标注出更多的文化遗址、典故出处、民风民俗，去寻找古籍中的地点，更是要将中国的诗词文化、中国的优秀传统文化传播到祖国的每个角落，让更多人和我一样喜欢它。"

小小身躯，大大能量，而孩子的力量不仅仅在于知识学习，他们还有着更多丰富的多元的不可思议的力量。宿迁市沭阳县汤涧中心小学的花样跳绳队，用小小的一根绳子创编出各种新奇的跳法，让人眼花缭乱。浙江省丽水市缙云县舒洪小学将操场打造成了"露天厨房"，200名小学生在操场自己做菜给自己吃，网友称自己的生活能力竟然比不上这些孩子。深圳12岁女孩练昱彤踢足球的视频引得不少人感叹："太燃，太飒！"一个个动作娴熟，一步步脚下生花，被称作为足球而生的宝藏女孩。宁波大学附属学校三年级学生王沐易，成功挑战广西阳朔"中国攀"，刷新中国高难度野外攀岩"5.14A"① 纪录。西安第二外国语学校四年级学生张天宣手绘了一本《中国抗疫图鉴》，作品展开近30米长，他从抗击疫情的新闻事件中选取了很多温暖瞬间，用自己的方式为抗击疫情贡献自己的力量……

两千多年前，孔子就说："后生可畏，焉知来者之不如今也？"中国少年生在最好的时代，向阳成长，逐渐成为这个社会的中流砥柱。"过去有人说我们是娇滴滴的一代，现在，我们成了主力军！"这群青少年，比我们想象的更加坚韧，也更加坚定。后生可畏，后生可敬。正是这群蓬勃奋发的少年让人们坚定地相信：中华民族的魂，定会在这片沃土上，百折不挠，生生不息。

---

① "5.14A"难度是大多数攀岩者眼中的超高难度，也是攀岩者中顶尖高手的试金石——长达31米、仰角30度的"中国攀"。现在全国能成功完成挑战的不到100人。

难怪陶行知先生要说"人人都说小孩小，谁知人小心不小，您若小看小孩子，便比小孩还要小"。小孩子最好的先生，不是我，也不是你，是小孩子队伍里最进步的小孩子。习近平总书记强调青年对于党和国家而言，最值得爱护、最值得期待。因而，"小孩的力量不小"。要相信小孩子也能做大事，不论何时，一个国家、一个民族只有寄望青春、永葆青春，才能兴旺发达。

# 主题 6

# 民主的儿童节

1945 年 4 月 4 日，为纪念国民政府规定的儿童节 15 周年，陶行知先生在重庆《新华日报》发表文章《民主的儿童节》。

"儿童的生活，是一面社会的镜子"，文章开头言简意赅，发人深思。陶行知先生着眼于儿童节，立足当时，借儿童生活反观社会民主，以人微言轻的儿童样态映射社会民主状态，呼吁社会关心儿童生存状况，为儿童争取应有的民主，维护儿童权益。正如陶行知先生在文章末尾号召："故真正爱护小孩子的朋友，必须是民主的战士，让我们促成民主的政治经济，以实现民主的儿童节吧。"时空更迭，"民主的儿童节"思想意义置于现时，亦引人共鸣。

## 一、民主的儿童节，是丰富的精神仪式感

《小王子》一书中记录了狐狸与小王子的一段对话："仪式是什么？""它就是使某一天与其他日子不同，使某一时刻与其他时刻不同。"

儿童节的设定亦如此，正如大人口中所讲："又是一年'六一'，是孩子期待已久的一天，是与其他日子不同的一天。"恰如陶行知先生认为："儿童节，是觉悟大人为全体儿童争取幸福的节日，使他们在儿童节能过一天快乐而有意义

的生活。"恰如丰子恺先生笔下的儿童节一样："今朝儿童节，散会归来早。糖果与豆荚，送给小宝宝，豆荚自己种，滋味特别好。"简单质朴的仪式，是精神滋养的能量场。如今的儿童节，以理解孩子的快乐源泉为先，动员各方力量，营造满满的仪式感，花样百出，帮助孩子获得快乐，感知幸福。

2023年，南山区教育幼儿园深圳湾分部在儿童节这天独出心裁，借助地区特有的园所优势联合举办"我与自然的约会"庆祝活动。整个活动，围绕"自然"开展。例如，"我给自然唱首歌"自然之声合唱节，激励儿童用中文、粤语、英语歌唱，鼓励儿童齐唱、轮唱、二声部合唱。丰富多彩的唱歌平台，让儿童用歌声唱出心中喜悦，传递节日祝福。又如，"自然给我馈赠"自然之觉自助餐，用气球、桌布等物品布置优雅温馨的用餐环境，儿童大快朵颐之余，潜移默化地感知到"文明用餐、有序排队"的用餐礼仪。再如，"我给自然画个像"自然之形艺术展，用自然之声、自然之觉、自然之形调动儿童的感官，让儿童沉浸式进入自然探索之旅，倾听自然的声音，抒发自然的感觉，描摹自然的形状，借此让儿童感受自然之美，感受生活之美。

仪式满满，"大家都有份""有福大家享"的儿童节，不正是陶行知先生理想中的"幸福童年"的模样吗？正如心理学家阿德勒所言，"幸福的童年可以治愈一生"。许孩子一个无忧快乐的童年，把最美好的快乐送给孩子的童年，不单单就在"儿童节"那一天，更应是陶行知先生所希望的"幸运的儿童，是一年三百六十五天，天天过儿童节"。

## 二、民主的儿童节，是和谐的环境舒适感

陶行知先生道出："民主的儿童节之先决条件，是政治经济的民主。"陶行知先生的话，真是切中肯綮。要让儿童拥有幸福的童年，必须先为儿童提供温馨的成长环境。简单而言，就是改善儿童生存、生活、学习等环境，在儿童活动空间营造氛围感，让儿童自由地呼吸、友好地相处、健康地成长，像每天都在过儿童节。现在，每个城市倡议的"儿童友好城市建设"行动，正是陶行知先生的

教育理念的实践体现。

社区，是儿童生存生活的第一场所，是政治、经济、民主的充分体现。广东东坑的"稻田儿童公园"是东坑重要的家庭教育基地之一。和谐友爱的环境，贴近儿童成长的节奏。放眼整个公园，以稻田为底色，分别打造有：水稻种植区、二十四节气廊架、稻田秋千、文化长廊、环形栈道等，以轻介入的方式很好地融入儿童游乐功能和农耕体验。整个公园科学谋划，因地制宜，保留现有场地格局和稻田种植属性。此外，当地妇联积极联合多个部门，尤其与幼儿园、学校牵手共建，结合农事节气，不定期举办农耕及非遗文化展、农业体验活动、稻田音乐会、稻田亲子游园会等主题活动。在丰富多彩的活动中，儿童知道了什么是稻田、什么是禾苗、什么是农耕文化。在与大自然亲密接触中，在舒适的体验环境中，儿童的双手、双脚、双眼、双耳得到大自然最真实的召唤，他们的眼睛亮了，嘴角上扬了，心好奇了、欢快了。他们感知的是大自然，迎接他们的是世界向他们张开的怀抱。正如陶行知先生所说："学生有了兴味，就肯用全副精神去做事，所以'学'和'乐'是不可分离的。"

在这样和谐舒适的环境中，我们找到了陶行知先生认为的能够实现儿童幸福的四种东西：团体娱乐的玩具、进修学问的工具、日常生活的用具、手脑双挥的工具。于物质上满足儿童，于精神上充实儿童，这样的儿童之爱，不正是陶行知先生想要给予儿童的幸福吗？可是，陶行知先生也感叹："不幸的儿童，就连四月四日也与他们无关，饿、冻、打，便是他们所受的礼物。"陶行知先生怀着一颗悲悯慈爱之心，一生致力于中国教育事业。每到儿童节，他的心牵系那些受苦受难的儿童："全国所有的儿童都享受到了幸福，才算是民主的儿童节。"

## 三、民主的儿童节，是有爱的人人尊重感

知名音乐家陈贻鑫正是被陶行知先生关爱的特殊儿童。陶行知先生不但亲自照顾他的疟疾，更是他的伯乐，发现了他的音乐天赋并给予他学习的机会，助他发光发热。这仅仅只是陶行知先生与特殊儿童的故事之一，却充分说明陶行知先

生为儿童争取长期幸福的殷殷之情。时至今日，陶行知先生那份温柔的牵挂"孩子们成长得更好，是我们最大的心愿"，也时常鼓励一线的教育教学工作者，并以他与特殊儿童的事例为榜样，在教育教学一线践行着。

"融合教育"是陶行知先生的教育理念的写照。在普通班中融入特殊儿童，使特殊教育及普通教育合为一个系统，特殊儿童更需要获得尊重。浙江省宁波市象山县实验小学的蒋丹老师就遇到了特殊的"他"。他腿脚不灵活，智力低下，却异常活泼，兴奋时常常弄得班级鸡犬不宁，安静时却相当自闭，"双重性格"明显。蒋老师对他不抛弃不放弃。在班级多次开展"融合"主题班会；借助学生间相处的事例，说明特殊的"他"的真实情况；以爱为导向，帮助特殊的"他"融入班级生活。在日常生活中，蒋老师尤其细心入微，观察"他"的优缺点，为他创造机会去发现自我、去获得认同。其后，还把特殊的"他"的父母当自己第二梯队的"学生"。蒋老师与"他"的父母多次见面细聊，手把手教"他"的父母详细记录"他"的生活状态，像培育小苗，一点一点浇灌与呵护，帮助"他"健康成长。正如蒋老师所说："虽然他不完美，但是教师能够接受他的'不完美'，给予他足够的关爱，他也会慢慢迎来自己的花期。"也正如陶行知先生在文章末尾所呼吁的，"假使每一个学校或团体为其附近的不幸儿童，发动这样一种运动，并得到一年之长进之资料，总是有益处的"。这样的教育理念，正是陶行知先生"民主的儿童节"最好的实践说明。

陶行知先生深怀悲悯慈爱之心、面向未来世界的眼光，与儿童教育事业结下不解之缘。《民主的儿童节》让我们看到陶行知先生关爱儿童的殷切之情。陶行知先生亲自填词的《儿童节歌》中，"小孩们！拿出我们的力量，纪念四四。四四，四四，别说我们年纪小，也能做些事……"让我们听到了陶行知先生对儿童寄予的厚望。

# 专题五

## 知行合一

知是行的出发点，行是知的落脚点。知可以让行更远，行可以让知更深。当我们以知促行，行才得以生新知。

## 主题 1

# 行是知之始

如何才能做成一件事？认知和行动。

如何才能做成一件大事？1927 年 6 月 3 日，在南京晓庄师范学校寅会上，陶行知给出了这样的答案："行是知之始，知是行之成。"在其后的岁月中，除了将名字由"陶知行"改为"陶行知"，更以一言一行，展现着这句话的真实样态。

"行是知之始"，正是这样的信念指引，陶行知和"陶行知们"一次次躬身实践，以实际行动干出了"晓庄师范"，干出了"小先生运动"，干出了"平民教育"主张，干出了一条积贫积弱下的中国教育之路。正是不断地行动，再行动，产生了看得见摸得着的智慧，影响着一代又一代教师，勤勤恳恳，行走在中国教育改革之路上。

## 一、行为知先，收获真知

"行之力则知愈进，知之深则行愈达。"知和行，本不可分离。辩证唯物主义认为：实践出真知。亲身实践，能帮助我们获得真正的认知。

于永正老师写"下水"文就是最好的例子。

有一年春季，于老师所在的学校举行了一场运动会。教师们决定让级组学生以"记我校春季运动会"为题完成习作。于老师开始觉得这个题目没有什么不妥。可是，当于老师提笔"下水"，就发现问题了——这个题目太大了。一天里的运动项目那么多，是从开幕式写起？那什么时候写得完？如果按照写活动的要求"有详有略"地写，要"略"掉的太多，对不起"我校"二字。就这样，于老师写了三张稿纸，才把这个题目写了一半。

最后，于老师决定"化整为零"，把题目改为"春季校运会散记"，大题目下边，再分两三个小题目来写。比如，赵彪参加男子四百米赛得了冠军，就命题"赵彪第一"；女子四百米接力赛因其中一位运动员摔倒而痛失夺魁的机会，就命题"虽败犹荣"。除了这两个小题目，还鼓励学生写别的内容，自己选材，自己命题。

假如于老师不亲自行动起来写"下水文"，就不会发现最初"想当然"的题目会害苦学生。老师一"下水"，什么都了然于心，就让学生少走许多弯路。由此可见，教学生游泳，除了让学生下到水里去亲自实践，教师也要有具体的实践体验。"立足学生核心素养发展，以生活为基础，以语文实践活动为主线"，师生均在"学习的游泳池中"，熟谙水性的教师也加入"行动"的队伍，将游泳的技能展示给学的人看，效果是事半功倍的。

"行是知之始"，只有真实的行动才能获得真知。

## 二、行为知先，践行认知

刘基曾言："物有甘苦，尝之者识；道有夷险，履之者知。"一样食物，不亲口尝一尝，怎知个中甘苦；一条道路，是坦途是艰险，总要走上一趟才明白。这也与毛泽东曾说过的"要知道梨子的味道，就要亲口尝一尝"一样，行动能验证认知。

陶行知是行动派，一次次将美好的愿景推动为利国利民的大事。南京市瑞金北村仲广群校长也是这样的行动派，他的探索与实践，验证着教与学、理论与实践的关系。2010 年，仲广群校长把课堂改革的梦想化为行动，一路探索，最终开创出"助学课堂"的理论和实践体系。

"助学课堂"的教学建立在学生先行探究的基础上，课前的"自主学习"行动是助学课堂的特征之一。助学课堂是让学生"行先于知"的教学，是顺应儿童"探险家""好奇家"天性的教学。要教会孩子游泳，讲一万遍游泳方法，都不如让孩子自己下水试一次。助学课堂下的教学，教师不急着传授新的知识，而是在传授新知之前，让学生通过"助学单"的帮助，先行动起来，大胆去探究、去猜测、去怀疑。

"助学课堂"强调"三助"，即自助、互助、师助。自助的研究指导策略是"一探、二学、三生疑"，与陶行知的学说"行是知之始"是一呼一应的关系。教师先研后教，让学生行走在前面，独立去自学，培养的是学生真正的自主学习能力，获得可持续发展的动力和能力。互助，是学生在展示自己学习成果的实践阶段，通过提问、补充、质疑、辩论等，达到与同伴齐行并进的合作学习效果。这是一种集体的"行先于知"行为。互助中，学生的相异性构想在课堂中交流、激荡。学生对知识的理解通过自行探究、彼此分享逐渐形成。师助，教师"以学定教"，引领学生进行"高阶思维行动"，解决"核心问题""大问题"，教师与学生在课堂中有充足的时间，自由呼吸、自由生长。

《义务教育课程标准》（2022年版）指出，"学生的学习应是一个主动的过程"。实施促进学生发展的教学活动，就要有"行是知之始"的主动实践精神。行动起来，勇敢走向"未知"。而真实的探索经历也会成为学生自我教育的基础，成为终身受益的财富。陶行知作为伟大的教育家，不是要教会别人做什么，而是让人懂得自我教育。这是陶行知最伟大的人格魅力所在。仲广群校长开创的"助学课堂"所体现的"三助"理念，与陶行知的"行是知之始"学说高度吻合，与数学新课程理念中"发展实践能力和创新精神，形成和发展核心素养"的理念高度吻合。

"学习的最高境界，不是知识的累加，而是学习者的自我完善、超越与创造"，行动起来，才能找到答案，行动起来，才能实现自我成长。

## 三、行为知先，突破未知

陶行知是行动派，是实干家。在一次次脚踏实地的行动中突破未知，诠释了"行动巨人"的精神魅力。

"五四"星火燎原，陶行知深受哥伦比亚大学进步思潮的影响，在南京高等师范学校积极推动开放女禁，为女性争取接受高等教育的权利。当时没有人敢轻易触碰这片未知领域。教育界反对，议员反对，社会上各阶层都有人反对。如何破局？陶行知内外奔走，寻找机会，化解阻力，先让女子进校旁听，再创造条件正式招收女学生。次年秋季，南京高等师范学校正式招收女学生 28 人，开女子高等教育之先河，向全世界揭示"行是知之始"的真谛。在困境面前，行动是破局的有效方式。

陶行知以"行为知先"的经历，给我们一线教师从事教育科研工作提供了最好的行动范本。教育发展，科研先行。可大部分教师对教育科研往往是敬而远之，因为摆在前面的是"未知"，是无从下手。其实非然也，教育研究的内容就蕴含在每天的教学之中。比如广东某市 2023 年度立项课题中，有"指向深度学习的初中数学课堂教学评一致性研究"，有"'双减'背景下小学低年级家校协同育人沟通策略研究"，有"学习任务群视域下的小学古诗词项目化学习实践探索"和"跨学科融合视角下水乡特色儿童诗创编的实践研究"，等等。这些课题研究的着力点，或来自教育教学的疑惑，或来自教育教学中发现的问题，或来自新课程理念落实中面临的瓶颈，都具备科研的实践价值。恰如陶行知所言，"有行的勇气，才有知的收获"，敢于在教育中"行为知先"，迈出勇敢的一步，就能在困境中摸索出一条路。

习近平总书记曾说："要做起而行之的行动者，不做坐而论道的清谈客。"行胜于言，行者无疆，一个人真正的成长，靠的就是在行动中持续不断的积累。行动起来，突破未知，以知促行，眼前的世界将发生积极的改变。

"行是知之始，知是行之成"，今天重读先生的话，重溯陶行知教育思想精髓，追寻陶行知教育的初心，只觉与先生共进。踏着陶行知修筑的阶梯攀登，肯行，敢行，终会能行；行正，行远，必得真知。

## 主题 2

# 教学做合一

中国传统教育将"教"作为关注的重点，单向的输入与机械重复的教学方法致使学生的学习与生活实际相脱离。面对这样的情况，陶行知先生在借鉴西方教育思想并继承我国传统教育思想基础上，扎根于中国教育实践，提出的新的教学方法——"教学做合一"。他主张事怎样做就怎样学，怎样学就怎样教；教的法子要根据学的法子，学的法子要根据做的法子。该教学方法将"做"作为"教"与"学"的核心，将"教学做"紧密联结为一体，这样不但可以打破教师与学生之间的界限，还能将理论与实践相结合，帮助学生有效构建系统知识，促进学生的全面发展。

在新时代背景下，其基本内涵更是得到了不断的丰富。牢记"立德树人"的使命，为培养能面向世界的复合型创新人才，学者们普遍认为在陶行知先生"教学做合一"的理念下，除了可以打破学校与社会、知识与实践间的壁垒，让学生通过参与丰富多样的真实生活体验，学习知识、获得经验；还可以将知识模块化整合，通过综合实践、项目式学习、翻转课堂等新兴的教育模式，促进教师的教与学生的学、知识的传授与经验的获得有机结合，引导学生积极主动地在实践活动中完成知识的螺旋式建构。学生从中不仅能提高解决实际问题的能力，促进自身高阶思维能力的发展，养成良好的素养品格，同时也为存在差异的不同个体找寻适合自身未来生活发展的道路提供了帮助。

## 一、教学做合一，为教师教学指明方向

"教学做合一"为教师教学提供了一种创新的指导思路和实践模式。教师不

能像以前一样，只是将知识简单传授给学生；也不能完全舍弃书本，只知道蛮干苦干。教师需要紧密结合实际，巧妙地设计教学内容，利用实践活动调动学生的手和脑，帮助学生掌握知识和方法，获得生活经验。

以《爬山虎的脚》一课的教学为例。课前，教师创设"植物展览会"的教学情境，激发学生了解植物、观察植物的兴趣。为了记录植物的生长过程，教师引导学生去寻找生活中的爬山虎，看一看、记一记。再结合课文《爬山虎的脚》的学习，发现自己与作者观察的不同之处：叶圣陶先生按一定顺序对叶子和脚进行描写，生动地向我们展示了爬山虎的脚一步一步向上爬的过程；再聚焦作者写作的精妙之处，即连续细致地观察、准确生动地表达，帮助学生丰富原有的语文知识体系；最后，让学生带着习得的方法走进大自然，去发现并记录生活中其他植物的微小变化。

其间，学生不仅需要实践运用语文课堂上所学的知识，还要向科学教师请教植物成长的规律，使用数学里习得的测量、信息技术课里学到的检索等。开展班级"植物展览会"时，每个学生都有自己的发现，有的描绘了小草从刚出生时的又嫩又尖到成年时的舒展柔韧；有的说出了银杏叶"绿宝石"的美丽与"金扇子"的珍贵；还有的赞美了桂花娇小却香飘十里的芬芳倔强。每一份展览卡上，有同学"哇"的赞赏，有教师精心编辑的表扬词，还有家人为之自豪的微信朋友圈。这一句句温暖的鼓励、一张张小小的表扬卡、一条条赞赏的微信，无疑调动了学生自主学习的积极性与主动性。

由此，教师从生活实际出发，通过情境下的任务驱动、活动中的方法习得、评价里的素养形成这三部曲，践行"教学做合一"的思想。"教学做合一"有效发挥了学生的主观能动性，将教学与生活实践结合起来，使学生在学习语文知识的同时，又习得和运用了观察生活及写作的方法，从中还获得了良好的情感体验，培养了审美情趣。

## 二、教学做合一，为学校办学提供思路

"做"型的教学模式不仅对教师的教学提出高要求，同时也为学校的办学提供了新思路。"教学做合一"启示学校要做好顶层设计，让学校、家庭、社会形成合力；要坚守"做"的导向，要紧扣学生的生活实际开展活动；让学生拥有学会生活、适应生活甚至改造生活的能力。

以劳动教育课程的建设为例。学生在学校至少需要在学校阶段进行生活技能教育、农事生产教育和社会公益教育三个方面的内容学习。生活能力是一切教育的前提，烹饪、洒扫、洗衣做饭及基本的医疗防护能力，学生都应有所涉及。因此，学校可以开设"食育课程"；利用假期、开放日开展"家务课程"。我国是农业大国，农事生产也必将是每个中国人需要具备的基本能力。学校可以借助"研学活动"或开辟专门的农场，供师生体验农事劳动，让学生到菜地、果园、苗圃等练习耕种，有时派一批农民朋友传授耕种技艺、方法。除此，还要开设"木工课程"，让学生学些简单的木工、竹工、油工等技能，并在实践中真正锻炼学生的生产能力。社会公益有助于学生形成良好的劳动习惯，感受劳动乐趣，享受劳动收获，这是劳动教育的最高境界。通过工学结合、勤工助学、劳动体验等途径，积极引导学生志愿参与社会服务，中小学可以与校园周边的商场、社区、少年宫、福利院等单位联系，搭建活动平台和参加志愿服务；高校可以与工厂农场、企业公司等单位协调，让学生参与生产性劳动和服务性劳动……

总之，在实施"教学做合一"这一教学方法的过程中，学校应充分挖掘学校教育的生活课程；积极主动地编写切实可行的校本教材，通过拓展学校教育的活动载体，大胆创新教育教学新模式，让学校教育成为每个学生走入社会的坚实后盾。

## 三、教学做合一，促进学生生活力的发展

教师更新教学观念，学校构建多样平台，"教学做合一"还会带来什么呢?

陶行知先生曾说："我们深信教育应当培植生活力，使学生向上长。培养的方法就是'教学做合一'。"所谓"生活力"即康健的体魄、劳动的身手、科学的头脑、艺术的兴味、改造社会的精神。例如乡村师范学校通过"教学做合一"，培养的总目标是乡村人民儿童所敬爱的导师。因此，晓庄师范学校的学生每天过着劳力上劳心的生活，每天接受着劳力上劳心的教育，通过这种生活和教育，最终养成具有"健康的身体、独立的思想及独立的职业"的完整的人。由此及彼，不论在何种学校，通过"教学做合一"，学生都可以在"做"中养成强健的身体，增加抵抗疾病和克服困难的体力，获得征服自然、利用和改造自然的谋生力，以及具有解决问题、担当责任和改造社会的生活力。

远近闻名的江苏省行知小学是一所乡村学校，校长杨瑞清坚守乡村 41 年，为学校学生的生活力发展持续助力。他通过充分挖掘和利用乡土资源，激发学生的乡土情怀，为培养崇尚劳动、尊重劳动，长大后能够辛勤劳动、诚实劳动、创造性劳动的学生而努力。在该目标的指引下，全校师生共同培育了 8 亩茶园、15亩果园、200 亩荷花园……这里的每一处生活课堂都是学生的劳动之地、道德之地、智慧之地和艺术之地。之后更是陆续成立了 5 个小研究所：水稻肥床旱育稀植研究所、粮油作物研究所、水生花卉研究所、昆虫研究所、能源气象研究所。孩子们通过学校构建的"三农"体验课程，学习了农业科技，了解了农村建设，体验了农民生活，为未来的乡村生活奠定了基础。

同时，为了让孩子们更好地适应现代化生活，学校更是通过"城乡联合""国际联合"等形式，让城乡学生、中外学生互动。2005 年 5 月，行知基地曾接待了来自新加坡南洋小学的 50 名师生，来校开展为期 17 天的中华文化浸濡活动。开始，学生普遍缺乏和国外学生交往的信心，在教师的热情鼓励和精心引导下，他们逐步能够和新加坡朋友大方、自如地相处了。他们虚心向英语强、见识广的新加坡学生学习，又能以自己的华语和熟悉中国文化、农村生活的优势，以主人翁的姿态为新加坡学生提供帮助。这一举措，在积累交流经验的同时，也增强了学生的自信，拓展了学生的眼界。

历经百年，陶行知先生"教学做合一"的理念依然启示着当前中国教学方法的改革和发展。探未发明的真理，入未开化的边疆。它是近代教育思想园林中结出的一朵绚丽的奇花，是经过历史层层检验的具有中国特色的教学方法，更是千千万万教育工作者为之奋斗的教育初心与使命。

# 主题 3

# 行动是脑子

俗语云，富不过三代。摆脱魔咒，保持家族长盛不衰，离不开几代人的努力拼搏：老子创业，儿子守业，孙子超业。而"学习"这一大家族，若想持之以恒，该是什么模样？

1917 年秋，陶行知先生留美后回国，在南京高等师范学校任教，强调行动的作用。他挥洒写出的《三代诗》给出了答案，"行动是老子，知识是儿子，创造是孙子"。因此，陶行知先生还创造了一个字 。此字形象直观，既像"行知"，又像"知行"。借短小精悍的诗歌，用通俗易懂的文字，传达深刻且深远的陶行知理念"行—知—行"。立于辩证唯物主义哲学范畴的高度，诠释学习的真理："行—知—行"的反复及递进。

紧随陶行知先生"行—知—行"理念的步伐，前有毛泽东主席《实践论》的继承，以"实践、认识、再实践"的规律探索中国革命胜利的道路；后有习近平总书记的落实，以"知行合一，以行求知，以知促行"的真谛建设新时代中国特色社会主义；更有后来追上者，以"行动是脑子"的信念在其位，谋其职，增其值。

## 一、行动是脑子，能生发知识

《墨辩》提出有三种知识：一是亲知，二是闻知，三是说知。陶行知先生曾谈到，一般学校以闻知为主，灌输教育占据半壁江山，学生只懂输入知识。如今学校虽注重闻知、说知的双互动，运用"以学定教"的方式协助学生输出知识，却在亲知方面难以提供机会和保障，引导学生"以行为脑"，在闻知的基础下，在说知的助力下，以亲知生发知识，真正做到"学以致用"，践行陶行知理念——"行，是学习一切知识的根源"。

北京市房山区良乡中心小学清楚其中弊端，遂综合平衡三知间的关系，以"闻知"为根基，使学生"胸藏文墨"；以"说知"为助力，令学生"料事如神"；以"亲知"为灵魂，让学生"学以实用"。就此提出"行于实，方乃成"的办学理念，打造"为每一颗种子创造生命成长的体验场"，倡导"让学习真实发生"；推出多种内容的项目学习，提倡"真实情境下的多学科融合实施""真实问题驱动下的主动探究""社会视角下的学科育人"。

例如项目学习"制订校园节水行动指南"，是北京版数学教材五年级上册"调查家庭月用水，提议为家庭节水"活动内容的拓展实践。学生依照自身优势组队参项，分工合作地落实行动。前期调研组驱动问题一"学校年用水量如何"进行数据收集；用水走访组驱动问题二"校园用水分布情况"开展实地考察；实验研究组驱动问题三"有哪些浪费水资源的现象"进行实验探究；设计制作组驱动问题四"如何制作一份校园节水行动指南"开展研讨撰写；监督实施组驱动问题五"如何执行节水行动"进行监督奖惩。此项目效果显著，经学校大力宣传，被各方力量推广应用。

"纸上得来终觉浅"，课本内容只能教会学生如何解决学科问题，在此过程中仅仅实现闻知和说知的互动。"绝知此事要躬行"，项目学习为学生搭建行动平台，不但能引导学生将学科知识学以致用，发展学生的应用创新意识，而且能基于真实情况解决生活难题，提高学生的社会责任感，真真切切诠释了陶行知先生所强调的"我们要在行动中追求真知识，亲知为一切知识之根本，闻知、说知要结合在亲知上，才能成为真知"。此外，个人价值也在行动中表现出来，得到绽放。

## 二、行动是脑子，能创造价值

知乎上曾有个问题："优秀和平庸之间，最大的差距是什么?"有个高赞回答是"肯不肯行动"。简单明了，却实在切理。因此，陶行知先生断言："有行动的勇气，才有真知之收获，才有创造之可能。"

浙江省有一所位处于城乡交界处的小学，在 2017 年教育部将小学科学课列为与语文、数学同等重要的"基础性课程"前提下，学校就运筹帷幄，落实行动，切实推出"竺可桢气象社团"，以气象观测基本知识和技能为切入点，以学生喜闻乐见的气象实践为依托，激发学生对气象科学的研究兴趣，探索气象与生活之间关系的奥秘，综合提高科学素养之余，引导学生通过气象行动获得气象真知。

"宝藏教师"张丽萍勇接学校"竺可桢气象社团"负责人的重任，虽一窍不通却努力自学，掌握气象相关知识，以个人的行动带动学生群体的行动，为学校带来新的价值追求——"气象新小"。领着学生在学校建立气象观察基站，每天进行行动记录，积累知识收获；带着学生参观萧山气象局、杭州气象科普实验馆等，每次的行动体验都累积着智慧结晶。一步一实践，一步一坚持，一批批爱好气象、特长鲜明的学生在张老师的带领下脱颖而出。浙江省中小学生气象知识网络竞赛上，张老师辅导的气象社团的 6 名同学全部获奖。全国"风云之战"网络竞赛上，张老师辅导的气象社团的 6 名同学获全国赛冠军，所指导的"北斗导航的智慧生活"获全国三等奖 2 个。学校"竺可桢气象社团"先后被评为杭州市中小学科技节的优秀科技社团、十佳人气社团，且"气象新小"被列为浙江省气象科普教育基地之一。

学校的行动勇气，张老师的行动担当，因此创造的行动价值，切切实实地印证了陶行知先生所赞同的"处处是创造之地，天天是创造之时，人人是创造之人"。任何事情，只有真正行动起来，才能得偿所愿。正如高尔基所强调的，"在生活中，没有任何东西比人的行动更重要、更珍奇。"

## 三、行动是脑子，能走得更远

正所谓，"行百里者，看周遭事；行千里者，阅世间情；行万里者，穷天下经。"前行中的每一步都是迈向远方的步伐。

陶行知先生深知此理，于是躬身力行。他学成归国，以人生要"为一大事来，做一大事去"自励和勉人。深入乡村，奉献一生，身体力行进行一系列乡村教育试验，致力探索中国乡村教育的出路，用自己的真实写照，实力验证何谓"行是知之始，知是行之成"。既借此告诫自己，也提醒身边人：力行而后知之真。

行动不易，坚守更难。陶行知先生的乡村教育行就是一面明镜，照着新围小学的阳光天使工程行进至今，已整整 17 年。2006 年被留守儿童的生活困境触动，某城乡小学"阳光岗"全体女教师萌生的阳光行，给予了他们"温馨之家"。之后，"家"里不仅添设了可以直接拨打外线的亲情电话、联网电脑，还设立了心理咨询室、阳光书吧、阳光活动室、阳光绣艺房、阳光灶间等。每逢节假日，场所响起的欢声笑语令人深感欣慰。孩子们虽有教师陪伴，却难以得到父母远离的关爱。女教师就分别与每个留守孩子一一结对，成为他们的"阳光妈妈"，将留守孩子带回家里，让家人也参与其中，给予留守孩子父母的关爱。

正所谓"行之力则知愈进，知之深则行愈达"，为了把关爱留守孩子做到实处，"阳光妈妈"们把阳光天使工程活动与学校的德育工作、心理健康工作、少先队活动、红十字会活动及特殊教育有机结合起来，将阳光精神辐射学校的每一个角落，且将辐射力照到校外。所编制的七彩阳光校本课程，开展的七彩阳光、灿烂人生系列活动，定期进行的阳光少年、阳光班级、阳光社团、阳光教师、阳光办公室、阳光品牌教师的评比，因宣传和推广，得到很好的传承。17 年的一路同行，"阳光妈妈"把爱延伸到更多的孩子身上，铸就更宽容的大爱，推进"阳光天使工程"走得更远，发展得更好。

见之不若知之，知之不若行之。放之四海，推进发展理当如此。从干中学，从学中干。陶行知先生用其一生的行动告知后人"知者行之始，行者知之成"。正如马克思提醒的："一步实际行动比一打纲领更重要。"陶行知先生行动思维的思想价值，还持续引领各行各业稳行致远。

# 主题 4

# 手脑相长

"手脑相长，知行合一。"陶行知的这一名言勾勒出一幅手与脑、知识与实践交相辉映的图景。手脑相长并非简单的搭配，而是一种内外协调的教育哲学。在陶行知看来，知识只有通过实际动手的实践，才能够在大脑中生根发芽，茁壮成长。

## 一、思维之手，舞动着智慧的风

陶行知提出的"手脑相长"观点，犹如一支轻盈的画笔，在教育的画布上描绘出了丰富多彩的图景。他强调，思维和实践应该相辅相成，学生在学习的过程中不仅仅应该用大脑思考，更要通过动手实践来巩固知识。

《义务教育科学课程标准（2022年版）》在课程理念中提出，倡导以探究和实践为主的多样化学习方式，让学生主动参与、动手动脑、积极体验。对于科学学课来说，手脑结合是实验教学的开始，而实验是手脑结合的最佳途径，所以改革实验教学的方法，增强实验教学的作用是十分重要的。

近日，教育部等十八部门发布《关于加强新时代中小学科学教育工作的意见》，广东省教育厅出台了《关于加强和改进中小学实验教学的实施意见》的有关文件，构建具有广东特色的现代化实验教学体系。通过加强和改进实验教学活动，让学生达成学科核心素养发展目标。确保基本实验开出率100%，拓展性实验（除了课程标准要求的基本实验外的实践活动）比例不少于50%，实验教学质量处于全国前列。

为了推进科学实验教学，各中小学开展了一系列丰富多彩的活动。其中，一项名为"科学实验室开放日"的活动受到了广泛关注。这个活动旨在让学生更深入地了解科学实验，提高他们的动手能力和创新思维。在活动当天，学校开放了科学实验室，不但展示了各种各样的科学实验器材，教师还为前来参观的同学们讲解了各种实验器材的使用方法和注意事项，而且精挑细选了物理、生物、化学三大领域的几十余项实验项目，通过3D虚拟实验室让学生尝试学习各种实验做法。学生可以在教师的指导下自由选择自己感兴趣的实验项目进行操作，如："空气炮"的隔空打纸杯、自制苏打水、可硬可软的非牛顿液体、神奇的"法老之蛇"……在科学实验室开放日中，学生兴致勃勃地体验着各类项目，并动手完成了一个个科学小制作。通过这个活动，学生不仅巩固了所学的科学知识，还提高了自己的动手能力和创新思维，同时也激发了他们对科学的兴趣和热爱。

手，是智慧的延伸，是思想的实现。陶行知所言的"知行合一"，正是在呼应这种观念。学生通过实际动手的方式，将抽象的概念赋予生命，使知识得以生根发芽。

## 二、实践之手，弹奏着创新的旋律

手脑相长，不仅仅是对知识的掌握，更是对创新思维的培养。陶行知注重学生在实际动手的过程中培养创造性思维，要求学生实践时不仅要有计划、有目的，更要有深刻的思考。

教育是培养健康全人，需要德智体美劳全面发展，不可偏废。一线教师对学生教育的目的并不是把学生培养成一个个只会考试、只会读死书的"高分低能"

的书呆子，学校也应当在教育教学实践中落实"知'劳'之美、行'动'至善"的育人目标。

《义务教育课程方案》将劳动从原来的综合实践活动课程中完全独立出来，并发布《义务教育劳动课程标准（2022年版）》。文件中，根据不同学段制定了"整理与收纳、家庭清洁、烹饪、家居美化等日常生活劳动"等学段目标。

例如，深圳玉龙学校为了推进劳动教育，学校在1~9年级分别开设了整理、烘焙、烹饪、茶艺、生态种植等新劳动教育课程，将学科融合学习，从中寻找成长的那一束光，如把辣椒这一日常常见的蔬菜作为项目出发点，利用科学课、劳动课等时间，在学校的综合生态种植农场、课堂中以"辣椒种植""园林生态探究""辣椒酱的烹饪""产品包装设计""辣椒酱的产品营销"等一系列活动内容开展学科融合的劳动课程。通过这个活动，学生不仅提高了动手能力和劳动技能，也培养了劳动意识和劳动习惯，最终还将辣椒酱放在学校的劳艺节中售卖。劳动教育绝不是"只劳动，不教育"，劳动教育的终点永远是教育。

又如，学校的新生活磨坊项目以"黄豆的一生"为主题，开发了"生活磨坊·黄豆变变变"的劳动课程。魏艳老师利用课后服务时间带领六年级磨坊社团的学生体验种豆、收豆、剥豆、泡豆、生豆芽、磨豆、滤豆渣、煮豆浆等环节，深入践行"教学做"合一理念。这个例子充分体现了陶行知的思想"手脑相长"，即通过实践和动手操作来培养创新思维和实践能力，同时也体现了陶行知的教育理念，即"教育应该与生活、社会紧密相连，培养具有创新精神和实践能力的人才"。

实践之手，如同乐手的琴弦，弹奏创新的旋律。他们通过实际操作，在解决问题的过程中锻炼了创新的能力。

## 三、交融之手，铸造众多创新成果

"手脑相长，铸造众多创新"，将手与脑的默契共舞演绎得淋漓尽致。手脑相长，不仅是一种教育方法，更是一种对创新的热切期望。

　　"创客"这个词源自英语单词"Maker"，指的是"制造者"或"创造者"的意思。创客的共同特质是创新、实践与分享。创客教育是伴随着创客运动而兴起的。

　　创客教育，着眼于在实践中培养学生的创新精神、实践能力。例如，东莞市石龙镇实验小学借东莞市创客嘉年华大赛、东莞市青少年创新大赛、广东省及东莞市头脑奥林匹克创新思维大赛等平台，以科技教师为骨干，以学校各类科技社团活动为中心，给学生提供了一个个实践和创新的平台，使他们有机会把所学的知识应用到实际生活中，培养他们的实际操作能力和创新意识。

　　2023 年 5 月 13 日，一场由 37 所学校、73 支队伍、319 名选手参加的头脑奥林匹克创新思维掀开序幕，这是一场智者之间的头脑风暴。光是比赛项目的名称就足以让思维驰骋飞扬："海盗与宝藏""古典·特洛伊木马""结构去哪儿了""为所欲为"，等等。无须高科技产品，参赛材料均为日常生活中常见品。看，卡纸、废弃的纸箱子、筷子、吸管、纸巾……日用品和创新思维发生智慧的碰撞，就成了"机关王"组件。这些日用品被简单的机械、电动、水压、杠杆等科学知识附身，摇身一变，成了好玩的机械课程。再看"即兴发挥"现场，孩子们开动脑筋，动起手来，用胶管支撑一个鸡蛋，在三分钟之内搭建支架，比赛要求鸡蛋在支架上停留三秒钟即为整个过程演示成功。整个实践过程，展现的是手与脑并驾齐驱，是手与脑交相辉映，是交融之手铸造出的集体智慧和精妙的构思。

　　手脑相长，是一场创新的盛宴。陶行知期望学子们能够通过手与脑的默契合作，铸造出一个又一个闪烁着创新光芒的成果。手脑相长，是陶行知留给我们的一首永恒的诗篇。在这诗篇中，我们感受到了知识和实践的和谐旋律，领悟到了创新和全面素养的深邃内涵。在这流淌的思想之江上，我们扬帆启航，追随着手脑相长的旗帜，驶向知行合一的秘境。

# 主题 5

# 社会即学校

大于社会，卧虎藏龙，若有求贤若渴之心，若有虚心求教之态，整个社会是生活场所，也是教育场所。这是陶行知先生的理想所见，也是我们的向往之象——"社会即学校"。

陶行知先生携此理念，先后在晓庄师范的兴办中、在工学团的行动中、"小先生"制的实施中，在育才学校的实践中加以落实和充实，给予现今的我们深深的共鸣。如今，"社会即学校"研究进入新阶段，在教育教学实践中掀起新热潮，以"大教育""多元教育""未来教育"等丰富形式激发新思想，不断推进陶行知教育理想蓝图的实现。

## 一、学校与社会统一，做"大教育"

"到处是生活，即到处是教育；整个社会是生活的场所，亦即教育之场所。"因此，"鸟笼式的教育改为开放式的开门办学"。陶行知先生指出，整个社会便是一个大学校，学校要与社会相统一，携手家庭，联结社会，全面铺设教育网络，形成大教育体系。

2023 年，教育部等十三个部门联合印发《关于健全学校家庭社会协同育人机制的意见》，提出"到 2035 年，形成定位清晰、机制健全、联动紧密、科学高效的学校家庭社会协同育人机制"。此理念与陶行知先生"社会即学校"所提倡的"扩展教育的空间"理念同脉相承，所指方向一致，为学生提供多方位的学习空间。

广东省东莞市石龙镇实验小学借鉴陶行知先生"社会即学校"的理念，落实"家校社"协同育人机制，提出"一校多家社会网"的"家长学校"办学模式，切实践行陶行知先生所言的"活的教育"：学校教育为主导，家庭教育和社会教育左右助力，实现整体教育。为此，学校架设"德育处"（统筹谋划），推进"家长委员会"（全校家庭联络点）的成立；以"基础班"（班主任牵头），推进"班级家委会"（班级家庭联络点）的成立；依靠"后勤部"（保障护航），推进"社区合作所"（资源共享）的成立。以规范化的机制管理模式明确家校社的分工，确保家校社各自的角色任务，确保家长学校从组织到操作再到后勤，做到全方位的联通，学校、家庭、社会三位一体，步调一致，为学生的健康成长铺开一面有效的教育之网。

陶行知先生在综合阐述学校与社会的互动时曾说过："学校是为社会设立的，学校若没有改造社会的能力，简直可以关门。"此话振聋发聩。石龙镇实验小学在"家长学校"架构机制的协同下，一期一约，通过家校社活动践行陶行知先生的教育理念。

例如，某个阳光明媚的日子，四（1）班师生和家长在石龙镇妇联、石龙环保局及白玉兰活动中心的关怀和组织下，来到石龙镇政府广场开展亲子 PLOG-GING 大行动（慢跑拾荒活动）。这个活动既响应"坚持人与自然和谐共生"的号召，也达到健身又环保的目的。活动由社工引领，师生和家长分成红、绿、蓝三个阵营。活力四射的健身操、隧道传球比拼，瞬间点燃参与热情；慢跑金沙湾公园、边跑边拾荒，普及环保教育知识；集合畅享感受，颁证铭刻荣耀，亲子情感、社会责任感、参与获得感，在真实的社会情境中得以绵延发展。

陶行知先生说："运用社会的力量，使学校进步"。家校社携手，打造家长学校，铺设三位一体教育网络，是新时代"社会即学校"的新样态。切实诠释陶行知先生所言"青天为顶，大地为底，二十八宿为围墙，人人都是先生都是学生"的教育理想境界。

## 二、学校与社会携手，做"多元教育"

在晓庄师范，陶行知先生实行流动式教育，带着学生穿梭市集、茶馆、码头、车站、戏园、电影院等生活场所，根植于人的成长需求和创造性动态发展，开展多元教育。陶行知先生坚信："在社会的伟大学校里，人人可以做我们的先生，人人可以做我们的同学，人人可以做我们的学生。随手抓来都是活书，都是学问，都是本领。"

跟随陶行知先生的脚步，苏州科技城外国语学校努力"走出去"，"世界是多彩的，教育是多元的，学生是多能的"。课堂之外有更广阔的天地，利用周末、寒暑假时间，通过班级游、研学游，去多彩的世界探寻更多的精彩。

他们有的走进农家田地，奋力挥镰割稻，用力摇轴筛谷，体验秋收喜悦，培育热爱劳动的精神；有的走进苏绣工坊，跟随绣娘引针、锁针、刺绣，感受苏绣的细致，锻炼自身的注意力和耐力；有的走进科研基地，近距离观看物理实验的声、光、电仪器，与物理学家面对面探讨实验现象背后的物理知识，格物穷理，感知科学；还有的走进"国宝"大熊猫基地，当起大熊猫的铲屎官、营养官、体检员，进入大熊猫日常生活区域，跟随饲养员学习，深入探索生命的奇妙，发出自我和自然和谐相处之道……

最引人回味的，莫过于该校以学生核心素养为基点推出的"寻觅姑苏城"之"穿街走巷"之旅。寒暑假期间，学生走向大社会。他们走入苏州城，寻觅苏式魅力，领悟人文风采。学校先向班级推送"总要来趟苏州吧"视频，吸引学生兴趣；班级连线，发布一个景点、一个景区、一个主题，明晰实践拓展任务；学生组队，分组搜集与梳理、考察与探究、策划与制作，运用多种方法整理和呈现视频，将实地研学经历形成"我来推荐苏州"的视频，推送各大社交平台，展示苏州深厚的文化底蕴，提升苏州认知度。

社会即学校，在这样一场社会延展之旅中，学生的文化基础、自主发展、社会参与素养能力日益精进。陶行知先生说："生活的变化便是教育的变化。"聚焦学生需求，顺应时代的呼吸，因校制宜，因时制宜，这才是多元教育的内核。

## 三、学校与社会互通，做"未来教育"

陶行知先生曾主张"为了整个寿命的教育"，提出教育的时限贯穿一个人的终生。这种教育见解，为我们洞开一双窥探未来教育的智慧之眼。

教育之眼，投向未来。浙江省温州市教育局提出，"未来教育"是没有终点的探索之旅，引领60多所学校整体推进"未来教育"体系建设：未来校园，空间数智化；未来课程，实施校本化；未来课堂，学习个性化；未来教师（校长），发展专业化；未来学生，评价立体化；未来学校，治理现代化。温州市教育局局长郑焕东希望未来教育能提升质量，能创新活力，能提供样本，值得探索。

广场路小学提出"校园改造，让学习场景泛在化"，指出未来学生的学习是随时随地的，需打造无边界、全学习的立体场域。为此，该校植入社会资源，推进阅读馆、科普馆、体验馆等场馆的落成，建设数字大屏，打造多维空间，供学生讨论、学习、分享、展示、汇报。

温州八中提出"科技加持，校园管理智慧化"，建成智安、智育、智学、智联四个子场景的一站式服务平台。连接网络，开启教务、教学管理、校园安全、德育行规、家校共育五大应用，让社会需求在校园里得以浓缩呈现。例如，学生只需在班级门口电子班牌发起请假申请，家长手机端确认消息，班主任查收反馈，就可以完成请假程序。再如，智学平台的数据驾驶舱收集学生日常行为记录，自动开展过程性评价。

还有，温州实验中学提出的"突破学科边界　学习个性化"也彰显"社会即学校"的精髓。其倡导的"项目化学习"课堂教学方式，意为激发学生内生动力解决真实问题或执行真实任务，助力学生未来学习能力（理解传承、思辨创新、沟通合作）的养成。例如吴怡超老师主导的汉字项目化学习，持续一学年，相继形成：藏在姓名中的汉字意蕴、汉字的前世今生、汉字里的中国味道、"互联网+"时代的古今对话等多项任务组成的任务群，涉足课内外，链接多学科，玩转多形式的学习让学生乐在其中、终身受益。

以未来眼光更新学校成长，打造未来教育提升学生综合素质，温州的未来教育"不是悬停在未来某处的乌托邦，而是当下正在发生的每一个超越性的教育变革"。这条未来教育之路，打通学校与社会的界限，诠释"社会即学校"的思想意义：生活在变，教育跟着变。

"社会即学校"，社会是生活场所，也是教育场所。"大教育""多元教育""未来教育"见证了社会教育的发展。陶行知先生的真知灼见启迪着我们，以学校生活作为社会生活的起点，让学校与社会、社会与学校息息相通，相得益彰。

# 主题 6

# 生活即教育

1921 年，陶行知先生在金陵大学暑期学校做了题为"活的教育"的演讲，用英文夹叙的方式第一次对生活教育下了定义："Education of life, education by life, education for life." 即"来自生活的教育""依据生活而教育""为改善生活而教育"。其理论起源于杜威提出的"教育即生活，学校即社会"的观点。陶行知先生基于中国国情，结合中国实际，将杜威的理论翻了半个筋斗，提出了"生活即教育"的观点，是具有创造性、不断发展、不断进步的。

陶行知认为："有生命的东西，在一个环境里生生不已的就是生活。"何其芳也曾写过一首小诗："生活是多么广阔，生活是海洋，凡是有生活的地方就有快乐和宝藏。"如果能够在"海洋"般绚烂多彩的生活中，用"快乐"和"宝藏"滋养学生的生命发展，那么教育该是多么幸福、多么温暖呀！可以说，陶行知先生的"生活即教育"不是诗人对教育的一种浪漫情怀，而是一位教育家对教育本质的理性追问之后的思考。

## 一、生活本身就是教育

生活教育是生活所原有的，生活中无时无处不含有教育的意义，生活与教育具有高度一致性关系。可以这么说，生活的范畴就是教育的范畴，教育往往需要通过现实生活来推进。无论是教育内容还是教育方法，都要根据生活需要，与生活保持一致，让生活悄然变成教育的最佳素材。陶行知先生认为"生活教育"，就是供给人生需要的教育，不是作假的教育。人生需要什么，我们就教什么，这才是生活本身的教育意义。

深圳某学校不断研究和迭代德育课程一体化的构建与实施，在课程实施中，以发展的眼光研究课程思政，在学校与生活之间架起学习桥梁。习近平总书记认为"唯改革者进，唯创新者强"，中国的发展需要"改革创新"，于是，学校立足课堂，在"中华优秀传统文化"主题教育活动中，巧妙地将"神话人物"背后的中国文化、民族精神显性化，引导学生感受盘古的"开拓创新"、精卫的"坚持不懈"、女娲的"甘于奉献、造福人类"……引导学生搜集和交流有关袁隆平、屠呦呦、钱学森等名人故事和科技日益发展的视频，激励学生"读神话故事，传民族精神"；同时，学校充分挖掘区域资源，打造校园思政课"中圈"，邀请当地老渔民进学校，为学生讲述亲身经历的故事；用好社会资源，打造行走思政课"外圈"。学校策划"重走小渔村之路"研学活动，组织学生走进"渔民村村史博物馆"，感受当年劳动人民是怎样把一个名副其实的小渔村，变成了一个灯火通明、热闹非凡的大都市，诠释了"精卫填海"之精神内涵，学生备受鼓舞。

## 二、创新生活教育方式

从生命发展的角度来讲，学习活动本来就是一种生活形式。华中师范大学杨再隋教授指出："要建构一种新型的教学生活，把教学过程还原为生活过程，把教学情境还原为生活情境，把教学活动还原为儿童的生命活动。"2022 年版新课标也进一步强调了课程的综合性和实践性，推动育人方式变革，凸显学生主体地位，着力发展学生核心素养。目前兴起的项目化学习就很好地回应了深化课改的需求，以真实、具体而有挑战性的生活问题为驱动，引导学生综合运用学科知识，开展持续性的探究活动，让学生在生活实践、迁移运用、探索创新中自主完成知识建构，帮助学生培养正确的价值观、必备品格和关键能力。

近几年来，杭州市钱塘区文海小学不断探索与校企深度合作、社会资源助力的新模式。在杭州举办第 19 届亚运会前，学校利用一个学期持续开展"时装梦工厂"跨学科项目化活动，14 位班主任骨干、6 位艺术专业教师、14 位企业高管及服装顾问组成梦想导师团，帮助五年级 588 位学生模拟创办了 84 家时装企业，结合亚运会和中国文化的内涵，完成了 84 件时装作品，最后在"独角兽"衣邦人企业的帮助下，完成了多个系列的时装成品，包括儿童运动装、儿童休闲款、民国风系列、教师职业装等。

在距杭州市第 19 届亚运会开幕式还有 7 天的时候，学校举办了一场别开生面的"文海潮娃亚运时装秀"，学生、教师穿上学生亲手设计的服装，分批走向 T 台中央，充分展现了设计天赋与心怀梦想的执着精神，时装秀通过线上和现场投票，评选出多个奖项。在记者采访中，一位学生深有感慨："我没有想到做一件衣服这么难，要经历那么多环节。我更没有想到，衣服可以承载那么多的文化元素和个人梦想，在我们自己手上变成一件件漂亮的衣服。"通过对学习方式的创新，学生经历了真实践、真课程，也获得了真体验、真成长。

## 三、立足儿童规划生活

陶行知先生还说道："我们主张生活即教育，要是儿童的生活才是儿童的教育，要从成人的残酷里把儿童解放出来。"在陶先生看来，儿童是教育的主体，要关注儿童生活，不要用成人的桎梏去枷锁儿童的生命。

一位特级教师曾讲述了自己带班的故事。

在一次自习课上，一个调皮的小男孩将课间在校园里捡拾的各种果实藏在了文具盒里，写作业时总忍不住偷偷摸一摸、玩一玩，一不小心，果实滚落在桌下……怎么处理，批评一顿，再没收吗？并不是一个好主意。更何况，能够在大自然中发现、寻找属于孩童的秘密，不是尤为珍贵的表现吗？这位教师没有呵斥和生气，而是递给小男孩一个小袋子，温和地提醒他收集好果实放进书包里。这个小男孩没想到教师不但没有批评他，还帮助他，就开心地说出了自己这么做缘由，原来他想按照科学课上学到的知识，回家将这些果实种下，看看会不会真的发芽、长大！听罢，这位教师暗自庆幸没有扼杀一个顽童的"好奇之心"。

教育并没有戛然而止，这位教师以此为契机，与家长携手策划了一场"撰写自然笔记"的活动，引导更多的学生走进生活，在自然中学习，学生兴趣盎然，自然笔记翔实精彩。不出所料，这个小男孩的作品更为惊艳，获得了大家的肯定与鼓励，其学习态度也随之变得积极主动。

| 项目 | 记录 | 任务 | 评价 |
|------|------|------|------|
| 寻找并认识身边多种植物 | 图片或照片<br>文字记录<br>思维导图 | 认识 3 种新植物 | ☆ |
| 发现叶片纹理交叉的差异 | | 发现 3 点不同之处 | ☆ |
| 嗅闻花朵沁人心脾的香气 | | 感受 3 种不同花香 | ☆ |
| 观察果实形态各异的神奇 | | 观察 3 种不同果实 | ☆ |
| 观察一种植物的生长变化 | | 画出植物生长变化，不少于 3 次 | ☆ |
| 总评：我能用喜欢的方式记录我的发现，我可以拿到（　　）颗☆ | | | |

"生活即教育"是一个非常有价值的概念，直到今天都值得大家不断地去思考和学习。尤记得陶行知先生用"喂大公鸡"来阐述教育思想："教育就像喂鸡，如果让他自由地学习，充分发挥他的主观能动性，那效果一定会好得多。"其用生动形象的生活现象来诠释教育，是对"生活即教育"最好的注脚。是啊，

教师应该学会营造真实的学习环境，进行生活化的活动设计，将书本上平面的知识变成多元丰富的生活形式，引导学生在更广阔的生活天地体验与实践，从而发挥生活教育最大的作用。

认真生活，就是认真的教育；

合理生活，就是合理的教育；

计划生活，就是科学的教育。

学校教育就应该与社会生活血脉相通。

# 专题六

## 创新教育

创新教育是培育孩子个性成长的沃土，教育中唯一不变的，应是我们那颗永远不甘平庸而寻求突破的心。

# 主题 1

# 创造宣言

伟大的人民教育家陶行知先生在 1943 年 10 月写下了《创造宣言》，当时国难当头，外侮内乱，民族正处于危难之际。当时，国家和人民对教育还都看不到希望，先生却笔力独扛，写下了这篇教育救国的《创造宣言》。文章不长，却高屋建瓴、洞若观火地列举了古今中外大量实例，反驳了 5 种"不能创造"的观点，得出"处处是创造之地，天天是创造之时，人人是创造之人"的真知灼见，发出"创造之神！你回来呀！"的呐喊。先生怀揣一颗赤子之心，振臂一呼，为当时的旧中国带来了教育的曙光。

先生的热切呼吁穿越七八十年的时空，对今日之教育产生了怎样的影响呢？习近平总书记在 2018 年全国教育大会上指出："要把创新教育贯穿教育活动全过程，倡导'处处是创造之地，天天是创造之时，人人是创造之人'的教育氛围，鼓励学生善于奇思妙想并努力实践，以创造之教育培养创造之人才，以创造之人才造就创新之国家。"如何创造？先生认为"由行动而发生思想，由思想产生新价值，这就是创造的过程"。如今，很多教育者在用自己的行动与思想践行着"创造之教育"。

## 一、因地制宜，处处是创造之地

正如先生指出的，教育的目的不是制造"神"或"石像"，而是塑造真善美的活人。他喻言教育过程是一种集体创造，需要教师、学生通力合作，才能最终塑造出值得尊敬的人。在这个过程中，环境的平凡单调并不构成阻碍，关键是要有智慧、勇气和信念。不管环境有多平凡，生活有多单调，只要拥有一双慧眼、一颗匠心，因地制宜，因势利导，顺势而为，在任何处境下都可以迸发出创造的火花。

近日，杭州市滨兴幼儿园在一位中班小朋友的提议下来了一场浪漫的"杏"福雨。园内有很多银杏树，一到11月，金色的树叶悠然而降。于是保安、小朋友及家长一同加入收集银杏叶行动，用两周时间就攒了五筐落叶。"杏"福节这天，保安师傅在楼顶用耙子的钉插入筐子的孔内，使得盛满银杏叶的筐子伸出更远，银杏雨漫天纷飞，楼下的孩子们仰脸捧叶、舞之蹈之，惊喜与幸福不断升级，也惹得邻居们好一阵艳羡，拍下视频记录这一"创举"。氛围孕育氛围，创意激发创意。孩子们匠心独具，用银杏叶做婚纱、婚戒、请柬，为三对父母策划、举办了一场特殊的银杏婚礼，令在场的所有人留下了笑与泪。除了这场"意外而至"的"杏"福雨，幼儿园随处可见"老师"：园徽是一片银杏叶包裹一颗白果的图案，寓意着家长、教师与孩子的心心相印；走进教室，有的班级制作了银杏时装，有的集体创作了用银杏拓印的画卷；还有一组孩子，每周都会和银杏树合影，记录树木的变化和自己的成长……

幼儿园面积不大，资源也有限，但是教师能根据幼儿形象思维突出的特点，从细处着眼，挖掘并放大园区所有的资源价值，培养孩子们富于幻想、敢于尝试、乐于表达的创新素养，呵护孩子们对未知世界的好奇心和想象力，让孩子们去触一朵花、闻一棵树、捏一把泥，去自由生发出一个个金点子，从而促进了创新种子的萌芽生根，也塑造出"真善美的活人"。

的确，我们应该像先生所言："在平凡上造出不平凡，在单调上造出不单调。"不因轻视点滴的创造而不为，而要因地制宜，见微知著，往细处寻，捕捉细节中的创意点，以行动加反思去实现，不断进行微创造，让创造无处不在。

## 二、拓宽体验，天天是创造之时

古语说："穷则变，变则通。"但是如果人人都墨守成规，惰于创造，那么这个世界的创新总有一天会"穷"，那时再思"变"，可能已晚矣！所以，创造应从现在做起，时刻保持一颗好奇心，时刻保持一颗创造心，让脑动起来，让手动起来。先生提出"创造需要广博的基础"，对于现代教育来说，现代学校要为学生提供更开阔、合理的成长场域，找到更丰富多样、更有"具身性"的体验路径，让创造发生在每一个当下。

"校园一体、校中有园、园子即校"的苏州市吴江区吴绫实验小学，地处江苏、浙江两省交界的农村，是一所江苏省陶研会实验学校。学校以耕读文化为特色，以"勤耕善读"为核心要义，以形象且富有意蕴的"禾"为文化意象，聚焦真善美的核心价值，建构了以"小禾农夫""小禾服务""小禾创美"全链式的"小禾劳动体系"，致力于培养"亲自然，善生存，会学习，爱生活的，站在大地上的新时代儿童"。

学校充分利用有效教育空间，创设了园、廊、橱、墙、基地五位一体的物化教育载体，让学生时时处处浸润在行知教育的创造文化中。在占地35亩的生生园里，春有开耕节，夏有农创节，秋有丰收节，冬有感恩节，孩子们采桑叶挖莲藕，学纺纱种蘑菇，制作农事图谜、天然乐器，尝试无土栽培，运用物联网推销……在与土地、作物、工具的每一次交融探究中，体验一年四季由劳动带来的创造美；行知园里，课余时间，学生抚摸陶行知和两个学生谈心的塑像，细读石头字典上陶行知"四颗糖"的故事，时时感受陶行知"爱的教育"；在校园内回廊、拐角的非正式学习空间里，学生自主建立小禾服务"生生小镇"，设立各种专柜，如禾娃修理小铺、暖心超市、贴心邮局、慧心创客，帮同学剪指甲、修桌椅、整衣物，为老师送包裹，在解决日常问题、享受"志愿服务"的过程中，经常脑洞大开，萌生各种新想法。

这所江南最美的园林学校，执大地之"笔"，启大地之"书"，重塑了学习空间，重构了课程体系，拓宽了成长路径，打破了学科与学科、教育与生活的壁垒，让学生时时刻刻"手脑并用"，在实践中体验，在体验中创新，在创新中拔节，很好地验证了"天天是创造之时"的观点。

## 三、激发潜能，人人是创造之人

先生认为："在社会的伟大学校里，人人可以做我们的先生，人人可以做我们的同学，人人可以做我们的学生。随手抓来，都是活书，都是学问，都是本领。"人是创造的本源。在人类文明群星璀璨的历史长河中，创造并不是坐在实验室的学者的专利，它可以源于生活中的每个人，人人皆可创造。在新时代背景下，如何让创造教育面向所有学生？如何有效挖掘每一个个体的创造潜能？

创造教育课程的迭代发展，让上海市静安区和田路小学在近十年来的摸索实践中有了新的突破。从单一到多类再到体系，融合生成富有创造教育特色的课程体系，让每个孩子学习创造、体验创造、尝试创造、享受创造，其中最有吸引力的一张课程名片就是专利课程。学校共设立了"生活、才艺、运动、创意、学业"5 个创造专利。学生的创造成果一旦获得学校创造专利或荣誉，经个性化指导转化为专利课程，即可获得专属编号，收藏于创造档案馆和线上创造学院，供其他学生学习、借鉴。一个与众不同的解题思路、一个行之有效的学习妙招可获得学业专利；制作一个擦黑板神器，创意专利为你而来；三五个呼啦圈一起转，运动专利在展示自己体育才能的同时，鼓励大伙儿多尝试新奇的玩法……N 个专利课程的落地面向每一个学生，极大地激发了学生的创造力，最大限度地挖掘了学生身上的潜能。

"小小的孩子，就是将来小小的科学家。"遵循"人人是创造之人"的理念，无限相信孩子，在激发其潜能上做足功课，注入强大动力，让孩子们敢创新，有创意，会创造。

# 主题 2

# 创造的教育

陶行知不仅是一位卓越的教育家，更是一个倡导"创造的教育"的先驱者。陶行知大力提倡："我们在教育界任事的人，如果想自立、想进步，就须胆量放大，将实验精神，向那未发明新理贯射过去，不怕辛苦，不怕疲倦，不怕障碍，不怕失败，一心要把那教育的奥妙新理，一个个的发现出来。"他认为教师创造的目标主要有两个，一是要将学生培养成为具有真善美的人格和创造精神的"活人"；二是要勇于探索，创造出新的教育理论。

21 世纪是全球科技竞争的时代，这种竞争，归根结底还是人才的竞争，更是人才创造力的竞争。

## 一、点燃创造之火，激发学生的灵感

陶行知"创造的教育"理念中，激发学生的创造力被视为至高无上的使命。在我们中国长久以来的传统教育中，教师往往把知识直截了当地"满堂灌"，方便进行课堂教学，不敢也不愿意让孩子自己去动手做，由自己把知识总结出来。一来效果慢，二来不安全，教出来的自然是"大头小手"的学生。

在学习上，只有一个标准答案吗？可是每个孩子都是富有无穷想象力的，他们整个的心灵世界是无拘无束的，什么都敢想。如何给科学创新教育做加法，从而去点亮孩子的好奇心呢？全国十佳科技辅导员、北京市十佳科技教师北京育才学校的陈宏程老师就给我们提供了一个很好的示范。

陈宏程把日常教学、科创活动有机结合起来。"根据我们在学生中进行的'好奇心'问卷调查，孩子们最感兴趣的是宇宙天体，其次是生命体。"陈宏程说，每周的科技创新选修课上，除了讲授基本的科学知识，他还根据孩子们的兴趣爱好将其分成不同的研究小组，鼓励他们提出问题、研究问题，让孩子们近距离实地观察，亲自动手做实验，在实践中体会科学的魅力。

2021 年 8 月初，神舟十三号乘组空间站在轨期间开展"天宫课堂"授课活动，向全国大中小学征集创意方案。按照项目要求和专家组建议，入选的方案要具有趣味性、科普性、可视化和可操作性，体现青少年的视角和代表中国科技发展水平。在陈宏程老师的带领下，学生参与的积极性特别高，在一周的时间内提交了 9 个高质量的方案。最终育才学校的"奥运五环+冰雪实验"通过了中国科技馆、载人航天工程运行与管理支持中心专家的最终评审，在 2021 年 10 月 16 日随神舟十三号飞船搭载进入空间站。当王亚平在太空做"冰雪"实验时，学校现场的同学以及场外、校内观看直播的师生，都对在前两次实验没有成果、第三次才成功的实验过程捏了一把汗。正如在后续现场专家解读的那样，任何科学探索和实验，都是在一次次失败之后再成功的路上进行的。

"不要试图教给学生什么是创新，而应该创造一种环境，使得创新成为可能。"这是陶行知为创造的教育立下的铿锵誓言。这种教育，激发了学生的灵感，点燃了创造之火，学生们不再是被动地接受知识，而是通过自主思考去探索、去创造。

## 二、注重情感教育，培育心灵的花朵

陶行知的教育并非冰冷的知识灌输，而是一场温暖的心灵旅程。他曾说："教育不仅仅是知识的传递，更是对人格的熏陶。"陶行知深知，只有通过情感的体验，学生才能真正理解人生的意义。他的创造教育，不仅关注学科知识的传递，更注重培养学生的人文关怀、合作精神和情感表达能力。

湖北省监利市黄歇口镇中心小学的乡村科学教师邓从新从教 41 年，让农村学生在自己的科学课学习中体会到科学课不是高高在上的学科，不是城市学生特有的"专利"，而是日常生活中陪伴他们快乐成长的有趣伙伴。他用"15 年 16

个项目获得 17 个全国奖项"的成绩，践行着他的信念：农村落后，但不能让农村的孩子落伍。

"每个学生身上都有闪光点，这需要我们有一双善于发现的眼睛。一旦让他的'光'闪烁起来，将会影响他们一生的成长。"邓从新说。农村留守儿童多，学生黄凯从小由爷爷奶奶带大，因为长期被溺爱，他害怕吃苦，学习上缺乏恒心，是一个让教师备感"头疼"的孩子。但邓从新发现，他动手能力强，敢于发表自己独到的见解。于是，邓从新便一再鼓励黄凯参加学校"科技发明兴趣组"。在科技活动中，黄凯找到了自信，有一天他携带自己的作品"洒水扫把"走进中央电视台《西部教育》栏目，有了这段经历，他像变了个人似的，后来先后考取重点高中、重点本科高校，参加工作一年后又考取了硕士研究生。

著名科学家钱学森曾说："不要瞧不起你的工作，你是在塑造年轻人的灵魂。"教育的本质是爱，只有用爱心去教育孩子，才能让他们真正地成长和发展。邓从新老师用自己的言传身教，让学生感受到一种超越于书本知识的润泽。他注重培养学生的情感体验，让他们在情感的沃土中茁壮成长。这样的教育，使学生不仅在知识的海洋中航行，更在人文的涵养中品味生活的芬芳。

## 三、培养独立思考，引导学生的心智之光

"教育的终极目标是培养一个独立思考的人。"陶行知的这句名言如同一块教育的石碑，镌刻着他对教育目标的坚定信仰。陶行知主张培养学生独立思考的能力，使教育成为一场启迪智慧的过程。在他的教育中，学生不再被动接收知识，而是被引导去思考、质疑，并通过独立思考去解决问题。在小学科学义务教育课程标准的制定中也体现了这一理念。

新制定的小学科学义务教育课程标准中引入了以探究为核心的学习模式。例如，学习生态系统的内容时，学生不是被动接收生态知识，而是通过实地考察、采样、数据整理，形成对生态系统运作的独立思考。

　　汕头市澄海实验小学教育集团第三实验小学的科学教师、数学教研组组长许景涵老师就是一个时刻关注学生独立思考能力培养的一个教师，他总是通过探索新的教学方式，在更多孩子们心中种下"科学的种子"，并培育它们生根发芽。

　　在一次基础教育精品课的录制过程中，实验需要用到一个匀速移动的光源，由于没有现成的教具，录制一度停滞。许景涵就将自己的需求告知学生，向他们"下订单"。一个星期后，由学生自主编程并亲手制作的匀速移动光源教具就交付使用了，效果出乎意料地好，其他录课教师都啧啧称奇。而这种"下订单"式、做项目式给学生一个任务，他们需要独立思考，发挥主观能动性，通过学习和运用所学知识去解决问题的方法，极大激发了学生的潜能，而且他们的创造力和实操能力也超乎想象。

　　湖北省监利市黄歇口镇中心小学的乡村科学教师邓从新也非常重视培养学生独立思考的能力。让人印象深刻的莫过于他的学生聂利与蜜蜂的故事。蜜蜂是靠什么发出嗡嗡声？以前，各种教材、科普读物均明确表示"靠翅膀振动发声"，可是12岁的聂利在一次观察中发现，蜜蜂停在蜂箱上时翅膀并没有振动，可还会嗡嗡地叫个不停。聂利把自己的疑惑说给邓从新听，邓从新鼓励她："我们用感官进行观察，有时候很容易出错。既然你对书本上的知识有怀疑，就应该自己动手进行实验研究。"没多久，聂利高兴地对邓从新说："老师，我找到了蜜蜂的发声器官。"邓从新又告诉她："你还不能轻易下结论。科学家为了得到可靠的实验结果，总是采取重复实验的方法。"

　　就这样，在邓从新的指导下，聂利用2000只蜜蜂，耗时三个多月，得出了结论——蜜蜂有自己的发音器官，不是靠翅膀振动发声。最终，聂利因这个发现获得第十八届全国青少年科技创新大赛银奖和高士其科普奖①科技创新专项奖。

　　创造的教育让学生不再依赖于教育者的一切，而是通过自主思考理解问题、

----

①　高士其是我国的"科普之父"，在20世纪30年代开创了我国的科普事业，他在全身瘫痪的情况下毕生从事"把科学交给人民"的工作。高士其科普奖是中国科普界的最高荣誉奖之一，其中包括表彰和奖励青少年的一系列科学奖项。

创新解决问题。教育者的角色是引导者，而非严格的指令者，这样的教育理念赋予学生更大的自主性和创造性。

陶行知"创造的教育"理念如同一场灵感的音乐会，让人陶醉其中，感受到教育的魅力。愿我们能够在这个教育的花园里，传承陶行知的思想，为每一朵心灵的花朵注入创造的阳光，让他们在"创造的教育"中茁壮成长，绽放出属于自己的绚烂之花。

# 主题 3

# 科学的孩子

《科学的孩子》原载于 1931 年 11 月 6 日的《申报·自由谈》，是陶行知先生写给次子陶晓光和三子陶刚的信。其中对科教兴国大背景下的中国基础教育改革，对新课改实施下的现今，仍具有重要的启示价值和指导意义。梁启超先生也曾在《少年中国说》中提出"故今日之责任，不在他人，而全在我少年"的政治主张，可见少年儿童是强国建设、民族复兴伟业的接班人和未来主力军。

科学技术是第一生产力。习近平总书记强调，"科技创新是核心，抓住了科技创新就抓住了牵动我国发展全局的牛鼻子"。在"芯片危机""华为被堵"等严峻问题暴露之时，我们进一步感受到创新和科技对于国家和民族发展的重要意义。

21 世纪是一个科学的世界。科学的中国要谁去创造呢？要小孩子去创造！等到中国的孩子都成了"科学的孩子"，中国便自然而然地变为"科学的中国"了。

## 一、保持好奇心，做科学的孩子

心理学家皮亚杰认为：儿童是天生的科学家。每个孩子天生具有强烈的好奇心和探索欲。诺贝尔生理学或医学奖获得者伊丽莎白·布莱克本说："我成为科学家并不意外……我小时候非常有好奇心，对所有的生物都感兴趣。"新课标也提出，要帮助学生保持好奇心。小孩子好像天生就对科学充满了好奇，总是有着稀奇古怪的想法。此时，我们绝不能打压控制，应该多鼓励孩子。

谈方琳之所以成为科学家，离不开在华东师范大学当教授的父亲。谈教授经常在家做研究，谈方琳就站在父亲旁边，即使她并不理解，仍安静地看着，有时还会提一些稀奇古怪的问题。谈教授尊重孩子的各种想法，也喜欢跟孩子讲一些相关知识，没想到她不仅一听就懂，每次的结果还让人喜出望外。在这样的熏陶和培养下，谈方琳兴趣愈加浓厚，有时提出的观点竟然可以超出父亲的研究领域。正是在谈教授不断地鼓励和帮助下，15岁的谈方琳就跟坐拥诺贝尔奖、拉斯克奖、麦克阿瑟天才奖的大佬科学家坐在一起，成为"最年轻科学家"。

## 二、培养探究欲，做科学的孩子

"玩科学的把戏，做科学的实验。"新课标提出：义务教育科学课程倡导以探究和实践为主的多样化学习方式，让学生主动参与、动手动脑、积极体验。习近平总书记寄语少年儿童："希望你们保持对知识的渴望，保持对探索的兴趣，努力成长为祖国的栋梁之材。"这就要求在科学教育过程中，充分重视和发挥学生的积极性和主动性，把学生动手的实践活动和动脑的理性体验结合起来。

广州市越秀区杨箕小学的特级教师成艳萍校长践行新课标理念，尝试跨学科主题学习活动，致力于培养学生的科学素养。在三年级的课堂上，她用一本书、两本新华字典、一张卡纸带领同学们开启了"平桥和拱桥谁更厉害"的科学探究之旅。同学们在成校长的引导下对平桥和拱桥的性能进行了深入探究，在不断的尝试和操作实践中深刻领悟到"赵州桥不但坚固，而且节省材料"的特征，为完成习作奠定了基础；实验过后，由语文教师带领学生探讨实验类文体的写作手法、构思写作框架、雕琢语言修辞，引导学生把实验的步骤与现象、启发与思考等用文字进行完整的描述。在科学实践与写作指导的双重助力下，学生顺利地完成了第四单元的习作——《我做了一项小实验》。这种跨学科课堂，不仅拓宽了学科知识内容、开启了学科间的趣味联动，也丰富了学习体验，让孩子们真正感受到了多元课堂的魅力和探究的魅力。

面向全体学生，立足素养发展，以科学思维能力、科学探究和实践能力的培养为重点，实行跨学科教学，这正是当代教育背景下新课程标准的要求。

## 三、培育创造力，做科学的孩子

好奇心和探索精神是创造力的源泉。爱因斯坦认为，"创造力是一种能够突破思维限制，产生新颖、独特且有用的想法或作品的能力。"

创新点亮教育，科学引领未来。为了让更多学生走近创新创造，上海嘉定引进了国际上比较成熟的、可视化的领域思维工具，如工程思维、设计思维、社会设计方法等，为学生创造性解决问题提供"脚手架"，帮助学生学会像行业专家一样思考问题。同济大学附属实验中学的"同心创业"课程采用了亨利·福特发明方法论 Model I 的发明思维路线，通过 6 个创新发明方法，引导学生根据科学的发明过程开展研究设计制作，促使更多学生参与到创新发明中，成果荣获上海市宋庆龄少年儿童发明奖一等奖等众多奖项。

新课标提出，"立足素养发展，就是要促进学习能力、创新能力的发展。""我们科学的未来寄托在孩子身上，要让他们对科学产生兴趣，不断激发他们的创造性，提高动手能力，是每一个科学家的责任。"我国著名物理化学家、中科院院士、博士生导师沙国河这样认为。沙国河在担任中小学生义务辅导员时，从来都不是干巴巴地讲自然科学知识，为了吸引孩子们的眼球，他亲手制作实验教具，其中不少是根据青少年知识水平进行的创意"小发明"。每当他带着一大堆稀奇古怪的东西来到孩子们中间时，原本平静的课堂立即变得十分活跃。他通过科普实验演示激发孩子对科学的好奇心、培养探究欲，培育创造力。

科学知识来源于生活，"科学的孩子"从小热爱生活，热爱科学。"做"是"学"的中心，也是"教"的中心。科学实验是孩子获取科学知识的最佳途径。

在无数次的科学探究实验中，孩子们激发了探究兴趣，满足了探究欲望，活化了思维，培养了创新意识。"科学的孩子"是中国的希望所在，唯有具备创造力的"科学的孩子"才能造就"科学的中国"。

# 主题 4

# 创造儿童的乐园

儿童应该是快乐的，童年应该是快乐的。陶行知"创造的儿童教育"思想形成于 20 世纪三四十年代，当时内忧外困，国难当头，乡村教育缺失，老百姓忍饥挨饿，特别是苦孩遍地。心怀悲悯与大爱的先生如是说："儿童应该是快乐的，而现在中国的儿童是非常痛苦。"呼吁人们："应该负起责任来，敲碎儿童的地狱，建立儿童的乐园。"

"中国旧教育是'奴性'太多。"先生直击传统旧教育的痛点，围绕"怎样为儿童除苦造福"这个中心议题，主张大人要充分尊重儿童的人权、了解儿童的能力需要，并从心理、卫生、文化、教师父母之培训等方面提出具体建议，指出"合理的教导是解除儿童痛苦、增进儿童幸福之正确路线"。

儿童教育关乎国家未来。先生利用当时有限的资源，探索出"大孩教小孩""让孩子们自己动手做小板凳""让孩子们积极表达思想""带孩子们到自然中""陪孩子一起创造"等诸多路径，在满目疮痍下救助中国的未来。那么，在新时代教育改革的今天，在教育资源越来越丰富的今天，在由素质教育逐渐转变为素养培育的今天，如何打破种种禁锢，迎接种种挑战，为孩子的美好未来创造属于现代儿童的乐园，让孩子过一种充分的儿童生活，更加幸福健康地成长？

## 一、以和美之关系，创儿童心灵乐园

陶行知先生认为："大人必须重生为小孩，不失其赤子之心，走进小孩的队伍里去体验，才能为小孩除苦造福。"作为教师，对学生要充分尊重，要全面了解，要包容悦纳。创造心灵舒展的儿童乐园，师生关系最重要，好的关系就是好的教育。在当今教育形势下，教师应该与孩子共同建构一种教师生命主体与学生生命主体平等、尊重、合作、互助的新型师生关系，才能真正还给孩子心灵自由，为他们创建一所心灵乐园。

清华附小的许剑老师怀揣一颗赤子之心，始终站在儿童的生命里，带着孩子们与世界相遇。她坚持让儿童站在教育的正中央，组织活动的第一个考虑就是孩子们会有什么感受和收获。

春天，许老师带着孩子们在百年附小校园寻找"第100个春天"，赏春吟春，写春绘春，就是因为孩子们对一切"萌芽"充满好奇；秋天，和孩子们玩北方娃最爱玩的拔根游戏、走叶子迷宫、玩叶子地雷、打叶子仗等，玩转落叶只为好好"和秋天说再见"；因人而异组建班级各色缤纷社团，在两个孩子被挑剩面临孤立的尴尬时刻，许老师帮助他们量身定做了"错别字社团"，后又更名为有意思的"啄木鸟社团"；面对患有自闭症的孩子，许老师视他为"星星的孩子"，从不嫌弃他，不放弃，不抛弃，并引导其他孩子接受他的不同，学会感谢"星星的孩子"坠落凡间，让大家看到了另一种生命样态；针对难管的"调皮鬼"，许老师开展"谁是我的天使"活动，让孩子们互相写颁奖词、送礼物，玩猜谜游戏，到学期结束后看谁的颁奖词最多，进步最大；在中年级学段开展"我给老师照张相"活动，孩子们用相机捕捉教师某个值得纪念的身影，洗好照片并精心装饰后将照片郑重送给他们欣赏的老师，教师看到办公桌上学生为自己拍摄的特写照片，每天都是笑意盈盈；在毕业纪念册中，许老师鼓励孩子们给教师取亲昵小绰号，几分俏皮几多深情……

许老师就是这样建立一种彼此看见、彼此欣赏、彼此成就的和美师生关系，和孩子们牵手遇见大自然、遇见清华园、遇见艺术、遇见自己，这让家长由衷感叹："每个孩子在许老师的引导下都成为诗书画的全才，每个孩子都是许老师眼里的宝藏，许老师的爱滋养出孩子们的信心，许老师的智慧呼唤出孩子们的灵感。于是，梦想和生活都有了色彩。"这更让孩子们终身难忘："感谢她一直对孩子们绵长的牵挂，感谢她用她的认真与赏识带着我与世界相遇。"

许老师与孩子们的故事力证了陶行知的理念："我们要培养新父母和新教师，以培养更有福的后一代。新父母和新教师，客观地根据他们的需要能力以宣导他们的欲望而启发他们的自觉的活动。"新时代下，我们的新教师、新父母要和儿童建立新型的和美关系，使儿童教育更合理，让儿童放飞心灵，快乐成长。

## 二、以项目化思维①，创儿童活动乐园

陶行知先生说："我们应该把儿童苦海创造成一个儿童乐园。这个乐园不是由成人创造出来交给小孩子，也不是要小孩子单枪匹马去创造。我们应该陪着小孩子一起创造。""我们应该引导儿童把地狱敲碎，让他们自己创造出乐园来。"先生的主张特别强调了从儿童的现实需要出发，从儿童视角出发，充分发挥儿童的主观能动性和创造力，去解决真实的问题，去获得生命的成长。健康的身心让儿童拥有充沛的精力与活力；和谐的关系让儿童活在爱的交往之中，并在爱中活出生命的自由与秩序；以项目化思维创设主题式、项目化的活动，让儿童向着世界尽可能地敞开自我心智，尽享儿童乐园的奇趣与惊喜。

杭州市崇文未来学校的"小海燕"以"创意石头秀"为主题，实现了一场奇幻之旅。学校有一个生态庭院，养着兔子、乌龟等小动物，学生为观察小动物的足迹把埋在沙滩中的石头都翻出来了，这也衍生出真实情境问题——怎样保护草坪、维护生态，让大家的观察和体验更安全、更有序？在教师的引导下，孩子们打算在庭院内的草坪上铺设专门的行走小径，于是关于"创意石头秀"的主题活动顺势开启了。发布小径设计招募令，看看谁的设计能被采纳。如何用石头打造美丽校园呢？一二年级的"小海燕"走进石头的世界，对石头的种类及石

---

① 项目化思维：也叫作想法化思维，指的是将复杂的事物进行分解和分类，拆解成一个个较为容易理解的小步骤，以利于细致地解决问题，并在学生的主动参与、实践创新和团队合作中，通过解决实际问题来获得知识和技能，提高学生的综合素质和创新能力。

头的作用展开实地研究，用科学的语言描述石头的奥妙。三年级的"小海燕"以小组为单位展开合作，对校园环境进行了细致的实地考察，紧紧围绕以普通石头建设美好校园的目标，设计了一张张精美的小径设计图纸。带着建设美丽校园的光荣使命，孩子们发挥各自的奇思妙想，用颜料和画笔让石头"大变身"，创作出一件件独具匠心的石头艺术作品。再按设计图，把创意石头一块块用心地铺设在最喜爱的生态园中。小径铺好了，用双手和智慧打造的全新校园诞生了，走在自己设计的校园小路上，孩子们内心充满幸福与快乐，也更深刻地感悟到在共同打造的乐园里，创意的无限可能。

以项目化思维聚焦真实问题，联结儿童视角，创生有"童味"、有"玩味"、有"挑战味"的项目主题活动，给予儿童充分的体验时空，开展学科融合的深度探究，帮助儿童创造出属于他们的活动乐园。

## 三、以共建之理念，创儿童生活乐园

陶行知先生视域开阔，思路多元，提倡开展托儿所运动、建立儿童工学团，使小孩就其性之所近，依"工以养生、学以明生、团以保生"的原则，把他们培养成自主长进、有用之人。现今，在"为党育人、为国育才"和"立德树人"的战略思想指引下，"工学团"被赋予了全新的使命和功能。以共建之理念，创儿童生活乐园，"儿童友好城市建设"① 因此而闪耀。

在2023年的世界儿童日前后，湖南湘江新区白箬铺镇光明小学与天心区仰天湖实验学校开展了"寻找不一样的美——城乡儿童美滋滋变形记"活动，两所学校各有30名学生进行了城乡校园互换体验。体验结束后，在"城乡牵手，点亮儿童未来"儿童议事会上，两所学校的学生纷纷冒出"童"声、"童"意、"童"智："我发现，城市学校的美在于'科技，让教育更美好'，而乡村学校之

---

① 儿童友好城市建设：1996年，联合国儿童基金会和联合国人居署于第二次人类居住会议上正式提出"儿童友好城市倡议"，这一倡议旨在充分调动地方政府和社会各界的力量，共同创建安全、包容、充分响应儿童需求的城市和社区。2021年3月，"儿童友好城市建设"正式写进我国"十四五"发展规划。

美则在于亲近自然和简朴真实。虽然城市学校和乡村学校之间的美是不同的，但都是独一无二的。"学生在互换体验和议事探究中发现彼此学习生活中不同的美，懂得在日常生活学习之外还有更广阔的世界和童年乐趣，在这个过程中学会了欣赏、发现、朝向美好。

广东省佛山市禅城区因地制宜深挖"儿童友好"元素和基地资源独特的育人价值，联合各单位，整合全区 26 个省、市、区级儿童友好实践基地资源，举办"童眼看禅城"系列活动，引领儿童走进基地，多角度感受岭南广府文化，助力儿童过欢乐暑假，积极开展"童眼看禅城"实践活动一共有 32 场，参与亲子互动的家庭接近 1000 户，受到央视媒体的重点关注与报道。禅城区第三届小小导赏员大赛暨首届儿童议事大赛作为"童眼看禅城"品牌系列活动之一，引导儿童通过"1 米视角"，用童真、童趣发现禅城文化内涵，讲好岭南本土故事。从报名、初赛到决赛整个过程，小朋友和家长们深度参与了资料搜集、走访儿童友好实践基地、聆听佛山历史名人家风故事等活动。在首届儿童议事大赛环节，围绕"儿童友好通学路径"的设计共同议事。借助大赛平台，广大儿童积极为城市治理和建设建言献策，充分感受到城市小主人的民主管理与使命担当，使自我的生命成长得到滋养。

关于"儿童友好城市建设"的实践正在一步步实现陶行知先生的美好构想：为儿童提供适宜的条件、环境和服务，为儿童创设更为深广的实践平台，切实保障儿童的生存权、发展权、受保护权和参与权，让儿童成长得更好。

以和美之关系，创儿童心灵乐园；以项目化思维，创儿童活动乐园；以共建之理念，创儿童生活乐园。新时代"儿童乐园"的新样态愈加清晰明丽，不忘陶老的初心，守正创新，一定会让儿童拥有美好的未来。

## 主题 5

# 创造的考成

习近平总书记在 2018 年全国教育大会上的重要讲话中特别强调，要扭转不科学的教育评价导向，克服唯分数、唯升学、唯文凭、唯论文、唯帽子的顽瘴痼疾，从根本上解决教育评价指挥棒问题。有什么样的评价指挥棒，就有什么样的办学导向。随着我国课程改革的推进，教育教学评价的理念不断更新。

20 世纪 30 年代，陶行知先生针对当时社会异化的学校考试，以及由此导致的"学校只教会考的，不考的不教"现象，提出过极为严厉的批评，他在《杀人的会考与创造的考成》一文中痛斥会考，"学生是学会考，教员是教人会考，学校是变成了会考筹备处"，并认为这些现象违背人的发展规律，是纯粹以应付升学考试为目的的教育思想和教育行为，是荼毒青少年的"滑稽的悲剧"。于是，先生针砭时弊，大声疾呼："停止那毁灭生活力之文字的会考；发动那培养生活力之创造的考成。"

根据先生的阐述，考成与会考的差异在于前者考查生活的实质，比如校内师生及周围人们的身体强健程度？有何证据？校内师生及周围人们对手脑并用已经达到什么程度？有多少人不断产生求知欲？有何证据？校内师生及周围人民对改造物质及社会环境已经达到什么程度？有何证据？由此可知，陶行知先生"考成"教育思想的主旨，是告诫教育者不能无视鲜活的生活，教师的教学评价改革需立足生活实际，跟"生活教育""做中学，学中做"思想一脉相承。先生的教育教学评价观在今天核心素养指向下、新课标与新课程改革的大背景下仍然值得我们借鉴与反思。

当下，考试要真正创造性发挥其应有的价值和作用：激发学生的学习兴趣，促进学生学习的自我构建，激励学生学习过程中的自我完善。对于一线教师而言，在日常教育教学评价环节上应把握好导向，从发展学生核心素养的角度来思考、改进，践行"考成"教育思想，促进学生全面发展。

## 一、走向多元，培养学生生活能力

"我们的实际生活，就是我们的全部课程；我们的课程，就是我们的实际生活。"根据陶行知先生"生活教育"和"考成"思想，评价的内容不应局限于课本知识，还应重视社会知识；不应局限于课内，还要与社会实践、与学生生活联系起来，要重视生活中"做"的考成。在考评设计中，我们还要做到以下几点。

第一，打破时空限制。知识源于生活，同时又能改善生活。教学中可打破时空的限制，结合教材内容适时适当地安排相应的实践考评内容。如认识了时间后，让学生自己制作钟面，设计出自己的作息时间表；学习了面积与周长的计算后，实地测量或目测、步测操场的周长；学习了相似三角形后，安排学生实地测量家乡母亲河的宽度、教学楼的高度等；学习了瓷砖的铺设，可以让学生设计房间瓷砖的装饰等等。

第二，开放多样课堂。为开放课堂、延伸课堂，教师可以带领学生走进大自然，走进大社会，走进街头田间、图书馆、视频网络等。教师在生活中教，学生在生活中学。相应地，评价内容也不再局限于课堂的"死"知识，而是学生的观察、思维、操作的综合呈现，是合作、交流、互动的立体交织，是学生思维品质、生活能力和核心素养的有效提升。

第三，实施分层多角度考评。教师可以实施分层教学、分层评价，满足学生的不同需要，让每一个学生都能体验到成功的快乐，以此调动学生的学习积极性；还可口头评价与书面评价相结合，教师评价、学生评价与社会评价相交融，从多个角度观察、接纳、评价、赏识学生，发现并挖掘学生的潜能，尤其重视培养学生的生活能力和创新精神，而这正是新课程学生考评所倡导的改革方向。

例如某校开展华东师大版数学七年级上册课题"图标的收集与探讨"的学习活动与考评，生活中有很多起着识别、引导或禁止作用的图标，让学生尽可能多地去收集各种图标，并仔细观察它们的图形特征与分析其内在含义，然后让学生对收集到的图标进行整理、归类，并用统计语言加以描述，最后让他们自己制作图标，带进课堂中，使教室变成"图标世界"，让学生评出"最有创意作品""最具人气作品""最有内涵作品"等等，活动中学生进行作品交流的热情一直是高涨的，他们感受到数学符号标志在金融、商业、科技等行业的应用价值，感受到生活中处处有数学，学习数学的兴趣提高了，解决问题的意识和能力也增强了。

## 二、关注发展，促进学生自我建构

评价为教育发展服务。改变课程评价过分强调甄别与选拔的功能，发挥评价促进学生发展的功能，是课程评价改革的主要目标之一。《教育社会学》的作者、南师大鲁洁教授曾撰文表述："教育的过程，不仅是，甚至主要不是对受教育者施加外部影响的过程，而是一个受教育者在教育的指引下不断建构他自身心智结构的过程。"陶行知"考成"教育思想也提醒我们，要发现和发展学生多方面的潜能，了解学生的需求，重视学生的个性发展和态度转变，注重和学生心理发展的匹配，促进学生了解自我、树立自信，实现在原有能力水平上的提高。因此，教学评价要能评判学生在探究的"做"的学习过程中"发现问题、提出问题、分析问题、解决问题"的表现，评判学生的学习力、发展力，评判学生学习过程是否有创造，用先生的话来讲，即考察学生是否真正做到"知行创合一"。

以部编版语文八年级下册第三单元的综合性学习"古诗苑漫步"为例，教师可从以下四个层面对学生进行过程性考评。

第一，考评指向学习态度。学习态度是培养学生良好学习习惯、提高综合素质的关键，可从学生参与度、专注度、合作度、积极度以及自主度五个方面进行评价：A. 是否积极参加"声情并茂诵古诗""别出心裁品古诗""分门别类辑古诗"中的某一项学习活动；B. 能否广泛搜集、系统化地整合古诗学习材料；C. 能否主动与他人互动交流，共同克服活动中的困难；D. 能否竭尽全力完成活动职责内的任务；E. 能否创造性地提出自己的观点和见解。

第二，考评指向学习方法。21 世纪的文盲不是不识字的人，而是不会学习的人。学生学习方法的重要性不言而喻。在本课的综合性学习中，学生要能够从多个渠道、多种途径获取和搜集古诗有效信息；能够迁移已有的古诗知识和古代文化常识；能够从古诗诵读、合作排演、手工制作、艺术创编等多个角度，围绕古诗词资源展开艺术再创作。在学习和考评过程中，教师可引导学生不断完善自己的学习方法，提高学习效果。

第三，考评指向参与体验。学生参与体验式学习具有重要意义，可以提高学习效果、培养实践能力和团队合作精神，提高问题解决能力和自主学习能力。为有效提升他们的综合素质，评价应指向学生学习过程中的参与体验，如在此次学习中，勇于提出问题，并围绕问题展开研究和实践；掌握古诗词中的文化常识和历史元素，增加知识积累；能解决古诗诵读等环节中存在的问题，发现古诗学习活动的乐趣；能溯源古诗的发展历程，认识到中华民族优秀传统文化的历史价值和现实意义；能在学习的过程中随时反思自我、弥补不足。

第四，考评指向实践能力。以自主探究为核心，以创新发展为目的，培养学生综合运用所学知识解决实际问题的能力，是落实新课标的核心要求。学生在学习过程中，是否具备独立思考、发现问题和自主解决问题的能力；能否自然融入集体之中，并开展多元化的探讨和学习活动；能否运用对比分析、系统整合、深度鉴赏、文本迁移等多种方法完成古诗学习任务，并能充分施展自己的才能等，都是本次学习考评关注的地方。

## 三、唤起进步意识，激励学生自我完善

传统的考评过于关注结果，形式就是一纸试卷做结论，把考试成绩作为唯一的评价依据。陶行知先生"考成"思想强调通过评价唤起学生进步的意识，培

养学生的勇气和自信心，使学生融入开放与自由的学习氛围中，实现自觉、自主、自律性的学习投入，并予以实施、反馈、调整，最终达到自我完善的目的。

杭州市文海教育集团在推进"文海新三好学生"评价改革实践五年的基础上，进一步完善学生发展综合评价方案。自 2017 学年起，推行"文海之星"系列评选办法，引导每个文海学生树立"在校做个好学生——主动学习、全面发展；在家里做个好孩子——勤俭自强、孝敬长辈；在社区做个好公民——诚实守信、德行规范"的价值观，促进学生全面而有个性的发展。根据学校"身心两健、文明文雅、学识博厚、多才多艺、和谐发展"的育人目标，分项制定涵盖学生身心健康、思想品德、学业水平、艺术素养、社会实践等内容的"健康之星""文雅之星""学习之星""才艺之星""实践之星"五个单项评价标准，学生获得其中一个星级称号即为"一星少年"，依此类推，达五星者可申报"文海之星"。评选与少先队争章活动相结合，面向一年级至九年级全体学生，没有名额限制，由学生自愿申报，家长、社区和任课教师均参与考核，经班级评议，再由学校综合评定。学校给获得"文海之星"系列荣誉的学生发喜报和奖状，并在学校宣传栏和学校网站张榜公布。

该校评价改革的考评导向由注重"甄别选拔"向"考核激励"转变；考评机制由评选单项优秀向评价学校育人目标转变；考评程序由班级推荐候选人向个人申报候选人转变；考评对象由面向部分"尖子"向面向全体学生转变；考评内容由偏重学科成绩向全面而有个性的发展转变；考评主体由学校单一主体向学校、家庭、社区多元转变。评价反映了学生日常生活、学习成长的全过程，符合学生的年龄特点和心理特征，有效地调动了学生的积极性，激发了学生努力向上的热情，引导学生树立正确的价值观，培养了学生自信、自强、自策、自励的良好品质，有利于学生自我管理目标的实现，从而激励学生实现自我评价、自我反思和自我成长。

成功的评价，会给学生的学习发展注入源源不断的动力。在陶行知先生"创造的考成"教育思想启示下，教育教学评价强调以"人"为中心的评价，评价过程更注重体现人文性和发展性，致力于"人"的全面发展。树立"以人为本"的教学评价理念，在做中教，在做中学，在做中评，构建一个围绕学生核心素养发展的评价、反馈、反思、改进和提升的持续性过程，以"培养生活力"为评价的优劣标准，才能使教育与现实生活紧密联系，才是真正的"活教育"。

## 主题 6

# 教育改进

马克思曾说："改革是一种必要，是一种不可避免的命运。"当今世界最大的力量就是改革的力量。改革，乃推进文明之阀门。教育革新助翼社会的腾飞。陶行知先生曾言，社会是动的，教育也要动。追求卓越教育，改进才是关键所在。改进，意味着将不佳之处翻新，将优秀之处推向极致。先生深信，教育的改进关乎方针与教育方法。教育方针应随时代思潮涌动，教育方法须服从教育理念，以确保思想与行动的和谐一致。

依照党的教育方针，我们负有使命：教育旨在助力社会主义现代化大业，培养德智体美劳全方位发展的接班英才。时代在进步，深化教育改革需要我们积极应对。

## 一、统一思想，循序渐进

陶行知先生一生都在追求教育的改与进。先生认为，这是长期的过程、持续的状态，需要循序渐进。然而，循序渐进的前提是思想统一。团结一心、共同奋斗必须统一思想。统一思想是统一行动的前提。

近年来，我国不断推进全民阅读工作。党的二十大报告进一步指出，要"深化全民阅读活动"。苏轼曾说"旧书不厌百回读，熟读深思子自知"，他认为，反复诵读经典著作，再加上深入思考，自然能够融会贯通。

湖南省双峰县是农业大县，经济欠发达。从 2016 年开始，双峰县三次参加国家、湖南省组织的义务教育质量检测，每次都名列前茅。在 2022 年湖南省义务教育质量检测中，双峰综合排名第一。双峰实现义务教育高质量发展的"金钥匙"就是矢志不渝的阅读教育。

教育之事，绝非一日之功。"养儿不送（读）书，不如养头猪；三代不读书，一屋都是猪。"这是双峰世代相传的民谣。双峰人一直重视读书，重视阅读。自 2009 年伊始，双峰县为培育青少年的阅读热情，深耕书香校园之建设。历经十四载，历任 4 位教育局局长将阅读教育视为塑造学生成长之根基，不懈致力于其蓬勃发展。"结硬寨、打呆仗"是这场阅读革命最好的精神诠释。校长阅读带动教师阅读，少数学校的成功经验带动所有学校都行动。经过长期不懈的努力，从阅读教学到阅读教育，从语文的阅读教学到与学科教学的融合，从起初的 4 所试点学校到如今 265 所，双峰成为全国第一个实现"阅读项目学校全覆盖县"。

"每天 30 分钟阅读，已成为全县 12 万多名师生的一种习惯。"教育局副局长彭少华这样说。这正是一场深入的循序渐进的阅读教育改革的美好愿景，是促进学生身心健康发展和全面成长，实现全民阅读、"书香中国"的重要组成部分。

## 二、协同发展，共谋改进

陶行知先生曾说，教育界应同心协力共谋解决与改进。党的二十大报告指出，要健全学校、家庭和社会的育人机制。近年来，家校社协同育人已受到社会各界的高度关注。

2023 年 11 月 15 日，西藏民族大学财经学院师生与江苏省南京审计大学师生就两校交流合作事宜展开探讨，双方签署协同育人合作协议，积极构建协同育人新格局。两校通过同堂学习，促进师生交流与合作，推动学科融合与提升；通过人才培养、课题研究等方面的深入交流合作，形成优势互补、资源共享的长效合作机制，实现发展共赢。

"注重家庭、注重家教、注重家风"，习近平总书记多次强调要健全协同育人机制。同向同心同行，共识共谋共为。为了促进孩子们全面、健康、快乐成长，广州市集结学校、家庭、社会多方力量，打造了一批具有影响力的家长学校；建设了一批资源共享的实践基地；建立了一批覆盖各学段的市级家庭教育名师工作室；创设了广州特色的"羊城家校学堂"；构建形成了"基础＋优秀＋示范＋星级"的金字塔质量测评体系，已成为家长学校建设的"广州标准"。协同育人将从根本上提升家校社育人工作的水平和质量，培养出新时代的建设者和接班人。

## 三、中西会成，融合创进

在探讨中西教育的交汇与升华中，"改进"一词不失为对中国教育现代化历程的精妙描绘。储朝晖，中国教育科学院的学者，深刻洞察此概念，认为其不仅仅是历经千年的文化汇聚，更是在深度交流与沟通中所孕育的思想、精神与心灵的深层交织。

中西文化的融合不是单纯的层叠，它体现为多维度的交融与相互渗透，既不抛弃传统的智慧，又开放地吸纳外界创新，向着未来的教育愿景不断迈进。

海淀区教科院吴颖惠院长提出，在国际化进程中，我们既要有文化上的学贯中西，又要有思想上的学贯中西。在融合的基础上，我们还要结合本国的国情，进行创新。

深圳实验承翰学校，一所荣膺"鲁班奖"的花园般校园，执着于融合中外教育精华，立志塑造具有完整人格、健康体魄、深厚学养的国际舞台上的积极参与者。该校以打造"根植中国，放眼世界"的学习共同体为己任，旗下的国际学校无疑是高品质、具有中国特色的教育典范。在教育实践中，承翰学校以国内核心课程为骨架，巧妙融入全球化教育元素，实现了一种跨学科领域的知识交织和文化对话。该校注重学生的个性化发展道路，提供了多元化的成长空间和体验式的学习环境，从而满足了每个学生独特的学习需求。学校的教学理念"以学生为本、合作与讨论并重"，倡导项目制学习，强调探究式方法。每学期，体验式研学项目成为教学活动中的重要一环。学校借助集团旗下奥莉农场的资源，开发了特色校本课程，如"百草园""蝴蝶花园"，这些项目让学生置身于创业家CEO、项目经理的角色，以解决现实世界问题为着眼点，跨界整合数学、艺术、语言等学科知识。在这一过程中，学生不仅锻炼了创新思维和批判思维，还提升了合作与沟通的能力，从而增强了全球竞争力与适应力，促进了学生个性与多元的全面发展。

## 四、因地制宜，与时俱进

"好的教育应该因地制宜，因人而异。"21世纪教育研究院院长，北京理工大学教授杨东平如是说。科技在发展，时代在进步。我们更应该以实际出发谋划发展，因地制宜、因时制宜、久久为功。

为了解决全县160多所农村小规模学校教师结构性短缺、课程开不足、开不齐等突出问题，2019年才实现国家级贫困县摘帽的河南省固始县，结合当地教育的实际情况，提出了"5-6-7模式"；利用国家中小学智慧教育平台，导入优质教育资源；以信息技术为抓手，全面推动"双师课堂""名师空中课堂""三个课堂"；创新开展"智慧作业"，实现作业减负、提质、增效。固始县因地制宜，通过更新教育思想、变革教育方式，探索出了一条适合自己的数字化的乡村教育振兴之路。

振兴乡村既要振兴，又要"振心"。农家书屋是实现振兴乡村的"精神食粮"。固始县方集镇因地制宜，在21个村打造了有特色、有品位的农家书屋，解决了农民群众"借书难、看书难"的实际问题，很大程度上丰富了大家的精神文化生活。

教育部提出，要强化中小学实验教学，组织学生去科学教育场所，开展场景式、体验式的科学实践活动。固始县在大别山革命老区，以前的科学课，无论是县城还是乡镇，一般是"纸上谈兵"。为了解决这种现状，固始县建立了科技馆，所有县城城关的小学，每学期固定在馆内上科学课。科技馆还通过"科技大篷车"的形式，把"动起来"的科学课定期送到农村学校。以"玩起来"为主题的科技运动会，一年举办一次，"听话"的纸飞机、会飞的垃圾桶、空气大炮……主动出击、交叉互补，有趣、"动起来"的科学课，已经在固始的乡镇、县城流行起来，也在孩子们心中种下了埋在现在、长在未来的科学"种子"。

适合本国国情和生活需要，是教育改进努力的方向。改进不是大刀阔斧，不是"一刀切"，不是改完了就不改了。改进具有持续性、独特性和不可替代性。教育现代化的推进器是教育改进，好的教育需要教育改进。"路漫漫其修远兮，吾将上下而求索。""继续不断的改，继续不断的进"，教育改进永无止境，教育改进我们在路上。

# 专题七

## 改造学校

学校是学生成长的乐园，是学生发展的摇篮。我们要让学校在四通八达的道路上前进，用『四通八达』的教育让学生在摇篮中茁壮成长。

# 主题 1

# 我之学校观

据历史记载，世界上最早的学校约出现在前 3500 年，我国最早的学校出现在周代。几千年的发展，学校有了天翻地覆的变化，但是育人的功能、助人成长的使命从来没有改变。

1924 年 8 月 4 日，《申报·教育与人生》第 24 期刊登了陶先生的文章《半岁的燕子矶国民学校——一个用钱少的活学校》。当年，陶先生和东南大学赵叔愚先生同去考察丁超校长改造刚刚半年的燕子矶国民学校，看到变化之大非常欣喜，写下了此篇。陶先生提出："倡导办活的学校，不要办死的学校，最好是用钱少的活学校。"1926 年 11 月 5 日《徽音》月刊第 29、第 30 期合刊，刊登了陶行知先生《我之学校观》，系统论述了陶先生的学校观。"学校以生活为中心""学校是师生共同生活的处所""健康是生活的出发点，亦是教育的出发点""学校生活只是社会生活的一部分""学校生活是社会生活的起点"……陶先生提出了判断好学校的标准：人们情愿送子弟入校求学，就算好了。你愿意将自己的孩子送到什么样的学校求学，什么样的学校就是好学校。

诚如陶先生开篇所言："学校的势力不小。他能教坏的变好，也能教好的变坏。他能叫人做龙，也能叫人做蛇。他能叫人多活几岁，也能叫人早死几年。"短短几句话道出了学校对人的影响之大，以至每一个从事教育的人，无论是教师还是职工，都应感到重任在肩，对工作不敢有半点马虎。

时间过去了近百年，对照当前"立德树人"的根本任务，"办人民满意的教育"的目标，陶先生的学校观历久弥新，有了更丰富的内涵。

## 一、今日之学校，应当将健康第一落到实处

陶先生提出："健康是生活的出发点，亦是学校教育的出发点。"2023 年下半年，一些地方中小学生"课间 10 分钟被约束"问题受到社会的广泛关注，教育部、新华社、央视一起呼吁，课间十分钟是少年儿童身心发展的需要，也是教育教学的重要组成部分。要充分认识课间十分钟对孩子健康成长的深远意义，通过完善相关政策制度，加强家庭、学校、社会的合作，共同守护孩子们的"课间十分钟"，促进学生身心健康发展。课间十分钟，本应欢腾的校园变得寂静而可怕。看来将陶先生提出的"健康是生活的出发点，亦是教育的出发点"落到实处，仍然任重道远。

当然，也有很多学校朝着陶先生的思想去实践、去探索。杭州市钱塘区幸福河小学从 2020 年创办之初就开始实施"365 健康跑"活动，目标是培养"幸福健康少年"，学校每天安排不少于一小时的运动时间，要求师生天天坚持跑步锻炼，力争每年跑足 365 千米。每天大课间铃声响起，就可以看到校长、教师带领孩子们在校园里沿着设计好的路线，伴随着动感音乐快乐奔跑。2023 年 3 月，"365 健康跑"全面升级到 2.0 版本——"365 健康行动"。将"跑"字改为"行动"，是希望学生能围绕健康这个主题开展多种多样的运动，不局限于跑步这个项目，养成终身受益的运动习惯。学校不仅关注孩子每天的运动，也关注孩子的午休、饮食等全方位影响孩子健康的因素。五一假期返校后，幸福河学校开始实行夏季作息时间，学生实现舒心躺睡，改变了以往趴在课桌上午睡的状况，一时间成为全国媒体关注的热点。学校还统筹整合校本课程与劳动课，开发食育课程，在学校美食工坊，孩子们学习制作当地的特色美食，学习科学合理的膳食营养搭配，形成健康的生活观念，养成健康的生活方式，助力健康成长。

## 二、今日之学校，应当建立和谐的师生关系

学校是师生共同生活的处所，师生必须共甘苦，才能实现精神的沟通、感情的融洽。叶圣陶说："教育者决不该和学生对立，一对立就没有教育可言。"都说关系是教育的前提，今日的学校应当建立和谐的师生关系。所谓教学相长，教师感化学生、锻炼学生；先生与学生相处，不知不觉，精神要年轻几岁，这是教师受学生的感化。

2014年，"校长践诺当众亲吻猪"成为教育热点新闻。据了解，湖北咸宁一小学副校长洪耀明在校任教27年，主管学生德育工作。他介绍，学校门前的街道脏乱，学校采取派人督察等方式整治，效果不明显。因此，他承诺，只要学生不乱丢垃圾，路的卫生状况得到改观，自己就在一个月后的升旗仪式上当众亲吻一头小猪。看似荒唐的承诺却得到了网友的普遍好评，孩子们和教师都是这一事件的参与者与见证者，校长、教师在孩子们的心目中建立了遵守承诺的良好形象，既达到了教育的目的，又融洽了师生关系。

北京十一学校每年举办戏剧节，用两天的时间请所有的剧组登台演出，主要目的是通过这样的课程培养学生的情商、促进合作和协商，为青春期的少男少女公开合法地正常交往开设一个平台。有了这样的课程，学生之间的关系融洽了，自然促进了学生健康成长。北京十一学校每年6月下旬或7月初会举办一次泼水节活动，校长先向学生泼一盆"幸运之水"，宣布泼水节开始，接下来的场面便是师生、生生以水为媒介的一个很好的交融过程。泼水节前后持续两个星期，全校教师、学生都很兴奋，商量着用什么工具可以泼到班主任、泼到校长，这样的活动设计一下子拉近了师生之间的距离，消除了生生、师生乃至师生和校长之间的隔阂。

和谐的师生关系是一种信任的共进，是一种同甘共苦，是精神上的相互鼓励，教师心里装着学生，学生心里想着教师。正如陶行知先生说的：师生共同生活到什么程度，学校生气也发扬到什么地步，这是丝毫不可以假借的。校园里师

生关系的和谐，靠教师高尚的师德春风化雨地感化学生，也靠学生积极向上青春活泼的氛围来营造。

## 三、今日之学校，应当关注孩子的未来生活

"生活即教育，社会即学校"是陶行知先生最核心的教育思想之一。随着人工智能技术的不断成熟，未来的学校必然将满足更多个性化的学习需求，知识的学习会变得更加便捷，很多以往需要记忆的知识都将弱化，转而更加倡导创新精神的培养。将来，我们要培养创新型人才，所以现在的学校更多地关注基于真实的生活情境解决复杂问题的实践。

深圳市明德实验学校提出"打开边界，融通未来"的办学理念。学校一直倡导对标前沿科技需求，依托各类创新实验室，开发激光雕刻、3D打印、大数据应用、人工智能、仿生机械、生物基因等系列培养学生核心素养的课程。组织全校3000多名学生开展专题学习体验。同时，其还依托开放式学习空间和创新实验室，组织学生开展各种任务驱动的跨学科的项目式研究，设立200多个研究课题，让学生像科学家一样思考问题，像工程师一样解决问题。通过跨学科项目化学习，学生培养了创新精神，有信心容面对未来生活。

重庆谢家湾学校在近20年素质教育实践中，以学习方式变革为突破口，从人际生态、教学生态、学校治理生态、家校共育生态等方面入手，构建面向未来生活的学校高质量育人生态。2011年，谢家湾学校在学习方式变革研究进程中，拆除教室里的讲台，使用落地窗，设计圆弧形小组围坐式课桌。教师可以到弧形桌中间，等距离与学生讨论交流。教师在放松的环境场域中，培养学生习惯合作分享，敢于保持独立思考、表达独特见解等面向未来生活的关键素养。

未来，人们的学习、生活、工作都将更大程度地依赖于互联网技术教师更多的是解决孩子精神成长方面的问题，诸如提供更多的学习动力，让人的思想变得更加高尚，而不仅仅是传授知识。陶先生说，高尚的生活精神不用钱买，

不靠钱振作，也不能以没有钱推诿。用钱可以买来的东西，没有钱自然买不来；用钱买不来的东西，没有钱也是可以得到的。一所学校的精气神，高尚的品格是学校的内在隐形体现，也需要最大限度关注，花更多力气去完成。全面建成小康社会后，人们的物质基础更加丰富，学校应该更多地关注学生精神层面的成长。

当然，今日的学校更应该提升办学内涵，丰富课程资源，拓宽育人渠道。陶行知先生提出学校生活是社会生活的一部分，学校生活是社会生活的起点，生活即教育，社会即学校。在落实育人的过程中，因地制宜利用好身边的教育资源，架构丰富的育人课程体系，探索更多元的育人渠道，不断完善升级、优化迭代，发挥更好的育人效果。例如，杭州市从 2007 年开始实施未成年人第二课堂活动，开发了社会教育资源，在培育和践行青少年社会主义核心价值观等方面发挥了重要的作用；2024 年，上海、成都等地的年轻人忙着学习、忙着充电，热衷于上"夜校"。

师生健康的体魄、和谐的关系，以及培养学生应对未来不确定环境的能力，将是今日之学校最应该关注的方面。未来已来，生活在哪里，学校就在哪里。

# 主题 2

# 育才学校

1939 年 7 月，陶行知在重庆附近的古圣寺为难童创办了育才学校，选拔有特殊才能的儿童，在普修课外，设有音乐、戏剧、绘画、文学、社会、自然、舞蹈等课程。育才学校因材施教办得有声有色，为国家培养了不少专门人才。1940年 9 月，周恩来和邓颖超专程访问了育才学校，给学生留下了，"一代胜似一代"

的签名题词。

1940 年 8 月 1 日出版的《战时教育》第 6 卷第 1 期刊登了《育才学校办学旨趣》《育才学校教育纲要草案》两篇文章，其中载明了育才学校的办学宗旨，学校的性质内容和学校生活、学习与制度。《育才学校办学旨趣》中说："创办育才的主要意思在于培养人才之幼苗，使得有特殊才能者的幼苗不致枯萎，而且能够发展……"其目的是培养有特殊才能的难童，并且说明了育才学校有"三个不是"："不是培养小专家""不是培养他做人上人""不是丢掉普及教育，而来干这特殊的教育"。创办育才学校是一种创举，陶先生克服重重困难为国家培养了许多有特殊才能的人。

中华人民共和国成立后，教育发展日新月异，当前义务教育已全面普及，社会已全面小康。今日我们应该学习育才学校的什么精神？今日学校如何遵循陶行知先生的因材施教思想？

## 一、大情怀者无问西东育英才

烽火连天的抗战时期，陶行知先生仍关注特殊才能儿童培养的问题，创办了育才学校，此乃人生之大格局、大境界。1942 年 8 月 18 日，陶行知先生在《致育才之友书》中写道：自 1940 年春以来，物价逐渐涨高，赈济委员会所担任经费虽有增加，但总数之比例降至原来的十四分之一，1941 年 4 月初已到山穷水尽，难以维持的地步，朋友们劝我停办……看到孩子们努力向上，还有许多埋藏在一般小孩中之人才幼苗，急待培养，不忍不为他们请命。读到此，令人泪目。这是怎样的一种教育情怀？陶先生明白人才难得，他站在民族人才培养的高度，认识到特殊人才培养的问题，哪怕困难重重，他也义无反顾。

时代楷模陈立群校长从教 38 年，担任校长 30 多年，有着丰富的教学经验和高效的管理理念。2015 年 8 月退休后，他婉拒多家民办中学的高薪聘请，2016 年毅然来到贵州省黔东南苗族侗族自治州台江县民族中学担任校长，开出的"条件"是分文不取。上任后，他做的第一件事是改造食堂，原先全校一个食堂一口锅，现在增至三个食堂六口锅，在调研的基础上提出整改方案，狠抓教风建设，以教风带动学风，让一所学校发生了翻天覆地的变化。他制定管理制度，整顿校风教风，创新教学方法，短短两个月内学校面貌就焕然一新，收到了显著成效。2018年高考增量从全州垫底冲到全州第一，后连续多年稳居第一。他与爱人商量决定，把他所获国务院政府特殊津贴和杭州市杰出人才奖的20多万元钱拿出来，设立台江县民族中学陈立群奖教金，奖励有爱心、有责任心、有能力的优秀教师。

时代需要像陶行知先生一样有大情怀、大格局者来办教育，吾辈当学习陶行知先生全心全意扎根中国大地，克服一切困难办教育的精神。

## 二、因材施教，不拘一格助成才

1983年，美国学者德纳博士通过大量的心理学研究证据认为，人类思维和认识世界的方式是多重的，进而提出了一种旨在认识独立个体所具有的不同认识类型和能力的多元理论思想，他称之为"多元智能理论"。根据这一理论，结合中国实际，很多学校探索了特殊才能儿童的培养策略。例如上海音乐学院附中，秉持"重视基础学习、强化专业训练、勤于艺术实践、注重全面培养"的办学特色，锐意进取，不断探索教学新模式，在课程建设、教材建设、教学比赛等各方面取得丰硕成果，培养了许多音乐方面有天赋的人才。

再如，20世纪70年代末，我国开始探索早慧儿童的培养，虽然曾出现教育方法不得当等问题，但对我国早慧儿童的培养做了许多有益的探索。最早仅有中国科学技术大学、西安交通大学、东南大学三所高校设有少年班。虽然招生人数不多，但为这些早慧儿童提供了与他们成长相适应的平台和培养方案。

据《光明日报·教育周刊》2023年11月28日报道："我们探索了一条科技后备人才培养'加速与充实融合'之路，办学规模从小到大，由最初一个少年班到成立少年班学院；办学方针也从面向早慧少年的特殊教育，拓展为面向优秀青少年的英才教育；培养模式从加速到加速与充实融合，更加注重全人培养，包括科学精神的培养和社会责任感的塑造。"曾担任中国科学技术大学少年班班主任的中国科学技术大学教授孔燕表示，在高校自主招生方面，该校做到先行先试，积累了一定的经验。在前期拓展加强基础，而后自主专业分流的培养路径也被很多高校借鉴应用。

另外，在义务教育均衡发展的今天，孩子们都已经享受免试就近入学，教育行政部门也不允许学校以设立实验班等名义选拔学生。在这些普通孩子中，隐藏着许多有特殊才能的儿童，要靠教师细致观察，因材施教，制订与之相应的教育计划加以培养。例如，杭州市文海小学探索培养普通班级里的天才儿童的系列举措，包括为各方面天赋特别突出的儿童提供更多的教育平台，在基础过关的前提下，设置更多诸如免某项作业等制度，开发更多可供选择的课程，引入更多社会育人资源，让孩子的特长得到更充分的发挥。

## 三、承认差异，尊重个性树人才

当我们重新认识教育公平，发现教育公平不等于教育均等，不能给予特殊才能学生足够的教育资源、助其成长，也是一种教育不公平。

杭州市天长小学始终坚持差异教育研究，成果先后获 2018 年国家基础教育教学成果一等奖、2022 年国家基础教育教学成果二等奖。经过近 30 年的实践与探索，逐步形成"面向有差异的学生，实施有差异的教学，促进有差异的发展，让每个孩子都有差异的成功"的差异教学实践路径。据了解，杭州市天长小学要求教师读懂儿童，承认孩子存在差异，在教育过程中想方设法激发孩子的潜能，让孩子们成长为更好的自己、独一无二的自己。楼朝辉校长坚定地认为，课程是差异教育思考的牛鼻子。"面对不同的孩子，课程的选择性如何营造经历的丰富性，为孩子的成长提供更多的可能？"在课程改革之路上，杭州市天长小学朝着挑战性、深刻性、丰富性努力，创设了很多"多元交往、直达内心"的差异课程。杭州市天长小学对基础薄弱的学生着重培养学习习惯；对有天赋的学生提供更大的可能：五年级后，学生可以根据自身情况，在数学、英语、语文、体育学科分类选课，获得更大的学习空间。比如，1996 年毕业于该校的知名插画家钱锡青，在上五年级时需要每周写日志，他问能不能以画画代替写日记，语文教师竟然同意了。绘画就是钱锡青内在力量的支点。一旦有了支点，就有了向上的力量。找到这个支点就是差异化教育的本质。

育才学校督促我们重新思考教育的出发点在哪里，教育要走向何方，我们要培养什么样的人。曾经有一段时间，社会上弥漫着大众教育精英化倾向，似乎不把孩子培养成社会精英就是教育的失败，很多家长扮演起"虎爸""虎妈"，违背教育规律"鸡娃"并有愈演愈烈的趋势。所谓精英教育，大多违背教育发展规律，将 10 岁要做的事情提前让 5 岁的孩子来完成，以显示其学业优良，实则没有任何科学依据，甚至是揠苗助长，以牺牲儿童健康成长为代价，令人心痛。2021 年 7 月 24 日，中共中央办公厅、国务院办公厅出台"双减"政策，广大家长开始重新认识教育，逐渐转变孩子的成才观，教育逐渐回归理性。承认孩子的差异，理性对待孩子的成才，培养终生学习的习惯，提供可持续发展的动力才是教育应该做的工作。

重读陶行知先生的经典著作，领悟其中的真谛，学习陶先生崇高的教育情怀，践行因材施教的育才理念，扎根中国大地办教育，培养更多的创新型人才，早日实现"为党育人、为国育才"的目标。

# 主题 3

# 整个的校长

陶行知 1926 年 2 月 5 日发表《整个的校长》一文，篇幅不长，仅 560 字，但字字珠玑，振聋发聩。

陶行知很诚恳地提出忠告："一个人干几个校长，或几个人干一个校长，都不是整个的校长，都是命分式的校长。"他认为，一个人的精力和时间是有限的，而校长关系到千百人的学业前途，更关系到国家与学术之兴衰，因此要一心一意、全心全意地做教育，"国家把整个的学校交给你，要你用整个的心去做整个的校长"。

陶行知关于"整个的校长"的论述对当今学校管理工作仍有重要的现实意义和价值。"校长是一个学校的灵魂。"一个好校长就是一所好学校，校长要做"整个的校长"，需要用"整个的心"来奉献。

当下，诸多"整个的校长"在践行陶行知的育人理念，把全部身心奉献给教育。

## 一、投身一项超越自我的事业

陶行知无限地热爱儿童、相信儿童，主张"教师是儿童队里的一员"，同时又是"儿童中的一个辅导者"，希望教师能和学生多打交道。山西省临猗县张鹏飞校长便是这样的人。他因一则"校长带学生跳鬼步舞"的视频火遍网络，各大媒体竞相转载报道，他被网友誉为"最好校长""别人家的校长"。

张鹏飞校长发现学生的课余时间比较无趣，要么打闹，要么做程序化的广播体操，锻炼少，活动少，学习状态不佳。在经历一番苦思冥想和观察体验，他终于寻找到了一个突破口——通过节奏明快、动作新潮、音乐劲爆、舞步夸张的鬼步舞丰富学生的课外活动，增强学生体质。张鹏飞自己先学会舞步，成立了学校鬼步舞社团，亲自教孩子们学跳。从刚开始的30人，到一个多月后400人，更多的师生参与其中、乐在其中、沉醉其中。每天课间操时间，张鹏飞就带领全校师生跳舞，他手拿话筒，一边跳一边提示动作要领，学生情绪高涨，舞姿刚劲有力、洒脱自然，校园里生机勃勃，活力与欢乐相随，童心与幸福齐飞。

陶行知说："人格要互相感化，习惯要互相锻炼。人只晓得先生感化学生，锻炼学生，而不知学生彼此感化锻炼和感化锻炼先生力量之大。"张鹏飞投身于超越自我的事业，用言行感召、唤醒和鼓舞学生的潜能，舍得花时间和心思去研究、示范、陪伴，彼此之间的情谊已互相传染和感化，一张张笑脸被定格，一份份温暖被留存。

张鹏飞把整个心灵献给孩子，正在"用整个的心去做整个的校长"。

## 二、建立一种良好的伙伴关系

李镇西被朱永新誉为"陶行知的真正传人"。他认为，陶行知是民主之魂、教育之光，是一位大先生，我们应该"像陶行知那样做人、做事、做教育"。

李镇西担任成都市武侯实验中学校长期间，在思想引领、专业指导、身体力行、提供舞台等方面助力教师成长，开设专题讲座，与教师共读共写，邀请名家入校面对面交流，带年轻教师外出上课，帮教师写书出书；他还主张校长多跟教师谈心，教育教学、读书写作、案例反思、学校管理、人生百态等各个方面，真诚相交，坦诚而谈。李镇西常说："最好的教育莫过于感染，最好的管理莫过于示范。"要求教师读书，他就手不释卷；要求教师写作，他就笔耕不辍。他经常把自己写的教育随笔印发给全校教师，教师在他的影响下也写了起来，写教育故事，写精彩片段，写读书札记，写人生得失，不断反思，不断实践，不断成长。李镇西还为教师提供出版著作、发表文章的机会，帮助教师写书、拟提纲、修改润色，极大提高了教师的职业幸福感！

"教师的成长，是我当校长成功的唯一标准！"李镇西把教师的成长当作自己的成功，这就是"整个的校长"的高尚精神。更可贵的是，李镇西不是在后边指手划脚，让部下服从于自己，而是融入教师之中，躬身入局，率先垂范，和教师之间形成一种无比牢固的工作伙伴关系，在合作的过程中服务于共同的目标。

校长殚精竭虑地为教师的发展着想，提供平台，挖掘潜能，焕发热情，以智慧启迪智慧，用心灵赢得心灵，这样的精神领袖必然会在教师群体中保持良好的人际关系和影响力！

## 三、建设一所理想的学校

"整个的校长"全身心地、自觉自主地做校长时，会有充足的时间思考学校的过去、现在和将来，协调关系，调动力量促进学校发展。

山东省潍坊广文中学校长赵桂霞是一个"行动派"，也是一个"改革派"，善于寻找"痛点"背后的真问题，通过行动找到解决问题的办法。广文中学由两所高中学校的初中部组合而成，发展面临着种种挑战，赵桂霞带着全校教师勇于改革，循着"行动研究""创新教育"，一步步推动学校的科学发展。

陶行知说："做是发明，是创造，是实验，是建设，是生产，是破坏，是奋斗，是探寻出路。"赵桂霞在"做"，在行动，在研究，勤学笃行、求是创新，躬耕奉献，不断追求。她领着同事进行战略顶层设计和规划时，倾听了学生、教师、家长、其他校长、专家等上万人的声音，确立了"创造适合每个初中学生发展的教育"的美好愿景，商定了一所新学校发展的战略目标和关键要素；通过"主题发展年"，一年突破一个战略重点，使学校生态发生根本变化；她带领团队构建了完整的课程体系，为解决学科课程的个性化学习问题，大胆变革学科课程结构、开发学科课程、实施选课走班的行动；把课程资源放到云端，让每个学生都能够基于自己的需要从云端获取课程资源，实现自主学习，进而实现了课程的再次升级……

李希贵校长说："只有改变了课程，最终才能改变学校。"赵桂霞深谙此理，开发了序列化的促进学生个性成长的课程，做了许多开拓性、创造性的尝试，一路艰辛，着实不易。陶行知为"第一流的教育家"提出了两条标准："敢探未发明的新理""敢入未开化的边疆"。赵桂霞怀揣教育情怀，锐意改革，用科学的研究方式进行缜密的研究和分析，在行动中研究，具有创造精神和开辟精神；用"整个的心"做"整个的校长"，具有"第一流教育家"的情操和思想。

陶行知《整个的校长》的言说已近百年，今日重读依然是一种至上的追求，这种理想信念与道德情操一直熠熠生辉、光彩夺目。习近平总书记一直号召我们扎实推进教育强国建设，"继承发扬老一辈教育工作者'捧着一颗心来，不带半根草去'的精神，以赤诚之心、奉献之心、仁爱之心投身教育事业"。那么，让我们继续做陶行知的追随者，做"陶行知式"的教育者，用"整个的心"做"整个的校长"，建设理想的学校，办人民满意的教育。

# 主题 4

# 诗的学校

"你若寻我，请来诗的学校。"陶行知先生是一位有着诗人般浪漫气质和丰富才情的教育家，他不但在诗歌中艺术地表达自己的教育理念，更将诗情、诗意融入教育之中。1931年，他发表组诗《诗的学校》，在序言里提出了诗意的教育理念："有诗的学校，我们便可铸成诗的中国，诗的世界。"1943年，先生进一步提出以诗的精神来办诗的学校，引导学生建立诗的人生观，号召人们最终过诗的生活。"诗的学校"是先生心中最理想的学校范式，是生活教育学说中学校建设的理想意象。

陶行知先生一生都致力于创造、建设"诗的学校"。从"永远不会完稿的诗集"晓庄师范，到闪动着田园牧歌气息的山海工学团；从流溢着"诗的真善美"意蕴的育才学校，再到秉承"新大学之道"的社会大学。陶行知先生在一系列教育改革创新实践中把自己的教育理想植入了现实的土壤。

陶行知先生坚定深沉的国家民族情怀、开拓创新的创造精神、积极乐观的理想激情具有超越时空的生命力，在习近平总书记倡导"强国兴校"的新形势下，指引着广大教育工作者在理论和实践的磨砺中去探索、创造"诗的学校"。

## 一、凝练办学思想，创造诗的学校

陶行知先生每创办一所学校，都因时制宜地提出不同的办学目标，并制定相应的办学策略，将教育思想转化为教育现实。1939 年 7 月，先生为难童创办育才学校，办学目标为培养追求真理的小先生、自觉觉人的小先生、手脑双挥的小工人、反抗侵略的小战士。因此，陶行知先生拟定了《育才创造年计划大纲》《育才十字诀》《育才二十三常能》等实践操作手册。张伯苓先生创办南开中学时以"知中国、服务中国"为宗旨；经亨颐先生创办春晖中学依其"以哲人统治之精神自谋进行"的思路办学。教育大家们不仅有自己鲜明而独特的办学主张、思想，还形成了合理的办学体系，从文化、课程、教学、管理、评价等方面去贯彻落实，为国家培养了不少人才。

新时代呼唤高质量的学校教育，而鲜明的办学思想是优质教育之魂，是学校这个群体共同的信仰。走进荣获"中国质量奖"的重庆谢家湾学校，你会看到一个个快乐、舒展、自在的孩子。阳光自信、主动交流、善于提问、质疑创新是到访者评价学生的高频词，孩子们的状态就是谢家湾办学理念的最好诠释。

"不辜负每一个孩子""善待每一个孩子""让每一个孩子在小学的六年中都能得到专业的、全方位的、基础性的支撑"，这是谢家湾学校一直传递的理念。

基于这样的理念和基础教育的关键性，学校提出"六年影响一生"的办学理念。如何影响？学校创校时以"红岩文化"为建校思想，而梅象征红岩精神，学生既要有"红"的底色，成为社会主义接班人；又要有"梅"的坚韧，实现全面发展。因此学校构打造了"红梅花儿开，朵朵放光彩"的主题型校园文化，"天天快乐，健康飞翔"的行为文化。在坚守"不迎合功利取向、不倡导校外补课、不增加学生负担、不落下一个孩子"的教育价值取向上，确立了"孩子的立场、体验、收获是一切工作的出发点和落脚点"的行动准则。着力于打造"无铃声学校"的环境场域；研究"生态生活生长，主动生动互动"的课堂教学，编写各学科各年级的"教学建议"；以课程整合为核心，形成了具有学校理念根基和文化特质的"小梅花课程"，这些课程打破了严格的学科界限，宛如梅花的花瓣一样缺一不可，各类别相辅相连，突出了基础教育致力追求的教育个性化与人性化，凸显课程的鲜活与生长。

诗的学校是柔软而有力的，有一自己的教育信仰，从内心深处长出来，从脚底下走出来，从指尖流淌出来。它进入灵魂，融入血液，成为学校全体生命的构成和前行的力量，决定着教育乃至国家和民族的高度和强度。

## 二、心怀达观主义，改造诗的学校

陶行知先生创办晓庄师范时，布衣草履，挑粪种地，睡牛棚，与师生一起开荒生产，自己修建校舍。但陶行知先生笑着说，流自己的汗，吃自己的饭，自己的事自己干。在陶行知先生眼中，实现教育理想中遇到的一切阻碍皆可诗化：困难诗化，所以有趣；痛苦诗化，所以可乐；危险诗化，所以心安；生死关头诗化，所以无畏。这是精神上的达观主义。

在很多人的印象中，乡村小学就是偏远、落后、凋零的代名词。2014年，范家小学正处于这样的状态。地处四川偏远山村，所处区域经济环境差，校舍简易，教师老龄化，全校仅有的58名学生中90%是留守儿童。面对被撤掉的困境，学校以开放而勇敢的心态积极探索改革，将劣势转化成优势，为走不了、离不开的乡村儿童提供了高质量的教育。

学生人数少，就积极探索小小班教学特点，搞芬兰式课堂模式，创新学习空间布局，建成图书馆似的"集成教室"。语、数、外教师配置不齐，艺体类教师严重匮乏，就成立微型学校联盟，网络共享教育资源。学校周围都是大山，就利用这些丰富的自然教育资源，开发有趣、有用且可持续的乡土课程，包括植物考察、社会调查、人物访谈、植物种植等等。教师带孩子们到森林观察蘑菇是怎样生长的，从老奶奶、老爷爷那里了解村里的童谣是怎样消失的，到村里的小电站去看水电站是怎么发电的。教师教孩子们根据小甑酒的酿制原理做醪糟；请村里的"老草药"先生教孩子们认识草药，了解常见草药的性状……校园里弥散着自由、尊重的氛围，天地的灵气浸润到孩子们的生命，唤醒了孩子们内在的生命力与创造力，培养了他们昂扬向上的态度。上海交大何帆教授谈及范家小学的学生是他见过最健康（全校没有一个孩子戴眼镜）、最快乐、最自信的孩子。

教育本身就是一首诗，在以诗意构建的教育之旅上，每一步都像一行充满寓意的诗句。以诗眼看待教育中遇到的困难，以达观的心态去改造困难，以培养真善美的诗心去育人，就会创造出师生"阳光下的诗意生活"，在生活世界的实践中书写"生活诗"。

## 三、建设教师队伍，锻造诗的学校

习近平总书记指出："好的学校特色各不相同，但有一个共同特点，都有一支优秀教师队伍。"优秀的教师是任何先进的教育设施都不可替代的"硬件"，优秀的教师能使教育理念变成实实在在的教育行为。

清华附小窦桂梅校长这样认为：培养教师是给学校最好的"储蓄"。教师就是学校的"作品"，要把这个"作品"当作精品来涵养。厦门市开禾小学通过青课堂、青书会、青师团三种途径帮助教师找到发展方向，获得发展动力，成就教育生命。

学校加入名校教育共同体，为教师专业发展提供一个多学科、跨学科发展的平台，破解师资力量薄弱的瓶颈；集中力量，从内容上以学科课堂教学为阵地进行研讨，促进教学改革向深度和广度拓展；从组织上搭建分层发展梯队，促进不同层次的教师共同提高；从活动上搭建展示"全素养"的舞台，构建"全空间"学习方式的转变，突出教育共同体文化共融、智慧共长。举办形式各样的教师读书交流会活动，以达成"微光、聚光、发光"的效果，在读书分享会中点亮阅读之灯，有所感悟，有所实践，让阅读的阳光雨露真正浸润青师之心。结合办学理念，制定"阳光教师"评价指南，加强教师岗位练兵，在赛课、观课、评课中将问题的破解变成教师专业成长的路径；在微课讲座、作业设计中智慧共研，促进师资向更专业的方向成长；开展班主任有绝活——"每一个你都珍贵"同心润童心活动，于同行思维碰撞中，修炼专业内功，在团队的引领下，逐步提升个人综合素养。每学期末，教师依据"阳光教师"评价指南做自评、互评，反思、总结，进一步提升自我。

马克思说，只有创造性的工作才会有尊严。专业性创造让教师不知疲倦，兀兀穷年，与学生一起创造鲜活而生动的学校生活，在享受职业生命的意义与价值的同时，改变和影响一校一地一代人的教育，更描绘出基础教育的美好样态。

在诗意流淌的校园里，教育即生长，学生素养在生长，教师智慧在生长，校园的每一个角落都充满拔节生长的声音。学校也在传承与发扬、守正与创新、建构和开发、实践和研究中更好地走向教育的"诗和远方"。一所学校，一首诗。

真的教育，爱的守护，美的岁月，诗的学校！

# 主题 5

# 图书馆之真意义

大教育家陶行知先生是中国现代图书馆事业的先驱者、开创者与奠基人之一。陶行知先生认为："图书馆有着兴教育，启民智而救国之主旨作用。图书馆的生命在于为民众教育服务。"因此，他亲自领导平民读书运动，开展了长达 20 多年的图书馆实践活动。先生把学校办在哪里，图书馆就创办到哪里，可以说先生一生的教育实践都与图书馆有着不解之缘。

针对中国当时的图书馆界重藏不重用、读书人脱离实践、读书至上的现状，陶行知先生在 1929 年 1 月 28 日南京金陵大学科学馆召开的中华图书馆协会第一次年会上发表了题为《图书馆之真意义》的演说。全文仅 200 多字，用平实的语言阐述了深刻的观点："图书馆设置要特别注意专为用书而设，而非为书呆子所设也，不然即失去图书馆之真意义。"

先生明确而卓越的图书馆观——"书以致用"，在聚焦核心素养、倡导全民阅读、创建书香社会的当下，对学校图书馆如何发挥阵地作用、引领和辐射全校师生阅读有着深刻的启示和重要的指导意义。

## 一、优选好书，让阅读更有热度

教育新形势下，学校图书馆并非无书可读。可一些中小学图书馆却馆门常闭，了无生气，老旧的图书蒙着灰尘，躺在书架上沉睡。风趣幽默的陶行知先生把图书馆比喻成"饭馆"，把图书比作"食材"，唯有好的食材方能做出佳肴美味，才能更好地招待顾客。因此，先生总是精挑细选好书。

深圳百仕达小学图书馆虽小，但馆藏丰富，品类超过 2 万个。学校以《中国小学生基础阅读书目》为主要参考，利用图书馆管理软件的分析功能，了解馆藏图书的种类和占比，分析师生借阅图书的情况，形成师生图书借阅分析表，再结合学校课程需要、家委团队的建议，为图书馆添置各类别图书，满足全体师生多样的阅读需求。在此基础上，学校为全校1~6年级学生量身定制了"阅读书单"，供学生选读、必读、共读。学校还寻求外援，与家庭、社区、图书馆等机构相互畅通与关联好关系，实现通借通还，建构阅读共同体。

学校建立了期末学生、教师读书反馈和评议推荐制度，遴选学生和教师心目中的好书。推介出来的好书并没有被"雪藏"，而是通过红领巾广播站、宣传栏、微信平台、走廊墙壁、阅读推广人定期把它们带到读者面前，让馆藏得到有效流通。

"斯是陋室，惟吾德馨。"学校图书馆哪怕外观再朴素简陋，只要它荟萃了师生需要的、喜欢的好书，让这些好书为师生所知，就不再是冷冷清清的"藏书馆"，而是全校师生心之所向的"读书馆"。

## 二、流通好书，让阅读更有宽度

好书是用来读的，不是用来藏的。陶行知先生为方便民众读书，因地制宜首创《申报》流动图书馆，把书请出图书馆，放在乡村、城镇等民众日常生活之所，还在商铺中设置读书处，把原本束之高阁的书籍带到读者面前。

2019年起，北师大姚颖副教授领衔"小圭璋"中国原创绘本插画暨优秀绘本巡展活动，让中国原创的优秀绘本从图书馆走出来，来到十几个省、自治区、直辖市的270多所学校。当这些"中国味"的优秀绘本漂流到四川凉山州布拖县四且小学时，正好是彝历新年的第一天。孩子们穿着独具特色的民族服装，和学校的教师一起把这些绘本摆在了学校操场上，开起了"小圭璋"绘本新年读书会。图书的流通为边远落后地区的学生打开了通往阅读世界的一扇窗，用阅读的力量推动乡村教育发展。

组委会还悉心选择了55本教学绘本，供一线教师进行教学和研讨。很多学校进行了绘本跨媒介阅读，打破学科壁垒开展跨学科融合教学研讨，让无数孩童切实体会中国原创绘本的魅力，培养多学科阅读能力以及多元认知能力的同时，更在无形中播种下文化自信的种子。

"入芝兰之室久而自芳"。当图书馆没有围墙，图书不再"藏在深闺"，当阅读不再局限于空间和时间，而是发生在师生目光所至的地方，书籍就有了流动的生命，阅读便像呼吸一样自然，校园也有了人人阅读的最美风景。

## 三、善读好书，让阅读更有深度

陶行知先生说图书馆是喂脑子的。怎样读才能把脑子"喂活"？因民众文化程度较低，先生创设了读书指导部，创办《读书问答》《读书消息》等指导民众读书的栏目。由此可见，阅读的"内动力"有赖于有效的方法指导。

广东省深圳市南华小学每周开设一节阅读课，让阅读成为学校的正式课程。学校推行"图书馆十全学科阅读指导"模式，分学科、分板块成立课程研究队伍，引导学生根据不同的学科，选择不同的阅读方法。

语文学科紧扣2022年新课标要求，致力于"整本书阅读"课题研究。全体语文教师依托"快乐读书吧"，分年段各自在图书馆认领一本必读书，反复研读后探索出整本书"激趣导读课""章节推进课""统整分享课"三种课型，在馆内完成全年级各班这三个课型的教学。这使学生有兴趣地读起来，有计划地读下去，有目标地读进去，有感受地读出来，感受整本书的魅力，进而从一本到读同类书的多本，读一个作家的选集乃至全集，由一册册的书本生发至生活实际……

学校在长期实践的基础上，研发了南华小学阅读课程，孵化了"阅读课程教学案例"，实现了从学习阅读走向阅读学习。

当课堂向图书馆延伸，推进图书馆与学科教学深度融合，形成新的教学资源，将课外阅读深度渗透到学科教学活动中，指导学生利用图书广泛阅读，在且读且思、且思且读中，由量的积累达到质的跃进，阅读也从"眼活"到了"脑活"，学科知识也转化成了学习能力。

## 四、读用结合，让阅读更有广度

鲁迅先生曾言："读死书会变成书呆子，甚至成为书橱。"陶行知先生也旗帜鲜明地强调"人不能为书所役"，特地把晓庄师范的图书馆取名为"书呆子莫来馆"。两位大家都提倡"读用结合"，把书中的知识融会贯通，转变成自己的智慧，有所创造地在实践中呈现出来。

上海市田林第三中学积极落实"双减"政策，创新学校图书馆活动，如多主题师生读书沙龙、读书征文赛、舞台表演、与作家面对面、好书讲坛、"廉勤文化"研读、校刊发表平台联动、诗词大会等等。每次活动，学生均亲自参与、实践、创作。学生在一系列丰富多样的活动实践中生发思考，读用相长。

特色"新研学"活动通过研学与馆校融合，拓展学生的阅读实践。"新研学"模块主要有两大内容。一是"印象走读"课程。教师带领学生走出校园、走进社会开展阅读实践。以"探访徐汇老建筑"走读活动课程为例，教师提前收集徐汇区老建筑的历史资料分发给学生，然后带领学生进行参观。学生挑选自己感兴趣的老建筑，学习其对应的历史文化，然后化身小讲解员，讲解这些建筑的故事。学校还邀请专业教师对学生进行讲解技巧方面的培训。"印象走读"课程不仅拓宽了学生的阅读边界，还丰富了学生的阅读实践。二是利用公共图书馆、博物馆等空间，延展阅读实践。学校充分利用徐汇区周边的各类图书馆、博物馆等文化场馆，为学生打造校外"第二阅读课堂"。例如学校与徐家汇书院合作，组织开展"和田阅"之"我是小小荐书人，我为书院荐本书"活动，让学生推荐自己最喜欢的一本书并制作荐书卡，最终由书院从中挑选部分作品在大厅予以展示。

多元活动的开展，充分发挥了图书馆"第二课堂"的教育功能，使学习最大限度"跨界和流动"，让学生在阅读与实践中把有字之书、无字之书读"厚"、读"活"、用"活"。

时代在变，阅读的理念不变，陶行知先生的图书馆观在时间的长河里历久弥新。学校图书馆要秉持陶行知先生"书以致用"这一理念，不断丰富阅读形态，积极构建具有文化特色的阅读教育生态圈，助力学生养成自觉阅读的能力与习惯。让孩子成为终身阅读者，就是学校送给孩子一生最好的礼物。因为，阅读是孩子们的幸福所在，更是中华民族的希望所在。

# 主题 6

# 新教育

20 世纪 20 年代初，中华民族正处于内忧外患之中，陶行知先生从美国学成归来，忧国忧民的他深刻地认识到，振兴民族的希望在于振兴教育，而教育要顺应时代和世界的教育趋势，并伴随着竞进。因此，他提出了改革旧教育，提倡新教育的主张。

1919 年 7 月 22 日，先生在浙江省立第一师范学校的毕业生讲习会上发表专题演讲，对"新教育"这一概念从背景、含义、方法、主体、课程和教材等方面进行了全面而系统的阐述。他的新教育给彼时的中国带来了光明，也为他的新教育思想在中国实践开启了新的篇章。

100 多年后的今天，习近平总书记提出"建设教育强国，基点在基础教育"的论断，高屋建瓴地为我国基础教育做出了新的使命定位，指明了新的目标方向。学校如何发挥基础教育之于教育强国建设的"基点"作用，需要课程改革做出切实生动的回应。此时，参悟先生的新教育思想，将其优秀思想继承、发展和创新，融入教育改革实践的各个环节中，才能"塞陈旧之道，开常新之源"，为推动教育的高质量发展提供巨大助力。

## 一、构建课程体系，凸显育人价值

陶行知先生认为，"课程为社会需要与个人能力调剂之工具。好的教育要通过好的课程去落实"。他说，"盖课程为学校教育之中心，假使课程得有圆满解决，则其他问题即可迎刃而解"。他还强调"课程要有系统，但也要有弹性"，应"有适度不同情况的若干课程"。先生创办的育才学校，课程就分为普修课程和特修课程，普修与特修相结合的目的是"敷成多轨，即普及提高并重"。

课程是学校建设的核心要素，是学校立德树人、培养学生的主渠道。习近平总书记在视察澳门濠江中学附属英才学校时指出，学校要不断优化课程设置。随着课程自主权的下放，中小学校课程建设的热度逐年攀升，但任何一所学校课程的开设绝非凭空产生，也不能任意而为，必须合乎国家的政策，遵循学校的发展规律，体现学校的理念文化并满足每一个学生的成长所需。

上海洵阳路小学基于国家政策和教育方针，秉承学校"寻阳"文化的内涵"润泽生命，洵美且异"，根植核心素养，树立"一样的阳光，润泽不一样的生命"的课程理念，建构以国家课程为主体，地方课程和校本课程为拓展的"洵美课程"跨学科课程，形成课程育人合力，让每个孩子获得适宜的教育和最好的发展。

"洵美课程"是全新的"分科·综合"课程体系，上午分科学习，下午跨学科学习。下午的跨学科学习按低、中、高三个年段，分为"主题课程""广域课程""模块课程"。低年段为实现幼小过渡的"柔性衔接"，实施"主题课程"。将唱游、美术、自然、探究等学科进行整合，形成一个个生趣盎然的单元。进入中年级后，学校开展"广域课程"，广域课程有四个领域："科学与发现""戏剧与表达""艺术与创想""儿哲与思辨"。它更关注多样化课程资源的整合，以"学"为核心，在学习时空、领域内容和学习方式上都有突破。高年级学生的学习则从广域走向模块。模块课程包含"阅读与写作""数学与思维""体育与健康""艺术与审美""科学与创造"五大块。它关注学科特性与学生学力层次差异，以"创"为核心，采用选课走班的机制，提供多样选择，满足个性需求，实现与中学学习接轨。学校还聚合资源，助力"双减"，设计课后综合活动课程，包含科技、体育、艺术和非遗项目四大类近 50 门。"洵美课程"是温暖的，它走进生命，用课程润泽孩子，支撑孩子的成长，让每一个孩子绽放出自信、阳光、力量，美得与众不同！学校的课程改革也获得了国家基础教育成果奖。

学校改革如徒手攀岩，课程就是一个个着力点。而课程改革要看见人的因素，指向新课标的育人导向。唯有融合、创设适合学生未来发展的课程，构建丰富、可选择的课程群，才能润泽每一个生命的生长与发展，促进学校高品质发展。

## 二、变革课堂教学，落实核心素养

威廉·赫兹里特说："伟大的思想只有付诸行动才能成为壮举。"实践，是课程最美的语言。学校关于课程的一系列设想规划，只有在课堂教学实践中才能落地，才能获得成效。可如果课程方案变了，课程方案中对教学的原则要求变了，教学却不变，或穿上新课程的新鞋走"旧日教学"的老路，那么，新课程就不可能收到预期的成效。因此，新课程迫切需要建构新的课堂教学。

新课标开启从"知识"走向"素养"的新时代，核心素养的落实要重视学生学习方式和教师教学方式的变革，构建新型的"以学为中心"的课堂。无锡市东林小学从历史中寻找，从当下问题出发，引领东林小学教育集团课堂教学变革，打造立足表现和素养生成的课堂样态——素养表现型课堂教学。

素养表现型教学是以学生表现为核心，建构起以素养达成为目标、学习任务为载体、实践活动为主线、学做一体为表征的课堂教学实践体系。素养表现型教学为教师创生优质教学范式，通过研制学生素养表现观察量表，明确评价指标，设计出每一课的学习任务展评单，从而优化评价方法，让学生及时调控自己的学习行为。学习任务展评单融合"学习任务""学习活动""学习展示"

"学习评价"四个要素，不仅给教师的教和学生的学提供了一个有力的抓手，还使教学过程有着更清晰的实践路径。基于"学习任务展评单"，完善教学评一体化，推动课堂教学不断走向高效优质。学生的学习方式以互动表现为主，在学生与知识之间建立双向循环，促进学生内在与外在素养之间的互动，生成良好的学习结果，并把学习结果展示出来。它不仅关注"学以致用"，而且强调"用以致学"，助力学生培养和提升文化、审美、反思和创造品格。它以"主题—任务—表现"为基本模型，在课堂学习中指导表现的过程，聚焦表现的难点，强化表现的深度，共享表现的结果，反思表现的得失，指导学生以获取相关信息为基础，以生成自我认知为凭借，以积极展示为手段，最后获取对知识的意义建构。

素养表现型教学实施至今，教学效果显著提升，教师实现了从"单科片面"转向"复合发展"，从"任务驱动"转向"价值认同"。北师大中国教育创新研究院院长刘坚评价素养表现型教学这一研究项目充分体现了陶行知"教学做合一"的思想。江苏省教育学会名誉会长杨九俊认为，素养表现型教学倡导儿童主动参与，在表现中成长，必然赋予儿童生命幸福的内涵。这种幸福的感觉不仅弥漫在孩子的小学时光，而且会影响他们的一生。

当下的教学早已不再是表层学习、表面学习和表演学习，要变革教与学的关系，着眼学生核心素养的长远发展，以学生为主体锻造更"聚焦"的课堂、更"整合"的课堂、更有"内涵"的课堂、更"灵动"的课堂。教师要引导学生深度参与整体知识体系建构，掌握核心知识，培养必备品格、关键能力，实现知事融通、知识融合、知行合一、身心合一，有效解决课堂教学低效的问题。这样的课堂才是"养眼且养心"的课改景观。

## 三、创新评价方式，激励最优成长

在陶行知先生那个时代，应试教育问题集中反映在会考制度上。先生对这种"唯分数论"的评价方式深恶痛绝。他曾这样说："拼命赶考，还有多少时间去接受大自然和大社会的宝贵知识呢？赶考和赶路一样。赶路的人把路旁风景赶掉了，把一路应该做的有意义的事赶掉了。"先生提倡"培养生活力创造的考成"。

《基础教育课程改革纲要》指出："评价不仅要关注学生的学业成绩，而且要发现和发展学生多方面的潜能，了解学生发展中的需求，帮助学生认识自我，建立自信。"评价是检验课程建设的起点和终点。对学校而言，评价的目的不是选拔，而是育人。

北京育英学校大力革新观念，基于学校育人目标，梳理出育英学子五个方面的综合素质发展指标，建立综合素质评价体系，使综合素质评价得以有效落地。育英学校综合素质评价体系由"课程·评价系统""管理·支撑系统""发展·规划系统"构成。"课程·评价系统"是核心，围绕德智体美劳五个方面，以"基础、修身、发展"三类课程为载体落实课程育人，通过课程和评价推动学生在思想品德、学业水平、身心健康、艺术素养、社会实践等领域全面发展。整个评价以"北京市育英学校学生综合素质评价积分表"为依托，采取过程性评价与终结性评价相结合的原则，学生本人、班级同学、班主任、任课教师、家长、学校教育教学部门各评价主体根据评价要素进行客观记录、打分，再以不同算法折合成积分，所有积分之和为该学生在该学期的综合素质积分。"管理·支撑系统"为"课程·评价系统"提供管理服务和技术支持，评价过程全部在"育英学校学生成长服务平台"完成，保证评价结果的客观公正。"发展·规划系统"是评价育人的最终意义和方向。班主任依据综合素质评价积分一目了然地看出学生的学科优势、兴趣特长、成长偏好及存在的问题，从而更有针对性地引导学生合理规划、扬长避短、全面发展，让评价结果成为引领学生前进的方向。

如今，育英学子人手一份综合素质评价积分表报告单。报告单上细致记录着孩子们入校后的点滴变化，清晰描绘出一个个"人"的成长轨迹和成才目标。学校的综合素质评价办法成为教育部向全国推广的13个重要经验之一。

## 重温经典：学用陶行知教育艺术

苏霍姆林斯基说："没有自我教育，就没有真正的教育。"多元的评价唤醒了学生的主体意识，激励学生主动参与，激发每个学生的潜能优势，促进学生主动、全面而有个性地发展，助力学生自我规划和自主管理，使评价引领学生发展的导向性功能得到真正释放。让过程看得见、成长看得见、个性看得见、成长有导航。

推动教育高质量发展，加快建设教育强国，已成为当前教育领域最振奋人心的战略定位，最凝聚人心的时代召唤。学校唯有坚守教育理想，拥抱时代变革，让前沿的课程改革凝聚成蓬勃发展的生长力，蓄力推动以生为本的教育，才能写好"为党育人，为国育才"的教育大文章。

# 参考文献

［1］曹葆华. 陶行知教育思想的浪漫精神［J］. 生活教育，2023（6）：29-37.

［2］陶行知教育名篇［M］. 北京：教育科学出版社，2013.

［3］赵桂霞. 从入学到毕业［M］. 北京：教育科学出版社，2017.

［4］李镇西. 幸福比优秀更重要［M］. 上海：华东师范大学出版社，2015.

［5］"学习强国"学习平台. 中央宣传部.

［6］夏雪. 陶行知"生活即教育"思想在小学语文教学中的应用策略［J］. 吉林教育，2023（9）：25-27.

［7］余小刚. 发挥生活对教育的价值意义［J］. 四川教育，2010（12）：41-42.

［8］胡晓风. 陶行知教育文集［M］. 成都：四川教育出版社，2008.

［9］赵伟. 陶行知"教学做合一"思想对新时代劳动教育的启示［J］. 东北师大学报（哲学社会科学版），2021（5）.

［10］刘卿宁. 浅谈李镇西生活语文教育观及启示［D］. 贵州：贵州师范大学，2014.

［11］《中国教育报》2023年10月20日第9版. 版名：好老师.

# 后　记

　　在编写本书的过程中，编者借鉴和参考了国内外一些知名专家的著作和研究成果，引用了一些教师的案例和文章，在此向所有专家、教师致以衷心的感谢！受沟通渠道所限，我们未能与所有作者都取得联系。敬请相关作者与我们联系，电子邮箱：taolishuxi@126.com。

编　者

# 重温经典：

## 学用苏霍姆林斯基教育艺术

马志平 著

新 华 出 版 社

图书在版编目（CIP）数据

重温经典：学用苏霍姆林斯基教育艺术／马志平著.
-- 北京：新华出版社，2024.12.
（创造学生喜爱的课堂）
ISBN 978-7-5166-7687-5

Ⅰ. G40-09

中国国家版本馆 CIP 数据核字第 2024 NX2709 号


**重温经典：学用苏霍姆林斯基教育艺术**

著　　者：马志平

责任编辑：蒋小云　丁　勇　　　　装帧设计：郝亚娟

出版发行：新华出版社
地　　址：北京石景山区京原路 8 号　邮　　编：100040
网　　址：http://www.xinhuapub.com
经　　销：新华书店
　　　　　新华出版社天猫旗舰店、京东旗舰店及各大网店
购书热线：010-63077122　　　中国新闻书店购书热线：010-63072012

照　　排：桃李书系
印　　刷：三河市人民印务有限公司

成品尺寸：170mm×230mm
印　　张：13　　　　　　　　　字　　数：232 千字
版　　次：2025 年 2 月第一版　　印　　次：2025 年 2 月第一次印刷
书　　号：ISBN 978-7-5166-7687-5
定　　价：49.00 元

# 前　言

在教育的世界里，有些理念如同灯塔，照亮了一代又一代人的心灵。苏霍姆林斯基的教育思想便是这样的一盏明灯，其光芒穿越时空，至今仍在教育工作者的心中闪烁。今天，我们将重温这位伟大教育家的智慧，探讨他的教育艺术，以及其对现代教育的深远影响。

再次翻开苏霍姆林斯基的教育著作，那些熟悉的文字如同久别重逢的老友，带着岁月的痕迹，却又充满了新鲜的启示。这不仅仅是对过往知识的重温，更是一次心灵的洗礼和思想的启迪。

苏霍姆林斯基的教育艺术首先体现在他对教育的深刻理解上。他坚信教育的核心在于培养人的全面发展，包括智力、情感、意志、道德等多个方面。他强调，教育不仅仅是传授知识，更是启迪智慧、塑造人格、培养情感的过程。这种全面的教育观使得他的教育实践更加关注每一个学生的成长和发展，努力让每一个学生都能成为有知识、有情感、有道德、有能力的现代公民。

在教育方法上，苏霍姆林斯基展现了其独特的教育艺术。他倡导以学生为中心的教育理念，强调学生的主体性和主动性，鼓励学生积极参与学习过程，充分发挥创造力和想象力。他善于运用各种教学手段和策略，如直观教学、情境教学、合作学习等，来激发学生的学习兴趣和动力，提高学习效果。同时，他也注重培养学生的自学能力和终身学习的习惯，使学生能够在未来的学习和生活中不断取得进步和发展。

他关注学生的内心世界和情感需求，尊重学生的个性差异和选择权利，努力营造一个温馨、和谐、包容的教育环境。他善于倾听学生的声音，理解学生的想法，关注学生的感受，让学生在被关爱和尊重中茁壮成长。这种人文关怀的教育方式让学生感受到教育的温暖和力量，也让学生在教育中获得更多的成长和收获。

在苏霍姆林斯基的教育体系中，科学、技能和艺术被视为教学和教育过程的核心内容。他坚信，教育的艺术在于每一次教育者同教育对象的接触都能激发他们心灵的热情。这种热情不仅仅源于教育者对工作的细致和热情，更源于教育者对学生个性的深入理解和尊重。

在美育方面，苏霍姆林斯基强调美是道德纯洁、精神丰富和体魄健全的强大源泉。他提倡通过多样化的途径和手段，如观赏大自然、鉴赏文学艺术作品、动手劳动等，来培养学生美的情感和塑造他们美的心灵。他认为，美育应随时、随地进行，让学生在日常生活中感受到美的存在。

在劳动教育方面，苏霍姆林斯基坚信劳动以外的教育和没有劳动的教育是不存在也不可能存在的。他强调劳动教育的重要性，认为劳动不仅仅是获取生活技能的手段，更是培养学生责任感、独立性和自尊心的途径。他反对将学生从劳动中剥离出来，认为这会导致学生精神生活的空虚和对生活的无准备。

在青春期教育方面，苏霍姆林斯基强调了性别平等教育的重要性。他鼓励男女学生共同参与社会活动，学习技术和承担不同的角色。他认为，通过军事游戏等活动可以培养男子的义务、责任、尊严三种感情，同时确立女子的家庭角色。此外，他还注重家庭关系教育，教会学生如何承担家庭责任感以及夫妻如何相处。

此外，苏霍姆林斯基还关注那些因家庭问题而受到伤害的儿童。他提出了"保护性教育"的概念，针对不同类型的创伤儿童，采用四种类型的特殊性保护教育关爱孩子。他强调通过唤起儿童的爱心和同情心来保护他们免遭精神孤独的侵害，并鼓励他们通过向他人倾诉心声来丰富和充实自己的精神生活。

重温苏霍姆林斯基的教育艺术，让我们再次感受教育的魅力和力量。他的教育理念、方法、人文关怀和实践经验为我们今天的教育工作提供了重要的启示和借鉴。在今天这个快速变化的时代，我们仍然可以从苏霍姆林斯基的教育艺术中汲取智慧和启示，为培养德、智、体、美、劳全面发展的人才做出更大的贡献。

当然，受时间和编者认识水平所限，本书中的观点和案例可能有偏颇之处，欢迎读者给我们提出批评和改进意见！

# 目　录

## 专题一　始终关注学生的心灵成长

只有能以敏感的心灵去觉察学生最细微的内心活动的人，才配称为善良的人，才有权利当学生的导师。人在精神交往中向他人奉献自己的精神财富和自己的内在美时，创造人的过程也恰恰由此开始。人应当把自己心灵的一部分奉献于他人、归属于他人，并且认为这是一种巨大的欢乐。

# 专题二 唤醒孩子心灵深处内在的善良与潜藏力量

当他还是个不懂事的孩子时，到我们这里来学习，我们就不应当用对"学生"这个词的狭义的理解来看待他。如果在教师看来，他只是一种头脑里被填塞知识的生物，他就不会成为全面发展的人。……作为一个人（儿童还不是未来的人，但已经是今天的人），他具有丰富多彩的思想生活，是正在进入进行认识、进行创造和处理人与人之间相互关系的世界的一个朝气蓬勃的人。

# 专题三  优秀教师的每一堂课都"准备了一辈子"

如果一个人在书的世界里没有独特而深刻的精神生活，他就不可能成为教师。就像花朵向着太阳那样，学生的求知智能和敏锐心灵向往的是知识的灯塔——教师。但只有每天给思想之火添上书籍这种智慧燃料的人，才可能成为知识的灯塔。

# 专题四 增进每个学生的"智力尊严"

"教学工作的一个十分微妙的问题",就是"怎样使学生因学习得好而自豪,为自己的成绩和知识而感到公民的尊严";"培养智力尊严这是精神生活的重要方面";"对于儿童的智力发展,我首先是从他将来的个人幸福的观点来考虑的",而关心每个学生的智力发展,"就是为了使我们的社会成为幸福的社会"。

# 专题五　做一个好人是最大的幸福

"我们最重要的一个教育手段是十分尊重自己学生的人格。我们的使命是用这一手段去培植非常细腻而又精致的想法，希望成为一个好人，希望成为一个今天比昨天更好的人。"要让学生亲身体验到，"做一个好人是最大的幸福"。

# 专题六　劳动教育引导年轻一代走向生活

"劳动教育"这个词组是不可分割的，因为教育只是在它具有劳动的含义时，才成为教育。学校不应有离开劳动的教育，也不应有缺失教育的劳动。"劳动"与"教育"之"不可分割"，是指劳动与教育两者不应该、不允许被分割。然而在现实教育工作中，两者常常相互脱节，遭到人为割裂。

# 专题七　无限相信书籍的教育力量

应当使阅读成为"一个创造的过程"，应当"把自己的强烈感情倾注到书里：或者对美的、高尚的和有道德的事赞叹不已，或者对丑恶的东西感到厌恶、愤慨、鄙视和不能容忍"，总之，要"在书的世界里度过一种有思想性的生活"，让书籍在他的心灵中留下终生不可磨灭的痕迹。

# 专题八　家庭是培养公民意识的最初摇篮

家庭是社会的基本细胞，它体现着在经济、道德、精神心理学、审美等方面的诸多人际关系，当然，还包括教育方面的关系。然而，只有父母抱着崇高的目的，家庭才能成为一种高尚的教育力量。这些都是培养一个人思想、道德和公民意识的源泉，都是培养公民意识的最初摇篮。

# 专题一

## 始终关注学生的心灵成长

只有能以敏感的心灵去觉察学生最细微的内心活动的人，才配称为善良的人，才有权利当学生的导师。人在精神交往中向他人奉献自己的精神财富和自己的内在美时，创造人的过程也恰恰由此开始。人应当把自己心灵的一部分奉献于他人、归属于他人，并且认为这是一种巨大的欢乐。

# 主题 1

# 以敏感的心灵去觉察儿童最细微的内心活动

苏霍姆林斯基说："只有能以敏感的心灵去觉察学生最细微的内心活动的人，才配称为善良的人，才有权利当学生的导师。"①

## 一、重温经典

"儿童是人民这棵永存的大树上最柔嫩、最纤细的枝条。"②

苏霍姆林斯基提示：不要让儿童感到自己软弱和没有自卫能力，更不应让儿童"处处怜惜自己"；要"从最'娇小'的年龄起，从幼儿园起，就应当培养人的精神力量"③。

他与儿童朝夕相处，心心相印，不时从儿童眼睛里发现"充满着纯洁的人性光芒"和"人世间最纯洁的感情"，他珍惜孩子"诗一般美好的青春，以及青年时代的纯洁感情"，将其纯洁的心灵称为"赤子之心"。④

"有人认为，儿童是带着纯洁得如同一张白纸的心灵来上学的，我们在这张纸上可以想写什么就写什么。这样来看教育是严重的错误。实际情况常常是：这张纸上已经写了许多东西，而且很牢固，以至于不经过斗争就无法培养信念。"⑤

"用慈爱之心育人，就要培养儿童把自己作为一个值得尊敬和自豪的有用之

---

① 蔡汀，王义高，祖晶编. 苏霍姆林斯基选集（第4卷）[M]. 北京：教育科学出版社，2001：710.
② 蔡汀，王义高，祖晶编. 苏霍姆林斯基选集（第1卷）[M]. 北京：教育科学出版社，2001：183，205-206，1420.
③ 蔡汀，王义高，祖晶编. 苏霍姆林斯基选集（第1卷）[M]. 北京：教育科学出版社，2001：183，205-206，142.
④ 蔡汀，王义高，祖晶编. 苏霍姆林斯基选集（第3卷）[M]. 北京：教育科学出版社，2001：904.
⑤ 蔡汀，王义高，祖晶编. 苏霍姆林斯基选集（第1卷）[M]. 北京：教育科学出版社，2001：183，205-206，142.

才。从童年起保护好敏锐的感觉、良心和心灵的纯洁，不使心灵迟钝、凶狠、残忍，不让它变得干涩、生硬、呆滞、麻木——这是我的教育信念的最主要的原则之一。"①

## 二、案例分析

小明是一个 7 岁的男孩，就读于某市的一所小学。他平时性格内向，不太善于表达自己的情感，但在绘画方面有着极高的天赋。他的老师发现，小明在绘画时总能将内心深处的情感通过色彩和线条表现出来，这成为了解他内心世界的窗口。

一天，在上美术课时，老师让学生画一幅关于"家"的画。大多数孩子画出了父母、宠物、玩具等常见的家庭元素，但小明的画却与众不同。他的画中只有一扇半开半掩的门，门外是漆黑的夜空，门内则是一片模糊的光亮。老师敏感地觉察到这幅画背后可能隐藏着小明的某种情感。

课后，老师将小明留下来，温柔地询问他画中的含义。小明沉默了一会儿，然后小声地告诉老师，他最近总是担心爸爸妈妈吵架，害怕他们会分开。那扇半开半掩的门，就是他心中的家庭之门，门外的黑暗代表着他内心的恐惧和不安，而门内的光亮则是他对家庭温暖的渴望。

那么，老师是如何做的呢？

倾听与理解。老师首先认真倾听小明的内心感受，没有打断他的诉说，也没有给予过多的建议。她让小明感受到自己的情感被接纳和理解。

情感支持。老师告诉小明，他的感受是正常的，每个人都会有害怕和不安的时候。她鼓励小明勇敢地面对自己的情感，并相信家庭会给他带来温暖和支持。

家校沟通。老师及时与小明的父母进行沟通，告诉他们小明最近的情感状态。小明的父母表示会注意自己的言行举止，避免在孩子面前争执，给孩子营造一个和谐的家庭环境。

---

① 蔡汀，王义高，祖晶编. 苏霍姆林斯基选集（第 5 卷）[M]. 北京：教育科学出版社，2001：518.

持续关注。在接下来的日子里，老师持续关注小明的情感变化，并通过绘画、谈话等方式了解他的内心世界。她发现，随着家庭环境的改善，小明的画作也变得更加明亮和积极。

【分析】通过这个案例，我们可以看到，儿童的内心世界是复杂而敏感的。作为教育工作者，我们需要用敏感的心去觉察儿童的内心活动，尤其是那些不易被察觉的细微变化。当我们发现儿童的情感问题时，要给予他们足够的关注和支持，帮助他们建立积极的情感状态和健康的人格。同时，我们还需要与家长保持密切的沟通与合作，共同为儿童的健康成长营造良好的环境。

## 三、专业指导

在成人的世界里，我们常常被繁忙的生活节奏所裹挟，以致忽略了那些最为细微却至关重要的声音——儿童的内心活动。孩子们的情感世界丰富而复杂，他们的快乐、悲伤、恐惧和梦想，如同一朵朵初绽的花蕾，需要我们以一颗敏感的心去细心觉察和呵护。

### 1. 要培养敏感的洞察力

要想真正了解儿童的内心世界，首先需要培养敏锐的洞察力。这意味着教育工作者要有意识地放慢脚步，用心去观察孩子们的日常行为，倾听他们的话语，甚至他们的沉默。敏感的心灵能够捕捉到孩子们眼中闪过的一丝忧虑，嘴角流露出的一抹不易被察觉的微笑，以及他们在玩耍中的小小犹豫。这些细微之处往往是孩子们内心活动的直接反映。

### 2. 倾听与对话，是沟通的艺术

有效的沟通是理解儿童内心的关键。与孩子进行对话时，我们需要放下成人的成见，耐心倾听他们的想法和感受，用开放式的问题引导他们表达自己，而不是简单地给出指令或答案。通过这样的对话，我们可以在孩子心中逐渐建立起信任感，让他们感觉到安全，然后和我们分享他们的内心世界。

### 3. 观察行为，是情感的体现

孩子们的行为往往是他们情感状态的一种体现。例如，一个通常活泼的孩子突然变得沉默，可能是因为他遇到了困扰；一个平时听话的孩子开始频繁反抗，可能是在试图表达自己的独立意愿。通过观察这些行为的改变，我们可以及时发现孩子可能面临的问题，并给予适当的关注和支持。

### 4. 创造安全的环境

为了让孩子们愿意展示他们真实的自我，我们需要为他们营造一个安全、温馨的环境。在这样的环境中，孩子们可以自由地表达情感，不必担心被误解或批评。这要求我们要有包容的心态，接纳孩子的所有情感表现，并提供适当的引导和帮助。

### 5. 共同成长：学习与适应

通过敏感地觉察儿童的内心活动，我们不仅仅是在帮助他们解决问题，更是在与他们一起成长。这个过程教会我们如何更好地理解和尊重他人，如何在生活中展现出更多的同情和爱心。同时，我们也在学习如何适应不断变化的情感需求，成为更完善的个体。

儿童的内心世界是一个充满奇迹的宇宙，每一个细微的内心活动都值得我们用心去探索。以敏感的心灵去觉察这些活动，不仅能够帮助孩子们健康成长，也能够丰富我们自己的情感体验。在这个过程中，我们学会了倾听、理解和包容，这些都是构建一个更加和谐的世界的基石。让我们一起努力，用敏感的心去感知儿童的内心世界，陪伴他们成长，共同迎接一个更加美好的明天。

# 主题 2

# 积极抚慰儿童受伤的心灵

苏霍姆林斯基说："要用慈爱和善良去接触世界上最温柔、最敏感的物质——儿童的心灵。要保护人的人格，要使人确立对自己的尊重。"

## 一、重温经典

随着年岁的增长，儿童自身的"人的意识"越来越强烈，即使是面临走上邪路危险的学生也仍会感到自己是一个"人"。苏霍姆林斯基写道："我们这种职业的艺术在于，我们疾恶如仇，但同时又不能把仇恨转嫁给心灵里存在着邪恶的学生。……在我的教育实践中有一条原则：不管儿童心灵里的邪恶有多么可怕，在这扭曲的心灵里应当看到的首先是人——期待着帮助和根治邪恶的人。""而且他应当成为一个美好的人！"①

他在与一个被视为不可救药的学生交往时，就首先坚信他是一个人，并且努力"使这个学生感觉到自己是一个人""成为一个尊重自己的人"。他写道："恰恰是在我忘却他的邪恶时，这个学生有生以来第一次感到了人对待人的态度。我们观赏着一棵小樱桃树上的花朵，新年前夕，它在温室里开放了。对美的赞赏，帮助我忘却我面前这个孩子心里根深蒂固的邪恶。我看到的是一个我很想与他分享自己欢乐的人，而他的戒心也烟消云散了——他忘了这是在教育他。"②

"一个人还是在童年时代，就已存在威胁他滑向邪路的危险。……童年早期就应当预防这种危险，甚至从他有可能成为违法乱纪分子和刑事犯罪分子的设想

---

① 蔡汀、王义高、祖晶编. 苏霍姆林斯基选集（第5卷）[M]. 北京：教育科学出版社，2001：427-428，428.

② 蔡汀、王义高、祖晶编. 苏霍姆林斯基选集（第5卷）[M]. 北京：教育科学出版社，2001：427-428，428.

出发，给他接种强有力的抗毒疫苗——这是最精巧和最微妙的教育艺术。"① "要用慈爱和善良去接触世界上最温柔、最敏感的物质——儿童的心灵。要保护人的人格，要使人确立对自己的尊重。"②

## 二、案例分析

小亮是一名高中生，由于家庭变故、学习压力大以及周围不良朋友的影响，他逐渐走上了错误的道路。他开始逃学、打架、沉迷于网络游戏，成绩急剧下滑，与父母的关系也日益紧张。他的老师发现了这一情况，决定采取行动帮助他走回正道。

老师采取了怎样的措施呢？

建立信任关系。老师首先尝试与小亮建立信任关系。她利用课余时间和小亮聊天，关心他的生活和心情，耐心倾听他的困惑和不满。老师并不急于指责小亮，而是以一种理解和包容的态度与他交流，让他感受到自己的存在是被重视的。

了解原因与动机。在建立信任的基础上，老师开始深入了解小亮走上邪路的原因和动机。她发现小亮在家庭发生变故后缺乏关爱和安全感，学习压力也让他倍感焦虑。此外，他还受到了一些不良朋友的影响，误将寻求刺激和认同的方式视为成熟和独立的表现。

提供情感支持。针对小亮的情感需求，老师给予了他充分的情感支持。她鼓励小亮勇于表达自己的感受，给予他积极的反馈和肯定。同时，她还与小亮的父母沟通，让他们了解小亮的内心需求，并共同为他创造一个温暖和支持性的家庭环境。

引导价值观重塑。在情感支持的基础上，老师开始引导小亮重塑正确的价值观。她向小亮介绍了一些成功人士的案例，让他明白成功需要付出努力和坚持。

---

① 蔡汀，王义高，祖晶编. 苏霍姆林斯基选集（第5卷）[M]. 北京：教育科学出版社，2001：815，521.

② 蔡汀，王义高，祖晶编. 苏霍姆林斯基选集（第5卷）[M]. 北京：教育科学出版社，2001：815，521.

同时，她还与小亮一起制订了学习计划和目标，鼓励他积极参与学校活动，培养自己的兴趣爱好和社交能力。

寻求专业帮助。当小亮在价值观重塑过程中遇到困难时，老师决定寻求专业心理咨询师的帮助。心理咨询师通过专业的评估和指导，为小亮提供了个性化的心理疏导和干预措施。他们帮助小亮认识到自己的错误行为带来的后果，并引导他学会用积极的方式去应对生活中的挑战。

持续关注与跟进。在引导小亮走回正道的过程中，老师保持了持续的关注和跟进。她定期与小亮沟通，了解他的近况和困惑，及时给予帮助和支持。同时，她还与小亮的家长和心理咨询师保持紧密的合作，共同为小亮创造一个有利于他成长的环境。

经过一段时间的努力和坚持，小亮成功地回归正道。他的学习态度有了明显的改变，成绩也逐渐提高。他重新建立了与家人的联系和沟通，家庭氛围变得更加和谐融洽。同时，他还结识了一些志同道合的朋友，积极参与学校活动和社会实践，逐渐展现出自己的潜力和才华。

【分析】这个案例展示了积极抚慰走上邪路的学生心灵的重要性。通过建立信任关系、了解原因与动机、提供情感支持、引导价值观重塑、寻求专业帮助以及持续关注与跟进等步骤，我们可以帮助学生走出困境，重新找回自信和希望。在这个过程中，我们需要保持耐心和关爱，用理解和包容的态度去对待学生，让他们感受到自己的存在是被重视和关注的。同时，我们还需要注重培养学生的自我认知和自我管理能力，帮助他们树立正确的人生观和价值观，为他们的未来发展奠定坚实的基础。

## 三、专业指导

在成长的道路上，儿童的心灵如同初绽的花朵，既脆弱又充满生机。他们可能会因为各种原因遭遇情感上的创伤，如家庭变故、学生欺凌或生活中的挫折等。作为成年人，我们有责任用积极的方式抚慰这些受伤的小小心灵，帮助他们恢复信心，重拾快乐。

### 1. 认识儿童的情感需求

儿童在不同的成长阶段有着不同的情感需求。幼儿期的孩子需要安全感和依赖感，学龄前的孩子开始寻求认同和友谊，而青少年则在探索自我和独立性。了解这些需求有助于我们更好地与孩子沟通，及时发现并回应他们的情感问题。

### 2. 倾听与理解

当儿童遇到困难时，他们首先需要的是一双愿意倾听的耳朵。给予孩子充分的时间和空间表达自己的感受，不要急于打断或提供解决方案。通过倾听，我们可以更好地理解孩子的内心世界，让他们感受到被尊重和理解。

### 3. 肯定与鼓励

积极的肯定和鼓励对于儿童自信心的建立至关重要。即使在失败和挫折面前，也要帮助孩子看到自己的努力和进步。用具体的例子强调他们的成功经历，让他们知道每个人都有自己的长处和价值。

### 4. 共同解决问题

面对儿童的问题，我们应该鼓励他们参与到解决问题的过程中来。通过讨论和思考，引导孩子找到可能的解决方案。这种方法不仅能帮助孩子学会独立思考，还能增强他们应对挑战的能力。

### 5. 创造安全的环境

一个安全、温馨的环境是儿童心灵愈合的沃土。无论是家庭还是学校，都应该提供一个让孩子感到被接纳和支持的环境。在这样的环境中，孩子更容易敞开心扉，分享自己的忧虑和恐惧。

### 6. 身体接触的力量

适当的身体接触，如拥抱、轻拍背部或握手，可以传达出爱和安慰。这种非言语的交流方式对于缓解儿童的紧张情绪和不安感非常有效。

### 7. 认识专业帮助的重要性

有时，儿童的情感问题可能需要专业人士的帮助。像心理咨询师或儿童心理医生可以提供专业的指导和治疗。家长和教育者应该意识到寻求专业帮助的重要性，并及时采取行动。

积极抚慰儿童受伤的心灵是一项细致而长期的工作，它需要成年人的耐心、理解和不懈努力。通过建立一个支持性的环境，我们可以帮助儿童克服心灵的创伤，让他们的世界重新充满色彩。让我们一起努力，为孩子们的心灵播撒温暖的光芒，陪伴他们健康、快乐地成长。

# 主题 3

# 发现儿童作为教育者的巨大潜力

苏霍姆林斯基指出："对于成人来说，儿童本身就是巨大的教育力量。事实上……儿童是能够创造奇迹的：他将不允许父亲酗酒，不让父母说脏话、吵架，等等。"

## 一、重温经典

苏霍姆林斯基发现，儿女的话常常能给父母以巨大的影响："对于成人来说，儿童本身就是巨大的教育力量。事实上……儿童是能够创造奇迹的：他将不允许父亲酗酒，不让父母说脏话、吵架，等等。"①

他讲过这样一件事：

女学生济娜从上学开始，母亲就给她灌输"事不关己，高高挂起"的思想，而学校火热的集体生活则让济娜逐步树立起集体主义信念，她越来越关心集体的进步和荣誉。小组里有些学生的书写技能不达标，济娜就在课后帮助他们完成练习。同学们的进步给济娜带来了极大的快乐。

---

① 蔡汀，王义高，祖晶编. 苏霍姆林斯基选集（第 5 卷）［M］. 北京：教育科学出版社，2001：498-499.

此后母女俩的冲突不断。济娜不顾母亲反对，越来越频繁地与同学们分享自己喜爱的玩具，还经常帮助生病的同学补习功课。假期，济娜和同学们采集果树种子寄给白俄罗斯的少先队员朋友们，这些事都遭到了母亲的反对。济娜讲了许多互相帮助的道理，使母亲无言以对。她告诉妈妈："我还要继续帮助他。我不想成为像您这样孤僻的人。要知道，所有的邻居都在笑话您。"

一次，集体农庄因为特殊情况要求庄员增加一些工作量，而济娜的母亲却拒绝完成超出定额的任务。济娜知道后为妈妈感到羞愧。她未能说服妈妈，便自己到田里去干活，完成了母亲未完成的工作。女儿的行动感动了母亲，她开始自我反思，特别是在一次家长会上听到老师表扬她女儿急公好义精神的时候，她更加坐立不安了：为什么会这样呢？我错在哪儿了？

济娜在同学中树立了很高的威信，获得了村民的称赞，开始在家里发挥主要作用，母亲的观念终于开始转变。

苏霍姆林斯基从中发现了孩子作为教育者的巨大潜力："任何宣传鼓动都未曾改变她（济娜母亲）的观点，可是自己女儿的行动做到了这一点。"①

## 二、案例分析

在一个社区教育项目中，我们注意到儿童在教育过程中展现出的巨大潜力。该项目旨在通过儿童之间的互动和教育活动，促进他们的全面发展，并培养他们的社会责任感和领导能力。

那么，这个项目是如何开展的呢？

项目启动与儿童角色设定。项目开始时，我们邀请了一群8~12岁的儿童参与。这些儿童被赋予"小小教育者"的角色，他们需要设计并执行一系列教育活动，以教授其他儿童关于环保、健康饮食、社交技巧等主题的知识。

培训与支持。在开始教育活动之前，我们为"小小教育者"们提供了一系列培训，包括如何设计教育活动、如何与儿童互动、如何管理课堂纪律等。同

---

① 蔡汀，王义高，祖晶编. 苏霍姆林斯基选集（第2卷）[M]. 北京：教育科学出版社，2001：94-99.

时，我们也为他们提供了必要的资源和支持，如教学材料、活动场地等。

教育活动的设计与执行。在培训结束后，"小小教育者"们开始积极设计自己的教育活动。他们分组合作，针对不同的主题制订了详细的教学计划和活动流程。在执行过程中，他们不仅教授知识，还注重培养儿童的动手能力和创新思维。

儿童间的互动与学习。"小小教育者"的教育活动吸引了众多同龄儿童的参与。在这些活动中，儿童们不仅可以学到知识，还可以与同龄人进行互动和交流。他们相互学习、相互启发，形成了良好的学习氛围。

成效与反馈。经过一段时间的实践，我们发现这些"小小教育者"不仅成功地完成了自己的教育任务，还得到了其他儿童和家长的高度评价。他们在教学过程中展现出的热情、耐心和创新精神，让其他儿童感受到了学习的乐趣和价值。同时，这些活动也促进了儿童之间的友谊和合作精神的发展。

【分析】通过这个案例，我们深刻认识到儿童作为教育者的巨大潜力。他们不仅具备传授知识的能力，还能够在教育过程中培养自己的领导能力、团队协作能力和创新精神。这种潜力对于促进儿童的全面发展、培养未来的社会栋梁具有重要的意义。

在教育过程中，我们应该充分发掘和利用儿童的潜力，为他们提供更多的机会和平台来展现自己的才华和能力。同时，我们也应该注重培养儿童的自我认知和自我管理能力，帮助他们树立正确的人生观和价值观。这样，我们不仅可以促进儿童的全面发展，还可以为社会培养出更多优秀的人才。

## 三、专业指导

在传统教育观念中，儿童往往被视为知识的接受者，而非传授者。然而，随着教育理念的不断革新和科学研究的不断深入，人们开始意识到儿童作为教育者的巨大潜力。这种潜力不仅能够促进儿童自身的全面发展，还能对成人世界产生积极的影响。这是由以下因素决定的：

### 1. 儿童的天然好奇心和探索精神

儿童天生拥有强烈的好奇心和探索欲望。他们对世界的新鲜事物充满兴趣，喜欢提出问题并寻找答案。这种天性使得儿童成为理想的学习者和潜在的教育者。通过鼓励儿童提问和探索，我们可以激发他们的创造力和解决问题的能力，这些能力在未来的教育过程中将是无价之宝。

### 2. 儿童之间的互助学习

在儿童群体中，孩子们往往会相互学习和模仿。他们之间的互动可以形成一种自然的教育环境，其中的每个孩子都有机会成为他人的老师。通过小组合作、角色扮演和同伴教学等活动，儿童可以在互相帮助的过程中提升自己的社交技能和认知水平。

### 3. 儿童的创新思维

不受成人世界条条框框的限制，儿童的思维更加自由和创新。他们敢于想象，勇于尝试，常常能提出新颖独特的观点和解决方案。成人教育者可以从儿童的这种创新思维中汲取灵感，将其融入教学方法中，从而丰富教学内容和形式。

### 4. 儿童的情感智慧

儿童在情感表达和同理心方面具有天赋。他们能够敏感地捕捉到他人的情绪变化，并以自己的方式给予响应和支持。这种情感智慧使得儿童能够在教育过程中扮演重要的角色，帮助营造积极的学习氛围，促进同伴之间的理解和尊重。

### 5. 发掘儿童的教育潜力

要发掘儿童作为教育者的潜力，首先，需要成人教育者转变观念，认识到儿童的主体地位。其次，应该创造一个开放和包容的学习环境，鼓励儿童表达自己的想法和感受。再次，设计互动性和参与性强的教学活动，让儿童在实践中学习，同时也教会他人。最后，重视儿童之间的合作与交流，培养他们的团队精神和领导能力。

儿童作为教育者的巨大潜力是不容忽视的。通过合理引导和有效激发，我们可以让儿童在教育过程中发挥更大的作用，不仅促进自身的成长，还为成人世界带来新的视角和动力。让我们重新认识儿童的潜能，共同探索教育的无限可能。

# 主题 4

# 把心灵奉献他人，获得快乐

苏霍姆林斯基指出，"一个人只有当他自己也在教育别人的时候，他才能更好地受教育"。

## 一、重温经典

苏霍姆林斯基发现：当一个人在教育别人的时候，他自然会激发起自己的自尊感、荣誉感和自豪感。因为这意味着，他将"把自己身上一切好的东西都献给别人，仿佛要在别人身上塑造自己似的。因此，他竭力再现的只是自己身上好的东西，而不是坏的东西"。①

同时，一个人在教育他人的时候，会更多地发现自己的不足，从而激发自我充实和自我完善的欲望。就是说，"一个人只有当他自己也在教育别人的时候，他才能更好地受教育"②，这就形成了一种良性循环。

从学校毕业几年之后的瓦里娅说："起初我同那些小孩子交朋友，主要是去森林游玩，到'林深丛密的童话国'去远足。在那里，孩子们听我讲故事，他们自己也编故事。同小孩子们在一起，我感到自己胆量大了，思想也明朗了，并且找到了想说的话。我给孩子们出思考题，成立了数学爱好者小组。他们决定每星期集中一次，但是我背着老师把孩子们集中三次。我总是兴致勃勃地、愉快地、自豪地上孩子们那儿去。孩子们好学的、信任的目光激起我新的力量。我不能马马虎虎对付功课，我要取得更好的成绩。似乎有另一个什么人站在我的身边，这个人在严格地对我作出评价……"③

---

① 蔡汀，王义高，祖晶编. 苏霍姆林斯基选集（第1卷）[M]. 北京：教育科学出版社，2001：536.
② 蔡汀，王义高，祖晶编. 苏霍姆林斯基选集（第5卷）[M]. 北京：教育科学出版社，2001：180，674.
③ 蔡汀，王义高，祖晶编. 苏霍姆林斯基选集（第3卷）[M]. 北京：教育科学出版社，2001：609.

苏霍姆林斯基写道："人在精神交往中向他人奉献自己的精神财富和自己的内在美时，创造人的过程也恰恰由此开始。人应当把自己心灵的一部分奉献于他人、归属于他人，而且认为这是一种巨大的欢乐。"[①] 学生参与教育工作还能实际地体会教师工作的艰辛，有助于优化师生关系，有助于自己成为更好的受教育者，成为教师的助手和志同道合的朋友。

苏霍姆林斯基关于学生应兼具受教育者、自我教育者和教育者三种身份的观点，刷新了对学生的传统认识，揭示出人的一种日趋重要的存在方式，具有深远的人学意义。

## 二、案例分析

小丽是一名小学生，她生活在一个充满爱的家庭里，父母经常教育她要学会关心他人、乐于助人。受家庭氛围的影响，小丽从小就展现出强烈的奉献精神和助人意愿。

帮助邻居老奶奶。小丽的邻居是一位年迈的老奶奶，她的子女都在外地工作，平时只有她一个人在家。小丽注意到老奶奶行动不便，经常需要帮助。于是，小丽主动承担起照顾老奶奶的责任。她每天放学后都会去老奶奶家，帮助她做家务，陪她聊天，带她散步。老奶奶的脸上常常洋溢着幸福的笑容，而小丽也在这个过程中感受到了帮助他人的快乐。

参与社区志愿服务。除了帮助邻居老奶奶，小丽还积极参与社区的志愿服务活动。她加入了社区的环保小组，利用周末清理社区的公共区域，种植绿植，美化环境。她还参加了社区的爱心义卖活动，将自己闲置的玩具和书籍捐赠出来，为需要帮助的人筹集善款。这些活动让小丽深刻体会到奉献他人的意义和价值，她感到自己的生活变得更加充实和有意义。

鼓励并带动同学参与。小丽的行为感染了她的同学们，她鼓励大家一起参与志愿服务活动。在她的带动下，越来越多的同学加入奉献他人的行列。他们一起为社区的孤寡老人送去温暖和关爱，为贫困地区的孩子们捐赠学习用品和衣物。这些活动不仅帮助了他人，而且让小丽和她的同学们收获了成长和快乐。

---

① 蔡汀，王义高，祖晶编. 苏霍姆林斯基选集（第5卷）［M］. 北京：教育科学出版社，2001：180，674.

通过参与各种志愿服务活动，小丽学会了关心他人、尊重他人、理解他人，她的心灵得到了升华和净化。同时，她的行为也感染了周围的人，让更多的人加入奉献他人的行列，共同为社会传递正能量。

【分析】奉献他人是一种高尚的品质，它不仅能够帮助他人解决困难，还能让我们自己收获快乐和成长。我们应该像小丽一样，学会关心他人、乐于助人，用自己的行动去温暖他人、感染他人。这样，我们的社会将会变得更加美好、更加和谐。同时，我们也应该教育孩子们学会奉献和付出，让他们明白只有懂得关心和帮助他人的人，才能收获真正的快乐和幸福。

## 三、专业指导

在这个快节奏、高压力的现代社会中，人们往往追求物质上的满足和个人成就，却忽视了内心世界的充实与平和。然而，真正的快乐往往源自一个简单的行为——把心灵奉献给他人。这种无私的奉献不仅能够为他人带去光明和希望，还能让施予者感受到一种深刻的满足感和幸福感。

### 1. 正确理解其内涵

心灵奉献是一种超越自我，关注他人的行为。它不仅仅是物质上的援助，更是情感上的支持和精神上的慰藉。当我们将注意力从自己的烦恼转移到他人的需要时，我们的心灵就会得到一种释放，这种释放带来的是对自己生活的新认识和对世界的深刻理解。

### 2. 把握心灵奉献的方式

心灵奉献并不局限于大额捐赠或显著的援助行为。它可以是一句及时的鼓励、一个温暖的拥抱，或是一次简单的倾听。无论是志愿服务，还是日常生活中的微小善举，都是心灵奉献的体现。关键在于我们有一颗愿意去理解和帮助他人的心。

### 3. 注意心灵奉献与快乐的关联

心理学家已经证实，助人可以带来快乐。当我们帮助他人时，大脑会释放出多巴胺等"快乐激素"，让我们感到愉悦。此外，通过心灵奉献，我们还能够建立起积极的人际关系，增强社会联系，从而获得更深层次的满足感。

#### 4. 实践心灵奉献的途径

关注周围的人，了解他们的需求和困难；参与社区服务或慈善活动，为弱势群体提供帮助；在日常生活中，对他人的善举表示感谢和赞赏；培养同理心，设身处地为他人着想；保持开放的心态，愿意分享自己的时间和资源。

把心灵奉献给他人，不仅能够帮助他人渡过难关，也能够丰富我们自己的内心世界。在这个过程中，我们会发现，快乐不是一个目的地，而是一种旅途中的陪伴。当我们在人生的旅途中播种爱心和关怀时，我们也会收获同样的喜悦和温暖。因此，让我们以一颗乐于奉献的心，去体验那种在给予中获得的快乐吧！

# 主题 5

# 每一个学生能像照镜子一样洞察自己

苏霍姆林斯基说，"力求使孩子们在学校整个学习时期，都能理解一门非常细微而又复杂的科学——善于观察自己"。

## 一、重温经典

自我认识是自我教育的前提。所谓自我认识，就是"力求使孩子们在学校整个学习时期，都能理解一门非常细微而又复杂的科学——善于观察自己"。[①] 形象地说，就是指"每一个学生能像照镜子一样洞察自己"。[②]

全面而清晰的自我认识至少来自三面"镜子"。一是社会和集体公认的道德规范及其对个人的期待，这是每个人言论和行为的准则。

二是历史和现实中的模范人物，这是"学生进行自我教育的指路明灯和标尺"。[③] "学生若锐意争当酷似他理想中的人物，他就会看到自己的不足，就会正

---

① 蔡汀，王义高，祖晶编. 苏霍姆林斯基选集（第 2 卷） [M]. 北京：教育科学出版社，2001：258，165-166，770.

② 蔡汀，王义高，祖晶编. 苏霍姆林斯基选集（第 5 卷）[M]. 北京：教育科学出版社，2001：355.

③ 蔡汀，王义高，祖晶编. 苏霍姆林斯基选集（第 1 卷）[M]. 北京：教育科学出版社，2001：151.

确地、有原则地评价这些不足。"①

三是劳动和社会实践活动。苏霍姆林斯基引述歌德的话说："如何认识自己？不能通过冥想，只有通过活动。你试着完成自己的义务，才能真正了解你自己。"②

实践活动是每个人的兴趣、爱好、特长以及智慧、能力、意志、创造精神等素质的试金石。认识自己还取决于每个人能否坚持实事求是和奋发向上的精神。"要诚实地评价自己：我能做什么，还不能做什么，我怎样登上自我完善的高峰，以便在达到高峰时能有权说：我是自己意志的主人。"③

## 二、案例分析

小明是一名中学生，他平时比较内向，不太善于表达自己的情感和想法。在成长过程中，小明逐渐意识到自我认知的重要性，并决定努力像照镜子一样洞察自己，以便更好地理解自己，找到适合自己的成长道路。他的具体做法是：

自我反思与日记记录。小明开始每天抽出一段时间进行自我反思，回顾自己当天的行为和情感反应。他通过写日记的方式记录下自己的思考过程，分析自己的优点和不足，以及导致这些不足的原因。这种反思和记录帮助他更加清晰地看到自己的内心世界。

倾听内心声音。小明学会了倾听自己内心的声音。在面临选择或决策时，他不再盲目跟从他人或外界的意见，而是先静下心来倾听自己的内心需求和愿望。他学会了问自己："我真的想要这个吗？""这样做对我来说有意义吗？"这种自我对话的方式让他更加了解自己的真实想法。

接受反馈与批评。小明知道自我洞察并非易事，因此他积极寻求他人的反馈和批评。他向朋友、家人和教师请教，了解自己的不足之处，并虚心接受他们的建议和指导。他明白，这些反馈是帮助他更好地认识自己的重要途径。

参与自我提升活动。为了进一步提升自我洞察能力，小明积极参与各种自我

---

① 蔡汀，王义高，祖晶编. 苏霍姆林斯基选集（第2卷）［M］. 北京：教育科学出版社，2001：258，165-166，770.

② 蔡汀，王义高，祖晶编. 苏霍姆林斯基选集（第3卷）［M］. 北京：教育科学出版社，2001：894.

③ 蔡汀，王义高，祖晶编. 苏霍姆林斯基选集（第2卷）［M］. 北京：教育科学出版社，2001：258，165-166，770.

提升活动。他报名参加了心理辅导课程，学习如何更好地理解和处理自己的情绪；他还参加了领导力培训项目，学习如何更好地与他人沟通和协作。这些活动不仅让他学到了新知识和技能，还让他更加深入地了解自己。

实践与应用。小明将自我洞察的结果应用于实际生活中。他根据自己的兴趣和优势选择了适合自己的学科和活动，不再盲目追求他人眼中所谓的成功。他学会了在人际交往中保持真实和坦诚，不再因为迎合他人而失去自我。这些实践让他更加坚信自己的价值和能力。

经过一段时间的努力和实践，小明成功地像照镜子一样洞察了自己。他更加了解自己的内心世界、需求和愿望，学会了倾听内心的声音并做出符合自己真实想法的决策，积极接受反馈和批评并不断提升自己，找到了适合自己的成长道路并勇敢地迈出了实现梦想的步伐。

【分析】这个案例告诉我们，学生可以通过自我反思与日记记录、倾听内心声音、接受反馈与批评、参与自我提升活动以及实践与应用等方式来洞察自己。这种自我洞察能力不仅有助于我们更好地理解自己、找到适合自己的成长道路，还有助于我们在人际交往中保持真实和坦诚、实现自我价值。因此，我们应该积极培养这种能力，并勇敢地面对挑战和困难。

## 三、专业指导

在教育教学实践中，我们经常强调知识的积累和技能的掌握，但往往忽视了一个重要的环节——自我认知。每个学生都能像照镜子一样洞察自己，这不仅是一种自我发现的过程，还是个人成长和学术进步的关键。自我反思是一面镜子，能够帮助学生清晰地看到自己的优势和不足，从而更有针对性地进行学习和生活上的调整。

### 1. 认识自我反思的重要性

自我反思是一个内在的思考过程，它要求学生诚实地面对自己的行为、情感和思维模式。通过这个过程，学生可以更好地理解自己的学习习惯、动机和目标，以及这些因素如何影响他们的学术表现和个人发展。自我反思还能帮助学生识别和克服潜在的障碍，培养解决问题的能力，并提高适应不同情境的灵活性。

### 2. 进行有效的自我反思

定期自问。学生应该定期停下来，问自己一些关键问题，比如："我在哪些领域做得好?""我面临的最大挑战是什么?""我可以如何改进?"这些问题能够引导学生深入思考自己的学习过程和个人成长。

记录和分析。保持写学习日志或反思日记，记录每天的学习经历和感受。通过写作，学生可以更清晰地看到自己的思考模式和行为习惯，从而发现改进的空间。

反馈循环。主动寻求教师、同学和家长的反馈，这些外部意见可以帮助学生从不同角度看待自己，更全面地进行自我评估。

设定目标。基于自我反思的结果，学生应该为自己设定具体、可实现的短期和长期目标。这些目标将成为他们前进的动力和方向指引。

### 3. 自我反思的挑战与克服

自我反思并不总是容易的。面对自己的缺点和失败可能让人感到不舒服，但正是这些挑战促使学生成长。为了克服这些困难，学生需要培养一种积极的心态，将错误视为学习和进步的机会。同时，建立一个支持性的环境，鼓励开放和诚实的对话，也是非常重要的。

自我反思是学生个人成长的重要组成部分。通过像照镜子一样洞察自己，学生不仅能够更好地了解自己，还能够提升学习效率，增强解决问题的能力，并为未来的挑战做好准备。教育者和家长应该鼓励学生培养自我反思的习惯，帮助他们在学习的旅途中发现自己的潜力，实现自我超越。

## 专题二

# 唤醒孩子心灵深处内在的善良与潜藏力量

当他还是个不懂事的孩子时，到我们这里来学习，我们就不应当用对『学生』这个词的狭义的理解来看待他。如果在教师看来，他只是一种头脑里被填塞知识的生物，他就不会成为全面发展的人。……作为一个人（儿童还不是未来的人，但已经是今天的人），他具有丰富多彩的思想生活，是正在进入进行认识、进行创造和处理人与人之间相互关系的世界的一个朝气蓬勃的人。

# 主题 1

# 每个孩子都是一个独特的世界

苏霍姆林斯基指出，"每个孩子在思想、观点、情感、感受、快乐、不安、悲伤、忧虑等方面都是一个独特的世界"。

## 一、重温经典

苏霍姆林斯基说："没有'一般'的人心，有的只是具体的人的世界。"①"人的个性，这是一种由生理力量、精神力量、思想、情感、意志、性格、情绪等因素组成的极复杂的综合体。不了解这一切，就既谈不上教学，也谈不上教育。"②

"每个孩子在思想、观点、情感、感受、快乐、不安、悲伤、忧虑等方面都是一个独特的世界。"③

"每个孩子都引起我的兴趣，（我）总想知道，他的主要精力倾注在什么上面，他最关心和最感兴趣的是什么，他有哪些快乐和苦恼，等等。"④

"人人都要表现自己，而且每一个人都是按照自己的方式来表现自己的，尤其是每个人都想以一定的方式表现自己，此外，还想给他人一个我是怎样表现自

① 蔡汀，王义高，祖晶编. 苏霍姆林斯基选集（第 2 卷）［M］. 北京：教育科学出版社，2001：399，377.
② 蔡汀，王义高，祖晶编. 苏霍姆林斯基选集（第 3 卷）［M］. 北京：教育科学出版社，2001：839，267-268，295.
③ 蔡汀，王义高，祖晶编. 苏霍姆林斯基选集（第 4 卷）［M］. 北京：教育科学出版社，2001：632，41，37，18.
④ 蔡汀，王义高，祖晶编. 苏霍姆林斯基选集（第 4 卷）［M］. 北京：教育科学出版社，2001：632，41，37，18.

己的印象，而且让人们都想到我的'自我'。"①

苏霍姆林斯基让孩子们朗读乌克兰童话《草扎的小公牛》，孩子们在充分准备之后一个接一个地朗读起来。虽然是同一篇童话、同一个故事，但孩子们觉得有趣，不管朗读多少遍也不觉得厌烦。对每一个孩子来说，朗读并不是一种重复的练习，而完全是各个人对小公牛故事的不同体验。每个孩子都在细腻地表达各自的感受、理解和体会，这样的朗读同音乐旋律一样动听。②

苏霍姆林斯基赞叹道："语言在每一个孩子的心灵中都具有各自的诗的音响。"③

"只有当孩子们置身于自己感到亲切的那种环境中，在那里活动，认识事物，（能够）鼓足自己智能和身体的全部力量，充分感受成功的喜悦和失败的痛苦时，你才能真正理解每个孩子的思维方式究竟有什么特点。"④

"孩子坐在课桌前的时候，并没有真正向你展示他们自己……当你和孩子们一起走出闷热的教室，来到花园，来到河岸，坐在一棵百年老橡树下的时候，你就会发现：孩子们的面部表情会发生多么大的变化，即使平时你认为那些落后的、学习成绩不好的同学，他们的眼睛里也会闪出活跃的光芒。"⑤

只有当孩子们集中自己的智力不是为了记住书本上的词句，而是为了寻找对他们所不理解的自然现象的解释，为了获得诸如"怎么样""为什么"这类问题的答案时，他们内在的精神世界才会真正展现在你的眼前，"而你在别的情况下看惯了的儿童似乎是第一次出现在你面前"。⑥

---

① 蔡汀，王义高，祖晶编. 苏霍姆林斯基选集（第2卷）[M]. 北京：教育科学出版社，2001：399，377.

② 蔡汀，王义高，祖晶编. 苏霍姆林斯基选集（第3卷）[M]. 北京：教育科学出版社，2001：839，267-268，295.

③ 蔡汀，王义高，祖晶编. 苏霍姆林斯基选集（第3卷）[M]. 北京：教育科学出版社，2001：839，267-268，295.

④ 蔡汀，王义高，祖晶编. 苏霍姆林斯基选集（第4卷）[M]. 北京：教育科学出版社，2001：632，41，37，18.

⑤ 蔡汀，王义高，祖晶编. 苏霍姆林斯基选集（第5卷）[M]. 北京：教育科学出版社，2001：294-295，431.

⑥ 蔡汀，王义高，祖晶编. 苏霍姆林斯基选集（第5卷）[M]. 北京：教育科学出版社，2001：294-295，431.

## 二、案例分析

在一个充满活力和多样性的小学里，每个孩子都被视为一个独特而丰富的世界。这所学校强调个性化教育，尊重每个孩子的独特性，并努力为他们提供适合其发展的环境和资源。

发现独特性。小林是一个热爱绘画的孩子，他总能用画笔描绘出令人惊叹的作品。学校发现了他这一独特天赋后，为他提供了专门的绘画课程和展示平台，让他能够充分发挥自己的才能。小红则是一个对音乐有着浓厚兴趣的孩子，她喜欢唱歌、跳舞和弹奏乐器。学校为她提供了音乐课程和参加合唱团的机会，让她在音乐的世界里自由翱翔。

尊重个性化需求。学校不仅关注孩子们的天赋和兴趣，还尊重他们的个性化需求。小刚是一个喜欢安静阅读的孩子，他不喜欢过于喧闹的环境。学校为他提供了安静的阅读角落和丰富的图书资源，让他能够在自己的世界里畅游。小玲则是一个活泼好动的孩子，她喜欢参与各种活动和游戏。学校为她提供了丰富的体育课程和户外拓展活动，让她能够充分释放自己的活力。

提供定制化教育。学校根据每个孩子的独特性，为他们提供定制化的教育方案。对于学习困难的孩子，学校会安排专门的辅导老师和资源支持，帮助他们克服困难、提升学习能力。对于有特殊需求的孩子，如残障儿童或语言障碍儿童，学校应提供个性化的教学计划和辅助工具，确保他们能够得到适合自己的教育。

培养综合素质。在尊重每个孩子独特性的同时，学校也注重培养他们的综合素质。学校开设了多样化的课程和活动，如科学实验、艺术创作、社会服务等，让孩子们能够全面发展自己的才能和兴趣。

同时，学校还鼓励孩子们参与团队合作和社区活动，培养他们的合作精神和社会责任感。

通过实施个性化教育，这所小学成功地让每个孩子都感受到了被尊重和被关注。孩子们在自己的世界里自由翱翔，充分展现自己的独特性和才能。他们在学习和成长的过程中得到了充分的支持和帮助，逐渐成为自信、独立和富有创造力的个体。

## 专题二　唤醒孩子心灵深处内在的善良与潜藏力量

【分析】每个孩子都是一个独特的世界，他们拥有自己独特的天赋、兴趣和需求。作为教育工作者和家长，我们应该尊重并关注每个孩子的独特性，为他们提供适合其发展的环境和资源。通过个性化教育和定制化教育方案，我们可以帮助孩子们充分发挥自己的潜能和才能，成为自信、独立和富有创造力的个体。同时，我们也应该注重培养孩子们的综合素质和社会责任感，让他们成为有爱心、有担当的新时代社会公民。

## 三、专业指导

没有什么比孩子们更加充满奇迹和惊喜。每一个孩子都是宇宙中的一颗独一无二的星辰，他们带着自己的光芒，照亮着周围的世界。

### 1. 认识孩子们的多样性

孩子们从出生那一刻起，就展现出了各自不同的特点。有的孩子活泼好动，有的则安静内敛；有的孩子对数字敏感，有的则对色彩有着独到的见解。这些差异不仅是性格上的，还包括学习能力、兴趣爱好、情感表达等方面。这些差异构成了每个孩子独特的个性，使他们成为不同于任何人的存在。

### 2. 认识独特性的重要性

每个孩子的独特性是他们最宝贵的财富。这种独特性不仅决定了孩子们的学习方式和成长路径，还影响着他们未来的职业选择和生活方式。因此，家长和教育者应该认识到每个孩子都是一个独立的个体，他们的教育和成长不能简单地套用统一的模式。

### 3. 如何培养孩子的独特性

观察与倾听。仔细观察孩子的行为和兴趣，倾听他们的想法和感受，了解他们的个性和需求。

提供选择。给予孩子选择的机会，让他们根据自己的兴趣和能力去探索和学习。

鼓励探索。鼓励孩子尝试新事物，不断探索未知的领域，这有助于他们发现自己的潜力和热情。

肯定个性。对孩子的独特性给予肯定和尊重，避免用单一的标准来衡量他们的成就。

提供支持。在孩子遇到困难时，提供必要的支持和帮助，但同时让他们学会独立解决问题。

每个孩子都是一个独特的世界，他们有着无限的可能和潜力。作为家长和教育者，我们的任务是发现并培养这些独特性，让每个孩子都能在自己的世界中自由地绽放光彩。通过尊重和肯定每个孩子的个性，我们不仅帮助他们成长为独立自信的个体，还为这个世界增添了更多的色彩和活力。

孩子们的世界是多元和丰富的，每个孩子都带着自己的特色来到这个世界。我们应该珍视每个孩子的不同，用心去理解和支持他们的成长，让他们的独特性成为他们人生旅途中最亮丽的风景。

# 主题 2

# 每个孩子都能在教育中得到发展

苏霍姆林斯基指出，"每个学生的才能和天赋都能在教育过程中得到发展。日后，一些人将成为科学家、思想家、艺术家，另一些人将成为工程师、技师、医生、教师，又一些人将成为钳工、车工、农业机械师"。

## 一、重温经典

在帕夫雷什中学，教师有时会意外地听到一些愉快的消息：某某学生在学校时默默无闻，毕业后竟成了先进生产者、革新能手。

有个叫维克多的学生，几乎所有教师谈起他时都会摇头，说他是一个讨人嫌的、没有希望的、不可救药的坏孩子。他从不完成家庭作业，经常缺课，任何方面都没有才能。教师费了九牛二虎之力，才让他勉强读完了七年级。他离校时，教师既松了口气，又为他日后的生活道路担忧。可是没过多久就陆续传来令人惊讶的好消息：这个曾经被认为不可救药的懒学生居然开始独立工作，逐渐成为优秀的建筑工人，多次受到工地《战报》表扬。师父总是把最重要的任务交给他去完成。又过了一年，维克多当起了师父，不少小伙子和姑娘都争着给他当学徒，因为他虽然年轻却很能干，很有经验。他在劳动中找到了真正的乐趣。

维克多取得的成绩越来越大，教师便越来越清楚地发现当年教育的重大缺点："教师在几年的教学过程中没有能够发现每一个学生独特的能力、潜在的力量和才干，而这些东西正是他们后来能够取得成就的重要前提条件，是他们能够创造性地进行劳动的基础。"①

苏霍姆林斯基指出："每个学生的才能和天赋都能在教育过程中得到发展。日后，一些人将成为科学家、思想家、艺术家，另一些人将成为工程师、技师、医生、教师，又一些人将成为钳工、车工、农业机械师。"②

教育要在每个学生身上揭示出他"强而有力的一面"："用惊奇的目光看人，应成为学校教育的基础。"③

## 二、案例分析

小华是一名性格内向、学习基础相对薄弱的初中生。她平时不太善于表达自己的观点和感受，对学习的热情也不高。然而，在她所在的学校，教师坚信每个孩子都有发展的潜力，他们通过个性化的教育方法和耐心的引导，帮助小华逐渐找到了自己的兴趣和方向，实现了全面发展。针对独特的孩子，要采取不同的教育方式，真正做到因材施教。

发现孩子的兴趣。小华的班主任发现她对绘画有着浓厚的兴趣。每次在美术课上，她都会全身心地投入创作，展现出不同于其他学生的热情和才华。于是，

---

① ［苏］B. A. 苏霍姆林斯基. 要相信孩子［M］. 汪彭庚，译. 天津：天津人民出版社，1981：101-102.

② 蔡汀，王义高，祖晶编. 苏霍姆林斯基选集（第4卷）［M］. 北京：教育科学出版社，2001：16.

③ 蔡汀，王义高，祖晶编. 苏霍姆林斯基选集（第2卷）［M］. 北京：教育科学出版社，2001：195。

班主任鼓励她多参加绘画活动，并在学校的美术展览中展示她的作品。这让小华逐渐找到了自己的价值感并树立了自信心。

提供个性化的教育支持。针对小华学习基础薄弱的问题，教师为她制订了个性化的学习计划。他们利用课余时间为她补习基础知识，并耐心地解答她的疑惑。同时，他们还鼓励小华多与同学交流，通过小组讨论和合作学习来提升自己的学习能力。这些个性化的教育支持让小华在学习上逐渐取得了进步。

引领学生全面发展。除了关注小华的学习成绩外，教师还注重培养她的综合素质。他们鼓励小华参加学校的各种社团和活动，如文艺演出、体育比赛等。这些活动不仅让小华拓展了视野、锻炼了能力，还让她结识了更多志同道合的朋友。同时，教师还注重培养小华的社会责任感和公民意识，让她学会关心他人、服务社会。

家校携手合作。在小华的成长过程中，学校和家庭之间建立了紧密的合作关系。教师经常与小华的父母沟通她的学习和生活情况，并为他们提供家庭教育建议和指导。小华的父母也非常支持学校的教育工作，他们积极参与学校的各项活动，为女儿的成长提供了坚实的后盾。

经过一年的努力，小华发生了巨大的变化，她变得更加自信、开朗和活跃了。她不仅在学习上取得了显著的进步，还在学校的各种活动中展现了自己的才华和魅力。她的绘画作品多次在校内外展览中获奖，她也成了同学们心目中的榜样和偶像。

【分析】这个案例充分证明了每个孩子都有发展的潜力。只要我们用心去发现他们的兴趣和特长，为他们提供个性化的教育支持和培养综合素质的机会，他们就能够实现全面的发展。同时，家校合作也是促进孩子成长的重要因素之一。只有学校和家庭之间建立了紧密的合作关系，才能够为孩子提供更好的教育环境和资源。

## 三、专业指导

在多元化的社会中，教育被赋予了深远的意义和重大的责任。它不仅仅是知识的传递，更是个性培养、潜能挖掘和未来发展的基石。每个孩子都是独一无二的，他们有着不同的兴趣、能力和学习方式。因此，教育的目标不应仅仅是追求学术成就，更应该确保每个孩子都能在这个多元化的教育体系中找到适合自己的位置，实现个性化的发展。

**1. 认识个性化教育的重要性**

个性化教育是针对每个孩子的独特需求、兴趣和能力来设计教学计划和方法的教育模式。这种教育模式让我们认识到，并非所有孩子都适合同一种教学方式或学习节奏。通过个性化教育，教师可以根据每个学生的特点来调整教学内容、方法和评估标准，从而帮助每个孩子最大限度地发挥其潜力。

**2. 认识教育环境的多样化。**

为了适应不同孩子的需求，教育环境必须多样化。这包括但不限于传统的课堂设置、在线学习平台、实地考察、社区服务和实践活动等。多样化的教育环境能够为孩子们提供丰富的学习体验，帮助他们在实际操作中学习，从而更好地理解和吸收知识。

**3. 认识教师角色的多元性**

在推动每个孩子发展的教育体系中，教师的角色也在发生变化。教师不再是单纯的知识传授者，而是成为引导者、激励者和支持者。他们需要具备识别和培养每个孩子独特天赋的能力，并通过个性化的指导帮助孩子们克服学习上的障碍，激发他们的学习热情和创造力。

**4. 认识家庭和社会参与的重要性**

教育不仅仅是学校的事情，家庭和社会的参与同样重要。家长应该积极参与孩子的教育过程，了解他们在学校的表现，支持他们的兴趣和爱好。社会也应该提供各种资源和机会，如图书馆、博物馆、社区中心和夏令营等，为孩子们的全面发展创造条件。

**5. 树立终身学习的理念**

教育的最终目标是培养孩子们成为终身学习者。在这个快速变化的世界里，终身学习已成为必要。教育者应该鼓励孩子们发展自我驱动的学习习惯，使他们能够在未来的学习和工作中不断适应和创新。

每个孩子都能在教育中得到发展，这不仅是一个美好的愿景，也是我们共同努力的方向。通过个性化的教育、多样化的学习环境、教师角色的转变、家庭和社会的参与以及终身学习的理念，我们可以为每个孩子提供一个充满可能性的成长空间。让我们携手合作，为孩子们的未来铺设坚实的基石，让他们在教育的光辉下茁壮成长。

# 主题 3

# 儿童从来不会故意干坏事

要相信儿童能够认识自己不小心做的错事，能够为此感到内疚；如果儿童尚未具备这种能力，那你一定要培养他的这种能力。

## 一、重温经典

苏霍姆林斯基相信成长中的儿童从来不会故意干坏事，他反对无端猜测儿童行为背后的"不良动机"。他提醒说：不能将儿童的行为与成年人的类似行为相提并论，不能把成人世界中的观念、原则和各种关系机械地搬到儿童世界中去。不要轻率地把儿童的淘气行为宣布为蓄意破坏秩序，不要把儿童的马虎大意称为懒惰，不要把儿童的健忘称为玩忽职守，否则就会失去儿童的信任，致使儿童为了自卫而变得倔强、故意不听话、任性，故意去做违背你的意见和要求的事。所有这一切均发生在儿童对你的信任出现裂缝的时候。①

三年级学生柯利亚是家兔饲养小组的积极成员，每当母兔需要特别照管时，他总是一天好几趟来到养兔场看护。一次，这个小男孩竟"偷"走了一对兔

---

① 孙孔懿. 苏霍姆林斯基教育学说［M］. 北京：人民教育出版社，2018（2019. 4 重印）：54.

子——他太爱这对兔子，简直有点儿离不开了。这件事既有不对的一面，也有纯洁的一面，二者交错在一起。教师帮助柯利亚认识到他这样做不对的原因，并建议他把兔子悄悄送回笼子里去。孩子们见到兔子又在笼中之后感到很惊奇，教师趁大家都很高兴的时候提出建议：每个孩子都可以自愿领一对兔子回家饲养，并争取繁殖出小兔子，然后一起送回学校。孩子们高兴地接受了教师的建议，每个人领走了自己选中的一对，柯利亚更是抢先领走了他心爱的那对小兔子。①

要相信儿童能够认识到自己不小心做的错事，能够为此感到内疚；如果儿童尚未具备这种能力，那你一定要培养他的这种能力。

## 二、案例分析

小伟是一个 5 岁的幼儿园小朋友，他活泼好动，好奇心旺盛。由于年龄较小，他对于周围的世界充满了好奇和探索欲望，但往往也因为他对规则的理解不够深入，而做出一些看似"捣乱"的行为。然而，在他的老师和家长的眼中，小伟从未故意做过坏事，他的每一个行为都是出于好奇心和求知欲。

有一天，在幼儿园的手工课上，老师正在教孩子们如何剪纸。小伟对剪刀和纸张非常感兴趣，他按照老师的步骤认真地操作着。然而，由于他过于兴奋，一不小心剪破了旁边的纸张。看到这一幕，其他孩子可能会认为这是小伟在故意捣乱，但老师却明白，这只是小伟对剪纸活动过于投入，而不是有意为之。

老师轻轻走到小伟身边，耐心地告诉他剪纸的正确方法和注意事项。小伟非常认真地听着，并表示下次会更加小心。果然，在之后的课程中，小伟更加专注于剪纸活动，没有再出现类似的情况。

类似的事情也发生在小伟的家庭中。有一次，妈妈正在厨房做饭，小伟好奇地凑过去看。他看到妈妈正在切菜，于是也想尝试一下。他拿起菜刀，模仿妈妈的样子开始切菜。然而，由于他力气不够，刀没有切到菜，反而差点儿切到自己的手指。妈妈看到这一幕，立刻走过来夺下菜刀，并告诉小伟菜刀很危险，不能

---

① ［苏］B. A. 苏霍姆林斯基. 要相信孩子［M］. 汪彭庚，译. 天津：天津人民出版社，1981：10-11.

随便玩儿。小伟听了妈妈的话，表示明白了，并再也没有碰过菜刀。

【分析】通过这个案例，我们可以看到，儿童并不会故意干坏事。他们的行为往往是因为对周围世界的好奇心和求知欲驱使。当他们做出一些看似"捣乱"的行为时，我们应该给予他们理解和宽容，用耐心和爱心引导他们正确地认识世界和规则。同时，我们也应该为他们提供安全、有趣的学习环境，让他们在探索中学习和成长。

这个案例提醒我们，在教育儿童时，我们应该保持耐心和爱心。我们要理解儿童的好奇心和求知欲，尊重他们的个性和差异。当他们做出一些不符合我们期望的行为时，我们应该先了解他们的动机和想法，再给予适当的引导和教育。只有这样，我们才能真正帮助儿童健康成长，让他们成为有责任感、有爱心、有创造力的人。

## 三、专业指导

在成人的世界里，我们常常用"故意"这个词来评判一个人的行为是否带有恶意。然而，当我们谈论儿童时，这个标准似乎变得不那么适用。儿童的世界充满了好奇和探索，他们的行为往往源自对世界的纯粹兴趣，而非成年人所理解的"故意"。所以，我们要注意以下几点。

### 1. 关注儿童心理发展的特点

儿童的心理发展阶段与成人截然不同。根据心理学家让·皮亚杰的认知发展理论，儿童的思维经历了多个阶段，从感知运动阶段到形式运算阶段。在这个过程中，儿童逐渐学会理解和解释周围的世界。由于他们的认知能力还在发展中，儿童往往缺乏成人所具有的复杂道德判断和社会责任感。

### 2. 正确认识好奇心驱动的探索行为

儿童天生具有强烈的好奇心，他们通过触摸、尝试和实验来学习新事物。这种探索性行为是儿童认知和物理发展的重要组成部分。例如，当一个孩子把手中的泥巴抹在墙上时，他可能只是在探索泥巴的质地和形状，而不是有意破坏墙面。

### 3. 正视孩子学习过程中的无意过错

在学习规则和社交行为的过程中，儿童可能无意中犯错。他们可能还没有完全理解某些行为的后果，或者不知道如何正确地表达自己的情感。例如，一个孩子可能因为不知道如何与人分享玩具而哭泣或推搡其他孩子，这并不意味着他故意想要伤害别人。

### 4. 引导孩子学会模仿与角色扮演

儿童喜欢模仿大人的行为，这是他们学习社会角色和规范的方式之一。在这个过程中，他们可能模仿一些不恰当的行为，但这通常是因为他们对这些行为缺乏正确的理解，而不是有意为之。

### 5. 引导孩子迎接情绪管理的挑战

儿童的情绪调节能力尚未成熟，他们可能无法有效地处理愤怒、失望或其他强烈情绪。这可能导致一些看似"坏"的行为，如发脾气或打人。然而，这些行为通常是出于情绪的直接表达，而不是有意伤害他人的行为。

儿童的行为往往是他们在认知和情感发展阶段中的自然表现。他们的行为不应该被简单地视为"故意干坏事"，而是应该被理解为探索、学习和成长的一部分。作为成年人，我们有责任以理解和同情的心态来引导儿童，帮助他们学习正确的行为方式，而不是对他们的无心之举进行过度的指责。通过耐心教育和适当的指导，我们可以帮助儿童发展成为有责任感和道德意识的成年人。

# 主题 4

# 让学生在教师的金玉良言面前敞开心扉

苏霍姆林斯基指出，"只有在教师善于激发学生对自己所教的学科产生浓厚兴趣的时候，学生的能力和爱好才有可能充分开发出来，才有可能培养出天才的数学家、生物学家、历史学家。学生的兴趣、能力、爱好乃至整个生活道路，在很大程度上取决于那些能在青少年时期就以其不可抗拒的力量对他们的智力施加影响的人们"。

## 一、重温经典

"学生对自己越是尊重，他对你在道德上的教诲与关于应如何进行自我教育的指导，就越听得进去，接受得也越快。如果学生缺乏自我尊重，他对你的教导和规劝就会充耳不闻。……总之，学生能尊重自己，珍惜你对他的每一句评语，就是播种自我教育种子的土地已经翻耕好了。这时，你可以教他怎样进行自我教育，你的教导是不会落空的。"①

"求知欲、认识事物的热情是人类自古以来根深蒂固的需要，这是人类通过几千年社会劳动和认识世界的实践所形成的需要。但是，如果把满足这些需要变成仅仅是尽到责任和义务，那么求知的热情就会熄灭而代之以冷漠的态度来对待知识。智力上的冷漠态度、缺乏热情和精神贫乏这一切都会使人们对智慧、新事物、知识财富和知识美的反应迟钝。"②

"只有在教师善于激发学生对自己所教的学科产生浓厚兴趣的时候，学生的能力和爱好才有可能充分开发出来，才有可能培养出天才的数学家、生物学家、历史学家。学生的兴趣、能力、爱好乃至整个生活道路，在很大程度上取决于那些能在青少年时期就以其不可抗拒的力量对他们的智力施加影响的人们。"③

苏霍姆林斯基写道："请设想一下一位乐师操起一把没调好弦的小提琴就开始演奏的情景吧……显然，他会演奏得一塌糊涂（连一位初通乐理的人也不会用没调好弦的乐器演奏）。可是在学校里却发生着奇怪的现象：许多教师都试图教育那些不接受教育的学生。教育人，首先应当培养和磨炼出一个人接受教育的能

---

① 蔡汀、王义高、祖晶编. 苏霍姆林斯基选集（第2卷）［M］. 北京：教育科学出版社，2001：778-779，196，192.

② 蔡汀、王义高、祖晶编. 苏霍姆林斯基选集（第3卷）［M］. 北京：教育科学出版社，2001：448-449.

③ 蔡汀、王义高、祖晶编. 苏霍姆林斯基选集（第5卷）［M］. 北京：教育科学出版社，2001：162，718，571.

力。这种能力就是颖悟的心灵，就是学生内心对教师语言最细微的感情色彩，对他的目光、手势、微笑、沉思、缄默等的灵敏感觉。"①

人的可教育性既源于天性，也能通过教育得以增强。"人对教育的敏锐性（成为有教养的人的能力），在人经常受教育时得以提高。"②

"只有教育者号召和带领学生前进，希望他们成为精神丰富的、各方面发展的人，学生才能感受到教师是深切地关心他们的命运的。……他就能成为'接受教育的'人。"③

"教育者道德训诫的话语，只有在教育者有道德权进行教学的时候，才容易被接受。"④ 教师还要善于"了解青年人心房的每一次搏动，了解每一颗心的心扉能被什么样的影响推开"。⑤

## 二、案例分析

在一个温馨而充满信任的班级环境中，班主任张老师发现有些学生虽然在课堂上表现活跃，但在面对教师时却显得拘谨，不愿意分享自己的真实想法和感受。张老师深知，建立师生之间的信任关系，让学生愿意在教师面前敞开心扉，是促进学生健康成长和提高教育质量的关键。

倾听与理解。张老师首先注重倾听学生的声音。无论是课堂上还是课后，她都耐心倾听学生的发言，对学生的问题和困惑给予积极的回应。她努力理解学生的立场和感受，让学生感受到被尊重和被理解。

建立信任。为了建立师生之间的信任关系，张老师注重与学生建立真诚的联系。她关心学生的生活和成长，主动询问学生的近况，分享自己的经验和见解。

---

① 蔡汀，王义高，祖晶编. 苏霍姆林斯基选集（第5卷）［M］. 北京：教育科学出版社，2001：162，718，571.

② 蔡汀，王义高，祖晶编. 苏霍姆林斯基选集（第2卷）［M］. 北京：教育科学出版社，2001：778-779，196，192.

③ 蔡汀，王义高，祖晶编. 苏霍姆林斯基选集（第1卷）［M］. 北京：教育科学出版社，2001：271.

④ 蔡汀，王义高，祖晶编. 苏霍姆林斯基选集（第2卷）［M］. 北京：教育科学出版社，2001：778-779，196，192.

⑤ 蔡汀，王义高，祖晶编. 苏霍姆林斯基选集（第5卷）［M］. 北京：教育科学出版社，2001：162，718，571.

她鼓励学生表达自己的观点，对学生的想法给予积极的反馈和肯定。通过这些互动，学生逐渐感受到张老师的真诚和善意，从而愿意在张老师面前敞开心扉。

创设安全环境。张老师努力营造一个安全、包容、和谐的班级环境。她鼓励学生之间互相尊重和支持，倡导班级中的正面文化和价值观。她及时处理学生之间的矛盾和冲突，保护学生的权益和尊严。在这个安全的环境中，学生感受到自己可以自由地表达想法和感受，从而更愿意在教师面前敞开心扉。

开展心理健康教育。张老师还注重开展心理健康教育。她组织了一系列心理健康讲座和活动，帮助学生了解自己的情绪和需求，学会有效地表达和管理自己的情绪。她鼓励学生勇敢面对自己的困难和挑战，培养积极的心态和情绪。通过这些活动，学生逐渐建立起了自信心和安全感。

个性化关注。张老师对每个学生都给予个性化的关注。她了解每个学生的家庭背景、兴趣爱好和性格特点，针对每个学生的需求和问题给予个性化的指导和支持。她关注学生的情感状态和心理变化，及时给予学生关心和支持。这种个性化的关注让学生感受到了自己被重视和被关注。

经过一段时间的努力，张老师成功地让学生在老师面前敞开了心扉。学生开始主动与教师交流自己的想法和感受，分享自己的困惑和喜悦。他们更加信任老师，愿意听从教师的建议和指导。同时，班级的氛围也变得更加和谐、积极和向上。

【分析】这个案例表明，让学生在教师面前敞开心扉需要老师的耐心、真诚和关注。教师需要倾听学生的声音，理解学生的立场和感受；需要建立师生之间的信任关系，让学生感受到被尊重和被理解；需要营造一个安全、包容、和谐的班级环境，让学生感受到自由和舒适；需要开展心理健康教育，帮助学生建立自信心和安全感；需要给予学生个性化的关注和指导，让学生感受到被重视和被关注。只有这样，学生才愿意在教师面前敞开心扉，从而促进学生的健康成长，提高教育质量。

## 三、专业指导

教师的角色不仅仅是知识的传递者，更是学生心灵成长的引导者。一句句金

## 专题二 唤醒孩子心灵深处内在的善良与潜藏力量

玉良言，如同一把把钥匙，能够打开学生内心深处的宝藏之门，让他们在知识的海洋中自由翱翔。然而，如何让学生在教师面前敞开心扉，已成为教育工作中的一项重要任务。

### 1. 建立信任的桥梁

教师与学生之间的信任关系是敞开心扉的前提。教师需要通过自己的言行举止，展现出对学生的关心和尊重。在日常的教学活动中，教师应该倾听学生的声音，理解他们的需求和困惑，给予适时的鼓励和支持。当学生感受到教师的真诚和善意时，他们更愿意打开心扉，接受教师的建议和指导。

### 2. 传递正能量的话语

教师的话语应该充满正能量，激发学生的积极性和创造力。在评价学生时，应该强调他们的努力和进步，而不是仅仅关注成绩。通过肯定学生的努力，教师可以帮助学生建立起自信心，从而更加勇敢地面对挑战和困难。

### 3. 以身作则，树立榜样

教师的行为对学生有着深远的影响。教师应该以身作则，成为学生学习的榜样。无论是遵守校规校纪，还是对待学习的态度，教师都应该展现出积极向上的形象。当学生看到教师的认真和专注时，他们自然会被感染，愿意在自己的学习生活中做到精益求精。

### 4. 创造安全的学习环境

一个安全的学习环境可以让学生感到放松和自在，更愿意表达自己的想法和感受。教师应该努力营造这样的环境，让学生知道在课堂上发表意见不会有嘲笑或贬低，即使是错误的答案也会得到耐心的指导。这样，学生才敢于在教师面前敞开心扉，积极地参与到学习中去。

### 5. 个性化的指导和帮助

每个学生都是独一无二的个体，他们有着不同的性格特点和学习需求。教师应该根据每个学生的特点，提供定制化的指导和帮助。通过了解学生的兴趣点和潜能，教师可以更有效地激发学生的学习热情，帮助他们在学习中找到自己的位置。

教师的金玉良言是学生心灵成长的养料，而敞开心扉则是学生接纳这些养料的关键。通过建立信任、传递正能量、树立榜样、创造安全环境和提供个性化指导，教师可以帮助学生打开心扉，让教育的力量深入人心，培养出更多德智体美劳全面发展的人才。

# 主题 5

# 自我激励，把"不可能"变成"可能"

苏霍姆林斯基指出，"当一个人遇到某种他似乎不可能做到的事情和不可能克服的困难的时候，他应当警惕自己，应当集中自己的一切精神力量，去把'不可能'变成可能"。

## 一、重温经典

自我教育并不总是自我否定，它还包括自我肯定和自我激励。从天性看，"儿童总是希望在某个方面表现自己，首先想表现自己的意志、智慧、机灵和发明才能"。①

"少年时期和青年早期，是个人智能、道德和社会意识自我肯定的年龄期。在这个年岁上，学生精神上的正常发展，取决于他在集体人际关系和活动的一切领域中（在智力生活中、劳动中、道德信念的形成中）自我肯定的深刻程度。"②

困难是对自我肯定的磨砺和考验，"不去战胜困难就不可能有自我肯定，也不可能有丰富的精神生活，精神上的成长也就会受到限制。幻想在战场上建立功

---

① 蔡汀，王义高，祖晶编. 苏霍姆林斯基选集（第1卷）[M]. 北京：教育科学出版社，2001：830，301，731，207-208.

② 蔡汀，王义高，祖晶编. 苏霍姆林斯基选集（第5卷）[M]. 北京：教育科学出版社，2001：331.

励，向往去远方旅行，遨游太空，等等——这一切之所以能使青少年迷恋不已，首先是因为它们为考验意志力量、为表现人的品格提供了可能。学生在自己的活动中战胜困难的要求越强烈，他们精神上的成长就越扎实，他们的思想、情感同积极表现思想和情感的有意志的行为就会越鲜明地融为一体"。①

苏霍姆林斯基鼓励男孩子们说："要从精神上和体质上进行更多的锻炼，准备去克服一个战士必然会遇到的那些巨大困难。不懦弱、不叫苦、不把自己应该克服的困难推给别人，这就是培养真正的男子汉所必需的条件。"②

在克服困难的过程中，学生会"体验到一种无可比拟的人的自豪感：我从我所创造的东西中看到了自己，我在某一件事上表现了自己的智力的、体力的、意志的、创造性的、道德的力量，我能够克服困难，我能够在最艰苦的斗争（为维护自己的尊严，维护自己的道德美、高尚和完美的精神的斗争）中成为胜利者等"。③

"如果孩子在学习中觉得什么都很容易，他就会逐渐滋长思想上的惰性，这种惰性会腐蚀人，促使他对生活持轻率的态度"④，而"没有战胜过困难，没有负过重荷的人，不能成为真正的人"。⑤

"当一个人遇到某种他似乎不可能做到的事情和不可能克服的困难的时候，他应当警惕自己，应当集中自己的一切精神力量，去把'不可能'变成可能。"⑥

---

① 蔡汀、王义高、祖晶编. 苏霍姆林斯基选集（第1卷）［M］. 北京：教育科学出版社，2001：830，301，731，207-208.

② 蔡汀、王义高、祖晶编. 苏霍姆林斯基选集（第1卷）［M］. 北京：教育科学出版社，2001：830，301，731，207-208.

③ ［苏］BA. 苏霍姆林斯基. 给教师的建议［M］. 杜殿坤，编译. 北京：教育科学出版社，1984：474.

④ 蔡汀、王义高、祖晶编. 苏霍姆林斯基选集（第3卷）［M］. 北京：教育科学出版社，2001：151，879.

⑤ 蔡汀、王义高、祖晶编. 苏霍姆林斯基选集（第3卷）［M］. 北京：教育科学出版社，2001：151，879.

⑥ 蔡汀、王义高、祖晶编. 苏霍姆林斯基选集（第1卷）［M］. 北京：教育科学出版社，2001：830，301，731，207-208.

## 二、案例分析

张梦是一个来自普通家庭的年轻女孩，她从小就有一个梦想——成为一名职业篮球运动员。然而，她的身高只有1.6米，这在篮球界被认为是一个巨大的障碍。许多人告诉她，她的身高限制了她在这个领域的发展，但她从未放弃过自己的梦想。

设定目标。张梦清晰地设定了自己的目标——成为一名职业篮球运动员。尽管她知道这条路充满了挑战和困难，但她坚信自己可以通过努力和训练来实现这个梦想。

迎接挑战。身高问题成为张梦面临的最大挑战。然而，她并没有因此而放弃。相反，她决定通过加强技术训练来弥补身高的不足。她每天投入大量的时间进行篮球训练，不断提高自己的运球、投篮和防守技巧。

自我激励。在面对困难和挫折时，张梦总是能够找到自我激励的方法。她会在心里告诉自己："我能够克服这个困难，我能够实现我的梦想。"她相信只要自己不放弃，就一定能够找到解决问题的方法。

寻找机会。张梦知道，要想成为一名职业篮球运动员，除了拥有出色的技术外，还需要得到专业的认可和机会。因此，她积极参加各种篮球比赛和训练营，展示自己的才华和实力。她的努力终于得到了回报，她逐渐获得了一些职业球队的关注和邀请。

实现梦想。经过多年的努力和坚持，张梦终于实现了自己的梦想。她成了一名职业篮球运动员，并在比赛中取得了不错的成绩。她的成功不仅仅是因为她的技术出色，更是因为她拥有坚定的信念和不懈的努力。

【分析】这个案例展示了自我激励的力量。张梦通过设定目标、迎接挑战、自我激励、寻找机会和实现梦想，最终将"不可能"变成了"可能"。她的经历告诉我们，无论面临多大的困难和挑战，只要我们拥有坚定的信念并不懈地努力，就一定能够实现自己的梦想。同时，这个案例也提醒我们，在面对困难和挫折时，我们应该学会自我激励，找到解决问题的方法，不断前进。

## 三、专业指导

在人生的旅途中，我们每个人都会面临挑战和困难。有时，这些挑战看似不可逾越，让我们感到绝望和无力。然而，正是在这些关键时刻，自我激励的力量才显得尤为重要。它能够唤醒我们内心深处的潜能，让我们将那些被贴上"不可能"标签的梦想，一步步转化为触手可及的现实。

### 1. 面对内心的恐惧和怀疑

在追求目标的过程中，我们首先需要面对的是自我内心的恐惧和怀疑。这些负面情绪往往是阻碍我们前进的最大障碍。认识到这一点，并接受它的存在，是开始自我激励的第一步。我们只有勇敢地面对自己的恐惧时，才能够找到克服它们的方法。

### 2. 设定清晰的目标

一个清晰的目标就像远航中的灯塔，指引我们前进的方向。在自我激励的过程中，我们需要设定一个既具挑战性又可实现的目标。这个目标应该是具体的、量化的，并且有明确的时间框架。这样，我们就可以将长期目标分解为一系列短期目标，从而逐步实现。

### 3. 制订行动计划

有了目标之后，接下来就是制订详细的行动计划。这个计划应该包括每一步的具体行动，以及如何克服可能出现的障碍。在制订计划时，我们要实事求是，既要有野心，也要考虑到实际情况。一个好的计划能够让我们在遇到困难时，不至于迷失方向。

### 4. 培养积极的心态

积极的心态是自我激励的核心。我们可以通过阅读励志书籍、听激励演讲、与积极向上的人交流等方式，不断给予自己正能量。同时，我们也要学会自我肯定，庆祝每一个小成就，这样可以增强自信心，保持动力不衰。

### 5. 坚持不懈的实践

任何目标的实现都离不开坚持不懈的努力。在这个过程中，我们可能遇到失败和挫折，但关键在于每次跌倒后都能重新站起来。通过不断的实践和调整策略，我们可以逐渐接近目标。记住，坚持是成功的秘诀。

### 6. 学会适时的调整

在追求目标的道路上，外部环境和自身情况都可能发生变化。因此，我们需要学会适时地调整目标和计划。这不是放弃，而是一种智慧。通过调整，我们可以更好地适应变化，找到更适合自己的路径。

自我激励是一种内在的力量，它能够让我们在逆境中找到希望，在挑战中看到机会。当我们学会如何激发这种力量时，就没有什么是不可能的。只要我们相信自己，勇敢地迈出每一步，那些曾经看似不可能的事情，最终都会成为我们人生旅途中的宝贵财富。让我们一起点燃信念之火，将"不可能"转化为"可能"，创造属于自己的奇迹。

# 专题三

## 优秀教师的每一堂课都『准备了一辈子』

如果一个人在书的世界里没有独特而深刻的精神生活，他就不可能成为教师。就像花朵向着太阳那样，学生的求知智能和敏锐心灵向往的是知识的灯塔——教师。但只有每天给思想之火添上书籍这种智慧燃料的人，才可能成为知识的灯塔。

# 主题 1

# 好教师必须是热爱孩子的人

苏霍姆林斯基说："一个好教师意味着什么？首先意味着他是个热爱孩子的人，感到跟孩子交往是一种乐趣，相信每个孩子都能成为一个好人，善于跟他们交朋友，关心孩子的快乐和悲伤，了解孩子的心灵，时刻都不忘记自己也曾是个孩子。"

## 一、重温经典

苏霍姆林斯基指出："教育者是能施影响于他人精神世界的一种力量，而这种力量具体体现于对学生的爱。教师不爱学生，无异于歌手没有嗓音，乐师没有听觉，画家没有色彩感。"① 他强调：教师对学生的爱 "不是轻浮的爱——它要求集中心灵的全部力量，并把这种力量始终不渝地奉献出来"。②

苏霍姆林斯基说："一个好教师意味着什么？首先意味着他是个热爱孩子的人，感到跟孩子交往是一种乐趣，相信每个孩子都能成为一个好人，善于跟他们交朋友，关心孩子的快乐和悲伤，了解孩子的心灵，时刻都不忘记自己也曾是个孩子。"③

"教师跟孩子没有精神上的经常沟通，彼此在思想、情感和感受上不相互渗

---

① 蔡汀，王义高，祖晶编. 苏霍姆林斯基选集（第 5 卷） [M]. 北京：教育科学出版社，2001：423，425，294，309，411，707.

② 蔡汀，王义高，祖晶编. 苏霍姆林斯基选集（第 5 卷） [M]. 北京：教育科学出版社，2001：423，425，294，309，411，707.

③ 蔡汀，王义高，祖晶编. 苏霍姆林斯基选集（第 4 卷）[M]. 北京：教育科学出版社，2001：58，641，872.

透，就不能想象会有情感素养这个教育素养的血肉了。"①

"不了解孩子，不深刻注意发生在他们内心深处的复杂活动，我们的教育就是盲目的，因此也就是没有意义的。"②

"要善于从孩子们的每一个动作中，特别是从他们的眼睛中，读懂他们每一个细微的思想活动、情绪和感受。"③

他强调："只有当我们对孩子的个性有了科学的认识，当我们不是以侥幸的成功，而是以全面的科学分析作为依据的时候，我们同儿童的交往才会真正起到教育作用。"④ 应当"寻找启开每个学生心扉的钥匙，舍此，教育就是不可想象的"。⑤

"和他们交上朋友以后，我了解了奇妙的少年世界中的很多东西。我懂得了，如果你能小心、细致而又温存地去轻轻触及少年的心，如果你能珍重他心中的隐秘，那么，这颗少年的心就会向你敞开。"⑥

"促使学生学习的最强大的力量，是产生于他自身对学习劳动的兴趣，以及埋头苦干和持之以恒的精神，并能相信自己，有自尊感。只要能让这种力量活跃在学生的心里，你们就是教育行家，就是学生尊敬的人。"⑦

"严格要求是从高度尊重儿童的力量和能力开始的。所谓严格的要求，就是要理解和体会什么是学生力所能及的，什么是他力所不及的，帮助儿童竭尽努力去达到他能够达到的那个高度。使一个人相信自己所确定的目标是能够达到的，

① 蔡汀，王义高，祖晶编.苏霍姆林斯基选集（第3卷）[M].北京：教育科学出版社，2001：14，681-682.

② 蔡汀，王义高，祖晶编.苏霍姆林斯基选集（第5卷）[M].北京：教育科学出版社，2001：423，425，294，309，411，707.

③ 蔡汀，王义高，祖晶编.苏霍姆林斯基选集（第5卷）[M].北京：教育科学出版社，2001：423，425，294，309，411，707.

④ 蔡汀，王义高，祖晶编.苏霍姆林斯基选集（第4卷）[M].北京：教育科学出版社，2001：58，641，872.

⑤ 蔡汀，王义高，祖晶编.苏霍姆林斯基选集（第4卷）[M].北京：教育科学出版社，2001：58，641，872.

⑥ 蔡汀，王义高，祖晶编.苏霍姆林斯基选集（第3卷）[M].北京：教育科学出版社，2001：14，681-682.

⑦ 蔡汀，王义高，祖晶编.苏霍姆林斯基选集（第5卷）[M].北京：教育科学出版社，2001：423，425，294，309，411，707.

这就是真正的严格要求，同时也是真正的尊重。"①

## 二、案例分析

在阳光小学，有一位数学教师李老师，她以热爱孩子、关心学生成长而闻名。李老师坚信，一个优秀的教师不仅要有扎实的专业知识，还要有对学生的热爱和关心。她的教育理念深深影响了学生，也赢得了家长和同事的广泛赞誉。

深入了解学生。李老师非常注重了解学生的内心世界。她经常利用课余时间与学生交流，询问他们的学习、生活和家庭情况。她关注每个学生的个性和特长，努力发现他们的闪光点，并给予积极的鼓励和支持。这种深入的了解让她能够更好地理解学生的需求，为他们提供更个性化的教育。

用心关爱学生。李老师总是以一颗爱心去对待每一个学生。无论是成绩优秀的学生，还是那些在学习上遇到困难的学生，她都一视同仁，给予同样的关心和爱护。她经常鼓励学生要勇敢面对困难，相信自己能够克服困难。对于那些在学习上遇到问题的学生，她更是耐心地辅导，帮助他们找到解决问题的方法。

激发学习兴趣。李老师深知，激发学生的学习兴趣是教育的关键。因此，她在教学过程中注重采用多种教学方法和手段，如游戏化教学、小组合作等，让学生在轻松愉快的氛围中学习。她还经常组织一些数学竞赛和实践活动，让学生将所学知识应用到实际生活中，从而激发他们的学习兴趣和动力。

与家长沟通合作。李老师非常注重与家长的沟通和合作。她定期与家长联系，反馈学生的学习情况和进步，听取家长的意见和建议。她还积极邀请家长参与学校的教育活动，共同关注孩子的成长。这种紧密的家校合作让教育更加有效，也让学生感受到来自学校和家庭的关爱。

持续自我提升。李老师深知教育是一个不断学习和提升的过程。因此，她经常参加各种教育培训和研讨会，学习新的教育理念和教学方法。她还积极向其他优秀教师学习，借鉴他们的成功经验。这种持续的学习和提升让她的教育水平不断提高，也让她能够更好地满足学生的需求。

在李老师的关爱和引导下，学生不仅在数学上取得了优异的成绩，还在品

---

① 蔡汀，王义高，祖晶编.苏霍姆林斯基选集（第5卷）　[M].北京：教育科学出版社，2001：423，425，294，309，411，707.

德、情感等方面得到了全面的发展。他们学会了如何面对困难、如何与人相处、如何关爱他人。家长们纷纷表示，李老师是他们孩子的良师益友，她的教育让孩子们受益匪浅。

【分析】这个案例展示了热爱孩子对于一个好教师的重要性。一个热爱孩子的教师能够深入了解学生、用心关爱学生、激发学习兴趣、与家长沟通合作并持续自我提升。这样的教师不仅能够为学生提供优质的教育服务，还能够成为学生的引路人和榜样。因此，我们应该倡导和弘扬这种热爱孩子的教育理念，让更多的教师成为热爱孩子的人。

## 三、专业指导

在教育的广阔天地中，教师扮演着塑造未来的重要角色。他们不仅是知识的传递者，还是价值观的引导者和心灵的工匠。一个好教师的标准有很多，但最核心的一点，是必须对孩子怀有深厚的爱。这种爱不仅体现在对学生学业上的关心，还体现在对他们成长过程中的全面关注和支持。

### 1. 要有爱的力量

热爱孩子是一种强大的情感力量，它能够激发教师深入挖掘每个孩子的潜能，关注他们的个性和需求。当教师真心关爱学生时，他们会更愿意投入时间和精力，去设计有趣且富有挑战性的课程，创造包容和鼓励的学习环境，以及在学生遇到困难时给予耐心和细致的指导。

### 2. 建立信任关系

热爱孩子能够帮助教师与学生建立起深厚的信任关系。孩子们很容易感受到成人的情感和态度，当他们意识到教师是真心为他们好时，他们会更加愿意打开心扉，分享自己的想法和困惑。这种信任是有效教学的基础，也是促进学生积极参与和主动学习的关键。

### 3. 个性化教育

每个孩子都是独一无二的个体，拥有不同的性格、兴趣和学习方式。好教师会通过对孩子的爱来观察和理解这些差异，并据此提供个性化的教育方案。这种关注细节的能力，可以帮助学生在适合自己的节奏和方式中进步，从而更好地发展自己的潜力。

### 4. 情感的支持

在学习的道路上，孩子们难免会遇到挫折和失败。一个热爱孩子的教师，会及时提供情感上的支持和鼓励，帮助学生正确面对困难，培养他们的韧性和解决问题的能力。这种情感支持对于学生的心理健康和长期发展至关重要。

### 5. 榜样的作用

教师的行为和态度会对学生产生深远的影响。一个热爱孩子的教师，会通过自己的言行成为学生的榜样，教会他们如何以积极的态度对待生活，如何尊重和关爱他人。这种榜样的力量，能够在无形中塑造学生的品格和人生观。

好教师必须是热爱孩子的人。这种爱是教育工作的核心，也是教师专业素养的重要组成部分。它能够激发教师的创造力，建立师生之间的信任，促进个性化教育，提供必要的情感支持，并发挥榜样的作用。因此，当我们谈论好教师的标准时，热爱孩子无疑是最基本也是最重要的一条。

# 主题 2

# 教师的语言修养是其精神修养的一面镜子

教师的语言修养"是他精神修养的一面镜子"，"这种语言不会从教育学教材中背会，也不会写在教授的讲义里。它产生于教师的心田……语言的奇特力量，产生于教师的爱和他对人的深刻信心。对人的爱，对人的信心，形象地说，是慈爱的翅膀赖以飞翔的空气。没有这种空气，鸟儿就会像石头一样坠落地上，而似乎是慈爱的语言也只是死板的声音"。

## 一、重温经典

苏霍姆林斯基说，"教师口中的语言是一个强有力的工具，就像演奏家手中的乐器、画家手中的颜料、雕塑家手中的刻刀和大理石一样。没有乐器就没有音乐，没有颜料和画笔就没有绘画，没有大理石和刻刀就没有雕塑；同样，没有活生生的、深入人心的动人语言就没有学校，没有教育"。①

他还有更详尽的阐述：人的修养反映在话语上，甚至在眼神里都能表现出来。话语与心灵息息相关。话语可能是含情脉脉的亲吻，又能成为散发芳香的小花；它可能是行善使人复活的圣水，又可能是插入心间的一把尖刀；它既是烧红的一块铁，又像是一桶冷水，或者是一团发臭的污泥……聪慧、善良的话语使人欢乐，愚蠢而恶毒的话语、轻率而缺乏分寸的话语给人带来不幸。话语可以置人于死地，也可以使人新生；可以给人造成创伤，也可以给人医好创伤；可以使人惊慌、失望，也可以使人充满崇高精神；可以使人消除疑虑，也可以使人垂头丧气；可以引人发笑，也可以叫人流泪；可以产生对人的信任，也可以播下不信任的种子；可以鼓舞人去劳动，也可以使人的精神麻木。你那凶恶的、令人不满的、有失分寸的脱口而出的蠢话，可以使人受到侮辱、叫人伤心、吃惊、为之震惊。②

"决定教师语言效果的真谛是诚挚。学生对诚挚的话语具有最敏锐的感觉，并能敏感地做出反应。他们对不真诚和虚伪的感觉尤为敏锐。"③

"对于少年来说，言语的教育力量与其说是取决于言语本身的正确性，倒不如说是取决于教育者的言行一致。"④

"批评的艺术在于严厉与善良的圆满结合：学生应该在教师的批评中感受到的不仅是合乎情理的严厉，而且是对他充满人情味的关切。"⑤只有这样，教师循循善诱的话语才会"渗入儿童心灵的深处，就像种子落到沃土里那样，将会生出茁壮的幼芽来"。⑥

---

① 蔡汀，王义高，祖晶编. 苏霍姆林斯基选集（第5卷）[M]. 北京：教育科学出版社，2001：222，465，709.

② 蔡汀，王义高，祖晶编. 苏霍姆林斯基选集（第2卷）[M]. 北京：教育科学出版社，2001：415，219.

③ 蔡汀，王义高，祖晶编. 苏霍姆林斯基选集（第5卷）[M]. 北京：教育科学出版社，2001：222，465，709.

④ 蔡汀，王义高，祖晶编. 苏霍姆林斯基选集（第3卷）[M]. 北京：教育科学出版社，2001：532，277.

⑤ [苏] B. A. 苏霍姆林斯基著. 教育的艺术 [M]. 索洛维奇克，编；肖勇，译. 长沙：湖南教育出版社，1983：35.

⑥ 蔡汀，王义高，祖晶编. 苏霍姆林斯基选集（第2卷）[M]. 北京：教育科学出版社，2001：415，219.

"如果教师的语言缺乏热情，如果他的心灵像一潭死水，如果他的语言的目的只是为传递信息，那么，履行崇高义务所需要的精神力量在青少年心田里是确立不起来的，不仅如此，还引不起年轻人的任何兴趣。"①

教师的语言修养"是他精神修养的一面镜子"②，"这种语言不会从教育学教材中背会，也不会写在教授的讲义里。它产生于教师的心田……语言的奇特力量，产生于教师的爱和他对人的深刻信心。对人的爱，对人的信心，形象地说，是慈爱的翅膀赖以飞翔的空气。没有这种空气，鸟儿就会像石头一样坠落地上，而似乎是慈爱的语言也只是死板板的声音。"③

## 二、案例分析

于永正老师是著名的语言大师。学生在发言时，他相机插话，语言诙谐，寓语言文字教学于生动活泼的课堂气氛之中，一阵阵笑声发自学生的心灵，让人感受到师生间人格的平等、心灵的沟通，同时也让人领略到了于老师"润物无声"的育人艺术。其语言艺术大体可分为以下几种。

### 1. 指谬

海因·曼麦说："用幽默的方式说出严肃的真理比直截了当地提出来更能使人为之接受。"于老师深谙此道，如他在教学二年级童话课文《小稻秧脱险记》时，方法运用得极为巧妙。

杂草被喷雾器大夫用化学除草剂喷洒之后有气无力地说："完了，我们都喘不过气来了。"可是，一位小朋友读杂草说的这句话时，声音很大，既有"力"又有"气"。于老师开玩笑道："要么你的抗药性强，要么这化学除草剂是假冒伪劣产品。我再给你喷洒一点。"说完，朝他做了个喷洒的动作。全班小朋友哈哈大笑。这位小朋友再读时，耷拉着脑袋，真的有气无力了。于老师表扬说：

---

① 蔡汀，王义高，祖晶编. 苏霍姆林斯基选集（第5卷）[M]. 北京：教育科学出版社，2001：222，465，709.

② 蔡汀，王义高，祖晶编. 苏霍姆林斯基选集（第3卷）[M]. 北京：教育科学出版社，2001：532，277.

③ 蔡汀，王义高，祖晶编. 苏霍姆林斯基选集（第5卷）[M]. 北京：教育科学出版社，2001：222，465，709.

"你读懂了。"于是笑声又起。

这是一个教得活的例子。学生读书感悟不透，是训斥，还是令其坐下，抑或请别的学生代读？于老师没有这样做，继续给学生练读的机会。一句点评，既指出了读的不足之处，又让学生在轻松的气氛中加深了感悟，使朗读更加到位。

## 2. 启发

什么是启发？用于老师的话说，不就是像给猜谜语的人提示一下朝哪儿猜那样，为学生提供一点线索，揭示出一点端倪，鼓励学生去发现吗？如一个典型的说写课例——《买手帕》的教学片段。于老师扮演售货员，让学生扮演顾客。学生购买手帕时，只做到了注意使用礼貌语言，而忽视了市场经济中尤其要做的——讲价。"讲价"既是重点，又是难点，于是于老师运用了启发式教学手段。

同学们，买手帕最难的是讲价，有句话叫作"漫天要价"。意思是说，卖东西的人想赚钱，要价很高。还有句话叫作"落地还价"。意思是说，买东西的人想省钱，还价很低。这是正常的。他要价1元，你还他1角。（笑声）要么"拦腰砍"，还他5角。他如果坚决不卖，你再加一点，再不卖，扭头就走。俗话说"一走就卖"。（笑声）"一走"人家还不卖，说明还价太低了。现在咱们试一下怎么样？

教学之道无他，求其善导而已。于老师让学生处于参与训练的主体地位，借助精彩的群众语言作为启发，使训练向预定目标推进。一名学生敢闯敢试，思维活跃，通过讨价还价仅花了8角钱就买下了要价1元5角钱的大象图案手帕。这名学生初入"商海"，首战告捷，尝到了成功的欢乐。

## 3. 鼓励

适时真诚的鼓励，是帮助学生树立信心的支撑点，也是加快思维的兴奋剂，还是开窍的电火花。我们来看看于老师教学"当解说员，写通讯报道"一课的鼓励语言。

师：口齿多清晰！还真有点儿宋世雄的味儿呢！（笑声）

师：同学们说得真漂亮，不亚于宋世雄！（笑声）

师：好！同学们第一次练习就说得这样漂亮，宋世雄退休以后，你们可以到中央电视台了。（众大笑）

师：就凭你这一句话，已达到宋世雄的水平了。（笑声）

师：魏荣说得比宋世雄还棒！你可以叫"盖世雄"！（众笑）

于老师巧妙地设计了"动物王国掰手腕比赛"的童话式活动，训练学生现场解说，随着比赛及教学的进程，"宋世雄"成为学生努力的方向、奋斗的目标。于老师不管哪句话，都饱含赞美，有层次且非常得体。教学情趣之浓，主体与主导的关系处理之好，学生积极性之高，真是令人拍案叫绝。

### 4. 强化

学生听说读写能力的形成，需要强化训练。强化训练不是机械的重复练习，而是和谐的综合能力训练。《草》是小学二年级的课文。请看于老师是怎样强化学生对古诗的理解和背诵的。

师：谁愿意背给奶奶听？（指一名学生到前边来）

生：奶奶，我背首古诗给您听听好吗？

师：好！背什么古诗？什么时候学的？

生：背《草》，今天上午刚学的。

师：那么多花不写，干吗写草呀？

生（一愣）：嗯，因为……草很顽强，野火把它烧光了，可第二年它又长出了新芽。

师：噢，我明白了。背吧！（生背）

师："离离原上草"是什么意思？我怎么听不懂？

生：这句话是说草原上的草长得很茂盛。

师：还有什么"一岁一窟窿"？（众笑）

生：不是"一岁一窟窿"，是"一岁一枯荣"。枯就是干枯，荣就是茂盛。春天和夏天，草长得很茂盛；到了冬天，就干枯了。

师：后面两句我听懂了。你看俺孙女多有能耐，小小年纪就会背古诗！奶奶像你这么大的时候，哪儿有钱上学啊！（众大笑）

教师和学生扮演角色理解和背诵古诗，有说、有听、有读、有情，寓教于乐，把角色表演跟语言训练结合起来，教得轻松，学得愉快，语言训练落到了实处。

5. 调侃

乐，在教学中是很重要的。一乐，情绪就来了，劲头就足了，调侃能给学生注入兴奋剂。我们来看看于老师让学生观察、描述他的外貌，写《于老师印象记》时的调侃语言。

师：我姓于，叫于永正，是个男的。

师：哎哟！咱们大连有那么多优秀教师，干吗从大老远的徐州请位老师来上课？

师：再看看于老师的身材怎么样，是不是当模特的料。

师：说得差不多。于老师年轻时，身高 1 米 69。心想年龄大了或许会长点儿，谁知，不但不长，反而矮了，现在只有 1 米 68 了！

于老师设计的这个课题是以观察、描述人的外貌为主的，属于素描作文，仔细观察是教学的重点。为了培养学生抓住人物特点观察的本领，排除小学生的心理障碍，他运用风趣的语言，为学生创造了一个宽松的氛围，亮出了一个性格鲜明的观察对象。这样做，不仅无损于老师的形象，反而使学生感到于老师更坦诚、更可亲了。

【分析】于老师课堂上幽默语言的价值主要有两点。

其一，优化教学软环境，提高训练的效益。于老师的教学绝不是为了幽默而幽默，更不是为了逗乐而逗乐，而是为了优化教学软环境，使学生在快乐中更好地学习祖国的语言文字。于老师与学生建立了合作、友爱、民主、平等的师生关系，努力将自己的心理调适到符合儿童特点、符合教学内容需要的状态，将激情和微笑、趣味和爱心带进课堂。例如学生对"有气无力"的理解，是在笑声中、在学生自奋其力的读书中理解的。再如，于老师和学生扮演角色理解和背诵古诗是那么和谐、那么生动，这种效果是机械记忆无法比拟的。他经常创设生活情境，今儿当"奶奶"，明儿当"售货员"，与学生同喜同乐，使学生在愉悦的心境中，在模拟生活的实践中学习知识、增长才干。杜殿坤教授说："知识好比种子，教师的亲切态度好比阳光，儿童的心情好比土壤。只有这时的播种，才能使知识的幼苗茁壮成长。"孩子们的童年是一首诗、一首歌，充满诗情画意。于老师始终保持着欢愉的心境，用微笑和诙谐营造情趣盎然的课堂气氛，让孩子们乐此不疲，堂堂课都感到轻松、愉快、幸福。

其二，尊重学生，培养学生健全的人格。在课堂教学中，有些教师的眼睛总是盯着尖子生，对其他学生，尤其学困生则态度冷淡，甚至讽刺、挖苦，致使师生之间产生抵触情绪。消极情绪对人的心理有损伤作用，如能排除消极情绪，人的心理和精神就可以达到和谐完美的状态。幽默是一座桥梁，能拉近师生之间的距离。于老师了解儿童、信任儿童、尊重儿童，偏爱学困生，他深深地知道——儿童犯了错误，上帝也会饶恕。他娴熟地运用批评的艺术、表扬的艺术，沟通师生关系，用教师的人格力量影响学生，树立学生的自信心，培养儿童健全的人格，让每一个儿童都有成就感，从而走向成功。

英国学者罗素说："一切学科本质应从心智启迪开始。教学语言应当是引火线、冲击波、兴奋剂。"苏联教育学家斯维特洛夫说："教育最主要的也是第一位助手就是幽默。"幽默固然有赖于知识的丰富、思维的敏捷、口语的畅达，更重要的是要有融融的爱心、博大的胸怀、乐观的情绪、爽朗的性格。所以我们也应该从于老师的课堂笑声中获得有益的启示，把我们的课堂变成学生的乐园。

## 三、专业指导

在教育教学中，教师扮演着塑造学生灵魂的工匠角色。他们不仅传授知识，还是价值观的传递者和行为规范的示范者。教师的语言修养，作为其专业素养的重要组成部分，不仅反映了个人的教育理念和学术背景，还是其精神修养的一面镜子。

### 1. 明确语言修养与精神修养的内在联系

语言是思想的载体，是情感的表达工具。教师的语言修养体现在其言语的精准性、逻辑性、感染力和启发性上。一个语言修养良好的教师，能够用恰当、丰富、有力的语言来传达知识，激发学生的思考，引导学生的情感，从而促进学生全面发展。这种能力的背后，是教师深厚的文化底蕴、严谨的思维习惯和丰富的情感体验，这些都是精神修养的重要组成部分。

### 2. 明确教师语言修养的重要性

对学生的影响。教师的语言直接作用于学生的心灵，影响他们的思维方式和世界观的形成。清晰、准确、有条理的语言能够帮助学生更好地理解和吸收知识，而富有激情和智慧的语言则能激发学生的创造力和想象力。

对教育质量的影响。教师的语言修养直接关系到教学质量和效果。优秀的语言表达能力能够提高教学的吸引力和说服力，使教学内容生动有趣，提高学生的学习兴趣和效率。

对社会的影响。教师作为社会文化的传承者，其语言修养也体现了社会的文化水平和文明程度。教师的言行举止在无形中塑造了社会的文化风貌和道德标准。

### 3. 明确提升教师语言修养的途径

持续学习。教师应当不断学习新知识，扩大知识面，提高自己的文化素养和专业水平。

实践锻炼。通过教学实践，教师要不断磨炼语言表达技巧，学会用学生容易理解的方式传达复杂的概念。

反思总结。教师要经常性地对自己的教学语言进行反思和总结，找出不足之处并加以改进。

交流互动。教师要与同行进行经验交流，学习他人的优秀教学方法和语言艺术，丰富自己的教学手段。

教师的语言修养不仅仅是个人专业成长的体现，更是其精神修养的外在表现。它影响着学生的成长，关系着教育的质量，反映着社会的文明。因此，教师应当不断提升自己的语言修养，以言传身教，成为学生精神成长的引路人，共同推动社会的进步和发展。

# 主题 3

# 围绕"上课"中心，锤炼教学基本功

教师是教学活动的组织者、引导者和合作者。如果说教学是技术加艺术，那么这种技术加艺术主要表现为教师课堂教学的基本功。它是教师素质的重要表现，也是教学成败的关键。讲课是整个教学工作的中心环节，对于教学工作的质量具有决定性的作用。

## 一、重温经典

苏霍姆林斯基的"备课"包括长期性的知识准备。他写道："要天天看书，终生以书籍为友，这是一天也不断流的潺潺小溪，它充实着思想江河。"①

苏霍姆林斯基的"备课"还要求着眼于具体的学生。他说："真正能够驾驭教学过程的高手，是用学生的眼光来读教科书的。"②

他以自己为例："如果我需要在课堂上阐明一种深刻的思想，那么我在备课时就迫切地感到，必须在思想上非常明确，我在同谁讲话。假如我不知道，在课堂上我面对的是谁，不知道柯利亚和季娜、托利亚和瓦里娅在想些什么，那我就好像是在给抽象的人上课。在思考我在课堂上阐明的某些观念时，我考虑到的首先是我的每一个学生的心灵。应该用生动的话语来阐明这些观念，并且以活生生的心灵和思想的颤动来充实自己话语的力量。"③

教师在讲课时应一边思考所讲的教材，一边观察学生的学习情况，注意观察学生的注意力、兴趣、意志努力等方面的变化，并且根据这些变化随时改变原定的上课计划，以适应学生学习情绪变化的需要。④

此外，有经验的教师在阐述、说明、讲解的过程中，"不把所学材料的各个方面全部揭示出来，以便为学生的独立钻研留下余地。教学技巧也正在于会为学生的思考留下教材的某个重要方面"。⑤

教师还应当经常与同事相互听课和分析课。要将听课和分析课视为重要的经验积累方式，不断增进自己的教学基本功。

---

① 蔡汀，王义高，祖晶编. 苏霍姆林斯基选集（第2卷）［M］. 北京：教育科学出版社，2001：561-562.

② 蔡汀，王义高，祖晶编. 苏霍姆林斯基选集（第4卷）［M］. 北京：教育科学出版社，2001：866，602，393.

③ 蔡汀，王义高，祖晶编. 苏霍姆林斯基选集（第3卷）［M］. 北京：教育科学出版社，2001：652.

④ 蔡汀，王义高，祖晶编. 苏霍姆林斯基选集（第4卷）［M］. 北京：教育科学出版社，2001：866，602，393.

⑤ 蔡汀，王义高，祖晶编. 苏霍姆林斯基选集（第4卷）［M］. 北京：教育科学出版社，2001：866，602，393.

## 二、案例分析

在某中学的数学课堂上，李老师致力于通过每一堂课锤炼自己的教学基本功，为学生提供高质量的教学体验。她深知，教学基本功是教师从事教学工作的基础，也是提升教学效果的关键。

理解课程标准和把握教材。在备课前，李老师会深入研读数学课程标准，明确教学目标和要求。她仔细分析教材，理解每个单元或章节在教材体系中的地位和作用，确定教学重点和难点。基于这些分析，她选用恰当的教学方法和手段，确保教学内容符合课程标准的要求和教学实际的需要。

精心备课。李老师从教学实际出发，认真构思每一堂课的教学方案。她设定明确的教学目标，确保重点突出，条理清晰。在备课时，她会认真设疑，抓住要点，同时关注学生的个体差异和学科之间的联系与整合。她的教案字迹工整、规范，体现了她对教学的严谨态度。

创新教学设计。为了激发学生的学习兴趣和积极性，李老师在教学设计上力求创新。她运用多种教学手段和方法，如游戏化教学、小组合作等，让学生在轻松愉快的氛围中学习。同时，她还注重培养学生的思维能力和解决问题的能力，让他们在掌握知识的同时也能提升能力。

锤炼教学基本功。在上课过程中，李老师注重锤炼自己的教学基本功。她以生动的语言和形象的比喻来讲解抽象的概念和定理，让学生能够轻松理解。同时，她善于引导学生发现问题、提出问题并解决问题，培养学生的质疑能力和创新能力。她还会根据学生的反应和课堂情况及时调整教学策略和方法，确保教学效果最大化。

注重课堂互动和反馈。李老师非常注重课堂互动和反馈。她鼓励学生积极参与课堂讨论和交流，发表自己的观点和看法。同时，她也会认真听取学生的意见和建议，及时调整自己的教学方式和方法。通过课堂互动和反馈，她不仅能够及时了解学生的学习情况和需求，还能够不断提升自己的教学能力和水平。

经过长期的锤炼和实践，李老师的教学基本功得到了显著提升。她的课堂生动有趣、充满活力，深受学生的喜爱和家长的认可。同时，她的学生也在数学学科上取得了优异的成绩和表现。

【分析】这个案例展示了如何通过"上课"这一核心活动锤炼教学基本功。教师需要在备课前深入理解课程标准和教材、精心备课、创新教学设计等方面下功夫。同时，在上课过程中注重锤炼自己的教学基本功、注重课堂互动和反馈等方面也是非常重要的。只有这样，教师才能够不断提升自己的教学水平和能力，为学生提供更好的教育服务。

## 三、专业指导

在教育舞台上，教师扮演着至关重要的角色。他们不仅是知识的传递者，还是学生思维的引导者和价值观的塑造者。要想成为一名优秀的教师，除了具备扎实的学科知识外，教学基本功的锤炼同样不可或缺。

### 1. 明确教学目标

教学目标是指导教学活动的灯塔，它决定了教学内容的选择和教学方法的应用。教师在课前应明确本节课的教学目标，包括知识目标、能力目标和情感态度目标。这些目标应当具体、可操作，并与课程标准和学生实际水平相匹配。

### 2. 精心备课

备课是教学活动的起点，也是锤炼教学基本功的重要环节。精心备课要求教师深入理解教材内容，设计合理的教学流程，准备适宜的教学资源。此外，教师还应预见可能出现的教学难点和学生疑问点，制定相应的应对策略。

### 3. 灵活运用教学方法

教学方法是实现教学目标的手段。教师应根据教学内容和学生特点灵活选择和运用各种教学方法，如讲授法、讨论法、合作学习、案例分析等。同时，教师还需不断学习和尝试新的教学方法，以适应不断变化的教育需求。

### 4. 有效课堂管理

良好的课堂氛围和秩序是高效教学的基础。教师需要掌握有效的课堂管理技巧，如建立明确的课堂规则、合理分配课堂时间、及时调整教学节奏、妥善处理突发事件等。通过有效的课堂管理，教师能够创造一个有利于学生学习和参与的环境。

### 5. 精准评价与反馈

评价是教学过程中不可或缺的重要一环，它有助于教师了解学生的学习情况，及时调整教学策略。教师应运用多元化的评价方式，如形成性评价和总结性评价，给予学生全面、客观、公正的评价。同时，教师还应及时向学生提供反馈，帮助他们认识到自身的进步和不足。

### 6. 持续自我反思与成长

教师的专业成长是一个持续的过程。通过课后反思，教师可以审视自己的教学行为，总结经验教训，不断提升教学技能。此外，参与教研活动、阅读专业文献、交流教学心得等都是教师自我提升的有效途径。

上课是教师日常工作的核心，而教学基本功的锤炼则是提升上课质量的关键。通过明确教学目标、精心备课、灵活运用教学方法、有效课堂管理、精准评价与反馈以及持续自我反思与成长，教师能够在教学实践中不断进步，最终实现提高教学质量、促进学生全面发展的目标。

# 主题 4

# 教师的人格是进行教育的基石

苏霍姆林斯基指出，教师的一言一行都是他的个性、道德、仁爱、善良、诚挚等品质的真实反映，是他持之以恒的人格修炼的结果。"形象地说，教师播下的火种，不只是用打火石临时打出来的，而是在他思想里日复一日、年复一年燃烧着的，唯有在这种情况下，他才会点燃学生的思想之火。"

## 一、重温经典

"教师的人格是进行教育的基石。教育工作中所实施的一切观点、信念、理想、世界观、兴趣、爱好等的形成，都在教师的人格这个焦点上汇合。社会上各种政治的、道德的、审美的思想、真理和观点，都会在教师身上反映出来；而所有这一切，又都将通过教师的个人世界反映在学生身上，并在学生身上得到更高基础上的再现。"①

有位女教师具有丰富的想象力，能编出许多童话故事，讲述那遥远的地方。她成了小不点儿们公认的权威，孩子们都很爱她。

有一次，女教师领着孩子们来到集体农庄捡玉米。她布置孩子们开始劳动后，就转身去看看她让庄员们为她留的土豆——她昨天已让庄员们为她挑选些好点儿的土豆。不料，她一看到土豆就生气地喊叫起来："我花钱就要这些烂货？"

孩子们闻声大吃一惊，仿佛不认识自己的女教师了：她跟他们说话时不是那么温柔，一字一句都是抚爱吗？怎么现在的声调是那样尖锐，充满了火气？孩子们被她嘴里喷出那些肮脏的咒骂惊呆了，一个个垂首而坐，连眼皮也不敢抬。女教师回来了，声调又变得那么温柔、那么亲切。但学生已听不懂她的话，他们耳朵里还回荡着女教师刚才辱骂庄员的那些肮脏话……

放学后，9岁的学生瓦利娅坐在窗旁愁眉不展，并且哭了。她还在痛苦地回忆白天的可怕场面。此前瓦利娅跟女教师很要好，常到她家去，向她倾吐自己小小的秘密；而现在她却充满疑窦：女教师的温柔难道是装出来的？她难道实际上是个凶狠的人？瓦利娅哭了很久，她再也不相信女教师了，她变得粗鲁、不听话了。她甚至跟女教师对着干——故意惹她生气，让她烦恼。②

苏霍姆林斯基写道："敬爱的读者，可能您也见过这种一切跟大人对着干的孩子，我相信，究其原因，是孩子内心里营造的理想形象，已被他们奉为楷模的人所践踏。"③

"教育者的道德纯洁和道德完美，在塑造人这种称之为教育的最微妙的范围内，实质上是取得成功的最重要的唯一前提。"④

教师的一言一行都是他的个性、道德、仁爱、善良、诚挚等品质的真实反映，是他持之以恒的人格修炼的结果。"形象地说，教师播下的火种，不只是用

---

① 蔡汀、王义高、祖晶编. 苏霍姆林斯基选集（第4卷）[M]. 北京：教育科学出版社，2001：767.

② 蔡汀、王义高、祖晶编. 苏霍姆林斯基选集（第5卷）[M]. 北京：教育科学出版社，2001：284-285、285、436、286.

③ 蔡汀、王义高、祖晶编. 苏霍姆林斯基选集（第5卷）[M]. 北京：教育科学出版社，2001：284-285、285、436、286.

④ 蔡汀、王义高、祖晶编. 苏霍姆林斯基选集（第5卷）[M]. 北京：教育科学出版社，2001：284-285、285、436、286.

打火石临时打出来的，而是在他思想里日复一日、年复一年燃烧着的，唯有在这种情况下，他才会点燃学生的思想之火。"[①]

## 二、案例分析

在阳光中学的校园里，有一位历史教师——张老师，她以其高尚的人格魅力和独特的教育方式，成了学生心中的楷模。张老师深知，教师的人格是进行教育的基石，只有具备了高尚的人格，才能真正地影响和感染学生，引导他们健康成长。

以身作则，树立榜样。张老师在日常生活中始终保持着高尚的品德和行为。她诚实守信、尊重他人、勤奋努力，用自己的实际行动为学生树立了榜样。学生在观察张老师的行为中，潜移默化地接受了她的价值观和人生观，形成了积极向上的品格。

关爱学生，温暖心灵。张老师关心每一个学生，不仅关注他们的学业成绩，还关心他们的成长和心理健康。她经常与学生交流、谈心，了解他们的困惑和需要，给予他们及时的帮助和支持。她的关爱让学生感受到了温暖和信任，使他们更愿意与张老师分享自己的心事和想法。

公正无私，严于律己。张老师对待学生一视同仁，不偏袒任何一个学生。她公正无私地评价每个学生的表现，给予他们公正的机会和待遇。同时，她也严于律己，要求学生做到的自己首先要做到。这种公正无私和严于律己的态度赢得了学生的尊重和信任。

不断进取，追求卓越。张老师深知教育是一个不断学习和进步的过程。她始终保持着对知识的渴望和对教育的热情，不断进修学习、更新教育观念和方法。她的这种进取精神激发了学生的学习热情，使他们在学习上也追求卓越、不断进步。

在张老师的影响下，学生不仅在学业上取得了优异的成绩，还在品德、情感等方面得到了全面的发展。他们学会了如何尊重他人、关爱他人，如何面对困难和挑战。家长们纷纷表示，张老师是他们孩子的良师益友，她的教育让孩子们受

① 蔡汀、王义高、祖晶编. 苏霍姆林斯基选集（第5卷）[M]. 北京：教育科学出版社，2001：284-285，285，436，286.

益匪浅。

【分析】这个案例充分展示了教师人格对教育的重要性。教师的人格是进行教育的基石，只有具备了高尚的人格魅力，才能真正地影响和感染学生，引导他们健康成长。因此，我们应该注重培养和提高教师的人格魅力，让他们成为学生心中的楷模和榜样。同时，我们也应该鼓励和支持教师不断进取、追求卓越，为教育事业的发展贡献自己的力量。

## 三、专业指导

教育，作为社会进步的阶梯和人类文明的传承行为，其核心不仅在于知识的传授，更在于价值观的塑造和人格的养成。在这一过程中，教师的角色至关重要。教师不仅是知识的传递者，还是学生道德品质和人格特质的塑造者。因此，教师的人格是进行教育的基石。

### 1. 教师的人格影响着学生的学习态度和行为习惯

教师的一言一行都是学生模仿的对象。一位正直、诚信、有责任心的教师，会通过自己的实际行动，潜移默化地影响学生，使他们在不知不觉中学会尊重他人、诚实守信、勇于承担责任；反之，如果教师自身缺乏这些基本的道德品质，那么学生也可能受到负面影响，从而影响他们的终身发展。

### 2. 教师的人格对学生的情感发展和人际关系建立具有重要作用

教师的同理心、耐心和关爱能够为学生营造一个温馨、安全的学习环境。在这样的环境中，学生愿意表达自己的想法和情感，乐于与同伴建立积极的人际关系。这种正面的情感体验和人际交往能力，对学生未来的社会生活具有深远的影响。

### 3. 教师的人格对培养学生的批判性思维和独立思考能力至关重要

一个开放、包容、鼓励探究的教师，会激发学生的好奇心和求知欲，引导他们敢于质疑、勇于创新。这样的教育不仅能够促进学生的认知发展，还能培养他们成为未来社会的建设者和领导者。

### 4. 教师的人格对于维护教育公正和社会正义也起到关键作用

当教师坚守公正无私的原则时，他们为所有学生提供了平等的教育机会，无论学生的背景如何。这种公正的态度不仅体现了教育的本质，还为学生树立了正确的价值观。

教师的美好人格对于教育的成功至关重要。它不仅影响着学生的学业成就，还深刻地影响着学生的道德发展、情感成长、社会适应能力和终身学习的能力。因此，我们必须重视教师的人格培养，确保每一位教师都能成为学生健康成长的坚实基石。

# 主题 5

# 每个教师都应有一批"铁杆"追随者

苏霍姆林斯基希望每个教师都有一批"铁杆"追随者，要求教师在把最基本的课程传授给全体学生的同时，还应培养一些特别喜爱本科目的学生。

## 一、重温经典

苏霍姆林斯基鼓励同事说："你的学生愈是深深地爱上你所教的科目，你这个教师也就愈优秀，在你个人身上育人者和教书者也就愈加有机地结合在一起。能力、志向、才干的培养问题，没有教师的个性对学生个性的直接影响，是不可能解决的。能力只能由能力来培养，志向只能由志向来培养，才干也只能由才干来培养。"[1]

苏霍姆林斯基希望每个教师都有一批"铁杆"追随者，要求教师在把最基本的课程传授给全体学生的同时，还应培养一些特别喜爱本科目的学生。他在担任物理教师时，常常把一些特别喜爱物理的学生叫到专用教室进行"超纲学习"。他在备课和准备新教具时，这些学生也在他的周围担任助手。在他的倡导下，帕夫雷什中学每个教师都争先恐后地激发学生对自己所授课程的兴趣，力争

---

① 蔡汀、王义高、祖晶编. 苏霍姆林斯基选集（第 2 卷）［M］. 北京：教育科学出版社，2001：718，613.

在身边围着一群"自己的学生"。①

"没有对具体课程、具体科学知识部门的迷恋，就不会有智力充实和精神丰富的个人生活。"如果学生有幸碰上一个优秀的教师集体，每个教师都富有才华，都善于燃起学生对自己那门学科的爱恋之火，那么每个孩子的天赋就一定会显露出来，"形象地说，在科学基础知识的和谐乐队中，都能找到自己喜爱的乐器和自己喜爱的旋律"。②

## 二、案例分析

在启迪中学的校园里，生物教师李老师以其独特的教学风格、深厚的专业知识以及对学生无微不至的关怀，成功培养了一批"铁杆"追随者。这些学生对李老师充满了敬意和信任，不仅在课堂上积极参与，还在课后自发组织学习小组，共同探讨生物学的奥秘。

激发兴趣，点燃热情。李老师深知，兴趣是最好的老师。因此，她在教学过程中总是努力寻找与学生生活紧密相连的生物学知识，通过生动有趣的案例和实验，激发学生的学习兴趣。她鼓励学生提出问题、发表观点，让学生在参与中感受到学习的乐趣。

专业引领，深入探究。李老师具备深厚的生物学专业知识，她能够准确把握学科的核心概念和原理，并将其深入浅出地传授给学生。她不满足于仅传授课本知识，还经常引导学生深入探究生物学的前沿领域，培养学生的科研素养和创新能力。

关爱学生，建立信任。李老师关心每一个学生，尊重他们的个性和差异。她善于倾听学生的心声，了解他们的困惑和需求，并给予及时的帮助和支持。她经常与学生进行深入的交流，了解他们的生活和成长，从而建立起深厚的师生情谊。

组织活动，增进互动。为了增进师生之间的互动和交流，李老师经常组织各种形式的课外活动，如生物实验、野外考察、科学讲座等。这些活动不仅丰富了

---

① 孙孔懿. 苏霍姆林斯基教育学说［M］. 北京：人民教育出版社，2018（2019. 4 重印）：136.
② 蔡汀，王义高，祖晶编. 苏霍姆林斯基选集（第 2 卷）［M］. 北京：教育科学出版社，2001：718，613.

学生的课余生活，还让他们在实践中巩固了所学知识，提高了实践能力。同时，这些活动也为学生提供了展示自己才华的机会，增强了他们的自信心和成就感。

以身作则，树立榜样。李老师不仅在学业上为学生引领道路，在品德和行为上也为学生树立了良好的榜样。她诚实守信、勤奋努力、关爱他人，用实际行动诠释了什么是真正的教育者。她的这种高尚品质深深感染了学生，使他们愿意成为她的"铁杆"追随者。

在李老师的引导下，学生不仅在生物学科上取得了优异的成绩，还在品德、情感等方面得到了全面的发展。他们学会了如何尊重他人、关爱他人，如何面对困难和挑战。他们中的许多人表示，李老师是他们人生道路上的重要导师和榜样，他们将永远铭记李老师的教诲和关怀。

【分析】这个案例充分展示了教师与学生之间建立深厚情谊的重要性。作为教师，我们应该努力激发学生的学习兴趣和热情，引导他们深入探究学科知识；同时，我们也应该关心每一个学生，尊重他们的个性和差异，为他们提供及时的帮助和支持。通过我们的努力和付出，我们可以赢得学生的信任和尊重，成为他们人生道路上的重要导师和榜样。

## 三、专业指导

教师扮演着塑造灵魂、传递知识、激发潜能的重要角色。一位优秀的教师，不仅能够在课堂上传授知识，还能在生活中影响学生，成为他们心中的楷模；而一群忠实的追随者，不仅是对教师工作的认可，还是教育影响力延续和扩散的见证。

### 1. 教师影响力的体现

教师的影响力不仅限于教室内的四堵墙。一个教师的教学风格、价值观和对学生的关怀往往能够激发学生的敬仰和模仿。当学生成为教师的追随者时，这意味着他们不仅仅接受了教师的知识传授，更受到了教师人格魅力的吸引。这种影响力是教育成功的重要标志，也是教师职业生涯中宝贵的财富。

### 2. 建立师生关系的桥梁

铁杆追随者的存在，是师生关系紧密联系的体现。这些学生通常是那些与教师建立了深厚情感联系的学生，他们愿意在课外时间继续学习和探索，甚至在未来的生活中仍然保持联系。这种关系不仅有助于学生的成长和发展，而且为教师提供了持续的教育动力和满足感。

### 3. 教育理念的传播者

教师的"铁杆"追随者往往成为其教育理念的传播者。他们通过自己的行为和言论，将教师的教学方法、生活态度和价值观念传递给更多的人。这种传播不是单向的，而是形成了一种积极的反馈循环，使得教师的影响力得以扩大、教育理念得以深入人心。

### 4. 激励教师不断进步

拥有一批忠实追随者的教师，通常会受到更多的激励和鼓舞。这些学生的成功和进步，是对教师工作最好的肯定。同时，教师也会因为肩负学生的期望而不断提升自己的教学水平和专业能力，形成一个良性的自我提升机制。

### 5. 形成良好的教育生态

当一个学校或教育机构中有多个教师拥有自己的铁杆追随者时，这种现象将形成一种正面的竞争和合作氛围。教师之间相互学习、相互启发，共同为学生的成长和发展贡献力量。这种教育生态不仅有利于学生的全面发展，还有助于提升整个教育体系的质量。

每位教师都应有一批"铁杆"追随者，这不仅仅是教师个人魅力和影响力的体现，更是教育质量和教育影响力扩散的关键。教师和学生之间的这种深厚联系，对于促进学生的全面发展、激发教师的职业热情、提升教育质量都具有不可估量的价值。因此，培养和维护这样的师生关系，应当成为教育工作中的一项重要任务。

在未来的教育实践中，我们应当鼓励和支持教师发展自己的教学风格，建立积极的师生互动，从而吸引并培养一批忠实的追随者。这样，教师的影响力将得到持续的传承和扩散，教育的力量也将因此变得更加深远和持久。

## 主题 6

# 课堂之外应该是师生交往的广阔空间

## 一、重温经典

苏霍姆林斯基写道:"我总是竭力使教师确信,如果你只限于在班里从讲台上看见学生;如果只是由于你叫他来,他才走近你;如果他跟你的交谈只是回答你的提问,那么,任何心理学知识都帮不了你的忙。应当像跟朋友和志同道合者那样会见孩子,应当跟他同享胜利的喜悦、共分失败的忧伤。"①

"只有在这样的交往中,每个人出现在教师面前时才不是你给他打分的学生,而是作为人的全部才能展露无遗他的本来面貌。这种交往的本身也是(教师)欢乐的一个取之不竭的源泉。这样的欢乐将永远铭刻在教师的情感记忆里,由于它,与学生交往的一个个小时、一天天日子,将成为一生中最幸福的光阴常常被回忆起来。"②

"与学生建立友谊——是用我们的力量、我们的思想、我们的智慧、我们的信念、我们的情感修养,使学生的思想和情感变得高尚起来。为缔造师生友谊,需要巨大的精神财富。如果没有这种财富,友谊将会变成低级庸俗的亲昵。"③

我发现一位低年级女教师精于刺绣艺术,又有木刻才能。于是,我便让她负责指导刺绣小组和木刻小组,让她的手艺像磁铁一般吸引着孩子们。她逐渐成了孩子们的知心朋友。几个月来,刺绣小组的孩子们专心致志地绣着一幅表现民间故事的有趣图画。这简直是用各色丝线绣出来的一首叙事诗。孩子们在绣这幅作

---

① 蔡汀,王义高,祖晶编. 苏霍姆林斯基选集(第4卷)[M]. 北京:教育科学出版社,2001:47-48,624-625.

② 蔡汀,王义高,祖晶编. 苏霍姆林斯基选集(第5卷)[M]. 北京:教育科学出版社,2001:431,594,53.

③ 蔡汀,王义高,祖晶编. 苏霍姆林斯基选集(第5卷)[M]. 北京:教育科学出版社,2001:431,594,53.

品时，感到自己就是诗人。这位教师和孩子们之间在精神上的一致，在这几个月内并不局限于刺绣活动。这位教师熟悉许多民间童话，还会极其生动形象地讲述书中的内容。孩子们在小组活动时，总是沉浸在书的世界里，养成了对祖国语言的热爱，还形成了一些道德信念。①

"精神生活的贫乏是一个人，特别是一个教师最可怕的敌人。"②

"对于少年来说，我们应当是具有丰富的精神生活的榜样，只有具备这一条件我们才能在道德上有权教育少年。……智慧培养出智慧，良心培养出良心。"③

## 二、案例分析

在智慧树中学的校园内，语文教师王老师与学生的交往不仅限于课堂之内，她深知课堂之外同样是师生交往的广阔空间。王老师利用课余时间，积极组织并参与各类活动，与学生建立深厚的师生关系，有效促进了学生的全面发展。

课后阅读分享会。王老师定期组织课后阅读分享会，鼓励学生阅读各类书籍，并分享自己的阅读心得。在分享会上，王老师不仅认真倾听学生的分享，还给予积极的反馈和建议。这种互动不仅让学生感受到阅读的乐趣，还增强了他们的表达能力。

户外活动。王老师认为，户外活动是增进师生感情的有效途径。她经常组织学生参与户外拓展活动，如徒步、野餐等。在这些活动中，王老师与学生共同面对挑战，共同解决问题，从而建立了深厚的师生情谊。

一对一辅导。对于学习上有困难的学生，王老师会主动提出一对一辅导。在课后或周末，她会抽出时间与这些学生单独交流，了解他们的学习困惑，并给予有针对性的指导。这种个性化的辅导让学生感受到了王老师的关爱和关注，从而更加努力学习。

与家长沟通。王老师还注重与家长的沟通。她定期与家长电话沟通或面谈交

---

① 蔡汀、王义高、祖晶编. 苏霍姆林斯基选集（第4卷）[M]. 北京：教育科学出版社，2001：47-48，624-625.

② 蔡汀、王义高、祖晶编. 苏霍姆林斯基选集（第5卷）[M]. 北京：教育科学出版社，2001：431，594，53.

③ 蔡汀、王义高、祖晶编. 苏霍姆林斯基选集（第3卷）[M]. 北京：教育科学出版社，2001：542-543.

流，了解学生的家庭情况和成长背景，以便更好地指导学生的学习和生活。同时，她也向家长反馈学生在学校的表现和进步，让家长更加了解和支持学校的教育工作。

通过课堂之外的交往活动，王老师与学生建立了深厚的师生情谊。学生不仅在学业上取得了进步，还在情感、品德等方面得到了全面的发展。他们更加信任王老师，愿意与她分享自己的心事和想法。同时，家长也对王老师的工作给予了高度的评价和认可。

【分析】这个案例充分展示了课堂之外师生交往的重要性。作为教师，我们应该充分利用课余时间，组织各种形式的师生交往活动，与学生建立深厚的师生情谊。这种关系不仅有助于提高学生的学业成绩，还有助于培养学生的情感、品德等方面的素质。同时，我们也需要注重与家长的沟通，共同关注学生的成长和发展。

## 三、专业指导

在传统的教育观念中，师生关系往往被限定在教室的四面墙内，以讲授和接受知识的单向流动为主。然而，随着教育理念的不断更新和科技手段的日益丰富，课堂之外的师生交往已经成为教育过程中不可或缺的一部分。这种交往不仅丰富了学生的学习体验，还为教师的教学实践提供了更广阔的舞台。

### 1. 认识课堂之外师生交往的重要性

课堂之外的师生交往对于学生的成长至关重要。它可以帮助学生建立自信，培养社交技能，激发学习兴趣，并促进个性化发展。对于教师而言，这种交往有助于了解学生的个性和需求，从而提供更为精准的指导和支持。此外，非正式的交流环境有助于打破师生之间的界限，建立起更为平等和谐的关系。

### 2. 课堂之外师生交往的形式

社团活动。学生可以加入由教师指导的兴趣小组或社团，如科学俱乐部、艺术工作室、体育团队等，这些活动为师生提供了共同探讨兴趣和深化知识的机会。

校外教学。通过组织实地考察、博物馆参观、学术竞赛等活动，师生可以在课堂之外的环境中共同学习和探索。

导师制。一些学校实行导师制，让教师成为学生的生活导师，关注学生的学业进展和个人发展，提供必要的辅导和支持。

网络互动。利用电子邮件、社交媒体、在线论坛等网络工具，师生可以在不受时间和地点限制的情况下进行交流和讨论。

### 3. 有效促进课堂之外的师生交往的方式

鼓励学生参与。学校和教师应积极鼓励学生参与课外活动，为他们提供多样化的选择和充足的资源。

定期组织活动。教师可以定期组织与课程相关的课外活动，让学生有机会在轻松的环境中应用所学知识。

开放沟通渠道。教师应该向学生开放多种沟通渠道，包括面谈、电子邮件、社交媒体等，以便学生随时提问和交流。

个性化关注。教师应该在课外活动中对学生进行个性化关注，了解他们的兴趣和需求，提供针对性的指导。

课堂之外的师生交往是一个充满可能性的广阔空间，它不仅能够丰富学生的学习体验，还能够促进教师的专业成长。通过有效的策略和创新的方法，我们可以最大化地发挥这一交往模式的潜力，为学生提供一个全面发展的教育环境。在这个过程中，师生之间的关系将不再是单向的知识传递，而是相互启发、共同成长的伙伴关系。

# 专题四

## 增进每个学生的『智力尊严』

『教学工作的一个十分微妙的问题』，就是『怎样使学生因学习得好而自豪，为自己的成绩和知识而感到公民的尊严』；『培养智力尊严这是精神生活的重要方面』；『对于儿童的智力发展，我首先是从他将来的个人幸福的观点来考虑的』，而关心每个学生的智力发展，『就是为了使我们的社会成为幸福的社会』。

# 主题 1

# 培育"智力情感"，增进"智力尊严"

　　"智力情感是带有情感地对待认识对象能促使大脑积极地活动，刺激大脑的生理过程"。"智力尊严"是智力情感发展的高级阶段。苏霍姆林斯基指出："在学生掌握知识的过程中，要使他确立起自身的尊严感，珍惜自己的荣誉、名声。"

## 一、重温经典

　　"智力情感"是苏霍姆林斯基提出的一个重要概念。他发现，"带有情感地对待认识对象能促使大脑积极地活动，刺激大脑的生理过程"[①]。他多次提出：要注意培养孩子"如开朗的思想、信心和新鲜事物感这样一些智力情感"[②]，要"激发起他们作为真理探索者的美好的智力情感"[③]，"少年感觉到和认识到自己的尊严就能（在学习上）克服比较大的困难"[④]。可见，"智力情感"主要指学生认识活动中的兴趣、愿望、克服困难的意志、获得认识进步的自豪和尊严感等。

　　苏霍姆林斯基指出："生活越来越要求人们不断更新知识。没有对知识的渴望不可能有十全十美的精神生活，也就是不可能有劳动的生活、创造性的生活。"[⑤] 另外，"认知本身是一种最令人惊讶、诧异和感到神奇的过程，能激起高昂而持久的兴趣。事物的本质、事物的种种关系和相互联系、运动和变化、人的

---

　　① 蔡汀，王义高，祖晶编. 苏霍姆林斯基选集（第 4 卷）[M]. 北京：教育科学出版社，2001：653，25，7-8.

　　② 蔡汀，王义高，祖晶编. 苏霍姆林斯基选集（第 4 卷）[M]. 北京：教育科学出版社，2001：653，25，7-8.

　　③ ［苏］B. A. 苏霍姆林斯基. 给教师的建议 [M]. 杜殿坤，译. 北京：教育科学出版社，1984：224.

　　④ 蔡汀，王义高，祖晶编. 苏霍姆林斯基选集（第 1 卷）[M]. 北京：教育科学出版社，2001：425，719，432.

　　⑤ 蔡汀，王义高，祖晶编. 苏霍姆林斯基选集（第 3 卷）[M]. 北京：教育科学出版社，2001：547.

思想、人所创造的一切，都含有无穷无尽的兴趣源泉"。①

　　教师要善于让学生带着高涨的情绪去学习和思考，引导学生主动接受课本知识。他主张让学生独立学习；主张教师在讲解教材时要留有余地，启发学生在课后去继续阅读和思考；及时引导学生把认识兴趣转化为求知志向，使他们的学习"受到想成为一个聪明人的愿望所支配"②；"使每个学生都能以掌握知识的顽强不懈的劳动去满足他显示自己力量和才能及确立自己尊严的意愿"③。他提醒说：如果"学生缺乏要成为真正有学问的人的强烈愿望，不去体验人的荣誉感和尊严感，又缺少智力财富主宰的感受，那么，任何教学方法都会成为一种死板的公式"。④

　　"智力尊严"是智力情感发展的高级阶段。苏霍姆林斯基指出："在学生掌握知识的过程中，要使他确立起自身的尊严感，珍惜自己的荣誉、名声。"⑤"智力尊严"不是一种孤立存在，它与学习、劳动、困难、成功、荣誉等联系在一起，形成"共生"关系。"劳动之外的尊严是不可思议的，因为在这种劳动中，有我的力量、我的智慧、我的创造。"⑥学生是"智力劳动者"，是"进行认识的劳动者"，其尊严感诞生于获得劳动成果即学习成绩的奋斗过程之中。许多学生克服困难学好功课，正是"由于他们意识到自己在智力和道德上的尊严感，他们不甘示弱"。⑦拥有智力尊严的学生不时地会"觉得自己是思想家"。从天性上看，每个孩子都"觉得自己是个思想家，而不是一台复制知识的机械仪器"。⑧

①　蔡汀，王义高，祖晶编. 苏霍姆林斯基选集（第2卷）[M]. 北京：教育科学出版社，2001：609.

②　蔡汀，王义高，祖晶编. 苏霍姆林斯基选集（第1卷）[M]. 北京：教育科学出版社，2001：425，719，432.

③　蔡汀，王义高，祖晶编. 苏霍姆林斯基选集（第4卷）[M]. 北京：教育科学出版社，2001：653，25，7-8.

④　蔡汀，王义高，祖晶编. 苏霍姆林斯基选集（第1卷）[M]. 北京：教育科学出版社，2001：425，719，432.

⑤　蔡汀，王义高，祖晶编. 苏霍姆林斯基选集（第4卷）[M]. 北京：教育科学出版社，2001：729.

⑥　蔡汀，王义高，祖晶编. 苏霍姆林斯基选集（第2卷）[M]. 北京：教育科学出版社，2001：438-439，576-577。

⑦　蔡汀，王义高，祖晶编. 苏霍姆林斯基选集（第1卷）[M]. 北京：教育科学出版社，2001：432，617-618.

⑧　蔡汀，王义高，祖晶编. 苏霍姆林斯基选集（第3卷）[M]. 北京：教育科学出版社，2001：576.

和谐的智育总是让学生经常处于对未知事物的惊讶状态，"由于这种惊讶，儿童觉得自己是个勤于思考的劳动者，是个思想家"。① 帕夫雷什中学的教师在备课时总是尽心思考："怎样帮助学生'攀上高峰'，使他们成为'思想家'和'发现者'。"② 在实际教学中则力求让学生有"自己的发现"。苏霍姆林斯基看到，由于他和同事们的努力，孩子们的智慧被激发出来了："孩子们不是复述我的话，而是说出自己的词语。思想活跃和丰富起来了，儿童正在养成思考能力，尝到了思索的无比快乐和认识的极大喜悦，觉得自己是思想家。"③

## 二、案例分析

在创新实验小学，数学教师李老师特别注重学生的"智力情感"的培养和"智力尊严"的增进。她认为，智力不仅仅是知识的积累，更是情感的体验和尊严的维护。因此，在她的课堂中，她不仅教授数学知识，还注重培养学生的情感表达和尊严感。

激发"智力情感"。李老师通过创设富有挑战性的数学问题情境，激发学生的好奇心和求知欲。她鼓励学生大胆尝试、勇于探索，让学生在解决问题的过程中体验到智力活动的乐趣。在课堂上，李老师注重学生的情感体验，鼓励学生大胆表达自己的观点和感受。她通过倾听学生的发言，理解学生的困惑，并给予积极的反馈和建议，让学生感受到被尊重和被理解。

增进"智力尊严"。李老师尊重学生的个性和差异，鼓励每个学生根据自己的特点进行学习和探索。她关注每个学生的进步和成长，并给予及时的肯定和鼓励，让学生感受到自己的价值和尊严。在课堂上，李老师倡导公平、公正的学习氛围，让每个学生都有机会展示自己的才华和成果。她通过组织数学竞赛、分享会等活动，让学生感受到自己的努力和付出得到了认可和尊重。

---

① 蔡汀，王义高，祖晶. 苏霍姆林斯基选集（第1卷）［M］. 北京：教育科学出版社，2001：432，617-618.

② ［苏］B. A. 苏霍姆林斯基. 给教师的建议［M］. 杜殿坤，编译. 北京：教育科学出版社，1984：536.

③ 蔡汀，王义高，祖晶编. 苏霍姆林斯基选集（第2卷）［M］. 北京：教育科学出版社，2001：438-439，576-577.

在李老师的引导下，学生不仅在数学知识学习上取得了显著的进步，还在情感表达和尊严感上得到了增强。他们更加自信、自尊，敢于表达自己的观点和感受，愿意与他人分享自己的知识和经验。同时，他们也更加尊重他人，懂得倾听和理解他人的观点和感受。

【分析】这个案例充分展示了培育"智力情感"并增进"智力尊严"的重要性。作为教师，我们应该注重学生的情感体验和尊严感的培养，让学生在学习的过程中感受到乐趣和尊重。同时，我们也应该尊重学生的个性和差异，鼓励他们发挥自己的特长和优势，让他们成为有自信、有尊严的人。

## 三、专业指导

智力不仅仅是知识和逻辑推理的能力，更是包含了情感智力在内的综合体现。情感智力是指个体识别、理解、管理自己和他人情感的能力，它是人际交往和自我成长的关键。培养智力情感，不仅能够增进个人的智力尊严，还能促进社会和谐与进步。

### 1. 认识智力情感的定义与重要性

智力情感，通常指的是情感智力，它包括自我意识、情绪调节、自我激励、同理心和社交技巧等方面。情感智力的重要性在于它能帮助我们更好地理解和管理自己的情绪，同时也能更有效地与他人沟通和协作。在个人层面，情感智力是实现自我控制和自我提升的基础；在社会层面，它是维护人际关系和社会和谐的重要工具。

### 2. 培养智力情感的途径

自我意识。通过反思和自我观察，了解自己的情绪反应和行为模式，提高自我认识。

情绪调节。学习有效的压力管理技巧和放松方法，如冥想、深呼吸等，以便更好地控制情绪波动。

自我激励。设定目标并保持积极的态度，激发内在的动力和毅力，推动个人向前发展。

同理心。通过倾听和观察，尝试理解他人的感受和需求，建立深入的人际关系。

社交技巧。通过有效沟通、冲突解决和团队合作，提升与人交往的能力。

### 3. 增进智力尊严的策略

持续学习。不断学习新知识和技能，保持好奇心和开放心态，增强个人的自我价值感。

自我肯定。认识到自己的价值和成就，对自己的努力和进步给予肯定，建立积极的自我形象。

责任担当。面对挑战和困难，勇于承担责任，展现个人的能力和决心。

社会参与。积极参与社会活动和公益事业，贡献自己的力量，获得社会的认同和尊重。

智力情感的培养是一个长期而深入的过程，它要求我们不断地自我反思和实践。通过提升情感智力，我们不仅能够更好地理解和管理自己的情绪，还能够更加有效地与他人建立联系，促进个人和社会的发展。增进智力尊严，意味着我们在尊重自己的同时，也尊重他人的智力成果，共同创造一个更加和谐、有爱的社会环境。

# 主题 2

# 帮助学生掌握基本的求知方法和学习技能

苏霍姆林斯基认为："学生只有在学会观察、思考、表达思想、阅读、书写、边读边想和边想边读的时候，他们才能顺利地学习。"他和同事们共同努力，教会学生从低年级开始就牢牢掌握各种求知方法和学习技能。

## 专题四 增进每个学生的"智力尊严"

### 一、重温经典

苏霍姆林斯基调查发现："中、高年级落后生主要是他们不会学习，不会掌握知识的结果。"① 少数儿童学习上的懒惰和懈怠也是由"不会学习"造成的，"不会学习的不幸，似乎正是不愿学习的祸根"②。因此，要从低年级开始，"特别注意把会学习这个工具交到孩子手里"。③ 首先是帮助学生掌握最基本的求知方法，苏霍姆林斯基将知识分为两种：一是保持在记忆中的基本真理；二是能转化为理解能力的知识。"凡是要永远保留在记忆中的，不断用来当作解释接踵而来的新事实和新现象的手段的，或形象地说，当作思维工具的知识，都应当永远记住。"④ 要鼓励学生借助这个工具，"在认识周围世界的过程中自觉地迈出新的步子。在这种情况下，把已经掌握的认识方法转用于新的认识对象，便成为学生的思维活动规律。以后他们就可以独立研究新的现象、过程、事件的因果关系了"。⑤ 特别是，"科学在飞速发展，知识在不断积累，而人的记忆能力却是有限的。人的智力发展在今天越来越取决于他是否善于在浩瀚的知识海洋中确定方向，以及是否善于利用书籍这个知识贮存库"。⑥ 他强调教师在课堂上要启发和引导学生学会从已知探求未知，激发学生温故而知新的学习兴趣，同时鼓励学生在课后阅读中，也能尝试从已知出发去探索未知领域。

苏霍姆林斯基重视的另一种求知方法是，从事实中抽象出概念以更全面、更本质地把握世界。苏霍姆林斯基提出："过高评价直观性——这是把儿童思维的

---

① 蔡汀，王义高，祖晶编. 苏霍姆林斯基选集（第2卷）［M］. 北京：教育科学出版社，2001：563-564.

② 蔡汀，王义高，祖晶编. 苏霍姆林斯基选集（第5卷）［M］. 北京：教育科学出版社，2001：469，76.

③ 蔡汀，王义高，祖晶编. 苏霍姆林斯基选集（第4卷）［M］. 北京：教育科学出版社，2001：120，380，329，381.

④ 蔡汀，王义高，祖晶编. 苏霍姆林斯基选集（第4卷）［M］. 北京：教育科学出版社，2001：120，380，329，381.

⑤ 蔡汀，王义高，祖晶编. 苏霍姆林斯基选集（第4卷）［M］. 北京：教育科学出版社，2001：120，380，329，381.

⑥ 蔡汀，王义高，祖晶编. 苏霍姆林斯基选集（第4卷）［M］. 北京：教育科学出版社，2001：120，380，329，381.

个别特点加以绝对化，这是把认识活动归结为感性的范畴。不能盲目崇拜儿童思维的特点，特别是儿童以形象、色彩和声音进行思维这一特点。"① "表象，不管它有多鲜明，不是教学的目的本身，也不是教学的最终目标。智育从有理论思维的地方开始，这儿，生动的直觉并不是最终目标，而仅仅是手段。"② 他要求教师尽量满足青少年进行抽象思维的需要，让学生学会对大量事实进行分析、概括，这一过程常常就是学生思维最活跃、感情最充沛的时刻。他自己总是力求使孩子们逐步使用"现象""原因""结果""事件""制约性""依赖性""区别""共同性""相似性""并存性""不相容性""可能性""不可能性"这样一些概念，使之在形成和发展学生抽象思维中发挥巨大作用。③ 他相信长期坚持这样做，就会在他们身上养成"一种极其宝贵的善于进行脑力劳动的品质——具备研究问题的能力，不仅能通过直接观察的途径，而且善于间接地认识、研究事实和现象"。④ 因此，要从低年级开始， "特别注意把会学习这个工具交到孩子手里"。⑤

在分析全校教学质量时，苏霍姆林斯基发现五年级至七年级不及格的学生数量比低年级多六倍，而优秀生只有低年级的五分之一。为什么会出现这种情况呢？调查发现：原来学生在低年级时没有掌握应该掌握的阅读基本功，许多学生的阅读没有达到自动化程度，读数学题时总是把精力集中于阅读本身，全身紧张，头上冒汗，唯恐读错一个词。他们不能把词和词组作为整体来感知，更没有余力去理解所读内容的含义。显而易见，学生的阅读能力制约着算术乃至其他学科的学习。⑥

---

① 蔡汀，王义高，祖晶编. 苏霍姆林斯基选集（第3卷）[M]. 北京：教育科学出版社，2001：174，175，180.

② 蔡汀，王义高，祖晶编. 苏霍姆林斯基选集（第3卷）[M]. 北京：教育科学出版社，2001：174，175，180.

③ 蔡汀，王义高，祖晶编. 苏霍姆林斯基选集（第3卷）[M]. 北京：教育科学出版社，2001：174，175，180.

④ 蔡汀，王义高，祖晶编. 苏霍姆林斯基选集（第5卷）[M]. 北京：教育科学出版社，2001：469，76.

⑤ 蔡汀，王义高，祖晶编. 苏霍姆林斯基选集（第4卷）[M]. 北京：教育科学出版社，2001：120，380，329，381.

⑥ 孙孔懿. 苏霍姆林斯基教育学说 [M]. 北京：人民教育出版社，2018（2019. 4重印）：184.

除阅读外，还有观察、思考、书写和表达，苏霍姆林斯基将它们统称为"五种学习技能"。他认为："学生只有在学会观察、思考、表达思想、阅读、书写、边读边想和边想边读的时候，他们才能顺利地学习。"①他和同事们共同努力，让学生从低年级开始就牢牢掌握各种学习技能。

## 二、案例分析

在智慧之光中学，英语教师张老师发现许多学生在英语学习上遇到了困难，尤其是在掌握基本的求知方法和学习技能方面。为了帮助学生克服这些困难，张老师设计并实施了一系列有针对性的教学策略。

明确学习目标。张老师首先帮助学生明确学习目标。她与学生一起讨论并制订短期和长期的学习计划，确保学生清楚自己需要掌握哪些知识和技能。

培养自主学习能力。张老师鼓励学生自主学习，通过提供丰富的学习资源和指导，让学生学会如何查找、筛选和整合信息。她还会定期布置预习和复习任务，让学生逐渐养成自主学习的习惯。

教授学习策略。张老师注重教授学生有效的学习策略，比如如何记单词、如何提高听力理解能力、如何进行阅读理解等。她会在课堂上进行示范和讲解，并让学生在实践中不断尝试和调整。

开展合作学习。张老师组织学生进行小组合作学习，让学生在合作中相互学习、相互帮助。她鼓励学生分享自己的学习方法和经验，通过集体讨论和协作解决问题，培养学生的团队合作精神和沟通能力。

注重反馈和评价。张老师会定期对学生的学习情况进行反馈和评价，让学生了解自己的学习进度和存在的问题。她会针对学生的不同情况给出具体的建议和指导，帮助学生及时调整学习策略和方法。

经过一段时间的实践，张老师的学生在英语学习上取得了显著的进步。他们不仅掌握了基本的求知方法和学习技能，还逐渐形成了自主学习的习惯和能力。学生在英语学习上更加自信、积极，成绩也有了明显的提高。

---

① 蔡汀，王义高，祖晶编. 苏霍姆林斯基选集（第1卷）[M]. 北京：教育科学出版社，2001：129.

【分析】这个案例表明，帮助学生掌握基本的求知方法和学习技能对于提高学生的学习效果至关重要。作为教师，我们应该注重帮助学生明确学习目标、培养学生的自主学习能力、教授有效的学习策略、开展合作学习以及注重反馈和评价等方面的工作。同时，我们还需要不断学习和探索新的教学方法和策略，以更好地满足学生的需求和提高教学质量。

## 三、专业指导

知识大爆炸，信息量巨大而繁杂，单纯的知识记忆已经无法满足未来社会的发展需求。教育的核心目的不仅仅是传授知识，更重要的是帮助学生掌握基本的求知方法和学习技能，以便他们能够自主学习，适应不断变化的世界。那么，如何帮助学生掌握基本的求知方法和学习技能呢？

### 1. 培养好奇心和探索精神

好奇心是学习的源泉。教师应该鼓励学生对周围的世界保持好奇，提出问题，并引导他们通过探索和实践来寻找答案。这可以通过实验、实地考察、项目式学习等方式来实现。通过这些活动，学生不仅能够学到知识，还能学会如何学习。

### 2. 教授有效的信息检索技能

在互联网时代，能够快速准确地找到所需信息是一项重要的技能。教师需要教授学生如何使用图书馆资源、搜索引擎、在线数据库等工具来检索信息。同时，还要教会学生辨别信息的真伪和价值，培养他们的批判性思维能力。

### 3. 发展批判性思维和分析能力

批判性思维是分析和解决问题的关键。教师应该通过讨论、辩论、案例分析等方式，引导学生思考问题的多个方面，鼓励他们提出自己的见解，并对不同观点进行比较和评价。这样的训练有助于学生培养独立的思考能力和判断能力。

### 4. 强化理解和记忆技巧

理解和记忆是学习的基础。教师可以通过各种教学方法，如图表、思维导图、联想记忆等,帮助学生更好地理解和记忆知识点。此外,定期的复习和练习也是巩固知识的重要手段。

### 5. 培养良好的时间管理和自我监控能力

有效的时间管理能力和自我监控能力对于学习同样重要。教师应该教会学生如何制订学习计划,如何合理分配时间,以及如何自我监控学习进度和效果。这些技能将帮助学生提高学习效率,减少拖延和压力。

### 6. 鼓励合作学习和交流能力

在团队中,合作和有效沟通是现代社会不可或缺的技能。通过小组讨论、合作项目等活动,学生可以学会倾听他人的意见,表达自己的想法,并在团队中发挥自己的作用。这些经验将对他们未来的职业生涯和社会生活产生积极影响。

帮助学生掌握基本的求知方法和学习技能是一个长期而系统的过程,需要教师、学生和家长的共同努力。我们可以为学生提供一个全面发展的学习环境,培养他们成为终身学习者,具备适应未来社会挑战的能力。

# 主题 3

# 首创"思维课",培养学生观察技能

"思维课"是苏霍姆林斯基首创的一种课型,从学前班就开始上,主要指教师带领孩子接触和观察周围世界的物体、画面、现象,获得直接的生动的认识,同时进行最初步的逻辑分析、知识探求、寻找因果关系等思维练习。

## 一、重温经典

"思维课"首先是让学生学会观察。苏霍姆林斯基注意到,"发达的智力的一个极重要的特点，就是善于观察……智力发达的其他特点都与观察力紧密相关"。① 他经常把孩子们带到自然界中去，带到花园、树林、田野里去，带到向日葵或三叶草盛开的田地中，就是为了引起孩子们的惊奇和赞叹，培养其观察技能，学习看出事物间最细微的差别和变化，同时思考其间的因果联系。"大千世界，历历在目，一个人因此而不再是消极的观察者，而成了真理的发现者。这就是活的思想的由来。我们深信，只有在教会学生主动去发现世界的情况下，才不致使他们双眸中求知的火焰熄灭。"②

他举例说：

二月的一个艳阳天，我们来到一个白雪覆盖的寂静的果园。我对学生说："孩子们，仔细看看周围的一切，能看出春天就要到来的征兆吗？谁要是边看边想，便能发现一二十个征兆。谁要是会听大自然的音乐，还能听出春天已苏醒的旋律。你们看吧，听吧，想吧！"孩子们是多么仔细地在观察盖满白雪的树枝和树皮，是怎样侧耳倾听大自然的音响啊！每一个小发现都给他们带来愉快，每个人都想发现某种新东西。

过了一周，我们又来到果园。反复来过几次，每次都能让好奇的儿童发现某种新东西。尤其可贵的是，孩子们还会积极地对待词语。教师从受过观察训练的学生口里，常常听到令人意想不到的"哲理"问题。③

"每一堂思维课，就是对自然之谜的一次观察和惊讶，一次思索与发现真理，一次体验知识的欢乐和思想家的骄傲。"④ "低年级的儿童需要进行观察，如同植物需要阳光、空气和水一样。这里，观察是智能的极重要源泉。儿童要理解和要记忆的东西越多，他就越需要看到周围自然界和劳动中的种种关系和相互

---

① 蔡汀、王义高，祖晶编. 苏霍姆林斯基选集（第4卷） [M]. 北京：教育科学出版社，2001：379，522.

② 蔡汀、王义高，祖晶编. 苏霍姆林斯基选集（第5卷）[M]. 北京：教育科学出版社，2001：625.

③ 蔡汀、王义高，祖晶编. 苏霍姆林斯基选集（第2卷）[M]. 北京：教育科学出版社，2001：601-602，311，600-601.

④ 蔡汀、王义高，祖晶编. 苏霍姆林斯基选集（第2卷）[M]. 北京：教育科学出版社，2001：601-602，311，600-601.

联系"。①

"思维课"并不停留于单纯的看和想，它经常要求孩子们把思考跟双手的精细操作联系起来。例如，十二三岁学生在拆装机械活动模型时，能更清楚地理解各机械部件间的相互依赖关系，以及它们与机械功能的关系。孩子们在学习小型压缩器式发动机的构造和工作原理时，三番五次地拆装机器，以便弄清它们工作时的各种关系。此时，"直观的比较和对比，渐渐让位于思维的分析：孩子们作结论，已经不光靠直接观察，而是也采用逻辑推理的方法了"。② 通过思想与动手劳动的结合，"少年们逐渐成为有才智的思想家、研究家和开拓真理的人"。③

## 二、案例分析

在探索者小学的"思维课"上，王老师特别注重培养学生的观察技能。她认为，观察是思维的起点，只有具备良好的观察技能，学生才能更好地理解和分析世界。

情境导入。王老师首先通过一段引人入胜的故事或视频，激发学生对观察的兴趣。例如，她可能会播放一段关于自然界中奇妙生物的视频，并提问学生："你们看到了什么？有哪些细节是你们之前没有注意到的？"

观察实践。王老师准备了一系列观察材料作为教具，如昆虫标本、植物叶片、岩石等，让学生亲自进行观察。她指导学生如何使用放大镜、显微镜等工具，并强调观察时要细心、耐心，注意细节。

问题引导。在观察过程中，王老师会提出一些引导性的问题，如："这个昆虫的翅膀有什么特点？""这片植物叶片的叶脉是如何分布的？"这些问题旨在引导学生深入思考，从多个角度观察和分析。

记录与分享。王老师要求学生将观察结果记录下来，可以是文字描述、画图

---

① 蔡汀，王义高，祖晶编. 苏霍姆林斯基选集（第2卷）[M]. 北京：教育科学出版社，2001：601-602，311，600-601.

② 蔡汀，王义高，祖晶编. 苏霍姆林斯基选集（第4卷）[M]. 北京：教育科学出版社，2001：379，522.

③ 蔡汀，王义高，祖晶编. 苏霍姆林斯基选集（第3卷）[M]. 北京：教育科学出版社，2001：828.

或拍照。然后，她组织学生进行分享交流，让学生互相学习、互相启发。

总结与提升。王老师会对学生的观察结果进行总结和评价，指出他们的优点和不足，并提供一些提升观察技能的建议。她还会鼓励学生将所学的观察技能应用到日常生活中，如观察自然现象、观察人物行为等。

经过一学期的"思维课"学习，学生在观察技能方面有了显著的提升。他们不仅能够更加细心、耐心地观察事物，还能够从多个角度进行分析和思考。这种能力的提升不仅有助于他们在学习上的进步，还有助于他们更好地理解和应对生活中的各种情况。

【分析】这个案例表明，"思维课"是培养学生观察技能的有效途径。在"思维课"上，教师可以通过情境导入、观察实践、问题引导、记录与分享以及总结与提升等环节，引导学生逐渐掌握观察技能。同时，教师还需要注重培养学生的自主性和创造性，让他们在观察过程中能够主动思考、积极探索。

## 三、专业指导

现代社会中，观察技能已成为一项重要的能力。它不仅帮助学生在学习中捕捉关键信息，还能在生活中培养敏锐的洞察力。

观察技能是指个体对周围环境的细节进行关注、识别和解释的能力。这种能力对于学生来说是至关重要的，因为它是获取新知识、理解复杂概念和解决实际问题的基础。良好的观察技能可以帮助学生在阅读、科学实验、数学问题解决等多个领域中取得更好的成绩。良好的观察技能对学生的未来学习和职业发展具有深远的影响。它不仅能提高学生的学习效率，还能帮助他们在未来的工作中更好地理解复杂的工作环境，做出明智的决策。此外，观察技能也是创新和创造力的基石，它为学生提供了探索未知领域和创造新事物的可能性。

"思维课"作为一种提升学生分析和解决问题能力的教育方式，为我们提供了一个理想的平台来培养学生的观察技能。"思维课"是一种以提升学生的批判性思维、创造性思维和解决问题能力为目标的课程，它通常包括逻辑推理、问题解决、决策制定和创新思维等内容。"思维课"的目标是帮助学生形成独立思考的习惯，提高他们分析问题和提出解决方案的能力。

那么,如何利用"思维课"培养学生的观察技能呢?

### 1. 设计观察力训练活动

教师可以通过设计一系列的观察力训练活动,如细致的艺术欣赏、自然科学观察记录、社会现象的分析等,锻炼学生的观察力。

### 2. 引导提问和反思

在"思维课"上,教师应鼓励学生提出问题,并对观察到的现象进行深入的反思。这有助于学生从不同角度审视问题,增强他们的观察能力。

### 3. 使用案例研究

通过分析具体案例,学生可以学习如何从大量信息中提取关键点,这是观察技能的一个重要方面。

### 4. 促进跨学科学习

将不同学科的知识融合到"思维课"中,可以帮助学生学会从多维度进行观察,从而提高他们的综合观察能力。

通过"思维课"培养学生的观察技能,我们不仅能够提高他们的学术表现,还能为他们的未来发展打下坚实的基础。教师应当意识到观察技能的重要性,并通过各种教学策略和方法,将其融入"思维课"的日常教学中。这样,我们才能培养出更多具备敏锐观察能力和强大思维能力的学生,为他们的全面发展和未来的成功奠定坚实的基础。

# 主题 4

# 激发学生天资,点燃学生创造火花

苏霍姆林斯基相信:"孩子们没有有能无能、有才无才之分。所有的孩子都毫无例外的是有能又有才的。应该在每个学生身上找到他们独有的、与众不同的能力，并开发它、孕育它、培养它，使之充分显露出来。也就是说，要把人的个性提到完美人格的高水平上来。"

## 一、重温经典

苏霍姆林斯基相信每个学生都是某个方面的天才，即在某个活动领域里能远远地超过同龄人的水平。譬如一个学生学习数学很吃力，学习语法也感到困难，但他可能成为有才能的农民或有才干的工人，或者潜藏着其他的天赋和才能。教育者应能见微知著，善于在各种活动中看到未来专家和能手的某种苗头，激发他们的天资，点燃他们的创造火花。特别是，要"在集体中给他创造条件，使他能按照天才组织自己的生活"。[①] 这意味着要引导学生"以研究的态度来对待所学科目"，"不满足于接受现成的结论或者对某一命题正确性的现成证明"，而是力求学会"在现实生活中寻找事例来证明或者反驳所提出的假设"。[②] 苏霍姆林斯基解释说："或许，'科学'这个字眼用在这里略有夸大之嫌，然而正是这种称谓才能反映高年级学生搞研究和试验这类创造性活动的特点。他们由于在某种程度上已接触到脑力劳动的科学方法而会感到高兴，受到鼓舞。学生在这些小组里所关注的，都是远远超出基础知识范围的问题。"[③]

## 二、案例分析

在未来创新中学的艺术课程中，美术教师陈老师发现学生的想象力和创造力十分丰富，但往往缺乏合适的引导和激发。为了充分挖掘学生的天资，并点燃他们的创造火花，陈老师设计了一系列创新的教学活动。

创意启发课。陈老师首先安排了一节创意启发课，通过展示各种艺术作品、设计案例和创意视频，激发学生的想象力和创造力。她鼓励学生自由发言，分享自己对创意的理解和想法，营造出一个开放、自由的课堂氛围。

① ［苏］B. A. 苏霍姆林斯基. 年轻一代的道德理想教育 ［M］. 陈炳文，王树椿，刘锡辰，译. 长沙：湖南教育出版社，1984：71.
② 蔡汀，王义高，祖晶编. 苏霍姆林斯基选集（第5卷）［M］. 北京：教育科学出版社，2001：72.
③ 蔡汀，王义高，祖晶编. 苏霍姆林斯基选集（第4卷）［M］. 北京：教育科学出版社，2001：377.

主题创作挑战。陈老师为学生设定了一系列主题创作挑战，如"未来城市""太空探险"等。她鼓励学生根据自己的兴趣和想象，创作出独特且富有创意的作品。在创作过程中，陈老师会提供必要的指导和支持，帮助学生解决遇到的问题。

跨界合作。为了拓宽学生的视野和思维，陈老师与其他学科的老师合作，开展了跨界合作创作活动。例如，她与科学教师合作，引导学生结合科学原理创作科幻画作；她与语文教师合作，引导学生根据文学作品进行插画创作。这种跨学科合作不仅激发了学生的创造力，还促进了学科之间的融合。

创意分享会。在学生完成作品后，陈老师组织了一场创意分享会。学生可以展示自己的作品，并分享创作过程中的思考和体验。通过分享会，学生不仅能够互相学习、互相启发，还能够增强自信心和表达能力。

评价与鼓励。陈老师对学生的作品进行认真评价，并给予积极的反馈和鼓励。她注重发现学生作品中的闪光点和创新点，并鼓励他们在未来的创作中继续发挥。同时，她也会针对学生的不足提出具体的建议和指导，帮助他们不断提升自己的创造力。

经过一系列的创新教学活动，学生的创造力得到了充分激发。他们创作出了许多独特且富有创意的作品，不仅展示了自己的天资和才华，还收获了自信和成就感。同时，学生也学会了如何与他人合作、如何表达自己的创意和想法，这些能力对他们未来的学习和生活具有重要意义。

【分析】这个案例表明，激发学生的天资并点燃他们的创造火花需要教师采用创新的教学方法和手段。教师需要关注学生的兴趣和需求，为他们提供丰富的创意资源和指导支持；同时，教师还需要注重培养学生的自主性和创造性，让他们在创作过程中能够自由发挥、积极探索。通过这些努力，我们可以充分挖掘学生的天资和潜力，培养出更多具有创造力和创新精神的人才。

## 三、专业指导

每个学生都像一颗未经雕琢的钻石，他们拥有无限的潜力和独特的天资。作为教育者、家长和社会的一分子，我们的任务是发现并点燃这些潜在的火花，让每个孩子的创造力得以充分释放。这不仅仅是对个体的投资，更是对未来社会的投资。那么，如何激发学生天资，点燃学生创造火花呢？

### 1. 认识学生的天资

要激发学生的天资，首先需要了解每个学生的独特之处。每个孩子都有自己的兴趣、优势和学习风格。通过观察、交流和心理测评等方式，我们可以更好地认识到学生的个性和潜能。这种认识是个性化教学的基础，也是激发创造力的前提。

### 2. 创造支持性的环境

一个充满鼓励和支持的环境是激发学生创造力的关键。在这样的环境中，学生不害怕犯错，敢于尝试新事物，他们的好奇心和探索欲得到满足。教师应该提供一个开放的课堂氛围，鼓励学生提问、讨论和批判性思考。同时，家长也应该在家中营造一个鼓励创造和实验的空间。

### 3. 提供多样化的学习资源

多样化的学习资源能够满足不同学生的需求，激发他们的学习兴趣和创造能力，包括借助图书、网络资源、实验材料、艺术工具等。通过丰富的学习材料，学生可以在多个领域探索自己的兴趣，从而发现自己的强项和激情所在。

### 4. 培养创造性思维

创造性思维是创新和发明的核心。教育者应该教授学生如何进行头脑风暴、如何提出问题、如何解决问题。通过各种思维训练和实践活动，如辩论、角色扮演、科学实验等，学生可以学会从不同角度看问题，培养出独立思考和创新解决问题的能力。

### 5. 鼓励实践和实验

理论知识的学习固然重要，但没有实践的知识是不完整的。通过参与实际项目、社会实践和科学实验，学生可以将所学知识应用到现实生活中，体验创造的过程，从中学习和成长。实践是检验真理的唯一标准，也是激发创造力的有效途径。

激发学生的天资，点燃创造的火花，是一个系统工程，需要教育者、家长和社会的共同努力。通过创造一个支持性的环境、提供多样化的资源、培养创造性思维，以及鼓励实践和实验，我们可以帮助学生发现自己的潜能，培养成为未来社会的创新者和领导者。让我们携手合作，为孩子们的未来点燃希望之光。

# 主题 5

# 学习的愿望只能同学习成绩一起产生

苏霍姆林斯基指出，儿童学习的愿望只能同学习成绩一起产生，只有当掌握知识过程中取得成绩而产生欢欣鼓舞的心情的时候，才能出现学习的兴趣。只有孩子在学习中获得成绩，自豪地意识并感受到，在沿着陡峭的认识小径迈步前进、向上攀登，才是渴求知识的微弱火花所需要的合宜的空气。

## 一、重温经典

"儿童学习的愿望只能同学习成绩一起产生，"苏霍姆林斯基写道，"只有当掌握知识过程中取得成绩而产生欢欣鼓舞的心情的时候，才能出现学习的兴趣"①，"只有孩子在学习中获得成绩，自豪地意识并感受到，我在沿着陡峭的认识小径迈步前进、向上攀登，才是渴求知识的微弱火花所需要的合宜的空气"。②

他注意到，"学生首先是一个人，是一个劳动者。一个人只有当他能在劳动成果中看到自己所体现的精神力量时，他才能顺利地完成任何一项长期劳动（而学习这项劳动，其时间之长简直使孩子看不到尽头）。换句话说，在学习中取得

---

① 蔡汀，王义高，祖晶编. 苏霍姆林斯基选集（第 3 卷）　[M]. 北京：教育科学出版社，2001：224，222，222-223.

② 蔡汀，王义高，祖晶编. 苏霍姆林斯基选集（第 3 卷）　[M]. 北京：教育科学出版社，2001：224，222，222-223.

成绩，才是产生学习愿望的源泉"。① 相反，"学习毫无成果，则会扼杀一个人学习知识的兴趣"。② "徒劳无功、毫无结果的劳动，即使成人也会感到厌烦、迷惘和兴味索然，何况我们是在同孩子打交道。如果孩子看不到自己劳动的成绩，渴求知识的火花就会熄灭，儿童心中会结起冰块……他丧失自尊心后，觉得自己干什么都不行。……还有什么能比扼杀一个人的自尊心更为不道德的事呢!"③

"我们要像害怕火灾一样害怕学生的智力劳动一无所获!"④ 苏霍姆林斯基主张当一个学生暂时还做不好作业时，教师就不给他打任何分数，永远不要堵塞他争取好成绩的道路，要启发他通过努力去获得好成绩。他相信："克服智力冷淡的最正确途径就是思维。只有通过思维才能唤起思维。……在这里，认知能使人精神焕发。最主要的是，要使人终于发现自己是知识的主宰者，感到自己掌握了真理和规律。通过认知使人焕发精神，意味着使思维同人的自尊感融为一体。……使学生在某件事情上显示自己的知识，在智力活动中表现自己，便能唤醒抱冷淡态度的学生，把他们从智力惰性中拯救出来。"⑤

## 二、案例分析

在智慧启迪小学五年级某班级，班主任李老师发现班级中有一部分学生对学习缺乏兴趣和动力，尤其是数学和科学这两门学科。这些学生往往在课堂上表现出消极的态度，课后作业完成质量也不高。李老师经过观察和分析，认为这些学生缺乏学习愿望的原因可能与他们在学习上未能取得满意的成绩有关。

了解学生学习现状。李老师首先通过与个别学生谈话、查阅作业和考试成绩等方式，深入了解学生的学习现状。她发现，这些学生对数学和科学的基本概念

---

① 蔡汀，王义高，祖晶编. 苏霍姆林斯基选集（第4卷）［M］. 北京：教育科学出版社，2001：656-657，657.

② 蔡汀，王义高，祖晶编. 苏霍姆林斯基选集（第4卷）［M］. 北京：教育科学出版社，2001：656-657，657.

③ 蔡汀，王义高，祖晶编. 苏霍姆林斯基选集（第3卷）［M］. 北京：教育科学出版社，2001：224，222，222-223.

④ 蔡汀，王义高，祖晶编. 苏霍姆林斯基选集（第5卷）［M］. 北京：教育科学出版社，2001：636.

⑤ 蔡汀，王义高，祖晶编. 苏霍姆林斯基选集（第2卷）［M］. 北京：教育科学出版社，2001：616.

掌握不牢固,解题方法和技巧也缺乏训练。

制订个性化学习计划。针对学生的不同情况,李老师制订了个性化的学习计划。她利用课余时间为学生进行辅导,帮助他们巩固基础知识,掌握解题技巧。同时,她还鼓励学生多参与课堂讨论和小组合作,让他们在互动中学习和进步。

关注学生的进步和成就。在学习过程中,李老师特别关注学生的进步和成就。每当学生在课堂上回答问题正确、作业完成质量提高或者考试成绩有所进步时,她都会及时给予表扬和鼓励。这些正面的反馈让学生感受到自己的努力和付出得到了认可,从而激发了他们的学习动力。

引导学生树立正确的学习观念。李老师还注重引导学生树立正确的学习观念。她告诉学生,学习的愿望是随着学习成绩的提高而逐渐产生的。当他们在学习上取得进步和成就时,就会更加愿意投入时间和精力去学习,形成良性循环。

持续关注和跟进。李老师对学生的学习情况进行持续关注和跟进。她定期与学生进行谈话,了解他们的学习困惑和需求,并及时调整教学计划和方法。同时,她还与家长保持密切沟通,共同关注学生的学习进步和成长。

经过一段时间的努力,这些学生在学习上取得了显著的进步。他们的基础知识得到了巩固,解题能力和技巧也得到了提高。更重要的是,他们逐渐对学习产生了兴趣和愿望,开始主动投入学习。这些变化不仅体现在学习成绩上,还体现在学生的学习态度和行为上。

【分析】这个案例表明,学习的愿望往往与学习成绩密切相关。当学生在学习上取得进步和成就时,他们的学习动力和兴趣也会相应提高。因此,作为教师,我们应该注重培养学生的学习兴趣和动力,帮助他们树立正确的学习观念和方法。同时,我们还需要关注学生的个体差异和需求,为他们提供个性化的指导和支持。只有这样,我们才能真正激发学生的学习愿望和潜力,促进他们的全面发展。

## 三、专业指导

学习愿望与学习成绩常常被看作相辅相成的双子星。一方面,强烈的学习愿望被认为是推动学生取得优异成绩的内在动力;另一方面,优异的学习成绩又能反过来激发学生的学习兴趣和愿望。

学习愿望是指个体对知识的追求和渴望，它是学习过程的起点。没有学习愿望，学习行为就可能变得机械和无趣，导致学习效率低下。学习愿望可以由多种因素激发，包括好奇心、目标设定、自我效能感以及对知识的热爱等。一个有强烈学习愿望的学生更容易在学习过程中保持专注，遇到困难时坚持不懈，从而更有可能取得好成绩。

学习成绩不仅是学生学习效果的直接体现，还是对学生学习愿望的一种反馈。当学生看到自己的努力得到正面的成绩反馈时，他们的自信心和学习愿望会得到增强，这种正面反馈可以激励学生继续投入学习，形成良性循环；相反，如果学习成绩不佳，学生可能感到挫败，学习愿望降低，进而影响后续的学习行为和成绩。

那么，如何建立学习愿望与成绩的正向循环呢？

### 1. 目标设定

明确具体的学习目标可以帮助学生集中注意力，提高学习效率。同时，实现短期目标可以带来成就感，增强学习愿望。

### 2. 自我激励

学生应该学会自我激励，通过奖励自己来增强学习动机。例如，完成一项学习任务后，可以给自己一些小奖励。

### 3. 反思与调整

定期反思学习过程和方法，根据反馈调整学习策略，可以提高学习效果，从而提升学习成绩。

### 4. 寻求支持

当遇到学习难题时，及时寻求教师、家长或同学的帮助，可以减少挫败感，保持学习愿望。

### 5. 健康的学习环境

创造一个积极、鼓励性的学习环境，有助于激发学生的学习愿望，促进学习成果的产生。

学习愿望与学习成绩之间的关系是复杂而微妙的。它们不是孤立存在的，而是相互影响、相互促进的。通过理解这一关系，并采取有效的策略，我们可以为学生营造一个积极的学习氛围，帮助他们在学习的道路上不断前行，最终实现个人成长和发展的目标。

# 主题 6

# 给学生更多自由支配时间

苏霍姆林斯基说，"拥有可以自由支配的时间，是个性发展的一个重要条件。孩子的素质和天资只有当他每天都有时间从事自行选择的喜爱的劳动时才能得到发挥"。

## 一、重温经典

苏霍姆林斯基强调自由时间，即学生可以自由支配的时间的价值。他论证道：学生只有不把全部时间用于学习而留出许多自由活动时间，他才能学习得好，这正是教学过程的逻辑。当学生有了充分的时间用于主动思考和学习"第二大纲"（从事课外阅读）时，就会做好学习"第一大纲"（教科书）的知识准备，他的课堂学习就会更主动、更有效，这样就会在课内课外的学习之间形成良性循环；相反，学生在没完没了地完成教师指令性作业的情况下，其时间越长则负担越重，越会掉队、落伍，形成恶性循环。可见，自由活动时间是学生智力生活丰富的首要条件。最重要的还在于："拥有可以自由支配的时间，是个性发展的一个重要条件。孩子的素质和天资只有当他每天都有时间从事自行选择的喜爱的劳动时才能得到发挥。"① 总之，"学生需要自由活动时间，就像健康需要空气一样"②。因此，苏霍姆林斯基主张大胆而坚定地为学生空出充裕的自由时间，让学生在充裕的自由时间内如鱼游大海，可以阅读课外书，可以参加科学小组活动，也可以在劳动兴趣小组搞小制作、小发明、小实验等。这些活动不但能有效地提高教学质量和效益，而且能促进每个学生个性的主动健康的发展。③

## 二、案例分析

在启航中学的高中部，张校长意识到传统的教学模式往往限制了学生的自由支配时间，不利于他们的自主学习和个性发展。为了改善这一情况，张校长决定推行一项新的教育改革，即给予学生更多的自由支配时间，让他们能够根据自己的兴趣和需求进行学习和探索。

调整课程安排。张校长首先与各科教师进行了深入的讨论，共同商定了课程安排的调整方案。在保证核心知识传授的基础上，减少了一些不必要的课程内容和课时，为学生腾出更多的自由时间。同时，他还鼓励教师布置一些开放性的作业和课题，引导学生利用自由时间进行深入研究。

设立自主学习区。为了给学生提供一个良好的自主学习环境，张校长在学校图书馆、计算机房等场所设立了自主学习区。这些区域配备了丰富的图书、学习资料和电子设备，学生可以在这里自由阅读、查阅资料和进行网上学习。同时，学校还安排了一些辅导教师轮流值班，为学生提供必要的指导和帮助。

开展兴趣小组和社团活动。为了满足学生的不同兴趣和需求，张校长鼓励学校各部门和各年级开展多样化的兴趣小组和社团活动。这些活动包括文学社、科学社、艺术团、体育俱乐部等，学生可以根据自己的兴趣选择参加。通过参与这些活动，学生不仅能够锻炼自己的特长和才能，还能够结交志同道合的朋友，拓展人际关系。

---

① 蔡汀，王义高，祖晶编. 苏霍姆林斯基选集（第4卷）[M]. 北京：教育科学出版社，2001：19.
② 蔡汀，王义高，祖晶编. 苏霍姆林斯基选集（第2卷）[M]. 北京：教育科学出版社，2001：626.
③ [苏] B. A. 苏霍姆林斯基. 年轻一代的道德理想教育 [M]. 陈炳文，王树椿，刘锡辰，译. 长沙：湖南教育出版社，1984：114.

家长参与和支持。为了让学生在家中也能充分利用自由时间进行自主学习和个性发展，张校长还积极与家长沟通，争取他们的参与和支持。他向家长介绍了学校的教育改革理念和措施，并鼓励家长在家中为孩子创造一个良好的学习环境，引导孩子合理安排时间进行自主学习和兴趣拓展。

评价与反馈。在实施教育改革的过程中，张校长注重评价和反馈机制的建立。他定期组织教师和学生进行座谈会和问卷调查，了解他们对自由支配时间的看法和感受，以及他们在学习和生活中的变化。同时，他还根据评价结果不断调整和完善教育改革措施，确保它们能够真正促进学生的全面发展。

经过一段时间的实践，启航中学的学生在自主学习和个性发展方面取得了显著的进步。他们不仅能够更好地掌握核心知识，还能够在自己的兴趣和善长的领域取得突出成绩。同时，他们的综合素质也得到了提升，包括独立思考能力、团队协作能力、创新能力等。这些变化不仅体现在学生的学习成绩上，还体现在他们的思维方式和行为方式上。

【分析】这个案例表明，给予学生更多自由支配时间对于促进他们的自主学习和个性发展具有重要意义。通过调整课程安排、设立自主学习区、开展兴趣小组和社团活动以及争取家长参与和支持等措施，可以为学生创造一个更加宽松、自由的学习环境。在这个环境中，学生可以根据自己的兴趣和需求进行学习和探索，从而激发他们的学习动力和创造力。同时，教师也需要注重评估和反馈机制的建立，及时了解学生的学习情况和需求，为他们提供必要的指导和帮助。

## 三、专业指导

在快节奏的现代社会中，学生的生活似乎被紧凑的课程表、繁重的作业和各种考试所填满。然而，教育的本质不仅仅是知识的灌输，更重要的是培养学生的自主性、创造力和解决问题的能力。因此，给予学生更多自由支配时间显得尤为重要。

促进个性化学习。每个学生的学习节奏和兴趣点不尽相同。自由支配时间允许学生根据自己的需求和兴趣来选择学习内容和方式，这有助于提高学习效率和动机。

培养自主管理能力。当学生拥有更多的自由时间时，他们需要学会如何规划和管理这些时间。这不仅有助于他们在学习上取得成功，还是培养未来职业生涯中必备的自我管理能力的重要步骤。

激发创造力和探索精神。自由时间是创新和创造性思维的孵化器。学生可以利用这段时间进行实验、探索新兴趣或深入研究某个话题，这对于培养他们的创造力和探索精神至关重要。

减少压力，提高心理健康。过度的学习压力会导致学生感到焦虑和压抑。适当的自由时间可以帮助学生放松心情，参与体育活动或社交活动，从而提高他们的整体心理健康。

那么，如何通过给学生更多自由支配时间，促进自主学习与个性发展呢？

### 1. 灵活的课程安排

学校可以设计更加灵活的课程表，减少必修课程的数量，增加选修课程和自由学习时间，让学生有更多的机会根据自己的兴趣和需求来选择课程。

### 2. 有效的作业管理

教师应该合理安排作业量，避免重复性和机械性的作业，鼓励学生进行项目式学习和研究性学习，这些可以在课外自由时间内完成。

### 3. 提供多样化的课外活动

学校应提供丰富多样的课外活动，包括艺术、体育、科技等领域，让学生在自由时间内有机会探索和发展自己的兴趣爱好。

### 4. 家庭和学校的合作

家长和教师应该共同认识到自由时间对学生发展的重要性，并支持学生合理利用这段时间。家长可以与孩子一起制订学习计划和休闲活动计划，帮助他们更好地管理时间。

赋予学生更多自由支配时间是教育改革的一个重要方向。通过实施上述策略，我们不仅能够帮助学生更好地适应未来的挑战，还能够培养他们成为具有自主性、创造力和社会责任感的公民。让我们共同努力，为学生的成长创造一个更加宽松和富有启发性的环境。

# 专题五

## 做一个好人是最大的幸福

「我们最重要的一个教育手段是十分尊重自己学生的人格。我们的使命是用这一手段去培植非常细腻而又精致的想法，希望成为一个好人，希望成为一个今天比昨天更好的人。」要让学生亲身体验到，「做一个好人是最大的幸福」。

# 主题 1

# 激励学生要实现成为一个好人的志向

培养好人的德育目标源于苏霍姆林斯基的人性论。他坚信孩子生性中潜藏着成为好人的愿望，这种愿望是德育得以发生的前提。他写道："您可以强迫孩子去干什么，但不可能强迫他做什么样的人。"

## 一、重温经典

苏霍姆林斯基继承前贤的思想脉络，始终将德育置于诸育之首。他的重点不是着眼于"德育工作"这一过程，而是直指如何培养"好人"这个最高目标。他说："进行道德教育，造就真正的人——就是在号召做一个美的人。"①

"如果孩子没有内部的精神动力，如果孩子没有做一个好人的愿望，学校便不可想象，教育也不可想象。"② 孩子想成为好人的愿望能在良好的早期教育中得到激发，特别是受到家庭内外的教导、训话以及表扬、鼓励等方式的积极影响下。他们从小会听到许多关于水手战胜海盗、好人战胜巫婆、光明战胜黑暗、正义战胜邪恶的童话故事，往往会把自己摆在故事里好人的位置上。年幼孩子总爱把故事里的人物简单地分为好与坏，并且表现出对坏人坏事的愤慨和毫不妥协的精神。苏霍姆林斯基强调指出："教育的核心""教育的最宝贵之点"，就是"善于在青年心灵中不断激起做好人的愿望，想今天比昨天做得更好的愿望，以及对

---

① 蔡汀、王义高，祖晶编. 苏霍姆林斯基选集（第 2 卷）［M］. 北京：教育科学出版社，2001：293，718.
② ［苏］苏霍姆林斯基. 教育的艺术［M］. C. 索洛维奇克编；肖勇，译. 长沙：湖南教育出版社，1983：25.

自己应有的自尊感"。①

培养孩子成为好人的愿望也体现着社会的要求。在苏霍姆林斯基看来，培养好人和建设美好社会互为前提和基础。"如果我们国家的每一个年轻人都生活得充满崇高的理想，如果理想成为每个人良心的捍卫者，那么，我们的社会无疑将是一个思想、道德、精神都崇高美好的世界。到那时候，正像高尔基所向往的，每个人在别人面前都将像星星一样闪耀着光彩。"②

## 二、案例分析

在阳光小学的德育课程中，班主任刘老师发现，虽然学生在学业上表现优秀，但在品德修养和社会责任感方面仍有待提高。为了引导学生树立成为好人的志向，刘老师设计了一系列激励措施和活动。

明确好人的标准。刘老师首先在课堂上与学生一起讨论"什么是好人"的话题。她引导学生思考好人的品质、行为和责任，并总结出一些具体的标准，如诚实、善良、乐于助人、有责任感等。通过这一讨论，学生对好人的概念有了更清晰的认识。

树立榜样。刘老师邀请了一些社区中的好人榜样来学校与学生分享他们的故事和经验。这些榜样可能是当地的志愿者、慈善家、道德模范等。他们用自己的实际行动诠释了好人的含义，为学生树立了学习的榜样。

开展实践活动。为了让学生亲身体验做好人的感觉，刘老师组织了一系列实践活动。例如，她带领学生参与社区清洁活动、帮助老人做家务、为山区孩子捐赠图书和学习用品等。这些活动让学生深刻体会到帮助他人的快乐和成就感，也让他们更加坚定了成为好人的决心。

设立奖励机制。为了激励学生持续努力成为好人，刘老师设立了奖励机制。她根据学生在品德修养和社会责任感方面的表现，评选出"阳光好人"的荣誉

---

① 蔡汀，王义高，祖晶编. 苏霍姆林斯基选集（第2卷）[M]. 北京：教育科学出版社，2001：293，718.

② 蔡汀，王义高，祖晶编. 苏霍姆林斯基选集（第3卷）[M]. 北京：教育科学出版社，2001：853，304.

称号，并给予一定的奖励和表彰。这些奖励可以是证书、奖品，或者是在班级中的特殊待遇。这一机制让学生有了更明确的目标和动力。

家校合作。刘老师积极与家长沟通，争取他们的支持和配合。她向家长介绍了学校的教育理念和目标，并鼓励家长在家中也要注重培养孩子的品德修养和社会责任感。通过家校合作，学生在成长过程中得到了更加全面和有效的引导。

经过一段时间的努力，阳光小学的学生在品德修养和社会责任感方面取得了显著进步。他们不仅更加关心他人和社会，还积极参与各种志愿服务和公益活动。这些变化不仅体现在学生的行为上，还体现在他们的思维方式和价值观上。他们逐渐认识到成为一个好人不仅是个人的追求和理想，也是对社会的一种贡献和责任。

【分析】这个案例表明，激励学生实现成为好人的志向需要多方面的努力和配合。首先，我们需要明确好人的标准和要求，让学生有一个清晰的认识。其次，我们需要树立榜样和开展实践活动，让学生亲身体验做好人的感觉和价值。最后，我们还需要设立奖励机制和家校合作，为学生提供持续的动力和支持。通过这些措施的综合运用，我们可以有效地引导学生树立成为好人的志向，并促进他们的全面发展。

## 三、专业指导

在当今社会，教育不仅仅是知识的传授，更是品德的培养。成为一个好人，不仅意味着个人的道德修养，也是对社会贡献的体现。对学生而言，树立成为一个好人的志向，是他们成长道路上的重要指引。那么，如何激励学生实现这一崇高目标，并通过具体策略帮助他们在道德和人格上迈向卓越呢？

### 1. 明确成为好人的内涵

我们需要帮助学生理解"好人"这一概念的内涵。好人并不等同于完美无缺，而是指那些具有良好道德品质、积极社会责任感、尊重他人、诚实守信、乐于助人的人。好人是社会的基石，他们以自己的行为和决策，为社会带来正面影响。

### 2. 树立正确的价值观

要成为好人，学生需要树立正确的价值观。教育者应该引导学生认识到，成绩优异固然重要，但更重要的是拥有良好的人品和社会责任感。通过讨论历史人物事迹、分析现实生活中的道德困境，教育者可以帮助学生形成对正义、诚信、同情等核心价值观的深刻理解。

### 3. 明确榜样的力量

榜样的力量是无穷的。学校和社会应该提供正面的榜样，让学生看到成为好人的现实意义。榜样既可以是身边的教师、同学，也可以是社会上的杰出人物。通过讲述这些榜样的故事，学生可以了解到成为一个好人的重要性和可能性。

### 4. 加强实践与体验

知识转化为行动才能发挥其真正的价值。学校应鼓励学生参与志愿服务、社区活动等，让他们在实践中体验成为一个好人的过程。通过这些活动，学生不仅能够学习到如何关心他人、服务社会，还能够在实际行动中培养自己的同情心和责任感。

### 5. 学会反思与自我提升

成为好人是一个持续的过程，需要不断地自我反思和提升。教育者应该教会学生如何进行自我反省，认识自己的不足，并制订改进计划。通过写日记、参与小组讨论等方式，学生可以更好地了解自己，不断提升自己的道德水平。

成为好人的志向不是一朝一夕便可以实现的，它需要教育者的引导、社会的榜样、个人的实践和不断地自我提升。激励学生实现这一目标，不仅是对他们个人未来的投资，也是对社会未来的投资。让我们携手合作，培养出更多具有良好品德的学生，共同构建一个更加美好的未来。

# 主题 2

# 没有情感教育就不可能有真正的道德教育

苏霍姆林斯基说："不能设想一个真正的人没有善良情感。"① 他根据多年的实践经验肯定地指出："感情的培养不是局部的狭隘的任务，而是一个人道德面貌形成过程的本质。"

## 一、重温经典

苏霍姆林斯基说："不能设想一个真正的人没有善良情感。"② 他根据多年的实践经验肯定地指出："感情的培养不是局部的狭隘的任务，而是一个人道德面貌形成过程的本质。"③

善良情感的培养是德育的重要目标。苏霍姆林斯基指出："在我们学生精神世界的最复杂的那些过程之中，居于首要地位的是个人信念和个人观点的形成过程，是把真理转化为有血有肉的具体行为和行动的过程。毫无疑问，这个过程在很大程度上取决于情感教育和善良情感的形成。培养人道主义情感，是确立道德修养的最重要的方面之一。"④ 不过这一目标的实现并不容易，凡是善良情感没有得到发展的学生，对教师的言语就会无动于衷。更有甚者，一些儿童不理解也体会不到教师工作的艰辛，对教师在工作中遇到困难毫无同情之心，甚至在教师

---

① 蔡汀，王义高，祖晶编. 苏霍姆林斯基选集（第4卷）[M]. 北京：教育科学出版社，2001：24，308，309.

② 蔡汀，王义高，祖晶编. 苏霍姆林斯基选集（第4卷）[M]. 北京：教育科学出版社，2001：24，308，309.

③ 蔡汀，王义高，祖晶编. 苏霍姆林斯基选集（第4卷）[M]. 北京：教育科学出版社，2001：24，308，309.

④ 蔡汀，王义高，祖晶编. 苏霍姆林斯基选集（第4卷）[M]. 北京：教育科学出版社，2001：24，308，309.

精疲力竭之时照样顽皮胡闹，不断给教师增添烦恼。苏霍姆林斯基比喻说：就像板结的土壤不能渗入水分一样，冷漠的心灵听不见师长的教诲。只有善良的人才易于领会父母和教师善意的教导、忠告和赠言，因此，如果"想使您的学生渴求善良，那您就要把幼小的心灵培育得细腻和富有感情的敏感性"。①

## 二、案例分析

在和谐中学的道德教育实践中，德育主任李老师发现，传统的道德教育往往侧重于理论知识的传授和道德规范的灌输，而忽视了学生的情感体验和情感发展。这种教育方式导致学生虽然知道什么是道德，但在实际生活中却难以践行，道德行为往往只停留在表面。李老师意识到，没有情感教育就不可能有真正的道德教育。

引入情感教育。李老师决定在道德教育中引入情感教育的元素。他设计了一系列与道德主题相关的情感体验活动，如角色扮演、情境模拟、情感分享等，让学生在活动中体验道德情感，如同情、关爱、责任感等。

情感与道德的结合。在道德教育中，李老师注重将情感教育与道德教育相结合。他引导学生思考道德行为背后的动机，理解道德行为对个人和社会的影响，并鼓励他们在情感上认同和接受这些道德价值。

案例分析。李老师利用一些真实的道德案例来引导学生进行情感分析和道德判断。通过分析案例中的人物行为和情感反应，学生能够更深入地理解道德规范的实质和意义，并在情感上产生共鸣。

家校合作。李老师积极与家长沟通，争取他们的支持和配合。他向家长介绍情感教育在道德教育中的重要性，并鼓励家长在家庭教育中注重培养孩子的情感体验和情感发展。通过家校合作，学生在成长过程中得到了更加全面和有效的引导。

持续观察与反馈。在实施情感教育的过程中，李老师持续观察学生的反应和变化，并根据反馈不断调整和完善教育策略。他注重培养学生的情感表达能力和

---

① 蔡汀，王义高，祖晶编.苏霍姆林斯基选集（第3卷）［M］.北京：教育科学出版社，2001：260.

情感调节能力，让他们能够更好地理解和体验道德情感。

经过一段时间的实践，和谐中学的道德教育取得了显著成效。学生不仅在道德知识上有了更深入的理解，还在情感上产生了强烈的道德认同感和责任感。他们在日常生活中能够更自觉地践行道德规范，展现出更加优秀的道德品质和行为。

【分析】这个案例表明，情感教育是道德教育中不可或缺的一部分。没有情感教育，道德教育只能是空洞的、表面的。通过引入情感教育，我们可以使学生在情感体验中深化对道德规范的理解和认同，从而在行动上更加自觉地践行道德规范。因此，我们应该注重情感教育与道德教育的结合，让学生在情感和道德的双重熏陶下健康成长。

## 三、专业指导

目前，道德教育被广泛认为是塑造个体品格和社会和谐的关键。然而，一个常被忽视的事实是，没有情感教育的支撑，道德教育很难达到其应有的深度和效果。情感教育是指培养个体认识、理解、表达和管理自己情感的能力，它对发展真正的道德感至关重要。情感教育是道德教育不可或缺的组成部分，两者之间是相辅相成的关系。

情感是人类行为的驱动力之一，它影响着我们的决策和行为方式。道德行为往往源于内在的同情心、爱心和公正感等情感反应。例如，当我们看到他人遭受不公时，我们内心的愤怒和同情驱使我们采取行动以维护正义。没有这些情感的激发，道德行为可能变得空洞而无意义。

### 1. 情感教育发挥着基础作用

情感教育帮助个体识别和理解自己的情感以及他人的情感。这种能力是道德判断和行为的基础。通过情感教育，个体学会如何同情他人、体谅他人，以及如何在复杂的社会互动中保持公正和诚实。情感教育还教会个体如何处理负面情绪，如愤怒或嫉妒，这些情绪如果不加以管理，很可能导致不道德的行为。

### 2. 情感教育促进道德认同的形成

道德认同是指个体对一套道德价值观的内化和自我认同。情感教育通过提供情感体验和反思的机会，帮助个体形成与道德价值观相符的情感联结。当个体在情感层面与某种道德观念产生共鸣时，他们更有可能将这些观念转化为自己的行为准则。

### 3. 情感教育与道德实践有着密切的关联

道德教育不仅仅是关于理论知识的学习，更重要的是将道德原则应用于实际生活中。情感教育使个体能够在面对道德困境时，从情感的角度进行考量，从而做出更加合理和人性化的决策。例如，一个具有强烈同情心的人在面对他人的困境时，更容易采取助人的行为。

### 4. 情感教育也提出了挑战与对策

尽管情感教育在道德教育中扮演着重要角色，但在现实中，它仍然面临着一些挑战。学校和社会往往更注重知识和技能的传授，而忽视了情感教育的重要性。为了克服这一弊端，需要教育者和政策制定者认识到情感教育的价值，将其纳入教育体系中，并提供相应的资源和支持。

### 5. 情感教育和道德教育是相辅相成的

没有情感教育的支持，道德教育难以深入人心，难以在个体的行为中体现出来。通过重视情感教育，我们不仅能够培养出具有良好道德品质的个体，还能够为构建一个更加和谐、有爱的社会打下坚实的基础。因此，我们必须认识到情感教育在道德教育中的核心地位，并在教育实践中给予其应有的重视。

# 主题 3

# 让道德美和道德功勋的明亮火炬
# 照亮孩子的心灵

苏霍姆林斯基认为，道德美引起的赞誉，会在少年那里激发出观照自身美的愿望，激发出对自身道德美的审美情感。……无须向少年烦琐絮叨地去阐述那种不必解释就十分了然的东西。一位英雄的形象已征服了他的心灵，就任凭（他的）创造想象力驰骋，去默默描绘他自己在这位英雄生活和斗争的环境里的情境吧。

## 一、重温经典

"德育过程的实质，是使教师向学生揭示的社会道德财富变成他们每个人的个人财产，转化为行为的道德规范和准则。"① 进行道德教育就是要以道德模范、以鲜明形象和先进榜样，激发起青少年对高尚精神的热爱和崇敬之感，激发起对道德理想的追求。苏霍姆林斯基写道："如果您想让少年开始思考自己，开始用人类道德的最高标准来衡量自己，就在他的心胸间唤起对道德美的赞誉和道德功勋的惊叹之情吧。……要在少年眼前描绘出成为人类道德美之永恒体现的活生生的人的光辉形象，让他屏息聆听，让道德美和道德功勋的明亮火炬照亮他的心灵，沁入他内心深处的每一个角落，让这颗心跳得更欢跃。"②

经常阅读那些堪称楷模和典范人物的书籍，是让学生认识人的重要途径，也是他们自我教育的最重要的方法。"一个人能进行自省，面对自己的良心进行自

---

① 蔡汀，王义高，祖晶编. 苏霍姆林斯基选集（第5卷）[M]. 北京：教育科学出版社，2001：370，372-373，581-582，374.
② 蔡汀，王义高，祖晶编. 苏霍姆林斯基选集（第5卷）[M]. 北京：教育科学出版社，2001：370，372-373，581-582，374.

白，这是精神生活的最高境界；只有那些在人类的道德财富中找到了自己的榜样的人，才能达到这个境界。"① 苏霍姆林斯基指出，如果一个人在青少年时代不曾读到有关非凡人物的书籍，如果他不曾通宵埋头阅读这种书籍并在内省中迎接黎明，如果他没有思考过如下问题：我是怎样的人？我的立身之本在哪儿？我为什么活在世上？我为祖国做了些什么？应该做些什么？那么这样的教育是有缺陷的教育。② 他还经常组织学生与各条战线上的英雄模范人物见面、座谈，谈理想、谈人生、谈奉献，引导学生从现实生活中发现并确立自己的人生楷模。

## 二、案例分析

在希望小学的德育工作中，德育主任王老师深感道德教育对于孩子成长的重要性。她认为，道德美是人性中最闪耀的光辉，而道德功勋则是社会进步的重要推动力。为了让孩子们的心灵得到道德美和道德功勋的照耀，王老师设计了一系列富有创新性和实践性的教育活动。

道德美的传播与体验。王老师首先在课堂上向孩子们介绍道德美的概念，并通过讲述历史上的道德典范故事、展示道德美的图片和影片等方式，让孩子们直观感受到道德美的力量和魅力。同时，她还组织孩子们进行道德美的实践活动，如关爱动物、帮助他人、保护环境等，让孩子们亲身体验到道德美的价值和意义。

道德功勋的树立与榜样。为了让孩子们认识到道德功勋的重要性，王老师邀请了当地的道德模范、志愿者、慈善家等人物来学校与孩子们分享他们的道德事迹和感受。这些人物用自己的亲身经历向孩子们展示了道德功勋的力量和影响力，让孩子们深刻地认识到道德行为对于个人成长和社会发展的重要性。

道德实践与自我反思。王老师鼓励孩子们在日常生活中践行道德行为，并将自己的道德实践记录下来。她定期组织孩子们进行道德实践的分享和交流，让孩子们在相互学习和借鉴中不断提高自己的道德水平。同时，王老师还引导孩子们

---

① 蔡汀，王义高，祖晶编. 苏霍姆林斯基选集（第4卷）[M]. 北京：教育科学出版社，2001：685.
② 蔡汀，王义高，祖晶编. 苏霍姆林斯基选集（第5卷）[M]. 北京：教育科学出版社，2001：370，372-373，581-582，374.

进行自我反思，让他们思考自己在道德实践中的不足和需要改进的地方，从而不断完善自己的道德品格。

家校合作与社区参与。王老师积极与家长和社区合作，共同推动道德教育的开展。她向家长宣传道德教育的理念和方法，鼓励家长在家庭教育中注重培养孩子的道德品格。同时，她还组织孩子们参与社区志愿服务和公益活动，让孩子们在实践中体验道德行为的价值和意义，增强他们的社会责任感和使命感。

持续评价与改进。王老师注重道德教育的持续评价和改进。她定期组织孩子们进行道德测评，了解他们的道德水平和进步情况。同时，她还根据孩子们的反馈和家长的意见，不断调整和完善道德教育的策略和方法，以确保道德教育的针对性和有效性。

经过一段时间的实践，希望小学的道德教育取得了显著成效。孩子们不仅深刻认识到道德美和道德功勋的重要性，还在日常生活中积极践行道德行为，展现出了良好的道德品质和行为习惯。他们的心灵得到了道德美和道德功勋的明亮火炬的照耀，并变得更加明亮和美好。

【分析】这个案例表明，用道德美和道德功勋的明亮火炬照亮孩子的心灵是道德教育的重要目标。通过传播与体验道德美、树立道德功勋的榜样、引导孩子们进行道德实践和自我反思以及家校合作和社区参与等方式，我们可以有效地激发孩子们的道德情感和道德动力，让他们在成长过程中形成良好的道德品格和行为习惯。因此，我们应该注重道德教育的实践性和创新性，让道德美和道德功勋的明亮火炬真正照亮孩子们的心灵。

## 三、专业指导

道德美是指个体在道德行为和道德情感上所体现出的美好品质。它不仅仅是遵守规则和法律，更是一种内心的善良、对他人的关怀以及对社会的贡献。道德美的内核包括诚实、公正、慷慨、谦逊等美德，这些都是人类社会长期共同认可的价值观。

道德功勋则是指在实际行动中体现出来的道德成就。它不是一时的行为，而是一种持续的、积极的影响力量。道德功勋的建立需要时间和实践，它能够帮助孩子们建立起自我认同感，增强其社会归属感，并在未来的生活中发挥积极的作用。

在快速变化的世界里，科技的进步和社会的多元化为人类带来了前所未有的便利。然而，物质的丰富往往伴随着道德价值观的淡漠。在这样的时代背景下，培养孩子内在的道德美和道德功勋显得尤为重要。它们如同一盏明亮的火炬，照亮孩子们的心灵，引导他们成为有责任感、有同情心、有正义感的人。

那么，如何培养孩子的道德美和道德功勋呢？

### 1. 发挥家庭教育的作用

家庭是孩子最初的社会环境，父母的言行对孩子的影响深远。家长应该通过自己的榜样作用，展现道德美的行为，如诚实守信、公平对待他人等。同时，家长可以通过讲述具有道德教育意义的故事，引导孩子理解和内化这些美德。

### 2. 学校教育的积极引导

学校是孩子接受正规教育的场所，也是塑造其道德观念的重要环境。教师应该在课堂上融入道德教育，让孩子们在讨论和实践中学习道德规范。此外，学校可以组织志愿服务活动，让孩子们亲身体验帮助他人的喜悦，从而培养他们的道德功勋。

### 3. 增加社会实践的机会

社会是一个广阔的舞台，提供了丰富的实践机会。家长和学校应该鼓励孩子参与社区服务、公益活动等，让他们在实际行动中感受道德的力量。通过这些活动，孩子们不仅能够学习到如何关爱他人，还能够理解社会责任的重要性。

### 4. 发挥媒体和文化产品的影响

媒体和文化产品在塑造孩子道德观念方面扮演着重要角色。家长应该筛选有益的书籍、电影、电视节目等，让孩子接触那些传递正面价值观的内容。同时，家长可以和孩子一起讨论这些内容中的道德议题，引导他们形成正确的判断。

道德美和道德功勋是孩子成长道路上不可或缺的指引灯塔。通过家庭、学校、社会等多方面的共同努力，我们可以点燃孩子们内心的火炬，照亮他们的心灵，培养他们成为有道德的人。这不仅是对个人的投资，更是对未来社会的投资，让我们携手努力，为孩子们的明天照亮一片光明的天空。拥有道德美和道德功勋的一代新人，一定会为社会的进步和发展贡献力量。

## 主题 4

# 使孩子们的眼界永远向着高峰

孩子应当对攀登上道德品格高峰的人深表敬意……应当去仰望人的高峰，而不应当低着头去凝视坑洼和沼泽。让少年公民的头永远仰望着闪着崇高思想的高峰……要对孩子们讲英雄业绩美，使他们的眼界永远向着高峰。

## 一、重温经典

苏霍姆林斯基认为："在人的情感世界中，如果一个人把自己看作非常渺小、微不足道的尘屑，这种感情是最可怕的。"① 他总是"教育学生对于那些干瘪、平庸的人物毫不容忍"。② 他多次提出，孩子应当"对攀登上道德品格高峰的人深表敬意……应当去仰望人的高峰，而不应当低着头去凝视坑洼和沼泽。让少年公民的头永远仰望着闪着崇高思想的高峰……要对孩子们讲英雄业绩美，使他们的眼界永远向着高峰"。③

一个才智平平的普通人，甚至屡屡被"聪明人"讥为"傻瓜"的人，都能以自己执着的凡人善举登上道德高峰。学生也是这样。一些在智力上、学习上遭遇困难的学生，完全能够获得精神上、道德上的长足发展。苏霍姆林斯基指出：

---

① 蔡汀，王义高，祖晶编. 苏霍姆林斯基选集（第3卷）[M]. 北京：教育科学出版社，2001：768.
② ［苏］B. A. 苏霍姆林斯基. 年轻一代的道德理想教育 [M]. 陈炳文，王树椿，刘锡辰，译. 长沙：湖南教育出版社，1984：73.
③ 蔡汀，王义高，祖晶编. 苏霍姆林斯基选集（第2卷）[M]. 北京：教育科学出版社，2001：506-507.

## 专题五　做一个好人是最大的幸福

"要善于在每一个学生面前，甚至是最平庸的、在智力发展上最有困难的学生面前，向他打开他的精神发展的领域，使他能在这个领域里达到顶点，显示自己，宣告大写的'我'的存在，从人的自尊感的泉源中汲取力量，感到自己并不低人一等，而是一个精神丰富的人。这个领域就是道德发展。在这里，通往顶点的道路对任何人都没有封锁，这里有真正的和毫无限制的平等。这里每一个人都可以成为伟大的、独一无二的人。"①

## 二、案例分析

在智慧小学的教育实践中，李校长深知眼界对于孩子成长的重要性。她认为，一个拥有广阔眼界的孩子，不仅能够看到更远的目标，还能在面对挑战时保持积极的心态和不断进取的精神。因此，李校长决定通过一系列教育策略和活动，引导孩子们的眼界永远向着高峰。

拓展课程内容。李校长首先要求教师拓展课程内容，不仅注重基础知识的传授，还要引入更多前沿、跨学科的知识。例如，在科学课上，教师可以介绍最新的科学发现和技术创新；在历史课上，教师可以讲述不同文化、不同国家的历史故事。这样，孩子们在学习的过程中就能逐渐拓展自己的知识视野。

开展实践活动。为了让孩子们亲身体验和感受高峰的魅力，李校长组织了一系列实践活动。例如，她邀请科学家、艺术家、企业家等成功人士来学校举办讲座并进行交流，让孩子们近距离接触这些领域的佼佼者；她还组织孩子们参观博物馆、科技馆、艺术展览等，让他们亲身感受不同领域的魅力。

培养阅读兴趣。阅读是拓展眼界的重要途径。李校长鼓励孩子们培养阅读兴趣，通过阅读各类书籍拓宽自己的视野。学校图书馆定期更新图书资源，为孩子们提供丰富的阅读资源。同时，学校还开展阅读分享会、读书竞赛等活动，激发孩子们的阅读热情。

提供多元体验。为了让孩子们能够接触更多元的文化和经历，李校长鼓励孩子们参与各种课外活动。例如，她组织孩子们参加国际文化交流活动，与来自不

---

① 蔡汀，王义高，祖晶编. 苏霍姆林斯基选集（第1卷）[M]. 北京：教育科学出版社，2001：94.

同国家的孩子进行交流和互动；她还鼓励孩子们参加各种体育比赛、艺术表演等活动，让他们在不同的领域展示自己的才能。

培养目标意识。李校长注重培养孩子们的目标意识。她鼓励孩子们设定自己的长期和短期目标，并为实现这些目标付出努力。通过设定目标，孩子们能够明确自己的方向，保持不断进取的精神。

经过一段时间的实践，智慧小学的孩子们在眼界方面取得了显著的进步。他们不仅拥有更广泛的知识储备，还能够在面对挑战时保持积极的心态和不断进取的精神。他们开始关注更广阔的世界，努力追求更高的目标。

【分析】这个案例表明，引导孩子们的眼界永远向着高峰是教育的重要目标。通过拓展课程内容、开展实践活动、培养阅读兴趣、提供多元体验以及培养目标意识等方式，我们可以有效地引导孩子们拓展自己的视野，培养他们的目标意识和进取精神。这样，孩子们在未来的成长道路上就能够更加从容和自信地面对各种挑战和机遇。

## 三、专业指导

在当今多元化和快速变化的社会中，孩子们面临着各种各样的信息和选择。作为家长、教育者和社会成员，我们有责任引导孩子们将眼界永远向着道德的高峰。这不仅是为了孩子们的个人成长，也是为了构建一个更加和谐、正义的社会。实现这一目标可通过如下几个关键步骤。

### 1. 树立榜样

孩子们是模仿的高手。他们通过观察大人的行为来学习什么是对与错。因此，成年人需要通过自己的行为来树立道德榜样。这意味着在日常生活中坚持诚实、公正、同情和尊重等原则。当孩子们看到大人在面对道德挑战时做出正确的选择时，他们便学会在自己的生活中应用这些原则。

### 2. 教育与讨论

道德教育不仅仅是讲授规则和条例，更是激发孩子们的思考和讨论。通过故事、案例研究和角色扮演等方式，孩子们可以学到道德决策背后的逻辑和情感。

这种互动式的学习方法可以帮助孩子们理解道德行为的复杂性，并鼓励他们在面对道德困境时进行深思熟虑。

### 3. 社会参与

让孩子们参与到社区服务和慈善活动中，可以让他们亲身体验到帮助他人和做出积极社会贡献的重要性。这种参与不仅能够培养他们的同情心和责任感，还能让他们在实践中学习到道德的价值。

### 4. 强化正面反馈

当孩子们展现出良好的道德行为时，给予他们积极的反馈是非常重要的，我们可以通过赞扬、奖励或者更多的关注来实现。正面的强化可以增强孩子们重复这些行为的动力，并将道德行为内化为他们性格的一部分。

### 5. 提供多样化的视角

在全球化的今天，孩子们需要了解不同文化和社会背景下的道德观念。通过阅读、旅行和与来自不同背景的人交流，孩子们可以拓宽视野，学会尊重和理解多元文化中的不同道德标准。

### 6. 鼓励批判性思维

教育孩子们成为批判性思考者，不仅仅是为了学术上的成功，更是为了提高他们的道德水准。能够独立思考的孩子更能识别道德问题，并在必要时挑战不公正或不道德的行为。

使孩子们的眼界永远向着道德的高峰是一个长期而复杂的过程，它需要家庭、学校和社会的共同努力。通过树立榜样、教育与讨论、社会参与、强化正面反馈、提供多样化的视角以及鼓励批判性思维，我们可以帮助孩子们建立起坚实的道德基础，为他们的未来和社会的发展打下良好的基石。

## 主题 5

# 防止道德教育中的标签化、庸俗化倾向

教育者的任务是帮助学生牢固树立纯洁而崇高的理想。千万不要把神圣的、崇高的理想变成随手使用的小硬币一样抛来抛去，纯洁而崇高的理想是人的一种内在的精神力量。要防止道德教育中的标签化、庸俗化倾向——将学生的某些日常细节机械地、硬性地与道德规范挂钩而脱离孩子的心理特点。

## 一、重温经典

苏霍姆林斯基指出：教育者的任务是帮助学生牢固树立纯洁而崇高的理想。千万不要把神圣的崇高的理想变成随手使用的小硬币一样抛来抛去。纯洁而崇高的理想是人的一种内在的精神力量，对它应十分珍惜，不必在口头上念叨。"金玉良言不能再三重复，否则，就会成为陈词滥调，变得像一个懒散匠人手中的工具那样拙钝。"①

防止道德教育中的标签化、庸俗化倾向——将学生的某些日常细节机械地、硬性地与道德规范挂钩而脱离孩子的心理特点。例如，一个少先队员没有佩戴红领巾，教师马上责备他："你忘了我们中队是以一位英雄少先队员的名字命名的吗？他为了红领巾献出了生命，而你却在干什么呀？"一位教师发现少年顽皮淘气，立即来一段关于英雄事迹的冗长谈话："我们昨天谈过一个为抢救社会主义财产而献身的拖拉机手的故事，而你是在干什么呀？在课桌上乱画乱涂。难道英雄们是这样对待公共财物的吗？难道他们在课桌上乱画乱涂过吗？"②

---

① 蔡汀，王义高，祖晶编. 苏霍姆林斯基选集（第2卷）[M]. 北京：教育科学出版社，2001：741-742.

② 蔡汀，王义高，祖晶编. 苏霍姆林斯基选集（第3卷）[M]. 北京：教育科学出版社，2001：468.

## 二、案例分析

在启智中学的道德教育实践中，德育处主任张老师发现，随着时代的发展，道德教育面临着一些新的挑战。其中之一就是道德教育中的标签化和庸俗化倾向，这种倾向往往导致道德教育的效果大打折扣，甚至引发学生的反感和抵触。为了防止这种倾向，张老师决定采取一系列措施。

深入理解道德教育的本质。张老师首先组织德育团队深入学习道德教育的相关理论，明确道德教育的真正目的是培养学生的道德情感和道德能力，而非简单地灌输道德知识或贴标签。其次团队成员对道德教育的本质有了更深刻的理解后，能够更准确地把握教育方向。

设计多元化、情境化的教育内容。张老师注重设计多元化、情境化的道德教育内容。她鼓励教师结合学生的生活实际和社会热点，创设贴近学生生活的情境，让学生在真实的情境中体验和感悟道德。同时，她鼓励教师采用多种教学方法和手段，如角色扮演、小组讨论、案例分析等，以增强道德教育的趣味性和实效性。

避免简单贴标签。在道德教育过程中，张老师特别注重避免简单贴标签的做法。她认为，每个学生都是独特的个体，具有不同的道德基础和发展潜力。因此，在评价学生的道德表现时，她鼓励教师采用个性化的评价方式，关注学生的道德成长过程，而非简单地将学生划分为"好人"或"坏人"。

提升教师的道德素养和教育能力。为了防止道德教育中的庸俗化倾向，张老师注重提升教师的道德素养和教育能力。她组织教师参加各种培训和学习活动，提高教师的道德认知水平和教育能力。同时，她鼓励教师关注社会热点和时代变化，不断更新教育观念和方法，以适应时代发展的需求。

加强家校合作。张老师认为，家庭是道德教育的重要场所，家校合作对于防止道德教育中的标签化、庸俗化倾向具有重要意义。因此，她积极与家长沟通，向家长宣传道德教育的理念和方法，鼓励家长在家庭教育中注重培养孩子的道德情感和道德能力。同时，她还组织家长参与学校的道德教育活动，让家长了解学校的教育方向和成果，形成教育合力。

持续监测与改进。为了防止道德教育中的标签化、庸俗化倾向，张老师建立了持续监测与改进的机制。她定期组织德育团队对学校的道德教育工作进行评价和反思，及时发现和纠正教育中的问题。同时，她鼓励教师和学生提出宝贵的意见和建议，共同推动道德教育的不断创新和发展。

经过一段时间的实践，启智中学的道德教育工作取得了显著成效。学生的道德情感和道德能力得到了显著提升，他们在日常生活中能够自觉践行道德规范，展现出良好的道德品质和行为习惯。同时，学校的道德教育工作也得到了家长和社会的广泛认可和赞誉。

【分析】这个案例表明，防止道德教育中的标签化、庸俗化倾向是教育的重要任务。通过深入理解道德教育的本质，设计多元化、情境化的教育内容，避免简单贴标签，提升教师的道德素养和教育能力、加强家校合作以及建立持续监测与改进的机制等方式，我们可以有效地防止道德教育中的标签化、庸俗化倾向，推动道德教育的不断创新和发展。

## 三、专业指导

当今社会，道德教育被赋予了塑造公民品德、维护社会秩序的重要使命。然而，随着信息时代的迅猛发展和文化多元化的冲击，道德教育面临着标签化和庸俗化的双重挑战。这种现象不仅削弱了道德教育的深度和效果，还可能导致价值观的混乱和道德标准的下降。因此，我们必须采取措施，防止道德教育中的标签化和庸俗化倾向，以保持其本质和效力。

### 1. 明确标签化倾向的危害

标签化是指在道德教育中过度简化和刻板化地使用某些道德概念或标签，如"好人""坏人"等，而忽视了个体行为的复杂性和情境的具体性。这种做法容易导致以下问题。

忽视个体差异。每个人都是独特的个体，具有不同的经历和性格。标签化往往忽略了这种差异性，导致无法精准地进行道德引导。

简化复杂现象。现实世界中的道德问题往往是复杂和多维的，标签化倾向于将复杂的道德决策简化为二元对立的选择，不利于培养批判性思维。

引发偏见和歧视。标签化可能固化某些负面形象，导致人们对特定群体或个人的偏见和歧视。

### 2. 明确庸俗化倾向的危害

庸俗化是指道德教育在追求普及和接受度的过程中，降低了道德标准，迎合了低层次的趣味和需求。这种现象可能带来以下后果。

降低道德要求。为了适应大众口味，庸俗化的道德教育可能放弃高标准的道德要求，致使道德教育变得肤浅。

混淆价值观念。庸俗化的内容往往缺乏深度和严谨性，可能导致人们在价值观念上的混淆和迷失。

损害道德权威。当道德教育被视为一种娱乐或消遣时，其权威性和严肃性将受到质疑，影响道德教育的长远发展。

### 3. 防止道德教育中的标签化和庸俗化倾向

为了有效地防止道德教育中的标签化和庸俗化倾向，我们可以采取以下策略。

强化道德教育的内涵建设。坚持道德教育的基本原则和核心价值，不断丰富和完善教育内容，避免简单化和表面化的处理方式。

倡导个性化和情境化的道德教育。根据不同学生的特点和实际情况，设计个性化的教育方案，注重情境分析和道德操守的培养。

提升公众的道德素养。通过公共宣传和社会活动，提高公众对道德教育重要性的认识，形成对高质量道德教育的需求和支持。

加强师资培训和教材建设。提升教师的专业素养，加强对教材内容的审查和创新，确保道德教育的质量和效果。

道德教育是塑造个人品格、维护社会和谐的重要途径。面对标签化和庸俗化的挑战，我们必须坚守道德教育的纯粹性和严肃性，通过多方面的努力，确保道德教育能够发挥其应有的作用，培养出有责任感、有判断力、有同理心的现代公民。

# 主题 6

# 将德育活动融入实践

苏霍姆林斯基说："一个人以自己的劳动而自豪——这是道德纯洁高尚的重要源泉。"

## 一、重温经典

苏霍姆林斯基说："信念就其本质来说，不可能是一种不劳而获的精神财富。只有通过积极的活动，信念才会起作用，才能得以巩固，才能变得更加坚定。"① 新时代的学校德育绝不能止步于课堂内的理论灌输、口头说教，满足于让学生了解一些基本的道德知识，而必须让学生走向实践，在实践中净化心灵、锤炼品格，养成良好的道德规范，树立正确的价值理想。

带领学生亲近自然。苏霍姆林斯基特别提倡让学生在自然活动中培养良好的品行。他经常带领学生去大自然中旅行，期望通过大自然中的美好事物，唤起学生对知识的渴求。自然界是人类思维的源泉，对开发和培育学生的创造力与世界观有极其宝贵的价值。教师要以综合实践活动、研学旅行、假期社会实践等为契机，带领学生到教室之外的世界看看，呼吁他们多关注自然、走近自然、亲近自然、拥抱自然。在这个过程中，教师要合理地选择与开发自然资源，注重引导学生在自然活动中亲身感悟，在沉浸式、参与式体验中陶冶性情、净化心灵，在接受自然熏陶的同时发现生活中的乐趣和问题，在与同伴的交流过程中学会与人、与物和谐共处，在人与人、人与物的互动中实现自我与外界的融通。

鼓励学生参与劳动。苏霍姆林斯基说："一个人以自己的劳动而自豪——这是道德纯洁高尚的重要源泉。"② 因而，他特别注重劳动教育在培育合格公民、

① ［苏］Ｂ.Ａ.苏霍姆林斯基.让青少年一代健康成长［Ｍ］.黄之瑞，译.北京：教育科学出版社，1984：212.

② Ｂ.Ａ.苏霍姆林斯基.育人三部曲［Ｍ］.毕涉芝，译.北京：人民教育出版社，1998：261.

塑造学生美好心灵方面的作用。在当前劳动教育相对缺失的时代，学校更要重视劳动课、劳动技术课、通用技术课等相关课程的地位和价值，以校为本，构建多样化的适应现代学生发展的劳动教育体系，让学生能有机会参与劳动，养成良好的劳动习惯，感受劳动带来的欢乐。

当然，劳动本身并不是劳动教育的全部目的。教师在教会学生基本的劳动知识和技术的同时，更要深入挖掘劳动中潜藏的教育价值，进一步让学生领会深层次的劳动精神、工匠精神，让学生通过劳动教育学会更好地关照他人、感受生活、思考社会、理解世界，逐步成长为踏实肯干、品格健全、内心向善之人。

## 二、案例分析

在明德中学的教育实践中，德育处主任赵老师认识到，传统的德育方式往往只停留在理论灌输和口头宣传上，缺乏实践性和参与性，难以真正触及学生的心灵并产生深远的影响。为了解决这个问题，赵老师决定采取一系列措施，将德育活动融入实践，让学生在亲身体验中感受道德的力量，从而培养他们良好的道德品质和行为习惯。

设计实践性德育活动。赵老师组织德育团队设计了一系列具有实践性的德育活动。这些活动涵盖了社区服务、环保行动、公益项目等方面，旨在让学生在参与中体验道德实践的意义和价值。例如，学校定期组织志愿者前往社区为老年人提供服务，或参与城市公园的环保清洁工作，让学生在实际行动中感受关爱他人和保护环境的重要性。

整合课程与实践。赵老师鼓励教师将德育活动融入日常教学中，使德育成为课程的有机组成部分。例如，在历史课上，教师可以引导学生通过角色扮演的方式，模拟历史人物在道德困境中的选择和决策，让学生在亲身体验中理解道德的力量和意义。同时，学校还开设了德育实践课程，让学生系统地学习德育知识和技能，并在实践中加以运用。

搭建实践平台。为了给学生提供更多的实践机会，赵老师积极搭建实践平台。学校与多个社区、企业和公益组织建立了合作关系，为学生提供了丰富的实践资源。学生可以根据自己的兴趣和特长选择参与不同的实践活动，如志愿者服务、科技创新、艺术创作等。这些活动不仅让学生有机会展示自己的才能，还能在实践中培养他们的团队协作能力和社会责任感。

注重评价与反馈。赵老师注重对学生德育实践活动的评价和反馈。学校制定了详细的评价标准和方法，对学生的实践活动进行公正、客观的评价。同时，学校还建立了反馈机制，鼓励学生之间、师生之间、家校之间进行交流和反馈，以便及时发现和解决问题。这种评价和反馈机制不仅有助于学生了解自己的优点和不足，还能激发他们的学习动力和积极性。

培养德育导师。为了提高德育活动的质量和效果，赵老师注重培养德育导师。学校选拔了一批具有丰富德育经验和专业知识的教师担任德育导师，负责指导学生的德育实践活动。这些导师不仅关注学生的实践过程，还关注他们的道德成长和情感体验，为学生提供个性化的指导和支持。

经过一段时间的实践，明德中学的德育活动取得了显著成效。学生在参与德育实践活动中，不仅深刻地理解了道德的意义和价值，还培养了良好的道德品质和行为习惯。他们在日常生活中能够自觉践行道德规范，展现出积极向上的精神风貌。同时，学校的德育工作也得到了家长和社会的广泛认可和赞誉。

【分析】这个案例表明，将德育活动融入实践是实现德育实效性的重要途径。通过设计实践性德育活动、整合课程与实践、搭建实践平台、注重评价与反馈以及培养德育导师等方式，我们可以让学生在亲身体验中感受道德的力量，培养他们的道德情感和道德能力。这种实践性的德育方式不仅有助于学生形成良好的道德品质和行为习惯，还能激发他们的学习动力和积极性，为他们的未来发展奠定坚实的基础。

## 三、专业指导

德育活动的实践化不仅能够加深学生对道德规范的理解，还能让他们在实际生活中体验和实践这些规范。通过参与社区服务、志愿活动、环保项目等，学生能够亲身体验到作为社会成员的责任和义务，从而内化为自己的行为准则。

在快速变化的社会环境中，德育教育一直是教育体系中的重要组成部分。它旨在培养学生的道德观念、责任感和社会适应能力，为他们成为有贡献的公民打下基础。然而，传统的德育方式往往局限于课堂讲授和理论讨论，缺乏与实际生活的紧密结合。因此，将德育活动融入实践，将成为教育改革的重要方向。

明确了德育活动的实践意义。那么，如何将德育活动融入实践呢？

### 1. 结合德育课程内容

将德育元素融入各学科教学中，如历史课上讨论历史人物的道德抉择，地理课上探讨可持续发展的道德意义等。

### 2. 开展主题实践活动

组织学生参与以"诚信""尊重""责任"为主题的社会实践活动，如诚信商店、老年人关爱项目等。

### 3. 创新德育形式

利用角色扮演、模拟法庭、社区调查等方式，让学生在实践中学习和体验道德规范。

### 4. 开展家校合作

鼓励家长参与学校的德育活动，共同为孩子提供导向性一致的道德教育信息和实践机会。

### 5. 认识到挑战与对策

德育活动资源分配不均、师资力量不足、学生参与度不高等问题可能影响德育活动的实践效果。所以要加大资源投入，政府和学校应加大对德育活动的财政支持力度，提供更多的物质和场地资源；加强教师培训，定期对教师进行德育教学法的培训，提升他们的专业能力和实践指导水平；激发学生兴趣，设计贴近学生生活、具有吸引力的德育活动，提高学生的参与度和体验感。

将德育活动融入实践，是培养全面发展的现代公民的关键。通过实践化的德育活动，学生不仅能够学习道德知识，更能在实践中形成良好的道德习惯，为他们的未来社会生活打下坚实的基础。教育者、家长和社会各界应共同努力，为孩子们创造一个富有实践机会的德育环境，共同培养出有道德心、有责任感、有能力的新一代公民。

# 专题六

# 劳动教育引导年轻一代走向生活

「劳动教育」这个词组是不可分割的，因为教育只是在它具有劳动的含义时，才成为教育。学校不应有离开劳动的教育，也不应有缺失教育的劳动。「劳动」与「教育」之「不可分割」，是指劳动与教育两者不应该、不允许被分割。然而在现实教育工作中，两者常常相互脱节，遭到人为割裂。

# 主题 1

# 通过劳动培养高尚心灵和美好人性

苏霍姆林斯基认为：如果一个人能通过自己的劳动确立崇高的思想，那他就会成为一个自豪、刚直不阿的人，这样的人能成为脚踏实地而不哗众取宠的社会活动家，他少年时代在道德上就日趋成熟了。

## 一、重温经典

劳动可促进孩子道德知情意行的形成与发展。苏霍姆林斯基强调：如果一个人能通过自己的劳动确立崇高的思想，那他就会成为一个自豪、刚直不阿的人，这样的人能成为脚踏实地而不哗众取宠的社会活动家，他少年时代在道德上就日趋成熟了。①

五育并举，"德"为先。苏霍姆林斯基认为，劳动可以立志、净化心灵、纯洁思想。他说："志向只能通过劳动来获得，要在劳动中为它开辟生机勃勃的源泉。"②

"心灵的劳动"是苏霍姆林斯基独创的一个概念。他认为劳动不仅是人手和脚的活动，心灵也有劳动，即人对真善美的追求。具体而言，"心灵的劳动"包含着对理想的追求和对他人的爱心。人通过"心灵的劳动"得以实现精神的丰富。他说："只有当心灵的劳动中蕴含着这种深刻的道德意义时，这种劳动才会

---

① ［苏］B. A. 苏霍姆林斯基. 给教师的建议［M］. 周蕖，王义高，译. 湖北：长江文艺出版社，2019：192.

② 蔡汀，王义高，祖晶编. 苏霍姆林斯基选集（第5卷）［M］. 北京：教育科学出版社，2001：248，872，764-765，827，1177，167.

成为真正具有教育作用的力量。"①

他认为劳动具有身心双重性，只有兼顾两者的劳动才具备教育的力量。因此，他对学校环境、劳动项目设计都十分用心，营造出浓厚的人文气息。他还坚持不懈地陪伴学生，开展多种形式的"心灵的劳动"，来帮助学生不断成长。苏霍姆林斯基非常重视集体在学生德育养成中的作用，他强调集体劳动是确立义务感和责任感的唯一路径。"集体的劳动生活，是伸向人与人之间义务和责任的千丝万缕的纽带。……是劳动使思想高尚，并赋予思想以劳动的性质。"②

集体劳动是人和人相互联系的纽带。人是群居动物，凭借着群体之力，人得以在自然界立足。总之，苏霍姆林斯基认为劳动树德，思想道德教育与劳动教育是有机结合的。"劳动渗透一切，包容一切"③ —— "没有劳动，就没有真正的教育"④ —— "心灵的劳动"蕴藏着道德意义，这条逻辑主线始终贯穿其间，最终的落脚点是"在今天，就应该让青年一代感受到热爱劳动的幸福。我们认为，这就是思想道德教育与劳动教育的有机结合"。⑤ 只有学生明知艰苦，却勇敢奔赴，把艰苦的劳动转化为幸福的甘露，思想道德教育与劳动教育也就真正实现了有机地结合。

## 二、案例分析

在光辉小学的教育实践中，学校高度重视劳动教育的价值，认为劳动不仅是生活技能的学习，更是培养学生心灵高尚和人性的重要途径。学校倡导通过各类劳动实践，让学生在亲身参与中体验劳动的艰辛与快乐，从而培养他们的责任

① 蔡汀、王义高、祖晶编. 苏霍姆林斯基选集（第5卷）[M]. 北京：教育科学出版社，2001：248，872，764-765，827，1177，167.

② 蔡汀、王义高、祖晶编. 苏霍姆林斯基选集（第5卷）[M]. 北京：教育科学出版社，2001：248，872，764-765，827，1177，167.

③ 蔡汀、王义高、祖晶编. 苏霍姆林斯基选集（第5卷）[M]. 北京：教育科学出版社，2001：248，872，764-765，827，1177，167.

④ 蔡汀、王义高、祖晶编. 苏霍姆林斯基选集（第5卷）[M]. 北京：教育科学出版社，2001：248，872，764-765，827，1177，167.

⑤ 蔡汀、王义高、祖晶编. 苏霍姆林斯基选集（第5卷）[M]. 北京：教育科学出版社，2001：248，872，764-765，827，1177，167.

感、同理心、坚韧不拔的品质以及对他人的尊重与关爱。

设置多样化的劳动课程。光辉小学设置了多样化的劳动课程，包括园艺、手工艺、烹饪、清洁等，旨在让学生体验不同类型的劳动。这些课程不仅教授学生劳动技能，还强调劳动过程中的团队合作、创新思维和解决问题的能力。

开展校园劳动实践活动。学校定期组织校园劳动实践活动，如植树节、环保日等。在这些活动中，学生共同参与校园的绿化、清洁和维护工作，亲身体验劳动带来的改变和成就。这些活动不仅培养了学生的劳动习惯，还让他们学会了珍惜和爱护校园环境。

结合社区服务，拓展劳动实践。光辉小学积极与社区合作，组织学生参与社区服务工作，如照顾老人、清理公共场所、帮助残疾人等。通过这些活动，学生能够更深入地了解社会，培养他们对社会的责任感和关爱之心。同时，他们也能在劳动中学会与他人合作、沟通和分享。

劳动成果展示与分享。学校鼓励学生将劳动成果进行展示和分享。无论是园艺作品、手工艺品还是烹饪美食，学生都可以在校内外进行展示，与同学们一起分享自己的劳动心得和体验。这种分享不仅让学生感到自豪和满足，还能激发他们对劳动的热爱和获得持续进步的动力。

加强教师引导与情感培养。在劳动教育过程中，光辉小学的教师注重情感引导和心理关怀。他们关注学生的劳动体验，并及时给予肯定和鼓励，让学生在劳动中感受到自己的价值和成长。同时，教师还通过讲述劳动故事、分享劳动经验等方式，引导学生理解劳动的意义和价值，培养他们的劳动情感和道德观念。

经过一段时间的实践，光辉小学的劳动教育取得了显著成效。学生在参与劳动实践中，不仅掌握了生活技能，还培养了高尚心灵和人性光辉。他们学会了珍惜劳动成果、尊重他人劳动、关爱社会和环境，展现出积极向上的精神风貌。同时，学校的德育工作也得到了家长和社会的广泛认可和赞誉。

【分析】这个案例表明，通过劳动实践来培养心灵高尚和人性光辉是非常有效的途径。劳动教育不仅能够提高学生的生活技能，还能培养他们的责任感、同理心、坚韧不拔的品质以及对他人的尊重与关爱。因此，我们应该高度重视劳动教育的价值，将其纳入学校教育的重要组成部分，让学生在亲身参与中体验劳动的快乐和意义，从而培养他们全面发展和健康成长。

## 三、专业指导

劳动使心灵高尚和培养人性——"劳动树德"是一个倡导通过劳动来培养道德品质的观念。它强调通过勤劳的劳动，人们可以培养自己的道德品质，提高自身的素质。这一观念在中国传统文化中有着深厚的根基，认为劳动是一种美德，是培养人的品质和道德的重要途径。

在人类的历史长河中，劳动一直是推动社会进步的重要力量。它不仅仅是为了满足基本的生存需求，更是一种精神实践，通过这种实践，人们的心灵得以升华，人性得以培养。劳动如何成为心灵高尚和人性培养的催化剂呢？

### 1. 劳动使心灵高尚

劳动是一种创造性的活动，它要求我们投入精力、智慧甚至情感。在劳动过程中，我们不断地克服困难，解决问题，这些经历使我们的心灵得到锻炼和磨砺。

劳动培养责任感。当我们承担一项工作时，我们不仅要对自己的行为负责，还要对团队和社会负责。这种责任感促使我们不断追求卓越，不断提高自己的工作质量，从而使我们的内心变得更加坚强和有力。

劳动促进自我实现。通过劳动，我们可以将个人的潜能转化为实际的成果。无论是艺术家的杰作、科学家的发现，还是农民的丰收，劳动都是自我实现的过程。在这个过程中，我们的心灵得到了满足和提升。

劳动激发创造力。劳动往往伴随着创新和创造。当我们在劳动中寻找更好的方法和技术时，我们的想象力和创造力得到了锻炼。这种创造性思维不仅提升了我们的工作效率，也丰富了我们的精神世界。

### 2. 劳动与人性培养

劳动不仅是个体心灵成长的土壤，也是人性光辉的磨石。在共同的劳动中，人们学会了合作、分享和关爱，这些都是人性中最宝贵的品质。

劳动教会合作。在现代社会，大多数工作需要团队合作。在合作中，我们学会了倾听他人的意见，尊重他人的贡献，这种合作精神是人类社会和谐发展的基石。

劳动促进分享。劳动的成果往往需要与他人共享。通过分享，我们体验到成就感和幸福感，同时也培养了慷慨和利他的品质。

劳动激发关爱。在劳动中，我们经常会遇到困难和挑战，这时，同伴之间的相互帮助和支持就显得尤为重要。这种互助精神让我们体会到人与人之间的温暖和关爱。

劳动是人类生存和发展的基础，它不仅能够提供物质上的满足，更能促进心灵的成长和人性的培养。通过劳动，我们学会了责任、合作、分享和关爱，这些品质不仅使我们的生活更加充实和美好，也为社会的和谐与进步做出了贡献。让我们珍视劳动，让劳动成为我们心灵升华和人性塑造的熔炉。

# 主题 2

# 通过爱劳动促进学生智力发展

劳动是一种强大的教育力量，劳动过程和劳动成果可以发挥出自己教育自己的效果，是"生机勃勃的自我教育的源泉"。

## 一、重温经典

在苏霍姆林斯基看来，劳动是一种强大的教育力量，劳动过程和劳动成果可以发挥出自己教育自己的效果，是"生机勃勃的自我教育的源泉"。

几十年的学校工作使我确信，劳动在智力发展中起着特别重要的作用。儿童的智慧出在他的手指头上。

这个教育信念是由观察得来的。我发现，双手灵巧的学生，热爱劳动的学生，形成了明晰的、好钻研的头脑。这里指的不是任何一项劳动，而是指复杂的、创造性的劳动，其中包含着思考和精巧的技能和技艺。事实越来越使人相信，手和脑有着直接的联系。儿童和青少年的手已掌握或正在掌握的技艺越高明，他就越聪明，他深入分析事实、现象、因果关系、客观规律的能力也表现得越突出。①

吸引思维迟缓而紊乱的学生参加复杂的、动脑的劳动，并长期观察他们的劳动活动，帮助我更清楚地看到了思维的形成途径。我明白了如果一个人在学习上遇到困难，那么，困难的最主要原因，是他不会看出种种关系和相互联系，即不善于超脱"事实"进行思考。能最快地看出种种关系和相互联系的地方，也就是说，这些关系呈现得一目了然的地方，是在劳动中。②

## 二、案例分析

某小学为了培养学生的观察能力、实践能力以及解决问题的能力，引入了园艺实践活动。学校为每个学生分配了一小块土地，让他们亲自种植、管理和收获植物。学校的具体做法如下。

知识讲解与技能传授。在开始园艺实践之前，教师为学生讲解了基本的园艺知识，如植物的生长习性、土壤的种类和选择、种植的技巧等。同时，教师还亲自示范了如何种植植物，并指导学生进行实践。

亲自动手实践。学生在教师的指导下，开始在自己的土地上种植植物。他们亲自挑选种子、翻土、播种、浇水、施肥等。在植物生长的过程中，学生还学会了如何观察植物的生长状况、如何防治病虫害等。

观察与思考。学生每天都会到自己的土地上观察植物的生长情况，并记录下植物的变化。他们开始思考：为什么有些植物长得快，有些植物长得慢；为什么有些植物会生病，有些植物却健康成长。通过观察和思考，学生逐渐了解了植物生长的规律和原理。

问题解决与创新。在园艺实践的过程中，学生遇到了各种各样的问题，如植物

---

① ［苏］B. A. 苏霍姆林斯基. 给教师的建议［M］. 杜殿坤，编译. 武汉：长江文艺出版社，2014（2023. 3 重印）：95.

② ［苏］B. A. 苏霍姆林斯基. 给教师的建议［M］. 杜殿坤，编译. 武汉：长江文艺出版社，2014（2023. 3 重印）：96.

叶子发黄、生长缓慢等。他们通过查阅资料、请教教师或同学讨论等方式，积极寻找解决问题的方法。有些学生还尝试使用不同的肥料或种植方法来改善植物的生长状况。这些过程不仅锻炼了学生解决问题的能力，还激发了他们的创新思维。

经过一个学期的实践，园艺教育取得了显著的成果。学生的植物长势良好，有的还开出了美丽的花朵。更重要的是，学生的智力水平得到了提高。他们学会了观察、分析和解决问题的方法，也培养了创新思维和实践能力。这些能力不仅对他们的学习有帮助，还对他们的生活和未来发展具有重要意义。

【分析】这个案例充分展示了通过爱劳动促进学生智力发展的效果。园艺实践不仅让学生体验到了劳动的乐趣和价值，还让他们在实践中锻炼了自己的智力。这种将劳动与智力培养相结合的教育方式值得我们在教育实践中推广和应用。

## 三、专业指导

劳动教育与智力发展有着内在的联系。智力发展是指个体认知能力的增长，包括记忆力、注意力、思维能力、创造力等方面。劳动教育，特别是实践性劳动，能够提供丰富的感官体验和操作经验，这些都是智力发展不可或缺的营养。通过劳动，学生能够将抽象的知识具体化，将理论知识转化为实践技能，从而加深其对知识的理解和记忆，促进智力的提升。

在快速发展的现代社会中，教育的核心目标之一是培养学生的智力，使其成为具有创新思维和解决问题能力的全面发展人才。然而，智力的发展并非仅依赖于课堂教学和书本知识，劳动教育作为教学体系的重要组成部分，对于促进学生智力的发展起着不可忽视的作用。

### 1. 明确劳动教育在智力发展中的具体作用

培养观察力和思考力。劳动活动要求学生观察事物的变化、分析问题的原因、制定解决问题的策略。在这一过程中，学生的观察力和思考力得到锻炼和提升。

增强记忆力和注意力。劳动中需要记住操作步骤、注意事项等，这无疑加强了记忆力的训练。同时，完成一项劳动任务往往需要持续的精力集中，这对提高学生的注意力有着积极作用。

激发创造力和解决问题的能力。面对劳动中出现的各种问题，学生需要创造性地思考解决方案，这一过程能够激发学生的创造力，并锻炼其解决问题的能力。

促进情感智力和社交智力的发展。劳动教育往往伴随着团队合作，学生在合作中学会理解他人、沟通协调，这不仅有助于情感智力的提升，也促进了社交智力的发展。

**2. 通过实施有效的劳动教育，激发和提升学生的智力潜能**

结合课程，设计多样化的劳动教育活动。将劳动教育与学科教学相结合，设计出既有趣又有教育意义的劳动活动，让学生在实践中学习和成长。

创设情境，激发学生的劳动兴趣。借助模拟真实工作场景或参与社区服务等方式，引领学生在真实的劳动环境中感受劳动的价值和乐趣。

引导反思，提升劳动的智力价值。在劳动活动后，引导学生进行反思总结，让他们认识到劳动中学到的知识和技能，以及这些对智力发展的积极影响。

爱劳动不仅是一种美德，更是智力发展的催化剂。通过劳动教育，学生能够在动手动脑的过程中，全面提升自己的认知能力。因此，我们应该重视劳动教育在学生智力发展中的重要作用，为学生创造更多劳动学习的机会，让他们在爱劳动的同时，开启智慧之光，成为社会的有用之才。

# 主题 3

# 劳动应变成充满智力的活动

从本质上看，劳动就是有目的地、合理地征服和利用自然力量，因此，每项劳动任务，不管它如何平凡，甚至初看起来并不吸引人，但都是含有创造因素的、洋溢着智力兴趣的劳动。

# 重温经典：学用苏霍姆林斯基教育艺术

## 一、重温经典

劳动是增强体质的重要手段。在帕夫雷什中学任教期间，苏霍姆林斯基要求学生从入校那一刻起便参与体力劳动，他认为体力劳动对于培养人的完美体魄所起的作用毫不逊色于运动。"在许多劳动过程中，人体在其中的协调优美动作可以同体操相媲美，例如砌墙，整个学期从事这项劳动的学生都显示出一些共同特点：身体发育良好，体型美观，体态端庄，体魄强壮。"①

从本质上看，劳动就是有目的地、合理地征服和利用自然力量。因此，"每项劳动任务，不管它如何平凡，甚至初看起来并不吸引人，但都是含有创造因素的、洋溢着智力兴趣的劳动"。② 再从社会发展趋势看，任何一项体力劳动都需要一定的科学技术渗透其中。因此，如果体力劳动不以锻炼精神力量为重要目的，如果单一的体力劳动占据了学生劳动的全部时间和精力，那么这种劳动对人的精神生活的充实，特别是个性的形成和发展就不会起什么作用，甚至致使学生的精神生活变得枯燥乏味。"只有当人在少年和青年时期就经过自己的努力用机器或机械替换过手工劳动，不是以加重体力负担为代价，而是靠运用科学知识从土地上多获得过几公担粮食的情况下，才有可能培养他热爱农业劳动。"③ 概言之，"体力劳动只有作为学生智力和情感活动的有机组成部分时，它才能对学生的道德精神面貌产生影响"。④ 因此，苏霍姆林斯基提出了一个"改造劳动的理想"，"即把各种普遍的、日常的劳动活动（这些活动在过去一度只是体力劳动者的事情）变成充满智力的活动"⑤，尽量不让少年学生做那些只需要体力的、粗野单调的劳动，防止这样的劳动造成的疲乏使他们感觉迟钝，抑制其智力、情

---

① ［苏］Ｂ.Ａ.苏霍姆林斯基. 帕夫雷什中学 ［Ｍ］. 赵玮，王义高，等，译. 北京：教育科学出版社，1999：174.

② 蔡汀，王义高，祖晶编. 苏霍姆林斯基选集（第1卷）［Ｍ］. 北京：教育科学出版社，2001：513，378.

③ 蔡汀，王义高，祖晶编. 苏霍姆林斯基选集（第1卷）［Ｍ］. 北京：教育科学出版社，2001：513，378.

④ 蔡汀，王义高，祖晶编. 苏霍姆林斯基选集（第4卷）［Ｍ］. 北京：教育科学出版社，2001：496.

⑤ ［苏］Ｂ.Ａ.苏霍姆林斯基. 年轻一代的道德理想教育 ［Ｍ］. 陈炳文，王树椿，刘锡辰，译. 长沙：湖南教育出版社，1984：58.

感和美感的健康发展。

## 二、案例分析

在一次参观叔叔工作场所的经历中，高中生小李目睹了电工叔叔在高温下辛苦工作，尤其是他们在安装接线夹时需要携带大量沉重的工具。小李深受触动，决定通过劳动与智慧的结合，解决这个问题。

观察与思考。小李仔细观察了接线夹的结构和使用方法，发现安装接线夹需要多种工具，如扳手、钳子等，不仅增加了工作的复杂性，也增加了工作的负担。他思考，是否有一种方法可以简化这个过程，使安装更加方便、快捷。

设计与创新。受到科学课上使用铁架台夹子的启发，小李开始构思一种新型的接线器设计。他请教了电工师傅，结合自己的观察和理解，画出了设计图。这个设计图考虑到了接线夹的易用性、安全性和便携性。

制作与修改。在寒假期间，小李找到一个铁匠铺，购买了所需的材料和配件。他亲自动手，经过多次修改方案、反复煅打和焊接，最终完成了"简便高压接线器"的制作。这个接线器不仅简化了安装过程，还减轻了工人的负担。

测试与反馈。小李将制成的接线器拿给叔叔和叔叔的工友们试用。他们纷纷表示，这个接线器大大简化了工作步骤，提高了工作效率，也减少了安全隐患。叔叔和他的工友们对小李的创造力和实践能力表示赞赏。

【分析】这个案例展示了劳动与智力结合的强大力量。通过观察和思考，小李发现了工作中的问题；通过设计与创新，他找到了解决问题的方法；通过制作和修改，他成功地将自己的想法转化为现实的产品。这个过程不仅锻炼了小李的观察力、分析力和解决问题的能力，也培养了他的创新思维和实践能力。更重要的是，他的成果得到了实际应用和认可，为社会带来了实际的效益。

这个案例告诉我们，劳动不应仅仅是简单的体力活动，而应变成充满智力的活动。通过观察和思考，我们可以发现工作中的问题；通过学习和创新，我们可以找到解决问题的方法；通过实践和应用，我们可以将想法转化为现实的产品。这种劳动与智力的结合不仅可以提高工作效率和质量，还可以培养我们的创新思维和实践能力。因此，我们应该积极倡导和鼓励这种劳动方式，让劳动成为智力发展的重要途径。

## 三、专业指导

在传统观念中，劳动往往被视为一种体力上的负担，是人们为了生存而不得不从事的辛苦工作。然而，随着科技的进步和社会的发展，我们应该重新审视劳动的内涵，将其转变为一种充满智力挑战的活动。这种转变不仅能够提升工作的价值和意义，还能促进个人的成长和社会的进步。

### 1. 实现劳动与智力的结合

在现代社会，劳动不再是单纯的体力活，它越来越多地融入了智力成分。例如，工程师设计建筑蓝图、程序员编写代码、科学家进行实验研究等，这些都是智力劳动的体现。智力劳动要求工作者具备专业知识、创新能力和解决问题的能力，这些能力的培养和运用对于个人职业发展和社会的科技进步至关重要。

### 2. 提升劳动的智力价值

要将劳动变成充满智力挑战的活动，首先需要教育和培训体系的支持。通过教育，人们可以获得必要的知识和技能，为智力劳动打下坚实的基础。其次应该鼓励创新思维和持续学习的文化，为员工提供学习和成长的机会。此外，社会可以通过政策引导，比如提供研发资金支持、税收优惠等措施，激励企业和个人投入智力劳动。

### 3. 明确智力劳动的社会影响

当劳动变成充满智力的活动时，它对社会的影响是深远的。首先，智力劳动能够提高生产效率和产品质量，推动经济的可持续发展。其次，智力劳动有助于解决复杂的社会问题，如环境保护、疾病治疗等，提高人类生活的质量。最后，智力劳动还能够促进社会公平，因为它更多地依赖于个人的能力和努力，而不是出身和地位。

### 4. 开展个人层面的实践

对个人而言，将劳动变成充满智力的活动意味着不断学习和自我提升。这包括培养批判性思维、解决问题的能力，以及终身学习的态度。个人应该追求工作中的创造性和挑战性，不断寻找机会将智力应用到劳动中，从而实现个人价值的最大化。

劳动不应该只是体力上的消耗，而应该是智力和创造力的展现。通过教育、企业文化建设、政策支持和个人努力，我们可以将劳动转化为一种充满智力挑战的活动，从而推动社会的进步和个人的发展。在这个过程中，每个人都可以成为智慧的舞者，在劳动的舞台上尽情演绎自己的才华和梦想。

# 主题 4

# 劳动能够创造美

劳动能够创造美，劳动能够体现美，进而劳动能够促进美育教育的进行。

## 一、重温经典

苏霍姆林斯基认为，人的美是内在美与外在美的统一，热爱劳动本身就是一种美，"站在拖拉机旁边的拖拉机手，站在心爱果树下的园丁。学者、诗人、艺术家、工人，当他们的智慧充满着灵感，被创造性劳动的光芒照亮着的时候，内心精神的美使得他们面部容光焕发，同时劳动还塑造着他们的形体美"。[①]

苏霍姆林斯基认为，劳动教育中包含美育的部分内容，劳动教育对美育有一定的促进作用。他认为美育非常重要的一个来源是大自然，因此，他重视对校园环境的美化。他的学校拥有美丽的自然环境，他希望他的学生能够在校园中感受到自然原生态的美丽。

为了维护美丽的校园环境，学生需要付出自己的劳动。他在学校里配备专门的洗鞋池，要求学生在进入教学区域前清洗鞋子，以保持教学楼和教室的干净。

---

① 曾清. 苏霍姆林斯基"情感教育"思想对当今美育的启示 [D]. 重庆：西南大学，2011：84.

每个学生在学校里要花费近2分钟洗鞋子，这种行为既能够减轻学生清洁校园的压力，也能够使学生养成热爱劳动的习惯，进而形成自我服务的意识。这种自我服务的劳动是一种美化生活的劳动，有利于学生形成美化生活的意识。同时，他认为劳动创造了美，这里的"美"包括内在美和外在美。劳动能够充实精神生活，保持精神的愉悦；同时，劳动可以增强体质，改善人的体态。在苏霍姆林斯基看来，人在劳动时，身体的协调程度与体操运动所需的自身协调程度不相上下。总之，劳动能够创造美，劳动能够体现美，进而劳动能够促进美育教育的进行。

学校、家庭、社会协同实施劳动教育，实现以劳育美。劳动教育的开展不能仅仅局限于学校的劳动课程，还应该包括家庭活动和社会实践活动，只有将学校教育、家庭教育和社会实践结合起来，形成合力，才能促进劳动教育的持续开展。在帕夫雷什中学，教育的主要任务之一就是要培养学生喜欢那些长期以来被看作"又脏又累"的劳动，让学生认识到成果取决于辛苦的劳动。①

## 二、案例分析

在一个小镇上，有一位木匠张师傅。他不仅以精湛的木工技艺闻名，更以他对美的追求和创造而深受人们喜爱。张师傅坚信，每一件木工作品都是他对美的独特诠释，而这份美源于他对劳动的热爱和敬畏。

精心选材。张师傅深知，木材是木工作品的基础，其质地、纹理和色泽都直接影响作品的美感。因此，他总是在选材上花费大量心思。他会亲自到山林里挑选合适的木材，确保每一块木材都符合他的要求。

设计创新。在设计阶段，张师傅会充分考虑木材的特性，结合传统工艺和现代审美，创作出独具特色的木工作品。他的作品既有古典的韵味，又不失现代的时尚感，深受人们的喜爱。

技艺精湛。张师傅的木工技艺堪称一绝。他熟练地掌握了锯、刨、凿、磨等各种工具的使用技巧，能够将木材雕琢成各种形状和图案。他的双手仿佛有魔力

---

① 曾清. 苏霍姆林斯基"情感教育"思想对当今美育的启示［D］. 重庆：西南大学，2011：84.

一般，能够将一块普通的木材变成一件精美的艺术品。

追求细节。张师傅对细节的追求近乎苛刻。他会在作品的每一个细节上都花费大量心思，确保每一个细节都完美无瑕。正是这种对细节的执着追求，使得他的作品更加精美和独特。

张师傅的木工作品以其精湛的工艺和独特的美感而广受赞誉。他的作品不仅深受本地人的喜爱，还吸引了众多外地游客前来观赏和购买。他的作品被人们视为珍贵的艺术品，收藏在家中或展示在公共场所。

【分析】这个案例充分展示了劳动能够创造美的道理。张师傅通过他的双手和智慧，将普通的木材变成了精美的艺术品。他的作品不仅具有实用价值，更具有重要的审美价值。这种美不仅源于木材本身的自然美，更源于张师傅对劳动的热爱和敬畏之心。正是他对劳动的热爱和敬畏之心，使得他能够不断追求技艺的精湛和作品的完美。因此，我们应该尊重劳动、热爱劳动，并通过自己的双手和智慧去创造更多的美。

## 三、专业指导

在人类的历史长河中，劳动一直是推动社会进步的重要力量。它不仅仅是生存的手段，更是创造美的源泉。当我们谈论"美"时，往往会联想到自然风光、艺术作品、和谐的人际关系等，但不可忽视的是，劳动本身也具有创造美的神奇能力。那么，劳动如何通过不同的方式创造美，以及这一过程中所蕴含的深层意义是怎样的呢？

劳动是人类与自然界相互作用的过程，是人的意志和智慧的体现。哲学家认为，劳动不仅能够满足人的物质需求，还能够提升人的精神境界。在马克思的理论中，劳动被视为人的本质活动，人类通过劳动改造自然，同时也在这一过程中实现自我价值的提升。因此，劳动不只是一种物质活动，它还是一种精神活动，能够创造出精神上的美。

### 1. 劳动创造物质美

物质美是指那些可以通过感官直接感受到的美，如建筑之美、园林之美、工艺品之美等。这些美的产生，无一不是劳动者智慧和汗水的结晶。例如，一座宏伟的建筑，从设计图纸到最终的竣工，需要无数工人的辛勤劳动。每一砖一瓦的铺设，每一道梁柱的搭建，都凝聚着劳动者的心血。当建筑最终屹立在人们面前时，它的壮观和精美不仅仅是物质的成就，更是劳动者精神的映射。

### 2. 劳动创造精神美

精神美是指人的内心世界和精神生活的美，它包括道德美、智慧美、情感美等。劳动可以培养人的责任感、坚韧不拔的意志和团队合作精神。当一个人全身心地投入工作，不断克服困难，精益求精，他的精神世界就会得到升华。这种由内而外的美，比任何外在的装饰都来得更加动人和持久。

### 3. 劳动创造社会美

社会美是指社会关系和社会生活中的美好和谐状态。劳动是社会分工合作的基础，每个人在自己的岗位上尽职尽责，共同维护社会的有序和谐。当每个人都尊重自己的工作，认真履行自己的职责时，社会就会呈现出一种和谐之美。这种美不仅仅体现在社会秩序上，更体现在人与人之间的相互尊重和支持上。

劳动是美的创造者，它不仅能够创造物质上的美，更能够塑造精神上的美和社会上的美。在劳动中，人们不仅实现了自我价值，也为社会创造了无尽的财富。因此，我们应该尊重每一份劳动，无论是体力劳动还是脑力劳动，都是创造美好生活的重要组成部分。让我们在劳动中寻找美，在美中感受劳动的价值，共同创造一个更加美好的世界。

# 主题5

# 劳动教育培育"真正的人"

苏霍姆林斯基指出，一个"真正的人"、一名合格的社会主义公民应该拥有丰富和高尚的精神世界，具有强烈的社会责任感和集体主义精神，具备过硬的建设社会主义的能力。

## 一、重温经典

苏霍姆林斯基指出，一个"真正的人"、一名合格的社会主义公民应该拥有丰富和高尚的精神世界，具有强烈的社会责任感和集体主义精神，具备过硬的建设社会主义的能力。①

苏霍姆林斯基特别重视通过劳动教育培养"真正的人"，可以说，劳动教育在苏霍姆林斯基整个教育思想体系中占据重要席位。他结合在帕夫雷什中学的实践经验，从哲学、心理学、社会学等方面阐释劳动教育的重要性，提出劳动教育的实施方法与途径，并围绕培养"真正的人"开展劳动教育实践，构建了具有时代特色的劳动教育体系。②

苏霍姆林斯基重视人的群居社会属性，指出人的思想和行为都会对别人产生影响，一个有社会责任感的人要明白想做与能做之间的界限，尽可能使周围的人感到幸福。一个人的品格体现于做人、做事、共处等社会实践活动之中，而劳动教育对于培育和完善个人品格具有重要意义。③

劳动是公民的首要义务，只有参加劳动，才能更深刻地理解"不劳动就不能

---

① 蔡汀，王义高，祖晶编. 苏霍姆林斯基选集（第5卷）[M]. 北京：教育科学出版社，2001：180.
② [苏] B. A. 苏霍姆林斯基. 苏霍姆林斯基论劳动教育 [M]. 萧勇，杜殿坤，译. 北京：教育科学出版社，2019.
③ 靳玉乐，胡月. 劳动教育与学生品格的形成 [J]. 教育研究，2021（第5卷）：58-65.

生存"这一道理。帕夫雷什中学的孩子们从七八岁就开始开荒种植果树，到他们十二三岁的时候，经过精心培育的果树已经长成一大片果园。孩子们在劳动过程中提升技能、增强意志、发挥创造力，明确了自己是一个劳动者，懂得了不劳动无收获，体会了劳动最光荣。劳动教育还培养了孩子们对有生之物的深切关怀、怜惜之情。帕夫雷什中学的孩子们关心严冬无处栖身的小山雀，想办法为它们寻找栖身之所；担心小树无法抵御严寒，给予它们措施保护。苏霍姆林斯基说："为每一个人培养起善良、诚挚、同情心、助人精神及对一切有生之物和美好事物的关切之情等品质，是学校教育的基本的起码目标。"① 这是对人的责任感的培养，也是对人的公民品格的培养。

## 二、案例分析

某中学为了培养学生的劳动观念、环保意识和社会责任感，开展了一项名为"绿色校园，我参与"的劳动教育活动。活动旨在通过校园绿化、环保宣传等实践活动，让学生在劳动中体验成长，培养"真正的人"的品质。

设计劳动方案。学校根据学生的年龄特点和劳动能力，设计了不同年级的劳动方案。低年级学生主要负责校园内的垃圾清理和分类工作，高年级学生则参与校园绿化、花草养护等任务。

开展实践活动。在班主任的带领下，学生按照劳动方案进行实践活动。他们手持工具，认真清理校园内的垃圾，种植花草树木，美化校园环境。同时，学校还邀请了环保专家为学生讲解环保知识，增强他们的环保意识。

培养责任感。在劳动过程中，学校注重培养学生的责任感。每个学生都被分配了具体的劳动任务，他们需要对自己的劳动成果负责。此外，学校还鼓励学生参与环保宣传，向学生宣传环保知识，提高他们的环保意识。

总结与反思。活动结束后，学校组织学生进行总结和反思。学生分享了自己的劳动经验和感受，认识到了劳动的重要性和价值。同时，他们也认识到了自己在劳动中的不足之处，并表示将继续努力改进。

---

① 蔡汀、王义高、祖晶编. 苏霍姆林斯基选集（第4卷）[M]. 北京：教育科学出版社，2001：247.

通过参与"绿色校园，我参与"劳动教育活动，学生不仅学会了基本的劳动技能，还培养了他们的责任感、团队合作精神和环保意识。他们更加珍惜校园环境，积极参与校园建设和管理。

学生的劳动成果使得校园环境得到了极大的改善。校园内绿树成荫、花香四溢，为师生们创造了一个优美、舒适的学习和生活环境。

学校的劳动教育活动得到了社会各界的广泛关注和好评。许多家长表示，他们的孩子通过参与劳动教育活动变得更加懂事、有责任心和有环保意识。同时，学校的劳动教育经验也得到了其他学校的借鉴和推广。

【分析】"绿色校园，我参与"劳动教育活动通过让学生参与校园绿化、环保宣传等实践活动，培养了学生的劳动观念、环保意识和社会责任感。学生在劳动中体验成长，成为具有责任感、团队合作精神和环保意识的"真正的人"。这种劳动教育方式不仅有助于学生的全面发展，也为他们未来的成长奠定了坚实的基础。

## 三、专业指导

劳动教育是指通过参与各种劳动活动，让个体学习基本的劳动技能，培养劳动习惯，形成正确的劳动观念，以及尊重劳动和劳动者的态度。它不仅包括传统的农耕、手工等体力劳动，也涵盖现代服务业、信息技术等脑力劳动。劳动教育的目的在于帮助个体理解劳动的价值、体验劳动的过程、享受劳动的成果，从而促进个人的全面发展。

在快速发展的现代社会中，教育不再仅仅局限于书本知识的传授，而是更加注重全面发展，尤其是劳动教育的重要性日益凸显。劳动教育不仅是对技能的培养，更是对责任感、独立性和实践能力的培育，它对孩子们成长为真正的人具有不可替代的作用。

那么，如何通过劳动教育培养"真正的人"呢？

### 1. 劳动教育与人格培养

培养责任感。通过参与劳动，个体学会承担责任，对自己的行为和结果负责。这种责任感的培养是成为社会有用成员的基础。

增强独立性。劳动教育鼓励个体独立思考和解决问题，这有助于培养个体独立生活的能力，为未来的自我管理和自我决策打下基础。

塑造坚韧意志。劳动往往伴随着挑战和困难，通过克服这些困难，个体能够培养出坚韧不拔的意志和面对挑战的勇气。

## 2. 劳动教育与能力提升

提高实践能力。劳动是一种实践活动，通过劳动，个体能够将理论知识转化为实际操作能力，提高其解决实际问题的技能。

增强团队协作。许多劳动活动需要团队合作完成，这有助于个体学习如何在团队中发挥作用，提高沟通协调能力和团队合作精神。

促进创新思维。劳动过程中的问题解决和任务完成往往需要创新思维，这有助于激发个体的创造力和想象力。

## 3. 劳动教育的社会价值

培养社会责任感。通过劳动，个体能够更好地理解社会运作的基本规律，从而培养对社会的责任感和服务意识。

减少职业偏见。劳动教育有助于消除对不同职业的偏见，促进社会对各类劳动的尊重和认可。

促进社会和谐。当每个人都能够通过劳动奉献社会时，社会的生产力就会得到提升，社会资源得到合理分配，进而促进社会和谐稳定。

劳动教育是培养真正的人的基石，它通过培养责任感、独立性和实践能力，塑造个体的人格和能力。在劳动中，个体不仅学会了如何工作，更学会了如何生活，如何成为一个有用的社会成员。因此，劳动教育不应被忽视，而应成为现代教育体系中不可或缺的一部分，为培养全面发展的人才提供坚实的基础。通过这些方面的培养，劳动教育有助于学生形成健全的人格，准备好在未来的社会中扮演积极的角色。这种教育不仅关注知识和技能的传授，更注重品德、情感和社会能力的培养，以期培养出能够适应社会发展，为社会做出贡献的真正的人。

# 专题七

# 无限相信书籍的教育力量

应当使阅读成为「一个创造的过程」，应当「把自己的强烈感情倾注到书里：或者对美的、高尚的和有道德的事赞叹不已，或者对丑恶的东西感到厌恶、愤慨、鄙视和不能容忍」，总之，要「在书的世界里度过一种有思想性的生活」，让书籍在他的心灵中留下终生不可磨灭的痕迹。

# 主题 1

# 读书是学校最根本的任务

学校应成为书籍世界。你可能是在我国遥远的角落里工作，你所在的乡村可能远离文化中心数千千米，你所在的学校里可能缺少很多东西，但如果你那里有充足的书籍，你的工作就能达到与文化中心同样的教育水平，取得同样的成果。

## 一、重温经典

"一所学校可能什么都齐全，但如果没有为了人的全面发展和丰富精神生活而必备的书，或者如果大家不喜爱书籍，对书籍冷淡，那么就不能称其为学校。一所学校也可能缺少很多东西，可能在许多方面都很简陋贫乏，但只要有书，有能为我们经常敞开世界之窗的书，那么，这就足以称得上是学校了。"① 从这个意义上说，苏霍姆林斯基是把读书作为学校甚至教育的基本活动和本质特征的。

学校是专门的教育机构，是培育人的地方。为了使学校成为真正的读书场所，成为师生共同的精神乐园，苏霍姆林斯基从学校的图书馆建设到师生读书习惯的养成等方面提出了一系列独特的见解。苏霍姆林斯基认为，图书馆在学校发展中发挥了十分重要的作用。因此，他十分重视学校的图书馆建设。学校应有足够的图书供学生阅读，甚至边远的农村学校也不例外。他说："在学校图书馆或教师私人藏书中应当备有发展了教学大纲材料知识的书籍。这类书籍已出版很多，正在出版的也不少。阅读有关现代科学前沿的书籍，阅读这类书籍有助于阐

---

① ［苏］B. A. 苏霍姆林斯基；赵玮，等，译. 帕夫雷什中学［A］. 苏霍姆林斯基选集（第4卷）［C］. 北京：教育科学出版社，2001：67.

明学校的基础知识。"①

"学校应成为书籍世界。你可能是在我国遥远的角落里工作，你所在的乡村可能远离文化中心数千千米，你所在的学校里可能缺少很多东西，但如果你那里有充足的书籍，你的工作就能达到与文化中心同样的教育水平，取得同样的成果。"②

他强调学校应真正利用好图书馆的书籍，形成良好的读书风气。他说："学校的颇具危险性的通病是缺乏读书气氛，书籍没有进入学生的生活，成为他们日常的精神需要。图书馆的书架上书籍可能不少，可它们却在那里沉睡。……学校教育和教学的最重要的任务就是使青少年把读书作为最大的享受，促使他们从小就开始藏书并将之视为引以为豪的传家宝。生活证明，如果培养出的年轻人酷爱读书，那么他不会在闲暇时因无所事事而苦恼，更不会追求无谓的消遣。一个人的精神需求是不应靠别人来满足的，而应靠自己去创造个人的精神生活。"③

## 二、案例分析

在数字化时代，信息爆炸式增长，学生面临着前所未有的学习挑战和诱惑。然而，某中学始终坚守"读书是学校最根本的任务"的教育理念，通过一系列措施强化学生的阅读能力和阅读兴趣，取得了显著的教育成果。

设立阅读课程。该校将阅读课程纳入教学计划，每周安排固定时间供学生进行课外阅读。阅读课程不仅限于文学作品，还涵盖科学、历史、哲学等领域，旨在培养学生的综合素养。

建立阅读角。为了给学生提供良好的阅读环境，学校在教学楼内设立了多个阅读角，配备舒适的座椅和丰富的图书资源。学生可以在课间或放学后自由阅

---

① ［苏］B. A. 苏霍姆林斯基著；周蕖，等，译. 给教师的100条建议［A］. 苏霍姆林斯基选集（第2卷）［C］. 北京：教育科学出版社，2001：603.

② ［苏］B. A. 苏霍姆林斯基. 人民教师［A］. 苏霍姆林斯基选集［C］. 北京：教育科学出版社，2001：631-632，363-364.

③ ［苏］B. A. 苏霍姆林斯基. 人民教师［A］. 苏霍姆林斯基选集［C］. 北京：教育科学出版社，2001：631-632，363-364.

读，享受阅读的乐趣。

开展阅读活动。学校定期举办各种阅读活动，如读书分享会、读书征文比赛、经典诵读比赛等。这些活动不仅激发了学生的阅读兴趣，还提高了他们的语言表达和沟通能力。

引导家长参与。学校积极引导家长参与学生的阅读活动，通过家长会、家长学校等方式向家长传达阅读的重要性，并鼓励家长与孩子共同阅读、分享阅读心得。

加强师资培训。为了提高教师的阅读指导能力，学校定期组织教师进行阅读培训和研讨。教师通过学习和交流，不断提高自己的阅读素养和教学水平。

通过一系列措施的实施，学生的阅读兴趣得到显著提高。他们不仅在课堂上积极阅读，还在课外时间主动寻找阅读材料，享受阅读的乐趣。

学生阅读能力得到提升。他们能够更好地理解文本内容，掌握阅读技巧和方法，并在写作和口语表达中展现出较高的素养。

学生综合素质得到全面发展。阅读不仅提高了学生的语文素养，还对他们的综合素质产生了积极影响。学生在阅读中增长了知识、拓宽了视野、提高了思维能力，变得更加自信和独立。

家长参与度提高。家长的参与不仅增强了家校之间的联系，还使得家庭教育与学校教育更好地融合。家长们纷纷表示，与孩子共同阅读是一种美好的体验，有助于增进亲子关系和提高孩子的阅读能力。

【分析】该中学通过设立阅读课程、建立阅读角、开展阅读活动、引导家长参与和加强师资培训等措施，成功地坚守了"读书是学校最根本的任务"的教育理念。这些措施不仅提高了学生的阅读兴趣和能力，还促进了他们的综合素质的全面发展。这一案例为其他学校提供了有益的借鉴和启示。

## 三、专业指导

处在信息爆炸的时代，我们每天都会接触到海量的数据和知识。然而，在这些纷繁复杂的信息中，读书仍然是学校最根本的任务，它如同一盏明灯，照亮了知识的海洋，引领着我们前行。

读书，不仅仅是对文字的阅读，它是一种思考、一种对话、一种与过去和未来沟通的方式。在学校这个知识和智慧的殿堂里，读书成为连接教师和学生、理论和实践、传统和创新的桥梁。

当我们翻开一本书，我们就像打开了一个新世界的大门。书中的文字如同种子，植入我们的心田，激发我们的想象力，启迪我们的思维。在阅读的过程中，我们不仅学习到了知识，更重要的是，我们学会了如何学习，如何思考，如何成为一个有思想、有见识的人。

学校是知识的摇篮，而读书则是学校教育的核心。在这里，书籍不仅仅是知识的载体，它们还承载着文化、传递着智慧、塑造着品格。通过阅读，学生能够接触到不同的文化和历史，理解不同的人生观和价值观，从而培养出开放的心态和包容的精神。

读书能够培养学生的批判性思维。在阅读的过程中，学生需要不断地提问、思考和判断，这种积极的思维方式对于他们未来的学术探索和职业发展至关重要。它教会了学生如何分辨信息的真伪，如何在复杂的情况下做出明智的决策。

读书还能够提升学生的语言表达能力。通过阅读优秀的文学作品，学生可以学习到丰富的词汇、优美的句式和有效的表达技巧。这些语言的工具，不仅能够帮助他们在学术上取得成就，更能够让他们在生活中更好地表达自己，与他人建立深刻的联系。

读书是学校最根本的任务，因为它是知识的源泉，是智慧的火种，是成长的催化剂。在学校这个培养未来社会成员的地方，读书不仅是一种学习的手段，更是一种生活的艺术。它教会了我们如何去爱，如何去生活，如何成为一个更好的人。

因此，让我们在学校这个知识的殿堂里，用书籍的光芒照亮心灵，用阅读的力量推动成长，用知识的温度温暖人生。读书，不仅是学校的根本任务，更是我们每个人的终身追求。

在书的世界里，我们可以找到自己的位置，可以听到心灵的声音，可以感受到思想的碰撞。在这里，我们不断成长，不断超越，不断向着更高的目标迈进。读书，是学校教育的灯塔，照亮我们前行的道路，引领我们走向更加辉煌的未来。

# 主题 2

# 用书籍和智慧去"驯服"学生

只有当你在书的世界里享有丰富而充实的生活时，你才能影响学生的思想，只要办法得当，最敏感的、个性最独特的、固执任性的、"好造反的"和桀骜不驯的学生，也能变成读书迷。用书籍和智慧去驯服他们吧！

## 一、重温经典

要影响学生的头脑。再没有比左右学生的思想更为有力的手段来左右学生的意志了，然而，只有当你在书的世界里享有丰富而充实的生活时，你才能影响学生的思想，只要办法得当，最敏感的、个性最独特的、固执任性的、"好造反的"和桀骜不驯的学生，也能变成读书迷。用书籍和智慧去驯服他们吧！①

我有过一个聪明而又任性的学生，名叫尤拉。尤拉对真理与谬误、诚实与虚伪就像细嫩的芦苇对一丝微风那样敏感。

有一天，我给思想室送来了几本描写遥远的异国和自然风光的小书。尤拉看到一本描写海洋深处的漂亮书，高兴极了，他请求读这本书。当我把书给他时，他激动地问道："我读完这本您还给我别的书吗？"

"当然给。就是每天读一本也行。"我这样回答他。可是，我不谨慎地说了

---

① ［苏］Ｂ. Ａ. 苏霍姆林斯基. 给教师的建议［Ｍ］. 周藻，等，译. 武汉：长江文艺出版社，2014：278.

大话，因为那时我所有的描写远方国家、海洋深处、热带森林、沉寂的北极区和描写各种奇遇的书籍，是不够他每天读一本的。尤拉刚好过了一天就来还书了，而且请求再借一本新的。这样，不知不觉过了几个星期，书架上使尤拉感兴趣的书不多了。再过一个星期怎么办呢？——终于有一天我不安地想着。这一想法使我失去了平静。因为这个五年级的男学生尤拉根本不可能想到我的书一下子会被他读完的，要是他明白我欺骗了他，那该怎么办呢？①

## 二、案例分析

苏霍姆林斯基在帕夫雷什中学工作了 33 年，其中任职校长 26 年。33 年来，他悉心观察学校发生的人和事，经过认真的分析、总结，他发现，教育的全部问题都可以归结于阅读问题。

"所谓生活在书籍的世界里，这不仅是指规规矩矩、认真努力地完成功课。个人可能以不坏的，甚至是优秀的成绩从学校毕业，但他可能完全不知道什么是智力生活的世界，没有体验过与书籍交往的巨大乐趣。所谓生活在书籍的世界里，这是指去接触最美妙的文化领域，体验到一个深知文化财富的真正价值的人是多么胸襟宽阔。"

在经过这般严密的观察、思考之后，关于如何办好帕夫雷什中学这样一所典型的农村中学的思路，终于彻底清晰。苏霍姆林斯基的办学思路就是从抓全体学生的阅读入手。他完善了图书馆、阅览室。他带领全体教师一起购书、读书。他号召全体教师，在所有课程中都要重视学生阅读能力的培养，并且向教师发出了饱含深情的号召："请不必害怕把学校教学的整块时间用在让学生读书上面去！你不必害怕让学生花一整天的时间到'书籍的海洋'里去遨游。让书籍以欢乐的激情去充实年轻的心灵吧！让书籍去占据青年时代吧！"

于是，爱书的苏霍姆林斯基和一群爱书的教师一起，带领全校学生一起藏

---

① ［苏］B. A. 苏霍姆林斯基. 给教师的建议 [M]. 周蕖，等，译. 武汉：长江文艺出版社，2014：277.

书、读书。首先，引导学生积累藏书，"我们学校的每一个学生，到小学毕业时拥有200~250本个人藏书，个别学生拥有400~500本书"。其次，经常开展赠书活动，"逢到学生的生日、图书节、少先队组织周年纪念日、学生入队和入团的日子，学校、少先队组织、家长委员会、校长都会给学生赠送书籍"。再次，组成"读者协会"，每周为成人和儿童举办一次读书活动。最后，通过在"文艺朗读晚会"或晨会上朗读优秀文艺作品，培养学生对反复阅读的需要，使每一个学生都有几本经常反复阅读的心爱书籍。

苏霍姆林斯基十分重视，且反复强调的，就是努力使每一位少年都有一本他"自己"的书。"阅读这样的书是一种自我总结，是自我教育的开端，是面对自己良心的自白。""我坚定地相信，少年的自我教育是从读一本好书开始的，并且表现为他能用最高的尺度——那些英勇的、忠于崇高思想的人们的生活来衡量自己。如果在少年的生活里只有上课、听讲和单单为了识记而死抠书本，那么这种自我衡量、自我认识就是不可能的。"

这就是苏霍姆林斯基！既富含哲思，又信念坚定。时光荏苒，一个世纪悄然而逝，苏霍姆林斯基的激情犹在眼前，令人感动，让人向往。

## 三、专业指导

一个好教师，不仅在教学上严谨认真，更要擅长用书籍和智慧去引导学生，激发他们的学习兴趣和潜能。通过引导学生深入阅读并激发他们的智慧，用书籍和智慧去"驯服"学生，可以更有效地促进学生的成长和进步。

### 1. 选书与推荐

深入了解学生的兴趣爱好和阅读能力，精心挑选并推荐一系列适合学生阅读的书籍。不仅推荐文学名著，还涵盖科普、历史、艺术等领域，以满足不同学生的阅读需求。

### 2. 阅读指导

在推荐书籍的同时，还要提供详细的阅读指导。引导学生如何理解书中的主题、人物和情感，如何把握作者的写作风格和语言特色。此外，还要鼓励学生进行读书笔记和心得分享，以加深其对书籍的理解和感悟。

### 3. 智慧激发

在阅读的基础上，通过一系列活动来激发学生的智慧。组织学生进行读书讨论会，让学生分享自己的阅读体验和见解，培养学生的思辨能力和表达能力。同时，鼓励学生进行文学创作，将自己的感悟和想法付诸笔端，以提升学生的写作能力和创造力。

### 4. 实践应用

不仅要关注学生的阅读能力提升，还要注重将阅读成果应用于实际生活中。引导学生将书中的知识和智慧应用到学习和生活中，帮助学生解决实际问题，提升他们的综合素质和能力。

### 5. 阅读兴趣和阅读能力提升

通过教师的引导和推荐，学生的阅读兴趣、阅读能力得到显著提升。引导他们主动寻找并阅读自己感兴趣的书籍，养成良好的阅读习惯。善于思考、勇于表达，能够运用所学知识解决实际问题，提升自己的综合素质和能力。

通过共同阅读和讨论，教师与学生之间的关系更加融洽。学生更加信任和尊重教师，愿意与教师分享自己的想法和感受，利于形成良好的师生互动氛围。这些方式不仅有助于学生的全面发展，也为他们的未来成长奠定了坚实的基础。

## 主题 3

# 阅读是"困难"学生智力教育的重要手段

学生的学习越困难，在脑力劳动中遇到的困难就越多，他就越需要多阅读：就像感光力弱的胶卷需要更长的感光时间一样，成绩差的学生的智力也需要更明亮和更长时间的科学知识之光来照耀。不是补习，不是没完没了的"督促"，而是阅读、阅读、再阅读，能在学习困难学生的脑力劳动中起决定性作用。

## 一、重温经典

苏霍姆林斯基非常看重阅读对于帮助"困难"学生智力教育的重要作用。学生的学习越困难，在脑力劳动中遇到的困难就越多，他就越需要多阅读：就像感光力弱的胶卷需要更长的感光时间一样，成绩差的学生的智力也需要更明亮和更长时间的科学知识之光来照耀。不是补习，不是没完没了的"督促"，而是阅读、阅读、再阅读，能在学习困难学生的脑力劳动中起决定性作用。这里指的是这样一些学生，他们对所学教材的领会、理解和记忆都很困难、很迟缓：一项内容还没有理解，另一项内容又该学习了；一项内容背熟了，另一项内容又忘记了。①

在基洛夫州波格丹诺夫中学的优秀数学教师，乌克兰共和国功勋教师伊·古·特卡钦科那里，没有成绩不佳的学生。他的创造性劳动有一个卓越的特点，就是合理地组织我们所说的这种能发展智力的阅读。在他任教的五年级至十年级每个年级里都有一些学习困难学生，要是没有一个极好的图书室，拥有不止 100 册书，

---

① ［苏］B. A. 苏霍姆林斯基. 给教师的建议 ［M］. 周藻，等，译. 武汉：长江文艺出版社，2014：66.

以明晰而吸引人的形式叙述这位教师看来是世界上最有趣的科学即数学，那么，这些学生永远也不会成绩合格的。在开始学习方程之前，学生便阅读了几十页关于方程式的材料，其中首先是关于方程式构成民间益智游戏难题的有趣故事。①

## 二、案例分析

在一个初中班级中，有一部分学生被认定为"学习困难"或"学困生"。这些学生通常在学习上表现出迟缓的理解能力、记忆力差以及容易分心等特点。他们的教师张老师并没有选择缩小他们的学习范围，相反，她坚信阅读能够成为这些学生智力发展的重要手段。

选择适合的读物。张老师首先根据学生的兴趣和阅读能力，精心挑选了一批适合他们阅读的书籍。这些书籍既有文学作品，也有科普读物，旨在满足学生的多样化需求。

制订阅读计划。张老师为学生制订了详细的阅读计划，包括每天的阅读时间、阅读目标和阅读反馈。她鼓励学生将阅读融入日常生活，并在阅读后进行思考和总结。

引导阅读和讨论。在阅读过程中，张老师经常与学生进行交流和讨论，引导他们深入理解书籍内容，发现其中的知识点和思考点。她还鼓励学生分享自己的阅读心得和感悟，以促进他们之间的交流和互动。

反馈和调整。张老师根据学生的阅读反馈和表现，不断调整和优化阅读计划。她关注学生的进步和成长，给予他们及时的鼓励和帮助。

经过一段时间的实践，这些"困难"学生的阅读能力和智力水平都有了明显的提升。他们开始更加主动地参与课堂活动，积极思考和回答问题。他们的学习成绩也逐渐提高，自信心和学习兴趣也得到了增强。

【分析】这个案例充分展示了阅读对于"困难"学生智力教育的重要性。通

---

① ［苏］B. A. 苏霍姆林斯基. 给教师的建议［M］. 周蕖，等，译. 武汉：长江文艺出版社，2014：66.

过选择适合的读物、制订详细的阅读计划、引导阅读和讨论以及及时反馈和调整，可以有效地提升这些学生的阅读能力和智力水平。同时，阅读还能激发他们的学习兴趣和自信心，促进他们的全面发展。因此，阅读应该成为"困难"学生智力教育的重要手段之一。

## 三、专业指导

在教育的每一个角落，我们都能找到阅读的身影。它不仅是知识的载体，更是智力发展的催化剂。对于困难学生来说，阅读成为他们智力教育的重要手段，是他们跨越障碍、开启智慧之门的钥匙。

困难学生在学习过程中面临着诸多挑战。他们可能在语言表达、逻辑思维或者学习动机上存在不同程度的障碍。阅读，作为一种基础而全面的学习方式，能够为这些学生提供平等的学习机会，激发他们的学习兴趣，培养他们的学习能力。

### 1. 阅读能够帮助困难学生建立基础知识

通过阅读简单的书籍和材料，他们可以逐步掌握基本的词汇和语法结构，这是构建知识体系的基础。随着阅读量的增加，他们的理解能力和语言表达能力也会逐渐提高。这种逐步积累的过程，对于困难学生来说尤为重要，因为它为他们提供了一个稳固的学习起点。

### 2. 阅读能够提升困难学生的逻辑思维能力

在阅读过程中，学生需要理解和分析作者的观点，梳理文章的结构，这种积极的思考过程有助于他们培养逻辑推理能力和批判性思维。通过不断地阅读和思考，困难学生可以学会如何组织自己的思路，如何清晰地表达自己的观点。

### 3. 阅读能够激发困难学生的学习兴趣

书籍中充满了各种各样的故事和知识，能够吸引学生的注意力，引发他们的好奇心。当学生发现自己对某个话题感兴趣时，他们会更愿意去探索和学习，这种内在的动力是任何外部激励都无法比拟的。

### 4. 阅读有助于困难学生的情感发展

通过阅读，他们可以体验到不同的情感，理解不同的人生观和价值观。这种情感的共鸣和理解，有助于他们建立自信，形成积极的人生态度。在这个过程中，阅读成为他们认识自我、理解他人的重要工具。

阅读是困难学生智力教育的重要手段，因为它不仅提供了知识的输入，还培养了学生的思维能力，激发了他们的学习兴趣，促进了他们的情感发展。在书籍的陪伴下，困难学生可以跨越学习的障碍，开启智力的飞跃，走向更加光明的未来。

让我们用阅读的光芒照亮每一个困难学生的智力之路，让他们在书的世界中找到自己的价值，体验到学习的乐趣，感受到成长的力量。阅读，不仅是智力教育的媒介，更是困难学生通往成功的阶梯。

# 主题 4

# 教师必须把读书作为精神的第一需要

如何才能让教师拥有更深厚的学科素养呢？苏霍姆林斯基的答案很简单："这就要读书，读书，再读书！——这是教师的教育素养这个品质所要求的。要读书，要如饥似渴地读书，要把读书作为精神的第一需要。对书本要有浓厚的兴趣，要乐于博览群书，要善于钻研书本，要养成思考的习惯。"最美好的教育，就是一个爱读书的教师带着一群孩子把书读起来。

## 一、重温经典

在苏霍姆林斯基眼中，书籍是连接历史、现在和未来的精神纽带。他写道：

## 重温经典：学用苏霍姆林斯基教育艺术

教师站在历史与未来交接之处：一面是祖祖辈辈历尽千辛万苦提取和积聚起来的文化知识，它集中体现于智慧的贮存器——书籍里；另一面是未成年人，要让人类精神文明在每个学生心中扎下根来，成为每个学生的"精髓"。这中间，教师自身精神生活的丰富至关重要，他需要不断地丰富自己的头脑，"这就要读书，读书，再读书！——这是教师的教育素养这个品质所要求的。要读书，要如饥似渴地读书，把读书作为精神的第一需要，对书本要有浓厚的兴趣，要乐于博览群书，要善于钻研书本，养成思考的习惯"。① 这样才能顺利地实现精神财富的继承和传递。

书籍也是师生友谊最直接的精神纽带。苏霍姆林斯基认为："读书，这是一个富有智慧而又善于思考的教师借以通向儿童心灵的门径。如果书籍没有成为学生获得精神财富、享受和满足的源泉，那么学生也就不会有其他的精神需要，他的精神世界就会变得贫乏而毫无生气。没有阅读，师生之间就没有精神上的一致，教师也就无法了解自己学生的个性。"②

而且，师生之间要建立高尚的友谊也是不可思议的，因为这种友谊的基础是丰富多彩的智力兴趣。他提出："谈论书籍的时刻，应当成为师生精神交流最灿烂的时刻。"③

为了增进师生间的精神交往，他建议教师每月都要购买三种书：关于所教学科的基础知识的书，关于青少年楷模的生平事迹的书，关于人特别是青少年儿童心灵的书。他对教师说："你要像寻找宝石那样去寻找关于杰出人物的生平和斗争的书籍……在你的藏书中，要把这些书籍放到最显要的位置上。要记住，你不仅是教课的老师，而且是学生的教育者、生活的导师和道德的引路人。"④

---

① 蔡汀，王义高，祖晶编. 苏霍姆林斯基选集（第4卷）[M]. 北京：教育科学出版社，2001：646，683.

② 蔡汀，王义高，祖晶编. 苏霍姆林斯基选集（第4卷）[M]. 北京：教育科学出版社，2001：646，683.

③ 蔡汀，王义高，祖晶编. 苏霍姆林斯基选集（第5卷）[M]. 北京：教育科学出版社，2001：768.

④ 蔡汀，王义高，祖晶编. 苏霍姆林斯基选集（第2卷）[M]. 北京：教育科学出版社，2001：648，221.

## 二、案例分析

在现今的教育环境中，知识的快速更新和教学方法的不断创新对教师提出了更高的要求。为了满足这些要求，某中学的教师团队积极倡导并实践了"把读书作为精神的第一需要"的理念。他们相信，只有不断学习和阅读，教师才能保持教育的活力和创新力，为学生提供更好的教育服务。

建立读书文化。该中学的教师团队首先致力于建立一种浓厚的读书文化。他们定期组织读书分享会、读书沙龙等活动，鼓励教师分享自己的阅读心得和体会，促进教师之间的知识交流和思想碰撞。

提供阅读资源。学校为教师提供了丰富的阅读资源，包括各类专业书籍、教育期刊、在线数据库等。教师可以根据自己的兴趣和需要选择合适的阅读材料，进行深入学习和研究。

鼓励自主学习。学校鼓励教师利用业余时间进行自主学习和阅读。他们为教师制订了阅读计划和目标，并定期进行检查和评价。同时，学校还设立了阅读奖励机制，对表现优秀的教师给予表彰和奖励。

将阅读融入教学。教师不仅自己阅读，还将阅读融入教学中。他们通过引导学生阅读、讨论和分析文本，培养学生的阅读能力和思维能力。同时，他们还将自己的阅读体验和知识融入课堂教学中，丰富教学内容和形式。

经过一段时间的实践，该中学的教师团队取得了显著的成果。他们的教学能力得到了提升，教学方法更加多样化和创新化。同时，他们的专业知识和素养也得到了提高，为学生提供了更加优质的教育服务。

教师的阅读兴趣和习惯也得到了培养和发展。他们开始更加关注教育前沿动态和教学方法创新，积极参与各类教育研讨和培训活动。他们的教学理念和教学方法也得到了更新和升级，更加符合时代的要求和学生的需求。

【分析】这个案例充分展示了"教师必须把读书作为精神的第一需要"的重要性。通过建立读书文化、提供阅读资源、鼓励自主学习和将阅读融入教学等措施，教师可以不断提升自己的专业素养和教学能力，为学生提供更好的教育服务。同时，阅读也可以帮助教师保持教育的活力和创新力，推动教育的不断发展和进步。因此，教师应该把读书作为自己的精神追求和职业发展的重要途径之一。

## 三、专业指导

在知识的海洋中，教师是引领学生航行的灯塔。为了照亮学生前行的道路，教师自身必须站在光明之地，而这个光明之地，就是不断学习和探索的世界，其中读书无疑是最为重要的一环。教师必须把读书作为精神的第一需要，这不仅是对个人职业生涯的投资，更是对学生未来负责。

### 1. 读书有利于教师专业成长

教师的专业成长离不开持续的学习。读书是获取新知识、新理论、新方法的重要途径。通过阅读教育心理学、教学法、学科专业书籍等，教师能够不断提升教育教学能力，更好地理解学生，更有效地进行教学设计。此外，读书还能帮助教师了解教育领域的最新动态和研究成果，保持与时俱进。

### 2. 读书有利于教师思想境界的提升

教师的思想境界直接影响到教育质量和学生的成长。读书不仅能够丰富教师的知识储备，还能够提升他们的思考深度和广度。文学作品、哲学著作、历史书籍等都能够激发教师的思考，帮助他们形成更为全面和深刻的世界观、人生观和价值观。这样的思想境界对于引导学生正确认识世界、培养独立思考能力至关重要。

### 3. 读书有利于教师情感情操的熏陶

教师的情感情操对于营造良好的教学氛围、建立和谐的师生关系具有重要作用。阅读文学、诗歌、散文等可以熏陶教师的情感，使他们更加细腻地感受生活，更加真诚地关爱学生。一个有情怀的教师能够传递正能量，激发学生的潜能，培养学生的人文素养。

## 4.读书有利于发挥教师终身学习的示范作用

教师是学生学习的榜样。当教师把读书作为自己精神的第一需要时，他们自然而然地成为终身学习的模范。这种榜样的力量是巨大的，它能够激励学生也投身于书海，培养他们自主学习的习惯，为终身学习打下坚实的基础。

教师的职业要求他们不仅要有扎实的专业知识，还要有广阔的视野、丰富的情感和高尚的情操。将读书作为精神的第一需要，不仅是教师个人修养和专业能力提升的必然选择，也是对学生负责、对未来负责的体现。在这个知识更新迅速的时代，教师更应该成为学习的先锋，通过读书不断充实自己，照亮学生的成长之路。

李镇西老师说："名师的阅读经历告诉我，所谓'教师的专业成长'，其实主要途径就是苏霍姆林斯基所反复强调的：'读书，读书，再读书！'"

教师的阅读如此重要，是因为：最美好的教育，就是一个爱读书的教师带着一群孩子把书读起来。

# 主题 5

# 让学生生活在书籍的世界里

苏霍姆林斯基主张"让学生生活在书籍的世界里"。他认为，学校的一个非常重要的教育任务，就在于使读书成为每个孩子最强烈的、精神上不可压抑的欲望，使人终生都入迷地想同书中的思想美、人的伟大精神、取之不尽的知识源泉打交道。

## 一、重温经典

在苏霍姆林斯基的教育学中，"书籍"与"学校"是两个几乎可以画等号的概念。他多次强调：书是学校。学校应成为书籍世界。"一种热爱书、尊重书、崇拜书的气氛，乃是学校和教育工作的实质所在。一所学校可能什么都齐全，但如果没有为了人的全面发展和丰富精神生活而必备的书，或者如果大家不喜爱书籍，对书籍冷淡，那么，就不能称其为学校。一所学校也可能缺少很多东西，可能在许多方面都很简陋贫乏，但只要有书，有能为我们经常敞开世界之窗的书，那么，这就足以称得上是学校了。"① 他尤其看重书籍的文化传承功能，将学校图书馆视为"人民精神文明的宝库"。他写道："我是站在人民的道德财富和个人的心灵之间，我的任务是使无价的道德财富变成每个人的个人财产。"② 他指的书，不是那些"没有任何为理智和心灵可取的""像短命的蜉蝣那样留不下任何印记的低劣的惊险小说"之类的轻松读物，而是富有深刻思想内容和崇高艺术性、令人常读不厌的优秀著作，在他看来，只有优秀的图书才是无价的永久的财富，其他一切都是暂时的。为了让学生尽可能地吸收人类文化遗产中的精华，帕夫雷什中学在反复筛选后形成了一个学生必读书目，其中绝大部分是世界文学名著。学校为每种名著准备了若干复本，以备较多学生同时借阅。他期待着这些优秀读物，如同"千万条纽带将每个儿童的心灵紧紧地系在那些伟大而永恒的东西上"，系在"人民的语言、文化、文学、艺术"等不朽的精神财富上。③

大量藏书是为了促进广泛阅读，在学校形成浓郁的读书之风。苏霍姆林斯基指出："一个人在其童年和少年时代就应深切地感到最有诱惑力的享受是读书，陪伴好书、有趣而有用的书度过幸福的时光。任何其他的享受都不能与享受思想驰骋和在书的世界里所获得的快乐相提并论。"④ 他相信读书能够成为学生最重要的兴趣发源地，相信学生越是看重书籍，其智力局限性或冷对知识的危险就越小。

---

① 蔡汀，王义高，祖晶编. 苏霍姆林斯基选集（第4卷）[M]. 北京：教育科学出版社，2001：67.
② 蔡汀，王义高，祖晶编. 苏霍姆林斯基选集（第5卷）[M]. 北京：教育科学出版社，2001：531-532.
③ 蔡汀，王义高，祖晶编. 苏霍姆林斯基选集（第1卷）[M]. 北京：教育科学出版社，2001：183.
④ 蔡汀，王义高，祖晶编. 苏霍姆林斯基选集（第5卷）[M]. 北京：教育科学出版社，2001：531-532.

帕夫雷什中学共有 35 名教师，其中 25 名有高等教育程度的教师中，有 12 人是在该校任教后修完师范学院或大学函授课程的；在不具备高等教育学历的教师中，有 6 名教师参加当时的高等教育的函授学习。就是这样一群学历起点并不高的教师，以强烈的求知欲和高涨的读书热情，积极藏书、读书。据《全体教师团结一致是教育教学工作成功的保证》一章所介绍：全校教师的私人藏书有 4.9 万册，如文学教师 B. T. 达拉甘的私人藏书有 1000 多册，苏霍姆林斯基和 A. H. 苏霍姆林斯卡娅的藏书甚至达 1.95 万册；学校订阅有供教师阅读的学术性刊物《哲学问题》《自然》等；每个教师都订阅几种杂志和几份报纸，彼此间还互相交换；教师集体经常围绕 H. C. 卢金的《少年心理学》等著作展开激烈讨论；学校教师每月两次向同事做"社会生活与道德教育""人的心理病态偏差"等学术问题讲演。①

## 二、案例分析

第一，阅读的量。

苏霍姆林斯基在研究中发现：一个人会不会阅读，决定着他的智力发展。凡是一个词一个词地阅读的人，他必然在学习上遇到不可克服的困难。许多学生之所以不能掌握知识，乃是因为他们还没有学会流畅地、有理解地阅读，还没有学会在阅读的同时进行思考。

他和全体教师花了 15 年时间，研究如何使学生在小学里完善地掌握阅读技能，以及如何在中学里再使这项技能得到发展和提高。最后得出下列结论：为了使学生学会有表情地、流利地、有理解地阅读，使学生在阅读的时候不要去思考阅读过程而是思考所读的东西的内容，那么他就必须在小学期间朗读过 200 小时以上并且默读过 2000 小时以上（在课堂上和在家里的时间都包括在内）。教师应当把这项工作在时间上分配好，而校长则应当检查教师如何指导每个学生的个

---

① ［苏］B. A. 苏霍姆林斯基. 帕夫雷什中学［M］. 赵玮，等，译. 北京：教育科学出版社，1983 (2019. 3 重印).

人阅读的。(《怎样培养真正的人》第 135 页)

**第二，阅读兴趣的培养。**

苏霍姆林斯基认为，阅读应当成为吸引学生爱好的最重要的发源地。学校应当成为书籍的王国。

他在《让每一个学生都有喜欢做的事》一文中强调指出，学生的第一爱好就应当是喜爱读书。这种爱好应当终身保持下去。不管你教的是哪一门学科（文学或历史、物理或制图、生物或化学），你都应当（只要你想成为学生真正的教育者）使书籍成为学生的第一爱好。

他在《教师应当写哪些计划》一文中要求教师写两个书目。一个是儿童在小学阶段应当阅读的文艺作品的书目，另一个是为了扩充学生的知识面而需要阅读的科学普及书籍和小册子的书目。那么如何引导学生走进书的世界，并对阅读产生兴趣呢？苏霍姆林斯基认为，关键在于教师如何指导学生怎样去读这些书。他说："我们应当跟每一个孩子们进行个别谈话，以便替他找到一本合适的书，使他读了这本书后就好像在生活中出现了一个转折点，经历了人生的一大段路程。这是一项很不容易的工作。有时候还得在教师当中克服漠不关心的态度和习惯势力。我们不能消极地等待青少年去碰上正好适合于他读的那本书，我们应当努力去揭示书籍的真正的美，只有这样才便于学生找到他喜欢的书。"（《怎样培养真正的人》第 346 页）

他号召教师研究少年的兴趣、爱好和特长，针对具体情况向学生推荐科普读物。要让读书逐渐成为学生的智力需要，激发他们求知的欢乐感。

**第三，阅读氛围的营造。**

苏霍姆林斯基说，现在书籍正面临着跟其他的信息来源（电影、电视、录音带等等）进行竞争的局面。教育者一项重要的任务，就是在这场竞争中，要使书籍始终成为胜利者。他认为应当营造一种学习的氛围，使书籍在家庭和学校占统治地位。使学生生活的世界成为思考、阅读、书籍、深深地尊重知识、科学和文化的王国。他们在几十年内编订了一个"童年阅读书目"，其中包括每一个学生在小学期间应当阅读的 250 种书的名称。他们仔细地为这个书挑选图书，所选的书籍一定要有很高的艺术价值。

他要求小学一年级至三年级，一定要在每个教室里单独建立一个"书籍之角"，在这里陈列一些内容较好的并且使儿童感兴趣的书籍，让每一个学生都来利用他生平第一次遇到的这个小图书馆。他们在学校开辟一个"思考之室"（阅览室），在那里收集了几百种最富有智慧的、最美好的书。学生课后的脑力劳动，大部分用于个人选择的独立阅读，小部分用于准备功课。家庭作业主要在早晨上学前的时间完成。学生可利用下午的半天时间读书和参加小组活动。

他们发现：凡是道德修养好、有自觉精神的劳动者都是在对书籍抱着深刻尊重态度的家庭里长大的。根据多年的经验，他们确定了一个家庭应有的最低限度藏书目录，以便家长、学前儿童、学龄初期、中期和后期的学生阅读。他们特别关心的一件事就是一定要让那些在家庭中因为没有书籍而感到精神生活贫乏的儿童，以及那些在学习上遇到严重困难的儿童，拥有丰富的个人藏书。在学生上小学的年代里，逢到学生的生日、"图书节"、少先队组织纪念日、学生入队和入团的日子，学校少先队组织、家长委员会校长都给学生赠送书籍。教师外出旅游也不忘给学生选购有趣的图书。

## 三、专业指导

尽管处在信息爆炸时代，书籍依然是知识传承和智慧沉淀的重要载体。鼓励学生生活在书籍的世界里，不仅能够丰富他们的知识储备，还能够培养他们的思考能力和审美情趣。该如何有效地引导学生沉浸在书籍的海洋中，让他们在阅读中成长，在书香中启迪智慧呢？

### 1. 打造阅读环境，激发阅读兴趣

为了让学生愿意走进书籍的世界，首先需要为他们创造一个舒适且吸引人的阅读环境。学校和家庭都可以设立专门的阅读角落，配备适宜的照明和舒适的座椅，以及丰富多彩的书籍资源。此外，定期举办主题阅读活动，如读书会、作家见面会等，可以激发学生的阅读兴趣，让他们在交流和分享中增进对书籍的

喜爱。

### 2. 整合课程资源，融入阅读教学

教师应当将阅读融入日常教学中，运用跨学科的方式，让学生在学习不同科目时都能接触到相关的书籍材料。例如，在历史课上，教师可以推荐历史小说或传记，让学生在了解历史事件的同时，感受到历史人物的生动形象。在科学课上，教师可以引入科普读物，激发学生探索自然世界的兴趣。

### 3. 培养阅读习惯，提升阅读能力

阅读习惯的培养是一个长期而系统的过程。学校可以通过设置固定的阅读时间，如每天的"静默阅读时光"，来鼓励学生每天都有阅读的行为。同时，教师可以教授有效的阅读策略，如快速阅读、批注式阅读、深度阅读等，帮助学生提升阅读理解能力和批判性思维能力。

### 4. 多元化阅读体验，拓展知识视野

不仅传统的纸质书籍，电子书、有声书等新型阅读方式也应当被纳入学生的阅读体验中。这些多样化的阅读形式可以满足不同学生的阅读偏好，同时也能够帮助他们在快节奏的生活中抓住每一个学习的机会。此外，鼓励学生阅读不同文化背景的书籍，可以拓宽他们的国际视野，增进他们对多元文化的理解和尊重。

书籍是人类进步的阶梯，让学生生活在书籍的世界里，是培养他们成为终身学习者的重要途径。通过创造良好的阅读环境，融入阅读教学，培养阅读习惯，以及提供多元化的阅读体验，我们可以激发学生对知识的渴望，培养他们的独立思考能力，最终使他们在书籍的海洋中自由翱翔，成为社会的栋梁之材。

# 主题 6

# 通过阅读发展知识

读和写是学生最必要的两种学习方法，是通向周围世界的两扇窗口。儿童如果不会流利地、快速地和有理解地阅读，不会流利地、快速地和半自动化地书写，他就像个半盲人一样。

## 一、重温经典

苏霍姆林斯基在《怎样培养脑力劳动中的自我纪律》中指出：如果你想有足够的时间，那你就要每天读书。每天至少要阅读两页你所喜爱的学科（你的选修课）的学术著作。你的一切阅读，都是在为你的学习打基础。这个基础越厚实，学习就越容易。你每天读书越多，你储备的时间就越多。这是因为，你阅读的东西与你在课堂上所学的内容有成千上万个接触点。这些接触点就是我们所谓的记忆之锚。这些锚把必须了解的知识系在人类知识的海洋中。要迫使自己每天阅读，不要今天拖到明天。今天丧失的东西，明天是绝对无法弥补的。①

阅读是学生的最必要的学习工具之一，是通往周围世界的窗口。他在《怎样训练儿童流利地书写》建议中指出："读和写是学生最必要的两种学习方法，是通向周围世界的两扇窗口。儿童如果不会流利地、快速地和有理解地阅读，不会流利地、快速地和半自动化地书写，他就像个半盲人一样。"②

要善于激发学生阅读科学读物的兴趣。因此，在叙述教学大纲规定的新教材

---

① ［苏］Б. А. 苏霍姆林斯基. 给教师的建议［M］. 周蕖，等，译. 武汉：长江文艺出版社，2014：243，122，64.

② ［苏］Б. А. 苏霍姆林斯基. 给教师的建议［M］. 周蕖，等，译. 武汉：长江文艺出版社，2014：243，122，64.

时，应当用大纲以外知识的火花来阐明某些问题。有经验的生物、物理、化学、数学教师在讲课时，就像是把无边无际的知识世界之窗微微打开一点，留些东西不完全讲透，学生看到了超出教学大纲必修教材界限的可能性，畅游广袤无垠的知识海洋的前景使他们激动起来——这正是促使他们去阅读的动力，因为少年和青年男女都渴望获得知识。①

## 二、案例分析

在一所高级中学，历史教师王老师发现许多学生对历史课程缺乏兴趣，认为历史知识枯燥无味且难以记忆。为了改变这一现状，王老师决定通过阅读的方式，引导学生自主探索和学习历史知识，发展他们的知识深度和广度。

选择合适的阅读材料。王老师根据学生的年龄特点和兴趣爱好，挑选了一系列有关历史的优秀读物，包括历史小说、历史人物传记、历史事件纪实等。这些书籍不仅内容丰富、情节引人入胜，而且能够涵盖多个历史时期和领域，有助于学生全面了解历史。

制订阅读计划。王老师为学生制订了详细的阅读计划，包括每周的阅读量、阅读进度和阅读目标。他鼓励学生利用课余时间进行阅读，并定期进行检查和评估，以确保学生按时完成阅读任务。

引导阅读与思考。在阅读过程中，王老师不仅要求学生理解书中的内容，还鼓励他们思考和讨论。他会提出一些开放性的问题，引导学生从多个角度思考历史事件和人物，培养他们的批判性思维和独立思考能力。

开展阅读分享活动。为了检验学生的阅读成果，王老师定期组织阅读分享活动。学生可以在活动中分享自己的阅读心得、感悟和发现，与其他同学交流思想和观点。这不仅有助于提升学生的表达能力，还能够促进他们之间的友谊和合作。

---

① ［苏］B. A. 苏霍姆林斯基. 给教师的建议［M］. 周蕖，等，译. 武汉：长江文艺出版社，2014：243，122，64.

经过一段时间的实践，王老师发现学生的阅读兴趣和历史知识都有了显著的提高。他们开始主动寻找并阅读历史书籍，对历史事件和人物有了更深入的了解和认识。在考试中，学生的历史成绩也有了明显的提升。更重要的是，学生开始运用所学的历史知识来分析现实问题，他们的历史素养和综合能力得以培养。

【分析】这个案例展示了阅读在发展学生知识方面的重要作用。通过选择合适的阅读材料、制订阅读计划、引导阅读与思考以及开展阅读分享活动等措施，教师可以有效地引导学生通过阅读来学习知识、发展能力。这种学习方式不仅有助于学生掌握学科知识，还能够培养他们的阅读兴趣、阅读能力和终身学习的习惯。

## 三、专业指导

在知识的广阔天空中，阅读如同一双强有力的翅膀，让我们的心灵得以飞翔。通过阅读，我们不仅能够汲取知识的营养，更能够在智慧的高空俯瞰世界，体验生活的精彩多姿。阅读是发展的阶梯，是成长的动力，是通往未来的桥梁。

### 1. 阅读是知识的源泉

书籍中蕴含着人类历史上的经验和智慧，它们是我们获取知识的重要途径。通过阅读，我们可以接触到各个领域的知识，从科学到文学，从历史到哲学，从艺术到技术。这些知识不仅丰富了我们的视野，更为我们提供了解决问题的方法和思路。

### 2. 阅读能够培养我们的思维能力

在阅读过程中，我们需要不断地思考、分析和判断。这种积极的思维活动有助于提高我们的逻辑推理能力和创新能力。通过与书中的观点进行对话，我们能够锻炼自己的批判性思维，学会独立思考，形成自己的见解和观点。

### 3. 阅读能够提升我们的语言表达能力

优秀的书籍中充满了精美的文字和表达技巧。通过阅读，我们可以学习到丰富的词汇、优美的句式和有效的表达方式。这些语言的工具不仅能够帮助我们在学术上取得成就，还能够让我们在日常生活和工作中更好地表达自己，与他人建立深厚的联系。

### 4. 阅读是个人成长的催化剂

在阅读中，我们不仅能够获取知识，还能够体验不同的人生观和价值观。这些体验能够帮助我们更好地理解自己和他人，形成开放的心态和包容的精神。阅读还能够帮助我们发现自己的潜能和兴趣，激发我们的创造力和想象力，引导我们走向个人成长的道路。

### 5. 阅读是社会发展的动力

一个社会的进步离不开知识的积累和传承。通过阅读，人们能够共享知识和智慧，促进社会的创新和发展。阅读还能够提高公民的文化素养和社会责任感，增强社会的凝聚力和向心力。一个热爱阅读的社会，是一个充满希望和活力的社会。

"读书破万卷，下笔如有神"，仅仅十个字就充分说明了读书的重要性。在这个信息化的时代，作为教师和学生更应该静下心来，认真地进行阅读。阅读是重要的，所以我们应该让学生多阅读，那怎样才能让学生愿意读书、喜欢读书呢？如何通过阅读来发展孩子的知识呢？

第一，抓住孩子心理特点，激发阅读兴趣。教师应该好好地引导他们读一些感兴趣的书籍，采取形式多样的阅读方式来激发孩子们的兴趣，同时了解学生感兴趣的是科学书籍和科普读物，做到心中有数。教师要充当的角色便是站在孩子的角度和孩子一起阅读，不但要"引"，而且要"激发"孩子内心的感受，让他们尝到阅读的快乐。学生读书越多，他的思考就越清晰，他的智慧就越活跃。

第二，课内课外相结合，感受读书之乐。当学生有了阅读的冲动，教师可以利用课堂上的有效时间渗透一些读书的方法，我们可以采用一些他们感兴趣的、乐于接受的方法。

第三，结合学科特点，培养学生独立思考，学会有选择地读书。查找相关资料，这样学生的能力会得到不断的提高。长此以往地训练，学生的实践能力、阅读能力就会明显提高，还能准确地分析科学现象和科学事物的成因，并学会撰写科学小论文。

阅读对孩子真的很有帮助，让我们和孩子们一起静下心，张开阅读的翅膀在知识的天空中自由翱翔吧！让每一次阅读都成为心灵的飞翔，让每一次思考都成为智慧的火花。在阅读的世界里，我们不断成长，不断超越，向着更高的目标迈进。阅读不仅是知识的积累，更是智慧的启迪：是个人成长的动力，也是社会发展的推动力。让我们一起在阅读的旅程中，感受知识的力量，体验成长的喜悦，共创美好的未来。

# 专题八

# 家庭是培养公民意识的最初摇篮

家庭是社会的基本细胞，它体现着在经济、道德、精神心理学、审美等方面的诸多人际关系，当然，还包括教育方面的关系。然而，只有父母抱着崇高的目的，家庭才能成为一种高尚的教育力量。这些都是培养一个人思想、道德和公民意识的源泉，都是培养公民意识的最初摇篮。

# 主题 1

# 家庭，"人类真正爱的一座学校"

在一个具有良好氛围的家庭里，祖先的荣誉，全家人对自己家庭的精神传统和道德财富的自豪与珍爱，父母和子女之间的相互忠诚，"这些都是培养一个人思想、道德和公民意识的源泉，都是培养公民意识的最初摇篮"。苏霍姆林斯基多次将家庭解释为"学校"——家庭是人际关系的学校。

## 一、重温经典

在人类历史上，从出现家庭起，从父母关爱自己的子女起，教育就实际地诞生了。家庭教育理应是教育学的初始范畴。在苏联，马卡连柯奠定了家庭教育的理论基础，苏霍姆林斯基则将其发展到一个崭新的水平。他认为："家庭是我们社会的基本细胞，它体现着在经济、道德、精神心理学、审美等方面的诸多人际关系，当然，还包括教育方面的关系。然而，只有父母抱着崇高的目的……家庭才能成为一种高尚的教育力量。"基于这一认识，他对家庭教育的性质、功能、意义等理论问题和改进现状的现实问题进行了系统探索，构建起极具创造性的"培养父母和未来父母的教育体制"。

家庭，现在、过去和将来一直都是儿童学习热情待人的学校。[①] 家庭，则是人类真正爱的一座学校，这种爱是相互信赖的、严格的、温柔的，而且是严格要求的。[②]

人道主义、热情、体贴、富有同情心，这种预防坏事的道德免疫力，只有在这种情况下才能获得：人，在童年早期要通过善良的学校、有真正的人的关系的

---

① 蔡汀，王义高，祖晶编. 苏霍姆林斯基选集（第2卷）[M]. 北京：教育科学出版社，2001：287.
② ［苏］В. А. 苏霍姆林斯基. 家长教育学 [M]. 杜志英，等，译. 北京：中国妇女出版社，1982：70.

学校，而这种学校只能是美好的家庭。[①]

　　家庭以及存在于家庭中的子女与家长之间的相互关系，是智育、德育、美育和体育的第一所学校。父亲、母亲、哥哥、姐姐、爷爷、奶奶都是孩子在学龄前的首批教育者，乃至他们上了学依然还是。家庭生活中精神和道德美的财富，既是在家庭条件下，也是在幼儿园和学校里顺利教育孩子的极为重要的条件。

## 二、案例分析

　　家庭被誉为"人类真正爱的一座学校"，因为它提供了独特的教育环境，让孩子在爱中学习和成长。

　　在一个充满爱和温馨的三口之家中，父母李先生和张女士都非常重视家庭教育。他们坚信，家庭是孩子成长的首要场所，家庭教育对孩子的性格塑造、价值观形成以及未来的人生道路都具有深远的影响。

　　以身作则。李先生和张女士在日常生活中注重自身的言行举止，以身作则地教育孩子。他们尊重长辈、关心他人、乐于助人，这些美好的品质都潜移默化地影响着孩子。孩子从小耳濡目染，逐渐形成了良好的行为习惯和道德品质。

　　陪伴与引导。李先生和张女士非常重视与孩子的陪伴和沟通。他们经常与孩子一起阅读、游戏、运动，了解孩子的兴趣爱好和成长需求。在陪伴孩子的过程中，他们适时引导孩子思考问题、解决问题，培养孩子的独立思考能力和解决问题的能力。

　　家庭传统与价值观。在这个家庭中，有一些独特的家庭传统和价值观。例如，每年春节，全家人都会一起包饺子、贴春联、看春晚，感受传统文化的魅力。这些家庭传统不仅增强了家庭成员之间的凝聚力，还让孩子在耳濡目染中学会了珍惜传统文化、传承家庭美德。

　　关注心理健康。李先生和张女士非常关注孩子的心理健康。他们经常与孩子谈心，了解孩子的内心需求和困惑，给予孩子足够的关爱和支持。在孩子遇到困难时，他们鼓励孩子勇敢面对、积极解决，帮助孩子建立自信心和自尊心。

---

① 蔡汀，王义高，祖晶编. 苏霍姆林斯基选集（第4卷）［M］. 北京：教育科学出版社，2001：10.

经过家庭教育的熏陶和培养，孩子逐渐成长为一个品德优良、才华横溢的优秀人才。他在学校里表现优异，受到教师和同学的喜爱；在社交场合中，他能够与人融洽相处，展现自己的独特魅力。更重要的是，他学会了感恩、关爱他人、积极向上的人生态度，这将为他未来的成长和发展奠定坚实的基础。

【分析】这个家庭案例充分展示了家庭作为"人类真正爱的一座学校"的重要性。通过以身作则、陪伴与引导、家庭传统与价值观以及关注心理健康等教育实践，父母为孩子提供了一个充满爱和温馨的成长环境。在这个环境中，孩子不仅学会了知识和技能，更重要的是学会了做人的道理和人生的智慧。因此，我们应该重视家庭教育的作用，努力营造一个和谐、幸福的家庭氛围，为孩子的健康成长提供有力的保障。

## 三、专业指导

家庭，作为人类社会最基础的组成单位，自古以来就承载着教育、传承和爱的核心功能。正如苏霍姆林斯基所说："家庭是人生的第一所学校，是人生的第一个课堂，也是我们第一个接触的'社会'。"家庭不仅是人们成长的摇篮，更是人类真正爱的一座学校。

### 1. 家庭教育的基石是亲情和爱的教育

在家庭中，父母通过日常生活的点滴细节，向孩子传递着爱、尊重和责任感。这种教育不仅培养了孩子的情感认知，也为他们日后建立健康的人际关系奠定了基础。同时，家庭教育还涉及品德、行为、习惯等方面，对孩子的全面发展起到至关重要的作用。

### 2. 明确家庭教育的特点

个性化教育。家庭教育具有极强的个性化特点。父母可以根据孩子的兴趣、特长和性格，量身定制适合他们的教育方案，满足他们的个性化需求。

情感化教育。家庭教育强调情感的交流和沟通。父母通过陪伴、倾听和关爱，让孩子感受到家庭的温暖和支持，培养他们的情感素养和同理心。

实践性教育。家庭教育注重实践教育。父母通过日常生活中的家务劳动、社会实践等活动，引导孩子亲身体验和感知社会，培养他们的实践能力和社会责任感。

### 3. 认识家庭教育的意义

培养良好的品德和行为习惯。家庭教育是孩子品德和行为习惯形成的关键时期。父母通过言传身教，引导孩子树立正确的价值观和行为准则，为他们日后成为社会的有用之材打下坚实的基础。

促进孩子的全面发展。家庭教育涵盖了智育、德育、体育、美育等方面，有助于促进孩子的全面发展。在家庭中，孩子可以接触到各种知识和技能，拓宽视野和思维方式，提高综合素质。

增强亲子关系。家庭教育是增进亲子关系的重要途径。通过共同参与家庭活动、分享生活点滴等方式，父母与孩子之间建立了深厚的情感纽带，增强了彼此之间的信任和理解。

家庭是人类真正爱的一座学校，它承载着教育、传承和爱的核心功能。在家庭中，我们学会了如何爱和被爱，如何尊重和理解他人，如何承担责任和追求卓越。因此，我们应该珍惜家庭这个宝贵的教育资源，努力营造一个温馨、和谐、有爱的家庭氛围，为孩子的健康成长和全面发展提供有力的支持。

# 主题 2

# 子女是家长精神生活的一面镜子

每个孩子都是父母的一面镜子，反射出父母的行为和价值观。同样，父母也是孩子最重要的榜样，他们的言传身教深深地影响着孩子的成长和发展。

## 一、重温经典

苏霍姆林斯基写道："我一眼就能看出夫妻恩爱的家庭培养出来的孩子，他们内心平和，身心健康，满怀热爱真善美的信念，善于倾听老师的意见，善于接受诸如言教、美育等好的影响。"① 如同一滴水能映出太阳一样，从孩子身上可以看出父母的品德是否纯正。"子女是家长精神生活的一面镜子。"② 他在考察每个学生家庭的长短得失后发现："培育孩子是一种心智的付出。……夫妻真正相爱，同时又有博爱之心的家庭，才会培育出好孩子来。"③

孩子的性格形成与父母的言行举止有着密切的关系。父母乐观向上、积极进取的生活态度会传递给孩子，让孩子更加自信、开朗、乐观。反之，如果父母经常抱怨，消极应对问题，孩子也会变得悲观、消极、缺乏自信。因此，作为父母，我们要时刻注意自己的言行，为孩子树立一个良好的榜样。

孩子的成长离不开父母的关爱。父母给予孩子无微不至的关怀和支持，让孩子感受到温暖和关爱，从而激发他们的积极性和创造力。同时，父母也要尊重孩子的个性和兴趣，鼓励他们勇敢尝试、不断探索，培养他们的独立性和自主性。

父母的榜样作用对孩子的影响十分深远。父母是孩子最早接触到的成年人，他们的言行举止会对孩子产生深远的影响。如果父母能够以身作则，遵守社会公德、尊重他人、诚实守信，那么孩子也会模仿这些行为，成为一个有道德、有责任感的人。反之，如果父母经常违反社会公德、不尊重他人、不守信用，那么孩子也会受到影响，成为一个缺乏道德观念和责任感的人。

## 二、案例分析

在一个和谐幸福的家庭中，有一对中年夫妇王先生和刘女士，他们有一个10岁的孩子小明。王先生和刘女士一直注重家庭教育，他们深知自己的言行举止对孩子成长的重要性。他们发现，随着时间的推移，小明的性格、行为习惯以及对待生活的态度都逐渐成了他们精神生活的一面镜子。

---

① 蔡汀、王义高、祖晶编. 苏霍姆林斯基选集（第5卷）[M]. 北京：教育科学出版社，2001：601-602.

② 蔡汀、王义高、祖晶编. 苏霍姆林斯基选集（第3卷）[M]. 北京：教育科学出版社，2001：33-34.

③ 蔡汀、王义高、祖晶编. 苏霍姆林斯基选集（第5卷）[M]. 北京：教育科学出版社，2001：601-602.

言传身教。王先生和刘女士在日常生活中非常注重自己的言行举止。他们尊老爱幼、乐于助人、勤奋上进，这些美好的品质都在小明身上得到了体现。小明从小就学会了尊重他人、关心他人，并且在学习上也非常努力，成绩优异。

情绪管理。王先生和刘女士非常擅长管理自己的情绪，他们在面对困难和挫折时总是能够保持冷静和乐观。这种情绪管理能力也影响了小明，使他在面对问题时能够保持冷静、理智，积极寻求解决方案。

共同兴趣。王先生和刘女士喜欢阅读、旅行和艺术，他们经常带着小明一起参与这些活动。在这些共同的兴趣爱好中，小明不仅学到了知识，还培养了广泛的兴趣爱好和良好的审美观念。这些共同的兴趣爱好也成为他们家庭生活中的重要组成部分，增强了家庭成员之间的凝聚力。

关注心灵成长。王先生和刘女士非常关注小明的内心世界，他们经常与小明谈心，了解他的想法和感受。在小明遇到困惑和挫折时，他们总是能够给予他足够的关爱和支持，帮助他走出困境。这种关注心灵成长的教育方式使小明更加自信、坚强，形成了积极健康的心态。

随着时间的推移，小明逐渐成长为一个品德优良、才华横溢、心理健康的青少年。他性格开朗、乐观向上，与同学和教师相处融洽；他的学习成绩优异，多次获得学校的表彰和奖励；他的兴趣爱好广泛，擅长绘画、音乐等多个领域。更重要的是，小明在成长过程中逐渐形成了自己的人生观和价值观，他懂得感恩、尊重他人、关爱社会，这些品质都深深地烙印在他的心灵深处。

同时，小明也成为王先生和刘女士精神生活的一面镜子。通过小明的成长和变化，王先生和刘女士更加深刻地认识到家庭教育的重要性，也更加珍惜与小明共度的时光。他们发现，自己在教育小明的过程中也在不断地成长和进步，家庭氛围也因此变得更加和谐幸福。

【分析】这个案例充分展示了"子女是家长精神生活的一面镜子"的深刻含义。家长在教育子女的过程中不仅是在传授知识、培养技能，更是在传递自己的人生观、价值观和精神追求。子女的成长和变化是家长精神生活的一面镜子，反映了家长教育的成果和家长的成长。因此，我们应该重视家庭教育的作用，努力营造和谐幸福的家庭氛围，为孩子的健康成长提供有力的保障。同时，我们也要不断地学习和成长，提高自己的教育水平和精神追求，为孩子树立一个好榜样。

## 三、专业指导

在家庭的温暖怀抱中，子女与父母之间的关系不仅仅是血缘的纽带，更是情感与精神的交织。子女的成长过程，无疑是家长精神生活的一面镜子，反映出家长的价值观、教育理念、情感状态以及生活态度。子女是家长精神生活的反映，这种反映对家庭和社会有着深远的影响。具体表现在以下几个方面。

### 1. 价值观的传承与映射

家长的价值观是子女行为的基石。孩子在成长的过程中，不断地从父母那里学习和模仿，从而形成了自己的世界观和人生观。家长如果重视诚信、勤奋、尊重等价值观，这些品质往往会在孩子的行为中得到体现。反之，如果家长忽视这些价值观的培养，孩子可能会表现出不同的行为模式。因此，观察孩子的行为习惯，可以清晰地看到家长价值观念的影子。

### 2. 教育理念的反映

家长的教育理念直接影响着子女的学习态度和成就。积极的教育理念，如鼓励探索、强调自主学习、重视批判性思维，能够激发孩子的学习兴趣和创造力。而过于严格或放任的教育方式可能导致孩子的学习动力不足或缺乏自律。孩子的学业表现和对学习的态度，是对家长教育理念的直接反馈。

### 3. 情感状态的共鸣

家长的情感状态对孩子的影响是深远的。一个温馨和谐的家庭环境能够培养出情感稳定、乐观向上的孩子。相反，如果家庭中存在冲突和负面情绪，孩子可能会变得焦虑或抑郁。孩子的情绪反应和处理问题的方式，往往是家长情感管理能力的一面镜子。

### 4. 生活态度的映照

家长的生活态度不仅影响着家庭的日常生活，也会在无形中塑造孩子的生活习惯和人生目标。积极向上的家长往往能够培养出有目标、有责任感的孩子，而消极懈怠的家长可能导致孩子缺乏前进的动力。孩子的生活习惯、对待挑战的态度，以及对未来的规划，都是家长生活态度的反映。

子女是家长精神生活的一面镜子，这不仅体现在日常行为上，更深刻地影响着他们的思想和未来。家长应该意识到，孩子的每一个动作、每一句话，都在无声地展示着自己的精神世界。因此，家长需要以身作则，积极培养和维护一种健康的精神生活，为孩子树立正确的榜样。同时，通过观察和倾听孩子，家长也可以反思和调整自己的教育方法和生活方式，从而实现家庭成员之间的共同成长和进步。在这个过程中，家长和孩子将共同创造一个充满爱、智慧和力量的家庭环境，为社会培养出更多有责任感、有爱心、有能力的下一代。

# 主题 3

# 像是没有进行教育的情况，恰是真正的教育

苏霍姆林斯基评论说：这下大家该清楚了，那种像是没有进行教育的情况，实际上恰是真正的教育。这是家庭教育的最高境界。

## 一、重温经典

在将家庭比喻成学校、将父母比喻为老师的同时，苏霍姆林斯基注意到家庭教育不同于学校教育之处，主要在于家长的"身教"和家庭的"境教"，在于长年累月的耳濡目染、潜移默化。他提醒家长们："不要忘记，你们在家里对自己的孩子来说，既不是老师，也不是班主任，而首先是父亲和母亲。因此，不要把家庭变成小型的学校，尽可能别把学校的气氛带到家里去，这不过是为了让你们和孩子组成一个美满的家庭。"① "真正的父母之爱的核心精神，也就是让儿女由

---

① 蔡汀，王义高，祖晶编. 苏霍姆林斯基选集（第2卷）[M]. 北京：教育科学出版社，2001：675.

于感受到自尊而确立做正派人的志气。"①

他特别推崇家长马特维耶维奇一家的美满生活。

马特维耶维奇是个深受村民尊敬的人，他和妻子玛莉娅过去是帕夫雷什中学的学生，他们的三个孩子在帕夫雷什中学读书。在这个家庭中，双亲与孩子们的关系热情、真诚、坦率、正直。孩子们放学回家刚进门，妈妈便能从眼神里觉察出女儿在学校是不是顺利。而孩子们一进家门也能发现外祖母忧郁的沉默，孩子们会一个跟着一个过来慰问："外婆，您哪儿痛呀？您需要什么？"孩子们稍事休息后便着手做作业。在这个家庭中，孩子们的事都是孩子自己去做。

这个家庭的和谐气氛引起了大家的兴趣。在家长学校，母亲玛莉娅应邀介绍了自己的体会。她说："我和丈夫没有专门的时间教育孩子。丈夫在畜牧场工作，我在大田里或果园工作。孩子们在家里跟外婆在一起。我们家的规矩是：当孩子刚能管自己时就让他干力所能及的家务活，不只为自己，也为别人。要用人的眼光来看待人，这是不能破坏的原则。我们从来没有专门进行教育，不像那些不工作专门坐着照看孩子的人，还有那些常因孩子得了二分而打孩子的人。"

## 二、案例分析

案例1：隐性教育

林先生和他的妻子王女士都是艺术家，他们有一个5岁的孩子小艺。与其他家庭不同，林先生和王女士并没有为小艺制订严格的学习计划和课程表，也没有强迫他参加各种兴趣班和补习班。相反，他们给小艺提供了一个自由、开放、充满艺术氛围的成长环境。

自由探索：在林先生的工作室和王女士的画室里，小艺可以自由地探索和创作。他们鼓励小艺尝试各种材料和工具，表达自己的想象和感受。他们不会干预小艺的创作过程，只是在他需要帮助时给予指导和支持。

生活教育：林先生和王女士认为，生活是最好的教育。他们带小艺去户外观察自然、感受四季变化，去市场体验生活、了解人情世故。在这些过程中，小艺

---

① 蔡汀，王义高，祖晶编. 苏霍姆林斯基选集（第3卷）[M]. 北京：教育科学出版社，2001：125.

不仅学会了观察和思考，还培养了同理心和责任感。

榜样力量：作为艺术家，林先生和王女士用自己的行动和作品为小艺树立了榜样。他们用自己的努力和坚持告诉小艺，成功需要付出努力和汗水。同时，他们也鼓励小艺追求自己的梦想和兴趣。

虽然小艺没有接受过传统的显性教育，但他的成长却非常出色。他有着丰富的想象力和创造力，能够用各种方式表达自己的思想和感受。同时，他也非常自信和独立，能够自主解决问题和面对挑战。更重要的是，他有着良好的品德和价值观，懂得感恩和尊重他人。

这个案例展示了"没有进行教育的情况，恰是真正的教育"的深刻含义。林先生和王女士通过为小艺提供一个自由、开放、充满艺术氛围的成长环境，让他在自然探索和生活中学习和成长。这种教育方式不仅培养了小艺的创造力和想象力，还让他学会了独立思考和解决问题的能力。更重要的是，这种教育方式让小艺在自由探索中形成了自己的人生观和价值观，为他未来的成长和发展奠定了坚实的基础。这个案例告诉我们，真正的教育不是简单的知识传授和技能培养，而是对孩子全面、深入、持久地影响和塑造。

案例2：家庭教育的最高境界——无痕教育

有个故事，真正能飞越大海的是笨拙的海鸥。

有个孩子，对一个问题一直想不通：为什么他的同桌想考第一，一下子就考了第一；而他想考第一，才考了全班第二十一名。回家后他问："妈妈，我是不是比别人笨？我觉得我和他一样听老师的话，一样认真地做作业，可是，为什么我总比他落后？"妈妈不知该怎么回答他。

又是一次考试，这一次孩子考了第十七名，儿子又问了同样的问题，妈妈真想说，人的智力确实有三六九等，考第一的人脑子就是比一般人灵。

但她知道，如果说了，孩子也许就此认为自己是个愚笨的人。

儿子小学毕业了，虽然仍没赶上他的同桌，但他的成绩一直在提高。母亲为此带他去看了一次大海，就是在这次旅行中，这位母亲回答了儿子的问题。后来，儿子以全校第一名的成绩考入了名校。母校请他给学生及家长做一个报告。

其中他讲了小时候的一段经历："我和母亲坐在沙滩上，她指着前面对我说，你看那些在海边争食的鸟儿，当浪打来的时候，小灰雀总能迅速地起飞，它们拍两三下翅膀就飞入了天空。而海鸥总显得非常笨拙，它们从沙滩上飞入天空总要很长时间，然而，真正能飞越大海横过大洋的还是它们。"

这个报告使很多母亲流下了泪，其中也包括他的母亲。

【分析】在第一个案例中，我们看到一对父母如何在"不进行显性教育"的情况下，实现了对孩子的深刻教育和影响。这对父母深深理解到，有时过度强调教育和干预反而会限制孩子的自然成长和创造力。在第二个案例中，那个母亲巧妙地运用了比喻的力量，使孩子在落后的情况下激发出奋勇向前的精神。

## 三、专业指导

在当今这个知识爆炸的时代，教育似乎成了一条通往成功的必经之路。然而，当我们深入探讨教育的本质时，会发现一个有趣的悖论：真正的教育，有时候恰恰像是没有进行教育。这种现象引发了我们对教育本质的深刻思考，究竟什么样的教育才能称为"真正的教育"？

教育的本质是什么？教育通常被定义为传授知识、技能和价值观的过程。但它的真正价值远不止于此。教育的本质在于激发个体的潜能，培养独立思考的能力，以及适应社会变迁的灵活性。它不仅仅是知识的灌输，更是一种智慧的启迪和人格的塑造。"像是没有进行教育"的教育反而是真正的教育。

### 1. 自主学习的促进

当教育过于强调知识的填鸭式教授时，学生的主动性和创造性往往会受到抑制。相反，当教育更多地鼓励学生自主探索、自我驱动学习时，学生更能够发挥自己的潜能，这种看似"没有进行教育"的自由探索，实际上是对学生自我学习能力的极大促进。

### 2. 批判性思维的培养

教育不应该仅仅是对既定知识的接受，更重要的是培养学生的批判性思维能力。通过讨论、辩论和反思，学生学会质疑现有的知识体系，形成自己的见解。这种教育过程可能看起来像无序的探索，但实际上是在培养学生成为独立思考者。

### 3. 实践与体验的重视

真正的教育强调实践的重要性。通过亲身体验和实际操作，学生能够将理论知识转化为实际能力。这种通过"做中学"的教育方式，可能看起来不那么正规，但却能够让学生更加深刻地理解和掌握知识。

如何实现"像是没有进行教育"的教育？如何做到润物无声的无痕教育？

第一，创造开放和自由的学习环境。教育机构应该提供一个开放的学习环境，让学生有机会自主选择学习内容和方法。这样的环境能够激发学生的好奇心和探索欲，促进他们的个性化发展。

第二，鼓励学生主导的学习项目。通过项目式学习，学生可以在教师的指导下，自行规划和执行学习任务。这种方式不仅能够提高学生的实践能力，还能够培养他们的组织和管理能力。

第三，强化师生之间的互动。教师应该成为学生学习过程中的引导者和伙伴，而不是权威的知识传递者。通过互动交流，教师可以更好地了解学生的需求，帮助他们解决问题，同时也能够促进学生之间的合作与交流。

真正的教育是一场深刻的内心旅程，它不仅仅是知识的积累，更是智慧的启迪和个性的成长。当我们追求一种"像是没有进行教育"的教育时，实际上是在追求一种更加自由、更具启发性和更符合人性的教育。这样的教育才能真正激发学生的潜能，培养他们成为终身学习者和社会的有用人才。

## 主题4

# 力求儿童睁大眼睛观察父母的劳动

苏霍姆林斯基指出，"儿童意识到了一条真理：父母日常从事的劳动，是他们对许许多多人尽的义务；就因为尽了这种义务，一个人才获得自己的社会地位，受到人们的尊敬和爱戴。由于对劳动就是义务的理解和体验，使孩子们产生了对父母疲劳、紧张和繁重劳动的同情"。

## 一、重温经典

在家庭教育中，家长不只是言教，更有身教。在假期中，苏霍姆林斯基总是尽可能多地安排孩子们和父母亲一道劳动，"力求儿童睁大眼睛观察父母的劳动，力求激发出这种惊叹的情感"①，使每一个学生都能亲眼看到父母的劳动和责任感的榜样，感受到无与伦比的骄傲。

他曾给一年级小学生讲过，萨沙的妈妈是一位畜牧场的女工，她用自己的劳动供应五百人饮用的牛奶。格里沙的父亲在养羊场工作了二十年，使数千名工人和农庄庄员穿上毛纺织品，学生听说后眼里闪烁着惊讶和自豪的神情。"儿童意识到了一条真理：父母日常从事的劳动，是他们对许许多多人尽的义务；就因为尽了这种义务，一个人才获得自己的社会地位，受到人们的尊敬和爱戴。由于对劳动就是义务的理解和体验，使孩子们产生了对父母疲劳、紧张和繁重劳动的同情。"② "儿童从父母从事的似乎是极为平凡的劳动中，见到伟大而惊叹的感情愈深刻，他为父母做点什么事情的愿望就愈真诚。……在他的眼里，父母不仅是生

---

① 蔡汀，王义高，祖晶编. 苏霍姆林斯基选集（第5卷）［M］. 北京：教育科学出版社，2001：704，705-706.

② ［苏］B. A. 苏霍姆林斯基. 胸怀祖国［M］. 刘爱琴，方明，译. 长沙：湖南教育出版社，1985：161.

他养他的人，而且是对社会和祖国履行义务的活生生的化身。"①

## 二、案例分析

在现代家庭中，父母往往忙于工作，很少有机会与孩子共同体验生活的点滴。然而，在一个注重亲子互动和教育的家庭中，父母却努力让孩子观察并参与到自己的劳动中来，让孩子从中学习和成长。

张先生和李女士是一对年轻夫妇，他们有一个 8 岁的孩子小宁。为了培养小宁的责任感和感恩之心，张先生和李女士决定让小宁参与并观察他们的日常劳动。

家务分工。张先生和李女士制定了家务分工表，将家务劳动分配给每个家庭成员。小宁也参与其中，负责一些简单的家务任务，如整理自己的房间、帮忙洗碗等。

观察劳动过程。每当父母进行家务劳动时，如做饭、打扫房间等，张先生和李女士都会邀请小宁一起参与或观察。他们会让小宁了解劳动的步骤和技巧，并解答他的疑问。

分享劳动成果。完成家务劳动后，张先生和李女士会与小宁一起分享劳动成果，如品尝美食、欣赏整洁的房间等。他们会让小宁感受到自己的劳动成果带来的成就感和满足感。

引导思考。在劳动过程中，张先生和李女士会引导小宁思考劳动的意义和价值，让他明白劳动是创造美好生活的重要途径。他们还会告诉小宁，父母的劳动是为了家庭的幸福和孩子的成长。

经过一段时间的实践，小宁逐渐养成了参与家务劳动的习惯，并对父母的劳动有了更深刻的理解和尊重。他变得更加独立和自信，学会了感恩和珍惜。同时，他也开始关注身边的环境和社区，积极参与公益活动，为社会做出贡献。

【分析】这个案例展示了"力求儿童睁大眼睛观察父母的劳动"的重要性。

---

① 蔡汀，王义高，祖晶编. 苏霍姆林斯基选集（第 5 卷）［M］. 北京：教育科学出版社，2001：704，705-706.

通过让孩子参与和观察父母的劳动，可以让孩子了解劳动的意义和价值，培养他们的责任感和感恩之心。同时，这也是一种有效的教育方式，可以让孩子在劳动中学习和成长，提高他们的综合素质。这种教育方式不仅可以促进亲子关系的和谐，还可以为孩子未来的发展奠定坚实的基础。

## 三、专业指导

劳以树德，劳以增智，劳以强体，劳以育美。劳动是辛勤者的勋章，是幸福生活的源泉，是建造历史的砖瓦。组织学生来到父母的工作单位和劳作场地，了解父母每天所需完成的工作，全程体验父母一天的工作历程，感受父母劳动的艰辛与不易。父母职业体验，不单单是一次亲身实践的体验活动，更让学生直观地接触到不同职业的特性，感受父母职业的艰辛，提升了学生的实践能力和与人沟通交流的能力，更有利于学生牢固树立劳动最光荣、劳动最崇高、劳动最伟大、劳动最美丽的观念。

在孩子眼中，世界充满了好奇和神秘。他们以纯真的目光观察四周，学习着如何与这个世界相处。然而，在他们的探索旅程中，有一个最为贴近却又常被忽视的领域——那就是父母的劳动。鼓励儿童睁大眼睛观察父母的工作，不仅是对他们责任感和理解力的培养，更是一座连接亲子心灵的桥梁。

首先，我们要认识到，父母的劳动不仅仅是为了生计，它蕴含着生活的诸多智慧和价值。当孩子们见证父母如何在各自的工作岗位上辛勤付出，他们开始理解生活的不易，以及为何需要勤奋和坚持。这种直观的教育，比任何课堂上的讲解都要深刻。

例如，一个孩子看到父亲每天清晨出门，夜幕降临才归来，他可能会问："爸爸，你今天做了什么？"这时，父亲可以分享自己的工作经历，告诉孩子自己是如何解决问题、如何与同事协作。这样的交流，不仅增进了孩子对职业世界的了解，也让他们学会了尊重和感恩。

不仅如此，母亲在家中的劳动也同样重要。无论是料理家务、照顾孩子，还是管理家庭财务，这些都是家庭生活中不可或缺的一部分。当孩子看到母亲的忙碌，他们会更加珍惜母亲的付出，学会在家庭中承担起自己的责任。

其次，观察父母的劳动还能激发孩子的创造力和解决问题的能力。当看到父母如何规划时间、如何应对挑战，自然而然地，孩子会模仿这些行为，在自己的学习和生活中尝试应用。这种模仿是孩子成长过程中的一种学习方式，它帮助孩子们建立起面对未来的信心和能力。

为了让孩子更好地观察和理解父母的劳动，家长可以采取一些具体的措施。比如，设定一个"家庭劳动日"，让孩子们参与到家庭的日常工作中来，体验劳动的过程。或者，在周末带孩子去自己的工作场所，让他们亲眼看到父母是如何工作的。

通过鼓励儿童睁大眼睛观察父母的劳动，我们不仅培养了他们的责任感和理解力，还加深了家庭成员之间的情感联系。在这个过程中，孩子们学会了尊重、感恩，也为将来自己踏入社会打下了坚实的基础。让我们从现在做起，引导孩子们用心观察、用爱理解，让家庭的每一份劳动都被看见、被珍惜。

# 主题 5

# 家庭中应"充满尊重科学、文化、书籍的精神"

苏霍姆林斯基指出，"家庭的智力气氛，对于儿童的发育成长具有非常重要的意义。儿童的一般发展和记忆，在很大程度上取决于：家里的人们有什么智力兴趣？读些什么书籍？成年人考虑些什么问题？在儿童的思想里留下些什么影响？""家庭中应该充满尊重科学、文化、书籍的精神"。

## 一、重温经典

"家庭的智力气氛，对于儿童的发育成长具有非常重要的意义。儿童的一般发展和记忆，在很大程度上取决于：家里的人们有什么智力兴趣？读些什么书籍？成年人考虑些什么问题？在儿童的思想里留下些什么影响？"① 苏霍姆林斯基主张："家庭中应该充满尊重科学、文化、书籍的精神。"②他极力让家长懂得：孩子的智力取决于你们的智力兴趣，取决于书籍在家庭的精神生活中占有什么地位。在他的建议下，每个家庭都建起了小型的图书馆，并且不断补充图书，充实着家庭精神生活的物质基础。为了指导家庭选择图书，他创办了"少年期金色图书室"，作为家庭图书馆的样板。他挑选了世界级的优秀文学作品。他认为："经典作家的作品在每个学生的心灵中一定要留下深刻的印象，我们不能想象少年期丰富多彩的精神生活中可以缺少这些作品……我们的理想是，使少年感到有必要重温并反复阅读许多书籍，就像一个有音乐修养的人反复听音乐那样。"②学校还和家庭一道举办"图书日"，培养儿童多方面的阅读兴趣和满足其需要。不少家庭把傍晚前一小时规定为读书时间，让孩子阅读自家的或从学校图书馆借来的图书。年深日久，阅读逐渐成为孩子最大的精神需求。

## 二、案例分析

在一个典型的家庭中，我们可以观察到一种"充满尊重科学、文化、书籍的精神"的教育方式，这种方式不仅塑造了孩子的品格，也为其未来的成长奠定了坚实的基础。

陈先生和他的妻子林女士都是知识分子，他们坚信科学、文化和书籍的力量，因此在家庭中营造了一种尊重科学、热爱文化、珍视书籍的氛围。他们有一个10岁的孩子小华，小华从小在这样的环境中成长，逐渐形成了自己独特的世界观和价值观。

科学探索。陈先生和林女士鼓励小华对科学保持好奇心和探索精神。他们经常一起参与科学实验，观察自然现象，讨论科学问题。家中有一个专门的科学实验角，里面摆满了各种实验器材和书籍，小华可以随时进行探索和学习。

文化熏陶。陈先生和林女士注重对小华的文化熏陶。他们经常带小华去博物

---

① 蔡汀、王义高、祖晶编. 苏霍姆林斯基选集（第2卷）［M］. 北京：教育科学出版社，2001：652、703.

② 蔡汀、王义高、祖晶编. 苏霍姆林斯基选集（第3卷）［M］. 北京：教育科学出版社，2001：587.

馆、艺术馆、图书馆等地方，让小华亲身感受文化的魅力。同时，他们也会在家中举行一些文化活动，如诗词朗诵、书法练习等，让小华在轻松愉快的氛围中学习传统文化。

书籍阅读。在陈先生和林女士的家中，书籍是最宝贵的财富。他们为小华准备了丰富的书籍资源，包括科普读物、文学名著、历史书籍等。小华从小养成了阅读的习惯，每天都会抽出时间阅读书籍，从中汲取知识和智慧。

尊重与鼓励。陈先生和林女士尊重小华的兴趣和选择，鼓励他追求自己的梦想。他们经常与小华进行深入的交流，了解他的想法和感受，给予他足够的支持和鼓励。这种尊重和鼓励让小华更加自信和坚定，敢于面对挑战和困难。

在陈先生和林女士的教育下，小华逐渐成长为一个有知识、有文化、有素养的人。他对科学充满热情，对文化有着深厚的兴趣，对书籍更是爱不释手。他善于思考、勇于创新，具备较强的学习能力和适应能力。同时，他也非常尊重他人、关爱社会，积极参与各种公益活动，为社会做出了贡献。

【分析】这个案例展示了家庭中"充满尊重科学、文化、书籍的精神"的重要性。通过科学探索、文化熏陶、书籍阅读和尊重与鼓励等教育方式，孩子在家庭中接受全面而深入的教育。这种教育方式不仅可以培养孩子的综合素质和能力，还可以为其未来的成长和发展奠定坚实的基础。因此，我们应该注重家庭教育的方式和方法，为孩子创造一个良好的成长环境。

## 三、专业指导

家庭作为孩子成长的第一课堂，其智力氛围的营造对于孩子的智力发展和终身学习的态度形成具有不可忽视的影响。一个充满好奇心、鼓励探索和思考的家庭环境，能够激发孩子的潜能，培养他们成为未来的创新者和领导者。

家庭作为社会的细胞，是培养下一代的摇篮，更是传承和弘扬科学文化精神的前沿阵地。因此，家庭中应当充满尊重科学文化书籍的精神，这不仅能够为家庭成员提供一个积极向上的学习环境，还能够帮孩子树立正确的价值观和世界观。

### 1. 要认识到尊重科学文化书籍的重要性

科学文化书籍是人类文明的结晶，它们承载着人类的历史、智慧和创造力。

尊重这些书籍，意味着我们尊重知识的力量，尊重人类的进步和发展。在家庭中推崇科学文化书籍，可以帮助家庭成员建立起对知识的渴望，激发探索世界的好奇心，培养终身学习的习惯。

### 2. 在家庭中营造尊重科学文化书籍的氛围

发挥家长的榜样作用。家长是孩子的第一任老师，他们的行为会直接影响孩子。家长应该通过自己的行动，如阅读书籍、讨论科学话题、参观博物馆等方式，展示他们对科学文化书籍的尊重和热爱。

提供丰富的阅读材料。家庭中应该有意识地提供各类科学文化书籍，包括科普读物、历史书籍、文学作品等，以满足不同年龄段家庭成员的需求。

鼓励平等的交流与讨论。家庭成员之间应该鼓励开放的交流和讨论，对于书中的内容进行分享和探讨，这样可以增进理解，也能够激发家庭成员之间的思想碰撞。

创造阅读的良好环境。一个安静舒适的阅读角落，可以让人更容易沉浸在书籍的世界中。家庭应该提供一个适合阅读的环境，减少干扰，增加阅读的愉悦感。

### 3. 尊重科学文化书籍能带来积极的影响

培养批判性思维。科学文化书籍往往包含着严谨的逻辑和深入的思考，尊重这些书籍能够帮助家庭成员培养批判性思维能力。

提升综合素质。通过阅读科学文化书籍，家庭成员可以增长知识，开阔视野，提升自身的综合素质。

强化道德观念。许多科学文化书籍中蕴含着深刻的道德观念和人文精神，尊重并阅读这些书籍有助于家庭成员形成正确的价值观。

家庭中充满尊重科学文化书籍的精神，对于培养家庭成员的知识渴求、思维能力和道德观念都有着不可估量的重要作用。通过发挥家长的榜样作用、提供丰富的阅读材料、鼓励交流与讨论以及创造良好的阅读环境，我们可以让家庭成为科学文化的摇篮，为孩子打下坚实的知识基础，为社会培养出更多具有科学精神和文化底蕴的人才。

# 参考文献

［1］李保强，徐礼祥. 发掘与重构：苏霍姆林斯基难管教儿童教育思想探究
［J］. 中小学管理，2024（3）：53-57.

［2］韩若伊，曾彬. 苏霍姆林斯基情感教育思想对培养幼儿共情能力的启示
［J］. 教育观察，2024，13（6）：74-77.

［3］张元奎. 苏霍姆林斯基劳动教育思想的价值向度与时代启示［J］. 教育理论
与实践，2024，44（5）：11-14.

［4］李敏. 苏霍姆林斯基劳动教育思想的内涵、特质及启示［J］. 教育与考试，
2024（1）：61-65.

［5］朱曼曼，肖菊梅. 苏霍姆林斯基论教师时间：核心要义、价值意蕴与现实观
照［J］. 内蒙古师范大学学报（教育科学版），2023，36（6）：30-37.

［6］何伟俊. 词语是语文学习的根本，语感是学习语言的环境——苏霍姆林斯基
教育思想对语文教学的启示［J］. 小学语文教师，2023（12）：79-80.

［7］张婷婷，佟玉英. 苏霍姆林斯基教育思想对中小学劳动教育的启示［J］. 甘
肃教育，2022（10）：15-18.

［8］邵潇萧. 苏霍姆林斯基德育思想对"双减"背景下学校德育创新的启示
［J］. 西藏教育，2023（10）：15-18.

［9］姜宝鹏. 论苏霍姆林斯基体育与健康教育思想及其当代启示［J］. 体育视
野，2023（20）：49-52.

［10］朱曼曼，肖菊梅. 苏霍姆林斯基教师创造性劳动观及其当代启示［J］. 河
南科技学院学报，2023，43（8）：17-24.

［11］张莹丹. 苏霍姆林斯基儿童音乐教育思想对幼儿园音乐课程的启示［J］.
琴童，2023（16）：75-77.

［12］李媛媛，张越. 苏霍姆林斯基教育思想对当代家庭德育的启示［J］. 教育

观察，2023（24）：31-34.

[13] 楼叶莹. 苏霍姆林斯基集体主义劳动教育思想及其当代价值 [J]. 甘肃教育研究，2023（7）：102-105.

[14] 马思远，班建武. 培养个性全面和谐发展的社会公民——苏霍姆林斯基劳动教育思想的人学主张 [J]. 中国德育，2023（13）：17-21.

[15] 魏一悦. 苏霍姆林斯基自我教育思想及其对少先队的启示 [J]. 新课程导学，2023（17）：11-14.

[16] 齐文娟，石群. 苏霍姆林斯基劳动教育思想探析 [J]. 延安职业技术学院学报. 2023，37（3）：1-6+26.

[17] 李世杰，谢华. 苏霍姆林斯基美育思想及其对幼儿教育的启示 [J]. 林区教学，2023（6）：116-120.

[18] 王晓薇. 人的全面和谐发展应是教育的永恒追求——重温经典：苏霍姆林斯基的《给教师的建议》之启示 [J]. 教育艺术，2023（5）：14-15.

[19] 李志. 读经典悟思想 争当新时代的"大先生"——再读《苏霍姆林斯基选集》感悟 [J]. 陕西教育（综合版），2023（5）：61-62.

[20] 吴欣怡，肖菊梅. 苏霍姆林斯基论"教育爱" [J]. 文教资料，2023（9）：109-115.

[21] 向秀密，覃汶臻. 重温苏霍姆林斯基教育思想，感悟儿童音乐美育的方法与意义 [J]. 基础教育课程，2023（8）：21-26.

[22] 金月. 创造性阅读的特征、层级以及引导路径——以阅读苏霍姆林斯基《男孩和铃兰花》为例 [J]. 语文教学通讯（小学刊），2023（12）：38-40.

[23] 徐凯伦，董志华. 苏霍姆林斯基的劳动教育理论及对当代教育的启示 [J]. 成才之路，2023（8）：49-52.

[24] 孙丹，徐辉. 苏霍姆林斯基劳动教育培养"真正的人"的三重逻辑与时代价值 [J]. 西南大学学报（社会科学版），2023，49（1）：184-192.

[25] 杨杰，杨春雪. 苏霍姆林斯基家校合作思想及现实价值 [J]. 中国教师，2023（1）：16-20.

[26] 江海伦. 苏霍姆林斯基对劳动教育的认识及当代启示 [J]. 品位·经典，2022（23）：29-31.

[27] 范帆鞭，尹向毅. 如何培养中小学生的共情能力——苏霍姆林斯基共情教育思想的启示 [J]. 福建教育，2022（48）：33-35.

[28] 谭凯娜，马香莲. 创造性劳动：苏霍姆林斯基劳动教育思想的精神特质 [J]. 吉林省教育学院学报，2022，38（11）：59-64.

[29] 于兰美. 跟着苏霍姆林斯基教阅读 [J]. 山东教育，2022（38）：52-53.

[30] 剧爱玲. 跟着苏霍姆林斯基学做好教师——给年轻教师的建议 [J]. 河南教育：基教（版）. 2022（10）：52-54.

[31] 马香莲，余玲瑄. 苏霍姆林斯基劳动教育思想体系对我国新时代劳动教育的启示 [J]. 成都师范学院学报，2022，38（9）：69-77.

[32] 王彩胤. 如何帮助角落里的孩子——苏霍姆林斯基学习困难生教育思想及启示 [J]. 齐齐哈尔师范高等专科学校学报，2022（5）：1-4.

[33] 盛玉莹，张聪. 苏霍姆林斯基儿童教育观论析 [J].《江苏教育》班主任，2022（8）：51-56+60.

[34] 张琪琪，孟令，马香莲. 劳动情感培育：苏霍姆林斯基劳动教育思想的深层基调 [J]. 基础教育参考，2022（8）：3-7.

[35] 蔡玲玲. 苏霍姆林斯基的劳动教育思想及当代价值 [J]. 内蒙古教育，2022（12）：4-11.

[36] 顾明远. 苏霍姆林斯基教育思想的现实意义 [J]. 中国教育学刊，2022（10）：191-192.

# 后　记

在编写本书的过程中，编者借鉴和参考了国内外一些知名专家的著作和研究成果，引用了一些教师的案例和文章，在此向所有专家、教师致以衷心的感谢！受沟通渠道所限，我们未能与所有作者取得联系。敬请相关作者与我们联系，电子邮箱：taolishuxi@126.com。

编　者

# 高效教师的 35 个细节

冯世宇 著

新 华 出 版 社

**图书在版编目（CIP）数据**

高效教师的 35 个细节／冯世宇著.
-- 北京：新华出版社，2024.12.
（创造学生喜爱的课堂）
ISBN 978 - 7 - 5166 - 7687 - 5

Ⅰ. G635.12

中国国家版本馆 CIP 数据核字第 2024 LS4812 号


**高效教师的 35 个细节**

著　　者：冯世宇

责任编辑：蒋小云　丁　勇　　　　装帧设计：郝亚娟

出版发行：新华出版社
地　　址：北京石景山区京原路 8 号　邮　　编：100040
网　　址：http://www.xinhuapub.com
经　　销：新华书店
　　　　　新华出版社天猫旗舰店、京东旗舰店及各大网店
购书热线：010 - 63077122　　　中国新闻书店购书热线：010 - 63072012

照　　排：桃李书系
印　　刷：三河市人民印务有限公司

成品尺寸：170mm × 230mm
印　　张：13　　　　　　　　　字　　数：226 千字
版　　次：2025 年 2 月第一版　　印　　次：2025 年 2 月第一次印刷
书　　号：ISBN 978 - 7 - 5166 - 7687 - 5
定　　价：49.00 元

# 前　言

在教育的广袤领域中，教师如同灯塔，照亮学生前行的道路。他们不仅是知识的传播者，更是学生心灵成长的引导者，肩负着培育学生全面发展的重任。在教学过程中，教师面临着多种挑战和压力，需要同时具备教学技能、班级管理、心理辅导等多方面的能力，才能最大限度地提升教育教学的质量。因此，如何成为一名高效教师，成为当下教育领域中的重要课题。

为了帮助教师更好地应对教育教学中的诸多挑战，真正成为一名高效教师，本书深入探讨教师职业发展的各个细节，旨在提供一套实用的方法和策略，帮助教师迅速提升教育教学水平，激发自身潜能。

本书共包含七个专题，每个专题下设3~6个细节，每个细节都是基于丰富的教育实践和行业经验总结而来的，从不同角度探讨了高效的教学方法和策略。

专题一：做好自我管理。本专题着眼于如何从自我管理的角度达到高效，介绍了坚持每日必清，用好碎片时间，可以在繁忙的教学工作中保持清晰的思维和高效的行动，提升教学效率；做好职业规划，明确自己的目标和发展路径，提升工作效率；给学生记一本"变天账"，记录学生的进步和变化，为教学提供有力的支持和反馈，提升教学管理效率；提升自我定力，保持专注和耐心；保持好心情，注意劳逸结合，在提升工作效率的同时，更好地应对挑战。

专题二：不断自我提升。本专题鼓励教师不断追求自我成长和提升，一要学会自我清零，摆脱消极情绪的束缚；二要保持阳光心态，积极面对教育工作中的机遇与挑战；三要学会在忙碌的缝隙里"保养"自己，为自己充电；四要以同理心看待学生，理解学生的需求和困惑，关注学生的成长与进步；五要学会"给点阳光就灿烂"；六要与时俱进，不断提升教学技术，掌握现代教育理念和方法，提高教学效果和影响力，不断提升自己的专业素养和教学水平。

专题三：保持积极思维。本专题基于积极思维对效率的影响，引导教师培养自身积极的思维方式，一是要面相平和，展现出友好和善意，内心坚定而强大；二是要善于发现学生的闪光点，关注学生的优点和特长，给予学生肯定和鼓励；三是要坚持双赢思维，寻求共同利益；四是要给事件正向赋能，从积极的角度看待问题；五要真诚地感受和展现善意，传递正能量，在培养积极思维的过程中增强自信心，提升自身的工作效率，并使学生更好地展现自己的能力。

专题四：擅长班级管理。本专题回到班级管理，介绍了提升管理效率的一系列软技能，一是注重方法指导和提升，以帮助学生找到最适合自己的学习路径；二是尊重和理解学生，关注每个学生的个性和内心世界；三是对学生怀有信心，公平公正地对待每一个学生，为他们提供均等的机会和资源；四是关注学生的内心感受，营造出积极向上的班级氛围，以此为学生提供安全、温暖的学习环境，促进他们综合素质的全面提升。

专题五：乐于与人合作。本专题探讨如何通过与他人有效合作提升工作效率，实现共同的目标。一是要掌握激励技巧，激发团队成员的积极性和创造力；二是要具备独立解决问题的能力，在遇到问题时快速找到解决方案；三是要保持合作与民主的态度，营造出开放和尊重的氛围；四是要具备幽默感，能够缓解紧张气氛；五是要处事有伸缩性，能够更好地应对变化，保持灵活性和适应性，以此与同事、家长和学生建立良好的关系，有效推动教学事业的发展。

专题六：培养良好的教学习惯。本专题引导教师养成良好的教学习惯以提升工作效率。一是要整理好教案，确保清晰、完整和有条理；二是要提前3分钟到达教室，为自己留出充足的时间准备教学；三是要给学生正向激励，鼓励他们积极思考、勇于表达；四是要认真倾听学生的发言，尊重他们的观点；五是要关注关键少数，有针对性地进行教学，以提高教学效果，让学生获得更好的学习体验和成果。

专题七：培养领袖精神。本专题探讨如何培养领袖精神。一是要敢于拒绝，不畏惧权威，勇于表达自己的观点；二是要专注于自己的工作，全身心投入，不断提高自己的专业能力；三是要乐于自我反思，不断总结经验教训，不断完善自己，更好地发挥自己的潜力，取得更好的成就。

希望本书能够帮助教师学会成为一名高效教师的一些方法，不论从自我管理、自我提升，还是从课堂教学、班级管理、与人合作等方面，都得到全面而有效的提升和改善。书中附有丰富的案例和实践经验，希望能为教师提供一条走向高效之路的捷径，让教师的教育教学事半功倍。

在编写这本书的过程中，笔者邀请了多位教育专家和经验丰富的教师进行深入讨论与交流，从而汇集了更广泛的智慧和观点，他们的经验和洞察力为本书增添了更深厚的内涵，使得这35个细节更加贴合实际，易于理解和应用。

希望本书能够成为广大教师的得力伙伴，为其提供指导并激发他们在教学工作中的潜力。通过阅读和实践本书的内容，教师能够不断提升自己的教育能力和领导能力，引导学生走向成功，迎来更美好的未来。

# 目　录

## 专题一　做好自我管理

高效教师的一个最显著的特征就是能做好自我管理。因此，要成为一名高效教师，除了要掌握相应的专业知识和专业技能，还必须具备良好的自我管理能力。高效教师的自我管理能力主要体现在时间管理能力、情绪管理能力、压力管理能力和自我激励能力等方面。

# 专题二 不断自我提升

在教育领域，教师的职责远不只是传授知识，还肩负着培养学生成才和塑造未来的重任。因此，要成为一名高效教师，不断自我提升是关键。只有不断自我提升，以积极的心态、专业的技能和无尽的热情不断挑战自我，才能成为高效教师，为学生的成长和未来奠定坚实的基础。

# 专题三　保持积极思维

　　在教育领域中，高效教师是促进学生成长和发展的关键力量。他们不仅仅是传授知识的导师，更是启迪学生内在潜能的引领者。而在高效教师的行动中，积极思维是一把无形的"魔法武器"，不仅对教师自身的心态和情绪有着积极的影响，还可以激发学生的潜力，改善学习氛围，培养学生积极向上的心态。

# 专题四  擅长班级管理

在成为一名高效教师的道路上，班级管理至关重要。擅长班级管理的教师，不仅能够有效地组织和引导学生，还能够营造良好的学习氛围，培养学生积极的学习态度，为学生营造一个积极、安全、有活力的学习环境，培养学生的创造力和自信心，促进学生的成长和全面发展，建立良好的师生关系。

## 细节 20 　对学生怀有信心 / 113

## 细节 21 　公平公正地对待学生 / 117

## 细节 22 　关注学生的内心感受 / 124

# 专题五　乐于与人合作

在教育领域中，教师之间的合作不仅是实现高效教学的关键，更是构建求知共同体的核心。教育工作者们通过相互协作，不仅可以共同达成教学目标，还能在启发与交流中提升自身的教学水平。在这个过程中，教师们共享自己的宝贵经验，探讨创新的教学方法，进而共同探索更有效的教育策略，以提升教育教学质量。

## 细节 23 　掌握激励技巧 / 130

# 专题六　培养良好的教学习惯

教师是知识的传播者，是学生成长道路上的引导者。教师的行为习惯不仅影响教学质量，更深远地影响着学生的成长和发展。良好的教学习惯不仅能够帮助教师更有效地传授知识，还能激发学生的学习兴趣，培养学生的思维能力。因此，探讨如何养成良好的教学习惯，对提高教育质量、培养优秀人才具有重要意义。

# 专题七　培养领袖精神

在教育领域，成为高效教师不仅仅需要掌握出色的教学技能和丰富的知识，还要具备领袖精神。教师不仅要成为学生学习的指导者，更要成为他们的榜样和引领者。专注于培养领袖精神，可以帮助教师有效管理时间和资源，全身心投入教学，并在反思中不断改进和提升。

# 专题一
## 做好自我管理

高效教师的一个最显著的特征就是能做好自我管理。因此，要成为一名高效教师，除了要掌握相应的专业知识和专业技能，还必须具备良好的自我管理能力。高效教师的自我管理能力主要体现在时间管理能力、情绪管理能力、压力管理能力和自我激励能力等方面。

# 细节 1

# 坚持每日必清，用好碎片时间

能做好时间管理是高效教师的关键特征之一。教师常常被各种琐事和杂乱无章的环境所困扰，工作的繁忙和时间的紧迫势必要求教师能高效地利用好时间。通过合理利用碎片时间，提升处理琐碎事务的专注度，可以提升工作效率，营造更加有序和高效的工作和教学环境。

## 一、坚持每日必清

每日必清，是指教师每天对教学过程和工作环境做规划安排，将教学资料、教学器材、教室环境等有序整理，对当天的工作、学习和教育实践进行总结和反思，指出问题、找到解决方法，并为第二天的教学做好准备。

### 1. 作用

（1）有利于养成良好的工作习惯

教师做到每日清，有助于培养和保持良好的工作习惯。通过每日细化工作任务，定期整理和清理教学资料、教学器材等，教师可以形成职业意识，培养良好的工作习惯。

（2）有利于提高工作效率

每日清可以帮助教师在回顾和反思的基础上，制订更加合理的工作和学习计划，合理安排自己的时间，充分利用碎片时间完成任务，提高工作效率。

（3）能够提高教学质量

每日清可以让教师回顾自己的教学实践，对自己的教学内容和教学方法进行总结和反思，发现自己的不足之处和改进空间，提高教学质量，更好地服务于学生的学习。

（4）能够增强自我管理能力

每日清可以帮助教师养成好的时间管理或工作规划习惯，避免因时间管理不当或工作规划不周而影响教学效果。

## 2. 如何坚持每日必清

坚持每日必清对提升教师的工作效率有着重要的作用，但要实现这一目标，需要一些具体的方法和策略。具体来说，教师可以按如下步骤做到每日必清。

第一步：列出所有任务。在每天开始工作之前，列出所有的教学任务，包括不同学科的任务以及教育教学工作相关的其他任务。

第二步：细化任务清单，将每个教学任务进行细化。清单应该明确列出每个任务需要达成的目标和操作步骤，以使工作更加清晰具体，便于操作。

第三步：评估任务优先级。将每个任务进行优先级评估，参考任务的紧急性和重要性，确定执行任务的顺序。

一是"重要且紧急"的任务：这些任务是当天必须立即处理的紧急事务，对于教师的教学工作和学生的学习进展至关重要。它们需要优先处理，不容拖延。例如，处理紧急的学生问题、准备即将进行的重要考试或测验、处理重要的教学计划调整等。

二是"重要不紧急"的任务：这些任务对于教师的工作和教学效果也很重要，但不需要马上处理。这些任务需要在合适的时间安排下来，并根据优先级进行适当安排。例如，改进教学计划、课程设计、教学资源的整理与准备、参加教学培训等。

三是"紧急不重要"的任务：这些任务可能由他人要求或突发事件而导致，需要及时处理，但其在整体工作中的重要性相对较低。在安排这些任务时，教师可以合理评估其对工作目标的影响，避免高度投入这类临时任务。例如，回复一些紧急但对教学工作影响较小的电子邮件、解答一些一时性的学生疑问等。

四是"既不重要也不紧急"的任务：这些任务对教师的工作目标和学生的学习成果影响较小。教师可以将这些任务设置为工作的较低优先级，根据实际情况和时间安排合理处理。例如，处理一些琐碎的行政工作、整理和归档一些不常用的教学资料等。

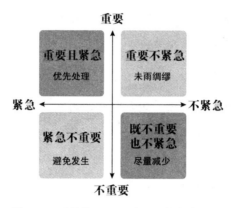

图 1-1　时间管理——重要、紧急象限图

做好时间预算，有序推进各项工作按照制订好的轻重缓急清单，有计划地去逐项做，一项一项地完成，不盲目。最好每周甚至每天都给时间做预算，把要做的事情列个清单，在每件事情的边侧写上自己估算的时间。比如，每天上 4 节课 3 小时，备课 1 小时，批改作业 40 分钟，课外辅导 30 分钟，接待家长 20 分钟……当然时间不能排得太满，要预留机动时间，处理随机事件。[1]

第四步：将任务平均分配。平均分配任务，要根据教师的时间、能力、专业素养和学科特长等因素来考虑。

第五步：检查任务清单。在有计划的时间内，检查任务清单的完成情况，及时更正任务执行过程中出现的问题，改进执行方式，确保任务的完成质量。需要注意的是，在检查任务清单的过程中，教师应该根据实际情况和任务的重要性及紧急性，在不同任务之间进行调整，并重新安排任务执行的顺序。

初中数学相较于小学数学，知识点增多、难度增大，用数学抽象思维解决问题的要求更高，常常会让学生感到学习内容杂乱无序，知识点难理解、难掌握、

---

[1]　王柳柳. 教师怎样进行有效的时间管理 [J]. 初中生世界（初中教学研究），2020（2）：8-9.

难应用。对于教师来说，不同学科之间的教学目标容易产生冲突，教学计划也容易形成重叠，例如，七年级数学上册中的"数据的收集与整理"单元，在物理、化学等科目中对于统计实验结果，也有着广泛的应用，因此不必重复授课。为了有效利用有限时间，提高教学效率，我们要求教师每天都制作"日日清"的知识清单，一方面可以让教师知道学生每天时间的利用情况，在每堂课的基础上，学生利用零碎时间对知识进行吸收和巩固。另一方面，"日日清"的知识清单可以用于不同学科教师之间进行交流，了解不同学科教学内容的异同，不仅可以在此基础上开展跨学科的教学活动，还可以避免重复的知识反复教。[1]

上述案例以统筹兼顾为重点，细化"日日清"清单，对于容易形成重叠的教学目标及教学计划，教师可以通过制订每日必清清单，清晰地掌握学生的学习进度，有针对性地进行教学。同时，不同学科教师之间可以共享清单，避免教学内容重复，提高教学效率。

此外，教师还应做到每日进行教室环境整理，包括清理地面、布置教具、整理课桌椅等，确保教室环境整洁清爽，有利于学生学习和保障教学秩序；教学器材整理包括教学器材的整理，如文具、投影仪、电脑等，要确保这些器材放置整齐、清洁干净以及能够正常使用。教师办公区整理，包括整理和清理教师办公桌、文件柜和书架等，确保教师办公环境干净。

养成每日必清这一良好的习惯，教师不仅能够提升专注力、调整心态，高效地管理时间和任务，提高工作效率和个人成就，同时还可以促使教师保持工作环境的干净整洁、有条理，为学生提供更好的学习氛围和支持，并为学生树立做好自我管理的榜样。

## 二、利用好碎片时间

碎片时间是指在教学过程中，教师所拥有的零散的时间片段。这些碎片时间可能

---

① 程晓莉. "四清"教学法在初中数学中的应用［J］. 文理导航，2023（17）：58—60.

是课间休息时间、学生自习时间、下班前几分钟、上下班路上等车时等。虽然这些时间片段相对较短，但通过合理利用，教师可以完成一些必要的工作，提高工作效率。

**1. 利用碎片时间可做的事情**

（1）检查学生作业

在课间休息或下课前的几分钟，教师可以快速浏览和批改学生的作业，采用简单的标记或评分方式，以减轻课后批改作业的负担。

（2）进行备课和教材准备

将碎片时间用于阅读教材、查找教学资源、准备课件等，有助于提前做好教学准备工作。可以在放学后、学生自习时间或者学校放假期间抽出时间进行更深入的备课。

（3）制订教学计划和进行评估设计

教师可以利用碎片时间来编写教学计划，设计教学评估工具，整理教学文件等。这些工作通常不需要连续较长时间的投入，利用碎片时间就可以很好地完成。

（4）进行专业学习和知识更新

利用零散的时间片段进行专业学习，例如，阅读教育相关书籍、参加在线课程或学习研讨会。这样可以不断提升自己的教学能力和专业知识水平。

（5）进行同事交流和合作

碎片时间也可以用于与同事进行交流和合作。可以与同事讨论教学问题、分享教学经验，或者一起策划教研活动，共同提高教学水平。

（6）进行休息和放松

尽管碎片时间可以用来完成工作，但也应注意合理安排休息。在碎片时间中可以进行一些放松活动，如听音乐、做伸展运动、深呼吸等。这样可以减轻疲劳感，提高工作效率。

**2. 如何利用好碎片时间**

教师通过有效利用碎片时间进行备课、批改作业、学习提升，能够提高教学效率，提高教学质量，促进个人教育发展。教师可以围绕以下要点提升自己有效利用碎片时间的能力，实现工作与生活的平衡。

（1）设置事项

在每天开始工作前，梳理当天的工作事项，列出能利用碎片时间完成的任务。这样，当碎片时间出现时，可以立即着手处理这些任务。

（2）划定时间块

将碎片时间块划分为几个小时间段，分配给不同的任务或活动。比如，利用午餐时间抓紧备课、整理文件；利用上下班途中的时间听专业学习的音频课程；等等。

（3）提前准备资料

提前备课、准备讲义或教学材料，将其存储在便携设备、云端或电子文档中，方便随时查看和利用。这样，当有碎片时间时，可以随时复习和准备教学内容。

（4）利用科技工具

借助科技工具，如手机、平板电脑、教学应用程序等，可以随时随地进行备课、批改作业、查阅资料等工作。这样可以更有效地利用碎片时间，提高工作效率。

（5）小任务及时处理

碎片时间通常比较短暂，所以可以把一些小任务放入这个时间段内完成，如回复邮件、整理教案、与家长沟通等。及时处理这些小任务可以避免积压和延误。

第一：用目标串联"碎片"

我要写一本古诗文漫读方面的书，工作量很大，总的解读篇数不少于400篇，比《唐诗三百首》还多。但我不焦虑，而是给自己制订一个"总目标"——用一年的时间完成。这样一来，晚上的时间、放假的时间、候车的时间，甚至等待会议开始的时间，我都可以轻松而投入地利用"碎片化"时间，完成一篇古诗文的解读。积少成多，不知不觉，几百篇古诗文就解读完了。看着厚厚的几本书稿，自己都惊讶。

第二：用框架串联"碎片"

研究"统编版教材"，这是许多教育研究部门、许多人都在做的事情，我自然也不例外。我在思考，如何让"统编版教材"以一棵大树的形象，整体植入我的脑海里。于是，我就利用每一个可以利用的"碎片化"时间，读"统编版教材"，把教材"拆开"，按照古诗文、口语交际、习作、综合性学习、读书吧等不同板块，画出表格，铺在地上，贴在墙上，学一点，做一个记号。慢慢地，"统编版教材"的整体框架就在我的脑子里清晰起来。①

上述案例中，教师利用碎片时间，以目标串联的方式完成了古诗文解读；用框架串联的方式，将统编版语文教材整体化，让自己对教材有了清晰的认识。这都强调了合理利用碎片时间对于工作、学习的巨大价值。

综上所述，通过坚持每日必清和高效利用碎片时间，教师能够提高工作效率和教学质量，更好地实现教育目标，为学生的成长提供更好的支持。因此，教师应该从自身出发，有意识地提醒自己坚持每日必清，利用好碎片时间，并使之成为日常工作的基本准则。

# 细节 2

# 做好职业规划

职业规划是每个教师都应该重视的重要方面，而在成为一名高效教师的道路上，做好职业规划更是至关重要的一环。职业规划并不限定于升职和晋升，更加着重于个人的成长和发展。明确的职业规划能够为教师提供清晰的目标和指引，

---

① 郭学萍. 长辫子老师的"碎片时间管理清单". 微信公众号：长辫子老师的创意写作坊.

使教师可以更好地发挥自己的潜能，不断提升自己的专业能力，为学生提供更好的教育服务。

## 一、认识职业规划

教师职业生涯规划是协调教师个人需求和学校目标的设计，是教师在职业生涯中根据自己的职业价值观、职业原则和长期目标，所制订的职业生涯规划的指导思想和具体措施。教师可以通过工作和专业发展的统筹安排来实现个人和学校的共同成长。

### 1. 确定职业方向和目标

职业规划帮助教师明确自己的职业方向和职业目标。教师可以通过职业规划了解自己的兴趣和才能所适合的教学领域、学科或年级，并设定清晰的长期和短期目标。这有助于教师更好地掌握自己的发展方向，明确自己在教育领域中想要取得的成就。

### 2. 提升教学能力和专业素养

职业规划鼓励教师进行持续学习和专业发展。教师可以根据自己的规划设定学习目标，参加专业培训、研讨会、教学交流等活动，提升自己的教学能力和专业素养。通过不断学习，教师可以跟上教育领域的最新发展，为学生提供更好的教育服务。

### 3. 提升职业竞争力

职业规划有助于教师提升自己的职业竞争力。教师可以通过职业规划选择适合自己的职业发展路径，并在该领域中不断提升自己的专业能力和知识水平。这可以使教师在职位晋升、职业机会等方面更具竞争力，获得更好的职业发展。

### 4. 探索职业机会和广阔前景

职业规划引导教师积极主动地探索职业机会，了解教育领域的前景和发展趋势。教师可以了解不同学校、机构或地区的教育工作机会，以及相关岗位的需求和要求。通过计划和准备，教师可以抓住机遇，拓展职业发展的广度和深度。

### 5. 提升职业满意度和成就感

职业规划使教师更加明确自己的职业目标和追求，有助于提高教师的职业满意度和成就感。当教师能够在自己喜欢的领域从事教育工作，实现自己的职业目标和梦想时，他们会更加热爱自己的工作，并感到满足和有成就感。

## 二、如何做好职业规划

教师职业生涯规划可帮助教师根据自身特点创造具有竞争力的职业发展优势，在教育现代化的发展中，把握浪潮，不断追求最新的发展趋势，从而实现自己的职业目标。具体来说，教师可以按如下步骤做好职业规划。

### 1. 自我评估

首先，教师要深入了解自己的兴趣、价值观、技能和优势。考虑自己对不同教学领域、学科或年级的兴趣，以及擅长的能力和技能。这有助于教师确定自己在教育领域中的定位和发展方向。教师可以使用SWOT分析法来进行自我评估。SWOT分析法是一种常用的管理工具，用于评估个人或组织的优势、劣势、机会和威胁。

（1）优势（Strengths）

思考自己在教学过程中有哪些优势和特点，包括教学技能、知识水平、沟通能力、管理能力、创新能力等。

（2）劣势（Weaknesses）

诚实地评估自己的不足之处，识别自己在教学方面的劣势和需要改进的地方，包括教学技能的不足、知识的欠缺、时间管理能力的弱点等。

（3）机会（Opportunities）

分析当前和未来可能存在的机会，寻找并抓住有助于个人发展的机会，包括参与专业培训、参与教育项目、与其他教师合作等。

（4）威胁（Threats）

确定存在的可能会影响到自己在教学领域的发展的威胁或障碍，可能包括市场竞争、技术变革、经济变化等。

一、优势分析

1. 师范类院校毕业，有一定的教育教学理论基础。数学基础知识牢固，易于接受新知识，乐于尝试新方法。（战略思维）

2. 上学期间曾担任学生会干部和班干部，具有较强的沟通和协调能力。（关系建立）

3. 热爱教师职业，对教育充满信仰。喜欢和小学生相处，同时喜欢充满挑战的小学数学课堂。（影响力）

4. 从大学开始就参加与学生有关的社会实践，有辅导小学生的经验，有在小学实习的经历，对小学生的心理比较了解。（执行力）

二、劣势分析

1. 经验不足，还缺少一些切实有效的管理和教育方法，对于担任班主任一职感到有些吃力，遇到不同的繁杂问题时，容易茫然无措，找不到很好的解决方法。（战略思维）

2. 个人性格比较急躁。做很多事情之前缺乏深思熟虑。家校沟通能力不足。（关系建立）

3. 对教材的研究不够透彻，对课堂的把控力不足，一堂课讲的内容较多，较烦琐。（影响力）

4. 新入职后，面临着自我能力提升和各个层级的新教师培训，不能很好地分配时间和精力，工作不够高效。（执行力）

三、机会分析

1. 教师待遇越来越好，教师体制越来越完善，社会对教师的尊重程度逐渐提升，形成尊师重教的风气。

2. 作为新教师，学校充分关注，寄予厚望，有很大的进步和发展空间。

3. 教育局、学校努力创造大量的学习和锻炼的机会，使我们不断有新知识和教学方法的补充。

4. 网络化时代，信息畅通，可以很方便地享受国内外的专业培训。

四、威胁分析

1. 竞争压力大，来自学校和家长的高要求。

2. 学校生源差，大多学生是外来务工子女，家长为了生计，无法顾及孩子的学习。

3. 时代的发展，学生思想变化太快。

4. 同资历教师较多，竞争优势不明显。①

上述案例中，教师通过使用 SWOT 分析法，更清楚地了解了自己在教学领域的优势、劣势、机会和威胁，优势包括教育教学理论基础、沟通和协调能力、对教师职业的热爱等。劣势包括经验不足、管理方法欠缺、家校沟通能力不足等。机会包括教师待遇提高、学校关注和培训、网络时代信息便利等。威胁包括竞争压力大、生源质量不高、学生思想变化快等。教师据此制订个人发展目标和行动计划，有助于教师发挥优势、改进劣势、抓住机会、应对威胁，提升自己的教学能力和专业素养。

**2. 设定长期目标**

根据自我评估的结果，设定长期目标。这可以是在特定学校或年级担任领导职位，参与教育政策的制定，成为咨询师或教育研究员，或者开设教育机构等。设定明确的目标将成为教师职业生涯发展的指引。

（1）教学能力的提升

提升教学能力，包括优化教学方法、提高教学资源利用以及课程设计和评估等方面的能力，为学生提供更高质量的教育服务。

---

① 吴浩，刘凤. 小学数学教师个人成长 SWOT 分析案例［J］. 电脑迷·教师研修，2022（12）18－21.

（2）职称晋升

教师可以通过提高教育水平、专业技能等途径来争取职称的晋升，从而提升自身的职业地位和待遇。

（3）专业领域的拓展

教师在职业规划中可以设定拓展自身专业领域的目标。比如，可以通过参加专业培训、研讨会、撰写论文等方式来提升自己在特定领域的专业水平。

（4）教育事业的发展

教师还可以制订以推动教育事业发展为目标的职业规划。例如，参与教育改革研究、教育行政管理或教育项目开发等工作，为推动教育事业的发展而努力。

### 3. 设定短期目标

在长期目标的基础上，设定一系列具有可行性的短期目标。这些目标可以是获得专业认证、参与研究项目、提升专业技能、争取在学校中获得额外的责任或领导角色等。短期目标将帮助教师逐步实现长期目标。

（1）提高课堂管理能力

教师可以设定目标，提高自己的课堂管理能力，包括学生纪律管理、时间管理和有效的教学组织等。这有助于为学生创造一个积极、高效的学习环境。

（2）改进教学方法

教师可以设定目标，学习和探索新的教学方法和策略，以提供更具吸引力和互动性的教学。教师可以通过参加教育培训、研讨会或与其他教师分享经验来实现这一目标。

（3）提高学科知识和专业素养

教师可以设定目标，不断提升自己所教学科领域的知识和专业素养。教师可以通过阅读学科相关的书籍、参加学术会议和与同行交流来不断提升自己的学科水平。

（4）提升教育技术能力

教师可以设定目标，提升自己在教育技术方面的能力。教师可以学习使用教育科技工具，如在线学习平台、教学应用程序和多媒体资源，以创新教学和优化学生的学习体验。

这些短期目标可以帮助教师在较短时间内获得实际可见的成果，并为他们的职业发展打下坚实的基础。

### 4. 定期评估和调整

定期评估自己的职业进展，检查是否达成目标，并根据需要进行调整。职业规划是一个灵活的过程，随着时间的推移和经验的积累，目标和方向可能会发生变化，所以要随时进行相应的调整。通过定期评估和调整职业规划，教师可以保持自身目标和行动的一致性，并能更好地应对职业发展中的挑战和变化。

（1）定期回顾目标

定期回顾自己设定的职业目标，评估自己的职业进展情况。检查是否实现了短期目标，以及是否需要对长期目标进行修正。这有助于保持目标的可行性和及时对自己的规划进行调整。

（2）反思教学实践

教师要定期反思自己的教学实践，包括成功的教学案例和教学中的挑战。可以思考自己的教学方法、学生的反馈以及自身的教学满意度，并据此调整自己的教学策略和方法。

（3）更新和调整规划

根据自身的评估和反思结果，更新和调整自己的职业规划，包括设定新的短期目标、修改长期目标，或者调整原有计划的实施方式。灵活性和适应性对于职业规划的持续发展至关重要。


1. 我的长期目标（5~10年）

成为新网师的讲师，让全国更多的人因自己的存在而幸福，让更多教师过上幸福完整的教育生活。

做好自己的产品——工作室。

2. 我的中期目标（2~5年）

成为全市优秀教师，成为专业讲故事者，写出自己的第一本书。

做教师专业成长培养师，影响更多的老师走上"三专"（专业阅读、专业写作和专业交往）成长道路，让更多的教师过上幸福完整的教育生活。

3. 我的短期目标（1年）

指导全校教师完成自己的教师职业生涯规划。

带动全部教师进行专业阅读、专业写作和专业交往，培养出两名教师走出乡镇。

培养一名镇里的优秀班主任。

通过研磨课堂上一节市里的语文公开课。

带领全校师生，开展改造校园活动，做尼山特色学校。①

上述案例中的教师在自我评估的基础上，设定了自己的长期目标、中期目标和短期目标。对于高效教师，做好职业规划能够帮助其实现职业目标、完善教学方法、提升专业素养和改善教学态度等，从而更好地迎接职业生涯的挑战。为了做好职业规划，教师需要认真梳理自身的优势和不足，对自身的定位明确清晰，并在此基础上根据个人需要为自己制订合理的目标和规划。同时，教师还需要定期评估自己的职业规划，并根据实际情况和未来需求进行必要的调整和修正。通过认真执行职业规划，高效教师能够不断提升自己的职业素养，实现个人和职业的成功。

# 细节3

## 给学生记一本"变天账"

高效教师最关注的事情应该是学生的学习和成长，此外还包括教学中常常面临的学生表现不尽如人意、学习不自律等问题。在这种情况下，给学生记一本

---

① 关振花. 我的教师职业生涯规划. 微信公众号：关振花.

"变天账"能够帮助教师更好地解决这些问题，做好学生的行为管理，实现更关注学生的个性化发展，并更好地将教师的教学方法和学生的背景融合，最终实现更优质的教育教学。

## 一、什么是"变天账"

"变天账"是教师在教学过程中对学生的表现和进步的记录，它可以帮助教师更好地了解学生的学习情况以及行为习惯，从而采取相应的教学策略和管理手段。通过给学生记"变天账"，可以及时记录学生的积极表现、成绩进步、参与度等方面的变化，也可以记录学生的缺点、不良行为和需要改进的方面。这本"变天账"成了教师观察学生、帮助学生、与学生交流的桥梁。具体来讲，"变天账"可以记录以下几个方面的内容。

（1）学生的优点、特长和潜能

记录学生的优点可以鼓励学生发扬自己的优势；记录学生的特长和潜能则可帮助教师给学生提供更个性化的教育支持和打造成长路径。

（2）日常表现

包括课堂参与度、遵守纪律情况、作业完成情况、学习任务完成情况等。

（3）学习方面的成绩和进步

包括考试成绩、课堂测验成绩和有关教学效果表现的各种数据等。

（4）不良习惯、表现和短处

记录学生的不良习惯、表现和短处方面的问题，可以帮助教师及时采取有效的教育手段，进行引导和纠正。

（5）与学生及其家长的交流内容

通过记录与学生及其家长的交流内容，可以更好地评估家庭教育情况和学生生活背景等因素，更加客观地考虑学生个体的教育问题。

## 二、记"变天账"的作用

教师可以通过"变天账"更好地了解学生的学习情况和行为表现，从而更加有针对性地选择教学策略和管理手段，为教师和学生的互动提供更多的依据和参考。

（1）观察学生的学习和行为

通过记录学生的表现和进步，教师可以及时观察学生的学习态度、学习习惯和行为表现，从而了解学生的学习情况。

（2）了解学生的特点和需求

通过记录学生的优点、缺点和潜能，教师可以更准确地了解学生的特点和需求。这有助于教师根据学生的个性和学习差异，制订更具针对性的教学计划和教学策略。

（3）实施个性化教育

通过记录学生的优点和潜能，教师可以更好地了解学生的个性特点和兴趣爱好，进而更好地实施个性化教育，满足学生的学习需求，激发他们的学习动力。

（4）作为与学生和家长沟通的工具

学生的"变天账"可以作为教师与学生及家长之间沟通的依据和工具，通过"变天账"中的记录，教师可以更具体地向学生和家长传达学生的学习和行为情况，与他们进行有效的沟通和交流。

（5）督促学生自我管理

学生知道自己的行为和表现会被记录，可以激励他们主动管理自己的学习和行为，更加自律和努力地投入学习中。

## 三、如何记"变天账"

教师通过细致地记录学生各个方面的表现，如学习状态、纪律执行、作业完成情况、课堂参与度等，可以更好地观察和了解学生，提供有针对性的教育支持和引导。那么具体如何记录呢？

### 1. 确定记录内容

教师需要明确记录哪些内容，可以包括学生的学习成绩、课堂表现、作业完成情况、课堂参与度、纪律表现以及其他需要关注的方面。确保记录内容涵盖学生的各个方面，全面反映学生的学习状况和行为表现。

### 2. 选择记录方式

教师可以选择适合自己的记录方式，可以使用纸质记录本、电子表格、学生档案系统等工具。选择合适的记录方式可以提高记录的效率和准确性。

### 3. 客观记录和主观观察

教师在记录"变天账"时应该保持客观、公正，避免主观评价和偏见的干扰，以严谨的态度和实事求是的精神记录学生的表现，避免对学生采取武断或歧视性评价。同时，教师也可以在日志中表达自己的主观感受和意见，以分享自己的思考和释放情绪。

### 4. 与学生和家长分享

教师可以将学生的"变天账"与学生及家长分享，让学生有机会了解自己的学习状况和进步情况，并及时调整学习策略。同时，及时的反馈也有助于家长和教师进行合作，共同为学生的发展提供指导和支持。

### 5. 不断完善和改进

教师应该经常反思和改进"变天账"的记录方式和内容，以更好地适应学生需求和教学实际。可以不断调整记录方式、评估标准和反馈方式，提高教学效果和学生的参与度。

#### 小蜗牛日记——活在自己世界里的小孩子

下了写字课，孩子们几乎是飞奔着跑到舞蹈教室去了。我去洗掉手上的粉笔末，听到走廊里有一个异常规律的声音，"一二一，一二一，一二一……"不大像体育委员的声音啊，呵呵，大概是老师让某个孩子练习甩臂呢。

洗完手出来，我看到走廊里一个熟悉的小小背影——一鸣小朋友，他还在一本正经地"一二一"朝向舞蹈房方向走着，哈哈！"一鸣，你干吗呢?"小朋友回头看了我一眼，笑了笑，没说话，继续"一二一"去了……我忍不住叫准备去舞蹈房上课的董老师过来看，两个老师看着一个小孩儿就乐开了花。好可爱的孩子啊！——哈哈，我也不知不觉地学会了李镇西老师的感叹语！一鸣在吕校长的博客中出现过，是那个从一开始不会跳绳到能跳二三十个的孩子。这个孩子从一入校就引起了老师们的注意，不为别的，就为他每个课间都要在操场上哭一会儿，必须让下一节课的老师哄进教室才行。最初孩子们来打小报告，说："一鸣哭了！"我们都挺焦急的，过了几次就都习以为常了，因为哭的原因都很简单——"他们不和我玩了！""他又说我了！""他们两个从我身边跑，撞到我胳膊……"总之，小事哭三场。

除了爱哭，他独特的奶声奶气的普通话也是其显著特征。再有就是中午小饭桌挑食挑得厉害，每天都会剩下很多菜，大部分时间他是干吃米饭和馒头，当然除了他酷爱的土豆。印象里这孩子是七月的，我理所当然地以为这孩子年龄比较小，后来跟孩子妈妈交流才知道，他其实是这个班里最大的孩子。一鸣妈妈很诚恳地说，孩子从小就有些自卑，自理能力也比较差，希望老师们能够多多照顾。妈妈说的自卑，我还真没有看出来。他的那种状况，其实不是自卑，而是没有学会如何和别人交往。上学期的一些细节我记不清了，一周之内就有两件让我哭笑不得的事情：一次语文课，最后留了个问题"松鼠、小松鼠、小小松鼠……是什么关系？"然后下课铃响了，他着急地举起手来，我怕他有疑问赶紧让他说，结果他说"老师，我小时候叫壮壮，现在不了，现在我叫一鸣"。匪夷所思是吧？不知所云是吧？这样的对话在我们之间其实经常发生，但是仔细想想他的思考其实是很有道理的，大概他就是生活在自己的小小世界里吧，这样也就可以理解，为什么他智力不差但却经常答非所问了。

……

妈妈说让老师们多照顾他，不用说，老师们还真挺照顾他的。午饭挑食专门看着他把菜吃下去，甚至喂他吃几口；跳绳不会，手把手教，直到他能跳过第一下绳子；发音不准确，老师把他叫到身边一个音节一个音节地对口型；写字有进步了，在班会上大加鼓励，让所有的孩子给他鼓掌祝贺……慢慢地，这学期我发现他课间不哭了，下午放学不是最后一个拖拉着书包往外走了，他上课发言越来越积极了，还开始教别的小朋友写字了，我课间在教室里看作业的时候他也来找我聊天了……我觉得他已经开始喜欢和融入小蜗牛班了。不变的还是他依旧经常答非所问，答非所问就答非所问吧，活在自己的世界里也挺好的。①

上述案例中教师的这段"变天账"记录了一个名叫一鸣的学生，他是一个有些特别的孩子，经常沉浸在自己的世界里，有独特的表达方式和思考方式。尽管一开始有些爱哭和挑食，但在教师们的耐心照顾和引导下，他逐渐融入了班级，开始有了进步和变化。教师认为，一鸣虽然经常答非所问，但他的思考方式很有道理。这表明教师对教育学生的态度是理解和包容，注重发现和发挥每个学生的独特之处，帮助学生成长和进步。

综上所述，给学生记一本"变天账"是一种有效的自我管理和学生管理的方法，可以帮助教师更好地了解学生的学习情况和行为表现，及时发现问题并为学生提供个性化的指导和支持，以提高教学效果和学生的课堂参与度。同时，通过记录"变天账"，教师可以与学生、家长一起合作，共同为学生的全面发展和学习成就努力。

# 细节 4
# 提升自我定力

在成为一名高效教师的道路上，自我定力是教师必须提升的能力之一。自我定力可以帮助教师更好地掌控自己的情绪、行为和思维，在不同的教学环境和情境中灵活适应和调整自己的行为和策略，更好地应对教学中的各种变化和挑战，为学生提供稳定而高效的教学环境，以达到更好的教学效果。

---

① 马丛丛. 教育日志促进教师自我发展的叙事研究 [D]. 济南：山东师范大学，2014.

## 一、培养良好的时间管理习惯

良好的时间管理习惯对于教师来说非常重要，学会合理安排时间，设定优先级，并遵守时间表，可以帮助教师更有效地利用时间，提高工作效率。

### 1. 制订计划和设定优先级

每天或每周制订详细的计划和任务清单，并设定优先级。将任务分解为小的可行步骤，设定明确的截止日期，以确保重要的任务及时完成。

### 2. 设定时间限制

为每个任务设定时间限制并严格遵守。使用定时器或倒计时器来帮助自己集中注意力并保持效率。

### 3. 避免拖延

识别自己容易拖延的任务和时间段，并采取措施来克服拖延。可以使用时间块法（指将时间区分为专注和休息的"块"），设定小目标和奖励，或找到可以一起工作的合作伙伴等方法来防止拖延。

### 4. 学会说"不"

学会拒绝那些与教学工作无关、无效或不紧急的请求。清楚地界定自己的工作边界，并学会合理地拒绝那些分散注意力和浪费时间的请求。

### 5. 使用时间管理工具和技巧

使用工具和技巧来帮助管理时间。例如，使用日历、待办事项列表、提醒应用程序或时间跟踪应用程序，以及采用番茄钟法（指将工作划分为 25 分钟的工作块，每个工作块后休息 5 分钟）等。

第一，记录时间。要想管理好时间，首先需要记录时间，知道做一件事大约用多少时间，再把时间做好分配……我在 2016 年读了李笑来的《把时间当作朋友》后就开始记录时间，并且有很多个"学习记录"本，里面记日常生活所用的时间。如："05：45—6：03读书，7：54—8：54批改日记本，8：20—8：40批改听写……"有了记录，做事时有紧迫感，会更专注，效率自然就提高了。另外，对比中，也可以看到变化。我以前批改听写可能要1节课或30分钟，批改课堂作业需要2节课。现在自己先做一遍，做到心中有数后，1节课左右就能批完。一般语文老师上午最多两节课，算上早读、课间的碎片时间和吃午餐的时间，13点前，基本上可以批改完当天的作业。

第二，落实计划。除了长期坚持记录时间，一些难做的事我还限时完成。为了化整为零，我给自己定了目标，每天10本左右。一周5天，周五下班前，基本上可以改完。两周一次大作文，也不耽误下一次写作。否则，大作文改不完，下一单元草稿又要一改、二改，心中总是如压着一块大石般沉重。对教师来说，从作业中解脱，职业幸福感会增加许多。因而，时间管理上，解决作业批改，就是完成优化时间管理的一大步。①

上述案例中的教师通过记录时间、设定时间限制、落实计划，有效地避免了拖延，提高了工作效率，培养了良好的时间管理习惯。

## 二、增强自我控制力

自我控制是提升自我定力的关键因素之一，可以帮助教师更好地管理自己的行为和情绪，教师可以通过设定小的自我控制目标，如保持专注一段时间、拒绝诱惑或克制冲动等，增强自我控制力。

### 1. 学会延迟满足需求

自我控制的关键是能够延迟满足瞬时的需求，包括延迟回复电子邮件、控制购物欲望、抑制冲动等。意识到自己的需求和欲望，并学会在恰当的时候延迟满足，以达到更长期的目标。

---

① 杜芳. 教师，如何优化时间管理. 微信公众号：芳容小院.

**2. 建立奖励和惩罚机制**

建立奖励和惩罚机制可以激励教师遵守自己设定的规则和标准。为自己设定奖励，当达到目标和保持自我控制时，给予一些小的奖励。相反，如果没有达到目标或违背规则，就采取一些适当的惩罚措施。

信息发达的当下，我们的教学素材来之极易，教学 PPT、各类设计、种种内容，应有尽有，"拿来主义"越来越严重。课，变成了别人的阵地，我们只做了一个演绎者，而非创造者。可是别人的课是否依据咱们自己的学情？是否适应自己的风格来设计？即时满足于完成某节课，日子久了，我们消退的是自己的思考力和设计力，多么可怕！

多一份自控，多一份思索；少一份即时满足，少一份依赖慵懒。每一次博弈的成功，都可能成为久远之后精进的筹码。

当我看到特别优秀的老师依旧在深入探索前沿理论、细致解析高考题、深研教法和学情时，感佩于那份执着的信念，更给自己心里种下了努力的种子，提升控制力，可以用"圈子"来助力，遇到一群积极向上的人，是偌大的福气。所以，不是网络的错，不是信息的错，是我们对自己的把握不足。渐行渐远，脚印清晰，这样的前行之路，风景无限。

静下心来做长期有价值的事，不是用热情推动行动，而是用行动维持热情。热情并不生根于理性，而是通过行动孕育的。在这条路上，需要有所为，有所不为。如果不去决定自己不做的事，那么结局就不会改变。①

上述案例是教师对即时满足的思考，只有学会延迟满足，根据学生的学情和自己的风格来打造自己的课堂，才能提升自控力，成为更加自律和高效的教育者。

---

① 党睿.《延迟满足》带来的收获与思考. 微信公众号：小哈叙事.

## 三、学会应对压力

教师在工作中经常会遇到来自学生、家长和上级领导的压力而产生情绪波动。学会有效管理和应对压力是提升自我定力的关键。可以通过锻炼、休息和放松技巧（如冥想和深呼吸）、寻求支持和专业辅导等方式来管理压力和情绪。

**1. 找到有效的应对策略**

教师可以采用各种策略来应对压力，如健身、冥想、阅读、聆听音乐等，学会从紧张和焦虑情绪中转移注意力。

**2. 视压力为挑战**

教师可以将压力视为挑战，寻找新的、创造性的方式应对挑战，来推动自己的个人和职业发展。下述案例中，教师积极应对压力，将压力转化为动力，提升自己的能力和表现。

不少老师在和压力"斗争"的过程中建立了完善的抗压机制，成功"驯化"了压力，利用压力提高行动力的也大有人在。

有的老师自身有拖延症，不喜欢写教学论文，就把学校指派的任务化作压力，逼自己一把，这才有了以后获奖的机会；

有的老师课堂教学存在短板，便主动承担学校的公开课，用压力倒逼自己提高教学水平；

也有的老师一时压力爆表，咬牙坚持，把某次经历当作抗压测试，自身抗压能力得以提高。①

**3. 积极思考**

教师可以通过积极思考来调整自己的态度和情绪，从而更好地应对压力。培

---

① 齐传鹏. 当代教师减压清单. 微信公众号：外滩教育.

养乐观的思维习惯，寻求积极的解决方案，以缓解压力。

### 4. 寻求支持和建议

教师可以寻求专业机构和专家的支持和建议，以应对压力。相关机构可以提供一系列支持服务，处理各种问题和压力，为教师提供有益的信息和指导。

根据情绪 ABC 理论，导致人们产生情绪的不是事件本身，而是我们对事件的信念和想法。

教师在日常的教育教学工作中，经常会遇到让自己生气的学生事件。采用情绪 ABC 调节法可以改变我们对事件的看法，也能改变我们的情绪。

如"班上一学生学习不认真，还经常不交作业，成绩不理想，你会怎么看呢？"不同看法可能产生以下情绪。

看法一：

学生不好好学习又屡教不改，把我的话当成耳旁风，这简直就是对我的挑衅和蔑视。（生气）

这样的孩子分到我的班，真是我的不幸。（失落、难过）

我那么努力工作，为学生用心付出，学生还不听话，是我的问题吗？我教不好学生，真没用！（自责、难过）

看法二：

孩子间有差异是正常的，我不可能要求每个学生都学好，并且这个学生在学习上不行，在其他方面还是有挺多优点的。（欣赏）

学生现在的学习状态可能是因为动机没有被激发，也可能是因为在学习上的挫败感比较严重，也许我可以换种方式帮助他。（寻求解决办法）

每个班都有学习不好的孩子，其他班的老师也有和我一样的烦恼和问题。（平静）①

---

① 小晒. 笑迎压力，坦然处之——教师压力应对. 微信公众号：晒心苑.

上述案例中，教师通过积极思考、改变对事件的看法来调节情绪以应对压力。例如，对于一个学习不认真的学生，教师从学生的优点出发思考，并寻求解决办法，则会感到平静和欣赏，能够缓解压力。

综上所述，良好的时间管理习惯是提升自我定力的基础，它可以帮助教师有效地规划和安排时间，使每一天都得到合理利用。同时，通过增强自我控制力，可以更好地管理和控制自己的冲动和欲望，更好地追求长期目标和理想。应对压力的能力是自我定力的重要组成部分，它可以帮助教师在面对挑战和压力时，保持冷静、积极和适应，以充分发挥自己的潜力应对困境。通过不断实践和培养这些能力，教师可以逐渐提升自我定力，不断提高自身的综合素质和自控能力，实现个人和职业的成长与发展。

# 细节 5

# 保持好心情

教师在工作中保持好心情尤为重要。愉快的心情不仅有助于提高教师的工作效果，使教师可以更轻松地面对日常工作中遇到的各种挑战和问题，还能够影响学生的学习状态和情绪，营造积极的教学氛围，使学生更加乐于学习。

## 一、好心情，从欣赏开始

欣赏是教师保持好心情的重要起点。欣赏能让人感到愉悦和满足，教师可以培养对工作的乐观态度和积极心态，从而保持好心情，提高工作质量和效果。因此，教师可以尝试将欣赏作为日常工作的一部分，将其融入自己的教育实践中。

### 1. 欣赏学生的优点和进步

每个学生都有自己的潜力和成长空间。教师可以关注学生的优点和进步，让他们感到满足和自豪。当教师能够意识到自己的教育和指导对学生有积极的影响时，会感到满足和愉快。

### 2. 欣赏工作中的美好时刻

教育工作中有许多美好的瞬间，如学生们的笑声、对知识渴望的眼神和他们的创造力及探索精神等。教师应该时刻关注这些美好时刻，并感激这些瞬间给自己带来的快乐和满足感。

### 3. 欣赏同事和团队的贡献

教师往往在一个团队中工作，同事和团队成员的支持和合作是帮助教师实现工作目标的重要助力。教师可以通过欣赏同事们的贡献和付出，以及他们之间的合作精神，建立真诚的人际关系，提升工作满意度和幸福感。

### 4. 欣赏自己的努力和成就

教师应该关注和赞赏自己的努力和成就。每天都为了学生的成长而付出努力，意识到自己的价值和影响，并给予自己鼓励和认可。

以前我总认为学生表现好也不能总挂在嘴边说个不停，所以只是在最初表扬几次，后来慢慢就淡化了。同时，我还努力寻找学生的缺点，直率地指出来。我总认为我是老师，有责任让孩子真实地了解自己，所以与他们谈话时总是一副严师的模样，直言不讳，语重心长。当我拥有了管理心情的意识之后，我觉得能引起孩子兴趣的不是探究如何改掉他们的缺点，而是如何发扬他们的优点。好心情都是从欣赏优点开始的。于是，我把目光投向了学生们的优点，尝试着去夸奖、赞美。清楚地记得，那一天，我把观察、思考、收集了近一个星期的每个学生的优点在周末班会上结合具体事例真诚地讲出来时，学生们的眼睛顿时明亮起来，每个人都坐得那么精神。此后，我抓住有利时机真诚地走近他们、表扬他们、欣赏他们。我意识到：我们做老师的，如果想表扬一个孩子，总会找到表扬的理由；如果想欣赏一个孩子，总会找到欣赏的角度。当表扬和欣赏融入我们的视角时，师生都能在一定程度上拥有好心情。[①]

上述案例讲述了教师观念的转变，从关注学生的缺点，到开始欣赏和表扬学生的优点，从而发现欣赏和表扬能激发学生的学习兴趣，改善师生关系，使双方都拥有好心情，不仅有助于学生成长，也能让教师在工作中更加愉快。

## 二、抱团取暖，寻求正向情绪价值

抱团取暖不仅可以在工作上提供支持和鼓励，还可以建立紧密的同事关系，提高工作满意度和幸福感。通过与同事一起合作和共同成长，教师可以更好地应对工作中的挑战，保持良好的心态和积极的情绪。

### 1. 建立支持系统

建立一个支持系统，可以和同事彼此分享经验、倾诉困扰和挑战。通过相互支持，教师们可以互相鼓励和提供建议，减轻压力和焦虑。

### 2. 共同研讨和分享

定期组织研讨会或教师专业发展活动，同事之间可以分享自己的教学经验、创新教育方法和有效的教学资源。这样可以为教师们提供灵感和动力，让他们感到受到被认可和重视。

### 3. 营造积极的工作环境

与同事一起努力，共同营造一个积极、支持和鼓励的工作环境。通过共同努力，营造让每个人都感到舒适和受欢迎的氛围，可以帮助教师们保持好心情。

### 4. 联合解决问题

遇到困难或挑战时，与同事一起探讨并寻求解决办法，可以增加成功的机会和信心。同事之间的合作将提供额外的支持和资源，有助于缓解压力和改善

---

① 赵春梅. 我的"心情"管理——一个农村小学教师的探索与实践 [J]. 班主任. 2014（12）8-10.

心情。

　　我刚来乡镇轮岗时，人生地不熟，半路接的班级也实在难管。办公室三个人，开学后的第二天，我说起自己的种种不适应时，燕子和小云立刻站起来伸手抱了我。泪水盈满眼眶的那一瞬，心反而轻松了。

　　在交流中我才知道她们两个也因为我的到来而惴惴不安。当我们三个面对面各自说出心中的想法时，一切的不适仿佛都轻轻散去了。都是一样的人，都是一地鸡毛的班主任，抱团取暖就是最好的方式。

　　每当我在办公室里沮丧地说起某个学生让人抓狂的样子时，小云会立刻停下手里的事情，认真地对我说："你不知道他初一是什么腔调哦，他在你手里已经变了很多！"仿佛阳光驱散乌云，我的心情一下子开朗了起来。瘪轮胎充了气，又可以继续奔跑了。

　　这是一个屋檐下同事间积聚的情绪价值，悲伤时彼此安慰，快乐时彼此分享。仿佛深谷里孤独的溪流，渐渐汇聚在一起，不再担心烈日下的干涸。

　　如果同事之间只是互相抱怨工作中的不如意，负面情绪在"告状"的过程中由此传彼，再波及学生，这样从办公室到教室都会沉浸在低气压当中。要学会在抱团中汲取情绪价值的温暖，相互传递正向情绪价值，在遇到学生出现的问题时，班主任就不再是情绪垃圾桶、问题背锅侠，团队的力量就会如冬日暖阳，让办公室里涌动春意。①

　　上述案例中的教师轮岗到新环境，当他感到不适应时，是同事的安慰让他感到轻松；当遇到学生出现问题时，同事给予积极反馈。这种抱团取暖可以相互传递正向情绪价值，让团队教师时刻保持好心情。

## 三、积极暗示，消除负面情绪

　　积极暗示是一种重要的心理手段，可以帮助教师消除负面情绪，保持好心

---

　　① 于洁. 唤醒情绪价值，遇见美好，遇见欢喜. 微信公众号：中国教育报好老师.

情。通过积极暗示，教师可以将负面情绪转化为积极的心态，提高自己的幸福感和工作满意度。

### 1. 建立积极的自我对话

每当遇到负面情绪时，尝试改变自己的内心对话，用积极的语言告诉自己："这只是一时的困难，我有能力克服它，我可以成功的。"这样的自我对话可以帮助教师改变思维模式，从而减少负面情绪的影响。

### 2. 利用积极的肯定语句

每天给自己积极的肯定，例如"我是一名优秀的教师，我对学生的教育有积极的影响""我能够应对工作中的挑战"等。这样的肯定语句可以增强教师的自信心，减少负面情绪的出现。

### 3. 寻找正面的解决方案

当面临问题或挑战时，教师应积极寻找解决方案，而不是纠结于问题本身。将注意力集中在寻找解决问题的方法上，并相信自己能够找到解决的办法，这样可以转化负面情绪为积极的行动动力。

古时候，两个秀才一起去赶考，路上他们看到一口黑乎乎的棺材，其中一个秀才心想："真倒霉，赶考的日子居然碰到这个倒霉的棺材。"于是心情一落千丈，走进考场，那个"黑乎乎的棺材"一直在脑海中挥之不去。结果文思枯竭，最后名落孙山。另一个秀才也同时看到了，但转念一想："棺材，那不就是'升官发财'吗？看来这次要鸿运当头了，一定高中！"于是心里兴奋，情绪高涨，走进考场，文思如泉涌，下笔如神助，最后果然一举高中。回到家里，两人都对家人说，那"棺材"真的很灵验！

上面考中的秀才就用了积极暗示法，积极的自我暗示令我们保持好的心情、乐观的情绪，从而调动内在因素，发挥主观能动性。积极的言语活动能唤起人们愉快的体验，当教师在生活中遇到情绪问题时，我们应当充分利用语言的作用进行积极暗示，缓解不良情绪，保持心理平衡。比如，默想或用笔在纸上写出下列词语："冷静""三思而后行""制怒""镇定"等。这种暗示既可以放松过分紧张的情绪，又能激励自己，在遇到困难、挫折、打击、逆境、不幸和痛苦时，善于用坚定的信念、伟人的言行、生活中的榜样、生活哲理来安慰、激励自己，使自己产生同痛苦斗争的勇气和力量。①

上述案例通过两个秀才赶考过程中的对话展示了积极暗示法的作用，一个因此消极而名落孙山，另一个则积极看待并一举高中。当教师遇到情绪问题时，可以通过积极暗示激励自己，激发内在潜能，缓解不良情绪，保持好心情及心理平衡。

记住，保持好心情是一个长期的过程，需要不断投入和努力，关注自己的情绪和情感，及时采取行动来改善和管理。同时，寻求帮助和支持是非常重要的。总之，积极、健康的心态有助于教师更好地面对工作和生活中的各种挑战。

# 细节6

# 注意劳逸结合

在教学过程中，教师需要承受来自学生、家长和学校的压力，完成烦琐的评估工作，以及不断提高教学效果，为了更好地完成这些任务，并保持身心健康，注意劳逸结合已经成为高效教师的一项必备技能。通过合理规划工作和休息时间，教师可以使自己保持更好的精力和健康状态，更好地完成教学任务并提高工作效率。

## 一、合理安排休息时间

合理安排休息时间是提高工作效率和保持良好身心状态的关键。教师应该优

---

① 张艳红. 教师成长——教师调控情绪"十方法". 微信公众号：逍遥行者读书坊.

先关注自己的健康，以便能够更好地履行自己的教育职责。

### 1. 规划固定的休息时间

制订一个明确的周休息计划，保证每周有足够的休息时间。这样可以帮助教师调整和恢复精力，避免长期累积疲劳。

### 2. 利用小段时间进行放松

在紧张的教学日程中，可以通过合理安排短暂的休息时间来放松身心。例如，利用课间休息时间进行伸展运动、深呼吸或简短的冥想。这样可以为教师提供一些宝贵的休息，并帮助教师重新集中注意力。

### 3. 多样化的休闲活动

在休息时间里，教师可以尝试多种多样的休闲活动，如阅读、听音乐、散步或者与家人、朋友聚会等。这样可以帮助教师放松身心、摆脱工作压力、培养兴趣爱好、保持积极的情绪。

### 4. 倡导休息文化

作为一名教师，可以积极倡导休息的重要性，鼓励同事共同关注劳逸结合。可以组织一些放松活动，分享休息技巧和心得，共同努力营造注重休息的团队氛围。

脸部运动：工作间隙，将嘴巴最大限度地一张一合，带动脸上全部肌肉以及头皮，进行有节奏的运动。可以加速血液循环，延缓局部各种组织器官的"老化"，使头脑清醒。

咬牙切齿："咬牙切齿"可以拉动头部肌肉，促进头部血液循环，进而起到清醒大脑、增强记忆力的功效。

摇头晃脑：颈部由颈椎关节、血管、肌肉韧带等组成，摇头晃脑可使这些组织得到活动。这样不但可以增加脑部供血，还可以减少胆固醇在颈动脉血管积沉的可能，有利于预防中风、高血压及颈椎病的发生。

静养内观：微闭双眼，全身各部位放松，随着深呼吸运动，由头到脚，如温水蒸气浸润全身，如此做3~9次顿感轻松舒适，疲劳顿消，其目的在于加强内脏的锻炼。

抓耳挠腮：耳者，宗脉之所聚也，人体各器官均有神经末梢聚集在耳朵上。拉引、按摩耳朵能通过神经末梢对各器官进行刺激，促进血液、淋巴的循环和组织间的代谢，调节人体脏腑机理，使机体得以改善，起到强身健体的作用。

弹脑：端坐在椅子上，两手掌心分别按两只耳朵，用食指、中指、无名指轻轻弹击脑部，自己可听到咚咚声。每日弹10~20下有解除疲劳、防头晕、强听力、治耳鸣的作用。

练眼：用眼工作时每隔半小时，远望窗外1分钟，再以紧眨双眼数次的方式休息片刻，也可以做转动眼珠运动。这样有利于放松眼部肌肉，促进眼部血液循环。

伸懒腰：当身体长时间处于一种姿势时，肌肉组织的静脉血管就会淤积很多血液，这时伸个懒腰，便会促使全身大部分肌肉舒张或收缩。在短短数秒钟的伸懒腰动作中，很多淤滞的血液流回心脏，这样就可以大大增加循环血液的容量，改善血液循环。

梳头：用木梳从前额至头顶部向后部梳刷，逐渐加快。梳时不要用力过猛，以防划破皮肤。这样可刺激头皮神经末梢和头部穴位，促进局部血液循环，达到消除疲劳、强身和促进头发生长的效果，对脑力劳动者尤为重要。[1]

上述案例总结了多种脸部和身体运动，教师在课间进行运动，可以促进血液循环、增强记忆力、预防颈椎病、放松身心、改善睡眠质量以及缓解疲劳等。

## 二、培养兴趣爱好

培养兴趣爱好是教师劳逸结合的一个关键，能够帮助教师放松身心、减少压

---

[1]　教师课间休息健身方法. 微信公众号：99健康网，https：//js. 99. com. cn/hwjs/40128. htm.

力，在繁忙的工作中找到平衡和喜悦，提高幸福感和承受力，还可以为教育工作带来更多的活力和创造力。

**1. 追求自己的兴趣爱好**

教师可以利用业余时间追求自己的兴趣爱好，如运动、听音乐、阅读、绘画等。这些爱好可以帮助教师释放压力和放松身心，增加乐趣和提升生活的充实感。

**2. 参加兴趣爱好团体或社群**

教师可以加入兴趣爱好团体或社群，与志同道合的人分享和交流。这样可以结识新朋友，拓展自己的兴趣圈子，同时还能获得支持和鼓励。

**3. 利用兴趣爱好拓展教学内容**

教师可以将自己的兴趣爱好与教学内容相结合，创造丰富多样的教学方式。这样不仅可以带给学生新鲜的教学体验，也能够增加教师的兴趣和动力。

上班近十八年，曾多年担任班主任，如果说生活中有点儿情趣，比较受学生待见，教育生涯还算丰富多彩的话，很自信地说，是和自己的兴趣爱好分不开的。

作为文科历史教师，读书怡情，分内之事，长期坚持，自是不必说的，上课能否通今博古、旁征博引等全靠读书来给养。

"你不是老师吗，还能不会写毛笔字？"这是在老家一位乡邻让帮忙写春联时曾遇到的尴尬，受刺激后，隔三岔五地也写写毛笔字，多少也像个样，过年回老家帮乡邻们写写春联也成了每年的例行公事，当然，成就感也是十足的。

偶尔也会在美篇、微信公众号等平台发点儿小文章，谈谈生活或教育等方面的感触，记录一下点滴生活。写文章是能让人心灵宁静的重要载体。

始终坚持灵魂与身体必须同时在路上的理念，武术健身始终是长期坚持的一项爱好。除家传绳镖务求精进不敢丢外，坚持晨练太极拳、修身养性，更是受益匪浅。

每年高考备考紧张之际，总会利用合适的时间带领学生们在操场打打太极，寻找松、静、匀、乐的感觉，也会在励志大会上给学生来一段激情表演。在学生的追随与掌声中，兴趣爱好与教育教学工作实现一种完美结合，这一定是能提升职业幸福感的。

在茶余饭后的闲暇时光，在忙里偷闲的工作间隙，慢慢地培养自己的一些兴趣爱好，锻炼、看书或习字画等，干自己喜欢的事，就会在潜移默化中蜕变出成不一样的自己。①

上述案例中的教师，认为自己的兴趣爱好对自己的职业幸福感有很大的影响。通过读书、写毛笔字、写文章、武术健身等活动，教师不仅提升了自己的专业素养，还能在教育教学中给学生带来良好的体验和收获。

## 三、养成健康的生活习惯

养成健康的生活习惯对于教师的劳逸结合至关重要，不仅可以帮助教师更好地应对挑战和压力，还能为教师提供持久的能量和动力，让教师保持身心健康，提高工作效率，使其在教育事业中取得更大的成就。

### 1. 均衡饮食

均衡的饮食是保持健康的重要因素之一。教师每日应该摄入足够的蔬菜、水果、蛋白质和健康脂肪，并控制糖分和盐的摄入量。避免摄入过量的咖啡因和垃圾食品，这可能会导致能量波动和产生不良的健康影响。

### 2. 规律作息

设定规律的睡眠时间表，确保每天获得充足的睡眠。健康的睡眠可以提高精力和抵抗力，帮助教师更好地应对工作压力。此外，定时规律的饮食和锻炼也有助于调节生物钟，保持身体的正常运行。

---

① 杨玉川.职业幸福感系列6｜培养个人兴趣爱好，增加生活趣味，你会幸福！微信公众号：潘静名班主任工作室.

### 3. 锻炼身体

定期进行体育锻炼对于保持健康和缓解压力非常重要。教师可以选择适合自己的运动方式，如慢跑、瑜伽、游泳、打羽毛球等。每周进行至少150分钟中等强度的有氧运动和力量训练可以提高心肺健康、增强肌肉和骨骼。

### 1. 充足能量摄入

教师属于脑力劳动者。《中国居民膳食指南》建议，年龄在18~49岁教师的能量需要为2250kcal/d（男）和1800kcal/d（女），年龄在50~64岁老师的能量需要为2100kcal/d（男）和1750kcal/d（女）。

### 2. 饮食结构合理

在工作中，教师用脑和用眼的时间较长，除平衡膳食外，还应增加改善脑力和视力的食物，如豆类、坚果（如花生、核桃、杏仁、腰果）、鱼虾贝类，尤其是深海鱼等含有丰富EPA（二十碳五烯酸）和DHA（二十二碳六烯酸）的食物，EPA和DHA可以保护视力、提高大脑皮质的功能和增强记忆力。

### 3. 保证饮水量

适量喝汤、粥膳，可以改善咽喉不适。喝汤并不是补充营养的最好方式，各种肉汤的主要成分是水，能量和营养素很有限。但汤作为饮食的调剂是可以的，建议大家每餐只喝一小碗汤，如番茄鸡蛋紫菜汤、冬瓜虾米汤、番茄鱼汤等。平时多喝温开水或茶水，少喝刺激性饮料，保证1500~2000mL的水分摄入量。多吃清喉利咽的食物，如梨、青柠檬、葡萄、柚子、橙子、莲藕、银耳、胖大海、蜂蜜、罗汉果、无花果等。

### 4. 补充丰富的B族维生素

B族维生素在维护神经、消化、循环等系统的正常功能方面起着非常重要的作用。富含维生素$B_1$的食物有坚果、动物性食品（如牛肉、羊肉、猪肉、家禽肉、肝脏、肾脏、脑、蛋类等）和粗杂粮。维生素$B_2$在肝、肾和心等内脏中含量最高，其次为全奶、奶粉、奶油、蛋类、绿色蔬菜和豆类等。当饮食摄入不足时，可以适当摄入 B 族维生素或复合维生素等膳食补充剂。①

上述案例为对于教师均衡饮食的建议，教师由于脑力劳动强度大，需要摄入充足的能量。教师要合理安排饮食结构，多摄入富含优质蛋白质、不饱和脂肪酸和维生素的食物，同时保证足够的水分摄入量以改善咽喉不适。此外，教师还需要补充丰富的 B 族维生素，以维护神经、消化、循环等系统的正常功能。通过合理的饮食安排和补充营养素，教师可以保持身体健康，更好地履行教育教学职责。

注意劳逸结合是教师们实现身心平衡、提高工作效能的关键。合理利用休息时间可以提高工作效率和创造力，培养兴趣爱好可以提供愉悦和放松，养成健康的生活习惯可以增强体力和抵抗力。通过采用这些方法，教师们可以更好地应对工作压力及工作挑战，保持健康的身心状态，提高教学效果，同时更加享受和珍惜自己的教育工作。

---

① 所有老师，请收下这份专属于你的饮食手册. 微信公众号：中国教育报，https：//new. qq. com/rain/a/20221011A01AQU00.

# 专题二

# 不断自我提升

在教育领域，教师的职责远不只是传授知识，还肩负着培养学生成才和塑造未来的重任。因此，要成为一名高效教师，不断自我提升是关键。只有不断自我提升，以积极的心态、专业的技能和无尽的热情不断挑战自我，才能成为高效教师，为学生的成长和未来奠定坚实的基础。

# 细节 7

# 学会自我清零

在现代快节奏的教育环境中，教师面临着巨大的压力和挑战。教师不仅需要承担教学任务，还要关注学生的发展需求、应对家长的期望和完成繁杂的行政工作。在这样的情况下，想要成为一名高效教师，学会自我清零是关键。自我清零不仅可以帮助教师缓解压力和焦虑，恢复精力和动力，更重要的是能够给予教师重新审视自己、提升自己和找回内在平衡的机会。

## 一、心灵清零

教师心灵清零是指通过特定的方法和活动，使教师的心灵重新处于平静、愉悦和富有活力的状态。教师可能会面临诸如挑战、疲劳、情绪压力和工作压力等问题，因此需要定期进行心理调节和情绪管理，以保持工作效率并提高心理素质。

### 1. 冥想

冥想是一种放松身心、减轻压力和缓解疲劳的有效方式。在冥想过程中，静心观察和接纳当下的感受、想法和情绪。通过专注于呼吸和身体感受，可以帮助教师放松内心的烦忧和不安，并培养平静和接纳的心态。

### 2. 自我反思和倾听内心

花一些时间独处，反思自己的思绪和情感。写日记、绘画或者进行艺术创作等都可以帮助教师表达内心的感受，并澄清自己的观念和期望。

古时候，一个佛学造诣很高的人去拜访一位德高望重的老禅师。老禅师的徒弟接待他时，他态度很傲慢。后来老禅师热情地接待了他，并为他沏茶。可在倒水时，明明杯子已经满了，老禅师还不停地倒。他不解地问："大师，为什么杯子已经满了，还要往里倒？"大师说："是啊，既然已满了，为什么还倒呢？"访客恍然大悟。故事里的访客之所以很傲慢，就是自恃自己有很高的佛学造诣，而老禅师非常规的举动则生动形象地给他上了一课——既然觉得自己已经满了，就无须再来拜访，如果想要获取更多的知识、技能，获得更大的成就，就必须清空自己的杯子，把自己的内心清零。

在日常的教学管理中，我们发现为数甚多的教师存在这样的一些问题：不思进取，没有上进心，也不看重荣誉，仿佛什么都不在他们眼中；业务上"吃老本"，依赖"经验"教学，甚至于教案、教材都用往届用过的；对教研活动不热心，不愿去进修，不读书学习，不吸收新知识、新理念等。为什么会有这种现象的存在？寻根究底，就是那种"满"的心态在作怪。一些教师觉得上课"就是那么点事儿"，那么多年的知识储备，十年甚至几十年的教学经验足以应付了。还有些教师，特别是已经获得高级教师、优秀青年教师、学科带头人等荣誉称号的教师，抱着"船到码头，车到站"的心态，认为可以躺在荣誉簿上睡大觉了，只需要上上课、改改作业就行了。殊不知，科技的发展日新月异，知识的更新也疾如闪电，不学习就跟不上时代的步伐，就不能接受新思想、新观念，何谈自我发展？何谈终身学习？如何满足培养服务于新时代的建设者的需要？而且没有上进心，没有荣誉感，没有更高的追求，教师队伍的发展就会脱节，教师的梯队建设就成为空谈，打造一流的师资队伍就化为泡影，学校就缺乏生机和活力，教育就没有未来！①

上述案例通过一个故事——一个佛学造诣很高的人去拜访老禅师，态度傲慢，老禅师用倒水的方式告诉他，如果内心已满，就无法再接受新的知识，想要获得更多成就，必须让自己的心灵清零，引出思考：教师队伍中存在的一些问题，如不思进取、依赖经验教学、不热心教研活动等。这些问题的根源在于教师

---

① 邱祖晖. 归零——让我们重新开始 [J]. 教书育人（教师新概念），2013（4）：1.

们的心态，他们自认为已经"满了"，不再需要学习和进步。所以，教师要随时保持心灵归零的心态，不断地学习和进取，才能自我提升，适应时代的发展。

## 二、角色清零

教师角色归零是指教师清空自己的教师角色，回归学生身份，并以此为基础重新审视教学实践，促进自身的成长和发展。

### 1. 与学生建立良好的关系，理解学生的需求

信任和尊重学生是实现教师角色归零的基础。教师应与学生积极地互动和沟通，关注学生的意见和反馈。回归学生身份能帮助教师更好地理解学生的需求和挑战。

### 2. 拓宽教师视野

教师常常站在教学者的角度思考问题，回归学生身份可以帮助教师拓宽视野，教师应定期反思与学生的互动方式和效果，从学生的角度出发，更好地了解学生的学习过程和体验，以及他们在学习中遇到的困难和挑战。

### 3. 提高教学效果

了解学生的需求和心理状态有助于教师更准确地设计和实施教学策略，提高教学效果。回归学生身份可以提醒教师关注学生的学习动机、兴趣和个性差异，因此能够更好地满足他们的学习需求。

一次，有位教师"心血来潮"，坐到了教室里，和学生一起上下课、写作业、玩游戏，把"教师"清空，当了一周的"学生"。之后，他推心置腹地与我对话：

"我最大的感受是：当学生真不容易，必须忍着。我不喜欢有人以高八度的声调用一根指头指着我讲话，但我必须忍着；我不喜欢节节课都看到讨债似的脸，但我必须忍着；我不喜欢享用'猪肉炖粉条，粉条炖猪肉'的一成不变而

又腻味人的课，但我必须忍着；我不喜欢把万紫千红变得梨花一色，但我必须忍着；我不喜欢'把兵马俑时期的脑袋安装在微软人的头上'，但我必须忍着……"

"设若你清空自己的'教师'角色，当回学生，一定会亲历N个'忍着'。"见我愕然，他又解释道："被学生'忍着'的，都是为师者心中积攒多年的职业垃圾。只有适时尝试'归零'，回归原初状态，才能自觉地有效清理职业垃圾。"①

上述案例中一位教师尝试清空自己的"教师"角色，体验了一周的"学生"生活后，深刻地感受到当学生的不易——必须忍耐许多不愉快的事情。他意识到作为教师，需要不断清理职业垃圾，回归原初状态，才能更好地教育学生。

## 三、习惯清零

习惯清零是指改变不良的习惯和行为模式，养成良好的生活和工作习惯。作为教师，我们面临着繁重的教学任务、与学生互动、备课等多重压力和责任。因此，培养良好的工作习惯是必不可少的，可以提高工作效率和质量。

### 1. 检视自己的日常习惯

认识到如拖延、效率低下等不良习惯对工作产生的负面影响是习惯清零的第一步。通过反思和观察，我们可以识别出具体的问题并意识到改变的必要性。

### 2. 制订明确的目标和计划

教师可以设定具体可行的目标，如提高工作效率、减少拖延等，并制订详细的计划。明确的目标和计划能够帮助我们更好地了解自己的需求和行动方向，并提供有序的指导，有助于实现习惯的改变。

---

① 孙建锋. 细嚼清风还有味 [J]. 福建教育（小学版），2007（11）59+61.

### 3. 培养良好的执行力

制定目标和计划只是习惯清零的第一步，在日常工作中坚持执行和跟进才能有效地改变习惯。良好的执行力可以帮助教师保持持续的动力和行动，确保习惯真正得到改变和养成。

第一步：自我指导。当自己有不想备课或批改作业的想法或行为时，要做自我挣扎，在内心不断地告诫自己这种想法和行为是不好的，要及时备课、批改作业。要时刻提醒自己：如果没有备课和批改作业就会影响第二天的课堂教学，教学不好就会被领导批评，时间长了，领导会对自己失去信心，影响自己的发展。只有按时做好课前准备，才能更好地完成课堂任务。

第二步：自我监控。对自己的行为进行观察和记录。每出现一次没提前备课，就在电脑桌上贴字条记录一次。每做一件事情过于拖拉，就在备忘录上记下开始的时间和最终完成的时间，同时记下自己本该完成任务的时间，然后计算时间差。

第三步：自我奖惩。针对上一步记录下的做事拖拉，给予一定的惩罚，按照相差的时间给自己惩罚，比如安排做自己很讨厌的一件事。若完成得较好，则给予自己一定奖励。以上行为记录和完成都要在家人或同事的监督下完成。①

上述案例中的教师通过自我指导、自我监控和自我奖惩三个步骤，克服不想备课或批改作业的惰性，习惯清零，提高教学效率。习惯清零需要时间和坚持，教师需要保持耐心和毅力，在习惯清零过程中持续进行自我观察和调整。

学会自我清零，教师可以消除内在的负面情绪，调整角色身份的适应和平衡，以及改变不良的习惯和行为模式。这样的清零过程可以帮助教师更好地管理自己的情绪和压力，实现身心的平衡和健康，发掘自我潜能，成为更好、更强大的人，提高工作效率和生活质量。

---

① 叶一舵. 拒绝拖延，做一名高效的教师. 微信公众号：心海一舵工作室.

# 细节 8

# 保持阳光心态

在教师的职业生涯中，艰难和挫折是难以避免的。教师保持阳光心态能够激发创造力和动力，不仅能影响教师的思维、态度和行为，有助于教师战胜困难，帮助教师更好地应对挑战，而且可以积极影响学生的学习态度和情绪，营造更加积极的教学环境。

## 一、悦纳自己

教师能够悦纳自己是建立阳光心态和提供优质教学服务的基础。珍视自己的价值和努力，接受自己的不完美，寻找个人的快乐和满足感，通过建立良好的工作与生活平衡和不断学习，教师可以更好地悦纳自己，展现出更加自信和充满活力的教育风采。

### 1. 接受自己的不完美

教师应该明白自己不是完美无缺的，每个人都有自己的优点和缺点。教师要接受自己的不足，并意识到这是成长和发展的机会，而不是失败或否定自己。

### 2. 珍惜个人价值

教师应该意识到自己是有价值的，对学生的教育和塑造产生积极影响。回顾自己的教育成就，肯定自己所取得的进步，并欣赏自己对学生的影响和贡献。当教师完成一项任务或取得一些成就时，给自己一句肯定的话语、一个鼓励的姿态或动作，以此来表达自我认可和鼓励。

### 3. 建立良好的工作与生活平衡

教师应该学会平衡工作与生活，合理安排时间，给自己留出休息和放松的时间。通过建立健康的工作与生活平衡，教师可以提高工作效率和幸福感，更好地悦纳自己。

### 4. 学会表达自己

教师需要学会坦率、明确地表达自己的意见和想法。这样可以增强自信，让自己的声音在工作中发挥更大的作用，同时得到更好的反馈和认可。

在教育教学的实践中，教师经常会遇到一些事，事情似乎各不相同，但背后往往有大体相似的心理机制，比如不能接纳自己。

记得王栋生老师曾就教师上课紧张一事专门写过一篇文章，说的是他和钱理群教授的一次对话。钱老说自己上课之前有点紧张，让王栋生老师有了很多感想，意识到上课前紧张是一种常见的情绪状态，体现出教师对这份工作的重视和责任。

一个教师面对突如其来的听课，感到紧张和焦虑，担心上不好会让别人笑话，属于原生反应，是人之常情。如果因此而抱怨自己，认为自己很没出息、做人很失败等，则是对原生反应的反应，属于次生反应。

联想到我们从小到大的成长历程，想想那一次次的摔跤和跌倒，我们就会意识到失败、挫折其实就是成长的一部分，没有什么可怕的。学着接纳自己，接纳自己的紧张，接纳自己的失败，人就会又迈出成长的一步。

有这样一个故事。有个人很幸运地获得了一颗美丽的珍珠，但他发现珍珠上面有个小小的斑点。他想将这个斑点剔除，以便让这颗珍珠成为一件完美无瑕的宝物。于是，他下狠心削去了珍珠的表层，可是斑点还在，他接着又削去第二层，原以为这下斑点没有了，没想到还在。他不断地削掉一层又一层，直到最后，那个斑点没有了，但珍珠也不复存在了。总是用挑剔的眼光看待自己，总想把事情做得更加完美，结果就是越来越不接纳和认同自己，最终必然导致悲剧。①

---

① 致教师：请学会角色扮演，悦纳自己，为一生的幸福奠基. 微信公众号：盐城市盐都区实验初中.

上述案例讲述的是教师在教学实践中，可能会遇到一些如紧张和焦虑的情绪反应，对这些原生反应，教师需要学会接纳自己，包括接纳自己的失败和挫折，这样才能继续成长和进步。另外，不要过于挑剔，试图让自己变得完美无瑕，因为这可能会导致失去自我。

## 二、接纳学生

教师接纳学生是指教师以积极、开放和友善的心态对待学生，接受和欢迎每个学生的独特个性、能力和需求，真诚接纳每个学生的优点和缺点，并以乐观的态度鼓励他们成长和发展。

### 1. 尊重学生的个体差异

教师应该理解并尊重每个学生的独特性，包括他们的才能、兴趣、学习风格和文化背景等。不对学生进行歧视、偏见或忽视，而是以平等和公正的态度对待每个学生。

### 2. 积极关注学生的优点

教师应该关注学生的优点和长处，鼓励他们发挥自己的优势并提供支持。教师关注学生积极的一面，有助于学生树立信心和自尊心。

### 3. 建立积极的师生关系

教师应该积极与学生建立互信和尊重的关系，以友善、亲切和真诚的态度对待学生，拉近与学生之间的距离，让学生感到被接纳和重视。

### 4. 鼓励学生的努力和进步

教师应该关注学生的努力和进步，给予鼓励和肯定，通过强调学生的努力和成果，增强学生的学习动力和自信心。

在我们的心目中，似乎对完美的孩子有个标准，性格活泼开朗，学习方面呢，上课认真听讲，不开小差，作业认真完成，书写工整，遵守学校规章制度，不扰乱纪律，和同学友好相处。似乎家长们也是按照这个标准来教育孩子，但实际上，并不是所有的小朋友都能成长为我们理想中的"完美小孩"。

开学不久，就有家长来问我孩子上课学习情况，家长强调孩子比较内向，询问我是不是上课不太举手，并请教我如何引导。其实一个班级里那么多的孩子，有的孩子喜欢表现自己，只要是会的都会举手，有的孩子则比较内向，不太爱举手，但这并不代表孩子不在认真听讲，性格内向也并不是一个贬义词。相反，许多内向的孩子能静下心来学习，比很多同学都专注、细致，如果孩子不爱举手，老师还一直请他，说不定孩子还会对学习产生恐惧心理呢。

小a就是这样一个内向的小朋友，也有可能他并不内向，但在学校里他表现得还挺内向的，可能是因为他的表达能力不够强，上课回答问题时，总是会慢半拍，并且表达不太清楚，声音就像蚊子叫一样，轻到身边的同桌都听不见。

但是他每一次的作业都书写得工工整整，正确率还很高呢。这说明他上课听得非常认真，只是不太善于表达，但这个问题可以通过多加练习解决。

于是，只要一有空，我就会请他来给我讲题目。一开始，他不太情愿讲，我就夸他说："你的作业写得这么棒，你能给我说说是怎么做的吗？用自己的话说就行了。"最初，我给一些引导，他能够根据我的引导说下去，即使声音还是很轻，我也夸他："其实你的声音很好听，如果你能再大声一些就更棒了！"在我的鼓励下，慢慢地，他的声音开始变大了。接下来，我很少给他引导，大部分让他讲，我提醒他说错不要紧，最重要的是搞明白，用自己的话说就行。现在他说得越来越溜了，不仅思维清晰，而且表达清晰、声音洪亮，我常表扬他，比我还像个老师！尽管现在他上课时还是不太爱举手，但这并不影响他学习优秀。

所以，也许孩子在某一方面表现得不是很完美，但是谁又规定了每个孩子需要每个方面都做到优秀呢？接纳学生的不完美，但不要停下学习的脚步，作为老师，我们也要尊重差异，抓大放小！①

上述案例讲述了教师如何引导内向的学生增强表达能力和自信，强调了尊

① 潘微. 接纳学生的不完美. 微信公众号：苏州高新区狮山实验小学教育集团.

重学生的差异和接纳学生的不完美的重要性。保持阳光心态接纳学生是教师教学工作中的重要方面。通过积极关注学生、鼓励他们努力和进步，以及给予支持和指导，教师能够帮助学生树立自信心，帮助他们充分发挥潜力，并营造积极的学习氛围。

## 三、少一分抱怨，多一分快乐

少一分抱怨、多一分快乐是一种积极的心态和心理状态，对教师的职业发展和学生的学习有重要影响。通过积极寻找和强调积极的方面，培养感恩之心和幽默感，建立支持系统，教师可以保持阳光心态，提高自己的幸福感和满足感，同时为学生树立一个积极、快乐的榜样。

### 1. 强调积极的方面

教师可以将注意力集中在事物的积极方面上，而不是过多关注问题和抱怨。教师通过主动寻找和强调积极的经历和成果，能够培养乐观的心态，同时鼓励学生也做同样的事情。

### 2. 培养感恩之心

教师要时刻保持感恩之心，珍惜自己的教育工作和与学生的互动。教师意识到自己的工作对学生的影响和意义，可以培养感恩之心，从而感到更加快乐。

### 3. 培养幽默感

教师可以培养幽默感，以轻松的方式面对挑战和困难。比如，教师可以通过在教学中加入一些幽默和乐趣，营造轻松和愉快的教学氛围，增加自己和学生的快乐感。

平时在办公室里，重复率最高的话题就是：班级里谁调皮捣蛋了，谁的作业没完成，谁上课说话了，谁和谁发生矛盾了……诸如此类的话题每天重复着，我们的血压也飙升着。可是，仔细想想，我们的抱怨产生不了任何喜悦，也不会为我们的生活和工作添姿加彩，反而会让我们的负面情绪不断叠加，从而产生更多的不快。

教育是一种智慧，教师要有育人的智慧。在我们的教育工作中，如果我们不求人人成才，只求人人成人，如果抛弃让学生人人"灿烂"的想法，顺应自然，那孩子们的笑脸会不会更多些呢？我想会的。比如，开学分班时，我班的数学成绩平均分和其他两班分别差11分和8分，一开始我接受不了，想着这太不公平了，测评排名次时怎么办？拿倒数是必定的，到时候我这张老脸往哪儿搁，领导、同事、家长们又会怎么说，想到这我就心情沮丧，后来慢慢地我想通了，也做好了自己的心态调整：告诉自己，别人怎么看不重要，重要的是自己怎么做。考试第几不重要，让孩子进步才是最重要的。

经过我和全班同学半个学期的努力，期中测评时我们班成绩和其他班的平均分相差了2分多，虽然和他们还有差距，可是毕竟我们进步了不少，我很满意我们的成绩，其他人怎么想不重要，我不再自己给自己背负枷锁，我的心理负担变小了，我把抱怨转换成了动力，心态好了，不纠结名次了，看到的就是孩子们的闪光点，结果发现学生和我都变得越来越好。①

上述案例中教师面对班级成绩不佳的状况，通过调整心态、减少抱怨，以积极的态度与学生一起努力取得了进步。

综上所述，保持阳光心态是一种积极向上的心态和态度，通过悦纳自己，我们能够培养自我接纳的能力和自尊，从而更好地应对挑战和压力；通过接纳学生，我们能够建立积极的师生关系，帮助学生树立自信心和自尊心；减少抱怨并增加快乐，让我们能够以积极和愉快的心态面对工作和生活中的各种情况。这不仅对教师自身的心理健康和幸福感有益，也对教师的工作、学习和人际关系有积极的影响。

---

① 李月华. 调整心态，快乐工作——读《做不抱怨的教师》有感. 微信公众号：朱新立名班主任工作室.

# 细节 9

# 在忙碌的缝隙里"保养"自己

在忙碌的教学生涯中，教师们往往将大部分精力和时间投入学生的学习和成长中。然而，教师也不能忽视自己的成长和发展。一名高效教师要抓住一切时机来"保养"自己，平衡工作和个人生活，提升自己的教学能力和幸福感，这样才能更好地投入教学中，为学生提供优质的教育服务。

## 一、知识"保养"

对于教师来说，进行知识"保养"是非常必要的，这可以帮助教师不断地提升自己的教学水平、丰富自己的知识储备，以更好地为学生提供更优质的教育服务。以下是教师进行知识"保养"时可以采用的几种方法。

### 1. 阅读书籍

教师可以从各种各样的书籍中获取信息和知识，包括教育类、心理学类及学科专业书籍等。这有助于教师学习新知识和更新旧知识，以及加深对教育、学生和学科的理解。

### 2. 参加研讨会和专业培训

教师可以通过参加研讨会、学术会议、教育沙龙等活动来学习最新的教育理论、教学方法和实践经验。这些活动也可以帮助教师在交流和互动中拓宽视野和提升认识，从而更好地了解和应对教育中的多元问题。

### 3. 实践探究

实践和探究可以帮助教师更深入地理解理论，并将其应用到实际教学中。教师可以设计和实施教育实验，探索新的教学策略和技术，并反思和改进自己的教学实践。

## 4. 在线学习和自主学习

教师可以利用丰富的在线资源，如各类学习网站、影音资料和教学博客等，自主进行知识学习和研究。

A老师，特别喜欢读书，语文教学类的报刊、专著，以及教师专业类、文学类，甚至百科类的书籍都有涉猎。他的语文教学表面看上去没什么亮点和吸引人眼球的地方。每学期的组本教研课，他几乎一期一个样，绝不重复。组内的教师只觉得他课上得扎实，有效果，除此以外都觉得没什么可以示人的东西，也没有将他放在眼里，自然他也就没有参加赛课和上教研课等的机会。而且他还是个不善言谈的人，自然也极少得到领导的关注，几乎没有外出培训学习的机会。只有当区内有什么教研课及赛课之类的活动，才偶尔会派他去听一次。

A老师参加工作21年，带过8个小学毕业班（完整地带完一个班年，其余都是中途接任的）。他带的学生上高中时几乎都读文科班。每一年高考，他带过的学生中都有两三个能考上清华大学或北京大学。那些学生接受媒体采访时总要提到A老师对他们的影响，尤其是课外阅读和写作上的引领。刚开始大家也都没有在意，觉得那些孩子是在给小学老师面子。直到那些上名校的学生第6次提到A老师时，学校领导及教师才切实关注起A老师来。

真是"墙内开花墙外香"。A老师的教学得到了家长的广泛认可，后来，大家真正走进A老师的课堂和学生日常的学习中，用探究的眼光去观察时才发现，A老师将自己所学完完全全融入了他的教学，以及对学生的引领中。他班上的学生普遍喜欢课外阅读，而且学生写作水平普遍较高。A老师提供邮箱，学生自己投稿，作文发表很多。凡是A老师班上的学生进入初中和高中后，虽然在语文科目所花的时间很少，但成绩都不错。①

---

① 张朝全. 教师的"充电"与"放电"[J]. 教学与管理，2018（08）：58-59.

上述案例中的教师平时注重知识"保养"，他的教学表面看似普通，但其实极其扎实，效果极佳，通过自己的努力，将所学融入教学中，引领学生爱上课外阅读和写作，得到了学校和家长的广泛认可。教师进行知识"保养"需要不断地开阔视野、深入思考和学习，以便提升自己的教育素质、拓展自己的学科领域和专业知识。

## 二、价值观"保养"

教师的价值观"保养"指的是教师持续关注和调整自己的价值观，以确保其对教育工作的指导作用和积极影响的持续发展。这包括通过反思、学习等方式来更新和提升自己的教育理念、教学方法和对学生的期望，以及对社会、价值观和伦理问题的关注。通过价值观"保养"，教师可以保持与教育时代和学生需求的契合，为学生提供更好的教育服务，并不断提升自身的教育专业素养和质量。

### 1. 深入思考和反思

教师可以花时间思考和反思自己的核心价值观，理解自己对教育的使命和责任感。通过反思，教师可以更清晰地认识到自己的教育理念和目标，以确保自己的价值观与实际行动一致，从而塑造更坚定的价值观。

### 2. 关注社会、价值和伦理问题

教师应保持对社会、价值观和伦理问题的关注。通过了解和思考这些问题，教师可以对自己的价值观进行验证和调整，以更好地适应社会的变化和发展。

### 3. 反思教育实践和学生反馈

教师可以定期回顾自己的教育实践，反思自己的优点和不足，从学生的反馈中获取改进的意见和建议。教师通过自我反思和学生的反馈，可以不断提升自己的教育价值观，并调整自己的教学方法。

不知你是否有这个发现，教师喜欢说"以前就是这样做的""其他人都是这样做的"这种论点。具体到学校这个系统内部，也会常常发现一些互相不信任的现象，"他们生活在琐碎的执着、嫉妒和冰冷的仇恨中，龃龉会发展成积怨，随着时间的推移，在这种整天与电脑屏幕打交道的孤独中和不可改变的环境中，他们越来越僵化。'认可'和'信用'等概念和抽象的事物则围绕着学者们，一种没完没了的竞争氛围就此形成"。这些有时让我感觉到了窒息，但是仅仅凭借己身之力又难以改善，苦恼伴随着每一天。

在此，我想分享今天看过的一篇文章《2021，中国即将发生的45个重大变化》中第一部分"个人篇"中的观点，大家可能从中受到一些可贵的启发，毕竟教育是社会的一部分，教师更应该与时俱进，适应这个日新月异的世界。

……

当你看完后，下面我从中摘取或总结的几个关键词是不是很让你心动：创新、个性、理想；兴趣、热情、希望；潜能、独立、主动；信用、人格、实学；规则、表达、产品；心念、长板、协作。其实，这些关键词都属于教师价值观层面的表达。教师是学生健康成长的引路人。在我们和老师之间，都有很多难忘的故事，每一个故事背后都有一些正确的、积极的，甚至是高尚的价值观。教师的价值观会通过教师的一言一行体现出来，成为影响学生价值观形成的重要因素。

不管是反思过去，面对当下，还是展望未来，一名教师对待学生、自己、同事、社会、国家，都离不开正确的价值观。也就是都离不开老师的学识和能力，更离不开老师为人处世、于国于民、于公于私所持的价值观。不断地加强自身价值观建设，是一切优秀教师和教育家成长的共同经验。①

上述案例强调了教师需要与时俱进，具备正确的价值观，才能成为学生健康成长的引路人。除了要注重创新、个性、理想等关键词所代表的价值观的"保养"，同时还需要注重信用、人格、实学等方面的建设。教师的价值观会通过言行影响学生，因此，教师的正确、积极、高尚的价值观对学生成长至关重要。

---

① 李志欣. 未来教师的价值观追求. 微信公众号：零作业下教学实践研究.

## 三、身体"保养"

教师进行身体"保养"指的是教师采取一系列措施来保护和维护自己的身体健康。这包括护嗓、清肺、护脊椎等方面的保养，以保证教师的声音健康、呼吸通畅和脊椎不受损伤。通过合理的饮食、适量的运动、正确的坐姿和站姿，以及定期进行身体保健和注意保持工作与生活平衡，教师可以增强身体的抵抗力，提高工作效率，从而更好地履行教育使命。

### 1. 护嗓

教师在工作中需要频繁演讲和交流，过度使用声带可能导致声带疲劳、声音失调或嗓子疼痛。护嗓保养可以减轻声带的负担，预防声带疾病的发生，确保声音清晰、音质美妙。教师应适量喝水、吃清淡的食物，经常做口腔和喉部的保健操等。

### 2. 清肺

教师需要进行清肺保养是因为教室是一个相对封闭的环境，通常会有一些特定的污染源，如教材、粉尘、空气中的细菌和病毒等。这些污染物容易影响教师的身体健康，特别是呼吸系统。通过清肺保养措施，教师可以减轻呼吸系统的负担，预防呼吸系统疾病的发生。

### 3. 护脊椎

教师进行护脊椎保养是为了维护他们的脊椎健康。教师在工作中通常需要长时间站立、走动、弯腰等，这会给脊椎带来一定的负担。进行护脊椎保养对教师的健康和工作效能至关重要。

1. 声带振动省着用

为了避免在上课时声带疲劳，产生"费嗓子"的感觉，可以采用锻炼吸气肌群和锻炼横膈膜的方式，保护嗓子。

锻炼吸气肌群就是每天重复快速抽泣式吸气，或者采用闻花香的方式吸气；锻炼横膈膜可以采用"狗喘气法"，就是尽量伸出舌头，张开口，像狗一样快速地呼吸。

2. 课堂张弛有度，课外注意休息

教师的日常工作就是说话（授课），还要和同事、家长交流，一天下来，嗓子根本得不到休息。一方面，教师在教学过程中要根据学生的具体情况，把握互动节奏，提问学生，让学生的脑子动起来，多思考问题，很好地控制课堂纪律和氛围，让自己的嗓子借机休息一下。另一方面，为了避免嗓子超负荷工作，说话速度可以慢一些，一边调节发声器官的运用量，一边给学生边听边思考的机会，尽量每分钟说100~150字，连续说话15~20分钟，要留几分钟，让学生发言或练习。

3. 保持呼吸道湿润

长时间讲课时可经常小口喝温开水，润滑声带，每天要喝 1500~2000 mL 水。湿润的空气对嗓子也有好处，空调房里最好打开加湿器。

4. 护嗓食物

苹果、梨、橘子、香蕉、青萝卜、西红柿、黄瓜、小白菜、大白菜、油菜、芹菜、菠菜、蜂蜜、豆腐、豆浆、鸡蛋等，都有润喉、清嗓和开音的功效，并含有多种维生素和无机盐。授课任务重的老师，在饮食上进行一些有针对性的改善，有益身心健康。①

上述案例中讲述了教师保护嗓子的几种方法。首先，教师需要掌握科学的发声方法，通过锻炼吸气肌群和横膈膜来减轻声带的负担。其次，教师在课堂上要张弛有度，合理控制教学节奏，避免过度使用嗓子。再次，教师需要保持呼吸道湿润，经常喝水，在空调房里使用加湿器。最后，教师可以通过饮食调理来保护嗓子，多吃水果、蔬菜、蜂蜜等有益于润喉、清嗓的食物。这些方法可以帮助教师更好地保护嗓子，提高教学质量。

---

① 师训君. 做老师，你会护嗓吗? 牢记这4点! 微信公众号：新东方师训讲堂.

在忙碌的缝隙里"保养"自己，无论是知识、价值观还是身体"保养"，都是关乎教师个人全面发展和提升的重要方面。通过在忙碌的工作和生活中找到时间和机会，教师可以持续学习与积累知识，不断开拓思维的边界；同时也应时刻审视自己的价值观，保持正向的心态和高尚的品德。身体的"保养"是我们生活的基石，只有拥有健康的身体，我们才能更好地应对工作与挑战，享受生活的美好。

# 细节 10

# 以同理心看待学生

教师常常面对不同背景、性格和学习能力的学生群体。如何建立起与学生之间的良好关系，理解他们的需求和情感，成为一名高效教师不可忽视的任务。以同理心看待学生，可以帮助教师更好地了解学生的内心世界，激发他们的学习潜能和自信心，促进学生在学习过程中的积极参与和成长。

## 一、语言同理

语言同理是指教师能够运用适当的语言和沟通方式，倾听并理解学生的言辞、表达和情感需求。在教育场景中，每个学生都有自己的语言表达方式和表达习惯，教师通过对学生语言的同理，能够更好地理解学生的意思，进而与他们建立起有效的沟通和互动。

### 1. 倾听并理解学生的言辞和表达

教师需要倾听学生的话语，并努力理解他们所要表达的意思。这包括学生可能使用的特定词汇、隐含的情感和意图。通过积极倾听和细致观察，教师可以更深入地理解学生的需求和想法。

**2. 使用适当的语言和表达方式**

教师应该运用简单明了、易于理解的语言与学生进行沟通。教师需要注意细微的语气变化和声调选择，以确保自己的表达方式能够让学生产生共鸣，并容易被他们理解。

**3. 展现出真诚的关心和尊重**

教师的语言同理应该反映出对学生的真正关心和尊重。通过运用积极正面、鼓励性的语言，教师能够传递给学生积极的情感和支持。这样的语言反馈会让学生感到被认可和重视，建立起师生之间的亲近感。

**4. 运用非言语的语言**

除了言语上的交流，教师还可以通过非言语的方式来表达同理心。面部表情、姿态和肢体语言等都可以传递出教师的关注，帮助学生感受到教师的情感连接。

1. "牛气"

在讲必修5 Unit1 的 "Reading" 部分时，对课文主角 "king cholera" 进行解释。cholera 是这个单元的新单词，意为霍乱，是一种疾病。学生们对霍乱的了解仅限于知道它是致命的疾病。学生们认得 king 是国王的意思，一结合 cholera；学生们马上说出 "霍乱之王" 这样的解释。然而这里的 king 并非实指国王，"king cholera" 更不是霍乱之王的意思，而是突出在当时的医疗条件下，霍乱是一种不治之症，异常凶猛。华老师在得到学生们 "霍乱之王" 的反馈后，灵机一动说道："这里的 king，就是你们常说的牛气的意思，'king cholera' 就是很牛气的霍乱，说明呢，在当时霍乱是很厉害的，很致命的。" 经华老师这么一解释，学生们立即掌握了这个词的真正含义，对文章的理解自然也就顺畅了。

2. so easy

在讲解文章的语言知识点时，华老师叫某位学生起来提炼所给句子运用的知识点。该学生站起来后看了很久也不知道该怎样回答，最后用微弱的声音说了句："好像没有知识点，老师？"华老师看着他，又好气又好笑，随即说："so easy 啊，都没有知识点要学了，妈妈再也不用担心我的学习了！"原本满脸"愁容"的学生听完，即刻笑了起来，教室里的尴尬气氛也瞬间得到缓解。

3."我懂的，你也懂的"

在讲解 convenience 这个词时，华老师补充了相关词组，其中一个为"at one's convenience"，解释其意为"在某人方便的时候"。话音未落，便听见学生们的阵阵笑声。原来学生联想到了"方便"的另外含义，才如此哄堂大笑。华老师在讲台上，先是抿嘴一笑，停顿了一会儿后，对学生们说："好了好了，不要再笑了。我懂的，你们也懂的。"①

随着网络的普及，学生们面对着不断变化的世界，网络流行语已成为学生的口头禅，占据着他们的生活。上述案例中教师在课堂教学过程中，巧妙地运用了学生所熟悉的流行用语，不仅缓解了课堂的紧张气氛，还将生词与学生熟悉的语言结合起来，使得复杂的概念变得简单易懂，让学生更好地理解和掌握知识点，提升了课堂的质量和教学效率。

## 二、角色同理

在教育中，教师不仅仅是知识的传授者，还是学生的引导者、支持者和指导者。教师以同理心看待学生时，角色同理是一种重要的表现形式。角色同理是指教师能够设身处地地理解学生所扮演的角色，从学生的角度出发思考问题，并有意识地调整自己的行为和反应。

### 1. 了解学生的环境和处境

教师需要了解学生在学习中所面临的环境和处境，例如家庭背景、社交关系、学习压力和心理状态等因素。通过了解学生的处境，教师可以更好地为他们

---

① 郭斌玉. 教之莫如知之——对一位高中英语教师教学同理心的质化研究 [D]. 金华：浙江师范大学，2012.

提供支持和指导，并在师生之间建立起情感联系。

### 2. 从学生的角度出发思考问题

教师应该设身处地地想象自己处于学生的位置，从他们的角度出发思考问题。例如，教师可以思考如果自己是学生会如何理解和应对某个问题，以便更好地指导学生。

### 3. 了解学生的需求和期望

教师需要与学生建立起信任关系，请求他们的反馈并密切关注他们的需求和期望。通过倾听学生的声音和反馈，教师能够更好地了解和满足学生的需求和期望。

### 4. 理解学生的个性和兴趣

教师需要了解学生的个性特点和兴趣爱好，并对不同的学生使用不同的教育资源和教学模式。通过了解学生的个性和兴趣，教师可以让学生更深入地参与课堂学习，提高教学质量。

在一次主题为"文明伴我同行"的队会的排练过程中，最后一个环节，我计划把学生亲手绘制的栩栩如生的图案当场献给听课的领导和老师。预设完成这项任务的是绘画功底很扎实的洋洋同学。这是个挺聪明的孩子，很有绘画天赋，就是由于上课总爱开小差，总是在低着头"创作"，无法集中精力认真听讲，学习成绩处于班级中下水平。选择让他献画，我是真的用心了：一是为了打造、呈现一个"这次队会使我变成文明少年现身说法"的结果，可以让班会出彩；二是为了以此激励洋洋，帮助他改掉上课开小差的毛病。为此，我还精心地给他安排了献画时的台词："今天，我把这幅精美的图案献给学校，让讲文明的风气在全校传播蔓延开来，激励我们共同前进！我今后一定改掉上课走神儿、画画的毛病，争做一个文明的好少年！"并在将台词交给洋洋时语重心长地叮嘱他要好好背，因为这段台词是本次队会的一大"亮点"。没想到的是，洋洋听完我的意图，再看看纸上的台词，皱起了眉头，一脸不满地反驳道：

"老师，您让我当着全班同学和那么多领导老师的面，把我上课走神儿的毛病说出来，这明明是我的'污点'，怎么能说是'亮点'呢？我的感受有谁能理解呀？"我听后一时语塞。

学会站在孩子的角度看问题，是对孩子的理解和尊重。我反思自己在队会这件事上，完全没有考虑过洋洋的感受。作为一个拥有自尊，渴望别人理解的孩子，他热爱画画，并且画得很好，经常能得到他人的夸奖，这促使他更加勤奋练习，获得更多的肯定。而他因为年龄所限，不懂得分场合，出现了在课堂上走神画画的情况。对于在队会上献画并发表感言这件事，洋洋最看重的是自己的尊严，而不是老师的成败；就像我作为这堂课的教师，也同样最看重自己组织队会活动的成就，而忽视了他内心的感受。

于是我顺着他的思维去思考，去处理，来表达我对他的理解："是的，这的确不是你的'亮点'。放在这个场合说，确实有些不合适，是我欠考虑了。"这句简单的重复，其实是同理心的一种十分直接的表达，把洋洋的情绪和感受，通过重复其倾诉的方法传回给洋洋，满足了他被理解的需要。洋洋在听了我的话后，脸上的焦虑和不满慢慢地消失了。接着我自责而诚恳地说："你认为这是'污点'，老师就不应该让你在大家面前说，是我没有考虑到你当时的感受，现在我能理解。"洋洋听后如释重负般与我相视一笑。①

上述案例中，教师在组织队会活动时，意识到自己的安排没有充分考虑到学生的感受，特别是对于一个自尊心强的学生来说。通过角色同理，教师意识到应该更加注重学生的内心感受，尊重学生的自尊心，而不是只关注活动的成功，通过与学生进行同理心的交流，教师成功地解决了问题，并取得了学生的理解和支持。

## 三、认知同理

认知同理是教师以同理心看待学生的一种重要的表现形式。认知同理是指教

---

① 杨静. 你的感受，我理解——"同理心"唤醒你我的心. 中小学心理健康教育. 2022（S01）.

师能够理解学生的认知过程和学习方式，能够意识到不同学生可能有不同的学习风格和能力水平，据此采用适合他们的教学方法和策略。教师通过认知同理可以更好地满足学生的学习需求，提高学生的学习效果。

### 1. 理解学生的认知差异

教师需要充分认识到学生在认知方面存在的差异，例如某些学生可能更加擅长数学方面的思考，而对语文类学科的学习则较为吃力。教师应该了解各个学生的学习特点和学习方式，并适当调整教学策略，以更好地匹配学生的认知风格和水平。

### 2. 根据不同学科设定不同的教学目标

不同学科的学习难点和认知需求不同，因此教师需要根据不同学科设定不同的教学目标。例如，数学科目需要学习者能够理解数学公式的含义，而语文科目可能需要学习者对文本进行深入的理解。教师应有针对性地设定教学目标，并利用适当的手段和策略帮助学生达成目标。

### 3. 个性化教学策略

教师应该采取个性化的教学策略，以满足不同学生的认知需求。根据学生个人的认知差异，教师可以采用不同的教学方法，例如多媒体教学、口头讲解、讨论互动等方式，帮助学生更好地理解和掌握知识。

在教学"感官、单脑与认知"一课时，为了让学生更直观地了解人体的各个感觉器官，我通过计算机3D技术向大家展示了眼睛、耳朵、鼻子等感官的内部结构以及过程原理，之后设计了这样一个问题：谁能在黑板上画出人体认识客观事物的示意图？同学们思考了片刻，没有人举手，显然这个问题有些难度。接着，我有意识地先请一位学生到黑板上画图，他画出了大致的示意图，但存在几个错误，接着我请一位学生进行补充修改，最后再请一位学生照示意图说明。这样，全班学生都有参与机会，达到了"异曲同工"之效。课后，有位同学跑到讲台前问我："老师，眼睛结构那么复杂，那近视到底是眼球的哪个结构受损了呢?"我并没有直接告诉他答案,而是把问题抛给了他,"老师也很想知道,你回去查查资料,下次上课前由你为大家科普一下吧!"他不好意思地点点头,答应了。后来,他的分享赢得了全班同学的掌声。①

在上述案例中,教师在授课时,设计了一个对学生来讲具有挑战和难度的问题,过程中引导学生自己思考,通过一次次的尝试和补充,学生们逐渐理解了问题。这种通过认知同理设置的个性化教学策略和方式,增强了学生的自信心和表达能力,提升了课堂教学效率。

综上所述,以同理心看待学生是教师自我提升中至关重要的一环。通过语言同理、角色同理和认知同理的应用,教师能够与学生建立起互信关系,为每个学生提供适合其个体差异的教育支持,从而为学生提供更优质的教学服务。

# 细节 11

# 学会"给点阳光就灿烂"

教师肩负着培养下一代的重大责任,面对教育工作的重要性和挑战性,教师常常忽视对自身的关怀和自我提升。教师只有当自己拥有积极乐观的心态,学会"给点阳光就灿烂"时,才能持续不断成长,更好地投入教学,实现自身教育水平的提升。

## 一、知足常乐

教师学会"给点阳光就灿烂"的一种态度和心态就是"知足常乐"。这个概念源自中国传统文化中的智慧,指的是满足于自己所拥有的,珍惜眼前的幸福,

---

① 贾亚萍. 立足差异,个性教学. 微信公众号:郑州教育 BLOG.

不过分追求外在的物质和成就。拥有知足常乐的心态，教师能够更加平和地应对工作中的挑战和困难，在逆境中保持乐观和积极的态度，从而给教师自己和周围的人都带来正面影响。

### 1. 珍惜学生的进步和成长

教师可以关注学生的进步和成长，享受教育过程中每一个小的成功和突破。教师不要过于追求学生的成绩或荣誉，而要关注学生的全面发展和个性养成。

### 2. 感激家长的支持和理解

教师感受到家长的支持和理解时，就要感激并回报他们的帮助。家长对教师的工作认可，将会给教师带来阳光般的能量。

### 3. 感恩学校和同事的支持

教师要感恩自己所在的学校和同事们的支持。学校提供的资源、政策、培训等，以及同事们的合作与帮助，都是给予教师阳光的体现。

### 4. 满足于自己的专业成长

教师可以关注自己的专业成长和发展，积极参加专业培训、研讨会等活动。教师不应过分追求职称或奖励，而应享受学习的过程和提升自我的喜悦。

人们常说：知足常乐！作为老师，我们有的时候真的应该知足。我们不是圣人，不会也不可能让所有的孩子都得一百分，在关注那几个不能经常完成作业的孩子的同时，也要多看看那些在不断进步的中等生和优等生。"老师，能不能早一点发明天的早读打卡任务，我怕明天背不会。"刚刚下午四点多，四（一）班的宋文静就在群里问我。"好的！"我说。"老师，你可以每天晚上发明天的早读打卡任务吗？""可以，我怕记不住，你要提醒我。"自此，宋文静每天下午或晚上会提醒、催促我发第二天的语文早读任务。"语文老师，请问明日早读背诵任务是什么？"刚刚晚上 8 点，张耀文也在群里问明天的早读任务。看到这个我不禁回复："张耀文，爱学习的孩子！为你点赞！""老师在吗？我发现了巩固上有一道错题。"我打开语文学习巩固一看，果然是这样，多印刷了一个字。"郭一晶，你真是个细心的孩子！"早上6点多，我打开钉钉看看哪些学生已经早读打卡了，打开一看，让我大吃一惊：王柯丁5：33打卡，刘梦瑶6：13打卡，郭煜旺6：28打卡，田雨欣6：32打卡……这些同学，有些是优等生，有些是中等生，他们都在证明自己的努力，我不禁给他们留言：老师看到了你的努力，为你点赞！①

上述案例中的教师关注每个学生的进步和努力，不放弃进步慢的学生，也鼓励中等生、优等生的进步，给予他们支持。看到学生们的进步和成就，感到满足和快乐，是作为教师的价值和意义的体现。

## 二、苦中作乐

教师学会"给点阳光就灿烂"的另一种态度和心态是"苦中作乐"。这个概念强调在困难和挑战面前保持乐观和积极的心态，将困境变为机遇，从中找到乐趣和快乐。教师需要学会在工作中保持乐观、积极的心态，从苦难中寻找快乐，在面对挫折和困难时向着阳光灿烂的方向前行。

### 1. 将困难看作机遇

教师可以将面临的困难和挑战视为个人成长和进步的机会。通过克服困难，教师可以发展新的教育技能、改进教学方法，并在教育实践中不断提升自己。

### 2. 发现教学的乐趣和快乐

教师可以发现教学的乐趣和快乐，享受和学生一起成长的过程。在与学生的互动中，教师可以感受到学生的进步和成就，也可以体会到自己对学生的影响和帮助，从而获得内心的满足感和快乐。

---

① 常俊. 教师文集丨知足常乐. 微信公众号：林州市林钢学校.

### 3. 善于化解压力和放松自己

教学工作压力巨大，教师可以学会化解压力和放松自己。通过体育运动、欣赏音乐、阅读等方式，找到自己的调节方法，让自己在工作之余能够放松身心，释放压力。

### 4. 视苦难为成长的阶梯

在面对教育工作中的苦难和挑战时，教师可以将其视为自身成长和进步的阶梯。通过不断克服困难和努力，教师可以提升自己的专业水平和能力，为学生提供更好的教育。

无疑，高中教师相对于其他年段的教师是更为辛苦的。作息时间基本与学生相同，甚至要比学生更早。对学生而言，地狱一般的高中只有三年，但对于高中教师而言，却是几十年如一日的辛苦与清贫。在这样的日子里，就更需要有苦中作乐的心态。生活中处处有乐趣，做学生麦田里的守望者也有独特的乐趣。

乐在何处？其一，备课之乐也。诚然对于新教师而言，新的开始也就是备课是无比痛苦的。备课之路，是一人独自研读文本的漫漫长夜，是收集论文细细研究的咀摸轻读，是虚心请教前辈教师的小小身影。然而如此看似枯燥无味的备课之时，一旦有那么一点灵感的迸发，神来之笔的一点奇想，仿佛与哲人名家跨越时代的一点心领神会，都是难能可贵的收获。这是当初选择汉语言文学专业的初心，而现在这也是我无比庆幸并且发自真心快乐与满足的事。

其二，互动之乐也。一堂精心准备的课堂偶尔出现几句精彩的回答，或是学生之间思考火花的碰撞，都是值得我引以为傲、津津乐道的事。学生们能够积极地参与进课堂，通过我的一点引导或启发，有所思考与收获，这难道不是一大乐事吗？[①]

上述案例中的高中教师苦中作乐，从工作中找到乐趣。这些乐趣来自备课和课堂互动，备课中灵感的迸发和与哲人名家的心领神会，以及课堂上学生积极参

---

① 江南挺雪. 苦中作乐，宽严并济——我的一年从教小故事. 微信公众号：温岭市松门中学.

与、有所思考和收获的时刻。

## 三、学会遗忘

学会遗忘是指教师要学会释放过去的困扰和负面情绪，让自己在教育工作中保持积极向上的心态。教师面临着各种困难和挑战，但陷于过去的不如意会束缚前进的步伐。教师需要学会遗忘那些令人沮丧的经历和错误，让心灵重新焕发阳光般的明亮。

### 1. 遗忘学生的错误

教师要认识到学生处在成长的过程中，他们可能会犯错。对于犯错的学生，教师需要保持耐心，提出适当的批评和教育。但是，过度强调学生的错误会让教师和学生之间的关系变得紧张，同时也会使学生丧失自信心和兴趣。因此，教师应该学会遗忘学生的错误，用更积极向上的态度来帮助学生，让学生看到自己的成就，从而更好地成长。

### 2. 遗忘同事的错误

教育工作往往需要教师之间合作完成，教师之间需要相互信任和支持。但同事也会有犯错的时候，比如未能按时完成工作或者忘记了答应的事情。教师应该学会遗忘同事的错误，解决问题并且不过度批评和指责别人。教师可以通过与同事沟通、相互理解和妥协来解决困难。

### 3. 遗忘家长的错误

家长在教育学生过程中扮演着非常重要的角色，但有时候家长会给教师带来一些问题，如对教育工作和教师质疑或者把责任推到教师身上。教师应该学会遗忘家长的错误，正确处理这些问题，同时尽力避免由此带来的负面影响。理解和耐心对待家长的问题，教师可以与之进行有效的沟通和合作。

昨天这个学生课上几乎一点没听，今天听了一点点了，不错！下课的时候顺便喊他到身边，微笑着告诉这个学生他今天的发现，哪怕明天他还是老样子。

前些天这个家长还和你在某些事上有分歧，彼此不开心，今天他的孩子有一点点小进步了，那就当前些天的事情没有发生，你发个短信告诉家长孩子的小进步。有时候学会遗忘就是善待自己。

科任教师总是来向你告状，搞得你心情一团糟，但总比不闻不问要好，把她（他）的牢骚筛一筛，挑选出实质性的问题，到了班级里，该抓的还是要抓的。有时候，人要学会选择性地听一些话。①

学会遗忘，是一种智慧。上述案例中的教师遗忘了学生的不专心、家长的误解以及同事的牢骚，从而保持愉快的心情，专注于解决问题，更好地为学生和家长服务。同时，教师也要学会筛选信息，选择性听取有益的建议和意见，以更好地提高自己的工作能力。学会遗忘并不意味着逃避问题，而是为了更好地面对挑战，以更积极的心态去迎接未来的工作和生活。

综上所述，学会"给点阳光就灿烂"是一种积极而健康的态度，知足常乐让教师能够体验到工作中的满足和幸福，苦中作乐让教师能够积极应对工作中的困难和挑战，而学会遗忘则是为了保持心境的平静和积极，让过去的错误和负面情绪不再束缚前行的步伐。通过这三个方面的实践，教师能够在工作中散发出阳光般的能量，不断提升自己，给予学生、同事和家长希望与激励。

# 细节 12

# 与时俱进，不断提升教学技术

随着科技的迅速进步和社会的不断变革，教育领域也面临着越来越多的变化和挑战。作为一名高效教师，我们不能沿用过去的教学方法和技术，而应该与时

---

① 于洁. 教师，你要学会"给点阳光就灿烂"[J]. 江苏教育，2017（79）：71-72.

俱进，不断提升自己的教学技术，成为更具影响力和魅力的教师，以适应和引导学生在新时代的学习需求，为学生的学习创造更多可能性。

## 一、学习运用教学技术工具

教学技术工具是用于辅助教师进行教学和学生进行学习的各种工具和应用程序。它们运用了计算机、互联网以及其他现代技术，旨在提供更多样化、互动性强、个性化的教学体验。

教学技术工具包括软件程序、应用程序、在线平台、电子设备等，用于实现教学过程中的各种功能和目标。这些工具可以用于展示教学内容、与学生互动、进行学习评估、提供个性化的学习材料和反馈等。

### 1. 互动白板软件

教师可以将电脑或平板设备连接到电子白板上，并通过触摸手势或数字笔进行互动，展示教学内容，进行实时标注。

### 2. 在线学习平台

在线学习平台提供在线课程、学习资源、作业提交等功能。学生可以通过平台进行学习，与教师、同学进行互动和讨论。

### 3. 视频会议工具

Zoom、Microsoft Teams等视频会议工具，支持远程教学和在线会议。教师可以通过视频会议工具与学生进行实时互动和教学。

### 4. 虚拟实验室

虚拟实验室提供模拟实验环境，使学生能够进行实践性学习，如化学、物理、生物等学科的虚拟实验室。

### 5. 在线测验和评估工具

在线测验和评估工具可以创建和管理在线测验，自动评估和反馈学生的学习情况，如 Quizlet、Kahoot 等。

### 6. 数据可视化工具

数据可视化工具可将数据转化为可视化图表和图形，帮助教师与学生更好地理解和分析数据，如 Tableau、Microsoft Excel 等。

在一年级"认识整时"教学时，教师先利用电子白板工具画一个钟面，再画上时针、分针和刻度，让学生观察钟面后提问，钟面上有哪些针？你怎样区分时针和分针？你还发现钟面上有什么？指导学生认识钟面和整点时刻，并说说整点时刻的时针、分针有哪些特征。最后教师总结。这样循序渐进，使课堂结构并然有序，有条不紊，效果显著。同时，在强调一些重点知识或难点知识时，教师利用电子白板放大强调的重点内容，让学生反复学习，熟练掌握。在教学"加法交换律"时，教师制作其课件展现到白板上，然后在电子白板上对数字拖曳、换位，让学生了解加法交换律的特点。这样帮助学生逐步建立起自己的数学知识体系，不断丰富知识内容，对于以后数学的整体学习都有着重大的意义。

在一年级数学"认识整时"的练习课教学时，教师在白板上设计钟面和需要表示的时间，让学生用感应笔给指定钟面所表示的时刻添画分针和时针，学生争先恐后，纷纷上台给钟面要表示的时刻添加时针和分针。这样的课堂互动，不但使学生进一步明确了整点时时针、分针所处的位置，巩固了知识，还调动了学生学习数学的积极性。①

上述案例中，教师在教学中运用互动白板，帮助学生直观理解钟面、分针和时针，加深学生对数字变换和位置的理解，让学生积极参与，激发了学生的学习热情，提升了教学效果。

以上只列举了一些常用的教学技术工具，随着教育科技的发展，新的工具和应用不断涌现。教师应根据自身教学需求和学生的学习特点选择适合的教学技术

---

① 段善基. 运用交互式电子白板优化数学教学效率 [J]. 甘肃教育，2021（10）：122–123.

工具，在教学实践中灵活运用，提高教学效果。

## 二、探索不同的教学方法

教学方法是实现教学目标的具体手段，它涉及教学活动的组织、教学资源的运用、学习者的参与方式等方面，是指教师在教学过程中所采用的策略、技巧和方法，旨在有效地传授知识、培养学生的能力和促进学生学习。

**1. 差异化教学**

根据学生的学习能力、兴趣、学习风格等因素，个性化地设计和适应教学内容、教学活动和评估方式。

**2. 探究式学习**

鼓励学生主动提出问题、进行调查研究、提出解决方案，通过实践和探究来促进深度学习，发展批判性思维。

**3. 合作学习**

鼓励学生交流和分享，促进团队合作、互助学习。

**4. 翻转课堂**

课前预习和自主学习，然后将课堂时间用于深入讨论、解决问题和实践应用，使学生主动参与课堂学习，提高学生的理解能力。

**5. 项目学习**

以实际项目为基础，学生通过解决问题、完成任务来学习知识和技能，并展示他们的学习成果。

**6. 混合式学习**

结合传统课堂教学和在线学习，在课堂和虚拟环境中整合教学资源，并开展学习活动。

师：从前，鸡和兔共同生活在一个院子里，它们是好朋友。兔子看到鸡两条腿走路，觉得很有意思，于是就号召全体兔子竖起两条腿，如鸡一样走路。如果院子里有3只兔子在练习两条腿走路，请大家想想空中有几条腿？如果空中有10条腿，再猜猜有几只兔子在练习两条腿走路？

假如鸡也想模仿兔子，同学们想一想鸡怎样模仿？鸡把翅膀往下一放，也是四条腿，但它是假的，数学上就叫作"假设"。如果院里有4只鸡在操练，地上有几只翅膀？如果地上有20只翅膀，又有几只鸡在模仿兔子呢？其实关于"鸡和兔"的问题，早在一千五百年前，我国古代数学名著《孙子算经》就有记载："今有雉兔同笼，上有三十五头，下有九十四足，问雉兔各几何？"同学们能理解这道题的意思吗？（生口述题意）师揭示课题：这种类型的数学问题，在当时的书籍中多以"鸡和兔"作为问题研究和叙述的对象，计算同一个笼子中鸡和兔的只数，后人称之为"鸡兔同笼"问题。启发引导：同学们能估计一下鸡和兔有多少只吗？数大了不好猜，可以怎么办？研究复杂的问题要用科学的方法，可以先从简单的问题着手研究。出示例1：笼子里有若干只鸡和兔，从上面数有8个头，从下面数有26只脚，问鸡和兔各有几只？①

在上述案例中的教学实践中，教师通过生动的故事引入，激发了学生的兴趣，并引导学生对结果进行估计，体验从简单问题入手的必要性，感受化繁为简的数学思想。这种探究式教学模式在课堂中能够有效地引导学生主动参与学习，提高其分析问题和解决问题的能力。

## 三、借鉴优秀教师的经验

教师借鉴优秀教师的经验是提升教学技术的重要途径。优秀教师以其独特的教学方法和经验，不仅在教学中取得了卓越的成果，更在学生的成长和发展上发挥着重要作用。因此，教师应积极主动地借鉴优秀教师的经验，以进一步提升自

① 武国芬. 体验探究历程，提升数学素养——探究式课堂教学模式的有效探索. 微信公众号：A武国芬数学之旅.

己的教学技能和水平。借鉴优秀教师的经验不仅可以为教师带来新的教学思路和方法，还有助于激发教师的创造力和潜能，使其在教育事业中成为更加出色的引路人。

**1. 观摩其他教师的课堂**

教师可以向其他教师请教，观摩他们的课堂，从他们的教学方法和技巧中吸取经验和灵感，也可以参加学科组或教研活动，探讨教学方法、评价标准和学生反馈，以共同提高教学质量。

**2. 参考其他教师的教案和课件**

教师可以参考其他教师的教案和课件，从中学习教学策略和方法，也可以参考一些教学资源，如网络公开课等。

**3. 参加教学研讨类普及培训**

教师可以参加各种形式的教学培训，学习专业知识和教学技巧，借鉴其他教师的教学方法和经验，通过不断反思和实践逐渐提高自己的教学水平。

**4. 参与教学研讨会等活动**

教师可以在教学研讨会和学科展示等活动中与其他教师进行互动，分享教学经验，借鉴其他教师的教学方法和经验，并在实践中不断优化和完善自己的课堂教学。

我们学习优秀教师的丰富而先进的教育经验，应该在系统学习其教育思想的同时，提炼出先进经验背后的教育理念，而不要只关注教育教学方法中一招一式的借鉴。每一个优秀的方法与做法背后都有一个先进的理念作为支撑。

比如魏书生老师在学生犯错之后，让学生写出千字的说明书，许多老师认识不到这个办法背后的民主与尊重学生的思想，只是机械地照搬。在自己的学生犯错之后，也照搬让学生书写千字说明书的做法，结果招来学生和家长的强烈反对。难怪在学习了苏霍姆林斯基夏天让学生赤脚走路的经验之后，有的老师曾经这样问过我：我们是否也可以像苏霍姆林斯基那样，也让自己的学生在夏天赤脚走路？

我告诉他：我们学习的是苏霍姆林斯基健康教育的思想与理念，应当像苏霍姆林斯基那样在夏天多带领孩子到野外去，到大自然中去，进行各种智力学习与锻炼活动，而不是表面上的让学生赤脚走路这些基本做法。

苏联教育家苏霍姆林斯基在《给教师的建议》中告诉我们："学习优秀经验，这并不是把个别的方法和方式机械地搬用到自己的工作中去，而是要移植其中的思想。向优秀的教师学习，应当取得某种信念。"（《给教师的建议》第114页）

对此，李镇西老师也有相同的观点，他说过：任何一个杰出的教育专家或优秀教师，其教育模式、风格乃至具体的方法技巧都深深地打着他的个性烙印……向优秀教师学习主要是学习其教育思想，而不是机械地照搬其方法。（李镇西《教育的智慧》第18~19页）①

优秀教师的经验是宝贵的财富，教师借鉴这些经验时，应深入理解其背后的教育理念，而不仅仅是表面上的教学方法。真正的借鉴，应移植其思想，学习其教育理念，而非机械地照搬。只有这样，才能真正领悟并运用优秀教师的智慧，提升自己的教学水平。

与时俱进、不断提升教学技术是教师自我提升的重要途径。通过学习运用教学技术工具，教师能够开发出新的教学方式，提供更具吸引力和有效性的学习体验。同时，教师探索不同的教学方法可以激发学生的学习兴趣和潜力，促进他们的主动参与和批判思维能力的培养。此外，教师借鉴优秀教师的经验不仅能够在实践中获得宝贵的启示，还能够从他们的成功经验中吸取教训和指导。通过综合运用这三种方法，教师可以不断提升自身的教学水平，营造更有趣、有效的教学环境，激发学生的学习兴趣，提高学生的学习成效。

---

① 郑建业. 教师成长、教师如何学习优秀经验. 微信公众号：逍遥行者读书坊.

# 专题三

## 保持积极思维

在教育领域，高效教师是促进学生成长和发展的关键力量。他们不仅仅是传授知识的导师，更是启迪学生内在潜能的引领者。而在高效教师的行动中，积极思维是一把无形的『魔法武器』，不仅对教师自身的心态和情绪有着积极的影响，还可以激发学生的潜力，改善学习氛围，培养学生积极向上的心态。

# 细节 13

# 面相平和，内心强大

面相平和和内心强大是一名高效教师保持积极思维的重要元素。面相平和和内心强大不仅仅指外在的举止和风度，更是内心力量的显现。面对繁忙的教学工作、学生的各种情绪和挑战，内心平静而坚定可以使教师更好地应对困境。保持理性思考，是应对一切困难的关键。

## 一、面相平和

教师面相平和是建立积极的师生关系和营造良好的学习环境的重要因素之一。面相平和的教师能够营造一种稳定和谐的氛围，让学生感到受到被尊重和关注。

当教师面带微笑、神情温和时，学生会感受到友善和亲近。这样的表情和姿态传递出一种放松和舒适的信息，使学生更容易与教师建立起亲近的关系，产生信任感。学生会感受到被理解和支持，更愿意与教师积极互动，参与课堂活动。

教师面相平和有助于学生的情绪调节和情感管理。若教师能够平静地面对学生的情绪和行为问题，能够以冷静和理性的态度应对突发事件，学生就能够从中学习到情绪管理的技巧和策略。而如果教师本身随着学生的情绪波动，失去平衡，就会加剧学生的情绪问题，影响课堂教学和学生学习。

### 1. 自我观察和自我调节

时刻保持对自己的面部表情和身体语言的觉察。如果意识到自己脸上有紧张或焦虑的表情，可以主动进行调整，放松面部肌肉，保持微笑或平静的表情。

### 2. 做深呼吸

当感到紧张或情绪激动时，教师可以通过深呼吸来缓解压力并平复情绪。深呼吸有助于平衡自主神经，使心态更稳定平和。

### 3. 寻找情绪出口

在课堂教学过程中，教师如果感到有压力或情绪紧张，不要让情绪一直积压，可以寻找适当的时间和地点释放情绪，如找一个空旷的地方散步、做一些体育运动或与同事朋友交流等。

### 4. 培养平和的心态

定期进行放松练习，如冥想、做瑜伽、花园劳作等，有助于培养平和的心态。此外，培养积极乐观的态度，学会接受和放下不可控制的事物，有助于保持面相平和。

那年秋天，由于学校教师缺编，我这个专职英语教师改行做了一年的小学一年级数学教师，班上有60个可爱的孩子。但是刚开始，面对刚从幼儿园出来的娃娃们，我总是抱怨他们怎么什么都不知道，从课堂常规到平时作业，无不需要教师耐心细致的指导。有的时候，说了很多遍，还是有学生做不好，他们上课也总是吵吵闹闹，我就很生气，看到学生就板着脸。他们看到我，总是小心翼翼地叫声老师就跑掉。慢慢地，自己也觉得这样太累，也感到这样对待学生没有什么成效，于是我便开始关注他们的优点，看到他们其实很努力，很懂事。或许，老师多给他们点鼓励与肯定，他们能更自信，做得更好。那样，我也能够跟着他们一起开心。只有这样，才会与孩子们快乐地相处，不断进步。所以，现在看到孩子，我会朝他们微笑。

也许，有的老师会说，微笑是天下最容易做到的事情，这还不简单吗？可真正发自内心对学生微笑的老师又有多少？是啊，现在的学生是越来越难教了，叫我们如何笑得出来？面对形形色色的学生，就得板起脸来，显出自己的威严，否则学生就更难管。于是，很多老师不论在课堂还是在平时，总是不苟言笑，对学生动辄训斥，甚至体罚，学生在老师面前噤若寒蝉。试想，学生在这样的环境下，还能主动活泼地、富有个性地学习吗？他们还会向老师倾诉心里话吗？他们以后还会懂得去爱别人吗?①

上述案例中的教师在刚开始带班的时候板着脸，对待学生很严肃，导致学生都小心翼翼。在教师关注学生的优点，对学生保持微笑，面相平和之后，学生们开始变得自信，与教师积极互动。这种平和心态会传递给学生，让他们感受到安全和被信任，更愿意与教师交流，更积极地参与到学习中去。最重要的是，保持面相平和不仅仅是外在的表现，更是内心的状态。教师们应该持续关注并培养自己的内心平衡和积极心态。通过寻求支持，学习心理健康、处理压力和情绪等方面的知识和技巧，教师们可以更加从容和自信地面对教学工作中的各种挑战，并为学生们树立一个平和而强大的榜样。

## 二、内心强大

教师不仅需要应对日常的教学任务，还需要面对各种挑战，这些困难和压力可能会对教师的内心产生负面影响，降低他们的动力和水准。因此，教师内心强大非常重要。一个内心强大的教师能够以积极的心态迎接挑战，保持专注和热情，更好地应对困难和逆境，并为学生提供良好的教育体验。他们能够坚定地坚持自己的教育理念和价值观，不会因受外界干扰而迷失方向。

### 1. 不让别人的评价左右自己

教师在面对各种评价和批评时，能够保持自信和独立思考，不因他人的评价而动摇自己的教育原则和信念。这需要教师明确自己的教育目标和价值观，学会区分有建设性的反馈和无根据的批评，以及保持成长心态和寻找支持网络，从中获得有益的经验和反思，能够使他们更加专注、自信和积极地履行教育使命，为学生提供优质的教育服务。

### 2. 在不如意的境地下改变自己

在面对挑战和困难时，教师能够积极调整自己的态度和方法，主动寻求解决

---

① 陈琰. 做一个会微笑的教师. 微信公众号：校园风.

问题的方法，从而不断改进自己的教学方式和技能，提高自己的专业水平。这需要教师拥有乐观和积极的心态，并愿意在经历一些不如意的境遇后，从失败中吸取教训，改善自己的教学方法，并在教学实践中不断尝试新的办法，以达到更好的教学效果。一个内心强大的人，能在面对挑战时保持冷静，找到最佳的解决方案。

### 3. 经得住比较

在当今教育竞争激烈的环境中，教师常常会遭遇到和其他同行的比较。然而，与其被这种比较打击和动摇信心，不如以积极的心态看待比较，并从中获取正面的力量。在面临比较时，教师要明确自身的优势和目标方向，了解自己的教学风格和方法，以平常心面对其他同行的多样性。此外，教师还要具备成熟的心态和良好的自我调节能力，能够将比较视为成长的机会，不被他人的成就压倒，而是以积极的心态与他人共同学习和进步。

梅老师是一位有十年教龄的科学老师，因为换学校后的一堂公开课，她开始对自己产生怀疑。去年，梅老师离开了工作九年的学校，到一所九年一贯制的新学校当科学老师。在此之前大家对梅老师的评价是"学院派"的教学风格和研究型的教师。领导非常重视这次公开课，前前后后给梅老师磨了四次课，每次磨课后都提了很多意见，结果导致梅老师找不到设计思路，试讲的效果也很不理想。在一次次的磨课中，梅老师渐渐地丧失了信心，甚至开始怀疑自己的教学与教学管理能力。

梅老师在与他人沟通的过程中意识到，教学十年，她已经形成了自己的教学风格，对于他人的建议，仅仅用拿来主义，必然会和自己的风格产生很大的冲突，对他人的建议要进行梳理，以自己的教学设计和风格为主体，用他们的建议来改进自己的设计，而不是完全替代自己的设计。[1]

---

[1] 李高琪. 学会与自己和解——读《做内心强大的教师》有感. 微信公众号：明师慧.

上述案例中的教师在面对公开课挑战和他人的评价时逐渐丧失了教学信心，但在沟通过程中，通过自我反思和梳理，坚定了自己的教学信念，不被他人左右，最终找到了适合自己的教学风格和方法。

在教育工作中，面相平和、内心强大是教师们应该追求的积极思维。在面相平和、内心强大的引导下，教师不仅能够给学生传递积极的情感和态度，也能够在自我成长的道路上取得更大的成就，以更好地发挥自己的教育使命，为学生的成长和未来贡献更多的力量。

# 细节 14

# 总能看到学生的闪光点

保持积极思维的一个关键方面是总能看到学生的闪光点。每个学生都是独特的，都有自己的特长和潜力。作为高效教师，应该持有一种积极的信念，相信每个学生都有无限的可能性，要关注他们的优点和长处，以积极的眼光去发现和欣赏每个学生的闪光点，给予他们鼓励与支持，帮助他们充分发挥潜力，以成为更好的自我。

## 一、充分发掘学生的闪光点，抓两头带中间

抓两头带中间是指教师应该关注学习成绩好和差的学生，同时激励中等生。这种综合性的教育策略不仅能够充分发掘优秀学生的潜力，也能够提升学习成绩差的学生的自信心和成绩。

### 1. 树立成绩好的学生优秀典型

对于学习成绩好的学生，教师应该为他们提供更高层次的学习任务和资源，帮助他们进一步提升。同时，教师也应该鼓励这些学生分享自己的学习经验和方

法，促进他们与其他学生之间的协作和知识分享。

### 2. 树立成绩差的学生进步典型

对于学习成绩差的学生，教师应该找出他们的闪光点，即有哪些特长，并鼓励他们深入发展。通过挖掘这些学生的潜力，可以提高他们的自信心和学习动力，并帮助他们在其他学科取得更好的成绩。此外，教师还应该关注学习成绩差的学生，并提供个性化的辅导和支持，帮助他们克服困难，提高学习能力。

### 3. 树立中等生努力典型

教师还应该关注学习成绩居中的学生，即那些成绩既不是很好也不是很差的学生。这些学生通常是教师的重点培养对象，因为他们的发展潜力较大。通过发现并培养这些学生的闪光点，能够提高他们的学习兴趣和学习动力，并帮助他们进一步提升成绩。

小刘是个出名的调皮大王，打架、上课说话、做小动作，学习成绩差。每当他在美术课堂上出现违纪的情形时，我都很生气，就严厉地批评他。可他就是坐不住，时不时地站起来左顾右盼，偶尔也和周围同学搭讪，当看到我严厉的目光时又无奈地坐下，我很伤脑筋，小刘的闪光点在哪里呢？我决定用心观察他。机会终于来了，一次上美术课，我让学生画美丽的山村，他画得特别认真，只见画面上绿树环绕中有一座小房子，附近有一位老妇在做饭。但是他画的炊烟是五颜六色的，我感到很奇怪，炊烟不应当是黑色的吗？就问道："为什么你画的炊烟是五颜六色的呢？"他愣了一下，有些惊讶地看着我，然后紧张地说："没什么。"接着，又埋头画起来。我有些失望，但是不甘心，又问道："我觉得你这次画得很好！你用各种颜色画的炊烟的确很漂亮，能不能告诉我你是怎么想的呢？"听了我的话，他抬起头看着我，犹豫了一下小声地说："我不喜欢黑色的烟，它会污染环境，一点也不好看。我在电视上看到飞机拉出五颜六色的烟，觉得很漂亮，就画成这样了。"我感到很震惊，当众表扬了他的想法，并把他的画在全班进行展示。当同学们发出"啧啧"的赞叹声，并将美慕的目光投向他时，我发现他眼中闪出了从未有过的光芒！接着，我指导他把画做了进一步修改，并鼓励他，以后认真听课一定可以画得更好。从那以后，他上课时很少交头接耳，听得很认真，即使有时偶尔管不住自己，我一个眼神，他就知道了。从那以后，他的绘画水平也有了很大提高，作品多次在学校展出。[①]

上述案例中，学生调皮、学习成绩差，教师通过他在美术课上的表现，发现了他对环境的敏感和独特的审美视角，及时给予肯定和鼓励，激发了他的学习兴趣，提升了他的自信。作为教师，要充分挖掘学生的闪光点，抓两头带中间，多关注学生的个性和特长，激发他们的潜力，引导他们健康成长。

## 二、从学生的错误中发现闪光点

尽管学生的错误看起来似乎是不利的，但如果教师能够了解学生犯错背后的原因，就有机会发现学生的优势和潜力。这种策略不仅能帮助教师优化学生的学习轨迹，也能激发学生的学习兴趣，从而促进学生的全面发展。

### 1. 关注学生犯错背后的原因

学生犯错有时是因为他们缺乏必要的知识或技能，有时是因为他们的理解能力不足。通过发现错误背后的问题，教师可以有针对性地帮助学生提高学习能力，并发现他们在某个领域的闪光点。比如，一个学生在英语阅读中总是犯错，如果教师发现他在某个话题上更加熟悉和认真，那么教师可以培养这个学生对于该话题的深度理解。

### 2. 从学生犯错的过程中发现其闪光点

有些学生犯错往往是因为他们在尝试新领域时，遇到了困难和挑战。教师要及时发现并鼓励学生在新领域进行探索和挑战，从而发现他们潜在的闪光点。

---

① 孙伟. 蹲下身子寻找学生的闪光点 [J]. 中小学心理健康教育，2019（20）：63-64.

记得陶行知先生有一次在校园里偶然看到王友同学用小石块砸同学，当即制止他，并让王友放学后到校长室谈话。放学后，王友来到校长室准备挨骂。见面后，陶行知却掏出一块糖给他说："这奖给你，因为你按时到这里来。"王友犹豫地接过糖，陶行知又掏出一块糖放到他手里说："这块糖又是奖给你的，因为我叫你不打人，你马上停止了，说明你很尊重我。"王友吃惊了，陶行知又掏出第三块糖给王友："我调查过了，你用小石块砸那个同学，是因为他不守游戏规则，欺负女同学。"王友立即流着悔恨的泪说："陶校长，你打我两下吧！我错了，我砸的不是坏人，而是自己的同学呀。"陶行知满意地笑了，掏出第四块糖递过去说："为你正确认识自己的错误，再奖励你一块！我的糖发完了，我们的谈话也完了。"

陶行知先生面对学生的错误，既没有批评也没有打骂，而是选择了另外一种方法，从错误中发现学生的诚实守信、尊敬师长、为人正直，敢于承认错误这些优点，并及时给予赞扬，从而唤醒学生的良知，让学生主动承认错误、接受教育，并在心灵深处产生改正的想法，我想王友以后再犯这样错误的概率会大大降低。[①]

上述案例中，陶行知先生遇到学生王友用小石块砸同学的情况，他并没有直接批评或惩罚，而是从错误中发现了王友的诚实守信、尊重师长、为人正直等优点，并及时给予赞扬。这种教育方式让王友意识到自己的错误，并产生了改正的想法。这个故事表达了从学生的错误中发现其闪光点，可以更好地引导他们认识错误并改正。

## 三、为学生创造闪光点

教师作为学生成长过程中的引路者和指导者，不仅需要从学生的错误中发现其闪光点，而且应该为学生创造闪光点。因为闪光点是学生展示自己的优势和能力的机会，通过教师的有效引导和支持，学生可以在自己擅长的领域获得成功和

---

① 唐锋. 善于从学生的错误中发现闪光点 [J]. 全国商情，2011（8X）：107.

认可，进而增强自信心和成就感。

### 1. 挑战学生的能力

教师可以设计一些具有挑战性和感性魅力的课程和任务，让学生尝试新的思考方式或方法，并挑战他们的知识和技能极限。这样可以激发学生的求知欲和自信心，让他们在学习过程中有出色的表现。

### 2. 营造激励环境

为学生提供积极的学习环境，以激发他们的学习热情。教师可以组织竞赛、展览或其他学术活动，鼓励学生积极参与并展示自己的才能。这样的环境可以激发学生的自信心和自豪感，让他们在学习过程中发现自己的闪光点。

### 3. 通过奖励和认可鼓励学生

在学习过程中，教师可以及时给予学生肯定和赞扬，通过公开表彰等方式激励学生。同时，教师也应该注意到学生的进步和优势，并进行适当的奖励，从而增强学生的自信和学习动力。


一次试卷评析课上，我对获得"优"的学生进行表扬，尤其对方行同学能获得"优"给予了很高的评价，并把这次单元综合练习唯一的一个"进步标兵"的奖状发给了他，号召全班同学向他学习。

突然，他的同桌尖叫起来："老师，你给方行多加了20分，他不应该得优。""是吗？"还没等我反应过来，全班同学的眼光一齐投向方行身上。前排的两位同学也转过身给方行加起分来，结果真多加了20分。我正准备收回因自己失误而错发的奖状，忽然发现方行满脸通红，刚才的喜悦和自豪之情荡然无存，握着奖状的小手微微颤抖。我心里一惊：一张小小的奖状，对于成绩优秀经常得奖的同学来说，算不了什么，但对于一个成绩和品行较差、常受教师批评和同学排斥的孩子来说是何等珍贵呀！这仅仅是一张奖状吗？不，这明明是种比黄金还贵重的奖励，是对孩子努力的肯定，是给学生信心的无声力量。我深深认识到这奖状是不能收回的，但不收回又怎能服众呢？要知道这"进步标兵"的奖状是不能随便发的，全班同学都静静地等待着我裁决。"这20分是老师故意加上去的，大家知道，方行以前学习不认真，考试成绩差，但你们没有发现他最近非常努力吗？这次他虽然只考了60分，但比以前考得好多了，不该给他加点分，不该给他奖励吗？"听了我的话，同学们赞许地点了点头。这时，我发现，方行又重新抬起了头，眼里满是自信、感激和自豪。①

上述案例中，教师因工作失误给学生多加了20分，说成有意为他加的分本为自己开脱失职之责，想不到在学生心中却产生了强烈的震撼，达到了意外的激励效果，这就是在给学生创造闪光点，激发学生的学习动力和自信心。

总能看到学生的闪光点，需要教师具备发掘、引导和激励学生的能力。教师要充分发掘学生的闪光点，从学生的兴趣、能力和性格特点出发，挖掘他们的潜力和优势。同时，抓住学生的闪光点，帮助他们克服学习过程中的困难和挑战，从学生的错误中发现其闪光点，并为他们创造展示闪光点的机会，增强学生的自信心和成就感。

# 细节 15

# 坚持双赢思维

教育本质上是一场合作，是一个交流的过程，在这个过程中，教师和学生之间的关系发挥着至关重要的作用。作为高效教师，我们要始终以学生为中心，关注他们的需求和成长，"坚持双赢思维"就是其中的重要准则，以合作共赢的心态来对待师生关系，既要培养自己的双赢思维，也要关注学生的学习成果和发展，营造积极的教育氛围。

---

① 徐朝友. 要为学生创造闪光点——一个案例给我的启示 [J]. 科学咨询（教育科研），2004（01）：13.

## 一、坚持与学生双赢思维

坚持与学生双赢思维，意味着教师在教育教学中始终以学生的利益为出发点，注重学生的全面发展和成功。这种思维方式强调教师与学生之间的合作与互动，追求共同利益，实现共同进步和成长。

### 1. 关注学生的个体差异和需求

教师应该了解每个学生的学习习惯、学习风格、优势和劣势等方面的差异，从而更好地关注学生的需求，并根据不同学生的特点采用不同的教学策略和方法，帮助学生发挥潜力，提高学生的自信心和学习成绩。

### 2. 建立良好的师生关系

教师要尊重学生，理解他们的需求和情感，给予他们充分的支持和关怀，并与学生建立信任和感情的纽带。通过建立良好的师生关系，鼓励学生积极参与学习活动，提高学生的学习效果和满意度。

### 3. 激发学生的学习动力和内在动机

教师应该关注学生的学习动机和兴趣，通过引导和激励学生，激发学生对知识的热情和渴望。通过布置有趣、具有挑战性和适应性的学习任务，鼓励学生积极参与课堂讨论和合作学习，培养学生学习的主动性和自主性。

### 4. 培养学生的自主学习能力

教师应该培养学生的自主学习能力，让他们在学习中发挥主动性和创造性。教师可以为学生提供一定的自主学习机会，鼓励学生提出问题、探索解决方案，并给予适当的指导和支持。

### 5. 营造合作学习氛围

教师可以促进学生之间的合作学习，让学生互相帮助，实现共同成长。同时，教师也可以与学生进行合作教学，通过共同探索和讨论的方式提高教学效果。

　　以前我自认为对待学生稍有严厉，后来慢慢发现对待低年级的孩子其实并不适合太过于严厉！因为本身孩子太小，胆儿也小，过于严厉会让孩子感觉害怕，如果孩子对老师产生了恐惧心理，我坚信他一定学不好！即使短时间能取得不错的成绩，也是牺牲了部分的心理健康换来的！但是，心理若不健康了，孩子便废了！所以当我慢慢意识到这一点的时候我是愧疚的，愧疚我偶尔对孩子的呵斥！愧疚我偶尔的不耐心！愧疚我偶尔的不想倾听！于是心灵上的觉悟驱使我耐心倾听孩子的每一句话！我用实物来游戏，我和他们开玩笑，我在课堂上和他们交朋友，我让愿意做我好朋友的孩子帮我讲解，我一点都没吝啬我的夸奖……哇，我看到了！我真的看到了！原来在数学课堂上能看到一张张花一样的笑脸！能迸发出一句句非常到位的标准答案！能让全班46个孩子在三页习题中无一人出错！能让从不举手发言的孩子大声喊着："老师，我，我，我！"天哪！那一刻，我好佩服我自己！孩子们学会了且非常开心，我没发脾气且非常幸福。这便是课堂上的双赢！①

　　上述案例是低年级教师对课堂管理的认识和改变。教师意识到过于严厉的教学方法可能会让学生感到害怕，从而影响学生的学习效果和心理健康，所以决定改变，变得更加耐心、亲切，采用游戏、互动和夸奖等更适应学生心理的教学方法。这不仅提高了学生的学习效果，也让他们感到开心和幸福，实现了课堂上的双赢。

## 二、坚持与家长双赢思维

　　与家长双赢，是建立强大的教育伙伴关系的关键。在当今的教育环境中，教师与家长之间的良好合作和沟通是确保学生全面发展和成功的关键因素。当教师

---

　　①　课堂，也需要双赢. 微信公众号：生来平凡也要骄傲.

以双赢思维与家长密切合作时，他们相互支持、相互理解，共同为学生的教育提供最佳的环境和机会。

### 1. 积极沟通和交流

教师要与家长进行良好的沟通和交流，及时了解家长对教育教学的关注点和需求，并向家长传递学生在学校的表现和成绩等信息。同时，教师也需要鼓励家长对教育教学提出意见和建议，并进行适当的反馈和解答。

### 2. 关注学生的全面发展

教师应该关注学生的全面发展，不仅包括学习成绩，还包括身心健康、良好品德等多个方面的发展。教师可以与家长进行密切合作，共同关注学生的发展状况，并通过有效的教育教学方法和策略，促进学生的全面发展。

### 3. 强化正反馈和家校合作

教师要积极强化正反馈和家校合作，充分肯定学生的努力和成就，同时鼓励家长积极参与学校的教育教学活动和家长会议等，共同促进学生的发展和成长。

### 4. 尊重家长的意愿和决策

教师应该尊重家长的意愿和决策，不得擅自干涉家长对学生的教育和培养方式，但可以向家长提供有效的教育教学建议和方法，保持良好的沟通和协商。

（T—教师，S—学生，F—学生父亲，M—学生母亲）

半个学期过去了，S身上的问题层出不穷，老师想与学生、家长一起沟通，寻找对策。家长应约按时带着学生来到老师办公室。老师热情接待。

T：通过半个学期的观察了解，我觉得一帆（化名）是一个很有潜力可挖掘的孩子，不应该只是现在的样子。所以想请你们来一起交换一些看法。（正向开场：探讨潜力，不是抱怨问题。）

M：这个孩子从上小学起老师就说他好动、不守纪律，一直到现在就没让人省心过。

F：小学一二年级还可以，从三四年级开始就不行了，不喜欢学习，上课动来动去，老师说他有多动症，让我们带儿子去看心理医生。我们去了，结果心理医生检查之后说我儿子非但没有多动症，而且还很聪明。

T：看来你们为了孩子操了不少心。根据你们对孩子的了解，觉得他是怎么回事？

F：常言道："兴趣是最好的老师。"我觉得他就是对学习不感兴趣，不仅学习态度有问题，习惯也不好。

T：（对坐在旁边一直没出声的一帆说）你爸爸妈妈介绍的这些情况你认同多少？

S：我全认同，就是这样。

（长期以来，学校的教育、家庭的影响已经让学生建立了消极的自我概念。）

T：也就是说，你从小学到现在10年内从来没有认真听过课？

（夸张，想让学生识别他过去的老师、他的父母是否在以偏概全。）

S：那当然不是，至少我初三最后一个月认真听课读书了。

F：这倒是真的。他初三的老师没有一个看好他的，他的班主任就给他判了"死刑"，说他根本不可能考上高中。报志愿时我就没给他报高中，他妈妈不死心，给他报了。没想到他就认真读了不到一个月，中考分数比模拟考多了100多分！高中给他考上了！

（妈妈点头表示情况是这样的。）

T：（对一帆说）也就是说，只要你愿意，你是能够集中注意力听课的。（挖掘正向的资源。）

S：是的。我对感兴趣的事注意力是很集中的。比如玩电脑、看NBA，我可以很长时间一动不动，但是课堂上不行。

T：到了高中你想继续初中的模式？

S：（摇头，笑）高中的内容太多，感觉难多了。

T：（对S）今天我又对你多了一些了解。你有一个和谐幸福的家庭，有非常关爱你的父母；你很诚恳，心理素质也很好。如果说到问题，那就是你的恒心不够，还有就是比较情绪化，意思就是说，对你喜欢的、感兴趣的事就会去做，不喜欢、不感兴趣的事不做。就像吃东西，喜欢吃的吃很多，不喜欢的，尽管对身体健康有好处你也不吃。

一家三口几乎异口同声地说："对对，就是这样的。"

T：这种情况在儿童时期情有可原。现在你已经长大，即将进入成人世界。成人世界的规则可不是你想做什么就做什么，不想做什么就不做什么，而是尽你所能做好你应该做的。应该做的事，可能是你喜欢的，也可能是你不喜欢的，问问你爸爸妈妈是不是这样？（提醒学生成人意识）

F、M：（赞同、欣赏）他要是能认识到这些就太好了！

T：今后的高中生活你愿意做一些改变吗？（往目标引导）

S：愿意，我也希望自己越来越好。

T：太好了！那我们商量一下从哪里开始改变对你帮助最大。（商定目标）

F、M：那肯定是从上课注意听讲开始最好了。

T：（对S）我想听听你的想法。

S：也是。

T：好！（具体目标达成）

谈话结束时，学生家长很感动，脸上终于露出了轻松的笑容。①

上述案例中，教师主动与家长建立联系，了解学生的家庭背景、成长经历和学习特点，与家长共同发现学生的问题，探讨解决方案，以便更好地指导学生。同时，教师也应该及时向家长反馈学生的学习情况，帮助家长发现问题并制订解决方案。这种与家长双赢思维增强了教师和家长之间的信任，教师和家长共同参与学生的成长，成为互相支持的合作伙伴。

总之，教师坚持双赢思维不仅有助于提高学生的学习成绩和自主学习能力，还能增强与家长的合作和信任，使家长更好地支持学生的学习和发展。在实现与学生和家长双赢的过程中，教师需要秉持尊重、理解和关注的态度，与学生和家长建立良好的关系，提供专业的支持和服务，同时还要践行"教育为本"的原

---

① 张松鹤. 架起双赢的桥梁——教师如何与学生家长建立友好合作的关系？[J]. 思想理论教育，2011（16）：66-69.

则，为学生和家长营造一个积极、发展的教育环境。

# 细节 16

# 给事件正向赋能

面对挑战，高效教师不仅能够看到问题的根源，还能够把握问题背后的潜在机遇。他们懂得将注意力集中在解决问题上，鼓励学生从多个角度思考问题，激发学生的创造力和解决问题的能力，能够通过积极的态度和思维方式，将负面事件或情况转化为有益的教育机会。

## 一、改变思维方式

改变思维方式是教师给事件正向赋能的第一步。在处理问题时，教师需要改变自己的思维方式，以积极的心态看待问题，并尝试将问题转化为有益的教育机会。

### 1. 认识到问题是一种机遇

教师应该认识到问题背后常常隐藏着机遇，它提供了一个发现问题并解决问题的机会，进而促进学生的学习和发展。鼓励学生从问题中发现机会，并积极探索解决方案。

### 2. 用积极的语言表达问题

教师的语言对学生有很大的影响。教师应该用积极、鼓励的语言表达问题，而不是强调问题的负面因素。这有助于学生更好地接受并处理问题。

### 3. 换位思考

换位思考是一种很重要的思维方式。教师站在学生的角度思考问题，可以更好地理解问题的本质，探索不同的解决方案，并更好地解决问题。

### 4. 探索新颖的解决方案

教师应该从多个角度和不同的维度探索问题，以便找到新颖的解决方案。这样做不仅能够解决当前的问题，还能够提升教师的创造性思维。

### 5. 合理调整心态

教师在处理问题时，应该保持冷静、客观、理性的心态，不要激动或恐慌。在解决问题期间，教师可以先收集必要的信息和数据，然后客观分析，再制订合理的解决方案。

昨天晚自习，有三位同学怯怯地来到我的办公桌前，我知道他们是因为作业做得不好而不好意思来拿被留下的作业。但我故意卖关子说："你们有何指示呀？"他们不好意思地低下头说："来拿作业。""哦，作业怎么了？"三个人各有说辞，有的说："没听清楚课代表的安排。"有的说："写错位置了。"还有的说："不太会，就漏了。"听到他们的回答，我的头脑里立刻闪出一个想法，教师应该要有问题意识和辨别能力。

学生反馈的信息是不是真实的呢？学生为什么会出现这样的情况呢？我应该怎样指导他们呢？等等，一系列的问题出现在我的脑海里。但我并没有只把视角聚焦于学生，还反观自己的问题，以及问题本身。这样思考问题才全面。当我从多个方面思考时，我发现了很多的问题。首先，学生对待学习的态度。学生的作业"缺胳膊少腿"或者"乾坤大转移"，往往不是课代表没有说清楚，也可能不是没有看清楚，而是有意"遗漏"，故意"移花接木"，这是学习态度的问题。如果一味不分错误类型而选择指责、批评、惩罚，不但解决不了问题，还可能恶化师生关系。其次，课代表布置作业的弊端。我一般让课代表布置作业，但是有时候没有给予课代表具体指导，课代表就按照进度布置作业了。这种作业可能不符合学生的"口味"，部分学生"反胃"，就会出现各种作业怪状。最后，作业是否与教学相一致。作业是什么？是对课堂知识的巩固与延伸。如果作业与课堂知识无关，不但效果不大，还可能让学生产生困惑，从而胡乱写作业。

带着这样的问题意识，分析问题产生的可能原因，那么，解决问题的方法就出现了。①

上述案例中的教师通过三位学生作业完成得不好的问题，改变思维方式，深入思考并发现了几个问题：学生学习态度不端正、课代表布置作业的弊端、作业与教学不一致等。通过全面考虑问题产生的原因，找到了解决问题的方法，更好地指导学生的学习，提高教学效果。

## 二、正向反馈

给予正向反馈是教师给事件正向赋能的重要策略之一。积极的反馈可以激励学生，增强他们的自信心和学习动力，并帮助他们在解决问题过程中取得进步和成功。

### 1. 表扬学生的努力和成就

教师可以通过表扬学生的努力和成就给予正向反馈。例如，当学生积极参与解决问题并取得进展时，教师可以鼓励他们，肯定他们的努力和进步。

### 2. 强调学生的特点和优点

教师可以通过正向反馈强调学生在解决问题过程中展现的特点和优点。例如，当学生展现出创造力、逻辑思维能力或团队合作能力时，教师可以表扬他们，并鼓励他们更好地发挥出来。

### 3. 提供具体和明确的反馈

教师的反馈应该具体、明确，能够帮助学生了解自己的努力和进步。例如，教师可以指出学生在解决问题过程中运用了有效的解决方法或发现了新的解决方案，从而增强他们的自信心。

---

① 刘中元. 教师应有问题意识. 微信公众号：老刘和他的学生们.

### 4. 鼓励学生将挑战和错误看作学习的机会

教师可以鼓励学生将错误和挑战看作学习的机会，而不是失败。当学生遇到困难或犯错时，教师可以给予理解和支持，并激励他们从中吸取经验教训，尝试探索更好的解决问题的方案。

我们想引领孩子走向更好，我们得发现他有优点，一个经常被数落的孩子，怎么抬头做人；就像一个经常被数落的下属，如何开展好当下的工作。做人和做事之前，我们都得先调整情绪和状态，而不是只管布置，不理会状态。在心情一团糟的情况下，任何事情都是做不成的。

那次，一个孩子来交晚交的作业，用害怕的眼神看向我，我接过作业说："作业不交的确不对，但是你的态度太好了，老师看到了你对作业的敬畏，所以这次不惩罚你，我坚信你接下来会好好完成语文作业的……"

他眼里全是感激。而我也成了他心目中最善解人意的老师。我不罚他，原因有二，一，他很懒，罚了会落空，给我的工作带来不必要的麻烦；二，他已经这么害怕了，这就是知错的态度，我不如做个顺水人情。就这么简单，这个孩子后来语文作业永远都能按时交且越来越认真。[①]

在上述案例中，教师通过接受学生的作业并给予积极的反馈，表达了对学生的认可和鼓励。这种正向反馈不仅让学生感到被理解和支持，还激发了他对学习的热情和动力。同时，教师也灵活地处理了学生的问题，既避免了不必要的惩罚，又达到了教育的目的。正向反馈有助于建立良好的师生关系，促进学生的成长和发展。

## 三、积极暗示

当教师能够给事件正向赋能时，他们可以成为学生的积极激励者和引导者。

---

① 汪颜. 正向反馈才能教育出阳光少年. 微信公众号：春上墨林.

通过积极暗示，教师可以传达出对学生的能力的信任和对他们能够解决问题的信心，激发学生的学习动力和自信心，让学生在学习过程中发挥出更大的潜力和更强的能力。

### 1. 暗示问题的解决方法

当学生面临困难或难题时，教师可以鼓励他们将问题看作"还未找到解决方法"的机会，而不是认为自己完全无法解决。教师可以引导学生思考和尝试不同的解决途径，并强调他们只是"还未"掌握解决方法。

### 2. 暗示学生的潜力

在教学过程中，教师可以通过积极暗示，强调学生的潜力和成长。教师可以告诉学生，他们以前没有掌握某个技能或知识，可能只是因为激发自己的潜力。鼓励他们要相信在努力和学习的过程中，会逐渐进步。

面对中考升学的压力，有一类学生在步入初三的时候显得异常焦虑，他们非常后悔初一、初二时没有端正学习态度，导致在恶补旧知和预习新知的时候十分无力，也因此开始怀疑自己是否有能力考上心仪的高中。例如，有学生给我发来求助信息："化学好难，感觉白学了一样……花了两个小时写作业，错的还很多，我是不是不适合学习呀？""英语每天都花很多时间恶补，背的时候感觉还好，一到做题错的就很多。""唉，现在想想就很后悔初二的时候没有努力，很多课都没有认真听……"该同学的烦恼和学习状态其实也是不少孩子的缩影。如何安抚她重拾信心，并帮助她找到突破现状的方法呢？

我们先要表达共情，可以适当重复学生说的内容，代表老师能充分从学生的角度和经验出发去理解学生，"你的意思是，因为你过去……"，加上"过去"是告诉学生应正确理解这样的错误、困难或是弱点仅仅是过去存在的，暗示学生未来会有所不同。"你的意思是你过去没有在学习上多下功夫，之前上课没有认真听讲，也没有找到学习科学和英语的方法，所以成效不佳，也不大有信心了，对吧？"

当学生感受到教师的共情和理解后，就需要将他的关注焦点从"过去的问题困难或是压力等"转移到"将来如何找到更好的解决办法"。此时，我们就可以用"还没有"或"还不够"并加上努力的目标或行动建议等正面的表达，让学生感受到未来还有改进的机会和可能性。"你还没有系统地学习化学，现在遇到些困难很正常。还没有掌握足够的化学知识来帮助你更轻松地完成作业，当然你的学习专注力也有待提高。至于你说的背了英语单词但做题时仍有障碍，说明还没有找到好的记忆方法，也没有真正理解词汇的用法。别着急，我相信你可以很好地调整……"

最后，教师还需要适时地鼓励和引导学生在行动上落实解决方法，帮助学生在发现问题和解决问题过程中收获成功体验，从而建立解决其他新问题的信心。[①]

上述案例中，教师面对在中考压力下焦虑和困惑的学生，先从情感上理解和安抚学生，再积极暗示，用"还没有""还不够"，引导他们从关注过去的问题转向寻找未来的解决方案，并鼓励他们采取实际行动解决问题。当教师使用积极暗示时，便向学生传递出一个强大的信息：每个学生都有能力克服问题，发展自己的潜力，实现成功。这种正向赋能的教育方法在培养学生的自信心、自主性和成长心态方面起到了重要的作用。

教育既是知识和技能的传授，也是个体成长和认知方式的塑造。如果教师能够正向赋能，通过改变思维方式、正向反馈和积极暗示，赋予学生面对挑战和学习的自信，就能够成为学生的引导者和积极激励者。

# 细节 17

# 感受和展现善意

在积极思维的核心，感受和展现善意，是一种积极而又富有成效的方式，它并非表面上的礼貌，而是一种内心真诚的态度。无论是对待学生、同事还是家

---

① 王蔚. 学以致用第七招：积极暗示，正向赋能. 微信公众号：浙江省杭州第十四中学附属学校.

长，教师的善意都能够打开对方的心灵之门，营造积极的教学氛围。

## 一、感受善意

感受善意是教师保持工作激情和心理健康的重要一环。当教师能够感受到来自学生和同事以及家长的善意时，会更有动力、更有耐心地教学，同时也会更愿意积极投入教育事业中。

### 1. 感受学生的善意

学生的感激、尊重和信任能够给予教师鼓励和肯定，让教师觉得自己的辛勤付出得到了回报。这种善意可以促使教师更加努力地工作，为学生提供更优质的教育和关怀。

### 2. 感受同事的善意

同事之间的友善、支持和合作可以让教师在工作环境中感受到温暖和凝聚力。这种友善的环境可以促进教师的持续成长和专业发展，同时也可以提升教师的工作满意度。

### 3. 感受家长的善意

当家长对教师表达善意时，教师会感受到家长对自己的信任和尊重。这种互相信任的关系能够为双方提供更好的合作基础，共同关注学生的发展，共同努力为学生提供良好的教育环境。

在我刚走进班级里时，有这样一位学生小 A，小 A 积极回答问题，我给予了鼓励和表扬。此后的语文课上，小 A 的表现都很好，只是有时候回答得并不正确，这让我渐渐意识到，小 A 或许并不是学习优秀的男孩。

但我依然在心底里很喜欢这个学生，我相信，这位同学也很喜欢老师。果然，在教师节那天，小 A 是全班唯一一个给老师送花的孩子，虽然我没有收礼物，但我心里仿佛有一朵花在盛开。

就这样，我们之间建立了信任。

后来，在一次月考后，果然小A的成绩很靠后，小A好像也认识到了自己学习成绩不太好，对学习渐渐没有那么上心了，反而在课堂上说起话来。我很严厉地批评了小A，这让小A在课堂上很没面子。但当我让小A站起来时，小A虽然极不情愿，但仍然站起来了。

我知道，这是一个愿意听老师话的孩子，也是一位很信任老师的孩子，他待人真诚，有一颗美好的心。

因为信任，所以小A并没有抗议老师的批评，反而接受了，因为小A心里知道，老师批评他是为了让他能改正，是为了他变得更好。

或许是因为那次批评太严厉了，或许是我拍了小A上课搞小动作的照片，并且发给小A的家长了，具体小A心里是怎么想的，我无从得知，只是从那天起，小A有了一些变化，上课没有那么调皮了，仿佛一个刚要误入歧途的人，悬崖勒马了。

后面有一次，我正在上晚辅，小A跑过来告诉我，班里有一位同学有不好的表现，我刚要冲进教室批评那位学生，就被班主任拦下来了，班主任说，小A很调皮，他说的话不能完全相信。但我没顾班主任的阻拦，依然走进教室批评了小A说的那位表现不好的同学。

我选择相信小A。

因为一个信赖老师、给老师送花、接受老师严厉批评的学生，不会对老师撒谎。

后来，小A口中表现不好的学生承认了自己的错误，事实证明，小A确实没有撒谎。

就这样，我和小A之间的信任越来越牢固。小A也将注意力重新放到了学习上，上课认真记笔记，好好学习起来。

我想，这就是相信的力量。①

在上述案例中，小A虽然在学习上并不出色，但他待人真诚、信任教师，愿

---

① 杨莹. 信任与善意. 微信公众号：临沂第十二中学.

意接受教师的指导和批评。教师也从心底里喜欢这个学生，愿意相信他，并给予他鼓励和帮助，这种信任让小 A 更加努力学习，表现也越来越好。善意的力量让师生彼此信任，建立了深厚的师生情谊。

## 二、展现善意

展现善意是营造积极、健康和支持性的教育环境的关键之一。无论对学生、同事还是家长展现善意，教师都能够与对方建立起紧密的联系、增进理解和信任，并营造正向的教育环境。

### 1. 对学生展现善意

教师应该关心和尊重每个学生的独特性，并积极地展现出对他们的善意。具体的方式包括：提供积极鼓励、给予建设性反馈、设法帮助学生克服困难、表现出关心和理解，以及营造出温暖、支持和安全的教育氛围等。

### 2. 对同事展现善意

教师应该尊重同事，互相信任，并与他们保持支持和合作的关系。教师可以在日常工作中对同事展现善意，比如提供帮助、分享有效的教学方法、一起探讨课程、分享鼓舞人心的话语和建设性的反馈等。

### 3. 对家长展现善意

教师应该尊重和理解家长对孩子的关心和期望，并展现出愿意与他们建立合作关系的善意。具体的方式包括：主动与家长沟通、分享学生的学习进展和问题、尊重和理解家长的观点和希望、提供有价值的建议和支持以及展现出对家长的感激和同情等。

三年级的学生一周有 3 节体育课。为便于运动，体育课的时候，老师要求大家摘下红领巾。我们班一周有两节体育课在上午的最后一节，而操场就在餐厅边上。如果学生在操场上完体育课，再回教学楼放下体育用具、喝水、拿好餐巾纸、系上红领巾，再去餐厅，那就会耽误用餐时间。如果体育课后不回教学楼，直接去餐厅，那么孩子们手里应该有一堆东西：短绳或毽子、餐巾纸、水壶、红领巾（可能还有脱下来的外套）。学生手里拿着这么多东西，体育老师如何组织列队行走去操场呢？

因此，我给全班学生统一买了手提袋，平时放在椅子下面的收纳篮里，里面放短绳、毽子和餐巾纸等。收纳篮一下子格外整齐，教室也更美观了。孩子们每天去吃午餐的时候就拎着手提袋去餐厅，这也成了一道独特的风景线。午餐后在花园小憩，很多孩子也会从手提袋里拿出短绳和毽子玩一会儿。

要上体育课了，大家就把红领巾摘下来放入手提袋，水壶也放进去，这样就彻底解放了孩子们的双手。体育老师也可以有序组织大家列队。上午最后一节体育课后，学生可以直接去餐厅，不用返回教学楼。

无论学生还是家长，他们都会感受到教师对孩子的体贴。这样良好的师生关系，可以让教育更好地发生，家校合作也会自然地发生。①

上述案例中的体育老师为了便于学生运动，考虑到学生的实际情况，统一为学生购买了手提袋，以便于学生携带体育用品和日常用品。这一举措为学生提供了便利，避免了他们手忙脚乱的情况。教师对学生们的善意和体贴，不仅让学生们感受到了温暖，也促进了师生关系的和谐，让教育更好地发生。

当教师能够感受到来自学生、同事和家长的善意时，他们会被激励和鼓舞，产生更大的工作热情和动力。同时，教师展现善意则是通过关心、支持和理解来建立与学生、同事和家长之间更紧密的联系，营造出包容、尊重和合作的氛围。这样的善意互动不仅能够促进学生的学习和成长，也能够提升教师的自信和促进教师的专业发展。

---

① 沈丽新. 做一个习惯释放善意的教师 [J]. 河南教育（基教版），2022（9）：23-25.

# 专题四

# 擅长班级管理

在成为一名高效教师的道路上，班级管理至关重要。当教师擅长班级管理时，不仅能够有效地组织和引导学生，还能够营造良好的学习氛围，培养学生积极的学习态度，为学生营造一个积极、安全、有活力的学习环境，培养学生的创造力和自信心，促进学生的成长和全面发展，建立良好的师生关系。

# 细节 18

# 注重方法指导和提升

在教学过程中，注重方法指导和提升是教师成为高效教师的关键之一。每个学生都有自己独特的学习方式和需求，而教师的任务就是通过运用恰当的教学方法，帮助学生实现学习效果的最大化。教师应通过了解学生的个体差异，为学生提供个性化的教学和指导，指导学生的学习策略，培养学生的学习能力，并提供及时的反馈和激励，帮助学生发挥潜力，取得更好的学习成果。

## 一、预习方法的指导

教师对学生的预习方法的指导是教学中极为重要的一环。通过有效的预习方法的指导，帮助学生养成良好的预习习惯，提前了解教学内容，提高学习效果。

### 1. 教授预习策略

教师可以向学生介绍一些有效的预习策略，如快速浏览教材，提取关键词和概念，制作概念地图或思维导图，预习指定的章节或课文等。教师还可以向学生讲解如何利用学习资源，如在线学习平台、网络资料和教学视频等，在预习过程中获取更多的支持和学习资料。

### 2. 明确预习目标

教师可以指导学生明确预习目标，预习目标应在与教学目标相对应，如理解重点概念、掌握基本知识点、思考解决问题的方法等。通过明确预习目标，学生能够更有目的性地进行预习，提高学习效果。

### 3. 合理布置预习任务

教师可以根据教学内容和学生的学习能力，合理布置预习任务。预习任务可以包括课前阅读指定的教材章节、解答指定的问题、思考解决问题的方法等。预习任务的难易程度应该符合学生的能力水平，以激发学生的学习兴趣。

### 4. 提供预习反馈和指导

教师可以在课前或课后对学生的预习进行反馈和指导。可以通过课堂讨论、作业批改、个别辅导等形式，对学生的预习进行评价，并提供相应的指导和建议，帮助学生改进预习方法，提高学习效果。

要使预习有效果，根据初中学生的实际情况，我在上新课时，一般会花 5~10 分钟来指导学生预习。在学生预习前，我都会给学生列出本节课的预习提纲和要求，使学生有目的地去预习，这样可以大大激发他们的求知欲，调动他们学习的主动性和积极性。

例如，在"碳的几种单质"一节内容教学中，我给学生提出几个预习提纲：①什么叫单质？一种元素只有一种单质吗？举例说明。②金刚石和石墨的物理性质有何异同点？③怎样证明金刚石和石墨都是由同一种元素组成的？④为什么金刚石和石墨有那么大的差异性？⑤无定形碳通常有哪些物质？联系生产和生活的实际列举它们的用途。

在预习中，学生能自我解决一部分问题，即学生的自学能力得到了肯定，对不能解决的问题要有针对性地通过听教师讲解来解决，减少了听课的盲目性，同时有让学生"跳一跳才能摘到桃子"的味道，既有重点又与前面所学的知识有联系，富有思考性。长期坚持，学生养成了良好的预习习惯，同时读书能力也有了很大提高，自学能力也得到了培养。[1]

上述案例中，教师通过列出预习提纲和要求，明确预习目标，布置预习任务，指导学生更有针对性地预习，减少听课的盲目性。长期坚持，学生能够养成良好的预习习惯，提高读书能力和自主学习能力。

---

[1] 陈聪汝. 注重学习方法指导　提高化学学习能力 [J]. 俪人：教师，2015（9）：231.

## 二、听课方法的指导

教师对学生听课方法的指导是培养学生学习能力的关键因素。在听课过程中，学生通过感官接受知识，并通过思维加工和理解这些知识，最终通过记笔记记录下来。因此，教师应该着重引导学生在听、思、记三个方面更有效地学习。

### 1. 会听

听是学生直接感知知识的过程。教师应指导学生在听的过程中，仔细聆听教师的讲解，理解课程的学习要求，督促自己跟进整个课程的引入和知识形成过程，理解重点、难点并解析预习过程中的疑点，关注例题解法和数学思想方法的体现，并学会课后小结，注意听课姿势的正确性，集中注意力，做好听讲讲义，掌握最佳讲授时间，提高听课效率。

### 2. 会思

思是学生进行思考和思维活动的过程。教师在指导学生的思维方法时应让学生多思、勤思，随听随思，养成良好的思考习惯；追根溯源地思考问题，发现并解决疑难问题；善于观察和联想，在思考的过程中归纳总结，树立批判意识，学会反思，思考自己的学习态度和习惯；独立思考，并用"问、答、举、例"的方法拓宽思路。

### 3. 会记

记是学生记录课堂学习内容的过程。教师可以指导学生记笔记要服从于听讲，掌握记录时机；记要点、记疑点、记解题思路和方法，用线图、表格等形式归纳概括，避免简单抄写；记小结、记课后思考题，归纳总结，查漏补缺，通过分享笔记或与同学交流，共同提高记笔记的能力。

在讲到 ATP 时，问太阳光能如何转变为肌肉收缩的机械能。若学生在回答该问题时感到思考范围太广，难以给予有条理的回答，教师可以把此问题改成若干小问题：①太阳光中的能量人体能直接利用吗？②太阳光能首先被谁吸收，贮存在何处？③植物光合作用光反应形成的 ATP 动物能利用吗？④植物光反应形成的 ATP，其中的能量到何处去？贮存在何种物质中？⑤植物体内的有机物被动物所食、吸收，其中的能量能直接利用吗？⑥动物能直接利用的能量物质是什么？⑦动物体内的 ATP 从何而来？用在何处？这样一问不仅锻炼了学生质疑问题的能力，还培养了学生正确的思维方法。①

上述案例中，教师指导学生听课思考时，将复杂的问题拆分成若干个小问题，帮助学生有条理地思考，引导学生质疑问题，培养了他们正确的思维方法。通过这种方式，学生可以更好地理解课程内容，提高学习效果。

## 三、复习方法的指导

教师对学生复习方法的指导，是提高学生学习成绩的有效途径。复习是学生巩固和深化学习内容的重要方式，也是学生备考的重要手段。

### 1. 制订合理的复习计划

指导学生根据教师的教学进度和个人基础，制订适合自己的复习计划。可以参考教师的教材，总结课堂笔记，整理错题集等。

### 2. 针对性复习

学生在复习过程中，应重点关注课堂重点、难点、易错点以及错题，可以在复习时结合教材、习题以及录播课程等工具进行针对性复习。

### 3. 合理分配时间

学生在复习时，应注意时间的合理分配。学生可以将时间分为小块时间，分步完成，既不让自己过于紧张，又有明确的复习目标。

---

① 李庆森. 教师如何指导学生听课 [J]. 生物学教学，2003（3）：36-37.

### 4. 多种方式复习

学生可以通过多种方式进行复习，如写笔记、刷题、查阅资料、做实验等。学生可以根据个人情况，选择适合自己的学习方式。

### 5. 坚持评估

在复习过程中，学生应注意不断评估自己的学习情况。可以通过做模拟题，或者请教教师和同学等方式，了解自己的学习状况，及时调整复习策略，并进行必要的反思和检查。

在复习七年级上册第二单元《夏商周时期：早期国家与社会变革》这一单元时，我们要从这一单元的单元主题"夏商周时期：早期国家与社会变革"出发，认识早期王朝的建立与发展，感受社会时代的变革，整合教材之中相关的重点知识。比如，通过这一单元的学习，我们了解到：夏朝是中国历史上的第一个王朝，也是中国史书记载的第一个世袭制朝代，在这一时期开创的王位世袭制为之后的历代王朝世袭做了铺垫，并且催生了诸如以青铜器、甲骨文为特征的文明成就；夏朝是奴隶制社会；西周时期统治者采用了分封制这一政治制度，借助各级贵族奠定了思想学术的繁荣。这一单元的重点知识，我们可以用画横线或者是标黑的形式在复习讲义或教材上进行标注，这样便能够留下较为深刻的印象。如果我们能够在此基础上识记这些重点知识，便能够在解题过程中灵活运用。在复习过程中，我们还可以根据自己的复习情况制订复习计划，细化每天的读写和背诵任务，并且在一定时间段内自觉且认真地执行，以实现历史单元复习目标。

在复习过程中，针对七年级上册第二单元《夏商周时期：早期国家与社会变革》，学生容易忽略西周分封制的对应内容，比如，只了解了西周实行分封制是为了保证周王朝对地方的控制，稳定政局，扩大统治范围，忽略了分封时不仅是按照血缘关系的远近进行分封，还根据功劳大小进行分封，即分封的对象主要是宗亲、功臣和殷商贵族等。在复习过程中，理解西周分封制对历史所产生的重要影响时，不仅要思考其积极影响，还要考虑其消极影响。比如，西周分封制虽然保证了周王朝对地方的控制，稳定了当时的政治局势，也在一定程度上扩大了统治范围，但其也带来了一定的消极影响，比如诸侯具有较大的独立性，在一定程度上分散了国家的权力，为春秋战国时期诸侯争霸埋下了一定的祸根。上面提到的这些内容，教材中都有所提及。通过回归教材，可以有效地进行查漏补缺，从而使得历史复习立竿见影，无形之中提升了初中历史单元复习效率。①

上述案例中，教师指导学生从单元主题出发，整合教材中的重点知识，帮助学生构建完整的知识体系；指导学生用画线、标黑等方式标注重点内容，以加深印象，便于记忆；根据自己的实际情况，制订每日的复习计划，细化读写和背诵任务，并严格执行，以提高复习效率；指导学生回归教材，通过查阅教材来查漏补缺，完善知识体系，提高复习效果。

在班级管理过程中，注重方法指导和提升是非常重要的。通过指导学生合理预习、精准听课和科学复习，学生可以更好地掌握知识，深入理解知识，并提升自己的学习成果。教师在指导学生时，应注意个别化指导，为学生提供多种有效的方法和技巧，并鼓励学生在实践中不断探索和完善自己的学习策略。教师注重方法指导和提升，可以使学生在学习中取得更大的进步，并培养出良好的学习习惯和自主学习能力，为学生未来的发展奠定坚实的基础。

# 细节 19

# 尊重和理解学生

在有效的班级管理中，尊重和理解学生是一个至关重要的话题，是建立积极关系的关键。作为一位教师，理解学生的需求，尊重学生的差异，是教师与学生

---

① 李莲. 初中历史单元复习指导——以《中国历史》七年级上册第二单元为例 [J]. 中学政史地（初中适用），2023（11）：75-80.

之间建立信任和互相理解的基础，是建立积极健康的学习环境的基石。

## 一、理解学生，正确对待学生的缺点和错误

在教育中，我们经常强调了解学生的优点和才能，但认识到每个学生都有自己的挑战和困难同样重要。当教师能够真正理解学生，并以理解和支持的态度对待他们的缺点和错误时，将能够为他们营造一个更有益的学习环境。

### 1. 理解学生的个体差异

每个学生都有自己独特的学习风格、思维方式和弱点。教师应该认识到这些个体差异，并尊重学生的差异性。通过理解学生的个体差异，教师能够更好地了解学生的需求，从而为他们提供个性化的教学支持。

### 2. 提供积极的反馈和指导

当学生犯错或出现缺点时，教师应该采用积极的反馈和指导方式。通过鼓励和提供建设性的反馈，教师能够帮助学生从错误中学习，并激发他们改进的动力。积极的反馈和指导有助于学生建立自信、培养积极的学习态度，并持续进步。

有一次检查周记，发现班里有个女生扬言要到年段长那里投诉我，原因是我强迫让全体同学参加早读课。我一时非常气愤，因为我历来都不喜欢强迫学生读书，而这位女生竟敢说要到年段长那里投诉我，真是岂有此理。我本想马上找到这位女生，把她大骂一顿。后来我还是把心平静了下来，心想：这样做有用吗？这样不是加剧了师生之间的矛盾吗？还是等问明情况再说吧。

过了一天，我找了几位女同学，了解她家情况，知道她家很远，无法在 7：20 之前赶到学校早读。根据了解到的情况，我利用上语文课的机会给学生上了一堂"政治课"，首先我问学生，老师有没有强迫他们读书，再跟学生说有位同学要到年段长那里投诉老师的理由，说她这种做法老师能理解，但事先要跟老师沟通。最后跟学生说为什么要参加早读课，分析了"知识改变命运，学习成就未

来"的道理。这堂"政治课"上完后，我让学生就这件事进行讨论、写感想。很多同学都认为老师讲得入情入理，听了老师的分析受益很大，懂得了师生之间也要多沟通，从今以后，要加倍努力读书，做个积极向上的人。虽然我没点那位女生的名字，但看到了她流下了悔恨的泪水，还递了张条子说听了老师的分析后很佩服老师，要和老师说声对不起。看来这种方式教育效果不错，教育目的已达到。①

上述案例中，教师对学生的行为没有立即进行惩罚，而是了解情况后，以理解和教育的态度通过授课的方式让学生认识到了自己的错误，达到了教育的目的。教师理解学生并正确对待他们的缺点和错误，体现了对学生的独特性的理解和尊重，这样的教育环境能够激发学生的潜力，给予学生信心。

## 二、尊重学生的家庭

作为一名教师，尊重学生的家庭是非常重要的。家庭是学生成长环境的重要组成部分，家庭文化是每个学生独特的背景。教师应该尊重学生的家庭背景和家庭文化，这样可以建立更紧密的家校关系，鼓励更积极的学习体验，并支持学生的个人成长。

### 1. 理解学生家庭的文化和价值观

不同学生家庭的文化和价值观可能有所不同，而这些家庭文化和价值观可能会反映在学生的行为、想法和态度上。教师应该试图理解并尊重学生家庭的文化和价值观，以促进更好的互动，营造更积极的学习环境。

### 2. 尊重学生和家长的意见和反馈

教师应该听取学生和家长的意见和反馈，并给予肯定和建设性的回应。尊重学生和家长的看法有助于建立积极的家校关系，并有助于教师更好地理解和满足

---

① 张冬玲. 理解学生尊重学生才能教好学生——读《"四颗糖"的故事》有感［J］. 福建陶研，2013（3）：40-41.

学生的需求。

### 3. 理解学生和家庭的挑战

一些学生和家庭可能面临着各种挑战和压力，如家庭经济状况、健康问题或家庭关系紧张等。在这种情况下，教师应该为学生提供额外的支持，尝试理解并尊重他们的不同需求。

清楚地记得那是刚开学没几天。我忙完了一天的工作，准备回家。突然响起一阵急促的手机铃声，我被告知女同学张某在回宿舍的路上晕倒了，现在已送到医务室。来到医务室，校医说张某心脏早搏导致晕倒，现在急需送医院进一步治疗。送医院前，我与张某父亲通了个电话。电话那头却语气严厉："这段时间我女儿心事重重，很不开心。这个学校有问题，你们要承担责任！"我听着感到摸不着头脑，觉得很心酸、很委屈。但现在情况紧急，不是解释和调查的时候。我把张某送到离学校最近的医院。

……

过了几天，张某上学了。我与张某谈话，张某说没有遇到任何不愉快的事。谈话过程中，我觉得她似乎在隐瞒什么。与她父亲联系，而其父亲对这件事没有过多追问，似乎认可了什么。又过了几天，张某在数学课上神智失控，突然转过头向后看，一会儿哭、一会儿笑。与其父亲通话后，其父很快把她领回了家。

我深深感到，张某父女不说，是有苦衷的，他们还未做好心理准备。教师应以学生为重，尊重家庭，宁愿自己麻烦，也不愿孩子遭罪。我们更应站在学生的角度看问题，维护学生的尊严。了解实情，处理问题很重要，但呵护学生的自尊更重要。这样才是真正关爱学生，才是"合理的教育"。

过了一星期，张某还是没来上学，我决定家访，恳请张某父亲告诉我实情。她父亲告诉我是确诊了抑郁症。在家休息了两个月，张某来上学了。在她回校之前，我做了全班总动员。我与任课老师做了交流，上课多关心她，作业、试卷特殊处理，减轻她的压力。她每天还要吃药，思维缓慢、记忆力差。我查阅有关抑郁症的资料，对其进行相关辅导。每天我都坚持与她聊天了解其心理，设法减轻其压力。经常组织各种活动，使张某保持心情愉快。慢慢地，张某药减量了，最后张某情况稳定，停止服药。现在，她的学习成绩也慢慢回升，张某与普通同学一样又变回了以前的那个活泼可爱的女生。[①]

上述案例中的教师关注学生的动态，积极与家长沟通，在得知张某有心理问题后，尊重学生的情况，与任课老师进行交流，讨论授课方案，保护了学生的自尊心，使得张某情况稳定后，其学习成绩也逐渐回升。

## 三、用民主平等的态度与学生交流

教师在与学生交流时，应该秉持民主平等的态度，并给予学生尊重和理解。这种交流方式有助于师生之间建立信任和合作关系，为学生提供一个积极向上的学习环境。

### 1. 平等对话

教师与学生之间的交流应该是平等对话，而不是单向传递信息。教师应该听取学生的意见、观点和经验，鼓励他们参与讨论和表达自己的看法。通过平等对话，学生可以感受到被尊重和被重视，同时也能够激发他们的批判性思维。

### 2. 多用"我们"，少用"你"

这种用词的选择有助于建立平等的师生关系，强调师生之间的合作和团结。使用"我们"强调教师和学生是一个团队，都是参与者和学习者，共同努力取得成功。相比之下，使用过多的"你"则可能会营造一种权威和指责的氛围。而通过使用"我们"，可以传递出一种共同的责任感和合作精神，让学生感受到被尊重和被理解。

开学一个月，我向同学们提出每两周一次的"半月谈"任务，本意是希望

---

① 平劭. 理解和尊重——班级工作的基石 [J]. 教书育人（教师新概念），2012（6）：73.

通过"半月谈"深入了解每一位同学的内心想法，及时帮助他们解决学习、生活中存在且尚未解决的问题。可在批阅过程中，我发现还是有几位同学提到"某同学上课喜欢大喊大叫，影响听课"。经过我的求证，不出所料，某同学正是小邱同学，且现在这种情况主要发生在地理课上。我通过地理老师了解小邱在课堂上的真实表现，主要是他思维活跃，积极发言，但是声音太大，有时候对老师的问题缺乏深度思考，脱口而出的答案往往是错误的，这样确实影响其他同学的思考和听课效果。这便催生了我们之间的第二次平等对话。

首先，我肯定了他上课积极发言的行为，可以紧跟老师的思维，同时让他意识到高中的课堂与小学、初中有区别，课堂问题往往是有思维含量的，我们需要深度思考分析之后才得出结论，而不是"脱口而出"；其次，正常发言过程中，我们也不需要刻意提高音量，即使座位在最后一排，在讲台上的老师也能听到学生正常说话的声音；再次，我建议他，对于很简单的问题、答案显而易见的问题，希望能给其他同学一些表现的机会，这样肯定会更受同学们的喜欢；最后，在集体环境中，我们要学会换位思考，考虑其他同学的听课感受，做一个受欢迎的人。

我欣喜地发现，这一次小邱同学的态度变得谦卑，欣然接受了我的建议。①

上述案例中，教师发现学生在课堂上表现活跃但影响他人，便与学生进行平等对话，肯定其积极发言的行为，但提醒他注意音量和控制发言内容，给其他同学表现机会，并建议他换位思考，学生态度谦卑地接受了建议。

给予学生尊重和理解是教师的责任。通过理解学生，正确对待学生的缺点和错误，尊重学生的家庭，并用民主平等的态度与学生交流，教师能够营造一个充满积极思维、互相尊重和支持的学习环境，为每个学生的发展和成功奠定坚实的基础。

---

① 周欢燕. 高中育人案例分享③‖周欢燕：平等对话＆有效沟通. 微信公众号：浙江省郑水菊名班主任工作室.

# 细节 20

# 对学生怀有信心

教师对学生怀有信心是教学中不可或缺的一环。作为一名高效教师，对学生怀有信心是展示对学生的尊重、关注和重视。只有教师真正相信学生有充分的能力，在成长过程中，学生才会相信自己拥有良好的能力和机会去发掘潜力，可以更加自信地面对挑战和困难，从而能够更有效地解决问题和完成任务。

## 一、赏识学生

教师赏识学生是一种肯定和认可学生的能力和成就的行为。通过赏识学生，可以激发学生的自信和学习积极性，提高他们的学习动力。

### 1. 表达真诚的赞扬

教师可以在学生取得进步或取得好成绩时，给予他们真诚的赞扬和鼓励。这种积极的反馈不仅能增强学生的自信心，还可以激发他们的学习兴趣，为他们继续努力和追求更高目标提供动力。

### 2. 强化优点，淡化缺点

每个学生都有自己独特的才华和优点，教师可以通过观察和了解，发现并赏识学生的优点和才能，然后强化他们的长处。这样的赏识会让学生认识到自己的价值和优势，并激发他们更大的兴趣和热情来发掘更多的潜力。

### 3. 以积极的方式对待学生要改进的领域

教师要以一种积极的方式看待学生需要改进的领域和难点，把注意力集中在如何帮助学生克服难题和提升能力方面。这样的关注和支持能够鼓励学生自信地面对挑战，并提供资源帮助他们实现自己的目标。

一次阅读教学课上，教师让一些学生分段读课文。有个学生一个字一个字地读，语不成句，读错了很多字，声音越读越小，惹得听课的教师、学生又急又笑。而老师一边示意学生安静，一边带着和蔼的微笑站在读书的学生身边侧耳倾听。全读完后，老师请学生评价谁读得好。有的学生说某人读得真有感情，有的学生说某人读得流利，声音洪亮，就是没人评价读得最差的学生。老师凑近这位学生，亲切地问："你认为自己读得怎么样？"学生头也不敢抬，轻声说："不好。"老师说："我却觉得非常好！但不是因为你读得好，而是因为我第一次听到你当着大家读书，而且后面还坐着这么多老师，还有学校的领导，老师为你今天的大方、勇敢而高兴。"接着，教师转过头对全班学生说："我们给她点鼓励的掌声。"掌声过后，教师又温柔地说："以后预习课文时多读课文，争取下次也读得又流利又有感情，好吗？"孩子高兴得直点头。显然，老师的赏识和鼓励已深深浸润了孩子的心田。如果那天，老师用生硬严厉的方式，或让学生没读完就换了个读得好的，或皱着眉头露出不悦的表情，或批评学生没有好好预习，效果是不会好的。①

在上述案例中，教师以一种积极、鼓励的态度对待所有学生，无论他们读得好还是不好，教师没有选择责备读得不好的学生，也没有让其他学生评价她的表现，强化优点，淡化缺点，选择鼓励和赏识学生，让学生感受到了教师对她的信心。

## 二、鼓励学生展示能力

教师鼓励学生展示能力是一种有益的育人方式，它有助于学生发掘自身的潜力，提高自信心和动力，同时为课堂活动和学生的学习生活增添更多的兴趣和乐趣。

① 欧红燕. 多角度赏识学生 [J]. 教育实践与研究（小学版）(A), 2010 (11): 14-15.

### 1. 为学生提供机会展示自己的才华

教师可以在课堂上为学生提供展示才华和能力的机会，如演讲、辩论、文艺表演等，让学生有机会展示自己的特长。这种体验不仅可以让学生获得更多的自信，还可以帮助他们在其他方面更好地展示才华和能力。

### 2. 鼓励学生参与课堂讨论和互动

教师可以鼓励学生参与课堂讨论和互动，引导他们与其他学生分享自己的观点和想法，并给予适当的反馈和积极的评价。这种互动与讨论有助于学生展示思维和表达能力，提高他们的敏锐度，拓展思考深度。

### 3. 提供开放性的项目和任务

教师可以为学生提供一些开放性的项目和任务，让他们在某个主题或领域展示自己的能力和创造力。这种方式能够培养学生独立思考和解决问题的能力，同时展示他们在探索和创新方面的才华。

学习《倔强的小红军》时，一个学生提出了这样的问题："马是吃草的动物，草地全是草，怎么课文中还说马是一匹瘦马？"初听这道题很简单，细一想这个问题又和红军过草地的困难紧密相连。于是我便让学生展开讨论。学生的兴趣一下子被激起，他们插上想象的翅膀，展开激烈的讨论。讨论使学生的思维活跃起来，更加了解红军过草地时的艰难，深刻体会了小红军拒绝帮助的原因。学生的质疑探究意识增强了，创新能力得到了发展。[1]

在上述案例《倔强的小红军》的学习过程中，一位学生敢于打破常规，提出了一个看似简单却与课文主题紧密相关的问题，教师随即鼓励学生一起讨论。通过讨论，学生充分发挥了想象力，深刻了解了红军过草地的艰难。正是教师对学生的信心，增强了学生的质疑和探究精神，进一步培养了他们的创新意识和创

---

① 许国华. 新课改中"三步骤"激活课堂讨论 [J]. 中学生作文指导，2019（1）：79-80.

新能力。

## 三、帮助学生克服自卑心理

在学生发展的过程中，自卑心理可能是一个普遍存在的挑战。自卑心理不仅会影响学生的自信心和情绪状态，还会阻碍他们的学习，制约他们的成长。因此，教师要对学生怀有信心，帮助学生克服自卑心理。通过创造积极的学习环境，培养学生的自我认知能力，可以帮助他们克服自卑心理，实现发掘自身潜能的最大化。

创造心流体验是指为学生提供一种学习环境和活动，使其能够更容易进入心流状态。这种体验常常发生在学生面临适度挑战的任务时，任务的难度与学生的技能水平相匹配，允许学生专注于活动本身，不受时间和周围的干扰。教师可以通过提供清晰的目标、即时的反馈、个性化的教学和鼓励合作等方式，营造学生心流体验的学习环境，提高学生的学习动力和自信心。

小豪嗓门比较大，于是我决定发挥他的这个长处。

一天大课间出操时，我在班里宣布："小豪，老师现在任命你为体育委员助理，以后负责协助体育委员。"

此话一出，全班瞬间安静了，大家面面相觑，满脸不可思议。

我不紧不慢地继续说道："今天起，由小豪负责热身运动时喊口令。"

一开始，小豪喊起口号来显得有些局促，经过几天的锻炼，他已经能胜任这个职务，一边用洪亮的嗓音喊口号，一边在全班同学面前熟练地做示范动作。

过了几天，我又对小豪说："以后放学由你来整队。"

我们班放学整队是要求领队带头背诵古诗的，这就需要领队首先能熟记学过的古诗词。

我看到他脸上的犹豫，便鼓励他说："你知道老师为什么选你吗？因为你的声音响亮，由你来领队，最后一个小朋友也能清楚地听到，全班没有比你更合适的人选了。"

"那我试试吧。"他说。

就这样，小豪又一次走马上任。

开始的几天，他每带领大家背完一首古诗，我都会默默地竖起大拇指。渐渐地，小豪越来越自信。

那段时间，一放学他就以最快的速度整理好书包，用清亮的嗓音带领大家朗读，笑容也一直挂在他的脸上。[①]

上述案例中，小豪是一个嗓门大但内心有些自卑的学生。为了帮助他克服自卑心理，教师发挥他的长处，创造了一种心流体验。首先，任命他为体育委员助理，让他负责协助体育委员。这个任务需要他克服害羞和不安，用洪亮的嗓音喊出口号。在完成任务的过程中，他逐渐克服了自卑心理，认识到自己的价值和重要性。

当教师向学生传递信心和支持时，学生将更有可能充分展现自己的潜能和才华。通过赏识学生、鼓励学生展示能力以及帮助学生克服自卑心理，教师可以助力学生建立起更坚定的自信心。

# 细节 21

# 公平公正地对待学生

在一个充满多样性的班级里，每个学生都是独特的。他们拥有不同的背景、兴趣和能力，并面临各自的挑战和困难。作为擅长班级管理的教师，我们必须坚持公平公正地对待每一个学生，并营造一个公正的学习环境，使每个学生都有机会获得成功。

---

① 梁达妮. 从"我不行"到"我能行"：例谈运用积极心理学消除学生自卑心理. 微信公众号：班主任杂志.

## 一、爱无差等，一视同仁

作为学生的教育者和引导者，教师应当以爱无差等的态度对待学生，确保每一个学生都能够享受到公平公正的对待。尽管学生在素质潜能和成绩方面存在差异，但教师应该平等对待每一个学生，正视并应对这些差异。

### 1. 爱的体现

教师应该在对待学生的过程中，不受学生的素质潜能和成绩差异的影响，给予每一个学生平等的关爱和尊重。教师应该理解和认同每一个学生的独特性及个人价值。无论学生的能力水平如何，教师都应该表达出对他们的关怀和支持，鼓励他们积极探索和发掘自己的潜力。

### 2. 平等机会

教师应该确保每个学生都能够获得平等的学习机会。无论学生的素质潜能和成绩如何，教师都应提供相同的教育资源和公平的学习环境。教师需要积极探索和利用不同的教学方法和策略，以满足不同学生的学习需求，并为他们提供平等的学习机会。

### 3. 正视差异

教师要正视学生在素质潜能和成绩方面的差异，认识到每个学生都是独特的个体，具有各自的优势和局限性。教师应当了解学生的个人差异，包括学习风格、兴趣和学习能力，并针对这些差异提供个性化的支持和指导。

小磊是个可怜的孩子，冬天不穿袜子，衣服总是脏兮兮的，学习更不用说，作业凌乱、潦草。对他的学习，每个任课老师都发愁。写起作业来如蜗牛一般慢。经了解，是家长工作太忙，三班倒，疏于对他的管理，所以，他在全班面前抬不起头，而且老受欺负。每次遇到这种情况，我都当着全班同学的面申斥那位欺负人的同学，并告诉每位同学，即使小磊成绩不理想，也应该受到别人的尊重，小磊会努力的。我不以其他人的标准来要求小磊，而是抓住时机夸奖他，如他读课文绘声绘色，特别投入，别人听了是一种享受，我抓住他身上这一优点就在全班面前称赞他，并帮助他树立自信。

小磊字写得乱，错别字特别多，而他对语文学科情有独钟，一篇作文在他手里不到半小时，就能完成洋洋洒洒400多字，而且情节生动，立意新颖，想象力丰富。每次作文讲评时，我总是满怀激情地读他写的文章，同学都向他投来美慕的目光，而此时，小磊会挺起脖子，认真听，生怕会错过老师读的每一处令他内心无比欣喜的字眼。

小磊变了，他的朋友多了，爱到我身边跟我谈谈心，同学们在私下里悄悄地说："小磊有李老师为他做主，真是大变样呢！"①

上述案例中的教师是一个爱无差等、一视同仁的实践者。他并没有因为小磊的学习成绩差、家庭背景等而歧视他，反而更加关心他。他尊重小磊的人格，不让他受到欺负；他发现并赞扬小磊的优点，帮助他树立自信；他耐心地指导小磊的学习，使他逐渐取得进步。李老师的这种行为，不仅让小磊感受到了被关爱和被尊重，也让其他同学看到了公平和正义的力量。通过这种方式，教师能够营造一个充满爱与公正的学习环境，让每个学生都能够发挥自己的潜力，提高学习成果。

## 二、实事求是，赏罚分明

教师在对待学生时应坚持实事求是的原则，以公平公正的态度对待每个学生。在教育过程中，教师不仅要正视学生的素质潜能和成绩差异，还要以赏罚分明的方式进行管理和引导。

### 1. 实事求是

教师应该客观看待学生的能力和表现，不先入为主地作出主观判断。教师需

---

① 郑伟. 公正对待每个孩子——李海林. 微信公众号：乌海市海勃湾区第一完全小学.

要通过客观的数据和证据，准确评估和了解学生的学习水平和潜能及其他情况。只有在实事求是的基础上，教师才能为学生提供准确的指导和帮助，以更好地促进学生的进步和发展。

### 2. 公正评价

教师在对学生的表现进行评价时，应确保评价标准的公正性和透明性。评价应基于学生的实际努力和成绩，而不是基于主观偏好。教师应避免偏见和歧视，以公正的眼光对待每个学生的学业成就。在评价过程中，教师应该与学生进行积极的沟通，帮助他们理解评价结果，激励他们努力提高。

### 3. 赏罚分明

教师在管理和引导学生时，应坚持赏罚分明的原则。应当根据学生的表现，及时给予恰当的奖励和批评，以促使学生意识到自己的行为和努力的结果。赏罚分明不仅仅是为了鼓励学习积极的表现和奖励学生的努力，也是为了让学生明确错误和不良行为的后果，并促使其纠正和改进。

### 4. 营造公平的环境

教师应努力营造一个公平的学习环境，让每个学生都能够平等地参与和获得机会。教师应提供公平、一致和透明的规则和标准，确保学生享有相同的学习资源和公平的机会。同时，教师也应鼓励学生以互助合作的方式，共同实现学习目标，并倡导公平竞争的价值观。

我班这学期转来了两个插班生而且都是男生。报到那天我就和任课老师在担心了，商量着以后如何对这两个人进行"重点保护"。但是，通过我对他们两个星期的观察，我发现我们的担心多余了，其实他们俩身上有很多优点。例如，其中一个学生，他的思维特别敏捷，几个任课老师都说他上课回答问题非常积极，而且说得头头是道。

有一次在我的课上，教学课题是"我和老师"，我让同学们用一个词语来赞美老师。大家都举起手积极地发言，有的说美丽的老师、亲爱的老师，有的说敬爱的老师、辛勤的老师……这些答案都是我意料之中的，只有他的回答让我颇为欣喜，他说的是智慧的老师，然后我提了一个简单的问题让他来回答。没想到，他愣愣地站起来就是不说话，让他坐下也不肯。就呆呆地站着，我说了好几次都不听，后来我就忍不住发火命令他走到教室的后面站着，他还是站着不动。班里静悄悄的，所有同学的眼睛都看着我，我压了压心里的怒火继续上课。下课后，我把他叫到办公室，还没等我问话他就流下了眼泪，我吃惊地急忙用手摸着他的脑袋安慰他。在我的再三询问下，他才告诉我是因为昨天晚上爸爸妈妈吵架了，而且吵得特别凶，他整整一夜都没睡觉，早上饭也没吃，也不知道晚上回去爸爸妈妈会是什么样子。

我连忙安慰他并答应他晚上陪着他一起回家，但对于他在课堂上的表现却提出了严厉批评。我告诉他课堂是有纪律的，如果每个人都以这样那样的借口来违反课堂纪律，那我们的课就无法进行。看到他眼里的愧疚和悔悟之后，我让他在班里公开检讨，他答应了。

第二天，在班上我对全班同学也讲了这个道理，并重点强调了他的犯错情有可原，但违反班级纪律就一定要受到应有的教育和惩罚。然后，他在讲台上读了自己的检讨书。从那以后，他很少违反纪律，而且进步很大，更重要的是班里的其他学生也明白了纪律的重要性。①

上述案例中，教师在处理学生的问题时，没有盲目地采取惩罚措施，而是先了解实际情况，然后根据学生的表现给予了适当的批评和引导。教师的这种实事求是、赏罚分明的态度，既帮助学生认识到了自己的错误，又维护了学生的尊严，还树立了教师的威信，也让学生明白了行为的对错和奖惩之间的关系。

## 三、长善救失，因材施教

教师在对待学生时应秉持长善救失和因材施教的原则，以公平公正的态度对

---

① 姚莉. 赏罚分明. 微信公众号：河南省陈红名班主任工作室.

待每个学生。长善救失意味着教师应该关注学生的成长和进步，为他们提供必要的帮助和支持；因材施教意味着教师应根据学生的特点和需求，个性化地安排教学内容和方法。

### 1. 长善救失

教师应以善意和宽容的态度对待学生的错误和困难。长善救失要求教师不仅关注学生的错误，更要关注他们的成长和进步；应积极与学生沟通，了解他们的困惑和问题，给予必要的指导和支持，帮助他们认识错误、反思并改正。在长善救失的指导下，师生之间可以建立起信任和理解的关系，从而激发学生学习的积极性，促进他们的成长。

### 2. 因材施教

教师应根据学生的特点和需求，个性化地安排教学内容和方法。每个学生都有独特的学习风格、兴趣和能力，因材施教原则要求教师了解学生的个体差异，并相应地调整教学策略。教师可以灵活运用不同的教学资源和方法，以满足学生的学习需求。因材施教可以激发学生的学习兴趣，提高学生的学习效果，使学生都能取得成功。


经过多年的教学工作，我觉得，中学生一般有这么几种类型：

一是有健康的心理态势，能较轻松地处理学习、生活中的问题。像高三（1）班的王辉、高三（3）班的方景星、高三（4）班的林健心理态势良好，成绩优异，是身心发展正常型学生。

二是心理紧张，被急于完成与成功的热望灼烧的学生。这类学生往往容易失去可贵的洞察力和敏感度。在学习上，他们的紧张度是超常的，他们常常自我怀疑，自我责难，以致被折磨得疲乏空虚，神经衰弱。我班上的陈同学、高三（1）班的李同学、文科班的刘同学等，属于这类"强迫型完成者"。

三是在学习中往往表现为虎头蛇尾，半途而废。他们对于挫折缺乏耐受力，希望有将来的获得但又不能忍受目前的痛苦。至于一些道理，像"学海无涯"

"宝剑锋从磨砺出，梅花香自苦寒来"之类，他们都懂。我班上的何同学、张同学、王同学等，就属于这类"惯常型不完成者"。

教师一定要适应学生的个别差异性，做到因材施教、长善救失，使每个学生都能迅速而切实地得到提高。像身心发展正常型学生，老师管事不宜太多，而应以平视的角度来看待他们；同时，又要能善于向他们提出一些经过他们努力能够达到的要求，以促进他们的身心发展。"强迫型完成者"这类学生害怕失败，像负重的驮马不能前进。而且这类学生无法认识到自己的这种心理病态。对他们来讲，只要考试成绩理想，似乎也就万事大吉了。对于这类学生，老师必须予以关注，帮助他们确立一个新的价值观。把他们学习的发条适当调松些，让他们更好地享受丰富的生活，这样可以消除那种不可名状的身心紧张，以达到最佳的效果。①

上述案例中，教师总结了面对不同类型的学生，包括身心发展正常型、强迫型完成者和惯常型不完成者时，应因材施教，采取不同的教学方法。对于身心发展正常型学生，教师需要给予适当的关注和鼓励，促进他们的全面发展。对于强迫型完成者，教师需要深入了解他们的心理状态，帮助他们缓解压力，提高心理素质。对于惯常型不完成者，教师需要耐心引导，帮助他们形成正确的学习态度和设定学习目标，激发他们的学习动力。

在教育领域，公平公正地对待学生是教师应当恪守的原则。教师要做到爱无差等，一视同仁，保证每一个学生都能得到公平的教育机会和相同的教育资源。实事求是的态度能够确保教师客观地评价学生的表现，不偏袒、不歧视。赏罚分明则强调奖励学生的努力和进步，并对违规行为进行适当的惩罚。长善救失，因材施教则体现了教师对学生的关怀和个性化教育的重视。通过落实这些理念，教师可以营造一个公平、公正、温暖且又富有挑战性的教育环境，帮助学生实现充分的发展和成功。

---

① 王建华. 谈因材施教，长善救失. 微信公众号：河南语文网.

# 细节 22

# 关注学生的内心感受

在班级管理中，关注学生的内心感受是教师必须重视和实践的一项关键内容。在教育教学中，教师往往侧重于知识的传授和学生的学习成果，容易忽视学生的情绪状态和内心世界。每一个学生都是个独特的个体，拥有不同的情感和感受。作为教师，需要关注并了解他们的内心感受，让他们感受到自己的情感和情绪被真正认同和接纳。

## 一、调动学生的已有经验

教师关注学生的内心感受，调动学生的已有经验，可以帮助学生将课堂知识与现实生活联系起来，提高学习的实用性。同时，这样的关注也能够提升学生对自身经验价值和重要性的认识，培养他们的自信心和自我意识。

### 1. 学生的认知和情感参与

通过关注学生的已有经验，教师可以营设学习环境和布置学习任务，让学生将自己的认知和情感投入其中，还可以引导学生利用自己的经验和知识，对课堂内容进行猜想和联想。这样的参与可以激发学生思考和探索的欲望，培养他们遇事深思熟虑的习惯。

### 2. 学生的学习主导权

通过关注学生的已有经验，教师可以激发学生在学习过程中主动思考和提出问题的能力。教师可以鼓励学生以自己的认知和经验为依据，参与课堂讨论和决策。学生在主导自己学习的过程中更容易产生内心感受，更有动力去深入思考和探索。

　　语文课上，学生因"毛遂自荐"中的"遂"读第几声而展开了争论，双方各执一词，却说不出个所以然来。于是，我引导他们翻开了随身携带的字典。字典中的解释是："suí，义同'遂（suì）①'，用于'半身不遂'。""suì①顺，如意；②成功，实现；③于是，就。"

　　我明白了其中的奥妙，学生们却一头雾水，面面相觑："字典上没有明确的答案呀？"我启发道："判断多音字的读音要根据什么？""词语的意思。"

　　"根据你们的经验，'遂'字在人名中该怎么读呢？"话音刚落，就有学生恍然大悟："应该读第四声！""为什么？"

　　"取名字都图个吉利，其中包含着父母的祝福，毛遂的父母大概是希望孩子事事如意才取了这个名字。读第二声虽然也有'如意'的意思，但常用在'半身不遂'这个词中，谁的父母会希望自己的孩子将来半身不遂呢？"学生露出会心的笑容，我则送给他们鼓励的掌声。其实，毛遂的父母到底为什么给他取这个名字，我们很难考证，但学生能利用自己的生活经验判断字音，这就不仅学会了解决问题的方法，更体验到了学习语文的乐趣。①

　　上述案例中，课堂上，教师引导学生利用自己的生活经验来判断多音字的读音，使他们在语文学习中感受到了生活的气息，体验到了学习的乐趣。这种教学方式不仅关注了学生的内心感受，还激发了他们的学习热情，提高了他们的学习效果。

## 二、提问时兼顾个体和整体的内心感受

　　教师提问是引发学生思考和参与的重要教学策略。在教学过程中，教师不能忽视学生的个体差异和整体的内心感受，只有兼顾个体和整体的内心感受，才能营造一个充满尊重和关怀的学习环境。

---

① 陈英明. 语文教学要关注学生的感受［J］. 小学教学参考（语文版），2016（4）：62-63.

### 1. 随机选择回答者

教师可以通过随机选择的方式来确定回答问题的学生，而不是只挑选活跃的学生。这样可以给每个学生平等的机会来表达自己的内心感受和观点。

### 2. 轮流回答

教师可以采用轮流回答的方式，确保每个学生都有机会参与。例如，教师可以在班级中依次询问学生，以鼓励所有学生积极参与课堂讨论。

### 3. 小组合作

教师组织学生以小组的形式进行合作和讨论，可以使更多的学生参与进来。同时，小组合作可以引导学生互助和共享，增强整体的学习氛围。

### 4. 倾听和尊重

无论哪个学生回答问题，教师都应该耐心倾听，并给予适当的反馈。这种尊重和鼓励可以激发学生的内心感受，鼓励他们更多地参与和表达。

这是一次校际交流，活动形式为同课异构，四名教师上同一节教学内容"分子热运动"。其中一节课上教师在教学的相应环节提了如下一些问题并要求学生思考回答：演示气体的扩散实验时能不能把装二氧化氮的集气瓶放在空集气瓶的上方？演示液体扩散时，硫酸铜溶液向水扩散过程中为什么不能摇动量筒？演示扩散与温度的关系时，为什么既要保证两烧杯里温水与冷水的量相同，又要保证滴入冷水和温水中的红墨水的量相同？既然分子在做无规则运动，那为什么固体有一定形状而没有扩散开？这节课出现的情况是：这个班上一名学生爱思考，每一个问题都抢着回答。结果上课老师就把回答机会都给了这名学生，虽然教学过程中也有别的学生举手，但教师没有关注到或者没有给其他学生回答的机会。这节课给听课教师的感受是：学生不活跃，课堂沉闷，参与积极性不高，学生的主体地位没有得到体现，教学效果欠佳。[1]

---

[1] 严晓江. 物理课堂教学应当注重学生的心理感受 [J]. 中学物理教学参考，2019（20）：55-56.

上述案例中，教师在课堂上提出了一些关于分子热运动的问题，旨在引导学生思考并理解这一概念。然而，在教学过程中，一名学生抢答过多，教师把回答机会都给了这位学生，导致其他学生没有机会参与讨论，这导致课堂气氛沉闷，学生参与度不高。教师应该尽可能地让更多的学生参与到讨论中，关注到每一个学生的学习情况。在提出问题时，教师应该考虑到个体和整体的需求，既要鼓励爱思考的学生积极回答问题，也要给其他学生提供参与的机会。这样可以激发学生的学习兴趣，提高他们的学习效果。

## 三、关注学生的情感体验

作为教师，关注学生的内心感受和情感体验是提升教学质量、促进学生发展的重要环节。学生的情感状态和内心体验直接影响着他们的学习动力、情绪和学业成就。因此，教师应该通过关注学生的内心世界和情感体验，为他们营造一个支持、尊重和温暖的学习环境。

### 1. 建立情感连接

教师可以通过关注学生的情感体验来建立情感连接。这意味着教师要主动了解学生的感受、情绪和情感状态，并表现出对他们的理解和关心。

### 2. 鼓励表达情感

为了更好地了解学生的情感体验，教师可以鼓励学生表达他们的情感，通过课堂讨论、写作、艺术创作等方式完成。通过这些表达，教师可以更深入地了解学生的内心感受，并制定相应的教学策略。

### 3. 教授情绪管理技巧

情绪管理是学生在日常生活和学习中必备的技能。教师可以教授学生一些情绪管理技巧，如情绪调节、自我关怀和冲突解决。这些技巧可以帮助学生更好地处理情感、减轻压力，提高学习效果。

一次，我在小区里散步，看见几个孩子像发现"新大陆"似的围在两棵树旁叽叽喳喳："这是什么？怎么回事？"我见树干上有一圈圈的勒痕，告诉他们："这是大人系晾衣绳留下的。"这在我看来是再平常不过的事，孩子们却异口同声地说："树得多疼啊！"

这句话，让我看到了学生的内心世界，体会到学生的善良，这是我们这些成人所没有的。

我为之一震，拍下几张照片。当我的学生看到照片后，也发出了感叹："太残忍了，树多疼啊！"我让他们把自己当成一棵树，以《树的心声》为题，写一篇作文。学生们讲述了自己作为树的快乐，更倾诉了自己被"虐待"的痛苦。他们写道：

"每当太阳升起的时候，我就害怕人们又把长绳拴在我身上，每天过着提心吊胆的日子……"

"人们啊，我希望你们不要再伤害我和我的同伴了。如果我们死了，你们的环境也不美了。给我们幸福安宁的生活吧！""我的好日子，什么时候开始呀？""在一天晚上，我好不容易睡着了，我做了一个梦，梦见人们都来向我道歉……我真希望这是真的，我们毕竟是人类的朋友啊！"

一个偶然的发现，一次用心的情境创设，却走进了学生的内心，给了他们自由倾吐心声、表达情感的机会。长此以往，习作也会成为一种快乐的享受。①

上述案例中，教师发现学生对树的感受后，让学生把自己当成一棵树抒发内心感受，学生不仅能够更加真实地表达自己的情感，也能够更好地理解周围的世界，增强了他们的同理心和共情能力，同时还锻炼了他们的写作能力。

教师关注学生的内心感受是教育中至关重要的一环。通过调动学生的已有经验，可以帮助他们建立与新知识的联系，促进有效的学习；在提问时兼顾个体和整体的内心感受，能够激发学生的学习兴趣；关注学生的情感体验则能够建立情感连接。通过对学生内心的关注和理解，教师将能够更好地满足他们的学习需求，帮助学生提升学习效果。

① 陈英明. 语文教学要关注学生的感受［J］. 小学教学参考（语文版），2016（4）：62-63.

# 专题五
## 乐于与人合作

在教育领域中，教师之间的合作不仅是实现高效教学的关键，更是构建求知共同体的核心。教育工作者们通过相互协作，不仅可以共同达成教学目标，还能在启发与交流中提升自身的教学水平。在这个过程中，教师们共享自己的宝贵经验，探讨创新的教学方法，进而共同探索更有效的教育策略，以提升教育教学质量。

# 细节 23

# 掌握激励技巧

激励是营造协作性的学习环境和优化教育团队的关键要素之一。在教育领域中，教师之间的合作与激励相辅相成，每个教师都有不同的动机和激励需求，准确地了解他人的需求，掌握激励技巧及策略，能够帮助教师激发团队成员的潜力，为高效教育团队的发展和学生的成长做出更大的贡献。

## 一、给予正向反馈

给予教师正向反馈是营造积极的教学环境和促进教师个人成长的重要一环。作为同事，教师有责任给予其他教师及时、具体和诚挚的正向反馈，以激励教师更好地发展自己的教学技能，提高教学质量，并增强他们的工作动力与教育热情。

### 1. 反馈要及时

正向反馈应该及时给予，以强化教师在课堂上的积极表现和取得的成果。当观察到教师采用创新的教学方法、与学生建立良好的师生关系以及激发学生的学习兴趣时，应该立即给予积极的反馈和赞赏。及时的正向反馈可以提升教师对自己的认可度，鼓励他们继续努力并保持良好的教学态度。

### 2. 反馈要具体明确

明确指出教师的具体优点和在教学中取得的突出成绩。可以通过详细描述教师的教学技巧、学生反馈或学习成果等方面来表达赞赏。具体的反馈不仅可以让教师明确自己在哪些方面取得了进步，也可以鼓励他们在这些优点上继续发展和改进。

### 3. 反馈要诚挚

真实地传达出对教师工作的认可和赞赏之情，可以亲自与教师进行交流，表达对他们努力的感激之情，也可以通过书面形式，写感谢信或将公开表示赞赏。这样诚挚的反馈能够让教师感到被重视和认同，增强他们的自信心和干劲。

你们大多是正规师范院校的应届研究生，个别的还是 985、211 名校的研究生，个人素质都比较高，专业功底扎实，是我校发展史上迄今最优秀的一批新教师，这一点在你们的课堂上得到了展示和印证。

……

如果翻看你们写的全部"教学反思"，可以归纳出我给大家的建议，就是"科学、生动、夯实"，我对大家的期望，就是"自信、热爱、追求"。

……

也听了几节习题课或周考讲评课，给老师们三点参考意见。第一，一定要分析出错的原因。出错的背后是对某一知识掌握不到位，找到这个症结，讲透知识点，使问题迎刃而解；否则，就题论题，不解决根本性的问题，遇到变化，还会出错。第二，一定要分清重点、非重点，不要平均用力、泛泛而讲。第三，一定要总结解题规律、方法，典型的题目要准备变式训练，让学生能够举一反三。

……①

上述案例中的教师在听了新教师的授课之后，及时给予了正向反馈，高度评价了新教师的素质和教学表现，肯定了他们的个人素质和专业功底，鼓励新教师更好地发挥自己的潜力。

## 二、共享教学经验和资源

教师共享教学经验和资源是提升教学效果和促进师资互动的重要环节。通过共享自己的教学经验和资源，教师们可以相互激励、借鉴和学习，丰富自己的教学思路和方法，同时也为整个教育团队的发展做出贡献。

---

① 朱晓刚. 新教师听课反馈. 微信公众号：济南市历城第二中学.

### 1. 教研活动和研讨会

教师可以定期参与教研活动、专题研讨会或教学分享会，分享自己在教学中的成功经验和挑战。在这些平台上，教师们可以互相交流想法、分享教学经验，并从中汲取灵感和创新思路。交流过程中，教师们不仅可以相互借鉴和学习，还能够建立合作关系，共同探讨教学过程中遇到的问题，并找到解决方案。

### 2. 共享教学资源

教师们可以共享各自的教学材料、课件、教案等资源，使得更多的教师可以从中受益。通过共享资源，教师们可以节约时间和精力，免去重复制作课件的烦琐过程。同时，教师们也可以从同事的资源中获得灵感，借用优秀的教学资源来丰富自己的教学内容。这样的资源共享不仅可以提高教学质量，还可以为学生们提供更多的学习机会和资源支持。

知之者不如好之者，好之者不如乐之者。一年级组邹秋萍老师对语文教学发表看法：她认为语文学科是一门学习语言文字运用的综合性、实践性课程，在课堂教学中要将学生的语言学用活动放在非常重要的位置。兴趣是最好的老师，培养一年级学生语感适应和对语文的兴趣是首要任务。

善学者明，善思者智。二年级组刘玉红老师一直对于调动学生自主学习积极性有着独到见解。刘老师坚持让学生课前十分钟练字，展示优秀作品并表扬奖励，多利用形声字方法认字辨音，组织小组开展讨论，与同学们一起享受说文解字的乐趣，掌握事半功倍的记忆方法。

……

腹有诗书气自华，读书万卷始通神。四年级组杨秀珍老师强调：高年级语文教学需要同学们进行大量阅读，每个月在班上评选本月的"阅读之星"，并且拍照发布通告表扬"阅读之星"，以此鼓励同学们去阅读。针对成绩不理想的同学，杨老师认为应先分析学生存在的问题和原因，并且针对问题采取有效措施。①

上述案例中，一年级到四年级组语文教师共享教学经验和资源，通过互相激励，教师们能够激发彼此的潜能，共同成长；通过共享经验和资源，教师们能够集思广益，提升教学质量。

## 三、提供互助和支持

教师互助和支持是建立积极的教育合作体系的重要因素。在这个体系中，教师们彼此携手并肩，尽最大努力提供互助和支持，以促进个人和团队的发展，营造一个具有支持性和成长氛围深厚的教育环境。

### 1. 提供专业意见和建议

当同事遇到问题或需要帮助时，教师应及时伸出援手，给予积极的反馈和指导。这种支持不仅可以解决实际问题，而且可以激励教师面对困难时更积极地努力。同事之间的互助和支持能够增强教育团队的凝聚力和教师的合作精神。

### 2. 建立团队合作和互相支持的文化

可以设立小组合作项目，让教师们能够共同合作教学和评估学生的学习成果。通过相互激励、互相学习和共同探索，教师们能够获得更多的启发和成长。团队的合作和互相支持激励着每个教师发挥最佳水平，进而提高整个教育团队的效力。

我跟艳芬选择的是《松鼠》一课，我属于啰里啰唆的人，我先出第一稿设计，艳芬属于干脆麻利的人，她来进行大刀阔斧的修改。最后，我俩再一起针对教材内容，细细品读我们的设计，或删除，或添加，最后我们设计出了完美的教学方案和配套的教学课件。设计完成后，艳芬先录制，录制结束后进行反思，对设计和课件进行微调，我接着录制。尽管录制过程中还是有些紧张，有个别地方

---

① 肖嘉雯. 教学经验共分享，凝心聚力齐发展——逸夫小学语文教师教学经验分享会. 微信公众号：新干县逸夫小学.

语言表达不那么流畅，还有个别地方有些啰唆，但是，这次录课我真正体会到了幸福的滋味。①

上述案例中的教师在准备优质课的过程中，和同事互相激励、共同合作，通过多次调整和完善教学设计，最终完成了完美的教学方案和配套的教学课件。通过团队合作和持续改进，教师可以提高自己的教学水平，并为学生带来更好的学习体验。

掌握激励技巧是帮助教师发挥最佳能力并推动教学环境积极发展的关键。通过给予正向反馈，教师能够激励同事们在教学中成长和进步。同时，共享教学经验和资源可以提供更多的教育工具和方法，促进教师之间合作和创新。提供互助和支持则构建了一个积极的教育合作体系，鼓励教师们共同成长和努力。

# 细节 24
# 具备独立解决问题的能力

在教育领域，乐于与人合作是一种珍贵的品质，有助于教师之间的相互学习和成长，然而，为了真正做到乐于与人合作，教师们还需要具备独立解决问题的能力，以应对各种挑战和困难。这意味着教师要具备自主思考和行动的能力，能够独立地分析和解决问题，制订创新的解决方案。

## 一、具备独立思考的能力

在当前这个信息化的时代，教师需要具备更高层次的能力——独立思考能力。只有具备独立思考能力的教师，才能在教学过程中发现问题、分析问题、解

---

① 徐艳琴. 同伴互助，携手成长. 微信公众号：郑州教育 BLOG.

决问题，为学生提供更高品质的教育服务。

## 1. 摆脱教参依赖，学会说"我认为"

不少教师在备课、授课过程中，过于依赖教参，导致自己的独立思考能力逐渐降低，甚至失去了对知识的独立见解。长此以往，这种依赖性会对教师的教育教学产生严重的负面影响。因此，教师有必要摆脱对教参的依赖，学会说"我认为"。

首先，教参作为一种辅助教学工具，旨在为教师提供教学内容、方法和建议。然而，过分依赖教参容易使教师陷入"填鸭式"教学，忽视学生的实际需求。教师应善于运用自己的专业知识、教育理念和教学技能，结合学生的实际情况，对教学内容进行创新和调整。

其次，摆脱教参依赖有助于培养教师的独立思考能力。教师需要在备课、授课等环节投入更多的时间和精力，对教材、知识点进行深入研究，从而形成自己的教学体系和教学方法。

《从现在开始》是人教版二年级上册的课文，老狮子让每个动物轮流当一个星期的万兽之王，谁当得最好谁就接替自己做新首领。猫头鹰、袋鼠都命令动物改变生活习惯，而猴子让动物们按各自习惯的方式生活，得到大家拥戴，狮子宣布猴子成为万兽之王。《教师教学用书》中提示课文的内涵是相互尊重，以人为本，认为课文具有浓郁的现代气息。教师在解读文本时发现，在如何确定新首领问题上，狮子考察三个动物后宣布由猴子接替自己，其实是原始氏族禅让制度以强调相互尊重的新面目呈现而已，确定新首领的决定权始终掌握在狮子手里。这与现代文明和社会主义核心价值观格格不入。由此，教师安排了这样的环节：先让学生说说，猫头鹰和袋鼠也想当万兽之王，他们能用哪些不正当办法让狮子改变决定？学生说，他们会给狮子送礼，会给狮子承诺送给他森林里一半的物产，等等。这样的话，森林里的动物就要遭殃了。问题出在哪儿？出在确定新首领的办法有漏洞。有什么办法让大家做决定呢？学生说要投票给三个动物，得票多的当新首领。于是，大家把课文最后一个自然段作了修改："猫头鹰、袋鼠和小猴子是万兽之王的候选人……"学生想出的投票方法不一样，送礼物，送鲜花，等等，课文有了精彩纷呈的结尾，现代文明和社会主义核心价值观潜移默化地融入学生的话语中。突破教参和名家课例的限制、独立发掘教材的教育价值已经成为教师日常教学的常态。没有独立思考，是连课也上不好的。[①]

上述案例中，教师摆脱教参的限制，从不同的角度去解读《从现在开始》这篇课文，引导学生思考民主决策、权力等更深层次的问题，将现代文明和社会主义核心价值观融入课堂教学中。

**2. 多读书，多反思**

首先，教师要具备独立思考的能力，就必须多读书。读书可以丰富知识、开阔视野、提高思维能力。读书的过程就是与作者对话、与自己的心灵对话的过程，在这个过程中，教师会质疑原有的认知，从而进行深入的思考。

那么，教师应该读哪些书呢？除了专业的教育书籍之外，教师还应该涉猎哲学、历史、人文等方面的书籍。因为这些领域的知识可以帮助教师形成全面的世界观，提高综合素质。此外，教师应该关注当前的教育动态和热点问题，以便及时了解教育的发展方向。

其次，反思是培养独立思考能力的关键。意味着教师要对自己的教学进行审视、质疑和修正。在教学过程中，教师会遇到各种各样的问题，要想解决这些问题，就需要进行反思。反思可以使教师从失败中吸取教训，不断提高自己的教学水平；反思可以使教师勇于突破固有的思维模式，形成创新的教学方法。

有这样一个小学数学老师，从事教学长达三十多年，和她在一起谈教学反思时，她说："我教书这么多年，每讲课必反思，一节课下来，我要反思：

这节课的教学目的是什么？为什么？

教学过程是否达成了目标？为什么？

这节课的内容是否有利于学生未来发展？为什么？

---

① 黄菊萍. 独立思考——当代教师的第一素养. 微信公众号：三台县潼川四小.

这节课的教学方法有哪些？为什么用这些方法？

这节课印象最深的环节是哪些？为什么？

感觉哪个教学环节还有待改进？为什么？

……

在此基础上，我不断地修改教案，选择最优化的教学方法，学生学起来从不费力，每次数学考试，班级名次都在前面。"①

上述案例中的教师在每节课后都进行反思，还不断地改进自己的教学方法和完善教案，以最优的方式传授知识，使学生学起来更加轻松。

## 二、具备批判性思维

教师想要具备独立解决问题的能力，就需要具备批判性思维。批判性思维是指教师在解决问题时能够进行深入的分析、评估和判断的能力。通过应用批判性思维，教师不仅能够调动经验和常识，更具有理性和客观的思考方式。

### 1. 从不同的角度审视问题

教师不能仅仅满足于已有的答案，而是能提出关键问题，深入挖掘问题的本质，并对各种观点、策略和解决方案进行评估。通过有意识地应用批判性思维，教师能够更全面地了解问题的各个方面，发现潜在的偏差和问题，并提出更准确、更合理的解决方案。

### 2. 识别和评估信息的可靠性与可信度

在如今这个信息爆炸的时代，教师需要有能力辨别真实而有效的信息，以支持解决问题的过程。批判性思维能够帮助教师提出关键问题并进行信息筛选，从而获得准确、可靠的信息资源，并将其应用于解决问题的过程中。

---

① 教师要养成"反思"的习惯. 微信公众号：明教育.

在阅读鲁迅的《药》时，我们很容易带领学生梳理出小说的两条线索，明线：吃药、谈药的人们；暗线：夏瑜的牺牲。两线交织，把原本看起来不相干的人物命运放在一起展现一个时代的悲哀，这是小说的高明表达。学生知道了这一点，可以说是获得了知识，但教师还可引领学生思考，小说为何不以夏瑜为主线，而要以华家及谈客们为明线——在当时，所谓革命和革命者的悲凉、孤独，根本不是一般人所能理解甚至哪怕仅仅是知道的，鲁迅选取的是一般人即普通市民的生活视角来表现主题。当学生探讨到这个层面，就不仅仅学习了小说的内容、主旨、人物，还从小说的表达艺术上获得了一个"所以然"——这就走到了辨析和评估的层次，其中就蕴含着批判性思维和思辨。

教师还可以就过去常挂在嘴边的《药》的所谓主旨——揭示了辛亥革命不发动群众的弊端，带领学生审视与质疑"是不是真的是这样呢？"放手让学生去探究，很快就能获得有力的质疑——夏瑜在狱中对红眼睛阿义说，"大清的天下不是大清的，是天下人的天下"，这难道不是在发动群众和启蒙吗？

这样的案例体现了批判性思维一个重要的落地原则——思辨，它不是凭空出现的，而是紧紧依托于平常的读和写的教学，达成批判性思维培养与语文教学的深读文本、准确领会作品内涵合为一体。①

上述案例中的教师运用批判性思维，引导学生思考鲁迅小说《药》的主题和表达艺术。首先，教师引导学生梳理小说的两条线索，然后，进一步引导学生思考为何小说要以华家及谈客们为明线，而不是以夏瑜为主线，理解鲁迅选取普通市的民视角来表现主题的用意。最后，教师鼓励学生质疑和探究小说主旨，这个案例体现了批判性思维与语文教学的紧密结合。

## 三、具备沟通协调能力

沟通协调能力是个体与他人有效交流、合作和解决问题的能力。教师在解决

---

① 陈兴才. 批判性思维：教师应具备的专业素养. 微信公众号：萤光语文.

问题的过程中，往往需要与学生、家长、同事、校方等多个群体合作，并且了解他们的需求、意见和观点。因此，教师需要具备良好的沟通技巧和沟通协调能力，以便能够与不同群体建立良好的沟通关系，促进有效的合作和问题的解决。

### 1. 清晰表达与倾听

教师应能够清晰地表达自己的观点和想法，并能够倾听他人的意见和建议。教师需要学会用简明扼要、准确明了的语言表达自己的想法，同时也要有耐心聆听他人的观点和需求。这样能够促进沟通的顺畅进行，避免误解和冲突。

### 2. 适应不同的受众

教师要能够适应不同的受众群体，包括学生、家长、同事、校方等。不同的人具有不同的沟通风格、需求和理解能力，教师需要灵活应对，调整自己的沟通方式，以确保信息传递的有效性。

### 3. 解决冲突和处理争议

教育过程中可能出现意见分歧和冲突。教师需要具备解决冲突和处理争议的能力，要能够冷静地分析问题，与相关方进行积极的讨论，寻求共识和解决方案。教师应该能够提出中肯的建议、进行妥善的协调，并在维持积极关系的同时解决问题。

### 4. 协调资源和利益相关方

解决问题通常需要整合和调配不同的资源，并协调不同利益相关方的利益。教师应具备沟通协调能力，能够处理各方的需求、利益和限制关系，并通过寻求共同点和妥协等方式，制订一致且各方可接受的解决方案。

在去年我班有这么一位女生，她是独生女，父母外出打工，奶奶在家照顾她。她学习成绩一般，性格倔强，自尊心特强，逆反心理十分严重，经常和老师发生冲突，有很强的抵触情绪。老师批评她时，她总是眼睛直对着老师，一副不服气的样子，有时还和老师顶嘴。后来，我问了她的奶奶，没想到她的奶奶说：

她的父母都管不住她，我也没办法，都怪之前太宠她了。我又打电话与她的父母取得了联系，电话中，父母也表示无可奈何。最后还说：全靠你们老师了。

虽然老师和家长的愿望相同，但由于认知水平、教育方式不一样，又往往造成教师与家长很难沟通。可以说，家长沟通问题是解决学生教育的前提。我们作为教师，面对现实，无法回避，只好研究对策。

第一步：找到与家长沟通的共同话题，这就是关心学生发展，让家长从情感上接纳你。我就经常在微信上与家长聊天，向她们介绍学生的真实现状，分析学生良好的发展前景，让家长看到希望。从情感上打动家长，形成融洽的对话氛围。

第二步：矫正家长教育的一些不正确做法，让家长树立对学生的正确看法，平时要多加询问，不仅仅是金钱的支持，更要在生理和心理上多关心孩子，了解孩子的日常生活情况，对孩子提出切合实际的要求，别对孩子失去信心，不要把所有的希望都寄托在老师身上，并告诉他们，只有家长与老师共同努力才能更好地教育孩子，进而取得更快更好的效果。

第三步：在家长意识到自己的不足之后，共同制订孩子的学习生活计划，让家长明白，怎样才是真正为了孩子"好"，要爱但不要溺爱。之后，这个女生的母亲答应回家亲自陪伴孩子，关注孩子各方面的发展。这样一来，该生慢慢意识到家长的良苦用心，学习认真起来，也逐渐听话懂事了。由于有了家长和老师的配合，该生有了很大的进步。①

上述案例中的教师面对成绩一般且有抵触情绪的学生，运用有效的沟通技巧，通过与家长的紧密沟通，分析问题，共同寻求解决方案，使学生有了进一步的提升。

综上所述，独立思考的能力使教师能够深入分析问题，通过自主思考和应用创新思维找到解决方案。批判性思维使教师能够审视问题，挑战传统观念，主动

① 桥北一小"我与家长沟通的好方法"案例故事分享（二）.微信公众号：天津市宁河区桥北街第一小学.

寻求更有效的解决方案。沟通协调能力使教师能够与不同群体建立良好的沟通关系，促进合作和问题的解决。通过培养这些能力，教师可以独立解决问题，更好地应对挑战和困境，为学生提供更优质的教育服务。

# 细节 25

# 保持合作与民主的态度

在教育工作中，教师的合作与民主态度对营造一个积极向上的教育环境至关重要。一位优秀的教师不仅应该具备专业的教育知识和技能，还应具备良好的合作与民主态度，这种态度不仅有助于建立良好的人际关系，还能够推动积极的合作与参与。

## 一、虚怀若谷，知己知彼

每个教师都有自己独特的教学风格、经验和专业背景。在这样的环境中，虚怀若谷、知己知彼成为一种宝贵的态度和行为。教师可以通过了解其他教师的独特之处，以谦虚的心态面对他人的意见和观点，相互学习，取长补短，促进合作和共同成长。

### 1. 虚怀若谷

"虚怀若谷"这个词出自《左传》，在这里，"虚怀"指的是教师要具备谦虚的品质，愿意学习和接受他人的观点和建议。教师应认识到每个教师都有自己的专业领域和经验，要虚心向他人学习，从不同的角度思考问题，提高教学水平。

### 2. 知己知彼

"知己知彼"这个词源于《孙子兵法》，意指在战争中要了解自己和敌人。知己意味着教师只有深入了解自己的优点和不足，才能在教学过程中不断调整自己的教学方法，使之更加符合学生的需求。同时，知己也要求教师明确自己的教育目标，坚定教育信仰，为学生的全面发展贡献自己的力量。

知彼，要求教师关注同行，了解其他教师的教学特点、教学方法、教育理念、专业背景、经验和教学风格，了解彼此的需求和能力，以便更好地合作和协调，找到合作的机会和合作的方式。

常言道：要给学生一杯水，自己要有一桶水。2000年，我一毕业就被分配到蔡玉窑中学任教。报到后，校领导告诉我，学校紧缺英语老师，因此决定由我担任初一两个班的英语教师。

这对于只有英语皮毛水平的我来说压力山大啊，拿着课本查资料找翻译，跟着录音机学发音，查不到的就去问"天才"数学老师吴立平，他虽然不会读，可能清楚地说出单词的词性和意义。太长的单词不会读就带着单词和音标去求助我的英语同事刘德华老师。路漫漫其修远兮，吾将上下而求索。功夫不负有心人，我参加工作的第一年就取得了全县第三名的好成绩。良好的开端是成功的一半，正是当年"二次求学"的经历让我在今后的工作中养成了求真务实、刻苦钻研的工作态度。

2005年9月，我调到了二中。看着那宽敞明亮的教室，看着那一双双充满渴望的眼睛，看着那一张张朴实的脸庞，我坚信我的梦想将会在这里生根、发芽、开花、结果。但是，面对这里快节奏的教学生活，面对大班额的学生，面对这么多优秀的教师，我紧张、担忧，害怕自己胜任不了这里的工作。每一天、每一节课、每一次辅导我都如履薄冰，担心出纰漏，甚至为此彻夜难眠。令我感到欣慰的是，这里的每位老师都很热心，对我更是毫无保留。优秀教师郭晓燕、马琴老师将她们的教学经验教给我，班主任郭晓燕老师将班里每个学生的性格特点细细介绍给我，语文老师刘阳虎将学校的工作常规一一告知。这才使得我能有条不紊地顺利开展教学工作。①

---

① 杨献玲. 虚心求教善学习，务实负责爱桃李——柞水县城区二中"仁德·教师"教育故事（九）. 微信公众号：柞水县城区第二中学在线课堂.

上述案例中的教师被分配到缺乏英语教师的中学任教，尽管自身英语水平有限，但通过勤奋学习和请教同事，取得了优异的教学成绩。调到二中后，面对新环境和新挑战，该教师更加努力地学习和请教，展现了虚怀若谷的品质——不满足于现状，始终追求进步。而在与同事的交流和学习过程中，教师不断了解自己的长处和短处，不断完善自我。

## 二、严于律己，以诚待人

教师作为塑造人类灵魂的工程师，其自身的品德修养和行为举止对学生有深远的影响。因此，教师应该以身作则、严于律己、以诚待人，为学生树立良好的榜样，与学生共同营造一个健康、和谐的教育环境。只有这样，教师才能真正做到教书育人，为社会培养出更多优秀的人才。

### 1. 严于律己

对于教师而言，严于律己是个人专业素养和道德品质的体现。在教育教学中，教师要以身作则，遵守教师职业道德，在教学方法和教学内容上秉持高标准，不断提升自己的教育教学能力。同时，面对同事间的竞争和分歧，要以开放的心态接纳和改进，避免产生不必要的矛盾和冲突。

### 2. 以诚待人

以诚待人是教师建立良好人际关系的基础。在日常工作中，教师要尊重每一位同事，积极倾听他们的意见和建议。遇到困难时，教师之间要相互支持和帮助，共同解决问题。教师通过真诚的沟通和协作，可以建立起互信互助的教师团队，为学生提供更好的成长环境。

怎样才能更好地凝聚组内老师，让大家心往一处想、劲往一处使呢？我的做法是以身作则，坦诚相待。教学课件我先做，测试试卷我先出，复习资料我先整理，凡组内需要我做的辅助工作，尽心尽力毫无保留地开好头，我想：只有我先做好了，做到尽量让大家满意了，能够起到一定的示范作用了，我才有资格在后面的工作中要求组员按照我说的去完成相应的任务，老师们也才可能愿意去接受我的安排。无论是工作还是生活中，坦诚相待永远都是我的处事风格。而我也确实得到了回报：我们组里的老师相处一直很融洽，工作推进非常顺利，大家从没有为一个工作任务的布置红过脸。

......

去年11月联组开放周，任务只提前一个星期通知到教研组，李娟老师临危受命，在七年级备课组的建议下用两天确立课题，又在柳明老师的全程帮助下制作好上课课件，于周四和周五初步磨课两次，隔周周一又进行了两次磨课，在罗湘明老师的建议下完善了演示实验。其间，我们教研组所有老师全程陪同，亲身体会了她在自己高度的责任心与小小的畏难情绪中如何拉扯，在初中教学规范与高中教学习惯之间纠结的过程，最终成功地抛开自己原来的教学痕迹，在周二给片组老师呈现了一堂优秀的开放周展示课，赢得了大家的肯定和一致好评。事后我感叹：这场突袭式的开放周展示课活动能在短时间内高质量完成，何尝不是因为李娟老师对我的信任，团队成员对彼此的信任，所以大家才毫无保留地去执行呢？这样的例子实在太多，团结、真诚、热情是我对我们组最多的感受，正因为有这样一群充满正能量的可爱的队友，今天我才有资格站在这里。我也坚信：将心比心地去对待身边的每个人，必会收获满满。①

上述案例中的教师通过以身作则和坦诚相待的方式，凝聚组内老师，让大家都能够心往一处想、劲往一处使。教师通过自己的实际行动，起到了示范作用，得到了组员的信任和回报。同时，教师分享了团队成员之间的友谊和合作经历，他们共同面对挑战并取得了成功。

## 三、相互帮助，通力合作

教师之间通过相互合作和支持，互相激励、互相扶持，能够建立起良好的师友关

---

① 云晴. 优秀教师教育经验及育人故事分享系列——以诚相待，感恩团队. 微信公众号：澧县澧州实验学校.

系，共同克服各种困难，提高教学质量，并为学生提供更好的教学服务。

### 1. 互相观摩课堂和互评

教师可以相互进行课堂观摩，发现对方的优点和值得借鉴的地方，并给予建设性的反馈和评价。这有助于教师之间相互督促和提高教学水平。

### 2. 互帮互助解决问题

教师们可以共同探讨教学过程中遇到的问题，寻找解决方法。教师们可以通过教研讨论会、座谈会等形式，集思广益，共同解决难题。

### 3. 合作开展教学项目或研究

教师们可以联合开展教学项目或研究，共同进行教学实验、教育研究等活动，分享成果和经验，提升教学质量。

建立同事互助团队，从人数上而言，只要有两个或两个以上的教师就可形成团队。同事互助团队，可以是同一学科任课教师的组合，也可以是不同学科任课教师的组合；可以是同一年级任课教师的组合，也可以是不同年级任课教师的组合。例如，一名新手教师与一名经验丰富的教师组成"互助小组"，通过互相学习、即时交流、共同研讨，开展"一帮一"的同事互助活动。又如，同一个年级的同一课程的教师建立"集体备课小组"，开展同事互助活动，共同做好备课工作。又如，同一年级的教师，针对开展学生评价改革的共同任务，组建"学生评价改革研讨组"，开展同事互助活动，共同探索学生评价事宜。无论同事互助的协作团队采取什么样的组合，教师之间都是平等、互惠互利、共同进步的相互合作关系。

实施同事互助的过程就是解决教育教学中存在的问题、提高教师深度反思能力与教育教学能力的过程。学校以制度的形式确保每周1小时以上的同事互助活动时间，尽可能地将相同或相关学科教师的课表作相近的安排，以便教师进行同伴互助活动。教师将通过同事合作或互助探寻出解决问题的方案或将方法付诸实践，以确定该方案或方法是否符合实际、有效。例如，针对课堂教学效率不高的问题，教师团队通过对理论内化、深度反思、经验总结等，共同探讨出的一种新的教学模式，经过在新一轮课堂教学的实践检验与教师同事互助团体的再次互相观摩、研讨与反馈，再对新模式的不当之处进行调整和修改，达到提高课堂教学效率的目的。①

上述案例中的教师之间建立同事互助团队，开展互助活动，通过共同备课、互相学习、交流和研讨，建立了良好的合作机制，有助于提高教师的专业素养和教育教学水平。

综上所述，教师们虚怀若谷，就能够不断接纳新的想法和观点，不断学习和成长；教师们知己知彼，就能够更好地理解和尊重彼此的需求和差异，促进互相理解与支持；教师们严于律己，以诚待人，就能够保持专业的工作态度和高质量的教学标准；教师们相互帮助，通力合作，就能够共同成长。

# 细节 26

# 具备幽默感

教师的幽默感不仅能够为工作带来愉悦，更能够改善教师与同事之间的沟通和互动。幽默的氛围能够激发教师的创意与灵感，更容易打破僵局、解决问题，而不是被困在紧张和急躁之中。幽默是一种情感纽带，能够拉近教师之间的距离，建立起真正意义上的团队精神与协作关系。

## 一、培养幽默感

幽默感是一种强大的工具，可以为教师带来更加轻松和愉快的工作体验，增强教师和同事之间的联系。幽默感并非天生的，可以通过积极的努力和实践来培养。

---

① 王向红. 教师同伴的互助. 微信公众号：桃李微教育.

### 1. 多样化的幽默媒体

教师可以从喜剧片、幽默小说、笑话集等各种媒体中获取灵感。观看和阅读这些作品时，特别关注其中的幽默元素和技巧，体会其中的笑点和效果。

### 2. 学习不同类型的幽默

关注并学习不同类型的幽默风格，包括讽刺、双关语、夸张、喜剧等。了解这些幽默风格如何运用和产生效果，学会从中汲取灵感并加以运用。

### 3. 观察和体验生活中的趣事

保持对生活中有趣和荒谬的事情的观察和体验。学会以幽默的眼光看待问题和情境，欣赏其中的滑稽和笑料，并用幽默的方式来表达。

对介绍幽默知识的有关文章，我们应该尽量多看些。这样，我们就不会盲目，就会少走许多弯路。

同文置换法，即故意不用常见的语言形式来表达某个内容，而是用一个同义语来置换。如一名汽车司机在法庭上说："我只喝了些酒，并没有像指控书上说的那样喝醉了。"法官听了微微一笑，说："正因如此，我才没有判你七天监禁，而只判了你拘留一个星期。"法官巧妙地运用了同义语"七天"与"一个星期"，从语气上看好像是做了让步，其实丝毫未让。法官的回答高屋建瓴，既迅速摆脱了司机的纠缠，又给司机的狡辩以沉重的一击，这样的语句幽默而不油滑，柔中有刚。

套词法，即故意套用某个常见的语言形式以表达与之内涵大相径庭的内容的方法。如"近来你常看电视吗？""节目不怎么样，我是等闲视之。""此话怎讲？""等到空闲了才看上一眼。""等闲视之"原意是把事情看得很平常，不加重视，但这里却解释为"等到空闲了才看上一眼"，这种解释别出心裁，令人解颐。

寓褒于贬法，即为了肯定某物或某人，先竭力贬低和否定褒奖对象，使误会得以发生，从而产生奇妙的效果。如清代纪晓岚为人当场挥写寿联，落笔"此位婆娘不是人"，人们见了无不惊诧，他接着写"九天王母降凡尘"，众人大喜，他又写"生下令郎是贼子"，众人又吃了一惊，他续上一句"偷得蟠桃寿母亲"，大家又都大喜。①

上述案例中的教师运用的幽默技法，有同文置换法、套词法和寓褒于贬法。教师还可以灵活运用自相矛盾、曲解等方法培养自己的幽默感。

## 二、接受和回应幽默

学会接受和回应他人的幽默是培养幽默感的重要一环。教师之间的幽默交流是一种独特而富有感染力的交流方式，不仅能够缓解紧张的工作氛围，还能促进教师之间的合作与交流。

### 1. 保持开放的心态

对于他人的幽默，教师应该保持开放的心态。不论幽默内容是什么，尽量不要过度敏感或对其表现出不喜欢的态度。以一种友好和积极的态度接受幽默，给予他人一种欣赏和尊重的信号。

### 2. 展现幽默感和笑容

当他人分享幽默时，表现出自己的幽默感和开朗的笑容。时刻保持积极乐观的态度，充满笑容的面孔会传递出友好，有助于加强团队的合作和联系。

### 3. 适时回应幽默

当别人讲笑话或开玩笑时，学会适时回应幽默。我们可以用点头、微笑、轻松的回答或幽默的反应来展示自己的理解和赞赏。这不仅可以让他人感受到你的幽默感，也能够促进更好的交流和联系。

庄学平是眉山市苏祠中学的一名物理老师，前不久刚刚退休。她没想到的是，自己会因为退休感言而"走红"。

"我是说得低调一点，还是（把优势）全部抖出来呢""我生是苏祠人，死是

---

① 朱长礼. 浅谈语文教师幽默感的培养［J］. 基础教育参考，2008（10）：79-81.

苏祠鬼嘛""你若信任，我必不负"……6 月 24 日，在眉山市苏祠中学 2021 年教师退休仪式上，庄学平金句频出，逗笑了台下的观众。这段演讲被同事录下来发到网上后，无数网友被逗笑的同时，也被庄老师的才情折服，并为之感动。

"有才、有情怀、有格局的退休感言""教物理的老师，有着语文老师一样的文采""被教书耽误了的段子手"，视频下方的评论里，大家纷纷为庄老师点赞。

"根本没有想到会火，这段视频是同事为了留作纪念录下来的。如果早知道要录像，我就好好准备一下，说普通话了嘛。"① 庄老师幽默地说道。

上述案例中，庄老师在退休仪式上发表了一段幽默感言，这段感言迅速在网络上走红。庄老师金句频出，不仅逗笑了台下的观众，也展现了她的才情和情怀。网友们纷纷为庄老师的幽默和才华点赞，称她为"段子手"和"被教书耽误了的语文老师"。对此，庄老师幽默地进行回应。

综上所述，教师具备幽默感是至关重要的。首先，培养幽默感能够帮助教师更好地面对教育工作中的压力。通过嬉笑，教师们能够缓解紧张情绪、放松心情、提高工作效率。其次，学会接受和回应他人的幽默可以加强教师与同事之间的联系和互动。当教师们能够理解并欣赏彼此的幽默时，他们之间的沟通会变得更加融洽和愉快。这种积极的交流氛围有助于建立牢固的团队合作，进而给学生们提供更好的学习体验。

# 细节 27

## 处事有伸缩性

处事有伸缩性是一种宝贵的品质，它使教师在面对复杂多变的教育环境时能够灵活应对，恰当地处理各种问题。在教育工作中，教师需要在短时间内作出决

---

① 幽默而接地气，四川女教师退休感言竟火爆网络. 微信公众号：应鸣阅读与写作.

策，并采取适当的行动，以保证教育工作的顺利进行。

## 一、接纳变化

教育领域不断发展和变化，包括教学方法、教育技术、学生需求等。要想处事有伸缩性，教师首先要具备接纳变化的心态，能够心平气和地面对各种改革和新的教学方法，了解变化带来的挑战与机遇，积极主动地适应变化。

### 1. 保持学习开放心态

教师需要保持持续学习的心态，关注教育领域的最新发展和研究成果，了解新的教育政策和教学理念。这样，教师能够及时获取新信息，解决教学中的问题，并为教学实践提供新的思路和方法。

### 2. 主动适应变化

教师在教学实践中应主动适应变化，包括新的教学方法、教材、评估方式等。教师可以通过参加专业培训、研讨会，与同事交流经验，获取新的教学资源和工具，以提高自己的教学效果。

### 3. 实践反思和调整

教师应不断进行实践反思，思考教学中存在的问题和挑战，并及时调整教学策略和方法。教师应倾听学生和同事的反馈，关注学生的学习需求和进展，不断优化自己的教学过程，以提高学生的学习效果。

新课标颁布后，一线教师面临全新的机遇与挑战，从课前、课中到课后，要积极迎接和适应以下"七变"。

一变教师角色。教师应提高思想认识，转变角色，做新课标的学习者、研究者、践行者。

二变备课方式。变"只备一节课"为"超时空化备课"，大胆创新教学设计。教师要多方位、多视角进行结构化设计，有效利用网络课程资源平台，如国家中小学智慧教育平台等，制订多种形式的有效学习方案。教学设计要明确、细化，解决"教什么""怎么教""为什么教""教到什么程度""是否培养核心素养"等问题，吃透教材，把握好实施课标的尺度，不逾越，不缩减。

三变课程内容结构。变"单一学科内容"为"融合多个学科课程"。教师要挖掘学科知识间的关联点，关注知识自然合理的衔接，忌强拉硬扯、生搬硬套，有效创设跨学科主题学习，带动义务教育课程综合化实施。

四变教的方式。变"老师多讲"为"学生多思、多讲、多练、多探究、多实践"，倡导"做中学""用中学""创中学"。必要时教师要让学生走出课堂去学习，跨离校园去探究，走进社区等教育基地，参与社会实践活动。

五变学的方式。变"被动"为"主动"，变"旁观者"为"课堂学习主人"。教师要引导学生勤于思考、勇于探索、乐于实践，养成良好的学习习惯，培养学科素养，落实立德树人根本任务，使学生"有理想、有本领、有担当"。

六变作业设计。变"形式单一"为"丰富多样"，变"沉重负担"为"高效优质"。作业分批、分类、分层次布置，增强针对性，丰富选择性，体现探究性、开放性、综合性，提高信度与效度，切实实现减负增效。

七变评价方式。变"片面单一"为"灵活多样"，变"无效评价"为"长效机制"。教师要关注学生真实发生的进步，捕捉有价值的表现，因时、因事、因人选择评价方式和手段，增强评价的适宜性、有效性，全面推进核心素养的考试评价，促进教、学、评有机衔接。①

上述案例讲述了在新课标背景下，教师面临诸多变化，从角色定位、备课方式、课程内容结构到教学方式、学习方式、作业设计和评价方式，都需发生了变化，这些变化为教师带来了挑战，但同时也为教师提供了专业成长的机会。

## 二、灵活应对

教师需要具备灵活应对的能力，根据不同的情境和情况采取不同的处理方

---

① 周丽. 良师成长指南丨新课标下，课堂教学如何变，教师如何做？微信公众号：光明社教育家.

式。在遇到突发事件或特殊情况时，能够迅速作出反应，采取合适的措施。

**1. 快速决策能力**

教师需要在突发事件或意外情况发生时能够迅速判断并作出决策。这包括安排学生就医、应对技术故障等。教师应凭借自己的经验和专业知识，在瞬息万变的情况下作出正确的决策，确保学习环境的稳定和学生的安全。

**2. 变通和调整能力**

教师需具备适应变化和调整方法的能力，以应对计划变更、教材不适应等情况。教师应能够灵活调整教学方法和课程布置，以适应实际情况。教师可以通过改变教学策略、重新组织教学内容，或者即时搜索合适的教学资源，从而确保教学的顺利进行。

**3. 灵活的沟通与适应性**

教师在与学生、家长和同事交流时需要有灵活的沟通技巧和方式。教师应能够根据对方的需求和背景适时调整自己的沟通方式，建立良好的关系和有效的沟通。教师也需要适应各种文化背景和家庭环境，了解学生的需求和背景，以更好地管理和教育学生。在面对不同的人际风格的人时，教师应灵活应对，要采用不同的沟通技巧，比如，对分析型人格的人要注重观察和遵守时间，对支配型人格的人要提供准确回答、问封闭式问题以及注重实际情况和创新思想，对表达型人格的人要声音洪亮、配合动作和手势、说话直接等。

综上所述，教师处事有伸缩性意味着需要具备接纳变化和灵活应对的能力。接纳变化代表着教师能够意识到教育环境和学生需求的不断变化，并愿意适应和应对这些变化。灵活应对则是指教师在面对各种情况和挑战时能够灵活调整自己的行为和思维，采取适当的措施。他们能够快速调整计划，开展个性化教学，使用多元化的评估方法，与学生、家长和同事进行有效的沟通和协调。这种伸缩性的处事方式使得教师能够更好地与人合作，同时可以营造积极的环境和提高教学效果。

# 专题六

# 培养良好的教学习惯

教师是知识的传播者，是学生成长道路上的引导者。教师的行为习惯不仅影响教学质量，更深远地影响着学生的成长和发展。良好的教学习惯不仅能够帮助教师更有效地传授知识，还能激发学生的学习兴趣，培养学生的思维能力。因此，探讨如何养成良好的教学习惯，对提高教育质量、培养优秀人才具有重要意义。

# 细节 28

## 整理好教案

在成为一名高效教师的道路上，整理好教案是一项重要的任务。教案不仅仅是一份简单的教学计划，更体现着教师的专业素养和教学准备的深度。通过精心整理教案，教师能够为学生提供有条理、连贯的教学内容，从而有效引导学生学习。

### 一、确定教学目标

教师需明确课程的教学目标，教学目标应该与学生的学习需求和学校的教育标准相一致。教学目标应该是明确、可量化和可评估的，这样有助于教师设计相应的教学活动和评估方法。

**1. 确定学习者的需求**

了解学生的背景、先前的知识和技能水平以及他们的学习需求，有助于教师针对学生的特点和需求制订相应的教学目标。

**2. 参考课程标准和学校要求**

教师需查看相关的课程标准或学校和教育机构的要求，了解学校期望学生达到的学习目标和能力要求，并确保教学目标与之一致。

**3. 分解综合目标**

教师应根据课程内容和学生的学习需求，把综合的教学目标分解为具体的、可量化的子目标，确保这些子目标可以通过课堂教学来达成，并且能够向学生明示他们所要学习的内容和技能。

**4. 考虑认知层次和技能水平**

教师在确定教学目标时，可以参考认知层次分类和学科技能的层级框架。例如，布鲁姆的认知目标层次、Webb's Depth of Knowledge（DOK）框架等。这些框架可以帮助教师更好地理解学习目标的深度和复杂度。

**5. 使用明确的语言描述目标**

教师应使用明确、具体、可衡量的语言来描述教学目标。确保目标清晰明了，学生能够理解并衡量自己是否达成目标。

第一，确定教学目标要依据课程标准。

比如在解读《邹忌讽齐王纳谏》时，教学重点不应落在"人物形象"上面。因为《战国策》是历史性叙述，不是文学作品，其任务不是刻画人物形象，文章主要是说明一个道理，为了把道理说得富有感性才讲了故事，所以教学的关键应该是弄清文章说理的特点。

第二，确定教学目标要考虑学生的实际情况。

如《论语十则》《塞翁失马》，可以让学生整篇背下来，至于《山市》《童趣》难度较大，可以鼓励程度好的学生背，大部分学生读熟即可。又如鲁迅的小说《孔乙己》，学习这篇课文时教学目标应该确定为"扣住语言，理解性格""分析手法，学习写人""思考原因，明确中心"，如果调整为"品味典型语言，剖析人物心理""联系历史文化，寻找产生根源""评析语言特点，体味作者情感"，那就超出了学生的水平。

第三，确定教学目标要扣紧文本，也就是所教的课文内容。

比如朱自清的散文《春》通过生动传神的比喻、拟人和大量叠词的使用，表现出来"春"特有的美，令人神往。教学目标就可以定为"反复朗读，背诵""理清思路""品味语言，体悟情感"。[①]

---

① 付雨露，王琨. 新教师语文教学探索专题（三）｜语文教学目标的确定与解决. 微信公众号：开发区夏书杰语文工作室.

上述案例中，教师依据课程标准、考虑学生实际情况、扣紧文本，综合确定了合理的教学目标。此外，教师还应注意教学目标应该有清晰的时间范围和预期结果，便于教师和学生进行跟踪和评估。

## 二、分析教学内容

分析教学内容是指仔细审视所要教授的教学材料和知识点，并理解其结构、重点和关联性。这有助于教师更好地组织和教授教学内容。

### 1. 阅读教材和教学资源

教师需详细阅读所用的教材和其他教学资源，包括课本、文献、课件、实验手册等，了解教材的组织结构、章节和知识点的安排。

### 2. 确定教学重点

教师可以通过阅读教材和资源，确定教学内容的重点和核心概念。这些重点知识点是学生理解整个教学内容的基础，教师应在教学中加以强调和着重讲解。

### 3. 分解教学内容

将教学内容分解为较小的单元和主题，有助于教师更好地组织教学，确保每个单元或主题都有清晰的学习目标和教学步骤。

### 4. 确定知识的逻辑关系

教师需要了解不同知识点之间的逻辑关系和联系，确定前置知识和后续知识，以便在教学中帮助学生建立正确的知识框架。

**明朝的对外经济文化交流**

1. 本课教材地位

明朝的对外经济文化交流是中国古代对外关系史的重要内容，一方面显示了中国古代封建王朝的繁荣，另一方面也昭示出新的特点，对中国及周边国家产生了重要影响。一直是中国古代史教学的重点。

2. 本课教材的整体结构

郑和下西洋：目的、时间、地点、最远到达地区、意义；明朝的对外经济文化交流华侨对南洋的开发：时间、贡献、西方传教士的东来。

3. 教学重难点的确定及其依据

教学重点：郑和下西洋。

理由：郑和下西洋是中国古代对外关系史的重要内容，显示了中国古代封建王朝的繁荣与强盛，是中国古代航海业达到顶峰的标志。……

教学难点：郑和下西洋的意义。

理由：让初一学生从形象思维过渡到抽象思维，也就是从郑和下西洋的过程讲述中认识其中的重要意义，透过现象看本质的这种能力超出了学生现有的认知、理解水平，故将其确定为本课的教学难点。①

上述案例中的教师在分析教学内容、教材地位、课程结构之后，根据学生的认知水平，确定了教学的重点和难点，有助于教师有针对性地进行教学设计和教学活动的选择，以提高教学效果和学生的学习效果。

## 三、设计教学策略与活动

教师设计教学策略与活动时，需根据教学目标和学生的学习需求，以多样化的教学方法和创意活动，帮助学生更好地理解和应用所学知识，激发学生的学习兴趣，促使学生积极参与。通过有针对性的教学策略和活动，教师可以促进学生深入思考、实践探究和合作学习，以提高学生的学习效果和促进能力发展。

### 1. 多样化的教学方法

教师需选择多样化的教学方法和策略，以满足不同学生的学习需求。例如，讲授、讨论、小组合作、案例分析、实验、角色扮演等。多种教学方法的结合可

---

① 王承吉. 愚翁谈教育案例59：教学内容的分析. 微信公众号：深山愚翁.

以提升课堂的活跃度和学生的参与度。

**2. 活动与实践结合**

教师可以设计一系列活动和实践，让学生将所学知识应用到实际情境中。这样的活动可以培养学生的实践能力、问题解决能力和创新思维。活动可以是小组合作、角色扮演、实地考察、模拟实验等形式。

王君老师在《狼》一课的教学中，在疏通文意环节，设计了两幅错误的"杀狼图"，让学生仔细观察图片中狼的动作、神态与文中描写的狼的形象有何不同。这样的教学设计，巧借图画让文字与形象立体交流，让观察与判断悄然合璧。学生手、眼、心、口并用，兴趣盎然地走进文言天地。

王君老师执教《岳阳楼记》时，设计思路是不同形式的"读"。第一步，赏读：听著名朗诵家的配乐朗诵；第二步，评读：畅谈对著名朗诵家朗诵的评价及启示；第三步，创读：个人和小组自由设计朗读并展示和讨论；第四步，联读：点题升华。这样的活动设计借助声、乐资源，通过朗诵直入语言的内核，深入作者的情感。学生积极性高、参与度高、理解力强。[①]

上述案例中的教师对不同的课程，设计了不同的教学活动，让学生手、眼、心、口并用，提升学生的参与度、理解力，这样的教学设计不仅让学生学得轻松有趣，也让教师教得有成就感。

## 四、编写详细教案说明

编写详细教案说明是每位教师在备课过程中的重要任务之一。一份详细的教案说明可以引导教师进行有序的教学活动，规划好每个教学环节的准备工作、教学步骤和辅助材料的使用，以便达到更好的教学效果。

---

① 蔺建梅. 语文教学设计要有趣有效有料. 微信公众号：建国初语.

**1．课程信息**

教师应明确标注所教授的课程名称、课时数、年级和学科等基本信息。

**2．教学目标**

明确本节课的具体教学目标，包括知识、能力和情感态度方面的培养。目标应尽量明确、具体，并与整个课程的目标相衔接。

**3．教学内容**

列出本节课所要讲授的知识点、概念、原理、技能等具体内容，按照逻辑先后顺序组织，并进行简要的说明。

**4．教学步骤**

详细描述教师在课堂上所要采取的具体教学环节和步骤。包括引入课题、激发学生学习兴趣、讲授新知、巩固与拓展、综合运用等环节。每个环节都应包括教师需做的准备工作、预计耗时、教学方法和具体操作。

**5．教学辅助材料**

列出所使用的教材、课件、实验器材等教学辅助材料，并注明其使用的时机和方法。

**6．课堂管理与组织**

考虑课堂管理和组织是教学成功的重要保障，教师应在教案中具体描述如何管理和组织学生，包括分组安排、布置座位、控制课堂纪律等内容。

**7．评估方法**

教案说明中应写明本节课的评估方法和评价标准，确保学生在课堂上的学习成果能够得到准确评价和反馈。

综上所述，整理好自己的教案是教师培养良好的教学习惯至关重要的一环。通过确定教学目标和分析教学内容，教师可以清晰地了解学生需要达成的知识、能力和情感态度目标，从而指导后续的教学策略和活动设计。合适的教学策略和活动涉及课堂教学方法的选择以及有效评估的实施。编写详细教案说明有助于教师对整个教学过程进行全面规划，保证教师有条不紊地进行教学，并为教师提供反思和改进的机会。通过整理好自己的教案，教师能够提高教学的效果和质量，为学生提供更有意义和具体的学习体验。

# 细节 29

# 提前 3 分钟到达教室

在教育领域，细节决定成败。一个看似微不足道的习惯，可能成为影响教学质量的关键因素。其中，提前 3 分钟到达教室这个习惯，对于教师而言，具有非凡的意义。它不仅体现了教师的专业素养，还反映了教师认真对待工作的态度。这个看似简单的习惯，却在潜移默化中影响着教师的教学质量，甚至影响着学生的学习效果。因此，培养并保持良好的教学习惯是每位教师都应该重视的问题。

## 一、教学设备的检查和准备

教学设备已经成为课堂不可或缺的一部分。为了确保课堂教学的高效进行，教师需要在课前进行充分的准备和检查。

### 1. 检查投影仪和电脑

确保投影仪和电脑的连接正常。检查电源线、VGA/HDMI 线和音频线的连接是否牢固，同时确保它们与电源插座和电源适配器连接好。

打开投影仪和电脑，确保它们能正常开机并展示图像。如果发现问题，尽快处理或联系技术支持。

### 2. 检查音响系统

检查音响系统的连接，包括音响插座、音频线，以及扬声器是否连接到正确的输出端口上。

调整音量和音调，确保音响系统正常工作并能够传播声音。

### 3. 检查其他教学辅助设备

检查其他教学辅助设备的准备情况，如扩音器、话筒、白板、激光笔等，确保它们可以正常使用。

### 4. 准备备用设备

预先准备备用设备，如备用投影仪、电脑、音响设备等。这样，如果主要设备出现故障，可以及时切换到备用设备，确保教学顺利进行。

### 5. 确认教室的布局和教材

检查教室的座位布局和摆设，确保学生可以清晰地看到投影仪和白板等教学工具。

确认所需的教材、PPT 或其他教学资料是否准备好，并确保它们在教学开始前可以顺利使用。

## 二、调整教学心态

教师提前 3 分钟到达教室，不仅仅是对时间的把握，更是调整教学心态的关键。教师可以在这段时间放松和调整心态。

### 1. 呼吸和放松

深呼吸几次，有助于缓解紧张情绪和焦虑感。教师可以进行简单的放松练习，例如舒展肩膀、转动颈部、闭目冥想或进行深思等。

### 2. 梳理教学目标和计划

想一想这节课的教学目标，确保教学目标清晰明了。重新审视自己对学生的期望，以充满信心和动力地进入课堂。

确认教学计划和所需资源的准备情况，并做好调整和补充的准备工作。

### 3. 自我鼓励和强调正能量

自我鼓励：对自己说一些积极和激励的话语，提醒自己有能力和经验来应对各种情况。相信自己的能力和专业知识，以及自己对学生的关心和热情。

强调正能量：将精力集中在学生的成长和进步上，给予他们支持和鼓励。培养积极的心态，相信学生可以通过自己的努力实现进步。

### 4. 反思和调整

用这几分钟时间来回顾前几节课的教学经验，思考自己的教学方法和策略是否有效。根据学生的反馈和学习情况，调整和改进教学方式。

## 三、稳定学生的情绪

教师可以利用提前到达教室的 3 分钟来稳定学生的情绪，确保他们进入课堂学习时处于适宜的状态。

### 1. 建立联系和关注

教师应和学生进行简短但真诚的交流，问候他们并向他们表达关心。教师可以询问他们这一天过得如何、是否有什么值得分享的事情以及是否需要帮助。

教师要了解学生的个别情况，例如他们的兴趣爱好、家庭或朋友关系的变化等。展示对他们的关注和支持，让他们感受到被重视和理解。

### 2. 营造积极的氛围

在课堂教学开始前播放一段轻松愉快的音乐，或用幽默的笑话或引语来缓和气氛。这能够打开学生的心扉，消除学生的紧张感和压力。

教师要使用积极的语言和鼓励的措辞，向学生传递信心和动力。教师要强调课堂教学的目标和重要性，告诉学生他们有能力应对并取得成功。

### 3. 活动和互动

教师可以设计一些简短的活动，如快速问答、小组讨论或简单的游戏。这些活动可以帮助学生从前一节课或其他活动中转移注意力，调整情绪。

教师应鼓励学生之间进行互动和合作，营造群体凝聚力。这有助于学生们互相支持和关心，同时分散他们的注意力，减轻他们的焦虑和不安情绪。

## 四、处理偶发事件

偶发事件可能发生在任何时候，教师提前3分钟到达教室，可以及时处理偶发事件，维护教学秩序。

### 1. 保持冷静和专业

教师首先要保持冷静，不要慌乱或惊慌失措。教师保持冷静和专业的态度是非常重要的，会对学生产生积极的影响。

### 2. 评估和确保安全

评估偶发事件的性质和程度。如果涉及学生或他人的安全，教师应确保决策和行动始终以最大限度地确保安全为重。

### 3. 寻求支持和帮助

如果事件超出了自己的能力范围，就要积极寻求学校管理层、同事或专业人士的支持和帮助。他们可能有更多的经验和资源来应对问题。

### 4. 采取适当的行动

根据事件的性质和情况，采取适当的行动。这可能包括提供急救或医疗援助、报告给学校管理层、与学生和家长进行交流等。

总而言之，提前3分钟到达教室可以为教师提供宝贵的时间来进行教学设备检查、调整教学心态、了解学生的学习情况、稳定学生的情绪以及处理偶发事件。做好时间管理和准备措施可以为教师提供一个有序、积极和支持性的教学环境，从而促进学生的学习和发展。

# 细节 30

# 给学生正向激励

教师不仅是知识的传播者，更是塑造学生的品格、价值观和生活方式的重要人物。其中，给学生正向激励，对学生的成长和发展具有不可估量的价值。正向激励不仅可以增强学生的自信心，激发他们的学习热情，还可以帮助他们形成积极的人生态度。教师一句鼓励的话语、一个肯定的眼神，都可能成为学生前进的动力，促使他们勇往直前、克服困难。因此，教师具有良好的教学习惯，注重正向激励，对学生的成长具有深远的影响。

## 一、肯定和赞扬学生的努力和成就

每一个学生都是一颗独特的星星，他们各自闪烁着独特的光芒。然而，这些光芒有时会被阴霾遮蔽，失去应有的光彩。这时，教师的角色就变得尤为重要。教师作为学生心灵的引导者，可通过肯定和赞扬促使学生更加自信、勇敢。

### 1. 随时给予学生肯定和赞扬

教师应该在适当的时候以真诚的态度给予学生肯定和赞扬，让他们感受到自己的努力和成就被认可和重视。教师可以在课堂上公开表扬学生，也可以在私下给予学生肯定，让学生感到被重视和受到关注。

### 2. 强调个人成长和进步

教师可以指出学生在学习中所取得的进步和个人成长，鼓励他们在这些方面继续努力。通过强调个人成长而不仅仅关注比较和排名，教师可以帮助学生形成积极的学习态度。

### 3. 具体指出优点和成就

教师应该具体指出学生的优点和成就，对他们在各个方面的努力给予赞赏。教师可以指出具体的优点、学习方面的成就，也可以指出领导能力、协作精神或创造力等方面的成就。

### 4. 鼓励学生分享和展示成就

教师可以鼓励学生分享自己的成就，无论是在课堂上还是在学校里的其他场合。教师可以组织展示活动、演讲比赛或创建学生成就墙等，让学生感受到自己的成就被关注和赞赏。

记得有一次，我在课堂上给同学们布置了一篇作文，要求同学们写一篇关于家乡的文章，描述家乡的美景、风土人情以及自己的情感。我收上来后，发现有一篇作文写得非常出色，文字优美，情感真挚，描述得非常生动。我决定在课堂上表扬写这篇作文的学生，让同学们都能看到这篇优秀的作文。在课堂上，我拿着这篇作文，向同学们介绍作者的优点。我告诉大家，这篇作文的作者用词精准、句式优美、情感真挚，让人感受到了家乡的美好。同时，我还告诉同学们，这位同学在写作中付出了很多努力。这样的努力和付出值得我们每个人学习。同学们听了之后，纷纷表示要向这名同学学习，努力提高自己的写作水平。我也鼓励大家，只要肯努力，就一定能取得好成绩。同时，我还鼓励这位同学，希望他能继续保持这样的写作状态，不断提高自己的写作水平。这位同学在得到我的赞扬后，变得更加自信，更加努力地学习。他的写作水平不断提高，逐渐成为我们班级的写作骨干。这让我深刻体会到，赞扬对学生的成长具有非常重要的作用。①

上述案例中的教师及时在课堂上表扬了一位作文写得出色的学生，从用词、句式、情感方面肯定了这位学生的努力和付出。这次表扬让这位学生更加自信和努力，其写作水平不断提高。

---

① 杨文攀.【师墨飘香】赞扬激励学生成长. 微信公众号：大家爱语文.

## 二、设定目标和奖励

通过设定明确的目标和适当的奖励，教师可以引导学生朝着积极的方向发展，培养他们的自信心和责任感。这种教育方式不仅能够提高学生的学习成绩，更有助于培养他们成为有目标、有追求的人。

### 1. 设定具有挑战性的目标

目标应该具有一定的挑战性，能够激发学生的学习动力。有一定挑战性的目标可以让学生感到有成就感，同时也能促使他们不断努力追求更高的标准。

### 2. 分解大目标为小步骤

大目标可以被分解为更小的、可量化的步骤，使学生更易于实现并有成就感。这种分解的过程可以给予学生清晰的指导，帮助他们逐步完成目标。

### 3. 提供奖励和认可

当学生达到设定的目标时，教师应该给予奖励和认可。奖励可以是表扬、证书、特殊待遇或小礼物等，让学生感受到自己的努力被认可。这些奖励要具体、恰当，并与目标的达成相关。

低学段的孩子较容易满足，老师的口头表扬，课堂上竖起大拇指，作业本上"优""星"等批语都足以让孩子调动积极性。物质上可以奖励学生一些精美的卡片、文具，老师亲手剪的小花、蝴蝶，奖励学生使用彩色粉笔等等。不宜用食物作为奖励，将学生的行为与食物发生连接，在不饿的情况下进食，会让学生养成不良的饮食习惯。

到了中学段，除了一些本子、笔之类的物质奖励，要多增设喜报、奖状。要想点子，从不同方面对学生进行奖励。奖励要有及时性，拿回家，家长看到了孩子的进步也会加强与老师的配合。比如"优秀卫生员""本周优秀日记""礼仪标兵""老师小帮手"等等。奖励的物品也要多样化，比如给学生的家长打表扬电话，给学生做图书管理员帮手的机会，奖励他和喜欢的老师一起拍照……

高学段用奖励来促使学生养成好习惯，奖励应侧重于缺乏自信需要鼓励的学生。随着孩子的进步，教师要提高获得奖励的标准。高年级应该以精神奖励为主，比如奖励他们爱读的书籍，选择和谁做同桌，减少作业，满足一个合理的小心愿，等等。教师要洞察学生的内心世界，根据学生的个性特点、爱好特长等进行针对性奖励。对学生要多些人文关怀，多融入教育智慧，要放眼学生的长远发展，而不要满足于当下给学生的"小快乐、小刺激"。①

上述案例中的教师针对不同学段的学生采取了不同的奖励措施，低学段的学生容易满足，给予口头表扬、竖起大拇指、精美卡片等奖励即可调动他们的学习积极性；中学段的学生除物质奖励外，还可以增设喜报、奖状等多样化奖励，并及时给予表扬；高学段的学生侧重于精神奖励，奖励学生爱读的书籍、选择同桌的权利等。教师要洞察学生的内心世界，有针对性地给予奖励，放眼学生的长远发展。

综上所述，通过肯定和赞扬学生的努力和成就，以及设定目标和奖励，教师可以调动学生的学习积极性，增强学生对自己努力的价值感，提高他们的自信心和学习动力，还能帮助学生设定明确的学习目标，并为他们提供达成目标的动力和指明前进的方向。

# 细节 31

# 认真倾听

在成为一名高效教师的过程中，认真倾听是教师培养良好的教学习惯的一项关键技能。它不仅有助于建立师生之间的有效沟通，还能够提升学生的参与度和

---

① 安慧茹. 巧妙奖励，激发学生内生动力. 微信公众号：河南省高艳茹名班主任工作室.

学习成效。通过认真倾听，教师能够了解学生的需求、困惑和潜在问题，为他们提供更有针对性的指导和支持。同时，认真倾听还体现了教师对学生的尊重和关爱，可以为学生营造一个积极、包容和富有互动性的学习环境。

## 一、让学生把话说完

倾听是一种无声的语言。教师在与学生交流过程中，倾听他们的心声，让他们把话说完，不仅仅表达了尊重，更能推动学生成长，还有助于建立师生之间的有效沟通。

### 1. 给予足够的等待时间

当学生开始表达自己的想法或意见时，教师应该给予足够的等待时间。有时，学生需要一些时间来梳理他们的思绪，从而清晰地表达自己的观点。教师要避免急于打断或提前下结论，给学生充分表达的机会。

### 2. 不中断或打断学生的讲话

教师要避免在学生还没完整表达时打断或中断他们。这会让学生感到被忽视或不被重视，进而影响他们的积极性和自信心。教师应尽量保持耐心，让学生能够连续地表达完整的想法。

### 3. 不要过早给出评价或答案

在学生表达完毕之前，教师不宜过早给出评价或提供答案。这会阻碍学生自主思考和表达，从而降低他们的积极性和学习动力。教师应尽量保持中立并鼓励学生完整地表达自己的观点。

片段一　师出示习题：儿童读物每本 4 元，23 元最多能买几本，还剩多少钱？孩子计算完后开始汇报。生 1：23÷4＝5（本）……3（元）答：23 元可以买 5 本，还剩 3 元。生 2：老师，他答的时候忘说了"最多"。师：那都是一些小事，无所谓（生 2 似乎想再说些什么，看到老师的目光已不再看他，就慢慢地坐下，低头不语）。

片段二 师：看书认真审题，明确题意，试做：画面信息，每张桌子周围有4个凳子。文字信息：这里有9张桌子，35只小动物都有座位吗？生3：4×9＝36（个），36－35＝1（个），还剩1个座位。所以35只小动物都有座位。生4：35÷4＝8（张）……3（只）。生5：老师，我还有一种做法，35÷9＝3（只）……8（只）。师：这种做法求的是什么呀？不对吧，你坐下再好好想想（生5挠挠头坐下了）。①

上述两个片段中，教师均没有认真，听学生把话说完。在片段一中，教师认为，"最多"两字无关紧要，实际上大错特错。如果去掉"最多"二字，那么答案就不只是23÷4＝5（本）……3（元）一种，还会有买1本，剩19元；买2本，剩15元；买3本，剩11元；买4本，剩7元，4种答案了。

在片段二中，生5的想法也是正确的。教师在听到生5的答案时，只是停顿了一下，没有进行认真的思考，就草率地把生5的答案给否定了。由于生5自己也没有想好或说不清这种解法的理由，或碍于"师道尊严"，才无奈地坐下。实际上，"35÷9＝3（只）……8（只）"可以理解为：有35只小动物，还有9张空桌，把35只小动物分配到9张桌子，每张桌坐3只，没坐满，剩8只，再每桌分1只，还剩1个空位，够坐。这完全解释得通。

## 二、倾听学生的思维过程

认真倾听学生的思维过程，意味着教师需要关注和理解学生思考问题的方式、解决问题的方法以及思考过程中的困惑和障碍。

### 1. 提出开放性问题和探索性任务

教师可以设计和提出需要学生深入思考和解决的开放性问题和探索性任务。

---

① 徐良婷. 教师要认真倾听学生的声音——由一节小学数学课引发的思考［J］. 吉林教育，2016（43）.

这将鼓励学生表述自己的思维过程，同时也为教师提供了倾听学生思维过程的机会。

### 2. 观察学生的表现和表述

教师可以仔细观察学生在解决问题或思考的过程中的表现和表述，包括他们的步骤、策略、思维方式以及遇到的困难和障碍。通过观察学生的思维过程，教师可以了解学生的学习风格和思考习惯。

### 3. 鼓励和支持学生自主思考

教师应该鼓励和支持学生自主思考，并尊重他们的想法和观点。通过赞扬和肯定学生的独立思考，教师可以营造信任和积极的学习环境，鼓励学生敞开心扉，分享自己的思维过程。

在教"as well as…"就远原则的用法时，我要求学生语法填空：The teacher as well as the two students_____（be）my best friends。班上大部分同学给出标准答案：is。突然一位魏同学，大声说着"are"，全部同学哈哈大笑。我诧异地看着她，但还是面带笑容地问她："Why? Would you like to give us your opinion?"魏同学振振有词地说："老师，你不是说就远原则吗？'the two students'不是更远，所以不是要填'are'吗？"听了她的描述，我才恍然大悟，原来她把"就远"理解为离句首的距离。我让她指出"as well as"连接的"The teacher"和"the two students"与"be"的远近，此时，她开心地笑着说："原来如此！"这样的教学不是更有效吗？①

上述案例中，教师耐心地倾听学生的思考过程，发现她对"就远原则"的理解存在误区。通过引导她指出"as well as"连接的成分与"be"的关系，帮助她纠正了错误，使她真正理解了这个语法规则。

① 李琴姬. 教师要做倾听的先行者［J］. 学周刊，2018（19）：126-127.

## 三、转变倾听方式，以对话代替独白

教师在课堂中转变倾听方式，采用对话代替独白是一种有益的教学改革。独白式倾听是一种受到传统教育弊端影响的倾听方式，往往导致学生被动接受和缺乏主动思考。对话式倾听则更注重师生之间的互动和真诚交流，更能激发学生的主体性和思维能力。

### 1. 建立平等互动的对话伙伴关系

对话式倾听要求教师与学生建立平等的对话伙伴关系，去除传统的权威性和垂直性。教师不再是单方面的知识传授者，而是与学生一起参与思考和探索的伙伴。这种平等互动的关系能够培养学生的自主性和思维能力。

### 2. 引导学生主动思考和表达观点

通过提问和回答的方式，教师能够引导学生主动思考问题，并鼓励他们表达自己的观点和见解。这种参与性的学习方式有助于提升学生的批判性思维和解决问题的能力。学生不再被动地接受知识，而是成为学习的主体，积极参与到知识体系建构的过程中。


生1：我觉得作者变成了金色花，一整天都跟着母亲，感觉到他对母亲的爱和依赖。

师：嗯，你感受到了作者对母亲的爱和依赖，你这么一说，老师也发现了。

生2：我感觉到作者在故意引起母亲的注意。

师：哦？你读出了作者"故意地引起注意"，你能告诉老师你从哪里体会出来的吗？

生2：第五自然段，说："我便要投我的小小的影子在你的书页上，正投在你所读的地方。"我觉得"正"字表现出作者想要让"妈妈"注意到他。

生3：我觉得这里是作者怕阳光伤害妈妈的眼睛，所以用阴影给她遮住阳光。

生2：一棵树的阴影肯定很大，足够为妈妈遮住阳光，而作者说"我小小的影子"，那是金色花花瓣的影子，很小，所以他是想要引起妈妈的注意。

师：两位同学的发言都很有价值，都能说出自己的根据。所谓诗歌，就是能够给我们许多想象的空间，我们每个人都有不同的思考，当将我们的思考拼在一起时，就将形成丰富而有意义的知识，所以你们的思考很有意义，老师和在座的同学都要向你们学习多思考！①

在上述案例中，教师采用对话式倾听方式，与学生进行深入的交流和讨论。教师引导学生表达自己的观点，并询问学生支持其观点的理由。这种对话式倾听方式不仅激发了学生的思考，也使他们更深入地理解了文本内容。通过教师和学生的交流，课堂变得更加生动有趣，学生们也在对话中相互学习、相互启发。这种倾听方式让学生感受到教师的尊重和关注，从而激发了他们的学习热情和创造力。

综上所述，认真倾听是一种重要的教育行为，它不仅可以帮助教师更好地理解学生，还有助于激发学生的创造力和表达能力。让学生把话说完是一种尊重学生的方式，可以鼓励学生充分表达自己的想法和意见，让他们了解到被真正倾听的重要性。而在倾听学生的思维过程中，教师能够深入了解学生的认知和学习方式，从而更好地帮助他们解决问题和发展自己的思维能力。同时，将对话引入课堂，取代独白式倾听，是一种更符合现代教育理念的方法。对话式倾听鼓励师生之间进行互动，使师生之间建立平等的伙伴关系。

# 细节 32

# 关注关键少数

关注关键少数这一教学习惯是教师在教学中应当重点注意的方面。当教师能够专注关键少数时，就能够更好地管理和利用自己的时间和资源，以实现更高效

---

① 刘长虹. 初中语文教师课堂倾听艺术研究 [D]. 扬州：扬州大学，2020.

的教学。关注关键少数意味着将注意力集中在最重要、最有影响力的任务和目标上，而不是分散精力于琐碎和无关紧要的事务上。

## 一、关注关键知识点

教师在教学过程中的关键任务之一是明确学科中的关键知识点。关键知识点是学科中最核心、最基础的概念和原理，对学生理解整个学科的框架和结构起着至关重要的作用。这些知识点是学生理解学科的基石，教师需要针对它们开展有针对性的教学和辅导。

### 1. 核心性

关键知识点是学科中最基本、最核心的部分。它们构成了学科体系的基础框架，是学科其他内容的起点和支撑。没有对关键知识点的理解和掌握，学生将难以深入探索学科的其他领域。

### 2. 结构性

关键知识点之间存在着相互联系和相互依赖的关系。它们构成了学科知识的逻辑结构，通常是一种有机的整体。学生理解和掌握关键知识点有助于建立起学科的知识体系，帮助他们更好地理解学科的内在关联和逻辑。

### 3. 应用性

关键知识点在学科应用中具有重要的作用。它们通常用于解决实际问题、进行思考和分析，以及应用到跨学科领域。对于学生来说，掌握关键知识点是将学科知识应用于实践的关键一步。

比如，数学学科中的关键知识点有：数字和运算，如整数、分数、小数、百分数、四则运算等基本概念和计算方法；代数与方程；代数表达式、线性方程、二次方程、函数概念等；几何，如几何图形、平行与垂直、三角形、圆等相关概念和性质；数据与统计，如数据收集与整理、图表分析、平均数等统计概念和技巧。

再如，自然科学学科中的关键知识点有：生物学，如细胞结构和功能、遗传与进化、生态系统等；物理学，如运动学、力学、能量与能量转换、电磁学等基本概念和规律；化学，如元素与化合物、反应与变化、化学键与分子结构等；地理学，如地球的结构与构造、自然地理现象、人口与人文地理等。

## 二、关注关键学习阶段

关键学习阶段是指学生在学习过程中遇到的一些重要的时刻和阶段。这些阶段对学生的学习发展产生了重要影响，可能决定着他们在学业上的进展和成就。

### 1. 过渡阶段

学生从一个学习阶段转入另一个学习阶段时，往往会面临过渡阶段。这可能涉及转学、从小学升入初中或从初中升入高中等。这个过渡阶段可能带来新的学习环境、学习方法和学习要求的变化，学生需要适应并调整自己的学习习惯和学习策略。

### 2. 转折点

在学习过程中，学生可能遇到一些关键的转折点。这些转折点可能是某个学科知识的难点或学习任务的挑战，需要学生充分理解和掌握这些内容才能继续向前发展。学生如果顺利地克服了这些挑战并取得了进步，就会进入新阶段的学习。

### 3. 终结阶段

当学生即将结束一个学段或一个学年时，往往会面临终结阶段。在这个阶段，学生需要回顾和总结他们所学到的知识和技能，评估自己的学习成果，并为下一个学段或学年的学习做好准备。

## 三、关注关键学生群体

每个学生都是独一无二的个体，他们在学习上面临着各种不同的挑战和需求。教师要关注关键的学生群体，营造一种包容性的教育环境，确保每个学生都能够发挥其学习潜力，取得良好的成长和发展。

### 1. 学习困难学生

学习困难学生指的是在学习上遇到困难的学生，他们可能在某些学科或某些学习任务上表现较差。教师应该特别关注这些学生，了解他们学习困难的根源，并提供个性化的指导和支持，帮助他们克服困难、提高学习能力。

### 2. 特殊需求学生

特殊需求学生包括身体残疾和患有认知障碍、注意力缺陷、自闭症等疾病的学生。教师需要关注这些学生的特殊需求，与他们及其家长合作，制订个性化的教学计划和支持方案，以确保他们能够获得平等的学习机会。

### 3. 潜力生

潜力生指的是在某些学科或领域具有出色才华和潜力的学生。教师应该关注这些学生，并提供更具挑战性和丰富的学习机会，帮助他们充分展现才华，并鼓励他们探索自己的兴趣领域。

在班上开展互帮互促的学习合作小组。"一帮一"让成绩好的学生明白"一枝独秀不是春，万紫千红春满园"的道理，请学困生虚心向组内成绩好的同学请教。小组合作讨论时，教师要深入各个小组，特别关注学困生的思考、发言，引导、帮助他们理解和掌握新知识，倾听他们对知识的理解和想法。其次，小组合作讨论结束后，在小组进行汇报时，把教学的目标直接指明，让他们代表小组来汇报合作学习的结果。并提问："通过刚才的讨论，你知道了什么？""你是怎样想的？""你为什么这样想？""还有没有其他的想法"等这样的问题。有的学困生，对老师提出的问题，想回答又怕回答时，老师要给一个信任的眼神，一句"你能行"的鼓励。会使学生的思维发生质的飞跃。这既是检查小组讨论的情况，又可检查他们对新知识的理解和掌握情况，为教师及时调控课堂有很大的帮助。在每次单元、期中测试后，我会对成绩有进步的学生当众表扬，并在试卷上批注上激励、鼓舞的语言，如"你是很有潜力的孩子，再加把劲，你能行!""愿你和细心交朋友!""努力吧，你会成功的!"让自信扎根于其心中。学困生在老师和同学们营造的学习氛围内，学习心态、学习习惯就会有所改善，他们感到自己也是课堂的主人，也有属于自己的一片天空，从而激发学习的欲望，积极投入学习。

上述案例中的教师关注学习困难学生，通过小组合作讨论、倾听他们的思考和发言、鼓励他们代表小组汇报等方式，让学困生感到自己也是课堂的主人，激发他们的学习欲望。教师还可以表扬和激励学困生，让学困生树立自信心，改善学习心态和习惯。

综上所述，关注关键少数有助于教师培养良好的教学习惯。关注关键知识点意味着教师要在教学中着重强调基础和核心知识点，这些知识点是学生进一步学习的基础，也为他们学习更高级的概念和技能打下了坚实的基础。关注关键阶段意味着教师要意识到学生在学习过程中所经历的不同阶段和转变，每个学习阶段都有其独特的特点和挑战，需要提供相应的指导和支持。关注关键学生群体是指教师需要特别关注关键的学生群体，通过了解他们的个体差异和需求，提供个性化的支持和教育。

# 专题七

## 培养领袖精神

在教育领域，成为高效教师不仅仅需要掌握出色的教学技能和丰富的知识，还要具备领袖精神。教师不仅要成为学生学习的指导者，更要成为他们的榜样和引领者。专注于培养领袖精神，可以帮助教师有效管理时间和资源，全身心投入教学，并在反思中不断改进和提升。

# 细节 33

## 敢于拒绝

教师经常会面临各种任务和要求，但教师并不是无限的资源和时间的提供者。在不充分拒绝的情况下，教师可能感到压力过大，效率下降，甚至影响教学质量。因此，要真正成为高效教师，敢于拒绝是至关重要的一步。

## 一、明确职责和目标

教师要敢于拒绝，首要的一步是明确自己的职责和目标，了解自己的工作范围和职责边界，以及为了什么目标而工作，这有助于过滤那些与目标不符的请求和任务。

### 1. 研究学校政策和教育规范

了解学校的教育政策和规范，以明确自己的职责范围和教学任务，有助于教师明确自己应该专注于哪些方面的工作，避免将心思放在与职责无关的事务上。

### 2. 制订个人教学目标

教师要制订明确的个人教学目标，思考自己的教育哲学、教学风格和职业发展方向，确保自己的工作和任务与这些目标保持一致。这有助于教师在面对各种任务和要求时判断哪些是与目标相关的，哪些是需要优先关注的。

### 3. 定期评估和反思

定期评估自己的工作表现和实现目标的进展，是帮助教师明确职责和目标的重要步骤。通过反思和回顾自己过去的工作，教师可以识别出哪些任务是与职责无关的，或者不符合目标的。这样，教师就能更好地判断应在何时拒绝哪些任务或要求。

明确职责和目标是教师敢于拒绝的基础。教师能够更清楚地辨别哪些任务是自己职责范围之外的，就可以更自信地拒绝那些与目标不相关的要求和任务。同时，明确职责和目标也有助于提高工作的效率和质量，使教师能够更专注地投入到最需要关注的教学工作中。

## 二、学会说"不"

教师要敢于拒绝，要学会在适当的时候说不，尽管这可能是一项困难的任务。在面对各种要求时，教师要懂得婉拒或明确表达自己的时间和精力已经被占用。在拒绝时，教师可以诚实地说明自己的状况和限制，以减轻对方的失望感。同时，要坚持自己的决定，不要轻易妥协。

### 1. 确定优先事项

教师需明确自己的优先事项，了解自己的工作职责，并确定哪些任务对实现这些目标是最重要的。这样，当有额外的任务或请求时，就可以更容易地辨别其是否值得花费时间和精力去完成。

### 2. 学会断舍离

教师需将不必要的任务或要求从自己的日程中舍弃。这可能意味着拒绝参与一些与自己的职责和目标无关的项目。懂得清除无效的任务，教师将有更多的时间和精力投入到对教学和学生有益的活动中。

### 3. 提供合理的解释

当需要拒绝某个请求时，教师要给对方提供一个合理的解释，尽量诚实和坦率地表达。解释自己的时间和资源已经被安排满了，无法承担更多的任务。提供明确的理由能够让对方理解你的处境，并减少不必要的误解和冲突。

### 4. 学习自信的口吻

在拒绝时，教师可以用自信的口吻表达自己的决定，确保语气坚定但又不失礼貌和尊重，避免给出模棱两可的答复，否则会导致对方产生期望。相应地，教师可以使用明确的词语，坚持自己的决定。

老师的天职，是教书育人。真正跟教书育人有关的工作，我们要认真做；跟教书育人无关的事，能拒绝，尽量拒绝，而且要理直气壮地拒绝。

否则，老师会陷在一堆又一堆的杂事中。

比如，家长送孩子上学时不戴头盔，要班主任去管，我们要拒绝。

因为，这事儿由交警管。

比如，家长有无参加某某保险，这事也不该老师管。

比如，暑期去巡视鱼塘，这事也不该老师管。

这些事，都不是老师该管的，我们要据理力争。

我们可以拿出《中华人民共和国义务教育法》《中华人民共和国教师法》跟领导争辩。

做老师的，做好教书育人的工作，就行了。这些事其实不应怨校长，校长也是被迫的。当然，有担当的校长，也可以跟领导沟通、反映。

十个、一百个、一千个校长向领导反映，事情会不会起一些变化呢？

希望这样有担当的校长越来越多。①

就像上述案例中所描述的，在面对不合理的要求或压力时，教师不应盲目顺从，而应坚持自己的原则和立场。例如，对暑期巡视鱼塘等与教学无关的任务，教师应当明确拒绝，并可以与校长或上级领导沟通，反映自己的困境和想法，寻求支持和理解。

## 三、提供替代方案

学会说"不"并不意味着完全拒绝或是不关心别人的需求，而是为了更好地管理时间和资源，为学生提供更有效的教育服务。在教师敢于拒绝的同时，提

---

① 张祖庆. 会偷懒，是好老师的第一标配. 微信公众号：祖庆说.

供合适的替代方案是至关重要的，这可以帮助教师平衡工作量、维护好与他人之间的关系。

### 1. 合理安排时间

如果教师无法接受某个任务或要求，可以试着提议一个合理的时间框架，以便在更适合的时间完成。这样既能表明教师的意愿和关注，同时也能展示出教师在管理工作时间方面的能力。

### 2. 推荐其他人或资源

可以提供其他合适的教师或资源来代替。这样不仅能够帮助他人找到解决方案，也能建立起更广泛的协作网络。

### 3. 提供其他解决方法

针对某个具体问题或要求，教师可以提供其他可行的解决方案；还可以思考是否有其他方法或途径能够实现相同的目标，并与对方进行讨论和协商。

综上所述，敢于拒绝是教师培养领袖精神的一项重要技能和态度。通过明确自己的职责和目标，教师能够更好地把握自己的工作重点，确保高效工作和专注工作。学会说"不"则是教师保持合理工作边界的关键，并不代表不关心别人的需求，而是为了更好地管理时间和资源，提供更优质的教育服务。同时，提供替代方案则显示了教师的协作和解决问题的能力，有助于教师平衡工作量、维护好与他人的关系。坚持使用这些方法，教师可以逐步建立起合理的工作边界，从而更专注地投入最重要和有意义的教学工作中，提高工作效率。

# 细节 34

# 专注于自己的工作

在成为一名高效教师的过程中，专注于自己的工作至关重要。教师要想在教学中取得杰出的成果，不仅需要关注学生的成长和需求，还需要关注自身的专业发展和领导能力的培养。专注于自己的工作意味着更好地管理时间和资源，更深入地理解和应用教学方法，以及更全面地思考自身的角色和目标。

## 一、专注于拜师

对于教师而言，专注于拜师意味着致力于寻求优秀教育者的指导和经验分享。通过拜师，教师能够不断提升自己的教学技能和专业知识，并为学生提供更优质的教育。

### 1. 明确拜师的目的和目标

在开始拜师之前，教师应该明确自己希望从导师那里学到什么，具体想要发展自己的哪些方面。可以是教学技巧的提升、教育理念的深化、教学策略的丰富等。明确目标有助于教师更有针对性地选择合适的导师和确定拜师期间的具体学习内容。

### 2. 寻找合适的导师

教师可以通过多种途径来寻找合适的导师。教师可以向同事、学校或教育机构的教育专家、研究员、教育顾问等咨询，也可以在教育研讨会或教育社交平台上寻找导师。在选择导师时，教师需要考虑导师的教学经验、专业知识、教育理念与自己的匹配程度等因素。

### 3. 保持专注并主动学习

在拜师的过程中，教师需要保持专注并主动参与学习。这意味着教师要全身心地参与导师提供的学习活动和听众指导，认真听取导师的意见和建议，并积极应用于自己的教学实践中。此外，教师还可以在拜师过程中提出问题、分享自己的想法和经验，与导师进行交流互动，提升学习的效果。

江西鹰潭一位草根名师——潘非凡老师的成长故事。论年龄，潘非凡老师比语文名师管建刚的年龄大，虽然他已经做外公了，但他到处说自己是"小管建刚"。

2007年，潘非凡老师遇到管建刚老师，听了管老师的课和报告后，觉得管老师的"路子"非常好。于是，潘非凡老师开始追随管老师，听他的课，买他的书，看他的文章，听他的报告……管老师上的课，他都认真听，一节一节地学习；管老师写的文章，他都有收录，一篇一篇地研究。熟悉潘老师的人，都戏称他是"中国最爱学习的外公"。

潘非凡老师并不是一味模仿，而是创造性地学习。后来潘老师出版了作文教学专著《一起写作》。在这本书里，潘老师有他自己的创新。

潘老师的事例给了我很多启发。我们向师父学习，就要想办法把师父的本领学透、学到家。我曾经在不同时段，非常认真地听于永正、贾志敏、支玉恒老师的课。我把他们的课堂实录全部找出来，甚至拿起笔直接抄写他们的课堂实录。[①]

每一位成功的教师背后，往往有一位或几位影响深远的导师。上述案例讲述了教师以导师为榜样，不仅学习其教学方法，更深入地理解其教育理念、创新与突破，更是在跟随导师的基础上，走出了自己的教学之路。这个案例告诉我们，师承不仅仅是模仿，更是在理解与创新中寻找自我，实现教育理念的升华。

---

① 张祖庆. 如何成长为一个专注力强的教师？这四点建议很实用. 微信公众号：中国教师报.

## 二、专注于做课程

教师专注于自己的工作，其中一个重要的方面就是专注于设计优质的课程。课程是教师教学活动的核心，直接影响着学生的学习效果和兴趣。

### 1. 设定明确的课程目标

在开始设计课程之前，教师应该明确自己希望学生在课程结束时能够达成的具体目标。这些目标可以涉及知识、技能和态度方面，可以根据学校的教学要求或者教育标准来设定。明确的目标有助于教师在设计课程时更加有针对性地选择内容和教学方法。

### 2. 制订详细的课程计划

教师在设计课程时要制订详细的课程计划，包括每节课的内容、顺序、教学方法和预计时间等。这可以帮助教师更好地组织教学过程，确保每一项内容都得到恰当的安排和充分的关注，同时也有助于教师在课堂上保持专注，不会在教学过程中迷失方向。

### 3. 选择适当的教学资源和材料

教师在设计课程时应该选择适当的教学资源和材料来支持教学，这可以包括教科书、教学影片、多媒体素材、实物模型等。合适的资源可以为学生提供更具体、生动和多样化的学习体验，有助于学生的理解和参与。

### 4. 注重课堂互动和学生参与

教师应该营造积极的课堂氛围，鼓励学生积极参与和互动。教师可以采用小组讨论、问题解答、角色扮演等活动形式来促使学生思考和表达，提高他们的学习兴趣和参与度；也可以通过提问和鼓励学生分享经验和观点来加强课堂互动。

张云杰认为，朗读是语文的基本功，书声琅琅本身就是语文味的重要体现。从读正确、读通顺到读流利，再到读出感受、读出味道，不断地朗读体味，才会感受到文字独特的魅力。

课堂设计中，他总是尝试着以学生的视角走进文本，选择恰当的阅读方式，研讨学生感兴趣的问题；总是尽量为学生创设更多直接与文本对话的时间和空间，把学习主导权交给学生，激发、调动学生学习的积极性，让学生有自主学习的时间，广泛参与，积极思考，亲身实践，勇于交流。他归纳出三步阅读程序。

一读，读通顺，读流利。强调朗读，边读边听自己的声音，读得文通字顺，出乎口，入乎心，为下一步的感悟做好铺垫。

二读，读出自己的感受。他不希望学生个性化的阅读最终归结到老师的"标准答案"上，而是让学生充分参与文本的阅读，使其真正"心到"。

三读，把自己的感受读出来。充满激情的朗读可以把学生带入文章情境，引发他们思想和情感上的共鸣。

之后，他引导学生把这种感受落实到语言文字上，知晓哪些文字激发了自己的情感，如何用语言文字这个工具来表现思想情感，什么样的语言才值得追求效仿。循着这样的目的，他引领学生一次又一次地读进去、习得走出来，品味语言，感受阅读的魅力，习得语言的真谛。[①]

上述案例中的教师专注于语文教学，致力于为学生提供高质量的课程。在课程设计上，他从学生的视角出发，选择适合学生的阅读方式，激发学生的学习兴趣。他强调学生的参与和思考，引导学生通过朗读感受文字魅力，并落实到语言文字的学习上。张教授专注的态度和对课程的精细打磨，为学生在语文学习的道路上提供了有力的帮助。

## 三、专注于写作记录

专注于写作记录，在教师日常教学工作中至关重要。写作记录不仅可以帮助教师系统地整理和记录教学内容、学生的表现和教学反思，也为教师个人的专业

---

① 薛炳群. 专注的力量——特级教师张云杰的成长之路 [J]. 小学语文教师，2017（3）.

发展提供了宝贵的资源和机会。

**1. 营造一个专注的环境**

选择一个安静、整洁的工作区域，远离干扰和噪声，有助于提高专注度。教师可以关闭手机或者将其调为静音模式，以避免受到干扰。

**2. 设定明确的写作目标**

在开始写作记录之前，设定明确的写作目标有助于集中注意力。具体的目标，例如记录教学中的关键点、学生的表现、教学反思等，可以使写作过程更加有针对性和高效。

**3. 时间管理**

教师要设置写作记录的固定时间段，并严格遵守。教师可以设定一个合理的时间限制，例如每天花 15 分钟时间或每周在特定时间段来完成写作记录，以避免过度沉迷或拖延。

**4. 分段写作**

将写作记录任务分成小的、可管理的部分逐步完成，可以减轻心理负担，保持专注和动力。教师可以按照课程顺序、重要性或学生个体来分段写作。

**5. 避免过度纠结于细节**

完成写作记录过程中，教师不必过度追求完美和细节，这可能导致过度投入和拖延。重要的是抓住核心信息和观察点进行记录，保证简洁、准确和实用。

教师一定要勤于动笔，把自己的所思、所做、所想记录下来。

教师写文章并不是为了成名，而是为了成长。把自己的所做、所思、所想记录下来，日积月累，回头再看，就会发现，你为自己的教学生涯做了一份很好的档案。每日自省，能从反思中汲取智慧、增长智慧，写着写着，你就成了一名优秀的教师。

写什么？怎么写？只要坚持写，写什么都可以。一句话，两句话；成功的，失败的；某一个师生交往的细节，某一节课，某一次家访，某一次事故……记录得越细致越好，这样的文章即使不能发表，也可以为自己的教学生涯积攒素材。等你的素材积攒得多了，就可以归并起来，写成一篇好文章，甚至一本好书。

我真正的专业写作是从 2004 年开始的。在此之前，我也写过一些论文，但那并不是真正意义上的写作，因为那时的写作不是发自内心的。真正的写作是在我加入"人教论坛"以后，我注册了一个叫"温岭祖庆"的账号。在"人教论坛"上，我几乎天天写。一天几千字几千字地写，后来竟写成了一本书。正如昆剧《班昭》中的那句经典唱词："从来学问欺富贵，真文章在孤灯下！"

2016 年，我开通了一个微信公众号——"祖庆说"。有人问："张老师，你在两年时间里写了四五百篇文章，平均每两天写一篇，你写作的时间从哪里来？"我想说，时间是挤出来的。我有时晚饭后在家里写，有时在高铁上写，有时在飞机上写。只要有时间，我要么读书，要么写作。①

专注写作记录是一种重要的自我反思和专业成长的方式。通过写作，教师可以深入思考自己的教学实践，总结经验，发现问题，并寻求改进。这种持续地自我反思和记录不仅有助于提升教学质量，还可以为未来的教学提供宝贵的参考。在这个过程中，教师需要有耐心和毅力，不断磨炼自己的写作技巧，以更清晰、更有深度的方式表达自己的思考。

综上所述，专注于拜师、专注于做课程和专注于写作记录是教师专注于自己的工作所必备的要素。通过专注于拜师，教师可以不断学习和借鉴他人的经验和智慧，提高自己的教学水平和专业素养。通过专注做课程，教师可以全身心地投入课堂教学中，与学生进行真实而有意义的互动，并取得良好的教学效果。通过专注写作记录，教师可以将教学的方方面面进行系统整理和思考，从中吸取教训。综合来看，专注于自己的工作是教师提高教学能力和达成职业目标的关键。

---

① 张祖庆. 如何成长为一个专注力强的教师？这四点建议很实用. 微信公众号：中国教师报.

随着不断的自我反思和不断的提升，教师将能够从专注于自己的工作中取得更大的成就，并为教育事业贡献更多的力量。

# 细节 35

# 乐于自我反思

在快节奏的教育环境中，乐于自我反思成为高效教师培养领袖精神的关键。自我反思不仅有助于教师深入思考自己的行为、决策和教学效果，从而获取洞见，并作出必要的调整和改进；还能够促使教师意识到自身的优点与不足，并通过不断反思和改进来实现自我成长。

## 一、课堂教学后自我反思

教师在课堂教学后的自我反思是一场积极而深入的对话，能够帮助教师回顾教学过程、评估教学效果，并为未来的教学探索和发展提供宝贵的指导。

### 1. 回顾课堂目标

教师可以回顾自己设定的课堂教学目标，思考这些目标是否明确、合理和可衡量，是否达到了预期的教学效果。如果答案是否定的，可以思考可能的原因。

### 2. 分析教学方法

教师可以评估自己使用的教学方法和策略是否适合该课程和学生群体，是否能够引起学生的兴趣，有哪些不足之处可以改进和调整。

### 3. 观察学生的反应

教师可以观察学生在课堂上的反应和表现，例如他们是否专注、参与度如何、是否理解了教师所讲的内容等。根据观察得到的反馈，教师可以思考是否需要调整教学策略以更好地满足学生的需求。

### 4. 分析教学过程

教师可以逐一回顾整个教学过程，从开始到结束，思考教学中的亮点和不足之处。例如，授课的逻辑是否清晰，教学材料是否有足够的挑战性，是否给予足够的实践和反馈机会，等等。

朱自清的《背影》是一篇脍炙人口的散文名篇。父子之间的深情常常可以使我们感动得泪流满面，文章出现的"我"四次流泪的场面描写令我们难以忘怀。然而，在教学朱自清的《背影》一文时，跟学生讲到这种刻骨铭心的父子深情、感人肺腑的流泪场面时，我分析了《背影》中四次出现"我"流泪的原因：第一次是为家庭的不幸而流泪，是悲哀的泪；第二次是为父亲给"我"买橘子时的背影所感动而流泪；第三次是因父亲背影消逝而流泪，是离别的泪；第四次是读到父亲来信得知他老境颓唐而流下疼惜的伤心之泪。

然而，尽管我讲得口若悬河、声嘶力竭，却发现学生的表情是无动于衷，甚至还有人是一脸木然，更多人是无所谓。这让我着实难以理解，为什么会出现这样的结果呢？于是课后笔者针对本节课的教学内容进行了深入的总结反思。经过思考，我觉得有如下几个方面的原因：

一是从教师层面看，教者课堂的讲授主要是照本宣科，几乎完全借鉴了教参上现成的说法，只是泛泛而谈，没有融入教者自己的主观情感，没有走进学生的情感世界，没有对教材做透彻的、个性化的解读，没有抓住四次流泪的感人细节做深入的分析。

二是从学生层面看，由于时代的久远，学生缺乏那个时代艰难生活状态下的人生体验，所以很难把握作者在那个特定时代、特殊家庭的特有的生活体验，加上当今学生的家庭背景、个性品质、情感、态度价值观上的差异，就直接导致了教学效果的不容乐观。根据对以上教学内容的反思，在后来的教学过程中，我又重新设计了课堂教学的目标、思路、方法及重难点的突破方法，由于充分考虑了教情、学情的因素，考虑了课堂教学的预设与生成，学生终于读懂了朱自清、读懂了《背影》，也真正体会了"有一种爱叫泪流满面"的深刻含义。①

上述案例中的教师在教授朱自清的《背影》时，原以为自己的讲解能够深深触动学生，然而，学生的反应却令教师感到困惑。是教师的情感投入不足，还是学生的理解能力有限？课后经过反思，教师意识到这可能是由于自己过于依赖教参，未能充分考虑学生的情感体验和时代背景。因此，教师重新设计了教学方案，引导学生深入文本，体验情感，并结合时代背景和家庭背景进行解读，在后续的教学中取得了更好的效果。

## 二、交流研讨时自我反思

在教师职业发展的过程中，交流研讨能够激发教师的灵感、为教师提供实践经验并促进教师的专业成长。在这样的活动中，教师们不仅能够从他人的教学实践中汲取灵感和经验，还可以借此机会反思自己的教学策略和效果。

### 1. 回顾自己的教学实践

教师可以回顾最近的教学经验，回顾自己的教学策略、学生的反应、教学成果等，思考自己的教学目标是否达成，有没有遇到困难和挑战，以及哪些方面需要改进。

### 2. 定位自己的角色和贡献

教师在交流研讨中扮演不同的角色，可以是分享者、听众、提问者等。教师可以思考自己在交流中的角色和贡献，是否能够充分分享自己的经验和见解，是否积极参与和促进讨论，以及是否能够从他人的经验中获得启发和反思。

### 3. 分析他人的观点和经验

教师在交流研讨中会接触到各种不同的观点和经验。教师可以对他人的观点进行思考和分析，比较他们的做法和自己的实践，思考是否存在可以借鉴和改进

---

① 张桂霞. 教师自我反思的有效路径探析［J］. 江苏教育（中学教学），2013（5）：80-81.

的地方。

前些日子正值江苏省"杏坛杯"苏派青年教师课堂教学展评活动在我校举行。这正是一次难得的学习机会，于是我克服了许多困难，认真聆听了初、高中10节语文展示课，听课之后又认真进行了总结反思，得到了很多有益的启示。对于一堂好课的评价标准有了更加清晰的认识，对于如何解读文本、处理教材，如何组织课堂教学构建高效课堂，如何处理课堂预设与生成的关系，如何有效把握教情学情等方面，也得到了很多有益的借鉴。特别是一堂课要想上出新意，从参赛选手身上，我认识到有效解读文本、寻找教学切入点的重要性。教学的切入点选得准，课堂的定位自然就高了。比如在教学柳宗元的《小石潭记》一文时，有一位教师以课文朗读作为贯穿整个课堂的线索与突破口，按照初读览文、赏读览胜、披文览情的教学流程组织教学，在课堂重难点的把握上又按照情感初探、材料解读、心境探究的流程开展教学活动，显得课堂思路清晰、课堂结构紧凑、教学重点突出，从而取得了显著的教学效果。①

上述案例中的教师在交流研讨中，深感教学之道的博大精深。教师通过观摩多位教师的展示课，对如何解读文本、处理教材、组织课堂和构建高效课堂有了更深入的理解。

## 三、评估测试后自我反思

当学生的评估测试不理想时，教师需要进行自我反思，审查自己的教学方法、教学准备以及对学生的指导方式等是否存在问题。通过这样的自我反思，教师可以发现自身存在的不足之处，并从中获得启示，以提高自己的教学水平，助力学生获得更好的考试成绩。

---

① 张桂霞. 教师自我反思的有效路径探析 [J]. 江苏教育（中学教学），2013（5）：80-81.

**1. 教学内容和教学重点**

教师要反思是否准确把握教学内容和重点，是否清晰传递给学生并进行深入讲解。同时，教师也需要关注自己是否给予学生足够强调和重视的内容，是否需要对教学内容进行调整。

**2. 学生辅导和个性化指导**

教师要反思是否及时发现学生的学习困难和问题，是否缺乏个性化的指导和辅导。教师应该能够识别学生的不足之处，并有针对性地给予额外的支持和指导。

一、考试基本情况

本次期中考试，A班（69人）成绩稳定，保持着定位考时的优势，其中，最高分127分（理科班的最高分），110分以上13名（比其他A班多10人），100分以上38人，不及格仅4人。

B班（77人）成绩不够理想，并有小幅下降，其中不及格人数多达31人，110分以上0人，100分以上仅10人，与考得好的B班有不小差距。

二、原因分析

1. 没能针对每个学生的情况制订出科学合理的教学和复习计划，以致教学和复习的过程中对许多学生照顾不到。

2. 学困生的"困难点"抓得不够准，也不够全面，导致他们在考试的过程中对有些做过的题型仍束手无策。

3. 练习不够，强化不够，检查不够。比如，平时讲诗歌鉴赏题，总是让学生口述出来，或问几个简单的意象的理解，让学生将具体的答案写出来的机会不多，因此，考试中出现语意表达不清、回答逻辑不清等现象，导致失分。①

上述案例中的教师在期中考试后进行了深刻的自我反思，首先更加关注学生

---

① 教师个人教学反思4. 微信公众号：高中思想政治教学交流.

的个性化需求，其次提高课堂管理的技巧，制定更有效的规则和程序。

　　总的来说，乐于自我反思是教师专业成长的一种态度和行为素养。通过课堂教学后的自我反思，教师可以不断审视自己的教学方法和所使用的教材资源，从而改进教学效果；在交流研讨中的自我反思能够促进教师更好地倾听和吸收他人的建议和经验，不断提升自身的教学水平；而在考试后的自我反思则使教师深入思考学生的成绩表现背后的原因，反思教学准备、教学重点和学生评估等方面的不足，从中吸取教训并进行进一步的改进。通过持续的自我反思，教师能够不断提升自己的专业技能，提升教育教学质量，为学生提供更好的学习体验和成长机会。因此，保持乐于自我反思的心态和行为是教师持续成长的重要动力。

# 后 记

在编写本书的过程中，编者借鉴和参考了国内外一些知名专家的著作和研究成果，引用了一些教师的案例和文章，在此向所有专家、教师致以衷心的感谢！受沟通渠道所限，我们未能与所有作者都取得联系。敬请相关作者与我们联系，电子邮箱：taolishuxi@126.com。

编　者